Jahrbuch marketing

4. Ausgabe

Herausgeber K. M. Schöttle

Jahrbuch marketing

4. Ausgabe

VULKAN VERLAG · ESSEN

CIP-Kurztitelaufnahme der Deutschen Bibliothek

Jahrbuch Marketing / Hrsg. K. M. Schöttle. —
4. Ausg. — Essen: Vulkan-Verlag 1987
Bis Ausg. 1982/83 u. d. T.: Jahrbuch des Marketing
ISBN 3-8027-8123-6

NE: Schöttle, Klaus M. [Hrsg.]

Printed in Germany

Vorwort des Herausgebers

Erfolgreiches Management ist marktorientierte Unternehmensführung — mit Geschick, Wagemut und Ideenreichtum. Die Einbeziehung gegenwartsbezogener und zukunftsrelevanter Informationen ist dabei eine wesentliche Komponente.

Das Jahrbuch Marketing möchte bei jenen, die Vertriebsverantwortung tragen, den rationellen Mitteleinsatz fördern und mit einigen neuen Ideen und Anregungen die Qualität des absatzwirtschaftlichen Entscheidungsprozesses verbessern.

Die ersten Ausgaben des Jahrbuches haben in diesem Kreis eine gute Aufnahme gefunden. In der nun erscheinenden vierten Ausgabe sind wieder eine Reihe neuer Akzente gesetzt worden.

Im ersten Teil äußern sich kompetente Autoren — Praktiker und Hochschullehrer — zu gesamtwirtschaftlichen, unternehmerischen und absatzwirtschaftlichen Perspektiven und Tendenzen. Es werden Fragen und Themen behandelt, die Unternehmen jeder Größenordnung gleichermaßen ansprechen.

Der zweite Teil umfaßt Informationen zum absatzwirtschaftlichen Planungs-, Entscheidungs- und Gestaltungsprozeß unter Einbeziehung der Aspekte Management, Ausbildung, Technologie, Öffentlichkeitsarbeit. Internationales Marketing und Hinweise für den Geschäftsverkehr auf aktuellen Schwerpunktmärkten runden das Informationswerk ab.

Diese Informationsteile wurden von Grund auf bei der vorliegenden Ausgabe neu bearbeitet und aktualisiert. Die Abschnitte Österreich und Schweiz sind zugunsten anderer Kapitel herausgenommen worden. Eine Erweiterung haben die Informationsteile Innovation, Technologietransfer, Internationale Managementschulung, Marketingausbildung und Internationales Marketing gefunden. Neu sind die Kapitel Wirtschaftsinformationen für den Geschäftsverkehr mit Japan und China.

Auch die vierte Ausgabe des Jahrbuchs Marketing dürfte eine wertvolle Orientierungs- und Entscheidungshilfe für Unternehmensleiter, im Lehrbereich Tätige und für jene sein, die in der absatzwirtschaftlichen Praxis stehen.

Düsseldorf, Januar 1987

Dr. Klaus M. Schöttle

Autoren und Mitarbeiter

Professor Dr. Klaus Backhaus
Direktor des Betriebswirtschaftlichen Instituts des Industrieanlagen- und System-Geschäfts an der Johannes-Gutenberg-Universität Mainz

Dr. Heinz Herbert Bausch
Abteilungsdirektor der Daimler Benz AG, Stuttgart

Dipl.-Ing. Claus Dihlmann
Direktor der Mannesmann Aktiengesellschaft, Düsseldorf

Dipl.-Kfm. Dr. rer. pol. Werner-Michael Esser
Geschäftsführer der STRATEGEMA GmbH — Institut für angewandte Studien zur strategischen Unternehmensführung, München

Dipl.-Kfm. Franz Wilhelm Fickel
Ressort-Direktor der GfK Marktforschung GmbH & Co., KG, Nürnberg

Dipl.-Kfm. Dr. oec. publ. Alfred Fischbacher
Mitglied der Geschäftsleitung der MEFRO Metallwarenfabrik Fischbacher GmbH, Rohrdorf/Rosenheim

Professor Dr. Harald Jürgensen
Direktor des Instituts für Europäische Wirtschaftspolitik der Universität Hamburg

Dr. jur. Erich Karsten
Direktor der Dresdner Bank AG, Frankfurt

Professor Dr. Werner Kirsch
Vorstand des Instituts für Organisation an der Universität München

Barbara Kux
Beraterin bei McKinsey & Company, Inc., Stuttgart

Professor Dr. Kurt Markert
Leiter der siebten Beschlußabteilung des Bundeskartellamts, Berlin

Dipl.-Handelslehrerin Margit Mayer
Wissenschaftliche Mitarbeiterin von Professor Dr. Klaus Backhaus an der Johannes-Gutenberg-Universität Mainz

Professor Dr. Heribert Meffert
Direktor des Instituts für Marketing an der Universität Münster

Dipl.-Kfm. Arno Mock
Geschäftsführer der A. Friedr. Flender GmbH & Co., KG, Bocholt

Dipl.-Kfm. Paul Josef Platt
Wissenschaftlicher Assistent am Institut für Marketing an der Universität Münster

Dr. Wilhelm Rall
Principal der McKinsey & Company, Inc., Stuttgart

Dr. phil. Dankwart Rost
Generalbevollmächtigter Direktor der Siemens AG, München

Gerd Seidensticker
Geschäftsführender Gesellschafter der Textil-Kontor Walter Seidensticker KG, Bielefeld

Professor Dr. Helmut Sihler
Vorsitzender der Geschäftsführung der Henkel KGaA, Düsseldorf

Professor Dr. Dr. Erich Staudt
Leiter des Instituts für angewandte Innovationsforschung Universität Bochum

Mitwirkende bei den Informationsteilen

Dipl.-Ökonom Joachim Domin und Mitarbeiter der DEG — Deutsche Finanzierungsgesellschaft für Beteiligungen in Entwicklungsländern GmbH, Köln

Inhaltsverzeichnis

Teil I Beiträge zum Marketing in der zweiten Hälfte der 80er Jahre

Teil II

Abschnitt 1:
Informationen zum absatzwirtschaftlichen Planungs-, Entscheidungs- und Gestaltungsprozeß

Abschnitt 3:
Wirtschaftsinformationen über ausgewählte Länder

Teil I

Beiträge zum Marketing in der zweiten Hälfte der 80er Jahre

Abschnitt 1:

Perspektiven zu den wirtschaftlichen Rahmenbedingungen bis 1990 und unternehmerische Verhaltensweise

1. Der Wandel der Wende — Verbesserte Rahmenbedingungen für die mittelfristige Wirtschaftsentwicklung

von H. Jürgensen*)

Die Struktur der konjunkturellen Wende enttäuscht nur die kurzfristigen Erwartungen

Der Wachstumspessimismus reicht weit zurück. 1972 veröffentlichte der Club of Rome eine von ihm in Auftrag gegebene Expertenstudie. Sie trug den Titel „Grenzen des Wachstums" und kennzeichnete mit ihrem Erscheinen kurz vor dem Ausbruch der ersten Ölpreiskrise einen grundlegenden Erwartungswandel. Herrschte vorher, insbesondere in den 60er und zu Beginn der 70er Jahre Wachstumseuphorie, so schlug diese dann ebenso unvermittelt in Wachstumspessimismus um. Erschien vorher jedes Problem über Wachstum lösbar, glaubte man anschließend nichts mehr über Wachstum beeinflussen zu können oder gar zu sollen. 1972 wurden die „Grenzen des Wachstums" bei unveränderten Rahmenbedingungen für eine ferne Zukunft beschrieben; sie lagen vor allem in den erwarteten Knappheiten wichtiger Ressourcen: Nahrungsmittel, Energie, Rohstoffe und Umwelt. Die erste Ölpreiskrise und erst recht die zweite, Ende der 70er Jahre, legten mit ihren unmittelbaren und mittelbaren Auswirkungen dann „Grenzen des Wachstums" für eine nahe Zukunft fest, und diese Grenzen lagen bei der Nachfrage. Der nicht nur zur Bewältigung der Ölpreiskrise erforderliche Strukturwandel und insbesondere die kurzfristigen Wirkungen der Inflationsbekämpfung dämpften für eine Reihe von Jahren weltweit das Wachstumsniveau. Für die Bundesrepublik setzte erst 1983 und vor allem über wachsende Exporte die wirtschaftliche Erholung ein.

Die „Struktur der Wende" weicht allerdings erheblich von dem gewohnten Muster konjunktureller Belebungen der 60er und 70er Jahre ab. Zwar leitete auch 1983/84 zusätzliche Exportnachfrage die konjunkturelle Erholung ein. Im Gegensatz zu früheren Erfahrungen verstärkten aber in Europa Bau- und Konsumgüternachfrage auch im zweiten und dritten Jahr des Aufschwungs — 1984/85 — den konjunkturellen Anfangsimpuls nicht oder nicht in gewohnter Weise.

Damit blieb die durchschnittliche Zuwachsrate unter 3 vH jährlich, und entsprechend spät und ebenfalls ungewöhnlich waren die Auswirkungen auf den Arbeitsmarkt. Einmal war die Kapazitätsauslastung im Wende-

*) Prof. Dr. Harald Jürgensen, Direktor des Instituts für Europäische Wirtschaftspolitik der Universität Hamburg

punkt des 4. Quartals 1982 ungewöhnlich weit abgesunken, zum anderen waren unter dem Druck des langjährigen Angebotsüberhangs erhebliche Produktivitätsreserven gelegt worden, und überdies arbeiteten 1,2 Mio. Erwerbstätige mit (offiziell) verkürzter Arbeitszeit. Entsprechend reagierte das Angebot auf die ja nur mäßig steigende Nachfrage über mehrere Jahre hinweg außerordentlich elastisch. Damit wurde die Inflationsbekämpfung sehr erleichtert, der Abbau der Arbeitslosigkeit (zunächst) sehr erschwert. 1983/84 wurde nur der Zugang an Arbeitslosen gemindert, 1985 dieser gestoppt und zugleich ein erheblicher Beschäftigungsanstieg verzeichnet, der allerdings nur den demographischen Zuwachs an Arbeitskräften kompensierte.

Da die in der Schwäche des Aufschwungs liegende Stärke, nämlich seine voraussichtliche Nachhaltigkeit vielfach nicht gesehen wird, werden Forderungen nach einer unmittelbaren Verstärkung der Nachfrage nach Arbeitskräften — meist über zusätzliche staatliche Nachfrage sowie nach Verknappung des Angebots erhoben. Konzeptionell unterstützt werden derartige wirtschaftspolitische Alternativen von der Vorstellung eines baldigen Auslaufens der seit 1983 andauernden Konjunkturerholung. Derartige Befürchtungen beruhen auf der Analogie zu den typischen Konjunkturverläufen der 60er und 70er Jahre.

Damals führten kräftige, meist zunächst exportinduzierte Nachfrageerhöhungen, die jeweils weit über den Zuwachs des Produktionspotentials hinausgingen, zu einer raschen Ausschöpfung der in der vorangegangenen Abschwächung angereicherten Kapazitätsspielräume. Diese sind auch bei hohen Investitionsausgaben nachhaltig kaum über 3 vH jährlich zu steigern (von 1980 bis 1984 lag die Rate weit unter 2 vH). Entsprechend kam es innerhalb von zwei bis drei Jahren zu einer rasch steigenden Kapazitätsauslastung. Bei weiter über dem Potentialzuwachs liegender Nachfrage waren somit Überhitzungserscheinungen unvermeidlich, weil die Nachfrage in immer mehr Bereichen die Kapazitäten überstieg. Als Vorreiter, meist in der Bauwirtschaft, danach in anderen Branchen, kam es zu Produktionsengpässen, Auftragsüberhängen und Preissteigerungen. Die Bekämpfung dieser inflationären Impulse und zu hohe Kapazitätserweiterungen stoppten dann den Aufschwung, der sich meist erst in einer längeren, rezessiven Phase regenerierte.

Nur sind für die zweite Hälfte der 80er Jahre weder diese Rahmenbedingungen gegeben noch die aufgezeigten Verhaltensmuster zu erwarten. Vielmehr erscheint eine Wirtschaftsentwicklung um einen gegenüber den 70er Jahren nicht einmal sehr viel geringeren Wachstumstrend bei allerdings deutlich abgeschwächter Amplitude wahrscheinlich. Die Bedeutung einer solchen abgeschwächten konjunkturellen Bewegung um einen langfristigen Wachstumstrend kann gar nicht hoch genug eingeschätzt werden. Letztlich bedeutet es, daß das Wachstum der Nachfrage (Konjunktur) und das des Angebots (Potentialwachstum) nur noch wenig differieren und damit viele Fehldispositionen und damit Anpassungsprobleme vermieden werden[1]). Da die Änderungsgeschwindigkeit der Nachfrage wesentlich höher liegt als die eines gut ausgelasteten Angebotspotentials, liegt in der Verstetigung dieser Nachfrage auf einem dem Potentialwachstum entsprechenden Zuwachsniveau die Chance, die wirtschaftspolitischen Möglichkeiten verstärkt auf die — langfristig durchaus — mögliche Anhebung des Trends, anstatt zur Anpassung der Nachfrage anzusetzen.

Für die Wirtschaft der Bundesrepublik Deutschland ergeben sie für die zweite Hälfte der 80er Jahre begründete Aussichten für ein „Wachstum der Nachfrage entlang dem Trend des Potentialspielraums" und damit für eine so nachhaltige Verstetigung des Wirtschaftswachstums, daß der Mitte der 80er Jahre als Risiko begriffene Angebotsüberhang auf den Arbeitsmärkten bereits Ende der 80er Jahre deutlich vermindert und der demographische Überhang sich zur Chance für das Potentialwachstum der 90er Jahre mausert.

Erste Voraussetzungen für eine solche Verstetigung wurden schon Anfang der 80er Jahre gelegt. Die Produktionsstruktur hatte sich schon in der durch Ölpreiskrise und Inflationsbekämpfung erzwungenen Wachstumspause verbessert. Diese Veränderungen wurden durch die Wirtschaftsbelebung seit 1983 gewinnsteigernd und in der erkennbaren Fortsetzung seit 1984 und verstärkt 1985 auch beschäftigungserhöhend aktiviert. Zwar zeigten sich 1983 bis 1985 noch keine sichtbaren Auswirkungen bei der Gesamtzahl der Arbeitslosen, aber der durchgreifende Abbau der Kurzarbeit und die Aufzehrung innerbetrieblicher Beschäftigungsreserven bis Ende 1985 zeigen die Perspektiven für 1986 und danach auf. Bereits seit 1984 haben u. a. Fahrzeugbau, Chemie und Elektroindustrie wegen der nur konjunkturell unterbrochenen Nachfrage wieder eingestellt, gleichzeitig wurde aber von der Stahlindustrie, Werften und durch die Bauwirtschaft aufgrund struktureller Anpassung entlassen. Vor allem wegen des 1984/85 verstärkten Abbaus von Arbeitsplätzen in der Bauwirtschaft konnte sich trotz hoher Abgänge von Arbeitslosen wegen des fast gleichstarken Zugangs zunächst kein Saldo zugunsten des Abbaus der Arbeitslosigkeit ergeben. Immerhin sind bei leicht ansteigender Beschäftigung von 1983 bis 1985 in großem Umfang strukturell gefährdete Arbeitsplätze durch solche mit längerfristigen Bestands-

[1]) Ein besonders extremes Beispiel hierfür bietet die Bauwirtschaft in der Bundesrepublik Deutschland. 1960 bis 1989 lag der Nachfragetrend dieser 30 Jahre bei einem durchschnittlichen Wachstum von 1,2 vH, erreichte also nur reichlich ein Drittel des Trends des gesamten Sozialprodukts. Dafür überstieg die Bauwirtschaft 6 Jahre lang die Zuwachsrate des Sozialprodukts um bis zu 6,3 vH, um sie in 24 Jahren nach unten um bis zu mehr als 9 vH zu unterschreiten.

chancen ersetzt worden. Damit stieg zwar weniger die Quantität, wohl aber bereits die Qualität der verfügbaren Arbeitsplätze an.

Über die durch den bisherigen Aufschwung ausgelösten und überwiegend auch finanzierten Rationalisierungs- und ab 1985/86 zunehmend auch Erweiterungsinvestitionen wird diejenige Erhöhung des Produktionspotentials erreicht, die ab 1986 auf immer mehr Gebieten erforderlich wird, um den Aufschwung in einen stabilen und damit nachhaltigen Wachstumspfad einmünden zu lassen. Dazu ist es notwendig, daß das unter 2 vH gefallene Potentialwachstum der Jahre 1981/84 auf nachhaltig 3 vH anzieht. Nur dann ist gewährleistet, daß die mögliche nachhaltige Nachfragesteigerung von 2,5 bis 3 vH nicht bereits ab 1986/87 zunehmend an die „Decke der Kapazitätsentwicklung stößt", dadurch neue Inflationsgefahren hervorruft und mit deren Bekämpfung anstehende Ermattungserscheinungen verstärkt. Zu dem verbesserten Durchschnitt des Potentialwachstums müssen vor allem die strukturell begünstigten Bereiche der Dienstleistungen, die technologisch herausgeforderten Industrien und die für eine verstärkte Teilhabe am weltwirtschaftlichen Austausch befähigten Anbieter beitragen. Die Investitionsquoten müssen entsprechend hoch und die Selbstfinanzierungskraft entsprechend nachhaltig bleiben. Ab 1986 wirken sich die hohen Rationalisierungs- und Erweiterungsinvestitionen der Vorjahre aus. Dank der dann ab 1987 voraussichtlich fast proportionalen Entwicklung von Kapazitäten und Nachfrage stünden preistreibende Engpässe bis zum Ende des Jahrzehnts nicht zu erwarten.

Der Wandel der Wende: Die mittelfristigen Perspektiven

Bei der verhaltenen Beurteilung der Jahre 1983/85 und der davon abgeleiteten Skepsis hinsichtlich der mittelfristigen Entwicklung wird meist die Ausgangslage übersehen. Die 1982 im letzten Quartal beginnende Erholung setzte von einem deutlich niedrigeren Niveau ein, als dies im 1. Quartal 1980 — also drei Jahre vorher — schon einmal erreicht war. Das erste „Wende"-Jahr — vom 4. Quartal 1982 bis 4. Quartal 1983 reichend — führte daher trotz 3 vH Wachstum nur auf ein vergleichbares Sozialprodukt von rd. 370 Mrd. DM/Quartal zurück[2]). Weil die Nachfrage im Verlauf von 1980 ähnlich abfiel wie sie 1983 anstieg, erbrachte das ganze Jahr 1983 zwar fast genau die Rückgewinnung eines seit drei Jahren nicht erreichten Sozialprodukts, aber in einer deutlich zu Lasten des Konsums veränderten Struktur. Bei einem Sozialprodukt von 1980 1485,2 Mrd. DM gegenüber 1983 1493,8 Mrd. DM lag der private Konsum 1983 noch um 6,3 Mrd. DM gegenüber 1980 zurück.

---

[2]) Alle Zahlenangaben sind in Preisen von 1980 bewertet, Quelle: Bundesbank.

Das 1984 erreichte Wachstum führte zwar zu weiteren Verbesserungen gegenüber 1983. Ungeachtet der Streikfolgen betrug der reale Zuwachs des Bruttosozialprodukts mit 40,9 Mrd. DM immerhin fast das Doppelte des Vorjahres (+23 Mrd. DM). Damit wurde absolut auch wieder ein Zuwachs wie in der Mitte der 70er Jahre erreicht (Zuwachs 1977/76 +35,2 Mrd. DM). Während aber 1977 die 35 Mrd. DM fast ganz für den Anstieg des privaten (31,6 Mrd. DM) und staatlichen Konsums (3,7 Mrd. DM) verwendet wurden — mit entsprechend günstigen Auswirkungen für die konsumnahen mittelständischen Anbieter —, wurden 1984 von dem ja noch rd. 6 Mrd. DM höheren Zuwachs von 41 Mrd. DM dafür nur rd. 12 Mrd. DM beansprucht und davon für den privaten Konsum mit 5,2 Mrd. DM sogar nur knapp die Hälfte. Verglichen mit dem Zuwachs von fast 32 Mrd. DM 1977 stieg also 1984 der private Konsum um weniger als ein Fünftel! Stattdessen trugen 1984 mit rd. 28 Mrd. DM vor allem der höhere Außenbeitrag (+14,6 Mrd. DM) und die Vorratsveränderung (+9 Mrd. DM) sowie die Bauinvestitionen (+3 Mrd. DM) den Zuwachs. Diese Änderung der Wachstumsstruktur war nach den Fehlentwicklungen zwar notwendig, aber nicht imagefördernd für die Wirtschaftserholung. Da überdies eine solche Verschiebung in der Nachfragestruktur die Beschäftigungsimpulse einer gleich hohen Zuwachsrate eher dämpft, machten schwache Konsumerholung und unverändert hohe Arbeitslosigkeit aus der Sicht einer breiteren Öffentlichkeit die Erholung eher fragwürdig.

Erst 1985 brachte mit einer deutlich zugunsten des Konsums verbesserten Wachstumsstruktur die „verbraucherfreundliche Wende", allerdings auch erst im zweiten Halbjahr: Bei einem ähnlich hohen Gesamtzuwachs von real 35 bis 36 Mrd. DM wurde mit 10 Mrd. DM für den privaten Konsum fast der doppelte Zuwachs gegenüber dem des Vorjahres erreicht — allerdings war das Ausgangsniveau 1984 mit 5,2 Mrd. DM auch ungewöhnlich niedrig! Außerdem stiegen die Ausrüstungsinvestitionen nach der 1984 wohl steuerbedingten Stagnation in 1985 um 12 Mrd. DM an. Bei rückläufigen Bauten (—16 Mrd. DM) kamen wie 1983/84 mit 81,5 Mrd. DM die kräftigsten Impulse aus dem weiter zunehmenden Außenbeitrag.

Für 1986 zeichnet sich im Zusammenhang mit der ersten Stufe der Tarifreform sowie einer weniger als 1985 auf Arbeitszeitverkürzungen angelegten Lohnpolitik eine noch wesentlich deutlichere Verbesserung der Konsumentwicklung ab. Bei einem Zuwachs des Sozialprodukts von schätzungsweise real 47,5 Mrd. DM dürfte mit mehr als 26 Mrd. DM erstmals wieder eine Konsumzunahme wie im Durchschnitt der zweiten Hälfte der 70er Jahre erreicht werden. Der Staatsverbrauch wächst verhalten mit rd. 5 bis 6 Mrd. DM, die Bauten sollten sich leicht erholen — etwa auf das Niveau 1983/84, während die auch für 1986 zu erwartenden nochmals höheren Ausrüstungsinvestitionen um 14 Mrd. DM die Wachstumsentwicklung verstärken und für weitere Jahre verstetigen könnten[3]).

Zwar wird es noch große Anstrengungen von seiten der Wirtschaftspolitik erfordern, die Rahmenbedingungen für ein nachhaltiges Wachstum in dem erforderlichen Umfang zu stabilisieren und durch eine daran ausgerichtete echte Steuerreform nach 1988 fortzuschreiben. Aber damit könnte es auch gelingen, von 1985 bis 1990 einen Wachstumspfad von durchschnittlich 2,5 vH zu erreichen. Das wäre von der Zuwachsrate her zwar der nach 1980/84 (0,9 vH) geringste Durchschnittszuwachs eines 5 Jahreszeitraums seit 1964. Aber vergleicht man das bis 1989 zu erreichende Niveau der Güterverwendung mit dem von 1984, so könnte der private Verbrauch rd. 110—115 Mrd. DM höher liegen, die Ausrüstungsinvestitionen der Unternehmen um 40—45 Mrd. DM und die Exporte um rd. 140—150 Mrd. DM zunehmen bei allerdings entsprechend steigenden Importen, so daß der Außenbeitrag nur noch um 10 Mrd. DM gegenüber 1984 ansteigt und das Wachstum sich auf die Veränderung der inländischen Verwendung in wieder „normaler" Struktur abstützt. Nur beim staatlichen Verbrauch hielte sich — dank fortgesetzter Konsolidierung — der Anstieg mit 25—30 Mrd. DM in engen Grenzen — ein bedeutsamer Hinweis auf die sich fortsetzende Verbesserung der Wachstumsstruktur. Selbst der Bauwirtschaft bliebe gegenüber 1984 ein bescheidener Wachstumsspielraum von 7 Mrd. DM bei allerdings stark veränderter Zusammensetzung der Nachfrage und einer erheblich stetigeren Entwicklung im Zeitablauf. Im übrigen entspräche dieser Zuwachs im Durchschnitt etwa dem, der von 1960/85 in einem 5 Jahreszeitraum absolut erreicht werden konnte.

Eine derart verstetigte Wirtschaftsentwicklung in der zweiten Hälfte der 80er Jahre bietet einen unvergleichlich besseren Rahmen für eine „Aufholjagd" der mittelständischen Wirtschaft. Die sich ab 1985 zunehmend verstärkende Binnennachfrage und der ab 1986 wesentlich größere Anteil des privaten Konsums daran begünstigt zunehmend die in der ersten Phase 1983/84 benachteiligten mittelständischen Anbieter. Da diese aus den Erfahrungen aus der ersten Hälfte der 80er Jahre heraus und unter dem Eindruck der hohen Konkursquote dieser Zeit bei ihren Kapazitätserweiterungen sehr vorsichtig vorgehen werden, dürfte die steigende Nachfrage über die bessere Auslastung zunächst die Gewinnsituation wieder verbessern. Die dringend erforderliche Aufstockung von Liquidität und Rentabilität für die mittelständische Wirtschaft könnte 1985/89 ähnlich erfolgreich verlaufen wie 1983/85 für die export- und investitionsgüterorientierte Industrie. Hier hatte in den ersten drei Jahren des Aufschwungs die Kapazitätsauslastung nur so viel zugenommen, daß degressive Kosten

[3]) Die Werte entsprechen denen des SVR im Jahresgutachten 1985/86.

die Ertragslage der meisten Unternehmen weit überproportional verbesserten, bei den exportstarken Firmen durch die zusätzlichen Außenwertänderungen z. T. sensationell. Aber nirgendwo kam es zu preistreibenden Engpässen, denn im Herbst 1985 lag die durchschnittliche Auslastung der Industrie erst wieder auf dem Stand von Anfang 1980.

Das verhaltene Wachstum der Konsumgüternachfrage wird die Kapazitätserweiterungen im mittelständischen Bereich soweit dämpfen, daß es nicht wieder wie in den 70er Jahren zur Ausbildung von Überkapazitäten kommt. Diese Gefahr verringert sich auch dadurch, daß die dringend gebotenen Ersatzinvestitionen dank des zwischenzeitlichen technologischen Fortschritts in aller Regel auch dann Kapazitätszuwachs verschaffen, wenn nur die Regeneration der vorhandenen Produktionsstruktur beabsichtigt ist. Darüber hinaus schafft die stärkere Einbindung mittlerer und kleinerer Unternehmen in den mittelfristigen Nachfrageanstieg die Voraussetzung für eine Auswirkung dieses Wachstums auf die Arbeitsnachfrage. Selbst wenn sich die Wachstumsrate nicht nach oben verschiebt, sondern nur in der Struktur stärker auf den Konsumzuwachs als auf die Erhöhung des Außenbeitrags abstützt, wäre damit eine stärkere Auswirkung auf die Arbeitsmärkte verbunden.

Die zweite Hälfte der 80er Jahre: Anstatt „Entweder-Oder" „Sowohl-Als-auch"

Eine derart verbesserte Wachstumsstruktur in der zweiten Hälfte der 80er Jahre macht aus dem harten „Entweder-Oder" der Sozialproduktverwendung zwischen 1981 und 1985 das politisch leichter durchzusetzende „Sowohl-Als-auch" von 1986 und verstärkt danach: Mehr Staatsausgaben lassen sich mit verringertem Verschuldungszuwachs vereinbaren, höhere Löhne mit weiter steigenden Gewinnen, mehr privater Konsum mit höheren Investitionen und die höhere Inlandsnachfrage mit einem stabilisierten Außenbeitrag. Insgesamt vereinbart sich ein höheres Wachstum mit einer deutlich verringerten Inflationsrate. Bei einer Inflationsrate von 2 vH erhöht sich die Qualität des Umsatzgewinns schon allein dadurch, daß die Abschreibungen auf der Basis der Anschaffungskosten nicht mehr zur Versteuerung von Scheingewinnen und Substanzverlusten führt.

Für eine ausgeglichenere Wachstumsstruktur ist es bedeutsam, daß sich bei etwa gleich hohen Exporterwartungen ein geringerer Anteil des Außenbeitrags am Wachstum ergibt, weil mit den zusätzlichen Investitionen und dem ab 1986 stärker steigenden Konsum höhere Importe verknüpft sind. Damit wäre die Nachhaltigkeit der Konjunktur weniger außenbestimmt. Die von der Bundesrepublik vor allem an andere europäische Länder weitergegebenen Nachfrageimpulse würden mit dazu beitragen, daß sich eine ab 1985 erfolgte Rückbildung der Wachstumsrate in den USA auf eine mit dem möglichen Potentialwachstum zu vereinbarende Größenordnung von nachhaltig 3 vH nicht wachstumshemmend für die Bundesrepublik auswirken würde. Zusätzliche Importnachfrage wichtiger europäischer Abnehmerländer sollte angesichts der Exportstruktur der Bundesrepublik durchaus einen Teil der Impulse übernehmen können, auf die vor allem bei vorübergehend stärkerer Beruhigung der US-Nachfrage im Verlauf von 1986 verzichtet werden muß.

Für die zweite Hälfte der 80er Jahre zeichnet sich daher ab, daß die Nachfragesteigerung der privaten Haushalte auf höhere Beschäftigtenzahlen und etwas höherem Anteil an den Produktivitätsfortschritten anstatt auf der Umverteilung von Gewinnen beruhen könnte. Mehrausgaben der öffentlichen Haushalte würden selbst bei sinkenden Steuertarifen die Fortsetzung der Konsolidierung erlauben, insbesondere bei einer wirklichen Umwandlung von speziellen Subventionen in allgemeine Tarifsenkungen. Hier könnte im doppelten Sinne den Lenkungskräften der Märkte eine größere Chance eingeräumt und der notwendige Strukturwandel beschleunigt und aus sich heraus finanziert werden. Zusätzliche Investitionsausgaben der Unternehmen könnten mit einer Verbesserung der Eigenkapitalquote einhergehen.

Damit würden sich alle tragenden Komponenten der Inlandsnachfrage aus dem Prozeß heraus in ihrer Wachstumspotenz immer wieder erneuern und dadurch in ihrem Wachstumsbeitrag verstetigen. Die Volkswirtschaft als Ganzes würde ihre internationale Wettbewerbsfähigkeit auf der Kostenseite verstärken und von der Angebotsqualität her verbessern. Insoweit bliebe die Basis der Auslandsnachfrage strukturell auch dann gesichert, wenn sich die „Erlöshilfe“ aus dem zu niedrigen Wechselkurs der DM erwartungsgemäß weiter verringert und im Pendelausschlag der Devisenmärkte möglicherweise vorübergehend ins Gegenteil verkehrt. Befreit von wachstumsbelastenden und beschäftigungshemmenden Korrekturen inländischen Fehlverhaltens könnten sich die Geld-, Fiskal- und Wirtschaftspolitik in der Bundesrepublik Deutschland darauf konzentrieren, den möglichen inländischen Wachstumspfad besser gegen exogene Störungen abzufedern und damit weniger Chancen zu vergeben, als dies im Verlauf der 70er und eingangs der 80er Jahre geschah.

Die zu erwartende Verstetigung der Wirtschaftsentwicklung in der zweiten Hälfte der 80er Jahre enthält die grundlegend neue Option, sich in der Wirtschafts-, Geld- und vor allem Sozialpolitik von den hektischen ad hoc-Korrekturen der Vergangenheit zu lösen und dafür mit langem Atem das Wirtschaftswachstum in seiner quantitativen und vor allem auch qualitativen Dimension zu stärken. Ruht die laufende Wirtschaftsentwicklung zunehmend auf vorausschauenden Entscheidungen von gestern, gewinnt die Wirtschaftspolitik Freiheitsgrade für die höhere Zielerreichung von morgen.

2. Die Bewältigung ökologischer Herausforderungen im Rahmen der Unternehmensziele

von H. Sihler*)

Wirtschaftsunternehmen stehen mehr als früher vor einem Zielkonflikt; weil erstens immer mehr Menschen die wirtschaftliche Entwicklung als bestimmend für ihr eigenes Schicksal empfinden und dementsprechend auch gegenüber den einzelnen Unternehmen ihre Wünsche, Forderungen und Ängste artikulieren; zum zweiten weil es scheint, daß die Wirtschaft sich ihren natürlichen Wachstumsgrenzen nähert und daß sie Ressourcen verbraucht, die nicht wieder ersetzt werden können. Der Zielkonflikt wird von außen an die Unternehmen durch unterschiedliche Forderungen unterschiedlicher Gruppierungen herangetragen — aber auch in den Unternehmen selbst wird der Zielkonflikt bei den Entscheidungsprozessen zunehmend spürbar.

Einige dieser Forderungen seien beispielhaft genannt. Die Liste ließe sich ohne Schwierigkeiten vergrößern.

— Unternehmen sollen einen angemessenen Gewinn erzielen, um das eingesetzte Kapital verzinsen zu können und Mittel für ein weiteres Wachstum zur Sicherung der eigenen Existenz zu erwirtschaften.

— Sie sollen Arbeitsplätze in möglichst großer Zahl bereitstellen; diese Arbeitsplätze sollen in jeder Hinsicht human sein.

— Sie sollen die soziale Lage ihrer Mitarbeiter laufend verbessern.

— Sie sollen die Umwelt weder durch die erzeugten Produkte noch durch die Erzeugung dieser Produkte schädigen.

— Sie sollen einen positiven Beitrag zur gesellschaftlichen Entwicklung aller Staaten leisten, in denen sie tätig sind.

Die Diskussion über die sich oft widersprechenden Ziele wird erschwert oder sogar vereitelt, weil mit den einzelnen Zielen unterschiedliche Wertvorstellungen verknüpft sind. Letzten Endes wird, auch wenn wir uns dessen nicht immer bewußt sind, hier ein ethischer Konflikt ausgetragen. Wir leben in einer pluralistischen Gesellschaft und damit auch in einer Gesellschaft des ethischen Partikularismus. Manche Gruppierungen versuchen aber, ihre spezielle Wertordnung absolut zu setzen. Sie immunisieren sich durch Aggression gegen Argumente, und aus der so gesicherten Position heraus schwingen sie die ethische Keule. Die Grünen sind dafür ein eklatantes Beispiel, aber es gibt auch andere. Die auf der Grundlage einer subjektiven ethischen Überzeugung vorgetragene Kritik an den Wirt-

*) Prof. Dr. Helmut Sihler, Vorsitzender der Geschäftsführung der Henkel KGaA, Düsseldorf

schaftsunternehmen läßt die Frage nach den *Ursachen* bestimmter Entwicklungen verkümmern. Man sucht lieber nach den *Schuldigen.*

Manche Medien übernehmen für diese Angriffe gern die Verstärkerfunktion. Sie schätzen den Unterhaltungswert von Enthüllungen und verzichten nur allzu gerne auf die Last einer umfassenden, die Gesamtzusammenhänge berücksichtigenden, also wahren Darstellung.

In einer um ethische Werte geführten Diskussion hat Geld den niedrigsten Stellenwert. Die Erzielung von Gewinnen wird in jedem Fall von den außenstehenden Kritikern der Unternehmen als nachrangig behandelt. Die eben erwähnten Medien sprechen dabei natürlich von der Profitgier oder dem Kampf um den Mammon und was dergleichen Angriffsvokabeln noch mehr sind.

Es gibt meines Erachtens drei falsche Reaktionsweisen von seiten der Unternehmen auf diese Angriffe. Es erscheint mir nützlich, sie kurz zu beschreiben; allerdings sind diese Verhaltensmuster für die Unternehmen in den demokratischen Industriestaaten nicht typisch.

1. Man glaubt, gegen die vorgetragenen Angriffe keine Verteidigungsposition, für die die Öffentlichkeit Verständnis hätte, aufbauen zu können, also wird man sprachlos. Die Kritiker haben es einfach: Erfolgt aus Umweltschutzgründen irgendwo eine Betriebsstillegung, dann sagen die einen, es werden Arbeitsplätze vernichtet, erfolgt sie nicht, dann sagen die anderen, es wird die Umwelt vernichtet. Was auch immer geschieht, die Kapitalinteressen des Unternehmens werden an den Pranger gestellt. Verzichtet dann das Unternehmen auf Reaktionen, igelt es sich ein, dann läuft es Gefahr im Bunkerdenken zu versinken. Es verliert dabei mehr als den Kampf um die öffentliche Meinung. Es verliert auch — paradoxerweise — seine innere Unabhängigkeit.

2. Eine zweite Reaktionsweise, letzten Endes ebensowenig erfolgversprechend, ist das trotzig vorgetragene Bekenntnis zum Gewinn als dem einzig möglichen Unternehmenszweck, dem sich alle anderen Ziele unterzuordnen hätten. Jeder, der ein bißchen Kenntnis hat von unternehmerischen Entscheidungsprozessen, weiß, daß in der Realität unterschiedliche Argumente und unterschiedliche Zielvorstellungen in die Entscheidung einfließen. Sie müssen es zwangsläufig, denn Unternehmen leben nicht als Einzelwesen in einem Dschungel, sondern sie sind Bestandteile und Bausteine einer Gesellschafts- und Wirtschaftsordnung. Daß manchmal von einzelnen Unternehmen der Gewinnstandpunkt ausschließlich in den Vordergrund geschoben wird, wird verständlich dadurch, daß es für alle anderen Gesichtspunkte Interessenvertretungen gibt — z. B. für soziale Gesichtspunkte den Betriebs-

rat, für Umweltfragen Bürgerinitiativen, für staatliche Belange die Behörden. Der Untenehmer sieht sich deshalb selbst als den einzigen Verteidiger des in einer Marktwirtschaft so wichtigen wirtschaftlichen Standpunkts.

3. Auch für eine dritte, meines Erachtens falsche Verhaltensweise von Unternehmen gibt es einzelne Beispiele: Es ist der Versuch, Zielkonflikte zuzukleistern, indem man Harmonisierungsmöglichkeiten unterstellt, die es in der Wirklichkeit gar nicht gibt. Verharmlosungen helfen uns nicht weiter. Ökologie und Ökonomie sind nur dann miteinander versöhnbar, wenn wir ihren Widerspruch nicht leugnen.

Wer selbst in einem Unternehmen Verantwortung trägt und über die Zielkonflikte in einem Unternehmen spricht, wandelt auf einem schmalen Grat.

Er darf sein Denken nicht so ausschweifen lassen, daß ihm die Praxis nicht folgen könnte. Umgekehrt aber darf er die eigene Praxis nicht zur alleinigen Richtschnur seines Denkens nehmen. Ich möchte deshalb meinen eigenen Standpunkt deutlich machen.

1. Die Wirtschaft ist kein ethikfreier Raum, für sie gelten dieselben ethischen Fragen und Forderungen wie für alle anderen Bereiche des menschlichen Lebens auch. Sie kann sich deshalb einer Diskussion über Sinn, Zweck und Ergebnisse ihrer Tätigkeit nicht entziehen. Was für die Wirtschaft im gesamten gilt, gilt auch für das einzelne Unternehmen.
2. Als Menschen sind wir in unserem Denken, Wollen und Handeln unvollkommen und widerspruchsvoll. Nach meiner Überzeugung ist es für eine gute menschliche Existenz fundamental, diesen Zwiespalt nicht zu verdrängen, sondern ihn im Bewußtsein zu halten. Wir dürfen unsere Wertvorstellungen nicht nach unseren jeweiligen Notwendigkeiten und Vorlieben bestimmen.
3. Die moderne Wirtschaft ist ein hochgradig verflochtenes kompliziertes System mit vielfältigen Erscheinungsformen. Vereinfachende Bewertungen, aus welcher Richtung sie auch kommen mögen, oder Forderungen auf ein Ziel hin, können dem Gesamtsystem nicht gerecht werden. Das gilt für positive oder negative Pauschalurteile.
4. Die Erhaltung der Biosphäre und die Erhaltung einer menschengerechten Umwelt — was nicht dasselbe sein muß — sind ethisch übergeordnete Ziele. Anders ausgedrückt: Weltschutz und Umweltschutz sind Aufgaben, denen sich — ich sage bewußt: vernünftigerweise — niemand entziehen kann.

Wie können Unternehmen ihre Zielkonflikte lösen? Nach meiner Überzeugung ist ein abstraktes Zielsystem mit einer fixierten Zielhierarchie, das für alle Unternehmen Geltung hätte, nicht formulierbar.

Zielkonflikte sind Wertkonflikte. Für die Lösung solcher Wertkonflikte ist in der abendländischen Moralphilosophie die Kunst der Kasuistik entwickelt worden. Sie wurde viel geschmäht, weil die Vorstellung entstand, daß man kasuistisch letzten Endes jede Handlungsweise rechtfertigen könnte. Es ging aber darum, den Wertvorstellungen in der widersprüchlichen Wirklichkeit Geltung zu verschaffen.

Erlauben Sie mir, Ihnen einen konkreten Fall vorzutragen, aus dem ich vier Strategien ableiten möchte, wie ökonomische und ökologische Gesichtspunkte im Unternehmen miteinander vereinbart werden können.

Daß ich ein Beispiel aus dem Unternehmen Henkel wähle, liegt nicht nur daran, daß ich um Ihr Vertrauen werben will; natürlich kenne ich bei diesem Fall die Hintergründe und Zusammenhänge am besten.

Etwa Anfang der siebziger Jahre wurde für die Waschmittel-Industrie das Eutrophierungsproblem virulent.

Qualitativ hochwertige Waschmittel enthielten damals etwa 40% Phosphate, die hervorragende Wascheigenschaften haben und toxikologisch, weil auch Bestandteil von Nahrungsmitteln, vollkommen unbedenklich sind. Diese Waschmittelphosphate haben etwa zur Hälfte zur Überdüngung der Gewässer beigetragen. Manche Seen drohten „umzukippen", weil das Algenwachstum durch natürlichen Nährstoffmangel nicht mehr begrenzt war. Wir sahen damals keinen Weg, gute Waschmittel mit reduziertem Phosphatgehalt mit ausreichender Rentabilität herzustellen. Henkel startete damals, wie die anderen großen Waschmittelhersteller auch, ein intensives Forschungsprogramm zum Problem Phosphatersatz. Über die Ergebnisse wurden das Innenministerium und die von ihm beauftragten Behörden und Ausschüsse laufend informiert. Es war nach Tausenden Versuchen ein forscherischer Glücksfall, daß ein spezielles Natriumaluminiumsilikat gefunden und weiterentwickelt wurde, das heute die Phosphate in Waschmitteln ersetzen kann.

Das Absicherungsprogramm für diesen neuen Inhaltsstoff der Waschmittel wurde durchgeführt in Zusammenarbeit mit staatlichen Stellen; ausnahmsweise auch mit den Wettbewerbern, denn in der ausgewählten Versuchsstadt zur Prüfung des Verhaltens in Kläranlagen mußten sämtliche Waschmittel auf das neue Produkt umgerüstet werden. Die Erfolge führten dazu, daß die Gesetzgebung dem Entwicklungsstand des neuen Produktes folgte. Seit dem 1. Januar 1984 ist der Phosphatgehalt aller deutschen Waschmittel auf 50% gegenüber dem Ausgangszustand reduziert. Viele Waschmittel, auch solche mit Spitzenqualität, sind in Deutschland und anderen europäischen Ländern inzwischen sogar völlig phosphatfrei. Auch eine Reihe von Wettbewerbsfirmen, allerdings nicht alle, setzen den bei uns entwickelten Ersatzstoff ein. In Japan haben alle Waschmittelfirmen eine Lizenz auf dieses Produkt genommen.

Die Schilderung der Entwicklung von SASIL, wie wir dieses spezielle Natriumaluminiumsilikat nennen, könnte sehr viel mehr Einzelheiten enthalten. Bevor ich Schlußfolgerungen daraus ableite, nur noch zwei Fakten.

Henkel setzt weit mehr als 50 000 t dieses Stoffs jährlich in seinen Waschmitteln ein. Seine Verwendung, ursprünglich ökologisch bedingt, hat heute für unser Unternehmen ökonomische Vorteile.

Kann man aus diesem Einzelfall Handlungsanweisungen ableiten? Ich meine: in gewissen Grenzen ja. Ich möchte sie als Strategien formulieren, als typische Verhaltensweisen, die dem angestrebten Zweck der Konfliktlösung zwischen wirtschaftlichen Zwängen und Umweltproblem am besten gerecht werden. Nicht immer werden sie ein so positives Ergebnis haben können wie im angeführten Beispiel; immer aber werden sie die Chancen einer guten Lösung vergrößern.

1. Die erste Strategie ist die der bewußten Annahme der ökologischen Herausforderung. Wie man auch immer zu den Prognosen des Club of Rome und anderen Zukunftsszenarios stehen mag, wir wissen, daß die Welt nicht endlich ist und daß quantitatives Wachstum nicht unbegrenzt möglich ist.

   Wir müssen also einen wesentlichen Teil der Forschungskapazitäten in den Unternehmen dafür einsetzen, die Anforderungen an die Umwelt zu reduzieren, sei es im Energie- oder Rohstoffverbrauch oder auch in der Umweltbelastung durch die Fabrikation und die hergestellten Produkte. Weder innerhalb noch außerhalb der Unternehmen sollte man bei der Abschätzung der Erfolgsmöglichkeiten kleinmütig sein. Bei der Energieeinsparung, bei der Sauberhaltung der Gewässer, bei der Verbesserung der Lebensbedingungen für den Menschen sind durch neue Technologien in den Industrieländern bereits erhebliche Fortschritte erzielt worden. Sie werden nur von denen geleugnet, die aus der Untergangsprophetie Kapital schlagen möchten. Wir waren bei Henkel überrascht, wie wenig positiv das Echo auf SASIL war, wenn man vergleicht, welches Ausmaß die Kritik, ja die Empörung über die Eutrophierung hatte.

   Wenn die deutsche Chemie im Jahr für etwa 3 Milliarden DM Kosten Umweltschutzanlagen betreibt und etwa 700 Millionen DM für neue Anlagen investiert, dann werden damit nicht nur negative Effekte gemildert, sondern tatsächliche Verbesserungen erzielt. Auf einem anderen Blatt steht allerdings, daß durch das fehlerhafte Verhalten einzelner Unternehmen diese Verbesserungen den Menschen nicht ausreichend bewußt werden.

2. Ökologische Probleme sind der Natur der Sache nach Dauerprobleme. Sie können nicht von heute auf morgen gelöst werden. Wir brauchen zur Verbesserung der Situation einen langen Atem. Die Unternehmenspolitik muß gerade in diesem Punkt langfristig angelegt werden. Das heißt nicht, daß die Probleme auf die lange Bank geschoben werden sollen; umgekehrt, wer heute die Probleme anpackt, wird auf lange Sicht daraus einen Nutzen ziehen.

   Viele Unternehmen in Europa haben zwei Weltkriege und große soziale und politische Erschütterungen überstanden. Es wäre einfach dumm, wenn man heute so planen und handeln wollte, als ob die Welt nach dem Jahr 2000 zu Ende ginge.

3. Unternehmen sind der Schnittpunkt vielfältiger Interessen. Sie bilden ein kompliziertes System und ein vielschichtiges soziales Gebilde. Daraus sollten sie das Recht und die Pflicht ableiten, gegen partikuläre Forderungen bestimmter Gruppen, seien es Umweltschützer, Tierschützer und andere, aufzutreten. Wenn mit dem Anspruch einer höheren Moral unsinnige Forderungen aufgestellt werden, dann muß das Unternehmen ihnen widersprechen. Hätten die Waschmittelhersteller die Phosphate nicht verteidigt, dann gäbe es heute schlechtere Lösungen für die Hausfrauen, die Hersteller und die Umwelt.

4. Die vierte Strategie schließlich ist die Bereitschaft, mit allen, die am jeweiligen Problem interessiert sind und die guten Willens sind, zusammenzuarbeiten. Ökologische Fragen sind der Natur der Sache nach nicht von einzelnen Unternehmen zu lösen. Sie betreffen Industriezweige, Regionen, ja oft Staaten. Wir brauchen hier den aus der sachlichen Diskussion heraus entstehenden Konsens aller. Gerade auf diesem Gebiet muß Kooperation praktiziert werden, wenn echte Lösungen entstehen sollen. Der SASIL-Fall ist hierfür ein exzellentes Beispiel. Es mag sein, daß einzelne Umweltprobleme im Wettbewerb gegeneinander gelöst werden können. Im wesentlichen aber handelt es sich um Fragen der Infrastruktur, deren Sicherung eine allgemeine Aufgabe ist.

Soweit die vier Strategien: Problembewußtsein, Langfristigkeit, Vermeidung von Pseudolösungen, Kooperation.

Unser Wirtschaftssystem ist in seiner Belastbarkeit in den letzten Jahren sicherlich überschätzt worden. Wir sollten heute nicht in den Fehler verfallen, seine Anpassungsfähigkeit zu unterschätzen. Wenn wir die Innovationskraft der Unternehmen nicht verschütten, sei es durch eingrenzende Bestimmungen von außen oder auch durch eine verkrampfte innere Einstellung, dann werden wir viele der Probleme, die uns heute bedrängen, überwinden können.

Die unternehmerische Lösung von Zielkonflikten — auch der ökologischen Herausforderung — ist weder der Rückzug noch der Kompromiß: es ist das Bemühen um die dynamische Lösung, um die gestaltete Veränderung im Sinne Schumpeters. Die freiheitliche Wirtschaftsordnung eröffnet die Chance zur Lösung des Zielkonflikts, sei es in der Wirtschaft im ganzen oder im einzelnen Unternehmen. Lassen wir uns von denen, die diese Ordnung nicht mögen, nicht Kleinmut aufschwätzen.

3. Strategisches Management: Das Denken in Erfolgspotentialen und seine Implementierung

von W. Kirsch, W.-M. Esser und A. Fischbacher*)

„Holzhacken ist deshalb so beliebt, weil man bei dieser Tätigkeit den Erfolg sofort sieht.“
(Albert Einstein)

Vom Holzhacken

Der Erfolg der deutschen Wirtschaft in der Vergangenheit ist zu einem großen Teil darauf zurückzuführen, daß die Mitarbeiter und Führungskräfte in den Unternehmen Spaß am effizienten Holzhacken — ganz im Sinne Einsteins — hatten. Heute jedoch ist immer häufiger feststellbar, daß alles noch so anstrengende Holzhacken nichts nützt: Es ist kaum noch ein unmittelbarer Erfolg zu sehen. Und es dämmert den operativen Holzhackern in den Unternehmen, daß sie möglicherweise mit immer größeren Anstrengungen das falsche Holz hacken.

Kein Wunder, daß das Interesse an strategischer Analyse und Planung in der Praxis selbst zunimmt, wie eine jüngst durchgeführte empirische Untersuchung bestätigt. Verbunden ist damit die Hoffnung, auf diese Weise das richtige Holz finden zu können, welches man — dann wieder mit unmittelbarem Erfolg — operativ-effizient hacken kann.

Anders ausgedrückt: Strategische Analyse und Planung dienen dem systematischen Erkennen und Fortentwickeln der Erfolgspotentiale eines Unternehmens; das operative Management macht aus den Erfolgspotentialen erst tatsächliche Erfolge, welche sich dann wiederum in der Gewinn- und Verlustrechnung niederschlagen.

Worin ist nun das für das Strategische Management typische Denken in strategischen Erfolgspotentialen zu sehen? Wir wollen dies im folgenden vereinfacht anhand des schon klassischen Instruments der Portfolio-Analyse näher verdeutlichen. Die Grundgedanken sind inzwischen weitgehend bekannt: Zum einen untersucht man über eine Umweltanalyse die sich in den einzelnen Geschäften bzw. Märkten („Strategischen Geschäftsfeldern“) bietenden Gefahren und Gelegenheiten und erhält dadurch Hinweise über die Attraktivität der Märkte. Zum anderen werden

*) Dipl.-Kfm., Dr. oec. publ., Werner Kirsch, o. Prof. für Betriebswirtschaft und Betriebswirtschaftliche Planung sowie Vorstand des Instituts für Organisation der Universität München

Dipl.-Kfm., Dr. rer. pol. Werner-Michael Esser, Geschäftsführer der STRATEGEMA GmbH — Institut für angewandte Studien zur Strategischen Unternehmensführung, München

Dipl.-Kfm., Dr. oec. publ. Alfred Fischbacher, Mitglied der Geschäftsleitung der MEFRO Metallwarenfabrik Fischbacher GmbH, Rohrdorf/Rosenheim im Rahmen einer Unternehmensanalyse die Stärken und Schwächen eines Unternehmens ermittelt und an den sich aus der Umweltanalyse resultierenden Informationen über die Wettbewerber relativiert. Hierdurch ergeben sich über die relativen Stärken und Schwächen Hinweise auf die Wettbewerbsposition eines Unternehmens in den einzelnen Märkten.

Verbindet man nun die Aussagen zur Marktattraktivität mit jenen der relativen Wettbewerbsposition eines Unternehmens, so ergibt sich hieraus die Größe der strategischen Erfolgspotentiale:

Eine hohe Marktattraktivität und eine starke relative Wettbewerbsposition kennzeichnen ein hohes Erfolgspotential. Hier ist es vernünftig, die Holzhacker einzusetzen und operativ-effizient hacken zu lassen.

Demgegenüber wäre es äußerst unvernünftig, dort Holz hacken zu lassen, wo ein Unternehmen eine schwache relative Wettbewerbsposition besitzt und der Markt wenig attraktiv erscheint. Denn dort würde alles noch so anstrengende Holzhacken kaum zu einem unmittelbaren Erfolg führen.

Dies charakterisiert im Grunde das für ein Strategisches Management typische Denken in Erfolgspotentialen, und sowohl Beratungsgesellschaften als auch die Wissenschaft haben eine ganze Reihe von Instrumenten konzipiert, welche diese Erfolgspotentiale visualisieren sollen. Die meisten der vorgeschlagenen Analyseinstrumente entwickeln jedoch die strategischen Überlegungen in erster Linie in der Perspektive der unmittelbar mit der Versorgung der Märkte mit Gütern und Dienstleistungen verbundenen Funktionen. Dies erscheint uns aber als eine zu enge Betrachtungsweise des Strategischen Managements. In diesem Sinne wäre Strategisches Management nichts anderes als strategisch orientiertes Marketing.

Wir sind jedoch der Auffassung, daß die Beschränkung strategischer Überlegungen auf den Produkt-/Markt-Bereich der sich heute konstituierenden Umweltsituation nicht mehr entspricht. Insbesondere im Lichte der immer häufiger auftretenden Diskontinuitäten und Turbulenzen, welche sich nicht nur auf die Märkte sondern auch auf das übrige sozio-ökonomische Feld eines Unternehmens erstrecken, sowie die im Zuge der „stillen Revolution" des Wertewandels sich abzeichnenden Sinn- und Orientierungskrisen wird es zunehmend notwendig, die Erarbeitung genereller Handlungsmöglichkeiten eines Unternehmens unter dem Gesichtspunkt der Erschließung, Sicherung und Fortentwicklung von Erfolgspotentialen über den Produkt-/Markt-Bereich hinaus auch auf andere Unternehmensbereiche zu beziehen.

In dieser Sichtweise wird das Marketing in den umfassenderen Rahmen der Führungsphilosophie eines Strategischen Managements gestellt. Diese These soll im weiteren vertieft werden.

Marketing und Strategisches Management

Werden die Entwicklungstendenzen in der Marktforschung analysiert, so war die Verbreitung der Idee des Marketing vom Wandel des Verkäufermarktes hin zum Käufermarkt geprägt. Ursprünglich waren die Anwendungen dieser Führungsphilosophie und die entsprechenden Instrumente auf den Kernbereich der privaten, gewinnorientierten Unternehmen in marktwirtschaftlichen Systemen beschränkt. In der Marketingforschung der jüngeren Vergangenheit finden sich freilich vielfältige Bestrebungen, das Marketing aufgrund der sich verändernden Problemsituation programmatisch zu erweitern.

Dies gilt zum einen für die Ausweitung des Anwendungsbereiches der Marketinginstrumente im Sinne eines „Nonbusiness Marketing" oder eines „Social Marketing". Zum anderen finden sich auch Forschungsbemühungen, die Marketingphilosophie in der Weise zu „vertiefen", daß auch der gesellschaftliche Bezug der Führungsaktivitäten jenseits eines ausschließlich gewinnorientierten Absatzdenkens in diese Führungsphilosophie einbezogen wird. Man denke hier etwa an das „Human Concept of Marketing".

Abbildung 1 gibt die angedeuteten Tendenzen im Marketingdenken wieder, wobei die Ziffern und Pfeile die historische Entwicklung widerspiegeln. Auf der Basis dieser Entwicklungslinien wollen wir im folgenden Marketing und Strategisches Management vergleichen.

Die klassische, auf den Kernbereich beschränkte Fassung der Marketingphilosophie fordert eine marktorientierte Führung eines Unternehmens (Feld 1). Die auf der Portfolio-Analyse aufbauende Strategische Planung ist sicherlich eine konsequente Weiterentwicklung einer solchen marktorientierten Unternehmensführung. Die Portfolio-Analyse ist aber auch als ein erster Schritt zu einem Strategischen Management zu sehen, dessen Philosophie neben dem Denken in Erfolgspotentialen zusätzlich den Gesichtspunkt der geplanten Evolution hervorhebt.

Freilich ist ein entscheidender Grund für die Postulierung eines Strategischen Managements, daß man eine Beschränkung strategischer Über-

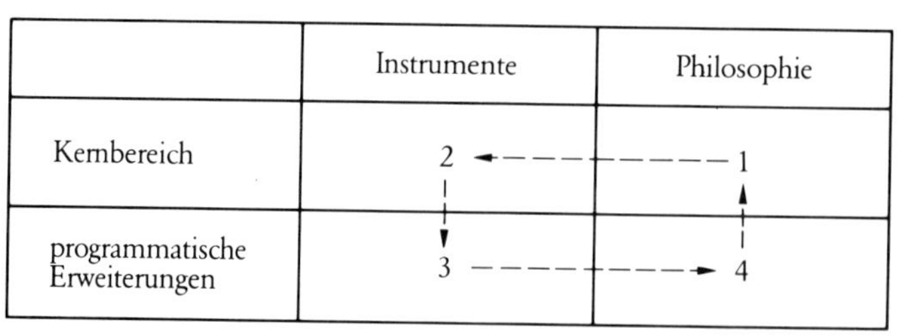

Bild 1: Entwicklungslinien des Marketing

legungen auf den Produkt-/Markt-Bereich nicht mehr als ausreichend empfindet. Die Idee des Strategischen Managements trägt damit dem Umstand Rechnung, daß Unternehmen sich als interessenpluralistische Systeme auch an den Bedürfnissen und Interessen anderer Betroffener (neben den Kunden) zu orientieren haben. Das Strategische Management entthront damit nicht das Marketing, sondern lenkt die Aufmerksamkeit auch auf immer wichtiger werdende Ergänzungen.

Betrachtet man die Marketinginstrumente im klassischen Anwendungsbereich (Feld 2) aus der Sicht des Strategischen Managements, drängt sich sehr schnell der Eindruck auf, daß diese Instrumente meist zu sehr an mehr operativen Führungsproblemen orientiert sind. Soweit strategische Fragestellungen einbezogen werden, muß eine zu einseitig wachstumsorientierte Sichtweise bemängelt werden. So findet man in der Marketingdiskussion bisher wenig hilfreiche Hinweise, wie etwa das Marketing-Mix im Falle einer Rückzugsstrategie zu gestalten ist. Ferner wird eine Unterstützung durch die klassische Marktforschung vermißt, wenn es etwa im Bereich der Portfolio-Analyse um die Beurteilung der Attraktivität eines Marktes bzw. eines strategischen Geschäftsfeldes geht.

Generell kann wohl festgestellt werden, daß das Methodendefizit des Strategischen Managements zwar nicht durch die bestehenden Marketinginstrumente behoben wird, daß aber das Marketing hierzu wesentliche Impulse zu geben vermag.

Schwieriger wird der Vergleich zwischen Marketing und Strategischem Management, wenn man sich im Feld 3 der programmatischen Erweiterung des Marketing bewegt. Die Praxis hat diese Entwicklung mit großer Skepsis aufgenommen und kaum akzeptiert. Feld 3 ist z. B. dann angesprochen, wenn das Konzept des „Social Marketings“ in die Betrachtung einbezogen wird. „Social Marketing“ ist der Versuch, die Denkweise und die Instrumente des Marketing für den „Verkauf“ neuer Ideen und sozialer Veränderungen nutzbar zu machen. Damit wird jedoch die typische Problematik der Strategischen Steuerung angesprochen, welche das strategisch Gewollte in die Realität umsetzen soll. Es ist ein charakteristisches Kennzeichen des Strategischen Managements, daß es nicht von dem paraphrasierten kartesianischen Postulat „Ich plane, also handle ich“ ausgeht, sondern dem „Marketing“ des strategischen Wandels im Unternehmen selbst und in der relevanten Umwelt besondere Aufmerksamkeit widmet. Die Strategische Steuerung ist ein hervorragender Anwendungsfall des „Social Marketing“ und sollte dessen Instrumentarium nutzen.

Am schwierigsten ist ein Vergleich zwischen der Führungsphilosophie des Strategischen Managements und jener Marketingansätze, die ein

„Deepening" der Marketingphilosophie anstreben (Feld 4). Zweifellos sind diese Bemühungen durch den Versuch geprägt, den vielfältigen gesellschaftskritischen Argumenten zu begegnen, welche sich immer wieder an einer zu engen Auslegung des Marketinggedankens entzünden. Diese sehen in der Marketingphilosophie gerne jene Ideologie, die für tatsächliche oder vermutete inhumane Anwüchse einer rein gewinn- und marktorientierten Unternehmensführung verantwortlich gemacht wird. In einem mündigen Interessenpluralismus setzt sich die Unternehmensführung mit einem großen Spektrum von Bedürfnissen und Interessen der direkt oder indirekt von der Unternehmenspolitik Betroffenen auseinander. Insofern sind die programmatischen Erweiterungen (und Vertiefungen) der Marketingphilosophie auch eine Antwort auf Herausforderungen, denen sich die Unternehmensführung in den kommenden Jahren durch veränderte Werthaltungen vermehrt gegenübersieht. Diese Diagnose teilen wir. Freilich erscheint uns ein „Deepening" der Marketingphilosophie nicht der geeignete Ansatzpunkt. Wir ziehen es vor, das Strategische Management so zu konzipieren, daß die dahinterstehende Philosophie diesen Herausforderungen Rechnung trägt. In diesem Sinne dient das Strategische Management der systematischen Entwicklung von Zielen, Grundsätzen und Strategien, welche sich zu einer konzeptionellen Gesamtsicht der Unternehmenspolitik verdichten sollen, sowie der Bestimmung der jeweils nächsten robusten Schritte zu deren Verwirklichung. Ein Strategisches Management hat damit die Aufgabe, die Konzeption der Unternehmenspolitik bewußt zu entwickeln, kommunizierbar zu machen und durch eine Folge von Schritten kontrolliert zu verwirklichen. Dieser Sichtweise liegt die Philosophie der „geplanten Evolution" zugrunde.

Die geplante Evolution

Abbildung 2 gibt die Sichtweise der geplanten Evolution graphisch wieder und verdeutlicht, daß nicht versucht wird, ein Gesamtkonzept gleichsam in einem „total systems approach" zu realisieren. Stattdessen wird vielmehr die Notwendigkeit einer konzeptionellen Gesamtansicht in den Vordergrund gestellt, welche die Schrittfolge einer Systemrealisierung steuert. Die Evolution eines Unternehmens vollzieht sich demnach in einer Folge überschaubarer Schritte. Jeder einzelne Schritt knüpft am Status quo an und schafft „Tatsachen", die den Status quo der nachfolgenden Schritte prägen.

Die Auslöser eines konkreten nächsten Schrittes können in akuten, vielleicht sogar abrupt auftretenden Mängeln und Störungen liegen, die häufig durch frühere „kleine" Schritte mitverursacht wurden. Aber auch „autonome" Veränderungen bzw. Turbulenzen in der gegenwärtigen

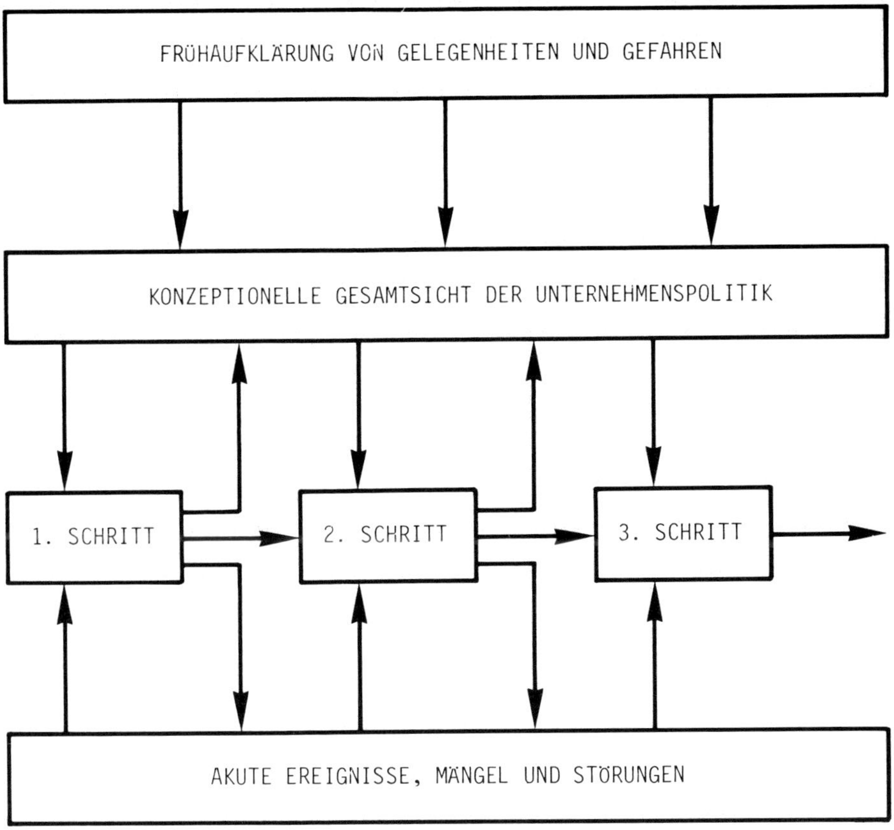

Bild 2: Die geplante Evolution

Umwelt des Unternehmens können zu Mängeln und Störungen führen, die nächste Schritte auslösen.

Jeder einzelne Schritt entspricht jedoch nicht der reinen Anpassung, sondern wird durch eine konzeptionelle Gesamtsicht der Entwicklung des Unternehmens gesteuert. Mit jedem Schritt wird dabei an Erfahrung gewonnen, die zu einer Modifikation und Konkretion der konzeptionellen Gesamtsicht führt. In dem Maße, wie die Evolution am Status quo und an den bislang gemachten Erfahrungen anknüpft, ist die „induktiv orientiert“, in dem Maße, wie „neue Ideen“ die Evolution prägen, ist diese „dekuktiv orientiert“.

„Neue Ideen“ im Sinne der geplanten Evolution sind auch neuartige gesellschaftliche Werte und nicht zuletzt auch „utopische“ Zukunftsentwürfe und Visionen. Dabei orientieren wir uns nicht an einer umfassenden Gesamtplanung, und auch nicht am Inkrementalismus des piecemeal engineering, wie es Popper postulierte, sondern beschreiten den Weg, wie er von Etzioni mit seinem mixed scanning aufgezeigt wurde. Dieser besteht darin, Utopien und Visionen im Zusammenwirken von induktiver und deduktiver Orientierung und gleichzeitigem schrittweisen Vorgehen einem harten Filter der Machbarkeit zu unterwerfen, bevor diese zu konkreten robusten Schritten in der Evolution führen. Robust ist hierbei ein Schritt, wenn dessen Realisierung im Lichte einer variablen, ungewissen Zukunft bei allen in der Planung herangezogenen Umweltzuständen ein erwünschtes Ergebnis zeigt.

In dieser Sichtweise läßt sich Strategisches Management als Steuerung und Koordination der langfristigen Evolution eines Unternehmens und seiner Aufgabenumwelt charakterisieren. Diese Steuerung und Koordination erfolgt über eine konzeptionelle Gesamtsicht der Unternehmenspolitik, die selbst einer ständigen kritischen Überprüfung und gegebenenfalls Anpassung unterworfen bleibt.

Das Spektrum eines Strategischen Managements

Eine konzeptionelle Gesamtsicht der unternehmenspolitischen Entwicklung erfordert, daß die Perspektiven der wichtigsten Unternehmensfunktionen berücksichtigt werden. Wir haben bereits darauf hingewiesen, daß die Varianten der Portfolio-Analyse und die meisten anderen der damit konkurrierenden Analyse-Instrumente strategische Überlegungen in erster Linie aus der Perspektive des Produkt-/Markt-Bereiches entwickeln. Dies führt häufig zu einer unvollständigen und relativ einseitigen Formulierung der Unternehmenspolitik.

Betrachtet man das in Abbildung 3 wiedergegebene Modell für den Handlungsspielraum eines Strategischen Managements, so ist eine konzeptionelle *Gesamt*sicht nur zu erarbeiten, wenn die Perspektiven des Sekundär-, Tertiär- und Quartärbereiches einbezogen werden. Der Primärbereich ist die Perspektive der unmittelbar mit der Versorgung der Märkte mit Gütern und Dienstleistungen verbundenen Funktionen (Produkt-/Markt-Bereich im klassischen Sinne). Die Perspektive des Sekundärbereiches knüpft an den Ressourcen des Unternehmens an, zu denen auch die Technologien zu rechnen sind. Die ressourcenbezogenen Funktionsbereiche durchdringen die Primär-Funktionsbereiche (Absatz, Produktion, Beschaffung) matrixähnlich.

Die Perspektive des Tertiärbereiches (gleichsam als dritte Dimension) ist die Perspektive der Führung bzw. Organisation, insbesondere der Gestaltung des vielfältigen Management- oder Business Systems. Schließlich liefert der Quartärbereich die Perspektive der „Standortbestimmung" (im wörtlichen und im übertragenen Sinne) des Unternehmens im sozio-

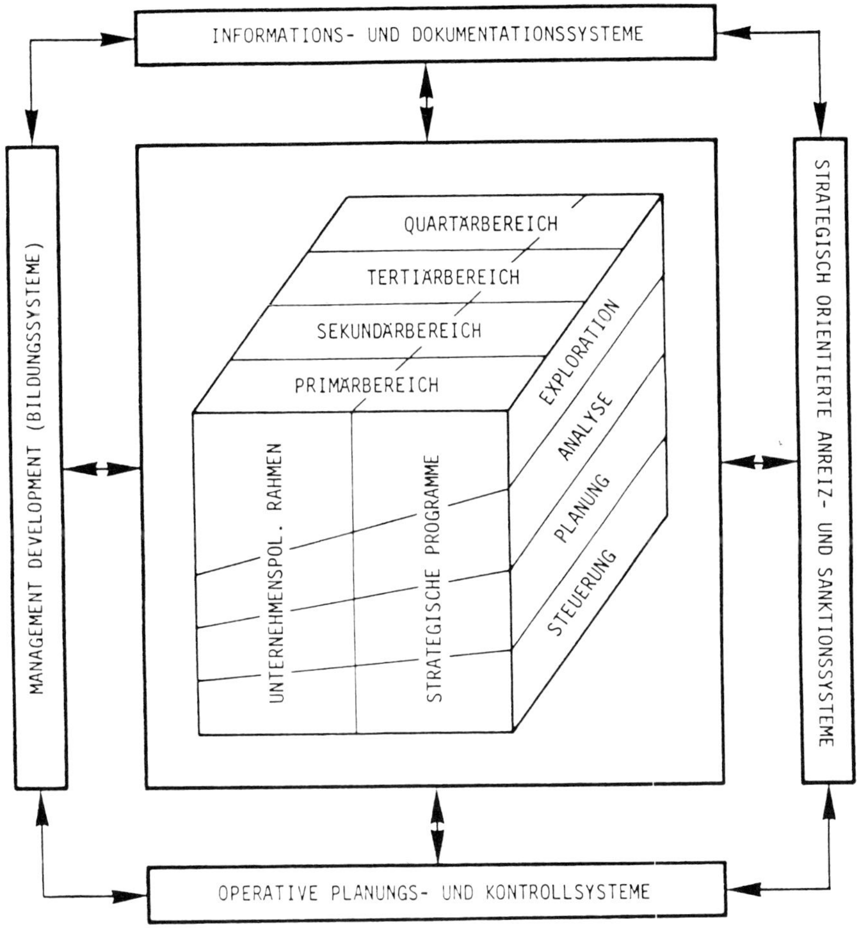

Bild 3: Das Spektrum eines Strategischen Managements

ökonomischen Feld. Dabei geht es um die Gestaltung der Beziehungen des Unternehmens zu den verschiedenen Interessengruppen (z. B. die Anteilseigner) im Netzwerk der (meist wechselseitigen) Abhängigkeiten und um die institutionelle Verankerung des Unternehmens im Bewußtsein der Öffentlichkeit.

Prinzipiell ist anzustreben, daß die genannten Bereiche jeweils aus ihrer spezifischen Perspektive heraus zunächst relativ autonom betrachtet werden. Die so erarbeiteten Ziele, Strategien und Grundsätze sind freilich zu konsolidieren, aufeinander abzustimmen und zu einer in sich konsistenten *Gesamt*sicht zusammenzuführen. Es wird hierfür jedoch kein Primat der Strategien des Produkt-/Markt-Bereichs postuliert, denen die Ressourcen-Strategien bzw. die Stoßrichtungen im Tertiärbereich (nach dem Motto „structure follows strategy“) nachzufolgen hätten. Man kann sich sehr gut vorstellen, daß in gewissen Situationen der Sekundärbereich der Ressourcen bzw. Technologien bei der Konsolidierung die Führungsrolle übernimmt, und daß mit guten Gründen die Produkt-/Markt-Strategien bzw. Ressourcen-Strategien den Strukturen folgen.

Die Wahl der neutralen Termini „Primär-, Sekundär- usw. Bereich“ und deren beispielhafte Erläuterungen stehen im Einklang mit der Feststellung, daß es in einzelnen Unternehmen durchaus zweckmäßig sein kann, die Begriffe unternehmensspezifisch abzugrenzen und auch zu definieren. Dies gilt auch für die in Abb. 3 getroffene Unterscheidung zwischen unternehmenspolitischem bzw. strategischem Rahmen und strategischen Programmen.

Mit diesen beiden Termini tragen wir der Tatsache Rechnung, daß in vielen Gesamtarchitekturen einer integrierten Unternehmensplanung zusätzlich zu einem „strategic planning“ ein „policy planning“ vorgeschlagen wird.

Gegenstand des unternehmenspolitischen Rahmens sind all jene Fragen, die in der Praxis vielfach mit dem Begriff „Unternehmenspolitik“ umschrieben werden. Damit werden Aktivitäten angesprochen, die der Formulierung der grundlegenden Maximen im Sinne von Unternehmenszielen und Unternehmensgrundsätzen dienen.

In der Strategischen Programmplanung werden über die in der unternehmenspolitischen Rahmenplanung formulierten Maximen strategische Stoßrichtungen für die einzelnen Geschäfte formuliert. Damit verbunden ist der Entwurf und die Bewertung von Programmen für Strategien, Unterziele und Maßnahmen, welche sich nicht nur auf den Produkt-/Markt-Bereich beziehen, sondern auch die anderen Bereiche umfassen.

Der Schnitt durch den Kubus der Abbildung 3 deutet in diesem Zusammenhang an, daß Fragen aus der Perspektive des Quartärbereiches in erster Linie Gegenstand der Überlegungen zum unternehmenspolitischen Rahmen sind, während sich die Perspektive des Primär- und Sekundärbereiches in sehr viel größerem Umfang auch und gerade in den strategischen Programmen niederschlägt.

Auch die Schnitte durch den Würfel gemäß den verschiedenen Phasen des Strategischen Managements sind nicht völlig parallel. In der Abb. 3 ist angedeutet, daß der unternehmenspolitische Rahmen in besonders hohem Maße Objekt von Explorationen ist, während hier Analyse, Planung und Steuerung an Bedeutung verlieren. Dahinter verbirgt sich die These, daß die Möglichkeiten der Unternehmensführung, den unternehmenspolitischen Rahmen zu planen und zu verändern, sehr begrenzt sind und sich die Aktivitäten auf eine Exploration (und Analysen) des Status quo konzentrieren. Dies schließt nicht aus, daß die Gestaltung strategischer Programme gerade durch eine Präzisierung des im Kern nur begrenzt veränderlichen Rahmens in expliziter Form an Systematik und Rationalität gewinnen kann.

Die Unterscheidung von vier Phasen eines Strategischen Managements darf nicht dahingehend mißverstanden werden, daß innerhalb der einzelnen Phasen jeweils nur eine Klasse von Aktivitäten anzutreffen ist. Spätere Phasen schließen stets auch Aktivitäten ein, die für die früheren Phasen besonders typisch sind. Auch im Rahmen der eigentlichen Planungsphase, welche sich mit dem Entwurf, der Bewertung und der Auswahl von Zielen, Grundsätzen, Strategien usw. befaßt, fallen z. B. Explorationen oder Analysen an.

Die Phasen Exploration und Analyse lassen sich nach den Kategorien der empirischen Sozialforschung wie folgt unterscheiden: Analysen liegen dann vor, wenn bereits ein Design der Datenerhebung und -auswertung existiert, während Explorationen erst zu einer Formulierung bzw. Auswahl eines Forschungsdesigns führen. Die Betonung einer Phase „Exploration", die in den übrigen Darlegungen zum Strategischen Management fehlt, soll dafür sorgen, daß ein Strategisches Management stets eine genügende Offenheit in der Aufklärung von Entwicklungen besitzt, die durch die „Brille" der Designs zweckgerichteter strategischer Analysen übersehen werden könnten.

Eine Implementierung des in der unternehmenspolitischen Rahmen- bzw. strategischen Programmplanung strategisch Gewollten erfordert eine strategisch orientierte Steuerung und Regelung der nachgelagerten operativen Planungen und ad hoc-Entscheidungen der operativen Führung. Es ist hierbei stets auch die Möglichkeit einer Revision der erarbeiteten Maximen einzubeziehen, wenn sich zeigt, daß die ursprünglichen Planprämissen auf entscheidenden Irrtümern beruhen. Dies ist der Kern der Strategischen Steuerung. Sie umfaßt zwei Aufgabenblöcke: zum einen sind die strategischen Maximen, insbesondere die Strategischen Programme, zu konkretisieren; dies betrifft sowohl die inhaltliche Konkretisierung in Form operativer Maßnahmen als auch deren Quantifizierung (Budgetierung). Zum anderen schließt die Strategische Steuerung die strategische Kontrolle ein, die ihrerseits zur Durchsetzung des strategisch Gewollten dient, aber auch den mit der Überprüfung der ursprünglichen Planprämissen für ein Strategisches Management typischen Lernprozeß in Gang hält. Konkretisierung und Kontrolle stehen dabei in einer engen Wechselbeziehung.

Die Aktivitäten des Strategischen Managements werden durch ein entsprechend konzipiertes Management Development sowie strategisch orientierte Anreiz- und Sanktionssysteme und Informations- und Dokumentationssysteme unterstützt. Daneben sichern operative Planungs- und Kontrollsysteme die Umsetzung strategischer Optionen in den operativen Bereich.

Zwischenbetrachtung: „Management an den Grenzen der Machbarkeit"

„Planung ersetzt den Zufall durch den Irrtum"

Diesen Spruch kann man in vielen Unternehmen an den Wänden der Büros finden — offensichtlich ein Ventil für frustrierte operative Führungskräfte, die sich immer wieder in umfangreiche Planungsrituale verstrickt sehen. Dieser Spruch jedoch ist wahr. Wir haben bislang noch kein Argument gefunden, welches die Wahrheit dieses Spruches erschüttert hätte. Dennoch spricht dieser Spruch nicht gegen Planung, sondern *für* sie. Denn aus Irrtümern (aber kaum aus Zufällen) kann man lernen. Dies beweisen auch die Rentabilitäten jener Unternehmen, die strategische Planung betreiben.

Voraussetzung für dieses Lernen ist allerdings die bereits oben angesprochene effiziente Kontrolle erkannter Irrtümer in den jeweils nächsten Planungsrunden und die Korrektur dieser. Damit ist im Grunde wiederum die Kernidee der geplanten Evolution angesprochen. Geplante Evolution ist der Versuch, in realistischer Einschätzung der Grenzen der Machbarkeit und insbesondere der Grenzen von Zukunftsvorhersagen einen strategisch orientierten Lernprozeß in Gang zu setzen.

Gerade die Kennzeichnung des Strategischen Managements als geplanter evolutionärer Lernprozeß darf nicht dahingehend mißverstanden werden, als ließe sich die Zukunft eines Unternehmens beliebig gestalten. Der von uns vertretene gemäßigte Voluntarismus zeichnet sich gerade durch eine sogenannte evolutionäre Grundeinstellung aus, die Unternehmen als selbstorganisierende, selbstevolvierende Systeme versteht, die in viel geringerem Maße beherrschbar und steuerbar sind, als gemeinhin angenommen wird.

Strategische Planung kann daher eher als Versuch bewertet werden, zumindest zeitweise die Evolution des Unternehmens zu beeinflussen, vor allem aber die Voraussetzungen dafür zu schaffen, daß man aus den unvermeidlichen Irrtümern systematisch zu lernen vermag. Gerade bei der Evolution des unternehmenspolitischen Rahmens darf man sich keiner Illusion hingeben, was die Machbarkeit betrifft.

Die Grenzen der Machbarkeit stecken jedoch nicht nur in der prinzipiellen Nichtvorhersehbarkeit der „richtigen" Zukunft. Will man ein Strategisches Management einführen, so sollte man sich von vornherein auch illusionslos über die vielen Gründe im klaren sein, die derartige Projekte zum Scheitern bringen können. In einer umfangreichen empirischen Untersuchung, welche sich mit Projekten der Einführung von Planungssystemen, von Informationssystemen, der Reorganisation usw. befaßte, wurden die an der Befragung teilnehmenden Unternehmen unter anderem auch darüber befragt, ob bei ihnen ein derartiges Projekt schon einmal für alle sichtbar gescheitert sei. 25% der Befragten haben dies offen zugegeben. In diesen Fällen fragten wir nach den Gründen. Abb. 4 gibt das Ergebnis wieder.

Den Praktiker wird es nicht überraschen, daß Widerstände der Betroffenen, mangelndes Anpassungsvermögen und unzureichende Macht der Verantwortlichen am häufigsten als Gründe für das Scheitern von Projekten der untersuchten Art genannt werden.

Besonders interessant erscheinen uns jene Gründe für das Scheitern, die in der Zusammensetzung des Kreises der Beteiligten zu sehen sind. An 7. Stelle (mit 31,5%) findet sich die Aussage, ein Projekt sei gescheitert, weil die *internen* Spezialisten zu gering beteiligt waren. Nur an letzter

WIDERSTÄNDE:	
• Erklärter Widerstand der Betroffenen	45,2 %
• Mangelndes Anpassungsvermögen der Betroffenen	43,5 %
• Unzureichende Macht bzw. mangelndes Durchsetzungsvermögen der für die Reorganisation eingesetzten Personen	43,4 %
KREIS DER BETEILIGTEN:	
• Zu geringe Beteiligung interner Spezialisten	31,5 %
• Zu starke Beteiligung interner Spezialisten	6,9 %
• Zu starke Beteiligung externer Berater	19,8 %
• Zu geringe Beteiligung externer Berater	17,6 %
VORAUSSETZUNGEN:	
• Falsch gewählter Zeitpunkt	32,8 %
• Unzureichende Ausbildung	28,2 %
• Zu knappe Zeitvorgabe	24,4 %
• Unzureichende Informationsversorgung	15,0 %
METHODIK UND KONZEPTION:	
• Unzureichende neue Konzeption	30,1 %
• Einsatz ungeeigneter Methoden und Verfahren	26,3 %
• "Ungeprüfte" Übernahme von Methoden in anderen Unternehmen	19,1 %

Bild 4: Gründe für das Scheitern von Projekten

Stelle (mit 6,9%) findet sich der Grund, daß die internen Spezialisten zu stark beteiligt gewesen wären. Ganz offensichtlich: Eine zu geringe Beteiligung der internen Spezialisten, und das heißt im Falle eines Strategischen Managements der operativen Führungskräfte, ist bei weitem häufiger ein Grund für das Scheitern als eine eventuell zu starke Beteiligung.

Auch bei den *externen* Beratern zeigt sich dieser Tatbestand: An 15. Stelle (mit 19,8%) läßt sich der Grund „zu *starke* Beteiligung externer Berater", an 17. Stelle (mit 17,6%) der Grund „zu *geringe* Beteiligung externer Berater" finden. Dies ist kein signifikanter Unterschied — ganz abgesehen davon, daß die Zahlen nicht so ausgeprägt hoch sind.

Vor dem Hintergrund solcher empirischer Ergebnisse ist es empfehlenswert, ein Projekt der Einführung eines Strategischen Managements im Sinne einer Organisationsentwicklung vorzunehmen.

Vorgehen bei der Einführung eines Strategischen Managements

Bei der Implementierung eines Strategischen Managements muß man sich stets bewußt sein, daß damit immer auch neue Arten der Aufgabenerfüllung, neue Methoden mit spezifischem theoretischen Hintergrund, neue Organisationsstrukturen und neue Fähigkeitsanforderungen an die Führungskräfte implantiert werden. Diese Neuerungen stellen für die gewachsenen Strukturen und Lebensformen zunächst „Artefakte" dar, welche — analog dem Phänomen, daß natürliche Organismen häufig künstliche oder „fremde" Organe abstoßen — sehr oft von der Organisation nicht „angenommen" werden. Es ist deshalb zu fordern, daß ein Strategisches Management so zu konzipieren und zu implementieren ist, daß es vom Unternehmen „akzeptiert" wird, es hierfür also keine Abwehrkräfte oder Immunisierungsschranken aufbaut.

Die Problematik, daß Strategische Managementsysteme nach bzw. schon oft während der Einführung „Artefakte" darstellen, steht in engem Zusammenhang mit der im Rahmen eines Strategischen Managements beabsichtigten „Verfremdung": Die Führungskräfte sollen gerade durch die Methoden und Instrumente der Strategischen Planung aus ihren gewohnten Denkkategorien, Sprach- und Lebensformen und „Weltanschauungen" „gerissen" werden. Die in der Praxis vorgefundenen Sprach- und Lebensformen sollen damit gerade *nicht* so belassen werden, wie sie momentan anzutreffen sind.

Soll das Strategische Management eine kritische Verfremdungsfunktion erfüllen, so muß in jeder Phase der Evolution des Systems eine Art „Gratwanderung" unternommen werden. „Verstehen" die Führungskräfte die Konzepte und Instrumente zu schnell und zu leicht, so fehlt die Verfremdung. „Verstehen“ die Führungskräfte aber die Konzepte im Kontext der fremden (z. B. wissenschaftlichen) Sprachform, ohne sie aber in ihre eigene Lebensform übersetzen zu können, so liegt eine Art „Überfremdung“ vor, die dann wohl eine „verfremdende“ Wirkung bleibt.

In dieser Sichtweise ist nach unserer Meinung das Scheitern vieler Projekte der Einführung eines Strategischen Managements neben den oben genannten Gründen darauf zurückzuführen, daß mit der Implementierung eine „Überfremdung“ einhergeht. Die Einführung wird für die Führungskräfte — insbesondere für die operativen „Frontkämpfer“ — nicht benutzer-adäquat genug angegangen.

Vergegenwärtigt man sich die in Abb. 5 eingezeichneten Kreise, so ist die überwiegende Mehrzahl der Projekte der Implementierung Strategischer Planungssysteme durch den Kreis A zu charakterisieren:

Bei diesen Projekten liegt der Schwerpunkt der Aktivitäten der Einführung zunächst im Aufbau einer neuen Organisationseinheit, welche nach Abschluß der Umstrukturierungsmaßnahmen meist in den unternehmensspezifischen Organigrammen als Stabsstelle „Strategische Unternehmensplanung“ geführt wird. Diese neu geschaffene Organisationseinheit konzentriert sich dann überwiegend auf einen relativ engen Ausschnitt aus dem gesamten Aufgabenspektrum eines Strategischen Managements.

Dieser zu enge Aufgabenbereich wird jedoch sehr intensiv und unter Verwendung — nicht zuletzt auch um der Namensgebung nach außen hin

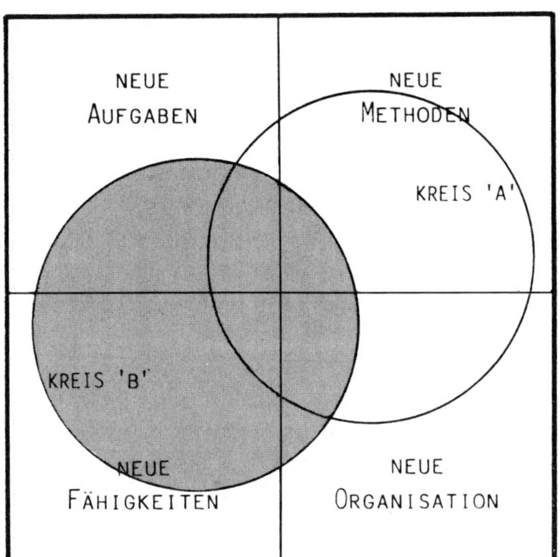

Bild 5: Unterschiedliche Vorgehensweisen der Implementierung Strategischer Managementsysteme

gerecht zu werden — eines großen Arsenals wissenschaftlich hoch verfeinerter Instrumente und Methoden bearbeitet. Der Schulung bzw. Entwicklung der zur Erfüllung strategischer Aufgaben erforderlichen neuen Fähigkeiten der Führungskräfte wird indessen äußerst wenig Aufmerksamkeit gewidmet, was häufig zu der oben genannten „Überfremdung" führt.

Desweiteren entsteht die Gefahr, daß die strategischen Probleme ausschließlich in den dafür geschaffenen Abteilungen „gelöst" werden. Die innerhalb dieser esotherischen Stabsghettos entwickelten Strategien stoßen jedoch aufgrund der mangelnden Partizipation der Führungskräfte am Planungsprozeß außerhalb dieser Stabsabteilungen auf geringe Resonanz; die operativen „Frontkämpfer" identifizieren sich nicht mit den entworfenen Strategien.

Zusätzlich tritt das Problem auf, daß durch das relativ eng beschränkte strategische Aufgabenfeld „Insellösungen" produziert werden, welche aufgrund der fehlenden *Gesamt*sicht oftmals Lösungen für ein falsches Problem darstellen. Solche Fehler können nur dann vermieden werden, wenn man das Aufgabenspektrum eines Strategischen Managements in seiner ganzen Breite angeht (Abb. 6).

Um die mit der Vorgehensweise der Einführung eines Strategischen Managements nach dem Kreis A verbundenen Gefahren — wenn auch nicht ganz, so zumindest zum größten Teil — zu eliminieren, präferieren wir einen Implementierungsprozeß, dessen herausragendes Merkmal darin zu erblicken ist, daß die zuständigen operativen Führungskräfte sehr viel stärker in den Analyse- und Planungsprozeß einbezogen werden und daß es die Führungskräfte sind, welche die inhaltlichen Analyseergebnisse und die vorgeschlagenen Strategien dem Top-Management präsentieren. Diese Vorgehensweise lehnt sich eng an das Konzept der „Organisationsentwicklung" bzw. des „Management Development" an und kann durch den in Abb. 5 eingezeichneten Kreis B gekennzeichnet werden.

In dieser Sichtweise konzentrieren wir uns bei der Einführung eines Strategischen Managements zunächst in hohem Maße auf die Entwicklung der für die Lösung strategischer Problemstellungen notwendigen Fähigkeiten der Führungskräfte. Dadurch sollen die Führungskräfte eine strategisch adäquate Wissensbasis erhalten. Insbesondere die für die einzelnen Problembereiche zuständigen operativen „Frontkämpfer" werden in diesen Prozeß sehr stark integriert.

Soll ein Strategisches Management eingeführt werden, so eröffnet gerade die Vorgehensweise im Sinne der Organisationsentwicklung Möglichkeiten, jene Fehler zu vermeiden, die dadurch begangen werden, daß man aufgrund der mangelnden Gesamtansicht womöglich die falschen Probleme löst (Fehler der dritten Art). Die zu bewältigende Aufgabenstellung beschränkt sich nicht nur auf einen kleinen Ausschnitt aus dem Gesamtprogramm einer Strategischen Planung, sondern wird bewußt auf das ganze Aufgabenspektrum bezogen.

Sieht man in diesem Zusammenhang das in Abb. 6 dargestellte Gesamtdesign einer Strategischen Planung, so bedeutet dies keineswegs, sich im Rahmen der strategischen Analyse und Planung nur einem Strategischen Geschäftsfeld zuzuwenden, welches quasi eine Favoritenrolle einnimmt, und dieses mit hoher „Sophistication" zu behandeln.

Es muß vielmehr bereits für eine „erste" Runde ein Projekt initiiert werden, welches den Führungskräften ermöglicht, alle SGFs einer strategischen Diskussion zu unterwerfen. Hand in Hand hierzu sollte man aber auch Fragen der strategischen Grundhaltung bzw. der Identität eines Unternehmens einbeziehen, wie damit begonnen werden sollte, erste Suchfeldanalysen in Gang zu setzen. Auf diese Weise wird von Anfang an gewährleistet, daß die Einzelstrategien im Gesamtzusammenhang einer zu entwickelnden konzeptionellen *Gesamt*sicht gesehen werden.

Die in Abb. 6 aufgezeigte Breite des Gesamtprogrammes kann unseres Erachtens jedoch nur dann realisiert werden, wenn zunächst vorwiegend

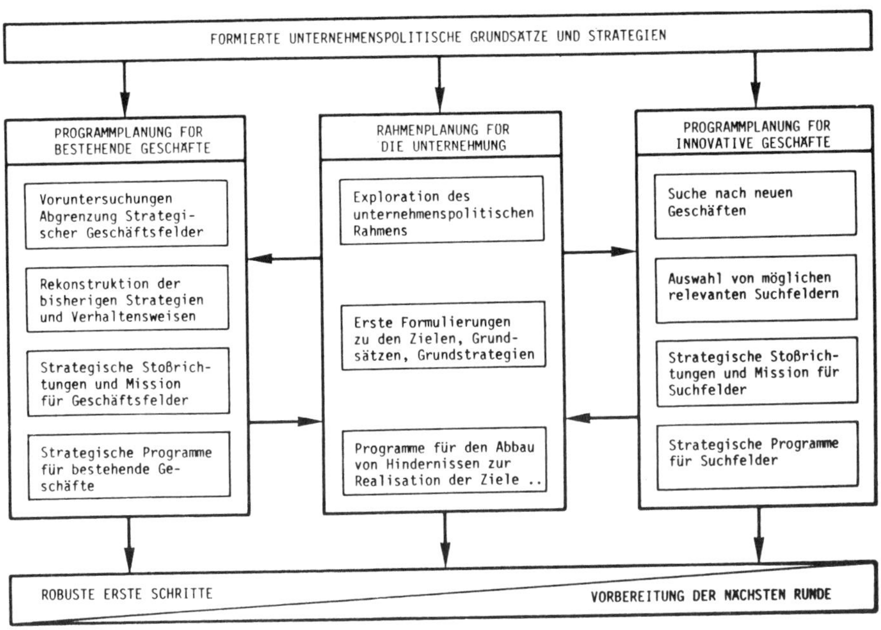

Bild 6: Gesamtdesign einer Strategischen Planung

Verfeinerungen im Bereich „molarer" Methoden angestrebt werden, welche den globalen Ablauf des Prozesses prägen. Die Verfeinerungen im Bereich der „molekularen" Methoden — dies sind jene Methoden, die sich auf die einzelnen Teilschritte bzw. Phasen eines Planungsprozesses beziehen — sollten vorläufig möglichst zurückgestellt werden. Diese Vorgehensweise verhindert Fehler dritter Art. Eine „molare" Verfeinerung erlaubt zudem eine Beurteilung, bei welchen „molekularen" Methoden später mehr „Sophistication" sinnvoll erscheint, die dann in der Folge graduell vollzogen wird. Hierdurch kann einerseits vermieden werden, daß man einen Vorschlag als Lösung für ein Problem akzeptiert, obwohl tatsächlich keine Lösung vorliegt (Fehler zweiter Art). Andererseits kann damit aber auch verhindert werden, daß ein Vorschlag abgelehnt wird, obwohl er tatsächlich eine Lösung gewesen wäre (Fehler erster Art).

Gerade für die Breite des vorgeschlagenen Gesamtdesigns ist es deshalb wichtig, sich insbesondere zu Beginn des Prozesses darauf zu konzentrieren, eine möglichst große Zahl interessierender Problembereiche über alle in Abb. 6 dargestellten Blöcke zwar schnell, aber relativ grob zu untersuchen. Somit werden „Insellösungen" verhindert, welche nach unseren Erfahrungen gerade bei operativen „Frontkämpfern" auf besondere Skepsis stoßen. Strategische Planung wird also nicht als ein Prozeß verstanden, bei welchem es darauf ankommt, ein Arsenal hoch verfeinerter Methoden und Instrumente anzuwenden; vielmehr wird in diesem Fall eher zurückhaltender und vorsichtiger Methodeneinsatz betrieben.

Schließlich wird durch die Integration der operativen Führungskräfte in den Analyse- und Planungsprozeß zunächst der Aufbau einer neuen Organisationseinheit und die dadurch entstehende zusätzliche Komplexität vermieden. Wir vertrauen hierbei vielmehr auf die Fähigkeit eines Systems, sich selbst fortzuentwickeln. Dies bedeutet keinesfalls ein „laissez faire", sondern bringt die Tatsache zum Ausdruck, daß wir der Leididee einer „organischen Organisation" folgen. Diese hält nichts von einer umfassenden „Durchkonstruktion" des Systems. Das System muß sich selbst entwickeln und in die jeweiligen neuen Situationen „hineinwachsen" können.

Im folgenden wollen wir — aufbauend auf eigene Erfahrungen mit Projekten der Einführung eines Strategischen Managements — näher erläutern, welche Gesichtspunkte ein solches Projekt im Sinne einer Organisationsentwicklung charakterisiert.

Ziele und Grundsätze eines Projektes der Organisationsentwicklung

Die Einführung eines Strategischen Managements vor dem Hintergrund einer Organisationsentwicklung kann freilich nur dann gelingen, wenn der unmittelbare Problem- und Zeitdruck nicht zu hoch bzw. krisenhaft ist, um die operativen Führungskräfte selbst in einer Weise über ein gezieltes „Training im Strategischen Management" zu mobilisieren, daß diese auch bereit sind, die sehr weitgehenden Aufgaben bei der Erarbeitung von Strategien zu übernehmen.

Soll ein Projekt der Einführung eines Strategischen Management zum Erfolg führen, so muß aufgrund unserer bisherigen Erfahrung gerade zwischen dem „Training der Führungskräfte im Strategischen Management", dem „Erarbeiten übergeordneter Grundsätze bzw. Strategischer Programme" und der durch die schrittweise Implementierung bedingten „Vorbereitung einer nächsten Runde" ein enger Zusammenhang hergestellt werden.

Die Vorgehensweise im Sinne der Organisationsentwicklung vollzieht die Einführung eines Strategischen Managements nicht nach einer „Strategie des Bombenwurfs", sondern bedingt — ganz im Sinne der geplanten Evolution — ein schrittweises Implementieren. Diese Abfolge überschaubarer Schritte darf jedoch nicht dahingehend mißverstanden werden, als würde die Erarbeitung Strategischer Programme erst ab jenem Zeitpunkt möglich, bei welchem der „letzte" Schritt abgeschlossen und damit der Implementierungsprozeß „beendet" ist. Es muß vielmehr von der „Gleichrangigkeit" der obigen Ziele gesprochen werden.

Wir verstehen hierbei unter „Gleichrangigkeit", daß die Führungskräfte bereits im ersten Schritt bzw. in einer ersten Runde das in Abb. 6 dargestellte Gesamtdesign einer Strategischen Planung bei *gleichzeitigem* Training im Strategischen Management *und* der Vorbereitung einer zweiten Runde mehr oder weniger „hemdsärmelig" durchlaufen. Diese Anforderungen können unseres Erachtens nur dann erfüllt werden, wenn den Führungskräften ein „learning by doing" ermöglicht wird, in dessen Rahmen sie zum einen das Anwenden des methodischen Instrumentariums „erlernen", zum anderen aber auch bereits erste Rekonstruktionen bzw. Formulierungen von Zielen und Strategien für das „eigene" Unternehmen vornehmen.

Es erweist sich als nicht sinnvoll, die Führungskräfte mit zusätzlichen Schulungsseminaren zu belasten, in welchen sie mit Frontalunterricht oder „theoretisch konstruierten" Fällen konfrontiert werden. Diese Art der Schulung führt sehr oft zu einem „information overload" und hat bisweilen auch eine „Überfremdung" zur Konsequenz. Demgegenüber führt ein Trainingsseminar, welches im Sinne der Vorgehensweise der Organisationsentwicklung zugleich die erste Runde der Implementierung eines Strategischen Managements darstellt, zu einer höheren Sensibilisierung der Führungskräfte und ermöglicht durch das Lernen am „lebenden" Objekt bereits eine erste Formulierung Strategischer Programme für das Unternehmen.

Die schrittweise Einführung eines Strategischen Managements bedingt jedoch auch, daß in einer zweiten Runde zum einen die in der ersten Runde formulierten Strategischen Programme sukzessive verfeinert und hierdurch zum anderen wiederum die Fähigkeiten der Führungskräfte im Anwenden strategischer Methoden ausgebaut werden. Deshalb sollte man schon in der ersten Runde vereinbaren, welche Bestandteile bzw. Themenschwerpunkte die zweite Runde beinhaltet. Hierbei ist insbesondere zu betonen, daß eine strikte Termintreue es für den Abschluß der ersten Runde notwendig erscheinen läßt, ab einem bestimmten Zeitpunkt darin generierte Probleme und Aufgaben — durchaus in Abstimmung mit dem Klientenunternehmen — in die zweite Runde zu übernehmen und dort eine entsprechende Priorität einzuräumen.

Um die Entwicklung von Strategien nicht zu einer l'art pour l'art-Angelegenheit ausarten zu lassen, muß darauf hingewiesen werden, daß der Sinn und Zweck einer Runde in erster Linie darin zu sehen ist, erste robuste Schritte zu bestimmen, welche dann in Form von Projekten oder unmittelbaren Aktivitäten im Operativen umgesetzt werden. Damit erhält die Strategische Analyse und Planung einen sehr pragmatischen Charakter, welcher von den operativen „Frontkämpfern" häufig zurecht vermißt wird.

Auf den Begriff der ersten robusten Schritte sollte immer wieder Bezug genommen werden, um auf diese Weise zum einen dem gesamten Projekt der Einführung eines Strategischen Managements einen „Sog" ins Operative zu verschaffen, zum anderen aber auch, um zu verdeutlichen, daß der Implementierungsprozeß explizit nach der Idee der geplanten Evolution vollzogen wird.

Neben dem Grundsatz der „konsequenten Verwirklichung der geplanten Evolution" und dem Grundsatz der „Hemdsärmeligkeit" hat es sich als zweckmäßig erwiesen, den Grundsatz der „Prozeßberatung" und des „Konfliktmanagements" in ein Projekt der Implementierung eines Strategischen Managements einfließen zu lassen. Diese Grundsätze sollen abschließend erläutert werden.

Durch den Grundsatz der „Prozeßberatung" soll die Art der Beteiligung interner und externer Projektteilnehmer festgelegt werden. Wie Abb. 7 verdeutlicht, haben die Berater die Aufgabe, den Prozeß zu steuern und die Unternehmensmitglieder in den anzuwendenden, meist extern entwickelten Methoden — ganz im Sinne des oben beschriebenen Trainings im Strategischen Management — zu schulen. Die Ausgestaltung der zum Einsatz kommenden Methoden mit konkreten Inhalten von Problemen und Lösungen ist Aufgabe der Führungskräfte.

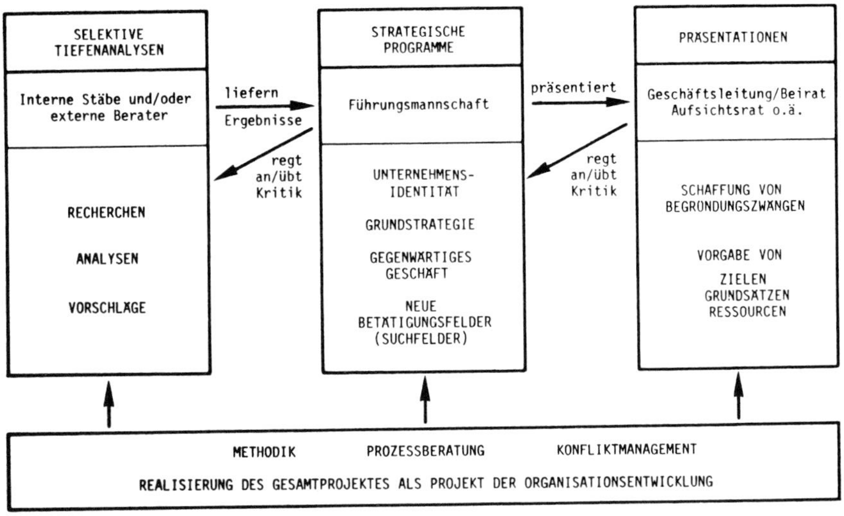

Bild 7: Realisierung des Gesamtprojektes als Projekt der Organisationsentwicklung

Durch diese Vorgehensweise soll erreicht werden, daß die Führungskräfte mit dem angebotenen Instrumentarium vertraut werden und lernen, es kritisch anzuwenden. Auf diese Weise wird der Berater im Laufe des Prozesses immer mehr überflüssig; die Führungskräfte selbst werden zu „Herren des Prozesses".

Allerdings sollte dies nicht mißverstanden werden. Wie die Abb. 7 zeigt, ist das hier erläuterte Konzept einer prozeßorientierten Beratung in einem größeren Zusammenhang zu sehen. Die Abbildung verweist auf eine sinnvolle Kombination inhaltsorientierter und prozeßorientierter Beratung. Selbstverständlich können die Führungskräfte nicht alle Recherchen und Analysen zu den strategischen Problemen durchführen. So ist es gerade bei selektiven Tiefenanalysen sehr sinnvoll, interne Stäbe bzw. externe Berater heranzuziehen, welche dann — ganz im Sinne einer „klassischen" Beratung — die angeforderten Ergebnisse liefern. Aufgabe des prozeßorientierten Beraters ist es dann wiederum, die Ergebnisse der inhaltsorientierten Berater in geeigneter Weise in den Prozeß „einzuspeisen".

Dieses kombinierte Vorgehen bedingt — ebenso wie die Einbeziehung der operativen Führungskräfte in den Planungsprozeß —, daß die Voraussetzungen für eine „wechselseitige Konfliktfähigkeit" geschaffen werden müssen. Wir sehen deshalb weiterhin die Notwendigkeit, den Grundsatz eines „Konfliktmanagements" im Rahmen einer Beratung im Sinne der Vorgehensweise einer Organisationsentwicklung zu verankern.

Das Durchlaufen des gesamten Planungsprozesses berührt zwangsläufig eine Vielzahl von Interessen und befördert über die stattfindende Diskussion Widerstände und Konflikte zu Tage. Diese latent vorhandenen Widerstände und Konflikte beeinträchtigen entscheidend die Lern- und Konfliktbereitschaft im partizipativen Problemlösungsprozeß.

Wir meinen, daß mit dem Grundsatz des „Konfliktmanagements" eine bestimmte Art von Konfliktbewältigung vorgegeben werden kann, sei dies nun in Form einer „diskussionslosen Machtausübung", einer „offenen Konfrontation mit anschließender kooperativer Kompromißfindung" oder einer „Vergabe bestimmter Rollen".

Gerade in der Vergabe bestimmter Rollen sehen wir ein adäquates Mittel, den Prozeß bei gleichzeitiger Förderung der Lern- und Kooperationsbereitschaft im Rahmen einer partizipativen Problemlösung voranzutreiben. Analysiert man die Gründe der entstehenden Widerstände, so sind bei den Betroffenen sowohl Willensbarrieren als auch Wissensbarrieren feststellbar. Um eine Überwindung der Barrieren zu ermöglichen, benötigt man sogenannte „Promotoren".

Entsprechend der Zweiteilung der Barrieren unterscheidet man in „Macht- und Fachpromotoren", welche dementsprechend unterschiedliche Potentiale der Konfliktbewältigung besitzen. Die Rolle des „Machtpromotors" liegt in der Überwindung von Willensbarrieren durch Macht. Er nutzt seine hierarchische Stellung, um den Prozeß voranzutreiben, wobei es notwendig ist, daß seine Machtposition anerkannt wird. Der „Fachpromotor" hingegen verfügt über keinerlei hierarchische Macht. Er versucht, die bei den in den Prozeß integrierten Führungskräften latent vorhandenen Wissens- und Fähigkeitsbarrieren zu bewältigen. Anstelle der Machtpotentiale treten hier Expertenwissen und Erfahrung. In Beratungsprojekten wird die Rolle des „Fachpromotors" meist vom Berater in seiner Funktion als hinzugezogener Experte übernommen.

Neben diesen Rollen, welche direkt an bestimmte Formen von Widerständen mit spezifischen Potentialen ansetzen, hat es sich als zweckmäßig erwiesen, zusätzlich die Rolle des „Katalysators" zu vergeben. Seine Rolle ist dadurch gekennzeichnet, daß er eine gewisse Anregungs- und Initiativfunktion bei weitgehender Abstinenz vom eigentlichen Problemlösungs- und Wandlungsprozeß erfüllt. Er hat damit die Aufgabe, den Prozeß zu ermöglichen und zu fördern, ohne jedoch dabei „verschlissen" zu werden oder seine Unvoreingenommenheit gegenüber den am Schluß von den Führungskräften vorzuschlagenden Ergebnissen zu verlieren.

Schlußbetrachtung

Soweit in groben Zügen die von uns propagierte Vorgehensweise eines Projektes der Einführung eines Strategischen Managements vor dem Hintergrund einer Organisationsentwicklung. Natürlich ist auch ein in der vorgestellten Art und Weise gestaltetes Projekt noch keineswegs ein Garant dafür, daß ein Scheitern oder Versanden in der einen oder anderen Phase verhindert werden kann. Uns erscheint aber aufgrund unserer Erfahrung dieser Methode als eine der erfolgversprechendsten.

Freilich sind heute in vielen Unternehmen die Überlegungen noch nicht so weit gediehen, wie wir sie hier bereits unterstellt haben. Es ist in vielen Unternehmen nämlich noch keinesfalls geklärt, „ob" eine Strategische Planung eingeführt werden sollte, und dies ist natürlich die Voraussetzung für das „Wie" der Implementierung. Sicherlich wird manchem, welcher die Erörterungen zur Konzeption eines Strategischen Managements als Führungsphilosophie und deren Einführung im Geiste der Organisationsentwicklung gelesen hat, der Entschluß hin zum „Ob" erleichtert. Man sollte sich aber dennoch keinen Illusionen hingeben.

Strategisches Management — gleichgültig, aufgrund welcher Analyse- und Planungskonzepte man arbeitet — kann auf die Dauer nur dann erfolgreich sein, wenn es einem *wirklich* gelingt, die mit dem Strategischen Management verbundene Denkhaltung möglichst tief im Unternehmen zu diffundieren und zu verbreiten und damit die mit dem operativen Geschäft betraute Führungsmannschaft der effizienten „Holzhacker" auch strategisch zu mobilisieren. Dies wiederum läßt es erforderlich erscheinen, die Einführung eines Strategischen Managements eng mit den Gedanken des „Management Development" und Überlegungen in Richtung einer Organisationsentwicklung zu kombinieren, um auf diese Weise die bei der Einführung eines Strategischen Managements auftretenden psychologischen und organisatorischen Probleme in den Griff zu bekommen und dadurch die im Strategischen Management befindlichen Potentiale auch tatsächlich vernünftig nutzen zu können.

Denn, und mit diesem Ausspruch Detlef Kleinerts wollen wir enden:

„Der Mensch steht im Mittelpunkt — und damit allem im Wege!"

4. Erfolgsfaktoren im Einzelhandelsmarketing

von H. Meffert und P.-J. Patt*)

Es ist uns allen bewußt, daß wir seit geraumer Zeit eine Phase weitreichenden strukturellen Wandels vollziehen: Wir müssen nicht nur im Einzelhandel Abschied nehmen von bis zu zweistelligen Zuwachsraten, getragen durch Bevölkerungs- und Einkommenszuwächse. Wie kann sich der Einzelhandelsunternehmer in dieser Situation hart umkämpfter Märkte erfolgreich durchsetzen? Gibt es Denkanstöße oder gar erprobte Konzepte für mehr Erfolg?

Um eine Antwort auf die gestellten Fragen zu finden, soll im folgenden einmal versucht werden, hervorragend geführte Handelsunternehmen auf eventuelle Erfolgsmerkmale zu analysieren. Gibt es Grundtugenden oder Handlungsmaximen, durch die sie sich auszeichnen? Wo liegen die Gemeinsamkeiten ihres Erfolges?

Die Kenntnis und Orientierung an derartigen Erfolgsfaktoren müßte es schließlich auch anderen Unternehmen erlauben, erfolgreicher im Markt zu operieren. Vorabzuschicken ist, daß für eine solche Neuorientierung keine Patentrezepte entwickelt werden können. Vielmehr sollen einige Denkanstöße gegeben und Lösungs*ansätze* aufgezeigt werden. In diesem Sinne sollen im folgenden

1. neuere *Forschungsansätze zur Ermittlung strategischer Erfolgsmerkmale* erläutert, also die Ausgangssituation präzisiert werden, um
2. *strategische Erfolgspositionen,* die von Handelsunternehmen aufgebaut wurden, zu beleuchten
3. *strategische Erfolgsdimensionen* zur Positionierung erfolgreicher Handelsunternehmen aufzuzeigen und
4. Merkmale erfolgreich geführter Handelsunternehmen, also *strategische Erfolgsfaktoren* im Einzelhandel anhand von Beispielen herauszuarbeiten.

Neuere Forschungsansätze zur Ermittlung strategischer Erfolgsmerkmale

Vor dem Hintergrund einer sich schneller wandelnden und komplexer werdenden Umwelt sowie zunehmend gesättigter und stagnierender Märkte und nicht zuletzt fortschreitender Konzentrationstendenzen ist das Problembewußtsein für strategische Fragestellungen im Einzel-

*) Prof. Dr. Heribert Meffert, Direktor des Instituts für Marketing an der Universität Münster;
Dipl.-Kfm. Paul-Josef Patt, wissenschaftlicher Assistent am Institut für Marketing an der Universität Münster

handel seit geraumer Zeit geschärft. So wurde der wissenschaftlichen Erforschung und praktischen Anwendung der strategischen Unternehmensplanung verstärkte Aufmerksamkeit zuteil. Neuere — freilich vorrangig im Ausland und zunächst primär für den Herstellerbereich durchgeführte — Untersuchungen beschäftigen sich mit der globalen Analyse von Erfolgsquellen und der Entwicklung langfristig angelegter Konzepte bzw. Verhaltensmaßregeln zur Zukunftssicherung. Sie entsprechen damit dem Anliegen der strategischen Unternehmensplanung.

So stellt der Schweizer Pümpin in seinem Buch „Management strategischer Erfolgspositionen" 1982 fest, daß das „Ziel jeglicher unternehmerischer Tätigkeit darin bestehen muß, strategische Positionen zu besetzen und zu behaupten". Er definiert derartige strategische Erfolgspositionen (SEP) als eine bewußt geschaffene Voraussetzung, die es der Unternehmung erlaubt, langfristig überdurchschnittliche Ergebnisse zu erzielen.

Eine der strategischen Erfolgspositionen von Aldi dürfte z. B. zweifelsohne im Einkauf liegen, eine andere in der Neuartigkeit und Einmaligkeit des Sortiments- und Distributionskonzeptes.

Weitreichender und generalisierender im Sinne der strategischen Führung eines Unternehmens, ist dagegen der bekannte Ansatz der Amerikaner *Peters* und *Watermann,* der 1983 unter dem Titel „Auf der Suche nach Spitzenleistungen: was man von bestgeführten US-Unternehmen lernen kann" erschien. Sie stellen fest, daß es bei aller Verschiedenheit eine Reihe von gemeinsamen Erfolgsfaktoren gibt, die ein „excellentes" Unternehmen von weniger erfolgreichen Wettbewerbern unterscheiden. Diese Grundtugenden oder Handlungsmaximen werden wie folgt beschrieben:

1. Primat des Handelns
2. Nähe zum Kunden
3. Freiraum für Unternehmertum
4. Produktivität durch Menschen
5. Sichtbar gelebtes Wertsystem
6. Bindung an das angestammte Geschäft
7. Einfacher, flexibler Aufbau
8. Straff-lockere Führung.

Zwischen der Ausrichtung an diesen Grundtugenden und dem Erfolg eines Unternehmens (gemessen an Vermögenszuwachs, an Gesamtkapital und Umsatzrendite etc.) stellen die Autoren durch Analyse zahlreicher Unternehmen verschiedener Branchen eine gewisse Gesetzmäßigkeit fest.

Ein dritter Ansatz, der an dieser Stelle nicht unerwähnt bleiben darf, ist die *PIMS-Studie* des Marketing-Science Instituts, eine der Harvard Business School angegliederte Forschungsstelle. Diese verwaltet seit 1975 eine Datenbank, die über Informationen aus 250 Mitgliedsfirmen verfügt. Es sind jeweils 200 quantifizierbare Angaben der Mitgliedsfirmen über die Wettbewerbsposition, die Struktur des Produktionsprozesses, die Forschungs- und Entwicklungsanstrengungen, Marketing-Aufwendungen, die finanziellen Ergebnisse etc. abgespeichert. Auf der Suche nach Determinanten von Gewinn und Cash flow haben die Forscher mit Hilfe statistischer Auswertungsverfahren 7 zentrale Faktoren ermittelt, die einen besonders hohen Einfluß ausüben:

— die Investitionsintensität,

— die Produktivität,

— den Marktanteil,

— das Marktwachstum,

— die Produktqualität,

— die Innovation/Differenzierung von Mitbewerbern,

— die vertikale Integration.

Die Wirkung dieser einzelnen Erfolgsfaktoren darf keineswegs isoliert gesehen werden. Sie treten vielmehr häufig kombiniert auf und beeinflussen einander teilweise.

Gemeinsam ist allen angeführten Untersuchungen, daß sie im Ausland durchgeführt wurden und somit auf deutsche Verhältnisse nur bedingt übertragbar sind. Darüber hinaus verzichten sie weitestgehend auf die explizite Analyse von Handelsunternehmen. Ein z. B. bei Peters/Watermann eher am Rande mit einbezogenes und erfolgreiches Handelsunternehmen ist Bloomingdales, das auch den deutschen Warenhausunternehmen häufig als Vorbild dient. Nicht zuletzt ist zum PIMS-Ansatz zu bemerken, daß die festgestellte Beziehung zwischen Gewinn und Marktanteil beispielsweise auch und insbesondere im Einzelhandel dieser Gesetzmäßigkeit nicht unterworfen ist. So gibt es viele Fach- und Spezialhäuser, die mit geringem Marktanteil besonders profitable Ergebnisse erzielen.

Vor diesem Hintergrund hat sich das Institut für Marketing zum Ziel gesetzt, im Rahmen eines Forschungsprojekts strategische Erfolgsfaktoren aufzuspüren, die hervorragend geführte Handelsunternehmen in Deutschland kennzeichnen. Zu diesem Zweck wurden in einer *Pilot-Phase* zahlreiche Fachgespräche und Diskussionen mit Führungskräften erfolgreicher aber auch zur Zeit weniger erfolgreicher großer und kleiner Handelsunternehmen geführt. In einer zweiten Phase ist eine standardisierte Befragung des deutschen Einzelhandels geplant, die zu repräsentativen Erkenntnissen über eine erfolgreiche strategische Unternehmensführung im Handel führen soll. Im folgenden soll auf die Erkenntnisse dieser ersten Vorstudie und auf die dabei gestoßenen Erfolgsmerkmale näher eingegangen werden.

Von Handelsunternehmen aufgebaute strategische Erfolgspositionen (SEP)

Völlig neu ist der von Pümpin entwickelte Gedanke, „der strategischen Erfolgsposition" im Handel nicht. Es ist m. E. lediglich eine etwas klarere Formulierung für die Begriffe „spezifische Kompetenz" oder „unverwechselbares Unternehmensprofil", die schon seit langem als Voraussetzung für erfolgreiches Einzelhandelsmarketing gelten.

Bei der SEP kommt nun hinzu, daß eine solche Voraussetzung mindestens drei Bedingungen erfüllen muß:

- Erstens soll sie von der Konkurrenz nicht ohne weiteres kopierbar sein. Mit anderen Worten: Ist eine bestimmte Erfolgsposition von einer Unternehmung besetzt worden, so ist sie im Idealfall anderen Firmen nicht mehr zugänglich. Beispiel: Hat eine Unternehmung als einzige ein innovatives Vertriebskonzept aufgebaut und einen bedeutenden Marktanteil errungen, so wird es der Konkurrenz nur unter größten Opfern möglich sein, die Unternehmung von dieser Position zu verdrängen.
- Zweitens muß sich die SEP auf in der zukünftigen Umwelt- und Marktsituation bedeutsame Felder beziehen. Derartige Erfolgsfelder der Zukunft könnten etwa Freizeit, Kommunikation oder Dienstleistung sein. Überdurchschnittliche Fähigkeiten in einem Gebiet zu entwickeln, das in Zukunft unwichtig ist, kann kaum als strategisch sinnvoll bezeichnet werden.
- Eine dritte Voraussetzung der SEP liegt darin, daß sie den langfristigen Erfolg zu sichern hat. Ein Verhalten, das nur auf kurzfristige Erfolge ausgerichtet ist, kann nicht als strategisch bezeichnet werden (z. B. kurzfristige Aktionserfolge versus nachhaltige Konzeptionserfolge).

Überträgt man diese Überlegungen auf den Handel, so ergibt sich folgende mehrdimensionale Betrachtung möglicher SEP (Abb. 1). Danach können SEP in bestimmten *Sortimentsbereichen,* in bestimmten *Zielgruppen* oder in bestimmten *Funktionsbereichen,* wie etwa im Einkauf oder im Vertrieb aufgebaut werden. Von Bedeutung ist nun, daß es sich hier um drei Dimensionen handelt, die einander überlappen. Eine SEP wird somit um so nachhaltiger zum überdurchschnittlichen Erfolg eines Unternehmens beitragen, wenn sie in zwei oder gar drei Dimensionen gleichzeitig verankert ist. Die nachstehenden Beispiele verdeutlichen diese Überlegung:

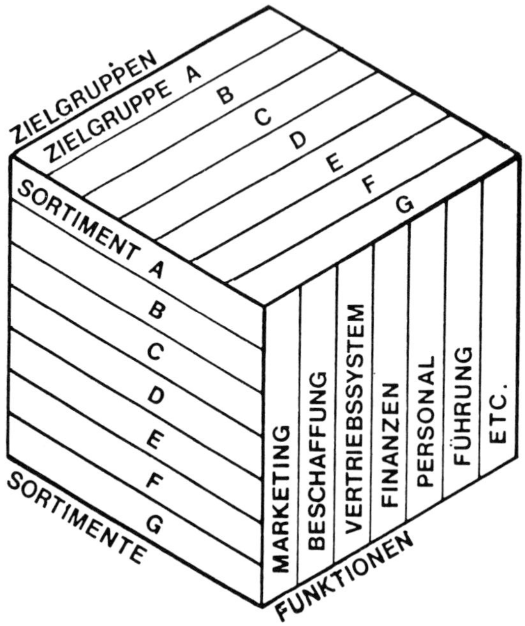

Bild 1: Mehrdimensionale Betrachtung möglicher SEP im Einzelhandel

1. Benetton: Die Geschwister Benetton schufen in den 70er Jahren ein Franchise-Imperium, das von der Größe her nur noch mit McDonald's zu vergleichen ist. In 17 Jahren gründeten die Benettons 3000 Modeläden und erzielten 1983 einen Umsatz von 300 Mio. US$. In der Bundesrepublik gibt es heute 221 Benetton- und 57 Kinder-012-Benetton-Läden; Deutschland-Umsatz 1984 schätzungsweise 135 Mio. DM. Den Benettons gelang es,

   — mit einem eigenständigen Sortiment
   — über einen eigenständigen Vertriebsweg
   — ein Segment von modebewußten jungen Leuten gezielt anzusprechen.

   Dabei dürfte ihnen auch ihre vorsichtige Preispolitik behilflich gewesen sein. Darüber hinaus hat noch ein weiteres Erfolgsgeheimnis zum Siegeszug der Familie Benetton beigetragen. Dies soll jedoch erst an anderer Stelle aufgegriffen werden.

   Benetton besetzte jedenfalls eine Erfolgsposition in den drei oben aufgeführten Dimensionen, die darüber hinaus aus mehreren Funktionalbereichen wie Marketing, Personal oder Führung zusätzlich unterstützt wird. Bis heute ist es keinem der Wettbewerber der nachfolgenden Franchisewelle wie Esprit, Marc O'Polo oder New Man gelungen, Benetton diese Position streitig zu machen. Es scheint vielmehr noch nicht einmal ein Wettbewerber ernsthaft versucht zu haben.

2. IKEA: Spricht man im Handel von erfolgreichen Konzepten, so wird immer wieder auch IKEA angeführt. 1974 eröffnete IKEA das erste Möbelhaus in Deutschland in Eching bei München. Trotz des in dieser Zeit stagnierenden Möbelabsatzes und der rezessiven gesamtwirtschaftlichen Entwicklung konnte IKEA auf Anhieb im bundesdeutschen Markt Fuß fassen und leitete eine Phase stürmischer Expansion ein. Heute ist das Unternehmen mit 17 Möbelhäusern in der Bundesrepublik vertreten und erzielte auch im Geschäftsjahr 1984 mit einer Umsatzzuwachsrate von 3,5% einen deutlich überdurchschnittlichen Erfolg.

   Ähnlich wie Benetton besetzte IKEA alle drei Dimensionen der Strategischen Erfolgsposition:

   — mit einer neuartigen Sortiments-Idee: gute Qualität und gutes Design zu günstigen Preisen, da ein Teil der Produktionsleistung auf den Kunden verlagert wurde (Abholen, Zusammenbauen der Möbel),
   — mit der Zielgruppenorientierung: „junge Leute jeden Alters", und
   — mit einem neuartigen Vertriebskonzept begleitet von einer besonders kreativen und originellen Kommunikationsstrategie.

   Die Zahl der Wettbewerber, die versuchten, dieses Konzept zu imitieren, war groß. Keinem, mit Ausnahme vielleicht des einen oder anderen regionalen Anbieters, ist es gelungen, die Position von IKEA ernsthaft zu gefährden, und das, obwohl IKEA selbst zwischenzeitlich strukturelle Anpassungen des Konzepts vollzogen hat, auf die später noch einzugehen ist.

3. Aldi: Zum Erfolg der Brüder Albrecht, mit knapp 15 Mrd. DM die umsatzstärksten Lebensmitteleinzelhändler der Bundesrepublik, die auch in 84 wieder 6,4% zulegten, ist schon viel gesagt und geschrieben worden. Dennoch soll an dieser Stelle die Erfolgsposition von Aldi kurz untersucht werden.

   Dabei zeigt sich, daß auch Aldi die strategische Erfolgsposition in allen drei Dimensionen verankert hat:

   — mit einem aufs äußerste abgespeckten discountfähigen Sortiment;
   — mit einem eigenständigen Vertriebskonzept über spartanisch eingerichtete Lagerverkaufsstätten, die gleichzeitig Preisaggressivität signalisieren;

— für einen im angebotenen Sortiment kompromißlos auf den Preis schauenden Kunden, der sich in allen Einkommensschichten findet.

— Weiterhin ausschlaggebend ist die so erlangte Einkaufsmacht, die sich in der Beschaffung als strategische Erfolgsposition auswirkt.

Nicht zuletzt hat m. E. Aldi mit dazu beigetragen, daß die umgekehrte Preis-Qualitäts-Relation relativiert wurde und fortan auch Produkte mit z. T. beachtlicher Qualität zu Dauer-Niedrigpreisen erhältlich sind.

Wie in anderen Fällen von SEP fanden sich auch hier Nachahmer wie Plus oder Penny, denen zweifelsohne Erfolg beschieden war. Die Position von Aldi konnten sie jedoch nicht gefährden.

4. Fielmann: Hiermit soll ein weiteres Beispiel aus dem Discountbereich aufgegriffen werden. Auch die strategische Erfolgsposition von Günther Fielmann, den sogar die ansonsten eher konservative Frankfurter Allgemeine Zeitung als „eine Art Robin Hood der Fehlsichtigen" tituliert, ist in mindestens zwei Dimensionen begründet:

— die innovative Sortiments-Idee liegt darin, modische Brillen auf Rezept, d. h. zum Kassenpreis abzugeben;

— darüber hinaus ist es Fielmann gelungen, eine eigenständige Vertriebsform — die des Fachmarktes — im Optik-Bereich zu realisieren; sie zeichnet sich aus durch Service, Ambiance, innerstädtische Standorte bei einem Angebot zu Discountpreisen;

— die Zielgruppe des Konzepts ist der preis- und modebewußte Brillenträger.

5. Otto-Versand: Erst 1949 von Werner Otto begründet, konnte der Otto-Versand seinen Marktanteil am deutschen Versandhandel in den vergangenen 15 Jahren von 10 auf 20% steigern. Im Laufe dieser Zeit gelang es ihm, eine strategische Erfolgsposition auszubauen, die sich wie folgt kennzeichnen läßt:

— modisch-aktuelles Angebot mit Betonung auf Service und Qualität;

— in Europa umfangreichstes Katalogangebot in Mode und Bekleidung; im Vordergrund der Sortimentspolitik steht die Zusammenstellung kundenorientierter Sortimente, die sich auch im Erscheinen von 12 zusätzlichen Spezialkatalogen äußert und damit bislang einmalig in Deutschland ist;

— ein Zielgruppenschwerpunkt des Otto-Versands liegt in der jungen Generation. Er nimmt für sich in Anspruch, den Kauf per Katalog in Deutschland als einen Kauf ohne Risiko erst gesellschaftsfähig gemacht zu haben. Dies insbesondere durch seine Innovationen, wie Kauf auf Kredit statt per Nachnahme, einfachste Bestellmöglichkeit über Telefon und bequeme Lieferung oder Retourenabholung.

- seit 1975 liefert der hauseigene Hermes Versand Service das gesamte Paket-Aufkommen und die „hängende Konfektion“ an die Otto-Kunden aus. Eine strategische Erfolgsposition die vom Wettbewerber Quelle nur zu gern adaptiert würde. Da die Post eine angemessene und unbedingt erforderliche Übergangszeit für eine eventuelle Umstellung bei Quelle jedoch nicht einräumen will — dem Otto-Versand war sie seinerzeit noch zugestanden worden — ist diese Alternative für Quelle nicht mehr realisierbar.

6. Flötotto: Während die Branchen-Kollegen über wachsende Verkaufsprobleme stöhnen, warten die Gütersloher Jahr für Jahr mit kräftigen Zuwachsraten bei ihren Stühlen, Tischen oder Betten auf. 1985 wurden für mehr als 65 Mio. DM Einrichtungen bei Flötotto gekauft. Vier Jahre zuvor waren es erst 40 Mio. DM Umsatz gewesen. Strategische Erfolgspositionen können wie folgt umschrieben werden:
   - Flötotto vertreibt das „Profil-Einrichtungssystem“, seit 1982 zusätzlich das veredelte „„System zwo“ und seit 1984 das „PC-System“, das laut Katalog in „allen Farben dieser Welt“ lieferbar ist;
   - die anvisierte Zielgruppe von Flötotto ist die junge aber zahlungskräftige Käuferschaft;
   - die Ware wird allein über großformatige aufwendig gestaltete, 176 Seiten starke Einrichtungskataloge vertrieben. Flötotto sucht und findet die Interessenten durch pfiffige teils doppelseitige Anzeigen in ausgesuchten Zeitschriften.

   Wie fest die Erfolgsposition von Flötotto besetzt ist, zeigen erfolglose Bemühungen von Mitbewerbern, das Erfolgskonzept nachzuahmen.

Es fällt nicht schwer eine ganze Reihe weiterer Handelsunternehmen zu nennen, denen es gelungen ist, strategische Erfolgspositionen zu besetzen und zu verteidigen. Als beispielhaft könnten noch viele hervorgehoben werden, die an dieser Stelle jedoch nicht einzeln angeführt werden sollen.

Daß auch Fachhandelsunternehmen zu den erfolgreichen Unternehmungen zählen, beweist der Filialist Marco-Mode mit Zentrale in Singen. Er setzt auf

- ein pfiffig sportives Sortiment,
- frequenzstarke Standorte und
- Mitarbeiter, die durch finanziellen Anreiz unternehmerisch denken und handeln.

Damit sind in aller Kürze drei Merkmale umschrieben, die es dem Filialist ermöglichten, eine strategische Erfolgsposition zu beziehen, von der aus er in den vergangenen zwei Jahren seinen Umsatz flächenbereinigt durchschnittlich um 10% aufstocken konnte. Doch bloße Umsatzzuwächse sind für den kostenbewußten Inhaber kein Maßstab. Er hat seine Strategien stets auch auf gute Renditen ausgerichtet. Nur soviel zu SEP im mittelständischen Einzelhandel. Ergänzend sei darauf hingewiesen, daß nicht wenige große erfolgreiche Handelsunternehmen vor gar nicht langer Zeit vergleichsweise klein angefangen haben.

Soweit zu den strategischen Erfolgspositionen als Voraussetzung langfristig überdurchschnittlichen Erfolgs im Einzelhandel. Im nächsten Abschnitt soll auf die strategischen Erfolgsdimensionen eingegangen werden. Die klare Positionierung des Handelsunternehmens bzgl. dieser Dimensionen stellt eine zweite notwendige Bedingung für erfolgreiches Einzelhandelsmarketing dar.

Strategische Erfolgsdimensionen erfolgreich positionierter Handelsunternehmen (SED)

Bei der Analyse erfolgreicher Handelsunternehmen fiel die folgende Entwicklung auf: mit der gelungenen Durchsetzung neuer Discountkonzeptionen wurde — wie bereits angesprochen — die bis dato gegenläufige Preis-Qualitäts-Relation relativiert. Sie war lange Zeit die entscheidende *Positionierungsdimension* im Einzelhandel. Der qualitätsbewußte serviceorientierte Fachhandel auf der einen Seite, der Billiganbieter mit Ware geringerer Qualität ohne jeglichen Service auf der anderen Seite.

Vor allem die Warenhäuser — mit dem Prinzip des One-stop-shopping — hatten in ihrer glorreichen Zeit eine zweite Dimension hinzugefügt und lange Zeit genutzt: die Erlebnisdimension oder die emotionale Komponente, wie sie hier einmal genannt werden soll. Die Atmosphäre und das Einkaufserlebnis des „alles unter einem Dach“ in den großen Warenhäusern der Nachkriegszeit war lange Jahre die strategische Erfolgsposition dieser Betriebsform. Dann orientierten sie sich immer mehr an der Konkurrenz auf der grünen Wiese, ließen sich auf Preiskämpfe ein, die sie kosten- und standortbedingt nicht durchhalten konnten und versäumten dabei, den Kunden und seine Bedürfnisse in den Mittelpunkt ihrer Bemühungen zu stellen. Den Fachhandel, der sich auf das wachsende Verlangen der Konsumenten nach Einkaufserlebnis einstellte, verloren sie scheinbar ganz aus den Augen. Erst seit Mitte der 70er Jahre versuchen sie mit neuen Strategien, den an den Fachhandel verlorenen Boden wiedergutzumachen.

Aber zurück zur durch den Discounter aufgeweichten Preis-Qualitäts-Relation, die auch vielen Markenartikeln das Leben zunehmend schwerer gemacht hat. In diesem Zusammenhang soll die These aufgestellt werden, daß der Preis-Qualitäts-Relation heute im Einzelhandel nicht mehr die zentrale Bedeutung zukommt. Es ist vielmehr von einer Reduzierung auf die beiden entscheidenden Dimensionen Preis mit den Ausprägungen „hohe und geringe Preisorientierung" und Erlebnis, emotionale Aktivierung mit den Ausprägungen „hohe und geringe Erlebnisorientierung" auszugehen. Das soll nicht heißen, daß die Qualität des Angebotes nicht mehr wichtig wäre. Sie ist vielmehr zu einer Selbstverständlichkeit im Sinne einer conditio sine qua non geworden.

Spannt man mit Hilfe dieser beiden Dimensionen „Preis- und Erlebnisorientierung" nun einen Raum auf (Abb. 2), so zeigt sich für bekannte Einzelhandelsunternehmen die in der Abbildung eingetragene Positionierung. Interessant sind dabei vor allem zwei Beobachtungen:

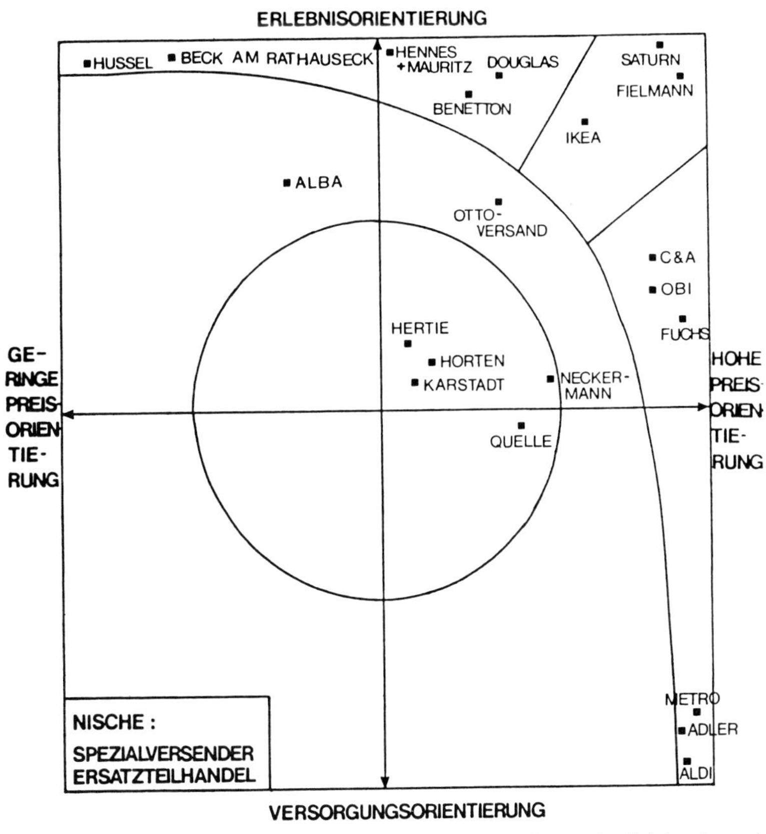

Bild 2: Positionierung der SEP von Handelsunternehmen im Raum der Erfolgsdimensionen

Erstens: Durch die neuen Betriebsformen Fachdiscounter und Fachmarkt, sieht man einmal von der neuesten Betriebsform des Off-price-Centers ab, wird sozusagen die Quadratur des Kreises ermöglicht, die durch die Aufweichung der Preis-Qualitäts-Relation bereits eingeleitet wurde. Diesen neuen Betriebsformen gelingt es nämlich scheinbar nicht nur qualitativ vergleichsweise hochstehende Sortimente zu einem aggressiven Preis anzubieten, sondern auch erlebnisorientierte Atmosphäre und Fachservice zu gewährleisten. Dies ist eine völlig neue Positionierung nach jahrelanger Polarisierung zwischen Fachhandel und Discounter.

Zweitens: Betrachtet man die, wenngleich eher subjektiv empfundenen und eingetragenen Positionierungen erfolgreicher Handelsunternehmen in diesem Preis-Erlebnis-Raum, so wird deutlich, daß der Erfolg eines Handelsunternehmens um so wahrscheinlicher wird, je eher es ihm gelingt an die ,,Oberfläche

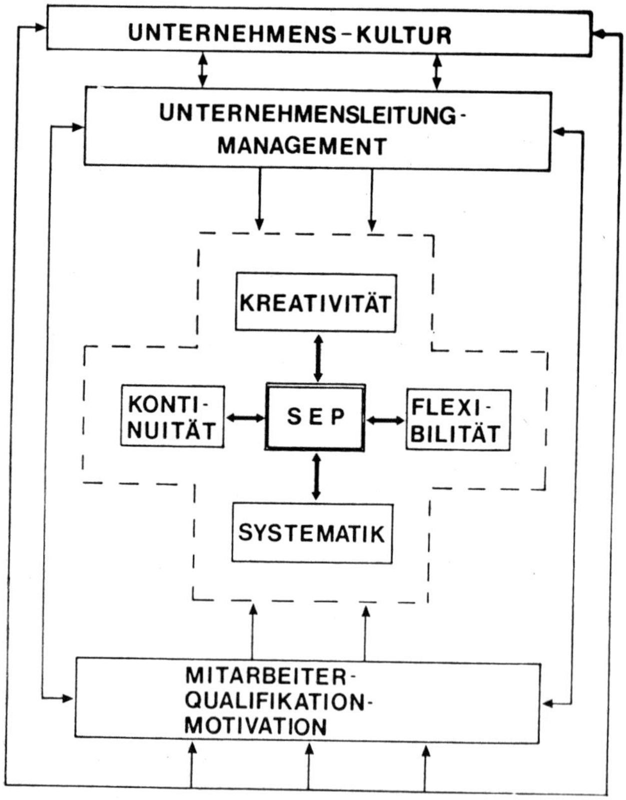

Bild 3: Die SEP im Spannungsfeld der Strategischen Erfolgsfaktoren

zu schwimmen" und sich dem „Sog der Mitte" zu entziehen. Nur die eindeutige Profilierung in Richtung Erlebnis oder Preis oder in Ausnahmefällen für Fachdiscounter oder Fachmärkte in beiden Richtungen gleichermaßen führt zu einem unverwechselbaren Unternehmensprofil. Dennoch gibt es eine Nische ohne jegliche Preis- und Erlebnisorientierung (beim Einkauf, nicht beim Konsum), die jedoch Spezialversandhändlern oder dem Ersatzteilhandel vorbehalten bleiben dürfte.

Soweit die Überlegungen zu einer Positionierung hinsichtlich der strategischen Erfolgsdimensionen.

Die folgenden Ausführungen beschäftigen sich mit der dritten Voraussetzung überdurchschnittlichen Erfolgs im Einzelhandel, der Orientierung an einer Reihe von Grundtugenden, die erfolgreiche Handelsunternehmen auszeichnen. Diese Grundtugenden oder strategische Erfolgsfaktoren sind anhand ausgewählter Beispiele zu verdeutlichen (Abb. 3).

Merkmale erfolgreich geführter Handelsunternehmen (Strategische Erfolgsfaktoren SEF)

Im Gegensatz zur Situation im Herstellerbereich sind die Strukturen und Prozesse im Handel bekanntlich komplexer und vielschichtiger. Diese Tatsache erschwert es, einige wenige Merkmale herauszukristallisieren, die erfolgreiche Handelsunternehmen unterschiedlichster Ausprägung auszeichnen. Dennoch gibt es einige Grundtugenden, die in überdurchschnittlich erfolgreichen Handelsbetrieben besonders starke Beachtung finden.

Erfolgreiche Handelsunternehmen zeichnen sich nun dadurch aus, daß sich der Aufbau sowie die Verteidigung ihrer SEP in einem ständigen Spannungsfeld zwischen *Kreativität* und *Systematik* einerseits und *Kontinuität* und *Flexibilität* andererseits vollzieht. Dabei wird in der Aufbauphase die Kreativität und die Systematik leicht im Vordergrund stehen, während in der Verteidigungsphase die Sicherstellung von Kontinuität und von Flexibilität wachsende Bedeutung erlangt, ohne daß dabei die Systematik allen Handelns vernachlässigt werden darf. Das kling zunächst abstrakt oder vielleicht auch trivial. Eine solch starke Verallgemeinerung gebietet jedoch die Heterogenität der Einzelhandelslandschaft. Was verbirgt sich nun hinter den aufgezeigten Merkmalen?

Kreativität als Erfolgsfaktor

Die Forderung nach Kreativität gilt von der Entwicklung einer Marketing-Konzeption bis zu ihrer Durchsetzung für alle Bereiche des Marketing-

Instrumentariums. Die Kreativität des Einzelhändlers und seiner Mitarbeiter muß zum Tragen kommen in der Sortimentspolitik, in der Servicepolitik, aber auch in der Preis- oder Standortpolitik und nicht zuletzt vor allem in der Präsentations- und Kommunikationspolitik.

Auch die Anpassung einer Konzeption an veränderte Marktgegebenheiten ist ein kreativer Prozeß. Manches, das vielleicht aus Kostengründen nicht realisierbar erscheint, wird durch neue Denkansätze oder den Versuch, die Probleme einmal anders anzufassen, erst machbar. Wichtig ist, daß auch die Mitarbeiter einbezogen werden, und daß ihnen der erforderliche Freiraum zugestanden wird.

Ein hervorragendes Beispiel für ein kreatives und völlig neuartiges Konzept ist *IKEA.* IKEA ist es gelungen, den Kunden vor allem auch Unterhaltung und Einkaufserlebnis zu bieten. Dabei war nicht nur die Größe der Verkaufsstätte, die Auswahl oder die Präsentation maßgeblich, sondern IKEA ist nicht zuletzt über eine besonders originelle und einfallsreiche Kommunikation in der entsprechenden Tonalität an ihre Zielgruppe herangetreten (Bsp. Elch oder der Slogan „IKEA, das unmögliche Möbelhaus aus Schweden"). Darüber hinaus bietet IKEA dem Kunden mit wechselnden und gelungenen Verkaufsförderungsaktivitäten (Kinderfeste, Theatergastspiele, Wettbewerbe, Tauschaktionen: alte Sommermöbel gegen neue, Nikolaus-Schuhfüllaktion) immer wieder neue Abwechslung. Auch das zusätzliche Serviceangebot wie Restaurant, Kiosk, Ruheraum, Kinderhort oder Babywickelraum ist zu nennen. So kann es nicht verwundern, daß eines der Hauptmotive für den Kauf bei IKEA das „Einkaufserlebnis" ist.

Kreativität zeichnet zweifelsohne auch das *Benetton* Erfolgskonzept aus, und zwar sowohl von der Idee der Konzeption als auch von der Art der Umsetzung. Das Erfolgsgeheimnis der Italiener liegt in einer raschen Distribution. In einer Vielzahl von kleineren und mittleren Satelliten-Betrieben werden Pullover und Shirts zunächst in Standardgrößen und Standardschnitten auf Lager produziert. Erst kurz vor Saisonbeginn ermitteln die Benettons über eine perfekte internationale Marktforschung die aktuellen Modefarben, färben ihre eingelagerte Ware dementsprechend ein und distribuieren sie über ein ausgefeiltes Logistik-System in kürzester Zeit. Dieses neuartige und kreative Konzept zeigt gleichermaßen, welche Bedeutung der Flexibilität als Erfolgsfaktor zukommt.

Weitere Beispiele für Kreativität im Einzelhandelsmarketing liefert die *Coop Schweiz,* mit ca. 17% Marktanteil hinter der Migros, mit ca. 20% Marktanteil in 84 zweitgrößter Lebensmittelverteiler der Schweiz. Doch auf das Verteilen der Ware beschränkt sich Coop, die seit 1980 größere Zuwachsraten als die Migros erzielen konnte (Durchschnitt 5—8% jährlich) schon lange nicht mehr. Mit z. T. kreativen Konzepten ist sie vielmehr dazu übergegangen, das Angebot des „Dienstleisters" Coop aktiv zu vermarkten.

Schon in frühen Jahren belegte Coop einmal wöchentlich einen Werbeblock von 3 Minuten im Schweizer Fernsehen. Seither wird jeden Mittwoch abend kurz vor Abschluß des Werbefernsehens das „Coop-Mittwoch-Studio" ausgestrahlt, das aufgrund seines eher informativen Charakters enorme Einschaltquoten erzielt. Im Mittelpunkt der Sendung steht die Zubereitung des „Rezepts der Woche" welches gleichzeitig über die Coop-Zeitung (Auflage 1,5 Mio.) in 50% aller Schweizer Haushalte gelangt. Eine derartige Studiosendung wurde auch von der Migros zwischenzeitlich einmal angeboten, infolge mangelnder Aufmerksamkeitswirkung aber wieder eingestellt; auch ein Beispiel für eine SEP.

Als der Marktanteil der Coop-Gruppe, des größten Weineinkäufers der Schweiz, infolge aggressiver Weinangebote der Discounter Ende der 70er Jahre von 26 auf 20% abgesunken war, stand die Frage ins Haus, ob ebenfalls mit Preismaßnahmen reagiert werden solle. Die Coop-Marketing-Leute besannen sich eines besseren: Sie gaben den 45% der Konsumenten, die sich zwar für Wein interessierten, aber das Weinritual noch nicht beherrschten, über eine zusätzliche relativ kostspielige Bauchetikette differenzierte Produkt-Informationen wie Produktbezeichnung, Herkunftsgebiet mit Kartenskizze, Rebsorte, Charakter, Ausschank-Temperatur, Verwendungs-Primate etc. Zusätzlich lancierten sie eine komplementäre Informationskampagne unter dem Motto „Wein des Monats" um noch ausführlichere Information über ausgewählte Weine zu geben. Innerhalb von 4 Jahren hatten sie ihren Marktanteil von 26% zurückerobert. Nicht nur ein Beispiel für ein neues kreatives Konzept sondern sicher auch für Flexibilität in Anpassung an Markterfordernisse und Kundenbedürfnisse.

Ein anderes Beispiel aus Belgien: Dort „landete Jean Pitz, Direktor der Verbrauchermarktkette *‚Maxi'* den großen Discount-Coup", so eine Fachzeitschrift. Drei Manager arbeiteten sechs Wochen am Konzept. Am Tage X wurden in jedem Markt 100 qm Verkaufsfläche freigeräumt. „Nein zur Verschwendung" war dort eine Woche lang zu lesen. Weder Verbraucher noch Konkurrenten konnten sich einen Reim darauf machen. Eine Woche später wurde das Geheimnis gelüftet. Per Anzeige erfuhr der Verbraucher: „Es gibt eine Lösung: Lose Ware". Seit mehr als einem halben Jahr werden dort Mehl, Reis, Teigwaren, Kaffee, Pralinen in Tonnen und Schütten verkauft, insgesamt 175 Produkte. Die Sache hatte Erfolg, weil

— die Preise so niedrig wie möglich gehalten werden,

— der Kunde seine gewünschte Menge abwiegen kann,

— es offensichtlich Spaß macht.

Mit dem Anbieten „loser Süßwaren" erzielte auch die *Hussel AG* seit Jahren überdurchschnittliche Erfolge. Sie hat damit eine neue Strategische Erfolgsposition besetzt, nachdem sie in den 70er Jahren sehr früh gemerkt hatte, daß sie einerseits auf der Preisseite mit neuen Betriebsformen nicht mehr konkurrieren konnte aber auch andererseits kein richtiges Fachgeschäft war. Nach einem fehlgeschlagenen Versuch, mit Schokomärkten ein preisaggressives Sortiment anzubieten und ein deutlicheres Profil zu finden ist es ihr nach einer konsequenten Änderung der Geschäftspolitik und einer harten Übergangszeit gelungen, am oberen Ende der Skala eine gefestigte Position zu beziehen.

Aus dieser Erfahrung betonte denn auch Dr. Kreke, Vorstandsvorsitzender der Hussel Holding AG, in einem persönlichen Gespräch, daß die Kreativität eines Unternehmens für den Erfolg des Unternehmens allein nicht ausschlaggebend ist. Einen noch größeren Anteil am Erfolg hat die Arbeit im Detail, die Perfektionierung der Systeme, und die Anpassung an neue Situationen. Diesem Standpunkt kann man sich nur anschließen: Mit Kreativität allein ist es nicht getan. Noch wichtiger ist Systematik, Kontinuität und Flexibilität. Auf Kreativität kann man vielleicht verzichten, auf die Beachtung dieser drei Erfolgsfaktoren sicher nicht.

Systematik als Erfolgsfaktor

Systematik heißt nichts anderes als: Erarbeitung einer klaren Marketing-Konzeption. Sie setzt eine systematische Situationsanalyse aller entscheidenden Faktoren voraus. Sie verlangt klare Ziele, eine Konzentration auf bestimmte Geschäftsfelder, Sortimente, Zielgruppen und den Aufbau einer eindeutigen strategischen Erfolgsposition. Sie fordert eine konsequente Umsetzung des integrierten Maßnahmenmixes, bestehend aus Sortiments-, Preis-, Präsentations-, Distributions-, Service- und Kommunikationspolitik. Das heißt aber auch: klare Organisationsstruktur, Bereitstellung von erforderlichen Informationen nach innen und außen und konsequentes Kostenbewußtsein.

So sieht *Dr. Kreke* einen Erfolgsfaktor in der gezielten Beschränkung auf Teilbereiche, in denen das Unternehmen wirklich Fachkompetenz vermitteln kann. Er umschreibt diesen Gedanken treffend mit dem Schlagwort „back to the basics", d. h. zurück zu den Grundbedürfnissen des Kunden und zurück zu den Grundtugenden des Unternehmens. Zuerst muß das Unternehmen dem Verbraucher gegenüber voll präsent sein, mit seinem Stammsortiment und mit seiner Leistungsfähigkeit. Erst dann darf es sich um Randsortimente kümmern. Dabei muß alles getan werden, daß es sich nicht „verzettelt". Auch darf das Unternehmen nicht im Laufe der Jahre zu einem immer größeren Einheitsgebilde werden, wie so mancher Warenhauskonzern. Es müssen kleinere überschaubare Einheiten bleiben. In solchen Einheiten fällt es auch den Mitarbeitern leichter, sich mit den Unternehmenszielen zu identifizieren. Ebenso kann die regelmäßige und offene Information über gute wie schlechte Unternehmensentwicklungen einen Beitrag zur Mitarbeitermotivation leisten.

Aber auch die Information nach außen ist entscheidend. Informationen über Produkte und deren Zusammensetzung, über Sortimente oder über die Geschäftspolitik, wie das erfolgreiche Beispiel der *Coop Schweiz* zeigt. Im Rahmen ihrer Informationspolitik hat sie nicht nur sog. Coop-Info-Produkte konzipiert, auf deren Verpackung umfassend über Produktzusammensetzung und -verwendung informiert wird. Sie stellt vielmehr auch in ganzseitigen Anzeigen in Kooperation mit den Markenartikelherstellern bedarfs- oder sortimentsorientiert zusammengestellte Produktgruppen vor, ohne dabei auf Preise einzugehen (z. B. zum Thema Fitneß und Gesundheit, alkoholfreie Getränke, Salate der Saison, Körperpflege). Der Verbraucher von heute ist durchweg emanzipiert und muß auch so behandelt werden.

Die besondere Bedeutung des System-Gedankens findet sich bei vielen erfolgreichen Handelsunternehmen bestätigt. So betont Dr. Bernd Vogt, Marketingleiter des *Otto-Versands,* daß er in der sorgfältigen Planung und Kontrolle aller Unternehmensaktivitäten einen wesentlichen Erfolgsfaktor des Unternehmens sieht. Nur wirklich erfolgsträchtige Projekte werden in die Tat umgesetzt. Darüber hinaus sieht er in der systematischen nationalen und internationalen Zielgruppen-, Angebots- und vertriebsmäßigen Streuung von Chancen und Risiken eine weitere Handlungsmaxime. „Es kann nicht gutgehen, alle Eier in einen Korb zu legen", stellt er dazu fest. Die konzentrierte Marktbearbeitung mit verschiedenen Zielgruppenkatalogen ist zweifelsohne Ausdruck dieser Maxime. Um Managementkapazität und Synergieeffekte zu nutzen, müssen diese Aktivitäten natürlich im Rahmen des angestammten Geschäfts, des Versandhandels bleiben. Getreu der Volksweisheit „Schuster, bleib bei deinen Leisten" will sich auch *Dr. Jörn Kreke* trotz Engagements in verschiedensten Sortimenten weiterhin dem Fachhandel widmen, denn die Grundzüge dieses Know-hows sind auf andere Sortimente übertragbar.

Kontinuität als Erfolgsfaktor

Ein weiterer wesentlicher Erfolgsfaktor, die Kontinuität, ist zu verstehen als das Denken und Planen in längeren Zeiträumen verbunden mit dem Verzicht auf hektisches, sprunghaftes Agieren und Reagieren. Voraussetzung dafür ist die Existenz einer langfristigen Marketing-Konzeption. Sie dient als Rahmen und Beurteilungskriterium für alle kurzfristigen Maßnahmen. Kontinuität muß in der Sortimentspolitik ebenso gewährleistet sein wie in der Präsentation. Es ist dem Kunden nicht zumutbar, gewisse Artikel immer aufs neue suchen zu müssen, wie das in Warenhäusern seit ihrer Neuorientierung und Umstrukturierung häufiger passiert. Genauso ist zu vermeiden, daß im Sortiment plötzlich Veränderungen auftreten, da z. B. der Einkäufer gewechselt hat. Auch in der Preispolitik ist Kontinuität angeraten. Dies gilt insbesondere wegen ihrer Auswirkungen auf das Image, das Erscheinungsbild des Geschäfts oder des Unternehmens beim Kunden. Das Image ist ein relativ verfestigtes Vorstellungsbild und kann nur langsam und kontinuierlich aufgebaut werden. So hat die kontinuierliche und intensive Werbung der *C&A* zu ihrem überdurchschnittlichen Erfolg beigetragen. Sie verfügt mit 195 Mio. DM mittlerweile noch vor den großen Markenartiklern über Deutschlands größtes Werbebudget.

Es fällt schwer, Kontinuität mit Beispielen zu belegen, eben weil sie sich so unaufdringlich im Hintergrund vollzieht, weil sie auffallende Brüche in der Geschäftspolitik vermeiden soll. Daher soll nur ein Beispiel dafür gegeben werden, wie ein *großes Lebensmittelunternehmen* für Kontinuität in der Qualität seines Angebots sorgt. Dieses Unternehmen unterhält einen Hausfrauenpool, der für geringes Entgelt bei den ohnehin regelmäßig anfallenden Einkäufen jeweils verschiedene festgesetzte und vor allem Frischwarenproduktgruppen auf Qualität, Sauberkeit, Haltbarkeit, Präsentation etc. überprüft, diese Beurteilungskriterien auf einem maschinenlesbaren Formular einträgt und an die Zentrale weiterleitet. Treten in einer Verkaufsstelle auffallende oder regelmäßige Abweichungen auf, kann die Zentrale sofort einschreiten. Dabei dient das Verfahren primär der Gewährleistung einer kontinuierlichen und optimalen Angebotsqualität und erst sekundär der Personalkontrolle. Das Personal weiß zwar von diesem Verfahren, kennt aber nicht die entsprechenden Kundinnen.

Flexibilität als Erfolgsfaktor

Der vierte hier herausgestellte Erfolgsfaktor Flexibilität ist keineswegs ein Widerspruch zu der geforderten Kontinuität. Er stellt lediglich ihr notwendiges Korrektiv dar. Die Flexibilität soll sicherstellen, daß Trends frühzeitig erkannt und umgesetzt werden. Damit ist die erforderliche Innovationsbereitschaft, die rechtzeitige Anpassung an geänderte Konsumentenbedürfnisse ebenso wie der geplante organisatorische Wandel angesprochen. Hier zeigt sich auch die Risikobereitschaft des Unternehmers oder des Unternehmens.

Eine ausgesprochene Innovationsbereitschaft dokumentiert z. B. der *Otto-Versand* und folgt damit dem Leitmotiv seines Firmengründers Werner Otto: Dieses Leitmotiv lautet: „Alles fließt" und soll Bereitschaft zu größter Flexibilität signalisieren. So führte der Otto-Versand als erster im Versandhandel ein:

— die telefonische Bestellannahme,
— die Textverarbeitung über EDV,
— Computer lay-outs,
— den sprechenden Computer,
— den PC als Heimcomputer bei 800 Verkaufsleitern zur Betreuung des Sammelbestellergeschäfts,
— personalisierte Laser-mailings,
— Kunden-Kreditkonten und
— zielgruppenorientierte Kataloge.

In der Flexibilität, auf neue Modetrends zu reagieren, liegt das Erfolgsrezept der Familie *Benetton.*

Flexibilität äußert sich aber auch bei vielen erfolgreichen Handelsunternehmen in der Organsiation in kleinen überschaubaren Einheiten wie bei der *Hussel AG,* in dezentraler standortspezifischer Marktbearbeitung wie bei *Hettlage,* oder im Operieren mit mehreren verschiedenen Betriebstypen, wie etwa bei *Schuh-Görtz.*

Ein eindrucksvolles Beispiel, wie Flexibilität zum Erfolg beiträgt, liefert die irische Supermarktkette *„Superquinn".* Alle 14 Tage sitzt der Chef der Kette, Feargal Quinn, aufmerksam zwischen einem Dutzend Hausfrauen. Quinn stellt Fragen, hört zu, macht sich Notizen. Was der irische Händler dabei in Erfahrung bringt, wird schnell umgesetzt. In den Märkten, die seinen Namen tragen, soll der Kunde König sein.

Auf eine andere Art dokumentiert *IKEA* die Bedeutung der Flexibilität. So hält das Unternehmen nicht eisern an dem ursprünglichen Erfolgskonzept fest, sondern stellte sich schon frühzeitig auf neue Trends ein. Der Elch, beliebtes Erkennungssymbol der Schweden, mußte zu diesem Zweck, zumindest vorübergehend, in der Versenkung verschwinden, so IKEA-Geschäftsführer, Region West, Karl-Heinz Fröhlich. Die Schweden haben sich nämlich zum Ziel gesetzt, mit ihrer Stammkundschaft zu wachsen, und das heißt, daß der Stammbaum IKEAs, die Kiefer, in der Bedeutung stagniert. Die „in die Jahre gekommene Zielgruppe" verlangt inzwischen auch mal eine Ledergarnitur oder der Jungunternehmer eine Büroeinrichtung. Auf diese neuen Bedürfnisse ihrer Kunden haben sich die erfolgreichen Möbelanbieter eingestellt und ihr Sortiment und die Warenpräsentation rechtzeitig entsprechend umpositioniert.

Soweit zu den Erfolgsfaktoren Kreativität, Systematik, Kontinuität und Flexibilität, die das ständige Spannungsfeld der Strategischen Erfolgsfaktoren kennzeichnen. Im folgenden sollen zwei weitere Erfolgsfaktoren skizziert werden, die gewissermaßen erst die Voraussetzung für erfolgreiches Einzelhandelsmarketing darstellen. Sie stellen sozusagen eine Nebenbedingung dar, ohne deren Erfüllung auch die Orientierung an den beschriebenen Erfolgsfaktoren ohne Wirkung bleibt. Damit ist die Qualität der Unternehmensleitung und die Qualität des Mitarbeiterstammes angesprochen.

Managementqualität als Erfolgsfaktor

Die Qualität des Managements oder des Unternehmens beinhaltet das Ausmaß an Fähigkeiten einer Führungskraft, einen Organismus so anzuleiten und zu steuern, daß sowohl die Ziele des Unternehmens als auch die der Mitarbeiter weitestgehend erreicht werden. Die Anforderungen an den Manager oder Unternehmer sind enorm. Er muß Verwaltungsaufgaben so lösen, daß der Organismus geordnet funktioniert und ein möglichst reibungsloser Ablauf gewährleistet ist. Er muß unternehmerische Begabung besitzen. Dazu gehören Weitblick, Kreativität, Gespür, Fähigkeit zum strategischen Denken, m. a. W., er muß im Sinne der Erfolgsfaktoren aktiv handeln. Er braucht Kritikvermögen, den Willen zur Verantwortung und zum Risiko und das Gespür für die Erneuerung, die Marktmöglichkeiten, die Anpassung.

Letztlich muß der Unternehmer befähigt sein, die richtigen Menschen auf den richtigen Platz zu bestellen, die Zusammenarbeit zu fördern, Konflikte zu handhaben, um den Organismus Unternehmen zu voller Leistungsfähigkeit zu führen. Durch die integrierende Haltung werden die Mitarbeiter ständig mobilisiert, ihre Fähigkeiten werden gefördert. Die Mitarbeiter erhalten den nötigen Freiraum, und es ist möglich, Fehler zu begehen, ohne Sanktionen befürchten zu müssen. Die Führungskräfte beschränken sich darauf, die Möglichkeiten und Chancen aufzuzeigen und überlassen es den Mitarbeitern weitgehend, die nötigen Lösungen zu finden.

Aber welche Führungskraft besitzt schon alle genannten Eigenschaften in ausreichender Ausprägung? Wahrscheinlich keine. Allein deswegen empfiehlt sich die Verbesserung der Führungsqualität, die Führung im Team, und insbesondere der integrative Führungsstil. Es gibt keinen Führungsstil, der für alle Situationen die größte Effizienz verspricht. Sicherlich aber ist der integrative derjenige, der einem Organismus, einem System am besten entspricht. *Beispiele für erfolgreiche Führungskräfte* im Handel gibt es genug.

Ein wenngleich extremes Beispiel für den oben angesprochenen integrativen Führungsstil liefert *IKEA:* Als die Schweden 1974 nach Deutschland kamen, führten sie mehr aus Versehen als aus Überlegung das Duz-Prinzip ein, denn die Schweden kennen die „Sie-Form“ nur in Ausnahmefällen. Heute gehört es zum eigenwilligen und ins Konzept passenden

Führungsstil der Schweden, daß sich alle Mitarbeiter duzen, vom einfachen Lagerarbeiter bis zum obersten Deutschland-Chef. Daß autoritärer Führungsstil hier keine Chance hat, leuchtet ein, daß enorme Anforderungen an die Führungsqualität der Vorgesetzten entstehen, liegt jedoch ebenso auf der Hand. So muß sich der Möbelhaus-Chef häufiger auch einmal auf eine Diskussion einlassen, wenn eine präzise Anweisung an sich ausgereicht hätte. Findet sich kein Kompromiß z. B. zu einer einzuleitenden Maßnahme, läßt der Möbelhaus-Chef den Mitarbeiter die Sache so angehen, wie er es für richtig hält. Er wird schon dafür sorgen, daß seine Alternative zum größeren Erfolg führt. Und das ist schließlich im Sinne des Systems.

Eine der wohl kritischsten Größen im Rahmen der strategischen Erfolgsfaktoren im Einzelhandel ist die Mitarbeiterorientierung, insbesondere die des Verkaufspersonals vor Ort. Dabei sind zwei Komponenten entscheidend: die Mitarbeiter-Qualifikation und die Mitarbeiter-Motivation.

Mitarbeiter-Qualifikation und -Motivation als Erfolgsfaktor

Durch die Personalpolitik in der Vergangenheit entscheidet das Unternehmen selbst, welches „Wissen und Können" es sich durch Einstellung der Mitarbeiter aufgebaut hat. Auch liegt es am Unternehmen selbst, dieses entscheidende Kapital weiter zu entwickeln.

Der Leistungswille im Handelsunternehmen wird stark durch das Führungsverhalten und die Führungsqualitäten beeinflußt: „Wie der Herr so's Gescherr." Natürlich spielen auch andere Umstände, wie die Harmonie am Arbeitsplatz, Arbeitsbedingungen etc., eine große Rolle.

Erfolgreiche Handelsunternehmen zeichnen sich dadurch aus, daß sie großen Wert auf Mitarbeiterförderung durch Aus- und Weiterbildung legen. Auch geben sie den Mitarbeitern i. d. R. größere Freiräume, damit sich Initiative und Verantwortung entfalten können. Das zeigte schon das Beispiel von *IKEA,* und auch *Dr. Jörn Kreke* bekennt zu diesem Thema freimütig: „Ich glaube an Menschen. Der Mensch ist wichtiger als Systeme." Wenn er auf seinen regelmäßigen Besuchen der Filialen die Verkaufsstellenleiterin an der Kasse und im Kontakt mit dem Kunden antrifft, dann lobt er sie ostentativ, weil sie nicht im Hinterraum sitzt und Verwaltungsdinge erledigt. Er sagt dazu: „Das tue ich auch, wenn ich weiß, daß die Verwaltung in dem Moment vielleicht viel wichtiger wäre, denn es geht darum, den Mitarbeitern bis ins letzte Glied immer wieder klarzumachen, worauf es ankommt, wie die Philosophie unseres Unternehmens aussieht, daß es darum geht, den Kunden in den Mittelpunkt aller Überlegungen zu stellen."

Unternehmenskultur als Erfolgsfaktor

Damit ist der letzte strategische Erfolgsfaktor, die Unternehmenskultur, angesprochen. Unternehmenskultur entwickelt sich in einem Organismus langsam von innen heraus. Sie wird geprägt vom Führungsstil, aber auch von der Mitarbeiterqualität, den Arbeitsbedingungen, der Position des Handelsunternehmens auf dem Markt, dem Stil der Kommunikation etc. Das Entscheidende dabei ist, daß jeder Mitarbeiter von diesen Grundsätzen durchdrungen ist und sein persönliches Verhalten danach richtet. Das zu erreichen dauert seine Zeit und verlangt vor allem Konsequenz, Beharrlichkeit und Stil des Unternehmers. „Es ist ein ständiges Predigen der Philosophie des Unternehmens", wie ein Gesprächspartner dazu versicherte.

Mit dem *Otto-Versand* war ein Beispiel für das Ergebnis dieses „ständigen Predigens" seines Gründers Werner Otto angeführt worden: die Innovationsbereitschaft.

Wie ein sehr erfolgreicher Handelsunternehmer Unternehmenskultur in einen Warenhauskonzern bringen würde, schilderte er kürzlich wie folgt: Er hatte sich über die verblichenen, schmutzigen Fahnen an der Außenfassade eines Warenhauses aufgeregt. Wenn er Vorstand sei und bei einem Warenhausbesuch dies feststellen würde, ließe er sich den Geschäftsführer kommen und würde ihn zur Rede stellen, meinte er, und dann würde er dafür sorgen, daß das bis ins letzte Haus bekannt würde. „Glauben Sie mir", versicherte er, „ich bin davon überzeugt, ich würde so schnell kein Haus mit heruntergekommenen Außenfahnen mehr finden."

Ähnlich praktiziert der Gesprächspartner auch die Unternehmenskultur im eigenen Unternehmen. Man kann sich vorstellen, mit viel Erfolg.

Soweit die Überlegungen zu strategischen Erfolgsfaktoren, strategischen Erfolgsdimensionen und strategischen Erfolgspositionen im Einzelhandelsmarketing.

Es ist sicher nicht immer einfach, die herausgearbeiteten Erfolgsmerkmale direkt in die konkreten Marketingmaßnahmen umzusetzen. Doch das ist und kann auch nicht Zweck einer solchen Analyse sein. Es sollte vielmehr verdeutlicht werden, daß z. B. die Beachtung der genannten Erfolgsfaktoren zur Philosophie erfolgreicher Unternehmensführung im Handel gehören muß. Die Erfolgsfaktoren stellen gewissermaßen Grundtugenden eines erfolgreichen Unternehmens dar, die sich in den verschiedensten Situationen äußern. Sie gilt es zu verfestigen und zu predigen. Gelingt es, sich selbst damit zu identifizieren, wird es auch den Mitarbeitern gelingen, sie durch und durch in sich aufzunehmen. Eines steht fest: Sie lassen sich nicht von heute auf morgen erlernen, es ist vielmehr ein langer Weg diesen Handlungsmaximen näherzukommen und sie selbst zu praktizieren.

Schrifttum:

Lange, B.: Bestimmung strategischer Erfolgsfaktoren und Grenzen ihrer empirischen Fundierung; in: Die Untersuchung. Heft 1/82, S. 27—41

o. V.: Drei Erfolgspfeiler; in: TW, Heft 48/84, S. 16—17

o. V.: Mit dem Frische-Discount gegen Fast-Food-Ketten; in: asw, Heft 1/85, S. 24—26

Peters, Th. J.; Waterman, R. H.: Auf der Suche nach Spitzenleistungen — was man von bestgeführten US-Unternehmen lernen kann; Landsberg am Lech, 1983

Pümpin, C.: Management strategischer Erfolgspositonen; Bern, Stuttgart, 1982

Worpitz, H.: Wie lernfähig sind die deutschen Unternehmen? in: Markenartikel, Heft 5/84, S. 268—282

5. Globalisierung von Märkten — Neue Herausforderung für das Marketing

von W. Rall und B. Kux*)

Über ein Viertel der in aller Welt erzeugten Güter wird im Jahr 1990 in den Außenhandel fließen, 1970 waren es nur 12%. Diese Zahl zeigt jedoch nur die Spitze einer Entwicklung, die eine immer engere Integration von Märkten mit sich bringt: Zahlreiche — auch deutsche — Unternehmen haben ein Netz internationaler Produktionsstätten aufgebaut, das es ihnen erlaubt, den Bedarf ihrer Kunden vom jeweils optimalen Standort aus zu dekken, in vielen Fällen ohne Außenhandel. Diese Entwicklung, als „Globalisierung der Märkte" längst zum Schlagwort geworden, stellt Unternehmen und ganze Branchen vor neue Anforderungen. Die Chancen und Risiken des Phänomens Globalisierung nicht zu verstehen, kann sehr teuer werden — in entgangenem Gewinn, verlorenem Marktanteil oder sogar Existenzgefährdung. Bei der Bewältigung der Situation müssen alle Funktionen im Unternehmen mitwirken, je nach Industrie und Produkt unterschiedlich intensiv. Eine Schlüsselrolle kommt in jedem Fall dem Marketing zu, und meist ist diese Rolle mit erheblichem Umdenken verbunden. Um sie richtig zu gestalten, gilt es jedoch zunächst zu verstehen, welche Einflüsse die Tendenz zur Globalisierung ausgelöst haben und weiter vorantreiben.

Tendenz zur Globalisierung

Im globalen Wettbewerb wachsen die industrialisierte Welt und zunehmend auch Schwellenländer, die eine Politik der Öffnung betreiben, zu *einer* Wettbewerbsarena zusammen. Unternehmen mit einem Globalisierungskonzept handeln, als ob eine solche weitgehende Integration der Märkte bereits bestünde; sie machen sich Veränderungen in den Charakteristika ihres Gechäftes und in den Rahmenbedingungen ihres Handelns zunutze und führen dadurch den globalen Wettbewerb herbei.

Anreize zur Globalisierung entstehen im wesentlichen dadurch, daß zwischen nationalen Märkten die Nachfrageunterschiede schwinden, daß für die Anbieter Skaleneffekte in F&E, Einkauf, Fertigung und Marketing erkennbar — und zunehmend wichtiger — werden und daß neue wirtschaftspolitische Rahmenbedingungen weltweite Präsenz ermöglichen oder oft sogar verlangen.

Für Konsumgüter des gehobenen Bedarfs werden Käuferpräferenzen welt-

---

[3]) Dr. Wilhelm Rall, Principal der McKinsey & Company, Inc., Stuttgart
Barbara Kux, Beraterin bei McKinsey & Company, Inc., Stuttgart

weit immer homogener; Photoapparate von Canon oder Minolta, Walkmans von Sony, Kugelschreiber von Parker oder Lamy, Koffer von Samsonite, aber auch Bekleidung von Lacoste oder Gucci gehören heute in den Einkaufsstraßen aller Industrieländer zum Alltagsbild. Bessere Ausbildung, höheres Einkommen, mehr Freizeit, verstärkter internationaler Reiseverkehr, intensiver Informationsaustausch — und nicht zuletzt der Konsum der gleichen Fernsehserien — lassen über die Ländergrenzen hinweg eine immer größere soziale Gruppe mit vergleichbarem Lebensstil und sehr ähnlicher Verhaltensweise entstehen. Aber nicht nur Konsumgüter weisen spektakuläre Globalisierungstrends auf; noch wichtiger vom Volumen her sind Industriegüter: In vielen Produktbereichen bilden sich international gültige Spezifikationen und Standards heraus. Globalisierungstendenzen von Abnehmer- und Zulieferindustrie führen zu einem sich selbst verstärkenden Prozeß.

Die wichtigsten treibenden Kräfte auf der Angebotsseite sind unverändert Stückkostendegressions-Effekte, aber in einem viel weiteren Sinne als früher. Kostenvorteile aus einer weltweiten Integration der Fertigung sind zwar für zahlreiche Geschäfte nach wie vor von großer Bedeutung, neben sie sind jedoch Degressionseffekte in anderen Stufen des Geschäftssystems getreten. Für technologie-intensive Produktgruppen wie hochintegrierte Halbleiter, Computer oder Flugzeugturbinen sind die Entwicklungskosten pro Produktgeneration so hoch, daß von vornherein auf das Volumen des Weltmarktes gezielt werden muß; Anbieter, die nur für ihre heimische Region entwickelten, würden sich von einer wettbewerbsfähigen Kostenposition ausschließen. Bei werbeintensiven Konsumgütern läßt sich eine erhebliche Kostendregression durch einheitliche Marketing- und Werbekonzepte und zentrale Erstellung aufwendiger Werbemittel erzielen. Der Zwang, auf allen Wertschöpfungsstufen die Kosten auf ein größeres Volumen zu verteilen, wächst mit der höheren Wettbewerbsintensität.

Der Abbau von Zöllen und sonstigen peripheren Handelshemmnissen, der zwischen den Industrieländern — bei allen Ansätzen zu neuen Barrieren — sehr weit fortgeschritten ist, bietet vielfältige Chancen für weltmarktfähige Produkte. Aber auch im entgegengesetzten Fall kann ein mutiger Schritt über die Grenzen angezeigt sein: wenn nämlich protektionistische Tendenzen und Local-Content-Bestimmungen erkennen lassen, daß nur eine massive Präsenz vor Ort den Marktzugang sichern kann. Solange die Regierungspolitik dabei für Kapitalmobilität sorgt, kann es durchaus attraktiv sein, sich durch ein solches intensives Engagement Wettbewerbsvorteile zu sichern.

Die Zahl der Branchen und Produktbereiche, in denen Nachfrage, Angebot oder politische Rahmenbedingungen globalisierungsfördernd wirken, nimmt zu. Trotzdem muß ein Unternehmen — will es ein Auseinanderklaffen von Geschäftscharakteristika und eigenem Geschäftskonzept vermeiden — für jedes Geschäftsgebiet einzeln die kritischen Fragen prüfen: Wie ausgeprägt sind einerseits die verschiedenen globalisierungsfördernden Faktoren, welche Vorteile kann es aus ihrer Nutzung gewinnen? Und wie wichtig ist andererseits lokale Anpassung? Wendet man diese beiden Kriterien an, so ergeben sich vier Typen von Geschäftsgebieten (Bild 1):

— Geschäftsgebiete, in denen eine starke lokale Anpassung nicht sinnvoll ist, die globalisierungsfördernden Kräfte dagegen mit großem Vorteil genutzt werden können. Dies sind die eigentlich *globalen Geschäftsgebiete;* die angesprochenen Beispiele Computer und Unterhaltungselektronik gehören hierher.

— Geschäftsgebiete, in denen die globalisierungsfördernden Faktoren, aber auch die Notwendigkeit lokaler Anpassung sehr ausgeprägt sind. Bei näherer Analyse zerfällt diese Kategorie in zwei Untergruppen, die sich in ihren Einflußfaktoren sehr stark, in der adäquaten strategischen Antwort jedoch häufig nur wenig unterscheiden.

  — Duale *global-lokale Geschäftsgebiete* bieten für einzelne Aktivitäten hohe Globalisierungsvorteile, verlangen für andere dagegen starke Lokalisierung. Diese Konstellation ist häufig im Dienstleistungsbereich gegeben, z. B. bei Banken, solange man das normale Ge-

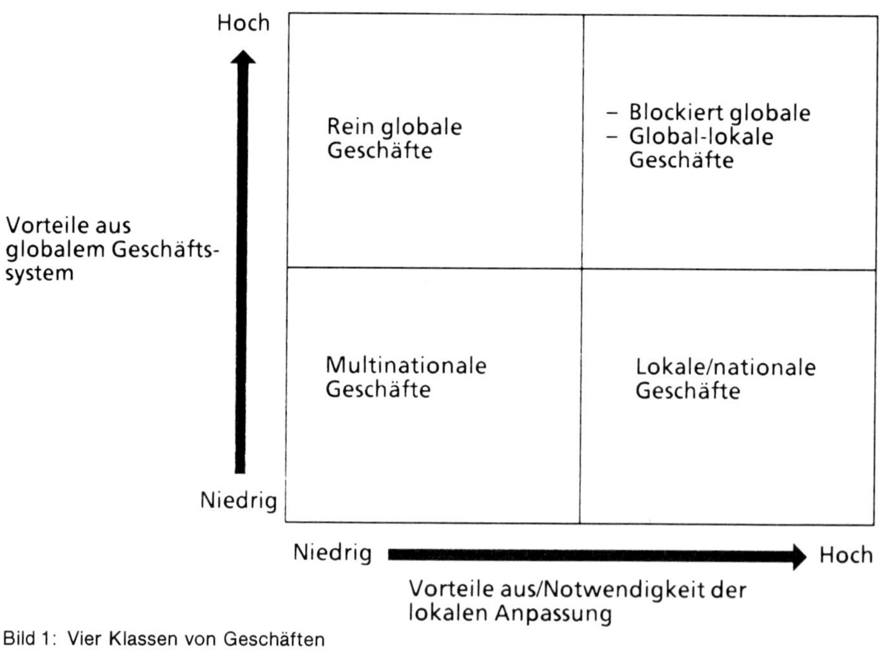

Bild 1: Vier Klassen von Geschäften

schäftsbankportfolio als Einheit auffaßt. Ähnliches gilt aber auch bei Industriegütern mit hoher Anwenderorientierung (große Bedeutung von Anwendungstechnik oder kundenspezifischer Software).

— *Blockiert globale Geschäfte* sind solche, die bei rein ökonomischer Betrachtung global wären, bei denen aber Regierungsauflagen oder das Einkaufsverhalten staatlicher oder halbstaatlicher Stellen eine starke Lokalisierung erzwingen (z. B. Rüstungsindustrie, ganz überwiegend auch noch nationale Telefonnetze, obwohl sich hier eine Öffnung angebahnt hat).

— Geschäftsgebiete, in denen — vor allem auf der Nachfrageseite — zwar innerhalb größerer Regionen keine lokale Differenzierung erforderlich ist, bei denen jedoch zwischen den Regionen noch deutliche Unterschiede bestehen, so daß eine weltweite Integration aller Aktivitäten keine entscheidenden Wettbewerbsvorteile bietet. Die begrenzte Anzahl von Regionen, in die sich der Weltmarkt für solche *multinationalen Geschäftsgebiete* gliedert, bilden typischerweise relativ geschlossene Wettbewerbsarenen und weisen deshalb meist auch auf der Angebotsseite deutliche Unterschiede auf. Heute gehören bedeutende Gruppen von Konsumgütern (z .B. Zigaretten), Gebrauchsgütern (z. B. Weiße Ware), aber auch unverändert eher traditionelle industrielle Ausrüstungsgüter in diese Kategorie. Viele der heute globalen Geschäftsgebiete hatten in der Vergangenheit diese polyzentrische Struktur, so z. B. die Automobil- und Motorradindustrie, die Unterhaltungselektronik und die Produktionsautomatisierung. Das multinationale Geschäft hat sich dort als Übergangsphase zum globalen Geschäft erwiesen.

— Geschäftsgebiete, bei denen eine hohe lokale Anpassung erfolgsentscheidend ist, dagegen keine wesentlichen Argumente für eine Globalisierung sprechen. In diese Kategorie der *lokalen Geschäftsgebiete* fallen unverändert weite Bereiche der Nahrungsmittelindustrie, aber auch zahlreiche Grundstoffindustrien und stark kulturgebundene Gebrauchsgüter.

Zutreffend zu diagnostizieren, in welche Kategorien die eigenen Geschäfte fallen, ist die erste kritische Aufgabe für globalisierungswillige Unternehmen. Wenn sie befriedigend erfüllt ist, kommt die zweite, schwierigere: Das Geschäftskonzept unter Berücksichtigung der eigenen Ressourcen und Freiheitsgrade optimal auf die erkannten Merkmale und Anforderungen der Geschäfte auszurichten. Die Regel etwa, daß globale Geschäfte am besten mit einem Integrationskonzept anzugehen seien[1]), muß geschäftsspezifisch im Detail in konkrete Konzepte und Aktionspläne für alle Elemente des Geschäftssystems umgesetzt werden. Weltweite Integration des

[1]) Siehe H. Henzler und W. Rall, „Aufbruch in den Weltmarkt", manager magazin 09-11/85

Geschäftes bedeutet eben nicht, daß alle Unternehmensfunktionen weltweit integriert und einheitlich arbeiten müssen, sondern daß in jeder Funktion die Lösung gefunden wird, die am vorteilhaftesten ist. Während für Entwicklung oder Produktion die optimale Lösung typischerweise wenig kontrovers ist[2]), ist sie für das Marketing umstritten. Zu sehr widerspricht das von T. Levitt[3]) sehr pointiert formulierte Postulat des globalen Marketing, „to sell the same thing in the same way everywhere", den bisherigen Marketingkonzeptionen, die es als eine zentrale Aufgabe ansehen, Märkte zu differenzieren und immer feiner zu segmentieren.

Neuartige Anforderungen an das Marketing treten überwiegend bei rein globalen oder dualen Global-Lokal-Geschäften auf, während rein lokale oder multinationale Geschäfte eher die Anwendung bewährter Konzepte fordern. Die folgenden Überlegungen werden sich daher auf den Beitrag beschränken, den das Marketing zum Erfolg eines Unternehmens im globalen Wettbewerb leisten kann.

Der Beitrag des Marketing

Die Antwort auf die Herausforderungen des globalen Geschäftes ist nicht das „globale Marketing". Gefragt ist nicht die mechanische Umsetzung einer zentralen Marketing-Konzeption, sondern das systematische Einbeziehen von Marketing-Know-how und -Ideen aus lokalen Quellen sowie das reflektierte Übertragen einer regional erfolgreichen Marketing-Konzeption auf andere Märkte. Der Abgleich zwischen den Vorteilen der Standardisierung und der Notwendigkeit lokaler Differenzierung wird dabei zur Daueraufgabe[4]).

Macht man sich auf, ein Geschäft zu globalisieren, so sind die offensichtlichen Vorteile größtmöglicher Standardisierung natürlich verlockend: sprunghafte Steigerung der Effektivität durch Ideen-Pooling und einheitliche Darstellung in allen Märkten, geringere Kosten für Werbung bei insgesamt mindestens gleichem Wirkungsgrad und schließlich die reizvolle Möglichkeit, gleichzeitig besser und weniger aufwendig zu planen, zu koordinieren und zu kontrollieren. Trotzdem sollte nie vergessen werden, welche Nachteile entstehen können, wenn nationale Unterschiede dort, wo sie wichtig sind, nicht ausreichend berücksichtigt werden. Setzt sich ein Unternehmen in übermäßigem Standardisierungsdrang über lokale und regionale Marktcharakteristika, Distributionsmerkmale, Wettbewerbsstrukturen oder gesetzliche Auflagen hinweg, so gibt es sich gegenüber jedem sensibleren Wettbewerber eine gefährliche Blöße.

---

[2]) Siehe ebenda Heft 11, Seite 169

[3]) Siehe T. Levitt, „The globalization of Markets", Harvard Business Review, Volume 61 No. 3 (May/June) 1983, S. 93—102

[4]) Für eine Diskussion der Bestimmungsfaktoren dieses Abgleichs siehe: H. Meffert, „Marketing im Spannungsfeld zwischen weltweitem Wettbewerb und nationalen Bedürfnissen"; vervielfältigtes Manuskript, Münster 1986, S. 25ff

Bei der erfolgreichen „Internationalisierung" von Marketing geht es darum, die zwei Stufen Konzeption und Ausführung in den beiden Dimensionen Substanz und Prozeß zu gestalten und zu beherrschen (Bild 2).

Konzeption: Zentrale als Helfer, nicht als „Polizist"

Die Forderung, bei globalem Geschäft globales Marketing zu betreiben, zielt — ohne daß dies explizit gesagt würde — meist auf die Marketingkonzeption. Wann immer ein treibendes Element der Globalisierung die Homogenität der Nachfrage ist, wird im Marketing eine zumindest abgestufte Integration und damit Zentralisierung die folgerichtige Entscheidung des Unternehmens sein. Das gilt in jedem Falle auf der Ebene der Unternehmens- bzw. Markenstrategie. Bei Konsumentenprodukten ist z. B. eine möglichst homogene Positionierung der Marken hinsichtlich Niveau und Botschaft notwendig und in vielen Fällen geradezu Erfolgsvoraussetzung eines Globalisierungskonzeptes. Die allgegenwärtigen Hersteller prestigeträchtiger Kleidung oder Gebrauchsartikel sind dafür der beste Beleg. Auf längere Sicht wäre es zerstörerisch, Marken wie Rolex oder Parker in einzelnen Regionen in einem volumenträchtigeren Segment zu positionieren.

Aber auch bei Industriegütern wird es immer wichtiger, eine übergreifende Marken- oder Unternehmensidentität zu schaffen. Dazu gehört z. B. eine weltweit abgestimmte Imagewerbung, zentral koordinierte Messepräsenz oder Veröffentlichungspolitik. Auf der Produktebene muß die Frage nach dem optimalen Grad der Standardisierung und Abwägung des Für und

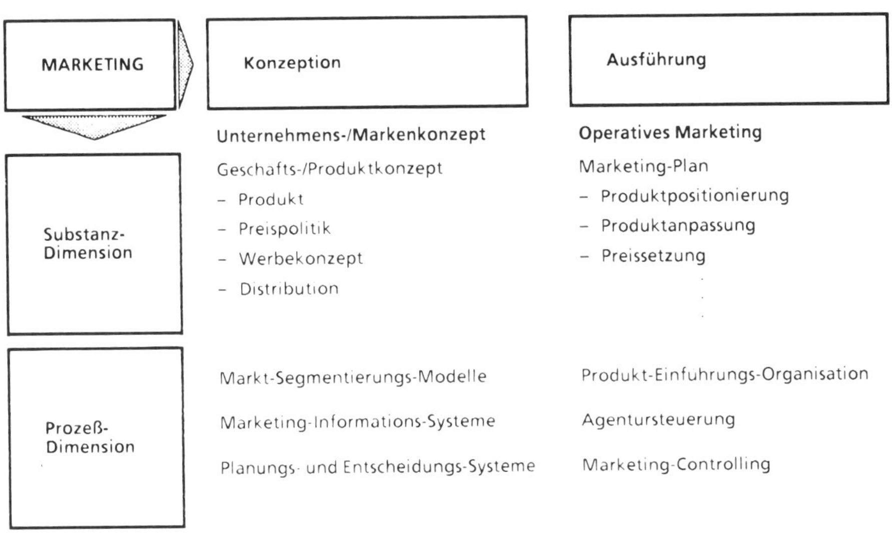

Bild 2: Ansatzpunkte zur Internationalisierung des Marketing

	Standardisierungsbestimmende Faktoren ⊕	⊖
Produkte/ Märkte	– Skaleneffekte(Produktkonzeption, Packaging) – Einheitliches Produkt-Image – Länderübergreifende Kundengruppen	– Heterogene Nachfragestruktur – Länderspezifische Vorschriften/ Standards – Produkte von Wettbewerbern in Einzelmärkten
Preis	– "Internationaler" Konsument – Länderübergreifender Handel – Kontrolle der Reimporte	– Kaufkraftunterschiede – Gesetzl. Preisvorschriften – Wettbewerbsposition
Werbung	– Wirkungserhöhung – Länderübergreifende Medien – Kostenvorteile – Selektion des besten Konzepts	– Phase im Lebenszyklus (first buy vs. repeat purchase) – Gesetzliche Auflagen – Bekanntheitsgrad der Marke – Kulturelle Faktoren (Sprache, Tradition, Tabus)
Distribution	– Vereinheitlichung des Beratungs- und Servicelevel – Internationalisierung des Handels	– Handelsstruktur – Differenzierte Einkaufsgewohnheiten

Bild 3: Die Frage der Standardisierung muß für jedes Marketingmix-Element gestellt werden

Wider für jedes Marketingmix-Element, von Produkten über Preis und Werbung bis hin zur Distribution, gestellt werden (Bild 3):

— Wie gleichartig das *Produktangebot* für verschiedene Regionalmärkte sein sollte, hängt von der Homogenität der Nachfrage ab. Dabei ist der Übergang zum globalen Marketing insbesondere dadurch gekennzeichnet, daß eine primär länder- oder regionsorientierte Segmentierung durch eine länderübergreifende Kundengruppen-Segmentierung abgelöst wird. Bei Konsumgütern stehen typischerweise sozioökonomische Gruppen mit gleichartigem Verhalten im Vordergrund, bei Industriegütern Anwender-Segmente (Bild 4). Bei der Festlegung des „Global-Content" eines Produktes für ein bestimmtes Segment wird häufig übersehen, daß dem Kunden nicht ein Produkt im engen Sinne, sondern ein Angebotspaket geboten wird, das eine Mischung aus globalen und lokalen Komponenten umfassen kann. So sind zum Beispiel viele Automatisierungskomponenten in der Hardware völlig identisch; ohne eine Dokumentation, die auf Besonderheiten der jeweiligen regionalen Märkte abgestimmt ist, wird jedoch die Marktpenetration auch bei günstigen Preisen empfindlich behindert.

— Bei der *Preispolitik* hängen die Freiheitsgrade für die Unternehmen von dem Informationsaustausch zwischen den Märkten und der Mobilität

BEISPIEL: HÖHERWERTIGE GEBRAUCHSGUTER

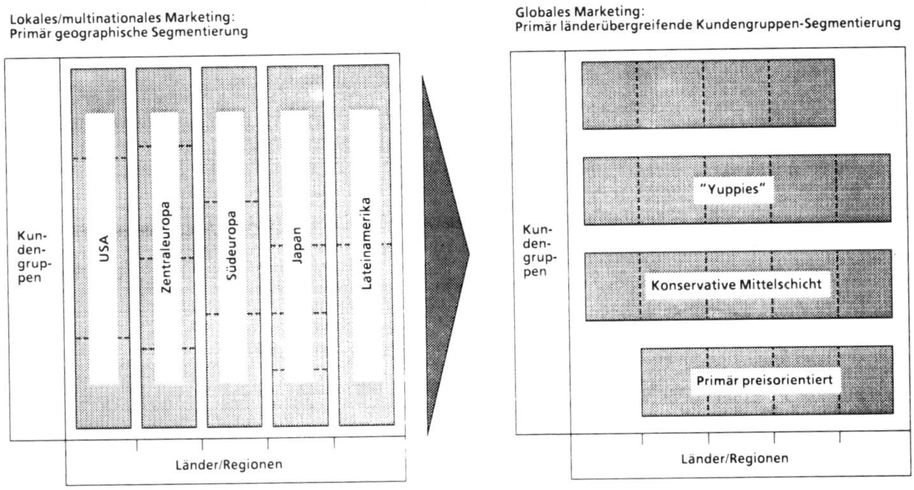

Bild 4: Wechsel im Segmentierungsfokus ist wichtiges Merkmal des globalen Marketing

der Ware selbst (Grauer Außenhandel) ab. Wo eine homogene Produktpositionierung sehr wichtig ist und gleichzeitig zwischen den Märkten große Durchlässigkeit besteht, ergeben sich häufig Konflikte zwischen richtiger relativer Preisposition in einem Markt und voller Kontrolle der internationalen Handelsströme für das eigene Produkt, wenn erhebliche Kaufkraftunterschiede zwischen Ländern bestehen.

— Das *Werbekonzept* folgt in seiner grundsätzlichen Ausrichtung der Produktpositionierung und Kundengruppenorientierung (Bild 5). Inwieweit die Inhalte des Werbekonzeptes weltweit standardisiert sein sollen, hängt sehr stark davon ab, ob solche einheitlichen Werbeaussagen auf den jeweiligen Märkten auch tatsächlich gleich verstanden werden. Bekannteste Beispiele für einheitliche Werbung sind wohl Marlboro und Coca-Cola. Nicht unbedeutend bei der Festlegung des Werbekonzeptes sind aber auch die allgemeine Werbephilosophie des Unternehmens und Effizienzüberlegungen: Wenn aufwendige Werbespots nur einmal konzipiert und gedreht und dann für die verschiedenen Märkte nur synchronisiert werden, spart dies durchaus erhebliche Kosten.

— Die *Distributionspolitik* war in der Vergangenheit häufig die noch am stärksten lokale Komponente des Marketing-Konzeptes. Ausgeprägte Besonderheiten nationaler Distributionssysteme (z. B. in Japan, aber auch in einzelnen europäischen Ländern) ließen auch global operierende Hersteller nationale Besonderheiten akzeptieren. In jüngerer Zeit

BEISPIELE

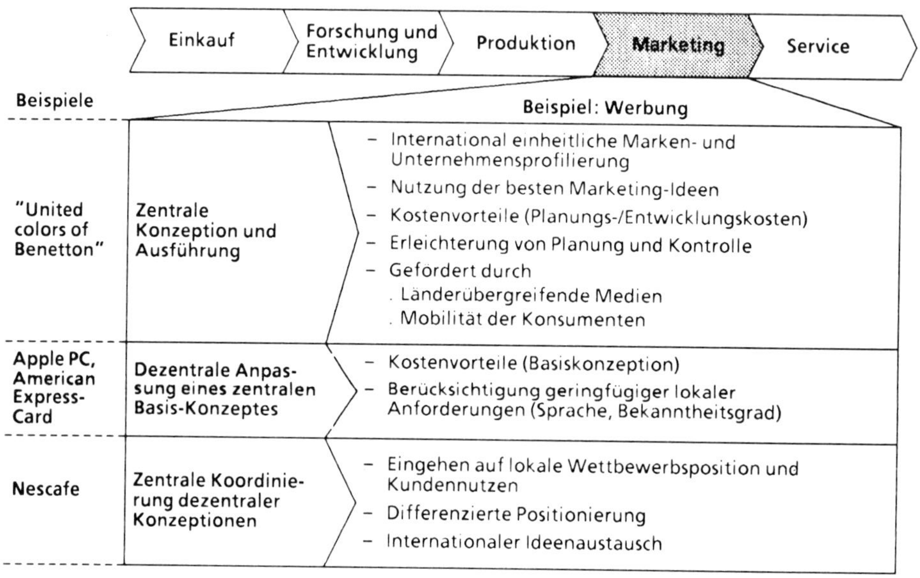

Bild 5: Für jede Einzelfunktion ist die Ausgestaltung festzulegen

gibt es jedoch eine steigende Zahl von autonomen Aktionen der Hersteller, die entweder weltweit mit erheblichen Investitionen eine eigene Distribution aufbauen oder über Kooperationen relativ homogene Systeme entstehen lasen.

Nicht weniger wichtig als derartige Überlegungen zur Substanz des Marketing-Konzeptes ist dessen Prozeßdimension. Sie weltweit zu integrieren, bringt in der Regel besonderen Nutzen für das Geschäft.

Die Gestaltung des Prozesses beeinflußt nicht nur entscheidend die Qualität des Konzeptes, sie bestimmt vor allem auch weitgehend, welche Akzeptanz ein integrierter Ansatz in den dezentralen Einheiten eines Unternehmens findet. Die Entwicklung einer globalen Marketingkonzeption verlangt ein sorgfältig orchestriertes Zusammenspiel zwischen zentralen und dezentralen Einheiten; ein systematischer Know-how-Transfer ist unerläßlich. Einrichtungen wie internationale Marketing-Komitees, ,,Newsletters" mit den besten Marketingideen oder der Einsatz von Product Directors mit Linienerfahrung als Koordinator in der Zentrale müssen dafür sorgen, daß die Zentrale als Helfer und nicht als Polizist agiert und verstanden wird.

Motivation und Einbindung der Landesgesellschaften müssen darüber hinaus durch Delegation von zentraler Marketingverantwortung, z. B. für

Testmarketing oder Produkteinführungs-Konzeptionen, gefördert werden. Der Einsatz zeitgemäßer EDV-Unterstützung erlaubt rasche Datensammlung, wirkungsvollen Informationsaustausch und hohe Qualität der Analysen auch bei großen Datenmengen.

Ausführung: dezentral mit zentralen Schwerpunktaufgaben

Die Marketingkonzeption bildet die Basis für die zentralen Marketingpläne, die zusammen mit den dezentralen Einheiten erstellt werden. Die Ausführung liegt auch für globale Geschäfte im wesentlichen bei Landes- oder Regionalgesellschaften, mit einigen Ausnahmen:

— Die oben angesprochenen *Aktivitäten auf Unternehmens- und Markenebene* (Public Relations, Publikationen, Messen usw.) werden typischerweise nicht nur bei der Konzepterarbeitung, sondern auch bei der Ausführung straff zentral gesteuert.

— Im Gegensatz zu lokalen oder multinationalen Geschäften sind bei globalen Geschäften die *Produkteinführungen* zentrale Ereignisse. Landesgesellschaften haben keine Autonomie in der Frage, ob sie ein bestimmtes Produkt einführen wollen (zum Ausgleich dafür müssen sie allerdings eng in den Prozeß der Produktentwicklung eingebunden sein). Auch dem zentral gesteuerten Produkteinführungs-Plan müssen sie sich voll unterwerfen. Dabei hat es sich allerdings bewährt, die „Roll-out"-Teams so zu besetzen, daß die Erfahrungen von Tochtergesellschaft zu Tochtergesellschaft weitergegeben werden können.

— In der *Werbung* hat sich in den letzten Jahren eine neue Entwicklung angebahnt. Wurden in der Vergangenheit auch bei zentral definierter Werbebotschaft Konzepte in der Regel dezentral erarbeitet und als Aktionen durchgeführt, so haben die Fusionen von Werbeagenturen in den letzten Jahren die Voraussetzungen dafür geschaffen, daß auch die Agenturen tatsächlich ein weltweites Konzept anbieten können. Saatchi und Saatchi sind für diese Veränderungen das beste Beispiel

Der Trend zur Globalisierung von Geschäften ist nicht aufzuhalten. Das Marketing muß von liebgewordenen Traditionen Abschied nehmen und sich in den Dienst dieser Entwicklung stellen. Gefordert sind jedoch nicht Einheitskonzepte, sondern ein sorgfältig abgestimmter Marketingmix, der Globalisierungsstrategien intelligent unterstützt und gleichzeitig Differenzierungsmöglichkeiten zwischen den Ländern ausschöpft. Unternehmen, die diese Kunst beherrschen, werden Globalisierungsvorteile in Entwicklung und Produktion durch Marketing verstärken können. Insbesondere bei Konsumgütern wird oft das Marketing durch Etablierung einer globalen Marke oder eines globalen Produktes die Globalisierung erst möglich machen und damit dem Unternehmen zu weit überdurchschnittlichen Ergebnissen verhelfen. Die europäischen Unternehmen mit ihrer langen Erfahrung im internationalen Geschäft und ihrem meist gut ausgebauten Marketing-Instrumentarium sind hier in einer guten Ausgangsposition.

6. Die richtige Marketing-Strategie für Asien ist gefragt

von A. Mock*)

Der deutsche Maschinenbau ist, an der Zahl der Arbeitnehmer gemessen, der größte deutsche Industriezweig. Er stellt rund 15 Prozent aller Arbeitsplätze der deutschen Industrie.

Die Rolle des Maschinenbaus als Lieferant an alle Zweige der Wirtschaft bedingt die außerordentlich differenzierte Produktpalette der Branche. Er ist ein forschungsintensiver Industriezweig. Auch dies erklärt, warum die Branche trotz steigender Kostenbelastungen ihre internationale Wettbewerbsfähigkeit behaupten konnte: Mehr als 60 Prozent der Produktion geht auf Auslandsmärkte.

Insgesamt haben sich die Fachzweige des deutschen Maschinenbaus unter den gegebenen Bedingungen hervorragend behauptet. Der bisweilen erhobene Vorwurf, daß die kleinen Unternehmen des Maschinenbaus dem technischen und strukturellen Wandel nicht gewachsen seien und der Maschinenbau daher zur „Problembranche" oder, wie es auch hieß, zur „Uhrenindustrie der achtziger Jahre" werde, hat sich nicht bestätigt. Die Realität belegt das Gegenteil. Bei der Verteidigung alter und der Erschließung neuer Exportmärkte hat der deutsche Maschinenbau seine Stärke und Flexibilität immer wieder unter Beweis gestellt. Das Bemühen, neue Exportchancen aufzuspüren und auszuschöpfen, führt die Unternehmen in immer neue und entferntere Länder.

Wirtschaftliche Analysen gehen davon aus, daß die südostasiatischen Länder auch in den nächsten zwei Jahrzehnten zu den wachstumsträchtigen Märkten der Welt zählen werden. Zu Beginn der achtziger Jahre haben Südost- und Ostasien (die Volksrepublik China eingeschlossen) bereits mehr als 8 Prozent der Weltexporte absorbiert, verglichen mit 5 Prozent in Lateinamerika und Afrika und 11,5 Prozent in den Vereinigten Staaten. Aufgrund der Marktnähe, historisch bedingter Beziehungen und nicht zuletzt wegen der hohen internationalen Wettbewerbsfähigkeit bei verarbeiteten Industrieprodukten nimmt Japan unter diesen Anbietern eine herausragende Stellung ein.

Zukünftige Wachstumsimpulse im Pazifischen Becken werden von drei Richtungen ausgehen:

— *Exportindustrien,* die ihre Produkte vorwiegend auf die Bedürfnisse der großen Industriemärkte ausrichten und mit Flexibilität und be-

*) Dipl.-Kfm. Arno Mock, Geschäftsführer der A. Friedr. Flender GmbH & Co. KG, Bocholt

sonderen Faktorkostenvorteilen hohe, sektorale Wettbewerbsfähigkeit erreichen.

— *Versorgungsindustrien* für die wachsenden Binnenmärkte dieses Raumes angesichts steigenden Wohlstandes und des zunehmenden Intra-Asienhandels.

— *Beschleunigte Technologieentwicklung* infolge von Marktzugangsbeschränkungen in Industrieländern und der Notwendigkeit zum Ausweichen auf höherwertige Produkte.

Die Zusammenarbeit Japan/USA-Westküste wird dabei wesentliche Ausstrahlungseffekte auf Gesamt-Ostasien haben und ein Motor der regionalen Entwicklung sein.

Deutsches Know-how für Asiens Schlüsselindustrien

Gegenüber anderen Entwicklungsregionen der Welt zeichnet sich der Westrand des Pazifischen Beckens durch besondere wirtschaftliche Strukturmerkmale aus:

— wettbewerbsorientierte, generell marktwirtschaftliche Wirtschaftsordnungen,

— hohe Anpassungsfähigkeit und -bereitschaft von Bevölkerung und Wirtschaft an sich ändernde internationale Wirtschaftsstrukturen mit einem Arbeitswillen, der nicht den totalen Versorgungsstaat zum Ziel hat,

— Akzeptanz des technologischen Fortschritts,

— große Bevölkerungszahl mit hoher Arbeitsbereitschaft,

— niedrigere Kosten des Faktors Arbeit bei generell hoher Arbeitsethik (größtenteils durch Konfuzianismus geprägt) mit dem Stolz am eigenen Schaffen, hungrig nach Erfolg und Wachstum,

— Exportorientierung und die Fähigkeit, sich auf wechselnde Bedürfnisse der Abnehmer flexibel einzustellen,

— relativ große, zum Teil geschützte Binnenmärkte als Basis für industrielle Großproduktionen (neben Japan vor allem Korea und Taiwan),

— Rohstoffreichtum mit der Möglichkeit der intelligenten Verarbeitung von Rohstoffen zu Fertigprodukten für Export und eigenen Bedarf.

Will die deutsche Industrie ihre Position im Welthandel sichern, müssen sich deutsche Firmen in diesem Raum stärker engagieren, um an den dort erwirtschafteten Zuwächsen zu partizipieren und die beschleunigte technologische Entwicklung in diesen neuen Industrieländern durch deutsches Know-how, vor allem in Schlüsselindustrien, beeinflussen zu können. Wichtig ist, die Präsenz vor Ort unter langfristiger Ertragserwartung zu verstärken und sichtbar zu machen.

Die Länder im ASEAN-Raum streben eine verstärkte Zusammenarbeit mit der deutschen Wirtschaft an, um die Abhängigkeit von Japan und den USA abzubauen.

Wo bleibt aber — so muß man fragen — in dieser pazifischen Entwicklung Europa? Es ist berechtigt, wenn die EG-Kommission der europäischen Wirtschaft vorwirft, den pazifischen Wirtschaftsraum vernachlässigt zu haben.

In den letzten beiden Jahren hat sich eine lebhafte Debatte darüber entwikkelt, ob die deutsche und darüber hinaus auch die europäische verarbeitende Industrie ihre internationale Wettbewerbsfähigkeit eingebüßt hat. Die Diskussion entzündete sich an den rückläufigen Anteilen am Welthandel der deutschen und anderer europäischer Anbieter seit Ende der siebziger Jahre.

Betrachtet man die Außenhandelsverflechtung der EG-Länder, so fällt auf, daß die intensivsten Handelsbeziehungen zwischen den EG-Ländern selbst bestehen. Die EG-Länder sind also hauptsächlich deswegen führende Exportnationen in der Welt geblieben, weil Spielräume zur Intensivierung des Handels untereinander bestanden oder geschaffen wurden.

Die Technologen sind willig, die Strategien sind schwach

Vor diesem Hintergrund muß der Verlust von Marktanteilen in Fernost als ein Alarmzeichen für die abnehmende internationale Wettbewerbsfähigkeit europäischer Anbieter in Asien gewertet werden, vor allem aufgrund der Tatsache, daß viele traditionelle Märkte in Industrieländern schrumpfen bzw. gesättigt sind.

Wenn die europäischen Anbieter ihre Rolle als wichtige Industriegüterexporteure nicht verlieren wollen, werden sie sich künftig erfolgreicher auf den fernöstlichen Märkten behaupten müssen.

Ob dieses Potential genutzt wird, hängt von einer Umorientierung der Unternehmensstrategien ab. Basierend auf der Einsicht, daß sich der Wachstumspol der Weltwirtschaft vom atlantischen in den pazifischen Raum verschoben hat, müssen Exportchancen und Investitionsrentabilität unter mittel- und längerfristigen Gesichtspunkten bewertet werden.

An einem Nachfrageboom zu partizipieren setzt voraus, daß man als Anbieter am Markt etabliert ist und seine Leistungsfähigkeit unter Beweis gestellt hat. Dies erfordert:

- konsequentes Ausnutzen von Standortvorteilen auch in Ländern, mit denen die Wirtschaftsbeziehungen weniger etabliert sind, und
- ein hohes Maß an Flexibilität in Fragen der Export- und Investitionsfinanzierung, was die Bereitschaft von Banken und Versicherungsträgern voraussetzt, sich ebenfalls stärker in Fernost zu engagieren.

Wo liegen die Gründe für die geringen Exporte deutscher Produkte in die ASEAN-Länder? An mangelnder Wettbewerbsfähigkeit kann es nicht liegen. Untersuchungen des Ifo-Instituts im Rahmen der Strukturberichterstattung haben ergeben, daß das Spektrum der von der deutschen Wirtschaft nach Südostasien exportierten Produkte unter technologischen Gesichtspunkten günstig ist — günstiger auch als Japans.

Es sind also nicht fehlende Absatzchancen, die für den bescheidenen Erfolg deutscher Exporteure in Südostasien ausschlaggebend sind, auch nicht die geographische Ferne oder etwa die andersartige Mentalität der asiatischen Geschäftspartner, sondern — allem Anschein nach — ein unzureichendes Engagement und fehlende Marketingstrategien.

Es ergibt sich für viele Unternehmen die Notwendigkeit, gerade im internationalen Bereich, ein Konzept des strategischen Marketing zu entwickeln, das es ermöglicht, nach der Erosion der traditionellen Absatzmärkte neue zukunftsreiche Märkte aufzubauen und zu sichern. Exportpolitik ist eine langfristige Strategie.

Direktinvestitionen sind Standortinnovationen

Für einen übersehbaren Zeitraum wird das Wachstum mehr in außereuropäischen Zonen stattfinden. Deutsche Unternehmen müssen versuchen, durch noch stärkere internationale Aktivitäten daran zu partizipieren und dies nicht nur den asiatischen Ländern zu überlassen.

Im Weltmarkt besteht die wesentliche Managementstrategie darin, rentable Marktsegmente zu suchen, statt zu versuchen, überall einen Marktanteil zu erhalten. Es müssen Schwerpunkte gebildet werden.

Bei einer großen Anzahl von Unternehmen und Branchen — der Maschinen- und Anlagenbau, die Elektroindustrie nur als Beispiele herausgegriffen — hat der Anteil des Auslandsgeschäfts ein Ausmaß erreicht, das die Feststellung erlaubt: strategische Entscheidungen für das Auslandsmarketing sind hier Unternehmensstrategie schlechthin. Aber es gibt auch noch eine große Gruppe von Unternehmen, die in Auslandsmärkten nur fallweise, daher nicht systematisch und mehr im Sinne eines Zusatzgeschäftes tätig sind.

Bei der Suche nach Ursachen für die mangelnde Wettbewerbsfähigkeit europäischer Anbieter in Fernost fällt zunächst auf, daß sich amerikanische und japanische Unternehmen aggressiver um die Vermarktung ihrer Produkte in dieser Region bemüht haben und intensiver Chancen für Standortinnovationen durch Direktinvestitionen genutzt haben.

Die Konsequenzen für die deutsche Industrie sind also:

— stärkere Innovationsorientierung,

— zunehmende Nutzung des Know-how-Exports,
— steigende Konzentration auf kapitalintensive und hochtechnologische Fertigungen im Inland,
— Nutzung internationaler Kooperationsmöglichkeiten auch durch mittelständische Unternehmen,
— Fertigung bzw. Montage in fernen Märkten.

Kurzfristiges Umsatzdenken verbaut die Zukunft

Das bessere Marketing ist die Chance der deutschen Investitionsgüter-Industrie. Deshalb muß die Sorge um Marketing alle Ebenen eines Unternehmens durchdringen, wozu auch die geeignete Mitarbeiterstruktur und die Art der Führung, Marketing nach innen, gehört.

Marketing wird seltsamerweise von vielen Unternehmen der deutschen Industrie nicht in seiner Tragweite erkannt. Es ist verwunderlich, wie sehr kurzfristiges Auftragseingangs- und Umsatzdenken die Unternehmensleitung beschäftigt. Langfristiges Marketingdenken geht zu häufig im hektischen Alltagsgeschäft verloren.

Welche Erfolge durch konsequent praktiziertes Marketing erzielbar sind, ist an zahlreichen Beispielen belegbar. Es ist eine Tatsache, daß sich auch Produkte aus dem Sektor Investitions- und Produktionsgüterindustrie mit Hilfe eines absatzpolitischen Instrumentariums vermarkten lassen. Dabei ist die Marktforschung, auf den Weltmärkten eine unabdingbare Aufgabe für jedes Unternehmen, ein wichtiges Instrument zum Aufspüren von Marktnischen oder neuen Märkten.

Als Wachstumsbereiche werden insbesondere der Maschinenbau, die Metallherstellung und Metallverarbeitung, Elektromaschinen und Transportausrüstungen angesehen, ferner die Kommunikations- und Nachrichtentechnik, das Druckgewerbe, die Verarbeitung agrarischer Rohstoffe sowie nichtmetallischer Mineralien wie Zement, Glas und Baustoffe.

Der Maschinenbau bedarf der entsprechenden Vertriebsorganisation, der Vor-Ort-Lieferbereitschaft und des Kundendienstes. Hier sind Investitionen in den Markt Voraussetzung für Erfolg.

Blaupausen-Export ist eine schlechte Alternative

Wer auf dem südostasiatischen Markt längerfristig Absatzerfolge erzielen will, wird an einem finanziellen Engagement kaum vorbeikommen. Vorrangiges Interesse aller ASEAN-Staaten ist es, möglichst viel im eigenen Land herzustellen. Deutsche Partner für Gemeinschaftsunternehmen sind da hochwillkommen. Die deutsche Wirtschaft hat auf diesem Feld einen großen Nachholbedarf.

Unterentwickelte Länder sehen im beschleunigten Aufbau eigener industrieller Kapazitäten das wichtigste Instrument, um ihre Beschäftigungssituation zu verbessern, den Lebensstandard ihrer Bevölkerung zu heben und ihren Anteil an der Weltproduktion und am Welthandel zu erhöhen. So bedarf es in den meisten Entwicklungsländern einer Verbreiterung der Produktionsbasis, um ihre internationale Wettbewerbsfähigkeit und das Welthandelsvolumen zu verbessern.

Es besteht kein Zweifel, daß die Entwicklungsländer zur Beschleunigung ihres industriellen Aufbauprozesses auf einen kontinuierlichen Zufluß technischen Know-hows angewiesen sind. Es ist damit zu rechnen, daß der Transfer von Technologie für die deutsche Industrie zu einer noch wichtigeren Komponente der internationalen Unternehmensstrategie wird.

Trotz aller Skepsis gehören Auslandsinvestitionen zur internationalen Marktstrategie eines Unternehmens. Direktinvestitionen orientieren sich häufig an dem wachsenden Marktpotential verschiedener Länder. Sie sind keine Alternative zur Investition auf dem inländischen Markt, sondern Voraussetzung für die Erhaltung und Gewinnung ausländischer Märkte und damit der internationalen Wettbewerbsfähigkeit in der Zukunft.

Als Hochlohnland muß die Bundesrepublik hochwertige Produkte mit entsprechenden Eigenschaften weltweit anzubieten in der Lage sein, wobei sich sehr häufig aus der Kombination Fertigung hochwertiger Teile in der Bundesrepublik mit gewissen Fertigungs- und Montagemöglichkeiten im Ausland eine verbesserte Wettbewerbsfähigkeit für die gesamte Produktpalette erreichen läßt.

Für den exportintensiven Maschinenbau stellt sich auch in den achtziger Jahren die Frage, welche Möglichkeiten er hat, um den Gefahren wirkungsvoll zu begegnen. Hier spielen Faktoren wie Technologietransfer, Lizenzen, Fertigung im Ausland, Joint-Ventures eine große Rolle. Der viel zitierte und häufig mißverstandene „Blaupausen-Export" allein ist sicher keine Alternative. Einige Maschinenbauunternehmen sind bereits den Weg der Fertigungsverlagerung in ferne Länder gegangen, im Bewußtsein der Risiken, die mit derartigen Entscheidungen verbunden sind.

Mittelständische Unternehmen sollten kooperieren

Die weiter fortschreitende internationale Arbeitsteilung, verbunden mit Strukturveränderungen im Inland, macht es notwendig, daß sich auch das mittelständische Management in die internationalen Wirtschaftsbeziehungen einschalten muß. Die bei mittelständischen Unternehmen in vielen Fällen nur sehr dünne Kapitaldecke stellt eine Hürde beim Eintritt in den internationalen Wettbewerb dar. Doch die Erfolge vieler deutscher

Unternehmen zeigen, daß dieser Anpassungsprozeß zu bewältigen ist und daß diese neue Dimension des Managements erschlossen werden kann.

Mittelständische Unternehmen müssen die Vorteile ihrer Flexibilität nutzen und international kooperieren.

Internationale Aktivität ist nicht eine Frage der Unternehmensgröße. Während die Großunternehmen ihre Stärke im Kapital, im technischen und betriebswirtschaftlichen Know-how und Markteinfluß besitzen, bietet sich für mittlere und kleine Unternehmen dort die Chance, wo hohe technische Fähigkeiten und Flexibilität gefragt sind und Innovationen einen niedrigen Fertigungs- und Marktaufwand erfordern. Das ist speziell in Branchen mit geringem Konzentrationsgrad der Fall, wie beispielsweise im Maschinenbau.

Der Zwang zur Abstimmung und zur Zusammenarbeit über die nationalen Grenzen hinweg wird sich auch für mittlere Unternehmen weiter verstärken. Schwerpunkte für Kooperationen bieten sich in Vertrieb, Service, Beschaffung, arbeitsteiliger Fertigung, Programmbereinigung, Sortimentergänzung, Forschung und Entwicklung. Sie ermöglichen eine Stärkung der Wettbewerbsfähigkeit im größeren Markt. Es sei zugegeben, daß es nicht immer einfach ist, die richtigen Konstruktionen für grenzüberschreitende Verbindungen und den richtigen Partner im Ausland zu finden. Aber die größere Gefahr ist, daß kleine und mittlere Unternehmen ihr Know-how nach Asien verkaufen und dadurch keineswegs arbeitsplatzfördernd für die deutsche Industrie handeln.

Qualitativ hochwertige Erzeugnisse statt Massenprodukte

Die ASEAN-Länder werden für die deutsche Industrie auch in Zukunft kein Massenmarkt sein. Selbst bei wesentlich stärkerem Engagement, als es bisher der Fall war, sind spektakuläre Marktanteilsgewinne nicht zu erwarten. Doch gibt es viele Marktnischen, die interessante Geschäfte gerade für mittelständische Produktionsunternehmen versprechen, sofern sie Spezialitäten herstellen oder in der Lage sind, auf Sonderwünsche der Abnehmer zu reagieren. Im Anlagengeschäft spielen deutsche Firmen auf dem Asien-Markt schon heute eine ansehnliche Rolle.

Die Verfallzeit des Wissens und die Lebensdauer der Produkte werden ständig kürzer. Politiker und Behörden berücksichtigen immer weniger, daß die Unternehmer ihre Entscheidungen nach Chancen und Risiken und nach den Bedürfnissen der Märkte zu treffen haben. Sinkt die Produktivität und werden die Unternehmenserträge „weggesteuert“, verkümmern Impulse, Initiativen, Investitionen und Innovationen. Wer daher die jetzige technische Entwicklung verzögern oder gar stoppen möchte, der verzögert oder stoppt die weitere Verbesserung des Lebensstandards. Die Konkurrenz ist weltweit.

Die Bundesrepublik Deutschland steht vor dem Problem, von der Umverteilungs- und Risikovermeidungs-Lethargie wegzukommen. Die Gestaltung der Zukunft ist nur mit einer Innovationsmentalität und einer bewußten Übernahme von Risiken möglich.

Auf einem sensiblen, kritischen und vom internationalen Wettbewerb hart umkämpften Markt werden Produkte im deutschen Maschinen- und Anlagenbau nur mit qualitativ hochwertigen Erzeugnissen attraktiv und erfolgreich bleiben können.

Einfache Standard- und Massenprodukte sind zwar nach wie vor unverzichtbar. Sie garantieren aber entwickelten Industrien, die an der „technologischen Front" agieren, keine ausreichende Existenzbasis.

Ein großes Problem: Die Auslandsmüdigkeit der Jugend

Der Erfolg auf den Weltmärkten ist von leistungsbereiten, gut ausgebildeten Mitarbeitern abhängig. Mehr Verantwortung ist eine wesentliche Grundlage für die Initiative der Mitarbeiter und trägt dazu bei, aus ihnen Persönlichkeiten und nicht Untergebene zu machen.

Politiker und Unternehmer müssen dafür sorgen, daß der Management-Nachwuchs für das Auslandsgeschäft der Zukunft bestmöglich und praxisnah ausgebildet wird.

Ein Volk, das in so großem Maße wie die Deutschen von den Einnahmen aus Exportleistungen abhängig ist, muß schon in der Ausbildung der Jugend darauf achten, daß die Grenzen übersprungen werden. Die „Auslandsmüdigkeit" ist daher kein gutes Zeichen. Weiterbildung — das ist langfristige Investition in die Qualifikation und Lernfähigkeit der Mitarbeiter. Denn die Mitarbeiter stellen die bedeutendsten Ressourcen eines Unternehmens dar. Die Unternehmen werden nur dann notwendige Kooperation auf den Weltmärkten erfolgreich realisieren können, wenn sie dem Trend zur Immobilität durch langfristige Personalplanung entgegenwirken. Hierzu gehört auch eine frühzeitige Selektion und praxisbezogene Ausbildung für den Auslandseinsatz qualifizierter Mitarbeiter im eigenen Unternehmen.

Japans stürmische wirtschaftliche Entfaltung seit den sechziger Jahren war Schrittmacher jener ökonomischen Entwicklungen in Asien, die in ihrer Summe dazu führen, das 21. Jahrhundert als das Jahrhundert des Pazifischen Beckens zu deuten. Die Entwicklungen der Volkswirtschaften in dieser Region sind jedoch nicht das Ergebnis eines gemeinsamen Marktes oder einer gesamtpolitischen Auffassung oder gar einer großartig gestalteten integralen Strategie als Ausdruck gebündelter Interessen. Sie entstehen vielmehr aus der gewollten Konkurrenzfähigkeit — auf der Grundlage der Einsicht, daß man sich Chancen und Anerkennung erkämpfen muß und letztlich der von jedem gewünschte Wohlstand nur durch eigenes Schaffen erreichbar ist.

Die Schwellenländer, die praktisch alle eine eindeutige exportinduzierte Wachstumsstrategie verfolgen und rund zwei Drittel ihrer Gesamtausfuhr in den pazifischen Raum, vorwiegend nach Japan und Nordamerika, exportieren, haben gleichsam von der Sogwirkung der wirtschaftlichen Riesen ihrer Zone profitiert. Ein Blick in die Statistik des Warenverkehrs läßt befürchten, daß die Europäer den Einstieg in diesen Markt schon weitgehend verpaßt haben. Japan und die USA beherrschen dort als Lieferanten von Investitions- und hochwertigen Konsumgütern, aber auch als Joint-Venture-Partner der einheimischen Wirtschaft die Szene.

Und doch ist es für Unternehmen, die über wettbewerbsfähige Produkte und Verfahren verfügen, noch nicht zu spät, an diesem Markt zu partizipieren. Es bedarf jedoch langfristiger Strategien.

Asien ist eine permanente langfristige Herausforderung

Solange der Welthandel mit kräftigen Wachstumsraten expandierte, konzentrierte man sich auf die leicht erreichbaren Nachbarmärkte in Europa oder die traditionellen, seit langem erschlossenen Exportmärkte in Lateinamerika, später auch auf den OPEC-Raum. Als es dort immer schwieriger wurde, die erkämpften Marktanteile zu halten, hat man es verpaßt, die Märkte in Südostasien rechtzeitig systematisch zu erschließen, sie auf Absatzmöglichkeiten zu analysieren.

Auch heute ist es gefährlich, wenn Unternehmen den Markt Asien vernachlässigen, weil sie über stark gestiegene Auftragseingänge aus Industrieländern verfügen, gestützt auf den Dollarkurs, der diese Exporte begünstigt.

Die Märkte in Asien müssen als permanente langfristige Herausforderung verstanden werden. Die zu lösende Aufgabe ist in erster Linie eine absatzpolitische. Wir haben im deutschen Maschinenbau die wettbewerbsfähigen Produkte, auch gegenüber Japan. Die richtige Marketingstrategie für Asien ist gefragt.

Es geht um Investitionen in ein langfristiges Exportmarketing, auch wenn sie sich nicht sofort auszahlen.

Moderne Unternehmensführung in Verbindung mit flexiblem Disponieren im Vertrieb, in der Produktion und den anderen Bereichen eines Unternehmens ist Voraussetzung für erfolgreiches Bestehen in der Zukunft. Nicht die Produktionsmöglichkeiten bestimmen das Geschäft, sondern die Kaufabsichten der potentiellen Kunden, ihre Vorstellungen über Nutzen und technische Anforderungen, über Qualität, Preis, Service und Liefertermine. Der Kunde kauft heute die Erwartung von Vorteilen.

Die gegenwärtig vorherrschende Situation, die mittelfristig absehbaren Entwicklungen und die zur Lösung der daraus resultierenden Konsequenzen notwendigen unternehmenspolitischen Strategien der deutschen Industrie werden in der Tendenz dazu führen, daß die internationale Stellung der Bundesrepublik in Zukunft noch stärker als heute durch das Angebot hochtechnologischer Produkte und kompletter Problemlösungen repräsentiert wird.

Deutsche Unternehmen müssen sich darüber im klaren sein, daß die Jahre gesicherten Wachstums vorbei sind. Die bereits eingetretenen und sich künftig vollziehenden Wandlungen in der internationalen Arbeitsteilung können eine weitere Wettbewerbsintensivierung und -verschiebung unter den Nationen auslösen. Unterstellt man die Richtigkeit der These, daß die industrialisierten Länder den Entwicklungsprozeß der unterindustrialisierten Länder unterstützen werden, so wird dies zwar strukturelle Wandlungen, jedoch auch die Erhöhung des Welthandelspotentials zur Folge haben.

Die Stellung der Bundesrepublik in der Welt ist weitgehend mitbestimmt von der Leistung und dem Ansehen der Wirtschaft. Die Gefahren der Zukunft liegen nicht im technischen Fortschritt selbst, sondern im Unvermögen, den technischen Fortschritt als Chance für den Menschen zu nutzen und begreiflich zu machen.

Nicht unsere Konkurrenten haben wir in der Innovation zu fürchten, sondern den Verlust an Leistungs- und Risikobereitschaft und Pioniergeist.

Unternehmen leben vom Verkauf ihres Wissens, seien es Produkte oder Dienstleistungen. Ihr gewinnbringender Verkauf auf neuen, fernen und schwierigen Märkten ist mehr denn je Voraussetzung für das Bestehen im harten internationalen Wettbewerb und die Sicherung der Arbeitsplätze. Dies ist die zu lösende Aufgabe.

7. Innovations-Management

von E. Staudt*)

Trendwende

Was sich in stabilen Wachstumsphasen bewährte, reicht heute bei zunehmendem Wettbewerbsdruck auf nationalen und internationalen Märkten nicht mehr aus. Technische Innovationen und die damit einhergehenden Änderungen wirtschaftlicher und sozialer Strukturen verunsichern nicht nur Konsumenten und Arbeitnehmer, sondern auch Führungskräfte. Unternehmensführer und Führungsmethoden, die sich in stabilen Wachstumsphasen bewährt haben, versagen unter diesen Umständen, nicht, weil sie schlechter geworden sind, sondern weil derartige Wandlungsprozesse andere Eigenschaften und Instrumente verlangen. Die Relativierung der „Rechenkönige", die Wiederentdeckung des Schumpeterschen innovierenden Unternehmers und der Bewußtseinswandel führten zu einer intensiven Beschäftigung mit Konzepten der strategischen Planung. Das Versagen der „digitalen Unternehmensführung" ließ es unumgänglich erscheinen, den stets verbleibenden irrationalen Rest als strategische Planung zu instrumentalisieren und damit auch die innovativen Nichtroutineprozesse zu routinisieren.

Und selbst wer als Unternehmer in einem als „nicht innovativ" apostrophierten Feld erfolgreich verdient und Arbeitsplätze hält, gerät unter Rechtfertigungszwang. Denn nach den Großbetrieben wird es mittlerweile auch in kleinen und mittleren Unternehmen Mode, den Lieblingsbeleg der Dynamikdiskussion, daß man 60 oder 80% des Umsatzes mit Neuprodukten bestreite, herauszustellen. Die unreflektierte Hinnahme derartiger Belege macht die Innovationsdiskussion zum absurden Theater. Denn erstens verbirgt sich hinter den „60% neu" eine erhebliche definitorische Willkür darüber, was überhaupt innovativ ist — wer wagt es denn noch zu sagen, daß das, was er als Unternehmer vertreibt, nicht innovativ ist? — und zweitens ist die Interpretation dieses Belegs als geeignete Reaktion auf eine zunehmende Geschwindigkeit der technischen Entwicklung nur eine Variante.

Mit gleicher Berechtigung kann der hohe Anteil von Neuprodukten als verpaßte Anpassung in früheren Phasen interpretiert werden oder gar durch die Unfähigkeit zur gezielten Anpassung begründet sein. Die stereotype und unreflektierte Behauptung von der zunehmenden Dynamik und Beschleunigung der technischen Entwicklung aufgrund der vorliegenden Indizien basiert also auf dem Eindruck jenes Reisenden, der

*) Prof. Dr. Dr. Erich Staudt, Leiter des Instituts für angewandte Innovationsforschung, Universität Bochum

glaubt, der Zug steht und der Bahnhof fährt. Diese Behauptung ist aber nicht nur unlogisch, sie verleitet auch zu unsinnigen Reaktionen. Man betreibt Forschung und Entwicklung nur, weil die Konkurrenz dies auch tut. Man subventioniert Innovationsförderungsprogramme und pusht neue Technologien, nur weil die USA oder Japan dies auch tun usw. Der technokratische Aktivismus verstärkt sich selbst, hält seine eigene Hektik für zunehmende Umweltdynamik und schafft doch keine Beschleunigung, sondern verstärkt lediglich Innovationswiderstände.

Die Überschätzung der Überzeugungskraft technischer Neuerungen und die Unterschätzung der durch Neuerungen hervorgerufenen Widerstände, die durch den missionarischen Übereifer noch verstärkt werden, erzeugen erhöhte Störpotentiale, die die technische und wirtschaftliche Entwicklung hemmen und schließlich in einen Teufelskreis führen, in dem Barrieren gegen den Wandel eher noch verstärkt als abgebaut werden.

Innerhalb einer solchen Innovationswiderstände verstärkenden Spirale, so ist zu vermuten, bewegt sich zur Zeit ein großer Teil der Innovationsszene in der Bundesrepublik.

Zwar ist unter diesen Umständen die erste Schumpetersche Bedingung von der ,,tiefen Rezession", in der sich innovatorische Ideen besonders erfolgreich durchsetzen, in den letzten Jahren ideal erfüllt. Doch ist die zweite Schumpetersche Bedingung von der ,,außerordentlich hohen Belohnung einer kleinen Minderheit" für ein vermehrtes Auftreten dynamischer Unternehmen aus einzelwirtschaftlicher Sicht zu schlicht. Interessiert es doch den potentiellen Unternehmer nicht nur, wofür (welche Belohnungshöhe), sondern auch wogegen er sich mit seiner Innovation durchsetzen muß.

Dies setzt aber die differenzierte Kenntnis von praktisch wirksamen Innovationsbarrieren voraus.

Innovationsbarrieren

Zur Untersuchung von Innovationsbarrieren geht man davon aus, daß die erfolgreiche Umsetzung einer technischen Neuerung im wesentlichen davon abhängt:

— Wie der Zustand des die technische Neuerung aufnehmenden Systems, also der Unternehmung selbst, des die Unternehmung umgebenden Sozialsystems (regionale Infrastruktur, Arbeitnehmerschaft etc.) aussieht und wie die Aktivitäten und Fähigkeiten dieses Aufnahmesystems beschaffen sind.

— Vom Zustand der Art und dem Ausmaß der Aktivitäten des jeweiligen Innovationsanbieters, seinen Fähigkeiten, potentielle Abnehmer von technologischen Neuerungen zu überzeugen.

— Von den spezifischen Eigenschaften bzw. der Einschätzung der spezifischen Eigenschaften der jeweiligen technischen Neuerungen.

Neben den spezifischen Merkmalen neuer Techniken sind also zusätzlich die Kommunikations- und Distributionssituationen zu analysieren und darüber hinaus auch die Aktivitäten der im gleichen Feld tätigen Konkurrenten einzubeziehen. Die Analyse dieser Beziehungen zwischen Herstellern und Anwendern von technischen Innovationen ist noch zu ergänzen um die Einflüsse aus dem Umsystem. Das sind die rechtlichen, sozialen, technischen, institutionellen Tatbestände, die den Umsetzungsvorgang beeinflussen, und die Verknüpfungen zu den vor- und nachgelagerten Beschaffungs- und Absatzmärkten.

Betrachtet man die situationsspezifischen Innovationsbarrieren im Querschnitt, dann schälen sich immer wieder vier Hauptdeterminanten als Widerstandsursachen heraus:

— technikbedingte Innovationswiderstände

— qualifikationsbedingte Innovationswiderstände

— sozial bedingte Innovationswiderstände und

— regelungsbedingte Innovationswiderstände.

Derartige Determinanten sind die Anknüpfungspunkte eines Innovationsmanagements. Sie sind schon seit Jahren im Bereich der Anwendung der Mikroelektronik transparent geworden, so daß sie sich an diesem Beispiel besonders gut illustrieren lassen.

Technisch bedingte Innovationswiderstände

Der potentielle Anwender der Mikroelektronik im Bereich kleiner und mittlerer Unternehmen ist bereits auf der Suche nach geeigneten Mikroelektroniksystemen von der Vielfalt der angebotenen Firmenvarianten überfordert. Gelingt ihm schon nicht eine problemadäquate Auswahl eines für den eigenen Betrieb geeigneten Systems, so gerät er mit der Verbindung zu einem einzelnen Hersteller und seiner jeweiligen Produktgeneration in eine Zwangsjacke, die den Zugang bzw. die Verbindung mit den Weiterentwicklungen des Lieferanten oder gar anderer Hersteller ausschließt.

Die daraus resultierende Verunsicherung bei den Abnehmern erklärt einen guten Teil der Zurückhaltung gegenüber neuen Techniken. Die vorhandene technische Infrastruktur von der Fertigung bis hin zur überregionalen Kommunikationsstruktur macht die Sicherung der horizontalen (auf Anschlußtechnologien gerichtete) und vertikalen (auf zukünftige Weiterentwicklung gerichtete) Kompatibilität der neuen Technik zu einem Überlebensproblem potentieller Anwender. Dieser wird, wenn er angesichts des hektischen Modellwechsels nicht laufend Investitionsruinen abschreiben will, zwangsläufig auch den modernsten Techniken, soweit sie nur Insellösungen sind, mit Vorbehalt begegnen und Widerstand entgegensetzen.

Ein anders Beispiel für eine solche Insellösung bei der Mikroelektronik ist neben der Systemkonfiguration das Gebiet der Sensorik. Der Fortschritt der letzten Jahre ging einseitig in Richtung zunehmender Digitalisierung. Die Entwicklung der Peripherie und Sensorik dieser Systeme hat dabei nicht Schritt gehalten. Die Integration der neuen Technik in die Anwendersysteme erfordert deshalb heute umfangreiche Eigenentwicklungen oder aufwendige Kooperationen im Hard- und Softwarebereich, Kooperationen, die neue Abhängigkeiten schaffen. Die Hersteller suchten durch eine zu rasche Expansion der Chipsproduktion die schnelle Amortisation ihres Forschung- und Entwicklungsaufwandes und überschlugen sich in „schneller, besser, billiger" einer vorwiegend durch rasante technische Einzelentwicklungen bestimmten, zum Teil nur zweijährigen Generationenfolge. Der innovatorische Erfolg blieb jedoch sehr bescheiden, denn sie schufen damit eine weltweit kaum zu befriedigende Nachfrage nach den übersehenen „Anschlußtechniken".

Die Geschwindigkeit der meist weniger durch echte Nachfrage als durch internationalen Wettbewerbsdruck forcierten technischen Entwicklung gerät zudem streckenweise außer ökonomische Kontrolle. Das heißt,

- die Amortisation der Forschungs- und Entwicklungsaufwendungen ist nicht mehr gesichert
- die Lebenszyklen sind zu kurz und erlauben keinen Übergang in stabile Produktionsverhältnisse.

Angesichts der Höhe des für Forschung und Entwicklung und kurzfristig wechselnde Produktionsanlagen erforderlichen Kapitals, führt dies normalerweise zu einer ökonomisch bedingten Abnahme der Geschwindigkeit der technischen Entwicklung. Diese Bremswirkung wird allerdings in Teilbereichen dadurch abgeschwächt, daß nach Überschreitung der Eigenfinanzierungsgrenze der hier engagierten Unternehmen immer häufiger der Ruf nach dem Staat zusätzliche mikroökonomisch nicht gerechtfertigte Forschungs-, Entwicklungs- oder Subventionsmittel für Einzeltechnologiebereiche erschließt, was schließlich weitere nicht hinreichend abgestimmte technische Partiallösungen erzeugt.

Qualifikatorisch bedingte Innovationswiderstände

Neben technischen Ergänzungen und Weiterentwicklungen hängt der Einsatz einer neuen Technik von der qualifikatorischen Bewältigung durch Hersteller, Nutzer und Konsumenten ab. Die heute erkennbaren Probleme machen die Ursachen personeller Widerstände deutlich: Mit zunehmender Nutzung der Mikroelektronik wächst bzw. wechselt die Anforderung an die Qualifikation des Personals auf allen Unternehmensebenen. Und dies eben nicht nur in dem heute so oft diskutierten digitalen Sinn, sondern in Richtung der Beherrschung einer der Integration der Mikroelektronik angemessenen technischen und organisatorischen Infrastruktur. Soweit dies nicht geschieht, erzeugt das dann auftretende Defizit wiederum erhebliche Widerstände gegen eine weitere Diffusion der Technik. Es besteht sogar die Gefahr einer gezielten Aneinander-Vorbei-Entwicklung von Technik und Qualifikation:

Während technische Entwicklungen vorangetrieben werden, die sich an der heute nicht vorhandenen Qualifikation orientieren, richten sich die Schnellschüsse im Ausbildungsbereich an der Technik von gestern aus. Die aktuellen (weil situationsspezifischen) Qualifikationsbedarfsmeldungen der Wirtschaft werden umgesetzt in Curricula für Schulen bis Hochschulen. Angesichts der hohen Zeitkonstante im öffentlichen Ausbildungsbereich ist aber nicht zu erwarten, daß von dieser Seite aus die personellen Defizite hinreichend flexibel ausgefüllt werden können. Dennoch überbietet man sich zur Zeit in einer Art Goldgräberstimmung, in Fortbildungskursen und in den Lehrplänen aller Schularten nach dem Muster der Mengenlehre, Informatik und Digitaltechnik einzubauen. Da speziell in diesem besonders innovativen Feld nicht antizipierbare Restgrößen und Ungewißheiten auftreten, werden aber betriebs- und problemspezifische Qualifikationen erforderlich, die angesichts der hektischen technischen Entwicklung über die Zeit erheblich variieren und daher von übergeordneten Ausbildungsinstanzen kaum zu erbringen sind. Es besteht deshalb auch hier die Gefahr, daß die Schnellschüsse im Ausbildungsbereich nach Anfangserfolgen zur Frustration der möglicherweise falsch Qualifizierten führen.

Sozial bedingte Innovationswiderstände

In vielen Betrieben hat man die Erfahrung gemacht, daß größere technische Neuerungen mit der vorhandenen Ingenieurs- und Führungsgeneration nicht durchsetzbar sind, echte Innovationen also häufig einen Generationenwechsel erfordern. Dabei entsteht eine Vielzahl von personellen Konflikten, deren Ausgang letztlich darüber entscheidet, ob die Optionen der Technologie im einzelnen Betrieb genutzt werden oder man sich zur Absicherung der eigenen Position der Entwicklung verweigert, und dies nicht nur bei Arbeitern, sondern auch bei leitenden Angestellten und oft bei Unternehmern selbst.

Arbeiter und Angestellte empfinden die Chancen der sich ergebenden technischen und ökonomischen Potentiale der Mikroelektronik subjektiv häufig als Bedrohung. Was für eine elitäre Minderheit Chance zur Selbstverwirklichung ist, beunruhigt die davon betroffene Mehrheit, schafft Widerstände und führt zur Innovationsfeindlichkeit. Es wird deshalb von ausschlaggebender Bedeutung für die weitere technisch-wirtschaftliche Entwicklung sein, inwieweit die Betroffenen und ihre Interessenvertreter in der Lage sind, die soziale Herausforderung des technischen Wandels konstruktiv zu bewältigen. Und man wird vor allem verstärkt auf die mittlere Managementebene achten müssen, wo in viel größerem Ausmaß als auf der unteren ausführenden Ebene Rolle und Position durch neue Techniken in Frage gestellt werden.

Gerade die Integration von Mikroelektroniktechniken in das Produktionsprogramm oder in den Fertigungsprozeß bedeutet für die meisten kleinen und mittleren Unternehmen nicht einfach die Hinzunahme eines neuen Geschäftsbereichs. Das oft schmale Produktspektrum und die engen Produktionsverhältnisse verlangen vielmehr einen „Neubau" des Unternehmens. Die „schöpferische Zerstörung" Schumpeters erfordert z. B. beim Wechsel von Mechanik auf Elektronik einen Wandel des Qualifikationsprofils, von der Facharbeiterebene bis in die Führungsspitze, neue Fertigungstechnologien, Änderungen im Maschinenpark und in Lieferantenbeziehungen und oft auch eine Umorientierung auf dem Absatzmarkt. Der probeweise wohl geplante, dosierte und widerrufbare Einsatz der neuen Technik ist unter diesen Umständen kaum möglich. Der erforderliche Wandel ist, wenn man erfolgreich sein will, total und überfordert viele Unternehmen, weil er, wie alle innovativen Wandlungsprozesse, nicht nach dem beliebten Muster ablaufen kann: „Wer hat dies schon erfolgreich getan."

Viele potentiellen Anwender sind unter diesen Umständen handlungsunfähig, nicht weil das Risiko des Strukturwandels besonders groß erscheint, sondern weil es schlicht unbekannt ist. Die Komplexität erscheint unüberwindbar, die Herstellung der Kompatibilität im technischen und personellen Bereich überfordert das einzelne Unternehmen, und die Vorteilhaftigkeit eines derart riskanten Strukturwandels bleibt im Dunkeln, insbesondere dann, wenn die Attraktivität der ausgesetzten Belohnung noch sehr gering ist.

Regelungsbedingte Innovationswiderstände

Komplexitätsdruck und Kompatibilitätserfordernisse nehmen aus der Sicht der Einzelunternehmungen weiter zu, wenn man das Umfeld in die Betrachtung einbezieht.

Schon bei der unternehmensinternen Integration neuer Produkt- oder Verfahrenstechniken trifft die innovierende Unternehmung auf gewaltige Innovationsbarrieren. Gerade in gut geregelten und/oder großen Betrieben führt der Versuch der partiellen Integration einer neuen Technik zu starken inhaltlichen Differenzen im technischen, personellen und sozialen Bereich. Bei entsprechender Attraktivität der für die Innovation erwarteten Belohnung erscheinen diese Differenzen zu einem großen Teil noch überwindbar, weil es sich um durch die Unternehmen beeinflußbare Bereiche handelt.

In den Betrieb ragen jedoch zusätzlich Regelungsvorgaben von außerhalb hinein. Derartige gesetzliche, soziale, technische und institutionelle Regelungen sind nicht mehr direkt durch den innovierenden Unternehmer beeinflußbar. Nimmt man noch die zusätzlichen Vorgaben aus der Verflechtung des Betriebes mit dem marktlichen Umfeld hinzu, so führt dies zu einer weiteren Gruppe potentieller Innovationsbarrieren, die aus der Abhängigkeit von Halbzeug-, Fertigungssystem- und Know-how-Lieferanten, Arbeitsmarkt, Tarifvertragsbereich, den Verhältnissen auf den Absatzmärkten, dem sozialen Sicherungsnetz und ähnlichem resultieren.

Ausgehend von der Industrialisierung im 19ten Jahrhundert ist hier ein nahezu perfekt funktionierendes Regelungssystem entstanden. Vom Gesetzgeber über erlaßwütige Ministerien, Bundespost, DIN-Normen-Ausschuß, bis hin zu Verbänden und Gewerbeaufsichtsämtern wurde hier ein Regelungsmonster installiert, das für jeden Ausländer ein Greuel ist, weil z. B. die nichttarifären Handelshemmnisse der Bundesrepublik heute größer sind als anderswo in der Welt. Dieses Regelungsmonster hat sicher auch positive Seiten:

— Ein diskreter Protektionismus für die heimische Wirtschaft

— Vorbildliche Schutzbestimmungen für Arbeitnehmer und Umwelt und

— Sicherung von Qualität und Kompatibilität.

Damit einher geht aber vor allem auch die Sicherung eines historischen Technikniveaus, vor dessen Hintergrund (meist als Reaktion) dieses Regelungsmonster entstanden ist. Dieses Infrastruktursystem wirkt also nicht nur schützend und prohibitiv gegenüber ausländischen Investoren, sondern auch strukturkonservierend. Jeder Existenzgründungsversuch und Entwicklungsschritt eines Unternehmens führt gegen eine Wand von Reglementierungen aus Bau- und Sicherheitsvorschriften, technischen und arbeitsrechtlichen Normen, Sicherheitsbestimmungen für Arbeitnehmer, Anlagen und Verbraucher, ein Wust von Formularen zur Sicherung für und gegen alles Erdenkbare.

Langwierige bürokratische Genehmigungsverfahren machen den Unternehmer zum Bittsteller vor der aufgrund dieser Regelungsdichte expandierenden Innovationsverhinderungsbürokratie. Und aufgrund des hohen Grades an Arbeitsteilung wird gerade der hochspezialisierte innovierende

Unternehmer gezwungen, einen gewaltigen Abstimmungsprozeß mit Material-, Technik-, Know-how-Lieferanten zu bewältigen, sein Personalqualifikationsprofil entsprechend den Verhältnissen am Arbeitsmarkt zu wandeln und dabei zusätzlich Tarifverträge, soziale Sicherung und evtl. auch Branchenstrukturen zu berücksichtigen.

Während die aus derartigen externen Abhängigkeiten resultierenden Innovationsbarrieren auf nationaler Ebene mit einigem Aufwand durchaus noch transparent, vielleicht sogar mittelfristig, indirekt beeinflußbar erscheinen, nehmen sie aufgrund der Arbeitsteilung im internationalen Bereich aus der Sicht der Einzelunternehmen exponentiell zu.

Aufgrund der weltwirtschaftlichen Arbeitsteilung sind nicht nur die Schlüssel-, sondern auch die Anschlußtechniken weltweit verteilt, müssen nicht nur heimische, sondern auch fremde Personal- und Qualifikationsprobleme ins Kalkül einbezogen werden, wird jeder Erfolg oder Mißerfolg mit zusätzlichen sozialen Problemen befrachtet und entstehen nicht nur weitere Mauern aus Handelshemmnissen, sondern auch neue Versuche einzelner Regierungen, über Landesgrenzen hinweg regulierend in Unternehmen fremder Staaten einzugreifen (vgl. z. B. die jüngsten Aktivitäten der amerikanischen Regierung auf dem High Tech-Bereich).

Mit zunehmender internationaler Arbeitsteilung erhalten also auch die Innovationsbarrieren aus einzelwirtschaftlicher Sicht eine völlig neue Qualität. Während sie inhaltlich, räumlich und zeitlich expandieren, nimmt ihre Beeinflußbarkeit ab.

Aufgabenverteilung bei der Überwindung

Macht man einen letzten Schnitt durch die vielfältigen Innovationsbarrieren nach dem Kriterium der Beeinflußbarkeit, dann lassen sich im Prinzip drei Gruppen unterscheiden:

— Historisch gewachsene, überbetriebliche, regionale, nationale und internationale Regelungen sind aus einzelwirtschaftlicher Sicht nicht zu beeinflussen. Doch bedürfen diese gesellschaftlichen und wirtschaftlichen Rahmenbedingungen für konkrete Innovationsfelder durchaus der Überprüfung. Die zukünftige Innovationsdynamik hängt wesentlich davon ab, daß entsprechende Regelungsbarrieren abgebaut und nicht unter Beibehaltung gegen diese Barrieren angefördert wird.

— Ein Zwischenfeld stellen externe Innovationsbarrieren dar, die aus Arbeitsteilung und Marktabhängigkeit resultieren. Sie sind aus einzelwirtschaftlicher Sicht nur teilweise beeinflußbar, aber nicht von allen Unternehmen in gleicher Weise. Hier wirken Größen wie Marktmacht, Planungs- und Koordinierungsfähigkeit und intensiver Mitteleinsatz. Da die inhaltliche, räumliche und zeitliche Reichweite eine besondere

Rolle spielt, bewähren sich auf diesem Feld besonders Großunternehmen, während kleinere und mittelständische Unternehmen zur Überwindung dieser Barrieren, wenn nicht staatlicher Flankierung, dann besonderer Kooperationsformen bedürfen.

— Im dritten Bereich der einzelwirtschaftlich prinzipiell beeinflußbaren Innovationsbarrieren tun sich dagegen installierte gut geregelte und damit vor allem große oder in starken Kooperationsbeziehungen stehende Unternehmen besonders schwer. Die geforderte „schöpferische Zerstörung" ist im Substitutionsfall oft nur bei krisenhafter Zuspitzung möglich. Die Beeinflussung fällt in expandierenden neuen Bereichen ohne fixierte Strukturen oder in schlecht geregelten Bereichen mit hohem Freiheitsgrad wesentlich leichter.

Das gut planende Unternehmen, mit seinem Hang zur Risikovermeidung, hat angesichts der hohen Komplexität der Innovationsbarrieren in seinem angestammten Nischenbereich zwar hohe Durchsetzungserfolge. Der Preis für diesen Erfolg besteht jedoch einerseits in einem erheblichen Innovationsverzicht, weil riskante Versuchs- und Irrtumsprozesse vermieden werden und andererseits in erhöhtem Wettbewerbsdruck, weil nur solche Innovationsprozesse angegangen werden, die aufgrund der Homogenität „rationaler" bzw. „geplanter" Innovationsvorgänge sehr viele ähnliche Betriebe auf gleiche Betätigungsfelder führt und eine Art Lemminge-Effekt zur Folge hat. Dieser Widerspruch von „richtige" Innovation und „alle" bzw. „viele" Unternehmen ist das eigentlich interessante innovatorische Problem, das eben nicht rational auslösbar ist, sondern eher einem Lotteriespiel mit wenigen Gewinnern und vielen Verlierern gleicht. Er charakterisiert zugleich die Gratwanderung, die das Innovations-Management zu vollziehen hat.

Die Innovationsbewältigung selbst ist einzelbetrieblich zu erbringen. Dies entspricht nicht nur dem angesichts der bestehenden Ungewißheit über die weitere technische und gesellschaftliche Entwicklung dominanten Erfordernis der Risikostreuung, sondern auch den begrenzten Möglichkeiten und Fähigkeiten entsprechender externer Institutionen. Ein betriebliches Innovationsmanagement kann nicht als passiv reagierendes Vollzugsmanagement für den technischen Wandel angesehen werden. Anstatt sich, wie bisher oft üblich, dem Sachzwang recht unvollkommener Techniken zu beugen, d. h., mit einem mißverstandenen innerbetrieblichen Innovationsmanagement die Akzeptanzprobleme neuer Produkte und Verfahrenstechniken zu lösen, muß das Innovationsmanagement der Unternehmensführung ausgebaut werden und auf die Technikanbieter selbst zurückwirken, um so die Akzeptabilität der angebotenen Techniken zu erhöhen.

Die Entwickler, Anbieter und Vermarkter neuer Techniken sind durch die Anwenderprobleme in der Regel überfordert. Vorwiegend an der technischen Machbarkeit ihrer innovativen Kreationen orientiert, kennen sie die Anwendungsbereiche meist nur ausschnittsweise. Über die Wirkung des Einsatzes neuer Techniken bestehen oft nur Vermutungen, und es kommt zu unerwarteten und ungewollten Folgewirkungen. Der Anwender hat, wie das gerade beim Beispiel des DV-Einsatzes in den letzten Jahren deutlich wurde und sich im Augenblick auch bei den übrigen Bürotechniken wiederholt, zusätzliche Integrationsprobleme und wird zu ungeplanten Zusatzaufwendungen veranlaßt.

Da aber aus dem Verkäufermarkt neuer Techniken in vielen Sektoren zunehmend ein Käufermarkt wird, in dem die Erfordernisse der jeweiligen Anwender in Anforderungen an die Technikanbieter umzusetzen sind, kommt der Unternehmensführung eine weitere Aufgabe zu: Sie hat sich zur Nutzung neuer Techniken selbst kompetent zu machen und dem innovatorischen Potential der eigenen Belegschaft zur Entfaltung zu verhelfen oder aber beide Seiten versagen, es kommt nicht zur Innovation. Dies ist in vielen Sektoren heute noch der Normalfall. Erst Wettbewerbsdruck und Krisen lösen Reformen aus. Innovationsmanagement wird als Krisenmanagement mißverstanden, das zu spät, zu aufwendig, mit erheblichen Friktionsverlusten und oft erst in hoffnungsloser Position tätig wird.

Derartige Unternehmen leiden darunter, daß sie in der Vergangenheit durch eine verwissenschaftlichte, optimierende und rationalisierende Betriebsführung und durch eine Dominanz von Verwaltung und technokratischen Allüren ihr eigenes innovatorisches Potential zerwaltet haben. Ihr zentrales Innovationsproblem ist der Mangel an geeignet qualifiziertem Personal von der gewerblich technischen Ebene bis in die Führungsspitze. Ihr Forschungs- und Entwicklungspotential ist auf Alttechnologien ausgerichtet — Feldern, in denen der Aufwand steigt und die Erträge sinken. Sie operieren aus der Defensive und halten die Nischen besetzt, aus denen das Führungspersonal stammt. Und tauscht man die Spitzen aus, stellt sich heraus, daß auch die mittleren Führungsebenen verkrustet sind, weil hier die höchste Sachkompetenz auf obsolet werdenden Feldern gebunden ist.

Die an den jeweiligen Entscheidungsprozessen in solchen alten Strukturen Beteiligten sind meist spezifischen Disziplinen oder Erfahrungsbereichen besonders verhaftet. Ein guter Teil ihrer Machtstellung resultiert aus der vorhandenen Know-how-Stellung. Da sie in aller Regel gerade durch diese Altqualifikationen selbst groß geworden sind, und darüber hinaus nur dem eigenen Hintergrund entsprechend Informationskanäle in Außen-Unternehmensbereiche bestehen, ist auch der Zustrom von außen gering, werden die Gewohnheitsmuster entsprechend verstärkt. Das eigene Denkmal steht derartigen Unternehmensführungen und den an ihrer Macht und Entscheidung Beteiligten im Weg. Indem sie, erkauft durch aufwendige Stäbe mittels eines aufgeblähten Informations- und Kontrollsystems, sich selbst rückversichern, verfügen sie auch an der Basis, und das ist das Absurde an dieser Entwicklung, nur noch über den Sachverstand, der ihrer eigenen Kontrollfähigkeit entspricht. Die beherrschte Fertigungstechnik bleibt als Machtbasis erhalten, und die Produktionsprogramme werden zur Volumenerhaltung fortgeschrieben, mangelnde Programmbereinigung mit Arbeitsplatzerhaltung begründet, fehlende Wettbewerbsfähigkeit durch Produktion und Subvention ausgeglichen und Defizite an geeigneter Qualifikation mit Unzugänglichkeit des öffentlichen Bildungssystems entschuldigt.

Unternehmen in einer marktwirtschaftlichen Ordnung, die sich dem Innovationswettbewerb stellen müssen und den Strukturwandel als Betriebsalltag zu verstehen haben, können diese Probleme nicht verdrängen. Andernfalls werden sie selbst verdrängt, oder aber die Führungskräfte werden ausgetauscht, auch wenn sie sich in einer früheren Entwicklungsphase gut bewährt haben — wir befinden uns zur Zeit am Anfang eines solchen Austauschprozesses, der lediglich dadurch gebremst wird, daß die „Kopfjäger" für neue Führungsqualifikationen meist ein Wild jagen, das selbst international kaum zur Verfügung steht.

Abschnitt 2:

Entwicklungen und Erfahrungen auf Schlüsselgebieten des Marketing

8. Können andere von der Bekleidungsindustrie lernen?

von G. Seidensticker*)

Die Fertigkeit, Bekleidung herzustellen, ist archaisch. Alle Völker konnten mit Nadel und Faden umgehen. Die Neuzeit beginnt mit den Manufakturen zur Herstellung von Uniformen. Als Industrie konnte sich das Handwerk jedoch erst entwickeln, als zwei Voraussetzungen erfüllt waren. Einmal die Herstellung der nötigen Stoffmengen in einer Textilindustrie. Dazu waren zunächst die Erfindung der Dampfmaschine und daran anschließend die der Spinn- und Webmaschinen notwendig. Zum anderen die Entwicklung des Marktes, die durch die Gründung der ersten Kaufhäuser Ende des vergangenen Jahrhunderts eingeleitet wurde. Der Laie pflegt Textil- und Bekleidungsindustrie gedanklich in einen Topf zu werfen. Dennoch können zwei sich ergänzende Zweige kaum unterschiedlichere Strukturen haben. Die Textilindustrie braucht viel Kapital für ihr Anlagevermögen. Durch die notwendigen Anlagen ist sie weniger mobil und standortgebunden. Die Bekleidungsindustrie bindet ihr Kapital im Umlaufvermögen. Sie kann, vor allem in der Gründungsphase, mit einfachen Räumlichkeiten auskommen, die angemietet sein mögen. Zu finanzieren sind in erster Linie Warenbestand und Forderungen. Ersterer hat einige der Eigenschaften schnell verderblichen Obstes.

Bekleidung signalisiert die geistige Verfassung der Menschen

Wer in Wirtschaftskreisen erwähnt, der Bekleidungsindustrie anzugehören, erntet den STALINGRADBLICK: Anteilnahme an einem offensichtlich bedauerlichen, aber unausweichlichen Schicksal. Wie wir sehen werden, ist diese Einschätzung durch nichts gerechtfertigt. Einen Vorteil hat die Branche a priori. Ihre Existenz ist gesichert, solange es Menschen geben wird. Wenige andere Zweige können ähnlich eindeutig ihre Zukunft voraussagen. Was angezweifelt werden kann, sind indessen der Produktionsstandort und vor allem die Fähigkeit der Unternehmen, immer wieder von Saison zu Saison die Wünsche der Verbraucher zu treffen.

Alle zivilisierten Menschen müssen sich anziehen. Milliarden sind es täglich. Der ursprüngliche Sinn der Bekleidung, sich gegen das Wetter zu schützen, bedingt dies. Wissenschaftler vermuten jedoch, daß schon die ersten Menschen bestimmte Felle eher zur Auszeichnung denn als Schutz getragen haben. Das wäre eine wesentliche Beobachtung. Es läßt sich kaum ein Gegenstand denken, durch den der Mensch einfacher und häu-

*) Gerd Seidensticker, geschäftsführender Gesellschafter der Textil-Kontor Walter Seidensticker KG, Bielefeld

figer seine Gefühle nach außen trägt als durch ein Bekleidungsstück. Schmuck, Frisur, Kosmetik sind artverwandt, aber letztlich entbehrlich. Bekleidung muß getragen werden aus physiologischen Gründen, und sie wird über den Zweck des Schutzes hinaus zum Signal der vielfältigsten Regungen, Ansichten, Zugehörigkeiten und Empfindungen.

Mode entwickelt sich aus dem Zeitgeist

Die natürliche Folge dieses oben geschilderten Sachverhaltes ist es, daß sich kaum jemand intensiver mit der Psyche seiner Abnehmer befassen muß als der Anbieter von Bekleidung. In unserer heutigen Welt ruft ein zunehmender Informationsfluß verbunden mit einem relativ hohen verfügbaren Einkommen den Effekt hervor, den man früher despektierlich als DIE LAUNEN DER REICHEN bezeichnet hat. Mode ist in einem ungeahnten Maße vielfältig geworden. Es gib alle Ausdrucksformen von der KONSERVATIVEN LINIE über das weite Spektrum des MODISCH ZEITGEMÄSSEN, wie es von der Mehrzahl der Menschen bevorzugt wird, bis zur EXTRAVAGANTEN KOSTBARKEIT oder zur AUSGEFLIPPTEN EXALTIERTHEIT. Die modischen Grundbekenntnisse beschränken sich nicht allein auf einen Anwendungsbereich, sondern auf die Fülle der heutigen Aktivitäten. Kleidung für einen seriösen Berufsalltag, für die Freizeit, für aktiven Sport, für Reisen und für Partys. Eine generelle Tendenz läßt sich für die Mode der 80er Jahre des 20. Jahrhunderts feststellen: Der Hang zur Individualität.

In diesem Zusammenhang wird oft die Frage gestellt, ob Mode machbar sei und wer sie mache. Im Zweifelsfalle und bei der weit verbreiteten Anerkennung planwirtschaftlichen Denkens nicht verwunderlich sind es die Hersteller, die den unschuldigen Verbraucher dazu verführen, sein Geld für Mode auszugeben. Jeder Anbieter wäre erleichtert, wenn es so wäre. In Wirklichkeit kann er nur selektieren und nachvollziehen, was sich irgendwo als Erscheinung zeigt. Hierzu benötigt er viel Fleiß, Erfahrung und Instinkt. Am einfachsten stellt man sich die Sache in Form einer Pyramide vor. Ganz unten sind die, die sich herzlich wenig aus Mode machen. Ganz oben die Trendsetter. Das sind Menschen, deren Persönlichkeitsstruktur sie zwingt, ständig jede Veränderung aufzugreifen und nach außen zu signalisieren. Menschen mit ausgeprägtem Ego. Menschen also, die eine kaum faßbare Fülle von Modewünschen haben und diese erfüllt sehen wollen. Daß sich solche Phänomene vor allem in Metropolen abspielen, ist schon nach dem Gesetz der großen Zahl verständlich.

Wo Nachfrage ist, entwickelt sich Angebot. Es gibt eine Geistesverwandtschaft zwischen Wunsch und Wunscherfüllung und somit kreative Menschen, die sich den extremen Forderungen nach Abwechslung stellen und die es verstehen, Zeitgeist in Mode umzusetzen. Sie leben in Mailand,

Florenz, Rom, Paris, New York oder Tokio, um die wichtigsten Plätze zu nennen. Tausende Einkäufer, Stylisten und Designer pilgern mehrmals jährlich an diese Stätten, um sich durch Neuigkeiten inspirieren zu lassen. Die Logik ist einfach. Was Trendsetter persönlich tragen, was in den Medien abgebildet wird, sehen zwangsläufig die Verbraucher. Das eigentliche Problem besteht darin, zu erkennen, was die Verbraucher aus der Vielfalt des Neuen zum eigenen Wunsch machen und womit sie sich identifizieren werden. So bleibt das meiste unbeachtet, aber irgendeine neue Farbe, eine kürzere oder längere Form, eine skurrile Idee wird als MODISCH RICHTIG erkannt und beginnt, einen Zeitabschnitt zu beeinflussen.

Das Bekleidungsgeschäft ist riskant, aber chancenreich

Ein kleines Beispiel möge zeigen wie verhängnisvoll es sein kann, Verbraucherwünsche falsch einzuschätzen. Die industrielle Entwicklung hatte über lange Zeit ein Grundmuster. Es schien zu funktionieren: Je größer die Produktionseinheit, je niedriger der Preis — je zunehmender die Nachfrage. Die Anwendung dieser Logik hat vor allem in der Textilindustrie, unserer Vorstufe, zu einigen spektakulären Zusammenbrüchen geführt. Der Verbraucher entschied sich für Individualität. Uniformität zu günstigerem Preis war das Gegenteil dessen, was seine geheimen Wünsche ausmachten. Eine Parallele zu diesem Phänomen finden wir übrigens in der Erfahrung mit Großraumbüros. Auch da deutet einiges auf erhebliche Fehlinterpretation menschlichen Verhaltens hin.

Wir haben gesehen, daß die Mobilität des modernen Menschen verbunden mit einer in der Vergangenheit kaum vorstellbaren Informationsdichte zu veränderten Verhaltensweisen führt. Neben Individualität ist Kurzlebigkeit ein weiteres Merkmal. So kann es nicht ausbleiben, daß der rasche Wechsel ein Dauergast im Bekleidungsgeschäft ist. Kurze Rhythmen bedeuten nach den Regeln der Betriebswirtschaft erhöhte Risiken. Für den, der sie meistert, aber auch größere Chancen. So sind die Aussichten, sich selbständig zu machen oder aber innerhalb der Bekleidungsindustrie als Manager, Produktmanager oder Stylist eine gut dotierte Laufbahn einzuschlagen, immer noch äußerst attraktiv. Was die Erfolgreichen auszeichnet, ist neben Instinkt und schöpferischen Fähigkeiten ein hohes Maß an Flexibilität. Wer etwas kann, bringt es oft in kurzer Zeit zu ansehnlichem Vermögen. Verliert er den täglichen Kontakt zum Markt, vielleicht weil er sich gesellschaftlich etabliert hat, kehrt sich die Entwicklung um. Schneller, dramatischer und endgültiger als in den meisten anderen Branchen.

Es gibt keine eindeutigen Erfolgsrezepte

Die Frage, ob es erfolgreicher sei, Bekleidung als Marke mit übergreifendem Marketing oder markenlos anzubieten, ist offen. Es gibt Erfolgsbeispiele für beide Möglichkeiten. Ein großes Angebotsfeld liegt heute zwischen diesen Extremen. Vieles hängt von der inneren Balance intellektueller und intuitiver Fähigkeiten der agierenden Personen ab. Theoretisch und auch in einigen Fällen praktisch nachweisbar sind die größten Erfolgsaussichten dort, wo ein gutes theoretisches Konzept durch eine Sequenz sensibler Entscheidungen zum Leben erweckt wird. Der Handel und einige ihm nahestehende Medien sehen die Zukunft weniger beim Markenartikel. Diese Ansicht wird indessen durch die jüngsten Entwicklungen im Markt nicht gestützt. Einige Markenkonzepte erlebten einen geradezu phänomenalen Aufschwung. Das Paradebeispiel dafür ist die italienische Firma BENETTON. In Italien hatte ein kleiner Hersteller die Idee, Ware in ungefärbtem Zustand herzustellen, sie erst im letzten Moment in den richtigen Farben herauszubringen und die Produkte in eigenen Läden zu vertreiben. Ein durch seine Einfachheit bestechendes Konzept. Heute gibt es in allen Metropolen der Welt und in fast allen großen Städten in Europa, USA und Übersee BENETTON-Läden. Dieser Erfolg nimmt uns allen in der Branche jede Ausrede, das Bekleidungsgeschäft sei ausgereizt und die Chancen seien in Nachbars Garten.

Eine defensive Politik lohnt sich nicht

Wer Erfolgsrezepte innerhalb des Bekleidungsgeschäftes analysiert, wird dort Erfolg finden, wo sich der Anbieter am Markt orientierte. Mißerfolg wird er feststellen, wo der Anbieter sich zu sehr an den eigenen Gegebenheiten orientierte. Eine falsche Kundenstruktur, Produktionsstätten, die zu teuer werden, Mitarbeiter, deren Sensibilität nicht mehr ausreicht, das alles verzeiht der Markt nicht. Negative Tendenzen beschleunigen sich, weil zweimal jährlich das gesamte Angebot erneuert werden muß und Produkte von Mitbewerbern, die den Marktgesetzen besser gefolgt sind, attraktiver erscheinen.

Markenartikler können auch in Widerspruch geraten zu den Interessen ihrer Kunden, hier in erster Linie dem stationären Einzelhandel. Eigenmarken sind eine beliebte Reaktion. Sie werden nur dann eine hervorragende Zukunft haben, wenn sie genauso konzipiert sind wie die mit ihnen konkurrierenden erfolgreichen Herstellermarken, d. h. wenn sie sich am Verbraucher orientieren. Gegenbeispiele beweisen das. Mitte der 60er und 70er Jahre konnte man bei einigen Großunternehmen des Handels eine Eigenmarkenpolitik erkennen, die völlig am zu erwartenden Trendwandel im Verbraucherverhalten vorbeiging. Uniformität ohne Ausstrahlung, da wo Individualität mit Geltungsnutzen und anderen In-Werten gefragt waren. Ein strategischer Fehler, der sich bei einigen Warenhäusern bis heute auswirkt.

Derzeit deuten alle Anzeichen darauf hin, daß die zukünftigen Probleme des Bekleidungsgeschäftes nur durch eine enge Kooperation zwischen Handel und Industrie gelöst werden können.

In kaum einem anderen Angebotsbereich lernt man die Launen des Marktes schneller und schmerzlicher kennen als im Geschäft mit Bekleidung. Im allgemeinen gibt es zwei Saisons. Winter und Sommer. Sie unterscheiden sich völlig voneinander. Kaufwünsche werden oft erst innerhalb der Saison sichtbar oder ändern sich. Statt ehemals zwei Kollektionen im Jahr gibt es heute zwei oder drei in einer Saison. Die wenigsten Außenstehenden wissen, wie kompliziert eine solche Kollektion ist. Nehmen wir das einfache Beispiel von Hemden. Ein Marktführer bietet 6 bis 10 einfarbige Artikel in 4 bis 10 Farben, 2 bis 3 verschiedenen Kragenformen, gelegentlich mit unterschiedlichen Ärmellängen und 10 bis 14 Halsweiten an. Das ist der kleinste und einfachste Teil seines Angebotes. Die gemusterten Hemden, gewebt, bedruckt, gewirkt, mögen 100 bis 120 verschiedene Streifen, Karos und Phantasiemuster umfassen. Die meisten sind in mehreren Formen lieferbar und natürlich in 10 bis 12 Halsweiten. Keines dieser Muster wird älter als sechs Monate. Jede Saison kennt eine Weiterentwicklung in Form und Farbe.

Warum immer mehr Bekleidung aus Billigländern kommen muß

Die schönste Ware, der kürzeste Liefertermin, das attraktivste Styling und die beste Werbung nützen nichts, wenn der Preis zu hoch ist. Rationalisierungsvorteile in der Produktion gibt es wenig. Wie wir gesehen haben, verlangt der Markt keine hohen Auflagen, sondern zersplittert eher das Angebot. Da unser soziales System den permanenten Aufbau der Personalkosten unabhängig von der erbrachten Leistung festgeschrieben hat, können Zusammenbrüche vorhandener Strukturen nur die logische Folge sein. Produktionsstätten werden unrentabel.

Die Bekleidungshersteller haben früh gelernt, was es heißt, zu teuer zu produzieren. Schon zu Beginn der 60er Jahre gingen die ersten, voran die Hemdenhersteller, nach Asien. Das hieß damals fast ausschließlich Hong Kong. In zwei Jahrzehnten hat sich in diesem Raum eine Revolution vollzogen. Sieben von zehn Hemden kommen heute aus Asien, zwei irgendwo aus Europa oder Nordafrika, höchstens eines wird noch hierzulande produziert. Bei Blusen, T-Shirts, Strickwaren, Sportschuhen und fast allen anderen Artikeln ist es ähnlich. Ein größerer Bekleidungshersteller arbeitet heute mit Portugal, Italien, Griechenland, Tunesien, Rumänien, Jugoslawien, Ungarn, der Türkei, der CSSR und Polen. Das sind die Bezugsquellen vor der Haustür. In Asien wird er mit Indien, Pakistan, Bangladesh, Thailand, Malaysia, Indonesien, den Philippinen, Taiwan, Hong Kong, Süd-Korea und der Volksrepublik China arbeiten oder arbeiten können. Die logistische Leistung, die dies bewirkt, ist erstaunlich. Daten, Skizzen und Schnittbilder werden dank Telex und Telefax in Minuten an den Ort der Verarbeitung gebracht. Der Know-how-Transfer ist so umfassend, daß heute sehr viele asiatische Betriebe und solche an der Peripherie Europas über bessere Produktionskenntnisse und einen moderneren Maschinenpark verfügen als die noch hierzulande verbliebenen Fabriken.

Die Nähe zum Markt, der sich unsere Industrie stellen muß, hat für die Bewältigung dieser Probleme gesorgt. Die meisten vereinbarten Lieferzeiten mit unseren Abnehmern haben einen Endtermin. Was 24 Stunden später kommt, kann schon durch hohe Abschriften gefährdet sein.

Da viele Produktionsstätten im Ausland für Kunden aus aller Welt produzieren, sehen sie sich ständig wechselnden Anforderungen gegenüber. Der eine wünscht etwas weichere Kragen, der andere konservative feste. Der Außenstehende mag über solche Probleme lächeln. Ihre Nichtbeachtung kann jedoch zu finanziellen Katastrophen führen. Ein Beispiel möge das erhärten. Im allgemeinen sollen Stoffe nach der Wäsche nicht mehr als 1% einlaufen. Um Kragen und Manschetten herzustellen, braucht man zusätzlich Einlagestoffe. Laufen diese nun mehr oder weniger ein als der Oberstoff, kann es zu erheblichen Beulen und unansehnlichen Nähten kommen. Sendungen von einigen 100 000 Teilen im Werte mehrerer Millionen können so in Not geraten.

Um das zu vermeiden, läßt man Produktionen vom Eintreffen der Stoffe bis zum Versand der Fertigteile überwachen. Zwischentests begleiten den Produktionsablauf. Einheimisches Personal wird ausgebildet. Die Produktionsstätten verbessern sich dadurch kontinuierlich. Über Vor- und Nachteile dieser Entwicklung zu diskutieren, ist müßig. Es gibt keine andere Wahl.

Die positiven Seiten sind darin zu sehen, daß eine Reihe deutscher und europäischer Hersteller von Nähmaschinen, Strick- und Wirkmaschinen, Webstühlen, Spinnanlagen, Färberei- und Ausrüstungsanlagen durch den Exodus völlig neue Märkte gefunden haben.

Warum deutsche Firmen nur selten eigene Betriebe in Asien haben

Die Frage, ob es besser sei, in eigenen Betrieben zu produzieren oder sich fremder Hersteller zu bedienen, wird oft gestellt. Ein namhafter deutscher Marketingdozent lobte die Amerikaner in Verbindung mit der Volksrepublik China für ihre Joint Venture und vermerkte das Fehlen deutscher Hersteller. In Wirklichkeit stellt sich die Frage einer eigenen Produktionsstätte nicht ernsthaft. Das Quotensystem der EG macht solche Gedanken obsolet.

Im Rahmen der durch die EG geführten Verhandlungsrunden wird jeweils für einen Zeitraum von mehreren Jahren festgelegt, welches Land wie viele Teile eines bestimmten Erzeugnisses in welches Land der EG liefern darf. Das kann je nach Land von einigen 100 000 Teilen bis an die 20 Millionen Stück gehen. Entscheidend ist die Natur dieser Quoten: Verkäufer-Quota, d. h. das Herstellerland bestimmt die Verteilung. Eine Behörde des Lieferlandes ist verantwortlich für die Einhaltung der Menge. Sie verteilt z. B. 15 Millionen Hemden pro Kalenderjahr auf die Anzahl der Hersteller im eigenen Land. Dabei wendet sie einen Schlüssel an, der sich an der Leistung des vorangegangenen Jahres zu orientieren pflegt. Da die meisten, vor allem die guten Produktionsländer ihre Quoten voll ausschöpfen, hätte ein Newcomer keine Chancen, eine eigene Produktion aufzubauen. Er könnte produzieren und dürfte nichts verschicken. So gibt es nur wenige Beispiele eigener Produktionen und noch weniger, die Sinn machen. Quoten sollen die als berechtigt angesehenen Interessen der Abnehmerländer schützen. Wie solche Interessen langfristig zu bewerten sind, zeigen die Resultate der EG-Agrarmarktordnung sehr deutlich. Statt die freien Kräfte des Marktes weltweit wirken zu lassen, werden neue Strukturen verhindert und die alten bis zur zukünftigen Wettbewerbsunfähigkeit verkleistert.

Europa und damit die Bundesrepublik koppeln sich durch ihre Sozialgesetzordnung mehr und mehr vom internationalen Wettbewerb ab. Langfristige negative Folgen können nicht ausbleiben. Die Geschichte hat immer wieder gelehrt, daß der Warenstrom dort beginnt, wo Können und Fleiß sich mit bescheidenen Bedürfnissen treffen. In der Welt von heute ist das mehr als anderswo in Asien der Fall.

Umsätze sind im Bekleidungsgeschäft kaum planbar

Planungsfetischisten werden unser Geschäft sehr bald frustrierend finden. Wetter, Modeideen, die sich dominierender als erwartet entwickeln, der Außenwert von Währungen und sogar die Breitenwirkung eines neuen Filmes können Ziffern schneller als anderswo zur Makulatur werden lassen. Rentabilitätssprünge erheblichen Umfanges innerhalb einiger Monate sind keine Seltenheit. Wer die Umsatz- und Gewinnplanungen eines 12-Monatszeitraumes für bare Münze nimmt und seine Ausgaben daraufhin zu optimistisch plant, kann böse überrascht werden. Wir haben gesehen, wie eng dieses Geschäft mit dem Verhalten der Verbraucher verknüpft ist. Sprunghaftigkeit ist daher eine logische Folge. Sie zwingt zu Wachsamkeit und finanzieller Vorsorge.

So kennt unsere Firmenstrategie z. B. kein festes Wachstumsziel. Wir haben die Vision, daß unser Unternehmen wachsen kann. Wir wollen weder einen bestimmten Umsatz in einer bestimmten Zeit erreichen noch unter allen

Umständen ein bestimmtes Produkt innerhalb einer bestimmten Zeit im Markt plazieren. Wir richten uns allein nach den Möglichkeiten des Marktes. Diese suchen wir und nehmen sie dann wahr, wenn die Voraussetzungen gegeben sind.

Meine Ausführungen sollen sich mit der Frage befassen, ob andere von der Bekleidungsindustrie lernen können. Ich maße mir nicht an, Kollegen mit mehr Erfahrung und mehr Erfolg einen Ratschlag zu erteilen. Die Meinung liegt jedoch nahe, daß es nützlich sein könnte, ständig einen genauen Blick auf das zu tun, was im Bekleidungsgeschäft vorgeht. Manches geschieht hier zuerst, das wir den Wandel der Zeiten nennen. Menschen, die beginnen, sich anders anzuziehen, werden vielleicht bald anders wohnen, anders reisen, ein anderes Auto bevorzugen, andere Brillen tragen, andere Sportstätten aufsuchen. Im Bekleidungsgeschäft feiert vieles Uraufführung. Warum nicht dabeisein?

9. Länderrisiken im internationalen Marketing

von K. Backhaus und M. Meyer*)

Die zunehmenden Länderrisiken im internationalen Marketing

Die systematische Auswahl und Bearbeitung von Auslandsmärkten stellt angesichts der sprunghaft ansteigenden Länderrisiken seit Anfang der 70er Jahre hohe Anforderungen an das internationale Marketing deutscher Unternehmen. Marktorientiertes Handeln verlangt die frühzeitige Erkennung und Analyse der Risiken mit Hilfe eines geeigneten Informationssystems und die Umsetzung der Länderrisiko-Beurteilung in risikopolitische Maßnahmen.

Das gilt ganz besonders deswegen, weil deutsche Unternehmen ihre Auslandsgeschäfte permanent ausdehnen. Von 1980 bis 1984 nahmen die Exportgeschäfte um ca. 40% von 350 auf 488 Mrd. DM zu, wobei 1984 allein 39 Mrd. DM auf die mit sehr hohen Risiken behafteten ölimportierenden Entwicklungsländer entfielen. Auch die Direktinvestitionen

*) Prof. Dr. Klaus Backhaus und Dipl.-Hdl. Margit Meyer, Johannes Gutenberg-Universität Mainz

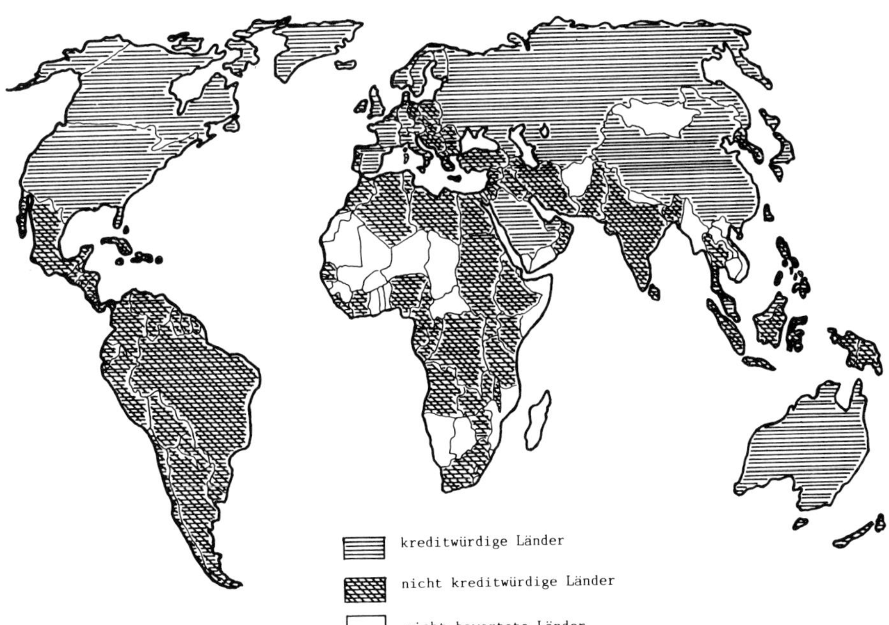

Bild 1: Die Kreditwürdigkeit der Welt im März 1986

sind zwischen 1980 und 1984 von insgesamt 74 auf 106 Mrd. DM angestiegen. Ihr Umfang in den ölimportierenden Entwicklungsländern betrug 1984 etwa 13 Mrd. DM.

Die weltmarktbezogene Verschuldungsproblematik macht Bild 1 deutlich: Die schraffierten Länder gelten in den Augen von Bankexperten nicht mehr oder nur noch eingeschränkt als kreditwürdig.

Die Auslandsgeschäfte internationaler deutscher Unternehmen expandieren trotz der zunehmenden Risiken am Weltmarkt, hervorgerufen durch die Verschärfung der internationalen Schuldenkrise. Die Auslandsschulden der Entwicklungsländer von 827 Mrd. US-Dollar 1984 konzentrieren sich vor allem auf lateinamerikanische und asiatische Länder. Mexiko, Brasilien und Argentinien hatten 1984 allein über 250 Mrd. US-Dollar Auslandsschulden, die Philippinen, Süd-Korea und Indonesien von 100 Mrd. US-Dollar.

Vor diesem Hintergrund werden die hohen zukünftigen Risiken, die vor allem aus den Unsicherheiten über die zukünftigen weltwirtschaftlichen Entwicklungen resultieren, und mit denen die internationale Unternehmung am Weltmarkt konfrontiert ist, offensichtlich.

Aussagewert und Überblick über Länderrisiko-Konzepte

Überblick über Länderrisiko-Konzepte

Um das Risikopotential von Ländermärkten abschätzen zu können, ist es notwendig, entsprechende Informationen bereitzustellen. Heute existiert eine Vielzahl von Konzepten zur Beurteilung dieser Risiken, die entweder von den betroffenen Unternehmen selbst entwickelt oder von kommerziellen oder wissenschaftlichen Instituten bzw. Fachzeitschriften angeboten werden. Tafel 1 zeigt einen entsprechenden Überblick.

Die Informationsbasis dieser Konzepte besteht aus quantitativen und qualitativen Daten. Bei den quantitativen Daten handelt es sich um statistische Zahlen über die Innen- und Außenwirtschaft der Länder, die aus den Statistiken des IWF, der Weltbank und der einzelnen Länder stammen. Aus ihnen werden Kennzahlen gebildet, die von sehr einfachen Verhältniszahlen, wie Währungsreserven/monatliche Importe oder Schuldendienstquote bis hin zu sehr komplexen Indikatoren wie dem „average weighted spread" reichen[1]).

Die qualitativen Daten werden im wesentlichen über Expertenbefragungen gewonnen. Private und öffentliche Wirtschaftsinstitute sowie Fachzeitschriften verfügen über Experten-Panels, durch die regelmäßig Länderrisiken bewertet werden.

[1]) Der Spread stellt eine Risikoprämie dar, die entsprechend dem von den Banken subjektiv wahrgenommenen Länderrisiko variiert wird.

Die Reduktion der Risikokriterien

Die verschiedenen Länderrisiko-Konzepte basieren dabei überwiegend auf Punktbewertungsmodellen. Unterzieht man die verschiedenen Punktbewertungsmodelle, BERI-Geschäftsrisiko- und BERI-Kreditrisiko-Beurteilung sowie mm-Ländertest, Institutional Investor- und Euromoney-Index aus Tafel 1, einer Analyse mit dem Ziel festzustellen, ob die verschiedenen zur Beurteilung von Länderrisiken herangezogenen Kriterien unterschiedliche Sachverhalte beschreiben, so stellt man fest, daß bei Anwendung einer Faktorenanalyse, die die Kriterien auf die statistisch unabhängigen Faktoren reduziert, insgesamt nur 5 unabhängige Risikofaktoren nachweisbar sind. Diese Faktoren lassen sich wie folgt interpretieren:

Faktor 1: Wirtschaftliche, soziale und politische Infrastruktur:

Die wirtschaftliche Infrastruktur ist gekennzeichnet durch die vorhandenen Fachleute, Lieferanten, Management und Partner sowie den Ausbau des Nachrichten- und Transportwesens, also überwiegend durch das Humankapital eines Landes sowie die soziale und politische Infrastruktur, die sich in der Einstellung der Bevölkerung gegenüber ausländischen Unternehmen, Verstaatlichungstendenzen seitens der Regierung und Hemmnissen im Rechts- und Verwaltungsapparat manifestiert.

Faktor 2: Zahlungsfähigkeit:

Hierbei berücksichtigen die Experten vor allem Zahlungsbilanz- und Inflationsprobleme der Länder.

Faktor 3: Soziale und politische Stabilität:

Diese Risikodimension erfaßt soziale und politische Unruhen, die gekennzeichnet sind durch Demonstrationen, Streiks, Aufruhr, Putschversuche, Morde an politischen Gegnern sowie schlechte soziale Verhältnisse.

Faktor 4: Außenpolitische Konflikte:

Hier bewerten die Experten Risiken, die sich aus Spannungen mit Nachbarstaaten und den Großmächten im Ost-West-Konflikt ergeben. Sie können bis hin zu kriegerischen Auseinandersetzungen gehen.

Faktor 5: Linksgerichteter politischer Wandel:

Kennzeichnend für diese Risikodimension ist die Organisation und Macht der radikalen Linken und die Zersplitterung des politischen Spektrums mit der Möglichkeit eines demokratisch bewirkten Linksrutsches.

Es läßt sich somit festhalten, daß die verschiedenen Konzepte zur Beurteilung von Länderrisiken eine Vielzahl von *redundanten Informationen* enthalten.

Tafel 1: Länderrisiko-Konzepte[2])

Konzepte	Herkunft	Zielgruppe	Erscheinungs-häufigkeit	Prognose-horizont	inhaltliche Beschreibung	Methodik
BERI-Geschäftsrisiko-Beurteilung	BERI-Institut	Exporteure und Investoren	3 × jährlich; ORI seit 1972 PRI seit 1978 R-F seit 1973 POR seit 1978	1-Jahres- und 5-Jahres-Prognosen	Oberkriterien: Operation Risk Index Political Risk Index R-Faktor Profit Opportunity Recommendation	Punktbewertungsmodell: 31 qualitative und 9 quantitative Kriterien für 48 Länder
BERI-Kreditrisiko-Beurteilung	BERI-Institut	Kreditgeber	3 × jährlich seit 1978	1-Jahres- und 5-Jahres-Prognosen	Oberkriterien: LRquant LRqual LRenvir Recommended Lender Action	Punktbewertungsmodell: 29 qualitative und 20 quantitative Kriterien für 50 Länder
mm-Ländertest	Manager Magazin	Exporteure und Investoren	1 × jährlich für 1980, 1981, 1982	Gegenwartsprognose	Oberkriterien: Politische Stabilität Binnenwirtschaft Außenwirtschaft Gesamturteil	Punktbewertungsmodell: 23 qualitative und 7 quantitative Kriterien für 55 Länder
ESI-Indikatoren	ifo-Institut	Unternehmen	2 bis 3 × jährlich seit 1981	kurzfristige Prognose	Tendenzaussagen über die Entwicklung wirtschaftlicher Indikatoren	20 regelmäßig ermittelte qualitative Kriterien für 50 Länder
Institutional Investor-Index	Institutional Investor Magazine	Kreditgeber	2 × jährlich seit 1979	kurzfristige Prognose	Global-Index für Kreditwürdigkeit	ein qualitatives Kriterium für 105 Länder
Euromoney-Index	Euromoney Magazine	Kreditgeber	2 × jährlich seit 1979	Gegenwartsprognose	ab 1979: weighted average spread ab 1982: 3 Oberkriterien	ab 1979: ein quantitativer Indikator ab 1982: Punktbewertungsmodell
Konzept der Commerzbank	Commerzbank	nur Commerzbank	1 × jährlich seit 1978	Prognosecharakter	Oberkriterien: Wirtschaft Management-Qualität Politische Stabilität Gesamturteil	Punktbewertungsmodell: mehrere qualitative und quantitative Kriterien
Two-Gap Modell der Weltbank	Weltbank	Kreditgeber	fortlaufend	zukünftige Perioden	Schätzung der Devisenlücke für zukünftige Perioden	Makroökonomisches Prognosemodell mit etwa 300 quantitativen geschätzten Daten

Modell der EXIM-Bank	EXIM-Bank	nur EXIM-Bank	fortlaufend	längerfristige Prognose	Das Gesamtrating setzt sich aus 3 Teilen zusammen: 1. Frühwarnsystem für Umschuldungen nach dem Modell von Mayo/Barrett, 2. 10 quantitative Indikatoren, 3. qualitative Kriterien wie Management-Qualität.	
BI-Ratings	Business International Inc.	Exporteure und Investoren	1 × jährlich seit 1976	Prognose-charakter	Oberkriterien: pol., rechtl., soz. Entwicklung Wirtschafts-, Finanz-, Währungssituation, Energieversorgung, Gesamturteil	Punktbewertungsmodell: 34 quantitative und qualitative Kriterien für 57 Länder
NIKKEI-BUSINESS-Index	NIKKEI-BUSINESS Zeitschrift	Investoren	fortlaufend		Oberkriterien: Marktgrößenindikator Wirtschaftsklimaindikator Sozio-politischer-Indikator Gesamturteil	Punktbewertungsmodell: quantitative und qualitative Kriterien
ASPRO/ SPAIR-System	Shell Oil Company	nur für Shell Company		Prognose-charakter	9 politische Ereignisse wie Steueränderung, Enteignung u. a. Ursachenvariable für politische Ereignisse	Berechnung von Wahrscheinlichkeiten mit Bayes-Theorem und qualitativen Daten
International Country Risk Guide	International Reports Inc.	Investitionen und Kredite	monatlich seit Januar 1984 in dieser Form	kurzfristige Prognose	Oberkriterien: Political Risk (PR) Financial Risk (FR) Economic Risk (ER) Composite Risk (CPFER)	Punktbewertungsmodell: 18 qualitative und 6 quantitative Kriterien für über 100 Länder

[2]) Vgl. Backhaus, Klaus, and Margit Meyer (1986): Country Risk Assessment in International Industrial Marketing. In: Backhaus, Klaus and David T. Wilson (Eds.): Industrial Marketing. Berlin, Heidelberg, New York, Tokio, S. 243—273; Backhaus, Klaus, und Margit Meyer (1984): Internationale Risiko-Barometer. In: Absatzwirtschaft, Nr. 10, 27. Jg., S. 64—74; Köglmayr, Hans-Georg (1986): Erfassung und Handhabung von Länderrisiken. In: WiSt, Heft 4, S. 211—214; Hake, Bruno (1982): Der BERI-Index, ein Hilfsmittel zur Beurteilung des wirtschaftlichen Risikos von Auslandsinvestitionen. In: Lück, Wolfgang und Volker Trommsdorff (Hrsg.): Internationalisierung der Unternehmung. Berlin, S. 463—473; Stockner, Werner (1984): Die Bewertung des Länderrisikos als Entscheidungshilfe bei der Vergabe internationaler Bankkredite. Frankfurt am Main.

Länderrisiken und risikopolitische Konsequenzen für die Auslandsaktivitäten der internationalen Unternehmung

Um für das Jahr 1983 auf der Basis der 5 extrahierten Risikofaktoren die Länder mit einer ähnlichen Risikostruktur zu ermitteln, kann man versuchen, die insgesamt 45 hier analysierten Länder mit ähnlichen Risikoprofilen in bezug auf die 5 Faktoren zu Risikogruppen zusammenzufassen. Dazu kann man auf die Verfahren der Clusteranalyse zurückgreifen, deren Ergebnisse 4 Ländergruppen zeigen:

Tafel 2: Länderrisikogruppen 1983

Ländergruppe A: Argentinien, Brasilien, Chile, Kolumbien, Ägypten, Indien, Kenia, Mexiko, Marokko, Pakistan, Peru, Philippinen, Türkei.
Ländergruppe B: Australien, Belgien, Kanada, Dänemark, Bundesrepublik, Japan, Niederlande, Norwegen, Schweden, Großbritannien, USA.
Ländergruppe C: Ecuador, Frankreich, Griechenland, Irland, Italien, Portugal, Spanien.
Ländergruppe D: Elfenbeinküste, Indonesien, Nigeria, Süd-Korea, Thailand, Venezuela.
Einzelländer: Iran, Israel, Malaysia, Saudi-Arabien, Singapure, Südafrika, Taiwan.

Die Gruppenprofile dieser Risikosegmente, die den Durchschnittswert der Länder in dieser Gruppe für jeden der 5 Faktoren wiedergeben, sind in Bild 2 aufgezeichnet. Dabei bedeuten die Risiko-Faktoren

1 = Zahlungsfähigkeit,

2 = Infrastruktur,

3 = politische und soziale Stabilität,

4 = außenpolitische Konflikte,

5 = linksgerichteter politischer Wandel.

Grob gesehen unterscheiden sich die vier Gruppenprofile, wenn man zunächst den 5. Risiko-Faktor außer acht läßt, dadurch, daß die Gruppe A mit sehr hohen, die Gruppe B mit niedrigen, die Gruppe C mit durchschnittlich hohen und die Gruppe D mit z. T. unterdurchschnittlich bzw. überdurchschnittlich hohen Risiken behaftet sind.

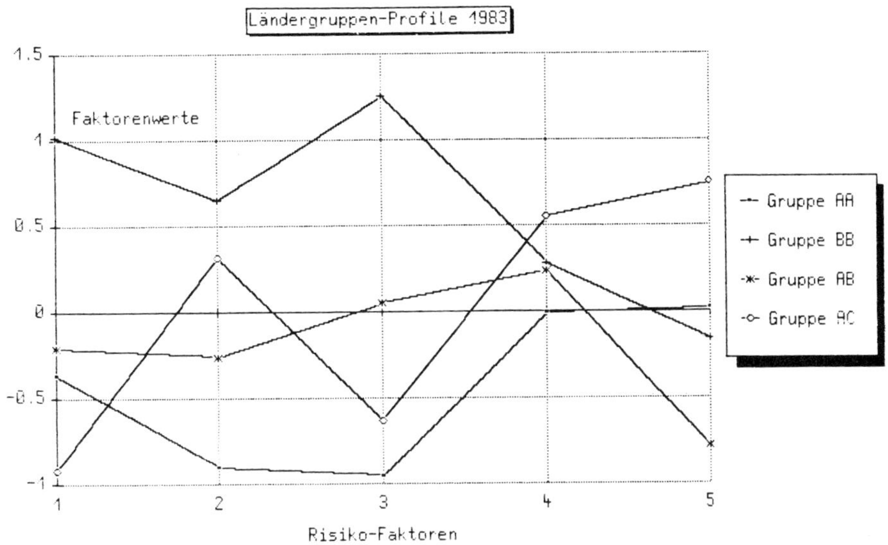

Bild 2: Gruppenrisikoprofile 1983

Einige der Länder, die keiner der vier Gruppen zugeordnet werden konnten (siehe Bild 3), weisen ebenfalls eine Gemeinsamkeit auf: Sie zeigen bei Faktor 4 eine stark unterdurchschnittliche Ausprägung. Es handelt sich also um Länder, die alle im Jahr 1983 mit erheblichen außenpolitischen Problemen zu kämpfen haben.

Angesichts dieser Situation stellt sich die Frage, welche Maßnahmen ein international tätiges Unternehmen ergreifen kann, wenn sich seine Auslandsgeschäfte auf ein bestimmtes Risikosegment beziehen. Eine bestimmte Risikostruktur erhält im Hinblick auf die unterschiedlichen Auslandsaktivitäten der internationalen Unternehmung jeweils eine unterschiedliche Bedeutung. Die Handlungsmöglichkeiten der internationalen Unternehmung auf Auslandsmärkten umfassen im Grunde vier Geschäftsaktivitäten: Exportgeschäfte, Lizenzgeschäfte, Direktinvestitionen und Kreditgeschäfte. Die Unternehmen betrachten dabei Aktivitäten wie Lizenz-, Export- und Direktinvestitionsgeschäfte nicht nur als alternative Strategien, sondern auch als sich gegenseitig ergänzende Formen der Marktbearbeitung.[3]) Diese Auslandsgeschäfte sind insbesondere in Entwicklungsländern häufig mit Krediten seitens der ausländischen Unternehmung verbunden, so daß das Kreditgeschäft die Formen der Marktbearbeitung ergänzt.

Bevor Maßnahmen zur Risikobewältigung abgeleitet werden können, ist es notwendig, die Risikoprofile der 4 Ländergruppen (hier exemplarisch

[3]) Vgl. Pollak, Christian und Jürgen Riedel (1984): Das Engagement deutscher Unternehmen in Entwicklungsländern. In: ifo-schnelldienst, Nr. 21, S. 13—24.

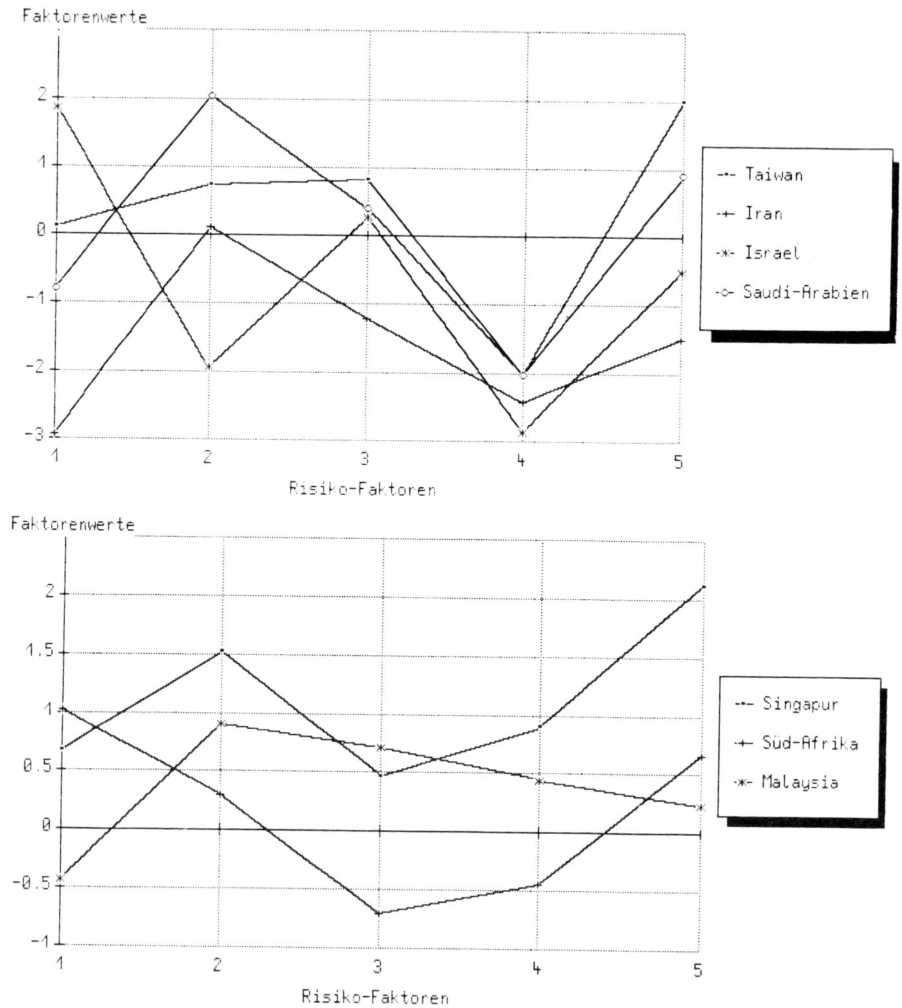

Bild 3: Einzelländerrisikoprofile 1983

für das Jahr 1983) im Hinblick auf ihre unterschiedliche Bedeutung für die verschiedenen Auslandsgeschäfte zu beurteilen, um auf dieser Basis Maßnahmen zur Risikobewältigung zu diskutieren.

Die unterschiedliche Bedeutung der 5 Risiko-Faktoren für die verschiedenen Auslandsgeschäfte liegt darin, daß für Direktinvestitionen alle 5 Faktoren relevant sind. Die ausländische Unternehmung kann bei schlechter Zahlungsfähigkeit ihre Gewinne nicht transferieren. Bei einer schlechten Infrastruktur fehlen ihr die entsprechenden Fachleute. Instabile soziale und politische Verhältnisse behindern sie in der Ausübung ihrer Geschäftsaktivitäten im Land selbst. Außenpolitische Konflikte können dazu führen, daß die Unternehmungsaktivitäten völlig unterbunden werden. Mit der Möglichkeit eines linksgerichteten politischen Wandels erhöht sich die Gefahr einer Verstaatlichung. Für Exportgeschäfte ist vor allem die Zahlungsfähigkeit wegen der Gefahr eines Forderungsausfalls relevant, aber auch die Instabilität eines Landes und außenpolitische Konflikte spielen eine Rolle, da die Ware z. B. im Ausland zerstört werden kann. Andere Ergebnisse zeigen sich bei Lizenz- und Kreditgeschäften, wo im wesentlichen die Zahlungsfähigkeit risikobeeinflussend ist.

Vor diesem Hintergrund lassen sich die 4 Gruppen hinsichtlich der Risikostruktur (1) und hinsichtlich der Risikowirkung auf Auslandsgeschäfte (2) wie folgt beschreiben:

Gruppe A: Ölimportierende Entwicklungsländer mit hohen Länderrisiken:

(1) Hohe Risiken ergeben sich aus der schlechten Infrastruktur und Zahlungsfähigkeit sowie der geringen Stabilität. Es bestehen durchschnittlich hohe außenpolitische Spannungen und Möglichkeiten für einen linken politischen Wandel, wobei letzteres Risiko innerhalb dieser Gruppe sehr unterschiedlich ausfällt.

(2) Für Direktinvestitionen sind die Risiken äußerst hoch. Die Instabilität erzeugt hohe Dispositionsrisiken, und die schlechte Zahlungsfähigkeit gefährdet den Gewinntransfer. Auch Exporte sind wegen der Zahlungsprobleme und Instabilitäten risikobehaftet. Lizenz- und Kreditgeschäfte sind wegen der Zahlungsprobleme gefährdet.

Gruppe B: Industrieländer mit geringen Risiken:

(1) Die Experten schätzen die Risiken sehr niedrig ein. Sie sehen nur die Möglichkeit für einen linksgerichteten politischen Wandel in vielen Industriestaaten und damit die Tendenz zu Verstaatlichungen.

(2) Für Lizenz-, Export- und Kreditgeschäfte sehen die Experten kaum Risiken. Für Direktinvestitionen halten sie Enteignungen für durchaus möglich.

Gruppe C: Überwiegend europäische Länder mit durchschnittlich hohen Risiken:

(1) Die Risiken aus Infrastruktur, Zahlungsfähigkeit, Instabilität sowie externen Konflikten sind mehr oder weniger durchschnittlich ausgeprägt. Extrem hoch erscheint den Experten die Gefahr für einen Linksrutsch in diesen Ländern.

(2) Hohe Risiken bestehen hauptsächlich für Direktinvestitionen, da die Experten nach einem möglichen Linksrutsch der Regierung mit Verstaatlichungen rechnen. Mittelmäßig einzuschätzen sind Transferrisiken für Export-, Lizenz- und Kreditgeschäfte.

Gruppe D: Ölexportierende Entwicklungsländer mit gemischter Risikostruktur:

(1) Geringe Risiken erwachsen aus Zahlungsfähigkeit und außenpolitischen Konflikten und einem linken politischen Wandel. Aber es bestehen hohe Risiken wegen der extrem schlechten Infrastruktur und der geringen Stabilität.

(2) Für Direktinvestitionen bestehen hohe Dispositionsrisiken resultierend aus der schlechten Infrastruktur und Instabilität. Weniger hoch erscheinen Risiken für Export-, Lizenz- und Kreditgeschäfte wegen der guten Zahlungsfähigkeit.

Ansatzpunkte für eine länderbezogene Risikopolitik

Internationales Marketing erfordert Entscheidungen darüber, wie die Unternehmung den Auslandsmarkt bearbeiten will und was sie unternehmen soll, um die relevanten Risiken zu handhaben. Grundsätzlich ergeben sich hier zwei Möglichkeiten:

(1) *Ursachenbezogene Risikopolitik,* bei der versucht wird, den Eintritt des Risikoereignisses zu verhindern. Auf den Risikoeintritt haben einzelne Unternehmen in bezug auf Länderrisiken jedoch kaum Einfluß, so daß diese Alternative in der Regel entfällt.

(2) *Konsequenzenbezogene Risikopolitik,* bei der versucht wird, die Wirkung bzw. das Ausmaß des Schadens, falls das Risiko eintritt, einzuschränken oder einen Risikotransfer anzustreben, d. h. das Risiko auf Dritte, z. B. Versicherungen, abzuwälzen. Hier bieten sich je nach Risikofaktor verschiedene Möglichkeiten an:

- Zahlungssicherung über bestätigte Akkreditive,
- Hermesversicherung gegenüber wirtschaftlichen und politischen Risiken, einschließlich des Protracted Default,
- Forfaitierung.

Ob eine entsprechende Risikoabsicherung gelingt, ist jeweils situationsspezifisch zu prüfen. Die Sicherungsmaßnahmen können dabei an der grundsätzlichen Verfügbarkeit, aber auch aufgrund einer Kostenbetrachtung scheitern.

10. Kartellrechtliche Grenzen der vertikalen Preisbeeinflussung im Konsumgütermarketing

von K. Markert*)

In Kürze wird der Bundesgerichtshof eine wichtige Entscheidung für den kartellrechtlichen Spielraum treffen, der den Markenartikelherstellern im Hinblick auf das Preisbindungsverbot (§ 15 des Gesetzes gegen Wettbewerbsbeschränkungen — GWB —) für die Durchsetzung eigener Preisvorstellungen im Einzelhandel noch verbleibt.**) In dem zur Entscheidung stehenden Einzelfall geht es um die kartellrechtliche Zulässigkeit des Agenturvertriebssystems der Telefunken Fernseh- und Rundfunk GmbH, soweit es als Grundlage für ein Festpreissystem dient, mit dem allen Telefunken-Erzeugnisse vertreibenden Einzelhändlern („Partnern") ein bundesweit einheitlicher Endverbraucherpreis vorgeschrieben wird. Das Recht hierzu wird von Telefunken aus der besonderen handelsrechtlichen Interessenwahrungspflicht des Handelsvertreters gegenüber dem Geschäftsherrn (§ 86 des Handelsgesetzbuchs — HGB —) hergeleitet.[1])

Das Bundeskartellamt[2]) und — als erste Rechtsmittelinstanz — das Berliner Kammergericht[3]) haben in diesem Festpreissystem einen Verstoß gegen das kartellrechtliche Preisbindungsverbot gesehen. Beide haben dabei unterschieden einerseits zwischen regeltypischen Handelsvertreterverhältnissen, die dem „gesetzlich typischen Leitbild" solcher Verhältnisse entsprechen und, da nicht angenommen werden könne, der Gesetzgeber habe mit § 15 GWB die Existenz des Rechtsinstituts Handelsvertreter generell in Frage stellen wollen, nicht unter diese Vorschrift fallen, und andererseits atypischen Handelsvertretersystemen wie im Falle Telefunken, auf den § 15 GWB anwendbar bleibe. Letzten Endes läuft diese Unterscheidung darauf hinaus, bei Handelsvertretersystemen, bei denen Konkurrenzmarken anderer Hersteller nicht geführt werden (Beispiele: Tankstellen der Markenölgesellschaften, Daimler-Benz-Agenturen, Kaffee-Depotsysteme), das Preisweisungsrecht aus § 86 HBG und entsprechende vertragliche Vereinbarungen aus dem Preisbindungsverbot weiterhin herauszuhalten, was auch der bisherigen Praxis entspricht, dieses Verbot aber anzuwenden, wenn der Handelsvertreter Sortimentshändler ist, d. h. auch noch Konkurrenzerzeugnisse anderer Hersteller vertreibt, insbesondere, wenn er dabei, wie im Falle Telefunken, als Eigenhändler mit freier Preisbildungsmöglichkeit tätig wird.

---

*) Prof. Dr. Kurt Markert, Leiter der siebten Beschlußabteilung des Bundeskartellamts, Berlin

**) Durch Beschluß v. 15. 4. 1986 ist diese Entscheidung inzwischen getroffen worden. Vgl. BB 1986 S. 1387. Ihre Bedeutung für den Markenartikelvertrieb habe ich in einer Anmerkung hierzu im einzelnen dargelegt (BB 1986 S. 1390ff).

Zu der z. Z. in der juristischen Fachliteratur ausgetragenen Kontroverse über die juristische Tragfähigkeit dieser Unterscheidung[4]) soll hier nicht näher Stellung genommen werden, so wenig wie über den Ausgang des Verfahrens vor dem Bundesgerichtshof spekuliert werden soll. Der Fall Telefunken und das mit ihm verknüpfte Problem des Agenturvertriebs sollen vielmehr nur als Beispiel für den Versuch eines Markenartikelherstellers, auf die sein Produkt betreffende Preisgestaltung des Handels mit dem Ziel eines einheitlichen Festpreises Einfluß nehmen, zum Anlaß genommen werden, in einem Überblick die Gesamtheit der kartellrechtlichen Grenzen aufzuzeigen, die solchen Versuchen, in welcher Form und mit welchen Mitteln sie auch immer unternommen werden, im Wege stehen. Im einzelnen geht es dabei neben dem schon erwähnten Preisbindungsverbot um die Vorschriften über vertikale Preis- und Mittelstandsempfehlungen sowie schließlich die kartellrechtlichen Grenzen, die Markenartikelhersteller bei der Auswahl ihrer Geschäftspartner im Handel unterliegen.

Das Preisbindungsverbot

Die Ausnahme der Markenartikelpreisbindung vom Preisbindungsverbot des § 15 GWB, die in der 1958 in Kraft getretenen Gesetzesfassung enthalten war, ist durch die zweite Kartellnovelle von 1973 wieder aufgehoben worden. Nur für die Verlagserzeugnisse gilt nach wie vor eine pauschale Bereichsausnahme, deren Berechtigung hier nicht weiter erörtert werden soll.[5]) Der Aufhebung der Ausnahme für die Markenwarenpreisbindung im Jahre 1973 war eine sehr eingehende Diskussion des Für und Wider der Preisbindung vorausgegangen, die im Grunde nur eine Fortsetzung des Meinungsstreits in den fünfziger Jahren war, der schließlich im Jahre 1957 bei der Verabschiedung des GWB mit einer auch innerhalb der damaligen Parlamentsmehrheit äußerst kontroversen Entscheidung für die Preisbindung auch bei Markenartikeln endete. Die Revision dieser Entscheidung im Jahre 1973 war total.[6]) Ausnahmen für einzelne Branchen oder für neu auf den Markt gebrachte Produkte oder für marktschwache Anbieter wurden trotz entsprechender Forderungen an den Gesetzgeber von diesem ausdrücklich abgelehnt.[7]) Auch heute ist trotz der gegenüber 1973 veränderten Mehrheitsverhältnisse im Parlament nicht mit einer Gesetzesänderung zu rechnen. Die jüngste, vom Bundesministerium für Wirtschaft durchgeführte Anhörung von Verbänden und Organisationen zum Gutachten der Monopolkommission über die Konzentration im Lebensmittelhandel hat erkennen lassen, daß auch die Markenartikelindustrie und der Fachhandel nicht ernsthaft mit einer vollständigen oder teilweisen Rückkehr zur Preisbindung rechnen.

Vor diesem Hintergrund leuchtet die große Bedeutung des Streits um das Telefunken-Vertriebssystem sowohl für die Wirtschaft als auch für das Bundeskartellamt ohne weiteres ein. Für die Markenartikelindustrie, soweit sie nicht den besonders beschwerlichen Weg des Aufbaus eines firmeneigenen Vertriebsnetzes in der Form von Verkaufsfilialen oder von Einmarken-Handelsvertretersystemen beschreiten will, wäre das Telefunken-Modell, wenn es sich als kartellrechtlich zulässig erweisen sollte, die einzige Möglichkeit, trotz des Preisbindungsverbots ein Festpreissystem auf der Einzelhandelsebene durchzusetzen. Andererseits muß das Bundeskartellamt befürchten, daß das Beispiel Telefunken im Erfolgsfalle trotz des großen finanziellen Aufwands beim Aufbau eines Agenturvertriebs nicht zuletzt wegen des zu erwartenden Drucks großer Teile des Handels Schule macht und verbreitet Nachahmer nicht nur in der Unterhaltungselektronikbranche findet, was faktisch auf eine Rückkehr zu den Verhältnissen von vor 1973 führen könnte. Diese fallübergreifende Auswirkung war in erster Linie für die kritische Haltung des Bundeskartellamtes bestimmend und erklärt, weshalb aus dieser Sicht die kartellrechtlichen Bedenken nicht mit dem Hinweis auf den offensichtlich scharfen Wettbewerb der Hersteller von Geräten der Unterhaltungselektronik untereinander entkräftet werden können, der z. Z. auch für Telefunken die Preis-Bäume nicht in den Himmel wachsen läßt. Dieser Wettbewerb hängt nämlich offensichtlich in einem sehr erheblichen Maße von dem Preiswettbewerb auf der Handelsebene ab und wäre deshalb nicht mehr gesichert, wenn alle oder jedenfalls alle führenden Hersteller durch Agentursysteme nach dem Telefunken-Modell die Händler an feste Preise binden würden. Wir hätten dann Verhältnisse, wie sie derzeit auf dem Automobilmarkt herrschen. Preiswettbewerb auf der Händlerebene könnte sich nur noch in der Form versteckter Einzelnachlässe abspielen. Wegen des hohen Risikos, bei der Gewährung solcher „Rabatte" in der Form einer teilweisen Weitergabe der Provision wegen Vertragsbruchs vom Hersteller belangt zu werden, dürfte kaum noch ein Händler zu solchem Wettbewerb bereit sein, zumal wenn es, wie in der Automobilbranche, kollektive Überwachungsaktionen durch Testkäufer gibt.[8])

Ob auch die von Telefunken bereits jetzt — aufschiebend bedingt durch einen für das Unternehmen negativen Ausgang des Verfahrens vor dem Bundesgerichtshof — eingeführte dritte Variante eines Agenturvertriebs im Falle des Eintritts dieser Bedingung ebenso an § 15 GWB scheitern wird wie die beiden vorhergehenden Varianten, läßt sich derzeit noch nicht abschätzen.[8a]) Die neue Variante zielt darauf ab, das gegenwärtige Abschlußvertretersystem dadurch in ein Vermittlungsvertretersystem zu überführen, daß der Telefunken-Agent bei jedem einzelnen Verkauf an Endverbraucher über Btx eine direkte Kommunikationsverbindung mit der Telefunken-Zentrale herstellt.[9]) Der kartellrechtliche Hintergrund dieser Aktion ist, daß das Kammergericht bei seiner Beurteilung der gegenwärtigen Abschlußvertretervariante ausgeführt hat, der Wortlaut des § 15 GWB erfasse nur diese Variante des Handelsvertreterverhältnisses.[10]) Ob sich auch der Bundesgerichtshof diese Rechtsauffassung zu eigen macht und in diesem Falle das neue Telefunken-System tatsächlich als gutgläubiges Vermittlungsvertreter-Konzept angesehen werden könnte und nicht lediglich als verbotene Gesetzesumgehung, darüber kann erst, wenn überhaupt, die schriftliche Begründung der Entscheidung des Bundesgerichtshofes näheren Aufschluß vermitteln. Möglicherweise ergibt sich an diesem Punkt, daß die technische Entwicklung der Anwendung des Preisbindungsverbots, so wie es rechtstechnisch im geltenden Kartellrecht ausgestaltet ist, in ähnlicher Weise immanente Grenzen setzt wie das Handelsrecht bei den Einmarken-Handelsvertretersystemen oder die Realität des Wirtschaftslebens beim Absatz über ein unternehmenseigenes Vertriebsnetz.

Grenzen der Preis- und Mittelstandsempfehlung

Die Unverbindliche Preisempfehlung (UPE) war 1973 bei der Abschaffung der Preisbindungsausnahme für Markenartikel als Ausnahme vom allgemeinen Empfehlungsverbot (§ 38 Abs. 1 Nr. 11 und 12 GWB) ausdrücklich im Gesetz zugelassen worden (§ 38a GWB), nicht zuletzt auch als „Abfederung" beim Übergang zur preisbindungsfreien Zeit. Der Markenartikelindustrie sollte „nach Beseitigung der Markenwarenpreisbindung zumindest für eine Übergangszeit ermöglicht werden, sog. Unverbindliche Preisempfehlungen als Orientierungshilfen für den Verbraucher auszusprechen".[11]) Diese Übergangszeit überdauerte auch die Kartellgesetznovellierung von 1980.[12]) Auch der damals vom Bundestag angeforderte und inzwischen von der Bundesregierung vorgelegte weitere Erfahrungsbericht[13]) hat hierzu keine Änderung signalisiert.

Die gegenwärtige Rechtslage erscheint in dem Maße akzeptabel, in dem es gelingt, einerseits die Unverbindlichkeit vertikaler Preisempfehlungen auch in der Praxis zu gewährleisten und andererseits Verbrauchertäuschungen in der Form künstlich überhöhter empfohlener Preise als Basis für Preisgegenüberstellungen (sog. Mondpreisempfehlungen) zu verhindern. Beides scheint gegenwärtig, nachdem auch für die Möbelbranche vor kurzem eine einvernehmliche Regelung gefunden wurde, im großen und ganzen der Fall zu sein. Problematisch scheint mir dagegen nach wie vor das Zusammenwirken von UPE und Rabattgesetz zu sein, wie es sich vor allem im Vertrieb von Personenkraftwagen an private Endverbraucher zeigt.[14]) Faktisch wirkt dort das in § 1 Abs. 1 des Rabattgesetzes enthaltene Verbot der Rabattgewährung über einen Barzahlungsnachlaß von 3%

hinaus weitgehend wie eine Preisbindung. Die Frage, ob deshalb die von Automobilhändlerverbänden initiierte „Aktion Rabattgesetz" kartellrechtswidrig ist, beschäftigt derzeit die Gerichte.[15]) Letztlich liegt aber die Wurzel des Übels nicht in der derzeitigen Regelung des § 38a GWB, sondern in der Anwendung des § 1 Rabattgesetz auch auf höherwertige Gebrauchsgüter. Da sich die Rechtssprechung bisher allen Versuchen gegenüber, den Begriff „Waren des täglichen Bedarfs" auf ein vernünftiges wirtschaftsnahes Maß einzugrenzen, verschlossen gezeigt hat,[16]) ist es endlich an der Zeit, das in einer modernen Marktwirtschaft nur noch als Anachronismus zu wertende Rabattverbot wenn nicht schon ganz durch Gesetz abzuschaffen, so doch auf Kleinpreisartikel zu beschränken.[17])

Die Gesetzesausnahme für die Mittelstandsempfehlung (§ 38 Abs. 2 Nr. 1 GWB) hat erst in jüngster Zeit Bedeutung im Zusammenhang mit dem Konsumgütermarketing über den Einzelhandel gewonnen. Das einzige bisher näher bekannte Beispiel ist der 1985 gegründete Nordmende-Spectra-Mittelstandskreis.[17a]) Diese Gruppierung von ca. 2500 kleinen und mittleren Fachhändlern für Geräte der Unterhaltungselektronik erstellt in ihren 13 regionalen Untergliederungen Preiskataloge für das Spectra-Sortiment des Herstellers Nordmende und empfiehlt es den Mitgliedern in der Form der Mittelstandsempfehlung.[18]) Man kann davon ausgehen, daß auf diese Weise Nordmende als Hersteller in der Lage ist, die Preisgestaltung des in den Mittelstandskreis eingebundenen Einzelhandels in seinem Sinne nicht unerheblich zu beeinflussen.

Die Möglichkeiten hierzu sind allerdings von vornherein stark eingegrenzt. Das ergibt sich schon aus der gesetzlichen Begrenzung des Mitgliederkreises bei einem derartigen Vorgehen auf „kleine und mittlere Unternehmen". Die Großvertriebsformen des Einzelhandels (Warenhäuser, große Fachfilialisten) sind also aus der Einflußsphäre gänzlich ausgeschlossen. Außerdem gilt auch hier ein striktes Unverbindlichkeitserfordernis, mit dem jede Form der auch nur mittelbaren Druckausübung unvereinbar ist. Eine solche wäre auch, wenn empfehlungsuntreue Mitglieder aus dem Mittelstandskreis ausgeschlossen oder Neubewerber, die sonst die Aufnahmevoraussetzungen erfüllen, aus Gründen ihrer mutmaßlichen Niedrigpreise nicht aufgenommen würden. Schließlich ist zu beachten, daß das Mittelstandsempfehlungsprivileg den beteiligten Unternehmen weder eine schrankenlose Kartell- noch Preisbindungsfreiheit gewährt. Aus diesen Gründen ist das Nordmende-Modell bei weitem nicht in gleicher Weise als Festpreissystem geeignet wie das Telefunken-Agentursystem.

Nicht so sehr ein kartellrechtliches Problem im Hinblick auf den möglicherweise bestehenden Lieferzwang nach § 26 Abs. 2 GWB, als vielmehr ein Problem der generellen Marketingstrategie des Herstellers im Falle eines Mittelstandsempfehlungssystems à la Nordmende ist die Frage der Lieferprogrammgestaltung. Da der Hersteller in der Regel auf den Vertriebsanteil der Großbetriebsformen des Handels nicht ersatzlos verzichten kann, kommt er, jedenfalls in der äußeren Produktgestaltung und -werbung, an einer Programmspaltung nicht vorbei. Bei Nordmende gibt es deshalb neben dem Spectra-Programm auch noch das nicht dem Mittelstandskreis vorbehaltene „Linienprogramm". Inwieweit dieses vom nicht diesem Kreis angehörenden Handel als gleichwertig akzeptiert wird, ist eine Frage, die der Markt entscheiden muß. Kartellrechtlich ist jedenfalls klar, daß sich ein Hersteller mit einer derartigen Programmspaltung nicht seiner Belieferungspflicht nach § 26 Abs. 2 GWB entziehen könnte, wenn beide Programme nach Zusammensetzung und Qualität nicht gleichwertig sind.

Der kartellrechtliche Lieferzwang

Das Preisbindungsverbot und das Prinzip der Unverbindlichkeit von vertikalen Preis- und Mittelstandsempfehlungen könnten leicht umgangen werden, wenn jeder Hersteller kartellrechtlich völlig frei wäre, diejenigen Händler, deren Verkaufspreise an Endverbraucher seinen Vorstellungen nicht entsprechen, von der Belieferung auszuschließen. Dieser enge Zusammenhang zwischen vertikaler Preisbildungsfreiheit und Belieferung ist bei der Abschaffung der Zulässigkeit der Markenwarenpreisbindung im Jahre 1973 vom Gesetzgeber ausdrücklich anerkannt worden, indem er die gleichzeitig damit vorgenommene Erweiterung des Adressatenkreises des Behinderungs- und Diskriminierungsverbots des § 26 Abs. 2 GWB auf die sog. marktstarken Unternehmen, von denen andere Unternehmen ohne ausreichende und zumutbare Ausweichmöglichkeiten abhängig sind, u. a. wie folgt begründete: „Nach Wegfall der Markenwarenpreisbindung muß sichergestellt werden, daß marktmächtige Hersteller von Markenwaren nicht durch selektiven Vertrieb faktisch Preisbindungen aufrechterhalten. In diesem Zusammenhang hat die Verschärfung des Diskriminierungsverbots (§ 26 Abs. 2 Satz 2) besonderes Gewicht."[19]) Da sich in der Anwendungspraxis herausgestellt hat, daß aus Beweisgründen § 25 Abs. 2 GWB die Aufgabe des Flankenschutzes für das Preisbindungsverbot nur sehr unzureichend erfüllen kann,[20]) ist diese Rolle zu Recht primär dem § 26 Abs. 2 GWB zugefallen.

Diese Vorschrift, soweit sie die Lieferverweigerung oder den Belieferungsabbruch als Form der unbilligen Behinderung oder ungerechtfertigten Ungleichbehandlung anderer Unternehmen erfaßt, ist ganz besonders eingehend in ihren Anwendungsvoraussetzungen durch die Rechtsprechung des Bundesgerichtshofes und der für Kartellrechtsangelegenheiten zuständigen Oberlandesgerichtes geklärt worden.[21]) Dabei werden zwar die gesetzlichen Tatbestandsmerkmale, die der letztlich ausschlaggebenden Bewertung der Unbilligkeit oder fehlenden Rechtfertigung vorgelagert sind: Abhängigkeit, Gleichartigkeit der Unternehmen und Zugänglichkeit des maßgeblichen Geschäftsverkehrs — tendenziell weit ausgelegt, aber auch nicht grenzenlos, wie z. B. die Entscheidung des Bundesgerichtshofes vom 22. Januar 1985 im Falle „Technics"[22]) verdeutlicht hat. Die entscheidende Eingrenzungsrolle kommt der abschließenden Interessenabwägung zu, die am Ende erst den Ausschlag dafür gibt, ob eine Liefersperre unbillig oder sachlich nicht gerechtfertigt ist.

Insgesamt ist im Lichte dieser Rechtsprechung die Anwendung des § 26 Abs. 2 GWB auf die Belieferungsfrage im Konsumgütermarketing ein vernünftiger Kompromiß zwischen dem vom Bundesgerichtshof immer wieder betonten betriebswirtschaftlichen Interesse der Markenartikelindustrie an einer rationalen Ausgestaltung des Vertriebs ihrer Erzeugnisse und den wettbewerbspolitischen Notwendigkeiten, die sich aus dem Preisbindungsverbot und dem Grundsatz der Unverbindlichkeit von Herstellerpreisempfehlungen ergeben. Dieser Kompromiß stellt gleichzeitig die Kongruenz mit den Anforderungen des europäischen Gemeinschaftsrechts (Art. 85 des EWG-Vertrages) an die kartellrechtliche Zulässigkeit von Vertriebsbindungen und selektiven Vertriebssystemen sicher.[23]) Trotz immer wieder aufkommender Kritik, die oft unzutreffend behauptet, der Belieferungszwang nütze in erster Linie den Großvertriebsformen des Handels,[24]) besteht deshalb kein begründeter Anlaß, von dem bisherigen Kurs der Anwendungspraxis abzugehen oder gar durch Gesetzesänderung eine Einschränkung oder Abschaffung des § 26 Abs. 2 GWB anzustreben.[25])

Fußnoten

[1]) § 86 Abs. 1 HGB lautet: „Der Handelsvertreter hat sich um die Vermittlung oder den Abschluß von Geschäften zu bemühen; er hat hierbei das Interesse des Unternehmens wahrzunehmen." Zusätzlich wird das Preisweisungsrecht des Geschäftsherrn auch aus dem Geschäftsbesorgungscharakter der Handelsvertretertätigkeit abgeleitet (§§ 675, 665 BGB). Obwohl sich das Weisungsrecht nach dieser Ableitung schon aus gesetzlichen Vorschriften ergibt, handelt es sich dennoch um eine vertragliche Bindung im Sinne des § 15 GWB, weil der Anspruch des Geschäftsherrn auf Einhaltung seiner Weisungen erst durch den Abschluß des Handelsvertretervertrages begründet wird. Diese Betrachtungsweise ist die gleiche wie bei der Einordnung des in § 112 HGB geregelten gesetzlichen Wettbewerbsverbots für OHG- und KG-Gesellschaften als vertragliche Wettbewerbsbeschränkung im Sinne des Kartellrechts (§ 1 GWB). In der Praxis ist das Preisweisungsrecht meist ausdrücklich in den abgeschlossenen Handelsvertreterverträgen enthalten, so auch im Falle Telefunken.

[2]) WuW/E BkartA 2125 „Telefunken-Partner-Vertrag II". Eine weitere Entscheidung war gegen das Agentursystem der deutschen Vertriebsgesellschaft des italienischen Elektrohausgeräteherstellers Candy Elletrodomestici S.p.A. ergangen, ist jedoch aufgrund der BGH-Entscheidung im Fall „Telefunken" inzwischen wieder aufgehoben worden.

[3]) WuW/E OLG 3457 „Telefunken-Partner-Vertrag II".

[4]) Nach der Kammergerichtsentscheidung sind folgende Literaturbeiträge erschienen: *Möschel,*

BB 1985 S. 1477ff.; *Baur,* BB 1985 S. 1821ff.; *Rittner,* DB 1985 S. 2543ff.; *Keßler,* WuW 1985 S. 933ff.

[5]) Kritisch dazu z. B. *Möschel,* Recht der Wettbewerbsbeschränkungen, 1983 S. 226. Die stark von kulturpolitischen Zielen bestimmte Haltung des Gesetzgebers, die deshalb Argumenten ökonomischer und ordnungspolitischer Rationalität kaum zugänglich ist, zeigte sich erst jüngst wieder in der Bundestagsentschließung vom 9. 11. 1984 (Drucks. 10/2185). Darin sprach sich der Bundestag einstimmig „mit Nachdruck" dafür aus, am System der Preisbindung für Verlagserzeugnisse festzuhalten. Hintergrund der Entschließung waren Verfahren vor dem Europäischen Gerichtshof über die Vereinbarkeit des französischen Preisbindungsgesetzes mit dem EWG-Vertrag. Dazu inzwischen: Urteil vom 10. 1. 1985, Rechtssache 229/83, RIW/AWD 1985 S. 322ff.

[6]) Vgl. den Bericht des federführenden Bundestagsausschusses für Wirtschaft zur 2. Kartellnovelle, Drucks. 7/765 S. 4. Dort wird lapidar festgestellt: „Die Markenwarenpreisbindung ist überlebt." Zur Begründung wird insbesondere auch die Unvereinbarkeit von Absicherungsklauseln gegen Re- und Parallelimporte mit dem europäischen Gemeinschaftsrecht angeführt.

[7]) Bundestagsdrucksache 7/765, S. 4f.

[8]) Zur „Aktion Rabattgesetz" in der Automobilbranche: OLG München, BB 1985 S. 2125 mit Anm. v. *Trinkner.* Dort auch weitere Rechtsprechungs- und Literaturhinweise. Ferner: *Heckelmann,* WRP 1986 S. 19ff.

[8a]) Diese wäre nach der BGH-Entscheidung im Fall „Telefunken" ebenfalls mit § 15 GWB vereinbar.

[9]) Vgl. Handelsblatt v. 17. 2. 1986.

[10]) Vgl. Fn. 3.

[11]) So der Bericht des Bundestagsausschusses für Wirtschaft zur 2. Kartellnovelle, oben Fn. 6, S. 11.

[12]) Vgl. dazu den Ausschußbericht zur 4. Kartellnovelle, Bundestags-Drucks. 8/3690 S. 30.

[13]) Bericht des Bundesministers für Wirtschaft an den Wirtschaftsausschuß des Deutschen Bundestages über die Entwicklungen im Bereich der Unverbindlichen Preisempfehlung, BMWi-Studien-Reihe Nr. 48, 1985.

[14]) Dazu *P. Ulmer,* Verbraucherpreisempfehlung und Rabattverbot, GRUR Int. 1983 S. 611ff.

[15]) Vgl. dazu Fn. 8.

[16]) Zuletzt BGH v. 18. 4. 1985, BB 1985 S. 1684 m. Anm. v. *Assmann.*

[17]) In diesem Sinne auch *P. Ulmer,* oben Fn. 14; *Baumbach-Hefermehl,* Wettbewerbsrecht, 13. Aufl., 1983, RabattG Übersicht Rdnr. 9; *Assmann,* BB 1983 S. 2085.

[17a]) Ein weiteres Beispiel ist die inzwischen gegründete ROWENTA-Gemeinschafts-Initiative.

[18]) Näheres dazu in: Absatzwirtschaft Nr. 12/1985 S. 44ff.

[19]) Bundestags-Drucks. 7/765, S. 4.

[20]) Diese Vorschrift verbietet die Nachteilszufügung oder -androhung gegenüber anderen Unternehmen zu dem Zweck, „um sie zu einem Verhalten zu veranlassen, das nach diesem Gesetz . . . nicht zum Gegenstand einer vertraglichen Bindung gemacht werden darf". Die im vorliegenden Zusammenhang einschlägige Gesetzesbestimmung ist das Preisbindungsverbot des § 15 GWB. Die Anwendung des § 25 Abs. 2 auf preismotivierte Liefersperren scheitert in der Praxis häufig daran, daß die Veranlassungsabsicht nicht zweifelsfrei nachgewiesen werden kann.

[21]) Vgl. dazu meinen Beitrag: Der gegenwärtige Stand der Rechtsprechung zur Anwendung des § 26 Abs. 2 GWB auf Vertriebsselektionen von Markenartikelherstellern. In: *Immenga/Markert/Schaper/Wichmann,* Selektiver Vertrieb und SB-Warenhäuser, 1982, S. 23ff.

[22]) GRUR 1985 S. 394 = WuW/E BGH 2125.

[23]) Vgl. dazu z. B. das Urteil des Europäischen Gerichtshofs v. 25. 10. 1983, RIW/AWD 1984 S. 146 = WuW/E EWG/MUV 600, 607 „AEG-Telefunken"; Entscheidung der EG-Kommission v. 21. 12. 1983, WuW/E EV 1016, „Saba-EG-Vertriebssystem II".

[24]) So z. B. *Helmut Arndt,* Hat der Leistungswettbewerb in der Bundesrepublik noch eine Chance? In: Markenartikel 1986 S. 2ff.

[25]) Bei der Anhörung im BMWi zum Gutachten der Monopolkommission über die Konzentration im Lebensmittelhandel haben sich keine gewichtigen Stimmen für eine solche Gesetzesänderung erhoben. Diese würde auch bestenfalls lediglich eine Verlagerung des Problems auf das europäische Gemeinschaftsrecht bewirken, im Ergebnis also an der bestehenden Rechtslage nichts ändern.

11. Produktimage-Management für technische Gebrauchsgüter

von H. H. Bausch*)

Einführung

Die Wettbewerbsintensität auf allen wichtigen Weltmärkten macht die konsequente unternehmerische Führung vom Markt her — die eindeutige Kundenorientierung also — zur Voraussetzung für den Erfolg langlebiger Gebrauchsgüter.

Trotz dieser weitverbreiteten Einsicht wird in vielen Unternehmen, in denen traditionell die Technik im Zentrum der Bedeutung steht, die Kundenkommunikation als ein additives Instrument im Marketing-Mix betrachtet, das nach Belieben zu vergrößern oder zu verkleinern, hinzuzufügen oder wegzulassen ist.

Nach der hier vertretenen Auffassung hingegen muß Kundenkommunikation von Anfang an Teil des unternehmenspolitischen Prozesses sein, Element jeder Produkt-, Preis- oder vertriebsstrategischen Entscheidung.

Wer sich mit Rolle und Bedeutung der Kundenkommunikation heute kritisch befaßt, merkt bald, daß die Betrachtung nach dem klassischen Strickmuster der Betriebswirtschaftslehre im Rahmen des sogenannten „absatzpolitischen Instrumentariums" nicht ausreicht. Der Kunde und seine Bedürfnisse müssen Teil eines ganzheitlichen Marketingprozesses im Sinne einer einheitlichen imagemäßigen Ausrichtung von Produkt, Preis, Vertriebsstrategie und Öffentlichkeitsarbeit sein. Die Rolle eines professionellen Image-Managements wird eindeutig von den — in der Praxis hinreichend erprobten — Erkenntnissen der modernen Sozialpsychologie bestimmt.

Grundlagen des Produktimage-Managements

Auf das knappste reduziert läßt sich folgendes festhalten:
Jedes Angebot im Markt wird nie so erlebt, wie es wirklich ist, sondern so, wie wir glauben, daß es sei. Wie man sagt, durch das Image, das wir von ihm haben.

Unter einem Image versteht man sämtliche Einstellungen, Vorstellungen, Vorurteile und Anmutungen, die mit einem Meinungsgegenstand verbunden werden. Image ist mithin kein zusätzliches Attribut eines Produktes, sondern umfaßt alle Merkmale, die ihm zugelegt werden, und zwar ohne Rücksicht auf seine objektive Beschaffenheit.

---

*) Dr. Heinz Herbert Bausch, Abteilungsdirektor der Daimler-Benz Aktiengesellschaft, Stuttgart

Images sind nicht stabil, sondern verändern sich in Abhängigkeit von den Bedürfnissen und Erwartungen der Kunden und den Aktivitäten der Konkurrenz. Es ist deshalb erforderlich, diese Veränderungen systematisch und kontinuierlich zu erfassen.

Die Nachfrageseite besteht aus einer begrenzten Zahl von Käufergruppen, die sich untereinander durch ihre unterschiedlichen Bedürfnisstrukturen unterscheiden.

Diesen psychologischen Marktsegmenten steht eine Imagetypologie auf der Angebotsseite gegenüber.

Der Grad der Übereinstimmung zwischen einem Image und der Bedürfnisstruktur einer Gruppe von Menschen entscheidet über den Markterfolg eines Produktes. „Share of market follows share of mind."

Da Images kaufentscheidende Wirkung haben, ist die bewußte Steuerung von Images ein zentraler Aspekt für die Schaffung und Sicherung von Nachfrage.

Instrumente des Produktimage-Managements

Produktimage-Management ist ein integriertes Instrumentarium der Nachfrageproduktion, das sich im wesentlichen auf die Produktpolitik, die Servicepolitik und die Kundenkommunikation stützt.

1. Grundvoraussetzung für ein professionelles Image-Management ist die systematische Beobachtung des Magnetfeldes aus Konkurrenzverhalten, Kundenbedürfnissen und -erwartungen sowie die Zielgruppenpotentiale. Über die engere Marktbetrachtung hinaus ist das gesamte sozio-kulturelle Umfeld ständig darauf hin abzuklopfen, welche überlagernden Wertorientierungen vorhanden sind oder entstehen.

2. Die Festlegung der *Marktpositionierung* als Richtschnur für alle weiteren Maßnahmen ist der nächste Schritt. Unter Positionierung verstehen wir die Festlegung, wie ein Produkt — durch sein Image — vom Markt gesehen werden soll.

3. Im Zentrum der Imagebildung steht bei hochwertigen technischen Gebrauchsgütern natürlich das Produkt.

   Leider verhindern noch heute in vielen Unternehmen tradierte Denkweisen und Kompetenzverteilung die systematische Einbeziehung der Produktentwicklung in das Produktimage-Management.

   Dies ist um so bedenklicher, wenn man sieht, wie eine wachsende Technologiedynamik, die verringerten Produktabstände oder auch die abnehmende Faszination technischer Lösungen die Möglichkeiten der objektiven Produktdifferenzierung zunehmend einschränken.

Vor diesem Hintergrund gewinnen gerade Design und Styling immer mehr an Einfluß auf das Image und sollten deshalb zwingend in eine sorgfältige wechselseitige Abstimmung aller Phasen des Produktimage-Managements einbezogen werden. Vielfach unbekannt scheint es noch zu sein, wieviel Geld es kostet, einen schädlichen Einfluß eines Produktdetails durch andere Maßnahmen zu mindern.

4. Die wachsende Bedeutung der „dienenden" Funktion der Technik — aber auch die durch die zunehmende Unübersichtlichkeit und das wachsende Konfliktpotential in unserer Gesellschaft ausgelöste — Erwartung nach „Lebensdienstleistung", nach Hilfe und Orientierung sind neue, wichtige Ansatzfelder für das Image-Management.

   Dienstleistungen wie Kundendienst, Ersatzteilwesen, Kauf- oder Einsatzberatung, aber auch weitergehende Betreuungsleistungen dürfen nicht losgelöst vom Produkt betrachtet werden. Sie sind zunehmend wichtiger Bestandteil des Produkterlebnisses und bieten Profilierungschancen, die angesichts der wachsenden Homogenität im Technologiebereich sehr hoch einzuschätzen sind.

5. Ein ganz wichtiges Instrument für ein professionelles Produktimage-Management ist die Kundenkommunikation. Wir verstehen darunter den strategisch definierten, sorgfältig geplanten und gesteuerten Austausch von Informationen mit dem Kunden, unter Berücksichtigung der Markt- und Wettbewerbsverhältnisse sowie der länderspezifischen kulturellen, ökonomischen, politischen und sozialen Bedingungen.

   Die wesentlichen Träger derartiger Informationen sind

   a) die öffentlich agierenden persönlichen Vertreter eines Unternehmens (das Spektrum reicht vom Vorstandsmitglied bis zum Kundendienstannehmer)

   b) das äußere Erscheinungsbild eines Unternehmens mit sämtlichen Elementen der sogenannten Corporate Identity

   c) die Unternehmenskultur, die sich ebenfalls stilprägend auswirkt

   d) die Öffentlichkeitsarbeit eines Unternehmens wie z. B. Pressearbeit, Unternehmenswerbung, Informationsveranstaltung, Sportförderung, Kunstmäzenatentum etc.

   e) die Marketing-Kommunikation, deren wichtigste Instrumente die klassische Werbung, die Verkaufsförderung, die Verkäuferschulung und die Veranstaltung von Messen und Ausstellungen sind.

      — Der klassischen Werbung — insbesondere der Einführungswerbung — kommt bei der Produkteinführung außerordentliche Bedeutung zu. Von ihrer Qualität und Quantität hängt es entscheidend ab, mit welchem Erlebnisumfeld ein neues Produkt seinem potentiellen Käufer entgegentritt.

— Produktbegleitende Werbung und Öffentlichkeitsarbeit sind eine Art kommunikatives „fine-tuning" im Verlauf eines Produktlebenszyklus. Ständig müssen innere und äußere Einflüsse behutsam ausbalanciert werden, um das Produktimage in seiner intendierten Position zu halten.

— Die Festlegung der Verkaufsargumentation (vorbereitet durch entsprechende Schulungsprogramme) soll neben dem Herausheben der eigenen Produktvorzüge vor allem der positiven Konkurrenzabgrenzung dienen.

  Hier können Kundeninformationen einfließen, die in vielen Ländern — zumindest auf werblichem Wege — nicht vermittelt werden dürfen, auf die ein Produktimage-Management aber keinesfalls verzichten kann.

Sorgfältig aufeinander abgestimmt müssen die hier beschriebenen Maßnahmen der Marketing Kommunikation mithelfen, ein Produktimage zu schaffen und zu bewahren, das einen starken Kaufanreiz für die vorher definierten Zielgruppen darstellt. Dabei geht es nicht um eine flächendeckende Akzeptanz, Produktimage-Management zielt vielmehr darauf ab, ein Produkt bei sorgfältig festgelegten Zielgruppen so zu plazieren, daß es, ohne das Image des Produkts zu verschleißen, möglichst viele Käufer anzieht. Dabei gilt: Je ausgeprägter das Imageprofil eines Angebots, desto höher seine Akzeptanz in der Zielgruppe, aber auch die Gefahr, daß der abgedeckte Käuferkreis so klein ist, daß sich der zahlenmäßige Verkaufserfolg in Grenzen hält.

Umgekehrt gilt: Je mehr die Imagekonturen eines Produkts verblassen, um so größer die Zahl der Marktteilnehmer, die sich damit arrangieren können. Zugleich nimmt aber die unmittelbare Faszination und der spezifische Kaufanreiz ab.

Es gibt also einen Punkt auf der Image-Profilierungskurve, bei dem sich Angebot und Kundenwünsche so optimal verbinden, daß auch der Verkaufserfolg sein Optimum erreicht.

Diesen kritischen Punkt zu ermitteln und die einmal gefundene Position sorgfältig auszubalancieren, das ist Aufgabe eines erfolgreichen Produktimage-Managements.

Voraussetzungen für professionelles Image-Management im Unternehmen

1. Entscheidende Voraussetzung ist die uneingeschränkte Kundenorientierung aller Einflußfaktoren des Produktimage-Managements. Dazu bedarf es u. a. des Einsatzes hochsensibler Sonden aus dem Instrumentarium

der modernen Sozialpsychologie, um nicht nur die erforderliche Markttransparenz, sondern auch die des gesamten wirtschaftlichen, sozialen und politischen Umfeldes zu sichern.

2. Produktimage-Management benötigt eine konsequente Strategiebindung. Das aber heißt nicht, daß Image-Management ein starres Instrument wäre. Es muß bei aller strategischen Disziplin flexibel sein in der mittelfristigen Anpassung an veränderte Wertorientierungen der Käufer und in der kurzfristigen Reaktion auf das Verhalten der Konkurrenz.

3. Ganz entscheidend ist die Erfüllung der Kongruenzklausel. Produktimage-Management ist um so wirksamer, je geschlossener es umgesetzt wird.

   Das bedeutet Integration und strategische Abstimmung aller Informationen, die das Bild eines Produkts aus der Sicht faktischer und potentieller Kunden beeinflussen können.

   Das erfordert einmal ein diszipliniertes Vorgehen aller beteiligten Bereiche eines Unternehmens. Das Ideal einer möglichst hohen Übereinstimmung aller Äußerungen eines Unternehmens in bezug auf die imagemäßige Ausrichtung seiner Angebote hängt aber auch weitgehend von einer adäquaten organisatorischen Gliederung eines Unternehmens ab. Die Effizienz eines integrierten Produktimage-Managements steht und fällt auch mit der Überzeugung aller Beteiligten von der Unverzichtbarkeit dieses Instruments und ihrer Bereitschaft, eigene Kompetenzansprüche dem gemeinsamen Ziel unterzuordnen.

4. Erfolgreiches Produktimage-Management erfordert Kontinuität im Zeitverlauf.

   Obschon der Markt immer wieder dazu zwingen mag, mit kurzfristigen Aktionen auf Attacken des Wettbewerbs zu reagieren oder kurzfristig Chancen wahrzunehmen, kann im Kampf um Marktanteile und Verbraucher-Bewußtseinsanteile nur der gekonnte und langfristig geplante Medien-Mix mit inhaltlich beharrlicher Aussage und stilmäßig unverwechselbarem Auftritt zur erforderlichen Effizienz der Kommunikationsleistung führen.

5. Professionelles Produktimage-Management muß international einsetzbar sein. Da in einer mobilen Gesellschaft Kundenbedürfnisse nicht mehr allein nationale Ausprägung haben und auch die grenzüberschreitende Mobilität der Images ständig zunimmt, bedeutet dies für einen international tätigen Anbieter: Länderspezifische Abweichungen sollte es nur dort geben, wo es unbedingt nötig ist, aber internationale Gemeinsamkeiten, wo und wann immer sie möglich sind. Die Schnittstelle in diesem Mix aus Globalisierung und Regionalverantwortung muß allerdings jedes Unternehmen für sich selbst definieren.

6. Kosten für das Produktimage-Management sind von ihrer Aufgabenstellung her gesehen Investitionen. Insbesondere über unsere Kunden-Kommunikation investieren wir in Images, in Käufermeinungen, helfen mit, Präferenzen und damit den Besitz von Märkten zu schaffen und zu sichern. Angesichts der wachsenden Bedeutung dieses Instruments ist ein professionelles Kostenmanagement unverzichtbar. Und dies ist mehr als nur Kostenkontrolle oder Revision. Es geht primär darum, die eingesetzten Geldmittel zielbezogen zu planen und ihre effiziente Nutzung ebenso zielbezogen zu messen.

Ausblick

Im Zuge des beschleunigten Wertewandels in unserer Gesellschaft sehen wir uns mit einem immer souveräneren Verbraucher konfrontiert, dessen Neigung zu engerer Markenbindung abnimmt und der immer stärker individualistische Ansprüche stellt. Dies führt zu immer kleineren Teilmärkten, die mit immer gezielteren Informationen abgedeckt werden müssen. Der Kunde muß stärker und häufiger als früher bei der Marke gehalten werden.

Der Verbraucher der Zukunft sucht darüber hinaus Produkte mit sogenanntem sozialem Mehrwert. Viele technische Geräte beziehen ihre Attraktivität zunehmend weniger aus der Faszination, die von ihrer Technik ausgeht. Diese Produkte werden zunehmend als Mittel benutzt, um andere gefühlsmäßig stärker besetzte Lebensinhalte wie z. B. kreative Betätigung, Entspannung, Unterhaltung, soziale Kontakte zu verwirklichen. Gleichzeitig steigt der Anspruch an die Glaubwürdigkeit von Produkten, Verhalten und Informationen.

Demgegenüber büßen viele traditionelle Mittel der Kundeninformation wie z. B. die Werbung an Wirkungsgrad ein, weil traditionelle werbliche Einflußnahme immer mehr auf latente Aggression oder offene Ablehnung stößt.

Für das Produktmanagement der Zukunft heißt dies, die Chance zu nutzen, um das sozio-kulturelle Umfeld der Verbraucher mitzugestalten. Dazu bedarf es des Aufbaus eines Dialogsystems, mit dessen Hilfe übrigens die erforderliche Marktsegmentierung auch viel wirtschaftlicher erreicht werden kann. Auch erlaubt ein solcher Ansatz, Anonymität und Distanz zwischen den Marktpartnern zu verringern. Damit kann auch dem wachsenden Wunsch der Menschen nach echter Kommunikation, Beratung, Betreuung und Mitgestaltung Rechnung getragen werden.

Wenn das Marketing der Zukunft sich so stärker an den Anforderungen der Gesellschaft orientiert, können Unternehmen besser in der künftigen durch Wert- und Lebensstile geprägten Konsumentengesellschaft bestehen.

Dann ist sichergestellt, daß das Produktimage-Management sich an den Bedürfnissen der Kunden voll orientiert. Damit kann man sowohl neue Nachfrage produzieren als auch die Kunden an seine Marke binden.

Beim Kunden kann so die Überzeugung entstehen, daß der Anbieter seine Wünsche und Erwartungen versteht, darauf eingeht und ihn sein Verhältnis zur Marke mitgestalten läßt. Welche Chance für das Produktimage-Management, wenn man überlegt, daß letztlich die sozio-demographische Beschaffenheit und das markenbezogene Verhalten der Kunden das Image eines Angebots widerspiegelt.

12. Marketingaspekte zur Kundenselbstbedienung im Bankgeschäft

von E. Karsten*)

Keine technische Neuerung im Bankgeschäft — und es gab in den Jahrzehnten seit dem 2. Weltkrieg eine Fülle von wichtigen technischen Innovationen — hat zu einer solchen emotionalen Diskussion in Bankkreisen geführt wie das Thema Kundenselbstbedienung. Von einer „Degradierung des Kunden zur Nummer", einer „Entmenschlichung der Bank" ist dabei die Rede, von einer „Nivellierung" und „Schematisierung". Und warnend wird die Gefahr beschworen, daß der Kunde durch die „Anonymisierung der Geschäftsverbindung" dem Kreditinstitut „entgleitet".

In der Tat hat der Schritt zur Kundenselbstbedienung, vergleicht man ihn mit den vorangegangenen technischen Neuerungen, eine andere Qualität. Was vorher an Revolutionärem in der Technik der Banken geschah — wie zum Beispiel die Umstellung auf die elektronische Datenverarbeitung, ohne die der heutige Bankbetrieb mit seinem Massengeschäft nicht denkbar wäre — hatte zwar ebenfalls Auswirkungen auf den Kunden, vollzog sich aber im Kern hinter der Schalterfront.

Anders die Kundenselbstbedienung: Sie betrifft den Kunden unmittelbar. Die Bedienung durch den zwar nicht immer freundlichen, aber gerade in seiner Abhängigkeit von Stimmungen und Launen stets menschlichen Bankangestellten, wird ersetzt durch „seelenlose" Maschinen.

Damit ist die Kunde-Bank-Beziehung angesprochen. Dies ist es, was Befürchtungen und Sorgen weckt. Denn werden mit der Kundenselbstbedienung nicht Tür und Tor geöffnet für einen verheerenden Konkurrenzkampf, der es Außenseitern ermöglicht, in die sich lockernden Kundenbeziehungen einzubrechen? Und werden sich die einzelnen Institute und Institutsgruppen im Wettlauf um den besten Service mittels der Technik nicht gegenseitig zu sinnlosen Investitionen hochschaukeln, bis sie sich in der gleichen Wettbewerbssituation nur auf wesentlich höherem Kostenniveau wiederfinden? Und schließlich, widerspricht nicht die Kundenselbstbedienung der grundlegenden Marketingerkenntnis, daß der persönliche Kontakt zum Kunden die Grundlage jedes Geschäftes darstellt?

Da uns also bei der Kundenselbstbedienung ihr Einfluß auf die Kunde-Bank-Beziehung im besonderen Maße interessiert, stellt es keine unzulässige Verkürzung des Themas dar, wenn wir die Betrachtung auf das Privatkundengeschäft beschränken. Die Beziehung zu den Firmenkunden ist durch die Kundenselbstbedienung nur am Rande tangiert.

---

*) Dr. jur. Erich Karsten, Direktor der Dresdner Bank AG, Frankfurt

Geldausgabeautomaten, Kontoauszugsdrucker und Terminals, über die der Kunde Informationen abrufen oder der Bank Weisungen erteilen kann, sind heute die wesentlichen Elemente des Selbstbedienungsangebotes für den privaten Kunden. Btx (Bildschirmtext) stellt dabei nur eine Variante der in den Geschäftsstellen der Bank installierten Kundenterminals dar.

Zur Zeit sind in der Bundesrepublik ca. 3000 Geldausgabeautomaten im Einsatz. Geht man davon aus, daß diese Automaten in aller Regel bei den Geschäftsstellen der Institute aufgestellt sind, so bedeutet dies, daß rd. 6% der insgesamt ca. 45 000 Geschäftsstellen aller deutschen Kreditinstitute solche Geräte besitzen. Von den anderen Selbstbedienungsvorrichtungen sind keine genaueren Zahlen bekannt; die Ausstattung der Geschäftsstellen mit diesen Geräten dürfte aber wesentlich geringer sein als mit Geldausgabeautomaten.

Btx ist bis heute im Privatkundengeschäft der Banken völlig ohne Bedeutung geblieben. Mißt man die gegenwärtige Zahl der Privatkundennutzer, die bei höchstens 30 000 liegen dürfte, an den ursprünglichen Schätzungen und Planzahlen, so kommt man kaum umhin, von einem Flop zu sprechen.

Es besteht kein Zweifel: Die Entwicklung der Kundenselbstbedienung ist insgesamt bisher langsamer verlaufen als ursprünglich angenommen. Haben also die Skeptiker recht, die die Kundenselbstbedienung im Bankgeschäft von vornherein mehr als eine modische Erscheinung betrachteten und sie nur hinsichtlich ihrer möglichen Folgen für die Aufwandsseite ernst zu nehmen bereit waren? Marktuntersuchungen scheinen diese Meinung zu unterstützen:[1]) Danach hat zwar mittlerweile fast jeder vierte Bundesbürger über 14 Jahre eine Karte, die ihm die Nutzung von Geldausgabeautomaten ermöglicht, jedoch holen über zwei Drittel davon nie Geld vom Automaten, und nur 9% aller Kartenbesitzer besorgen sich den überwiegenden Teil ihres Geldbedarfs vom Automaten. Auch sei es seit 1980 nicht gelungen — so die Marktforschungsergebnisse —, die wesentliche Kritik gegenüber den Geldausgabeautomaten, nämlich daß sie zu unpersönlich seien, abzubauen. Und bei der Kontostandsabfrage, bei der am ehesten auf den persönlichen Kontakt verzichtet werden kann, zeigen die Zahlen seit 1982 unverändert eine Mehrheit von 60% der Bevölkerung, die sich nach dem Kontostand lieber am Schalter erkundigen.

Doch diese Ziffern verstellen eher den Blick auf die Bedeutung der Kundenselbstbedienung, als daß sie die gegenwärtige Situation und die zukünftigen Entwicklungslinien erhellen. Es ist sicherlich richtig, daß bis heute der Einsatz der Selbstbedienung noch bescheiden ist. Dies aber ist

---

[1]) Vgl. Yola Laupenheimer „Kundenakzeptanz der neuen Technologien" in „Die Bank" 12/85, S. 610ff.

gerade der Grund, weshalb globale Betrachtungen und Ziffern nur eine geringe Aussagekraft besitzen.

Da, wo die Kundenselbstbedienung von den Instituten intensiv eingesetzt wird, zeigen die Nutzungsziffern ein anderes, für die Einschätzung der Zukunft sehr viel ergiebigeres Bild. So hat die City-Bank in New York, die in der zweiten Hälfte der 70er Jahre sehr konsequent ihre sämtlichen Geschäftsstellen mit Kundenselbstbedienungsgeräten ausgestattet hat, schon nach wenigen Jahren einen sehr beeindruckenden Nutzungsgrad erreicht: 1980 erfolgten bereits 70% aller Barabhebungen über die Automaten. Der Einwand, daß diese amerikanischen Erfahrungen nicht ohne weiteres auf die Bundesrepublik übertragbar seien, ist nicht stichhaltig, wie die Erfolge der Kreissparkasse Köln es belegen[2]): 49% der Privatgirokontoinhaber dieses Instituts nutzen heute das Selbstbedienungs-Angebot, und 50% der Barverfügungen aller Privatgirokontoinhaber werden bereits über Automaten abgewickelt!

Diese Zahlen zeigen eines sehr deutlich: Die Kundenselbstbedienung muß, soll sie erfolgreich sein, im Rahmen eines klaren geschäftlichen Konzepts und mit entsprechender Intensität verfolgt werden.

Bedeutet das dann aber, daß nicht die Skeptiker, sondern im Gegenteil diejenigen recht haben, die in dem heute erreichten Stand der Kundenselbstbedienung nicht nur hinsichtlich der Nutzungszahlen die allererste Stufe sehen, sondern auch in bezug auf den Anwendungsumfang? Sie gehen von der Erwartung aus, daß die Kundenselbstbedienung in Zukunft weit über die simplen Vorgänge des Routinegeschäftes hinauswachsen und tief in die Anlage- und Kreditberatung und damit in das eigentliche Bankgeschäft vordringen wird.

Diese unterschiedliche Bewertung der Kundenselbstbedienung und ihrer Zukunftsaussichten wird teilweise als ein Konflikt von Technik und Marketing verstanden, ausgehend von der Prämisse, daß das Kernstück der Marketingphilosophie in den Banken der intensive Kontakt zum Kunden sei, und daß die Technik, die auf eine möglichst rationelle und damit kostengünstige Abwicklung ziele, diesen Kontakt in Frage stelle.

Der persönliche Kontakt kann jedoch nicht Selbstzweck sein und daher auch nicht als ein absolutes Ziel des Marketings akzeptiert werden. Alle Unternehmensmaßnahmen, seien sie technischer Natur oder auf den Markt gerichtet, müssen immer aus der primären Unternehmenszielsetzung, den nachhaltigen wirtschaftlichen Erfolg zu sichern und auszubauen, abgeleitet werden. Die auf eine Reduktion der Kosten zielende technische Maßnahme und die auf Ertrag ausgerichtete Marketingaktivität sind Teilkomponenten einer einheitlichen Zielsetzung.

---

[2]) Vgl. Ingo Ellgering/Willi Wasser „Selbstbedienung im Vormarsch" in „Deutsche Sparkassenzeitung" vom 29. 7. 1986

Eine Maßnahme, die ausschließlich im technischen Bereich wirkt, wie eine neue kostengünstige Produktionsmethode, welche die Qualität des Produktes unverändert läßt und somit keinen Einfluß auf die Marktseite hat, bietet in ihrer Bewertung ebensowenig Schwierigkeiten wie eine Marketingmaßnahme, die ausschließlich die Erträge erhöht, ohne die Kostenseite zu tangieren.

Die Kundenselbstbedienung jedoch betrifft beide Bereiche. Führt sie zu einer Kostenreduktion bei einer gleichzeitigen Ertragserhöhung durch einen verbesserten Kundenservice, dann ist sie unproblematisch. Genau hier aber beginnen die Fragen und Zweifel, die zu einer Frontenstellung bei der Bewertung der Kundenselbstbedienung geführt haben. Die Kundenselbstbedienung erfordert daher eine Entscheidung, die nur aus der unternehmerischen Gesamtschau, aus dem Gesamtkonzept des Unternehmens für diesen Marktbereich gegeben werden kann.[3])

Wegen der Komplexität der Fragen ist es auch nicht so, daß die Protagonisten der Kundenselbstbedienung aus dem Lager der Bankorganisation kommen und die Skeptiker aus den Reihen der Marketingleute. Und es trifft auch nicht zu, daß die ,,Automationskonzepte . . . primär auf eine Eindämmung der Kostensteigerung abstellen . . .''.[4]) Dies war schon bei der Einführung der Kundenselbstbedienung im Handel nicht so. Für Eklöh, der Ende der 30er Jahre die Kundenselbstbedienung zu seinem Unternehmenskonzept im Einzelhandel machte, war die Rationalisierung der Kundenbedienung nur Instrument im Rahmen seiner Marktstrategie. Und für die Verbraucherbank, Hamburg, steht der persönliche Kundenkontakt eben nicht mehr im Mittelpunkt ihrer Marketing- und Unternehmensphilosophie. Sie setzt in ihrem Marketingkonzept auf die Attraktivität der ,,seelenlosen'' Kundenselbstbedienung und hat in ihrem Rahmen damit Erfolg.

Ob die Kundenselbstbedienung zu Kosteneinsparungen führen kann und ob man mit ihr durch eine Verbesserung des Kundenservices tatsächlich die Marktposition festigen oder gar auszubauen vermag, hängt von der Kundenakzeptanz ab. Denn der Kunde bestimmt letztlich den Umfang der Technik in der Kundenbedienung.[5]) Dies sollte auch die Bedenken derer zerstreuen, die befürchten, daß mit der Kundenselbtbedienung die individuellen Bedürfnisse der Kunden zugunsten einer technischen Standardisierung geopfert werden könnten.

---

[3]) So auch Ulrich Weiss, ,,EDV-Technologie und Bankmarketing'' in ,,bank und markt'' Heft 12/85, S. 12

[4]) Hans E. Büschgen ,,Zum Verhältnis von Markt und Technik'' in ,,bank und markt'' Heft 3/86, S. 19ff.

[5]) vgl. Kurt Morgen ,,Der Bankkunde bestimmt den Grad der Automation'' in ,,Die Bank'' 7/85, S. 328ff.

Nun ist aber die Akzeptanz keineswegs eine fest vorgegebene Größe; sie kann vom Anbieter in vielfacher Weise beeinflußt werden. Die Erfolge der City-Bank und der Kreissparkasse Köln sind Belege hierfür. Jedoch müssen für die Akzeptanz der Kundenselbstbedienung bestimmte Grundvoraussetzungen gegeben sein. So muß es sich zunächst um ein Angebot des Mengengeschäftes handeln. Nicht nur deshalb, weil erst die Massenhaftigkeit der Vorfälle ihre Automatisierung von der Aufwandsseite her sinnvoll macht, sondern weil es sich auch für den Kunden um einen alltäglichen Vorgang handeln muß. Nur wenn der Kunde einen ständigen Bedarf für die Dienstleistung hat, wird er in der Regel bereit sein, die Bedienung des Automaten zu erlernen, und nur dann wird er sich auch den Bedienungsvorgang merken können. Eng in Zusammenhang damit steht die weitere Voraussetzung, daß die Bedienung des Automaten einfach sein muß. Die Einfachheit der Bedienung ist dabei relativ zu sehen und an dem Aufwand zu messen, den der Kunde bei der manuellen Abwicklung eines Vorganges hat. So wird der Kunde bei einer Überweisung eher einen etwas komplizierteren Bedienungsvorgang akzeptieren als bei der Bargeldabhebung. Und letztlich müssen die Vorteile der Kundenselbstbedienung in der Wertung des Kunden, die durch sie verursachten Belastungen deutlich überwiegen.

Die Akzeptanz ist auch kein spontaner Akt, sie bedarf einer längeren Lern- und Anlaufzeit. Sie kann zwar gefördert, aber nicht erzwungen werden, zumindest nicht von einem Kreditinstitut, das sich in einem permanenten Konkurrenzkampf befindet.

Mißt man die Dienstleistungsbedürfnisse der Kunden an diesen Anforderungen, so werden die Möglichkeiten und Grenzen der Kundenselbstbedienung im Bankgeschäft deutlich. Über 90% der Kundenbesuche in den Geschäftsstellen gelten dem Routinegeschäft am Schalter. Die Beratung, das Gespräch also über einen Kredit oder über eine Anlage, führt den Kunden nur selten zu seiner Bank: im Schnitt lediglich ein- bis zweimal im Jahr. Und dann wiederholen sich die Beratungsbedürfnisse beim Kunden selten; normalerweise wird es daher bei jedem Beratungsgespräch um ein neues Problem gehen.

Sicherlich ist es technisch möglich, Computer so zu programmieren, daß sie dem Kunden bei einer entsprechenden Bedienung vernünftige und umfassende Informationen für eine geschäftliche Entscheidung liefern könnten. Nur ist der Kunde bereit, sich mühsam mit einer Maschine zu „unterhalten"? Und kann er das überhaupt? Ein solches „Beratungsgespräch" mit der Maschine setzt voraus, daß er genau weiß, was er will, denn nur dann kann er die Maschine richtig führen. Wer sich aber die Mühe macht, Beratungsgespräche genauer zu analysieren, wird bald erkennen, daß es der Kunde ist, der geführt werden will. Der Berater soll ihm den Weg zur optimalen Lösung zeigen, und zwar in einer persönlich überzeugenden Weise. Deshalb muß Alfred Richter widersprochen werden, der mit Blick auf die Kredit- und Anlageberatung meint, „der Automatisierbarkeit des Bankgeschäftes sind keine heute erkennbaren Grenzen gesetzt“.[6]) Daran ändert auch die Tatsache nichts, daß die von ihm aufgebaute Verbraucherbank, Hamburg, gewisse Erfolge mit der Automatisierung des Kreditgeschäfts aufzuweisen hat. Zum einen handelt es sich dabei um ein sehr einfaches, normiertes Kreditgeschäft, das keinen Vergleich zuläßt mit einer Baufinanzierung oder auch nur mit der Einräumung eines individuellen Kontokorrent-Kredites. Zum anderen stellen die typischen Kunden der Verbraucherbank nur ein kleines Segment im Gesamtmarkt dar; es sind technisch besonders Interessierte, deren Verhalten nicht als Norm für den Durchschnittskunden genommen werden darf. Insoweit markieren die Erfolge der Verbraucherbank in der Automatisierung des Kreditgeschäftes nicht die Anfangsstufe für die weitere Entwicklung der Kundenselbstbedienung, sondern ihre äußerste Grenze. Dies bedeutet freilich nicht, daß der Kunde zukünftig nicht auch auf elektronischem Wege einmal einen Sparbrief kaufen oder eine Festgeldanlage tätigen wird. Hierbei handelt es sich aber eben nicht um ein Beratungsgeschäft, sondern um nichts anderes als eine einfache elektronische Auftragsübermittlung.

Aber natürlich wird die Elektronik auch das Beratungsgeschäft verändern; sie ist heute bereits auf dem besten Wege hierzu. Nur wird sich dies nicht über die Selbstbedienung vollziehen, sondern durch eine Unterstützung der Berater mittels der Elektronik. In weit größerem Umfang als heute wird der Berater künftig zur Vorbereitung seines Gespräches mit dem Kunden auf Daten zurückgreifen können, die durch die EDV aufbereitet und geliefert werden. Die EDV wird ihm dabei automatisch auf besonders interessante Beratungskonstellationen aufmerksam machen und damit in einem gewissen Umfang auch den Verlauf steuern. Darüber hinaus wird zukünftig der Kundenberater auch in dem Verkaufsgespräch unmittelbar durch Computer unterstützt werden. So wird er innerhalb weniger Minuten vom Computer Modellrechnungen erhalten, die auf den individuellen Daten des Kunden basieren. Wie die ersten Erfahrungen mit solchen computergestützten Kundengesprächen in der Baufinanzierung gezeigt haben, erhält die Beratung hierdurch für den Kunden eine bis dahin nicht gekannte Plastizität und Überzeugungskraft.

Das Feld der Kundenselbstbedienung dagegen ist das Routinegeschäft: die Barabhebung und die Einzahlung, der Abruf von Tagesauszügen, die Information über den Kontostand sowie die Erteilung von einfachen Auf-

[6]) Alfred Richter „Grenzen der Automatisierbarkeit im Bankgeschäft“ in „bank und markt“, H. 3/86, S. 11ff.

trägen. Und das wird sich auch in Zukunft nicht ändern! Denn, wie die Entwicklung im Einzelhandel zeigt, funktioniert die Selbstbedienung überall da, aber eben auch nur da, wo kein Beratungsbedarf besteht, entweder weil es sich um ganz einfache Produkte handelt, oder weil der Kunde sein Informationsbedürfnis anderweitig decken und damit seine Kaufentscheidung vorher treffen kann. Diese Voraussetzungen sind beim Beratungsgeschäft der Banken nicht gegeben. Beim Kreditgeschäft kommt noch hinzu, daß auch von seiten der Bank die endgültige Entscheidung in aller Regel erst im Verlauf der Verhandlung gefällt werden kann. Allein dieser Umstand beschränkt die Möglichkeit einer Selbstbedienung im Kreditgeschäft auf Randbereiche.

Auf dem Hintergrund dieser Überlegungen und Daten gewinnt das zukünftige Bild der Kundenselbstbedienung im Bankgeschäft Konturen. Zunächst muß davon ausgegangen werden, daß die Kundenselbstbedienung in der Regel die heutige manuelle Schalterbedienung lediglich ergänzen wird, d. h. der Kunde wird in Zukunft bei den meisten Geschäftsstellen die Wahl zwischen der traditionellen Schalterbedienung und dem Automatenservice haben. Voraussetzung dafür, daß ein solch doppelter Aufwand sich rechnet, ist die Auflösung der bisherigen starren Kasseneinheiten und ihre Integrierung in das übliche Schaltergechäft. Nur so lassen sich die notwendigen Einsparungen in der Schalterbedienung erreichen.

Ob es zu vollautomatischen Geschäftsstellen kommen wird, die zwar gegenüber der traditionellen Geschäftsstelle eine deutlich erweiterte Verfügbarkeit aufweisen würden, gleichzeitig aber noch nicht einmal die volle Palette des Routinegeschäftes bieten könnten — nach heutiger Erkenntnis wären ca. 70% der Routinevorfälle unter Kostengesichtspunkten sinnvoll zu automatisieren —, ist heute noch nicht erkennbar. Wenn überhaupt, so werden solche reinen Automatenstellen nur ausnahmsweise, sozusagen zur Abrundung des Vertriebsnetzes einer Bank, in Betracht kommen.

Auch die Frage, ob neben den Geschäftsstellen mit sowohl traditionellem als auch automatisiertem Service und den denkbaren vollautomatischen Geschäftsstellen noch konventionelle Stellen verbleiben und welchen Umfang sie haben werden, muß heute noch offen bleiben. Sicher dagegen erscheint, daß die Kundenselbstbedienung spätestens bis zum Jahre 2000 eine von der überwiegenden Mehrzahl der Kunden akzeptierte Serviceform darstellen und zum selbstverständlichen Angebot jeder im breiten Privatkundengeschäft tätigen Bank gehören wird.

Diese Entwicklung bedeutet für den Kunden eine zunehmende Unabhängigkeit, nicht nur von den Schalteröffnungszeiten, sondern auch von „seiner“, nämlich der kontoführenden Geschäftsstelle. Denn er wird zukünftig mittels der Kundenkarte das Routinegeschäft bei allen Geschäftsstellen seiner Bank und zum Teil sogar bei den Geschäftsstellen anderer Kreditinstitute abwickeln können. Die Notwendigkeit, die kontoführende Geschäftsstelle aufzusuchen, wird sich im wesentlichen auf das Beratungsgespräch beschränken. Natürlich werden hierdurch Cross-Selling-Möglichkeiten für die Banken entfallen; nur sollte man diesen Nachteil nicht überbewerten. Schon heute sind in den Stoßzeiten, in denen sich die Kundenbesuche massieren, kaum Chancen für eine Ansprache der Kunden gegeben. Auch ist die Bereitschaft des Kunden, sich ausführlich über andere Dienstleistungen informieren zu lassen, wenn er zum Beispiel lediglich schnell Geld abheben will, gering.

Unzweifelhaft ist jedoch, daß sich durch diese Entwicklungen die Verbindung zwischen dem Kunden und seiner Geschäftsstelle lockern wird. Eine globale Betrachtung führt aber auch hier in die Irre. Die Lockerung wird sehr unterschiedlich ausfallen: Sie wird um so gravierender sein, je stärker sich die Beziehung auf das Routinegeschäft beschränkt, und um so schwächer, je mehr das Beratungsgeschäft bei den Kunden im Vordergrund steht. Bei einem Wertpapierkunden z. B., der mit seinem Berater durch Besuche in der Geschäftsstelle oder telefonisch in einem ständigen Kontakt steht, wird die Tatsache, daß er das Routinegeschäft nun auch bei anderen Geschäftsstellen abwickeln kann, wenig an der Beziehung zu seiner Bank ändern. Diese Erkenntnis beantwortet auch die Frage nach möglichen Wettbewerbsverschiebungen als Folge der Kundenselbstbedienung. Einfallstor für Außenseiter in das heutige Geschäft der Banken ist das Mengengeschäft, das Geschäft mit denjenigen Kunden also, deren Bedürfnisse sich im wesentlichen in den Dienstleistungen des laufenden Kontos und des Sparkontos erschöpfen. Und es zeichnen sich auch bereits Konzepte im Markt ab, die darauf zielen, mittels Karte und Elektronik und ohne einen stärkeren persönlichen Kontakt zum Kunden ein breites Geschäft zu etablieren. Dies ist sicher in bestimmten Grenzen machbar und unter gewissen Voraussetzungen durchaus auch gewinnbringend zu gestalten. Die Folge dieser neuen Möglichkeiten und ihrer Nutzung wird ein sich verschärfender Konkurrenzkampf im Mengengeschäft sein. Das Beratungsgeschäft, also das Kernstück des heutigen Privatkundengeschäftes, wird durch diese Entwicklung weitgehend unberührt bleiben. Will ein Wettbewerber in das Beratungsgeschäft vordringen, so muß er zunächst auch in diesem Bereich konkurrenzfähig werden, d. h. er muß den gesamten persönlichen Beratungsservice aufbauen, der durch die Elektronik nicht ersetzt werden kann.

Auch vermag die Vorstellung, die je nach Standort als Befürchtung oder als Hoffnung formuliert wird, der Preis werde in Zukunft aufgrund der Kundenselbstbedienung, neben deren technischen Perfektion, zu dem wesentlichen „Unterscheidungsmerkmal der Bank im Wettbewerb",[7]) nicht zu überzeugen. Erfahrungen, nicht nur aus dem Bankgeschäft, zeigen, daß der Preis mit zunehmender Komplexität und der damit steigenden Beratungs- und Servicebedürftigkeit eines Produktes, an Bedeutung verliert. Daran wird auch die Kundenselbstbedienung nichts ändern. Das Bild, das den Kunden von morgen in seinem Wohnzimmer zeigt, wie er mittels Btx die billigste Baufinanzierung aus allen Angeboten zwischen Flensburg und Garmisch heraussucht, um schließlich mit einer kleinen, Hunderte von Kilometern entfernten Bank abzuschließen, wird auch in Zukunft das bleiben, was es heute ist, eine Utopie. Schon der Versuch herauszufinden, welches aus den nur schematisch dargestellten Finanzierungsmodellen für ihn nun wirklich das günstigste ist, würde den Kunden in aller Regel restlos überfordern.

Dies alles bedeutet aber wiederum nicht, daß es sich bei der Kundenselbstbedienung lediglich um einen kleinen technischen Schritt in der Weiterentwicklung des Kundenservices handelt. Sie ist im Gegenteil eine starke Herausforderung an das Marketing der Banken, die von ihnen nicht durch ein halbherziges Mitmachen beantwortet werden kann, sondern ein umfassendes Konzept erfordert, das mit Intensität umgesetzt werden muß. Nur so wird das einzelne Kreditinstitut seine Position in den sich verändernden Beziehungen zwischen Kunde und Bank sichern und u. U. sogar ausbauen können.

---

[7]) so Alfred Richter „Grenze der Automatisierbarkeit im Bankgeschäft" in „bank und markt", Heft 3/86, S. 16

13. Die Rolle der Messen im Marketing

von D. Rost*)

Alle Anzeichen deuten darauf hin, daß Messen und Ausstellungen ihre Rolle im Marketing nicht nur behaupten, sondern in einigen Märkten noch ausbauen konnten. Die Messezahlen, die der AUMA (Ausstellungs- und Messeausschuß der Deutschen Wirtschaft) für 1985 veröffentlicht hat, zeigen eine steigende Tendenz. Nicht nur die angebotenen Flächen für Messeveranstaltungen sind gewachsen, auch die Zahl der Veranstaltungen hat zugenommen, ebenso die der Aussteller und der Besucher (Bild 1).

Die Position der Messen auf deutschem Boden ist vor allem wegen des hohen Grades an internationaler Repräsentanz durch ausländische Aussteller und durch Bemerkenswert hohe Besucherzahlen sehr gefestigt. Nicht umsonst spricht man vom „Messeplatz Deutschland" als einer besonderen Leistung der deutschen Wirtschaft. Auf deutschen Fachmessen kann man in vielen Branchen den besten Überblick über das internationale Angebot finden und die Innovationen der wichtigsten Welt-Marktführer. Selbst eine so gewagte Operation wie die Teilung der Hannover-Messe, die 1985 mit 850 000 Besuchern die Kapazitätsgrenzen

*) Dr. phil. Dankwart Rost, Generalbevollmächtigter Direktor der Siemens AG, München

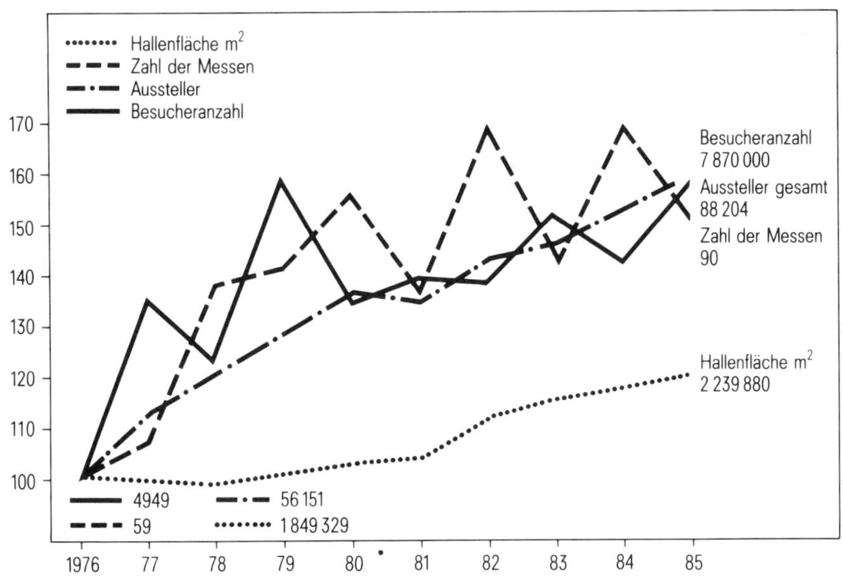

Bild 1: Entwicklung der Messen in der BR Deutschland

der regionalen Infrastruktur sprengte, scheint im Frühjahr 1986 gelungen zu sein, wenn auch verschiedene Schwachpunkte noch beseitigt werden müssen.

Die Aufwendungen der Aussteller für Messebeteiligungen sind zumindest im Maschinenbau und in der Elektrotechnik seit Jahrzehnten mit einem Anteil von ca. 30% an den gesamten Werbekosten gleich hoch. Und das bei steigenden Gesamt-Budgets. Die Messekosten je qm Ausstellungsfläche stiegen jedoch nicht unbeträchtlich, nicht nur bei Auslandsmessen. Dennoch kann im Frühjahr 1986 keine Messemüdigkeit konstatiert werden, obwohl mehrere Tendenzen problematische Entwicklungen aufzeigen:

1. Besonders auf stark innovativen Märkten führt der Wettbewerb der Messegesellschaften zu einer Flut von Veranstaltungen, deren Notwendigkeit von der Industrie zunehmend skeptisch beurteilt wird. Die Regionalisierung der Messen nimmt zu; das Angebot wird besonders für ausländische Besucher unübersichtlich und damit weniger attraktiv.
2. In einzelnen Branchen nimmt die Ordertätigkeit auf Messen deutlich ab und führt gemeinsam mit einer höheren Distributionsdichte aller Hersteller zu einem mehr informativen Charakter der Messen. Dadurch werden Messen mehr zu vergleichbaren Instrumenten des Kommunikationsmix.
3. Als Folge davon werden Messekosten vor allem in Branchen, in denen die Innovationsgeschwindigkeit abnimmt, kritisch unter die Lupe genommen und mit anderen Marketingkosten nach Preis-Leistungs-Verhältnissen verglichen. Das hat zum Teil überraschende Maßnahmen im Hinblick auf die Beteiligungspolitik ganzer Branchen zur Folge.

Diese bemerkenswerten Vorgänge im Messewesen sollen später näher untersucht werden.

Messen als besondere Marketing-Instrumente

Einleitend ein kurzer Überblick über die allgemeine Rolle der Messen im Marketing-Mix:

Messen wurden vielfach als ein nicht eindeutig zu definierendes Marketing-Instrument betrachtet. Messen gehören unter dem Aspekt der Marketing-Funktionen weder ganz zur Distribution noch zur Kommunikation. Und im Prozeß der Marketing-Aktivitäten können sie — vor allem bei Investitionsgütern — an mehreren Stellen eine Rolle spielen: so z. B. in der Vorbereitungsphase von Investitionsentscheidungen, aber auch bei der Vorauswahl geeigneter Lieferanten (Strothmann). Wenn bei zahlreichen Messen Aufträge unterschrieben werden, ist das häufig der Abschluß einer Reihe von Vertriebsbemühungen. In anderen Branchen liegt der „Abschluß

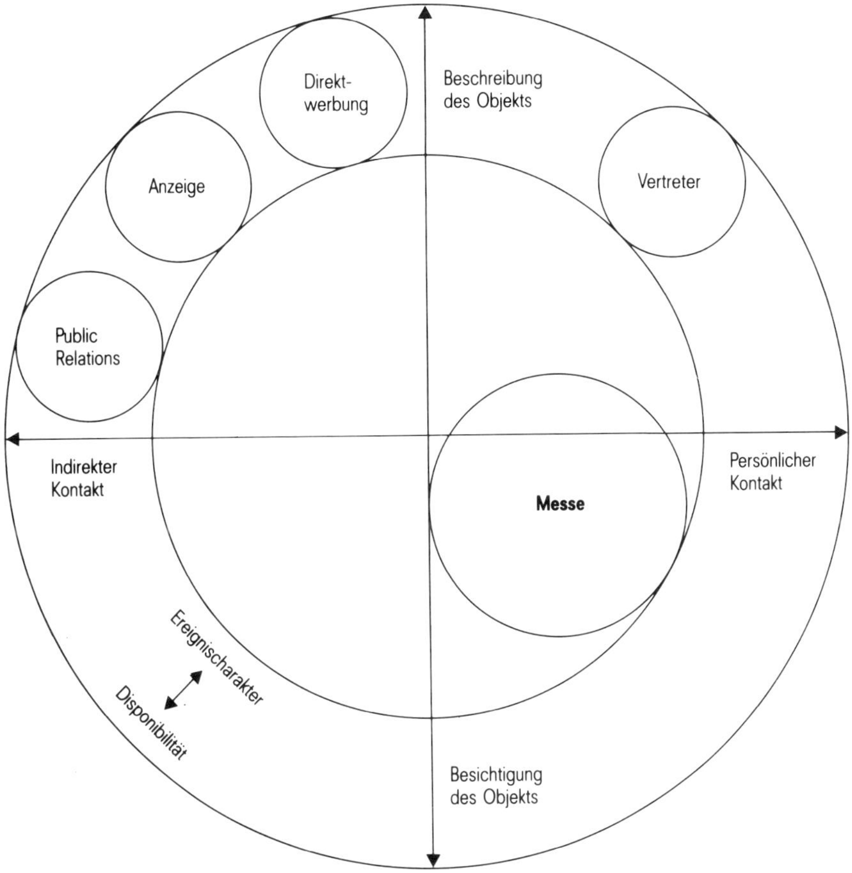

Bild 2: Position der Messe im Marketing-Mix

Marktvertrag" (P. W. Meyer) wegen anderer Vertriebsstrukturen zeitlich weit vom Messegeschehen entfernt.

Verglichen mit anderen Marketing-Instrumenten haben Messen markante Eigenschaften: Sie bieten die Möglichkeit, Produkte in natura und oft auch in Funktion zu sehen und nicht nur auf Abbildungen oder in Beschreibungen (Bild 2). Noch wesentlicher ist aber der Ereignischarakter der Messe; denn nur auf der Messe kann man ein mehr oder minder umfassendes Angebot mehrerer Anbieter miteinander vergleichen. Der ständige Wettbewerbsprozeß „gerinnt" also auf der Messe zu einem gut sichtbaren Querschnitt. Messen sind so die „Sprossen auf der Leiter des technischen Fortschritts". Viele neue Produkte werden aus Anlaß von Messen oder auf Ausstellungen erstmals der Öffentlichkeit präsentiert. Die Möglichkeit, mit Ingenieuren und Entwicklern oder Erfindern in direkten

Kontakt treten zu können, rundet das Spektrum der besonderen Merkmale von Messen ab. Besonders wegen dieser personalen Kommunikation möchten manche Analysten die Messen nicht zur Werbung zählen, die im wesentlichen mediale Kommunikation umfaßt.

Die aktuellen Probleme im Messewesen, wie sie oben bereits angedeutet wurden, haben ihre Ursachen vor allem in allgemein-wirtschaftlichen Entwicklungen. Sie sind also keineswegs immanente Probleme der Messen, ihrer Organisationsstruktur oder einzelner politischer oder gar persönlicher Bestrebungen. Wenn diese Entwicklungen in Deutschland eher sichtbar werden als in anderen Ländern, dann vor allem wegen des traditionell intensiven Messewesens auf deutschem Boden. Daß die föderative Struktur der Bundesrepublik, die strenge Aufrechterhaltung des Wettbewerbs durch die Kartellgesetzgebung und auch die unterschiedlichen Gesichtspunkte der öffentlichen Wirtschaftsförderung bei diesen Prozessen mitwirken, hat jedoch nur sekundären Charakter.

Spezialisierung der Arbeitsteilung schafft Intransparenz

Was heute noch im Messewesen einzelner Staatshandels- oder Entwicklungsländer zu beobachten ist, hat sich in der Bundesrepublik schon in den 60er Jahren abgespielt: der Trend zur Spezialisierung bei Messen, d. h. zur Aufteilung großer Universal- oder Vielbranchenmessen in kleinere Mehrbranchen- oder Fachmessen. Diese Tendenz beruht vor allem auf der fortschreitenden Spezialisierung und Arbeitsteilung wachsender Volkswirtschaften. Auch das Anwachsen des internationalen Handels, die stärkere Kompatibilität von standardisierten Technologien und Produkten spielen dabei eine Rolle.

Diese allgemeinen Tendenzen führten dazu, daß große Universalmessen zu unübersichtlich wurden und damit ihre Rolle nicht mehr befriedigend spielen konnten. So spalteten sich kleinere Fachmessen, die abgrenzbare Märkte repräsentierten, aus den Großveranstaltungen ab und wurden eigenständig. Sinnfällig wurde dieser Vorgang an einigen Entwicklungen der Hannover-Messe. Hier kam es zu einer Ausgliederung größeren Ausmaßes, als zuerst die Aussteller von Hausgeräten zur Domotechnika nach Köln gingen und die Radio- und Fernsehgeräte-Produzenten nur noch alle 2 Jahre auf einer Internationalen Funkausstellung auftraten. Später schieden Uhren- und Schmuckhersteller, Anbieter von Glas- und Prozellanwaren aus und verstärkten die Frankfurter Veranstaltungen.

Diese Bereinigungsvorgänge haben — so schmerzhaft sie zu ihrer Zeit empfunden wurden — zunächst zur Transparenz des deutschen Messeangebots beigetragen. Sie brachten meist auch einen Rationalisierungsschub für die Beteiligten.

So gibt es heute auf deutschem Boden Fachmessen mit internationalem Angebot, die den Weltmarkt exakt widerspiegeln. Für Teilnehmer an den entsprechenden Märkten ist ein Besuch dieser Messen geradezu zwingend. Ablesbar ist diese Entwicklung nicht nur an den Zahlen der einzelnen Veranstalter, sondern auch am gleichmäßigen überproportionalen Anstieg des Anteils ausländischer Aussteller an deutschen Messeplätzen. Sie stellen bereits über 40% aller Aussteller. Dagegen gibt es keine verläßliche Statistik aller Besucherzahlen, aus denen der Anteil der ausländischen Besucher hervorgeht. Eine Spezialberechnung des AUMA für ca. 70 der wichtigsten Veranstaltungen zeigt jedoch, daß die Auslandsbesucher nur einen Anteil von ca. 17% haben, also deutlich weniger als bei den Ausstellern (Bild 3). Daraus kann mit vorsichtiger Einschätzung folgender Schluß gezogen werden:

1. Deutsche Messen haben auf der Ausstellerseite einen hohen Grad von internationaler Repräsentanz erreicht. Bei den Besuchern scheint dies nicht im gleichen Ausmaß der Fall zu sein, wenn auch bei manchen Veranstaltungen jeder zweite Besucher aus dem Ausland kommt.
2. Die Diskrepanz zwischen dem hohen Anteil ausländischer Aussteller und dem niedrigeren Besucheranteil aus dem Ausland deutet darauf hin, daß viele dieser Aussteller in erster Linie den Zugang zum deutschen Markt suchen und ihn wohl auch finden. Das intensive deutsche Fachmessewesen fördert anscheinend mehr den Zugang internationaler Anbieter zum deutschen Markt als das Interesse ausländischer Nachfrager nach deutschen Produkten.

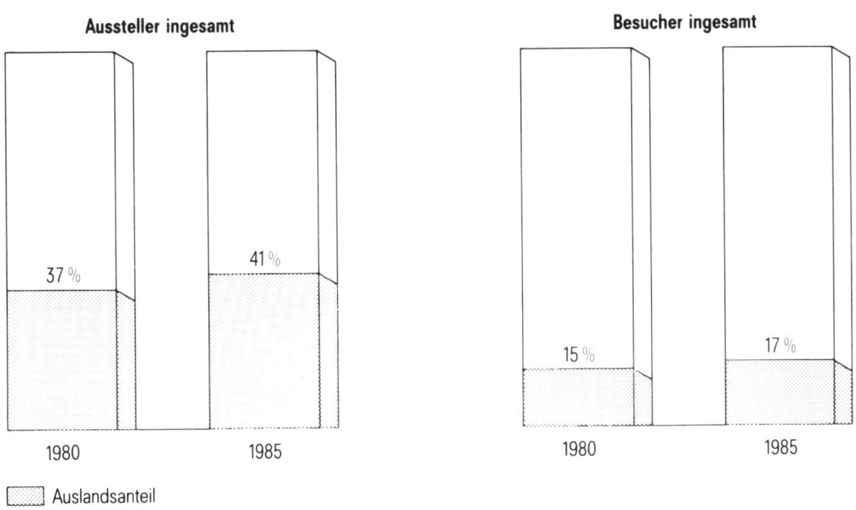

Bild 3: Entwicklung des Verhältnisses auf deutschen Messen — 1980 bis 1985
Auslandsangebot : Auslandsnachfrage

Aus den veröffentlichten Zahlen des AUMA läßt sich eine gefährliche Tendenz im deutschen Messewesen ablesen: die wachsende Anzahl von Veranstaltungen vor allem mit nur regionaler Bedeutung. Der z. T. von Ländern und Kommunen geförderte Wettbewerb der Messegesellschaften führt zu immer neuen Veranstaltungen, die sich z. T. mit schon bestehenden überschneiden. Die in der Vergangenheit sehr schnell gewachsenen Flächenkapazitäten der deutschen Messeplätze wollen ausgelastet werden. Das bewirkte ein aggressives Angebots-Marketing einiger Messeplätze. Wenn dadurch immer neue Spezialmessen aus Fachmessen ausgegliedert werden, so entspricht das nicht mehr den Erfordernissen des Marktes. Vor allem reizen solche feinstspezialisierten Veranstaltungen immer weniger Nachfrager aus dem Ausland zu einem Besuch. Darauf sind deutsche Anbieter jedoch angewiesen. Die einst unbestrittene Stärke der deutschen Messewirtschaft kann bei ungehemmter Fortsetzung der Spezialisierung zu einer ernsten Krankheit werden.

Der Wandel zur Kommunikations-Messe

Während der direkte Verkauf historisch am Anfang der Entwicklung des Messewesens stand, hat sich mit der industriellen Massenfertigung schon ein erster Wandel zur Mustermesse vollzogen. Auf Messen wurde von da an „geordert“, eine bestimmte Menge, zu bestimmten Terminen, in definierter Qualität usw. Beide Messetypen bestehen heute nebeneinander: Auf vielen Messen werden Kaufobjekte ausgestellt und gehandelt, auf anderen werden z. B. von Händlern Produkte „geordert“ zur späteren Lieferung nach besichtigten Mustern.

Bei diesen beiden Messetypen kann man das Ergebnis einer Veranstaltung am Umsatz ablesen. Immer mehr tritt jedoch ein neuer Typ von Messe in Erscheinung, dessen Erfolg nicht an den getätigten Verkäufen ablesbar ist. Hier spielen die Kontakte und die Informationen eine erheblich höhere Rolle als die Verkaufsabschlüsse.

Dafür gibt es mehrere Gründe: In vielen Branchen ist die Distribution so engmaschig, daß es der Messe zum Ordern nicht mehr bedarf; der Vertreter des Herstellers oder des Großhändlers macht ohnehin wöchentlich einen Besuch. Darüber hinaus werden Messen immer mehr zu einem Marktplatz für technische Problemlösungen, die entweder als Prinziplösung oder als Halbfabrikat vorgestellt werden. Bei Investitionsgütern spielen häufig individuelle Anpassungen an betriebliche Besonderheiten eine Rolle. Das alles führt dazu, daß auf Messen bestimmter Branchen immer mehr nur informiert oder verhandelt wird als direkt geordert. Das „Nachmessegeschäft“ bringt dann den Umsatz, der auf der Messe durch intensive Gespräche vorbereitet wurde.

Diese Entwicklung zur Kommunikationsmesse ist an verschiedenen Symptomen erkennbar. So z. B. an der Architektur der Stände, die weniger produktorientiert gestaltet werden als kontakt- oder innovationsorientiert. Oder an der zunehmenden Verbindung von Messen mit Kongressen, Symposien und Seminaren. Ein Indiz ist auch die Einbeziehung von Politikern, Wissenschaftlern oder Marktforschungsinstituten in das Messegeschehen, so daß der Markt nicht nur stattfindet, sondern gleichzeitig auch analysiert und interpretiert wird.

Ganz deutlich wurde die Tendenz zur Kommunikationsmesse anläßlich der Veröffentlichung einer Studie, die im Auftrage des Bundeswirtschaftsministeriums 1983 vom IFO-Institut durchgeführt wurde. Darin zeigte sich, daß Auftragsabschlüsse nur zu 52% von den Ausstellern und sogar nur zu 20% von den Besuchern als Gründe angegeben wurden. Es dominierten kommunikative Ziele wie Informationsaustausch, Fach- und Vorbereitungsgespräche für Verkaufsabschlüsse (Bild 4). Auch bei den Zielen

Fachbesucher			**Aussteller**
Gründe für den wichtigsten Messebesuch			Gründe für die wichtigste Messebeteiligung
Informationsaustausch zwischen Abnehmern und Anbietern über neue Produkte und deren Anwendungen	84 %	94 %	Fachgespräche mit Interessenten zur Anbahnung von Geschäftsbeziehungen
Vorbereitung von Einkaufs-/Beschaffungsentscheidungen durch Informationsbeschafffung über Produkteigenschaften, Anwendungsmöglichkeiten und Konditionen von potentiellen Lieferanten – Abschluß der Einkaufs-/Beschaffungsentscheidung nach der Messe	81 %	84 %	Informationsaustausch zwischen Anbietern und Abnehmern über neue Produkte und deren Anwendungen
Fachgespräche mit Anbietern zur Anbahnung neuer Lieferantenbeziehungen	67 %	81 %	Vorbereitung von Geschäftsabschlüssen durch Informationsgespräche über Produkteigenschaften, Anwendungsmöglichkeiten und Konditionen mit potentiellen Abnehmern (Abschluß im Nachmessegeschäft)
Auftragsabschlüsse auf der Messe	20 %	52 %	Auftragsabschlüsse auf der Messe

Quelle: IFO-Erhebungen 1983, Mehrfachnennungen

Bild 4: Gründe für den wichtigsten Messebesuch und die wichtigste Messebeteiligung

der Aussteller für die deutsche Leistungsschau in Tokio 1984 standen Kontaktaufnahmen oder ähnliche kommunikative Aktivitäten im Vordergrund.

In einigen Branchen sind frühe Ankündigungen von Neuheiten allgemein üblich; so konzentriert sich das Messegeschehen auf den Informationsaustausch über die angekündigten Innovationen. Es sind vor allem Produkte mit hoher Innovationsgeschwindigkeit und mit breitem Anwendungsspektrum, die auf den kommunikationsorientierten Messetyp angewiesen sind.

Wenn bei dieser neuen Art von Messe der Verkauf nicht mehr das Hauptziel ist, entsteht das Problem, wie denn das Ergebnis der Messebeteiligung oder des Messebesuchs ermittelt werden kann. Wo der Umsatz der Verkaufsabschlüsse als harter Maßstab fehlt, kann eigentlich nur noch weichere Währung Ersatz liefern.

Messekosten unter der Lupe

Abgesehen von der Tatsache, daß für die Kosten, die im Zusammenhang mit Messen entstehen, keine allgemeinverbindlichen Erfassungsregeln existieren, kann man aber durch Datenreihen selbst einen deutlichen Anstieg der spezifischen Messekosten in den letzten Jahren ermitteln. Bezieht man die Kosten auf die Flächen, so ergibt sich bei Siemens eine Steigerung des durchschnittlichen qm-Preises von ca. 6% in den letzten 10 Jahren (Bild 5). Die Kosten für Messen auf deutschem Boden sind übrigens stärker gestiegen als die für ausländische Veranstaltungen, obwohl der durchschnittliche qm-Preis im Ausland natürlich aufgrund hoher Versand- und Versicherungskosten höher ist als bei vergleichbaren Messen in Deutschland. Dabei spielen die Mieten für Standflächen keineswegs eine entscheidende Rolle. Sie gehen nur mit 12—15% in die Gesamtrechnung ein. Die Auf- und Abbaukosten sowie die Betriebskosten stellen mit je 25—30% den größten Kostenblock dar.

Der Anstieg der Messekosten hat in unterschiedlichem Maße in den letzten Jahren zu einer Überprüfung des Gesamtaufwandes geführt. Das waren jedoch mehr oder minder betriebsinterne Vorgänge. Als besonders kritisch wurde dabei angesehen, vor allem von Betriebswirtschaftlern, daß es kaum allgemeingültige Maßstäbe zur Bewertung einer Messebeteiligung gibt. Besonders in Branchen, in denen der Trend zur Kommunikationsmesse geht, fehlt das Kriterium Abschlüsse fast vollständig. So hat man begonnen, mehr kommunikative Maßstäbe für Messekosten zu finden.

Ein erster Versuch wurde 1980 bei Siemens mit der Kontaktzahl, die mit einem Messestand erzielt wurde, gemacht. Dieses Kriterium erbrachte höchst unerwartete Einsichten. Daß die verschiedenen Veranstaltungen

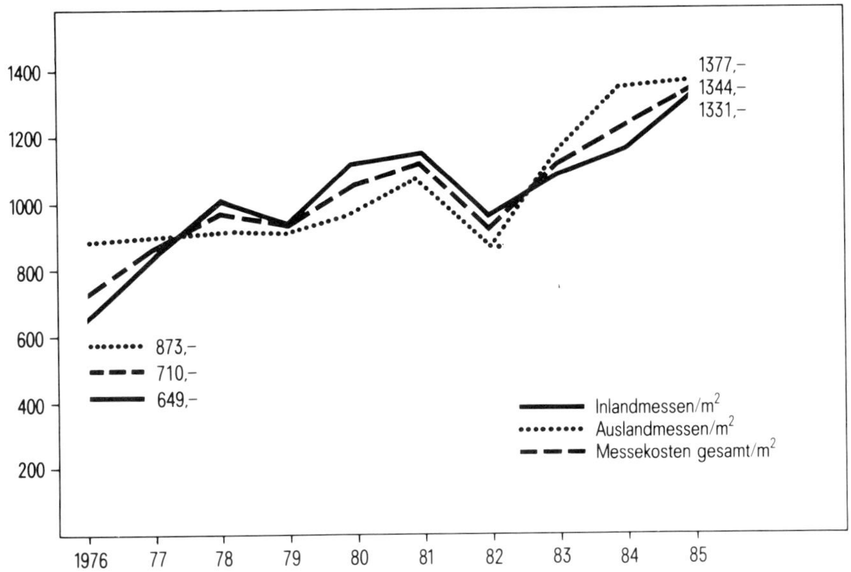

Bild 5: Messekosten/m²
Siemens AG — 1976 bis 1985

Veranstaltung		Anteil Siemens-Besucher	Kosten in DM	Besucher-zahl	Kontakt-kosten
Domotechnica '80		85 % des Gesamtbesuchs	1'861.7	28.900	62.42
IFA '79		85 % des Gesamtbesuchs	884.3	530.000	1.67
INTERKAMA '80		85 % des Gesamtbesuchs	1'729.4	86.500	19.96
ORGATECHNIK '80		85 % des Gesamtbesuchs	882.9	72.165	12.23
electronica '80		85 % des Gesamtbesuchs	831.1	76.675	10.84
HANNOVER '80	H. 1	Zählung Siemens	3'124.2	83.800	37.28
	H. 11	Zählung Siemens	3'968.5	131.640	30.14
	H. 12	Zählung Siemens	552.0	54.405	10.14
Durchschnittliche Kontaktkosten auf Messen bei einer Gesamtfrequenz von				1'064.085	23.35

Bild 6: Kontaktkosten auf Messen

so unterschiedliche spezifische Kontaktkosten auswiesen, war überraschend, aber plausibel (Bild 6). Diese Rechnung mit dem Kriterium Kontaktzahl hatte den Vorteil, daß man wenigstens noch die reine Quantität der Besucher an quantitativen Daten von anderen Medien messen konnte. Dabei zeigt sich, daß der Kontaktpreis bei Messen etwa 10 mal so hoch ist wie bei einer gezielten Direktwerbung. Aber der qualitativ vergleichbare Besuch eines Fachvertreters beim Kunden ist wiederum fast 10mal so teuer (Bild 7).

So grob der geschilderte Vergleich auch erscheinen mag, er hat den Vorteil, wenigstens rein quantitative Vergleichsmaßstäbe zu liefern. Jedes Unternehmen kann mit Hilfe dieser Indikatoren vor allem feststellen, welche Kosten-Differenz zwischen dem Akquisitionsbesuch und der Messe besteht. Dies alles sagt natürlich nichts aus über die Qualität der Messekontakte und über die Frage, welche Geschäfte auf der Messe angebahnt wurden.

Die kritische Betrachtung der Messekosten wird in der nächsten Abschwungphase verstärkt einsetzen. Dann kann es durchaus sein, daß Messeveranstaltungen, bei denen ein ungünstiges Kontaktkosten-Verhältnis festgestellt wurde, kritisch unter die Lupe genommen werden. Jedenfalls ist es anders nicht möglich, Veranstaltungen, die sich über Jahrzehnte hinweg wie eine liebe Gewohnheit behaupten, hinsichtlich ihrer Leistung für das Marktgeschehen in Frage zu stellen.

Maßnahme	**Zielgruppe/Frequenz**		**Kosten/ Kontakt**
Anzeigen „Wirtschaftspresse"	Alle Entscheidungsträger in Arbeitgeberfunktionen	780.000	0,14
	Vorstände/Geschäftsführer	71.800	1,58
„Fachpresse"	Alle Entscheidungsträger in Betrieben < 100 Beschäftigte	78.900	0,75
	Technisches Topmanagement	12.900	3,93
Direct Mail	4 verschiedene Aktionen	28.500	2,54
Messebeteiligung	Fachbesucher	1'064.085	23,35
Akquisitionsbesuch	Rechnerischer Mittelwert bei 3 – 4 Besuchen/Tag		194,00

Bild 7: Vergleich der Kontaktkosten bei verschiedenen Marketing-Maßnahmen

Entscheidungshilfen gesucht?

Für Aussteller ist eine der wichtigsten Fragen vor einer Messebeteiligung, ob Wettbewerber und vor allem Marktführer ebenfalls ausstellen. Wichtiger noch als die Marktrepräsentanz ist aber die Zahl und die Qualität der Besucher. Besonders bei regelmäßigen Veranstaltungen kann man an einer guten Besucherstatistik ablesen, ob man damit rechnen kann, die anvisierte Zielgruppe auch zu treffen. Sofern es niedrige Besucherzahlen gestatten, eine Vollerhebung durchzuführen, wird dies mit elektronischen Hilfsmitteln und vor allem im Ausland auch schon gemacht. In Deutschland mit seinen traditionell hohen Besucherzahlen, müßten repräsentative Besucherbefragungen eigentlich vergleichbare Werte und damit Entscheidungshilfen für mögliche Aussteller liefern.

Wenngleich die Bereitschaft der Messegesellschaften, sich am Strukturtest der FKM (Gesellschaft zur Freiwilligen Kontrolle von Messezahlen) zu beteiligen, in den letzten Jahren sprunghaft gestiegen ist, gibt es noch immer Messen, die — meist aus einer Monopolstellung heraus — keine Strukturdaten der Besucher veröffentlichen. Diese Haltung wird allerdings dadurch begünstigt, daß zu wenig Aussteller bei ihren Entscheidungen die vorhandenen und angebotenen Daten der FKM nutzen. Schon daran ist erkennbar, wie stark die besondere Position der Messen im Marketing-Mix ist: Wo an anderen Stellen mathematische Modelle und strategische Planung herrschen, wird den nicht unerheblichen Kostenfaktoren im Messewesen mit Ad-hoc-Entscheidungen begegnet.

Trotz der insgesamt noch immer unbefriedigenden Transparenz bei den Besuchern von Messen ist nicht damit zu rechnen, daß — etwa unter der Konkurrenz der „neuen Medien" — die Messen ihre Bedeutung einbüßen. Neben den Problemen im Messewesen bleiben einige gravierende Vorteile, die den Messen ihre unverminderte Rolle weiterhin sichern. Nicht zuletzt die Faszination, die eine bedeutende Großveranstaltung ausstrahlt, wird dazu beitragen, daß Messen weiterhin ein fester Faktor im Marketing bleiben.

14. Der Vertriebsingenieur — Betrachtungen zur Aus- und Weiterbildung

von C. Dihlmann*)

Vertriebsaufgaben sind nur in engem Verständnis von markt- und unternehmensspezifischen Zusammenhängen zu lösen. Das bedeutet, daß die im Vertrieb tätigen Mitarbeiter gleichermaßen Kenntnisse über den Markt und das Unternehmen erwerben müssen, um erfolgreich tätig sein zu können. Diese Forderung gilt in allen Absatzbereichen, natürlich auch in denen der Investitionsgüterindustrie, bei der der Ingenieur in der Regel die Verantwortung für den Vertrieb trägt. Aus der Praxis heraus hat dieser Industriebereich bisher die Weiterbildung von Ingenieuren zu Vertriebsingenieuren mit mehr oder weniger Systematik, meist aber am aktuellen Bedarf orientiert, im wesentlichen selbst betrieben. Die Sachinhalte waren dabei meist produktspezifisch. Darüber hinaus erforderliche Kenntnisse aus dem weiten Umfeld der Absatzwirtschaft wurden gelegentlich durch außenstehende Berater in Seminaren oder Schulungskursen vermittelt. Die nachhaltige Wirksamkeit dieses Vorgehens mag unterschiedlich zu beurteilen sein. Sie hängt selbstverständlich von der fachlichen Kompetenz der Beteiligten ab. An die Qualität der Berufsausbildung des Vertriebsingenieurs müssen jedoch höhere Anforderungen gestellt werden als bisher, um auch auf diesem Sektor dem Druck des internationalen Wettbewerbs besser begegnen zu können.

Der immer vielseitiger werdende Aufgabenkatalog für einen Vertriebsingenieur macht deutlich, daß bereits im Bereich der Ausbildung neue Initiativen erforderlich sind, um Grundwissen zu vermitteln und persönliche Eignungen zu entwickeln. Das Arbeitsfeld des Vertriebsingenieurs ist zu einer hochrangigen Ingenieurdisziplin geworden. Weiterbildung allein reicht nicht mehr aus. Nicht zuletzt die Hochschulen sind aufgerufen, die Basis für eine Fachdisziplin „Vertriebsingenieur" zu schaffen. Die Bemühungen für eine fach- und sachgerechte Ausbildung von Vertriebsingenieuren stehen bei uns in Deutschland in den Anfängen. Im wesentlichen handelt es sich um Weiterbildungsmaßnahmen, bei denen aufbauend gewirkt und Wissen über Vertriebsanforderungen und -aufgaben erarbeitet wird.

So hat sich der VDI vor nunmehr etwa neun Jahren vorgenommen, auch für den Vertriebsingenieur im Fachbereich „Technischer Vertrieb" eine Basis aufzubauen und systematisch für den Berufsstand und das weite Arbeitsgebiet des Vertriebsingenieurs Grundlagen zu erarbeiten [1]. Im VDI-Bildungswerk sind darüber hinaus in den letzten zwei Jahren mit

---

*) Dipl.-Ing. Claus Dihlmann, Direktor der Mannesmann Aktiengesellschaft, Düsseldorf

gutem Erfolg Seminare zur Weiterbildung des Vertriebsingenieurs abgehalten worden. Beachtenswert ist, daß nach einer anfänglichen Initiative der Universität Hannover nun die Freie Universität Berlin als erste deutsche Universität ein weiterbildendes Studium „Technischer Vertrieb" eingerichtet hat. Dieses praxisbezogene Studium verbindet berufliche Erfahrungen mit wissenschaftlichen Inhalten. Entsprechend ist der Dozentenkreis ausgewählt worden. Das Studienangebot ist ausgerichtet auf bereits berufserfahrene Vertriebsingenieure [2].

Die ersten Erfahrungen im Fachbereich „Technischer Vertrieb" des VDI und im VDI-Bildungswerk, aber auch der Freien Universität Berlin, haben gezeigt, daß der Bedarf an Ausbildungs- und Weiterbildungsmaßnahmen groß ist. Das Interesse an diesen Maßnahmen kann aufgrund begrenzter Kapazitäten und finanzieller Mittel zur Zeit nur teilweise befriedigt werden. Hier ist also offensichtlich ein Nachholbedarf und eine auf die zukünftigen Entwicklungen der internationalen Marktbearbeitung projizierte Anforderung vorhanden, denen im Ausbildungsbereich auch die staatlichen Institutionen gerecht werden müssen. Natürlich kann und wird diese Forderung die Industrie nicht von der Verantwortung entbinden, auch weiterhin und in eigenem Interesse die Aufgabe wahrzunehmen, für die Qualifizierung ihrer Mitarbeiter Sorge zu tragen.

Eine Studie der Freien Universität Berlin aus dem Jahre 1984 [3] hat gezeigt, daß die von der Projektgruppe Technischer Vertrieb vorgeschlagenen Weiterbildungsinhalte „nahezu alle" als wichtig bis sehr wichtig eingestuft werden. Diese Fragen umfassen unter anderem auch eine ganze Reihe marktorientierter Grund- und Spezialkenntnisse, die ein ausgebildeter Vertriebsingenieur beherrschen muß. Dementsprechend ist ein Anforderungsprofil des Vertriebsingenieurs erstellt worden mit einem Soll/Ist-Vergleich (Bild 1).

Nicht in einem von 26 Punkten ist der Soll-Zustand erreicht. Hier ist also eine deutlich erkennbare Lücke vorhanden. Wenn auch in der Aussage nicht sehr deutlich, so doch in der Tendenz erkennbar, sind diese Lücken in den Bereichen der Früherkennung von Marktveränderungen und Innovationsmöglichkeiten größer als in den eher operativen Kriterien. Das ist verständlich, da die Industrie bisher von einer aus der Praxis, am Tagesgeschäft orientierten Ausbildung ausgegangen ist. Der operative Teil der Vertriebsaufgaben hatte Vorrang. Das wird sich auch in Zukunft nicht ändern können. Der Grundlagenbereich in der Planung, sowohl strategisch wie operativ, ist jedoch noch heute für den Vertriebsingenieur weitgehend ein unbekanntes Betätigungsfeld und somit Neuland. Aufgrund mangelnder persönlicher Kenntnisse über Inhalte und Instrumentarien der Planungsmethoden besteht Unsicherheit und damit subjektiv begründete Abneigung gegen Planungs- und damit verbundene Control-

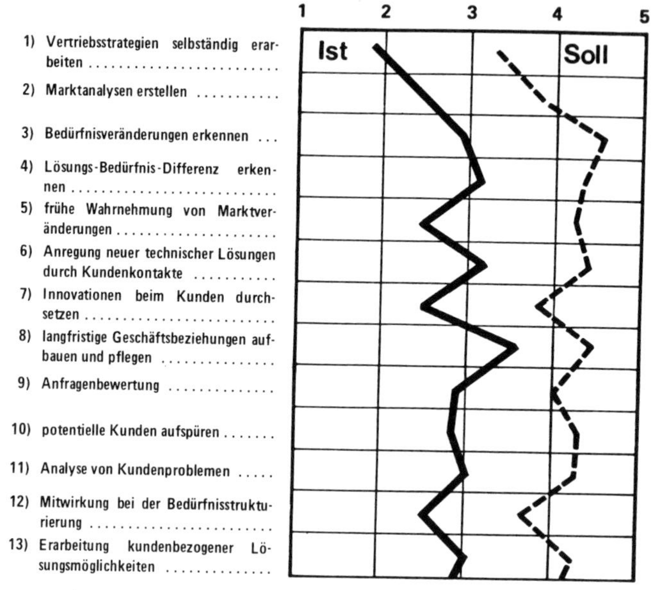

Quelle: FU - Berlin

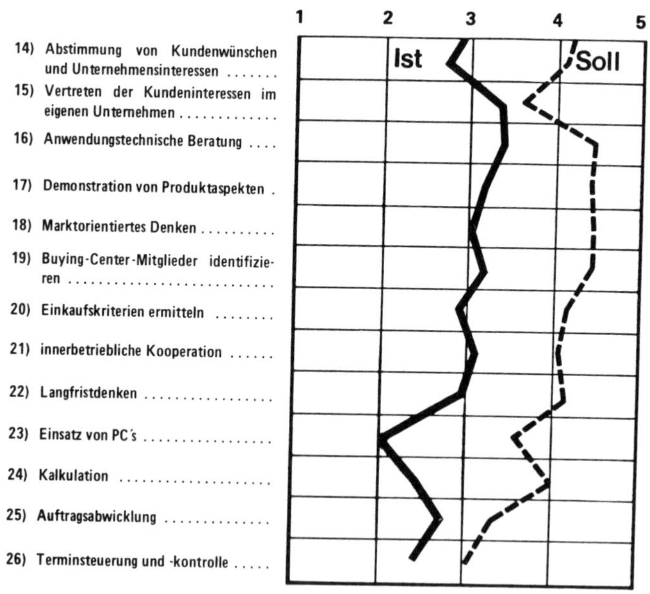

Quelle: FU - Berlin

Bild 1: Das Anforderungsprofil des Vertriebsingenieurs im Durchschnitt aller befragten Unternehmen

lingmaßnahmen. Hier sind also verstärkt Ansätze nötig, um Verständnis und dadurch verbesserte Ergebnisse zu erreichen.

Dies ist nicht nur eine akademische Frage, sondern eine rationelle Forderung, denn Zeit und Aufwand könnten gespart und zielgerichteter würde gearbeitet werden, wenn mehr Verständnis für die notwendigen planerischen Überlegungen eines durchdachten, erfolgsorientierten Vorgehens und Handelns vorhanden wäre. Dies käme allen Beteiligten zugute: dem Vertriebsingenieur selbst, seinem Unternehmen, aber auch seinem Ansprechpartner im Markt. Mit mehr persönlicher und fachlicher Kompetenz müssen die anstehenden Probleme behandelt werden. Die Sachinhalte sind konkreter zu diskutieren und abzugrenzen und damit rationeller abzuschließen. Ein Widerspruch zu der Forderung auf Intuition und Improvisation im Vertrieb besteht dadurch nicht. Diese sehr personenbezogene Komponente ist durch Fachwissen nicht zu ersetzen. Sie ist ein Teil der persönlichen Eignung zum Vertriebsingenieur.

Die von der Projektgruppe Technischer Vertrieb der Freien Universität Berlin erarbeiteten Ergebnisse kennzeichnen aber nur einen Teil der Anforderungen an einen Vertriebsingenieur. Die zu erwerbenden Grundkenntnisse umzusetzen erfordert persönliche Eignung für diese Aufgabe und praktische Erfahrung. Keine marktorientierte Initiative kann sich auf Marktdaten und deren Zusammenhänge und Kenntnisse allein abstützen. Das entscheidende Moment für eine erfolgreiche Realisierung einer Strategie ist der dafür verantwortliche Personenkreis und damit der Vertriebsingenieur selbst. Er muß Eignungen in sich vereinen, die zwar entwickelbar, selten aber nur erlernbar sind. Damit unterscheiden sich die Voraussetzungen grundsätzlich nicht von denen anderer Berufszweige oder Ingenieurdisziplinen. Der Vertriebsingenieur wird genauso Spezialist seines Faches wie z. B. ein Jurist, Marktforscher oder ein Entwicklungsingenieur. Dies wird von Fachleuten und im interdisziplinären Kollegenkreis nicht mehr bezweifelt. Dennoch gibt es in dieser Frage nach wie vor Verständigungsschwierigkeiten nicht zuletzt im Managementbereich.

Nicht verwunderlich ist dann, wenn eine asw-Umfrage aus dem Jahre 1985 zeigt, daß die „Kundenpipeline" das Problem Nr. 1 darstellt und als Hauptaufgabe zur Verbesserung der Wettbewerbsposition zur Lösung ansteht [4]. Gemeint ist hier die Thematik zu den Vertriebssystemen, Vertriebswegen und Vertriebsleistungen. Im Mittelpunkt dieser Überlegungen steht aber der Vertriebsingenieur bzw. sein Team, seine Vorgesetzten, Kollegen und Mitarbeiter.

Die Fachleute aus dem Vertrieb sind sich darüber einig, daß der Vertriebsbereich interdisziplinär einzuordnen ist. Das zeigte auch die Untersuchung der Freien Universität Berlin. Wenn der Fachbereich Vertrieb so definiert wird, so gilt dies auch für die Mitarbeiter, da nicht überall in den zentralen Stabs- oder den Linienbereichen, weniger aber noch an der Verkaufsfront, eine Spezialistengruppe eingesetzt werden kann. Daher ist der Vertriebsingenieur gerade auch in der Außendienstfunktion vielseitig gefordert.

In einer Veröffentlichung der Zeitschrift Capital [5] wurde in Schlagworten zusammengestellt, was von Ingenieuren verlangt wird (Bild 2). Den Ingenieur-Fachdisziplinen wurden persönliche Anforderungen zugeordnet. Bei einer Bewertung dieser sicherlich nicht vollständigen Aufstellung wird deutlich, daß die dem Bereich „Verkauf und Vertrieb" zugeordneten Kriterien durch eine Reihe anderer, typischer Merkmale aus anderen Ingenieurdisziplinen zu ergänzen sind. Wir haben einige davon herausgegriffen (Unterstreichungen). Erkennbar wird dabei, daß dieser Bereich durch einen weiten interdisziplinären Katalog gekennzeichnet ist, der sich auch auf Themen und Forderungen außerhalb des Ingenieurwesens ausdehnt.

Der Vertriebsingenieur ist immer wieder als Techniker gefordert. Es bestehen keine Meinungsverschiedenheiten darüber, daß eine fundierte

Kaum ein Beruf ist in so viele Funktionsbereiche aufgeteilt wie der des Ingenieurs. Und jeder fordert unterschiedliche Fähigkeiten. Die Übersicht informiert über die persönlichen Anforderungen wichtiger Bereiche.

- **Forschung:** hohes Abstraktionsvermögen, selbständiges Arbeiten und besonders gute Englischkenntnisse.
- **Entwicklung:** Teamgeist und die Fähigkeit, theoretische und experimentelle Gedanken in die Praxis zu übersetzen.
- **Konstruktion:** sorgfältiges, sauberes Arbeiten, Abstraktionsvermögen und gute räumliche Vorstellungsgabe.
- **Projektierung:** Organisationstalent, Teamgeist, Verhandlungsgeschick und Reisebereitschaft.
- **Fertigungsvorbereitung/Materialwirtschaft:** kaufmännisches Verständnis, Kooperationsbereitschaft und Sinn für komplizierte Funktionsabläufe.
- **Fertigung:** kaufmännisches Verständnis, Kooperationsbereitschaft und Sinn für komplizierte Funktionsabläufe.
- **Prüffeld und Qualitätskontrolle:** systematisches Arbeiten und gutes analytisches Denkvermögen.
- **Verkauf und Vertrieb:** Kontaktfähigkeit, sicheres Auftreten, Initiative, Verhandlungsgeschick, Mobilität und Selbständigkeit.
- **Software-Entwicklung:** Kooperationsbereitschaft und Abstraktionsvermögen.
- **Montage und Inbetriebnahme:** Bereitschaft zur Auslandstätigkeit, auch unter schwierigen Lebensbedingungen, sehr hohe Verantwortung und psychologisches Einfühlungsvermögen.
- **Automatisierung und Ergonomie:** gute Kenntnisse der Systemtechnik, schnelle Einarbeitung in neue Gebiete, Verständnis für andere Unternehmensbereiche, Erfahrungen im Umgang mit Betriebsräten.
- **Beratung:** Aushalten kurzfristiger Streßsituationen, Kommunikationsbereitschaft und Verhandlungsgeschick.
- **Unternehmensplanung:** analytisch-planerisches Denken und Kreativität.
- **Verwaltung und Dienstleistungen:** hohes Durchsetzungsvermögen und kreatives Denken.
- **Technisches Management:** geübt im Umgang mit Menschen, Einfühlungsvermögen, Kontaktfähigkeit und Verhandlungsgeschick.

Bild 3: Was von Ingenieuren verlangt wird

Ingenieurausbildung und die Beherrschung technischen Wissens eine Voraussetzung für den Einsatz im Vertrieb ist. Diskutiert wird, wie speziell die Fachkenntnisse sein müssen, um als kompetenter Gesprächspartner im Innen- und Außenverhältnis akzeptiert zu werden. Dafür gibt es keine für alle Bereiche und Einsatzmöglichkeiten gleichermaßen gültige Festlegung. Der Rahmen für die technischen Anforderungen an einen Vertriebsingenieur richtet sich nicht nur nach dem Markt-Produkt-Verhältnis, sondern letztlich auch nach der Unternehmensstruktur und -organisation. Eine Grundregel hierzu kann etwa wie folgt formuliert werden: Je mehr einzelne Märkte oder Marktsegmente produktorientierte Vertriebsschwerpunkte fordern, um so mehr ist ein produktbezogener Spezialist einzusetzen und um so eher ist dieser dem produktspezifischen Linienbereich zuzuordnen; je mehr ein Markt für mehrere Produktgruppen zu erschließen und zu bearbeiten ist, um so eher ist ein marktbezogener Generalist in einem übergeordneten produktübergreifenden Stabs- oder Dienstleistungsbereich einzugliedern.

Entsprechend dieser Determinanten wird die Weiterbildung eines Vertriebsingenieurs anzulegen sein. Sie kann damit sehr unterschiedlich ausfallen. Aber dennoch ist für alle Bereiche eine große Bandbreite vertrieblichen Wissens gefordert.

Es stellt sich bei dieser Betrachtung die Frage, ob es überhaupt möglich ist, derartig weitgesteckte Anforderungen zu befriedigen. Natürlich ist auch in diesem Zusammenhang, wie bei allen Vorgängen im Vertrieb,

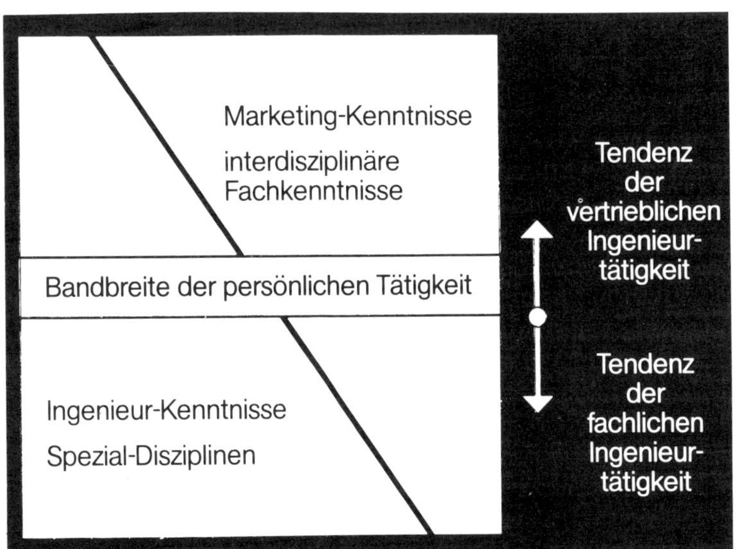

Bild 3: Tendenzen der Vertriebstätigkeit (Generalist — Spezialist)

zu differenzieren. Wie dargelegt, hängt die Gewichtung der Anforderungen nicht zuletzt von der geforderten oder angestrebten Einsatzart des Vertriebsingenieurs ab (Bild 3).

Jeder Mitarbeiter hat darüber hinaus naturgemäß nur eine gewisse Bandbreite der persönlichen Neigungen und Fähigkeiten. Je nach markt- oder produktspezifischer Anforderung wird sich das Anforderungsprofil in Richtung grundsätzlicher oder spezieller Aufgaben verschieben. In der Praxis, vermehrt bei Auslandseinsätzen, wird in der Tätigkeit des Vertriebsingenieurs eine gewisse „Pendelbewegung" zwischen Spezialist und Generalist eintreten, was wiederum charakteristisch für diese eher breit angelegte Fachdisziplin Vertriebsingenieur ist.

Aus den wenigen hier aufgeführten Grundüberlegungen läßt sich leicht ableiten, daß die Schwerpunktausbildung für einen Vertriebsingenieur eher eine Frage der einsatzbedingten Weiterbildung ist. Diese Weiterbildung des Vertriebsingenieurs bleibt auch in Zukunft Angelegenheit der Firmen selbst und ihrer Berater- und Schulungsteams. Die Ausbildung des Vertriebsingenieurs jedoch wird zunehmend in den Verantwortungsbereich von den Fach- und Hochschulen zu übernehmen sein.

Schrifttum

[1] VDI-Verlag GmbH. Reihe: Technischer Vertrieb. Marketing und Produktplanung (1982); Angebotserstellung in der Investitionsgüterindustrie (1983); Systematische Produktplanung (1983); Der Vertriebsingenieur Praxis der Marktbearbeitung (1984)

[2] Freie Universität Berlin. Prof. Dr. Wulff Plinke: Weiterbildendes Studium Technischer Vertrieb; Institut für allgemeine Betriebswirtschaftslehre und Markt- und Verbraucherforschung

[3] Freie Universität Berlin. Prof. Dr. Wulff Plinke: Projektgruppe Technischer Vertrieb; Eine Studie über den Weiterbildungsbedarf der deutschen Investitionsgüter-Industrie (1985)

[4] Absatzwirtschaft Zeitschrift für Marketing: Sonderausgabe 10/85; Welche Probleme müssen Sie meistern?

[5] Capital Das deutsche Wirtschaftsmagazin: Ausgabe März 1982

15. Tendenzen der Bedarfsentwicklung in den achtziger und neunziger Jahren

von F. W. Fickel*)

Vorbemerkung

Die Wirtschaftsentwicklung stagnierte bis Anfang der achtziger Jahre und erholte sich dann wieder allmählich. Noch kennzeichnet hohe Arbeitslosigkeit die konjunkturelle Problemlage.

Die Wirtschaftspolitik erreichte inzwischen die makro-ökonomischen Ziele der Preisstabilität, ausgeglichenen Zahlungsbilanz, des Wachstums, aber nicht der Vollbeschäftigung.

Technischer Fortschritt, die Vorbedingung für weiteres Wachstum und für die Eindämmung von Arbeitslosigkeit wird von einigen politischen Gruppierungen gebremst, als Risikofaktor für die Umwelt dramatisiert.

Auch lähmen Gesetze und Steuerlasten die Unternehmerinitiativen und vermiesen dem Verbraucher Wohlstandsziele.

Doch werden langfristig innovative Kräfte zum Durchbruch gelangen und dem Menschen zu einer fortschrittlichen Lebensbewältigung verhelfen, ihm die Arbeit erleichtern, Geltung verschaffen, Sicherheit und Mobilität gewährleisten. Unter diesen Konditionen können wir künftige Tendenzen voraussagen.

Bedarfsträger

Die Altersstrukturpyramide der Bundesbevölkerung wird in ihrem oberen Teil breiter, in ihrem unteren Teil noch schmäler als bisher; zurückgehen wird die Zahl der Kinder, der Jugendlichen im Alter bis zu 20 Jahren, wachsen wird die Zahl der älteren Personen über 60 Jahre und kaum zunehmen die Zahl der erwerbstätigen Bevölkerung zwischen 20 und 60 Jahren.

Die vielen älteren Menschen werden ihr Leitbild nicht bei der Jugend, sondern bei denen suchen, die mitten im Leben stehen. Alte Menschen werden auch nicht Erzeugnisse „für die Alten" kaufen wollen; ganz normale Angebote werden für sie in Betracht kommen, darunter Produkte von hohem Gesundheitswert, entlastende Gebrauchsgüter und Geräte zur Kommunikation.

Alleinstehende und in Ausbildung befindliche junge Leute werden in gewollter Distanz zum Elternhaus ihr eigenes Leben gestalten, und zwar

*) Dipl.-Kfm. Franz Wilhelm Fickel, Ressortdirektor der GfK Marktforschung GmbH & Co. KG, Nürnberg

unter ihresgleichen, eventuell in Wohngemeinschaften oder anderen Gruppen, politisch oder „revolutionär" engagiert.

Die Städte, die diesen jungen Menschen den notwendigen Ausbildungs- und Lebensraum zu bieten haben, werden sich künftig stärker als bisher bemühen, ihr Wohnungsangebot für diesen Personenkreis erheblich zu vergrößern.

Stadtregionen werden einerseits junge, andererseits alte Menschen beherbergen und Angebote sowie Einrichtungen zur Kommunikation (Fußgängerzonen), Ausbildung, Kultur und Erholung auf diesen Personenkreis ausrichten.

Kaufkräftige Familien, die mitten im Berufsleben stehen, werden die städtische Agglomeration verlassen und eine ruhige Wohnlage im Grünen besiedeln (vgl. Abschnitt „Regeneration").

Und per Saldo zwischen Zuzügen und Abwanderungen wird die Einwohnerzahl verstädterter Ballungsräume weiter sinken, solange nicht Ausländer an den Zuzügen erheblich beteiligt sind.

Junge Leute, ausländische Arbeitskräfte mit ihren Familien und ärmere Senioren werden künftig in den Altstadtgebieten dominieren. An der Peripherie der Ballungsräume, in ländlichen Gebieten, werden die besonders Kaufkräftigen ihre Eigenheime (Bungalows) bauen.

Die freiheitliche Wirtschaftsordnung bewirkt Wachstum; die Einkommen breiter Schichten werden weiter steigen.

Viele Erzeugnisse werden künftig billiger als heute angeboten werden können, weil die Industrie durch rationalisierte und automatisierte Herstellungsverfahren die Stückkosten beträchtlich senkt. Preisverbilligungstendenzen werden sich sowohl bei Lebensmitteln als auch bei komplizierten elektrotechnischen Geräten, wie elektronischen Rechnern, Audio-Video- und Fotogeräten, ergeben. Auch neue Angebotsformen bieten verbilligte Einkaufsmöglichkeiten (vgl. Abschnitt „Angebotsformen").

Dagegen werden die Preise für jene Produkte und Leistungen, an deren Herstellungs- und Angebotsprozeß überwiegend individuell und unmittelbar menschliche Arbeitskraft teilhat, sehr hohe Teuerungsraten aufweisen. Denn der Produktionsfaktor „Mensch", besonders die leistungs- und anpassungsfähige, qualifizierte Fachkraft, wird knapp bleiben und deshalb hoch bezahlt werden müssen.

Wo Dienstleistungspreise geradezu unerschwingliche Höhen erklimmen, wird die Industrie Produkte kreieren und auf den Markt bringen, mit denen die betreffende Problemlösung einfacher und billiger gelingt.

Hierzu bestehen erfolgversprechende Aussichten auf nahezu allen Ebenen der praktischen Lebensbewältigung; vor allem werden neuartige Produkte zur Regeneration körperlicher und geistiger Kräfte, Arbeitsvereinfachung, Kommunikation und Erholung auf den Markt kommen.

Der Mengenkonsum wird künftig etwa gleichbleiben, jedoch wird sich die qualitative Verbrauchsstruktur erheblich wandeln. Für ein „Mehr an Qualität" wird der Konsument auch mehr Geld als bisher ausgeben. Längerfristige und aufwendige Konsumziele (u. a. Kraftfahrzeug, Eigenheim; vgl. Abschnitt „Mobilität und Regeneration") werden nach wie vor beharrlich angespart und viele Käufe durch Kredite finanziert (Gehaltskontenüberziehung).

Soweit Spareinlagen — u. a. prämienbegünstigt — mehrere Jahre festliegen, muß nicht unbedingt auf spontane Anschaffungen verzichtet werden. Selbst steigende Spareinlagen werden die Kreditwürdigkeit erhöhen, somit praktisch flexible Liquidität sichern, allerdings zu bisweilen recht hohen Kreditkosten.

Die Finanzierungsmöglichkeiten zusammengenommen werden künftig die latente Massenkaufkraft beachtlich potenzieren. Somit werden attraktive Produkte, die auf vordringlichen Bedürfnissen der Menschen zugeschnittenen Problemlösungen, stets gebührlich Resonanz finden.

Erwerbstätigkeit

Beruf und Arbeit werden tendenziell mehr und mehr dem Erwerb von Mitteln für die Freizeitverbringung dienen. Gesteckte Konsumziele werden, wenn sie erreichbar erscheinen, zur Leistung anspornen. Daher werden begehrenswerte Objekte sozusagen selbst Bedarf schaffen.

Den Unternehmen wird es jedoch schwererfallen, echte Neuerungen zu lancieren, als bei schwindenden Erträgen kostensenkende Rationalisierungsinvestitionen vorzunehmen. Aber in stagnierenden Märkten werden die Unternehmer letztlich neue Produktideen haben und verwirklichen müssen, um überleben zu können.

Günstige Voraussetzungen bestehen für Branchen, wo Innovationen Bausteine zu weiteren Innovationen liefern, wie beispielsweise die Mikroprozessoren für alle möglichen kybernetischen Prozesse.

Neue Techniken werden zu den Arbeitsplätzen vordringen; Industrie-Roboter*) werden selbsttätig Preß-, Schmiede-, Druck-, Spritz-, Gieß- und Montagearbeiten verrichten, somit zweifelsohne den Menschen von schwerer, bisweilen sogar gesundheitsschädlicher Erwerbstätigkeit entlasten. Auch mechanische und routinemäßige Tätigkeiten in den Büros wird in weiterhin zunehmendem Maße der Computer übernehmen (Korrespondenz- und Textverarbeitungsanlagen). Freigesetzte Arbeitskräfte

*) Unter einem Industrie-Roboter versteht man ein Gerät mit mehreren (mindestens drei) programmierbaren Achsen, das eine bisher manuell ausgeführte Tätigkeit übernimmt.

werden — einen gewissen Umschulungswillen vorausgesetzt — in Wachstumsbranchen unterkommen.

Kommunikation und Information

Man wird künftig viel lieber zum Telefon greifen als zum Briefpapier. Denn die phonetische Verständigung fällt psychisch leichter als die schriftliche. Künftig wird daher fast jeder Haushalt einen Telefonanschluß besitzen.

Perfektionierte Medien gegenseitiger Verständigung, wie das Bildtelefon (beide Gesprächspartner sehen sich, während sie sprechen, auf dem Bildschirm) und die telefonische Übertragung von Texten und Kopien, werden sich bei den privaten Haushalten weniger durchsetzen. Denn offenbar besteht (vorerst) kein Bedürfnis für so technisch aufwendige Mitteilungen zwischen privaten Kommunikationspartnern.

Dagegen wird der rezeptive Empfänger von Nachrichten- und Unterhaltungssendungen eine verbesserte Übermittlungsqualität, Reproduzierbarkeit und größere Auswahl geradezu begrüßen.

Zum Inventar des künftigen Haushalts werden meist mehrere Empfangsgeräte gehören, davon mindestens eines mit HiFi- und Stereoqualität, gekoppelt mit Aufnahme- und Wiedergabegeräten (Recorder).

Die Darbietungen werden nicht nur im Ton, sondern auch im Bild fast naturgetreu empfangen und konserviert werden können. Das Farbfernsehgerät, mit Stereoton ausgestattet, wird zum Großbildprojektor weiterentwickelt. Mit dem Videorecorder nehmen die Haushalte Fernsehsendungen auf und reproduzieren sie zu beliebiger Zeit, ebenso wie gekaufte oder gemietete „Videofilme".

Erinnerungen und familiäre Ereignisse werden fotografisch (Dias) oder elektronisch erfaßt; Videokompaktkameras ermöglichen die magnetische und bildsynchrone Tonaufzeichnung (ohne Kabel, bei Wegfall transportschwerer Recorder und Akkus).

Überhaupt wird sich das Angebot an informativer Kommunikation vergrößern; über Kabel und Satelliten werden vielmehr Kanäle (Sender) empfangen als genutzt werden können. Denn kurzweilige und unterhaltsame Sendungen oder Reproduktionen werden den Zeitetat der Verbraucher bereits erheblich beanspruchen (s. auch Abschnitt „Regeneration").

Dennoch wird der Kreis derer, die sich mit allen Geräten zur Nutzung der neuen Medien ausstatten werden, durchaus nicht klein bleiben. Die Verbraucher schaffen sich solche Apparaturen nicht an, um sie voll auszulasten, sondern um damit umfassende Informationsmöglichkeiten wenigstens parat zu haben.

Somit wird ein beachtliches Kommunikationspotential in den eigenen vier Wänden zur Verfügung stehen, das sich weiterhin negativ auf den Besuch von Veranstaltungen außer Haus auswirkt.

Über die elektronischen Medien werden auf schnellstem und bequemstem Wege Informationen, Wissen und Bildung, mit Unterhaltung gemischt, ins Haus gelangen, aufgezeichnet und beliebig reproduziert. Zweifelsohne werden jedoch die meisten Verbraucher dieses Angebot nur oberflächlich nutzen, weil die Erfassung der einströmenden Informationsfülle zunehmend Zeit beansprucht, die allzubald fehlt.

Hausarbeit

Maschinen und Apparaturen werden die Hausarbeit programmatisch verkürzen und zugleich wirkungsvoller machen. Die Hersteller werden Staubsauger, Waschmaschinen, Herde, Grillgeräte, Heizungen und Kühlaggregate mit neuen Schalt- und Regelkreisen (mikroelektronischen Elementen) ausstatten, wodurch diese Geräte selbstregelnde und energiesparende Funktionen erhalten. Einzelne Prozesse werden vollautomatisch ablaufen (z. B. Koch-, Back- und Grillprogramme, Reinigungs-, Wasch- und Geschirrspülprogramme); mit fortschreitender Technik wird sonach die Hausarbeit weiter vereinfacht und erleichtert werden.

Die Nahrungsmittelindustrie wird fortwährend neue, die Küchenarbeit vereinfachende Produkte auf den Markt bringen, die von der Hausfrau nur noch (im Mikrowellenherd) erhitzt und dekorativ serviert werden. Sobald die Hersteller den Verbraucher vom Gesundheitswert dieser Konserven überzeugt haben, werden die Haushalte Kollektionen vorgefertigter Speisen und Gerichte — zu Billigpreisen erworben (s. Abschnitt „Angebotsformen“) — bevorraten, und die Hausfrau wird jedem Haushaltsmitglied das ihm nach Lust und Laune entsprechende Menü fast mühelos servieren können.

Der künftige Haushalt wird also Feierabende und Wochenenden nicht mit Saubermachen und Kochen ausfüllen, sondern anderen, interessanteren Betätigungen nachgehen oder „im Nichtstun regenerieren“.

Soweit sich einzelne Familienmitglieder in der Freizeit betätigen, werden die Ergebnisse dieser Arbeit vorwiegend der Haushaltsgemeinschaft zugute kommen. Freilich werden Reparaturen und Verschönerungen der Wohnung keinesfalls mit unzulänglichem Werkzeug und in mühevoller Kleinarbeit bewältigt. Über die elektrische Bohrmaschine hinaus werden, je nach Umfang des Instandhaltungsobjektes (Mietwohnung oder Eigenheim), weitere Elektrowerkzeuge („Master-Programme“) oder die spezielle Tätigkeit erleichternde Gerätschaften angesammelt. In Einfamilienhäusern werden Kellerräume regulär zur Werkstatt ausgebaut. Der Entschluß, einzelne Werkzeuge anzuschaffen, wird sich primär an der Bedarfsdringlichkeit (z. B. zur einfachen Bewältigung einer notwendigen Reparatur) orientieren und viel weniger an der wahrscheinlichen Wiederverwendungshäufigkeit des Werkzeuges, welche sich durchwegs doch als „relativ selten" erweist. Man wird sich die Werkstatt „für alle Fälle" einrichten.

Mobilität

Wer einen Personenkraftwagen — altersmäßig und konstitutionell — fahren kann, wird künftig davon Gebrauch machen. Denn das individuelle Verkehrsmittel wird, infolge der subjektiv empfundenen Vorzüge (zeitliche Ungebundenheit, Freiheit in der Wahl der Ziele, „Freude am Fahren"), zur Überbrückung von Entfernungen künftig die Hauptrolle spielen. Auch mit zunehmender Verteuerung der Betriebskosten erscheint ein Umsteigen auf andere Verkehrsmittel völlig unwahrscheinlich; Fahrräder und Motorräder werden den Pkw sicherlich nicht ersetzen, da sie den Benutzer im Stadtverkehr viel zu sehr gefährden, weder vor Regen noch vor Kälte schützen und keine ausreichende Transportkapazität (z. B. für Einkäufe) bieten. Sehr wohl werden sich aber — bei schönem Wetter — Zweiradfahrer den Reiz des Sportlichen bzw. des Fitneß-Trainings nicht entgehen lassen.

Der Personenkraftwagen wird im künftigen Verkehrsgeschehen auch deshalb dominieren, weil mit zunehmender flächenextensiver Siedlungsweise schienengebundene Nahverkehrsmittel unrentabel bleiben. Die Restnachfrage nach öffentlichen Verkehrsleistungen, insbesondere von seiten der Schulkinder und alter Leute, die selbst kein Auto fahren können, wird durch Kraftomnibusse und Taxen gedeckt werden.

Nur zur Überwindung großer Distanzen werden — meist im Geschäftsreiseverkehr — schnelle Züge und Flugzeuge bevorzugt. Auslandsreisende werden den Luftverkehr zu Urlaubszeiten besonders beanspruchen.

Weniger Personen als bisher werden öffentliche Nahverkehrsmittel benutzen. Die zur Zeit in einigen Großstädten errichteten U-Bahnnetze werden in erster Linie den Straßenbahnverkehr ersetzen, mit einem erhöhten Beförderungsaufkommen jedoch nicht rechnen können. Künftige Versuche, eine nennenswerte Zahl motorisierter Verbraucher zum Umsteigen zu veranlassen, werden ebenso scheitern wie entsprechende Experimente in der Vergangenheit.

Pendler werden gezwungenermaßen in Ballungsräumen auf dem täglichen Weg zur Arbeit öffentliche Verkehrsmittel annehmen. Aber sobald die geringste Hoffnung auf einen Parkplatz am Zielort besteht, wird auch der Pendler das Auto besteigen.

Massenverkehrsmittel werden künftig gemieden und gegebenenfalls verslumen. In großstädtischen Agglomerationen werden flächendeckende Kabinen-Netze stärker Zuspruch erfahren, weil sie dem individuellen Verkehrsmittel näherkommen, den Benutzer — mittels Programmkarte — sein Ziel in faszinierender und spielerischer Manier „ansteuern" lassen.

Regeneration

Im Berufsleben werden dem Erwerbstätigen Leistungen abverlangt, die angespannt den potenzierten Einsatz geistiger und seelischer Kräfte erfordern. Daher begrüßt man nach intensivierter Arbeitszeit Kontrastprogramme der Freizeitgestaltung. Allgemein ist Freizeit „freie Zeit", in der man weitgehend tun und lassen kann, was man will, wogegen der Beruf terminiert an das Arbeitsteam und die Unternehmensziele bindet.

Allabendlich werden sich die meisten Familien vor den Fernsehschirmen passiv informieren und unterhalten lassen. Sie werden mit zunehmendem Angebot an Sendungen kein viel größeres Quantum aufnehmen können als bisher. Der individuelle Geschmack wird sich stärker prägen, man wird auch mal restlos abschalten können, und wer aus irgendwelchen Gründen verhindert ist, seine Lieblingssendungen zu sehen, wird sie per Videorecorder mitschneiden und betrachten, wenn er Zeit dazu hat. Auch sammeln wird man bestimmte Darbietungen auf Band und sie sich zu günstiger Zeit ansehen. Bedingt werden reine Bildungs- und Fortbildungsprogramme auf Video reproduziert und „gelernt".

Das Wochenende, bereits am Freitag als „Kurzurlaub" beginnend, wird man teils daheim und außer Haus verbringen. Die notwendigen Einkäufe werden mit dem Wagen im nahegelegenen Einkaufszentrum oder Verbrauchermarkt (s. Abschnitt „Angebotsformen") getätigt. Die Konfrontation mit der Angebotsfülle wird die Menschen erbauen und entspannen. Und in großen Einkaufszentren mit vielfältigen Sortimenten, Gaststätten und Cafés werden die Verbraucher lange Zeit verweilen.

Der Wochenendausflug mit dem Pkw aus der Stadt ins Grüne, verbunden mit Spaziergängen und kleinen Wanderungen, wird mehr der passiven Regeneration als der aktiven Betätigung dienen. Davon wird die Gastronomie in den Erholungsgebieten sicher profitieren.

Auch daheim wird sich die aktive Betätigung auf ein Minimum beschränken. Voraussichtlich wird „Do-it-yourself" in anstrengender und handwerklicher Weise, trotz teuerer Fremdleistungen, selten betrieben werden. Nicht ausgeschlossen wird die relativ kostspielige Ausstattung der Haushalte mit Geräten und Werkzeugen (s. Abschnitt „Hausarbeit").

Auch werden Aufnahme- und Wiedergabegeräte, versehen mit allen technischen Raffinessen (z. B. zur Synchronisation von Bild und Ton, für Multi-Playback), bei erschwinglichem Preis größere Absatzchancen haben als einfache und billige Geräte, obgleich die technischen Raffinessen später selten genutzt werden.

Das „Parat-Haben-Wollen" wird also zur wesentlichen Komponente der Kaufentscheidung. Die Menschen werden sich offenbar mit den sie umgebenden Apparaturen, die sie jederzeit verwenden können, aber nicht müssen, frei und unabhängig fühlen.

Freizeit wird im Bewußtsein absolute Priorität genießen, geradezu als obligatorische Regenerationsphase gelten, als Zeit, für die es sich überhaupt lohnt zu arbeiten und zu leben. Der Bedarf an Muße, Ruhe, Nichtstun, Abkehr von Spannung und Unrast wird die künftige Angebotsszene bestimmen.

Die Nachfrage nach Eigenheimen in ruhiger Lage, im Grünen und mit Abstand vom Nachbarn wird sich weiter verstärken. Sicherlich wird diese Wohnform mehr Grundfläche benötigen als das Mehrfamilienhaus. Aber Grund und Boden werden durch Baugesetze und Bauverordnungen (künstlich) knapp gehalten.*) Damit Ballungsgebiete nicht noch mehr Bevölkerung verlieren und der „Siedlungsbrei" nicht noch weiter ins Land zerfließt, bemüht sich die Raumplanung, überkommene Strukturen zu wahren und neue extensive Wohngebiete als „Wildwuchs" abzuwerten. Der bebaubare Grund bleibt daher knapp und teuer, ruft unzählige Spekulanten auf den Plan.

Künftig wird sich — allmählich mehr und mehr — das Grundstücksangebot erweitern, indem Bauern Wiesen und Äcker „preisgünstig" abstoßen, die betreffenden Gemeinden Wohngebiete ausweisen zur Bebauung mit Einzelhäusern, die dem echten Bedarf entsprechen. Sodann werden städtische Grundstücke — infolge sinkender Nachfrage nach kostspieligen Appartements — an Spekulationswert verlieren.

Schüler, Studenten, Lehrlinge und alleinstehende Personen werden die Innenstadt als Wohndomizil nur nutzen, wenn Wohnraum zu erschwinglichen Preisen — in Altbauten — vorhanden ist.

Im Bedarfsbudget werden die Ausgabenanteile für Einrichtung und Ausstattung sowie überhaupt für jeden Regenerationskomfort überdurchschnittlich steigen, während beispielsweise die Ausgabenanteile für Nahrungs- und Genußmittel sinken werden.

---

*) Das Bundesgebiet umfaßt (ohne Küstengewässer und Bodensee) 248 000 qkm, wovon 24 000 qkm (= rund 10%) bebaut sind (mit Gebäuden, Straßen, Eisenbahnen); s. Statistisches Jahrbuch der Bundesrepublik, herausgegeben vom Statistischen Bundesamt, Wiesbaden; würde man 20 Mio. Eigenheime (für fast jeden Haushalt) mit je 500 qm Grundstücksfläche errichten, wären dazu nur 4% der Bundesgebietsfläche erforderlich.

Ein besonderer Freizeitbereich, nämlich der Urlaub, wird als Konsumziel höchsten Ranges bestehen, die Arbeitnehmer werden ihren Urlaubsanspruch sogar erweitert wissen wollen.

Die Anbieter werden unermüdlich neue Urlaubsziele attraktiv machen, die Konsumenten werden sie erstreben und „ansparen". Man wird ferner Ferienorte per Flugzeug erreichen und den Auslandsaufenthalt besonders schätzen.

Nicht alle Urlauber werden sich im Hotel wohlfühlen. Die Übernachtung auf Campingplätzen wird weniger spartanisch als romantisch empfunden. Der Trend geht zu gewissem Komfort, und gut ausgestattete Campingfahrzeuganhänger (Caravans) und Wohnautos (Campingmobile) modernisieren das „Zigeunerleben".

Angebotsformen

Der funktionale Einzelhandel wird sich weiter konzentrieren, von Branche zu Branche mit unterschiedlicher Intensität. Kleine, unrationell arbeitende und daher leistungsschwache Unternehmen werden den Markt verlassen, anpassungsfähige Unternehmen in eine höhere Größenordnung hineinwachsen und große Unternehmen noch größer werden.

Neue Absatzformen werden aufkommen. SB-Warenhäuser und Verbrauchermärkte festigen ihre beachtliche Marktstellung; Fachmärkte (Bau-, Möbel-, Bekleidungs- und andere Branchenmärkte) werden folgen und gute (verkehrsorientierte) Standorte besetzen.

Ganz abgesehen von Reglementierungen (der BauNVO, insbes. § 11, Abs. 3) wird eine branchenspezifische Verkaufsflächengröße von diesen Angebotsformen nicht überschritten werden können, weil der Verbaucher nur ein bestimmtes räumliches Ausmaß wahrnimmt und frequentiert.

Verkehrsgünstige und „unverbaute" Standorte profitieren zunehmend von der geographischen Mobilität der Verbraucher, die künftig noch wächst (vgl. Abschnitt „Mobilität").

Dagegen werden historisch gewachsene, innerstädtische und bereits „verbaute" Einkaufszentren den individuellen, motorisierten Verkehr behindern und kaum noch bis zur Mitte heranlassen. Öffentliche Verkehrsmittel werden diesen Mangel nicht überbrücken können und als Kundenzubringer viel weniger gelten als Parkplätze in der Nähe (der Fußgängerzone).

Im allgemeinen werden Fachgeschäfte in Standortagglomeration künftig günstiger dastehen als Konzernwarenhäuser. Denn der Fachhandel kann sich schneller und besser auf die verbleibende Nachfrage einstellen, aktuelle, erklärungsbedürftige Produkte mit Fachberatung anbieten, Angebotsbündel für spezielle Freizeitnutzungen unvermittelt kreieren.

Die vielen kleinen, den Wohnnachbarschaften zugeordneten Läden werden ihre Nahversorgungsfunktion durch betriebliche Modernisierung und durch Selbstbedienung behalten. Der Verbraucher wird ihre Nähe als angenehm empfinden, einen bestimmten Bedarf bei diesen Geschäften weiterhin dekken und zu höheren Preisen honorieren.

Die künftige Entwicklung der Absatzformen verspricht eine lebendige und wechselhafte Einzelhandelslandschaft, wobei die Stadtmitte den bisherigen Ausschließlichkeitsanspruch als „Einkaufszentrum höchster Hierarchie" weiterhin verlieren wird.

Teil II

Abschnitt 1:
Informationen zum absatzwirtschaftlichen Planungs-, Entscheidungs- und Gestaltungsprozeß

1. Informationskomplex Marketing

1.1. Marketing-Organisationen

1.1.1. Marketing

Verbände, Vereinigungen

Deutsche Marketing-Vereinigung e.V. (DMV), Orangeriestraße 6, 4000 Düsseldorf 1, Tel. (02 11) 32 00 79

BDW Deutscher Kommunikations-Verband e.V., Adenauerallee 209, 5300 Bonn, Tel. (02 28) 21 10 47/48

Marketing zwischen Theorie und Praxis e.V. (MTP), Universität des Saarlandes, Poststelle, 6600 Saarbrücken 11

AWG Absatzwirtschaftliche Gesellschaft Nürnberg E.V., Josephplatz 20, 8500 Nürnberg 1, Tel. (09 11) 22 12 57

Markenverband e.V., Schöne Aussicht 59, 6200 Wiesbaden 1, Tel. (0 61 21) 52 20 71

Moderne Markt-Methoden-Club, Schumannstraße 27, 6000 Frankfurt, Tel. (0 69) 7 43 31

Marketing-Clubs

Der Deutschen Marketing-Vereinigung e.V. angeschlossene Marketing-Clubs

MC Aachen, Tel. (02 41) 1 70 11
MC Augsburg, Tel. (08 21) 7 00 74 77
MC Bergisch-Land, Tel. (02 02) 46 20 35
MC Berlin, Tel. (0 30) 68 99 22 02
MC Bielefeld, Tel. (05 21) 29 82 72
MC Bodensee, Tel. (07 51) 80 12 15
MC Braunschweig, Tel. (0 53 57) 18 10
MC Bremen/Weser-Ems, Tel. (04 21) 56 10 84
MC Dortmund, Tel. (02 31) 80 17 18
MC Düsseldorf, Tel. (02 11) 6 21 05 30
MC Essen, Tel. (0 23 24) 5 30 22
MC Göttingen, Tel. (05 51) 6 40 61
MC Hamburg, Tel. (0 40) 8 80 75 11
MC Hannover, Tel. (05 11) 51 40 93/4
MC Harz, Tel. (0 53 21) 70 32 45
MC Heilbronn, Tel. (0 71 31) 62 94 14
MC Karlsruhe, Tel. (0 72 43) 6 87 93
MC Köln/Bonn, Tel. (02 21) 89 22 33
MC Mainfranken, Tel. (0 93 52) 50 03 32
MC Mönchengladbach, Tel. (0 21 61) 35 14 62
MC München, Tel. (0 89) 76 50 28
MC Münster/Osnabrück, Tel. (0 54 07) 26 49
MC Neckar-Alb, Tel. (0 71 21) 20 11 12
MC Niederbayern, Tel. (08 71) 85 11 30
MC Nordhessen, Tel. (05 61) 50 25 21
MC Nürnberg, Tel. (09 11) 1 33 32 78
MC Paderborn, Tel. (0 52 51) 3 57 89
MC Regensburg, Tel. (0 94) 79 30 31
MC Rhein-Main, Tel. (0 69) 74 96 41

MC Rhein-Mosel, Tel. (02 61) 3 52 51
MC Rhein-Neckar, Tel. (06 21) 4 40 33 33
MC Saar, Tel. (06 81) 60 12 04
MC Siegen, Tel. (02 71) 33 02 46
MC Stuttgart, Tel. (07 11) 62 34 18
MC Südbaden, Tel. (07 61) 40 50 84
MC Ulm/Neu-Ulm, Tel. (0 73 51) 54 25 60

Internationale Organisationen

European Marketing Council (EMC), van Eeghenstraat 86, NL-1007 AL Amsterdam, Tel. (00 31 20) 73 95 51

Mitglieder im European Marketing Council

Belgien

Belgian Management and Marketing Association, 90, Chaussée de Charleroi, bte 10, 1060 Bruxelles, Tel. (0 03 22) 5 38 02 58

Bundesrepublik Deutschland

Deutsche Marketing-Vereinigung e.V., Orangeriestr. 6, 4000 Düsseldorf, Tel. (02 11) 32 00 79

Finnland

The Finnish Marketing Executives' Group, Töölöntullinkatu 6, 00250 Helsinki, Tel. (00 35 80) 41 32 77

Frankreich

Les Dirigeants Commerciaux de France (DCF), 30 Rue d'Astorg, 7508 Paris, Tel. (0 03 31) 2665 11 18

Großbritannien

Institute of Marketing, Moor Hall, Cookham, Maidenhead, Berkshire SL69QH, Tel. (0 04 46 28) 5 249 22

Irland

Marketing Institute of Ireland, 12 Fitzwilliam Place, Dublin 2, Tel. (00 35 31) 611 993/684 797

Niederlande

NCD, Nederlands centrum van direkteuren en commissarissen, P.O.Box 5451, 1007 AL Amsterdam, Tel. (00 31 20) 64 62 11

Nederlands Instituut voor Marketing (NIMA), Prinses Irenstraat 31, 1077 WV Amsterdam, P.O. Box 7352, 1007 JJ Amsterdam, Tel. (00 31 20) 46 21 66

Norwegen

Markedsklubben, Blogstadveien 43, 0366 Oslo 3, Tel. (0 04 72) 46 91 26

Protugal

Sociedade Portuguesa de Commercializacao (Marketing), Avenida Elias Garcia 172, 2° Esq., Lisboa-1, Tel. (0 03 51 19) 77 44 57

Spanien

Club de Marketing de Barcelona, Enrique Granados 101, 08008 Barcelona, Tel. (00343) 21 82 074/564 1436

Schweden

Swedish Marketing Executives, Drottninggatan 90B, S-111 36 Stockholm, Tel. (0 04 68) 21 79 84

Schweiz

Schweizerischer Verkaufs- und Marketingleiter-Club, Zentralsekretariat: Postfach 10, 8060 Zürich, Tel. (0 04 11) 4 81 55 81

Beobachterstatus Österreich

Marketing-Club Linz, c/o Johannes Kepler Universität, Institut für Marketing, Postfach 545, Altenbergerstraße 69, A-4040 Linz, Tel. (0 04 37 32) 23 13 86/266

Association Européenne des Industries des Produits de Marque (A.I.M.), Rue de l'Orme, 19, B-1040 Brüssel, Tel. (0 03 22) 7 33 12 64

International Marketing Federation I.M.F., 30, rue d'Astorg, F-75008 Paris, Tel. (0 03 31) 2 66 51 13

American Marketing Association, 250 S. Wacker Drive, Chicago Illinois 60606, Tel. (3 12) 6 48-05 36

Sales and Marketing Executives International, 380 Lexington Avenue, New York, N.Y. 10017, Tel. (2 12) 9 86-93 00

United States International Marketing Center, Bahnhofstraße 9—11, 5000 Köln 1, ABC-Haus, Tel. (02 21) 23 31 41

Absatzwirtschaftliche Kommission

Mitglieder der wissenschaftlichen Kommission Marketing im Verband der Hochschullehrer für Betriebswirtschaft e.V.

Prof. Dr. Dieter Ahlert, 4400 Münster
Prof. Dr. Sönke Albers, 5400 Koblenz
Prof. Dr. Karl Alewell, 6300 Giessen
Prof. Dr. Ulli Arnold, 3500 Kassel
Prof. Dr. Klaus Backhaus, 6500 Mainz
Priv.-Doz. Dr. Axel Bänsch, 2000 Hamburg
Prof. Dr. Klaus Barth, 3350 Marburg
Priv.-Doz. Dr. Erich Bauer, 3550 Marburg
Dr. Hans Bauer, 6800 Mannheim
Prof. Dr. Gerold Behrens, 5600 Wuppertal 1
Dr. Christian Belz, CH-9000 St. Gallen
Prof. Dr. Ludwig Berekoven, 8500 Nürnberg
Prof. Dr. Ralph Berndt, 2000 Hamburg 13
Prof. Dr. Franz Böcker, 8400 Regensburg
Prof. Dr. Heymo Böhler, 8580 Bayreuth
Prof. Dr. Rudolf Bratschitsch, A-6020 Innsbruck
Dr. habil. W. Braun, 5600 Wuppertal 1
Prof. Dr. Klaus Brockhoff, 2300 Kiel
Prof. Dr. Erwin Dichtl, 6800 Mannheim
Prof. Dr. Hermann Diller, 2000 Hamburg 70
Prof. Dr. Werner H. Engelhardt, 4630 Bochum
Prof. Dr. W. F. Fischer-Winkelmann, 8014 Neubiberg
Prof. Dr. Hermann Freter, 5900 Siegen
Prof. Dr. Wolfgang Gaul, 7500 Karlsruhe
Prof. Dr. Manfred Norbert Geist, 6800 Mannheim 1

Dr. H. Georg Gemünden, 2303 Gettorf
Prof. Dr. Ernst Gerth, 3400 Göttingen
Priv.-Doz. Dr. Hans-J. Gessner, 3400 Göttingen
Prof. Dr. Rudolf Gümbel, 6000 Frankfurt
Prof. Dr. Peter Hammann, 4630 Bochum
Prof. Dr. Ursula Hansen, 3000 Hannover 91
Prof. Dr. K.-W. Hansmann, 2000 Hamburg 70
Dr. Fokko ter Haseborg, 2000 Hamburg 13
Prof. Dr. Arnold Hermanns, 8014 Neubiberg
Dr. Lutz Hildebrandt, 1000 Berlin 30
Prof. Dr. Wolfgang Hilke, 7800 Freiburg
Prof. Dr. Wilhelm Hill, CH-4051 Basel
Prof. Dr. Hans Hörschgen, 7000 Stuttgart 70
Prof. Dr. R. Hünerberg, 1000 Berlin 30
Prof. Dr. M. Hüttner, 2800 Bremen 33
Prof. Dr. Klaus Peter Kaas, 6000 Frankfurt/M.
Prof. Dr. Fritz Klein-Blenkers, 5000 Köln 14
Prof. Dr. Hans Knoblich, 3400 Göttingen
Prof. Dr. Richard Köhler, 5000 Köln 41
Prof. Dr. Udo Koppelmann, 5000 Köln 41
Prof. Dr. Werner Kroeber-Riel, 6600 Saarbrücken
Prof. Dr. J. S. Krulis-Randa, CH-8001 Zürich
Prof. Dr. Richard Kühn, CH-1700 Freiburg
Prof. Dr. Eberhard Kuhlmann, 1000 Berlin 10
Prof. Dr. Ernest Kulhavy, A-4040 Linz
Prof. Dr. Erdogan Kumcu, USA Muncie
Dr. Alfred Kuss, 1000 Berlin 33
Dr. Michael Kutschker, 8000 München
Prof. Dr. Eugen Leitherer, 8000 München 22
Dr. Wilfried Leven, 5500 Trier
Prof. Dr. Hans-Peter Liebmann, A-8010 Graz
Univ.-Doz. Dr. Hubert Marschner, A-6020 Innsbruck
Prof. Dr. Walter Marzen, A-6020 Innsbruck
Prof. Dr. Heribert Meffert, 4400 Münster
Prof. Dr. Hans Günther Meissner, 4600 Dortmund
Prof. Dr. Carl Walter Meyer, 8700 Würzburg
Prof. Dr. Paul Werner Meyer, 8900 Augsburg
Dr. Jean Jaques Moscarola, 74019 Annecy/Cedex
O. U.-Prof. Dr. Hans Mühlbacher, A-6020 Innsbruck
Dr. Günter Müller, 8000 München 22
Prof. Dr. Walter Müller, CH-3012 Bern
Prof. Dr. L. Müller-Hagedorn, 5500 Trier
Prof. Dr. Philippe Naert, F-77305 Fontainebleau
Prof. Dr. Robert Nieschlag, 8035 Gauting/München
Prof. Dr. Otto Opitz, 8900 Augsburg
Prof. Dr. Hans-Christian Pfohl, 6100 Darmstadt
Prof. Dr. Wulff Plinke, 1000 Berlin 33
Prof. Dr. Hans Raffée, 6800 Mannheim
Prof. Dr. Max Rembeck, 7000 Stuttgart 1
Priv.-Doz. Dr. Karl Robl, 4000 Düsseldorf 1
Prof. Dr. Hermann Sabel, 5300 Bonn
Prof. Dr. Helmut Schmalen, 8390 Passau
Prof. Dr. Dieter J. G. Schneider, 7000 Stuttgart 1
Prof. Dr. Günter Schweiger, A-1190 Wien
Prof. Dr. Hermann Simon, 4800 Bielefeld 1
Prof. Dr. Günther Specht, 6100 Darmstadt
Prof. Dr. Dirk Standop, 4500 Osnabrück

Prof. Dr. Hartwig Steffenhagen, 5100 Aachen
Prof. Dr. Edmund Sundhoff, 5000 Köln 41
Prof. Dr. H. Tempelmeier, 6100 Darmstadt
Prof. Dr. Paul Theisen, 2000 Hamburg 13
Prof. Dr. Gottfried Theuer, A-1090 Wien
Prof. Dr. Bruno Tietz, 6600 Saarbrücken
Prof. Dr. Edgar Topritzhofer, A-1190 Wien
Prof. Dr. Bartho Treis, 3400 Göttingen
Prof. Dr. Volker Trommsdorff, 1000 Berlin 12
Prof. Dr. B. Tschammer-Osten, 3000 Hannover
Prof. Dr. Gerd R. Wagner, 4300 Essen
Prof. Dr. Peter Weinberg, 4790 Paderborn
Prof. Dr. Heinz Weinhold, CH-9000 St. Gallen
Dr. Klaus D. Wilde, 8000 München 22
Prof. Dr. Frank Wimmer, 8600 Bamberg
Prof. Dr. Joachim Zentes, 4300 Essen 1

1.1.2. Marktforschung

Berufsverband Deutscher Markt- und Sozialforscher e.V. (BVM), Frankfurter Str. 22, 6050 Offenbach, Tel. (0 69) 8 00 15 52

BVM-Regionalgruppen:

Baden-Württemberg (Stuttgart)
Bayern (München)
Köln-Bonn (Bonn)
Niedersachsen (Hannover)
Nord (Hamburg)
Rhein-Main (Frankfurt/Main)
Rhein-Ruhr (Düsseldorf)

ADM Arbeitskreis Deutscher Marktforschungsinstitute e.V., Burgschmietstr. 2, 8500 Nürnberg, Tel. (09 11) 39 52 31

Arbeitsgemeinschaft Deutscher Wirtschaftswissenschaftlicher Forschungsinstitute e.V., Hohenzollernstr. 1—3, 4300 Essen, Tel. (02 01) 23 31 71

Arbeitsgemeinschaft Media-Analyse e.V. (AG.MA), Wolfgangstr. 92, 6000 Frankfurt/Main 1, Tel. (0 69) 55 03 91

Arbeitsgemeinschaft Sozialwissenschaftlicher Institute e.V. (ASI), Lennestr. 30, 5300 Bonn 1, Tel. (02 28) 22 81-0

Fördergemeinschaft für Absatz- und Werbeforschung e.V., Friedensstr. 11, 6000 Frankfurt/Main, Tel. (0 69) 23 50 96

Interessengemeinschaft Marktforschungsauftraggeber (IGMA), Sprecher: Dr. Paul Müller, c/o Vereinigte Motorbuchverlage, Leuschnerstr. 1, 7000 Stuttgart 1, Tel. (07 11) 2 04 30

Sektion „Markt- und Kommunikationspsychologie" im Bundesverband Deutscher Psychologen (BDP), Dr. Gerhild Werner, c/o William Wilkens, An der Alster 42, 2000 Hamburg 1, Tel. (0 40) 2 88 11

Stiftung Warentest, Lützowplatz 11—13, 1000 Berlin 30, Tel. (0 30) 26 31-1

Arbeitsgruppe Markt-Psychologischer Institute (A.M.P.I.), c/o Psychologisches Institut Oppermann, Königsheimstr. 11, 5300 Bonn-Beuel 1, Tel. (02 28) 47 50 72

Fördergesellschaft zur Ausbildung von Marktforschern e.V., Institut für Demoskopie Allensbach, Radolfzeller Str. 8, 7753 Allensbach 1, Tel. (0 75 33) 7 77

E.S.O.M.A.R. — European Society for Opinion and Marketing Research (= Europäische Gesellschaft für Meinungs- und Marketing-Forschung), Wamberg 37, NL-1083 CW Amsterdam, Tel. (00 31 20) 44 49 95

E.S.O.M.A.R. — Nationaldelegierter für Deutschland: Claus Merbold, c/o Siemens AG — ZVW-7, Hellabrunner Straße 1, 8000 München 90, Tel. (0 89) 2 34 25 98

International Marketing Federation (IMF), (Dachorganisation für BVM und ESOMAR), c/o ADETEM, 30, rue d'Astong, F-75008 Paris, Tel. (0 03 31) 2 66 51 13

European Academy for Advanced Research in Marketing, Place Stéphanie 20, B-1050 Brüssel Bte. 15—16, Tel. (0 03 22) 5 11 91 16

EVAF European Association for Industrie, Marketing Research, Central Secretariat, Room 15, 5th Floor, Morley House, 320 Regent Street, London W1R 5AB/Großbritannien, Tel. (0 04 41) 63 72 21

WAPOR — World Association for Public Opinion Research (= Welt-Vereinigung für Meinungsforschung), 485 Lexington Avenue, New York/New York 100.17 USA

1.1.3. Werbung

Verbände

Zentralausschuß der Werbewirtschaft e.V. (ZAW), Villichgasse 17, 5300 Bonn 2, Tel. (02 28) 35 10 25

Ausstellungs- und Messeausschuß der Deutschen Wirtschaft e.V. (AUMA), Lindenstraße 8, 5000 Köln 1, Tel. (02 21) 21 90 91

Mitgliedsorganisationen des ZAW

Gruppe Werbungtreibende

Bundesverband der Deutschen Industrie e.V. (BDI), Gustav-Heinemann-Ufer 84—88, 5000 Köln 51, Tel. (02 21) 37 08 00

Bundesfachverband der Arzneimittelhersteller e.V. (BHI), Koblenzer Str. 99, 5300 Bonn 2, Tel. (02 28) 36 10 26

Bundesverband deutscher Banken e.V., Mohrenstr. 35—41, 5000 Köln 1, Tel. (02 21) 1 66 31

Deutscher Brauer-Bund e.V., Annaberger Straße 28, 5300 Bonn 2, Tel. (02 28) 81 50

Deutscher Sparkassen- und Giroverband e.V., Simrockstr. 4, 5300 Bonn 1, Tel. (02 28) 20 41

Gesamtverband der Deutschen Versicherungswirtschaft e.V., Ebertplatz 1, 5000 Köln 1, Tel. (02 21) 77 64-0

Hauptgemeinschaft des Deutschen Einzelhandels e.V., Sachsenring 89, 5000 Köln, Tel. (02 21) 3 39 80

Markenverband e.V., Schöne Aussicht 59, 6200 Wiesbaden 1, Tel. (0 61 21) 52 20 71

Zentralausschuß der Deutschen Landwirtschaft, Godesberger Allee 142—148, 5300 Bonn 2, Tel. (02 28) 37 69 55

Gruppe Werbungdurchführende und Werbemittelhersteller

ADV Allgemeiner Direktwerbe- und Direktmarketing-Verband e.V., Schiersteiner Str. 29, 6200 Wiesbaden, Tel. (0 61 21) 84 30 61

Arbeitsgemeinschaft Rundfunkwerbung, c/o Westdeutsches Werbefernsehen GmbH, Breite Straße 92—98, 5000 Köln 1, Tel. (02 21) 23 39 31

Börsenverein des Deutschen Buchhandels e.V., (Arbeitsgemeinschaft Zeitschriftenverlage — AGZV), Großer Hirschgraben 17—21, 6000 Frankfurt/Main 1, Tel. (0 69) 1 30 60

Bundesverband Deutscher Kundenzeitschriftenverleger e.V., Otto-Beck-Straße 46, 6800 Mannheim 1, Tel. (06 21) 44 10 68

Bundesverband Deutscher Zeitungsverleger e.V. (BDZV), Riemenschneiderstr. 10, 5300 Bonn 2, Tel. (02 28) 81 00 40

Bundesverband Druck e.V., Biebricher Allee 79, 6200 Wiesbaden 1, Tel. (0 61 21) 80 30

Deutsche Eisenbahn-Reklame GmbH, Am Hauptbahnhof, 3500 Kassel, Tel. (05 61) 7 00 20

Deutsche Postreklame GmbH, Wiesenhüttenstr. 18, 6000 Frankfurt/Main 16, Tel. (0 69) 26 82-1

Fachverband Außenwerbung e.V., Savignystr. 49, 6000 Frankfurt/Main 1, Tel. (0 69) 74 99 99

Fachverband Film- und Diapositiv-Werbung e.V., Oberhafenstr. 1 (Fruchthof), 2000 Hamburg 1, Tel. (0 40) 32 29 94

Fachverband Kalender und Werbeartikel e.V., Elsa-Brandström-Straße 1—3, 4800 Bielefeld 1, Tel. (05 21) 17 12 03

Fachverband Lichtwerbung e.V., Häusserstr. 6a, 6900 Heidelberg, Tel. (0 62 21) 2 24 83

Fachverband Messen und Ausstellungen e.V. (FAMA), Kapellenstr. 47, 6200 Wiesbaden, Tel. (0 61 21) 52 33 16

Fachverband Messe- und Ausstellungsbau e.V. (FAMAB), Berliner Str. 26, 4840 Rheda-Wiedenbrück, Tel. (0 52 42) 4 84 84

Die deutschen Großmessen:

Düsseldorfer Messegesellschaft mbH — NOWEA —, Messegelände, 4000 Düsseldorf 30, Tel. (02 11) 45 60-1

Messe Frankfurt GmbH, Friedrich-Ebert-Anlage 57, 6000 Frankfurt/Main 97, Tel. (0 69) 7 57 50

Deutsche Messe- und Ausstellungs-AG, Messegelände, 3000 Hannover 82, Tel. (05 11) 8 91

Messe- und Ausstellungs-Ges. mbH, Köln, Messegelände, 5000 Köln 21, Tel. (02 21) 82 11

Münchener Messe- und Ausstellungsgesellschaft mbH, Messegelände, 8000 München 12, Tel. (0 89) 51 07-1

Interessengemeinschaft Deutscher Fachmessen und Ausstellungsstädte (IDFA), Margaretenstr. 4, 7000 Stuttgart 60, Tel. (07 11) 33 56 29

Verband Deutscher Adreßbuchverleger e.V., Ritterstr. 17—19, 4000 Düsseldorf, Tel. (02 11) 32 09 09

Verband Deutscher Lesezirkel e.V., Flensburger Str. 28, 4000 Düsseldorf 30, Tel. (02 11) 42 75 81

Verband Deutscher Werbefilmproduzenten, Sonnenberger Str. 52, 6200 Wiesbaden, Tel. (0 61 21) 52 00 94

Verband Deutscher Zeitschriftenverleger e.V., Winterstr. 50, 5300 Bonn 2, Tel. (02 28) 31 10 46

Verleger-Verband Deutscher Anzeigenblätter e.V. (VVDA), Bertha-von-Suttner-Platz 1—7, 5300 Bonn 1, Tel. (02 28) 65 19 78

Zweites Deutsches Fernsehen (ZDF), Lerchenberg, 6500 Mainz 1, Tel. (0 61 31) 7 01

ProMotion
MAGAZIN FÜR VERKAUFSFÖRDERUNG

interviewt

ProMotion Team

...ABER SAHNE SCHMECKT BESSER

Red.: Sie und Ihr ProMotion-Team sind dafür berüchtigt, besonders creative ProMotion-Ideen zu entwickeln und zu realisieren. Rennt man da nicht häufig gegen die Wand?

K. S.: Natürlich, aber ich laufe mehr durch offene Türen als gegen die Wand.

Red.: Heißt das, daß der Mut zu mehr Creativität auf Kundenseite größer geworden ist?

K. S.: Ja, aber es ist nicht nur Mut, sondern auch die Einsicht, mit creativen Ideen mehr zu erreichen als mit alten Hüten.

Red.: Apropos Hut, geht Ihnen der hoch, wenn jemand von Ihnen 1.000 Kulis als Werbegeschenke haben will?

K. S.: Nein, denn Kuli und Creativität schließen einander nicht aus. Da gibt es bereits ganz phantastische Sachen.

Red.: ...die aber jeder Werbemittelhändler liefern kann?

K. S.: Werbemittelhändler?

Red.: Wieso, sind Sie etwa keiner?

K. S.: Ja, auch. Das sind Brot- und Butter-Jobs, die wir zwar gerne machen, aber die Sahne schmeckt besser.

Red.: Was heißt das?

K. S.: Ganz einfach, wir setzen auf den Kuchen noch was drauf.

Red.: Kann man Sie auch als Erfinder von VKF-Mitteln bezeichnen?

K. S.: Ich hab' nichts dagegen.

Red.: Nicht nur einzelne VKF-Mittel tragen Ihre Handschrift, sondern ganze Aktionen. Treten Sie damit nicht in Konkurrenz zu Werbeagenturen?

K. S.: Nein. Werbeagenturen sind nämlich genauso unsere Kunden wie die Industrie. Und was gesamte Aktionen betrifft, so läßt es sich in der Tat manchmal nicht vermeiden, daß aus einer guten Einzelidee eine ganze Aktion wird.

Red.: Auf Ihrer Kundenliste stehen Markennamen wie FA, ASPIRIN, THERAMED, PELIKAN, DURACELL... und eine Hand voll renommierter Werbeagenturen. Würden Sie auch für einen kleinen Krauter nebenan arbeiten?

K. S.: Na klar. Den mach' ich mit VKF-Ideen groß. (Lacht!)

Red.: Ganz schön selbstbewußt, Herr Schinofen.

Vielen Dank für das Gespräch.

PROMOTION TEAM SCHINOFEN & PARTNER GMBH
OBERKASSELER STRASSE 128 · 4000 DÜSSELDORF 11
TELEFON: 02 11 – 57 50 65
TELEX 8 584 114 ps d

DIE SPEZIALISTEN FÜR
UNGEWÖHNLICHE VERKAUFSFÖRDERUNGS-IDEEN

Gruppe Werbeberufe und Marktforschung

Arbeitsgemeinschaft Media-Analyse e.V. (AG.MA), Wolfgangstr. 92, 6000 Frankfurt/Main 1, Tel. (0 69) 55 03 91

ADM Arbeitskreis Deutscher Marktforschung-Institute e.V., Burgschmietstr. 2, 8500 Nürnberg, Tel. (09 11) 39 52 31

Art Directors Club für Deutschland e.V., Grabenstr. 2, 4000 Düsseldorf 1, Tel. (02 11) 32 63 54

BDW Deutscher Kommunikationsverband e.V., Adenauerallee 209, 5300 Bonn 1, Tel. (02 28) 21 10 47

Bund Deutscher Grafik-Designer e.V. (BDG), Drususstr. 3, 4000 Düsseldorf 11, Tel. (02 11) 57 30 82

Bund Deutscher Schauwerber e.V. (BDS), Fichtenweg 1, 7034 Gärtringen, Tel. (0 70 34) 24 54

Berufsverband Deutscher Markt- und Sozialforscher e.V. (BVM), Marktplatz 9, 6050 Offenbach/Main, Tel. (0 69) 8 05 92 66

Bund Freischaffender Foto-Designer e.V., Landhausstr. 59, 7000 Stuttgart 1, Tel. (07 11) 43 39 83

Deutscher Werbefachverband e.V. (DWF), 7012 Fellbach-Stuttgart, Tel. (07 11) 58 27 29

Bayerischer Werbefachverband e.V., Possartstr. 12, 8000 München 80, Tel. (0 89) 47 10 40

Werbefachverband Wirtschaftsraum Bremen e.V., Leher Heerstr. 186, 2800 Bremen 33, Tel. (04 21) 25 60 61

Werbe-Fachverband Franken e.V., Bucher Str. 17, 8500 Nürnberg, Tel. (09 11) 33 04 85

Werbefachverband Niedersachsen e.V., Lange Laube 2, 3000 Hannover 1, Tel. (05 11) 1 72 77

Werbefachverband Saar e.V., Pnecinistr. 18, 6600 Saarbrücken, Tel. (06 81) 5 70 93

Werbefachverband Südwest e.V., Königstr. 1A, 7000 Stuttgart 1, Tel. (07 11) 29 25 25

Wirtschaftsvereinigung Werbung e.V., Mannsfelder Str. 1, 5000 Köln 51, Tel. (02 21) 37 85 71

Verband der Werbung e.V. Hamburg/Schleswig-Holstein, Tonndorfer Hauptstr. 90, 2000 Hamburg 70, Tel. (0 40) 66 88 53 59

Gruppe Werbeagenturen und Werbemittlungen

Gesellschaft Werbeagenturen GWA, Friedensstr. 11, 6000 Frankfurt/Main 1, Tel. (0 69) 23 50 96

Wirtschaftsverband Deutscher Werbeagenturen (WDW), e.V., Orangeriestr. 6, 4000 Düsseldorf 1, Tel. (02 11) 32 59 96

Arbeitskreis Fachagenturen und Berater für Industriewerbung (AIW), Kleeberger Str. 106, 6308 Butzbach 1, Tel. (0 60 33) 41 44

Wirtschaftsverband inhabergeführter Werbeagenturen (WIW), Kornbergstr. 28A, 7000 Stuttgart 1, Tel. (07 11) 22 04 52

ZAW-Fachausschüsse

Fachausschuß für Anzeigenwesen
Fachausschuß für Außenwerbung
Fachausschuß für Ausstellungs- und Messewesen
Fachausschuß für Film- und Diapositiv-Werbung
Fachausschuß für Internationale Werbefragen
Fachausschuß für Plakatanschlag, Verkehrsmittel- und Großflächenwerbung
Fachausschuß für Rundfunkwerbung
Fachausschuß für Werbefachliche Bildung
Fachausschuß Werberecht
Fachausschuß für Werbeträgerforschung

Sonstige Organisationen

Arbeitskreis Fachagenturen und Berater für Industriewerbung (AIW), Am Wallgraben 120, 7000 Stuttgart 1, Tel. (07 11) 7 80 04 91

Deutscher Werbeclub e.V., Robert-Bosch-Straße 14, 6072 Dreieich, Tel. (0 61 03) 38 66

Informationsgemeinschaft zur Feststellung der Verbreitung von Werbeträgern e.V., (IVW), Villichgasse 17, 5300 Bonn 2, Tel. (02 28) 35 10 25

PSI Präsent-Service-Institut GmbH, Scheibenstr. 47, 4000 Düsseldorf, Tel. (02 11) 48 40 35

Rat für Formgebung — Stiftung zur Förderung der Formgestaltung —, Eugen-Bracht-Weg 6, 6100 Darmstadt, Tel. (0 61 51) 4 40 51

Zentralverband Werbetechnik (Bundesinnungsverband der Schilder- und Lichtreklamehersteller), Klosterstr. 73—75, 4000 Düsseldorf, Tel. (02 11) 35 70 65

European Advertising Tripartite (EAT), Europäischer Dachverband der Werbewirtschaft, Brüssel

Advertising Information Group (AIG), Europäische Arbeitsgruppe der Werbewirtschaft

1.1.4. Verkaufsförderung

BDVT Bund Deutscher Verkaufsförderer und Verkaufstrainer e.V., Kaarster Str. 8, Postfach 22 67, 4005 Meerbusch 2, Tel. (0 21 59) 41 21

Landesgruppen: Berlin, Hamburg/Schleswig Holstein, Niedersachsen, Nordrhein-Westfalen, Hessen/Rheinland-Pfalz/Saarland, Baden-Württemberg, Bayern

Regionalkreise: Bremen/Bremerhaven, Bielefeld, Köln/Bonn, Fulda

Hauptarbeitskreise: Verkaufsförderung, Verkaufstraining, Angestellte, Selbständige

Facharbeitskreise: Dienstleistungen, Konsumgüter, Investitionsgüter

E.F.S.P. European Federation of Sales Promotion, Ehrenpräsident Joachim Fleckner — Kontakte zu europäischen und internationalen Fachverbänden — Ausbildungsfragen, Am Honigshuck 11, 4133 Neukirchen-Vluyn, Tel. (0 28 45) 35 55

EDMA European Direct Marketing Association, Fuchsenbergstr. 15, CH-8645 Jona/SG, Tel. (0 55) 27 37 38

Deutscher Direktmarketing-Verband e.V. (DDV), Schiersteiner Str. 29, 6200 Wiesbaden, Tel. (0 61 21) 84 30 61

1.2. Organisationen Management, Betriebswirtschaft, Berufsständische Vereinigungen

Bundesverband Deutscher Volks- und Betriebswirte e.V. (BDVB), Gotenstraße 161, 5300 Bonn 2, Tel. (02 28) 37 90 01

Verband Deutscher Betriebswirte e.V. (VDB), c/o Bundesvereinigung Dt. Betriebswirte, Poststraße 27, 5000 Köln 1, Tel. (02 21) 21 32 56

Bundesverband der Wirtschaftsberater e.V. (BVW), Hohenzollernring 74, 5000 Köln 1, Tel. (02 21) 13 56 42

Daß Sie bei uns
vergleichsweise selten
an Grenzen stoßen,
liegt nicht nur an unserer
weltweiten Präsenz.
Dresdner Bank
In Berlin: BHI

Vom Monitor ans Hallentor

EDV-Gesamtlösung

Bundesverband Deutscher Unternehmensberater e.V. (BDU), Gotenstraße 161, 5300 Bonn 2, Tel. (02 28) 38 90 01

Institut der Wirtschaftsprüfer in Deutschland e.V. (IdW)/Wirtschaftsprüferkammer, Tersteegenstraße 14, 4000 Düsseldorf 30, Tel. (02 11) 45 61-0

Verband Deutscher Wirtschaftsingenieure e.V. (VWI), Straße des 17. Juni 135, 1000 Berlin 12, Tel. (0 30) 3 14-22 53

Gesellschaft für Organisation (GfürO) e.V., Gutenbergstraße 13, 6300 Gießen, Tel. (06 41) 3 60 33

Bundesverband der freien Berufe, Godesberger Allee 54, 5300 Bonn-Bad Godesberg, Tel. (02 28) 37 43 69 + 37 44 79

Bundesverband der Selbständigen e.V., Coburger Straße 1a, 5300 Bonn 1, Tel. (02 28) 23 20 26

Bundesverband Junger Unternehmer (BJU), Mainzer Straße 238, 5300 Bonn 2, Tel. (02 28) 34 30 44/47

Wirtschaftsjunioren Deutschland, Adenauerallee 148, 5300 Bonn 1, Tel. (02 28) 1 04-1 58 (Juniorenkreise der dt. Wirtschaft)

Union der Leitenden Angestellten (ULA), Alfredstraße 77—79, 4300 Essen 1, Tel. (02 01) 78 20 36

Forschungsinstitut der Deutschen Volks- und Betriebswirte e.V., Weberstraße 87, 5300 Bonn 1, Tel. (02 28) 21 01 96

1.3. Organisationen Public Relations, Medien

Public Relations

Deutsche Public Relations-Gesellschaft e.V. (DPRG), Rehnusallee 20, 5300 Bonn 3, Tel. (02 28) 46 70 81

Deutsches Institut für Public Relations e.V. (DIPR), Münsterstraße 17, 5300 Bonn 1, Tel. (02 28) 63 10 19

Gesellschaft Public Relations Agenturen e.V. (GPRA), Sierichstraße 43, 2000 Hamburg 60, Tel. (0 40) 2 70 19 36

Publizistik — *Journalistik*

Deutscher Journalisten-Verband e.V. (DJV), Bennauerstraße 60, 5300 Bonn 1, Tel. (02 28) 21 90 93

Landesverbände

Journalistenverband Baden e.V., Schusterstraße 19, 7800 Freiburg, Tel. (07 61) 3 72 73

Bayerischer Journalisten-Verband e.V., Seidlstraße 8, 8000 München 2, Tel. (0 89) 59 63 72

Journalisten-Verband Berlin, Am Schillertheater 4, 1000 Berlin 12, Tel. (0 30) 3 13 90 56-57

Bremer Journalistenvereinigung e.V., Schnoor 27/28, 2800 Bremen, Tel. (04 21) 32 54 50

Journalisten-Verband Hamburg e.V., Gänsemarktstraße 35, 2000 Hamburg 36, Tel. (0 40) 34 64 75

Hessischer Journalistenverband e.V., Liebigstraße 24, 6000 Frankfurt a. M., Tel. (0 69) 72 10 09

Verband der Journalisten in Niedersachsen e.V., Odeonstraße 13, 3000 Hannover 1, Tel. (05 11) 1 88 39

Deutscher Journalisten-Verband, Gewerkschaft der Journalisten, Landesverband NRW e.V., Königsallee 68, 4000 Düsseldorf, Tel. (02 11) 32 03 28

Journalistenverband Rheinland-Pfalz e.V., Am Brand 31, 6500 Mainz, Tel. (0 61 31) 22 10 34

Saarländischer Journalistenverband, St.-Johannes-Markt 5, 6600 Saarbrücken 3, Tel. (06 81) 3 90 86 68

Schleswig-Holsteinischer Journalistenverband e.V., Holstenbrücke 2, 2300 Kiel 1, Tel. (04 31) 9 58 86

Südwestdeutscher Journalistenverband, Taubenheimstraße 69, 7000 Stuttgart-Bad Cannstatt, Tel. (07 11) 56 15 04

Deutsche Journalisten-Union in der IG Druck und Papier, Friedrichstraße 15, 7000 Stuttgart 1, Tel. (07 11) 2 01 81

Landesverbände

Baden-Württemberg
Zwischen den Wegen 39, 7900 Ulm, Tel. (07 11) 29 24 41

Bayern
Harrlach 21, 8542 Roth, Tel. (0 89) 53 08 21

Berlin
Giunwaldstraße 24, 1000 Berlin 62, Tel. (0 30) 7 85 60 37

Hessen
Buchenweg 5, 6382 Friedrichsdorf, Tel. (0 69) 25 20 92-3

Niedersachsen
Gothaer Straße 86, 3000 Hannover 1, Tel. (05 11) 32 64 16

Nordmark
Grauensiekermoor 8, 2168 Drochtersen, Tel. (0 40) 2 85 85 05

Nordrhein-Westfalen
Kirchfeldstraße 141, 4000 Düsseldorf, Tel. (02 11) 51 70 44

Rheinland-Pfalz/Saar
Am Taubertsberg 2, 6500 Mainz, Tel. (0 61 31) 23 16 66

DAG-Gruppe der Journalisten, Karl-Muck-Platz 1, 2000 Hamburg 36, Tel. (0 40) 34 91 51

Arbeitsgemeinschaft der Deutschen Werkredakteure, Von-Gablenz-Straße 2—6 (Lufthansa), 5000 Köln 21, Tel. (02 21) 8 26 34 25

Arbeitsgemeinschaft der Filmjournalisten e.V., Welserstraße 25, 1000 Berlin 30, Tel. (0 30) 2 13-60 39

Arbeitskreis Baufachpresse e.V., Wittelsbacherstraße 10, 6200 Wiesbaden, Tel. (0 61 21) 91-2 17

Arbeitskreis Kulinarischer Fachjournalisten, Püttkampsweg 18, 2000 Hamburg 52, Tel. (0 40) 8 00 14 94

Arbeitskreis Medizinpublizisten, Ahrstraße 45 (Wissenschaftszentrum), 5300 Bonn, Tel. (02 28) 3 02-1

Dachverband des Jugendpresse-Bundesring deutscher Nachwuchsjournalisten (DdJ), Postfach 10 08 18, 4650 Gelsenkirchen, Tel. (02 09) 87 34 44

Deutsche Jugendpresse, Bundesarbeitsgemeinschaft jugendeigener Zeitschriften e.V., Postfach 14 01 63, Kaiserstraße 71, Tel. (02 28) 22 51 24

Gesellschaft für innerbetriebliche Publizistik e.V., Rhönstraße 12, 3500 Kassel, Tel. (05 61) 40 13 65

Gesellschaft Katholischer Publizisten Deutschland e.V., Breite Straße 106, 5000 Köln 1, Tel. (02 21) 23 38 08

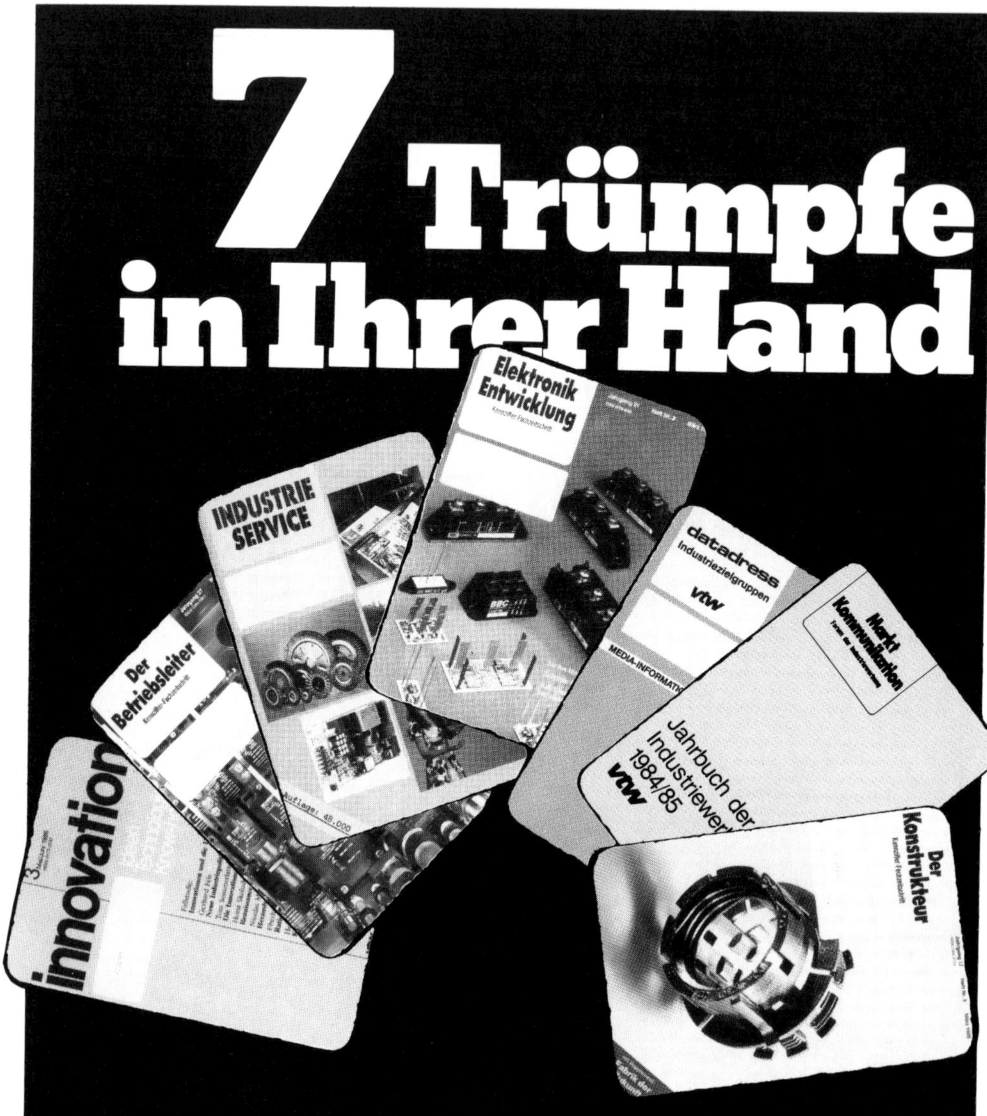
7 Trümpfe
in Ihrer Hand
Elektronik Entwicklung
INDUSTRIE SERVICE
Der Betriebsleiter
innovation
datadress
Industriezielgruppen
vtw
Markt Kommunikation
1984/85
vtw
Der Konstrukteur
Das Media-Programm
im Verlag für Technik und Wirtschaft
vtw

Initiative Jugendpresse e.V., Höhenblick 2, Postfach 15 65, 6240 Königstein/Ts., Tel. (0 61 74) 77 07

Journalisten-Vereinigung der deutschen Handwerkspresse e.V., Vogesenstraße 74, 7515 Waldbronn 3, Tel. (0 72 43) 6 64 69

Jugendpresseclub e.V., Godesberger Allee 142—148, 5300 Bonn 2, Tel. (02 28) 37 81 10

Kollegium der Medizinjournalisten, Schlössle-Passage, 8960 Kempten, Tel. (08 31) 2 42 55

Konferenz Evangelikaler Publizisten e.V., Moritz-Hensoldt-Straße 22, 6330 Wetzlar, Tel. (0 64 41) 4 51 23

Luftfahrt-Presse Club e.V., Hans-Böckler-Straße 7, 6078 Neu-Isenburg, Tel. (0 61 02) 24 52 03

Motor Presse Club e.V., Aliceplatz 8, 6050 Offenbach, Tel. (0 69) 8 08 68

Verband der Motorjournalisten e.V. (VdM), Hohestraße 9, 6380 Bad Homburg v. d. H. 1, Tel. (0 61 72) 2 00 57

Verband Deutsche Sportjournalisten e.V. (VDS), Wilhelmsplatz 4, 8600 Bamberg, Tel. (09 51) 2 67 28

Technisch-literarische Gesellschaft (TELI), Lindenstraße 8, 5000 Köln, Tel. (02 21) 21 90 91

Verband Deutscher Agrarjournalisten e.V., Adenauerallee 127, 5300 Bonn 1, Tel. (02 28) 10 63 06-10 63 67

Vereinigung Deutscher Reisejournalisten (VDRJ), Am Westpark 8, 8000 München 70, Tel. (0 89) 76 76-24 12

Wirtschaftspublizistische Vereinigung e.V., Berliner Allee 4, 4000 Düsseldorf, Tel. (02 11) 35 30 69

Publizistik — *Verlagswesen*

Adreßbuchausschuß der Deutschen Wirtschaft (ADRA), Adenauerallee 148, 5300 Bonn 1, Tel. (02 28) 45 02

Allgemeiner Direktwerbe- und Direktmarketing Verband e.V. (ADV), Schiersteinerstraße 29, 6200 Wiesbaden, Tel. (0 61 21) 84 30 61

Anzeigenblätter der Zeitungen (AdZ), Riemenschneiderstraße 10, 5300 Bonn 2, Tel. (02 28) 37 69 91

Arbeitsgemeinschaft Exportzeitschriften, Ottostraße 7a, 8600 Bamberg, Tel. (09 51) 2 26 72

Arbeitsgemeinschaft Katholische Presse, Adenauerallee 176, 5300 Bonn 1, Tel. (02 28) 21 53 34

Arbeitskreis Kennziffer-Fachzeitschriften (akz), Altkönigstraße 24, 6361 Niddatal 1

Börsenverein des Deutschen Buchhandels e.V., Großer Hirschgraben 17—21, 6000 Frankfurt/Main 1, Tel. (0 69) 1 30 60

BTX-Presse — Verein der Verlage, die in Bildschirmtext publizieren e.V., Winterstraße 50, 5300 Bonn, Tel. (02 28) 31 40 14

Bundesverband der Pressebild-Agenturen und Bildarchive e.V., Stollbergstraße 1, 8000 München, Tel. (0 89) 29 27 88

Bundesverband der Pressedienste und -agenturen e.V., Schöne Aussicht 23, 2000 Hamburg 76, Tel. (0 40) 2 28 52 11

Bundesverband Deutscher Kundenzeitschriftenverleger e.V., Postfach 18 27, Otto-Beck-Straße 46, 6800 Mannheim, Tel. (06 21) 44 10 68

Bundesverband Deutscher Zeitungsverleger e.V. (BDZV), Riemenschneiderstraße 10, 5300 Bonn 2, Tel. (02 28) 81 00 40

Kongreß-Anzeigen e.G., (Anzeigenring für evangelische und katholische Sonntagsblätter), Königswall 14, 4350 Recklinghausen, Tel. (0 23 61) 2 30 11

Presseplan GmbH, Bonner Talweg 33—35, 5300 Bonn, Tel. (02 28) 21 10 78

Regionalpresse — Arbeitsgemeinschaft regionaler Abonnementszeitungen e.V., Am Leonhardsbrunn 13, 6000 Frankfurt/Main 90, Tel. (0 69) 77 00 91

Standortpresse GmbH (mit AMT, ZMA, DIMITAG), Bonner Talweg 33—35, 5300 Bonn, Tel. (02 28) 21 90 08

Verband Deutscher Adreßbuchverleger e.V., Ritterstraße 17—19, 4000 Düsseldorf, Tel. (02 11) 32 09 09

Verband Deutscher Zeitschriftenverleger e.V. (VDZ), Winterstraße 50, 5300 Bonn 2, Tel. (02 28) 31 10 46

Verleger-Verband Deutscher Anzeigenblätter e.V. (VVDA), Bertha-von-Suttner-Platz 1—7, 5300 Bonn 1, Tel. (02 28) 65 19 78

Zeitungsgemeinschaft für Marktforschung und Absatzförderung (ZMA), Bonner Talweg 33—35, 5300 Bonn, Tel. (02 28) 21 90 08

Verband Mittel- und Ostdeutscher Zeitungsverleger sowie Inhaber graphischer Betriebe e.V., Weinbergstraße 31, 6200 Wiesbaden, Tel. (0 61 21) 52 11 00

Verein Union-Presse e.V., Frankfurter Straße 30, 5000 Köln 80, Tel. (02 21) 61 22 67

Vereinigung der deutschsprachigen Presse in Übersee, Charlottenplatz 6, 7000 Stuttgart 1, Tel. (07 11) 21 39-0

Wirtschaftliche Genossenschaft der Presse eG. WIGO, Bundenweg 34, 6000 Frankfurt a. M., Tel. (0 69) 56 13 32

Junge Presse — Trägerkreis jugendeigener Zeitungen e.V. —, Dammtorstraße 30, 2000 Hamburg 36, Tel. (0 40) 34 26 41

Film/Funk/Fernsehen

Arbeitsgemeinschaft Neuer Deutscher Spielfilmproduzenten e.V., Agnesstraße 14, 8000 München 40, Tel. (0 89) 2 71 74 30

Arbeitsgemeinschaft der öffentlich-rechtlichen Rundfunkanstalten der Bundesrepublik Deutschland (ARD), Rundfunkplatz 1, 8000 München 2, Tel. (0 89) 5 90 01

Bildschirmtext-Anbieter-Vereinigung e.V., Hardenbergstraße 16/18, 1000 Berlin 12, Tel. (0 30) 3 18 03 53

Bundesverband Kabel und Satellit e.V. (BKS), Adenauerallee 11, 5300 Bonn 1, Tel. (02 28) 21 00 69

Bundesverband Video, Vereinigung der Videofilmanbieter e.V., Katharinenstraße 11, 2000 Hamburg, Tel. (0 40) 37 23 35

Bundesverband Deutscher Fernsehproduzenten e.V., Widenmeyerstraße 32, 8000 München 22, Tel. (0 89) 22 35 35

Bundesverband Deutscher Film- und AV-Produzenten e.V., Langenbeckstraße 9, 6200 Wiesbaden, Tel. (0 61 21) 30 62 00

Deutsches Institut für Filmkunde e.V., Schaumainkai 41, 6000 Frankfurt, Tel. (0 69) 61 70 45

Deutsche Gesellschaft für Kommunikationsforschung (vormals Deutsche Gesellschaft für Funk- und Fernsehforschung), Willroider Straße 6, 8000 München 90, Tel. (0 89) 64 69 48

Exportunion der Deutschen Filmindustrie e.V., Türkenstraße 93, 8000 München 40, Tel. (0 89) 39 00 95

Fachverband Film- und Diapositivwerbung, Oberhafenstraße 1 (Fruchthof), 2000 Hamburg 1, Tel. (0 40) 32 29 94

Filmbewertungsstelle Wiesbaden, Rheingaustraße 140, 6200 Wiesbaden 12, Tel. (0 61 21) 6 70 44

Filmförderungsanstalt — Bundesanstalt des Öffentlichen Rechts —, Budapester Straße 41, 1000 Berlin 30, Tel. (0 30) 2 61 60 06

Freiwillige Selbstkontrolle der Filmwirtschaft (FSK), Langenbeckstraße 9, 6200 Wiesbaden, Tel. (0 61 21) 30 70 84

Gesellschaft für musikalische Aufführungs- und mechanische Vervielfältigungsrechte (GEMA), Bayreuther Straße 37, 1000 Berlin 30, Tel. (0 30) 2 10 41

Hauptverband Deutscher Filmtheater e.V., Langenbeckstraße 9, 6200 Wiesbaden, Tel. (0 61 21) 30 66 60

Institut für Film und Bild in der Wissenschaft GmbH, Bavaria-Film-Platz 3, 8022 Grünwald, Tel. (0 89) 6 49 71

Stiftung Deutsche Kinematik, Pommerallee 1, 1000 Berlin 19, Tel. (0 30) 3 03 62 34

Verband der Filmverleiher e.V., Langenbeckstraße 9, 6200 Wiesbaden, Tel. (0 61 21) 30 64 75

Verband Deutscher Dokumentar- und Kurzfilmproduzenten e.V., Langenbeckstraße 9, 6200 Wiesbaden, Tel. (0 61 21) 30 62 00

Verband Deutscher Spielfilmproduzenten e.V., Beichstraße 8—9, 8000 München 23, Tel. (0 89) 39 11 23

Verband Deutscher Werbefilmproduzenten e.V., Sonnenbergstraße 52, 6200 Wiesbaden, Tel. (0 61 21) 52 00 94

Verband Technischer Betriebe für Film und Fernsehen e.V., Kurfürstendamm 179, 1000 Berlin 15, Tel. (0 30) 8 81 72 09

Zweites Deutsches Fernsehen (ZDF), Essenheimer Landstraße, 6500 Mainz-Lerchenberg, Tel. (0 61 31) 7 01

1.4. Sonstige Organisationen mit besonderer Bedeutung für das Marketing

1.4.1. Organisationen im Dienste der Verbraucheraufklärung

Aid Auswertungs- und Informationsdienst für Ernährung, Landwirtschaft und Forsten, Konstantinstraße 124, 5300 Bonn 2, Tel. (02 28) 33 00 61

AiD-Verbraucherdienst, Karl-von-Finkelnburg-Straße 23, 5300 Bonn 2, Tel. (02 28) 35 20 25-27

Arbeitsgemeinschaft der Verbraucher e.V. (AgV), Heilsbachstr. 20, 5300 Bonn 1, Tel. (02 28) 64 10 11, Telex 8 869 674

Die Arbeitsgemeinschaft ist ein Zusammenschluß von Verbänden, Institutionen, darunter Frauenverbänden, Gewerkschaften sowie Verbraucherzentralen. Sie setzt sich beim Gesetzgeber, in Verwaltung sowie bei den Wirtschaftsorganisationen für die Verbraucherinteressen ein. Darüber hinaus koordiniert sie als Dachverband die Tätigkeit ihrer Mitglieder.

Veröffentlichungen der AgV

Regelmäßige Erscheinungen

„Verbraucher — Politische-Korrespondenz":
Der Pressedienst kann wöchentlich oder im Jahresabonnement sowie als Einzelheft bezogen werden.

„Verbraucher Rundschau":
Zeitschrift mit wechselnden Schwerpunktthemen zur Verbraucheraufklärung. Sie erscheint monatlich und kann im Jahresabonnement oder als Einzelheft bezogen werden.

Unregelmäßig erscheinende Publikationen

„Schriften der Verbraucherverbände" (zwanglose Folge)
„Merkblätter — Broschüren"

Mitglieder der AgV

- **Aktion Bildungsinformation e.V.,** Alte Poststr. 5, 7000 Stuttgart 1, Tel. (07 11) 22 36 82, 22 59 59
- **Arbeiterwohlfahrt Bundesverband e.V.,** Oppelner Str. 130, Postfach 11 49, 5300 Bonn 1, Tel. (02 28) 6 68 50

  Der Bundesverband ist auf allen Gebieten der sozialen Arbeit und im Jugendbereich tätig. Der Verband bietet Ausbildung für soziale und pflegerische Berufe an, wirkt mit im Bereich der öffentlichen Sozial-, Jugend- und Gesundheitshilfe mit. Darüber hinaus erfolgt eine enge Zusammenarbeit mit anderen Organisationen der freien Wohlfahrtspflege, Fachverbänden sowie Selbsthilfe-Organisationen. Der Bundesverband ist auch im Ausland tätig.
- **Arbeitsgemeinschaft Evang. Hausfrauen d. Evang. Frauenarbeit in Deutschland,** Bödekerstr. 59, 3000 Hannover 1, Tel. (05 11) 66 33 66
- **Arbeitsgemeinschaft Hauswirtschaft e.V.,** Poppelsdorfer Allee 15, 5300 Bonn 1, Tel. (02 28) 22 40 63
- **Arbeitsgemeinschaft Wohnberatung e.V.,** Heilsbachstr. 20, 5300 Bonn 1, Tel. (02 28) 64 10 11

  Die Arbeitsgemeinschaft koordiniert innerhalb der Bundesrepublik Deutschland und West-Berlin 16 Wohnberatungen. Sie wird durch den Bund und die Länder öffentlich gefördert. Die Beratungsleistungen sind firmenunabhängig.
- **Bundesverband der Kath. Arbeitnehmer-Bewegung Deutschlands (KAB),** Bernhard-Letterhaus-Str. 28, 5000 Köln 1, Tel. (02 21) 72 96 64
- **co op Verbraucherrat,** Adenauerallee 21, 2000 Hamburg 1, Tel. (0 40) 24 90 06
- **Deutscher Familienverband e.V.,** Poppelsdorfer Allee 86, 5300 Bonn 1, Tel. (02 28) 65 32 15
- **Deutscher Frauenring e.V. Bundesgeschäftsstelle,** Wall 42, 2300 Kiel, Tel. (04 31) 9 72 22

  Der Verein fördert die staatsbürgerliche Bildung und Mitarbeit der Frauen sowie der Jugend. Darüber hinaus Förderung des Einflusses der Frau auf allen Gebieten der Politik, der Wirtschaft und der Kultur.
- **Deutscher Hausfrauen-Bund e.V.,** Adenauerallee 193, 5300 Bonn 1, Tel. (02 28) 21 12 00
- **Deutscher Mieterbund e.V.,** Aachener Str. 313, 5000 Köln 41, Tel. (02 21) 4 00 83-0
- **Deutscher Staatsbürgerinnen-Verband e.V.,** Otto-Suhr-Allee 27, 1000 Berlin 10, Tel. (0 30) 3 41 49 94
- **Deutscher Verband berufstätiger Frauen e.V.,** Münzstr. 14, 3300 Braunschweig
- **Deutsche Volksgesundheits-Bewegung e.V.,** Am Wiesenhäuschen 2, 5060 Bergisch Gladbach 1, Tel. (0 22 04) 6 52 47
- **Diakonisches Werk der Evangelischen Kirche in Deutschland e.V.,** Stafflenbergstr. 76, 7000 Stuttgart 1
- **Evang. Aktionsgemeinschaft für Familienfragen,** Meckenheimer Allee 162, 5300 Bonn 1, Tel. (02 28) 63 47 91
- **Familienbund der Deutschen Katholiken,** Adenauerallee 134, 5300 Bonn 1, Tel. (02 28) 21 30 19
- **Gemeinschaft Hausfrauen/Berufsgemeinschaft in der Katholischen Frauengemeinschaft Deutschlands (kfd),** Prinz-Georg-Str. 44, 4000 Düsseldorf 30
- **Hausfrauenvereinigung des Katholischen Deutschen Frauenbundes e.V.,** Kaesenstr. 18, 5000 Köln 1, Tel. (02 21) 31 49 30
- **Institut für angewandte Verbraucherforschung e.V.,** Aachener Str. 1089, 5000 Köln 40, Tel. (0 22 34) 7 19 10
- **Institut für Sozialforschung und Gesellschaftspolitik e.V.,** Barbarossaplatz 2, 5000 Köln 1, Tel. (02 21) 23 54 73

Verbraucherzentralen

Die Verbrauchergemeinschaften sind Zusammenschlüsse von verbraucherorientierten Verbänden auf regionaler Ebene.

— **Verbraucherzentrale Baden-Württemberg e.V.,** Augustenstr. 6, 7000 Stuttgart 1, Tel. (07 11) 61 09 23
— **Verbraucherzentrale Bayern e.V.,** Haydnstr. 7, 8000 München 2, Tel. (0 89) 53 91 88-89
— **Verbraucherzentrale Berlin e.V.,** Bayreuther Str. 40, 1000 Berlin 30, Tel. (0 30) 24 02 51
— **Verbraucherzentrale des Landes Bremen e.V.,** Ansgaritorstr. 3, 2800 Bremen 1, Tel. (04 21) 1 85 26
— **Verbraucher-Zentrale Nordrhein-Westfalen, Landesarbeitsgemeinschaft der Verbraucherverbände e.V.,** Mintropstr. 27, 4000 Düsseldorf 1, Tel. (02 11) 38 09
— **Verbraucherzentrale Hessen e.V.,** Berliner Str. 27, 6000 Frankfurt (Main) 1, Tel. (0 69) 28 82 31, 28 50 67
— **Verbraucherzentrale Hamburg e.V.,** Große Bleichen 23, 2000 Hamburg 36, Tel. (0 40) 35 00
— **Verbraucherzentrale Niedersachsen e.V.,** Georgswall 7, 3000 Hannover, Tel. (05 11) 1 24 06-0
— **Verbraucherzentrale Schleswig-Holstein e.V.,** Bergstr. 24, 2300 Kiel, Tel. (04 31) 5 12 86-87
— **Verbraucherzentrale Rheinland-Pfalz e.V.,** Große Langgasse 16, 6500 Mainz 1, Tel. (0 61 31) 23 20 37
— **Verbraucherzentrale des Saarlandes e.V.,** Hohenzollernstr. 11, 6600 Saarbrücken 1, Tel. (06 81) 5 20 49

Deutscher Verbraucherbund e.V., Postfach 15 01 42, 5300 Bonn

Käufer-Interessen-Gemeinschaft e.V., Hausmannstr. 11, 3000 Hannover, Tel. (05 11) 74 10 91

Stiftung Verbraucherinstitut, Reichpietschufer 72—76, 1000 Berlin 30, Tel. (0 30) 2 61 17 65

Das Verbraucherinstitut ist eine Stiftung des bürgerlichen Rechts. Es wurde 1978 von der Arbeitsgemeinschaft der Verbraucher e.V. und der Stiftung Warentest gegründet. Als gemeinnützige und auf Bundesebene arbeitende Institution hat es die Aufgabe, die Tätigkeit der beiden Stifter, der Verbraucherzentralen und anderer Organisationen, die mit Verbraucherbildung und -information befaßt sind, zu fördern.

Dies geschieht vor allem mit Fortbildungsveranstaltungen für die verschiedenen Multiplikatoren in der Verbraucherarbeit, mit der Entwicklung grundsätzlicher Modelle sowie mit der Erarbeitung von Medien und Materialien für die Verbraucherarbeit. Das Verbraucherinstitut ist somit eine Einrichtung, die anderen Organisationen zuarbeitet und sich nicht unmittelbar an die Verbraucher selbst wendet. Dabei orientiert es sich an deren Problemen sowie an den Erfordernissen der Praxis der Verbraucherarbeit.

Veröffentlichungen

Die vom Verbraucherinstitut herausgegebenen Materialien und Medien wenden sich an Multiplikatoren in der Verbraucherinformation und Verbraucherbildung.

Es sind didaktisch aufbereitete Arbeitshilfen für die praktische Verbraucherarbeit.

Zusätzlich werden vom Verbraucherinstitut Materialien herausgegeben, in denen auf Literatur und Medien zur Verbraucherinformation und -bildung verwiesen wird (Dokumentationen) oder in denen kontrovers diskutierte Sachthemen, die für die Verbraucherarbeit von Interesse sind, vorgestellt werden (Reihe Forum).

Stiftung Warentest, Lützowplatz 11—13, 1000 Berlin 30, Tel. (0 30) 26 31-1

Von der Bundesrepublik Deutschland errichtete privatrechtliche Stiftung. Sie gibt eine Fülle von Informationen, Tips, Ratschlägen und Hinweisen heraus. Einen Überblick über die einzelnen Veröffentlichungen gibt das kontinuierlich erscheinende Jahresverzeichnis, in dem die Broschüren nach Sachgruppen wie z. B. Haushaltsgeräte, Unterhaltungselektronik, Fotooptik, Kraftfahrzeuge/Kfz-Zubehör, Möbel/Textilien, Tourismus/Verkehr usw. aufgeführt sind. Zu den bekanntesten monatlich erscheinenden Publikationen gehört die Zeitschrift „test".

Verbrauchergemeinschaft e.V., Bonn, Bundesgeschäftsstelle: Robert-Koch-Str. 7, 4600 Dortmund 1, Tel. (02 31) 57 49 73

Verbraucher Schutzverein e.V., Lützowplatz 11—13, 1000 Berlin 30, Tel. (0 30) 25 49 07-0

1.4.2. An der handels- und absatzwirtschaftlichen Forschung beteiligte Hochschulinstitute und andere Institutionen der Forschung

Aachen

Lehrstuhl für Betriebswirtschaftspolitik und Marketing, Rheinisch-Westfälische Technische Hochschule Aachen, Templergraben 64, 5100 Aachen, Tel. (02 41) 80 61 79, Telex 8 32 704

Schwerpunkte: Kommunikationsforschung, insbesondere Wirkungsforschung, Absatzplanung, Außendienststeuerung, Multivariate Datenanalysen, Preispolitik, Testkonzeptionen für die Neuproduktplanung, Marketing-Strategieplanung

Bamberg

Fakultät Sozial- und Wirtschaftswissenschaften, Universität Bamberg, Feldkirchenstr. 21, 8600 Bamberg, Tel. (09 51) 40 22 01

Schwerpunkte: Absatzwirtschaft

Berlin

Forschungsstelle für den Handel Berlin (FfH) e.V., Fehrbelliner Platz 3, 1000 Berlin 31, Tel. (0 30) 86 03 53

Schwerpunkte: Handelsbetriebslehre, Betriebsvergleiche und Betriebsanalysen für Großhandel, Einzelhandel, Theorie sowie Politik der Absatzwirtschaft und des Wettbewerbs, Strukturuntersuchungen für den Handel und für mittelständische Industriezweige

Institut für Banken und Industrie, Geld und Kredit, Freie Universität Berlin, Fachbereich Wirtschaftswissenschaft, Garystr. 21, 1000 Berlin 33, Tel. (0 30) 83 81

Schwerpunkte: Markt- und Verbrauchsforschung, Allgemeine Betriebswirtschaftslehre, Handels- und Marktwirtschaft

Institut für Agrarbetriebs- und Standortökonomie, Technische Universität Berlin, Fachbereich 15 — Internationale Agrarentwicklung, Im Dol 27—29, 1000 Berlin 33, Tel. (0 30) 31 47 12 86/-7 12 87, Telex 1 84 262 tubln — d WE 1533

Schwerpunkte: Landwirtschaftliche Betriebslehre, Produktions- und Absatzwirtschaft, Betriebsformen und Betriebsentwicklung

Bochum

Institut für Unternehmensführung und Unternehmensforschung, Ruhr-Universität Bochum, Abteilung für Wirtschaftswissenschaft, Postfach 10 21 48, Universitätsstraße 150, 4630 Bochum 1, Tel. (02 34) 70 01

Schwerpunkte: Entscheidungen und Entscheidungsprobleme in Handelsbetrieben, Theorie des Käuferverhaltens

Bonn

Institut für Agrarpolitik, Marktforschung und Wirtschaftssoziologie, Rheinische Friedrich-Wilhelm-Universität Bonn, Landwirtschaftliche Fakultät, Nußallee 21, 5300 Bonn, Tel. (02 28) 73 11/-23 31/-23 32

Schwerpunkte: Entscheidungshilfen für die agrarpolitische Beeinflussung der Agrarmärkte, Angebots-, Nachfrage- und Preisanalysen, Prognosen für Absatz- und Beschaffungsmärkte der Landwirtschaft, Demoskopische Marktforschung, Agrarstrukturpolitik, Landwirtschaftliche Marktlehre, Wettbewerbsverhältnisse im Agrarsektor, Absatzwege von Agrarprodukten, Markt- und preispolitische Maßnahmen auf den Agrarmärkten

Braunschweig

Institut für Wirtschaftswissenschaften, Technische Universität Carolo-Wilhelmina zu Braunschweig, Fachbereich 1 — Mathematik, Informatik und Wirtschaftswissenschaften, Abteilung Betriebswirtschaftslehre, Postfach 33 29, Abt-Jerusalem-Str. 4, 3300 Braunschweig, Tel. (05 31) 39 11/-28 72

Schwerpunkte: Marktforschung für Investitionsgüterindustrie, Fremdenverkehrsforschung, Beschaffung und Absatz

Institut für landwirtschaftliche Marktforschung, Bundesforschungsanstalt für Landwirtschaft Braunschweig-Völkenrode, Bundesallee 50, 3300 Braunschweig, Tel. (05 31) 59 65 66

Schwerpunkte: Agrarvermarktung, Vermarktungswege, Agrarmarktpolitik, Welternährungswirtschaft, Internationaler Agrarhandel, Nachfrage- und Preisentwicklung bei Agrarprodukten, Absatzpotential für Energieträger aus Biomasse, Struktur und Wettbewerb beim Absatz landwirtschaftlicher Produkte, Probleme der internationalen Handels- und Rohstoffpolitik

Bremen

Universität Bremen, Bibliothekstraße, 2800 Bremen 33, Tel. (04 21) 21 81

Schwerpunkte: Markt-, Absatz- und Konsumordnung sowie Verbraucherverhalten und Verbraucherpolitik, Absatz- und Marktprognosen

Frankfurt

Institut für Betriebswirtschaftslehre, Johann Wolfgang Goethe-Universität, Frankfurt am Main, Fachbereich 2 — Wirtschaftswissenschaften, Postfach 19 11 32, Mertonstr. 17—25, 6000 Frankfurt am Main 11, Tel. (0 69) 7 98 22 05, Telex 4 13 932

Schwerpunkte: Handelsbetriebslehre, Konsumentenverhalten, Werbung und Preispolitik

Freiburg im Breisgau

Institut für Forstpolitik und Raumordnung, Albert-Ludwigs-Universität Freiburg im Breisgau, Forstwissenschaftliche Fakultät, Bertoldstr. 17, 7800 Freiburg im Breisgau, Tel. (07 61) 2 03 37 49

Schwerpunkte: Holzmarktforschung, holzmarktrelevante Analysen

Freising-Weihenstephan

Institut für Wirtschafts- und Sozialwissenschaften, Technische Universität München, Fakultät für Landwirtschaft und Gartenbau, 8050 Freising-Weihenstephan, Tel. (0 81 61) 7 11, Telex 5 22 854 tumue

Schwerpunkte: Landwirtschaftliche Marktlehre, Vermarktung landwirtschaftlicher Erzeugnisse, Wirtschaftslehre des Gartenbaus, Gartenbauliche Marktlehre

Gießen

Justus-Liebig-Universität Gießen, Licher Str. 74, 6300 Gießen, Tel. (06 41) 7 02 51 00

Schwerpunkte: Theorie der Absatzwirtschaft, Verkauf und Verkaufsführung, Distribution, regionale Handelsforschung

Institut für Agrarpolitik und Marktforschung, Justus-Liebig-Universität Gießen, Fachbereich 20 — Nahrungswirtschafts- und Haushaltswissenschaften, Senckenbergstr. 3, 6300 Gießen, Tel. (06 41) 7 02 83 00

Schwerpunkte: Strukturen und Abläufe auf den Märkten für Agrarprodukte, Analyse des Konsumentenverhaltens, Wettbewerbsverhältnisse in der Lebensmitteldistribution, Analyse der Weltmärkte einzelner Agrarprodukte, Branchenanalyse im Ernährungsgewerbe, Analyse einzelner Agrarmärkte in der EG, Vermarktung einzelner Agrarerzeugnisse, Analyse der Nachfrage nach Lebensmitteln

Göttingen

Institut für Agrarökonomie, Georg-August-Universität Göttingen, Fachbereich Agrarwissenschaften, Nikolausberger Weg 9c, 3400 Göttingen, Tel. (05 51) 39 1/48 03

Schwerpunkte: Agrarökonomie, Landwirtschaftliche Betriebslehre, Landwirtschaftliche Marktlehre

Institut für forstliche Betriebswirtschaftslehre, Georg-August-Universität Göttingen, Forstwissenschaftlicher Fachbereich, Büsgenweg 5, 3400 Göttingen, Tel. (05 51) 39 34 21-23

Schwerpunkte: Untersuchungen holzmarktstabilisierender Instrumentarien, Betriebswirtschaftliche Beurteilung, Beeinflussung der Holzmärkte

Institut für Marketing und Handel, Georg-August-Universität Göttingen, Fachbereich Wirtschaftswissenschaften, Nikolausberger Weg 5c, 3400 Göttingen, Tel. (05 51) 39 72 68

Schwerpunkte: Führung von Handelsbetrieben, Wettbewerbspolitische und -rechtliche Probleme des Handels

Institut für Betriebswirtschaftliche Produktions- und Investitionsforschung, Georg-August-Universität Göttingen, Fachbereich Wirtschaftswissenschaften, Nikolausberger Weg 5c, 3400 Göttingen, Tel. (05 51) 39 72 76/72 57, Telex 9 6 703 unigoe

Schwerpunkte: Produktionsverfahren sowie ihre Auswirkungen auf die Preis- und Absatzpolitik

Hamburg

Seminar für Handel und Marktwesen, Universität Hamburg, Von-Melle-Park 5, 2000 Hamburg 13, Tel. (0 40) 41 23-47 04

Schwerpunkte: Handelsbetriebslehre, Beschaffung und Lagerhaltung, insbesondere optimale Bezugsquellenwahl, Produkt-, Sortiments- bzw. Produktionsprogrammpolitik, Rabatt- und Konditionspolitik, Mediaselektion, Werbeplanung

Bundesforschungsanstalt für Forst- und Holzwirtschaft, Postfach 80 02 10, Leuschnerstr. 91, 2000 Hamburg 80, Tel. (0 40) 7 39 62-1

Schwerpunkte: Weltforstwirtschaft, Forst- und Holzwirtschaftspolitik, Holzaufkommen und Holzverwendung, Probleme des Holzhandels und des Absatzes von Holzprodukten, Verbesserung der Produktivität, Struktur und Wirtschaftlichkeit sowie des Marketings in der Forst- und Holzwirtschaft

Hannover

Akademie für Absatzwirtschaft Niedersachsen e.V., Lange Laube 2, 3000 Hannover 1, Tel. (05 11) 32 29 63

Schwerpunkte: Insbesondere Investitionsgüterwerbung

Institut für Gartenbauökonomie, Universität Hannover, Fachbereich Gartenbau, Herrenhäuser Straße 2, 3000 Hannover 21, Tel. (05 11) 7 62-41 85/41 86

Schwerpunkte: Marktlehre, Agrarpolitik, Analyse von Märkten für gartenbauliche Produkte

Institut für sozioökonomische Betriebsforschung, Universität Hannover, Fachbereich Wirtschaftswissenschaften, Wunstorfer Straße 14, 3000 Hannover 91, Tel. (05 11) 7 62-45 60/45 61

Schwerpunkte: Markt und Konsum, Verbraucherpolitik, Handelsbetriebslehre

Kassel

Fachschule für Industriewerbung und Absatzförderung, Artilleriestraße 20, 3500 Kassel, Tel. (05 61) 1 64 06

Schwerpunkte: Audio-visuelle Kommunikation, Druck, Reproduktionswesen, Verbale Kommunikation, Absatzlehre, Strategie und Planung, Typographie und Herstellung, Gestaltung, Etat-Einsatz-Terminplanung, Soziologie, Media-Analyse, Allgemeine Werbelehre, Werbe- und Wettbewerbsrecht, Verkaufsförderung

Wirtschaftswissenschaften, Gesamthochschule Kassel, Universität, Fachbereich 7, Postfach 10 13 80, Monteverdistr. 2, 3500 Kassel, Tel. (05 61) 3 40 45/3 40 46

Schwerpunkte: Marktforschung und Absatz

Kiel

Institut für Betriebswirtschaftslehre, Christian-Albrechts-Universität zu Kiel, Wirtschafts- und Sozialwissenschaftliche Fakultät, Olshausenstr. 40, 2300 Kiel, Tel. (04 31) 8 80-1/21 65/39 91

Schwerpunkte: absatzpolitische Strategien, Produktplanung

Institut für Agrarpolitik und Marktlehre, Christian-Albrechts-Universität zu Kiel, Agrarwissenschaftliche Fakultät, Olshausenstr. 40—60, 2300 Kiel, Tel. (04 31) 8 80-44 36

Schwerpunkte: Landwirtschaftliche Absatzforschung, Internationaler Agrarhandel und internationale Rohstoffmarktpolitik

Köln

Institut für Markt- und Distributionsforschung, Universität zu Köln, Wirtschafts- und Sozialwissenschaftliche Fakultät, Albertus-Magnus-Platz, 5000 Köln 41, Tel. (02 21) 4 70-26 39

Schwerpunkte: Einfluß objektorientierter Organisationsformen auf die Gestaltung absatzpolitischer Entscheidungsprozesse in Unternehmen, Markt- und Imageanalysen

Institut für Handelsforschung, Universität zu Köln, Wirtschafts- und Sozialwissenschaftliche Fakultät, Postfach 41 05 50, Säckinger Straße 5, 5000 Köln 41, Tel. (02 21) 4 70-1

Schwerpunkte: Einzelhandelsbetriebsvergleich, Großhandelsbetriebsvergleich, Betriebsvergleich für Handelsvermittler

Konstanz

Fakultät für Wirtschaftswissenschaften und Statistik, Universität Konstanz, Universitätsstraße 10, 7750 Konstanz, Tel. (0 75 31) 88-1

Schwerpunkte: Absatzwirtschaft, insbesondere internationaler Handel

Mannheim

Lehrstuhl für allgemeine Betriebswirtschaftslehre und Absatzwirtschaft, Universität Mannheim, Fakultät für Volkswirtschaftslehre und Statistik, Schloß, Postfach 24 28, 6800 Mannheim 1, Tel. (06 21) 2 92-1

Schwerpunkte: Kommunikationspolitik im Rahmen des absatzwirtschaftlichen Seminars

Marburg

Fachbereich Wirtschaftswissenschaften, Philipps-Universität Marburg, Universitätsstraße 25, 3550 Marburg, Tel. (0 64 21) 28-37 23

Schwerpunkte: Betriebswirtschaftslehre des Handels

München

Institut für Absatzwirtschaft, Ludwig-Maximilians-Universität München, Ludwigstraße 28/II, 8000 München 22, Tel. (0 89) 21 80-24 48

Schwerpunkte: Absatzwirtschaft, Auslandsmarktforschung

Lehrstuhl für Forstpolitik und forstliche Betriebswirtschaftslehre, Ludwig-Maximilians-Universität München, Forstwissenschaftliche Fakultät, Amalienstraße 52, 8000 München 40, Tel. (0 89) 21 80-31 37

Schwerpunkte: Forstliche Betriebswirtschaftslehre, laufende Holzmarktanalyse

Münster

Lehrstuhl für Betriebswirtschaftslehre, insbesondere Distribution und Handel, Westfälische Wilhelms-Universität Münster, Fachbereich 4, Am Stadtgraben 13—15, 4400 Münster, Tel. (02 51) 83-28 08

Schwerpunkte: Distributionspolitik (Vertikale Beziehungen in Absatzkanälen zwischen Industrie und Handel, Vertragliche Vertriebssysteme, Nachfragemacht des Handels, Untereinstandspreisproblematik/Fusions-Kontrolle), Handelsmarketing (Warenwirtschaftssysteme, Handels-Controlling, Kooperation im Handel)

Institut für Ökonometrie und Wirtschaftsstatistik, Westfälische Wilhelms-Universität Münster, Am Stadtgraben 9, 4400 Münster, Tel. (02 51) 83-29 50/29 51

Schwerpunkte: ökonometrische Modelle, Zeitreihenanalyse, Stichprobenverfahren, Multivariate statistische Verfahren, Methoden des Operations Research

Neubiberg

Institut für Produktionswirtschaft und Marketing, Hochschule der Bundeswehr München, Fachbereich Wirtschafts- und Organisationswissenschaften, Werner-Heisenberg-Weg 39, 8014 Neubiberg, Tel. (0 89) 60 04-42 14/28 10

Schwerpunkte: Marktforschung, Werbung, Verkauf, Vertrieb, Industrielles Handels- und Dienstleistungsmarketing

Nürnberg

Betriebswirtschaftliches Institut, Lehrstuhl für Marketing, Internationales Marketing und Handel, Friedrich-Alexander-Universität Erlangen-Nürnberg, Fachbereich Wirtschafts- und Sozialwissenschaften, Postfach 39 31, Lange Gasse 20, 8500 Nürnberg, Tel. (09 11) 53 02-1

Schwerpunkte: Investitions- und Produktionsgüterabsatz, Produkt-Lebenszyklus, Produkt- und Verfahrens-Diffusion, Umweltverträglichkeitsprüfung von Produkten und Verfahren, Produktveraltung

Institut für Exportforschung an der Universität Erlangen-Nürnberg, Postfach 39 31, Lange Gasse 20, 8500 Nürnberg 1, Tel. (09 11) 5 30 22 18

Schwerpunkte: Warenexport, Lizenzvergabe, Direktinvestitionen

Institut für Absatz- und Verbrauchsforschung, Friedrich-Alexander-Universität Erlangen-Nürnberg, Wirtschafts- und Sozialwissenschaftliche Fakultät, Postfach 39 31, Lange Gasse 20, 8500 Nürnberg, Tel. (09 11) 53 02-2 14

Schwerpunkte: Handel, Dienstleistungen, Markenartikel, Handelsmarken No-Names, Internationalisierung, Werbung, Marktforschung (Konsum- und Absatzforschung).
Die Neueinführung von Markenartikeln im internationalen Vergleich, branchenfremde Artikel im Facheinzelhandel. Die Werbeaufwendungen für No-Names, Entwicklungen in der Gastronomiebranche, Strategische Planung im Einzelhandel

Oldenburg

Wirtschafts- und Rechtswissenschaften, Universität Oldenburg, Fachbereich 4, Ammerländer Heerstraße 67—99, 2900 Oldenburg, Tel. (04 41) 7 98-83 15

Schwerpunkte: Betriebswirtschaftslehre, Absatz und Marketing

Paderborn

Lehrstuhl für Absatz-, Konsum- und Verhaltensforschung, Universität-Gesamthochschule Paderborn, Fachbereich 5, Wirtschaftswissenschaften, Postfach 16 21, Warburger Str. 100, 4790 Paderborn, Tel. (0 52 51) 60-29 25/-29 26/-29 27

Schwerpunkte: Absatz-, Konsum- und Verhaltensforschung, Marketing, Marktpolitik, Verbraucherpolitik

Passau

Wirtschaftswissenschaftliche Fakultät, Universität Passau, Postfach 25 40, Innstraße 40, 8390 Passau, Tel. (08 51) 5 09-1 19

Schwerpunkte: Absatzwirtschaft

Saarbrücken

Institut für Konsum- und Verhaltensforschung im Institut für empirische Wirtschaftsforschung an der Universität des Saarlandes, Im Stadtwald, 6600 Saarbrücken, Tel. (06 81) 3 02-21 35/-2 73 35

Schwerpunkte: Konsumentenforschung, Werbung, Sozialtechnik und Konsumentenverhalten, Verbraucher von Konsumgütern, Besucher von Messen oder Ausstellungen

Institut für Wirtschaftsinformatik im Institut für empirische Wirtschaftsforschung an der Universität des Saarlandes, Im Stadtwald, Gebäude 14, 6600 Saarbrücken, Tel. (06 81) 3 02 31 06/39 83 91

Schwerpunkte: Internationale absatzwirtschaftliche Strukturanalysen

Handelsinstitut im Institut für empirische Wirtschaftsforschung an der Universität des Saarlandes, Im Stadtwald, Geb. 15, 6600 Saarbrücken, Tel. (06 81) 30 22 16, 3 61 69, 3 62 59

Schwerpunkte: Handelsmarketing, Verhaltenswirtschaftliche Absatzforschung

Siegen

Fachbereich 5, Wirtschaftswissenschaft, Universität — Gesamthochschule — Siegen, Hölderlinstr. 3, 5900 Siegen 21, Tel. (02 71) 74 01

Schwerpunkte: Marktreaktionsforschung, Käuferverhalten, Handelsmarketing bzw. Unternehmensplanung und -organisation im Handel, Prognosemodelle bzw. -verfahren

Stuttgart

Institut für Agrarpolitik und Landwirtschaftliche Marktlehre, Universität Hohenheim, Fakultät Agrarwissenschaften II, Postfach 70 05 62, 7000 Stuttgart 70, Tel. (07 11) 45 01-25 99

Schwerpunkte: Entwicklung des Welthandels mit Milcherzeugnissen und die zukünftigen Absatzchancen der Europäischen Gemeinschaft für diese Produkte, Entwicklung von Handelsströmen und Importstrukturen auf dem Weltweizenmarkt, Fragen der Absatzmarkt- und -preispolitik, Marktanalysen und Marktprognosen, Absatzbedingungen alternativ wirtschaftender Landwirte, Verbraucherinteressen und Agrarpolitik, Wettbewerb in der Schlachtviehvermarktung

Lehrstuhl für Absatzwirtschaft, Universität Hohenheim, Fakultät V — Wirtschafts- und Sozialwissenschaften, Postfach 70 05 62, Schloß, 7000 Stuttgart 70, Tel. (07 11) 45 01-1

Schwerpunkte: Absatzwirtschaft

Trier

Betriebswirtschaftslehre, Universität Trier, Fachbereich IV, Postfach 38 25, Tarforst, 5500 Trier, Tel. (06 51) 2 01-1

Schwerpunkte: Absatz, Markt, Konsum, Handelsbetriebslehre, Zielgruppenanalyse

Tübingen

Wirtschaftswissenschaftliches Seminar, Abteilung Betriebswirtschaftslehre, Eberhard-Karls-Universität Tübingen, Wirtschaftswissenschaftliche Fakultät, Sigwartstr. 18, 7400 Tübingen 1, Tel. (0 70 71) 29-52 56

Schwerpunkte: Absatzwirtschaft und Wirtschaftsprüfung

Würzburg

Institut für Absatz- und Konsumwirtschaft, Bayerische Julius-Maximilians-Universität Würzburg, Sanderring 2, 8700 Würzburg, Tel. (09 31) 13-1

Schwerpunkte: Allgemeine Betriebswirtschaftslehre unter besonderer Berücksichtigung der Absatzwirtschaft

1.4.3. Industrie- und Handelskammern in der Bundesrepublik Deutschland

Deutscher Industrie- und Handelstag, Adenauerallee 148, 5300 Bonn 1, Tel. (02 28) 10 40

Aachen

Industrie- und Handelskammer zu Aachen, Postfach 6 50, 5100 Aachen, Tel. (02 41) 43 80

Arnsberg

Industrie- und Handelskammer für das südöstliche Westfalen zu Arnsberg, Postfach 53 13, 5760 Arnsberg 2, Tel. (0 29 31) 87 80

Aschaffenburg

Industrie- und Handelskammer Aschaffenburg, Kerschensteinerstr. 9, Postfach 17, 8750 Aschaffenburg, Tel. (0 60 21) 81 86

Augsburg

Industrie- und Handelskammer für Augsburg und Schwaben, Stettenstr. 1 und 3, Postfach 10 18 80, 8900 Augsburg 1, Tel. (08 21) 31 62-1

Baden-Baden

Industrie- und Handelskammer Mittlerer Oberrhein, Hauptgeschäftsstelle Baden-Baden, Lichtentaler Str. 92, Postfach 4 20, 7570 Baden-Baden, Tel. (0 72 21) 7 10 41/43

Bayreuth

Industrie- und Handelskammer für Oberfranken — Bayreuth, Bahnhofstr. 25—27, Postfach 26 20, 8580 Bayreuth 1, Tel. (09 21) 2 30 91

Berlin

Industrie- und Handelskammer zu Berlin, Hardenbergstr. 16—18, 1000 Berlin 12, Tel. (0 30) 31 80-1

Bielefeld

Industrie- und Handelskammer Ostwestfalen zu Bielefeld, Elsa-Brandström-Str. 1 und 3, Postfach 1 63, 4800 Bielefeld 1, Tel. (05 21) 5 54-1

Bochum

Industrie- und Handelskammer zu Bochum, Ostring 30—32, Postfach 10 12 30, 4630 Bochum, Tel. (02 34) 6 89 01-0

Böblingen

Industrie- und Handelskammer Mittlerer Neckar, Sitz Stuttgart, Bezirkskammer Böblingen, Steinbeisstr. 11, 7030 Böblingen, Tel. (0 70 31) 22 50 74

Bonn

Deutscher Industrie- und Handelstag, Adenauerallee 148, Postfach 14 46, 5300 Bonn 1, Tel. (02 28) 1 04-0

Industrie- und Handelskammer Bonn, Bonner Talweg 17, Postfach 18 20, 5300 Bonn 1, Tel. (02 28) 22 84-0

Braunschweig

Industrie- und Handelskammer Braunschweig, Garküche 3, Postfach 32 69, 3300 Braunschweig, Tel. (05 31) 47 15-0

Bremen

Handelskammer Bremen, Am Markt 13, Postfach 10 51 07, 2800 Bremen 1, Tel. (04 21) 3 63 71

Bremerhaven

Industrie- und Handelskammer Bremerhaven, Friedrich-Ebert-Str. 6, Postfach 10 05 40, 2850 Bremerhaven, Tel. (04 71) 2 01 11

Coburg

Industrie- und Handelskammer zu Coburg, Schloßplatz 5, Postfach 3 84, 8630 Coburg/Ofr., Tel. (0 95 61) 77 94

Darmstadt

Industrie- und Handelskammer Darmstadt, Rheinstr. 89, Postfach 40 24, 6100 Darmstadt, Tel. (0 61 51) 8 71-1

Detmold

Industrie- und Handelskammer Lippe zu Detmold, Willi-Hofmann-Str. 5, Postfach 1 05, 4930 Detmold 1, Tel. (0 52 31) 76 01-0

Dillenburg

Industrie- und Handelskammer zu Dillenburg, Wilhelmstr. 10, Postfach 14 63, 6340 Dillenburg, Tel. (0 27 71) 50 20, 50 27-29

Dortmund

Industrie- und Handelskammer zu Dortmund, Märkische Str. 120, Postfach 8 71, 4600 Dortmund 1, Tel. (02 31) 5 41 70

Düsseldorf

Industrie- und Handelskammer zu Düsseldorf, Ernst-Schneider-Platz 1, Postfach 44 29, 4000 Düsseldorf 1, Tel. (02 11) 3 55 71

Vereinigung der Industrie- und Handelskammern des Landes Nordrhein-Westfalen, Goltsteinstr. 31, Postfach 24 01 20, 4000 Düsseldorf 1, Tel. (02 11) 35 20 91

Duisburg

Niederrheinische Industrie- und Handelskammer Duisburg-Wesel Kleve zu Duisburg, Mercatorstr. 22—24, Postfach 10 11 23, 4100 Duisburg 1, Tel. (02 03) 28 21-1

Emden

Industrie- und Handelskammer für Ostfriesland und Papenburg, Ringstr. 4, Postfach 17 52, 2970 Emden, Tel. (0 49 21) 89 01-0

Essen

Industrie- und Handelskammer für Essen, Mülheim a. d. Ruhr, Oberhausen zu Essen, Am Waldthausenpark 2, Postfach 10 17 55, 4300 Essen 1, Tel. (02 01) 1 89 20

Esslingen

Industrie- und Handelskammer Mittlerer Neckar Bezirkskammer Esslingen, Fabrikstr. 1, Postfach 2 47, 7300 Esslingen a. N., Tel. (07 11) 35 91 41

Flensburg

Industrie- und Handelskammer zu Flensburg, Heinrichstr. 34, Postfach 19 42, 2390 Flensburg, Tel. (04 61) 80 61

Frankfurt

Arbeitsgemeinschaft Hessischer Industrie- und Handelskammern, Börsenplatz, Postfach 32 29, 6000 Frankfurt a. M., Tel. (0 69) 2 19 71

Industrie- und Handelskammer Frankfurt am Main, Börsenplatz, Postfach 32 29, 6000 Frankfurt a. M., Tel. (0 69) 2 19 71

Freiburg

Industrie- und Handelskammer Südlicher Oberrhein, Wilhelmstr. 26, Postfach 8 60, 7800 Freiburg i. Br., Tel. (07 61) 3 13 77

Friedberg

Industrie- und Handelskammer Friedberg (Hessen), Goetheplatz 3, Postfach 16 09, 6360 Friedberg, Tel. (0 60 31) 23 57/59

Fulda

Industrie- und Handelskammer Fulda, Heinrichstr. 8, Postfach 6 29, 6400 Fulda, Tel. (06 61) 28 40

Gießen

Industrie- und Handelskammer Gießen, Lonystr. 7, Postfach 11 12 20, 6300 Gießen 2, Tel. (06 41) 7 20 52

Göppingen

Industrie- und Handelskammer Mittlerer Neckar Bezirkskammer Göppingen, Franklinstr. 4, Postfach 6 23, 7320 Göppingen, Tel. (0 71 61) 7 90 53

Hagen

Südwestfälische Industrie- und Handelskammer zu Hagen, Bahnhofstr. 18, Postfach 42 65, 5800 Hagen 1, Tel. (0 23 31) 3 90-1

Hamburg

Handelskammer Hamburg, Postfach 11 14 49, 2000 Hamburg 11, Tel. (0 40) 3 61 38-0

Hanau

Industrie- und Handelskammer Hanau-Gelnhausen Schlüchtern, Am Pedro-Jung Park 14, Postfach 16 51, 6450 Hanau 1, Tel. (0 61 81) 2 43 87/88

Hannover

Industrie- und Handelskammer Hannover-Hildesheim, Berliner Allee 25, Postfach 30 29, 3000 Hannover, Tel. (05 11) 31 07-1

Vereinigung der Niedersächsischen Industrie- und Handelskammern, Berliner Allee 25, Postfach 30 29, 3000 Hannover, Tel. (05 11) 31 07-2 88-90

Heidelberg

Industrie- und Handelskammer Rhein-Neckar in Mannheim, Hauptgeschäftsstelle Heidelberg, Hans-Böckler-Str. 4, 6900 Heidelberg, Tel. (0 62 21) 90 17-0

Heidenheim

Industrie- und Handelskammer Ostwürttemberg, Paulinenstr. 8, Postfach 14 60, 7920 Heidenheim (Brenz), Tel. (0 73 21) 3 24-0

Heilbronn

Industrie- und Handelskammer Heilbronn, Rosenbergstr. 8, 7100 Heilbronn, Tel. (0 71 31) 62 16-0

Hildesheim

Industrie- und Handelskammer Hannover-Hildesheim, Hauptgeschäftsstelle Hildesheim, Hindenburgplatz 20, Postfach 2 44, 3200 Hildesheim, Tel. (0 51 21) 10 51

Karlsruhe

Industrie- und Handelskammer Mittlerer Oberrhein, Lammstr. 15—17, Postfach 34 40, 7500 Karlsruhe 1, Tel. (07 21) 1 74-0

Kassel

Industrie- und Handelskammer Kassel, Ständeplatz 17, Postfach 10 19 49, 3500 Kassel, Tel. (05 61) 78 91-1

Kiel

Industrie- und Handelskammer zu Kiel, Lorentzendamm 24, Postfach 26 40, 2300 Kiel 1, Tel. (04 31) 59 04-1

Verband der Industrie- und Handelskammern des Landes Schleswig-Holstein Vorortkammer Kiel, Lorentzendamm 24, Postfach 26 40, 2300 Kiel 1, Tel. (04 31) 5 90 41

Koblenz

Industrie- und Handelskammer zu Koblenz, Schloßstr. 2, Postfach 10 09, 5400 Koblenz, Tel. (02 61) 10 60

Köln

Industrie- und Handelskammer zu Köln, Unter Sachsenhausen 10—26, Postfach 10 80 15, 5000 Köln 1, Tel. (02 21) 16 40-0

Kammergemeinschaft Öffentlichkeitsarbeit der Nordrhein-Westfälischen Industrie- und Handelskammern, Unter Sachsenhausen 10—26, 5000 Köln 1, Tel. (02 21) 1 64 03 91-2

Konstanz

Industrie- und Handelskammer Hochrhein-Bodensee, Schützenstr. 8, Postfach 13 20, 7750 Konstanz, Tel. (0 75 31) 2 30 21

Krefeld

Industrie- und Handelskammer Mittlerer Niederrhein, Krefeld-Mönchengladbach-Neuss, Nordwall 39, Postfach 14 30, 4150 Krefeld 1, Tel. (0 21 51) 63 50

Lahr

Industrie- und Handelskammer Südlicher Oberrhein, Sitz Freiburg, Hauptgeschäftsstelle Lahr, Lotzbeckstr. 31, Postfach 15 47/15 48, 7630 Lahr/Schwarzwald, Tel. (0 78 21) 2 20 73

Limburg

Industrie- und Handelskammer Limburg, Walderdorffstr. 7, Postfach 12 63, 6250 Limburg a. d. L., Tel. (0 64 31) 80 91

Lindau

Industrie- und Handelskammer Lindau/Bodensee, Maximilianstr. 1, Postfach 13 65, 8990 Lindau/B., Tel. (0 83 82) 40 94/95

Ludwigsburg

Industrie- und Handelskammer Mittlerer Neckar Sitz Stuttgart, Bezirkskammer Ludwigsburg, Kurfürstenstr. 4, Postfach 6 09, 7140 Ludwigsburg, Tel. (0 71 41) 1 22-1

Ludwigshafen

Industrie- und Handelskammer für die Pfalz in Ludwigshafen am Rhein, Ludwigsplatz 2—3, Postfach 21 07 44, 6700 Ludwigshafen/Rh., Tel. (06 21) 5 90 40

Lübeck

Industrie- und Handelskammer zu Lübeck, Breite Str. 6—8, 2400 Lübeck 1, Tel. (04 51) 13 50

Lüneburg

Industrie- und Handelskammer Lüneburg-Wolfsburg, Am Sande 1, Postfach 18 80, 2120 Lüneburg, Tel. (0 41 31) 7 09-0

Mainz

Arbeitsgemeinschaft der Industrie- und Handelskammern Rheinland-Pfalz, Schillerplatz 7, Postfach 25 09, 6500 Mainz, Tel. (0 61 31) 2 62-0

Industrie- und Handelskammer für Rheinhessen, Schillerplatz 7, Postfach 25 09, 6500 Mainz, Tel. (0 61 31) 2 62-0

Mannheim

Industrie- und Handelskammer Rhein-Neckar Mannheim, L 1.2., Postfach 11 80, 6800 Mannheim 1, Tel. (06 21) 17 09-1

Mönchengladbach

Industrie- und Handelskammer Mittlerer Niederrhein, Krefeld-Mönchengladbach-Neuss, Hauptgeschäftsstelle Mönchengladbach, Bismarckstr. 109, Postfach 3 83, 4050 Mönchengladbach, Tel. (0 21 61) 2 41-0

München

Arbeitsgemeinschaft der Bayerischen Industrie- und Handelskammern, Max-Joseph-Str. 2, 8000 München 2, Tel. (0 89) 51 16-0

Industrie- und Handelskammer für München und Oberbayern, Postfach, 8000 München 34, Tel. (0 89) 51 16-0

Münster

Industrie- und Handelskammer zu Münster, Sentmaringer Weg 61, Postfach 40 24, 4400 Münster, Tel. (02 51) 7 07-1

Neuss

Industrie- und Handelskammer Mittlerer Niederrhein Krefeld-Mönchengladbach-Neuss, Friedrichstr. 40, Postfach 93, 4040 Neuss, Tel. (0 21 01) 2 61 01, 02, 03, 04

Nürnberg

Industrie- und Handelskammer Nürnberg, Hauptmarkt 25—27, Post-Abholfach, 8500 Nürnberg 106, Tel. (09 11) 2 05 91

Nürtingen

Industrie- und Handelskammer Mittlerer Neckar, Sitz Stuttgart, Bezirkskammer Nürtingen, Bismarckstr. 8—12, Postfach 14 20, 7440 Nürtingen, Tel. (0 70 22) 3 40 26

Offenbach

Industrie- und Handelskammer Offenbach am Main, Stadthof 5, 6050 Offenbach/M., Tel. (0 69) 8 20 70

Oldenburg

Industrie- und Handelskammer Oldenburg, Moselstr. 6, Postfach 25 45, 2900 Oldenburg, Tel. (04 41) 2 22 01

Osnabrück

Industrie- und Handelskammer Osnabrück-Emsland, Neuer Graben 38, Postfach 30 80, 4500 Osnabrück, Tel. (05 41) 35 30

Passau

Industrie- und Handelskammer für Niederbayern in Passau, Nibelungenstr. 15, Postfach 17 27, 8390 Passau, Tel. (08 51) 50 71

Pforzheim

Industrie- und Handelskammer Nordschwarzwald, Dr.-Brandenburg-Str. 6, Postfach 9 20, 7530 Pforzheim, Tel. (0 72 31) 20 10

Regensburg

Industrie- und Handelskammer Regensburg, Dr.-Martin-Luther-Str. 12, Postfach 11 03 55, 8400 Regensburg 11, Tel. (09 41) 5 69 41

Reutlingen

Industrie- und Handelskammer Reutlingen, Hindenburgstr. 54, Postfach 1 18, 7410 Reutlingen, Tel. (0 71 21) 2 01-0

Saarbrücken

Industrie- und Handelskammer des Saarlandes, Franz-Josef-Röder-Str. 9, Postfach 1 36/1 37, 6600 Saarbrücken, Tel. (06 81) 5 08-1

Schopfheim

Industrie- und Handelskammer Hochrhein-Bodensee, Hauptgeschäftsstelle Schopfheim, Gottschalkweg 1, Postfach 12 40, 7860 Schopfheim/Baden, Tel. (0 76 22) 90 95

Siegen

Industrie- und Handelskammer Siegen, Koblenzer Str. 121, Postfach 10 04 01, 5900 Siegen, Tel. (02 71) 33 02-0

Solingen

Industrie- und Handelskammer Wuppertal-Solingen-Remscheid, Bezirksstelle Solingen, Kölner Str. 8, Postfach 10 07 85, 5650 Solingen 1, Tel. (02 12) 20 30 21

Stade

Industrie- und Handelskammer Stade für den Elbe-Weser-Raum, Am Schäferstieg 2, Postfach 14 29, 2160 Stade, Tel. (0 41 41) 60 66-0

Stuttgart

Arbeitsgemeinschaft der Industrie- und Handelskammer in Baden-Württemberg, Jägerstr. 30, Postfach 84, 7000 Stuttgart 1, Tel. (07 11) 20 05-1

Industrie- und Handelskammer Mittlerer Neckar, Sitz Stuttgart, Jägerstr. 30, Postfach 84, 7000 Stuttgart 1, Tel. (07 11) 2 00 51

Trier

Industrie- und Handelskammer Trier, Kornmarkt 6, Postfach 22 40, 5500 Trier, Tel. (06 51) 71 03-0

Ulm

Industrie- und Handelskammer Ulm, Olgastr. 101, Postfach 24 60, 7900 Ulm, Tel. (07 31) 1 73-0

Villingen-Schwenningen Weingarten

Industrie- und Handelskammer Schwarzwald-Baar-Heuberg, Romäusring 4, Postfach 15 60, 7730 Villingen-Schwenningen, Tel. (0 77 21) 2 04-0

Industrie- und Handelskammer Bodensee-Oberschwaben, Lindenstr. 2, Postfach 12 04, 7987 Weingarten, Tel. (07 51) 4 09-0

Wetzlar

Industrie- und Handelskammer Wetzlar, Friedenstr. 2, Postfach 18 40, 6330 Wetzlar, Tel. (0 64 41) 4 40 96

Wiesbaden

Industrie- und Handelskammer Wiesbaden, Wilhelmstr. 24—26, Postfach 34 60, 6200 Wiesbaden, Tel. (0 61 21) 15 00-0

Würzburg

Industrie- und Handelskammer Würzburg-Schweinfurt, Neubaustr. 66, Postfach 1 27, 8700 Würzburg 11, Tel. (09 31) 3 01-0

Wuppertal

Industrie- und Handelskammer Wuppertal-Solingen-Remscheid, Islandufer 21, Postfach 13 01 52, 5600 Wuppertal 1, Tel. (02 02) 44 40 81

1.4.4. Statistische Ämter

Statistisches Bundesamt

Statistisches Bundesamt, Gustav-Stresemann-Ring 11, 6200 Wiesbaden 1, Tel. (0 61 21) 7 51

Statistisches Bundesamt Zweigstelle Berlin, Kurfürstenstr. 87, 1000 Berlin 30, Tel. (0 30) 26 00 30

Statistisches Bundesamt Außenstelle Düsseldorf, Hüttenstr. 5a, 4000 Düsseldorf 1, Tel. (02 11) 37 20 60

Statistische Landesämter

Baden-Württemberg

Statistisches Landesamt Baden-Württemberg, Böblinger Str. 68, 7000 Stuttgart 1, Tel. (07 11) 6 46 51

Bayern

Bayerisches Landesamt für Statistik und Datenverarbeitung, Neuhauser Str. 51, 8000 München 2, Tel. (0 89) 2 11 91

Berlin

Statistisches Landesamt Berlin, Fehrbelliner Platz 1, 1000 Berlin 31, Tel. (0 30) 86 71

Bremen

Statistisches Landesamt Bremen, An der Weide 14—16, 2800 Bremen 1, Tel. (04 21) 36 11

Hamburg

Statistisches Landesamt Hamburg, Steckelhörn 12, 2000 Hamburg 11, Tel. (0 40) 3 68 11

Hessen

Hessisches Statistisches Landesamt, Rheinstr. 35/37, 6200 Wiesbaden, Tel. (0 61 21) 36 80

Niedersachsen

Niedersächsisches Landesverwaltungsamt — Statistik —, Geibelstr. 61/65, 3000 Hannover 1, Tel. (05 11) 8 08 31

Nordrhein-Westfalen

Landesamt für Datenverarbeitung und Statistik Nordrhein-Westfalen, Mauerstr. 51, 4000 Düsseldorf 1, Tel. (02 11) 4 49 71

Rheinland-Pfalz

Statistisches Landesamt Rheinland-Pfalz, Mainzer Str. 15/16, 5427 Bad Ems, Tel. (0 26 03) 7 11

Saarland

Statistisches Amt des Saarlandes, Hardenbergstr. 3, 6600 Saarbrücken, Tel. (06 81) 50 51

Schleswig-Holstein

Statistisches Landesamt Schleswig-Holstein, Fröbelstr. 15—17, 2300 Kiel 1, Tel. (04 31) 68 95-1

1.5. Informationsquellen, Informationsvermittlung

1.5.1. Veröffentlichungen von wirtschaftswissenschaftlichen Instituten

Institut	Veröffentlichungen/Inhalt	Erscheinungsweise
Deutsches Institut für Wirtschaftsforschung Königin-Luise-Str. 5 1000 Berlin 33 Tel. (0 30) 29 91-0	„Wochenbericht" — Allgemeine konjunkturelle Lage, Außenhandel, Beschäftigungssituation, Strukturuntersuchungen, Länderanalysen, Lage der Weltwirtschaft, Investitionsentwicklung, Produktion, Branchenanalysen	wöchentlich
	„Vierteljahreshefte" — Beiträge zur Strukturforschung u. a.	vierteljährlich
	„Sonderhefte"	unregelmäßig
	„Vierteljährliche volkswirtschaftliche Gesamtrechnung für die Bundesrepublik Deutschland"	vierteljährlich
	„Geldvermögensrechnung für die Bundesrepublik Deutschland"	vierteljährlich
	„Beschäftigung und Arbeitnehmereinkommen in der Bundesrepublik Deutschland"	jährlich
	„Produktionsvolumen und -potential, Produktionsfaktoren des Bergbaus und des verarbeitenden Gewerbes in der Bundesrepublik Deutschland"	jährlich
	„Vierteljährliche Bauvolumensrechnung, Einkommens- und Transferschichtung"	vierteljährlich

Institution	Veröffentlichungen/Inhalt	Erscheinungsweise
HWWA-Institut für Wirtschaftsforschung Neuer Jungfernstieg 21 2000 Hamburg 36 Tel. (0 40) 35 62	Veröffentlichungen zu folgenden Sachgebieten: — Außenwirtschaft und Integration — Direktinvestitionen — Entwicklungspolitik — Geld- und Währungspolitik — Ost-West-Beziehungen — Ordnungspolitik — Rohstoffe und Rohstoffpolitik — Regionalpolitik — Strukturanalysen — Verkehrswirtschaft und Verkehrspolitik — Allgemeine Wirtschaftspolitik	unregelmäßig
	„Wirtschaftsdienst" — Wirtschaftspolitische Daten/Informationen	monatlich
	„Intereconomics"	monatlich
	„Bibliographie der Wirtschaftspresse" — Dokumentation ausgewählter Zeitschriftenaufsätze	jährlich
	„Konjunktur von Morgen" — Kurzbericht über die Binnen- und Weltkonjunktur sowie die Weltrohstoffmärkte	vierzehntägig
	„Weltkonjunkturdienst" — Auslandskonjunktur, die Weltrohstoffmärkte und der Außenhandel der Bundesrepublik	vierteljährlich
Institut der deutschen Wirtschaft Gustav-Heinemann-Ufer 84—88, 5000 Köln 51 Tel. (02 21) 3 70 81	„IWD-Informationsdienst des Instituts der deutschen Wirtschaft" — Aktuelle Fragen der Wirtschafts-, Sozial- und Gesellschaftspolitik, Dokumentationen, Schaubilder, Kommentare	wöchentlich
	„Argumente zu Unternehmensfragen" — Stellungnahmen und Diskussionsbeiträge	monatlich
	„Wirtschaft und Unterricht" — Grundsatzfragen und Entwicklung der Gewerkschaftspolitik	jährlich 8 Ausgaben
	„IW-Trends" — Indikatoren, Analysen, kurz- und mittelfristige Konjunkturprognosen	viermal jährlich
	„Informationen zur beruflichen Bildung" — Probleme der Berufsbildung und Berufspraxis	monatlich
	„Zahlen zur wirtschaftlichen Entwicklung der Bundesrepublik Deutschland — Tabellarische Datensammlung der Wirtschafts-, Gesellschafts- und Sozialpolitik	jährlich
	„Internationale Wirtschaftszahlen" — Tabellarische Datensammlung der wirtschaftlichen Zahlen für die zwölf wichtigsten Industriestaaten	
	„Medienspiegel" — Analysen und Nachrichten aus dem Medienbereich	wöchentlich

Institut	Veröffentlichungen/Inhalt	Erscheinungsweise
	,,IW-Eil" — Zusammenfassung der wichtigsten Arbeiten des Instituts	unregelmäßig
	,,Schriftenreihe: Beiträge zur Wirtschafts- und Sozialpolitik"	unregelmäßig
	,,Schriftenreihe: Beiträge zur Gesellschafts- und Bildungspolitik"	unregelmäßig
	,,Schriftenreihe: Wirtschafts- und Gesellschaftspolitische Grundinformationen"	unregelmäßig
	,,Schriftenreihe: Argumente zu Wirtschaftsfragen"	
Institut für arbeitsmarkt- und Berufsforschung der Bundesanstalt für Arbeit Postfach, 8500 Nürnberg 1 Tel. (09 11) 1 71	,,Mitteilungen aus der Arbeitsmarkt-Berufsforschung"	unregelmäßig
	,,Beiträge zur Arbeitsmarkt- und Berufsforschung"	unregelmäßig
	,,Materialien aus der Arbeitsmarkt und Berufsforschung"	unregelmäßig
	,,Quintessenzen aus der Arbeitsmarkt- und Berufsforschung"	unregelmäßig
	,,ABC-Handbuch zu den ausbildungs-, berufs- und wirtschaftszweigspezifischen Beschäftigungschancen"	unregelmäßig
	,,Literaturdokumentation zur Arbeitsmarkt- und Berufsforschung"	unregelmäßig
	,,Forschungsdokumentation zur Arbeitsmarkt- und Berufsforschung"	unregelmäßig
	,,Institutionendokumentation zu Arbeitsmarkt und Beruf"	unregelmäßig
Institut für Weltwirtschaft an der Universität Kiel, Postfach 43 09 2300 Kiel 1 Tel. (04 31) 8 84-1	,,Kieler Kurzberichte"	
	,,Weltwirtschaftliches Archiv"	vierteljährlich
	,,Kieler Studien"	unregelmäßig
	,,Kieler Vorträge"	unregelmäßig
	,,Kieler Diskussionsbeiträge"	unregelmäßig
	,,Bernhard-Harms-Vorlesungen"	unregelmäßig
	,,Kieler Arbeitspapiere"	unregelmäßig
	,,Strukturberichterstattung"	unregelmäßig
Ifo-Institut für Wirtschaftsforschung Poschingerstr. 5 8000 München 86 Tel. (0 89) 9 22 41	,,Ifo-Schnelldienst" — Einzelergebnisse der Ifo-Untersuchungen, Rubriken, Branchenreports, Kommentare, Berichte, Analysen	dreimal monatlich
	,,Wirtschaftskonjunktur" — Konjunkturperspektiven, Konjunkturreport, Analysen, Konjunkturindikatoren	monatlich
	,,Ifo-Digest" — Forschungs- und Erhebungsergebnisse des Ifo-Instituts von internationalem Interesse	vierteljährlich

Institut	Veröffentlichungen/Inhalt	Erscheinungsweise
	„Ifo-Studien" — Grundlegende Untersuchungen	vierteljährlich
	„Ifo-Spiegel der Wirtschaft" — Überblick über die wirtschaftliche Entwicklung in der Bundesrepublik Deutschland (Struktur und Konjunktur)	jährlich
	„Ifo-Konjunkturperspektiven"	monatlich
	„Konjunkturindikatoren" — Graphische Darstellung konjunkturrelevanter statistischer Reihen	monatlich
	„Ifo-Branchenservice" — Mehr als 20 Branchen, wichtige ökonomische Zeitreihen aus der amtlichen Statistik, aus den Ifo-Konjunktur- und Investitionsumfragen	monatlich
	„Konjunkturspiegel" — Graphische Darstellung der monatlichen Ergebnisse des Ifo-Konjunkturtests für ca. 500 Einzelmärkte des Gewerbes, der Bauwirtschaft sowie des Groß- und Einzelhandels	monatlich
	„Ifo-Schriftenreihe: Absatzwirtschaft"	unregelmäßig
	„Struktur und Wachstum, Reihe Absatzwirtschaft"	unregelmäßig
	„Ifo-Studien zu Handels- und Dienstleistungsfragen"	unregelmäßig
	„Ifo-Studien zur Agrarwirtschaft"	unregelmäßig
	„Ifo-Studien zur Arbeitsmarktforschung"	unregelmäßig
	„Bauvorausschätzung"	unregelmäßig
	„Ifo-Schriftenreihe: Bau- und Wohnungswirtschaft"	unregelmäßig
	„Ifo-Studien zur Bauwirtschaft"	unregelmäßig
	„Ifo-Studien zur Bevölkerungsökonomie"	unregelmäßig
	„Ifo-Studien zur Energiewirtschaft	unregelmäßig
	„Afrika-Studien"	unregelmäßig
	„Ifo-Studien zur Entwicklungsforschung"	unregelmäßig
	„Forschungsberichte der Abteilung Entwicklungsländer"	unregelmäßig
	„Ifo-Schriftenreihe: Finanzwirtschaft"	unregelmäßig
	„Ifo-Schriftenreihe: Finanzpolitik"	unregelmäßig
	„Ifo-Schriftenreihe: Industrie-Struktur"	unregelmäßig
	„Struktur und Wachstum, Reihe Industrie"	unregelmäßig
	„Ifo-Studien zur Industriewirtschaft"	unregelmäßig
	„Ifo-Studien zur Strukturforschung"	unregelmäßig
	„Ifo-Schriftenreihe: Input-Output Analysen"	unregelmäßig
	„Ifo-Schriftenreihe: Umweltökonomie"	unregelmäßig
	„Ifo-Studien zur Industriewirtschaft"	unregelmäßig
	„Ifo-Schriftenreihe: Unternehmer- und Verbraucherverhalten"	unregelmäßig

Institut	Veröffentlichungen/Inhalt	Erscheinungsweise
	„Ifo-Schriftenreihe: Verkehrswirtschaft"	unregelmäßig
	„Ifo-Studien zur Verkehrswirtschaft"	unregelmäßig
	„Ifo-Schriftenreihe: Wachstum-Konjunktur"	unregelmäßig
Rheinisch-Westfälisches Institut für Wirtschaftsforschung Essen Hohenzollernstr. 1—3 4300 Essen 1 Tel. (02 01) 23 31 71	„Mitteilungen" — Private Haushalte, Wirtschaftsentwicklung Strukturwandel, Simulationsrechnungen, Investitionen, Arbeitsmarkt, Wettbewerbswirtschaft, Außenhandel, Prognosen	viermal jährlich
	„Konjunkturberichte" Teil I: Die Lage der westdeutschen Wirtschaft Teil II: Die Lage auf dem Energiemarkt Die Lage auf dem Stahlmarkt	viermal jährlich
	„Konjunkturbriefe" — Prognosen, Analysen	sechs- bis zehnmal jährlich
	„Beihefte zu den Konjunkturberichten" — Internationale Konjunktur, Wirtschaft in den Industrieländern	vierteljährlich
	„Die Konjunktur im Handwerk"	jährlich
	„RWI-Papiere" — Das Anlagenvermögen in der Bundesrepublik Deutschland. Der Staatssektor in der Input-Output-Rechnung. Ein disaggregiertes Prognosemodell für die BRD, Input-Output-Tabellen für die BRD	unregelmäßig
	„RWI-Strukturberichterstattung" — Analyse der strukturellen Entwicklung der deutschen Wirtschaft	unregelmäßig
Wirtschafts- und Sozialwissenschaftliches Institut des Deutschen Gewerkschaftsbundes GmbH Hans-Böckler-Str. 39 4000 Düsseldorf Tel. (02 11) 43 45 27/ 45 10 84	„WSI-Mitteilungen" — Ergebnisse von Forschungsarbeiten, Analysen und Prognosen der Wirtschaftsentwicklung in der Bundesrepublik Deutschland, Untersuchungen über Einkommens- und Vermögensverteilung, sozialpolitische Grundsatzfragen Gesellschafts- und Gewerkschaftspolitik	monatlich
	„WSI Informationsdienst"	vierteljährlich
	„Infos zur Humanisierung der Arbeit"	
	„WSI-Arbeitsmaterialien"	
	„WWI-Studien"	unregelmäßig

1.5.2. Veröffentlichungen von Marktforschungsinstituten

Battelle-Institut e.V., Postfach 90 01 60, 6000 Frankfurt 90, Tel. (0 69) 7 90 80
- „Business opportunities in biotechnologies", 1983
- „Telecommunications, plant genetics, CAD/CAM, sensors: Key technologies for the next decade", 1983
- „Innovative materials", 1984
- „Coal utilization technologies", laufend
- „Emerging opportunities in technical ceramics", 1983
- „Battelle's world agrochemical data bank", 1984
- „Power plant 2000", in Arbeit
- „Medium-term forecast of the German leisure time market", 1983

BBE-Unternehmensberatung GmbH, Lothringer Str. 56—58, 5000 Köln, Tel. (02 21) 33 97-1
- „BBE-Haushaltsreport"

Dr. Höfner & Partner, Management- und Marketing-Beratung, Windeckstr. 1, 8000 München 70, Tel. (0 89) 7 14 30 97
- „Mit überlegener Strategie in die 80er Jahre"
- „Ergebnisverbesserung durch Gemeinkostensenkung"
- „Die Antwort auf neue Herausforderungen im Personalbereich"

Emnid-Institut GmbH & Co., Bodelschwinghstr. 25a, 4800 Bielefeld 1, Tel. (05 21) 2 60 01-0
- „Untersuchungen zum Thema: „Sozialforschung"
- „Untersuchungen zum Thema: Politische Meinungsforschung"
- „Untersuchungen zum Thema: Medienforschung"
- „Konsumgütermarktforschung"
- „Investitionsgütermarktforschung"

GEWIPLAN, Gesellschaft für Wirtschaftsförderung und Marktplanung mbH, Friedrich-Ebert-Anlage 38, 6000 Frankfurt 1, Tel. (0 69) 74 04 71
- „Energiedach — Energiefassade, Marktchancen und Marktpotential in der Bundesrepublik Deutschland 1980—1990"
- „Marktchancen von Membranverfahren in den 80er Jahren — Ultrafiltration/Hyperfiltration"
- „Marktpotentiale für Solaranlagen in Europa bis 1990"
- „Technologische Entwicklungslinien 1980—1990 u. a. für: Sensoren, Industrieroboter, Mikroprozessoren, Steuerungssysteme, Montagesysteme, CAD usw."

GfK GmbH, Burgschmietstr. 2, 8500 Nürnberg 90, Tel. (09 11) 3 95-1
- „GfK-Kaufkraftkarte der Bundesrepublik Deutschland 1985"
- „Kaufkraftdaten für Konsumgüter 1985"
- „Kreiskarte der Bundesrepublik Deutschland 1985"
- „Kombinierte Postleitzonen-/Kreiskarte 1985"
- „Kaufkraftkennziffern in den Postleitgebieten der Bundesrepublik Deutschland"
- „GfK-Kaufkraftkennziffern in Gemeinden der Bundesrepublik Deutschland mit 10 000 und mehr Einwohnern"
- „Einzelhandelsrelevante Kaufkraft in den Stadt- und Landkreisen der Bundesrepublik Deutschland"
- „GfK-Umsatzkennziffern in den Gemeinden der Bundesrepublik Deutschland mit 20 000 und mehr Einwohnern"
- „Spezielle Absatzkennziffern für Büromaschinen, Bürobedarf und Organisationsmittel in den Stadt- und Landkreisen der Bundesrepublik Deutschland einschl. West-Berlin"
- „Der Möbeleinzelhandel in den Stadt- und Landkreisen der Bundesrepublik Deutschland"
- „Regionaldaten über den Baumarkt"
- „Industrie-Karte der Bundesrepublik Deutschland 1985"
- „Kaufkraftdaten für Investitionsgüter 1985"
- „Europa-Basis-Marktdaten", 1984

- „Europa-Basis-Marktdaten", 1981
- „Übersee-Basis-Marktdaten", 1981
- „Firmenprofile — Einstellungen/Beurteilungen der Bevölkerung zu führenden Unternehmen"
- „Der Verbraucher 1984"
- „Textil-Konjunkturspiegel"
- „Monatliche Daten über Marktveränderungen (Textil)"
- „Imageprofile — Beurteilung ausgewählter Pharmafirmen"
- „Erfahrungen der Bundesbürger mit Heilpraktikern — Besuchsfrequenz, Diagnosen und Therapie"
- „High Income People"
- „Pharma-Dokumentation International (PDI)"
- „Veterinär-Panel"
- „Dental-Index"
- „Markenbarometer-Pharma"

GFM, Gesellschaft für Marktforschung mbH, Langelohstr. 134, 2000 Hamburg 53, Tel. (0 40) 80 20 11
- „Veröffentlichungen auf folgenden Gebieten: Mehrthemenumfragen, Trendforschung, Verbraucherpanele, Branchenpanele, Messeforschung, Regionalmarkt- und Standardforschung, Testmarktforschung, Werbe- und Medienforschung, Marktforschung für Investitionsgüter

Infratest Industria, Forschung und Beratung für technisch-wirtschaftliche Entscheidungen GmbH & Co. KG, Südliche Auffahrtsallee 75, 8000 München 19, Tel. (0 89) 1 78 20 01
- „Strukturelle und konjunkturelle Entwicklungstendenzen in ausgewählten Fachzweigen des Maschinenbaus"
- „Absatzchancen für Gas-zu-Gas-Wärmetauscher in der Industrie sowie technische und wirtschaftliche Anforderungen für eine erfolgversprechende Markteinführung"
- „Einsatz und künftige Einsatzmöglichkeiten von NC-Maschinen"
- „Anwendungsbereiche, Produktanforderungen, Marktsituation und Marktentwicklung für digitale Meßwert-Erfassungsanlagen"
- „Gegenwärtige und voraussichtliche, künftige technische und wirtschaftliche Anforderungen an Gleichstrommaschinen als Basisinformationen für eine neue Maschinenkonzeption"
- „Wert- und mengenmäßige Investitionen der Elektrizitäts-Versorgungsunternehmen, unterteilt nach Produktgruppen und Einzelprodukten" (kontinuierlich)
- „Bestand, Bestandsveränderungen und Einsatzart zentraler und peripherer DV-Geräte" (kontinuierlich)
- „Umfang, Art und Struktur des Informationsbedarfs der mittelständischen Industrie"
- „Marktvolumen, Marktstruktur und Marktentwicklung für Aluminium-Bauelemente"
- „Auswirkungen der Wärmedämmung auf die Gestaltung und Ausführung im Hochbau"
- „Quantitativer und qualitativer Bedarf an Heizkesseln und Wärmepumpen sowie Vertriebswege und Preissituation"
- „Umsatz- und Preistrends im Handel für textile Bodenbeläge und PVC-Bodenbeläge" (kontinuierlich)
- „Situation und mittelfristige Prognose des Marktes für Bodenbeläge in 14 europäischen Ländern" (jährlich)
- „Die Märkte für Umwelttechnik und voraussichtliche Marktentwicklung: Branchenstruktur, Produktionstechnologie, Schadstoffanfall und -verbleib, vollzogene und voraussichtliche Umweltschutzmaßnahmen, Investitionen und Lieferantenstruktur für 53 Wirtschaftszweige"
- „Gesetzgeberische Rahmendaten und Marktgrunddaten für Abwasserreinigungsanlagen, Stand der Verfahrenstechnik, Abwasseranfall, Bestand an Kläranlagen, Betreiber von Kläranlagen sowie Aufwendungen für Wasserreinigung in ausgewählten Wirtschaftszweigen"
- „Sektorale und regionale Verflechtungen der Umweltschutzindustrie sowie ökonomische Effekte von Investitionen in den Umweltschutz"
- „Einsatzgebiete, Marktvolumen, Marktstruktur und Marktentwicklung für Filter"
- „Energieverbrauch gewerblicher und öffentlich-rechtlicher Unternehmen und Einrichtungen"

Institut für angewandte Verbraucherforschung e.V., Aachener Str. 89, 5000 Köln 40, Tel. (0 22 34) 7 19 10

- „Infosystem Kühlen und Gefrieren" — Jährliche Untersuchung aller Anbieter eines Marktes, Gerätebeschreibung, Modellübersicht, Preise, Qualitätstests
- „Infosystem Wäschepflege"
- „Infosystem Nahrungszubereitung"
- „Infosystem Haushaltsreinigung"
- „Infosystem Küchenkleingeräte"

Institut für Demoskopie, Allensbach-Gesellschaft zum Studium der öffentlichen Meinung mbH, 7753 Allensbach am Bodensee, Tel. (0 75 33) 7 77

- „Die umfangreichen Veröffentlichungen sind in dem Instituts-Veröffentlichungsverzeichnis aufgeführt (beim Institut auf Anfrage erhältlich)

Institut für Freizeitwirtschaft, Hochbrückenstr. 10, 8000 München 2, Tel. (0 89) 22 05 94

- „Heimwerken und Heimwerkerbedarf in der Bundesrepublik Deutschland"
- „Der Freizeitsport der Bundesbürger bis 1990"
- „Untersuchung des DIY-Marktes für einzelne Produktgruppen"

Institut für Ostmarktforschung GmbH & Co. KG, Potfach 76 06 02, 2000 Hamburg 76, Tel. (0 40) 2 20 50 73

- „Die polnische Energieversorgung bis 1990", 1984
- „Erdgasförderung und Aufbereitung in der UdSSR bis 1990", 1984
- „Die Energieversorgung im Comecon bis 1990: ČSSR", 1985
- „Der Chemiefasermarkt Ungarns", 1985

Institut Zimmermann + Partner, IZP-Baudatenbank GmbH, Goethestr. 13, 4020 Mettmann, Tel. (0 21 04) 78 71

- „Baumärkte und DIY-Einzelhandel"
- „Absatzpotential Sanitär- und Heizungsgroßhandel 1984—1986"
- „Absatzpotential Fassaden-Vollwärmeschutz im Wohnbau 1984—1986"
- „Absatzpotential — Ausstattung — Handel mit Bautenlacken, Farben, Tapeten, Bodenbelägen 1984—1986"
- „Absatzpotential Bauelemente 1984—1986"
- „Allgemeine Statistiken der Hochbautätigkeit"
- „Absatzpotential Baustoff-Handel 1984—1986"
- „Regionales Hersteller-Absatzpotential Ausbaustoffe, Diagnose 1984, Prognose 1985 und 1986"
- „Bauatlas"
- „Baukraftkennziffern"
- „Mittelfristige Nachfrage — Hochbaumarkt 1985—1990"

Invest-Industrieforschung, Dr. Albin Weiss GmbH, Possartstr. 9, 8000 München 80, Tel. (0 89) 90 79 69

- Marktforschung in den Bereichen Grundstoffe, Produktions- und Investitionsgüter (Maschinen und Apparate, Fahrzeugbau, Transport- und Fördertechnik, Lufttechnik, Stahl- und NE-Metallindustrie, Chemische Erzeugnisse, Kunststoffe, Elektrotechnik, Elektronik, Büro- und Datentechnik, Bau und Innenausbau)

Marketing Systems, Gesellschaft für Markt-, Informations- und Prognosesysteme mbH, Postfach 23 01 09, 4300 Essen 1, Tel. (02 01) 4 29 01

- Prognosestudien und Marketing-Mix-Analysen (Werbeaufwand in der BRD, Papiermarkt, Pharmamarkt, Anzeigenmarkt, Getränkemarkt)

MARPLAN-Forschungsgesellschaft, Marktplatz 9, 6050 Offenbach, Tel. (0 69) 8 05 91

- „Frau und Mode . . ."
- „Männer Lebensstile"
- „Meinungsbildner"

MC-Markt-Consult, Institut für Strukturforschung und Marketingberatung GmbH, Blücherstr. 11, 2000 Hamburg 50, Tel. (0 40) 38 15 28

- „Kaufentscheidungs/Informationsprozeß-Analyse"
- „Zielgruppenanalyse, Typologie, Marktsegmentierung"

- „Image-Analysen beim Handel"
- „Testkauf-Studien"
- „Bedienungsanleitungs-/Gebrauchsanweisungs-Test"
- „Produktkonzept-Test"
- „Anzeigen Konzept-Test, Anzeigen — Pretest"
- „Home Use Test/Praxis Test"

MTI-Büro für angewandte Wirtschaftsforschung, Estedeich 3, 2155 Jork/Hamburg
- „F & E-Aktivitäten in der Bundesrepublik Deutschland"
- „Stadtentwicklungsplanung im Hinblick auf Einzelhandelsgeschäfte"
- „Auswirkungen der Ölpreisentwicklung auf die deutsche Wirtschaft"
- „Deutsche Anlagenexporte in die UdSSR"
- „Förderung privater deutscher Unternehmen durch das Bundesministerium für Forschung und Technologie"
- „F & E-Kooperation der Bundesrepublik Deutschland mit Entwicklungsländern (Schwerpunkte: regenerative Energiequellen, Biotechnologien, Rohstoffe)"

Mummert + Partner GmbH, Jungfrauenthal 7, 2000 Hamburg 13, Tel. (0 40) 44 83 45-6
- Veröffentlichungen auf folgenden Gebieten: Kommunikationsforschung (Pre- und Post-Tests, PR-Aktionen), Design- und Packungstests, Produkt-Tests, Image-Untersuchungen, Personal-Untersuchungen, Quality-Checks, Technology-Checks

Nomina, Gesellschaft für Wirtschafts- und Verwaltungsregister mbH, Landsberger Str. 338, 8000 München 21, Tel. (0 89) 5 60 04 61
- „ISIS Personal Computer Report"
- „ISIS Engineering Report"
- „ISIS Software Report"
- „ISIS Firmen Report"

Technomar GmbH, Gesellschaft für Investitionsgütermarktforschung und Unternehmensberatung, Prinzregentenstr. 91, 8000 München 80, Tel. (0 89) 4 70 50 21
- „Auswirkungen der Energieverteuerung auf Produkte und Märkte der Haustechnik, 1982"
- „Der Markt für Rohrschellen", 1980
- „Steuer- und Regeltechnik im Nichtwohnbau", 1984
- „Der Markt für Rohre in der Haustechnik", 1985

Wickert, Institute Tübingen und Illereichen für wirtschaftliche Zukunftsforschung, Kirchplatz 5, 7919 Illereichen, Tel. (0 83 37) 4 44
- „Zukunft in Wort und Zahl: Deutschlands Wirtschaft 1970—2000"
- „REPORT 85: Gesellschaft und Wirtschaft im zukünftigen Deutschland"
- „REPORT Technik 1999: Dynamik von morgen"
- „ENERGIE-REPORT 1980/90: Fakten, Vorschläge + Futurologische Aspekte — wohin führt der Weg in Wirtschaft, Technik und Gesellschaft"
- „REPORT QUO VADIS 1990: Der Weg in den nächsten 7 Jahren in Wirtschaft, Technik und Gesellschaft"
- „QUICK-REPORT QUO VADIS: Wohin geht der Weg in der Wirtschaft jetzt nach der Wahl und weiterhin? Blitzbefragung deutscher Unternehmer und Manager fortgeführt mit futurologischen Fakten"
- „REPORT 1984—1990: Zukünftige Wirtschaftsentwicklung"
- „MARKENREPORT: Die zukünftigen Erwartungen für Marken"
- „REPORT QUO VADIS 1995: Erwartungen der Manager und Verbraucher in den kommenden 10 Jahren"
- „KWICK-REPORT QUO VADIS 1987: Der Weg bis zur Bundestagswahl, — die Erwartungen, Befürchtungen und Pläne der Wähler und Manager".

1.5.3. Nachschlagewerke Markt-, Meinungs- und Motivforschung

„MF-Report 1973 über die Lage der Marktforschung in der Bundesrepublik Deutschland", BVM (Hrsg.), Hamburg 1973

„Handbuch der Marktforschungs-Institute und -Berater" (Lose-Blatt-Sammlung), BVM (Hrsg.), München 1978

„Handbuch der Marktforschung" (2 Bände), Behrens, Karl Christian (Hrsg.), Wiesbaden 1974/77

„Quellen für Statistische Marktdaten", HWWA-Institut für Wirtschaftsforschung/Landesamt für Datenverarbeitung und Statistik Nordrhein-Westfalen (Hrsg.), Hamburg 1976

„Handbuch der empirischen Sozialforschung" (2 Bände), König, Rene (Hrsg.), Stuttgart 1967/69

„Handbuch der praktischen Marktforschung", Ott, Werner (Hrsg.), München 1972

„Allensbacher Jahrbuch der Demoskopie 1977" (Band 7), Noelle-Neumann, Elisabeth (Hrsg.), Wien/München/Zürich/Innsbruck 1977

„Im Dienste der Marktforschung" — Marktforschungsinstitute in Europa und Übersee — (Lose-Blatt-Sammlung), 2. Auflage, Rembeck, Max/Eichholz, Günther P. (Hrsg.) Bad Wörishofen 1971

„Handbuch der Marktforschungsunternehmen, BVM (Hrsg.), Düsseldorf 1986

1.5.4. Nachschlagewerke Werbung und Verkaufsförderung

Werbung

„Jahrbuch der Werbung" — Marketing-Kommunikation in Deutschland, Österreich und der Schweiz, Neumann, Eckhard/Sprang, Wolfgang/Scheele, Walter (Hrsg.), ECON-Verlag, Düsseldorf/Wien 1985

„Werbung '86", ZAW (Hrsg.), Bonn-Bad Godesberg 1986

„Arbeitshandbuch Werbung" (1982), Malte W. Wilkes, Helma Richter, Stamm-Verlag, Essen

„Werbeagenturen und ihre Kampagnen für technische Güter", Hrsg.: Wilhelm Christian Siegmund, Siegmund-Verlag, Moisburg 1984

„Die Werbeagenturen GWA 1985/86", Hrsg.: Gesellschaft Werbeagenturen (GWA), Siegmund-Verlag, Moisburg

„Werbeträger" — Handbuch für den Werbeträgereinsatz —, Hrsg.: Wolfgang Michael Reiter, Verlag Medien-Dienste, Frankfurt 1986

„Standdesign & Messebau", Verlag für Messen, Ausstellungen und Kongresse, Otto Müller, Frankfurt 1986

„Deutscher Werbekalender '86" — Taschenbuch für Marketing + Werbung —, Thal, Hans-Georg (Hrsg.), INFO-Verlag H. G. Thal, Neuss 1986

„Werbeleiter-Handbuch", Trauth, Peter J. (Hrsg.), Verlag Moderne Industrie, München 1973

„Marken-Handbuch 1986" (1 × jährlich), Team-Fachverlag GmbH & Co. Vertriebs KG, Karlstein/Main 1986

„Marken und Mittler" (1 × jährlich), Verlag Helga Joos, Karlsruhe

„Media-adress" — Handbuch für Werbung und Verkauf (2 × jährlich), Media-Daten-Verlagsgesellschaft mbH, Mainz-Gonsenheim

„Porträts Deutscher Werbeagenturen" (1 × jährlich), Märkte und Medien Verlagsgesellschaft GmbH, Hamburg 1985

„Werbeartikel" — Handbuch für den praktischen Werbeartikeleinsatz —, Verlag für Kommunikation GmbH, Frankfurt/Main 1985

„Kompendium für Grafik-Designer", Bund Deutscher Grafik-Designer BDG (Hrsg.), Düsseldorf 1981

„Vom Wort zum Bild" (Kreativ-Methoden der Visualisierung), Gaede, Werner, Wirtschaftsverlag Langen/Müller/Herbig, München 1981

„Zahlen und Daten für die Mediaplanung", GWA (Hrsg.), Frankfurt/Main 1985

„Bibliographie der Werbeliteratur", Kästing, Friederike/Schiller, Rüdiger (Bearbeiter), C. E. Poeschel-Verlag, Stuttgart 1972

„Handlexikon Werbung & Marketing", Neske, Fritz/Heuer, Gerd F., Hornung-Verlag Viktor Lang, München 1970

Verkaufsförderung

„Handbuch Verkaufsförderung", Disch, Wolfgang K. A./Meier-Maletz, Max (Hrsg.), Verlag Marketing Journal, Hamburg 1981

„Angewandte Verkaufsförderung", Birkigt, Klaus, Verlag Marketing Journal, Hamburg 1985

„Handbuch des Verkaufstrainings", Wage, Jan L. (Hrsg.), Verlag Moderne Industrie, München

„Handbuch des Direct-Marketing", Dallmer, H./Thedens, R. (Hrsg.), Betriebswirtschaftlicher Verlag Th. Gabler, Wiesbaden 1978

„Namen aus der Kommunikationswirtschaft", Text-Verlag GmbH (Hrsg.), Hamburg 1985

„Adreßbücher und Fernsprechbücher in der Bundesrepublik Deutschland" — Bedeutung und Aufgabe —, Verband Deutscher Adreßbuchverleger e.V. (Hrsg.), Düsseldorf 1985

„Offizielles Verzeichnis der bei den Mitgliedern des Verbandes Deutscher Adreßbuchverleger e.V. erscheinenden Adreßbücher und Fernsprechbücher", Verband Deutscher Adreßbuchverleger e.V. (Hrsg.), Düsseldorf 1985

„Adreßbücher — Erfolgreiche Werbeträger" — Verzeichnis der Mitglieder des Europäischen Adreßbuchverleger-Verbandes mit den von ihnen verlegten Adreßbüchern, Brüssel 1985

„Stamm-Leitfaden durch Presse und Werbung" — Presse- und Medien-Handbuch — 39. Ausgabe, Stamm-Verlag, Essen 1986

„BTX Beratungsagenturen und Workshops", Hrsg.: Wilhelm Christian Siegmund, Siegmund-Verlag, Moisburg 1983

„Die AV-Branche", Hrsg. und Verlag: Medienreport-Verlags-GmbH, Waiblingen 1984

(Siehe auch unter Informationsquellen für Mediaplanung auf S. 208ff.)

1.5.5. Nachschlagewerke Public Relations

„Amtliches Handbuch des Deutschen Bundestages/Wahlperiode", Herausgegeben vom Deutschen Bundestag, bearbeitet von der Bundestagsverwaltung, NDV Neue Darmstädter Verlagsanstalt

„Die deutschen Vollredaktionen", Teil 1: Zeitungen, Teil II: Zeitschriften, Verlag Dieter Zimpel, München

„Deutsche Werkzeitschriften heute", Anschriften, Branchen, Titel, Redakteure, Herausgegeben von der Bundesvereinigung der deutschen Arbeitgeberverbände, J.-P. Bachem-Verlag, Köln

„Deutsches Verlags-Register", Bundesdeutsche Verlage und ihr periodisches Schrifttum. Mit Ortsregister, Stamm Verlag GmbH, Essen

„Handbuch für die Öffentlichkeitsarbeit von Betrieben, Parteien, Verbänden, Behörden und Institutionen", Grundwerk mit Ergänzungslieferungen. Herausgegeben von Werner Mühlbradt. Hermann Luchterhand Verlag GmbH, Neuwied und Berlin

„Member's List der Europäischen Union der Gesellschaft der Wissenschafts-Journalisten", Rom. Zu beziehen über Technisch-Literarische-Gesellschaft e.V. (Teli), 5000 Köln 1, Lindenstr. 8

„Namen aus der Kommunikationswirtschaft". Text-Verlag GmbH, Hamburg

„Pressehandbuch für Wirtschaft und Werbung", Hrsg. Fritz Feuereisen und Ernst Schmacke, München Pullach

„Public Relations, Theorie und Praxis", Bibliographie der deutschsprachigen PR-Literatur 1983, Hrsg. Dr. Heinz Flieger, Verlag für deutsche Wirtschaftsbiographien, Wiesbaden

„Public Relations, Theorie und Praxis", Bibliographie der deutschsprachigen PR-Literatur, Ergänzungsband I 1985, Hrsg. Dr. Heinz Flieger, Verlag für deutsche Wirtschaftsbiographien, Wiesbaden

„Stamm-Leitfaden für Presse und Werbung", Hrsg. W. Stamm, 4300 Essen

„Taschenbuch der Elektropresse", Hrsg. Zentralverband der Elektrotechnischen Industrie (ZVEI), Verlag W. Sachon GmbH, 6000 Frankfurt

„Taschenbuch des öffentlichen Lebens", Hrsg. Albert Oeckel, Festland-Verlag GmbH, 5300 Bonn

Kroll-Taschenbücher:
- Presse-Taschenbuch Datentechnik, Hrsg. Siemens AG, Wittelsbacherplatz 2, 8000 München 2
- Presse-Taschenbuch Energiewirtschaft, Hrsg. Informationszentrale der Elektrizitätswirtschaft e.V., Heinrich-Lübke-Straße 19, 5300 Bonn 1
- Presse-Taschenbuch Ernährung, Hrsg. Bundesvereinigung der Deutschen Ernährungsindustrie e.V., Augustastraße 31, 5300 Bonn 2
- Presse-Taschenbuch für Naturwissenschaft + Medizin, Hrsg. Boehringer GmbH, Postfach 31 01 20, Sandhofer Straße 116, 6900 Mannheim 31
- Presse-Taschenbuch Geld + Versicherung, Hrsg. Deutscher Ring Lebensversicherung AG, Postfach 11 02 40, Ost-West-Straße 110, 2000 Hamburg 11
- Presse-Taschenbuch Kultur + Kunst, Hrsg. Interversa Gesellschaft für Beteiligungen mbH, Alsterufer 4, 2000 Hamburg 36
- Presse-Taschenbuch Mode + Textil, Hrsg. Otto-Versand, Wansbeker Straße 3—7, 2000 Hamburg 71
- Presse-Taschenbuch Audio — Video, Neue Medien, Hrsg. Philips GmbH, Postfach 10 14 20, Mönckebergstraße 7, 2000 Hamburg 1
- Taschenbuch der Automobil-Wirtschaft, Hrsg. Kroll-Verlag, Bergstraße 10, 8031 Seefeld/Obb., Tel. (0 81 52) 71 60
- Taschenbuch der Luft- und Raumfahrt-Presse, Hrsg. Deutsche Lufthansa AG, Von Gablenz-Straße 2—6, 5000 Köln 21
- Taschenbuch für die Touristik-Presse, Hrsg. Condor-Flugdienst GmbH, Postfach 3 29, Hans-Böckler-Straße 7, 6078 Neu-Isenburg 1
- Taschenbuch für die Wirtschaftspresse, Hrsg. Deutsche BP Aktiengesellschaft, Überseering 2, 2000 Hamburg 60
- Taschenbuch Motor Presse, Hrsg. IVECO Industrial Vehicles Corp. B.V., Bavink State, Prof. Bavinklaan 5, NL-Amstelveen-Amsterdam. Deutschland- u. PR-Kontakt: Magirus-Deutz AG, Schillerstr. 2, 7900 Ulm

Die Taschenbücher können von Journalisten der betreffenden Sparten von der Presseabteilung der jeweiligen Sponsorfirma bezogen werden. Sonstige Interessenten können die Taschenbücher beim BEMA-Büchervertrieb, Hauptstr. 26, 8031 Seefeld/Obb., käuflich erwerben.

1.5.6. Informationsdienste mit Schwerpunkt Marketing und Kommunikation

Aktuelle Osthandels-Informationen, Neues aus Technik und Forschung in Osteuropa, 5020 Frechen 5, Hebbelstr. 1, Tel. (0 22 34) 3 10 71

Allensbacher Berichte, Informationen des Instituts für Demoskopie Allensbach, 7753 Allensbach, Radolfzeller Str. 8, Tel. (0 75 33) 7 77

AMD, Aktuelle Medien-Dienste GmbH, 5300 Bonn 1, Reaumurstr. 45, Tel. (02 28) 25 45 82

Anzeigen-Beobachter ab, Informationsdienst f. d. Werbewirtschaft, 2244 Wesselburen, Süderstr. 1, Tel. (0 48 33) 22 03

A + I Aktueller Informationsdienst f. d. werbungtreibende Wirtschaft, 6000 Frankfurt 70, Postfach 70 01 49, Achenbachstr. 4, Tel. (0 69) 63 70 20

Battelle aktuell, 6000 Frankfurt, Am Römerhof 35, Tel. (0 69) 79 08-26 22

Beratungsbrief, 4000 Düsseldorf, Herderstr. 18, Tel. (02 11) 66 00 84

Beratungsbrief für Produktmanager und Marketingleiter, 8000 München 81, Postfach 81 06 05, Englschalkinger Str. 150 (Cosimapark), Tel. (0 89) 91 60 51—52

Bildschirmtext Aktuell, 7900 Ulm, Postfach 11 11, Karlstr. 41, Tel. (07 31), 15 20 41

Bulletin des Direktvertriebs, 8000 München 19, Gerner Str. 50, Tel. (0 89) 15 46 34

China Wirtschafts-Info, Der unabhängige Nachrichtendienst f. d. Management, 4150 Krefeld 1, Kemmerhofstr. 190, Tel. (0 21 51) 56 24 76

congress marketing, Informationsdienst für das Congreßwesen, 8000 München 60, Schrämelstr. 126, Tel. (0 89) 88 26 86

Context, Vertraulicher Nachrichtendienst zu Fragen der Kommunikation in der Wirtschaft, 4000 Düsseldorf, Leostr. 73a, Tel. (02 11) 57 60 12

Dienst, Der; Meinungs-Beiträge zur Medien-Scene, 2071 Köthel b. Hamburg, Donner 16, Tel. (0 41 59) 3 18 + 7 51

F.A.Z.E.T. Neue Produkte planen, Neue Märkte erschließen, 8000 München 90, Gabriel-Max-Str. 72, Tel. (0 89) 64 67 58

Fuchsbriefe Neue Medien, 5300 Bonn 2, Postfach 20 02 90, Koblenzer Str. 37/39, Tel. (02 28) 35 40 11 + 12

Geschäftsidee, Die; 5300 Bonn 2, Theodor-Heuss-Str. 4, Tel. (02 28) 36 40 55

GV-Marketing, Beratungsdienst für Handel, Industrie und Dienstleister im Großverbrauchermarkt, 8000 München 90, Gabriel-Max-Str. 72, Tel. (0 89) 64 67 58

International Marketing Information (Made in Europe Export Service), 6000 Frankfurt 1, Postfach 17 04 02, Unterlindau 21—29, Tel. (0 69) 79 08 96

Kontakter, Der; 2000 Hamburg 50, Postfach 50 10 60, Große Elbstr. 14, Tel. (0 40) 31 14 41

kress-report, 7000 Stuttgart 1, Traubergstr. 13, Tel. (07 11) 46 10 51

Mail Marketing, 2000 Hamburg 1, Postfach 10 61 24, Hamburger Str. 23, Tel. (0 40) 2 20 11 07

Marketing-Berater, 5000 Köln, Sachsenring 89, Handelshaus, Tel. (02 21) 3 39 81 76

Medien-Kritik, 6070 Langen, Finkenweg 7, Tel. (0 61 03) 7 10 03

Medienpolitischer Informationsdienst, 3500 Kassel 41, Postfach 41 01 13, Tel. (05 61) 87 87 00

Medienreport, 7050 Waiblingen 7, Hagnacher Str. 30, Tel. (0 71 51) 2 33 31

Medien-Telegramm, 8000 München 40, Königinstr. 121, Tel. (0 89) 34 30 36

M für E Marketing für Elektronik, Information über Märkte, Trends, Produkte, Strategien u. Unternehmungen im Bereich der Büroelektronik, 6208 Bad Schwalbach 6, Im Heimbachtal 48, Tel. (0 61 24) 21 36

M-I-D Marktinformationsdienst GmbH Wirtschaftsdokumentationen, 4000 Düsseldorf 1, Postfach 58 29, Schirmerstr. 80, Tel. (02 11) 35 35 41

m + a Infodienst Aktuelles zum Thema Messen u. Ausstellungen, Kongresse u. Tagungen, 6000 Frankfurt, Postfach 10 15 28, Große Eschenheimer Str. 16, Tel. (0 69) 28 01 20

Munzinger Archiv GmbH, Archiv für publiz. Arbeit, 7980 Ravensburg, Hans-Züricher-Weg 7, Tel. (07 51) 3 19 16

Nachrichten, Kommentare, Berichte, 5000 Köln 51, Bonner Str. 238, Tel. (02 21) 37 23 23

Neue Medien Newsletter, 6000 Frankfurt 1, Reuterweg 83, Tel. (0 69) 59 05 17—19

New Business Marketingreport für Agenturen, Werbungtreibende + Verlage, 2000 Hamburg 73, Postfach 70 07 20, Buchwaldstr. 23, Tel. (0 40) 6 77 40 55

PAM, Publizistische Arbeitsgemeinschaft München, 8011 Baldham, Fuchsweg 28, Tel. (0 81 06) 40 06

RB-Reisebüro Marketing, vertraul. Infodienst f. d. Führungskräfte i. d. Touristik mit Ausgaben: Hotel Marketing, Luftfahrt, Marketing, marketing workshop, RB congress marketing, 8000 München 60, Schrämelstr. 126, Tel. (0 89) 88 26 86

tele-marketing, 5480 Remagen-Rolandseck, Rolandshof, Tel. (0 22 28) 60 01-0

telescript, der fernsehkritische Dienst, 5300 Bonn 1, Bonner Talweg 14, Tel. (02 28) 22 48 80 + 22 48 83

text intern, 2000 Hamburg 1, Postfach 10 61 24, Tel. (0 40) 2 20 11 07

Trend aktuell, Marktforschungsergebnisse, 8000 München 40, Leopoldstr. 32, Tel. (0 89) 34 75 14

Verkaufsleiter Service, Beratungsbrief z. Außendienstführung u. Marktdurchdringung, 8000 München 81, Englschalkinger Str. 150, Tel. (0 89) 91 60 51

Weltkonjunkturdienst (WKD), 2000 Hamburg 36, Neuer Jungfernstieg 21, Tel. (0 40) 3 56 21

Wirtschaftsredakteur, Der; 8011 Egmating, Binsberg 28, Tel. (0 80 95) 7 51

W&W aktuell, Medien-Informationsdienst (Ad.-Grimme-Inst.), 4370 Marl, Eduard-Weitsch-Weg 25, Tel. (0 23 65) 1 40 34

Wochenbericht, Deutsches Institut für Wirtschaftsforschung, 1000 Berlin 33, Königin-Luise-Str. 5, Tel. (0 30) 82 99 10

ZAW-service, 5300 Bonn 2, Postfach 20 06 47, Villichgasse 17, Tel. (02 28) 35 10 25

1.5.7. Informationsquellen für Mediaplanung

Institutionen der Auftraggeber für Mediaforschung

Arbeitsgemeinschaft Media-Analyse e.V. (AG-MA/Media-Micro-Census), Wolfgangstr. 92, 6000 Frankfurt/Main 1

Gesellschaft zur freiwilligen Kontrolle von Messe- und Ausstellungszahlen (FKM), Lindenstr. 8, 5000 Köln 1

IVW, Informationsgemeinschaft zur Feststellung der Verbreitung von Werbeträgern e.V., Villichgasse 17, 5300 Bonn 2

Fachverband Außenwerbung e.V., Savignystr. 49, 6000 Frankfurt/Main 1

Regionalpresse, Arbeitsgemeinschaft regionaler Abonnementszeitungen e.V., Am Leonhardsbrunn 13, 6000 Frankfurt/Main 90

Standortpresse GmbH (mit AMT = Arbeitsgemeinschaft mittlerer Tageszeitungen e.V., ZMA = Zeitungsgemeinschaft für Marktforschung und Absatzförderung und DIMITAG), Bonner Talweg 33—35, 5300 Bonn

ZAW-Fachausschuß für Werbeträgerforschung, Villichgasse 17, 5300 Bonn 2

Fachverband der Medienberater e.V. (FdM), Hagnacher Str. 30, 7050 Waiblingen 7

Außer diesen Institutionen haben sich weitere Verlegergruppen zu gemeinschaftlichen Mediaanalysen zusammengefunden, z. B. die Verleger von Anzeigenblättern, von medizinischen Zeitschriften (LA-MED), Bauzeitschriften (LA-MSB), Kundenzeitschriften, IHK-Zeitschriften, Sportzeitschriften, Jugendzeitschriften sowie die einzelnen Fachgruppen des Verbandes Deutscher Adreßbuchverleger e.V.

Institute zur Durchführung von Media-Analysen

Eine Aufführung einzelner Umfrage-Institute erübrigt sich, da rd. 30 deutsche Marktforschungsinstitute über praktische Erfahrungen auf dem Gebiete der Mediaforschung verfügen (bisher mindestens 1500 Analysen aus den Mediabereichen!).

Hierzu sei auch auf die Bestandsaufnahme „Deutsche Leser- und andere Media-Analysen seit 1945" (veröffentlicht in „Elemente der Werbeplanung" von Gerd F. Heuer, Köln/Opladen 1968) und deren Fortsetzung im „Marketing-Journal" (Hamburg) sowie auf einschlägige Informationen in den ZAW-Jahresberichten und in Rulands „Werbeträger-Handbuch für die Praxis des Werbeträgereinsatzes" verwiesen.

Darüber hinaus seien folgende Anschriften erwähnt:

Anzeigen-Archiv-Dienst GmbH (Werbebeobachtung, Werbedokumentation), Nußalle 11, 6450 Hanau 1

Anzeigen Parade, Internationale Dokumentation Volker Rehdantz, Treptower Str. 74d, 2000 Hamburg 73

MID Marktinformationsdienst GmbH, Schirmerstr. 80, 4000 Düsseldorf (Informationsdienst für Marketing- und Werbeplanung)

GWA-Institut für Wirtschaftlichkeit in der Werbung e.V. (GIW), Friedensstr. 11, 6000 Frankfurt/M.

Institut für Werbebeobachtung J. Stresemann von Hochstetter, St. Gebhardstr. 19, 7750 Konstanz (laufende Erfassung und Aufzeichnung von Funk- und Fernsehwerbung, Werbefunktexte, TV-Story boards, Videobänder)

Schmidt & Pohlmann, Gesellschaft für Werbestatistik, Heidenkampsweg 74, 2000 Hamburg 1 (laufende Erfassung der Werbeaufwendungen für Anzeigen in Tageszeitungen, Publikumszeitschriften und ausgewählten Fachzeitschriften sowie Funk- und Fernsehwerbung)

Periodika für Media-Information

„IVW-Auflagenliste" (Vierteljährliche Auflagenmeldungen der Zeitungen, Zeitschriften, Kundenzeitschriften, Kalender und Adreßbücher), herausgegeben von der Informationsgemeinschaft zur Feststellung der Verbreitung von Werbeträgern e.V. (IVW), Bonn-Bad Godesberg

„Media-adress" (2× jährlich) Handbuch für Werbung und Verkauf, Media-Daten-Verlag, Mainz-Gonsenheim

„Media-Daten", Handbuch der deutschen Werbeträger (Ausgabe Zeitungen/Radio + TV, 7× jährlich; Ausgabe Zeitschriften, 7× jährlich; Ausgabe Fachzeitschriften, 6× jährlich; Ausgabe Anzeigenblätter, erstmalig 1981), Media-Daten-Verlag, Mainz-Gonsenheim

„Media Medical" (1× jährlich), Media-Daten-Verlag, Mainz-Gonsenheim

„Media-Plakat" (1× jährlich), betr. Allgemeinstellen, Ganzstellen, Groß- und Kleinflächen, Verkehrsmittelwerbung, Media-Daten-Verlag, Mainz-Gonsenheim

„Mediapraxis", Verlag MD Medien-Dienste, Frankfurt, 1983

„Media-Spectrum" (12× jährlich), Kommentare, Analysen, Meinungen (früher „Media-Fakten"), Media-Daten-Verlag, Mainz-Gonsenheim

„neue medien"-Branchenmagazin für Kabel- und Satteliten-TV (Produktion, Werbung und Btx), Cinema-Verlag, Hamburg

„Media-Perspektiven", 12× jährlich, herausgegeben von der „Arbeitsgemeinschaft Werbefernsehen" (Frankfurt/Main)

„Vierteljahreshefte für Mediaplanung", vierteljährlich herausgegeben von der Heinrich-Bauer-Stiftung, Hamburg

Sonstige Veröffentlichungen

Broadbent, Simon: „Spending Advertising Money", An Introduction to Media Planning Bying and the Uses of Media Research —, Business Books Ltd., London 1970

Gruner & Jahr (Herausgeber): „Instrumente und Techniken der Mediaplanung", Lernprogramm in 20 Briefen, Hamburg 1977

Gruner & Jahr Marketing-Service (Herausgeber): „Quellen-Lexikon für Branchen- und Zielgruppen-Information", Hamburg 1982

GWA-Service GmbH (Herausgeber): „Zahlen und Daten für die Mediaplanung 1985, Frankfurt/Main (erscheint jährlich)

Hesse, Eva-Maria: „Leserschaftsforschung in Deutschland", Ziele, Methoden, Techniken, Burda-GmbH, Abt. Marktforschung, Offenburg 1981

Heuer, Gerd F.: „ Elemente der Werbeplanung", Westdeutscher Verlag, Köln/Opladen 1968

Kernebeck, Heinz: „Der Werbe-Etat", Bestimmung optimaler Etathöhen, Gruner & Jahr Marketing-Service, Hamburg 1981

Köring, Dieter: „Marketingorientierte Mediaplanung", Ein Leitfaden zur Erarbeitung von Briefing und Strategie aus der Sicht der Praxis, Verlag für Marketing, Bad Homburg 1981

Korndörfer, Wolfgang: „Die Aufstellung und Aufteilung von Werbebudgets", „Abhandlungen zur Werbewissenschafts- und Werbepraxis", Band 2, Stuttgart 1966

Ruland, Josef (Herausgeber): „Werbeträger", Handbuch für die Praxis des Werbeträgereinsatzes (6. Ausgabe), Verlag für Marketing, Bad Homburg 1981

Stamm, Willi (Herausgeber): „Stamm-Leitfaden durch Presse und Werbung", Presse- und Medien-Handbuch, (38. Ausgabe), Stamm-Verlag, Essen 1985 (erscheint jährlich)

Analysen *(periodisch wiederkehrend)*

AWA (Allensbacher Werbeträger-Analyse), Herausgeber: Institut für Demoskopie Allensbach

FKM-Jahresbericht, Herausgeber: FKM-Gesellschaft zur freiwilligen Kontrolle von Messe- und Ausstellungszahlen

FINA (Fachzeitschriften-Nutzer-Analyse), Herausgeber: Zentralverband der Elektrotechnischen Industrie (ZVEI)

IVW-Auflagenkontrolle von Zeitungen, Zeitschriften, Kundenzeitschriften, Kalendern und Adreßbüchern (vierteljährlich)

IVW-Verbreitungs-Analyse-Tageszeitungen

IVW-Kontrolle der Filmtheater-Besucherzahlen

IVW-Kontrolle des Plakatanschlags

Leseranalyse ,,Führungskräfte 85"

Schnellinformations-System ,,MARIA" Marketing-Informationen für den Absatz (Gruner & Jahr) ,,MA" (= Media-Analyse, früher ,,LA") mit Nutzerschaftsdaten für 81 Zeitschriften, alle regional und national verbreiteten Zeitungen, Kauf- und Wochenzeitungen, alle Werbefernseh- und Werbefunk-Programme, Lesezirkel und Werbefilm, Herausgeber: Arbeitsgemeinschaft Media-Analyse e.V. (AG-MA)

PA = Plakatanschlagstellen-Analyse (Erfassung von Kontaktwahrscheinlichkeiten der Anschlagstellen), Herausgeber: Fachverband Außenwerbung

Teleskopie-Fernseh-Zuschauerforschung (teleskopie — Gesellschaft für Fernsehzuschauerforschung mbH, Arbeitsgemeinschaft von IfD Allensbach und Infas)

Datenbanken

Dokumentationszentrale des VDW-Verbandes

GWA-EDV-Pool ,,Media-Daten"

1.5.8. Beteiligungsmöglichkeiten an laufend durchgeführten Umfragen von Marktforschungsinstituten

Mehr-Themen-Umfragen

Repräsentativ-Erhebungen, an denen sich Unternehmen mit einer oder mehreren sie interessierenden Fragen beteiligen können (sog. ,,Omnibus-Umfragen") führen u. a. folgende Institute durch:

BBE-Unternehmensberatung GmbH, Köln

Roland Berger Forschungs-Institut für Markt- und Systemforschung GmbH, München

EMNID Institut GmbH & Co., Bielefeld

GfK Nürnberg e.V., Gesellschaft für Konsum-, Markt- und Absatzforschung, Nürnberg

GFM-Gesellschaft für Marktforschung mbH, Hamburg

G + I Forschungsgemeinschaft für Marketing GmbH & Co. KG, Nürnberg

IFAK Institut GmbH und Co. Markt- und Sozialforschung, Taunusstein

IJF Institut für Jugendforschung, Markt- und Meinungsforschung GmbH, München

infas-Institut für angewandte Sozialwissenschaft GmbH, Bonn-Bad Bodesberg

Infratest Forschung GmbH & Co. KG, Forschung für Entscheidungen in Wirtschaft und Gesellschaft, München

Infratest Kommunikationsforschung GmbH, München

Institut Dallinger + Partner mbH, München

Institut für angewandte Verbraucherforschung (IFAV) e.V., Köln

Institut für Demoskopie Allensbach GmbH, Allensbach

Intermarket Gesellschaft für internationale Markt- und Meinungsforschung mbH, Düsseldorf

IRES-Marketing GmbH, Gesellschaft für Markt-, Motiv- und Werbeforschung, Düsseldorf

MAFO-Institut für Markt-, Meinungs- und Absatzforschung Dr. E. Bruckert GmbH & Co. KG, Schwalbach/Taunus

Markt-Daten-Institut, Gesellschaft für Wirtschaft- und Sozialforschung mbH, Neu-Isenburg-Gravenbruch

MARPLAN Forschungsgesellschaft mbH, Offenbach/Main

Dr. Reimund Müller & Partner-Institut für Marketingforschung, Hamburg

Sample Institut, Gesellschaft für Markt-, Meinungs-, Motiv- und Sozialforschung mbH, Köln

Schäfer-Marktforschungs-Institut für Marktforschung, Medienforschung und Werbeforschung, Hamburg

Wickert-Institute Tübingen für Markt- und Meinungsforschung im In- und Ausland, Tübingen

Panel-Erhebungen

Panel-Erhebungen stellen fortlaufende Erhebungen bei jeweils denselben Auskunftsstellen dar.

Institut	Panel
A. C. Nielsen Company GmbH Friedrich-Ebert-Anlage 2—14 6000 Frankfurt 16 Tel. (0 69) 74 08 21	— Pharmazeutischer Index — SB-Großhandels-Index — Bier-Index — Süßwaren-Panel — Hausrat-, Eisenwaren-, Heimwerker-, Baumarkt-Index — Papier-, Büro- und Schreibwaren-Einzelhandels-Index — DIY-Panel (Hausrat- und Eisenwarenhandel, Werkzeug-Facheinzelhandel, Tapeten-, Farben-, Lackehandel, Bau- und Heimwerkermärkte, Verbrauchermärkte, Heimwerkergeschäfte) — Zoo- und Samenhandlungen-Index — Kiosk-Panel — Garten-Index — Bäckerei-Index — Kreditkarten-Index — Lebensmitteleinzelhandels-Index — Spirituosen-Index — Gesundheits- und Körperpflegemittel-Index (inkl. Drogeriemärkte) — Kombinierte Indizes (Lebensmitteleinzelhandel und Fachhandel) — Testgebiete — Standard-Testgebiete Hessen und Saarland — Kontrollierter Markttest — Sondertestgebiete (Zeitungstest) — Supertest Hessen inkl. Mainz-Stadt — Ballungsräume — Einzelhandels-Testdienste — Teststädte

Institut	Panel
BBE-Unternehmensberatung Lothringer Str. 56—68 5000 Köln 1 Tel. (02 21) 3 39 71	— Haushaltsreport — Juwelier-Panel
DROMA Marktforschungs- gesellschaft mbH, Lyonerstr. 26 6000 Frankfurt, Tel. (0 69) 6 60 40	— Fachhandelsmarkt
Emnid-Institut GmbH & Co. Bodelschwinghstr. 25a 4800 Bielefeld 1 Tel. (05 21) 26 00 1-0	— Konsumklima Indices — Manager-Barometer
G & I Forschungsgemeinschaft für Marketing GmbH Lange Zeile 30 8500 Nürnberg Tel. (09 11) 33 60-0	— Verbrauchsgüter-Panel — Gebrauchgüter-Panel — Individual-Panel — Befragungs-Panel — Raucher-Panel — Baby-Panel — Tonträger-Panel — Test-Panel Saarland — Test-Panel Berlin — Videopanel — Produkttest-Panel
GfK GmbH Burgschmietstr. 2 8500 Nürnberg 90 Tel. (09 11) 3 95-1	— Basis Panel (Lebensmitteleinzelhandel gesamt) — Regional-Panel (Lebensmittelhandel gesamt/erweiterte Stichprobe für Regionalanbieter im Getränke-Bereich) — Leader-Panel (Lebensmittelhandel mit über 400 m^2 Verkaufsfläche) — Großhandels-Panel — Drogerie-Panel — Gastronomie-Panel — Sport-Panel — Spielwaren-Panel — Foto-Panel — Elektro-Panel — Hausrat-/Eisenwaren-Panel — Kraftfahrzeug-, Ersatzteile- und Zubehör-Panel — Papier-, Büro-, Schreibwaren-Panel — Büromaschinen-, Büromöbel-, Organisationsmittel-Panel — Glas-, Porzellan-, Keramik-Panel — Tapeten-, Farben-, Lacke-Panel — Gartenmarkt-Panel — Fernsehpanel — Reisepanel — Altenheimpanel — Finanzpanel — Veterinärpanel — Textil-Haushaltspanel — Konsumklima-Indizes — Produkttest-Panel — Scanner-Panel — Klassischer Testmarkt — Kombinierter Testmarkt — Storetest

Institut	Panel
GFM/Gesellschaft für Marktforschung mbH Langelohstr. 134 2000 Hamburg 53 Tel. (0 40) 80 20 11	— Haushalts-Panel (Nahrungs- und Genußmittel, Kosmetika, Textilien, verschiedene Verbrauchsgüter) — Individual-Panel — Heizkessel/Thermostatventile/Wasseraufbereitung — Panel-Autolacke — Panel-Baufarben — Heizöl-Panel — Rundfunk/Elektro
IFAK-Institut GmbH & Co. Markt- und Sozialforschung Georg-Ohm-Str. 1 6204 Taunusstein 5 Tel. (0 61 28) 7 10 71	— IFAK-Index (Elektrogeräte-Einzelhandel) — Zahnärzte-Panel — Ärzte-Panel
IFO-Institut für Wirtschaftsforschung e.V. Poschingerstr. 5 8000 München 80 Tel. (0 89) 9 22 41	— Konsumklima-Index
Infratest Forschung GmbH & Co. KG Forschung für Entscheidungen in Wirtschaft und Gesellschaft Landsberger Str. 338 8000 München 21 Tel. (0 89) 5 60 01	— Krankenhaus-Panel
Institut für Demoskopie Allensbach-Gesellschaft zum Studium der öffentlichen Meinung mbH Radolfzeller Str. 8 7753 Allensbach/Bodensee Tel. (0 75 33) 7 77	— Allensbach-Psych. Hausfrauen-Panel — Pkw-Besitzer-Panel — Wahl-Panel — Fotoamateur-Panel
MARPLAN-Forschungsgesellschaft Marktplatz 9 6050 Offenbach Tel. (0 69) 8 05 91	— Hausfrauenpanel — Unterhaltungselektronik-Panel
Schaefer-Marktforschung Institut für Marktforschung Mediaforschung — Werbeforschung Innocentiastr. 23 2000 Hamburg 13 Tel. (0 40) 44 82 47	— Produkttest-Panels — Haushaltspanel (Kiel)

1.5.9. Informationszentren und Dokumentationsstellen

Abteilung Berlin des Fachinformationszentrums, Zentralblatt für Mathematik — ZfM, Otto-Suhr-Allee 26—28, 1000 Berlin 10, Tel. (0 30) 3 41 20 61

Arbeitsgemeinschaft Chemie-Dokumentation e.V., Hamburger Allee 26—28, Carl-Bosch-Haus, 6000 Frankfurt am Main 90

Arbeitsgemeinschaft Fachinformation e.V., Herriotstr. 5, 6000 Frankfurt 71, Tel. (0 69) 66 87-3 24

Arbeitsgemeinschaft Information Meeresforschung und Meerestechnik e.V. (AIM), Informationsvermittlungsstelle für Meerestechnik, Am Klagesmarkt 14—17, 3000 Hannover 1, Tel. (05 11) 1 06-43 98

Arbeitsgemeinschaft Informationsvermittlung e.V. (AGI), Sonnenbühlstr. 71, 7750 Konstanz, Tel. (0 75 31) 5 72 17, 2 58 26

Archiv der deutschen Jugendbewegung Burg Ludwigstein, 3430 Witzenhausen 1, Tel. (0 55 42) 18 62

Badische Landesbibliothek, Postfach 14 51, 7500 Karlsruhe, Tel. (07 21) 2 29 47

Bau-Informationszentrum München (BIZ), Radlkoferstr. 16, 8000 München 70, Tel. (0 89) 5 10 75 05

Bayerische Julius-Maximilians-Universität Würzburg, Juristische Fakultät, Institut für Völkerrecht, Europarecht und Internationales Wirtschaftsrecht, Europäisches Dokumentationszentrum (CDE), Franziskanerplatz 4, 8700 Würzburg, Tel. (09 31) 3 13 24

Bayerischer Zentralkatalog, Postfach 34 01 50, Ludwigstr. 16, 8000 München 34, Tel. (0 89) 21 98 3 17/-3 15

Beilstein-Institut für Literatur der Organischen Chemie, Varrentrappstr. 40—42, 6000 Frankfurt am Main 90, Tel. (0 69) 7 91 71

Berliner Gesamtkatalog, Postfach 14 07, Potsdamer Str. 33, 1000 Berlin 30, Tel. (0 30) 2 66 28 80

Betriebswirtschaftliches Institut für Organisation und Automation an der Universität zu Köln (BIFOA), Universitätsstr. 45, 5000 Köln 41, Tel. (02 21) 44 60 81

Bibliothek der Medizinischen Hochschule Hannover (MHH), Karl-Wiechert-Allee 9, 3000 Hannover 61, Tel. (05 11) 5 32-35 82

Bibliothek der Tierärztlichen Hochschule Hannover (THH), Bischofsholer Damm 15, 3000 Hannover 1, Tel. (05 11) 8 56-5 64

Bibliothek und Archiv zur Geschichte der Max-Planck-Gesellschaft, Boltzmannstr. 14, 1000 Berlin 33, Tel. (0 30) 8 30 54 91

Biologische Bundesanstalt für Land- und Forstwirtschaft, Informationszentrum für tropischen Pflanzenschutz, Königin-Luise-Str. 19, 1000 Berlin 33, Tel. (0 30) 83 04-2 15/2 23

Bremer Institut für angewandte Strahltechnik (BIAS), Ermlandstr. 59, 2820 Bremen 71, Tel. (04 21) 60 60 63

Büro Bonn des Fachinformationszentrums, Ahrstr. 64, 5300 Bonn 2 (Bad Godesberg), Tel. (02 28) 37 69 21

Bundesanstalt für Geowissenschaften und Rohstoffe (BGR), Dokumentation der Geowissenschaften, Informationsvermittlungsstelle Geowissenschaften, Am Klagesmarkt 14—17, 3000 Hannover 1, Tel. (05 11) 1 06-1

Bundesanstalt für Materialprüfung (BAM), Fachinformationssystem Hüttenkunde, Werkstoffe, Metalle und -verarbeitung, Unter den Eichen 87, 1000 Berlin 45, Tel. (0 30) 81 04-00 50/51/59; 81 04-74 11

Bundesanstalt für Milchforschung, Daten- und Informationszentrum, Hermann-Weigmann-Str. 1, 2300 Kiel, Tel. (04 31) 6 09 32

Bundesanstalt für Straßenwesen (BAST,, Fachinformationssystem Verkehr, Brühler Str. 1, 5000 Köln 51, Tel. (02 21) 37 02-6 44

Bundesarchiv, Postfach 3 20, Am Wöllershof 12, 5400 Koblenz, Tel. (02 61) 3 99-1

Bundesforschungsanstalt für Ernährung (BFE), Informationszentrum und Bibliotheken (INF), Engesser Str. 20, 7500 Karlsruhe 1, Tel. (07 21) 6 01 14—15

Bundesforschungsanstalt für Fischerei (BFF), Informations- und Dokumentationsstelle, Palmaille 9, 2000 Hamburg 50, Tel. (0 40) 38 16 01

Bundesforschungsanstalt für Forst- und Holzwirtschaft (BFH), Dokumentation, Leuschnerstr. 91, 2050 Hamburg 80, Tel. (0 40) 73 91 91

Bundesforschungsanstalt für Getreide- und Kartoffelverarbeitung, Gemeinschaftliche Einrichtung, Information/Dokumentation, Schützenberg 12, 4930 Detmold, Tel. (0 52 31) 2 34 51

Bundesforschungsanstalt für Naturschutz- und Landschaftsökologie, Dokumentationsstelle und Bibliothek, Konstantinstr. 110, 5300 Bonn 2, Tel. (02 28) 33 00 41

Bundesinstitut für Sportwissenschaft (BISp), Fachbereich Dokumentation und Information, Hertzstr. 1, 5000 Köln 40, Tel. (02 21) 7 60 11

Bundesvereinigung Deutscher Apothekerverbände, Arzneibüro der ABDA, Beethovenplatz 1—3, 6000 Frankfurt (Main) 97, Tel. (0 69) 75 44-2 22

Chemie-Information und -Dokumentation (CIDB), Steinplatz 2, 1000 Berlin 12, Tel. (0 30) 31 05 81

DECHEMA Deutsche Gesellschaft für chemisches Apparatewesen e.V., Informationssysteme und Datenbanken, Theodor-Heuss-Allee 25, 6000 Frankfurt (Main) 97, Tel. (0 69) 75 64-2 44

Deutsche Bibliothek, Deutsches Musikarchiv, Gärtnerstr. 25—32, 1000 Berlin 45, Tel. (0 30) 7 71 60 26

Deutsche Bibliothek (DB), Referat Bibliographische Auskunft, Zeppelinallee 4—8, 6000 Frankfurt (Main) 1, Tel. (0 69) 75 66-3 95

Deutsches Hydrographisches Institut (DHI), Hydrographische Dokumentation, Bernhard-Nocht-Str. 78, 2000 Hamburg 4, Tel.(0 40) 31 90-52 89

Deutsches Informationszentrum für Technische Regeln (DITR) im DIN Deutsches Institut für Normung e.V., Burggrafenstr. 4—10, 1000 Berlin 30, Tel. (0 30) 26 01-6 00

Deutsches Institut für Filmkunde e.V., Schaumainkai 41, 6000 Frankfurt am Main 70, Tel. (0 69) 61 70 45-6

Deutsches Institut für Medizinische Dokumentation und Information (DIMDI), Abteilung M (Medizinische Dokumentation und Information), Weißhausstr. 27, 5000 Köln 41, Tel. (02 21) 47 24-1

Deutsches Krebsforschungszentrum (DKFZ), Zentralbibliothek, Im Neuenheimer Feld 280, 6900 Heidelberg 1, Tel. (0 62 21) 4 84-3 81

Deutsches Kunststoff-Institut (DKI), Abteilung Dokumentation, Schloßgartenstr. 6R, 6100 Darmstadt, Tel. (0 61 51) 16 21 06

Deutsches Musikgeschichtliches Archiv Kassel, Schloß Bellevue, Schöne Aussicht 2, 3500 Kassel, Tel. (05 61) 1 22 77

Deutsches Patentamt, Informationszentrum Patente, Zweibrückenstr. 12, 8000 München 12, Tel. (0 89) 2 19 51

Deutsches Paul-Tillich-Archiv, Wilhelm-Röpke-Str. 4 (Universitätsbibliothek), 3550 Marburg, Tel. (0 64 21) 28-51 05/-51 02

Deutsche Stiftung für internationale Entwicklung, Fachinformationssystem Staatenkunde, Zwischenstaatliche und Internationale Beziehungen, Endenicher Str. 41, 5300 Bonn 1, Tel. (02 28) 63 18 81

Deutsche Stiftung für internationale Entwicklung, Zentrale Dokumentation, Postfach 30 03 80, Hans-Böckler-Str. 5, 5300 Bonn 3, Tel. (02 28) 40 01-0

Deutsches Zentralinstitut für soziale Fragen (Archiv für Wohlfahrtspflege) — Stiftung bürgerlichen Rechts, Miquelstr. 83, 1000 Berlin 33, Tel. (0 30) 8 32 40—41/—42

Dokumentation Landtechnik, Informations- und Dokumentationsstelle, Bundesallee 50, 3300 Braunschweig, Tel. (05 31) 5 96-2 36

Dokumentationsstelle für Veterinärmedizin der Freien Universität Berlin, Koserstr. 20, 1000 Berlin 33, Tel. (0 30) 8 38-32 27

Fachbibliothek Medizin der Gesamthochschule Essen, Hufelandstr. 55, 4300 Essen, Tel. (02 01) 79 91-33 30-33 31

Fachhochschule Gießen-Friedberg Bibliothek, Wiesenstr. 14, 6300 Gießen, Tel. (06 41) 3 09-2 13

Fachinformationssystem Ernährung, Land- und Forstwirtschaft (FIS-ELF) Bundesministerium für Ernährung, Landwirtschaft u. Forsten, Bonn, Postanschrift, Postfach 14 02 70, 5300 Bonn 1, Rochusstr. 1, 5300 Bonn-Duisdorf

Fachinformationssystem Geisteswissenschaften c/o Universität des Saarlandes, Waldhausweg 14, 6600 Saarbrücken, Tel. (06 81) 3 02-35 37

Fachinformationssystem Wirtschaft, Informationszentrum im HWWA — Institut für Wirtschaftsforschung, Neuer Jungfernstieg 21, 2000 Hamburg 36, Tel. (0 40) 35 62-2 59

Fachinformationszentrum Chemie GmbH, Fachabteilung Dienstleistungen, Steinplatz 2, 1000 Berlin 12, Tel. (0 30) 31 90 03-0

Fachinformationszentrum Energie, Physik, Mathematik GmbH, Büro Bonn, Ahrstr. 64, 5300 Bonn 2, Tel. (02 28) 37 69 21

Fachinformationszentrum Energie, Physik, Mathematik GmbH, Abteilung Mathematik und Information, Hardenbergstr. 29c, 1000 Berlin 12, Tel. (0 30) 26 11-5 85-5 86

Fachinformationszentrum Energie, Physik, Mathematik GmbH Karlsruhe (FIZ 4), 7514 Eggenstein-Leopoldshafen 2, Tel. (0 72 47) 82 46 00/01

Fachinformationszentrum Technik e.V., VDI Dokumentation Fertigungsverfahren, Graf-Recke-Str. 84, 4000 Düsseldorf 1, Tel. (02 11) 62 14-4 68

Fachinformationszentrum Technik e.V., Ostbahnhofstr. 13, 6000 Frankfurt (Main) 1, Tel. (0 69) 43 08-2 32, -2 37, -2 56, -2 50

Fachinformationszentrum Technik e.V., DOMA Informationsvermittlung Hannover c/o UB/TIB, Welfengarten 1B, 3000 Hannover 1, Tel. (05 11) 71 79 95

Fachinformationszentrum Werkstoffe e.V., Unter den Eichen 87, 1000 Berlin 45, Tel. (0 30) 81 04-00 51

Festschriften-Archiv für den Deutschsprachigen Raum, Wolfgang und Martin Kloppenburg, Marienstr. 30, 4472 Haren, Ems 1, Tel. (0 59 34) 6 23

Forschungsgesellschaft für Agrarpolitik und Agrarsoziologie GmbH, Dokumentationsstelle für Agrarpolitik, landwirtschaftliches Marktwesen und ländliche Soziologie, Nußallee 21, 5300 Bonn 1, Tel. (02 28) 65 27 47

Forschungsinstitut Bildender Künste, Ansbach-Nürnberg-Wien, Biographische Anstalt bürgerlichen Rechts, Winterstr. 1, 8500 Nürnberg 80, Tel. (09 11) 61 22 19, 65 20 46

Fraunhofer-Institut für Lebensmitteltechnologie und Verpackung (ILV), Dokumentation Verpackung, Schragenhofstr. 35, 8000 München 50, Tel. (0 89) 1 41 10 91

Freie Universität Berlin, Osteuropa-Institut, Dokumentationszentrum für das Schrifttum aus und über Rußland/UdSSR, Garystr. 55, 1000 Berlin 33, Tel. (0 30) 8 38-40 34

Fritz-Hüser-Institut für deutsche und ausländische Arbeitsliteratur der Stadt Dortmund, Postfach 9 07, Ostenhellweg 56—58, 4600 Dortmund 1, Tel. (02 31) 5 42-23/-1 35

Geheimes Staatsarchiv Preußischer Kulturbesitz, Archivstr. 12—14, 1000 Berlin 33, Tel. (0 30) 83 20 31

Generaldirektion der Staatlichen Archive Bayerns, Postfach 22 02 40, Schönefeldstr. 5—11, 8000 München, Tel. (0 89) 2 19 84 82

Generallandesarchiv Karlsruhe, Nördliche Hildapromenade 2, 7500 Karlsruhe, Tel. (07 21) 1 35-22 01

GEOFIZ — Informationszentrum Rohstoffgewinnung — Geowissenschaften — Wasserwirtschaft, Informationsvermittlungsstelle Meerestechnik, Am Klagesmarkt 14—17, 3000 Hannover 1, Tel. (05 11) 1 06-43 98

Geofiz — Fachinformationszentrum Rohstoffgewinnung und Geowissenschaften, Sedanstr. 58, 3000 Hannover 1, Tel. (05 11) 34 44 64

Gesamtdeutsches Institut, Bundesanstalt für gesamtdeutsche Aufgaben, Postfach 12 06 07, Adenaueralle 10, 5300 Bonn 1, Tel. (02 28) 2 07-0

Gesamtkatalog Ostmitteleuropa, Gisonenweg 7, 3550 Marburg, Tel. (0 64 21) 2 50 44-46

Gesellschaft für Information und Dokumentation mbH (GID), Zentralbereich Ergebnistransfer, Lyoner Str. 44—48, 6000 Frankfurt (Main) 71, Tel. (0 69) 66 87-4 28

Gesellschaft für Information und Dokumentation mbH (GID), Informationszentrum für Informationswissenschaft und -praxis (GID-IZ), Lyoner Str. 44—48, 6000 Frankfurt (Main) 71, Tel. (0 69) 66 87-3 62

Gesellschaft für Technologie-Information und -Beratung (e.V.), Borksarken 18, 5204 Lohmar, Tel. (0 22 46) 68 80

Hauptstaatsarchiv Stuttgart, Konrad-Adenauer-Str. 4, 7000 Stuttgart 1, Tel. (07 11) 2 12-53 35

Heinrich-Heine-Institut der Landeshauptstadt Düsseldorf, Postfach 11 20, Bilker Str. 14, 4000 Düsseldorf 1, Tel. (02 11) 55 74

Hessische Landes- und Hochschulbibliothek (HLHB), Schloß, 6100 Darmstadt, Tel. (0 61 51) 12-1

Hessisches Hauptstaatsarchiv, Mosbacher Str. 55, 6200 Wiesbaden, Tel. (0 61 21) 8 81-0

Hessisches Staatsarchiv Darmstadt, Schloß, 6100 Darmstadt, Tel. (0 61 51) 12 57 53

Hessisches Staatsarchiv Marburg, Postfach 5 40, Friedrichsplatz 15, 3550 Marburg, Tel. (0 64 21) 2 50 78

Hochschulbibliothekzentrum des Landes Nordrhein-Westfalen, Postfach 41 04 80, Classen-Kappelmann-Str. 24, 5000 Köln 41, Tel. (02 21) 40 10 95

Hoppenstedt Wirtschaftsdatenbank GmbH, Havelstr. 9, 6100 Darmstadt, Tel. (0 61 51) 3 80-1

IDC Internationale Dokumentationsgesellschaft für Chemie m.b.H., Otto-Volger-Str. 19, 6231 Sulzbach (Taunus), Tel. (0 61 96) 7 08-0

Informationssystem Karlsruhe im Fachinformationszentrum Energie, Physik, Mathematik GmbH (INK), 7514 Eggenstein-Leopoldshafen 2, Tel. (0 72 47) 82-45 68, -45 69

Informationsvermittlung Technik (Elektro-Information Berlin), Universitätsbibliothek der TU, Straße des 17. Juni 136, 1000 Berlin 12, Tel. (0 30) 3 14-44 29

Informationszentrum Forschungsvorhaben c/o Hochschulinformationssysteme (HIS), Goseriede 9, 3000 Hannover, Tel. (05 11) 1 92 01

Informationszentrum RAUM und BAU der Fraunhofer-Gesellschaft (IRB), Nobelstr. 12, 7000 Stuttgart 80, Tel. (07 11) 68 68-5 00

Informationszentrum Rohstoffgewinnung, Geowissenschaften, Wasserwirtschaft, Stilleweg 2, 3000 Hannover 51, Tel. (05 11) 6 34-0

Informationszentrum Sozialwissenschaften, Abteilung Informationsdienste, Markt und Vertrieb, Lennestr. 30, 5300 Bonn 1, Tel. (02 28) 22 81-0

Institut für Archivwissenschaft, Friedrichsplatz 15 (Hessisches Staatsarchiv Marburg), 3550 Marburg, Tel. (0 64 21) 2 50-78

Institut für Dokumentation und Information über Sozialmedizin und Öffentliches Gesundheitswesen (IDIS), Westerfeldstr. 15—17, 4800 Bielefeld 1, Tel. (05 21) 8 60-33, -34, -35

Institut für Ernährungswissenschaft der Justus-Liebig-Universität Gießen, Informations- und Dokumentationsstelle für Ernährung, Goethestr. 55, 6300 Gießen, Tel. (06 41) 7 02-60 21, -60 22

Institut für Krankenhausbau der TU Berlin (IFK), Informations- und Dokumentationsstelle, Straße des 17. Juni 135, 1000 Berlin 12, Tel. (0 30) 3 14-39 05, -43 07

Institut für medizinische Statistik, Dokumentation und Datenverarbeitung der Universität Bonn (IMSDD) Bibliothek, Universitätskliniken, 5300 Bonn 1, Tel. (02 28) 19 24 00

Institut für moderne Kunst Nürnberg e.V., Königstr. 51/II, 8500 Nürnberg, Tel. (09 11) 22 76 23

Institut für nationale und internationale Fleischwirtschaft (IFW), Informationsvermittlungsstelle Vieh- und Fleischwirtschaft, Ernährung, Energie, Umwelt, Medizin, Rombachweg 11, 6900 Heidelberg, Tel. (0 62 21) 8 05 28-29

Institut für Organische Chemie der Johann-Wolfgang-Goethe-Universität, Informations-Retrieval, Niederurseler Hang, 6000 Frankfurt (Main) 50, Tel. (0 69) 58 00-92 23

Internationales Quellenlexikon der Musik e.V., Zentralredaktion Kassel, Schöne Aussicht 2, 3500 Kassel

IRS Info-Institut, Gesellschaft für Informationsvermittlung und Technologieberatung mbH, Blumenstr. 1, 8000 München 2, Tel. (0 89) 26 30 60

Juristisches Informationssystem beim Bundesminister der Justiz (BMJ), Heinemannstr. 6, 5300 Bonn 2, Tel. (02 28) 5 84-7 15, 5 84

Klinikum der Johann-Wolfgang-Goethe-Universität, Informationsvermittlungsstelle, Theodor-Sern-Kai 7, 6000 Frankfurt (Main) 70, Tel. (0 69) 63 01-66 34

Konrad-Adenauer-Stiftung e.V., Archiv für Christlich-Demokratische Politik, Postfach 12 60, Rathausallee 12, 5205 St. Augustin, Sieg 1, Tel. (0 22 41) 2 46-0

Landesarchiv Berlin, Kalckreuthstr. 1—2, 1000 Berlin 30, Tel. (0 30) 7 83-85 77, -85 63, -85 60

Landesarchiv Saarbrücken, Postfach 10 10, Scheidter Str. 114, 6600 Saarbrücken, Tel. (06 81) 3 99-9 53

Landesarchiv Schleswig-Holstein, Schloß Gottorf, 2380 Schleswig, Tel. (0 24 61) 8 13-4 55

Landesarchiv Speyer, Postfach 16 08, Domplatz 6, 6720 Speyer, Tel. (0 62 32) 7 53 76

Landesgewerbeanstalt Bayern (LGA), Technisches Informationszentrum, Gewerbemuseumsplatz 2, 8500 Nürnberg 1, Tel. (09 11) 20 17-5 08

Landeshauptarchiv Koblenz, Karmeliterstr. 1—3, 5400 Koblenz, Tel. (02 61) 3 30 68

Leitstelle Dokumentationsring Pädagogik, Deutsches Jugendinstitut, Saarstr. 7, 8000 München 40, Tel. (0 89) 3 81 83-2 42

LKS Datenservice AG, Informationsvermittlungsstelle, Postfach 10, Preußenstr. 19, 6600 Saarbrükken, Tel. (06 81) 6 55 01-08

Max-Planck-Institut für Festkörperforschung, Informationsvermittlung, Heisenbergstr. 1, 7000 Stuttgart 80, Tel. (07 11) 78 30-6 14

MED INFO MÜNCHEN, Gesellschaft zur Vermittlung medizinischer Informationen und Daten, Ottostr. 6, 8000 München 2, Tel. (0 89) 59 47 74

Niedersächsisches Hauptstaatsarchiv, Am Archiv 1, 3000 Hannover 1, Tel. (05 11) 1 06-28 40

Niedersächsisches Staatsarchiv Aurich, Postfach 15 29, Oldersumer Str. 50, 2960 Aurich, Ostfriesland 1, Tel. (0 41 49) 31 62

Niedersächsisches Staatsarchiv in Bückeburg, Postfach 13 50, Schloß, 3062 Bückeburg, Tel. (0 57 22) 31 73

Niedersächsisches Staatsarchiv in Osnabrück, Schloßstr. 29, 4500 Osnabrück, Tel. (05 41) 2 85 77

Niedersächsisches Staatsarchiv Wolfenbüttel, Forstweg 2, 3340 Wolfenbüttel, Tel. (0 53 31) 7 60-38, -39

Niedersächsische Staats- und Universitätsbibliothek, Bereichsbibliothek Medizin, Robert-Koch-Str. 40, 3400 Göttingen, Tel. (05 51) 39-52 00, -83 74

Niedersächsischer Zentralkatalog, Prinzenstr. 1, 3400 Göttingen, Tel. (05 51) 39 52 44

Norddeutscher Zentralkatalog an der Staats- und Universitätsbibliothek Hamburg, von-Melle-Park 3, 2000 Hamburg 13, Tel. (0 40) 41 23-22 51

Nordrhein-Westfälisches Hauptstaatsarchiv, Mauerstr. 55, 4000 Düsseldorf 30, Tel. (02 11) 4 49 71, 40 17 03

Nordrhein-Westfälisches Personenstandsarchiv Rheinland, Schloßstr. 12, 5040 Brühl, Rheinl., Tel. (0 22 32) 4 29 48

Nordrhein-Westfälisches Staatsarchiv, Detmold und Nordrhein-Westfälisches Personenstandsarchiv Westfalen-Lippe, Willi-Hofmannstr. 2, 4930 Detmold, Tel. (0 52 31) 2 25 20

Nordrhein-Westfälisches Staatsarchiv Münster, Bohlweg 2, 4000 Münster, Tel. (02 51) 4 00 76

Online Benutzergruppe in der Deutschen Gesellschaft für Dokumentation e.V. (OLBG), Westendstr. 19, 6000 Frankfurt (Main) 1, Tel. (0 69) 74 77 61

ONLINE Gesellschaft für Informationsvermittlung mbH, Poststr. 42, 6900 Heidelberg 1, Tel. (0 62 21) 2 15 36

Pädagogische Hochschule Freiburg, Kommunikationswissenschaftliche Informationsstelle (KWIS), Kunzenweg 21, 7800 Freiburg im Breisgau

Patentstelle für die Deutsche Forschung (PST) Terminal, Romanstr. 22, 8000 München 19, Tel. (0 89) 13 20 25-26

Pharma-Dokumentations-Service in der Chemie-Wirtschaftsförderungs-Gesellschaft mbH (PDS), Karlstr. 21, 6000 Frankfurt (Main) 1, Tel. (0 69) 25 26-2 68, -2 61

Philipps-Universität Marburg, Fachbereich Neuere Deutsche Literatur und Kunstwissenschaften, Kunstgeschichtliches Institut, Bildarchiv Foto Marburg, Postfach 14 60, Wolffstr., 3550 Marburg, Tel. (0 64 21) 28-36 00, -36 07

Philipps-Universität Marburg, Fachbereich Neuere Deutsche Literatur und Kunstwissenschaften, Hessisches Musikarchiv, Biegenstr. 11, 3550 Marburg, Tel. (0 64 21) 23 49-22 67, -22 69

Philipps-Universität Marburg, Fachbereich Gesellschaftswissenschaften und Philosophie, Institut für Europäische Ethnologie und Kulturforschung, Zentralarchiv der Deutschen Volkserzählung, Landgraf-Philipp-Str. 4, 3550 Marburg, Tel. (0 64 21) 28-43 55

Planetarium der Landeshauptstadt Stuttgart, Postfach 1 61, Neckarstr. 47, 7000 Stuttgart 1, Tel. (07 11) 29 09 40

Rheinisch-Westfälisches Wirtschaftsarchiv zu Köln e.V., Unter Sachsenhausen 10—26, 5000 Köln 1, Tel. (02 21) 1 64 01 06

Ruprecht-Karls-Universität Heidelberg, Seminar für Klassische Philologie, Zweigstelle Heidelberg der Annee Philologique, Marstallhof 4, Kollegiengebäude, 6900 Heidelberg, Tel. (0 62 21) 54 22 65

Schimmelpfeng GmbH, Abt. INFORMATION-BROKER, Am Hauptbahnhof 6, 6000 Frankfurt (Main) 1, Tel. (0 69) 26 85-2 61, -2 63

Staatsarchiv Amberg, Archivstr. 3, 8450 Amberg, Oberpf., Tel. (0 96 21) 1 33 19

Staatsarchiv Bamberg, Postfach 26 68, Hainstr. 39, 8600 Bamberg, Tel. (09 51) 2 68 61

Staatsarchiv der Freien Hansestadt Bremen, Präsident-Kennedy-Platz 2, 2800 Bremen 2, Tel. (04 21) 3 61 62 21

Staatsarchiv Freiburg, Postfach 3 23, Colombistr. 4, 7800 Freiburg im Breisgau, Tel. (07 61) 2 04-40 62

Staatsarchiv Hamburg, ABC-Str. 19A, 2000 Hamburg 36, Tel. (0 40) 3 68 18 62

Staatsarchiv Landshut, Burg Trausnitz, 8300 Landshut/Bay., Tel. (08 71) 2 25 15

Staatsarchiv Ludwigsburg, Schloßstr. 30, 7140 Ludwigsburg/Württ., Tel. (0 71 41) 1 41-24 79

Staatsarchiv Neuburg an der Donau, Postfach 11 28, Residenzstr. A2, 8858 Neuburg a. d. Donau, Tel. (0 84 31) 21 72

Staatsarchiv Nürnberg, Postfach 12 03 46, Archivstr. 17, 8500 Nürnberg, Tel. (09 11) 35-74 37, -75 01

Staatsarchiv Sigmaringen, Postfach 5 26, Karlstr. 3, 7480 Sigmaringen, Tel. (0 75 71) 10 43 86

Stadt- und Universitätsbibliothek Frankfurt am Main, Hessischer Zentralkatalog, Bockenheimer Landstr. 134—138, 6000 Frankfurt am Main, Tel. (0 69) 79 07-2 21/-2 26

Statistisches Landesamt Bremen, Postfach 10 13 09, An der Weide 14—16, 2800 Bremen, Tel. (04 21) 3 61-60 70

Stiftung Wirtschaftsarchiv Baden-Württemberg, Postfach 70 05 62, Schloß Hohenheim, Osthof West, 7000 Stuttgart 70, Tel. (07 11) 45 01-31 42

Staatsarchiv Würzburg, Residenz-Nordflügel, 8700 Würzburg, Tel. (09 31) 5 14 86

Technische Informationsbibliothek Arbeitsgemeinschaft IuD-Literaturversorgung (AG-IDL), Welfengarten 1B, 3000 Hannover 1, Tel. (05 11) 7 62-22 68

Technische Universität München (TUM), Universitätsbibliothek, Postfach 20 24 20, 8000 München 2, Tel. (0 89) 21 05-86 11, -86 36, -86 21

Technologie-Informationszentrum Göttingen GmbH, Datenbankdienst (R2), Zindelstr. 3, 3400 Göttingen, Tel. (05 51) 4 49 93, 4 49 82

„Titus-Textilinform" Zentralstelle für Textildokumentation und -information (ZTDI), Hebbelstraße 17, 4000 Düsseldorf 1, Tel. (02 11) 6 21 44 77

Außenstelle: Schloß Cromford, Cromforder Allee 22, 4030 Ratingen, Tel. (0 21 02) 2 70 51/2

Tumorzentrum Mainz e.V., Am Pulverturm 13, 6500 Mainz, Tel. (0 61 31) 17-30 01

Umweltbundesamt, Informations- und Dokumentationssystem Umwelt (UMPLIS), Bismarckplatz 1, 1000 Berlin 33, Tel. (0 30) 89 03-2 91

Universität Bielefeld, Fakultät für Soziologie, Dokumentations- und Beratungsstelle für Latein-Amerikaforschung und international vergleichende Sozialforschung, Postfach 86 40, Universitätsstr. 25, 4800 Bielefeld 1, Tel. (05 21) 1 06-42 21, -42 22

Universität Hannover, Fachbereich Gartenbau, Dokumentationsstelle Gartenbau, Nienburger Str. 17, 3000 Hannover, Tel. (05 11) 7 62-26 86, -36 28

Universität Hohenheim, Dokumentationsstelle, Paracelsusstr. 2, 7000 Stuttgart 70, Tel. (07 11) 45 01-21 10

Universität Hohenheim, Universitätsarchiv, Postfach 70 05 62, Schloß Hohenheim (543), 7000 Stuttgart 70, Tel. (07 11) 45 01-21 14, -21 19

Universität zu Köln, Wirtschafts- und Sozialwissenschaftliche Fakultät, Wirtschaftsarchiv, Albertus-Magnus-Platz 1, 5000 Köln 41, Tel. (02 21) 4 70-23 52

Universität Oldenburg, Bibliotheks- und Informationssystem (BIS), Uhlhornsweg 49—55, 2900 Oldenburg, Tel. (04 41) 7 98-0

Universität Osnabrück, Fachbereich Sprache, Literatur, Medien, Editionswissenschaftliche Forschungsstelle, Postfach 44 69, Neuer Graben/Schloß, 4500 Osnabrück, Tel. (05 41) 6 08-43 66

Universität des Saarlandes, Fachrichtung Informationswissenschaft, Im Stadtwald, 6600 Saarbrükken, Tel. (06 81) 3 02-35 37

Universitätsbibliothek der Universität Augsburg, Alter Postweg 120, 8900 Augsburg, Tel. (08 21) 5 98-2 89

Universitätsbibliothek der Freien Universität Berlin, Garystr. 39, 1000 Berlin 33, Tel. (0 30) 8 38-42 42

Universitätsbibliothek Bremen, Vermittlungsstelle für wissenschaftliche und technische Informationen, Bibliotheksstr., 2800 Bremen 33, Tel. (04 21) 2 18-36 13, -26 15

Universitätsbibliothek Dortmund, Vogelpothsweg 76, 4600 Dortmund 50, Tel. (02 31) 7 55-40 34, -40 37

Universitätsbibliothek Erlangen-Nürnberg, Ingenieurwissenschaftliche Zweigbibliothek, Erwin-Rommel-Str. 60, 8520 Erlangen, Tel. (0 91 31) 85-74 66, -74 68

Universitätsbibliothek Freiburg, Werthmannplatz 2, 7800 Freiburg, Tel. (07 61) 2 03-39 69

Universitätsbibliothek Hannover, Welfengarten 1B, 3000 Hannover 1, Tel. (05 11) 7 62-22 68, -34 23

Universitätsbibliothek Heidelberg, Zweigstelle Neuenheimer Feld, Im Neuenheimer Feld, 6900 Heidelberg 1, Tel. (0 62 21) 56 42 73

Universitätsbibliothek Kaiserslautern, IuD-Abteilung, Pfaffenbergstr., 6750 Kaiserslautern, Tel. (06 31) 8 54-21 92, -22 41

Universitätsbibliothek Karlsruhe (UBKA), Kaiserstr. 12, 7500 Karlsruhe 1, Tel. (07 21) 6 08 31 01

Universitätsbibliothek Marburg, Informationsvermittlungsstelle, Krummbogen 29, 3550 Marburg, Tel. (0 64 21) 28 51 25

Universitätsbibliothek München (UBM), Informationsvermittlungsstelle, Geschwister-Scholl-Platz 1, 8000 München 22, Tel. (0 89) 21 80-24 25

Universitätsbibliothek Paderborn, Bibliotheks-Dezernat III, Benutzung und Information, Wartburger Str. 100, 4790 Paderborn, Tel. (0 52 51) 60 20-10, -24, -26, -45

Universitätsbibliothek Stuttgart, Holzgartenstr. 16, 7000 Stuttgart 1, Tel. (07 11) 6 85-47 80, 20 73, -22 22

Universitätsbibliothek Tübingen, Informationsvermittlungsstelle, Wilhelmstr. 32, 7400 Tübingen 1, Tel. (0 70 71) 29 42 27

Universitätsbibliothek Ulm, Online Literaturdokumentation, Oberer Eselsberg, 7900 Ulm, Tel. (07 31) 1 76-32 06

Verein Textildokumentation und -information e.V. (VTDI), Cromforder Allee 2, Schloß Cromford, 4030 Ratingen 1, Tel. (0 21 02) 2 70 51

Verein Deutscher Gießereifachleute e.V., Dokumentationsstelle und Bibliothek (VDG-DOK), Sohnstr. 70, 4000 Düsseldorf 1, Tel. (02 11) 68 71-3 45

Zentralbibliothek der Medizin (ZBMed), Informationsabteilung, Joseph-Stelzmann-Str. 9, 5000 Köln, Tel. (02 21) 4 78-56 87

Zentralkatalog Baden-Württemberg, Postfach 7 69, Konrad-Adenauer-Str. 8, 7000 Stuttgart 1, Tel. (07 11) 2 12-53 80

Zentralstelle für Agrardokumentation und -information (ZADI), Villichgasse 17, Postfach 20 05 69, 5300 Bonn 2, Tel. (02 28) 35 70 97—99

Zentralstelle für Psychologische Information und Dokumentation an der Universität Trier (ZPID), Schneidershof, 5500 Trier, Tel. (06 51) 71 62 21

1.5.10. Quellen für Ausschreibungen

Supplement zum „Amtsblatt der Europäischen Gemeinschaften", Verlag Bundesanzeiger, Köln

„Bundesanzeiger", Verlag Bundesanzeiger, Köln

„Bundesausschreibungsblatt", Bundesausschreibungsblatt GmbH, Düsseldorf

„Veröffentlichung des Bundesamtes für gewerbliche Wirtschaft", Bundesamt für gewerbliche Wirtschaft, Frankfurt

„Sonderdrucke der NfA-Auslandsanfragen", Bundesstelle für Außenhandelsinformation, Köln

„BfAI-Informationen über Auslandsausschreibungen", Bundesstelle für Außenhandelsinformationen, Köln

„Tender Tips", Bundesstelle für Außenhandelsinformation, Köln

„MWZ", Bundesstelle für Außenhandelsinformation, Köln

„NfA-Nachrichten für Außenhandel", Bundesstelle für Außenhandelsinformation, Köln

„Industrial Investment Project Proposals", United Nations Industrial Development Organisation, Wien

„Development Forum, Business Edition", Vereinte Nationen, New York

„Middle East Economic Digest", Bünsing, Internationale Medien, Düsseldorf

„Internationale Ausschreibungen", Schweizerische Zentrale für Handelsforschung

1.6. Literaturhinweise (Fachbücher, Kompendien und Zeitschriften)

1.6.1. Management

Bücher

Berkel, Karl: „Konflikttraining", Sauer-Verlag, Heidelberg 1985

Drucker, F. Peter: „Innovations-Management für Wirtschaft und Politik", Econ Verlag GmbH, Düsseldorf/Wien 1985

Eiffe, Franz: „Management by Objectives" — Ein Beitrag zur Theorie der Unternehmensführung —, Management Script, Band 18, Deutscher Betriebswirte-Verlag, Gernsbach/Baden 1976

Geneen, Harold: „Manager müssen managen", verlag moderne industrie, Landsberg

Göhrmann, Klaus E.: „Verkaufsmanagement", Kohlhammer Edition Marketing, Stuttgart 1983

Hoffmann, Klaus: „Risk Management — Neue Wege der betrieblichen Risikopolitik", Verlag Versicherungswirtschaft e.V., Karlsruhe 1985

Iacocca, Lee A.: „Iacocca", Econ Verlag, Düsseldorf 1985

Kirsch, W.: ,,Unternehmenspolitik: Von der Zielforschung zum strategischen Management'', B. Kirsch-Verlag, München 1981

Kirsch, W./Rowenta, P. (Hrsg.): ,,Bausteine eines strategischen Managements — Dialoge zwischen Wissenschaft und Praxis'', Walter de Gruyter-Verlag, Berlin 1983

Kirsch, W./Esser, W.-M./Gabele, E.: ,,Das Management des geplanten Wandels von Organisationen'', C. E. Poeschel Verlag, Stuttgart 1979

Kotler, Philip: ,,Marketing-Management'', Poeschel Verlag, Stuttgart 1982

Lessing/Groeger: ,,Führen mit strategischen Geschäftseinheiten'', Verlagsgruppe Handelsblatt, Düsseldorf 1983

Mc Cormack, M./Mark, H.: ,,Was man an der Harvard Business School nicht lernt'', verlag moderne industrie, Landsberg 1985

Schimke, Ernst/Töpfer, Armin: ,,Krisenmanagement und Sanierungsstrategien'', verlag moderne industrie, Landsberg 1985

Töpfer, Armin/Afheldt: ,,Praxis der strategischen Unternehmensplanung'', Alfred Metzner Verlag, Frankfurt 1983

Trux, W./Müller, G./Kirsch, W.: ,,Das Management strategischer Programme'', B. Kirsch-Verlag, München 1985

Wunderer, Rolf: ,,Betriebswirtschaftslehre als Management- und Führungslehre'', C. E. Poeschel Verlag, Stuttgart 1985

Zürn, Peter: ,,Vom Geist und Stil des Hauses'', verlag moderne industrie, Landsberg 1985

Kompendien/Nachschlagewerke

Verlag Hoppenstedt & Co., ,,Wer leitet — Das Middlemanagement der deutschen Wirtschaft'', Darmstadt, 1984

Verlag Hoppenstedt & Co., ,,Leitende Männer der Wirtschaft'', Darmstadt, 1984

Linnert, Peter: ,,Handbuch Organisation'', Deutscher Betriebswirte-Verlag GmbH; Gernsbach/Baden 1975

Linnert, Peter/Müller-Seyditz, Ute/Neske, Fritz: ,,Lexikon Angloamerikanischer und Deutscher Management-Begriffe'' — Das Begriffslexikon für alle Bereiche des betrieblichen Geschehens —, Deutscher Betriebswirte-Verlag GmbH, Gernsbach/Baden 1974

Zeitschriften

,,Impulse'', Köln

,,Industriemagazin'' — Management, Marketing, Technologie —, verlag moderne industrie, München

,,Manager-Magazin'', Verlag Management und Marketing, Hamburg

,,management international review'', — Internationale Zeitschrift für Betriebswirtschaft und Unternehmensführung —, Dr. Th. Gabler-Verlag, Wiesbaden

,,Business Week'', Mc Graw-Hill Publication New York

,,Harvard Business Review'', Harvard University, Boston/USA

,,Vision'' — Das europäische Wirtschaftsmagazin —, Verlag SEPEG AG, Genf

1.6.2. Marketing

Bücher

Angehrn, Otto: ,,System des Marketing'', Verlag Paul Haupt, Bern/Stuttgart 1974

Backhaus, Klaus: ,,Investitionsgüter-Marketing'', Verlag Franz Vahlen, München 1982

Becker, Jochen: ,,Grundlagen der Marketing-Konzeption'', Verlag Vahlen, München 1983

Berekoven, Ludwig: ,,Internationales Marketing'', Verlag Neue Wirtschaftsbriefe GmbH, Herne/Berlin 1985

Bidlingmeier, J.: „Marketing", Westdeutscher Verlag, Opladen 1982

Birkigt, Klaus/Stadler, Marinus M.: „Corporate Identity" — Grundlagen, Funktionen, Fallbeispiele —, verlag moderne industrie, München 1981

Engelhardt, Günter: „Investitionsgüter-Marketing", Kohlhammer Edition Marketing, Stuttgart, Berlin, Köln, Mainz 1981

Engelhardt, W. H./Günter, B.: „Investitionsgüter-Marketing", Verlag W. Kohlhammer, Stuttgart 1981

Grafers, Hans Wilfried: „Investitionsgütermarketing", C. E. Poeschel Verlag, Stuttgart 1979

Hammann/Lohrberg: „Beschaffungsmarketing", Metzlersche Verlagsbuchhandlung, Stuttgart 1986

Kirsch, W./Kutschker, M./ Lutschewitz, H.: „Ansätze und Entwicklungstendenzen im Investitionsgütermarketing", Stuttgart 1980

Köhler, Richard/Zimmermann, Hans-Jürgen (Herausgeber): „Entscheidungshilfen im Marketing", C. E. Poeschel Verlag, Stuttgart 1977

Kotler, Philip: „Marketing für Nonprofit-Organisationen", C. E. Poeschel Verlag, Stuttgart 1979

Kuhlhary: „Internationales Marketing", Trauner Verlag, Linz 1981

Levitt, Theodore: „Marketing Imagination — Die unbegrenzte Macht des kreativen Marketing", verlag moderne industrie, Landsberg 1984

Magyar, M. Kasimir: „Das Marketing-Puzzle: Und wie man es sinnvoll zusammensetzt", verlag moderne industrie, Landsberg 1985

Meffert, Heribert: „Marketing", Gabler-Verlag, Wiesbaden 1979

Meffert, Heribert/Bruhn, Manfred: „Marketingstrategien im Wettbewerb", Gabler-Verlag, Wiesbaden 1984

Meffert, Heribert/Steffenhagen, Hartwig: „Marketing-Prognose-Modelle" — Quantitative Grundlagen des Marketing —, C. E. Poeschel Verlag, Stuttgart 1977

Müller-Hagedorn: „Handelsmarketing", Kohlhammer Edition Marketing, Stuttgart, Berlin, Köln, Mainz 1984

Nieschlag/Dichtl/Hörschgen: „Marketing", Duncker & Humblot, Berlin 1985

Poth, Ludwig G.: „Marketing — Grundlagen und Fallstudien", Verlag Vahlen, München 1986

Raffée/Wiedmann: „Strategisches Marketing", C. E. Poesch Verlag, Stuttgart 1985

Strothmann, Karl-Heinz: „Investitionsgütermarketing", verlag moderne industrie, Landsberg 1979

Wiesenhuber/Töpfer: „Strategisches Marketing", verlag moderne industrie, Landsberg 1984

Wolters: „Marktwiderstände und Marketingplanung", Verlag Dr. Th. Gabler GmbH, Wiesbaden 1984

Kompendien/Nachschlagewerke

Durniok, Peter G.: „Das erfolgreiche Auslandsgeschäft — Handbuch für internationales Marketing" — Loseblattsammlung, Verlagsgruppe Deutscher Wirtschaftsdienst, Köln

Verlag Handelsblatt GmbH (Herausgeber): „Marketing-Praxis-Kalender", Düsseldorf 1986

„Kapferer's Marketing Wörterbuch", Verlag Marketing Journal, Hamburg 1986

Klein-Blenkers, Fritz (Herausgeber): „Bibliographie der Marketing Literatur" — Verzeichnis deutschsprachiger Literatur ab 1945 —, C. E. Poeschel Verlag, Stuttgart 1978

Koinecke, Jürgen (Herausgeber): „Handbuch Marketing" (2 Bände), Deutscher Betriebswirte-Verlag GmbH, Gernsbach/Baden 1978

Marketing-Arbeitsmodelle (Nr. 1 bis Nr. 5), Verlag Marketing Journal, Hamburg, 1983

Marketing Dictionary, Verlag Marketing Journal, Hamburg 1986

Nieschlag, Robert/Dichtl, Erwin/Hörschgen, Hans: „Marketing", 9. Auflage, Verlag Duncker & Humblot, Berlin 1983

Poth, Ludwig G.: „Marketing (Loseblattsamlung)", Luchterhand Verlag, Neuwied 1981

Pümpin/Gälweiler/Neubauer/Bane: „Produkt-Markt-Strategien", Verlag Paul Haupt, Berlin 1980

Schöttle, Klaus M. (Herausgeber): „Jahrbuch des Marketing" — Ausgabe 1982/83, Vulkan-Verlag Dr. W. Classen, Essen

Zeitschriften

„Absatzwirtschaft", Zeitschrift für Marketing, Düsseldorf

„Markenartikel", Wiesbaden

„Marketing-Journal", Gesellschaft für angewandtes Marketing, Hamburg

„Marketing-Zeitschrift für Forschung und Praxis", München und Frankfurt

„European Journal of Marketing", Bradford/Großbritannien

„Journal of Marketing", Chicago

1.6.3. Markt-, Meinungs- und Motivforschung

Bücher

Bänsch, Axel: „Käuferverhalten", R. Oldenbourg Verlag GmbH, München 1985

Böhler: „Marktforschung", Kohlhammer Edition Marketing, Stuttgart, Berlin, Köln, Mainz 1985

Hartmann, K. D./Koeppler, K. F.: „Fortschritte der Marktpsychologie", Fachbuchhandlung für Psychologie, Verlagsabt. Frankfurt 1978

Herber, Hans-Jörg: „Motivationsanalyse-Theorie und Praxis", expert verlag, Sindelfingen 1985

Hüttner, Manfred: „Informationen für Marketing-Entscheidungen", Verlag Vahlen, München 1980

Kroebel-Riel: „Konsumentenverhalten", Verlag Franz Vahlen, München 1984

Kroeber-Riel, Werner: „Konsumentenverhalten", 2. Auflage, Verlag Franz Vahlen, München 1980

Langer, Helmut/Sand, Hermann: „Erfolgreiche Marktforschung im Investitionsgütervertrieb — Handbuch der Informationsquellen, Methoden, Anwendungsbereiche", Siemens AG, München 1983

Rehorn, Jörg: „Markttests", Hermann Luchterhand Verlag, Neuwied 1978

Schmalen: „Kommunikationspolitik", Kohlhammer Edition Marketing, Stuttgart, Berlin, Köln, Mainz 1985

Steidl, Peter E.: „Experimentelle Marktforschung", Verlag Duncker & Humblot, Berlin 1978

Tietz, Bruno: „Konsument und Einzelhandel-Strukturwandlungen in der Bundesrepublik Deutschland von 1970—1995", 3. völlig neubearbeitete Auflage, Lorch-Verlag, Frankfurt, 1983

Tölle, Klaus: „Das Informationsverhalten der Konsumenten", Campus-Verlag, Frankfurt 1983

Kompendien/Nachschlagewerke

Beike, Peter/Christmann, Gerhard: „Marktforschungspraxis von A—Z", Deutscher Betriebswirte-Verlag GmbH, Gernsbach/Baden 1980

BVM (Herausgeber): „Handbuch Marktforschungs-Institute und -Berater", München 1978

Dichter, Ernest: „Das große Buch der Kaufmotive", Econ-Verlag, Düsseldorf 1981

„Jahrbuch der Absatz- und Verbrauchsforschung", Verlag Duncker & Humblot, Berlin

Noelle-Neumann, Elisabeth/Piel, Edgar: „Allensbacher Jahrbuch der Demoskopie 1978 bis 1983, Band VIII", Verlag K. G. Saur, München 1983

Ott, Werner: „Handbuch der praktischen Marktforschung", verlag moderne industrie, Landsberg

Poretschkin, Peter: „International Guide to Market Research, Vol. 1: Market Research Companies", Behr's Verlag, Hamburg 1982

Poretschkin, Peter/Raeder, Jutta M.: „International Guide to Market Research-Volume 2-Market Research Reports", Behr's Verlag, Hamburg 1985

Schäfer, Erich/Knoblich, Hans: „Grundlagen der Marktforschung" (5. Auflage), C. E. Poeschel Verlag, Stuttgart 1978

Zeitschriften

„Interview und Analyse" — Zeitschrift für Marktforschung — Sozialforschung — Mediaforschung — Mediaplanung —, M + K Hansa Verlag GmbH, Hamburg

„Marketing Kommunikation", Essen

„Marktforscher" (vereint mit GFM-Mitteilungen zur Markt- und Absatzforschung), Stuttgart

„Marketing Kommunikation", Essen

„Marktforscher" (vereint mit GFM-Mitteilungen zur Markt- und Absatzforschung), Stuttgart

„Marktforschung", Stuttgart

„Vierteljahreshefte für Mediaplanung", herausgegeben von der Heinrich-Bauer-Stiftung, Hamburg

„Journal of Marketing Research", Chicago

1.6.4. Werbung

Bücher

Becker, Horst R.: „Industriewerbung", Vogel-Verlag, Würzburg 1981

Dallmer, Heinz: „Erfolgsbedingungen der Kommunikation im Direct-Marketing", Betriebswirtschaftlicher Verlag Th. Gabler, Wiesbaden 1979

Domizlaff, Hans: „Die Gewinnung des öffentlichen Vertrauens", Verlag Marketing Journal, Hamburg 1982

Dohm, Horst/Müller-Vogg, Hugo: „So mache ich meine Werbung", K. O. Saur Verlag, München 1979

Gaede, Werner: „Vom Wort zum Bild", Wirtschaftsverlag Langen-Müller, Herbig, München 1981

Gass, Franz Ulrich: „Was kommt an in Wort und Bild?", Verlag Hoppenstedt & Co., Darmstadt 1984

Gesellschaft Werbeagenturen (GWA): „Effizienz in der Werbung", Siegmund Verlag, Moisburg 1983

Landgrebe, Klaus Peter: „Imagewerbung und Firmenstil", Spiegel-Verlag, Hamburg 1981

Mazanec, Josef: „Objekte der Wirtschaftswerbung" — Analyse der Werbeobjekte zur systematischen Entwicklung von Werbestrategien —, C. E. Poeschel Verlag, Stuttgart 1985

Schmalen, Helmut: „Kommunikationspolitik-Werbeplanung", Kohlhammer Verlag, Stuttgart 1985

Strothmann K. H.: „Industrielle Werbung", Hamburg 1979

Sundhoff, Edmund: „Die Werbekosten als Determinante der Wirtschaftswerbung", C. E. Poeschel Verlag, Stuttgart 1976

Tietz, Bruno/Zentes, Joachim: „Die Werbung der Unternehmung", Rowohlt Verlag, Reinbek bei Hamburg 1980

Wilkes, Malte W./McEwen, William L.: „Zusätzliche Marktchancen durch gezielte Direktwerbung", WEKA-Verlag, Kissing 1979

Kompendien/Nachschlagewerke

Dallmer, H./Thedens, R. (Herausgeber): „Handbuch des Direct-Marketing", Betriebswirtschaftlicher Verlag Dr. Th. Gabler, Wiesbaden 1978

Juegens/Peter/McCarthy: „Handbuch der Werbethemen" — Rustinton/England

Klein-Blenkers, Fritz: „Bibliographie der Werbeliteratur — Verzeichnis deutschsprachiger Literatur ab 1945", C. E. Poeschel-Verlag, Stuttgart 1983

Koschnick, Wolfgang J.: „Standard Dictionary of Advertising Mass Media and Marketing", Verlag Walter de Gruyten, Berlin, New York 1983

Neske, Fritz (Herausgeber): „Gabler Lexikon der Werbung", Gabler Verlag, Wiesbaden 1983

Neumann, Eckhard/Sprang, Wolfgang/Scheele, Walter (Herausgeber): „Jahrbuch der Werbung" — Marketing-Kommunikation in Deutschland, Österreich und der Schweiz —, Econ-Verlag, Düsseldorf 1984

(Ohne Verfasserangabe): „Der Werbeberater" — Verlag Norman Rentrop, Bonn

Rost, Dankwart/Strothmann, Karl-Heinz: „Handbuch Werbung für Investitionsgüter", Gabler-Verlag, Wiesbaden 1983

Sautter: „Arbeitshandbuch Bildschirmtext", Stamm-Verlag, Essen 1983

Ruland, Josef (Herausgeber): „Werbeträger" — Handbuch für die Praxis des Werbeträgereinsatzes — (6. Ausgabe), Verlag für Marketing, Bad Homburg 1981

Stamm-Verlag GmbH, „Stamm-Leitfaden durch Presse und Werbung", Presse- und Medien-Handbuch, Essen

Tietz, Bruno: „Die Werbung", verlag moderne industrie, Landsberg 1981

Verlag für Technik und Wirtschaft Meynen, „Jahrbuch der Industriewerbung . . .", Wiesbaden, 1985

Zeitschriften

„Direkt-Marketing" — Zeitschrift für Direktwerbung und Verkaufsförderung —, Verlag Donnely & Gerardi, Ettlingen

„Form", Zeitschrift für Gestaltung, Leverkusen

„graphik-visuelles Marketing", Verlag Karl Thieming, München

„Horizont-Advertising Age Deutschland", Frankfurt

„Markt-Kommunikation", Verlag für Wirtschaft und Technik, Wiesbaden

„Media-Perspektiven", Frankfurt

„novum gebrauchsgraphik", Verlag F. Bruckmann KG, München

„W & V" werben & verkaufen, Europa-Fachpresse-Verlag, München

„Werbeartikel-Berater" — Fachmagazin für den Einsatz von Werbeartikeln —, Vogel-Verlag, Würzburg

„ZV + ZV" — Das Organ für Presse und Werbung — Zeitungs- und Zeitschriften-Verlag, Bonn-Bad Godesberg

„Graphis" — Internationale Zeitschrift für Graphik und angewandte Kunst — Verlag Walter Herdeg, Zürich

„Kriterion" — Internationale Werbe-, Marketing- und Management-Information —, Kriterion-Verlag, Zürich

1.6.5. Verkaufsförderung

Bücher

Birkigt, Klaus: „Angewandte Verkaufsförderung", Verlag Marketing Journal, Hamburg 1983

Christofolini, Peter M: „Beispielhafte Verkaufsförderung", Econ Verlag, Düsseldorf 1976

Christofolini/Thies: „Verkaufsförderung — Strategie und Taktik", Verlag De Gruyter, Berlin 1979

Döppner, Heinz W.: „Verkaufsförderung — eine Marketing-Funktion, dargestellt am Beispiel der Konsumgüterindustrie", Verlag Duncker & Humblot, Berlin 1978

Engelhardt, W. H./Kleinaltenkamp, M./Rieger, S.: „Der Direktvertrieb im Konsumgüterbereich", W. Kohlhammer Verlag, Stuttgart 1984

Färber, Hans: „Verkaufsförderung bei Banken — Ansatzpunkte und Möglichkeiten", Verlag W. Girardet, Essen 1978

Geisthövel, Manfred: „Promotion Aktionsplaner", Brachat Verlag, Weiterstadt 1978

Hänel, Gerd: „Verbraucher-Promotions", Betriebswirtschaftlicher Verlag Dr. Th. Gabler, Wiesbaden 1976

Heitsch, Dieter: „Das erfolgreiche Verkaufsgespräch", verlag moderne industrie, Landsberg 1983

Koinecke, Jürgen/Grossklaus, Rainer: „Die besten Promotion Aktionen", verlag moderne industrie, Landsberg 1985

Koinecke, Jürgen (Herausgeber): „Arbeitshandbuch Absatzförderung" (u. a. Artikel über Verkaufsförderung), verlag moderne industrie, Landsberg 1979

Meier-Maletz, Max: „Verkaufsförderung für Investitionsgüter", Praktiker-Checkliste, System-Management Hans O. Rasche, Heiligenhaus 1975

Pflaum, D./Kunze, G. F.: „Moderne Verkaufsförderung", verlag moderne industrie, Landsberg 1973

Stangl, Anton: „Verkaufen muß man können", Econ-Verlag, Düsseldorf 1978

Wilkes, Malte W./Grossklaus, Rainer: „Das moderne Wissen der Verkaufsförderung", Verlag Wilhelm Heyne, München 1978

Kompendien/Nachschlagewerke

Disch, Wolfgang K. A./Meier-Maletz, Max: „Handbuch Verkaufsförderung", Verlag Marketing-Journal, Hamburg 1981

Gruner + Jahr Marketing-Service: „Quellen-Lexikon für Branchen- und Zielgruppen-Informationen", Hamburg 1982

Horst-Rückle-Team (Herausgeber): „Das große Handbuch der täglichen Verkaufspraxis", verlag moderne industrie, München 1980

Team-Fachverlag GmbH & Co. Vertriebs-KG: „Marken-Handbuch", Karlstein

Tietz, Bruno (Herausgeber): „Die Werbung", verlag moderne industrie, Landsberg 1981

Zeitschriften

„das schaufenster", Verlag Passiva GmbH, Passau

„Der neue Vertrieb", Hamburg

„Direkt-Marketing", Verlag Donnelly & Gerardi, Ettlingen

„Distribution", Mainz

„Moderner Markt — Neue Läden", Deutscher Fachverlag, Frankfurt/Main

„Modernes Verkaufen", Deutscher Fachverlag, Frankfurt/Main

„Sales Promoter", gesma-Verlag, München

„werben & verkaufen", Europa-Fachpresse-Verlag GmbH, München

1.6.6. Public Relations

Bücher

Beiträge zur Public Relations der öffentlichen Verwaltung, Hrsg. Franz Ronneberger, Verlag für deutsche Wirtschaftsbiographien, Wiesbaden

Erfolgreiche Öffentlichkeitsarbeit der Unternehmen, „Informieren muß man können", Hrsg. Volker Nickel, Econ-Verlag, Düsseldorf

Öffentlichkeitsarbeit-Handbuch, Hrsg. Günther Haedrich, Walter de Gruyter-Verlag, Berlin — New York, Dr. Holscher Claus, Dr. Jetter Ulrich

Fuchs Raimar, Kleindiek Horst W. Öffentlichkeitsarbeit Heute, Industrie-Werkstätten GmbH, Verlag und Vertriebsgesellschaft, Bochum

Public Affairs, Spiegel-Verlag Rudolf Augstein GmbH & Co. KG, Hamburg

Public Relations für die unternehmerische Wirtschaft, Hrsg. Flieger, Heinz, Ronneberger, Franz, Verlag für deutsche Wirtschaftsbiographien, Wiesbaden

Public Relations zur Zukunftssicherung, Hrsg. Franz Ronneberger, Verlag für deutsche Wirtschaftsbiographien, Wiesbaden

Public Relations Politik, Hrsg. Albert Oeckl, Verlag für deutsche Wirtschaftsbiographien, Wiesbaden

Lambeck, Alfred: Zwischen Tabu und Toleranz, Handbuch der Pressearbeit, Vogel-Verlag, Würzburg

Zeitschriften

„PR-Magazin", Verlag Rommerskirchen, Remagen-Rolandseck

„Public Relations Revue", Organ der Schweizerischen Public Relations-Gesellschaft, Bern

1.7. Besondere Veranstaltungen und Einrichtungen mit absatzwirtschaftlichen Bezugspunkten

1.7.1. Messen und Ausstellungen

Organisationen

Union des Foires Internationales (UFI), 35, rue Jouffroy, 75017 Paris

Ausstellungs- und Messe-Ausschuß der Deutschen Wirtschaft e.V., AUMA, Lindenstr. 8, 5000 Köln, Tel. (02 21) 21 90 91—93

Interessengemeinschaft Deutscher Fachmessen und Ausstellungsstädte (IDFA), Margarentenstr. 4, 7000 Stuttgart 60

Fachverband Messe- und Ausstellungsbau FAMAB e.V., 4840 Rheda-Wiedenbrück

Fachverband Messen- und Ausstellungen e.V. (FAMA), Kapellenstr. 47, 6200 Wiesbaden

Gesellschaft zur freiwilligen Kontrolle von Messe- und Ausstellungszahlen — FKM, Messedamm 22, 1000 Berlin 19

Veröffentlichungen

Messekalender

Veröffentlichungen des AUMA, Ausstellungs- und Messe-Ausschuß der Deutschen Wirtschaft e.V., Köln:

- AUMA-Bericht
  Jährlicher Überblick über die Messeaktivitäten der deutschen Wirtschaft und die Tätigkeit des AUMA als Bundesverband der Messewirtschaft

  Erscheint jährlich im Mai anläßlich der AUMA-Jahrestagung
- AUMA-Kalender Messeplatz Deutschland
  Messen und Ausstellungen mit repräsentativem Angebot auf der Ausstellerseite und einem Einzugsgebiet auf der Besucherseite, das über die jeweilige Region deutlich hinausgeht

  Erscheint viersprachig (deutsch, französisch, englisch, spanisch) halbjährlich am 15. Juni und am 15. Dezember
- AUMA-Kalender Ausland
  Wichtige Messen und Ausstellungen für deutsche Aussteller und Besucher

  Erscheint jährlich am 1. September

FOGA
21

— AUMA-Kalender Regional
  Ausstellungen mit einem überwiegend regionalen Einzugsgebiet auf der Besucherseite
  Erscheint jährlich am 15. November

— AUMA-Terminer
  Der Messeplatz Deutschland und das offizielle deutsche Auslandsmesseprogramm als Kalenderposter
  Erscheint jährlich am 15. Dezember

— AUMA-Informationsblätter
  Vorläufige Kennzahlen der Messen und Ausstellungen in Deutschland und Informationen über Messen und Ausstellungen im Ausland
  Erscheint monatlich

— AUMA-Zahlenspiegel Messeplatz Deutschland
  Wichtige Kennzahlen der überregionalen Messen und Ausstellungen in Deutschland
  Erscheint zweisprachig (deutsch, englisch) jährlich im Juni

— AUMA-Zahlenspiegel Regional
  Wichtige Kennzahlen der Regionalausstellungen in Deutschland
  Erscheint jährlich im Juni

— AUMA-Ratgeber
  Broschüre zur Vorbereitung auf die Teilnahme an Messen und Ausstellungen in Deutschland für Besucher und Aussteller mit umfangreichem Anschriftenverzeichnis
  Erschienen in deutscher, englischer, französischer, spanischer und japanischer Sprachfassung

— Auslandsmesseprogramm der Bundesrepublik Deutschland
  Messen und Ausstellungen im Ausland mit offizieller Beteiligung der Bundesrepublik Deutschland
  Erscheint im Juni (vorläufige Fassung) und im November (endgültige Fassung)

— Auslandsmessebeteiligungen der Bundesländer
  Messen und Ausstellungen mit Beteiligung der Bundesländer sowie eigene Landespräsentationen im Ausland
  Erscheint halbjährlich im April und im Oktober

— Erfolg auf Auslandsmessen
  Die Förderung von Auslandsmessebeteiligungen des Bundes und der Länder
  Erschienen in 6. überarbeiteter und erweiterter Auflage im Oktober 1983

Weitere Veröffentlichungen:

m+a Verlag für Messen, Ausstellungen und Kongresse GmbH, Frankfurt

— m+a Kalender, Erscheinungsweise: halbj., dreisprachiges Nachschlagewerk über Messe- und Ausstellungstermine in Deutschland, Europa und Übersee, nach Ort, Datum und Branchenzugehörigkeit der Veranstaltung gegliedert, mit einem Verzeichnis von Kongreß- und Tagungsorten

— m+a Infodienst (12 Ausgaben jährlich), kurzgefaßte Informationen und Berichte über Vorgänge auf dem Gebiet des Messe- und Ausstellungswesens

— m+a report, Erscheinungsweise: Januar, März, Mai, Juli, September und November, informiert über eine Vielzahl von Veranstaltungen, gibt Ratschläge und Hinweise für die Ausstellungspraxis

Vorschau — Europa, Terminkalender kommender Veranstaltungen, Messen, Ausstellungen, Tagungen, Kongresse usw., Verlag Horst Deike, Konstanz

„Messe und Ausstellung, Kalender 19 . . .", Messe- und Ausstellungskontor Otto Müller & Co., Frankfurt, jährlich mit Ergänzungen

„Übersicht über Messen und Ausstellungen im In- und Ausland 19 . . ." (Beilage zu den VDMA-Nachrichten)

Magazin Messen & Märkte, Cranach-Verlag Geiger & Co. KG, Hannover, erscheinungsweise vierteljährlich

Literatur über Messe- und Ausstellungswesen

Haeberle, Karl Erich, „Erfolg auf Messen und Ausstellungen", Forkel-Verlag, Stuttgart 1967

Heyk, Horst E., „Netzplantechnik für Werbung und Messebau", Verlag Dieter Gretzel, Karlsruhe 1976

m+a Verlag für Messen, Ausstellungen und Kongresse Otto Müller (Hrsg.) „Medium Messe", das Handbuch für den Aussteller, Frankfurt 1983. Inhalt: Das Medium Messe/Ausstellung — Im Vorfeld der Beteiligung — Die Beteiligungsplanung — Der Messestand — Der Veranstaltungsablauf — Auslandsbeteiligungen — die Messe-Nacharbeit-Organisationen/Stichwortverzeichnis — Bezugsquellenverzeichnis

Plusda, A., „Messeführer Deutschland", Informationen über deutsche Messen und Ausstellungen für Aussteller und Besucher

Schwermann, Dr., Jürgen, „Grundlagen der Messepolitik" in der Reihe „Wirtschaftspolitische Studien" Nr. 41 aus dem Institut für Europäische Wirtschaftspolitik der Universität Hamburg, Hrsg. Prof. H. Jürgensen, Verlag Vandenhoeck & Rupprecht, Göttingen 1986

VDMA-Verband Deutscher Maschinen- und Anlagenbau (Hrsg.), „Werbung im Maschinenbau — Messefibel", Frankfurt/Main 1986. Inhalt: Vorwort — Industriemessen, ein Demonstrationsfeld des technischen Fortschritts — Einleitung — Beschicken von Messen und Ausstellungen — Voraussetzungen — Vorprüfung — Vorbereitung/Vorarbeiten — Vorbereitung des Standaufbaus — Vorbereiten weiterer Maßnahmen — Standaufbau — Durchführung — Abbau — Auswertung — Standleitung/Aufgabenbereich — Standaufbauliste — Kostenplan — Literaturhinweise

Wedel, Peter, Graf von, „Messen — vom Markt zum Marketing", Umschau-Verlag Frankfurt/Main 1977

Zebhauer, Helmuth, „Messen und Ausstellungen", Medien der Kommunikation, Verlag Karl Thiemig, München, Inhalt: Expansive Medien — Formen der Beteiligung — Größe und Form eines Standes hängen von vielen Faktoren ab — Grundbegriffe für die Syntaxe eines Standes — Räume und Fronten — Farbe auf Messen und Ausstellungen — Licht lockt Leute — Zeichen — Bild — Modell — Text und Schrift — Systemstände oder Individualbau — Checkliste

Zielinski, Prof. Dr., Johannes, „Messen und Ausstellungen" — Ein Lernprogramm (Basistext K. E. Haeberle), AUMA Ausstellungs- und Messeausschuß der Deutschen Wirtschaft e.V., Köln 1986

1.7.2. Bundes- und Landespressekonferenzen

Bundespressekonferenz e.V.
Heussallee 2—10, 5300 Bonn 12, Tel. (02 28) 21 56 11

Landespressekonferenz Baden-Württemberg
Konrd-Adenauer-Straße 3, 7000 Stuttgart 1, Tel. (07 11) 22 55 60

Berliner Pressekonferenz
Kurfürstendamm 224, 1000 Berlin 15, Tel. (0 30) 8 83 91 00

Landespressekonferenz Bremen
Gustav-Radbruch-Straße 130, 2800 Bremen 41, Tel. (04 21) 34 30 71

Landespressekonferenz Hamburg
Mittelweg 38, 2000 Hamburg 13, Tel. (0 40) 4 10 81

Landespressekonferenz Hessen
Schloßplatz 2, 6200 Wiesbaden, Tel. (0 61 21) 35 01

Die Journalisten der Landespressekonferenz Kiel
Bahnhofstraße 12/16, 2300 Kiel, Tel. (0 43 31) 5 91-1 25

Verein der Bayerischen Landtagspresse e.V. München
Maximilianeum, 8000 München 85, Tel. (0 89) 91 33 53

Landespressekonferenz Niedersachsen
Hohenzollernstraße 22, 3000 Hannover, Tel. (05 11) 34 25 55

Landespressekonferenz Nordrhein-Westfalen
Friedrichstraße 2, 4000 Düsseldorf 1, Tel. (02 11) 3 80 30

Landespressekonferenz Rheinland-Pfalz
Deutschhausplatz 12, 6500 Mainz, Tel. (0 61 31) 22 59 33

Landespressekonferenz Saar
Hindenburgstraße 7, 6600 Saarbrücken, Tel. (06 81) 50 22 74

Verein der Ausländischen Presse in der Bundesrepublik Deutschland e.V.
Heussallee 2—10, Pressehaus I/35, 5300 Bonn 1, Tel. (02 28) 21 08 85

2. Absatzwirtschaftliche Ausbildungsmöglichkeiten

2.1 Institutionen der Studienförderung und ZVS

DAAD — Deutscher Akademischer Austauschdienst e.V.
Kennedyallee 50, 5300 Bonn 2, Tel. (02 28) 88 21

Deutsche AIESEC e.V.
Hohenzollernring 54, 5000 Köln 1, Tel. (02 21) 23 47 61/62/63

Deutsche Forschungsgemeinschaft (DFG)
Kennedyallee 40, 5300 Bonn 2, Tel. (02 28) 88 51

Deutsches Studentenwerk e.V.
Weberstraße 55, 5300 Bonn, Tel. (02 28) 21 00 71

Carl-Duisberg-Gesellschaft e.V.
Hohenstauffenring 30-32, 5000 Köln 1, Tel. (02 21) 2 09 80

Europa-Kolleg Brügge, c/o Deutscher Rat der Europäischen Bewegung
Bachstraße 32, 5300 Bonn 1, Tel. (02 28) 63 12 97

Stiftung Volkswagenwerk
Kastanienallee 35, 3000 Hannover 81, Tel. (05 11) 8 38 11
(vergibt Förderungsmittel für förderwürdige Einrichtungen der Wissenschaft und Technik in Forschung und Lehre)

Stifterverband für die Deutsche Wissenschaft e.V.
Brucker Holt 56—60, 4300 Essen 1, Tel. (02 01) 71 10 51

Zentralstelle für die Vergabe von Studienplätzen (ZVS)
Postfach 8000, 4600 Dortmund 1, Tel. (02 31) 1 08 11

2.2 Marketing-Studium an Hochschulen

Aachen

Rheinisch-Westfälische Technische Hochschule Aachen
Templergraben 55, 5100 Aachen, Tel. (02 41) 8 01

Institut für Wirtschaftswissenschaften
Lehrstuhl für Betriebswirtschaftspolitik und Marketing

Beschreibung und Dauer der Studienlehrgänge:

1. Wirtschaftswissenschaftliches Grundstudium (4 Semester)
2. Betriebswirtschaftliches Vollstudium (8 Semester inkl. Grundstudium)
3. Wirtschaftswissenschaftliches Aufbaustudium (4 Semester)
4. Aufbaustudium Operations Research (4 Semester)
5. Lehramt Sekundarstufe II (8 Semester)
6. Studium mit Abschluß Magister Artium (8 Semester)
7. Studium in Mathematik mit Nebenfach Wirtschaftswissenschaften (8 Semester)
8. Studium in Informatik mit Nebenfach Wirtschaftswissenschaften (8 Semester)

Für alle Studiengänge ist „Einführung in das Marketing" (1 Semester) obligatorisch. Im Regelstudium (8 Semester) kann „Marketing" als spezielle Betriebswirtschaftslehre bzw. Wahlpflichtfach gewählt werden.

Voraussetzungen: Allgemeine Voraussetzungen für das Studium an der Hochschule

Abschlußbezeichnungen: keine speziellen Abschlußbezeichnungen für Marketing. Ansonsten zu:
1. Zwischenexamen
2. Diplom-Kaufmann
3. Diplom-Wirtschaftsingenieur (für Diplom-Ingenieure)
4. Magister in Operations Research (M.O.R.)
5. Staatsprüfung für das Lehramt für die Sekundarstufe II
6. Magister Artium (M.A.)
7. Diplom-Mathematiker
8. Diplom-Informatiker

Aufnahmetermin: zu jedem Sommersemester

Augsburg

Universität Augsburg
Memminger Straße 6—14, 8900 Augsburg, Tel. (08 21) 5 98-2 70

Wirtschafts- und Sozialwissenschaftliche Fakultät
Lehrstuhl für Betriebswirtschaftslehre/Schwerpunkt Marketing

Voraussetzung: Hochschulreife

Abschlußbezeichnung: Dipl.-oec. univ., Dr. rer. pol.

Aufnahmetermine: Studienbeginn wird zum Studienjahresbeginn (1. 10.) empfohlen, da kein Lehrangebot für Studienanfänger im Sommersemester.

Praxiskontakt: In enger Verbindung mit dem Lehrstuhl arbeitet die FGM-Fördergesellschaft Marketing an der Universität Augsburg e.V., deren Hauptaufgabe die permanente Kooperation mit der Wirtschaftspraxis ist.

Kontaktadresse: Memminger Str. 14, 8900 Augsburg, Tel. (08 21) 5 98-2 70

Bayreuth

Universität Bayreuth
Postfach 3008, 8580 Bayreuth, Tel. (09 21) 55-1

Fachbereich Rechts- und Wirtschaftswissenschaften
Lehrstuhl für Betriebswirtschaftslehre; Marketing

Beschreibung und Dauer der Studienlehrgänge:

Marketing wird während des Grundstudiums im Rahmen der allgemeinen Betriebswirtschaftslehre angeboten und kann als eine spezielle Betriebswirtschaftslehre im 4semestrigen Hauptstudium gewählt werden.

Voraussetzungen: Hochschulreife

Abschluß-
bezeichnung: Diplom-Kaufmann

Aufnahmetermine: jeweils zum Wintersemester

Berlin

Freie Universität Berlin
Corrensplatz 2, 1000 Berlin 33, Tel. (0 30) 8 38 22 76

Institut für Markt- und Verbrauchsforschung

Beschreibung und Dauer der Studienlehrgänge:

Im Hauptstudium Studiendauer mindestens 4 Semester (insges. 14—16 Semester-Wochenstunden); Lehrgänge bestehend aus grundlegenden Veranstaltungen und Seminaren u. a. in Form praktischer Fallbeispiele.

Voraussetzungen: Grundstudium Wirtschaftswissenschaften

Abschluß-
bezeichnung: Dipl.-Kaufmann, Dipl.-Kauffrau

Aufnahmetermine: zweimal, jeweils zum 1. 4. und 1. 10.

Technische Universität Berlin
Straße des 17. Juni 135, 1000 Berlin 12, Tel. (0 30) 3 14 22 66

Institut f. BWL, FG Marketing

Beschreibung und Dauer der Studienlehrgänge: Marketing im Rahmen der Allgemeinen Betriebswirtschaftslehre:
½ Semester 2stündig Marketing im Grundstudium
½ Semester 2stündig im Hauptstudium

Themen: Marketing-Grundlagen, Strategisches Marketing, Investitionsgüter-Marketing, Produktpolitik, Preispolitik, Distribution.

Spezielle Betriebswirtschaftslehre „Marketing":
3 Vorlesungen (Konsumentenverhalten, Marktforschung, Marketing Management), eine 4stündige Integrierte Projektveranstaltung „Anwendungen", 3 begleitende Übungen, Hauptseminar, Diplomanden-Kolloquium.

Voraussetzungen: übliche Hochschulzugangsvoraussetzungen

Abschluß-
bezeichnungen: Dipl.-Kfm., Dipl.-Ing. (Wirtschaftsingenieur)

Aufnahmetermine: Semesterbeginn

Hochschule der Künste Berlin
Künstlerische und wissenschaftliche Hochschule, Postfach 12 67 20, 1000 Berlin 12

Fachbereich 5 Gesellschafts- und Wirtschaftskommunikation/Kommunikationstechnik
Institut für Gesellschafts- und Wirtschaftskommunikation

Ausbildungsart: Achtsemestriges Tagesstudium mit dem Abschluß „Dipl.-Kommunikationswirt",
Aufnahme jeweils zum 1. April und 1. Oktober.

Voraussetzungen: Fachhochschulreife oder Allgemeine Hochschulreife. Gute Kenntnisse der deutschen Sprache. Höchstalter in der Regel 30 Jahre. Studiengebühren werden nicht erhoben.

Bielefeld

Universität Bielefeld
Postfach 86 40, 4800 Bielefeld 1, Tel. (05 21) 1 06-39 36

Lehrstuhl für Betriebswirtschaftslehre und Marketing

Beschreibung und Dauer der Studienlehrgänge:

Marketing ist Wahlpflichtfach im Rahmen des betriebs- und volkswirtschaftlichen Hauptstudiums.

Allgemeine
Veranstaltungen: Marketingplanung, Marketingtheorie

Spezial-
veranstaltungen: Marketingmessung (2 Sem.), Preismanagement, Werbung, Internationales Marketing, Käuferverhaltensmodelle sowie eine Reihe statistischer und ökonometrischer Vorlesungen

Interessenten fordern die Broschüre „UniBi Marketing" an.

Voraussetzungen: Hochschulreife

Abschluß-
bezeichnungen: Diplom-Kaufmann, Diplom-Volkswirt

Aufnahmetermine: Herbst und Sommer

Bochum

Ruhr-Universität Bochum
Universitätsstraße 150, 4630 Bochum, Tel. (02 34) 7 00 28 95 bzw. 7 00 65 96

Abteilung für Wirtschaftswissenschaft

Beschreibung und Dauer der Studienlehrgänge:
1. Wahlbereich „Marketing" im Pflichtfach „Spezielle BWL" des Hauptstudiums, umfaßt 12—14 Semesterwochenstunden.
2. Wahlfach „Markt und Absatz" (volkswirtschaftliche, betriebswirtschaftliche und rechtliche Aspekte), Integrationsfach, umfaßt 14—16 Semesterwochenstunden.

Voraussetzungen:	Allgemeine Zulassungsvoraussetzungen für die Universität
Abschluß-bezeichnung:	Dipl.-Ökonom
Aufnahmetermine:	Sommer- und Wintersemester

Bonn

Universität Bonn
Adenauerallee 24—42, 5300 Bonn 1, Tel. (0 22 21) 73 92 25

Institut für Gesellschafts- und Wirtschaftswissenschaften, Betriebswirtschaftliche Abt. III

Beschreibung und Dauer der Studienlehrgänge:

Das Fach „Marketing" ist ein Wahlfach innerhalb des wirtschaftswissenschaftlichen Hauptstudiums.

An Veranstaltungen sind zu hören die jeweils 2stündigen Vorlesungen Marketing I, II, III, sowie die Vorlesung Marktpsychologie. Des weiteren ist ein Übungsschein im Fach Marketing sowie ein Hauptseminarschein zu erwerben.

Voraussetzungen:	Hochschulzugangsberechtigung
Abschluß-bezeichnung:	Diplom-Volkswirt
Aufnahmetermine:	jeweiliges Sommer- oder Wintersemester

Darmstadt

Technische Hochschule Darmstadt
Hochschulstr. 1, 6100 Darmstadt, Tel. (0 61 51) 16 21 23

Fachbereich1, Rechts- und Wirtschaftswissenschaften

Beschreibung und Dauer der Studienlehrgänge:

Wahl-Vertiefungsfach im Hauptstudium Wirtschaftsingenieurwesen, 8 Semester-Wochenstunden.

Voraussetzungen:	Allgemeine Zulassungsvoraussetzungen für die Universität
Abschluß-bezeichnung:	Diplom-Wirtschaftsingenieur
Aufnahmetermin:	Wintersemester

Dortmund

Universität Dortmund
Postfach 50 05 00, 4600 Dortmund 50, Tel. (02 31) 7 55 32 70

Lehrstuhl für Marketing

Beschreibung und Dauer der Studienlehrgänge:
Diplom-Studiengang Sekundarstufe II, 8 Semester

Voraussetzung:	Hochschulreife
Abschluß-bezeichnung	Dipl.-Kaufmann, Dipl.-Volkswirt und Dipl.-Ökonom 1. Staatsprüfung für Sekundarstufe II

Duisburg

Universität Duisburg — Gesamtschule —
Lotharstr. 65, 4100 Duisburg, Tel. (02 03) 3 05-0

Beschreibung und Dauer der Studiengänge:

6 Semester: Handel, Abschluß: Diplom-Ökonom
8 Semester: Marketing, Abschluß: Diplom-Ökonom

Voraussetzungen:	Abitur, Fachhochschulreife oder ein vom Kultusminister als gleichwertig anerkanntes Zeugnis
Abschluß-bezeichnung:	Diplom-Ökonom
Aufnahmetermin:	nach Anfrage

Essen

Universität Essen — Gesamthochschule —
Universitätsstr. 2, 4300 Essen 1, Tel. (02 01) 18 31

Beschreibung und Dauer der Studiengänge:

7 Semester: Abschluß Diplom-Kaufmann
9 Semester: Abschluß Diplom-Kaufmann

Voraussetzungen: Hochschulreife oder Fachhochschulreife

Abschluß-
bezeichnung: Diplom-Kaufmann

Aufnahmetermin: Wintersemester

Frankfurt/Main

Johann-Wolfgang-Goethe-Universität Frankfurt
Mertonstraße 17, 6000 Frankfurt/Main, Tel. (06 11) 7 98 34 35

Fachbereich Wirtschaftswissenschaften

Beschreibung und Dauer der Studienlehrgänge:

Marketing I	2 Stunden
Konsumentenverhalten Marketing II	2 Stunden
Marktforschung Marketing III	2 Stunden
Marktforschung	2 Stunden
Seminar mit wechselnden Themen	2 Stunden
Gesamtzahl der Semesterwochenstunden:	10 Stunden

Voraussetzungen: Hochschulreife als Voraussetzung des Studiums Betriebswirtschaftslehre. Erfolgreiche Ablegung der Zwischenprüfung als Voraussetzung für eine Spezialisierung im Fach Marketing im Hauptstudium.

Abschluß-
bezeichnung: Diplom-Kaufmann

Aufnahmetermin: Das Studium kann in jedem Semester aufgenommen werden.

Gießen

Justus-Liebig-Universität Gießen
Ludwigstr. 23, 6300 Gießen 1, Tel. (06 41) 7 02 20 60/61

Beschreibung und Dauer der Studienlehrgänge:

Absatzwirtschaft/Marketing:
(für die Studiengänge Dipl.-Kfm., Dipl.-Ök., Dipl.-Volkswirt)
Marketing I, II, III, IV für die Studiengänge Dipl.-Agrar-Ing., Diplom-Oecotrophologe
Marketing I: Einführung in die entscheidungsorientierte Marketinglehre
Marketing II: Marketing-Management

Absatzwirtschaftliche Spezialprobleme I: Handelsbetriebs- und Institutionenlehre

Absatzwirtschaftliche Spezialprobleme II: Marketingkommunikation

Absatzwirtschaftliche Spezialprobleme III: Distribution/Logistik

Marketing in der Agrar- und Ernährungswirtschaft IV

Betriebswirtschaftliche Absatzforschung; Seminar zum Marketing in der Agrar- und Ernährungswirtschaft

Aufnahmetermine:
Siehe „Hinweise für Studenten", erhältlich unter:
Büro für Studienberatung, Justus-Liebig-Universität, Gießen
Aufnahmetermine auf Anfrage

Göttingen

Universität Göttingen
Fachbereich Wirtschaftswissenschaften
Nikolausberger Weg 5c, 3400 Göttingen, Tel. (05 51) 39 71 90

Institut für Marketing und Handel

Beschreibung und Dauer der Studienlehrgänge: als Funktionslehre „Beschaffung und Absatz" Teil der Allgemeinen Betriebswirtschaftslehre; als Institutionslehre „Handelsbetriebslehre" Minimum 8 Semester

Abschlußbezeichnung: Diplom-Kaufmann

Aufnahmetermine: Das Studium kann in jedem Semester aufgenommen werden.

Hagen

Fernuniversität — Gesamthochschule Hagen
Postfach 9 40, 5800 Hagen, Tel. (0 23 31) 8 04-1

Lehrgebiet für Betriebswirtschaftslehre, insbesondere Unternehmensführung und Marketing

Hamburg

Universität Hamburg
Von-Melle-Park 5, 2000 Hamburg 13, Tel. (0 40) 41 23-47 04

Seminar für Handel und Marktwesen

Beschreibung und Dauer der Studienlehrgänge: Marketing ist ein Wahlfach in der Ausbildung zum Dipl.-Kfm. und Dipl.-Volkswirt, Dauer 8 Semester

Voraussetzungen: Immatrikulationsvoraussetzungen der Universität, Hochschulreife

Abschluß-bezeichnung:	Dipl.-Kaufmann, Dipl.-Volkswirt
Aufnahmetermine:	zu jedem Semester

Hochschule der Bundeswehr Hamburg
Postfach 70 08 22, 2000 Hamburg 70, Tel. (0 40) 6 54 11

Professur für Betriebswirtschaftslehre insbes. Marketing

Hannover

Universität Hannover
Wunstorfer Str. 14, 3000 Hannover, Tel. (05 11) 7 62 53 50,

Institut für Sozioökonomische Betriebsforschung Abteilung Markt und Konsum

Beschreibung und Dauer der Studienlehrgänge im Bereich Markt und Konsum:

Teil des Studiums Diplom-Ökonom, 8 Semester, siehe dazu die Studienhinweise des Fachbereichs für Wirtschaftswissenschaften

Voraussetzungen:	Wie für Universitäts-Studium
Abschluß-bezeichnung:	Diplom-Ökonom
Aufnahmetermin:	Wintersemester

Hohenheim

Universität Hohenheim
Schloß, 7000 Stuttgart 70, Tel. (07 11) 4 50 11

Fakultät V — Wirtschafts- und Sozialwissenschaften

Beschreibung und Dauer der Studienlehrgänge:

Vertiefungsfach im Rahmen des Studiums der Wirtschaftswissenschaften (Vertiefungsrichtung Betriebswirtschaftslehre); Studiendauer: 8 Semester

Grundprogramm (insgesamt 12 Semesterwochenstunden):

- Absatz — Einführung in die Lehre der Absatzwirtschaft
- Absatzforschung
- Produkt- und Preispolitik
- Distributionspolitik und Handel
- Kommunikationspolitik
- Marketing-Management
- Information und Kommunikation

Wahlprogramm (zusätzlich 4 Semesterwochenstunden nach Wahl):
Grundmodelle wirtschaftlicher Entscheidungen
Kosten- und Leistungsrechnung
Käuferverhalten
Unternehmensberatung (Fallstudienseminar)
Oberseminar zur Absatzwirtschaft
(Projektseminar mit wechselnden Themen)

Voraussetzungen: Hochschulreife

Abschluß-
bezeichnung: Diplom-Ökonom

Aufnahmetermine: Für Erstsemester jeweils im Wintersemester (Bewerbungsschluß: 15. Juli)

Karlsruhe

Universität Fridericiana Karlsruhe (Technische Hochschule)
Kaiserstr. 12, 7500 Karlsruhe 1, Tel. (07 21) 6 08-1

Institut für Entscheidungstheorie und Unternehmensforschung

Beschreibung und Dauer der Studienlehrgänge: Im Studiengang Dipl.-Wirtschaftsingenieur 14 Semesterwochenstunden als Wahlpflichtfach Marketing A (Marketingpol. Instrumente, Marketingplanung),
Marketing B (Marktforschung, Konsumentenverhalten), Datenanalyse/Numerische Taxonomie in der Marktforschung, Marketing und OR/Statistik, Absatzprognosen und Käuferverhaltensmodelle, Computergestütztes Marketing.

Voraussetzungen: Hochschulreife

Abschluß-
bezeichnungen: Diplom-Wirtschaftsingenieur (die Wahlpflichtfächer werden im Zeugnis aufgeführt)

Aufnahmetermin: jeweils zum Wintersemester

Kassel

Gesamthochschule Kassel
Monteverdistr. 2, 3500 Kassel, Tel. (05 61) 3 40 45-6/3 46 30

Fachbereich Wirtschaft

Beschreibung und Dauer der Studienlehrgänge: Der im Wintersemester 1978/79 angelaufene Diplom-Studiengang umfaßt 8 Studiensemester (einschließlich 2 Semester berufspraktische Ausbildung). Im Rahmen des Schwerpunktes Markt und Allokation können die Lernbereiche Marktforschung und Absatz einschl. Werbung mit insgesamt 8 Semesterwochenstunden studiert werden.

Voraussetzungen:	Allgemeine Hochschulreife oder fachgebundene Hochschulreife oder Fachhochschulreife oder eine andere vom Kultusminister als gleichwertig anerkannte Qualifikation.
Abschluß-bezeichnung:	Diplom-Ökonom (Dipl. oec.)
Aufnahmetermine:	jeweils zum Wintersemester

Kiel

Christian-Albrechts-Universität
Olshausenstr. 40—60, 2300 Kiel, Tel. (04 31) 88 01

Institut für Betriebswirtschaftslehre

Beschreibung und Dauer der Studiengänge:
1. Studiengang Volkswirtschaftslehre mit Abschluß Diplom-Volkswirt
2. Studiengang Betriebswirtschaftslehre mit Abschluß Diplom-Kaufmann
3. Studiengang Handelslehramt mit Abschluß Diplom-Handelslehrer
   Studiendauer: 8 Semester

Ein Informationsblatt „Das Studium der Betriebswirtschaftslehre in Kiel" sowie das Lehrstuhlportrait für Absatzwirtschaft können angefordert werden.

Voraussetzungen:	Hochschulzugangsberechtigung (Abitur oder gleichwertiges Zeugnis)
Abschluß-bezeichnungen:	Diplom-Volkswirt, Diplom-Kaufmann, Diplom-Handelslehrer, Dr. sc. pol.
Aufnahmetermine:	vorzugsweise im Wintersemester (1. April und 1. Oktober)

Köln

Universität Köln — Seminar für Allgemeine Betriebswirtschaftslehre, Beschaffungs- und Produktlehre
Haedenkampstr. 2, 5000 Köln 41, Tel. (02 21) 4 70 26 10

Beschreibung und Dauer der Studienlehrgänge: 4semestriges Hauptstudium (plus 4semestriges Grundstudium bis zur Zwischenprüfung)

Das Lehrprogramm umfaßt die Bereiche
- Beschaffungsanalyse
- Beschaffungspolitik
- Produktanalyse
- Produktpolitik
- Produktinformationsanalyse

Voraussetzungen:	Bestandene Zwischenprüfung im Fachbereich Betriebswirtschaftslehre
Abschluß-bezeichnungen:	Diplom-Kaufmann
Aufnahmetermine:	jeweiliges Sommer- und Wintersemester

Universität zu Köln — Seminar für Allgemeine Betriebswirtschaftslehre, Handel und Absatz
Albertus-Magnus-Platz, 5000 Köln 41, Tel. (02 21) 4 70-42 20

Beschreibung und Dauer der Studienlehrgänge: Das Fach Handel und Absatz kann als Spezielle Betriebswirtschaftslehre oder als Wahlfach im Rahmen der Diplomstudiengänge der Wirtschafts- und Sozialwissenschaftlichen Fakultät studiert werden.

Die Studienordnung „Amtliche Mitteilungen der Universität zu Köln 8/77" kann kostenlos beim Dekanat der Wirtschafts- und Sozialwissenschaftlichen Fakultät bezogen werden. Anschrift wie oben.

Voraussetzung:	Hochschulreife
Abschluß-bezeichnungen:	Diplom-Kaufmann, Diplom-Volkswirt, Diplom-Handelslehrer
Aufnahmetermine:	jeweiliges Sommer- und Wintersemester

Universität zu Köln — Seminar für Allgemeine Betriebswirtschaftslehre, Marktforschung und Marketing (Marketing-Seminar)
Albertus-Magnus-Platz, 5000 Köln 41, Tel. (02 21) 4 70-26 39

Beschreibung und Dauer der Studienlehrgänge: Das Seminar bietet als Prüfungsfach die Spezielle Betriebswirtschaftslehre „Marktforschung und Marketing" an. Dieses Fach ist im betriebswirtschaftlichen Diplom-Studiengang (Diplom-Kaufmann) Bestandteil des Hauptstudiums und enthält Lehrveranstaltungen über Fragen der Marketing-Kommunikation.

Die Studiendauer für das Spezialfach beträgt normalerweise 4 Semester.

Voraussetzungen:	Abgeschlossene Zwischenprüfung (= Abschluß des Grundstudiums) im Diplom-Studiengang Betriebswirtschaftslehre
Abschluß-bezeichnung:	Diplom-Kaufmann
Aufnahmetermine:	Jedes Winter- und Sommersemester

Mainz

Johannes-Gutenberg-Universität
Saarstr. 21, 6500 Mainz, Tel. (0 61 31) 39 22 27

Beschreibung und Dauer der Studienlehrgänge: Im Rahmen des wirtschaftswissenschaftlichen Studiums (Abschluß nur als Diplom-Volkswirt oder Diplom-Handelslehrer) wird ein Wahlfach „Marketing" mit einem Gesamtumfang von ca. 15 Semester-Wochenstunden angeboten. Die entsprechenden Vorlesungen, Übungen und Seminare verteilen sich auf die Zeit nach der Zwischenprüfung.

Voraussetzungen:	Hochschulreife, Zwischenprüfung
Abschluß-bezeichnungen:	Diplom-Volkswirt bzw. Diplom-Handelslehrer ohne besonderen Bezug auf das Wahlfach, das nur im Abschlußzeugnis getrennt aufgeführt wird.
Aufnahmetermine:	zu jedem Sommer- und Wintersemester

Mannheim

Universität Mannheim
Schloß, Postfach 24 28, 6800 Mannheim, Tel. (06 21) 29 21

Drei Lehrstühle zusammengeschlossen im Institut für Marketing

Beschreibung und Dauer der Studienlehrgänge: Studiengang Diplom-Kaufmann; Studienzeit 8 Semester. Innerhalb dieses Studienganges kann eine Spezialisierung auf dem Fachbereich Marketing im Hauptstudium (nach dem Vordiplom im 4. Semester) erfolgen.

Voraussetzungen:	Allgemeine Hochschulreife oder anderer hochschulqualifizierter Abschluß der zum Studium der Betriebswirtschaftslehre berechtigt.
Abschluß-bezeichnung:	Diplom-Kaufmann
Aufnahmetermine:	jeweils im Sommer- und im Wintersemester

München

Ludwig-Maximilians-Universität München
Geschwister-Scholl-Platz 1, 8000 München 22, Tel. (0 89) 21 80-1

Institut für Absatzwirtschaft

Beschreibung und Dauer der Studienlehrgänge: Kein eigener Studiengang; evtl. Spezialisierung im Rahmen des BWL-Studiums

Voraussetzungen:	Für BWL-Studium: Abitur + Zulassung

Abschluß-
bezeichnung: Dipl.-Kaufmann

Aufnahmetermine: Bewerbungen bei der ZVS jeweils bis zum 15. 1. und 15. 7.

Institut für Psychologie

Beschreibung und Dauer der Studienlehrgänge: Spezialisierung im Rahmen des Psychologiestudiums bzw. Wahlpflichtfach in Betriebswirtschaftslehre und Kommunikationswissenschaften, Dauer ca. 4 Semester

Voraussetzungen: Abitur + Zulassung für das Studium der Psychologie, der Betriebswirtschaftslehre oder der Kommunikationswissenschaften an der Universität München. Mindestens 5 Fachsemester oder erfolgreich abgelegte Zwischenprüfung in einem dieser Fächer

Abschluß-
bezeichnung: Diplom-Psychologe, Diplom-Kaufmann oder Magister der Kommunikationswissenschaft

Aufnahmetermine: Beginn des Curriculums „Markt- und Werbepsychologie" jeweils im Wintersemester

Institut für Kommunikationswissenschaft (Zeitungswissenschaft) der Universität München
Karolinenplatz 3, 8000 München 2, Tel. (0 89) 21 80-28 43
und Widenmayerstr. 46 a, 8000 München 22, Tel. (0 89) 21 80-32 02

Beschreibung und Dauer der Studienlehrgänge: Im Rahmen des Magisterstudienganges Kommunikationswissenschaft ist im Hauptstudium die Studienrichtung Kommunikationspraxis zu wählen, wo eine Schwerpunktbildung Werbung oder Public Relations möglich ist.

Für den Magisterstudiengang sind acht Semester vorgesehen, das Hauptstudium umfaßt vier Semester.

Voraussetzungen: Allgemeine Hochschulreife
Begrenzter Zugang zum Fach Kommunikationswissenschaft (universitätsinterner Numerus clausus)

Abschluß-
bezeichnung: M.A.

Aufnahmetermine: Studienbeginn nur im Wintersemester möglich.

München/Nürnberg

Hochschule der Bundeswehr
Werner-Heisenberg-Weg 39, 8014 Neubiberg/München, Tel. (0 89) 60 04-28 10 oder 42 11

Beschreibung und Dauer der Studienlehrgänge: Vertiefungsfach Marketing und Logistik, 18 Trimester-Wochenstunden vom 5. bis 9. Trimester

Voraussetzungen: Hochschulreife, Offizierslaufbahn

Abschlußbezeichnung: Dipl.-Kfm. univ.

Aufnahmetermine: Herbsttrimester

Münster

Westfälische Wilhelms-Universität Münster
Schloßplatz 2, 4400 Münster, Tel. (02 51) 83 29 31

Beschreibung und Dauer der Studienlehrgänge: Das Fach „Marketing" ist in Münster Teil (Pflichtwahlfach) im Rahmen des Hauptstudiums „Betriebswirtschaftslehre"; nach 4 Semestern Hauptstudium Spezialisierung für Marketing möglich. Interessenten fordern bitte die kostenlose Broschüre „Marketingstudium in Münster" an beim Institut für Marketing der Universität, Universitätsstraße 14—16, 4400 Münster.

Nürnberg

Universität Erlangen-Nürnberg
Lange Gasse 20, 8500 Nürnberg, Tel. (09 11) 53 02-2 14

Beschreibung und Dauer der Studienlehrgänge: Das Fach „Absatz" ist Pflicht-Bestandteil im Grundstudium (für Betriebswirte, Volkswirte, Handelslehrer). Umfang: 2 Stunden (ein Semester lang 2 Stunden pro Woche).

Das Fach „Marketing" ist Pflichtwahl- bzw. Wahlfach im Hauptstudium. Umfang: 14—18 Semesterwochenstunden.

Voraussetzung: Hochschulreife

Abschlußbezeichnungen: Diplom-Kaufmann (Diplom-Volkswirt, Diplom-Handelslehrer)

Oldenburg

Universität Oldenburg
Ammerländer Heerstraße 67—99, 2900 Oldenburg, Tel. (04 41) 79 83 62

Allgemeine Betriebswirtschaftslehre (Absatz und Marketing)

Beschreibung und Dauer der Studienlehrgänge: Gesamtstudium mindestens 8 Semester, Schwerpunktstudium Marketing etwa 3—4 Semester

Voraussetzungen: Hochschulreife

Abschluß-bezeichnung:	Diplom-Ökonom
Aufnahmetermin:	jedes Semester

Paderborn

Universität — Gesamthochschule Paderborn
Warburger Straße 100, 4790 Paderborn, Tel. (0 52 51) 6 01

Beschreibung und Dauer der Studiengänge im Bereich Marketing:
Als Schwerpunktstudium im Betriebswirtschaftsstudium
a) Kurzzeit — 6 Semester
b) Langzeit — 8 Semester

Voraussetzungen:	Fachhochschulreife oder allgemeine Hochschulreife (Studenten mit Fachhochschulreife müssen, sofern sie das Langzeitstudium anstreben, ein Brückenkursstudium vorher erfolgreich absolviert haben)
Abschluß-bezeichnung:	a) Kurzzeit — Diplom-Betriebswirt b) Langzeit — Diplom-Kaufmann
Aufnahmetermin:	jeweils zum Wintersemester, Anmeldung nur über ZVS

Passau

Universität Passau
Innstr. 40, 8390 Passau, Tel. (08 51) 5 09-2 14

Lehrstuhl für Betriebswirtschaftslehre mit Schwerpunkt Absatzwirtschaft

Beschreibung und Dauer der Studienlehrgänge:
1. Studiengang Betriebswirtschaftslehre
2. Studiengang Volkswirtschaftslehre
3. Studiengang Informatik
4. Studiengang Lehramt an Realschulen/Gymnasien

Studiendauer: 8 Semester

Spezialveranstaltungen: Handel, Preis- und Kommunikationspolitik, Produkt- und Sortimentspolitik, Konsumentenverhalten und Marktforschung, Kontaktseminar „Absatz- und Handelsmanagement".

Interessenten fordern bitte die kostenlose Broschüre „Leitfaden Absatzwirtschaft" an.

Voraussetzungen:	Zulassung zum Hochschulstudium
Abschluß-bezeichnungen:	Dipl.-Kaufmann, Dipl.-Volkswirt, Dipl.-Informatiker, Dr. rer. pol.
Neuerdings:	Dipl.-Kaufmann (Univ.), Dipl.-Volkswirt (Univ.), Dipl.-Informatiker (Univ.)
Aufnahmetermine:	vorzugsweise zum Wintersemester

Regensburg

Universität Regensburg
Universitätsstraße 31, 8400 Regensburg, Tel. (09 41) 9 43 22 77

Lehrstuhl für Betriebswirtschaftslehre — Fakultät für Wirtschaftswissenschaften

Beschreibung und Dauer der Studienlehrgänge: Wirtschaftswissenschaftliches Grundstudium (4 Semester).
Hauptstudium Betriebswirtschaftslehre mit Wahlfach Marketing (4 Semester).

Lehrinhalt des Marketing-Studiums:

1. Betriebliche Marktwirtschaft, 4 Semesterwochenstunden: Marketing-Konzept, Marketing-Instrumentarium
2. Marketing I:
   6 Semesterwochenstunden: Methoden der Marketingforschung
3. Marketing II:
   6 Semesterwochenstunden: Präferenzforschung, Produkt- und Kommunikationspolitik
4. Marketing III:
   6 Semesterwochenstunden: Marketing Management
5. Marketing-Kolloquium:
   2 Semesterwochenstunden: Fallstudien, Marketing-Forschung
6. Planspiel-Seminar

Voraussetzung:	Hochschulreife
Abschluß-bezeichnung:	Diplom-Kaufmann
Aufnahmetermin:	jeweils Herbst

Saarbrücken

Universität des Saarlandes
St.-Johanner Stadtwald, 6600 Saarbrücken, Tel. (06 81) 30 21

Institut für Konsum- und Verhaltensforschung:

Handelsinstitut im Institut für Empirische Wirtschaftsforschung

Studiengang: Betriebswirtschaftslehre, Wirtschaftspädagogik, 8 Semester, Abschluß: Dipl.-Kfm., Dipl.-Hdl., Schwerpunkte: Handel und Marketing (Marketing mit Spezialveranstaltung zur Werbung)

Voraussetzungen:	Hochschulreife
Abschluß-bezeichnung:	Diplom

Aufnahmetermin: Wintersemester und Sommersemester, derzeit über ZVS

Siegen

Universität — Gesamthochschule Siegen
Hölderlinstr. 3, 5900 Siegen 21, Tel. (02 71) 74 01

Fachbereich V — Wirtschaftswissenschaften.

Beschreibung und Dauer der Studienlehrgänge:

a) Diplom-Betriebswirt, 6 Semester (falls Studierende Marketing als Schwerpunktfach wählen, müssen sie 8 Semesterwochenstunden Marketing im Grundstudium und 18 Semesterwochenstunden im Hauptstudium absolvieren)
b) Diplom-Kaufmann, 8 Semester (falls Studierende Marketing als Schwerpunktfach wählen, müssen sie 13 Semesterwochenstunden Marketing im Hauptstudium absolvieren)

Voraussetzungen: Hochschul- oder Fachhochschulreife plus 300 Stunden Brückenkurse in Deutsch, Englisch und Mathematik (nur für Fachhochschüler)

Abschluß-
bezeichnungen: Diplom-Kaufmann, Diplom-Volkswirt

Aufnahmetermin: jeweils zum Wintersemester eines Jahres für 1. Semester, ältere Semester jeweils zum Winter- oder Sommersemester

Stuttgart

Universität Stuttgart
Postfach 5 60, 7000 Stuttgart 1, Tel. (07 11) 20 73-1

Beschreibung und Dauer der Studienlehrgänge: Kein eigener Studiengang, Marketing wird als Wahlpflichtfach oder als spezielle BWL während der vier Semester des Hauptstudiums angeboten

Voraussetzungen: Zulassung zum Diplomstudiengang Betriebswirtschaftslehre

Abschluß-
bezeichnung: Technisch-orientierter Diplom-Kaufmann

Trier

Universität Trier
Schneidershof, 5500 Trier, Tel. (06 51) 71 61

Beschreibung und Dauer der Studienlehrgänge: Studierende, die den Abschluß eines Diplom-Kaufmanns oder Diplom-Volkswirts anstreben, haben die Möglichkeit, sich im Rahmen des Hauptstudiums auf den Studienschwerpunkt „Absatz-Markt-Konsum" (Marketing) zu spezialisieren. Die gesamte Studiendauer beträgt mindestens 8 Semester, davon jeweils 4 im Grund- und Hauptstudium. Die Ausbildung ist interdisziplinär angelegt, d. h. das gesamte Lehrangebot wird zusammengesetzt aus Beiträgen aus den Disziplinen Betriebswirtschaftslehre, Volkswirtschaftslehre und Soziologie. Hinzu kommt je nach Wahl des Studierenden ein Wahlfach. Eine Besonderheit des Studienganges stellen die sog. praxisbezogenen Studienformen dar, eine Lehrveranstaltung, in der die Studierenden aktiv an einem Problem arbeiten müssen.

Voraussetzungen: Hochschulreife

Abschlußbezeichnungen: Diplom-Kaufmann bzw. Diplom-Volkswirt

Aufnahmetermin: jeweils zu Beginn eines Wintersemesters

Würzburg

Bayerische Ludwigs-Maximilians-Universität
Sanderring 2, 8700 Würzburg, Tel. (09 31) 3 19 19

Beschreibung und Dauer der Studienlehrgänge: Das Studienfach Handelsbetriebslehre umfaßt neben der institutionalen Handelsbetriebslehre den gesamten Bereich der Absatzwirtschaft (Marketing). Studienabschluß nach mindestens 8 Semestern enthält 3—4 Semester „Handelsbetriebslehre".

Voraussetzungen: Abitur
Diplomvorprüfung für Studierende der Wirtschaftswissenschaften

Abschlußbezeichnung: Diplom-Kaufmann (Univ.)

Aufnahmetermine: Sommer- und Wintersemester

Wuppertal

Bergische Universität — Gesamthochschule Wuppertal
Gaußstr. 20, 5600 Wuppertal 1, Tel. (02 02) 4 39-1

Fachbereich Wirtschaftswissenschaften — Studienschwerpunkt Markt und Konsum

Beschreibung und Dauer der Studienlehrgänge:
9 Semester

Voraussetzungen: Hochschulreife und Fachhochschulreife

Abschluß-
bezeichnung: Diplom-Ökonom

Aufnahmetermin: jeweils Wintersemester

Fachbereich 5 — Fachrichtung Druckereitechnik, Studienrichtung Produktionstechnik, Studienrichtung Produktionsorganisation und Betriebswirtschaft

Haspeler Straße 27, 5600 Wuppertal 2, Tel. (02 02) 4 39 31 45

Beschreibung und Dauer der Studienlehrgänge: Marketing und Angewandte Werbung werden im Rahmen dieses siebensemestrigen Studiums mit je 4 Semesterwochenstunden über je 2 Semester gelehrt. Studiendauer 7 Semester.

Voraussetzungen: Abitur und mindestens halbjähriges Praktikum oder abgeschlossene Lehre in einem Beruf der grafischen Industrie oder der Werbewirtschaft. Fachoberschulreife (Fachabitur) und einjähriges Praktikum oder abgeschlossene Lehre in einem Beruf der grafischen Industrie oder der Werbewirtschaft.

Abschluß-
bezeichnung: Diplom-Ingenieur Druckereitechnik

Aufnahmetermin: jeweils zu Beginn des Wintersemesters

2.3. Marketing-Studium an Fachhochschulen

Aachen

Fachhochschule Aachen, Fachbereich 8, Wirtschaft
Rochusstr. 2—14, 5100 Aachen, Tel. (02 41) 4 93 95

Beschreibung und Dauer der Studienlehrgänge:
Grundstudium (3. Semester): Absatz, 4stündig

Kerninhalte:
— Aufgabe der Absatzwirtschaft
— Marketing-Information
— Marketing-Instrumentarium
— Marketing-Konzeption (Überblick)

Hauptstudium (Schwerpunktfach, 5. u. 6. Semester):
Marketing I, 6stündig

Kerninhalte:
— Angebotspolitisches Instrumentarium
— Distributionspolitisches Instrumentarium

— Kommunikationspolitisches Instrumentarium,
hier:
  — Werbung
  — Verkaufsförderung
  — Public Relations
  — Corporate Identity

Marketing II, 6stündig

Kerninhalte:
— Marketing-Information (Marketingforschung)
— Marketing-Konzeption (Ziele, Strategien, Mix)
— Marketing-Realisation (Planung, Organisation, Kontrolle)

Voraussetzungen: Zugangsvoraussetzungen/Einschreibung
Die Voraussetzungen zur Aufnahme eines Studiums am Fachbereich Wirtschaft der FH Aachen ist gegeben
a) nach Abschluß der Fachoberschule Wirtschaft ohne weitere Bedingungen,
b) nach Abschluß einer zweijährigen Höheren Handelsschule mit der Bedingung eines 12monatigen Praktikums in Wirtschaft oder Verwaltung vor Beginn des Studiums,
c) nach Abschluß eines Gymnasiums (Abitur) mit der Bedingung eines Praktikums, wovon 3 Monate vor dem Studium und das Fachpraktikum bis zu Beginn des vierten Semesters durchgeführt werden muß.

Abschlußbezeichnung: Diplom-Betriebswirt

Aufnahmetermine: Semesterbeginn Sommer-Semester (März)
Semesterbeginn Winter-Semester (Oktober)

Bielefeld

Fachhochschule Bielefeld — Fachbereich 5, Wirtschaft —
Universitätsstraße, Postfach 28 30, 4800 Bielefeld 1, Tel. (05 21) 1 06-1

Beschreibung und Dauer der Studienlehrgänge: Marketing als Schwerpunktfach (neben Handelsbetriebslehre, Außenwirtschaft und weiteren acht Fächern) in der Ausbildung zum Diplom-Betriebswirt, sechs bzw. sieben Semester bei fakultativem Praxissemester. Wahlpflichtfach (neben Außenwirtschaft und weiteren neun Fächern) im Wirtschaftlichen Aufbaustudium für Diplom-Wirtschaftsingenieure, drei Semester nach vorheriger Prüfung zum Diplom-Ingenieur.

Im Hauptstudium für Diplom-Betriebswirte müssen in folgenden Lehrgebieten zusammen mindestens 22 Wochenstunden gehört werden:

Marktpsychologie, Marktforschung, Verkaufspolitik, Werbung, Distribution, Marketing-Management und Marketing-Seminare mit unterschiedlicher Thematik.

Der Student hat zwei Schwerpunktgebiete zu wählen. Auch für die übrigen Fächer (u. a. Außenwirtschaft und Handelsbetriebslehre) gelten 22 Wochenstunden als verbindlich.

Voraussetzungen:	Fachhochschulreife oder allgemeine Hochschulreife. Bei Abschluß der Fachoberschule Wirtschaft wird kein zusätzliches Praktikum gefordert, bei allg. Hochschulreife ein 3monatiges Grund- und ein 3monatiges Fachpraktikum. Bei Abschluß einer Fachoberschule anderen Typs, Höherer Handelsschule mit Jahrespraktikum, Gymnasium Klasse 12 und Jahrespraktikum oder gleichwertigen Zeugnissen, ist ein 12monatiges Praktikum in verschiedenen Funktionsbereichen obligatorisch und vor Aufnahme des Studiums abzuleisten.
Abschluß-bezeichnungen:	Diplom-Betriebswirt, Diplom-Wirt. Ing.
Aufnahmetermine:	Semesterbeginn Februar für Sommersemester Semesterbeginn September für Wintersemester

Bochum

Fachhochschule Bochum, Fachbereich Wirtschaft
Universitätsstr. 150, 4630 Bochum, Tel. (02 34) 7 00 53 50

Beschreibung und Dauer der Studiengänge:

a) Für Betriebswirte:
   4 Semester Grundstudium mit Pflichtfach Marketing
   2 Semester Hauptstudium mit Wahlpflichtfach Marketing und Werbung
b) für Ingenieure:
   3 Semester wirtschaftswissenschaftliches Aufbaustudium

Voraussetzung:	Hochschulreife, Fachhochschulreife, für Ingenieure: Abschluß einer Ingenieurprüfung
Abschluß-bezeichnungen:	Diplom-Betriebswirt, Diplom-Wirtschaftsingenieur
Aufnahmetermine:	Sommer- und Wintersemester

Düsseldorf

Fachbereich Wirtschaft der Fachhochschule Düsseldorf
Universitätsstraße 1, 4000 Düsseldorf, Tel. (02 11) 3 11-40 73

Beschreibung und Dauer der Studienlehrgänge: 3semestriges Grundstudium der Betriebswirtschaftslehre. Einschiebung eines Praxissemesters möglich. „Marketing" und „Kommunikationswirtschaft" als Schwerpunktfach des Hauptstudiums: 2 Semester. Abschlußarbeit im 7. Semester möglich.

Voraussetzungen: Zulassungsvoraussetzungen:
- Zeugnis der Fachhochschulreife der Fachoberschule Wirtschaft
- Zeugnis der Fachhochschulreife einer Fachoberschule eines anderen Typs und Jahrespraktikum bzw. abgeschlossene kfm. Ausbildung
- Höhere Handelsschule und Jahrespraktikum bzw. abgeschlossene kfm. Ausbildung
- Hochschulreife (Abitur) und 6monatiges Praktikum bzw. abgeschlossene kfm. Ausbildung, Abiturienten, die das Zeugnis der Hochschulreife erworben haben, müssen 3 Monate Grundpraktikum und 3 Monate Fachpraktikum ableisten. Das Grundpraktikum ist vor Beginn des Studiums abzuleisten und bei der Einschreibung nachzuweisen.
  Das Fachpraktikum kann während des Studiums absolviert werden.
- Gymnasium Klasse 12 und Jahrespraktikum bzw. abgeschlossene kfm. Ausbildung

Abschluß-bezeichnung: Diplom-Betriebswirt

Aufnahmetermine: 2mal jährlich zum Semesterbeginn

Heilbronn

Fachhochschule Heilbronn
Max-Planck-Straße 39, 7100 Heilbronn, Tel. (0 71 31) 50 40

Beschreibung und Dauer der Studienlehrgänge: Marketing bzw. Absatzwirtschaft ist einer von 10 Schwerpunkten, aus denen jeder Student 2 Schwerpunkte auswählt. Der Schwerpunkt umfaßt 20 Semesterwochenstunden zzgl. 4 Semesterwochenstunden Seminar. Das Schwerpunktstudium erstreckt sich auf die Semester 4 bis 8. Das 6. Semester ist ein Praxissemester, das in Unternehmungen absolviert wird. Bevorzugt sind hier „marketingorientierte" Unternehmungen. Das Absatzwirtschaftliche

Seminar wird vom Studenten im 7. oder 8. Semester belegt. Üblicherweise wird das Seminar in Form von Projektstudien — vorzugsweise in Verbindung mit Unternehmungen — durchgeführt.

Voraussetzungen: Voraussetzung für das Studium der Betriebswirtschaftslehre an der Fachhochschule Heilbronn ist die Fachhochschulreife. Das Studium des Schwerpunktes Marketing (Absatzwirtschaft) ist Teil des betriebswirtschaftlichen Studiums. Besondere Voraussetzungen für die Wahl des Schwerpunktes Marketing bestehen nicht.

Abschlußbezeichnung: Diplom-Betriebswirt (FH)

Aufnahmetermine: Zweimal jährlich und zwar:
Zum Sommersemester (Anmeldeschluß ist der 15. Januar)
Zum Wintersemester (Anmeldeschluß ist der 15. Juli)

Köln

Fachhochschule Köln
Reitweg 1, 5000 Köln 21 (Deutz), Tel. (02 21) 82 75-1

Fachbereich Wirtschaft
Claudiusstr. 1, 5000 Köln 1, Tel. (02 21) 33 86-1

Beschreibung und Dauer der Studienlehrgänge: 4semestriges Grundstudium der Betriebswirtschaftslehre; Marketing als Schwerpunktfach im Hauptstudium (2 Semester); Einschiebung eines Praxissemesters möglich; Abschlußarbeit im Anschluß an das 6. Semester.

Voraussetzungen: Je nach Schulabschluß sind besondere Einschreibungsvoraussetzungen zu erfüllen:

Fachoberschule Wirtschaft:	keine
Abitur:	3 Monate Grundpraktikum 3 Monate Fachpraktikum
Fachoberschule anderen Typs:	12 Monate Praktikum
Höhere Handelschule u. Gymnasium Klasse 12:	Das Praktikum ist vor Beginn des Studiums abzuleisten

Abschluß-
bezeichnung: Diplom-Betriebswirt

Aufnahmetermine: Winter- und Sommersemester

Mainz

Fachhochschule des Landes Rheinland-Pfalz, Abt. Mainz II — Wirtschaftswissenschaften
An der Bruchspitze 50, 6050 Mainz, Tel. (0 61 31) 68 70 41

Beschreibung und Dauer der Studienlehrgänge: Studiengang: Diplom-Betriebswirt. Studienzeit: 7 Semester

Im Hauptstudium Studienschwerpunkt Marketing mit besonderer Bedeutung des Bereichs Kommunikationsforschung und -politik (3 Semester).
Im Grundstudium: Marketing als Pflichtfach im 3. Semester

Voraussetzung: Abgeschlossene Zwischenprüfung nach dem Grundstudium

Abschluß-
bezeichnung: Diplom-Betriebswirt

Aufnahmetermine: zu jedem Semester

Münster

Fachhochschule Münster, Fachbereich Wirtschaft
Correnbachstr. 85, 4400 Münster/Westf., Tel. (02 51) 83-56 22/56 23

Beschreibung und Dauer der Studienlehrgänge:
— Einführungsvorlesung „Absatz" für alle Studenten im Rahmen des Prüffaches „Betriebswirtschaftslehre" im Grundstudium
— Studienschwerpunkt Marketing im Hauptstudium mit folgenden Lehrveranstaltungen (jeweils 2 Semesterwochenstunden)
  5. Semester: Marketinginformationen
  Produktpolitik
  Distributionspolitik
  6. Semester: Kommunikationspolitik
  Preispolitik
  Wettbewerbsrecht
  Marketing-Management
  Fallstudien zum Marketing

Voraussetzungen: Fachhochschulreife (einschl. fachbezogener Lehre) oder allgemeine Hochschulreife und Praktikum

Abschluß-
bezeichnung: Diplom-Betriebswirt

Aufnahmetermine: Winter- und Sommersemester

Zusätzlicher Studiengang: Deutsch-Britischer Studiengang im Europäischen Studienprogramm Betriebswirtschaft (ESB)

Beschreibung und Dauer des Studiengangs: Britische Partnerhochschule Humberside College of Higher Education
Gesamtstudiendauer: 4 Jahre, davon 2 Jahre in Großbritannien. Das Studium enthält 2 Praxissemester, jeweils in beiden Ländern.
Studienschwerpunkt Marketing im 3. und 4. Studienjahr

Voraussetzungen: Fachhochschulreife (einschl. fachbezogener Lehre) oder allgemeine Hochschulreife und Praktikum; zusätzlich Eignungsprüfung der Hochschule, da nur 30 Studienplätze pro Jahr

Abschluß-
bezeichnungen: Diplom-Betriebswirt und Bachelor of Arts (Honours)

Aufnahmetermine: jeweils zum Wintersemester
(Anmeldeschluß: 30. April)

Nürnberg

Fachhochschule Nürnberg
Fachbereiche Betriebswirtschaft und Gestaltung
Betriebswirtschaft:
Welserstr. 43, 8500 Nürnberg 20, Tel. (09 11) 5 88 06 73
Gestaltung:
Adam-Kraft-Straße 2, 8500 Nürnberg 90, Tel. (09 11) 37 97 00

Beschreibung und Dauer der Studienlehrgänge:
Das Fach „Marketing" ist Pflichtfach im Rahmen des Hauptstudiums für Betriebswirte und Kommunikations-Designer (Umfang: 6 Semester-Wochenstunden). Betriebswirte können zusätzlich den Studienschwerpunkt „Marketing" im Hauptstudium wählen (Umfang: 20 Semester-Wochenstunden). Designer mit Schwerpunkt „Werbliches Kommunikations-Design" (Umfang: 36 Semester-Wochenstunden) Regelstudienzeit: 8 Semester (davon für Betriebswirte 2 Praxissemester).

Voraussetzungen: Fachhochschulreife oder allgemeine Hochschulreife. In der Fachrichtung Gestaltung wird eine Eignungsprüfung gefordert.

Oestrich-Winkel

European Business School, Staatlich anerkannte private Fachhochschule Schloß Reichartshausen, 6227 Oestrich-Winkel, Tel. (0 67 23) 50 65

Beschreibung und Dauer der Studienlehrgänge mit Schwerpunkt Marketing:

Grundstudium (3 Semester)
mit Grundlagen für das Marketing; Management und Einführung in das Internationale Marketing

Auslandsstudium (2 Semester)
in Frankreich/England/USA; mit Besonderheiten des Marketing auf den Auslandsmärkten und Projektarbeit im internationalen Vergleich

Hauptstudium (3 Semester)
mit Projekt-Arbeitsgemeinschaft zum Marketing im 6. Semester (Arbeit an konkreten Marketing-Problemstellungen) sowie Studienschwerpunkt Marketing im 6.—8. Semester mit Vorlesungen, Fallstudien über

- Strategische Marketingplanung
- Produkt- und Sortimentspolitik
- Kommunikationspolitik
- Verkaufsmanagement
- Preismanagement
- Dienstleistungsmarketing
- Handelsmarketing
- Investitionsgütermarketing
- Internationales Marketing

Voraussetzungen:	Allgemeine Hochschulreife oder Fachhochschulreife; der Nachweis eines mindestens 12wöchigen kaufmännischen Praktikums; Sprachkenntnisse in Französisch und Englisch auf Abiturniveau; Bestehen einer Aufnahmeprüfung (Intelligenztest und Sprachtests)
Abschlußbezeichnung:	Diplom-Betriebswirt
Aufnahmetermine:	Wintersemester
Information:	Über den Studiengang Betriebswirtschaftslehre und die Marketing-Ausbildung können weitere Unterlagen angefordert werden.
Praxiskontakt im Bereich Marketing:	In enger Verbindung mit Unternehmen aus dem Rhein-Main-Gebiet erfolgt eine permanente Kooperation mit der Wirtschaftspraxis auf dem Gebiet des Marketing.
Kontaktadresse:	Institut für Marketing an der European Business School e.V. (Anschrift s. o.)

Offenburg

Fachhochschule Offenburg, Fachbereich Technische Betriebswirtschaft, Badstr. 24, 7600 Offenburg, Tel. (07 81) 7 00 85
Außenstelle Gengenbach, Klosterstr. 14, 7614 Gengenbach, Tel. (0 78 03) 20 96

Beschreibung und Dauer der Studienlehrgänge:
- Grundstudium (3 Semester, davon 1 Praxissemester): Grundlagen der Betriebswirtschaftslehre
- Hauptstudium (5 Semester, davon 1 Praxissemester): Absatzwirtschaft (4stündig)
- Schwerpunktfach 3: Marketing

5. Semester:	Marktforschung (4stündig)
7. Semester:	Investitionsgütermarketing (4stündig) Fallstudien zum Marketing (6stündig) Seminar Absatzwirtschaft (2stündig)
8. Semester:	Markt- und Werbepsychologie (2stündig)

Voraussetzungen:	Fachhochschulreife oder allgemeine Hochschulreife
Abschluß-bezeichnung:	Diplom-Betriebswirt (FH)
Aufnahmetermine:	Sommer-Semester (März), Winter-Semester (Oktober)

Osnabrück

Fachhochschule Osnabrück, Fachbereich Wirtschaft
Albrechtstr. 30, 4500 Osnabrück, Tel. (05 41) 60 81

Beschreibung und Dauer der Studienlehrgänge:
1. 6 Semester Betriebswirtschaftslehre mit dem Schwerpunkt Marketing (3 Semester)
2. 8 Semester „European Business Studies" mit dem Schwerpunkt Internationales Marketing (3 Semester)

Voraussetzungen:	Abitur oder Fachhochschulreife
Abschluß-bezeichnung:	Diplom-Kaufmann
Aufnahmetermine:	Sommer- und Wintersemester

Pforzheim

Fachhochschule für Wirtschaft, Pforzheim
Fachbereich Werbewirtschaft
Tiefenbronner Straße 65, 7530 Pforzheim, Tel. (0 72 31) 6 16 63

Als einzige wirtschaftswissenschaftlich orientierte Fachhochschule in Deutschland bietet die Fachhochschule Pforzheim eine eigene Fachrichtung „Werbewirtschaft" an, die der Bedeutung dieses Faches im modernen Wirtschaftsleben Rechnung trägt.

Ausbildungsart:

Die Fachhochschule für Wirtschaft (FHW), Pforzheim, bildet in 8semestrigem Studium (6 Studiensemester, 2 Praxissemester) Diplom-Betriebswirte heran, die auf wissenschaftlicher Grundlage beruhende Methoden und Verfahren der Führung, Organisation und Kontrolle in Unternehmungen selbständig anwenden können.

In einem 2semestrigen Grundstudium wird das wirtschafts- und sozialwissenschaftliche Fundament gelegt, auf dessen Grundlage ein anwendungsorientiertes, funktionsbezogenes Fachstudium sowie ein Vertiefungsstudium in den allgemeinen wirtschafts- und sozialwissenschaftlichen Fächern aufgebaut werden kann.

Das Fachstudium „Werbewirtschaft" umfaßt 4 Semester.

Beschreibung und Dauer der Studienlehrgänge: 6 Semester und 2 Praxissemester.

Anforderungen an Studienbewerber
- Kreative Fähigkeiten für Werbekonzeptionen, Gestaltung und Text
- Technisches Verständnis für Fototechnik und Druckverfahren
- Gewandtheit in Sprache und Schrift
- Verkäuferische Fähigkeiten
- Flexibilität und Mobilität

Zielsetzung des Studiums

Neben der allgemeinen umfassenden wirtschaftswissenschaftlichen Ausbildung Vermittlung der Befähigung: Planung, Einsatz und Kontrolle der Instrumente der Kommunikation, z. B. Entwicklung von Werbekonzeptionen für Konsum-, Investitionsgüter und Dienstleistungen; Entwicklung von verkaufsunterstützenden Maßnahmen für Außendienstmitarbeiter und Handel: Entwicklung von Imagekampagnen.

Lehrinhalte
- Allgemeine wirtschaftliche Werbelehre
- Instrumente der Absatzwerbung (z. B. Zeitung, Zeitschriften, Film, Funk, Fernsehen)
- Gestaltung und Produktion der Werbemittel
- Methoden zur Messung des Werbeerfolgs
- Werbetext und Werbefotografie
- Neue Medien (z. B.: Bildschirmtext)
- Marketing

— Werbepsychologie
— Wettbewerbsrecht
— Werbe- und Marketing-Seminar

Berufliche Einsatzmöglichkeit

Führungskraft in
— Werbeagenturen
— Verlagen
— Marketing- und Werbeabteilungen von Unternehmen
ferner
— Selbständiger Werbeberater

Abschlußgrad:	Diplom-Betriebswirt (FH)
Institute:	Institut für Öffentlichkeitsarbeit, Institut für Marktforschung
Aufnahmetermine:	Für das Sommersemester bis zum 31. Januar. Für das Wintersemester bis zum 15. Juli.

Reutlingen

Fachhochschule für Technik und Wirtschaft
Kaiserstraße 99, 7410 Reutlingen, Tel. (0 71 21) 12 71

Fachbereich Außenwirtschaft

Beschreibung und Dauer der Studienlehrgänge: Internationales Marketing mit den Fachgebieten: Marktforschung, marketingpolitische Instrumentarien unter besonderer Berücksichtigung von Exportmarktstrategien, Organisation und Technik des Exports, Internationales Management. Außerdem muß der Student zwischen den Vertiefungsrichtungen „Außenhandelspolitik" und „Außenhandelsfinanzierung" wählen.

Der Schwerpunktblock „Außenhandelspolitik" setzt sich aus den Seminaren Export-Marktforschung, Gewerbl. Rechtsschutz, Kommunikationspolitik, Politische Ökonomie und Unternehmensplanspiele zusammen; der Schwerpunktblock „Außenhandelsfinanzierung" besteht aus den Seminaren Bankgeschäfte, Internat. Bankensystem, Versicherungen, Internat. Zoll- und Steuerwesen.

Werbewirtschaftliche Probleme werden in den Lehrveranstaltungen „Werbung und Verkaufsförderung" und „Marktpsychologie" sowie im Seminar „Kommunikationspolitik" eingehend behandelt.

6 Studiensemester
2 Praxissemester; davon ist mindestens eines im Ausland zu absolvieren.

Voraussetzungen: Fachhochschulreife, Hochschulreife

Abschluß-bezeichnung:	Diplom-Betriebswirt (FH)
Institut:	Werbelabor
Aufnahmetermin:	Sommer- und Wintersemester

Fachbereich Europäische Betriebswirtschaft

Beschreibung und Dauer der Studienlehrgänge: Als einzige Hochschule in der Bundesrepublik bietet die Fachhochschule Reutlingen voll integrierte binationale Studiengänge für Betriebswirtschaft mit der Wirtschaftshochschule in Reims, dem Middlesex Polytechnic in London und ab WS 1984/85 der Universität Bilbao an.

Das in allen Studiengängen vertretene Fachgebiet „Marketing" umfaßt die Lehrveranstaltungen: Einführung, Marktforschung, Marketing-Instrumente, Exportmarketing. Außerdem wird zur Vertiefung ein Wahlpflichtfach im 7. und 8. Semester von je 4 Semesterwochenstunden angeboten.

6 Studiensemester, davon sind 3 im Fachbereich Europäische Betriebswirtschaft und 3 an der jeweiligen ausländischen Partnerhochschule zu absolvieren.

2 Praxissemester, davon ist mindestens eines im Ausland zu absolvieren.

Voraussetzungen:	Hochschulreife und Aufnahmetests
Abschluß-bezeichnung:	Diplom-Betriebswirt (FH) und das Diplom der Partnerhochschule
Institut:	Institut für Europäische Wirtschaftsstudien (IEWS)
Aufnahmetermin:	Wintersemester, Aufnahmetest im Juli

Rosenheim

Fachhochschule Rosenheim — Fachbereich Betriebswirtschaft
Marienberger Straße 26, 8200 Rosenheim, Tel. (0 80 31) 8 80 66-68

Beschreibung und Dauer der Lehrveranstaltungen: 4 Semester Grundstudium mit insgesamt 6 Wochenstunden; 20 Wochenstunden Schwerpunktstudium Marketing im 7. und 8. Semester gemäß der nachfolgenden Fächer- und Stundentafel:

Pflichtfächer des Schwerpunktes MARKETING im Hauptstudium (7. + 8. Semester)	Wochen-stunden
1. Industrie- und Dienstleistungsmarketing	4
2. Marktkommunikation	4
3. Handels-Marketing	2
4. Internationales Marketing	2
5. Wettbewerbsrecht	2
6. Planungsrechnung (aus dem Schwerpunkt Rechnungswesen)	2
7. Unternehmensplanspiel (schwerpunktübergreifend)	4
	20

Voraussetzungen:	Hochschul- bzw. Fachhochschulreife
Abschluß-bezeichnung:	Diplom-Betriebswirt
Aufnahmetermine:	zum jeweiligen Wintersemester

Saarbrücken

Fachhochschule des Saarlandes, Fachbereich Betriebswirtschaft
Waldhausweg 14, 6600 Saarbrücken, Tel. (06 81) 3 92 63

Beschreibung und Dauer der Studienlehrgänge: 6 Semester.

Die Studenten können sich im dritten Studienjahr auf die Studienrichtung Marketing spezialisieren. Die werbefachliche Ausbildung erfolgt in der Lehrveranstaltung Marketingpolitik in Zusammenarbeit mit dem Werbefachverband Saar.

Besonderer Studiengang: Deutsch-Französisches Hochschulinstitut für Technik und Wirtschaft (DFHI)

Der Fachbereich Betriebswirtschaft der Fachhochschule des Saarlandes und die Universität Metz kooperieren im Bereich Marketing. Das binationale Marketingstudium am DFHI dauert zwei Jahre. Das erste Studienjahr wird an der Fachhochschule des Saarlandes in Saarbrücken, das zweite an der Universität Metz absolviert. Nach erfolgreichem Abschluß erhalten die deutschen und französischen Studenten die französische Licence der Universität Metz und das Diplom der Fachhochschule des Saarlandes (Diplom-Betriebswirt). Für Details kann eine Informationsbroschüre angefordert werden.

Voraussetzungen:	Fachhochschulreife und mindestens 26 Wochen einschlägige Praxis. Für Details kann eine Informationsbroschüre angefordert werden.
Abschluß-bezeichnung:	Diplom-Betriebswirt
Aufnahmetermine:	Wintersemester (Bewerbungstermin: spätestens 15. Juli)

Stuttgart

Fachhochschule für Druck Stuttgart — Fachbereich 2 Wirtschaftsingenieurwesen — Diplom-Studiengang Werbetechnik und Werbewirtschaft, Universitätsgelände Vaihingen
Nobelstr. 10, 7000 Stuttgart 80, Tel. (07 11) 6 85-28 07

Ausbildungsart:

Die Fachhochschule für Druck Stuttgart befaßt sich mit den Sach- und Anwendungsbereichen von Druckereitechnik, audiovisuellen Kommunikationstechniken und Farbe (Chemie). Den Produktionstechniken werden gleichwertig die betriebswirtschaftlichen und kommunikationswissenschaftlichen Gebiete verbunden, die für den Diplom-Ingenieur bzw. -Wirtschaftsingenieur Druck, Verpackung, Presse, Verlag, Werbung sowie der Farbherstellung und Farbanwendung unerläßlich sind.

Fachbereich:

Der Fachbereich 2 vertritt im Rahmen der Fachhochschule für Druck die Fachrichtung Wirtschaftsingenieurwesen. Sein Fächerangebot gliedert sich, den Zielsetzungen einer praxisorientierten Ausbildung entsprechend, in drei Studiengänge, die zur Graduierung zum Diplom-Wirtschaftsingenieur (FH) führen:

1. Wirtschaftsingenieurwesen (Druck),
2. Verlagswirtschaft und Verlagsherstellung,
3. Werbetechnik und Werbewirtschaft.

Werbestudiengang:

Der Diplom-Studiengang Werbetechnik und Werbewirtschaft bereitet für qualifizierte Tätigkeiten in Werbeagenturen und Werbeabteilungen der Industrie- und Dienstleistungsunternehmen vor. Verwandte Aufgabenbereiche befinden sich in Marketingabteilungen, Informationszentren von Großbetrieben sowie in Stellen für Öffentlichkeitsarbeit. Praxisbezogen wird für werbedisponierende Berufe ausgebildet, welche die Anwendung wissenschaftlicher Methoden und die Fähigkeit zur Produktgestaltung erfordern.

Das praxisorientierte Studium umfaßt die Kommunikationsmethoden ebenso wie die gestalterischen und produktionstechnischen Verfahren, wie es auch die Arbeitsweise des Marketing sowie die Produkt- und Marktgegebenheiten der verschiedenen Branchen und Unternehmen einbezieht. Die Erfassung neuer Technologien gehört genauso dazu wie die Kenntnis heutiger Verfahrenstechniken. Hauptanliegen des Studienganges ist die Entwicklung der Fähigkeit zum Erkennen und Lösen von Problemen der Marketingkommunikation.

Studienzulassung:	Hochschulreife, Fachhochschulreife
Aufnahmetermine:	Für das Sommersemester bis zum 15. Januar Für das Wintersemester bis zum 15. Juli
Studiendauer:	6 Studiensemester und 2 Praxissemester
Studienfächergruppen:	Naturwissenschaften und Mathematik Druck- und Reproduktionstechnik Betriebswirtschaft Unternehmensführung und Gesellschaftswissenschaften Werbetechnik Werbewirtschaft
Studienziel:	Diplom-Wirtschaftsingenieur (FH) Fachrichtung Werbung

Württ. Verwaltungs- und Wirtschafts-Akademie, Hauptgeschäftsstelle Urbanstr. 36, Postfach 6 50, 7000 Stuttgart 1, Tel. (07 11) 23 28 27, 23 28 21

Beschreibung und Dauer der Studienlehrgänge:

Fachseminar Wirtschaftswerbung zum Fachkaufmann (VWA) Wirtschaftswerbung

Ziel des Seminars:

- Kennenlernen des gesamten Instrumentariums der modernen Wirtschaftswerbung.
- Erkennen der Einsatzmöglichkeiten dieses Instrumentariums unter wechselnden Marktbedingungen.
- Förderung des Wirtschaftlichkeitsdenkens in der Werbung.
- Herausstellen der engen Beziehungen zwischen der Werbung und den übrigen Marketing-Instrumenten.

Voraussetzungen:

Abgeschlossene Berufsausbildung in kaufmännischem oder technischem Beruf und drei Jahre Berufspraxis im Bereich der Werbung bei Prüfungsbeginn oder sechsjährige Berufspraxis im Bereich der Werbung bei Prüfungsbeginn.

Abschluß-bezeichnung:	Fachkaufmann/Fachkauffrau (VWA) Wirtschaftswerbung
Aufnahmetermin:	Beginn jeweils Oktober

Wiesbaden

Fachhochschule Wiesbaden — Fachbereich Wirtschaft
Kurt-Schumacher-Ring 18, 6200 Wiesbaden

Beschreibung und Dauer der Studienlehrgänge:

6 Semester, und zwar

3 Semester allgemeines, praxisorientiertes, wirtschaftswissenschaftliches Grundstudium. Davon je Semester 2 Pflichtstunden Marketing.

3 Semester Hauptstudium. Der Studierende kann sich im Hauptstudium mit allen Studien-Stunden auf Marketing konzentrieren.

Je Semester könnte er dann jeweils 6 Stunden
- Marktforschung/Statistik
- Produktmanagement/Werbung
- Vertrieb, Akquisition, Briefwerbung, Export
- Datenverarbeitung für Marketingleute

studieren.

Die dominierende Lehrform ist die praxisnahe Fallstudie.

Die dreisemestrige Ausbildung bereitet u. a. gezielt vor auf die Berufe Mediaexperte, Kontakter, Produktmanager, Werbeleiter, Marktforscher (Werbung), Verkaufsförderer (Konzeptionen), Verkaufsleiter. Durch die spezialisierte Ausbildung gelingt den Diplom-Betriebswirten (Marketing) aus Wiesbaden die Einarbeitung in die Berufspraxis wesentlich schneller als nach dem klassischen, zersplitterten Studium.

Voraussetzung:	Hochschulreife und Praxis. Für Details ist eine Informationsschrift kostenlos erhältlich.
Abschluß-bezeichnung:	Diplom-Betriebswirt
Bewerbungs-termine:	15. Januar/15. Juli über ZVS (Dortmund)

2.4 Anschriften von Verwaltungs- und Wirtschafts-Akademien

Die Verwaltungs- und Wirtschafts-Akademien (VWA) sind von der Öffentlichkeit geförderte selbständige und gemeinnützige Einrichtungen im tertiären Bereich des pluralistischen Bildungssystems. Sie dienen der Fort- und

Weiterbildung von Führungskräften in Verwaltung und Wirtschaft. Träger und Förderer der Akademien sind meist Gemeinden, Gemeindeverbände, Industrie- und Handelskammern sowie weitere öffentliche und private Institutionen.

Die Akademien bieten sechs- bzw. siebensemestrige (d. h. drei- bzw. dreieinhalbjährige) verwaltungs- und wirtschaftswissenschaftliche Studiengänge sowie zahlreiche Sonderveranstaltungen an. Schwerpunkte bilden öffentliches und privates Recht, Betriebs- und Volkswirtschaftslehre, jeweils mit den sozial- und politikwissenschaftlichen Bezügen.

Die Aktuellen betriebswirtschaftlichen Fachgebiete, wie Unternehmensführung, Marketing und Informations- und Kommunikationstechniken, sind Bestandteile des Lehrprogramms.

Beim verwaltungswissenschaftlichen Studiengang erfolgt eine inhaltliche Schwerpunktsetzung in den rechts- und verwaltungswissenschaftlichen Disziplinen (Verwaltungs-, Kommunal- und Sozialverwaltungs-Diplom) jeweils unter Einbeziehung geeigneter Bereiche der Betriebswirtschaftslehre (Öffentliche Betriebswirtschaftslehre) und der Volkswirtschaftslehre.

Im wirtschaftswissenschaftlichen Studiengang haben die Akademien seit Mitte der sechziger Jahre einen modifizierten Studiengang mit besonderem Schwerpunkt im Bereich der Betiebswirtschaftslehre eingerichtet und diesem Fach auch in der Diplom-Prüfung ein eigenes Gewicht beigemessen.

Die Verwaltungs- und Wirtschafts-Akademien können folgende Diplome vergeben: Für den verwaltungswissenschaftlichen Studiengang das
„Verwaltungs-Diplom",
„Kommunal-Diplom" und
„Sozialverwaltungs-Diplom".

Für den verwaltungswissenschaftlichen Studiengang betriebswirtschaftlicher Fachrichtung den
„Verwaltungs-Betriebswirt (VWA)".

Für den wirtschaftswissenschaftlichen Studiengang das
„Wirtschafts-Diplom"

und für den wirtschaftswissenschaftlichen Studiengang betriebswirtschaftlicher Ausrichtung den
„Betriebswirt (VWA)".

Für den wirtschaftswissenschaftlichen Studiengang der VWA wird neben dem Kaufmannsgehilfenbrief das Technikerzeugnis, der Meisterbrief, der Ingenieurbrief oder eine gleichwertige kaufmännische oder technische Ausbildung sowie eine mehrjährige fachberufliche Tätigkeit in der Wirtschaft vorausgesetzt.

Die von Jahr zu Jahr steigende Zahl von Abiturienten, die unmittelbar nach ihrer Schulzeit eine Ausbildungsmöglichkeit in der Wirtschaft suchen, hat in den vergangenen Jahren in den Selbstverwaltungsorganen der Wirtschaft zu speziellen Ausbildungsmodellen geführt. Sie gehen von einer Erweiterung bzw. Ergänzung der Ausbildung im dualen System aus und verbinden die Vorzüge von praktischer und theoretischer Ausbildung.

Auf dieser Grundlage wurde an einzelnen Verwaltungs- und Wirtschafts-Akademien in Zusammenarbeit mit Industrie- und Handelskammern ein Ausbildungsprogramm entwickelt, das eine betriebliche Berufsausbildung mit gleichzeitigem wirtschafts- und rechtswissenschaftlichen Studium umfaßt. Durch diese Kombination wird die Heranbildung eines auch theoretisch ausgebildeten, qualifizierten Berufsnachwuchses gefördert und eine Alternative zum rein wissenschaftlichen Studium geboten.

Das Abiturientenmodell wird von nachstehenden Verwaltungs- und Wirtschafts-Akademien angeboten:
Bochum, Düsseldorf, Göttingen, Hannover, Koblenz, Köln, Münster, Stuttgart

Bundesverband Deutscher Verwaltungs- und Wirtschafts-Akademien
Postfach 80 02 03, 5000 Köln 80
Verbands-Geschäftsstelle: Frankfurter Straße 3, am Wiener Platz (Eingang Ecke Eulenbergstraße), Köln-Mülheim, Tel. (02 21) 61 77 39

BDIVWA-Bund der Diplominhaber der Verwaltungs- und Wirtschafts-Akademien-Bundesverband e.V.
Bundesgeschäftsstelle, Postfach 91 03 27, 8500 Nürnberg 9

Der Bundesverband Deutscher Verwaltungs- und Wirtschafts-Akademien gibt gemeinsam mit dem Bundesverband der VWA-Diplominhaber die Zeitschrift FORTBILDUNG heraus, die sich vornehmlich an die Studierenden und Absolventen der Akademien wendet. Sie erscheint viermal jährlich im Verlag Schürmann & Klagges KG, Industriestr. 34, 4630 Bochum 7.

Baden-Württemberg

Verwaltungs- und Wirtschafts-Akademie für den Regierungsbezirk Freiburg e.V.
7800 Freiburg, Brunnenstr. 6, Tel. (07 61) 3 32 81
Zweiganstalten:

7750 Konstanz, Rechts- u. Ordnungsamt, Leinerstr. 1, Tel. (0 75 31) 2 84-7 35
7850 Lörrach, Bezirkssparkasse Lörrach-Rheinfelden, Haagener Str. 2, Tel. (0 76 21) 41 11 61
7600 Offenburg, Landratsamt Ortenau-Kreis, Badstr. 20, Zi. 339, Tel. (07 81) 80 52 70
7730 Villingen-Schwenningen, Rathaus Villingen, Zi. 26, Tel. (0 77 21) 8 23 01

Verwaltungs- und Wirtschafts-Akademie Baden in Karlsruhe
7500 Karlsruhe 1, Geschäftsstelle Zähringer Str. 74, Tel. (07 21) 37 30 77/78
Zweiganstalten:

6950 Mosbach (Baden), Landratsamt, Tel. (0 62 61) 84-3 21
6530 Pforzheim, Neues Rathaus, Tel. (0 72 31) 39-25 68

Verwaltungs- und Wirtschafts-Akademie Rhein-Neckar
6800 Mannheim, Rathaus E 5, Tel. (06 21) 2 93-36 16 u. 36 53

Verwaltungs- und Wirtschafts-Akademie Hauptgeschäftsstelle Stuttgart
7000 Stuttgart 1, Urbanstr. 36, Postfach 6 50, Tel. (07 11) 2 10 41-0

Zweiganstalten:

7920 Heidenheim, Neues Rathaus, Tel. (0 73 21) 3 27-2 23
7100 Heilbronn, Rathaus, Zi. 360, Tel. (0 71 31) 56-23 51
7980 Ravensburg, Lederhaus, Tel. (07 51) 82-2 35
7400 Tübingen, Wienergäßle 1 (Rathaus), Tel. (0 70 71) 2 04-2 02
7900 Ulm/Donau, Rathaus, Zi. 48, Tel. (07 31) 1 61-30 33

Bayern

Verwaltungs- und Wirtschafts-Akademie Augsburg
8900 Augsburg, Hinter dem Schwalbeneck 7, Tel. (08 21) 3 24 29 53

Zweiganstalten:

8960 Kempten/Allgäu, Allgäuer Str. 1, Tel. (08 31) 2 63 30
8860 Nördlingen/Nordschwaben, Wenzel-Parler-Weg 3, Tel. (0 90 81) 43 89

Verwaltungs- und Wirtschafts-Akademie München
8000 München 2, Geschäftsstelle Luisenstr. 27, Tel. (0 89) 59 42 88

Zweiganstalten:

8070 Ingolstadt, Kulturamt der Stadt Ingolstadt, Rathaus, Tel. (08 41) 30 53 69/3 61
8200 Rosenheim, Rathaus, Tel. (0 80 31) 39 12 51

Verwaltungs- und Wirtschafts-Akademie Nürnberg
8500 Nürnberg, Geschäftsstelle Rathaus, Hauptmarkt 18, Zi. 432, Tel. (09 11) 16 29 05

Zweiganstalten:

8800 Ansbach/Mittelfranken, Joh.-Seb.-Bach-Platz 1, Tel. (09 81) 5 12 07
8600 Bamberg, Rathaus, Maxplatz, 2.Stock, Zi. 217, Tel. (09 51) 8 74 03
8580 Bayreuth, Ludwigstr. 20 (Regierung von Oberfranken), Zi. 27, Tel. (09 21) 60 42 23

Verwaltungs- und Wirtschafts-Akademie Ostbayern
8400 Regensburg, Hauptgeschäftsstelle D.-Martin-Luther-Str. 7, Tel. (09 41) 56 15 69

Zweiganstalten:

8450 Amberg-Sulzbach/Rosenberg, Bahnhofstr. 17, Tel. (0 96 21) 1 40 23
8263 Burghausen, Rathaus, Tel. (0 86 77) 20 51
8490 Cham, Finanzamt, Goethestr. 11, Tel. (0 99 71) 13 51
8360 Deggendorf, Haslacher Str. 10, Tel. (09 91) 3 22 87
8300 Landshut (Bay.), Rathaus, Stadtplatz, Tel. (08 71) 8 81
8390 Passau, Rathaus, Standesamt, Tel. (08 51) 3 96-2 51
8440 Straubing, Rathaus (Stadtkämmerei), Tel. (0 94 21) 1 61
8480 Weiden/Oberpfalz, Industrie- u. Handelsgremium, Wörthstr. 5, Tel. (09 61) 4 40 68

Verwaltungs- und Wirtschafts-Akademie Würzburg
8700 Würzburg, Geschäftsstelle Theaterstr. 19, Bürgerspital, Tel. (09 31) 5 03 63/5 43 16

Zweiganstalten:

8750 Aschaffenburg, Tulpenstr. 14, Tel. (0 60 21) 9 41 71
8720 Schweinfurt, Bertha-von-Suttner-Str. 27, Tel. (0 97 21) 3 21 92

Berlin

Verwaltungs-Akademie Berlin
1000 Berlin 15, Kurfürstendamm 207/208 (Geschäftsstelle), Tel. (0 30) 31 83-0

Niedersachsen

Verwaltungs- und Wirtschafts-Akademie Braunschweig
3300 Braunschweig, Pockelstr. 4, Techn. Universität, Tel. (05 31) 3 91-45 97

Verwaltungs- und Wirtschafts-Akademie Göttingen
3400 Göttingen, Geismarlandstr. 4 (Rathaus), Tel. (05 51) 4 00 23 95

Leibniz-Akademie (Verwaltungs- und Wirtschafts-Akademie) Hannover
3000 Hannover 1, Holzmarkt 6, Tel. (05 11) 32 19 32

Verwaltungs- und Wirtschafts-Akademie in Leer e.V.
2950 Leer, Haneburgallee 8 (Haneburg), Tel. (04 91) 6 21 99

Verwaltungs- und Wirtschafts-Akademie Lüneburg e.V.
2120 Lüneburg, Postfach 25 40, Tel. (0 41 31) 2 41

Verwaltungs- und Wirtschafts-Akademie Oldenburg
2900 Oldenburg, Rathaus, Markt 1, Tel. (04 41) 2 35 23 55/53

Verwaltungs- und Wirtschafts-Akademie Osnabrück/Grafschaft Bentheim/Emsland e.V.
4500 Osnabrück, Heger-Tor-Wall 18, Bezirksregierung Weser-Ems, Außenstelle Osnabrück, Tel. (05 41) 3 14-2 36 u. -3 16

Zweiganstalt:

Emsland in Nordhorn, 4460 Nordhorn, Rathaus, Stadtkämmerei, Tel. (05 41) 3 14-2 36 u. -3 16

Verwaltungs- und Wirtschafts-Akademie Stade für den Elbe-Weser-Raum e.V.
2160 Stade, Am Sande 2 (Kreishaus), Tel. (0 41 41) 12-3 66 u. -2 18

Nordrhein-Westfalen

Verwaltungs- und Wirtschafts-Akademie Aachen
5100 Aachen, Geschäftsstelle Bergdriesch 37, Zi. 6, Tel. (02 41) 80-40 22

Verwaltungs- und Wirtschafts-Akademie Industriebezirk — Hauptanstalt Bochum
4630 Bochum, Wittener Str. 61, Tel. (02 34) 3 73 58/59

Teilanstalten:

Verwaltungs- und Wirtschafts-Akademie Dortmund
4600 Dortmund, Königswall 44—46, Tel. (02 31) 14 01 92
Niederrheinische Verwaltungs- und Wirtschafts-Akademie Duisburg
4100 Duisburg, Oberstr. 4—6, Tel. (02 03) 2 83 23 10
Vestische Verwaltungs- und Wirtschafts-Akademie Recklinghausen
4350 Recklinghausen, Rathaus, Zi. 305, Tel. (0 23 61) 5 87-2 15

Mittelrheinische Verwaltungs- und Wirtschafts-Akademie Bonn e.V.
5300 Bonn, Geschäftsstelle Bismarckstr. 18, Tel. (02 28) 21 93 83

Verwaltungs-Akademie Ostwestfalen-Lippe, Sitz Detmold
4930 Detmold, Regierungsgebäude, Leopoldstr., Tel. (0 52 31) 7 16 73

Verwaltungs- und Wirtschafts-Akademie Düsseldorf
4000 Düsseldorf 1, Studiengebäude Fürstenwall 5, 1. Stock, Tel. (02 11) 8 99-30 06/7

Verwaltungs- und Wirtschafts-Akademie Essen GmbH
4300 Essen, Rolandstr. 5—9, Tel. (02 01) 23 35 35—37

Verwaltungs-Akademie für Westfalen in Hagen
5800 Hagen, Roggenkamp 10—12, Tel. (0 23 31) 5 34 24

Verwaltungs- und Wirtschafts-Akademie Köln
5000 Köln 1, Hahnenstr. 16, am Hahnentor/Rudolfplatz, Tel. (02 21) 2 21-34 30

Westfälische Verwaltungs-Akademie Münster
4400 Münster/Westf., Stühmerweg 10, Tel. (02 51) 27 20 51/52

Westf. Verwaltungs-Akademie, Studienzweig Betriebswirtschaft, im Hause der IHK zu Münster
4400 Münster/Westf., Sentmaringer Weg 61, Tel. (02 51) 7 07-3 10 u. 3 12

Verwaltungs- und Wirtschafts-Akademie Oberhausen e.V.
4200 Oberhausen 1, Schwartzstr. 60, Tel. (02 08) 2 03 62

Verwaltungs- und Wirtschafts-Akademie Wuppertal, im Hause der Technischen Akademie Wuppertal
5600 Wuppertal 1, Hubertusallee 16—18, Tel. (02 02) 74 95-1

Rheinland-Pfalz

Verwaltungs- und Wirtschafts-Akademie Rheinland-Pfalz e.V.
Sitz Mainz, Vorstand: 6500 Mainz 1, Schillerplatz 3—5 (Ministerium des Innern und für Sport), Tel. (0 61 31) 1 61

Teilanstalten:

6750 Kaiserslautern, Postfach 13 06, Tel. (06 31) 2 05 22 94
5400 Koblenz, Rathaus, Zi. 226, Tel. (02 61) 1 29-2 42

Zweiganstalten:

6580 Idar-Oberstein, Stadthaus, Tel. (0 67 81) 6 42 06
6500 Mainz, Rathaus, Zi. 1 a, Tel. (0 61 31) 12-21 51
5500 Trier, Postfach 34 40 (Stadtwerke), Tel. (06 51) 7 17-3 90

Saarland

Verwaltungs- und Wirtschafts-Akademie Saarland
6600 Saarbrücken, Talstr. 9, Tel. (06 81) 5 30 46

2.5. Ausbildungsmöglichkeiten für Wirtschaftsingenieure

Das Wirtschaftsingenieurwesen entwickelt sich aus dem Bedarf moderner Industriebetriebe und Verwaltungen an einem Management, das sowohl technische Kenntnisse besitzt als auch betriebswirtschaftlich geschult ist. Daher liegen die Einsatzgebiete des Wirtschaftsingenieurs vornehmlich an den Nahtstellen zwischen Betriebswirtschaft und Technik, also dort, wo gleichermaßen technisches und kaufmännisches Wissen erforderlich sind, beispielsweise in den Bereichen

- Organisation und Planung
- Beschaffung, Lagerhaltung, Transport (Logistik)
- Produktionsplanung und Fertigungssteuerung
- Marketing und Marktforschung
- Finanz- und Rechnungswesen
- Forschung und Entwicklung
- Datenverarbeitung und Systemanalyse.

Es haben sich zwei Ausbildungsgänge entwickelt, die sowohl von den Universitäten als auch von den Fachhochschulen angeboten werden:

1. **Simultanstudium**
   Geschlossener Studiengang, bei dem einerseits die allgemeinen mathematischen, natur- und ingenieurwissenschaftlichen Grundlagen der gewählten Ingenieurrichtung, andererseits die Grundzüge der Wirtschaftswissenschaften, Recht und Statistik, Datenverarbeitung und Informatik vermittelt werden.

2. Aufbaustudium
Zweiteiliger Studiengang, bei dem sich an ein ingenieur- oder naturwissenschaftliches Erststudium ein 3- oder 4semestriges wirtschaftswissenschaftliches Kompaktstudium anschließt.

Universitäts- und Hochschulstudium

1. Simultanstudium

TU	Berlin	
TH	Darmstadt	
U/TU	Hamburg[1]	11—14 Semester
U	Kaiserslautern	
U	Karlsruhe	
U/GH	Paderborn[2]	

2. Aufbaustudium

TH	Aachen	
U	Bochum	4—5 Semester
TU	Braunschweig	
FernU	Hagen	
TU	München	

Das Studium wird in der Regel abgeschlossen mit dem akademischen Grad Diplom-Wirtschaftsingenieur. Von Hochschule zu Hochschule bzw. entsprechend dem Erststudium können auch andere akademische Grade vergeben werden, z. B. Diplom-Wirtschaftsphysiker, Diplom-Wirtschaftschemiker, Diplom-Wirtschaftsmathematiker, Diplom-Wirtschaftsinformatiker.

Fachhochschulen und Gesamthochschulen

1. Simultanstudium

FH Aalen	
FH Esslingen (Technik)	
FH Gießen-Friedberg	
FH Hamburg	
FH Karlsruhe	
FH Ludwigshafen	
FH Mannheim	mindestens 7 Semester
FH München	
FH Offenburg	
FH Rosenheim	
FH Saarbrücken	
FH Stuttgart (Druck)	
FH Wilhelmshaven	
FH Würzburg-Schweinfurt	

[1]) hochschulübergreifender Studiengang, Abschluß Diplom-Wirtschaftsingenieur
[2]) im Aufbau

2. Aufbaustudium

FH Berlin (Wirtschaft)	
FH Bielefeld	
FH Bochum	
FH Dortmund	
FH Frankfurt	
FH Kiel	mindestens 3 Semester
FH Köln, Abt. Gummersbach	
FH Niederrhein (Mönchengladbach)	
FH Nürtingen	
FH Pforzheim	
FH Rendsburg	

Das Studium wird abgeschlossen mit dem Titel Diplom-Wirtschaftsingenieur bzw. Diplom-Wirtschaftsingenieur (FH).

Anschriften dieser Universitäten, Hochschulen und Fachhochschulen:

TH Aachen
Templergraben 83, 5100 Aachen — Tel. (02 41) 80 40 50

FH Aalen
Neue Straße 46, 7900 Ulm — Tel. (07 31) 1 76 31 70

TU Berlin
Straße des 17. Juni 135, 1000 Berlin 12 — Tel. (0 30) 3 14 21 08

FH Berlin (Wirtschaft)
Badensche Straße 50—51, 1000 Berlin 62 — Tel. (0 30) 7 83 38 11

FH Bielefeld
Kurt-Schumacher-Straße 6, 4800 Bielefeld — Tel. (05 21) 1 06 26 09

U Bochum
Universitätsstraße 150, 4630 Bochum — Tel. (02 34) 7 00 29 46

FH Bochum
Lennershofstraße 140, 4630 Bochum — Tel. (02 34) 7 00 71 32

TU Braunschweig
Konstantin-Uhde-Straße 16, 3300 Braunschweig — Tel. (05 31) 3 91 43 15

TH Darmstadt
Hochschulstraße 1, 6100 Darmstadt — Tel. (0 61 51) 16 30 20

FH Dortmund
Emil-Figge-Straße 50, 4600 Dortmund — Tel. (02 31) 7 55 23 45

FH Esslingen (Technik)
Kanalstraße 33, 7300 Esslingen — Tel. (07 11) 3 51 15 11

FH Frankfurt
Kleiststraße 3, 6000 Frankfurt Tel. (0 69) 1 53 34 24

FH Gießen-Friedberg
Wiesenstr. 14, 6300 Gießen Tel. (06 41) 30 92 12

FernU Hagen
Konkordiastraße 5, 5800 Hagen Tel. (0 23 31) 8 04 24 68

U/TU Hamburg
Edmund-Siemens-Allee 1, 2000 Hamburg Tel. (0 40) 41 23 25 22

FH Hamburg
Winterhuder Weg 29, 2000 Hamburg Tel. (0 40) 2 91 88

U Kaiserslautern
Erwin-Schrödinger-Straße, 6750 Kaiserslautern Tel. (06 31) 2 05 25 96

U Karlsruhe
Karlsstraße 40, 7500 Karlsruhe Tel. (07 21) 6 08 49 30

FH Kiel
Breiter Weg 10, 2300 Kiel Tel. (04 31) 56 10 44

FH Köln
Am Sandberg 1, 5270 Gummersbach Tel. (0 22 61) 2 10 01

FH Ludwigshafen
Ernst-Boehe-Straße 4, 6700 Ludwigshafen Tel. (06 21) 51 50 61

FH Mannheim
Speyerer Straße 4, 6800 Mannheim Tel. (06 21) 2 92 63 73

TU München
Arcisstraße 19, 8000 München Tel. (0 89) 21 05 27 37

FH München
Lothstraße 52, 8000 München Tel. (0 89) 12 00 73 73

FH Niederrhein
Webschulstraße 41—43, 4050 Mönchengladbach Tel. (0 21 61) 18 61

FH Nürtingen
Neckarsteige 10, 7440 Nürtingen Tel. (0 70 22) 70 13 47

FH Offenburg
Badstraße 24, 7600 Offenburg Tel. (07 81) 20 50

U-GH Paderborn
Warburgerstraße 100, 4790 Paderborn Tel. (0 52 51) 6 01

FH Pforzheim
Tiefenbronner Straße 65, 7530 Pforzheim Tel. (0 72 31) 6 40 41

FH Rensburg
Breiter Weg 10, 2300 Kiel — Tel. (04 31) 56 10 44

FH Rosenheim
Marienberger Straße 26, 8200 Rosenheim — Tel. (0 80 31) 80 51 29

FH Saarbrücken
Saaruferstraße 66, 6600 Saarbrücken — Tel. (06 81) 5 40 84

Fh Stuttgart (Druck)
Nobelstraße 10, 7000 Stuttgart — Tel. (07 11) 6 85 28 04

FH Wilhelmshaven
Friedrich-Paffrath-Straße, 2940 Wilhelmshaven — Tel. (0 44 21) 80 43 61

FH Würzburg-Schweinfurt
Ignaz-Schön-Straße 11, 8720 Schweinfurt — Tel. (0 97 21) 93 90

2.6. Absatzwirtschaftliche Ausbildungsmöglichkeiten an Werbefachschulen und speziellen Akademien

2.6.1. Tages- und Abendschulen

Bremen

Akademie für Werbung Bremen e.V.
Schwachhauser Ring 110, 2800 Bremen 1, Tel. (04 21) 34 70 45

Ausbildungsart: Zweijähriges Studium (4 Semester) in Abendlehrgängen. Abschlußprüfung: Kommunikationswirt AWB. Beginn jeweils Herbst.

Voraussetzungen: Zulassungsvoraussetzungen zur Prüfung: abgeschlossene Berufsausbildung und mindestens einjährige berufspraktische Tätigkeit (oder: sechsjährige Berufspraxis im absatzwirtschaftlichen Bereich).

Berlin

Hochschule der Künste Berlin
Künstlerische und wissenschaftliche Hochschule
Postfach 12 67 20, 1000 Berlin 12, Tel. (0 30) 3 41 30 73

Fachbereich 5 Gesellschafts- und Wirtschaftskommunikation/Kommunikationstechnik

Ausbildungsart: Achtsemestriges Tagesstudium mit dem Abschluß „Diplom-Kommunikationswirt“

Aufnahme: jeweils zum 1. April und 1. Oktober

Voraussetzungen: Fachhochschulreife oder Allgemeine Hochschulreife. Gute Kenntnisse der deutschen Sprache. Höchstalter in der Regel 30 Jahre. Studiengebühren werden nicht erhoben.

Dortmund

Werbefachliches Lehrinstitut Marquardt (WLM)
Kurzanschrift: Lehrinstitut Marquardt, Poststraße 1, 4600 Dortmund 1, Tel. (02 31) 14 14 63

Ausbildungsart: Tages-Vollzeit-Studium mit Abschluß: 3 Jahre (6 Semester). Mindestbelegung 1 Jahr (2 Semester). Allround-Ausbildung in Graphik, Werbung und Marketing. Umfassende Unterrichtung in kaufmännisch-organisatorischen sowie graphisch-praktischen Fächern. Tages-Vollzeit-Unterricht (wöchentlich max. 32 — jährlich mind. 1000 — insgesamt ca. 3000 Unterrichtsstunden während der dreijährigen Ausbildung!). Ausbildung nach BAföG anerkannt! — Nach dem Bundesausbildungsförderungsgesetz (BAföG) gleichwertig mit dem Besuch einer öffentlichen Berufsfachschule (NRW — Az. 3.21 M).

Voraussetzungen: Mindestens mittlerer Bildungsabschluß (FOS-Reife, Realschulabschluß, Gymnasium mit Versetzung in Klasse 11) oder Abitur bzw. FHS-Reife. Graphische Fertigkeiten (auch als Hobby) erwünscht. Berufsvorbildung/Praktikum nicht erforderlich!

Ausbildungsbeginn: Jeweils Oktober. Anmeldungen ab Frühjahr desselben Jahres frühzeitig angeraten, da jährlich nur ca. 20 Aufnahmen möglich. Mindestbelegung 1 Jahr.

Ausbildungsziel: Allround-Werbeassistent (WLM). Abschlußzeugnis als Absolvent des Kern-Lehr-Programms vom Arbeitskreis werbefachliche Bildung in der Bundesrepublik Deutschland.

Ausbildungsförderung: BAföG-Beihilfen möglich. Auskünfte über das Amt für Ausbildungsförderung des Wohnorts. Ausbildungs-, Umschulungs-, Fortbildungsförderung im Rahmen von Rehabilitationsmaßnahmen durch die Versicherungsämter (BfA, LVA, Berufsgenossen-

	schaften.) Auskünfte auch bei den Arbeitsämtern. Ferner Berufsförderung der Bundeswehr für Soldaten auf Zeit (SaZ), für Beamte der Bundespolizei, des Bundesgrenzschutzes usw.
Kurzlehrgänge:	Zur Zeit werden keine Abend-Kurse, Wochenend-Seminare und auch keine Fern-Lehrgänge durchgeführt, jedoch sind Informationsveranstaltungen für geschlossene Gruppen nach Vereinbarung möglich.

Düsseldorf

Deutsche Angestellten Akademie e.V.
Jülicher Straße 85, 4000 Düsseldorf 30, Tel. (02 11) 4 69 20

Beschreibung und Dauer der Studienlehrgänge im Bereich Marketing:

1. Absatz- und Werbewirtschaftler; Dauer: 12 Monate
2. Fachkaufmann für Marketing; Dauer: 5 Monate
3. Staatlich geprüfter Betriebswirt (Absatz); Dauer: 24 Monate

Voraussetzungen:	auf Anfrage
Abschluß-bezeichnungen:	1. Absatz- und Werbewirtschaftler 2. Fachkaufmann für Marketing 3. Staatlich geprüfter Betriebswirt
Aufnahmetermine:	Zu 1.: Januar, April, Juli, Oktober Zu 2.: Mai, November Zu 3.: April, Oktober

Essen

Werbefachschule Ruhr
Steubenstraße 61, 4300 Essen 1, Tel. (02 01) 28 20 61

Ausbildungsart:	Fünfsemestrige Abendschule: Beginn jeweils im Oktober, Zwischenprüfung im 3. Semester, Abschlußprüfung im 5. Semester. Einjährige Tagesschule: Beginn jeweils im September, Zwischenprüfung nach dem 1. Halbjahr, Abschlußprüfung am Ende des Schuljahres.
Voraussetzungen:	Berufsausbildung in einschlägigen Berufen und/oder mehrjährige Praxis.

Frankfurt/Main

Akademie für Marketing-Kommunikation e.V. mit Fachschule für Marketing-Kommunikation, Rheinstraße 23, 6000 Frankfurt 1, Tel. (0 69) 74 58 00 und 74 70 00.

Ausbildungsart: Abendstudium über 4 Semester (Marketing, Kommunikation, Durchführung, Praxis).
Abschluß: Diplom für Marketing-Kommunikation mit der Berufsbezeichnung „Kommunikations-Betriebswirt". Ebenso staatliche Prüfung als Assistent für Werbung und Verkaufsförderung.

Voraussetzungen: Entweder/Oder:

1. Abitur plus 1 Jahr Fachpraxis
2. Abitur/Fachhochschulreife plus Studienabschluß als Dipl.-Designer
3. Mittlere Reife, kfm. oder techn. abgeschlossene Berufsausbildung plus 1 Jahr Fachpraxis
4. Gute Allgemeinkenntnisse, Englischkenntnisse plus langjährige Fachpraxis in Marketing, Marktforschung, Gestaltung, Public Relations, Verkaufsförderung oder Werbung.

Mindestalter in allen Fällen: über 20 Jahre.

Hamburg

WAH — Akademie für angewandte Kommunikation
Tonndorfer Hauptstr. 90, 2000 Hamburg 70, Tel. (0 40) 66 88 53 59

Abendstudium mit ca. 1200 Stunden

Abschluß: Kommunikationswirt WAH

Voraussetzungen: Mittlere Reife, abgeschlossene kaufmännische Ausbildung in den Bereichen Werbung, Marketing, Verkauf bzw. im Kommunikationsbereich, berufliche Praxis.

Förderungswürdigkeit durch das Arbeitsamt
Die Förderung durch die Bundesanstalt für Arbeit nach § 34 (1) des Arbeitsförderungsgesetzes und § 4 der Anordnung des Verwaltungsrates der Bundesanstalt für Arbeit über die individuelle Förderung der beruflichen Fortbildung und Umschulung (AFuH) ist gegeben, wenn im Einzelfall die persönliche Voraussetzung erfüllt ist.

Spezielle Fachkollegs und Seminare
Orientierungslehrgang Marketing-Kommunikation, 225 Stunden, Abendlehrgang (montags, dienstags, donnerstags)

Voraussetzungen: Abitur, Fachschulreife oder Mittlere Reife mit gutem Abschluß.

Weitere Kollegs/ Seminare:	„Texter WAH“ Kolleg für Werbefachenglisch Kolleg für Produktion und Werbemittelgestaltung Seminare/Kollegs für Unternehmen, Verbände etc.

Zulassungsvoraussetzungen auf Anfrage.

Kommunikations-Akademie Hamburg

Vorlesungen:	Eimsbüttler Str. 64 a, 2000 Hamburg 50
Sekretariat:	Kampstr. 15, 2000 Hamburg 6, Tel. (0 40) 4 39 16 60
Hauptstudium Kommunikationswirt KAH:	21monatiges Studium mit 1500 Unterrichtsstunden im Abendstudium, Abschluß: Kommunikationswirt KAH, Fachrichtung Kommunikation oder Marketing
Voraussetzungen:	Mittlere Reife oder vergleichbarer Bildungsstand, kaufmännische Ausbildung und ausreichende Berufserfahrung im Bereich Werbung, Marketing, Verkaufsförderung, Public Relations, Kreation oder Marktforschung.
Förderungswürdigkeit:	Die Förderung durch die Bundesanstalt für Arbeit nach § 34 (1) des Arbeitsförderungsgesetzes und § 4 der Anordnung des Verwaltungsrates der Bundesanstalt für Arbeit über individuelle Förderung der beruflichen Fortbildung und Umschulung (AFuU) ist gegeben, wenn im Einzelfall die persönliche Voraussetzung erfüllt ist.
Texter KAH:	Grundausbildung zum Texter, 200 Unterrichtsstunden, Abendstudium, Intensivseminare in Tagesform. Förderung durch die Bundesanstalt für Arbeit.
Lehrgang Berufsorientierung:	Einführendes Studium in die Bereiche Marketing, Kommunikation, speziell: Werbung, Verkaufsförderung, Public Relations Teilnehmerbegrenzung auf 12 Studierende.
Studium Praktischer Kommunikationswirt KAH:	Vollzeitmaßnahme für Praktiker aus Agenturen mit sehr langen Berufserfahrungen; vom Arbeitsamt gefördert. 600 Unterrichtsstunden.

Internationale Lehrgänge, Seminare und Tagungen, Firmenseminare, Spezialseminare für soziale Einrichtungen.

Hannover

Werbefachschule Niedersachsen — staatlich anerkannt —
Lange Laube 2, 3000 Hannover, Tel. (05 11) 32 29 63

Ausbildungsart:

1. Zweijähriges Studium (4 Semester) in Abendlehrgängen. Abschlußprüfung: staatlich geprüfter Kommunikationswirt. Beginn jeweils Herbst. Zulassungsvoraussetzungen zur Prüfung: abgeschlossene Berufsausbildung und mindestens einjährige berufspraktische Tätigkeit (oder: sechsjährige Berufspraxis im absatzwirtschaftlichen Bereich).
2. Zweijähriges Abendstudium zum „Fachkaufmann für Marketing". Abschlußprüfung vor der Industrie- und Handelskammer. Beginn jeweils im Januar. Zulassungsvoraussetzungen zur Prüfung: abgeschlossene Berufsausbildung und Berufspraxis von mindestens 3 Jahren in absatzwirtschaftlichen Tätigkeiten (oder: 6 Jahre einschlägige Berufspraxis).

Kassel

Fachhochschule für Industriewerbung und Absatzförderung Kassel
Sobietstr. 13, 3500 Kassel, Tel. (05 61) 58 10 78/79

Ausbildungsart:

1. 4semestriges Studium in Abendlehrgängen zu je 20 Wochen (Freitag abend, Samstag vormittag). Abschlußprüfung: Staatlich geprüfter Assistent für Werbung und Verkaufsförderung. Aufnahme jeweils im Frühjahr oder Herbst.
2. 2semestriges Aufbaustudium zum Werbeleiter (AF AK) Akademie für Absatzwirtschaft Kassel e.V. im Wochenendunterricht.

Voraussetzungen:

1. Mindestalter möglichst 20 Jahre, mittlere Reife oder gleichwertiges Zeugnis in Verbindung mit dem Gehilfenbrief als Einzel-, Großhandels-, Industriekaufmann oder Gesellenbrief in werbeverwandter Branche (grafisches Gewerbe u.a.m.).
2. Abgeschl. Ausbildung als „Assistent für Werbung und Verkaufsförderung" oder „Staatl. geprüfter Betriebswirt" oder ein mindestens gleichwertiger Bildungsstand.

Köln

Werbefachliche Akademie Köln
Glockengasse 4711, 5000 Köln, Tel. (02 21) 21 48 53

Werbeassistenten-Lehrgänge:	Zweijährige Abendlehrgänge (in der Woche zwei bis drei Abende)
Beginn:	November, Anmeldung bis September, Zulassungsverfahren.
Abschluß:	Werbeassistenten-Prüfung
Prüfungsfächer:	Hauptfächer — Allgemeine Werbelehre, Werbemittellehre, Mediaplanung, Marketing Ergänzungsfächer — Werbetext, Werbepsychologie, Werbe- und Wettbewerbsrecht, Volkswirtschaftliche Grundlagen, Betriebswirtschaftslehre, Einzelhandelswerbung, Industrielle Werbung, Messen und Ausstellungen, Verkaufsförderung, PR. Große Hausarbeit — Hier ist eine Werbekonzeption zu erstellen. Die Schulleitung stellt 3 Themen zur Wahl.
Voraussetzungen:	Bildungsstand der mittleren Reife, Tätigkeit in einem der Werbung nahestehenden Beruf, 20 Jahre Mindestalter, Ausnahmen sind möglich. Förderung nach AFG.
Kündigungsmöglichkeit:	zu jedem Semesterende.
Werbe-Sachbearbeiter-Lehrgang:	Ein ca. ½jähriger Lehrgang für Anfänger im Bereich der Werbung und für Personen, die als Werbesachbearbeiter in Industrie und Handel tätig sind.
Unterrichtsform:	Nah- und Fernunterricht. Der Unterricht findet an 5 Samstagen statt. Beim Fernunterricht werden Fall-Beispiele aus dem deutschen Werbeunterricht des J. Iversen-Institutes eingesetzt.
Anmeldung:	Der Kurs wird im Frühjahr und Herbst durchgeführt. Information durch das Sekretariat der Werbefachlichen Akademie.
Werbeleiter-Seminare:	Samstag 9 bis 13.45 Uhr, Februar bis Mai.
Unterrichtsform:	Kolloquien, Expertenvorträge, Fallstudien.
Voraussetzungen:	Abschluß einer Werbeassistentenausbildung oder mehrjährige leitende Tätigkeit in der Werbung.
Anmeldeschluß:	15. 2.

Weitere Seminare:	Darüber hinaus bietet die WAK Köln weitere aktuelle Seminare an. Die Spanne reicht von Texter-Seminaren über Seminare Werbung und Recht bis zu Workshops im Bereich des BTX und der modernen Medien. Diese Seminare werden gesondert angekündigt. Informieren Sie das Sekretariat; Sie erhalten dann laufend die Seminarunterlagen.

Lahr

Bundesfachschule für Werbetechnik
(an der Badischen Malerfachschule)
Ludwig-Frank-Straße 16, 7630 Lahr, Tel. (0 78 21) 2 30 01

Beschreibung und Dauer der Studienlehrgänge:	2 Semester (1 Jahr) Werbetheorie (einschl. Marketing für Handwerksbetriebe)
Voraussetzungen:	mindestens 24 Monate Gesellentätigkeit als Werbetechniker
Abschlußbezeichnung:	Meisterprüfung im Werbetechnikerberuf
Aufnahmetermine:	Februar und August/September

München

Blochererschule
Rosenheimer Straße 141, 8000 München 80, Tel. (0 89) 40 95 30

Beschreibung und Dauer der Studienlehrgänge:	Grafik-Design Mindest-Studienzeit 8 Semster
Voraussetzungen:	Begabung — nachzuweisen durch eine Arbeitsmappe mit 10—20 eigenen Zeichnungen
Abschlußbezeichnung:	Grafik-Designer
Aufnahmetermin:	ca. 9 Monate vor Semesterbeginn

München und Nürnberg

Bayerische Akademie der Werbung e.V. — BAW
Brienner Str. 54 a, 8000 München 2, Tel. (0 89) 52 53 21

mit Fachschulen in München und Nürnberg

Ausbildungsart: Zweijähriges Abendstudium in Marktkommunikation

Abschluß: Kommunikationswirt BAW

Aufbaulehrgänge und Seminare:
1. Post graduate study in International Advertising Affairs (Account and Creative Management) Certificate by International Advertising Association, New York (IAA)
2. Seminar „Texter BAW" — Beginn September
3. Seminar „Telematiker BAW" — (computergestützte Kommunikation) — Beginn September
4. Spezielle Seminare in allen Bereichen der Markt-Kommunikation auf Anfrage.

Fachschule München: (Anschrift wie BAW)

Fachschule Nürnberg: Sulzbachstr. 63, 8500 Nürnberg 20, Tel. (09 11) 5 39 80

Ausbildungsart: Einjährige Lehrgänge:
— Werbefachwirt
— Werbebetriebswirt

Voraussetzungen: Abitur, Mittlere Reife, abgeschlossene Berufsausbildung, einschlägige Berufspraxis. Beihilfe nach dem Ausbildungsförderungsgesetz (AFG) § 34

Unter der Bezeichnung „Marketing Colleg" wird einmal jährlich und auf 30 Teilnehmer begrenzt ein halbjähriges Vertriebsseminar (jeweils Mittwoch abends) durchgeführt, und zwar auch als Weiterbildungs-Seminar für DWU-Teilnehmer.

Nürnberg

Nürnberger Akademie für Absatzwirtschaft e.V.
Josephsplatz 20, 8500 Nürnberg, Tel. (09 11) 20 42 06

Ausbildungsart: Die Nürnberger Akademie für Absatzwirtschaft führt zu speziellen Themen aus dem Bereich Werbung und Marketing zwei- bis dreitägige Kurse für Fach- und Führungskräfte durch. Diese Kurse werden auf die jeweiligen speziellen aktuellen Problemstellungen der Wirtschaft abgestellt. Grundausbildungen sind nicht möglich.

Voraussetzungen: Wissenschaftliche und praktische Grundkenntnisse zu den jeweiligen Themen werden vorausgesetzt. Sie sind der jeweiligen Zielsetzung des Seminars entsprechend unterschiedlich.

Termine: Die Seminartermine werden jeweils ½ Jahr im vorhinein festgelegt.

Pforzheim

Fachhochschule für Wirtschaft, Pforzheim
Fachbereich Werbewirtschaft
Tiefenbronner Straße 65, 7530 Pforzheim, Tel. (0 72 31) 6 16 63

Als einzige wirtschaftswissenschaftlich orientierte Fachhochschule in Deutschland bietet die Fachhochschule Pforzheim eine eigene Fachrichtung „Werbewirtschaft" an, die der Bedeutung dieses Faches im modernen Wirtschaftsleben Rechnung trägt.

Ausbildungsart: Die Fachhochschule für Wirtschaft (FHW), Pforzheim, bildet in 8semestrigem Studium (6 Studiensemester, 2 Praxissemester) Betriebswirte heran, die auf wissenschaftlicher Grundlage beruhende Methoden und Verfahren der Führung, Organisation und Kontrolle in Unternehmungen selbständig anwenden können.

In einem 2semestrigen Grundstudium wird das wirtschafts- und sozialwissenschaftliche Fundament gelegt, auf dessen Grundlage ein anwendungsorientiertes, funktionsbezogenes Fachstudium sowie ein Vertiefungsstudium in den allgemeinen wirtschafts- und sozialwissenschaftlichen Fächern aufgebaut werden kann.

Das Fachstudium „Werbewirtschaft" umfaßt 4 Semester, die Zielsetzungen lauten:

1. Kennenlernen des gesamten Instrumentariums der modernen Wirtschaftswerbung.
2. Erkennung der Einsatzmöglichkeiten dieses Instrumentariums unter wechselnden Marktbedingungen.
3. Förderung des Wirtschaftlichkeitsdenkens im Bereich der Werbung.
4. Herausstellen der engen Beziehungen zwischen der Werbung und den übrigen Marketing-Mix-Faktoren.

Studiendauer:	6 Semester und 2 Praxissemester
Studienfächer des Fachstudiums:	Allgemeine Werbelehre, Produktion und Gestaltung von Werbemitteln, psychologische Grundlagen der Werbung und des Kaufverhaltens, Public Relations, Marketing, Wettbewerbsrecht
Studienziel:	Diplom-Betriebswirt (FH)
Institute:	Institut für Öffentlichkeitsarbeit, Institut für Marktforschung
Werbeabsolventen:	Bevorzugte Einsatzmöglichkeiten der Absolventen liegen insbesondere in den Marketingabteilungen der werbungtreibenden Konsumgüterindustrie, sei es als Product Manager oder als Werbeleiter, ferner aber auch in Werbeagenturen im Kontaktbereich und schließlich im Marketing-Bereich der Dienstleistungs- und Investitionsgüterbranche.
Aufnahmetermine:	Für das Sommersemester bis zum 31. Januar. Für das Wintersemester bis zum 15. Juli.

Stuttgart

Fachhochschule für Druck Stuttgart
Fachbereich 2 Wirtschaftsingenieurwesen
Diplom-Studiengang Werbetechnik und Werbewirtschaft
Universitätsgelände Vaihingen
Nobelstraße 10, 7000 Stuttgart 80, Tel. (07 11) 7 84 28 07

Ausbildungsart:	Die Fachhochschule für Druck Stuttgart befaßt sich mit den Sach- und Anwendungsbereichen von Druckereitechnik, audiovisuellen Kommunikationstechniken und Farbe (Chemie). Den Produktionstechniken werden gleichwertig die betriebswirtschaftlichen und kommunikationswissenschaftlichen Gebiete verbunden, die für den Diplom-Ingenieur bzw. -Wirtschaftsingenieur Druck, Verpackung, Presse, Verlag, Werbung sowie der Farbherstellung und Farbanwendung unerläßlich sind.
Fachbereich:	Der Fachbereich 2 vertritt im Rahmen der Fachhochschule für Druck die Fachrichtung Wirtschaftsingenieurwesen. Sein Fächerangebot gliedert sich, den Zielsetzungen einer praxisorientierten Ausbildung entsprechend, in drei Studiengänge, die zur Graduierung zum Diplom-Wirtschaftsingenieur führen:

1. Wirtschaftsingenieurwesen (Druck),
2. Verlagswirtschaft und Verlagsherstellung,
3. Werbetechnik und Werbewirtschaft.

Werbestudiengang: Der Diplom-Studiengang Werbetechnik und Werbewirtschaft bereitet für qualifizierte Tätigkeiten in Werbeagenturen und Werbeabteilungen der Industrie- und Dienstleistungsunternehmen vor. Verwandte Aufgabenbereiche befinden sich in Informationszentren von Großbetrieben sowie in Stellen für Öffentlichkeitsarbeit.

Praxisbezogen wird für werbedisponierende Berufe ausgebildet, welche die Anwendung wissenschaftlicher Methoden und die Fähigkeit zur Produktgestaltung erfordern.

Das praxisorientierte Studium umfaßt die Kommunikationsmethoden ebenso wie die gestalterischen und produktionstechnischen Verfahren, wie es auch die Arbeitsweisen des Marketing sowie die Produkt- und Marktgegebenheiten der verschiedenen Branchen und Unternehmen einbezieht. Die Erfassung neuer Technologien gehört genauso dazu wie die Kenntnis heutiger Verfahrenstechniken. Hauptanliegen des Studiengangs ist die Entwicklung der Fähigkeit zum Erkennen und Lösen von Problemen der Marketing-Kommunikation.

Studienzulassung: Hochschulreife, Fachhochschulreife

Aufnahmetermine: Für das Sommersemester bis zum 15. Januar.
Für das Wintersemester bis zum 15. Juli.

Studiendauer: 6 Studiensemester und 2 Praxissemester.

Studienfächergruppen: Naturwissenschaften und Mathematik
Druck- und Reproduktionstechnik
Betriebswirtschaft
Unternehmensführung und Gesellschaftswissenschaften
Werbetechnik
Werbewirtschaft

Studienziel: Diplom-Wirtschaftsingenieur (FH)
Fachrichtung Werbung

Werbefachliche Akademie Baden-Württemberg
Königstraße 1 A/III, Postfach 37, 7000 Stuttgart 1, Tel. (07 11) 29 25 25

Studiengänge:	I. Studium Werbefachwirt (WFA) II. Werbefachliches Abendstudium „Werbemittelgestaltung und Text" III. Verkaufsleiter-Lehrgang IV. Werbefachliche Seminare und Abendkurse

I. Studium Werbefachwirt (WFA)

Ausbildungsart:	Dreisemestriges Tagesstudium
Ausbildungsabschluß:	Das Studium Werbefachwirt (WFA) bildet qualifizierte Mitarbeiter für die Werbewirtschaft heran. Der erfolgreiche Studienabschluß berechtigt zum Führen der Bezeichnung „Geprüfter Werbefachwirt (WFA)".
Ausbildungsaufnahme:	Zugelassen werden kann, wer die mittlere Reife besitzt, die Ausbildung in einem der Werbung nützlichen Beruf abgeschlossen hat und eine mindestens dreijährige Praxis in einem werblichen bzw. grafischen Aufgabenbereich nachweisen kann. Aufnahme jährlich zum 1. Oktober bzw. 1. April.
Ausbildungsgang:	Im Vollzeitunterricht drei Semester. Nach jedem Semester eine Semesterprüfung, deren Bestehen Voraussetzung zur Weiterführung der Ausbildung ist.
Ausbildungsfächer:	Die Lehrveranstaltungen bestehen aus Pflichtfächern, semesterweise nach Fächergruppen geordnet: Gestaltung, Produktion, Werbung, Absatz, Wirtschaft.
Ausbildungsziel:	In der Semesterprüfung ist nachzuweisen, ob das Ausbildungsziel erreicht, gründliche Fachkenntnisse erworben wurden und die Fähigkeit zur werbefachlichen Tätigkeit gegeben ist.
Ausbildungszeugnisse:	Am Ende des 1., 2. und 3. Semesters erhält der Teilnehmer ein Semesterzeugnis sowie das Abschlußzeugnis. Es enthält Thema und Note der Abschlußarbeit, die Noten der Fächergruppen und die Gesamtnote.
Ausbildungsförderung:	Das Studium Werbefachwirt (WFA) wird von der Bundesanstalt für Arbeit anerkannt und gefördert.

II. Werbefachliches Abendstudium „Werbemittelgestaltung und Text"

Ausbildungsart:	Zweisemestriges Abendstudium

Ausbildungs-abschluß:	Im Rahmen von praxisorientierten Leistungsnachweisen erhalten die Studienteilnehmer Testate für die Fächer Gestaltung, Text und Kommunikationslehre.
Ausbildungs-aufnahme:	Zugelassen werden kann, wer über Hauptschulabschluß verfügt, eine abgeschlossene Lehre in einem kaufmännischen oder gestalterischen Beruf nachweisen kann und über eine zweijährige entsprechende Berufserfahrung verfügt.
Ausbildungsgang:	Im Teilzeitunterricht zwei Semester. Leistungsnachweise werden u. a. in Form von praktischen Arbeiten erbracht. Über den Abschluß wird ein Zertifikat ausgestellt.
Ausbildungsfächer:	Die Lehrveranstaltungen umfassen die Stoffgebiete Typografie, Layout, Gesaltung, Text und Kommunikationslehre.
Ausbildungsziel:	Die Ausbildung vermittelt umfassende Kenntnisse und Fertigkeiten in oben genannten Bereichen. Die Teilnehmer sollen im Rahmen von Vorlesungen und praxisorientierten Übungen ihre beruflichen Kenntnisse vertiefen und ihre Fertigkeiten für werbefachliche Tätigkeiten erweitern.
Ausbildungs-förderung:	Das werbefachliche Abendstudium „Werbemittelgestaltung und Text" wird von der Bundesanstalt für Arbeit anerkannt und gefördert.

III. Verkaufsleiter-Lehrgang

Ausbildungsträger:	Werbefachliche Akademie Baden-Württemberg im Werbefachverband Südwest e.V.
Ausbildungsart:	Zweisemestriges Abendstudium
Ausbildungs-abschluß:	Der erfolgreiche Studienabschluß berechtigt zum Führen der Bezeichnung „Geprüfter Verkaufsleiter" (WFA). Die Leistungsnachweise werden in Form von schriftlichen Prüfungen erbracht.
Ausbildungs-aufnahme:	Zugelassen werden kann, wer über Hauptschulabschluß verfügt, eine abgeschlossene Lehre in einem kaufmännischen oder technischen Beruf nachweisen kann und über eine zweijährige Berufserfahrung im Bereich Marketing/Vertrieb verfügt.

Ausbildungsgang:	Im Teilzeitunterricht zwei Semester. Während der Maßnahmen werden zu den einzelnen Unterrichtsfächern Prüfungen durchgeführt, die in ein Gesamtzeugnis eingehen.
Ausbildungsfächer:	Die Lehrveranstaltungen umfassen die Stoffgebiete Marketing, Verkaufsförderung, Werbung, Verkaufspsychologie, Mitarbeiterführung im Vertrieb, Vertragsrecht, Werbe- und Wettbewerbsrecht, Verkaufskalkulation und Kostenkontrolle im Vertrieb.
Ausbildungsziel:	Dieser Lehrgang soll den Teilnehmern Fachkenntnisse vermitteln, die sie in die Lage versetzen, eine anspruchsvolle Tätigkeit im Verkauf auszuüben.
Ausbildungsförderung:	Der Verkaufsleiter-Lehrgang wird von der Bundesanstalt für Arbeit anerkannt und gefördert.

IV. Werbefachliche Seminare und Abendkurse

Neben den langfristigen Studiengängen bietet die Werbefachliche Akademie Baden-Württemberg laufend werbefachliche Seminare und Abendkurse an, die Mitgliedern des Werbefachverbands Südwest e.V. und Gästen die Gelegenheit bieten sollen, sich auf speziellen Gebieten weiterzubilden bzw. über den neuesten Stand dieser Gebiete zu informieren. Die Seminare erstrecken sich über ein bis zwei Tage. Als Referenten werden renommierte Wissenschaftler und erfahrene Praktiker eingesetzt.

2.6.2. Fernlehrgänge

Hamburg

Institut für Lernsysteme GmbH, Doberaner Weg 6—8, D-2000 Hamburg 73, Tel. (0 40) 6 77 30 15

Beschreibung und Dauer der Studienlehrgänge

Lehrgangsbezeichnung:
I. Werbegrafik und Design

Dauer:
15 Monate, bei einer wöchentlichen Arbeitszeit von ca. 12 Stunden

Voraussetzungen:
Gestalterische Begabung

II. Werbung und Verkauf

Dauer:
9 Monate, bei einer wöchentlichen Arbeitszeit von ca. 12 Stunden

Voraussetzungen:
Hauptschulabschluß

III. Marketing und Marktforschung

Dauer:
6 Monate, bei einer wöchentlichen Arbeitszeit von ca. 12 Stunden

Voraussetzungen:
Zielinteressierte Personen mit Hauptschulabschluß

IV. Verkaufsleiter

Dauer:
18 Monate, bei einer wöchentlichen Arbeitszeit von ca. 12 Stunden

Voraussetzungen:
Mehrjährige Vertriebspraxis

Hannover

Universität Hannover, Technischer Vertrieb, Prof. Dr. W. Peinke, Wunstorfer Str. 14, 3000 Hannover, Tel. (05 11) 7 62-56 46/59 05

Fernstudium „Technischer Vertrieb"

Beschreibung und Dauer der Studienlehrgänge:

— Einführungsseminar (eine Woche)

— Erste Fernstudienphase (12 Wochen)
  ○ Grundlagen des Marketings für Investitionsgüter
  ○ Beschaffungsverhalten und Marktsegmentierung
  ○ Marktforschung für Investitionsgüter
  ○ Forschung und Entwicklung, Neuproduktplanung
  ○ Anfragenbeurteilung
  ○ Kalkulation und Preisfindung I (Grundlagen)
  ○ Kalkulation und Preisfindung II (Rechnergestützte Angebotserstellung)
  ○ Kompensationsgeschäfte
  ○ Projektmanagement
  ○ Projekt-Controlling
  ○ Financial Engineering
  ○ Auftragsabwicklung

— Zwischenphase (acht Wochen)
  ○ Wissenschaftlich fundierter Erfahrungsbericht über die eigene berufliche Tätigkeit

- Mittelseminar (eine Woche)
  - Vertiefung und Diskussion des Fernstudiums
  - Vorstellung und Diskussion der Hausarbeiten
  - Entwicklung von Ansatzpunkten für eine Verbesserung der beruflichen Praxis
- Zweite Fernstudienphase (10 Wochen)
  - Der Anlagenvertrag
  - Der Konsortialvertrag
  - Der Unterlieferantenvertrag
  - Planung und Kontrolle der Dienstleistungen
  - Auslandsmarkt-Strategien I
  - Auslandsmarkt-Strategien II
  - Strategische Planung auf Investitionsgüter-Märkten
  - Nationale und internationale Wirtschaftspolitik
  - Entwicklungspolitik
  - Mitarbeiterführung im Vertrieb
  - Werbung und Akquisition
- Abschlußseminar (eine Woche)
  - Vertiefung und Diskussion des Fernstudiums
  - Entwicklung von Ansatzpunkten für eine Verbesserung der beruflichen Praxis
  - Aktuelle Fragen aus der Praxis des Technischen Vertriebs

Voraussetzungen:
- Diplom-Ingenieur oder adäquate Ausbildung
- Erfahrung im Vertrieb (Vertriebsingenieure mit Praxis-Erfahrung)

München

„Deutscher Werbe-Unterricht" im J.-Iversen-Institut, Sperberstraße 16, D-8000 München 82, Tel. (0 89) 4 30 43 04

Beschreibung und Dauer der Studienlehrgänge

Ausbildungsart:
I. Fernunterrichts-Lehrgang „Werbeassistent DWU" zugelassen v. d. Staatl. Zentralstelle für Fernunterricht. Die Iversen-Lehrmethode sieht zumeist praktische Fälle vor, und zwar in Form von Einzel-Aufgaben und in komplexer Art (z. B. globale Werbemaßnahmen für einen Markenartikel, eine Landmaschinenfabrik, ein Einzelhandelsunternehmen usw.).

Abschluß:
Das Ausbildungsziel „Werbeassistent DWU" wird durch ein benotetes Zeugnis bestätigt.

Lehrgangsdauer:
12 Monate bei einer wöchentlichen Studienzeit von 10—15 Stunden. Fordern Sie den Lehrplan an.

Voraussetzungen:
Kaufmännische oder vergleichbare Ausbildung, möglichst mittlere Reife. Interesse für die Wirtschaftswerbung, Fleiß und Ausdauer.

II. Seminar

Ein Lehrgang „Werbesachbearbeiter" wird gemeinsam mit der Werbefachlichen Akademie, Köln, jährlich veranstaltet. Fordern Sie den Lehrplan an.

Der Stoff wird (ganz oder teilweise) auch in Kombi-Seminaren für Verbände und Firmen durchgeführt.

Unter der Bezeichnung „Marketing Colleg" wird einmal jährlich und auf 30 Teilnehmer begrenzt, ein halbjähriges Vertriebsseminar (jeweils Mittwoch abends) durchgeführt, und zwar auch als Weiterbildungs-Seminar für DWU-Teilnehmer.

Pfungstadt

Studiengemeinschaft Werner Kamprath Darmstadt GmbH & Co. KG, Ostendstraße 3, D-6102 Pfungstadt, Tel. (0 61 57) 30 81

Beschreibung und Dauer der Studienlehrgänge

Lehrgangsbezeichnung:
I. Werbe- und Gebrauchsgrafik

Dauer:
22 Monate, bei einer wöchentlichen Arbeitszeit von ca. 5—7 Stunden

Voraussetzungen:
Lehrgangsbezogenes Interesse; keine besonderen Vorkenntnisse

Lehrgangsbezeichnung:
II. Fachkaufmann (Marketing)

Dauer:
24 Monate bei einer monatlichen Durcharbeitungszeit von ca. 40 Stunden
2 Seminare à 30 Stunden in Pfungstadt

Voraussetzungen:
— Vorbildung
Personen mit einer erfolgreich abgeschlossenen Ausbildung in einem anerkannten Ausbildungsberuf und einer beruflichen Praxis von mindestens einem Jahr in absatzwirtschaftlichen Tätigkeiten, bei nicht abgeschlossener Berufsausbildung mit einer mindestens vierjährigen ein-

schlägigen Berufspraxis, davon mindestens ein Jahr in absatzwirtschaftlichen Tätigkeiten

— Prüfung:
  Zulassungsbedingungen für die IHK-Prüfung:
  Eine mit Erfolg abgeschlossene Ausbildung in einem anerkannten Ausbildungsberuf und eine mindestens dreijährige berufliche Praxis im absatzwirtschaftlichen Bereich
  oder
  eine mindestens sechsjährige einschlägige Berufspraxis, davon mindestens drei Jahre im absatzwirtschaftlichen Bereich.

Stuttgart

AKAD Akademikergesellschaft für Erwachsenenfortbildung mbH, Am Hohengeren 9, D-7000 Stuttgart 1, Tel. (07 11) 46 10 14

Beschreibung und Dauer der Studienlehrgänge

Lehrgangsbezeichnung:
I. Fachkaufmann (Marketing)

Lehrgangsinhalte:
Betriebswirtschaftslehre, Betriebsstatistik, Unternehmensplanung, Rechtskunde, Marketing, Organisationslehre

Dauer:
(bei maximal 1,5 Std. täglicher oder 10 Std. wöchentlicher Studienzeit) 12 Monate und 57 Stunden Nahunterricht: Im 1. Semester 3 Wochenendveranstaltungen mit insgesamt 13 Stunden; im 2. Semester ein Wochenseminar mit 40 Stunden und eine Wochenendveranstaltung mit 4 Stunden

Voraussetzungen:

— Vorbildung
  Personen mit beruflicher Erstausbildung und beruflicher Praxis im Funktionsbereich Marketing

— Prüfung
  Zulassungsbedingungen für die IHK-Prüfung (z. B. IHK Rheinhessen):
  Eine mit Erfolg abgeschlossene Ausbildung in einem anerkannten Ausbildungsberuf sowie eine weitere Berufspraxis von mindestens zwei Jahren, davon eine mindestens einjährige Tätigkeit in dem zu prüfenden Funktionsbereich oder eine mindestens fünfjährige Berufspraxis, davon eine mindestens zweijährige Tätigkeit in dem zu prüfenden Funktionsbereich

Lehrgangsbezeichnung:
II. Marketing

Lehrgangsinhalte:
Marketingkonzepte — Absatzpolitische Entscheidungsmodelle — Marktbestimmung — Marketing-Mix — Marketingplanung — Absatzziele, -maßnahmen — Preispolitik — Wesen, Grundlagen, Anwendungsgebiete und Maßnahmen der Marktforschung — Werbung — Public Relations

Dauer:
(bei maximal ½ Std. täglicher oder 4 Std. wöchentlicher Studienzeit) 12 Monate

Voraussetzungen:
- Vorbildung
  Personen mit erfolgreich abgeschlossener beruflicher Erstausbildung und beruflicher Praxis im Marketingbereich
- Prüfung
  — entfällt — institutsinterne Zertifikationsprüfung ohne öffentlich-rechtliche Anerkennung

2.7. Überbetriebliche absatzwirtschaftliche Weiterbildung

Auswahl von Anbietern von Seminaren

Aachener Kontaktstudium an der TH, Templergraben 55, 5100 Aachen

ADV/ORGA F. Meyer GmbH, Postfach 4 20, 2940 Wilhelmshaven

AFK Akademie Führung und Kommunikation, Klaus Dörrbecker, Marbachweg 356, 6000 Frankfurt 1

AGPLAN, Gutenbergstr. 13, 6300 Gießen

Akademie für Führen und Verkaufen, Hauptstr. 123, 6231 Sulzbach

Akademie für Führungskräfte der Wirtschaft e.V., Postfach 2 43, 3388 Bad Harzburg

Akademie für Marketing-Kommunikation e.V., Rheinstr. 23, 6000 Frankfurt 1

Akadmie für Organisation, Gutenbergstraße 13, 6300 Gießen

ASB Management Seminare, Postfach 10 11 08, 6900 Heidelberg

A + C Partner für Direkt-Marketing GmbH, Heinrich-Helbing-Str. 33, 2000 Hamburg 71

AW-Produktplanung, Holteyer Straße 6, 4300 Essen 17

Battelle-Institut e.V., Am Römerhof 35, 6000 Frankfurt 90

BBE-Unternehmensberatung, Lothringer Straße 56—58, 5000 Köln 1

Roland Berger + Partner GmbH, International Management Consultants, Arabellastr. 33, 8000 München 81

Berliner Institut für Weiterbildung von Führungskräften der Wirtschaft e.V., Kurfürstendamm 45, 1000 Berlin 15

Betriebswirtschaft-Akademie Dr. Gabler-Verlag, Taunusstraße 54, 6200 Wiesbaden

BIFOA, Universitätsstraße 45, 5000 Köln 1

Bildungsstätte Tannenfelde, 2356 Aukrug-Tannenfelde

Bildungswerk der Essener Wirtschaft e.V., Rolandstr. 9, 4300 Essen 1

Bildungswerk der Bayrischen Wirtschaft, Brienner Straße 7/1, 8000 München 2

Bildungswerk der Niedersächsischen Wirtschaft, Schiffgraben 44, 3000 Hannover

Bildungswerk der Nordrhein-Westfälischen Wirtschaft e.V., Haus Friedrichsbad, 5830 Schwelm

Bildungswerk der Rheinisch-Pfälzischen Wirtschaft e.V., Boppstraße 16, 6500 Mainz

Bildungswerke der Südbadischen Wirtschaft e.V., Lerchenstr. 6, 7800 Freiburg

Bildungszentrum des Einzelhandels, Kurzer Gang 47, 3257 Springe 1

Bildungszentrum für informationsverarbeitende Berufe, Fürstenweg 91, 4790 Paderborn

Bratt-Institut, Hervorterstraße 267, 4180 Goch

Bund Deutscher Verkaufsförderer und Verkaufstrainer e.V., Mühlenfeld, 4005 Meerbusch 2

Bundesverband Junger Unternehmer, Postfach 20 07 84, 5300 Bonn 2

Bundesverband Materialwirtschaft und Einkauf, Waidmannstraße 25, 6000 Frankfurt 70

Carl Duisberg Centren, Hansaring 49—51, 5000 Köln 1

CCI Institut, Schloß Philippseich, 6072 Dreieich-Götzenhain

Com Team, Kurstr. 2—8, 6184 Gmund/Tegernsee

Communications Centrum Neuland, Postfach 11 29, 6405 Eichenzell 2

Conova Gesellschaft für Unternehmensentwicklung, Hirschburgweg 5, 4000 Düsseldorf 12

Contact, Saseler Kamp 97c, 2000 Hamburg 65

Control Data Institut, Burgstraße 106, 6000 Frankfurt/M. 60

Controller-Akademie, Postfach 11 68, 8035 Gauting

DCC-Dale Carnegie Training, Wasmannstraße 15, 2000 Hamburg 60

Deutsche Außenhandels- und Verkehrsschule, Marktstraße 2, 2800 Bremen 1

Deutsche Gesellschaft für Personalführung e.V., Niederkasseler Lohweg 16, 4000 Düsseldorf 11

Deutsche Gesellschaft für Qualität e.V., Kurhessenstraße 95, 6000 Frankfurt

Deutsches GRID-Institut, Herzogswall 6, 4350 Recklinghausen

Deutsche MTM-Vereinigung e.V., Elbchaussee 352, 2000 Hamburg 52

Deutsches Institut für Betriebswirtschaft, Börsenplatz, 6000 Frankfurt 1

Deutsches Institut für Normung e.V., Burggrafenstraße 4—7, 1000 Berlin 30

Deutsches Institut für Public Relations, Postfach 52 02 42, 2000 Hamburg 52

Deutsche Verkaufsleiter-Schule GmbH, Englschalkinger Straße 150, 8000 München 81

DGIR Seminardienst, Kurt-Schumacher-Straße 38, 6361 Niddatal 2

Die Personalpraxis Peter Wagner, Im Kleff 12, 5804 Herdecke

DMI Institut für Direkt-Marketing, Ostergartenstr. 10, 8192 Gelting

DTA Trainer-Akademie GmbH, Meckenheimer Allee 87, 5300 Bonn 1

Ebeling Seminare, Im Hippel 57, 6535 Gau-Algesheim

Fachinstitut für Kommunikationstraining Gesellschaft für Wirtschaftspädagogik und Führungspsychologie, Im Hermesgarten 20, 5307 Wachtberg 12

Fachschule für Industriewerbung und Absatzförderung, Artilleriestraße 20, 3500 Kassel

Führungs- und Verkaufspraxis, Heterichstraße 101, 8000 München 71

Gesellschaft für analytische Gruppendynamik, Rankestraße 4/1, 8000 München 40

Gesellschaft für Betriebliche Weiterbildung, Wrangelstraße 11—12, 1000 Berlin 41

Gesellschaft für Innerbetriebliche Zusammenarbeit GIZ GmbH, Birkenfelder Straße 221, 8550 Forchheim

Gesellschaft für Wirtschafts- und Führungstraining mbH, Klever Straße 17/73, 4000 Düsseldorf 30

Geyer & Partner, Trainings- und Beratungs-Team, Narzissenweg 6, 6140 Bensheim 1

Goossens Arbeitskreis für Betriebsführung, 8911 Thaining

Großhandelsschulungsheim Goslar e.V., Dr. Otto-Fricke-Haus, 3380 Goslar 1

Haus der Technik, Postfach 11 15 43, 4300 Essen 1

Heiber-Paulsen-Training, Wilhelm-Theodor-Römheld-Straße 15, 6500 Mainz

Helfrecht Studienzentrum GmbH, 8591 Alexanderbad

Horst Rückle Team GmbH, Röhrer Weg 7, 7030 Böblingen

IFG, Institut für Gruppendynamik, Postfach 2 21, 8031 Eichenau

IHK-Bildungszentrum, Von-Adrian-Straße 5, 8152 Feldkirchen

INFORMATICA Gesellschaft für EDV-Ausbildung, Ahastraße 5, 6100 Darmstadt

Institut der Deutschen Wirtschaft, Oberländer Ufer 84/88, 5000 Köln 51

Institut für angewandte Betriebswirtschaft, Elzstraße 27, 7830 Emmendingen

Institut für angewandte Kreativität, Romaneyer Straße 100, 5060 Bergisch-Gladbach

Institut für Auslandsbeziehungen, Charlottenplatz 17, 7000 Stuttgart 1

Institut für Berufs- und Ausbildungsplanung Köln GmbH, Postfach 10 18 50, 5000 Köln 1

Institut für Kommunikation und Wirtschaftsförderung, Gunterstraße 14, 7000 Stuttgart 1

Institut für Management-Entwicklung, Lutterstraße 14, 4800 Bielefeld 1

Institut für Management-Training, Franz-Grillparzer-Ring 8, 5000 Köln 71

Institut für Mitarbeiterschulung, Postfach 10 46 29, 6900 Heidelberg 1

Institut für Rhetorik und Kommunikation, Landhaus im Neuen Park, 5305 Bornheim

Institut Neue Wirtschaft e.V., Kurze Mühren 2, 2000 Hamburg 1

Institut für wissenschaftliche Lehrmethoden, Pienzenauer Straße 89, 8000 München 81

Institut zur Weiterbildung von Führungskräften, Im Druseltal 12, 3500 Kassel

Integrated Computer Systems, Leonrodstraße 58, 8000 München 19

Integrata GmbH, Biesinger Straße 10, 7400 Tübingen

Kepner-Tregoe and Associates GmbH, Altkönigstr. 6a, 6240 Königstein/T.

Kienbaum-Management Center, Ahlefelderstraße 47, 5270 Gummersbach

Kluwe-Seminar GmbH, Zeppelinallee 43, 6000 Frankfurt

Kontaktstudium Management Universität Augsburg, Eichleitnerstraße 30, 8900 Augsburg

Lerntechnologisches Institut Gerd Unterstenhöfer GmbH, Postfach 3 42, 6148 Heppenheim

LEURO-Seminar GmbH, Frenzstr. 5, 8000 Nürnberg 40

Management-Akademie, Brienner Straße 13, 8000 München 2

Management-Institut Hohenstein, Postfach 60, 6903 Dilsberg-Neuhof

Management und Wirtschaftsseminare Dr. Frey, Postfach 11 01 92, 5600 Wuppertal 11

Marketing-Dienste Feyler, Brünnsteinstraße 11a, 8011 Vaterstetten

Marketing-Management Institut, Otto-Hahn-Straße 11, 6083 Walldorf

Marketing System, Hunsrücker Straße 9a, 4300 Essen 1

Marktforschungsgemeinschaft an der Universität Stuttgart, Hohenheimer Straße 55, 7000 Stuttgart 1

Matrix GmbH, Hirschbergweg 5, 4000 Düsseldorf 12

Mehr Wissen — Gesellschaft für Fortbildung, Max Glasmeyer KG, Postfach 11 30, 7016 Gerlingen

MIC Management Informations Center, Justus-von-Liebig-Straße 1, 8910 Landsberg/Lech

Nürnberger Akademie für Absatzwirtschaft, Obstmarkt 3, 8500 Nürnberg

Nürnberger Management Institut, Jauerstraße 63, 8500 Nürnberg

OFB GmbH, Postfach 11 05, 4804 Versmold

REFA-Verband für Arbeitsstudien und Betriebsorganisation e.V., Wittichstraße 2, 6100 Darmstadt

Dr. Richter, Forschungsgruppe, Frühlingsstraße 9A, 8035 Gauting

A. P. Ried Management-Methoden, Stephaniestraße 7, 7500 Karlsruhe 1

RKW Baden-Württemberg, Königstraße 49, 7000 Stuttgart 1

RKW Bayern, Augustenstraße 84, 8000 München 2

RKW Berlin, Rankestraße 5—6, 1000 Berlin 30

RKW-IHK Braunschweig, Garküche 3, 3300 Braunschweig

RKW Abt. Betriebswirtschaft, Postfach 58 67, 6236 Eschborn

RKW Bremen, Hinter dem Schütting, 2800 Bremen 1

RKW Hamburg, Heilwigstraße 33, 2000 Hamburg 20

RKW Landesgruppe Hessen, Düsseldorfer Straße 40, 6236 Eschborn

RKW Niedersachsen, Georgswall 12, 3000 Hannover 1

RKW Nordrhein-Westfalen, Sohnstraße 70, 4000 Düsseldorf

RKW Rheinland-Pfalz, Postfach 34 42, 6500 Mainz

RKW Schleswig-Holstein, Niemannsweg 18, 2300 Kiel

K.D. Rosemann, Merziger Str. 6, 4000 Düsseldorf 30

SCS Scientific Control Systems GmbH, Überseering 2, 2000 Hamburg 60

Specialist Language Services (Deutschland), Postfach 11 10 27, 4000 Düsseldorf 11

Dr. Rolf Th. Stiefel & Partner, Fröbelstraße 24, 7024 Filderstadt 1

Sünnemann Organisationsberatung, Theodor-Storm-Straße 5, 2067 Reinbek

System-Marketing Hans O. Rasche, Tüschenstraße 1, 5628 Heiligenhaus

Team Training Dr. Rosenkranz, 8033 Kreiling

Team Training & Transfer, Gerd Datené, Feldhausweg 2, 4006 Erkrath 2

Technische Akademie Esslingen, Postfach 12 69, 7302 Ostfildern 2

Technische Akademie Wuppertal, Hubertusallee 16—18, 5600 Wuppertal

Trainer-Akademie, Missionsweg 7, 2105 Seevetal 12

Universitätsseminar der Wirtschaft, Schloß Gracht, 5042 Erftstadt-Liblar

Unternehmensberatung für Management und Verkaufstraining, Tannenweg 6, 6113 Babenhausen

Unternehmer-Seminar, Universitätsstraße 14—16, 4400 Münster

Verein Deutscher Ingenieure, Graf-Recke-Straße 84, 4000 Düsseldorf 1

Vogel-Verlag, Fachseminare, Postfach 67 40, 8700 Würzburg

Werbliche Akademie München, Brienner Straße 47, 8000 München 2

Wirtschaftsakademie Schleswig-Holstein, Flensburger Straße 90, 2300 Kiel

Wirtschaftspädagogisches Institut, Adelheidstraße 13, 3000 Hannover

Wirtschaftsverband industrieller Unternehmer, Postfach 17 48, 7800 Freiburg

Wirtschaftswerbung Dr. Mundorff, Alexanderstraße 51, 7000 Stuttgart 1

Württembergischer Ingenieurverein, Hamletstraße 11, 7000 Stuttgart 80

2.8. Von internationalen Privatschulen und von Fachhochschulen angebotene grenzüberschreitende Studiengänge in Management und Marketing

Berlin

Europäische Wirtschaftshochschule — École des Affaires de Paris (EAP)
Europa-Center, 1000 Berlin 30, Tel. (0 30) 2 54 80 20

Ausländische Partnerschaften:
EAP École Européenne des Affaires, Paris
EAP European School of Management Studies, Oxford

Beschreibung und Dauer der Studiengänge:

3 Jahre, jeweils 1 Jahr in Paris, Oxford und Berlin

Voraussetzungen:
Abitur und
a) ein zweijähriges Universitätsstudium (Vordiplom) oder
b) Absolvent einer deutschen Fachhochschule und Bestehen einer Aufnahmeprüfung

Qualifizierte kfm. Praktika, jeweils drei Monate in Frankreich, England und Deutschland

Abschlußbezeichnung:
Diplôme de l'EAP

Bremen

Fachhochschule Bremen, Europäischer Studiengang für Finanzwirtschaft und Rechnungswesen
Universitätsallee GWI Haus A, 2800 Bremen 33, Tel. (04 21) 5 90 51

Ausländische Partnerschaften:
School of Accounting and Applied Economics, Leeds,
École Supérieure de Commerce et d'Administration d'Entreprises, Toulouse

Beschreibung und Dauer der Studiengänge:

6 Semester, davon im Ausland 2 Semester

Voraussetzungen:
Fachhochschulreife, Aufnahmeprüfung

Abschlußbezeichnung:
Diplom-Betriebswirt, Bachelor of Arts (Hons) oder Diplôme d'Escas

Koblenz

Wissenschaftliche Hochschule für Unternehmensführung
Zwickauer Str. 22, 5400 Koblenz, Tel. (02 61) 5 10 81

Ausländische Partnerschaften:
University of Buckingham (England), École Supérieure de Commerce, Lyon

Beschreibung und Dauer der Studiengänge:

8 Semester, davon in Frankreich (Paris oder Lyon) und England je 1 Semester; 12 Monate Praktika im In- und Ausland

Voraussetzungen:
Abitur, Nachweis von englischen und französischen Sprachkenntnissen, dreimonatiges kaufmännisches Praktikum, Eignungsprüfung

Abschlußbezeichnung:
Diplom-Kaufmann

Münster

Fachhochschule Münster, Europäisches Studienprogramm Betriebswirtschaft (ESB)
Correnbachstr. 25, 4400 Münster, Tel. (02 51) 83-56 33/56 23

Ausländische Partnerschaften:
Humberside College of Higher Education, Hull, Großbritannien

Beschreibung und Dauer der Studiengänge:

8 Semester, davon im Ausland 3 Semester Unterricht und ein Praxissemester

Voraussetzungen:
Fachhochschulreife, Abitur mit sechsmonatigem Praktikum und Bestehen einer Aufnahmeprüfung
Dreimonatiges Praxissemester in Deutschland und England

Abschlußbezeichnung:
Diplom-Betriebswirt und Bachelor of Arts (Hons)

Oestrich-Winkel

European Business School (EBS) Schloß Reichartshausen
6227 Oestrich-Winkel, Tel. (0 67 23) 50 65

Ausländische Partnerschaften:
EBS-Paris
EBS-London
American Graduate School of International Management in Glendale (Arizona, USA)

Beschreibung und Dauer der Studiengänge:

8 Semester, davon im Ausland jeweils 1 Semester und ein Praktikum in Frankreich und England oder den USA

Voraussetzungen:
Fachhochschulreife, dreimonatiges kaufmännisches Praktikum, Sprachprüfung in Englisch und Französisch, Intelligenztest

Abschlußbezeichnung:
Diplom-Betriebswirt

Osnabrück

Fachhochschule Osnabrück, European Business Studies (EBS)
Martinstr. 98, 4500 Osnabrück, Tel. (0 54) 60 81

Ausländische Partnerschaften:
Buckinghamshire College of Higher Education, London
École Supérieure de Commerce et d'Administration des Entreprises, Clermont-Ferrand

Beschreibung und Dauer der Studiengänge:

8 Semester, davon im Ausland (Frankreich oder England) 1 Semester und ein Praktikumssemester

Voraussetzungen:
Fachhochschulreife, Auswahl läuft über zentrales Numerus-clausus-Verfahren

Abschlußbezeichnung:
Diplom-Kaufmann

Paderborn

Universität/Gesamthochschule Paderborn,
Studienrichtung European Business
Warburger Str. 100, 4790 Paderborn, Tel. (0 52 51) 6 01

Ausländische Partnerschaft:
Trent Polytechnic, Nottingham

Beschreibung und Dauer der Studiengänge:
8 Semester, davon in England 1 Semester Unterricht und ein sechsmonatiges Praktikum

Voraussetzungen:
Abitur, gute englische Sprachkenntnisse (Sprachtest nach dem 3. Semester)

Abschlußbezeichnung:
Diplom-Betriebswirt

Reutlingen

Fachhochschule Reutlingen, Europäisches Studienprogramm für Betriebswirtschaft (ESB)
Pestalozzistr. 73, 7410 Reutlingen 1, Tel. (0 71 21) 12 71

Ausländische Partnerschaften:
École Supérieure de Commerce: Centre d'Études Supérieures Européennes de Management, Reims
Middlesex Polytechnic, London
Universidad Pontifica Comillas, Madrid

Beschreibung und Dauer der Studiengänge:

8 Semester, davon im Ausland (Frankreich, England oder Spanien) 3 Semester Unterricht und ein Semester Praktikum

Voraussetzungen:
Allgemeine oder fachgebundene Hochschulreife und Eignungsprüfung an der Partneruniversität, zwei Praxissemester, mindestens eins im Ausland

Abschlußbezeichnung:
Diplom-Betriebswirt und je nach Wahl des Studienganges Diplôme d'Études Supérieures Européennes de Management oder B.A. Honours European Business Administration oder ICADE-Diplom

Saargemünd

Fachhochschule des Saarlandes, Deutsch-Französisches Hochschulinstitut für Technik und Wirtschaft (DFHI)
Saarnferstr. 66, 6600 Saarbrücken, Tel. (06 81) 3 92 63

Ausländische Partnerschaft:
Université de Metz

Beschreibung und Dauer der Studiengänge:

Erstes Jahr in Saarbrücken, zweites in Metz

Voraussetzungen:
Zweijähriges erfolgreiches Studium an einer Fachhochschule; sechswöchiges Praktikum in Frankreich

Abschlußbezeichnung:
Diplom (FH), Licence Université Metz und gemeinsames Zeugnis des Instituts

2.9. Weitere deutsche Management-Ausbildungsstätten

Deutsche Vereinigung zur Förderung der Weiterbildung von Führungskräften (Wuppertaler Kreis) e.V.
Ulmenallee 140, 5000 Köln 51, Tel. (02 21) 37 20 18

Universitätsseminar der Wirtschaft — USW (Schloß Gracht/Erftstadt)
5042 Erftstadt-Liblar, Tel. (0 22 35) 4 06-2 04

Akademie für Führungskräfte der Wirtschaft e.V. (AFW)
Postfach 2 43, Amsbergstr. 22, 3388 Bad Harzburg, Tel. (0 53 22) 73-3 24

C. Rudolf Poensgen Stiftung e.V. (CRP)
Ernst-Schneider-Platz 1, 4000 Düsseldorf 1, Tel. (02 11) 35 57-2 66

2.10. Management-Seminare und Kontaktstudien im deutschen Hochschulbereich

Universität Augsburg, Unternehmerseminar
Eichleitner Str. 30, 8900 Augsburg, Tel. (08 21) 5 98-4 61/2 90

Universität Gießen, Institut für Unternehmensplanung
Licher Str. 62, 6300 Gießen, Tel. (06 41) 4 76 40/7 02-51 60

Institut für Weltwirtschaft Kiel, Post Graduate Programm
Düsternbrooker Weg 120, 2300 Kiel, Tel. (04 31) 8 84-1

Universität Konstanz, Unternehmerseminar
Postfach 55 60, 7750 Konstanz 12, Tel. (0 75 31) 8 81

Universität Münster, Unternehmerseminar
Universitätsstr. 14—16, 4400 Münster, Tel. (02 51) 83 29 31

3. Technologiekomplex (Innovation, Technologietransfer, Zukunftsforschung)

3.1. Organisationen und Informationsquellen für Innovationsberatung und Zukunftsforschung

Technologische Innovationen sind vor dem Hintergrund des sich weltweit ständig verschärfenden Wettbewerbsdrucks zu einem bedeutenden Faktor der Wettbewerbsfähigkeit geworden.

Technik und Wirtschaft unterliegen tiefgreifenden Wandlungsprozessen. Strukturelle Änderungen der Volkswirtschaften schaffen in schneller Folge neue Wettbewerbssituationen. Produkte veraltern schneller. Ständig besteht die Gefahr, den Marktanschluß zu verlieren.

Dies zwingt die Unternehmen, dem Bereich der Forschung, Entwicklung und Innovation eine erhöhte Aufmerksamkeit zu widmen. Hierfür müssen erhebliche finanzielle Mittel bereitgestellt werden. Um die Innovationsbereitschaft der Industrie zu fördern, stellen Bund, Länder und internationale Organisationen sowie diverse Einrichtungen und Verbände der Wirtschaft teils finanzielle, teils technologische sowie personelle Hilfen zur Verfügung.

Technologische bzw. personelle Hilfen

— Patente
— Datenbanken
— Lehr- und Forschungsstätten
— Innovationsberatungsstellen

Finanzielle Hilfen

Förderungsprogramme der
— Europäischen Gemeinschaft
— Bundesregierung
— Länderregierungen

3.1.1. Literatur

„BDI-Handbuch der Forschungs- und Innovationsförderung", Hrsg.: Bundesverband der Deutschen Industrie, Gustav-Heinemann-Ufer 84—88, 5000 Köln 51

„Innovationsmanagement in Mittelbetrieben — Anregungen und Fallstudien", Verlagsgruppe Deutscher Wirtschaftsdienst, Köln

„Innovations-Ratgeber für Unternehmen", Deutscher Industrie- und Handelstag, Postfach 14 46, 5300 Bonn 1

Jüngensmann, Hans-Hermann: „Handbuch der Wirtschaftsförderung", Loseblattsammlung, Verlagsgruppe Deutscher Wirtschaftsdienst, Köln

Küng, Notker/Neumann, Siegfried/Rögge, Karin: „EG-Finanzhilfen für Unternehmen", Verlagsgruppe Deutscher Wirtschaftsdienst, Köln 1984

„Ratgeber Forschung und Technologie — Fördermöglichkeiten und Beratungshilfen", Bundesminister für Forschung und Technologie, Bonn, 1985

„Technologie und Beratung", Rhema GmbH, Königsfeld (alle zwei Monate)

Löhn: „Der Innovationsberater", Loseblattsammlung, Rudolf Haufe Verlag, Hindenburgstr. 64, 7800 Freiburg

3.1.2. Innovationsberatungsstellen der Industrie- und Handelskammern

(Tel.-Nr. siehe 1.4.3., S. 187 ff.)

Aachen
IHK zu Aachen, Theaterstraße 6/8, 5100 Aachen

Augsburg
Innovationsberatungsstelle der IHK für Augsburg und Schwaben, Stettenstraße 1 und 3, 8900 Augsburg 1

Berlin
Büro für Entwicklungsförderung IHK zu Berlin, Zusammenarbeit mit TVA Berlin, Hardenbergstraße 16—18, 1000 Berlin 12

Bochum
Technologieberatungsstelle Ruhr (tbr), Ostring 30—32, 4630 Bochum 1

Bonn
IHK Bonn, Bonner Talweg 17, 5300 Bonn 1

Braunschweig
Innovationsberatungsstelle der niedersächsischen Industrie- und Handelskammern e.V., — IBS, Garküche 3, 3300 Braunschweig

Bremen
Innovationsberatungsstelle der Handelskammer Bremen, Haus Schütting, Am Markt 13, 2800 Bremen 1

Düsseldorf
Informationsdienst Technik, IHK zu Düsseldorf, Ernst-Schneider-Platz 1, 4000 Düsseldorf 1

Emden
Innovationsberatungsstellen der niedersächsischen Industrie- und Handelskammern e.V. — IBS — IHK für Ostfriesland und Papenburg, Ringstr. 4, 2970 Emden

Frankfurt
Innovations- und Technologie-Beratungsstelle der hessischen Industrie- und Handelskammern — ITB — Hessen —, Börsenplatz, 6000 Frankfurt/M. 1

Freiburg
IHK Südlicher Oberrhein, Hauptstelle Freiburg i. Br., Wilhelmstraße 26, 7800 Freiburg i. Br.

Hagen
Südwestfälische Industrie- und Handelskammer zu Hagen, Bahnhofstr. 18, 5800 Hagen 1

Hamburg
Innovationsberatungsstelle der Handelskammer Hamburg, Börse, 2000 Hamburg 11

Hannover
Innovationsberatungsstelle bei der IHK Hannover-Hildesheim, Berliner Allee 25, 3000 Hannover

Heidelberg
Innovationsberatungsstelle der IHK Rhein-Neckar, Hans-Böckler-Str. 4, 6900 Heidelberg

Heilbronn
Industrie- und Handelskammer Heilbronn, Rosenbergstraße 8, 7100 Heilbronn

Karlsruhe
IHK-Unternehmens- und Technologieberatungs GmbH, Lammstr. 15—17, 7500 Karlsruhe

Kassel
IHK Kassel — Technologieberatung, Ständeplatz 17, 3500 Kassel

Kiel
BITT Schleswig-Holstein (Beratungsstelle für Innovation und Technologie-Transfer e.V.), — Sitz Kiel, Lorentzendamm 22, 2300 Kiel 1

Koblenz
Beratungsstelle für Innovation u. Technologie-Transfer (BITT), IHK Koblenz, Schloßstraße 2, 5400 Koblenz

Köln
IHK zu Köln, Unter Sachsenhausen 10—26, 5000 Köln 1

Lahr
IHK Südlicher Oberrhein, Hauptgeschäftsstelle Lahr, Lotzbeckstraße 31, 7630 Lahr/Schwarzwald

Ludwigshafen
Beratungsstelle für Innovation u. Technologie-Transfer (BITT), IHK für die Pfalz, Ludwigsplatz 2/3, 6700 Ludwigshafen

Lüneburg
Innovationsberatungsstelle bei der IHK Lüneburg-Wolfsburg, Am Sande 1, 2120 Lüneburg

Mainz
Beratungsstelle für Innovation und Technologie-Transfer (BITT), IHK für Rheinhessen, Schillerplatz 7, 6500 Mainz

Mönchengladbach
IHK Mittlerer Niederrhein, Bismarckstraße 109, 4050 Mönchengladbach 1

München
Technologie- und Innovations-Beratungsstelle der IHK für München und Oberbayern, Max-Joseph-Straße 2, 8000 München 2

Münster
IHK zu Münster, Sentmaringer Weg 61, 4400 Münster

Nürnberg
Industrie- und Handelskammer Nürnberg, Hauptmarkt 25—27, 8500 Nürnberg 106

Oldenburg
Innovationsberatungsstellen der niedersächsischen Industrie- und Handelskammer e.V. — IBS — IHK Oldenburg, Moslestraße 6, 2900 Oldenburg

Osnabrück
Innovationsberatungsstellen der niedersächsischen Industrie- und Handelskammer e.V. — IBS — IHK Osnabrück-Emsland, Neuer Graben 38, 4500 Osnabrück

Pforzheim
Innovationsberatungsstelle der IHK Nordschwarzwald, Dr.-Brandenburg-Straße 6, 7530 Pforzheim

Regensburg
OTTI — Ostbayerisches Technologie-Transfer-Institut e.V., Martin-Luther-Str. 10, 8400 Regensburg 1

Reutlingen
Innovationsberatungsstelle der IHK Reutlingen, Hindenburgstr. 54, 7410 Reutlingen

Saarbrücken
Produktivitätszentrale Saar e.V., Hindenburgstr. 9, 6600 Saarbrücken

Siegen
IHK Siegen, Koblenzer Str. 121, 5900 Siegen

Stade
Innovationsberatungsstelle bei der IHK Stade für den Elbe-Weser-Raum, Am Schäferstieg 2, 2160 Stade

Stuttgart
Innovationsberatungsstelle der IHK Mittlerer Neckar, Jägerstraße 30, 7000 Stuttgart

Trier
Beratungsstelle für Innovation und Technologie-Transfer (BITT), IHK Trier, Kornmarkt 6, 5500 Trier

Ulm
Innovationsberatungsstelle der IHK Ulm, Olgastraße 101, 7900 Ulm

Villingen-Schwenningen
Gemeinsame Innovationsberatungsstelle der IHK Schwarzwald-Baar-Heuberg und der Fachhochschule Furtwangen (GIF), Romäusring 4, 7730 Villingen-Schwenningen

Weingarten
Innovationsberatungsstelle der IHK Bodensee-Oberschwaben, Lindenstr. 2, 7987 Weingarten

Würzburg
Regionale Informationsvermittlungsstelle der IHK Würzburg-Schweinfurt, Neubaustraße 66, 8700 Würzburg 11

Wuppertal
IHK Wuppertal-Solingen-Remscheid, Islandufer 21, 5600 Wuppertal 1

3.1.3. Großforschungseinrichtungen und deren Technologie-Transfer-Beauftragte

Alfred-Wegener Institut für Polarforschung (AWI), Columbus-Center, 2850 Bremerhaven, Dr. Helmut Tüg; Tel. (04 71) 4 90 06/7

Deutsches Elektronen-Synchrotron (DESY), Notkestraße 85, 2000 Hamburg 52, Dr. Hans Pingel; Tel. (0 40) 89 98-34 44

Deutsche Forschungs- und Versuchsanstalt für Luft- und Raumfahrt e.V. (DFVLR), Linder Höhe, Postfach 90 60 58, 5000 Köln 90 (Köln-Porz), Dr. Peter Tonn; Tel. (0 22 03) 6 01 28 67

Deutsches Krebsforschungszentrum (DKFZ), Im Neuenheimer Feld 280, 6900 Heidelberg, Dr. Wolfgang Henkel; Tel. (0 62 21) 48 47 50

Gesellschaft für Biotechnologische Forschung mbH (GBF), Mascheroder Weg 1, 3300 Braunschweig-Stöckheim, Dr. Helmut Zeitträger; Tel. (05 31) 61 81-5 20

Gesellschaft für Kernenergieverwertung in Schiffbau und Schiffahrt mbH (GKSS), Max-Planck-Straße, 2054 Geesthacht-Tesperhude, Rechtsanwalt Claas Schröder; Tel. (0 41 52) 1 26 85

Gesellschaft für Mathematik und Datenverarbeitung mbH (GMD), Schloß Birlinghoven, 5205 St. Augustin 1, Dr. Karlheinz Schunk; Tel. (0 22 41) 14 22 02

Gesellschaft für Strahlen- und Umweltforschung mbH München (GSF), Ingolstädter Landstr. 1, 8042 Neuherberg, Post Oberschleißheim, Dr. Georg Menache; Tel. (0 89) 31 87-24 81

Gesellschaft für Schwerionenforschung mbH (GSI), Planckstraße 1, 6100 Darmstadt 11, Rechtsanwalt Klaus Dieter Süßbrich; Tel. (0 61 51) 3 59-6 31

Hahn-Meitner Institut für Kernforschung Berlin GmbH (HMI), Glienicker Str. 100, 1000 Berlin 39, Dipl.-Ing. Christoph Schmidt; Tel. (0 30) 80 09-26 40

Max-Planck-Institut für Plasmaphysik (IPP), 8046 Garching (bei München), Dr. Karl Tichmann; Tel. (0 89) 3 29 94 45

Kernforschungsanlage Jülich GmbH (KFA), Wilhelm-Johnen-Straße, 5170 Jülich, Dr. Wolfgang Heidrich; Tel. (0 24 61) 61 30 27

Kernforschungszentrum Karlsruhe GmbH (KfK), 7514 Eggenstein-Leopoldshafen, Dr. Jürgen Wüst; Tel. (0 72 47) 82 55 80

Informationen erteilt ferner die

Arbeitsgemeinschaft der Großforschungseinrichtungen (AGF), Geschäftsstelle, Ahrstraße 45, 5300 Bonn 2, Dr. Hermann Scheuer; Tel. (02 28) 37 67 41

3.1.4. Projektträger

DECHEMA Deutsche Gesellschaft für chemisches Apparatewesen e.V.
— Projektträgerschaft Korrosion und Korrosionsschutz —
Theodor-Heuss-Allee 25, 6000 Frankfurt 92, Tel. (0 69) 75 64-1

Deutsche Forschungs- und Versuchsanstalt für Luft- und Raumfahrt e.V. (DFVLR)
— Projektträgerschaft Humanisierung des Arbeitslebens —
Bad Godesberger Allee 64, 5300 Bonn-Bad Godesberg, Tel. (02 28) 3 76 66-1

Deutsche Forschungs- und Versuchsanstalt für Luft- und Raumfahrt e.V. (DFVLR)
— Projektträgerschaft Isotopentechnik —
— Projektträgerschaft Umweltschutztechnik —
— Projektträgerschaft Metallurgie, Werkstoffentwicklung, Rückgewinnung —
— Projektträgerschaft Forschung und Entwicklung im Dienste der Gesundheit —
Linder Höhe, 5000 Köln 90, Tel. (0 22 03) 6 01-1

Gesellschaft für Information und Dokumentation mbH (GID)
— Projektträgerschaft Information und Dokumentation —
Lyoner Str. 44—48, 6000 Frankfurt/Main 71, Tel. (0 69) 66 87-1

Gesellschaft für Kernenergieverwertung in Schiffbau und Schiffahrt mbH (GKSS)
— Projektträgerschaft Meerwasserentsalzung —
— Projektträgerschaft Meerestechnik —
— Projektträgerschaft Leichtwasser Brennelemente-Entwicklung —
Postfach, 2054 Geesthacht-Tesperhude, Tel. (0 41 52) 12-1

Gesellschaft für Mathematik und Datenverarbeitung mbH (GMD)
— Projektträgerschaft Förderung der DV-Anwendung in der gewerblichen Wirtschaft —
— Projektträgerschaft Förderung von DV-Systemen und Technologien —
Postfach 12 40, 5205 St. Augustin 1, Tel. (0 22 41) 1 41

Gesellschaft für Reaktorsicherheit mbH (GRS)
— Projektträgerschaft Reaktorsicherheitsforschung —
Glockengasse 2, 5000 Köln 1, Tel. (02 21) 20 68-1

Gesellschaft für Strahlen- und Umweltforschung mbH (GSF)
— Projektträgerschaft Umweltchemikalien —
— Projektträgerschaft DV im Gesundheitswesen —
— Projektträgerschaft Forschung und Entwicklung im Dienste der Gesundheit —
Josef-Spital-Straße 15, 8000 München 2, Tel. (0 89) 31 87-0

Kernforschungsanlage Jülich GmbH (KFA)
— Projektträgerschaft Biotechnologie —
— Projektträgerschaft Organohalogenverbindungen und Ökologische Bewertung von Chemikalien —
— Projektträgerschaft Nichtnukleare Energieforschung —
— Projektträgerschaft Arbeiten zur Entwicklung des Hochtemperatur-Reaktors —
— Projektträgerschaft Strahlenforschung —
— Projektträgerschaft Ökologische Forschung —
— Projektträgerschaft Materialforschung —
Postfach 19 13, 5170 Jülich 1, Tel. (0 24 61) 61-0

Kernforschungszentrum Karlsruhe GmbH (KfK)
— Projektträgerschaft Wassertechnologie —
— Projektträgerschaft Rechnerunterstütztes Entwickeln und Konstruieren (CAD) —
— Projektträgerschaft Prozeßlenkung mit DV Anlagen (PDV) —
— Projektträgerschaft Fertigungstechnik —
Postfach 36 40, 7514 Eggenstein-Leopoldshafen 2, Tel. (0 72 47) 8 21

Umwelt-Bundesamt (UBA)
— Projektträgerschaft Umweltprobenbank —
— Projektträgerschaft Feste Abfallstoffe —
Bismarckplatz 1, 1000 Berlin 33, Tel. (0 30) 89 03-1

VDI-Technologiezentrum Berlin
— Mikroperipherik —
Budapester Str. 40, 1000 Berlin 30, Tel. (0 30) 26 09-0

VDI-Technologiezentrum Düsseldorf
— Projektträgerschaft Physikalische Technologien —
Graf-Recke-Str. 84, 4000 Düsseldorf 1, Tel. (02 11) 6 21 45 03

3.1.5. Technologieparks

Technologieparks und Gründerzentren

Technologieparks (auch Gründerzentren oder Forschungsparks) sollen den Unternehmensgründern helfen, sich auf die Entwicklung von Produkten und auf die Markterschließung zu konzentrieren. Das Leistungsprogramm der Technologieparks beinhaltet in der Regel:

— breites Dienstleistungsangebot,

— zentrales Management und damit Beratung im Bereich des Marketings und der Finanzierung,

— zentrale Forschungs- und Entwicklungseinrichtungen.

Zu den Hauptträgern der Technologieparks gehören zumeist Städte bzw. gemischt-wirtschaftliche Organisationen, darüber hinaus werden Technologieparks auch auf rein privatwirtschaftlicher Ebene getragen.

Damit ein reger Informationsaustausch bzw. Know-how-Transfer erfolgt, sind die Technologieparks in der Nähe von Hochschulstandorten angesiedelt.

Aachen
Technologiezentrum Aachen (TZA), Jülicher Str. 336, 5100 Aachen, Tel. (02 41) 18 22-0

Berlin
Berliner Innovations- und Gründerzentrum (BIG), Ackerstr. 71—76, 1000 Berlin 65, Tel. (0 30) 46 94-0

Hamburg
Gründerwerkstatt im Hamburger Institut für Technologietransfer (HIT), Eißendorfer Str. 38, 2100 Hamburg 90, Tel. (0 40) 7 65 67 89

Hannover
Technologiezentrum Hannover (TZH), Vahrenwalder Str. 7, 3000 Hannover 1, Tel. (05 11) 1 68-58 89

Heidelberg
Technologiepark Heidelberg, Kornmarkt 5, 6900 Heidelberg, Tel. (0 62 21) 5 83 66

Hildesheim
Technologiezentrum Hildesheim (TZH), Richthofenstr. 29, 3200 Hildesheim, Tel. (0 51 21) 7 60 30

Kaiserslautern
Technologiezentrum Kaiserslautern, Opelstraße 10, 6750 Kaiserslautern 25, Tel. (0 63 01) 6 01-0

Karlsruhe
Technologiefabrik Karlsruhe, Haid- und Neustraße 7, 7500 Karlsruhe 1, Tel. (07 21) 1 74-0

Kassel
Unternehmenspark Kassel, Lilienthalstr. 7—25, 3500 Kassel-Bettenhausen, Tel. (05 61) 5 09 51

Konstanz
Technologiezentrum Konstanz, Blarerstraße 56, 7750 Konstanz, Tel. (0 75 31) 2 84-3 31

München
Münchener Technologiezentrum, Collierstraße 70, 8000 München 2, Tel. (0 89) 51 99 00

Schwerte
Technologie-Centrum Schwerte, An der Silberkuhle 19, 5840 Schwerte, Tel. (0 23 04) 4 60 01

Syke
Technologie-Park Syke, Herrlichkeit 6, 2808 Syke, Tel. (0 42 42) 1 64-12

3.1.6. Wirtschaftsförderungsgesellschaften

Absatzförderungsgesellschaft für Reformwaren (AfR) m.b.H., Hindenburgring 18, Postfach 24 45, 6380 Bad Homburg, Tel. (0 16 72) 3 10 07

AGW — Aktionsgemeinschaft für Wirtschaftsentwicklung im Raum Saarbrücken und St. Ingbert GmbH, Schloßplatz 6, 6600 Saarbrücken 1, Tel. (06 81) 5 49 95

Arbeitsbeschaffungsstelle des Handwerks eG, Schillerplatz 4, 8600 Bamberg, Tel. (09 51) 2 24 59

Arbeitsgemeinschaft Wirtschaftsförderung Münsterland, Weststr. 28, 4720 Beckum, Tel. (0 25 21) 50 55

Bayerische Gastgewerbe-Gesellschaft mit beschränkter Haftung, Türkenstr. 7, 8000 München 2, Tel. (0 89) 23 68 05 35

Bayerische Landesanstalt für Aufbaufinanzierung, Königinstr. 15, 8000 München 22, Tel. (0 89) 2 12 41

Deutsche Süßwarenindustrie Förderungsgesellschaft mbH, Schumannstr. 4—6, 5300 Bonn, Tel. (02 28) 21 00 81

DGfest, Deutsche Gesellschaft zur Förderung und Entwicklung des Seminar- und Tagungswesens e.V., Ingolstädter Str. 63a, Postfach 46 08 05, 8000 München 46, Tel. (0 89) 3 11 10 03, 5 21 55 20

Emsland GmbH, Herzogstr. 9, 4470 Meppen, Tel. (0 59 31) 70 28

Entwicklungs-GmbH Hennef (Sieg), Frankfurter Str. 97, Postfach 12 20, 5202 Hennef (Sieg) 1, Tel. (0 22 42) 50 11

Entwicklungsgesellschaft m.b.H. Eitorf (Sieg), Markt 1, 5208 Eitorf, Tel. (0 22 43) 8 91

Entwicklungsgesellschaft Brunsbüttel mbH, Elbehafen, 2212 Brunsbüttel, Tel. (0 48 52) 80 85, -80 87

Entwicklungsgesellschaft Hochdahl mbH, Sedentaler Str. 110, Postfach 20 44, 4006 Erkrath 2 (Hochdahl), Tel. (0 21 04) 4 00 21

Entwicklungsgesellschaft Norderstedt mbH, Langenharmer Weg 35, 2000 Norderstedt, Tel. (0 40) 5 25 40 71/72

Entwicklungsgesellschaft Ostholstein mbH, Lübecker Str. 37, 2420 Eutin, Tel. (0 45 21) 83-1

FfG — Förderungs-Gesellschaft für Gemeinschafts-Aufgaben des Handels mbH, Am Goldberg, 7032 Sindelfingen, Tel. (0 70 31) 61 02-1

Förderungsgesellschaft der Reformwarenwirtschaft (FdR) mbH, Frankfurter Landstr. 23, Postfach 14 44, 6380 Bad Homburg, Tel. (0 61 72) 48 71-75

Förderungsgesellschaft für Milchgaststätten mbH, Johannssenstr. 10, 3000 Hannover, Tel. (05 11) 32 49 08

Förderungsgesellschaft für das Saarländische Gaststätten- und Hotelgewerbe mbH, Franz-Josef-Röder-Str. 9 (Haus der Saarwirtschaft), 6600 Saarbrücken 1, Tel. (06 81) 5 19 11

Förderungsgesellschaft für das Westfälische Hotel- und Gaststättengewerbe mbH, Westenhellweg 112, 4600 Dortmund, Tel. (02 31) 14 80 65

Gesellschaft zur Förderung des Gaststätten- und Hotelgewerbes mbH, Teutoburger Str. 31, 4800 Bielefeld 1, Tel. (05 21) 6 70 36

Gesellschaft zur Förderung des Gastgewerbes in Baden-Württemberg mbH, Augustenstr. 6, 7000 Stuttgart-W., Tel. (07 11) 61 30 34/36

Gesellschaft zur Förderung der Wirtschaft Baden-Württemberg e.V., Danneckerstr. 37, 7000 Stuttgart 1, Tel. (07 11) 23 49 58

Gesellschaft für Wirtschaftsförderung in Nordrhein-Westfalen mbH, Kavalleriestr. 8—10, Postfach 20 03 09, 4000 Düsseldorf 1, Tel. (02 11) 13 00 00

Gesellschaft für Wirtschaftsförderung und Industrieaufbau mbH Gießen, Berliner Platz 2, 6300 Gießen, Tel. (06 41) 30 24 88/7 10 44

Gesellschaft für Wirtschaftsförderung Untere Saar mbH, Landratsamt, 6630 Saarlouis, Tel. (0 68 31) 44 41

Gesellschaft für Wirtschaftsförderung Saar mbH (GW Saar), An der Römerbrücke 22, 6600 Saarbrükken, Tel. (06 81) 6 54 63

Gesellschaft für Wirtschaftsförderung Iserlohn mbH (GfW), Kurt-Schumacher-Ring 5, 5860 Iserlohn, Tel. (0 23 71) 2 56 25 u. 2 17-24 95

Gesellschaft für Wirtschaftsförderung im Kreis Warendorf mbH (GfW), Weststr. 28, 4720 Beckum, Tel. (0 25 21) 50 55

Gewerbe- und Industrieansiedlungsgesellschaft LEER-NORD mbH, Friesenstr. 46, Postfach 16 40, 2950 Leer (Ostfriesland), Tel. (04 91) 8 32 62

Hamburger Gesellschaft für Gewerbebauförderung mbH, Schillerstr. 44, 2000 Hamburg 50, Tel. (0 40) 38 01 08 29

HOGA Förderungs- und Betriebsberatungsgesellschaft für das Hotel- und Gaststättengewerbe mbH, Auguste-Viktoria-Str. 6, 6200 Wiesbaden, Tel. (0 61 21) 37 60 64

IKG Interessengemeinschaft des Keramik- und Glasrohrhandels GmbH, Stettiner Str. 17, 6054 Rodgau 1, Tel. (0 61 06) 1 48 40

Industrie-Förderungsgesellschaft der Stadt Coburg mbH, Rathaus, Postfach 6 84, 8630 Coburg, Tel. (0 95 61) 76-2 40

Industrie-Förderungs-Gesellschaft Ingolstadt GmbH, Rathausplatz 4, 8070 Ingolstadt, Tel. (08 41) 3 50 21

INTERHOGA — Gesellschaft zur Förderung des Deutschen Hotel- und Gaststättengewerbes mbH, Kronprinzenstr. 46, 5300 Bonn 2, Tel. (02 28) 36 20 16/19

Interessengemeinschaft Energie-Umwelt Feuerungen GmbH, Bismarckstr. 92, Postfach 6 74, 7410 Reutlingen 1, Tel. (0 71 21) 1 70 29

Landesgewerbeförderungsstelle der niedersächsischen Hotel- und Gaststättenverbände e.V., Yorckstr. 3, 3000 Hannover 1, Tel. (05 11) 31 30 58/59

Oberbergische Aufbaugesellschaft mbH, Moltkestr. 34, Postfach 10 05 55, 5270 Gummersbach, Tel. (0 22 61) 88 61 00, 88 61 01

RPW Wirtschaftsförderung — Rheinland-Pfälzische Gesellschaft für Wirtschaftsförderung mbH, Erthalstr. 1 (Hochhaus am Bonifaziusplatz), 6500 Mainz 1, Tel. (0 61 31) 63 20 66

Verband zur Förderung von Privatinvestitionen e.V., Pantaleonswall 65—75, 5000 Köln 1, Tel. (02 21) 24 77 88

Wirtschafts- und Aufbaugesellschaft des Kreises Pinneberg mbH, Am Drosteipark 17, 2080 Pinneberg, Tel. (0 41 01) 2 39 20

Wirtschafts- und Aufbaugesellschaft Stormarn mbH, Mewesstr., 2060 Bad Oldesloe

Wirtschaftsförderungsgesellschaft des Verbandes Deutscher Drogisten mbH, Friedrich-Schmidt-Str. 53, 5000 Köln 41, Tel. (02 21) 40 10 38

Wirtschaftsförderungsgesellschaft für den Kreis Unna mbH, Friedrich-Ebert-Str. 17, Postfach 21 25, 4750 Unna, Tel. (0 23 03) 1 34 01

Wirtschaftsförderungsgesellschaft für den Kreis Heinsberg mbH, Valkenburger Str. 45, Postfach 13 45, 5138 Heinsberg, Tel. (0 24 52) 1 34 32

Wirtschaftsförderungsgesellschaft für den Kreis Coesfeld mbH, Lohwall 4, 4408 Dülmen, Tel. (0 25 94) 30 74

Wirtschaftsförderungsgesellschaft für den Kreis Aachen GmbH, Oppenhoffallee 8, 5100 Aachen, Tel. (02 41) 50 23 03

Wirtschaftsförderungsgesellschaft für den Kreis Borken mbH, Bahnhofstr. 93, Postfach 15 52, 4422 Ahaus, Tel. (0 25 61) 20 03/4

Wirtschaftsförderungsgesellschaft für den Landkreis Alzey-Worms mbH, Ernst-Ludwig-Str. 42, Postfach 13 60, 6508 Alzey 1, Tel. (0 67 31) 4 08-2 21

Wirtschaftsförderungsgesellschaft für den Landkreis Oldenburg (Oldb) mbH, Gerichtsstr. 7, 2900 Oldenburg (Oldb), Tel. (04 41) 23 13 58

Wirtschaftsförderung im Landkreis Trier-Saarburg GmbH, Mustorstr. 12, Postfach 26 20, 5500 Trier, Tel. (06 51) 71 51

Wirtschaftsförderungsgesellschaft der Freien Hansestadt Bremen GmbH, Rembertiring 2, 2800 Bremen, Tel. (04 21) 32 82 75

Wirtschaftsförderungsgesellschaft Hochsauerlandkreis mbH, Steinstr. 39, Postfach 14 29, 5778 Meschede, Tel. (02 91) 36 60

Wirtschaftsförderungsgesellschaft Herne mbH, Bahnhofstr. 64, 4690 Herne 1, Tel. (0 23 23) 5 60 57, 5 60 58

Wirtschaftsförderungsgesellschaft Lippe mbH (WFG Lippe mbH), Schloßstr. 11 (Nähe Schloß Brakel), Postfach 7 25, 4920 Lemgo 1, Tel. (0 52 61) 44 14

Wirtschaftsförderungsgesellschaft Saar-Ost/Westpfalz mbH (WFG), Mantes-La-Ville-Platz 6, 6680 Neunkirchen, Tel. (0 68 21) 80 01

Wirtschaftsförderungsgesellschaft Schleswig-Holstein mbH, Sophienblatt 60, 2300 Kiel 1, Tel. (04 31) 6 30 91

Wirtschaftsförderungs-Gesellschaft Weser-Jade mbH, Osterdeich 19, Postfach 10 02 25, 2800 Bremen 1, Tel. (04 21) 70 00 06

Wirtschaftsverein Harburg-Wilhelmsburg zur Förderung von Industrie, Handel und Gewerbe e.V., Lüneburger Str. 47, 2100 Hamburg 90, Tel. (0 40) 76 60 60

3.1.7. Unternehmensberatungen für Innovationsvorhaben

Battelle-Institut e.V., Postfach 90 01 60, 6000 Frankfurt 90, Tel. (0 69) 7 90 80

BBE-Unternehmensberatung GmbH, Lothringer Straße 56—58, 5000 Köln, Tel. (02 21) 33 97-1

Bera Betriebsberatungs GmbH, Jägerhofstr. 10, 4000 Düsseldorf 30, Tel. (02 11) 48 01 06

Roland Berger & Partner GmbH, International Management Consultants, Trudinger Str. 13, 8000 München 80, Tel. (0 89) 4 17 61

Bi Gesellschaft für internationale Investitionen und Innovationen mbH, Lindenstr. 39, 6000 Frankfurt 17, Tel. (0 69) 74 57 86

Dr. Erich Brendl, BDU, Industrieberatung für Innovations-Management und Produkthaft-Bewältigung, Grundelbachstraße 112, 6940 Weinheim/Bergstraße, Tel. (0 62 01) 6 82 85

Citicorp Venture Capital Beratungsgesellschaft mbH, Neue Mainzer Straße 75, 6000 Frankfurt, Tel. (0 69) 13 66-6 70

Conova Gesellschaft, Am Wehrhahn 67, 4000 Düsseldorf, Tel. (02 11) 35 04 62

Diebold Deutschland GmbH, Unternehmensberatung, Feuerbachstr. 8, 6000 Frankfurt 1, Tel. (0 69) 7 10 70

TMT-Technologie- und Marketing-Transfer, Postfach 10 25, 3167 Burgdorf, Tel. (0 50 85) 13 31

FGU-Kronberg Unternehmensberatung GmbH Consulting + Engineering, Auf der Heide 6, Postfach 11 45, 6242 Kronberg/Ts., Tel. (0 61 73) 69 11/69 12/69 13

INNOPLAN Betriebs- + Innovationsberatung, Schneeglöckchenstraße 49a, 8000 München 50, Tel. (0 89) 1 50 69 28

UDF Unternehmensberatung Dr. Fischer GmbH, Gänsheidestr. 59, 7000 Stuttgart 1, Tel. (07 11) 24 79 44-48

Gesellschaft für Informationsvermittlung und Technologieberatung mbH, Blumenstr. 1, 8000 München 2, Tel. (0 89) 2 60 30 66

Gesellschaft für Technologie, Information und Beratung e.V., Borksarken 18, 5204 Lohmar, Tel. (0 22 46) 68 80

Technologie Transfer, Technische Unternehmensberatung, Lippmannweg 19, 6101 Lichtenberg, Tel. (0 61 66) 3 73

Gründungsberatung und Management Service GmbH, Hohenstaufenring 53, 5000 Köln 41, Tel. (02 21) 23 48 61-62

Hamburger Institut für Technologieförderung e.V., Eissendorfer Str. 38, 2100 Hamburg-Harburg 90, Tel. (0 40) 7 65 67 89

Institut für Industrielle Pharmazie, Forschungs- und Entwicklungsgesellschaft mbH, Mainzer Str. 29, 6530 Bingen 1, Tel. (0 67 21) 1 00 06; Goldbacher Str. 57, 8750 Aschaffenburg, Tel. (0 60 21) 4 55 99

Intra-Unternehmensberatung GmbH, Scheurenstr. 1, 4000 Düsseldorf 1, Tel. (02 11) 38 27 27

Helmut Kaiser, Unternehmensberatung, Philosophenweg 2, 7400 Tübingen, Tel. (0 70 71) 6 70 01

Kienbaum Unternehmensberatung GmbH, Ahlefelder Str. 47, Postfach 15 09, 5200 Gummersbach, Tel. (0 22 61) 7 70 98

Dr. Höfner & Partner, Management- und Marketing-Beratung, Windeckstraße 1, 8000 München 70, Tel. (0 89) 7 14 30 97

Knight Wegenstein AG, Berliner Allee 42, 4000 Düsseldorf, Tel. (02 11) 32 07 55

Industrieberatung für Diversifikation und neue Produkte, Max-Rüttgers-Str. 29, 8026 Irschenhausen/Isartal, Tel. (0 81 78) 41 41

Management Partner GmbH Unternehmensberater, Albstadtweg 4, 7000 Stuttgart 80, Tel. (07 11) 7 80 05 24

Mathematischer Beratungs- und Programmierdienst GmbH, Semerteichstr. 47, 4600 Dortmund 1, Tel. (02 31) 43 48-0

Maynard & Barry GmbH, Graf-Adolf-Str. 86—88, 4000 Düsseldorf, Tel. (02 11) 35 40 33-34

McKinsey & Company Inc., Unternehmensberatung, Cecilienallee 9, 4000 Düsseldorf, Tel. (02 11) 4 95 40

PROCONSULT Unternehmensberatung, Ulmer Straße 145, 8900 Augsburg, Tel. (08 21) 40 44 33

PA Management Consultants GmbH, Bettinastr. 62, 6000 Frankfurt/Main, Tel. (0 69) 74 04 91

Procon GmbH, Produktion & Managementberatung GmbH, Trierer Str. 74, 5300 Bonn 1, Tel. (02 28) 28 30 00

REIF Unternehmensberatung GmbH, Adlerweg 6—10, 7260 Calw-Stammheim, Tel. (0 70 51) 18 56-7

Dr. Schröder + Partner Unternehmensberatung GmbH, Wilhelmstr. 9, 4800 Bielefeld 1, Tel. (05 21) 6 20 11-12

SCIENTIFIC CONSULTING Dr. Schulte-Hillen BDU, Technische Unternehmensberatung/Ingenieurbüro, Volkhovener Weg 172, 5000 Köln 71, Tel. (02 21) 79 50 91-4

Volker von Sengbusch BDU Unternehmens- und Außenwirtschaftsberater, Am Schloßberg 20, 7108 Möckmühl/Württemberg, Tel. (0 62 98) 14 00 und 59 50

TT-Technologie-Transfer GmbH, Dantestr. 17, 6900 Heidelberg 1, Tel. (0 62 21) 2 82 12

3.2. Technologietransferstellen an Universitäten

Aachen

Büro Technologietransfer der Rheinisch-Westfälischen Technischen Hochschule Aachen, Templergraben 55, 5100 Aachen, Tel. (02 41) 80-45 80, -40 23

Technologie-Transfer-Stelle des Nordrhein-Westfälischen Handwerks am Institut für Kunststoffverarbeitung (IKV) der Rheinisch-Westfälischen Technischen Hochschule Aachen, Pontstr. 49, 5100 Aachen, Tel. (02 41) 80 38 17

Bayreuth

Kontaktstelle für Forschungs- und Technologietransfer der Universität Bayreuth, Postfach 30 08, 8580 Bayreuth, Tel. (09 21) 55-32 42

Berlin

TU-Transfer Technische Universität Berlin, Fasanenstr. 4, 1000 Berlin 12, Tel. (0 30) 3 14-39 06, -51 31

Bielefeld

STZ — Studienzentrum für ingenieurmäßiges Arbeiten, c/o Fachhochschule Bielefeld, Wilhelm-Bertelsmann-Str. 10, Postfach 28 30, 4800 Bielefeld 1, Tel. (05 21) 6 52 70

Bochum

Unikontakt — Kontaktstelle Universität/Wirtschaft, c/o Ruhr-Universität Bochum, Gebäude NB 1/132, Universitätsstr. 150, Postfach 10 21 48, 4630 Bochum 1, Tel. (02 34) 7 00-22 50, -21 99, -24 43, -26 87

Clausthal-Zellerfeld

Centrum für Technologie-Transfer Clausthal e.V., (CTTC) in Verbindung mit der Technischen Universität, Adolf-Römer-Str. 2A, 3392 Clausthal-Zellerfeld, Tel. (0 53 22) 52 49

Dortmund

Technologie-Transferstelle der Universität Dortmund, August-Schmidt-Str. 10, 4600 Dortmund 50, Tel. (02 31) 7 55-24 25

Duisburg

Transferstelle Hochschule-Praxis, c/o Universität — Gesamthochschule — Duisburg, Lotharstr. 65, (Gebäude LF), 4100 Duisburg 1, Tel. (02 03) 3 79-27 52

Düsseldorf

Technologie-Beratung kleiner und mittlerer Unternehmen in Nordrhein-Westfalen durch Hochschullehrer und freiberufliche Berater (TBNW), Organisation und Koordinierung, RKW-Landesgruppe NW, Sohnstr. 70, 4000 Düsseldorf 1, Tel. (02 11) 68 00 10

Erlangen

Kontaktstelle für Forschungs- und Technologietransfer, c/o Lehrstuhl für Technische Elektronik der Universität Erlangen-Nürnberg, Cauerstr. 9, 8520 Erlangen, Tel. (0 91 31) 85-71 97

Flensburg

Kontaktstelle der Fachhochschule Flensburg zur Förderung der Zusammenarbeit zwischen Wirtschaft und Hochschule, c/o Fachhochschule Flensburg, Kanzleistr. 91—93, 2390 Flensburg, Tel. (04 61) 80 51

Freiburg i. Breisgau

Kontaktstelle Technologie-Transfer der Universität Freiburg, Heinrich-von-Stephan-Str. 25, 7800 Freiburg im Breisgau, Tel. (07 61) 2 03-43 98

Hamburg

Technologievermittlung Technische Universität Hamburg-Harburg, Eißendorfer Str. 38, 2100 Hamburg 90, Tel. (0 40) 7 71 70-26 06, -28 56

Hannover

Zentralstelle zur Förderung von Entwicklungsarbeiten im Handwerk, Heinz-Piest-Institut für Handwerkstechnik an der Universität Hannover, Wilhelm-Busch-Str. 18, 3000 Hannover 1, Tel. (05 11) 70 28 31

Kaiserslautern

Kontaktstelle für Innovation und Technologie-Beratung, c/o Universität Kaiserslautern, Erwin-Schrödinger-Str. Gebäude 48, 6750 Kaiserslautern, Tel. (06 31) 2 05-20 49, 22 36

Karlsruhe

Referat für Forschungsförderung/Technologietransfer, c/o Universität Karlsruhe (TH), Kaiserstraße 12, Postfach 63 80, 7500 Karlsruhe 1, Tel. (07 21) 6 08-39 08

Kassel

Technologie- und Innovationsberatung, c/o Gesamthochschule Kassel — Universität, Mönchebergstr. 7, 3500 Kassel, Tel. (05 61) 8 04-24 97, -24 98

München

Kontaktstelle für Forschungs- und Technologietransfer, c/o Technische Universität München, Gabelsbergerstr. 49, Postfach 20 24 20, 8000 München 2, Tel. (0 89) 21 05-27 74, -22 99

Münster

Forschungs- und Technologietransfer, c/o Universität Münster, Schloßplatz 2b, 4400 Münster, Tel. (02 51) 83 22 58

Ostfildern

Technische Akademie Esslingen — Fort- und Weiterbildungszentrum, Institut des Kontaktstudiums an der Universität Stuttgart, der Universität Hohenheim und der Fachhochschule für Technik Esslingen, In den Anlagen 5, Postfach 12 69, 7302 Ostfildern 2 (Nellingen), Tel. (07 11) 34 20 26

Rüsselsheim

AGAFE — Arbeitsgemeinschaft für angewandte Forschung und Entwicklung von Mitgliedern der Fachhochschule Wiesbaden e.V., Am Brückenweg 26, 6090 Rüsselsheim, Tel. (0 61 42) 6 40 94

Saarbrücken

INEX-Institut zur Förderung von Existenzgründungen an der Fachhochschule des Saarlandes, Waldhausweg 14, 6600 Saarbrücken, Tel. (06 81) 3 92 62, 39 98 26

Tübingen

Arbeitsstelle Forschungs-Kontakte, c/o Universität Tübingen, Wilhelmstr. 5, 7400 Tübingen 1, Tel. (0 70 71) 29-67 92, -67 88, -50 12, -50 11

3.3. Finanzierungsgesellschaften

Bayer. Wagnisbeteiligungsgesellschaft mbH (BWB), Lena-Christ-Straße 2, 8022 Grünwald, Tel. (0 89) 64 18 52-54

Bera Betriebsberatungs-GmbH, Jägerhofstr. 10, 4000 Düsseldorf 30, Tel. (02 11) 48 01 06

Bi Gesellschaft für internationale Investitionen und Innovationen mbH, Lindenstraße 39, 6000 Frankfurt 17, Tel. (0 69) 74 57 86

BIH Innovations- und Handelsgesellschaft mbH, Uhlandstraße 179/180, 1000 Berlin 12, Tel. (0 30) 8 82 67 11

Citicorp Ventura Capital Beratungsgesellschaft mbH, Neue Mainzer Straße 75, 6000 Frankfurt, Tel. (0 69) 13 66-6 70

Deutsche Gesellschaft für Wagniskapital (WFG), Ulmenstraße 37—39, 6000 Frankfurt 1, Tel. (0 69) 71 00 40
— WFG Geschäftsstelle Berlin, Kurfürstenstraße 72—74, 1000 Berlin 30, Tel. (0 30) 2 62 20 43
— WFG Geschäftsstelle München, Ottostraße 3—5, 8000 München 2, Tel. (0 89) 55 73 65

Direktbeteiligungsgesellschaft mbH & Co. Verwaltungs KG, Bergstr. 16, 8033 Krailling, Tel. (0 89) 8 59 62 71

Don Prohaska Communications, Grethenweg 143, 6000 Frankfurt 70, Tel. (0 69) 68 52 18

DVC-Venture Capital, Gesellschaft für Innovations-Analyse und Beteiligung mbH & Co., Schloßstraße 51, 7000 Stuttgart 1, Tel. (07 11) 22 60 20

Gfl Ges. für Industrieunternehmen mbH, Günther-Quandt-Haus, Seedammweg 55, 6380 Bad Homburg, Tel. (0 61 72) 40 43 01

GKB Beteiligungsgesellschaft mbH, Grundkreditbank e.G. — Volksbank — Nürnberger Straße 68—69, 1000 Berlin 30, Tel. (0 30) 2 10 71

HAITEC-Venture Capital Beteiligungsges. mbH, Kurfürstendamm 53, 1000 Berlin 15, Tel. (0 30) 8 81 18 80

Hannover-Fonds Innovationsfinanzierungsgesellschaft mbH & Co. Beteiligungs-KG, Raschplatz 4, 3000 Hannover 1

Neue Europa — Hitec & Biotec Gesellschaft für Innovationen mbH, Kurfürstendamm 182—183, 1000 Berlin 15, Tel. (0 30) 88 41 06 39

Hannover Finanz GmbH, Beteiligungen und Kapitalanlagen, Leisewitzstraße 37b, 3000 Hannover 1, Tel. (05 11) 2 80 07-0

Innovationsfonds des Landes Berlin, Senator für Wirtschaft und Arbeit, Martin-Luther-Straße 105, 1000 Berlin 62, Tel. (0 30) 7 83-1

Innovationstechnik, Ges. für Kapitalbeteiligung und Finanzplanung Venture Capital GmbH & Co. KG, Heinrich-Hertz-Str. 15, 2000 Hamburg 76, Tel. (0 40) 2 27 09 51

Inno-Wert Fonds Gesellschaft für Unternehmensbeteiligung mbH & Co. Erste Beteiligungs KG, Ostfeldstraße 46A, 3000 Hannover 71, Tel. (05 11) 52 50 53

INOBEG Innovations-Beteiligungs GmbH, Erhardtstraße 12, 8000 München 5, Tel. (0 89) 2 01 20 88

Investitions Gesellschaft Dr. Putsch, Marktstraße 32, 6200 Wiesbaden, Tel. (0 61 21) 30 23 63

ITB Innova Transfer Industriebeteiligungs GmbH, Myliusstraße 54, 6000 Frankfurt 1, Tel. (0 69) 72 95 98

ITG Innovationstechnik Gesellschaft für Kapitalbeteiligung und Finanzplanung Venture Capital GmbH & Co. KG, Heinrich-Hertz-Straße 15, 2000 Hamburg 76, Tel. (0 40) 2 27 09 51

Genes, Gründungsberatung + Managementservice GmbH, Horbeller Straße 10—14, 5000 Köln 40, Tel. (0 22 34) 5 90 76

KBG Kapitalbeteiligungsgesellschaft mbH Berlin, Schloßstraße 36, 1000 Berlin 41, Tel. (0 30) 7 91 90 35-36

Kreditanstalt für Wiederaufbau, Palmengartenstraße 5—9, 6000 Frankfurt/M., Tel. (0 69) 7 43 10

Norddeutsche Gesellschaft für Innovationsfinanzierung mbH & Co., Beteiligungs KG, Georgsplatz 1, 3000 Hannover 1, Tel. (05 11) 1 03-24 89

RBI Regionale Beteiligungsgesellschaft für Innovationsanwendung mbH & Co. KG, Aegidientorplatz 1, 3000 Hannover 1

Risikokapital Beteiligungsgesellschaft der Deutschen Vers. Wirtschaft AG (KDV), Bismarckstraße 105, 1000 Berlin 12, Tel. (0 30) 31 00 90, Karl-Theodor-Straße 6, 4000 Düsseldorf 1, Tel. (02 11) 8 22 11

Schleswig-Holsteinische Kapital-Beteiligungsgesellschaft mbH (KBG), Martensdamm 6, Postfach 11 22, 2300 Kiel 1, Tel. (04 31) 9 00 10 60

S-Siegerlandfonds, 1. Kapitalbeteiligungsges. f. Innovationsförderung im Siegerland mbH & Co., Postfach 21 07 53, 5900 Siegen, Tel. (02 71) 7 72 81

TIG Technologie-Investitions-GmbH + Co. KG, Kurfürstendamm 209, 1000 Berlin 15, Tel. (0 30) 8 82 72 01/02

TVM Techno Venture Management Gesellschaft mbH & Co. KG, Barerstraße 9, 8000 München 2, Tel. (0 89) 5 58 79 02

VC-Gesellschaft für Innovation Berlin GmbH, Kurfürstendamm 209, 1000 Berlin 15, Tel. (0 30) 8 82 24 20

VCP Venture Capital Promotion GmbH, Kapellenstraße 16, 6250 Limburg/L 4, Tel. (0 64 31) 5 26 60

VC Venture Capital AG, Im Breitspiel 19, 6900 Heidelberg 1, Tel. (0 62 21) 50 70-1 35

Venture Kapitalbeteiligungsgesellschaft mbH & Co. KG, Schöne Aussicht 29, 6200 Wiesbaden, Tel. (0 61 21) 52 20 31—32

Venture Rent GmbH, Bismarckstraße 17, 1000 Berlin 12, Tel. (0 30) 3 41 80 66

WBB Wirtschaftspartner Beteiligungsgesellschaft mbH, Berlin, Kurfürstendamm 93, 1000 Berlin 31, Tel. (0 30) 3 24 69 37

3.4. Europäische Institutionen

Europäisches Laboratorium für Teilchenforschung (CERN), CH-1211 Genf 23, Tel. 83 61 11

Europäisches Patentamt, Zweigstelle Den Haag, Postbus 58 18, 2280 HV Rijswijk ZH, Niederlande, Tel. (00 31) 70/90 67 89

Kommission der Europäischen Gemeinschaft, Generaldirektion XIII-A-4, Abt. Technologietransfer, Centre Européen-Bâtiment Jean Monnet, Postf. 2920, Luxemburg, Tel. (0 03 52) 4 30 11

Von der Abteilung „Technologietransfer" werden „Technische Hinweise" herausgegeben, in denen die angebotenen Projekte dargestellt werden. Interessenten können sich kostenlos in die Verteilerliste aufnehmen lassen. Der Versand der „Technische Hinweise" erfolgt kostenlos.

Europäische Weltraumorganisation, 8—10 rue Mario Nikis, 75738 Paris

Gemeinsame Forschungsstelle (GFS)
Standorte der GFS:

Brüssel
Rue de la Loi 200, 1049 Bruxelles, Weststraat 200, 1049 Brussel, Tel. (0 03 22) 2 35 11 11

Ispra
Ispra (Varese) Italien, Tel. (0 03 93 32) 78 01 31/78 02 71

Karlsruhe
Linkenheim
Postanschrift: 7500 Karlsruhe, Postfach 22 66, Tel. (0 72 47) 8 41

Petten
Westerduinweg 3, Postbus Nr. 2, 1755 ZG-Petten (N.H.), Niederlande, Tel. (00 31 22 46) 64 42

Geel
Steenweg op Retie, 2440 Geel (Belgien), Tel. (00 32 14) 58 94 21

Verbindungsbüro der Europäischen Gemeinschaft in der Bundesrepublik Deutschland, Zitelmannstraße 22, 5300 Bonn, Tel. (02 28) 23 80 41

Kommission der Europäischen Gemeinschaften, Generaldirektion XII, Informationsmarkt und Innovation, Bâtiment Jean Monnet, Rue Alcide de Gasperi, 2920 Luxembourg, Tel. (0 03 52) 4 30 11

3.5. Informationsquellen für Patent-, Lizenz- und Warenzeichenwesen — Neues deutsches Patentgesetz

Ämter, Behörden, Verbände

Deutsches Patentamt, Zweibrückenstr. 12, 8000 München 2, Tel. (0 89) 21 95-0

Deutsches Patentamt, Dienststelle Berlin, Gitschiner Str. 97—103, 1000 Berlin 61, Tel. (0 30) 25 94-1

Bundespatentgericht, Zweibrückenstr. 12, 8000 München 2, Tel. (0 89) 2 19 51

Europäisches Patentamt, Erhardtstr. 27, 8000 München 2, Tel. (0 89) 2 39 90

Europäisches Patentamt, Zweigstelle Den Haag, Postbus 58 18, 2280 HV Rijswijk ZH, Niederlande, Tel. (0 70) 90 67 89

WIPO Weltorganisation für geistiges Eigentum (World Intellectual Property Organization), 32, chemin des Colombettes, 1211 Genf 20

Deutscher Erfinder Verband e.V., Hallplatz 23, 8500 Nürnberg, Tel. (09 11) 22 45 44

Deutscher Verband der Patentingenieure und Patentassessoren e.V., Binsenstr. 35, 8526 Bubenreuth

Patentstelle für die deutsche Forschung, Romanstr. 22, 8000 München 19, Tel. (0 89) 13 20 25

INPADOC Internationales Patentdokumentationszentrum, A-1041 Wien, Möllwaldplatz 4, Tel. (00 43-2 22) 65 87 84

Private Organisationen

„Schutz-Marken-Dienst" Archivgesellschaft mbH (private Dokumentations-Zentrale mit Auftragsforschung), Heilwigstr. 81, 2000 Hamburg 20, Tel. (0 40) 46 24 13

Patentverwertungsgesellschaft „Contract" GmbH & Co KG, 8931 Untermeitingen bei Schwabmünchen

Gesetze und Kommentare

v. Gamm, „Gesetz gegen den unlauteren Wettbewerb", Köln 1981

Reimer, Prof. Dr., Eduard: „Patentgesetz und Gebrauchsmustergesetz", 4. Auflage in Vorbereitung

Busse, Dr. jur., Rudolf: „Patentgesetz und Gebrauchsmustergesetz", Köln 1972

Busse, Dr. jur., Rudolf: „Warenzeichengesetz", Köln 1976

Baumbach, Hefermehl: „Wettbewerbsrecht", München 1984

Baumbach, Hefermehl: „Warenzeichenrecht", München 1985

Althammer, Werner: „Warenzeichengesetz", Köln 1985

Benkhard, G.: „Patentgesetz, Gebrauchsmustergesetze und ergänzende Vorschriften", München 1981

Schulte, R.: „Patentgesetz", Köln 1981

Bühring, M.: „Gebrauchsmustergesetz", Köln 1984

Beier, Haertel, Schricker: „Europäisches Patentübereinkommen", Köln 1984

Gerstenberg: „Geschmacksmustergesetz", Heidelberg 1984

Schade, Dr. Dr., Hans: „Patent-Tabelle", Köln 1982

Bartenbach: „Gesetz über Arbeitnehmererfindungen", Köln 1980

Zeitschriften-Ausgaben des Deutschen Patentamtes

„Blatt für Patent-, Muster- und Zeichenwesen", Verlag Carl Heymanns KG, Köln

„Patentblatt", Verlag Carl Heymanns KG, Köln

„Vierteljährliches Namensverzeichnis zum Patentblatt", Verlag Carl Heymanns KG, Köln

„Jahresverzeichnis der Auslegeschriften und erteilten Patente", Verlag Carl Heymanns KG, Köln

„Taschenbuch des gewerblichen Rechtsschutzes", Verlag Carl Heymanns KG, Köln

„Entscheidungen des Bundespatentgerichts", Verlag Carl Heymanns KG, Köln

„Internationale Patent-Klassifikation", Verlag Carl Heymanns KG, Köln

„Warenzeichen-Blatt", Verlag für Wirtschaftswerbung WILA, München

Sonstige Zeitschriften

„Les Marques Internationales", Hrsg.: WIPO, Genf

„Auszüge aus den Patentschriften", Verlag für Wirtschaftswerbung WILA, München, wöchentlich

„Auszüge aus den Gebrauchsmustern", Verlag für Wirtschaftswerbung WILA, München, wöchentlich

„Auszüge aus den Offenlegungsschriften", Verlag für Wirtschaftswerbung WILA, München, wöchentlich

„Auszüge aus den Europ. Patentschriften", Verlag Carl Heymanns KG, Köln, wöchentlich

„Gewerblicher Rechtsschutz und Urheberrecht (GRUR), Verlag Chemie GmbH, monatlich

„Mitteilungen der deutschen Patentanwälte", Verlag Carl Heymanns KG, Köln, monatlich

„Auszüge aus den Europ. Patentanmeldungen", Verlag für Wirtschaftswerbung WILA, München, wöchentlich

„Gewerblicher Rechtsschutz und Urheberrecht, Internationaler Teil", Verlag Chemie GmbH, monatlich

Deutsches Patentamt — Verzeichnis der Auslegestellen

Aachen

Bibliothek der Technischen Hochschule, Jägerstraße zwischen Haus 17 und 19, 5100 Aachen, Tel. (02 41) 80 44 80

Berlin

Deutsches Patentamt, Dienststelle Berlin, Gitschiner Straße 97—103, 1000 Berlin 61, Tel. (0 30) 25 94-1

Bielefeld

Stadtbibliothek, Herforder Straße 4—6/Wilhelmstraße 3, 4800 Bielefeld 1, Tel. (05 21) 51 68 52

Bremen

Hochschule Bremen, Langemarckstraße 116, 2800 Bremen 1, Tel. (04 21) 59 05-2 25

Darmstadt

Hessische Landes- und Hochschulbibliothek, Schloß, 6100 Darmstadt, Tel. (0 61 51) 12 54 27

Dortmund

Universitätsbibliothek, Vogelpothsweg 76, 4600 Dortmund 50 (Barop), Tel. (02 31) 7 55 40 14

Düsseldorf

Patentschriften-Auslegestelle im VDI-Haus, VDI-Dienstleistungen GmbH, Graf-Recke-Straße 84, 4000 Düsseldorf 1, Tel. (02 11) 6 21 42 00

Hamburg

Handelskammer, Börse, 2000 Hamburg 11, Tel. (0 40) 36 13 83 76

Hannover

Universitätsbibliothek Hannover und Technische Informationsbibliothek, Welfengarten 1B, 3000 Hannover 1, Tel. (05 11) 7 62 34 15

Kaiserslautern

Universitätsbibliothek Kaiserslautern, Patentschriftenauslegestelle, Universität/Mensabau, Erwin-Schröder-Straße, 6750 Kaiserslautern, Tel. (06 31) 2 05 21 72

München

Deutsches Patentamt, Zweibrückenstraße 12, 8000 München 2, Tel. (0 89) 21 95-0

Nürnberg

Landesgewerbeanstalt Bayern, Gewerbemuseumsplatz 2, 8500 Nürnberg 1, Tel. (09 11) 2 01 75 16

Ratingen

Zentralstelle für Textildokumentation und -information des VTDI e.V. — titus-Textilinform —, Schloß Cromford, Cromforder Allee 22, 4030 Ratingen, Tel. (0 21 02) 2 70 51

Stuttgart

Landesgewerbeamt Baden-Württemberg, Kienestraße 18, 7000 Stuttgart 1, Tel. (07 11) 20 20-25 58

Neues deutsches Patentgesetz

Am 1. 1. 1981 und zum Teil schon früher sind einige wesentliche Änderungen des deutschen Patentgesetzes in Kraft getreten, die vor allem zur Anpassung an das Europäische Patentrecht vorgenommen wurden. Die wichtigsten Änderungen, die für die Schutzrechtsanmeldungen zum Teil eine erhebliche Bedeutung haben, seien nachfolgend vorgestellt.

Wegfall der Neuheitsschonfrist

Auf eine Erfindung wird kein Patent erteilt, wenn sie vor dem Anmeldetag durch schriftliche oder mündliche Beschreibung oder durch Benutzung der Öffentlichkeit zugänglich gemacht wurde, und zwar auch dann, wenn die Veröffentlichung oder die Benutzung durch den Erfinder oder den Anmelder selbst erfolgte. Die bisherige Regelung, nach der eine eigene Veröffentlichung oder Benutzung nicht als neuheitsschädlich angesehen wurden, wenn zwischen der Veröffentlichung und dem Anmeldetag weniger als sechs Monate (Neuheitsschonfrist) lagen, ist entfallen. Ist eine Veröffentlichung dennoch erfolgt, so bleibt noch als Notlösung übrig, die Erfindung als Gebrauchsmuster anstelle eines Patentes anzumelden. Das Gebrauchsmustergesetz wurde bisher nicht geändert, so daß die Neuheitsschonfrist für Gebrauchsmuster weiterhin bestehen bleibt.

Änderung des Einspruchsverfahrens

Die Bekanntmachung einer Patentanmeldung mit Herausgabe der Auslegeschrift entfällt nunmehr. An deren Stelle tritt jetzt sogleich die vorläufige Patenterteilung mit Herausgabe der Patentschrift. Das Einspruchsverfahren mit dreimonatiger Einspruchsfrist bleibt jedoch bestehen. Es wird der Patenterteilung nachgeschaltet. Je nach dem Ausgang des Einspruchsverfahrens kann ein Patent unverändert oder beschränkt aufrechterhalten oder widerrufen werden.

Zusatzpatente

Bezweckt eine Erfindung die Verbesserung einer anderen, bereits zum Patent angemeldeten Erfindung, so kann die Erteilung eines (nicht gebührenpflichtigen) Zusatzpatentes mit einer Einschränkung wie bisher beantragt werden. Diese Einschränkung besteht darin, daß jetzt nur noch innerhalb von 18 Monaten nach dem Anmeldetag des Hauptpatentes bzw. der Hauptpatentanmeldung ein Zusatzpatent beantragt werden kann.

Innere Priorität

Wie bisher kann innerhalb von zwölf Monaten nach dem Anmeldetag einer in Deutschland hinterlegten Patent- oder Gebrauchsmuster-Anmeldung diese Anmeldung unter Inanspruchnahme der deutschen Priorität (Anmeldetag) im Ausland eingereicht werden. Diese Regelung ist dahingehend erweitert worden, daß die gleiche Anmeldung jetzt auch in Deutschland noch einmal zum Patent angemeldet werden kann, beispielsweise um Änderungen zu berücksichtigen. Von dieser neuen Möglichkeit kann vorzugsweise auch Gebrauch gemacht werden, wenn die Erfindung in der Zwischenzeit weiter entwickelt wurde. Mit der Inanspruchnahme der Priorität gilt die erste Anmeldung als zurückgezogen.

Voraussetzungen der Patentfähigkeit

Voraussetzungen für die Patentfähigkeit sind jetzt Neuheit, erfinderische Tätigkeit (Erfindungshöhe) und gewerbliche Anwendbarkeit. Der technische Fortschritt als Schutzvoraussetzung ist entfallen.

Schutzdauer

Die maximale Laufzeit eines Patentes beträgt 20 Jahre.

Sonstige Änderungen

Weitere Änderungen, die jedoch nicht von allgemeinem Interesse sind, beziehen sich auf verfahrensrechtliche Bestimmungen und auf die Wirkung des Patentes.

4. Statistiken und Veröffentlichungen von Behörden, Instituten und Verbänden

4.1. Statistiken und Berichte von statistischen Ämtern, Ministerien, Behörden und Verbänden

4.1.1. Veröffentlichungen von statistischen Ämtern

Veröffentlichungen des Statistischen Bundesamtes

Im folgenden wird ein Überblick gegeben über die Veröffentlichungen des Statistischen Bundesamtes. Detaillierte Informationen über die jeweiligen Publikationen können Einzelprospekten entnommen werden, die beim Verlag W. Kohlhammer erhältlich sind.

Die zusammenfassenden Veröffentlichungen enthalten

— Allgemeine Querschnittsveröffentlichungen

— Thematische Querschnittsveröffentlichungen

— Veröffentlichungen zu Organisations- und Methodenfragen

— Kurzbroschüren.

Die Veröffentlichungen des Statistischen Bundesamtes, die Ergebnisse aus einzelnen Fachgebieten enthalten, erscheinen im Rahmen von Fachserien. Jede Fachserie ist in Veröffentlichungsreihen gegliedert. Das Bundesamt publiziert insgesamt neunzehn Fachserien.

Darüber hinaus werden

— Systematische Verzeichnisse (Unternehmens- und Betriebssystematiken, Güter-, Personen-, Regionalsystematiken)

— Karten

— Fremdsprachige Veröffentlichungen sowie

— Statistik des Auslandes

herausgegeben.

Sämtliche Veröffentlichungen sind über den Buchhandel oder direkt durch den

Verlag W. Kohlhammer GmbH
Abt. Veröffentlichungen des Statistischen Bundesamtes
Postfach 42 11 20, Philipp-Reis-Str. 3
6500 Mainz 42 (Hechtsheim)
Tel. (0 61 31) 5 93 44

zu beziehen.

Spezielle Anfragen werden vom Allgemeinen Auskunftsdienst des Statistischen Bundesamtes, Postfach 55 28, Gustav-Stresemann-Ring 11, 6200 Wiesbaden 1, Tel. (0 61 21) 7 05 24 05, beantwortet.

Zusammenfassende Veröffentlichungen*)

Allgemeine Querschnittsveröffentlichungen

Statistisches Jahrbuch für die Bundesrepublik Deutschland, jährlich
Wirtschaft und Statistik, monatlich
Statistischer Wochendienst, wöchentlich
Indikatoren zur Wirtschaftsentwicklung, monatlich
Bevölkerungsstruktur und Wirtschaftskraft der Bundesländer, jährlich
Lange Reihen zur Wirtschaftsentwicklung, alle 2 Jahre
Bevölkerung und Wirtschaft 1872—1972, einmalig (1972)

Thematische Querschnittsveröffentlichungen

Bevölkerung gestern, heute und morgen, (1985)
Frauen in Familie, Beruf und Gesellschaft, unregelmäßig
Die Lebensverhältnisse älterer Menschen, (1977)
Zur Situation der Jugend in der Bundesrepublik Deutschland, (1985)
Die Situation der Kinder in der Bundesrepublik Deutschland, (1979)
Strukturdaten über Ausländer in der Bundesrepublik Deutschland, (1983)
Zur Situation der Behinderten in der Bundesrepublik Deutschland, (1981)
Bildung im Zahlenspiegel, jährlich
Das Wohnen in der Bundesrepublik Deutschland, einmalig (1981)
Wirtschaft in Zahlen, (1983)
Ausgewählte Zahlen für die Bauwirtschaft, monatlich
Ausgewählte Zahlen zur Energiewirtschaft, monatlich und jährlich

Veröffentlichungen zu Organisations- und Methodenfragen

Das Arbeitsgebiet der Bundesstatistik; Darstellung von Aufgaben, Organisation und Methoden der Bundesstatistik mit ausführlichen Textbeiträgen sowie einem Katalog aller amtlichen Statistiken und ergänzenden Übersichten, unregelmäßig
Gegenwarts- und Zukunftsaufgaben der amtlichen Statistik, einmalig (1972)
Die Arbeiten des Statistischen Bundesamtes 1976—1981, unregelmäßig
Schriftenreihe „Forum der Bundesstatistik"
Band 1: Bundesstatistik in Kontinuität und Wandel, einmalig (1984)
Band 2: Darstellungskonzepte der Input-Output-Rechnung, einmalig (1984)
Band 3: Datennotstand und Datenschutz, einmalig (1985)
Band 4: Internationale Systeme Volkswirtschaftlicher Gesamtrechnungen, einmalig (1985)

---

*) Folgende Angaben werden aufgeführt: Titel, Erscheinungsfolge (bei einmaliger Veröffentlichung letzte Ausgabe)

Kurzbroschüren

Zahlenkompaß, jährlich
Im Blickpunkt: Der Mensch (Zahlen über das Leben in der BR Deutschland), unregelmäßig
Haushaltsgeld — woher, wohin?, unregelmäßig

Faltblätter

Bundesrepublik Deutschland in Zahlen, jährlich
Was die D-Mark im Ausland wert ist, jährlich
Vor dem Start ins Berufsleben, jährlich
Umwelt in Zahlen, jährlich

Fachserien

Fachserie 1: Bevölkerung und Erwerbstätigkeit — Veröffentlichungsreihen

Reihe 1: Gebiet und Bevölkerung, vierteljährlich und jährlich
Reihe 2: Ausländer, jährlich
Reihe 3: Haushalte und Familien (Ergebnisse des Mikrozensus), jährlich
Reihe 4: Erwerbstätigkeit

Fachserie 2: Unternehmen und Arbeitsstätten — Veröffentlichungsreihen

Reihe 1: Kostenstruktur in ausgewählten Wirtschaftszweigen, alle vier Jahre
Reihe 2: Kapitalgesellschaften, jährlich
Reihe 3: Abschlüsse der öffentlichen Versorgungs- und Verkehrsunternehmen, jährlich
Reihe 4: Zahlungsschwierigkeiten, monatlich und jährlich

Fachserie 3: Land- und Forstwirtschaft, Fischerei — Veröffentlichungsreihen

Reihe 1: Ausgewählte Zahlen für die Agrarwirtschaft, jährlich
Reihe 2: Betriebs-, Arbeits- und Einkommensverhältnisse
Reihe 3: Bodennutzung und pflanzliche Erzeugung, 1984, alle vier Jahre, unregelmäßig nach Schwerpunkten
Reihe 4: Viehbestand und tierische Erzeugung, monatlich, vierteljährlich, halbjährlich, jährlich, unregelmäßig nach Schwerpunkten

Fachserie 4: Produzierendes Gewerbe — Veröffentlichungsreihen

Reihe 1: (unbesetzt)
Reihe 2: Indizes für das Produzierende Gewerbe, monatlich
Reihe 3: Produktion im Produzierenden Gewerbe, vierteljährlich, jährlich
Reihe 4: Bergbau und Verarbeitendes Gewerbe, monatlich, jährlich, alle vier Jahre nach Schwerpunkten
Reihe 5: Baugewerbe, jährlich
Reihe 6: Energie- und Wasserversorgung, jährlich
Reihe 7: Handwerk, vierteljährlich
Reihe 8: Fachstatistiken, monatlich, vierteljährlich, jährlich

Fachserie 5: Bautätigkeit und Wohnungen — Veröffentlichungsreihen

Reihe 1: Bautätigkeit, jährlich
Reihe 2: Bewilligungen im sozialen Wohnungsbau, jährlich
Reihe 3: Bestand an Wohnungen, jährlich

Fachserie 6: Handel, Gastgewerbe, Reiseverkehr — Veröffentlichungsreihen

Reihe 1: Großhandel, monatlich, jährlich, unregelmäßig
Reihe 2: Handelsvermittlung, jährlich
Reihe 3: Einzelhandel, monatlich, jährlich, unregelmäßig
Reihe 4: Gastgewerbe, monatlich, jährlich, unregelmäßig
Reihe 5: Warenverkehr mit Berlin (West), jährlich
Reihe 6: Warenverkehr mit der Deutschen Demokratischen Republik und Berlin (Ost), monatlich, jährlich
Reihe 7: Reiseverkehr, monatlich, jährlich, alle sechs Jahre

Fachserie 7: Außenhandel — Veröffentlichungsreihen

Reihe 1: Zusammenfassende Übersichten für den Außenhandel, monatlich, jährlich
Reihe 2: Außenhandel nach Waren und Ländern (Spezialhandel), monatlich
Reihe 3: Außenhandel nach Ländern und Warengruppen (Spezialhandel), halbjährlich
Reihe 4: Außenhandel mit ausgewählten Waren, monatlich
Reihe 5: Außenhandel mit ausgewählten Ländern, jährlich, alle zwei Jahre
Reihe 6: Durchfuhr im Seeverkehr und Seeumschlag, jährlich
Reihe 7: Außenhandel nach Ländern und Gütergruppen der Produktionsstatistiken (Spezialhandel), jährlich
Reihe 8: Außenhandel nach dem Internationalen Warenverzeichnis für den Außenhandel (SITC-Rev. II) und Ländern (Spezialhandel), jährlich

Fachserie 8: Verkehr — Veröffentlichungsreihen

Reihe 1: Güterverkehr der Verkehrszweige, vierteljährlich
Reihe 2: Eisenbahnverkehr, monatlich, jährlich
Reihe 3: Straßenverkehr, monatlich, jährlich
Reihe 4: Binnenschiffahrt, monatlich, jährlich
Reihe 5: Seeschiffahrt, monatlich, jährlich
Reihe 6: Luftverkehr, monatlich, jährlich

Fachserie 9: Geld und Kredit — Veröffentlichungsreihen

Reihe 1: (unbesetzt)
Reihe 2: Aktienmärkte, monatlich

Fachserie 10: Rechtspflege — Veröffentlichungsreihen

Reihe 1: Ausgewählte Zahlen für die Rechtspflege, jährlich
Reihe 2: Zivilgerichte und Strafgerichte, jährlich
Reihe 3: Strafverfolgung, jährlich
Reihe 4: Strafvollzug, jährlich
Reihe 5: Bewährungshilfe, jährlich

Fachserie 11: Bildung und Kultur — Veröffentlichungsreihen

Reihe 1: Allgemeines Schulwesen, jährlich
Reihe 2: Berufliches Schulwesen, jährlich
Reihe 3: Berufliche Bildung, jährlich
Reihe 4: Hochschulen, jährlich
Reihe 5: Presse, jährlich
Reihe 6: Filmwirtschaft, alle zwei Jahre
Reihe 7: Ausbildungsförderung, jährlich

Fachserie 12: Gesundheitswesen — Veröffentlichungsreihen

Reihe 1: Ausgewählte Zahlen für das Gesundheitswesen, jährlich
Reihe 2: Meldepflichtige Krankheiten, jährlich
Reihe 3: Schwangerschaftsabbrüche, jährlich
Reihe 4: Todesursachen, vierteljährlich, jährlich
Reihe 5: Berufe des Gesundheitswesens, jährlich
Reihe 6: Krankenhäuser, jährlich

Fachserie 13: Sozialleistungen

Reihe 1: Versicherte in der Kranken- und Rentenversicherung, unregelmäßig
Reihe 2: Sozialhilfe, jährlich
Reihe 3: Kriegsopferfürsorge, jährlich
Reihe 4: Wohngeld, jährlich
Reihe 5: Behinderte und Rehabilitationsmaßnahmen, jährlich, alle zwei Jahre
Reihe 6: Jugendhilfe, jährlich

Fachserie 14: Finanzen und Steuern — Veröffentlichungsreihen

Reihe 1: (unbesetzt)
Reihe 2: Vierteljährliche Kassenergebnisse der öffentlichen Haushalte, vierteljährlich
Reihe 3: Rechnungsergebnisse, jährlich
Reihe 4: Steuerhaushalt, vierteljährlich
Reihe 5: Schulden der öffentlichen Haushalte, jährlich
Reihe 6: Personal des öffentlichen Dienstes, jährlich
Reihe 7: Einkommen- und Vermögensteuern, alle zwei Jahre, alle drei Jahre, unregelmäßig
Reihe 8: Umsatzsteuer, alle zwei Jahre
Reihe 9: Verbrauchsteuern, monatlich, jährlich, vierteljährlich
Reihe 10: Realsteuern, jährlich

Fachserie 15: Wirtschaftsrechnungen — Veröffentlichungsreihen

Reihe 1: Einnahmen und Ausgaben ausgewählter privater Haushalte, vierteljährlich, jährlich

Fachserie 16: Löhne und Gehälter — Veröffentlichungsreihen

Reihe 1: Arbeiterverdienste in der Landwirtschaft, jährlich
Reihe 2: Arbeitnehmerverdienste in Industrie und Handel, vierteljährlich
Reihe 3: Arbeiterverdienste im Handwerk, halbjährlich
Reihe 4: Tariflöhne und -gehälter, vierteljährlich, halbjährlich, unregelmäßig
Reihe 5: Löhne und Gehälter im Ausland, jährlich

Fachserie 17: Preise — Veröffentlichungsreihen

Reihe 1: Preise und Preisindizes für die Land- und Forstwirtschaft, monatlich, jährlich
Reihe 2: Preise und Preisindizes für gewerbliche Produkte (Erzeugerpreise), monatlich, jährlich
Reihe 3: Index der Grundstoffpreise, monatlich, jährlich
Reihe 4: Meßzahlen für Bauleistungspreise und Preisindizes für Bauwerke, vierteljährlich
Reihe 5: Kaufwerte für Bauland, vierteljährlich, jährlich
Reihe 6: Index der Großhandelsverkaufspreise, monatlich, jährlich
Reihe 7: Preise und Preisindizes für die Lebenshaltung, monatlich, jährlich
Reihe 8: Preise und Preisindizes für die Ein- und Ausfuhr, monatlich, jährlich
Reihe 9: Preise und Preisindizes für Verkehrsleistungen, jährlich
Reihe 10: Internationaler Vergleich der Preise für die Lebenshaltung, monatlich, jährlich
Reihe 11: Preise und Preisindizes im Ausland, monatlich, jährlich

Fachserie 18: Volkswirtschaftliche Gesamtrechnungen — Veröffentlichungsreihen

Reihe 1: Konten und Standardtabellen, jährlich
Reihe 2: Input-Output-Tabellen, unregelmäßig

Fachserie 19: Umweltschutz — Veröffentlichungsreihen

Reihe 1: Abfallbeseitigung, alle zwei Jahre
Reihe 2: Wasserversorgung und Abwasserbeseitigung, alle vier Jahre
Reihe 3: Investitionen für Umweltschutz im Produzierenden Gewerbe, jährlich

Unternehmens- und Betriebssystematiken

Systematik der Wirtschaftszweige mit Erläuterungen, unregelmäßig
Systematik der Wirtschaftszweige mit Betriebs- und ähnlichen Benennungen, unregelmäßig
Alphabetisches Verzeichnis der Betriebs- und ähnlichen Benennungen zur Systematik der Wirtschaftszweige, unregelmäßig

Gütersystematiken

Systematisches Güterverzeichnis für Produktionsstatistiken, unregelmäßig
Alphabetisches Güterverzeichnis für Produktionsstatistiken, unregelmäßig
Warenverzeichnis für den Material- und Wareneingang im Produzierenden Gewerbe (WE), unregelmäßig
Warenverzeichnis für die Außenhandelsstatistik, jährlich
Gegenüberstellung des Güterverzeichnisses für Produktionsstatistiken (GP) mit dem Warenverzeichnis für die Außenhandelsstatistik (WA), jährlich
Güterverzeichnis für die Verkehrsstatistik, unregelmäßig
Systematik der Bauwerke, unregelmäßig
Warenverzeichnis für die Binnenhandelsstatistik, unregelmäßig
Alphabetisches Warenverzeichnis für die Binnenhandelsstatistik, unregelmäßig
Internationales Warenverzeichnis für den Außenhandel (SITC II), einmalig 1976

Regionalsystematiken

Amtliches Gemeindeverzeichnis für die Bundesrepublik Deutschland, unregelmäßig

Personensystematiken

Klassifizierung der Berufe, unregelmäßig

Sonstige Systematiken

Systematik der Einnahmen und Ausgaben der privaten Haushalte, unregelmäßig

Statistik des Auslandes

Allgemeine Auslandsstatistik

Vierteljahreshefte zur Auslandsstatistik
Länderberichte (unregelmäßig; ein Jahrgang = 60 Berichte)

Fachserie: Auslandsstatistik — Veröffentlichungsreihen

Reihe 1: Bevölkerung und Erwerbstätigkeit im Ausland, unregelmäßig
Reihe 2: Produzierendes Gewerbe im Ausland, unregelmäßig
Reihe 3: Außenhandel des Auslandes, unregelmäßig
Reihe 4: Löhne und Gehälter im Ausland, jährlich
Reihe 5: Preise und Preisindizes im Ausland, monatlich, jährlich

Veröffentlichungen der Statistischen Landesämter

Die Statistischen Landesämter veröffentlichen eigene Publikationsverzeichnisse. Sie sind weitgehend einheitlich gestaltet. Einen Überblick über die Veröffentlichungen der Landesämter gibt das Gesamtverzeichnis „Statistische Berichte der Statistischen Landesämter". Sie sind bei den Statistischen Landesämtern erhältlich.

Kennziffer	Sachgebiet
A	Bevölkerung und Erwerbstätigkeit
AI	Bevölkerungsstand
AII	Natürliche Bevölkerungsbewegung
AIII	Wanderungen
AIV	Gesundheitswesen
AV 1	Gebiet
AVI 1	Erwerbstätigkeit
B	Unterricht und Bildung, Rechtspflege, Wahlen
BI	Allgemeinbildende Schulen
BII	Berufsbildung
BIII	Hochschulen
BIV	Erwachsenenbildung
BV	Sonstige kulturelle Einrichtungen und Veranstaltungen, Jugend, Sport
BVI	Rechtspflege
BVII	Wahlen
C	Land- und Forstwirtschaft, Fischerei
CI	Bodennutzung und Anbau
CII	Wachstumsstand und Ernte
CIII	Viehwirtschaft
CIV	Betriebswirtschaft
CV	Forstwirtschaft
D	Unternehmen und Arbeitsstätten
DI	Laufende Statistiken der Unternehmen (bzw. Arbeitsstätten)
E	Produzierendes Gewerbe
EI	Bergbau, Verarbeitendes Gewerbe
EII	Bauhauptgewerbe
EIII	Ausbaugewerbe
EIV	Energie- und Wasserversorgung
EV	Handwerk

Kennziffer	Sachgebiet
F	Bautätigkeit, Wohnungswesen
FI	(unbesetzt)
FII	Wohnungswesen
FIII	Grundeigentum
G	Handel und Gastgewerbe
GI	Binnenhandel
GII	Warenverkehr mit der Deutschen Demokratischen Republik einschl. Berlin (Ost) und mit Berlin (West)
GIII	Außenhandel
GIV	Fremdenverkehr, Gastgewerbe
H	Verkehr
HI	Straßen- und Schienenverkehr
HII	Schiffsverkehr
HIII	Luftverkehr
J	Geld und Kredit
JI	Geld und Kredit
K	Öffentliche Sozialleistungen
KI	Sozialhilfe und Jugendhilfe
KII	Sozialversicherung
KIII	Behinderte
KIV	Soziale Einrichtungen
L	Finanzen und Steuern
LI	Staatsfinanzen
LII	Gemeindefinanzen
LIII	Schulden und Personal
LIV	Steuern
M	Preise und Preisindizes
MI	Preise und Preisindizes
N	Löhne und Gehälter
NI	Effektiv-Verdienste
NII	Tariflöhne und Tarifgehälter
NIII	Personalkosten
O	Verbrauch
OI	Wirtschaftsrechnungen
OII	Einkommens- und Verbrauchsstichprobe
P	Volkswirtschaftliche Gesamtrechnungen
PI	Ländereregebnisse
PII	Kreisergebnisse
Q	Umweltschutz
QI	Wasserversorgung und Abwasserbeseitigung
QII	Abfallbeseitigung
QIII	Investitionen für Umweltschutz
QIV	Umweltbelastungen anderer Art
QV	Feuerwehr
Z	Zusammenfassende Berichte

4.1.2. Veröffentlichungen der Deutschen Bundesbank

Geschäftsbericht der Deutschen Bundesbank
Monatsberichte der Deutschen Bundesbank
Statistische Beihefte zu den Monatsberichten der Deutschen Bundesbank

Reihe 1: Bankenstatistik
Reihe 2: Wertpapierstatistik
Reihe 3: Zahlungsbilanzstatistik
Reihe 4: Saisonbereinigte Wirtschaftszahlen
Reihe 5: Devisenstatistik

Mitteilungen der Deutschen Bundesbank

4.1.3. Veröffentlichungen von Bundesministerien

Der Bundesminister für Wirtschaft

Öffentliche Elektrizitätsversorgung der Bundesrepublik Deutschland
Vierteljahresbericht über die Elektrizitätswirtschaft in der Bundesrepublik Deutschland
Die Elektrizitätswirtschaft in der Bundesrepublik Deutschland
Bericht über die Gaswirtschaft in der Bundesrepublik Deutschland
Die Entwicklung der Gaswirtschaft in der Bundesrepublik Deutschland
Daten zur Entwicklung der Energiewirtschaft in der Bundesrepublik Deutschland
BMWI-Tagesnachrichten
Ministerialblatt
Leistung in Zahlen
Die wirtschaftliche Lage in der Bundesrepublik Deutschland
Gutachten des Sachverständigenrats zur Gesamtwirtschaftlichen Entwicklung
Deutsches Handelsarchiv
Studienreihe
Zeitschrift für Bergrecht

Der Bundesminister der Finanzen

Haushaltsrecht des Bundes
Der Bundeshaushalt — Unser Geld
Der Finanzplan des Bundes
Chronik der Finanz- und Währungspolitik
Unsere Steuern von A—Z
§ 7b Einkommenssteuergesetz und Grunderwerbssteuerbefreiung
Unsere internationalen Währungsbeziehungen
Sport und Steuern
Vereinbarungen mit der DDR zur Regelung des nichtkommerziellen Zahlungs- und Verrechnungsverkehrs
Ministerialblatt
Schriftenreihe des Bundesministeriums der Finanzen
Finanzbericht
Subventionsbericht
Beteiligungen des Bundes

Der Bundesminister für Ernährung, Landwirtschaft und Forsten

Periodica/Schriftenreihen

BMELF-Informationen
Agrarbericht der Bundesregierung
Die Ertragslage des Garten- u. Weinbaus (ergänzter Auszug aus dem Agrarbericht)
Bericht über die Verbesserung der Agrarstruktur in der Bundesrepublik Deutschland
Forschung im Geschäftsbereich des Bundesministers für Ernährung, Landwirtschaft u. Forsten — Jahresbericht
Statistischer Monatsbericht
Statistischer Bericht über die Milch- und Molkereiwirtschaft im Bundesgebiet
Molkereiwirtschaft — Betriebsstruktur
Molkereibericht
Abschlußbericht über die besonderen Ernteermittlungen bei Getreide und Kartoffeln
Futterwirtschaft in der Bundesrepublik Deutschland
Landwirtschaftl. Erzeugerpreise, Zukaufpreise und Absatzwege
Tierseuchenbericht
Jahresbericht über die deutsche Fischwirtschaft
Informationen über die Fischwirtschaft des Auslandes
Bericht über Vieh und Fleisch
FAO-AKTUELL (Informationsdienst)
Zeitschrift „Ausbildung und Beratung in Land- u. Hauswirtschaft"
Berichte über Landwirtschaft
Schriftenreihe A — „Landwirtschaft — Angewandte Wissenschaft"
Schriftenreihe B — Flurbereinigung
Schriftenreihe C — Agrarpol. Berichte d. OECD

Sonstige Veröffentlichungen

Zum Agrarbericht 1985 der Bundesregierung (Broschüre 1985)
Waldschadenserhebung 1985
Flurbereinigungsgesetz

Der Bundesminister für Forschung und Technologie

BMFT-Mitteilungen
Förderfibel (Informationen über die Förderung von Forschung, Entwicklung und Innovationen in der Bundesrepublik Deutschland)

Forschungsberichte für folgende Sachgebiete:

Ausgewählte Bereiche der naturwissenschaftlichen Grundlagenforschung
Meeresforschung und Meerestechnik; Polarforschung
Weltraumforschung und Weltraumtechnik
Energieforschung und Energietechnologie
Umweltforschung; Klimaforschung; Sicherheitsforschung
Forschung und Entwicklung im Dienste der Gesundheit
Forschung und Entwicklung zur Humanisierung des Arbeitslebens
Informationstechnik (einschließlich Fertigungstechnik)
Biotechnologie
Materialforschung; chemische Verfahrenstechnik; physikalische Technologien
Luftfahrtforschung und -entwicklung
Forschung und Technologie für bodengebundenen Transport und Verkehr (einschließlich Verkehrssicherheit)
Raumordnung und Städtebau; Bauforschung
Innovation und verbesserte Rahmenbedingungen
Fachinformation
Geisteswissenschaften; Wirtschafts- und Sozialwissenschaften

Der Bundesminister für Raumordnung, Bauwesen und Städtebau

Einzelschriften

Das Mietrecht
Wie hilft der Staat beim Bauen?
Baugesetzbuch (allgemeine Information)
Sozial und leistungsfähig. Wohnungspolitik und Städtebaupolitik in der Erneuerung
Wohngeld '86
Programmatische Schwerpunkte der Raumordnung
Baurechtliche und verwaltungsprozessuale Fragen
Städtebauförderung
Wohnungspolitik und Städtebau, Raumordnung, Bauwesen — Jahresbericht
Bonn von morgen
Wohnen ohne Verkehrslärm

Schriftenreihen

Modellvorhaben, Versuchs- und Vergleichsbauvorhaben
Stadtentwicklung
Städtebauliche Forschung
Bau- und Wohnforschung
Bundeswettbewerbe
Raumordnung
Wohnungsmarkt und Wohnungspolitik

Der Bundesminister für Verkehr

Verkehr in Zahlen
Allgemeiner statistischer Dienst
Straßenbaubericht
Verkehrsstärkekarten
Forschung Straßenbau und Straßenverkehrstechnik (Schriftenreihe)
Straßenverkehrszählungen (Schriftenreihe)
Bundeswasserstraßen und Schiffahrt
Amtliche Liste der Seeschiffe der Bundesrepublik Deutschland
Der Seegüterumschlag in 12 Seehäfen der Bundesrepublik Deutschland
Der Bestand an Seeschiffen unter der Flagge der Bundesrepublik Deutschland
Informationen zur Beförderung gefährlicher Güter
Straßenbau für den Bürger mit dem Bürger
Die Weichen für die Zukunft stellen — Deutsche Bundesbahn
Verkehrssicherheitsprogramm 1984 der Bundesregierung
Umweltschutz im Verkehr
Umweltfreundlich fahren + Kfz-Steuern sparen
Jahresbericht 1984 des Bundesministers für Verkehr
Bundesverkehrswegeplan 1985
Verkehrsnachrichten

Der Bundesminister der Justiz

Bundesanzeiger
Bundesgesetzblatt
Broschüren und Faltblätter

Der Bundesminister für Arbeit und Sozialordnung

Arbeits- und Sozialstatistik
Sonderveröffentlichungen (Statistische Reihen)

Die gesetzliche Krankenversicherung in der Bundesrepublik Deutschland — Statistischer und finanzieller Bericht
Die gesetzliche Unfallversicherung in der Bundesrepublik Deutschland — Statistischer und finanzieller Bericht
Die Rentenbestände in den Rentenversicherungen der Arbeiter und Angestellten in der Bundesrepublik Deutschland
Die Rentenversicherung der Arbeiter in der Bundesrepublik Deutschland — Statistischer und finanzieller Bericht
Die Rentenversicherung der Arbeiter und Angestellten in der Bundesrepublik Deutschland
Die Standortwahl der Industriebetriebe in der Bundesrepublik Deutschland — Verlagerte, neuerrichtete und stillgelegte Industriebetriebe
Berufskrankheiten — Arbeitsmedizinische und klinische Erfahrungen nach den Berichten der Staatlichen Gewerbeärzte in der Bundesrepublik Deutschland für die Jahre 1955—1962
Schriftenreihe des Bundesversorgungsblattes
Statistik der gesetzlichen Krankenkassen über Arbeitsunfähigkeitsfälle und -tage nach Krankheitsarten
Forschungsberichte
Bundesarbeitsblatt
Jahresberichte

Der Bundesminister für Bildung und Wissenschaft

Gemeinsames Ministerialblatt
Broschüren
Bildung Wissenschaft aktuell
Grundlagen und Perspektiven für Bildung und Wissenschaft
Studien zur Bildung und Wissenschaft

Der Bundesminister für Wirtschaftliche Zusammenarbeit

Schriften zur Entwicklungspolitik
Einzelpublikationen
Entwicklungspolitisches Informationsmaterial
Forschungsberichte des Bundesministeriums

Auswärtiges Amt

Unsere Auswärtige Politik. Was sie will. Wer sie macht. Wem sie nützt. (Broschüre)
Deutsche Außenpolitik (1974—1985)
Sicherheit und Zusammenarbeit in Europa. Dokumentation
Aufrüsten — Abrüsten. Die Suche nach Wegen zum Frieden (Broschüre)
Abrüstung und Rüstungskontrolle — Dokumente zur Haltung der Bundesrepublik Deutschland (Dokumentation)
Bericht zur Rüstungskontrolle und Abrüstung 1984 (Broschüre)
Europas schwieriger Weg zur Einigung (Broschüre)
Europäische Politische Zusammenarbeit (Dokumentation)
KSZE. 10 Jahre Schlußakte von Helsinki
Die Bundesrepublik Deutschland und Afrika (Dokumentation)
Menschenrechte in der Welt (Dokumentation)
Dritte Welt. Materialien zur Politik der Bundesrepublik Deutschland (Dokumentation)
Partner Dritte Welt (Broschüre)
Adreßbuch der deutsch-britischen Zusammenarbeit (Broschüre)
Europa der Bürger (Broschüre)

Der Bundesminister des Innern

Broschüren

100 Jahre Innenressort
Verfassungsschutzbericht
Eingliederung der Vertriebenen, Flüchtlinge und Kriegsbeschädigten in der Bundesrepublik Deutschland
Zivilschutz heute
Umweltmagazin — Wir und unsere Umwelt
Umweltpolitik — Bilanz und Perspektiven

Informationsreihen

Umwelt
Innenpolitik
Innere Sicherheit
Umweltbrief

Der Bundesminister für innerdeutsche Beziehungen

Beiträge zur Deutschlandpolitik
Auskünfte zur Deutschlandpolitik A—Z
Zahlenspiegel. Ein Vergleich Bundesrepublik Deutschland — Deutsche Demokratische Republik
Jahresbericht des Bundesministers für innerdeutsche Beziehungen
Informationsangebot zur deutschen Frage
Ratgeber Zonenrandförderung

Merkblätter

Information zur politischen Bildung „Die DDR"
Information zur politischen Bildung „Die Deutsche Frage"
Sonderveröffentlichungen
Pressespiegel

4.1.4. Veröffentlichungen anderer Bundesbehörden

Presse- und Informationsamt der Bundesregierung

Bericht zur Lage der Nation 1985
Damit wir in Frieden leben können. Bündnis, Verteidigung, Rüstungskontrolle
Bonner Almanach 1984/85
Der Mittelstand, Motor der Marktwirtschaft
Schritte der Erneuerung. Soziale Marktwirtschaft für die 80er Jahre
Was ist los mit unserem Wald. Informationen über die Situation des Waldes.
Jugend heute
Neu im Rentenrecht
Rente im Klartext
Maßarbeit, Broschüre zum Beschäftigungsförderungsgesetz
Broschüre Steuerentlastung 86/88
Faltblatt über das Bundespresseamt
Bilanz der Bundesregierung 1985
Politik — Information aus Bonn
Beratungsfibel
Wegweiser für Verbraucher

Das Mietrecht
Wohngeld '86
Politik für junge Leute
Sozialhilfe — Ihr gutes Recht
Der rote Faden
Jahresbericht der Bundesregierung 1984
Dokumentation zur Medienpolitik der Bundesregierung
Dokumentation zur Deutschlandpolitik
Das KSZE-Folgetreffen von Madrid
Bericht zur Rüstungskontrolle und Abrüstung 85
Zwei Jahre Politik der Erneuerung
Bundeshaushalt 1986

Presse- und Informationszentrum des Deutschen Bundestages

heute im pz-Fernsehdienst
Mitteilungen aus dem Bundestag
Zur Tagesordnung
heute im Bundestag
Woche im Bundestag
Schriftenreihe „Zur Sache"
Schriftenreihe „Bundestag von a—z"
Informationsdienst „Bundestag-Report"
Wandzeitung „Forum Parlament"
Magazin „Der 10. Deutsche Bundestag"
Magazin „Der Reichstag"
Faltblatt „Weg der Gesetzgebung"
Kürschners Volkshandbuch
Im Plenarsaal
Broschüre „Der Deutsche Bundestag"
Die Bundesversammlung
Der Bundestag im Verfassungsgefüge der Bundesrepublik Deutschland
Chronik — Debatten, Gesetze, Kommentare, Der Deutsche Bundestag
Datenhandbuch zur Geschichte des Deutschen Bundestages 1949—1982
Fragen an die Deutsche Geschichte — von 1800 bis zur Gegenwart
Grundgesetz für die Bundesrepublik Deutschland

Der Bundesrat

Europäische Integration
Bundesrat und Bundesstaat
Mitgliederverzeichnis des Bundesrates
Der Bundesrat

Bundesarchiv

Editionsreihen
Wissenschaftliche Einzelveröffentlichungen
Publikationsfindbücher
Ausstellungskataloge
Informationsbroschüre des Bundesarchives

Bundesinstitut für Bevölkerungsforschung

Schriftenreihe des Instituts
Zeitschrift für Bevölkerungswissenschaft
Materialien zur Bevölkerungswissenschaft
Sonderveröffentlichungen

Bundesinstitut für ostwissenschaftliche und internationale Studien

Bericht des Bundesinstituts
Aktuelle Analysen
Information aus der Forschung

Bundeszentrale für politische Bildung

Das Parlament
Aus Politik und Zeitgeschichte
Informationen zur politischen Bildung
PZ
Zeitlupe
Schriftenreihe zur politischen Bildung
Einzelpublikationen

Deutsches Patentamt

Patentblatt
Vierteljährliches Namensverzeichnis
Warenzeichenblatt
Blatt für Patent-, Muster- und Zeichenwesen
Gruppeneinteilung der Patentklassen
Internationale Patentklassifikation
Stich- und Schlagwörterverzeichnis zur Internationalen Patentklassifikation
Taschenbuch des gewerblichen Rechtsschutzes

Biologische Bundesanstalt für Land- und Forstwirtschaft

Jahresbericht der Biologischen Bundesanstalt für Land- und Forstwirtschaft
Nachrichtenblatt des Deutschen Pflanzenschutzdienstes
Mitteilungen aus der Biologischen Bundesanstalt für Land- und Forstwirtschaft
Bekanntmachungen der Biologischen Bundesanstalt
Pflanzenschutzmittel-Verzeichnis
Merkblätter der Biologischen Bundesanstalt
Amtliche Pflanzenschutzbestimmungen
Richtlinien für die amtliche Prüfung von Pflanzenschutzmitteln
Trichogramma News

Bundesanstalt für Milchforschung

Jahresberichte
Kieler Milchwirtschaftliche Forschungsberichte

Bundesanstalt für Fischerei

Archiv für Fischereiwissenschaft
Informationen für die Fischwirtschaft
Informationen über die Fischwirtschaft des Auslandes
Schriften für Fischerei
Jahresbericht für Fischerei
Mitteilungen aus dem Institut für Seefischerei
Veröffentlichungen des Instituts für Küsten- und Binnenfischerei
Protokolle zur Fischereitechnik
Arbeiten aus dem Institut für Biochemie und Technologie
Berichte aus dem Isotopenlaboratorium der Bundesforschungsanstalt für Fischerei

Bundesanstalt für Arbeit

Presseinformationen (Aktuelle Berichte für Presse, Rundfunk und Fernsehen)
Amtliche Nachrichten der Bundesanstalt für Arbeit
Sonderhefte der Amtlichen Nachrichten der Bundesanstalt für Arbeit
Schriften zur allgemeinen Information
Schriften zur fachlichen Information
Merkblattreihe („Ihre Rechte, Ihre Pflichten")
Schriften zur Vorbereitung der Berufswahl
Berufskundliche Informationen für Arbeitnehmer
Veröffentlichungen aus der Arbeitsmarkt- und Berufsforschung
Informationen über das Institut für Arbeitsmarkt- und Berufsforschung

Kraftfahrt-Bundesamt

Statistische Mitteilungen des Kraftfahrt-Bundesamtes und der Bundesanstalt für den Güterfernverkehr
Ergänzungshefte zu den Statistischen Mitteilungen
Bestand an Kraftfahrzeugen und Kraftfahrzeuganhängern am 1. Juli 19 . . in der Gliederung nach Fahrzeugarten und Gemeinden
Jahresband: Der Bestand an Kraftfahrzeugen und Kraftfahrzeuganhängern am 1. Juli 19 . .
Jahresband: Neuzulassungen — Besitzumschreibungen — Löschungen von Kraftfahrzeugen und Kraftfahrzeuganhängern im Jahre 19 . .
Jahresband: Grenzüberschreitender Güterverkehr 19 . . in seiner Bewegung zwischen inländischen Verkehrsbezirken und Ländern nach Güterhauptgruppen
Kraftfahrzeugstatistiken
— Neuzulassungen und -anmeldungen
— Besitzumschreibungen
— Löschungen
— Bestand
Verkehrsstatistiken
Fahr- und Fahrlehrerlaubnisstatistiken
Verkehrszentralregister-Statistiken
Fahrzeugmängelstatistik

Kraftfahrt-Bundesamt/Bundesanstalt für den Güterfernverkehr

Statistische Mitteilungen des Kraftfahrt-Bundesamtes und der Bundesanstalt für den Güterfernverkehr
Gemeinsame Jahresberichte der Bundesanstalt für den Güterfernverkehr und des Kraftfahrt-Bundesamtes

Bundesanstalt für den Güterfernverkehr

Unternehmen und Fahrzeuge des gewerblichen Güter- und Möbelfernverkehrs
Unternehmen und Fahrzeuge des gewerblichen Güternahverkehrs
Unternehmen und Fahrzeuge des Werkfernverkehrs
Grenzüberschreitender gewerblicher Güterverkehr deutscher Kraftfahrzeuge nach obligatorischen Tarifen und Sonderabmachungen (Vierteljahresberichte)

Bundesausgleichsamt

Amtliches Mitteilungsblatt
Statistische Berichte
Vierteljahreshefte

Bundesgesundheitsamt

Tätigkeitsberichte
Schriften des Bundesgesundheitsamtes
Berichte aus den Instituten des Bundesgesundheitsamtes
Hefte aus den Instituten des Bundesgesundheitsamtes
Informationsschriften
Empfehlungen

4.1.5. Veröffentlichungen für ausgewählte Wirtschaftsbereiche

Industrie

Elektrotechnische Erzeugnisse

„Die elektrotechnische Industrie — statistischer Bericht", Zentralverband der Elektrotechnischen Industrie e.V., Frankfurt, jährlich

„Elektroindustrie in Zahlen", Zentralverband der Elektrotechnischen Industrie e.V., Frankfurt, jährlich

„Außenhandelsstatistik verschiedener Länder", Zentralverband der Elektrotechnischen Industrie e.V., Frankfurt, jährlich

„Prognose 1990, Ergebnisband", Zentralverband der Elektrotechnischen Industrie e.V., Frankfurt

„Prognose 1990, Materialband", Zentralverband der Elektrotechnischen Industrie e.V., Frankfurt

„Tatsachen und Zahlen aus der Elektroindustrie", Zentralverband der Elektrotechnischen Industrie e.V., Frankfurt

„ZVEI-Tätigkeitsbericht", Zentralverband der Elektrotechnischen Industrie e.V., Frankfurt, jährlich

„Taschenbuch der Elektropresse", Zentralverband der Elektrotechnischen Industrie e.V., Frankfurt, jährlich

„ZVEI-Messekalender für die Elektroindustrie, Inland und Ausland", Zentralverband der Elektrotechnischen Industrie e.V., Frankfurt, jährlich

„Die Elektro-Industrie, Elektronik und ihre Helfer", Konjunkturspiegel, Fachschau und Neuheiten; ABC Verlagsgesellschaft, Darmstadt, jährlich

„Zahlenspiegel der deutschen Hausgeräteindustrie", Fachverbände der Elektro-Hausgeräteindustrie, Frankfurt, jährlich

Energiewirtschaft/Wasserversorgung

„Statistik für das Jahr . . . .", VDEW, Frankfurt, jährlich

„VDEW-Mitgliederverzeichnis", VDEW, Frankfurt

„Die öffentliche Elektrizitätswirtschaft in . . . .", VDEW, Frankfurt, jährlich

„Energie", Resch-Verlag, Gräfeling, monatlich

„Jahrbuch Gas und Wasser . . . .", DVGW, Bonn, jährlich

„Jahresbericht . . . .", Bundesverband der Deutschen Gas- und Wasserwirtschaft e.V., Bonn, jährlich

„Gasstatistik . . . .", Bundesverband der Deutschen Gas- und Wasserwirtschaft e.V., Bonn, jährlich

„Mineralöl-Zahlen . . . .", Mineralölwirtschaftsverband e.V., Hamburg, jährlich

„Jahresbericht . . . .", Mineralölwirtschaftsverband e.V., Hamburg, jährlich

„Schriftenreihen des Mineralölwirtschaftsverbandes", Mineralölwirtschaftsverband e.V., Hamburg, jährlich

„Tätigkeitsbericht . . . .“, Vereinigung Industrielle Kraftwirtschaft, Essen, jährlich

„Bericht . . . .“, Deutsche Verbundgesellschaft, Heidelberg, jährlich

„Ausgewählte Zahlen zur Energiewirtschaft . . . .“, Statistisches Bundesamt, Wiesbaden

„Stromerzeugungsanlagen der Betriebe im Bergbau und im verarbeitenden Gewerbe . . . .“, Statistisches Bundesamt, Wiesbaden

„Verfügbarkeit von Wärmekraftwerken . . . .“, VGB Technische Vereinigung der Großkraftwerksbetreiber e.V., Essen

„Energiebilanzen“, Energieträger, Aufkommen, Bedarf, Verbrauch; Arbeitsgemeinschaft Energiebilanzen, Düsseldorf, jährlich

„Ifo-Studien zur Energiewirtschaft“, Ifo, München, unregelmäßig

„Gesamtwirtschaftliche und Strukturelle Auswirkungen der Energieverteuerung auf internationale Energiepreisdifferenzen“, DIW, Berlin

„Öffentliche Elektrizitätsversorgung der Bundesrepublik Deutschland“, Der Bundesminister für Wirtschaft, Bonn, jährlich

„Vierteljahresberichte über die Elektrizitätswirtschaft in der Bundesrepublik Deutschland“, Der Bundesminister für Wirtschaft, Bonn, vierteljährlich

„Die Elektrizitätswirtschaft in der Bundesrepublik Deutschland“, Der Bundesminister für Wirtschaft, Bonn, jährlich

„Bericht über die Gaswirtschaft in der Bundesrepublik Deutschland“, Der Bundesminister für Wirtschaft, Bonn, jährlich

„Die Entwicklung der Gaswirtschaft in der Bundesrepublik Deutschland“, Der Bundesminister für Wirtschaft, Bonn, jährlich

„Daten zur Entwicklung der Energiewirtschaft in der Bundesrepublik Deutschland“, Der Bundesminister für Wirtschaft, Bonn, jährlich

„Die Elektrizitätswirtschaft in den 80er und 90er Jahren — Trends, Aufgaben und Erfordernisse“, Verlag Glückauf GmbH, Essen

„VGB Tätigkeitsbericht . . . .“, VGB Technische Vereinigung der Großkraftwerksbetreiber e.V., Essen, jährlich

„Statistik der Energiewirtschaft . . . .“, Vereinigung Industrielle Kraftwirtschaft, Essen, jährlich

„Öl — Ein Rohstoff und sein Markt“, Mineralölwirtschaftsverband e.V., Hamburg

„Mineralöl und Umweltschutz“, Mineralölwirtschaftsverband e.V., Hamburg, 1984

„Mineralöl im Wärmemarkt“, Mineralölwirtschaftsverband e.V., Hamburg, 1983

„Energie- und Wasserversorgung“, Statistisches Bundesamt, Wiesbaden

„Jahrbuch Energiestatistik . . . .“, EG, Brüssel, jährlich

„Energiestatistiken“, EG, Brüssel, monatlich

„Die energiepolitischen Ziele für 1990 und ihre Realisierung“, EG, Brüssel

Bauhauptgewerbe

„Ifo-Studien zur Bauwirtschaft“, Ifo, München, unregelmäßig

„Schriftenreihen“, Der Bundesminister für Raumordnung, Bauwesen und Städtebau, Bonn

„Baustatistisches Jahrbuch“, Hauptverband der deutschen Bauindustrie, Frankfurt, jährlich

„Bauwirtschaft in Zahlen“, Hauptverband der deutschen Bauindustrie, Frankfurt, alle zwei Jahre

„Fakten und Perspektiven“, Hauptverband der deutschen Bauindustrie, Frankfurt, alle zwei Jahre

„Baugewerbe-Reihe“, Statistisches Bundesamt, Wiesbaden, jährlich

„Bautätigkeit“, Statistisches Bundesamt, Wiesbaden, jährlich

„Die Bauverwaltung“, Der Bundesminister für Raumordnung, Bauwesen und Städtebau, Bonn, monatlich

„Zentralblatt für Industriebau“, Arbeitsgemeinschaft Industriebau e.V., (AGI), alle zwei Monate

„Allgemeine Statistiken der Hochbautätigkeit", Institut Zimmermann + Partner, Baudatenbank GmbH, Mettmann

„Bautrends", Institut Zimmermann + Partner, Baudatenbank GmbH, Mettmann

„Construction Today-International Magazine of Civil Engineering", Construction Today, London, monatlich

Bergbau

„Steinkohlenbergbauverein . . . .", Steinkohlenbergbauverein, Essen, jährlich

„Steinkohle: Daten und Tendenzen", Energiebilanzen, Steinkohle-Förderung, Produktivität, Absatz, Marktversorgung, Preise, Löhne, Beschäftigungsstruktur, Welt-Energiebilanzen, Weltförderung an Steinkohle; Gesamtverband des Deutschen Steinkohlebergbaues, Essen, jährlich

„Yearbook — World Mining", World Mining, San Francisco

„Jahresbericht . . . .", Verein Deutscher Kohlenimporteure e.V., Hamburg, jährlich

„Der Kohlenbergbau in der Energiewirtschaft in der Bundesrepublik Deutschland", Förderung, Bestände, Produktivität, Wertschöpfung, Investitionen, Beschäftigung, Arbeitszeit, energiewirtschaftliche Daten wie Ein- und Ausfuhr, Bestandsveränderungen, Energiestruktur; Statistik der Kohlenwirtschaft e.V., Essen, jährlich

„Zahlen zur Kohlewirtschaft (BRD) — Statistik der Kohlewirtschaft", Daten der BRD: Produktion, Bestände, Absatzziffern, Verbrauch, Außenhandel, Beschäftigungsstruktur, Produktivität, Löhne, EG- und internationale Daten: Produktion (Steinkohle, Braunkohle, Koks, Erdöl); Statistik der Kohlenwirtschaft e.V., Essen, jährlich

„World Coal", World Coal, Brüssel, monatlich

„Jahrbuch für Bergbau, Energie, Mineralöl und Chemie", Anschriften von Firmen, Personen, Behörden, Verbänden sowie der Wirtschaftszweige. Technische und wirtschaftsstatistische Daten, Betriebsbeschreibungen, Kartenmaterial, Suchwortverzeichnis; Brecht, Goethe, Krämer, Reintges, Willing/Verlag Glückauf GmbH, Essen, jährlich

„Bulletin der Europäischen Gemeinschaften", Europäische Gemeinschaft für Kohle und Stahl, Brüssel

Chemische Industrie

„Chemie-Anlagen + Verfahren", Konradin-Verlag, Leinfelden-Echterdingen, monatlich

„HPI Market Data", Marktentwicklungen (langfristige Trends). Investitionen, Grundsatzanalysen; Gulf Publishing Comp., Houston/USA, jährlich

„Chemie, Ingenieur, Technik", Gesellschaft Deutscher Chemiker, DECHEMA Deutsche Gesellschaft für chemisches Apparatewesen, VDI-Gesellschaft Verfahrenstechnik und Chemieingenieurwesen (GVC), Weinheim, monatlich

„Hydrocarbon Processing Magazine", Weltweit: Grundsatzfragen, technische Entwicklungen, Erfahrungsberichte über Betriebsergebnisse von Komponenten und Anlagen, Kurznachrichten über Ausbaupläne, gesetzliche Maßnahmen für Petrochemie, Raffineriebau, Erdgas und Mineralölwirtschaft; Gulf Publishing Comp., Houston/USA, vierteljährlich

„HPI Construction Boxcore" (Beilage zu Hydrocarbon Processing Magazine), Weltweit sämtliche Chemieanlagen im Bau, in der Planung, projektiert, mit detaillierten Angaben über Struktur, Lieferanten etc.; Gulf Publishing Comp., Houston/USA

„Die chemische Produktion", Europa-Fachpresse-Verlag, München, monatlich

„Chemiewirtschaft in Zahlen", Produktion, Umsatz, Beschäftigung, Löhne, Investitionen, Preise, Vergleiche mit anderen Industriezweigen; Verband der chemischen Industrie, Frankfurt, jährlich

„Chemische Industrie", In- und Ausland, Wirtschaftsnachrichten und technische Berichte für die Chemie, alle Bereiche; Verband der chemischen Industrie, Frankfurt, monatlich

Eisen und Stahl, Blech- und Metallwaren

„Statistisches Jahrbuch der Eisen- und Stahlindustrie“, Erzeugung BRD, Außenhandel, Kapazitäten, Gesamtübersichten, Montanunion, Länderübersichten, Weltübersichten	Wirtschaftsvereinigung Eisen- und Stahl industrie, Düsseldorf, jährlich
„Export- und Importstatistik“ „Auftragseingang, Lieferungen, Auftragsbestand, Marktversorgung der BRD an Walzstahlfertigerzeugnissen“ „Abnehmergruppenstatistik“, Abnehmerstruktur	Wirtschaftsvereinigung Eisen- und Stahlindustrie, Düsseldorf, monatlich
„Informationsdienst, Ausgabe A und B“, Gesammelte Artikel aus veschiedenen Quellen, in Ausgabe B mehr Ausland	Wirtschaftsvereinigung Eisen- und Stahlindustrie, Düsseldorf, wöchentlich

„Jahrbuch Stahl . . . .“, Verein Deutscher Eisenhüttenleute, Düsseldorf

„Die Eisen-, Stahl- und NE-Industrie und ihre Helfer“, Konjunkturspiegel, Fachschau und Neuheiten, ABC Verlagsgesellschaft, Darmstadt, jährlich

„Stahl und Eisen“, Verein Deutscher Eisenhüttenleute, Düsseldorf

„Eisen und Stahl (Eisenerzbergbau, Eisenschaffende Industrie, Eisen-, Stahl- und Tempergießerei“), Statistisches Bundesamt, Wiesbaden, monatlich

„Jahrbuch Eisen und Stahl . . . .“, EG, Brüssel, jährlich

„Eisen und Stahl; Vierteljahreshefte“, EG, Brüssel

„Die Investitionen in den Kohle- und Stahlindustrien der Gemeinschaft: Bericht über die Erhebung 1983“, EG, Brüssel

„Tätigkeitsbericht“, Wirtschaftsverband EBM, Düsseldorf, jährlich

„Die Eisen, Blech und Metall verarbeitende Industrie“, Konjunkturspiegel, Fachschau und Neuheiten, ABC Verlagsgesellschaft, Darmstadt, jährlich

„Faltblatt und statistische Daten“, Wirtschaftsverband EBM, Düsseldorf, jährlich

Gießerei-Erzeugnisse

„Guß-Informationen/Berichte“, Statistische Daten, Branchen-, Lageberichte; Deutscher Gießereiverband, Düsseldorf, monatlich

„Zahlen und Daten“, Statistische Daten, Branchen- und Lageberichte; Deutscher Gießereiverband, Düsseldorf, monatlich

Jahresbericht: „Die Gießereiindustrie im Jahre . . . .“, Statistische Daten, Branchen-Lageberichte, Deutscher Gießereiverband, Düsseldorf, jährlich

„Marktbeobachtung“, Konkurrenzsituation; Deutscher Gießereiverband Düsseldorf, monatlich

„Die Gießerei-Industrie und ihre Helfer“, Konjunkturspiegel, Fachschau und Neuheiten, ABC Verlagsgesellschaft, Darmstadt, jährlich

Holzbe- und -verarbeitung

„Die Möbel-Industrie und ihre Helfer“, Konjunkturspiegel, Fachschau und Neuheiten, ABC Verlagsgesellschaft, Darmstadt, jährlich

„Geschäftsbericht . . . .“, Hauptverband der Deutschen Holzindustrie und verwandten Industriezweige e.V., Rheinstetten, jährlich

„Länderberichte“, Daten bestimmter Länder, statistisch aufbereitet speziell für die Interessen der Holzindustrie, praktische Tips, Kontaktstellen; Bundesverband der deutschen Holzindustrie und verwandter Industriezweige e.V., Wiesbaden, unregelmäßig

Zahlreiche Forschungsberichte und Monographien für den Bereich der Holzbe- und -verarbeitung sind bei folgenden Instituten erschienen:
- Technische Universität Braunschweig — Institut für Werkzeugmaschinen, Braunschweig
- Wilhelm-Klauditz-Institut für Holzforschung, Braunschweig — Kralenriede
- Universität München — Institut für Holzforschung und Holztechnik, München
- Universität Stuttgart — Institut für Werkzeugmaschinen, Stuttgart
- Institut für technische Betriebsführung im Handwerk — Forschungsstelle des Deutschen Handwerksinstituts e.V., Karlsruhe
- Arbeitsgemeinschaft Holz e.V., Düsseldorf

Kunststoff, Gummi

„Statistischer Jahresbericht der deutschen Kautschukindustrie", Wirtschaftsverband der deutschen Kautschukindustrie e.V., Frankfurt, jährlich

„Produktions- und Umsatzwerte", Wirtschaftsverband der deutschen Asbestindustrie, Frankfurt, Main, vierteljährlich

„Statistischer Jahresbericht", Wirtschaftsverband der deutschen Asbestindustrie, Frankfurt, Main, jährlich

„K-Mitteilungen — Marktdaten, Technik, Statistiken", Gesamtverband Kunststoffverarbeitende Industrie e.V. (GKV), Frankfurt, Main, monatlich

„Statistik der Kunststoffverarbeitung", Beilage zur K-Mitteilung, Jahres- und Monatsstatistiken; Gesamtverband Kunststoffverarbeitende Industrie e.V. (GKV), Frankfurt, Main, monatlich

„Technik in der Kunststoffverarbeitung", Beilage zur K-Mitteilung, Gesamtverband Kunststoffverarbeitende Industrie e.V. (GKV), Frankfurt, Main, monatlich

„Kunststoffberater", Kunststoff Verlag, Isernhagen, monatlich

„Gummi Adressbuch", Adressen aus der Gummi- und Asbest-Industrie; Curt R. Vincentz Verlag, Hannover

„Die Kunststoff-Industrie und ihre Helfer"; Konjunkturspiegel, Fachschau und Neuheiten, ABC Verlagsgesellschaft, Darmstadt, jährlich

Maschinenbau

„Der deutsche Maschinen- und Anlagenbau", Teil A: Alphabetisches Firmenregister Teil B: Ausführliche Einzeldarstellung der Firmen, alphabetisch geordnet Teil C: Herstellergruppen/Fachgemeinschaften	VDMA, Frankfurt, alle drei Jahre
„Wer baut Maschinen", Einkaufsführer für Maschinen und Anlagen, Werkzeuge und Zubehör, Herstellernachweise, firmenalphabetisches Verzeichnis, Sprachen: Deutsch, Englisch, Französisch, Spanisch.	VDMA, Frankfurt, jährlich
„Statistisches Handbuch für den Maschinenbau", Daten über Produktion, Beschäftigung, Außenhandel sowie sonstige Strukturdaten über den deutschen Maschinenbau, Zahlen zum Maschinenaußenhandel, internationale Übersichten.	VDMA, Frankfurt, jährlich
„Statistisches Handbuch für den Maschinenbau", Taschenbuchausgabe	VDMA, Frankfurt, jährlich
„VDMA-Kennzahlenkompaß", Über 100 betriebswirtschaftliche Kennzahlen aus den Bereichen — Finanzen, Investitionen, Personal, Kosten, Umsatz, Preisentwicklung.	VDMA, Frankfurt, alle 2 Jahre
„Marketing im Maschinenbau", Die wichtigsten Marketing-Aktivitäten aus der Sicht des Maschinenbauers.	VDMA, Frankfurt, unregelmäßig

„Konjunkturbericht", Im statistischen Teil der Maschinenbau-Nachrichten werden vierteljährlich die konjunkturelle Lage des Maschinenbaus analysiert und konjunkturelle Probleme erörtert. — VDMA, Frankfurt, vierteljährlich

„Konjunktur im Bild", Darstellung von Indikatoren, die für die Beurteilung der Lage in der Gesamtwirtschaft und im Maschinenbau wichtig sind, in Wort und Bild. — VDMA, Frankfurt, halbjährlich

„Ergebnisse der amtlichen Produktionserhebung und der VDMA-Statistik", Für das Segment Maschinenbau werden die Produktionsdaten in der statistisch feinsten Gliederung an interessierte Mitgliedsfirmen geliefert. Zusätzlich enthält diese Veröffentlichung die durch eine VDMA-Erhebung ermittelte Relation Auftragseingang/Produktion nach Inland und Ausland. — VDMA, Frankfurt, vierteljährlich

„Auftragseingang", Indices des Auftragseingangs und des Umsatzes gegliedert in Inlands-, Auslands- und Gesamtgeschäft für den gesamten Maschinenbau und seine Fachzweige (Ergebnisse einer VDMA-Erhebung). — VDMA, Frankfurt, monatlich

„Preise", Indices der Erzeugerpreise, die Ausfuhrpreise und Einfuhrpreise für alle Maschinenbau-Erzeugnisse und für Maschinengruppen nach Berechnung des Statistischen Bundesamtes. — VDMA, Frankfurt, monatlich

„Beschäftigung", Zahl der Beschäftigten, Kapazitätsauslastung, Auftragsbestand für die gesamte Wirtschaft, die gesamte Industrie und den Maschinenbau. — VDMA, Frankfurt, monatlich

„Maschinenaußenhandel der Bundesrepublik Deutschland", Ausfuhr- und Einfuhrergebnisse in der statistisch feinsten Gliederung nach siebenstelligen Meldenummern mit Zusammenfassungen zu Maschinengruppen und zu Maschinen insgesamt. Ländermäßige Aufgliederung der Außenhandelsdaten für die siebenstelligen Meldenummern. — VDMA, Frankfurt, vierteljährlich

„Wirtschaftsdaten des Auslandes", Tabellarische Darstellung der für die Konjunkturbeobachtung wichtigen Daten für die westlichen Industrieländer. — VDMA, Frankfurt, vierteljährlich

„Maschinenbau des Auslandes", Fachliche Tabellen über Beschäftigung, Auftragseingang, Produktion, Außenhandel, Preise und Löhne für den Maschinenbau in den westlichen Industrieländern. — VDMA, Frankfurt, vierteljährlich

Nahrungs- und Genußmittel

„Die Ernährungsindustrie", Industrieverlag von Hernhausen KG, Leinfelden-Echterdingen

„Brauereien und Mälzereien in Europa", 2500 europäische Brauereien und Mälzereien einschließlich der Zulieferindustrie, detaillierte Firmeninformationen, Fachverbände, Fachpresse; Verlag Hoppenstedt, Darmstadt, jährlich

„Die Nahrungs- und Genußmittel-Industrie und ihre Helfer", Konjunkturspiegel, Fachschau und Neuheiten, ABC Verlagsgesellschaft, Darmstadt, jährlich

Steine und Erden

„Statistischer Bericht", Produktion, Preis, Umsatz, Auftragseingang und -bestand, Beschäftigte; Bundesverband Steine und Erden e.V., Frankfurt, monatlich

„Entwicklung der Baunachfrage", Baugenehmigungen, Hochbau, Auftragsvergaben, Tiefbau, Auftragseingang und -bestand; Bundesverband Steine und Erden e.V., Frankfurt

„Konjunkturperspektiven", Produktionseinschätzung für die Sparten der Bau/Steine und Erden-Industrie; Bundesverband Steine und Erden e.V., Frankfurt, unregelmäßig

„Tätigkeitsbericht", Allgemeine Wirtschaftsentwicklung, Schwerpunkte in der Verbandsarbeit, Statistischer Teil, Organisation des Bundesverbandes Steine und Erden; Bundesverband Steine und Erden e.V., Frankfurt, jährlich

„Rohstoffversorgung der Steine-und-Erden-Industrie, Aspekte, Probleme, Forderungen", Bundesverband Steine und Erden e.V., Frankfurt, unregelmäßig

„Leitfaden zur Rohstoffsicherung für die Steine-und-Erden-Industrie — Wie kann die Steine-und-Erden-Industrie Rohstoffvorkommen gegen behördliche Planungsentscheidungen sichern?", Bundesverband Steine und Erden e.V., Frankfurt, unregelmäßig

„Landschaftsschutz, Umweltschutz und Rohstoffsicherung in der Steine-und-Erden-Industrie", Bundesverband Steine und Erden e.V., Frankfurt

Textil- und Bekleidungsindustrie

„Die Textilindustrie in der Europäischen Gemeinschaft", EG, Brüssel

„Die Bekleidungs- und Wäsche-Industrie und ihre Helfer", Konjunkturspiegel, Fachschau und Neuheiten, ABC Verlagsgesellschaft, Darmstadt

„Der Textilhandel der europäischen Gemeinschaft", EG, Brüssel

Straßenfahrzeuge

„Die Entwicklung des Personenverkehrs in den Regionen der Bundesrepublik Deutschland bis zum Jahr 2000", DIW, Berlin

„Vorausschätzung des Ersatzinvestitionsbedarfs für die Bundesverkehrswege", DIW, Berlin

„Verkehrsnachrichten", Der Bundesminister für Verkehr, Bonn

„Schriftenreihe Forschung Straßenbau und Straßenverkehrstechnik", Der Bundesminister für Verkehr, Bonn

„Schriftenreihe Straßenverkehrszählungen", Der Bundesminister für Verkehr, Bonn

„Verkehr in Zahlen", Der Bundesminister für Verkehr, Bonn

„Statistische Mitteilungen des Kraftfahrt-Bundesamtes und der Bundesanstalt für den Güterverkehr", Kraftfahrt-Bundesamt, Flensburg

„Bestand an Kraftfahrzeugen und Kraftfahrzeuganhängern am 1. Juli 19 . . in der Gliederung nach Fahrzeugarten und Gemeinden", Kraftfahrt-Bundesamt, Flensburg

„Neuzulassungen — Besitzumschreibungen — Löschungen von Kraftfahrzeugen und Kraftfahrzeuganhängern im Jahre 19 . .", Kraftfahrt-Bundesamt, Flensburg

„Kraftfahrzeugstatistiken", Kraftfahrt-Bundesamt, Flensburg

„Tatsachen und Zahlen aus der Kraftverkehrswirtschaft", Verband der Automobilindustrie (VDA), Frankfurt, jährlich

„Das Auto-International in Zahlen", Verband der Automobilindustrie (VDA), Frankfurt, jährlich

„VDA-Schriftenreihe", Verband der Automobilindustrie (VDA), Frankfurt

„Schriftenreihe der Forschungsvereinigung Automobiltechnik e.V., FAT", Verband der Automobilindustrie (VDA), Frankfurt

„Güterverkehr der Verkehrszweige", Statistisches Bundesamt, Wiesbaden, jährlich

„Straßenverkehr", Statistisches Bundesamt, Wiesbaden

„Statistisches Jahrbuch Verkehr, Nachrichtenübermittlung, Reiseverkehr", EG, Brüssel, jährlich

„Europa Transport, Beobachtung der Verkehrsmärkte, Analyse und Aussichten", EG, Brüssel

„Die Verkehrspolitik der 80er Jahre", EG, Brüssel

Stahl- und Leichtmetallbau

„Der deutsche Stahlbau", Strukturdaten, Investitionen, Marktdaten, Kosten (grobe Branchenübersicht); Deutscher Stahlbau-Verband, Köln, jährlich

„Stahlbau-Nachrichten", Marktinformationen aus der Stahlbau-Praxis, Verbandsnachrichten; Deutscher Stahlbau-Verband, Köln, jeden zweiten Monat

„Wirtschaftsdaten", Vielzahl statistischer Jahresziffern; Deutscher Stahlbau-Verband, Köln, jährlich

„Auftragseingangsstatistik", Stahlbauten nach Erzeugnisgruppen und Auftraggebern; Deutscher Stahlbau-Verband, Köln, jährlich

„Anfragen-Statistik", Zahl der gemeldeten Objekte; Deutscher Stahlbau-Verband, Köln, monatlich

„Nachrichten des SET", Wirtschaft und Statistik, Betriebswirtschaft, Recht/Steuern u. a.; Wirtschaftsverband Stahlbau- und Energietechnik (SET), Köln, vierteljährlich

„Länder-Merkblätter", Auslandsnachrichten; Wirtschaftsverband Stahlbau- und Energietechnik (SET), Köln

„Zur Wirtschaftslage im Stahlbau", Auswertung der Konjunkturumfragen; Deutscher Stahlbau-Verband, Köln, zweimal jährlich

„Entwicklung der Bauwirtschaft in Europa", Deutscher Stahlbau-Verband, Köln, jährlich

„Kosten-Kennzahlen — Kalkulation KKK", Lose-Blatt-Sammlung; Deutscher Stahlbau-Verband, Köln

„Stahlbau-Taschen-Kalender 1985", Deutscher Stahlbau-Verband, Köln

„Forschungsdokumentation Stahlbau 1984", Deutscher Stahlbau-Verband, Köln

„Stahlbau-Informationen", Deutscher Stahlbau-Verband, Köln, monatlich

„DSTV-intern", Deutscher Stahlbau-Verband, Köln, monatlich

„Stahl und Form", Deutscher Stahlbau-Verband und Beratungsstelle für Stahlverwendung, Köln

„Merkblätter", Deutscher Stahlbau-Verband und Beratungsstelle für Stahlverwendung, Köln, jeden zweiten Monat

Wasserfahrzeuge

„Amtliche Liste der Seeschiffe der Bundesrepublik Deutschland", Der Bundesminister für Verkehr, Bonn

„Der Seegüterumschlag in 12 Seehäfen der Bundesrepublik Deutschland", Der Bundesminister für Verkehr, Bonn

„Der Bestand an Seeschiffen unter der Flagge der Bundesrepublik Deutschland", Der Bundesminister für Verkehr, Bonn

„Handbuch der europäischen Seehäfen", Bd. 1—X, HWWA, Hamburg

„Tendenzen am Schiffbaumarkt", Jahresbericht des Arbeitskreises Marktforschung; Verband der deutschen Schiffbauindustrie, Hamburg, jährlich

„Mitteilungen", Marktberichte der Mitglieder des Verbandes mit Länderberichten; Verband der deutschen Schiffbauindustrie, Hamburg

„Mitgliederverzeichnis des Verbandes der deutschen Schiffbauindustrie", Verband der deutschen Schiffbauindustrie, Hamburg

„Hochsee- und Küstenfischerei", Statistisches Bundesamt, Wiesbaden

„Binnenfischereierhebung", Statistisches Bundesamt, Wiesbaden

„Lloyd's-Voyage Record", Lloyd's of London Press Ltd., London, jährlich

„Lloyd's Maritime Directory . . .", Lloyd's of London Press Ltd., London, jährlich

„Lloyd's Maritime Atlas", Lloyd's of London Press Ltd., London, jährlich

„Lloyd's Shipping Index", Lloyd's of London Press Ltd., London, jährlich

Ziehereien, Kaltwalzwerke

„Erzeugnis-Statistik", Auftragseingang, Auftragsbestand; Bundesverband Draht, Düsseldorf, monatlich

„Einfuhr-Statistik", Tonnage-Meldung über gezogene Drähte und Fertigerzeugnisse nach Ländern; Bundesverband Draht, Düsseldorf, monatlich

„Geschäftsbericht", Marktentwicklung, Rückblick/Ausblick, Statistik; Fachvereinigung Kaltwalzwerke, Düsseldorf, jährlich

„Monatsberichte", Auftragseingang, Versand, Auftragsbestand; Fachvereinigung, Kaltwalzwerke, Düsseldorf, monatlich

„Einfuhren-Schnellbericht", Tonnage-Meldung über gezogene Drähte und Fertigerzeugnisse nach Ländern; Bundesverband Draht, monatlich

„Geschäftsbericht des Bundesverbandes Draht", Marktentwicklung, Rückblick/Ausblick, Statistik; Bundesverband Draht, Düsseldorf, jährlich

Agrarwirtschaft

„Ifo-Studien zur Agrarwirtschaft", Ifo, München, unregelmäßig

„Agrarbericht der Bundesregierung", BMELF, Bonn

„Statistisches Jahrbuch über Ernährung, Landwirtschaft und Forsten", BMELF, Bonn

„Statistischer Monatsbericht", BMELF, Bonn

„Forschung im Geschäftsbereich des Bundesministers für Ernährung, Landwirtschaft und Forsten", BMELF, Bonn

„Ausgewählte Zahlen für Agrarwirtschaft", Statistisches Bundesamt, Wiesbaden, jährlich

„Bodennutzung und pflanzliche Erneuerung", Statistisches Bundesamt, Wiesbaden, jährlich

„Agrarstatistisches Jahrbuch", EG, Brüssel, jährlich

Handel

Arbeitsgemeinschaft der Lebensmittel Filialbetriebe (ALF), Humboldtstr. 1, 5300 Bonn, Tel. (02 28) 65 70 65
— „Geschäftsbericht . . . .", jährlich

Außenhandelsvereinigung des Deutschen Einzelhandels e.V., Weyerstr. 2, 5000 Köln, Tel. (02 21) 21 66 17
— „The Future of the World Market in Textiles", 1985
— „AVE-Jahrestagung 1984" (Berichte, Ansprachen)

Bundesarbeitsgemeinschaft der Mittel- und Großbetriebe des Einzelhandels e.V., (BAG), Lindenallee 70, 5000 Köln 51, Tel. (02 21) 38 03 16
— „Geschäftsbericht . . . .", jährlich
— „Nachrichten" (Allgemeine konjunkturelle Lage, aktuelle Probleme), monatlich
— Publikationsreihe: „Standardfragen des Handels"

Bundesverband des Deutschen Exporthandels e.V., Gotenstr. 21, 2000 Hamburg 1, Tel. (0 40) 23 60 16 24
— „Rundschreiben"

Bundesverband des Deutschen Groß- und Außenhandels e.V. (BGA), Kaiser-Friedrich-Str. 13, 5300 Bonn 1, Tel. (02 28) 2 60 04-0
— „Kurznachrichten" (Wirtschaftspolitische Informationen über den Groß- und Außenhandel), alle zwei Wochen

GWI-Gesellschaft für Wirtschaftsinformation mbH, Rosental 3, 8000 München 2, Tel. (0 89) 2 60 70 86
— „SB-Aktuell — Informationsbrief für Handel und Industrie", (Aktuelle Firmenberichte)
— „Internes im Handel — Die Deutsche Handelskartei"
— „SB-Leitfaden 1: Großhandlungen, Filialisten, sonstige Einkaufszentralen"

— „SB-Leitfaden 2: Verbrauchermärkte, C&C-Betriebe, Warenhäuser"
— „SB-Leitfaden 3: Komplette-Adreßdaten und Postleitzonen"
— „Die SB-Warenhäuser/Verbrauchermärkte und C&C-Betriebe 1985/86"
— „Die Lebensmittel-Großhandlungen"

Hauptgemeinschaft des Deutschen Einzelhandels e.V. (HDE), Sachsenring 89, 5000 Köln 1, Tel. (02 21) 3 39 80
— „Pressedienst des Handels (Stellungnahmen zu aktuellen Problemen)", wöchentlich
— „Arbeitsbericht" — Industrieproduktion und Einzelhandelsumsätze nach Branchen, Preise etc.
— „Statistische Mitteilungen für den Einzelhandel" — Konjunkturelle Entwicklung, Einzelhandelsumsätze nach Branchen, Verbraucherpreisentwicklung

Hauptverband des Deutschen Lebensmittel-Einzelhandels e.V., Postfach 14 01 64, 5300 Bonn 1, Tel. (02 28) 64 30 36
— „Geschäftsbericht . . . .", jährlich
— „Der deutsche Lebensmittel-Einzelhandel im Spiegel der Statistik", jährliche Datensammlung über Umsätze, Anzahl der Unternehmen, Marktanteile der Organisationen, Sortimente, Preise, volkswirtschaftliche Daten
— „Die Kennzeichnung von Lebensmitteln"
— „Die Kennzeichnungselemente von fertigverpackten Lebensmitteln"
— „Der Leitfaden für frei verkäufliche Arzneimittel"
— „Der Leitfaden für die Preisauszeichnung für unverpackte Lebensmittel"

Rationalisierungs-Gemeinschaft des Handels e.V. (RHG), Postfach 19 02 09, 5000 Köln 1, Tel. (02 21) 57 49 01
— „RHG-Marketingstudien", Untersuchungen von Absatzkennziffern in ausgewählten Warengruppen

Banken

Bank-Verlag GmbH, Melatengürtel 113—115, 5000 Köln 30, Tel. (02 21) 54 90-1
— „Bankrecht und Bankpraxis 1—4", Loseblattsammlung
— „Die Bank" — Zeitschrift für Bankpolitik und Bankpraxis (Wirtschaftskonjunktur-Daten, Geld- und Finanzmarkt)
— „Bank Schriften"

Bundesverband der Deutschen Volksbanken und Raiffeisenbanken e.V. (BVR), Heussallee 5, 5300 Bonn 1, Tel. (02 28) 50 91
— „Aktuelle Informationen über das Kreditgeschäft", unregelmäßig
— „Bankenreihe", unregelmäßig

Bundesverband deutscher Banken e.V., Mohrenstr. 35—41, 5000 Köln 1, Tel. (02 21) 1 66 31
— „Banknachrichten" (Kurzmitteilungen über das Bankgewerbe), unregelmäßig
— „Bankinformationen", unregelmäßig

Deutsche Bundesbank, Postfach 10 06 02, 6000 Frankfurt 1, Tel. (0 69) 1 58-1
— „Verzeichnis der Kreditinstitute" (Alle Kreditinstitute sowie Landeszentralbanken und deren Zweigstellen, Postgiro- und Postsparkassenämter. Darüber hinaus Repräsentanzen ausländischer Banken und deren Zweigbüros, abwickelnde Kreditinstitute, Verbände und Arbeitsgemeinschaften des Kreditgewerbes)

Deutscher Sparkassen- und Giroverband, Postfach 14 29, 5300 Bonn 1, Tel. (02 28) 20 41
— „Deutsche Sparkassenzeitung", zweimal wöchentlich
— „Sparkasse", monatlich
— „Betriebswirtschaftliche Blätter"

Kroll-Verlag, Bergstr. 10, 8031 Seefeld, Tel. (0 81 52) 71 60
— „Presse-Taschenbuch Geld + Versicherung"

Verlag Hoppenstedt & Co., Havelstr. 9, 6100 Darmstadt 1, Tel. (0 61 51) 3 80-1
— „Banken-Jahrbuch" (Überblick über alle wesentlichen Kredit- und Finanzierungsunternehmen in der Bundesrepublik Deutschland)

— „Banken Ortslexikon" (Komplettes Verzeichnis aller Bankstellen der Bundesrepublik Deutschland)

Verband öffentlicher Banken e.V., Am Fronhof 10, 5300 Bonn 2, Tel. (02 28) 8 20 04-0
— „Verbandsbericht . . . .", jährlich

Versicherungen

Gesamtverband der Deutschen Versicherungswirtschaft e.V., Ebertplatz 1, 5000 Köln, Tel. (02 21) 77 64-0
— „Jahrbuch — Die Deutsche Versicherungswirtschaft"
— „Zahlenspiegel der Versicherungswirtschaft"

Rudolf Haufe Verlag GmbH & Co. KG, Hindenburgstr. 64, 7800 Freiburg i. Breisgau, Tel. (07 61) 36 83-0
— „Das Neue Versicherungshandbuch — Loseblattsammlung"

Verband der Lebensversicherungs-Unternehmen e.V., Eduard-Pflüger-Str. 55, 5300 Bonn, Tel. (02 28) 23 90 51
— „Die deutsche Lebensversicherung — Jahrbuch", jährlich
— „Schriftenreihe: Betriebswirtschaftliche Fragen"
— „Leben braucht Sicherheit", unregelmäßig
— „Informationsblätter"

Verlag Hoppenstedt & Co., Havelstr. 9, 6100 Darmstadt 1, Tel. (0 61 51) 3 80-1
— „Versicherungsjahrbuch" (Firmenkundliche und finanztechnische Informationen über 500 in der Bundesrepublik Deutschland tätige Versicherungsgesellschaften)

Verlag Versicherungswissenschaft e.V., Postfach 64 69, 7500 Karlsruhe 1, Tel. (07 21) 3 08 11
— „Versicherungswirtschaft" (Aktuelle Informationen über die Versicherungswirtschaft), zweimal monatlich
— „Zeitschrift für die gesamte Versicherungswissenschaft", viermal jährlich

4.2. Handbücher und Nachschlagewerke

4.2.1. Veröffentlichungen über Personen, Firmen und Organisationen, Bezugsquellennachweise

Aus der Vielzahl der Publikationen sowohl allgemeinwirtschaftlicher als auch statistischer Art wird hier nur ein Überblick über die bedeutendsten Veröffentlichungen beispielhaft dargestellt.

Herausgeber	Titel/Inhalt	Erscheinungsweise
ABC Verlagsgesellschaft mbH, Postfach 40 34, 6100 Darmstadt 1, Tel. (0 61 51) 3 34 11—13	„ABC der Deutschen Wirtschaft — Quellenwerk für Einkauf — Verkauf": 92 000 Industriefirmen, gegliedert nach Artikelrubriken.	jährlich
	„ABC Ortslexikon für Wirtschaft und Verkehr": Industrieplätze der Bundesrepublik Deutschland und West-Berlins mit wirtschafts- und verkehrswichtigen Angaben, Einwohnerzahl, Kreis, staatliche Behörden, Industrie- und Handelskammern, Fachschulen, Industrieanschriften, Geldinstitute, Handelsauskunfteien.	jährlich

Herausgeber	Titel/Inhalt	Erscheinungsweise
	„ABC Europe Production": 9300 Artikelrubriken, 500 000 Adressen der exportierenden Industrie aus 32 europäischen Ländern, Branchengliederung.	jährlich
Bayerische Hypotheken- und Wechselbank Postfach 20 05 27, 8000 München 2, Tel. (0 89) 23 66-1	„Wegweiser durch deutsche Aktiengesellschaften": Informationen über die wichtigsten deutschen Industriegesellschaften, Banken, Versicherungsgesellschaften.	jährlich
Carl Heymanns Verlag, Gereonstr. 18—32, 5000 Köln 1 Tel. (02 21) 13 40 22	„Die Bundesrepublik Deutschland — Staatshandbuch, Ausgabe Bund 1985/86": Staatliche Organisationen des Bundes wie Bundestag, Bundesrat, Bundesregierung, Bundesbehörden, Organe der Rechtspflege, Deutsche Bundesbank, Landesvertretungen beim Bund, Konsularische Vertretungen mit vollständigen Adressenangaben, Aufbau, Organisation und Zuständigkeiten, Sachwort- und Personenregister.	jährlich
	„Die Bundesrepublik Deutschland — Staatshandbuch, Landesausgaben": Baden-Württemberg Bayern Berlin Bremen Hamburg Hessen Niedersachsen Nordrhein-Westfalen Rheinland-Pfalz Saarland Schleswig-Holstein Landesorganisationen, Landesministerien und -behörden sowie sonstige Landeseinrichtungen, vollständige Adressen, Aufbau und Organisation, Zuständigkeiten.	jährlich
	„Die Bundesrepublik Deutschland — Teilausgabe Verbände, Vereinigungen, wissenschaftliche Einrichtungen, juristische Personen des öffentlichen Rechts": Detaillierte Informationen über die einzelnen Verbände, systematische Erfassung aller zusammengehörenden Bundes- und Landesverbände sowie Zuordnung zu den entsprechenden Fachverbänden, 13 000 Eintragungen mit Aufgabenkreis, 10 000 Sachregister-Stichworte, 22 000 Namen leitender Persönlichkeiten.	jährlich
Commerzbank, Neue Mainzer Str. 32—36, 6000 Frankfurt, Tel. (0 69) 1 36 21	„Wer gehört zu wem?": Verzeichnis der Gesellschaften, Großaktionäre und Gesellschafter. Nach Ländern geordnetes Verzeichnis der ausländischen Großaktionäre und Gesellschafter.	jedes dritte Jahr

Herausgeber	Titel/Inhalt	Erscheinungsweise
Commerzia Werbung und Vertrieb, Buhrowstr. 5, 1000 Berlin 41, Tel. (0 30) 7 96 88 71	,,Bundes-Baubuch'': Baubehörden, Innungen, Verbände, Vereinigungen, Lieferantennachweis, vollständige Adressenangaben.	jährlich
DAV — Verlagshaus, Postfach 11 03 20, 6100 Darmstadt, Tel. (0 61 51) 3 91-0	,,Das Deutsche Telegramm — Adreßbuch für die Bundesrepublik Deutschland und Berlin (West)'': — 40 000 Firmen mit Adressen — Telegrammkurzanschriften — Branchen- und Bezugsquellen-Verzeichnis.	jährlich
	,,Das Deutsche Firmen-Alphabet'': — Firmen aus Industrie, Groß- und Außenhandel und dem Dienstleistungsbereich + Wirtschaftsverbände und -organisationen — 300 000 Firmen — Wichtige Verbandsanschriften — Verzeichnis der deutschen Messen mit internationaler Beteiligung, Marken- und Bezugsquellenalphabet.	jährlich
	,,Das Deutsche Branchen-Fernsprechbuch'': — Firmen nach Branchen — 52 Industrie- und Wirtschaftszweige — Branchen- und Warenregister mit 25 000 Suchwörtern — 300 000 Firmen-Anschriften	jährlich
	,,Einkaufs-1 × 1 der deutschen Industrie'': — Erzeugnisse und ihre Hersteller — 220 000 Bezugsquellen — 75 000 Erzeugnisse — Wirtschaftsverbände und Organisationen.	jährlich
	,,Deutsches Bundes-Adressbuch'': — Bund, Länder und Gemeinden. Behörden, Organisationen, Verbände, Handelsregister-Firmen — 300 000 Firmen aus Industrie, Groß- und Außenhandel/Dienstleistungsbereich — Alphabetisches Ortsregister mit 43 000 Ortsnamen (Hinweise auf frühere Ortsbezeichnung und heutige Zugehörigkeit).	jährlich
Deutsche Postreklame GmbH, Postfach 1 62 45, 6000 Frankfurt 16, Tel. (0 69) 26 82-0	,,Branchen-Fernsprechbücher'':	jährlich
	,,AVON — Amtliches Verzeichnis der Ortsnetzkennzahlen''	alle 2—3 Jahre
	,,Amtliches Fernsprechbuch''	jährlich
	,,Das örtliche Fernsprechbuch''	jährlich
	,,Amtliches Telex- und Teletexverzeichnis'' Band I/II Band III	 jährlich alle 2 Jahre
	,,Telefax-Telebrief''	jährlich
	,,Btx-Teilnehmer''	jährlich
	,,Datex'' (Mit Datenbank-Verzeichnis, Software-Verzeichnis, Bezugsquellennachweis)	jährlich

Herausgeber	Titel/Inhalt	Erscheinungsweise
	„EUROPAGES": Export-Branchenbuch für Großbritannien, Frankreich, Belgien, Niederlande, Italien und die Bundesrepublik Deutschland, 130 000 Exportierende stellen Angebote vor.	jährlich
Deutscher Wirtschaftsdienst, Marienburger Str. 22, 5000 Köln 51, Tel. (02 21) 3 76 95-0	„Anschriften für die Außenwirtschaft": Anschriftenmaterial über Behörden, Institutionen und Organisationen im In- und Ausland, Loseblattsammlung. „Diplomatische Missionen, Konsularische Vertretungen": Vertretungen des Auslands in der BR Deutschland und amtliche Vertretungen der Bundesrepublik Deutschland im Ausland, Loseblattsammlung.	
Festland Verlag, Postfach 20 08 41, 5300 Bonn 2, Tel. (02 28) 35 56 77	„Taschenbuch des öffentlichen Lebens": — Bundesrepublik Deutschland und Organisationen der Europäischen Gemeinschaften — 13 500 Namen der wichtigsten Persönlichkeiten — 76 000 Adressen von Dienststellen und Organisationen — Statistische Übersichten.	
Gemeinschaftsverlag GmbH, Postfach 1 53, 8948 Mindelheim, Tel. (0 82 61) 9 99 71	„BDI Deutschland liefert": Band 1 — Deusches Export-Adreßbuch, Export-Telefonbuch und -Telexverzeichnis. Der Band enthält Daten über die deutsche Außenwirtschaft, Auskunftsstellen, Messen und Ausstellungen, 220 000 Suchwörter, 9000 Erzeugnisgruppen, Firmenverzeichnis. Band 2 — Nachschlage- und Informationswerk. Der Band enthält Adressen über Verbände, Institutionen, Handelskammern, 54 000 Suchwörter, 9000 Bezugsquellen, Firmendokumentation.	jährlich
K. G. Saur Verlag KG, Pössenbacherstr. 2b, 8000 München 71, Tel. (0 89) 79 89 01	„Yearbook of International Organisations": Informationen über 24 000 internationale Organisationen.	
Kompass Deutschland, Verlags- u. Vertriebsgesellschaft mbH, Wilhelmstr. 1, 7800 Freiburg i. Breisgau, Tel. (07 61) 3 13 31	„Der Industrie KOMPASS Deutschland": Band 1 — Artikelregister, 30 000 Einzelprodukte — Marktübersicht nach Branchen und Fachgruppen, 280 000 Lieferanten- und Abnehmernachweise — Markenregister, 6700 Firmen-, Handelsmarken mit vollständiger Firmenanschrift — Vertretungsregister, ausländische Hersteller, alphabetisch nach den jeweiligen Verkaufsniederlassungen bzw. Repräsentanten gegliedert.	

Herausgeber	Titel/Inhalt	Erscheinungsweise
	Band 2 — Firmenregister, 36 500 Firmen einschließlich Tätigkeitsbereich sowie vollständiger Adresse — Firmeninformationen, 36 500 detaillierte Firmenportraits (Adresse, Geschäftsführung, Umsatz, Beschäftigte, Programm) nach Bundesländern, Orten und Namen gegliedert. „Regional-KOMPASS Baden-Württemberg"	
K. Rademacher & Co., Am Täfele 41, 7702 Gottmadingen, Tel. (0 77 31) 7 10 20	„Handbuch für Industrie und Export": Branchenübersicht, Exportvertreter in Hamburg und Bremen	jährlich
Ernst Schmacke im Hermann Luchterhand Verlag, 5450 Neuwied Tel. (0 26 31) 80 11	„Die großen 500 — Deutschlands führende Unternehmen und deren Management": Loseblatt-Sammlung in 2 Bänden; Aktuelle Daten über die größten Unternehmen (Adresse, Umsatz, Beschäftigte, Bilanz-Zahlen), Beteiligungen, Aufsichtsratmitglieder, Firmen und Personenregister; Sonderteil mit den größten Banken und Versicherungen.	
Seibt Verlag, Pilgersheimer Str. 38, 8000 München 90, Tel. (0 89) 66 20 64	„Seibt-Industriekatalog" mit Bezugsquellen für den Einkauf: — Über 30 000 verschiedene Erzeugnisse des Industriebedarfs/Dienstleistungsangebots — 90 000 Suchwörter — Firmenverzeichnis mit vollständigen Telefon- und Telexangaben — Gesonderter Bezugsquellenteil für normgerechte Erzeugnisse (DIN) sowie deren Lieferanten. „Directory of American Business in Germany": — Verflechtungen von US- sowie bundesdeutschen Unternehmen — Welche bundesdeutsche Gesellschaft arbeitet mit wem und wie in den USA — US-Firmen mit deutschen Partnern, Stützpunkten und Tochtergesellschaften — Alphabetisches Firmenverzeichnis der aufgeführten Unternehmen.	jährlich
Team-Fachverlag GmbH & Co., Vertriebs KG, Auwanne 19, 8757 Karlstein/Main 1, Tel. (0 61 88) 60 31	„Europa-Handbuch": Daten und Informationen über Werbeagenturen, Marktforscher, PR-Berater (Anschriften, Inhaber, Geschäftsführung, Beschäftigte, Niederlassungen) für die Bundesrepublik Deutschland und das westeuropäische Ausland. Darüber hinaus Firmen- und Markennamen von rund 3000 werbungtreibenden Firmen. „Marken-Handbuch": — 1900 Werbeagenturen in der Bundesrepublik Deutschland (Adressen, Gesellschaften, Beschäftigte, Niederlassungen, Informationen über betreute Klienten);	jährlich

Herausgeber	Titel/Inhalt	Erscheinungsweise
	— 500 deutsche Spezialmittler (Außenwerbung, Marktforscher, PR-Berater, Verkaufsförderer) — 3000 werbungtreibende Firmen.	jährlich
Verlag Biedermann, Export-Handbuch GmbH, Postfach 19 03 05, 6000 Frankfurt 19, Tel. (0 69) 73 13 30	„Biedermann Export-Handbuch": Handbuch des Export-Handels und der Exportindustrie, Bundesrepublik Deutschland und Berlin (West) Teil I : Exportartikel-Bezugsquellen Teil II : Schutzmarken/Firmenzeichen Teil III: Exportvertretungen und Exportniederlassungen Teil IV: Außenhandelsfirmen	
Verlag Dr. Josef Raabe KG, Stuttgart	„Vademecum Deutscher Lehr- und Forschungsstätten": — Struktur und Organisation der Forschung in der Bundesrepublik Deutschland — Staatliche Institutionen, Selbstverwaltungsorganisationen, Forschungseinrichtungen, wissenschaftliche Einrichtungen, Personen- und Sachregister.	unregelmäßig
Verlag H. Georg Hartmann KG, Hegelstr. 16, 5300 Bonn 2, Tel. (02 28) 32 20 86/87	„Der Große Hartmann": 300 000 Firmeneintragungen aus Industrie und Großhandel, 8200 verschiedene Produkte, Fremdsprachenregister: Deutsch, Englisch, Französisch, Spanisch.	jährlich
Verlag Meiers, Adressbuch der Exporteure RUDOLF DUDY GmbH, Am Feldweg 9, 6394 Grävenwiesbach 5, Tel. (0 69) 73 13 30	„MEIER-DUDY Export-Handbuch": Viersprachig, Export/Import Handelshäuser, Exporthilfsgewerbe, Branchenverzeichnis.	jährlich
Verlag Hoppenstedt & Co., Havelstr. 9, 6100 Darmstadt 1, Tel. (0 61 51) 3 80-1	„Handbuch der deutschen Aktiengesellschaften Loseblattsammlung: 2300 notierte und nicht notierte Aktiengesellschaften (deutsche u. ausländische Unternehmen, die an deutschen Börsen gehandelt werden), ausführliche Firmenberichte (Geschäftsführung, Entwicklung des Unternehmens, Beteiligungen).	wöchentlich
	„Saling Aktienführer": 458 deutsche und 178 ausländische Aktiengesellschaften, Daten zur Gesellschaft, Finanzdaten	jährlich
	„Banken Jahrbuch": Überblick über die wesentlichen Kredit- und Finanzierungsunternehmen in der Bundesrepublik Deutschland, 1500 Gesellschaften, Unterteilung in Kreditinstitute sowie Leasing- und Factoring-Gesellschaften; Berichte enthalten Angaben zum Management, zu Aufsichtsgremien, Beschäftigten, Beteiligungen, Besitzverhältnissen. Darüber hinaus Überblick über Aufsichtsbehörden, Verbände und sonstige Zusammenschlüsse.	jährlich

Herausgeber	Titel/Inhalt	Erscheinungsweise
	„Handbuch der Großunternehmen": 22 000 deutsche Unternehmen, Angaben über Anschrift, Branche, Geschäftsführung, Kapital, Beteiligungen, Produktionsstätten, Niederlassungen, Umsatz, Programm, Beschäftigte.	jährlich
	„Verbände, Behörden, Organisationen der Wirtschaft": 13 000 Institutionen der Wirtschaft (Verbände, Behörden, Arbeitsgemeinschaften, Organisationen, wichtigste ausländische Institutionen), alphabetisches Suchregister, Abkürzungsverzeichnis, Personenregister, Sachgebietsgliederung.	jährlich
	„Leitende Männer der Wirtschaft": 54 000 Namen, alphabetische Gliederung, Persönliche Daten (Geburtsdatum, Titel, Berufsbezeichnung, akademischer Grad, Auszeichnungen, Privatadresse, Verantwortungsbereich).	jährlich
	„Wer leitet das Middlemanagement der deutschen Wirtschaft": 40 000 Entscheidungsträger der 2. Ebene. Daten: Name, Titel, Stellung und/oder Funktion, Firmenanschrift.	jährlich
	„Konzerne in Schaubildern": Loseblattsammlung, 2200 Schaubilder, Struktur von 750 Muttergesellschaften und deren Verflechtungen zu ca. 58 000 Tochter- und Enkelgesellschaften.	zweiwöchentlich
	„Handbuch der Anlagenberatung": 500 der wichtigsten europäischen Banken, Broker und sonstigen Institute, die auf dem Gebiet der Anlagenberatung und Vermögensverwaltung tätig sind.	jährlich
	„Vademecum der Investmentfonds": Berichte über 350 in- und ausländische Investmentfonds.	alle 2 Jahre
	„Versicherungsjahrbuch": Informationen über 500 in der Bundesrepublik Deutschland tätige Versicherungsunternehmen, Übersichten über Bundes- und Landesaufsichtsbehörden der Versicherer.	jährlich
	„Der Rentenführer": Informationswerk über die festverzinslichen Werte	monatlich
	„Hoppenstedt Aktienanalysen": Analysen der wichtigsten börsennotierten deutschen Aktiengesellschaften, detaillierte Gewinnschätzungen, Prognosen und Analysen, monatliche Bewertung.	vierteljährlich
	„Börsenführer-Stock Guide": Aktuelle und historische finanzanalytische Kennziffern der wichtigsten notierten deutschen Aktiengesellschaften, 200 Aktienwerte.	vierteljährlich

Herausgeber	Titel/Inhalt	Erscheinungsweise
	„Banken Ortslexikon": Loseblattsammlung, Komplettes Verzeichnis aller Banken der Bundesrepublik Deutschland 40 000 Banken, ortsalphabetische Gliederung.	monatlich
Verlag Norbert Müller, Englschalkinger Str. 150, 8000 München 81, Tel. (0 89) 91 60 51	„Verkauf an Staat und Behörden": Adressen sämtlicher öffentlicher Auftragsstellen.	
Wer liefert was? GmbH, Postfach 10 05 49, 2000 Hamburg 1, Tel. (0 40) 25 15 08-0	„Wer liefert was?": Bezugsquellennachweis für den Einkauf, ca. 120 000 Suchwörter, 60 000 verschiedene Bezugsquellen mit über 100 000 Produkten, Industrie in der Bundesrepublik Deutschland und West-Berlin, Suchwort-Register fünfsprachig, Schnellregister.	jährlich
Zentralverband der elektrotechnischen Industrie e.V., Stresemannallee 19, 6000 Frankfurt 70	„ZVEI-Elektro-Einkaufsführer Bd. 1/2": Bezugsquellen-Nachweis und Firmenkundlicher Teil.	jährlich

4.2.2. Branchenspezifische Veröffentlichungen

Die unter Punkt 5.1.1. aufgeführten Verbände und Vereinigungen geben in der Regel Mitgliederverzeichnisse sowie auf ihr spezielles Arbeitsgebiet ausgerichtetes Daten- und PR-Material heraus. Daher soll an dieser Stelle auf eine umfassende Darstellung aller branchenorientierten Publikationen verzichtet und nur ein stichpunktartiger Aufriß spezifischer Veröffentlichungen einiger Verlage gegeben werden:

Herausgeber	Titel/Inhalt	Erscheinungsweise
ABC Verlagsgesellschaft mbH, Postfach 40 34, 6100 Darmstadt 1, Tel. (0 61 51) 3 34 11-13	„Jahresschau der deutschen Wirtschaft" Fachausgaben:	
	„Die Bekleidungs- und Wäsche-Industrie und ihre Helfer"	jährlich
	„Die Chemische Industrie und ihre Helfer"	jährlich
	„Die Eisen-, Blech- und Metallverarbeitende Industrie, Stahlverformung und ihre Helfer"	jährlich
	„Die Eisen-Stahl- und NE-Industrie und ihre Helfer"	jährlich
	„Die Elektro-Industrie, Elektronik und ihre Helfer"	jährlich
	„Die Gießerei-Industrie und ihre Helfer"	jährlich
	„Die Kunststoff-Industrie und ihre Helfer"	jährlich

Herausgeber	Titel/Inhalt	Erscheinungsweise
	„Die Möbel-Industrie und ihre Helfer"	jährlich
	„Die Nahrungs- und Genußmittel-Industrie und ihre Helfer"	jährlich
	„Die Textil-Industrie und ihre Helfer"	jährlich
	„Jahresschau der europäischen Export-Industrie-Möbel": Produktionsverzeichnis, Lieferantennachweis, Neuentwicklungen, Verfahrenstechniken.	jährlich
	„ABC-Info-Bände": Firmenportraits über 92 000 deutsche Gesellschaften, gegliedert nach 64 Industriegruppen und Fachbereichen (Angaben über Adresse, Inhaber, Geschäftsführung, Vertretungen, Beschäftigte, Produktionsprogramm). Bd. 1: Industrie Steine und Erden, Glas und keramische Industrie, Bauunternehmen und Baunebengewerbe, Bergbau, Salinen und Torfindustrie, Mineralölwirtschaft, Kohleveredelung. Bd. 2: Eisen-, Stahl- und NE-Metall-Industrie, Schmucksachen, Edelsteine, Edelmetallwaren, Maschinen- und Apparatebau, Industrieanlagen, Präzisionswerkzeugindustrie, Formen- und Modellbau, Land-, Wasser- und Luftfahrzeuge und Zubehör, Elektrotechnische Industrie, Elektronik, Feinmechanische-, Optische- und Uhren-Industrie, Medizin- und Orthopädie-Mechanik. Bd. 3: Holz- und Möbelindustrie, Chemische Industrie, Kunststoff-Industrie, Papier- und Druck-Industrie. Bd. 4: Textil- und Bekleidungs-Industrie, Leder-, Lederwaren- und Schuh-Industrie, Gummi- und Asbest-Industrie, Spielwaren- und Sportartikel-Industrie, Musikinstrumente- und Zubehör-Industrie, Nahrungs- und Genußmittel-Industrie, Futtermittel-Industrie, Kunsthandwerk und Kunstgewerbe, Werbung, Messen und Filmindustrie, Land- und Forstwirtschaft, Tierzucht.	jedes zweite Jahr
Behr's Verlag, Auerhoffstr. 10, 2000 Hamburg 76, Tel. (0 40) 2 20 10 51	„Wer und Was in der deutschen Brot-Industrie und den Großbäckereien"	
	„Wer und Was in der deutschen Fleisch-, Fisch-, Feinkost-Industrie"	
	„Wer und Was in der deutschen Getränke-Industrie"	
	„Wer und Was in der deutschen Obst-Gemüse-, Kartoffel- und Nährmittel-Industrie"	

Herausgeber	Titel/Inhalt	Erscheinungsweise
	,,Wer und Was in der deutschen Süßwaren-Industrie"	
	,,Wer und Was in der deutschen Körperpflege-, Wasch- und Reinigungsmittelindustrie"	
	,,Wer und was in der deutschen Pharmazeutischen Industrie"	
	Die Nachschlagewerke enthalten Informationen über Anschrift, Telefon, Telefax, Rechtsform und Gesellschaften, Beteiligungen, Leitende Persönlichkeiten, Niederlassungen, Marken. Detailliertes Sortiments-, Orts- sowie Personenverzeichnis.	
	,,BBV Report-Alkoholische Getränke"	
	,,Behr's Backwaren-Handbuch 5"	
	,,Behr's Handbuch-Milch 2"	
	,,BBV Fleischwaren-Handbuch 1"	
	,,BBV Süßwaren-Handbuch 1"	
	,,Behörden und Organisationen der Land-, Forst- und Ernährungswirtschaft":	
	10 000 Adressen von Behörden und Organisationen, 8000 Personen, 2000 Stichworte, alphabetisches Sachwort- und Personenverzeichnis.	
Birkner + Co. Verlag, Winsbergring 38, Postfach 54 07 50, 2000 Hamburg 54, Tel. (0 40) 8 53 08-0	,,Birkner-Eurolignum": Daten über den Holzmarkt, 25 000 Kontaktinformationen, Holz-Bearbeitungs- und Verarbeitungswerke, Holzwerkstoff-Hersteller, Holzhandel, Zulieferindustrie, Verbände und Industrie.	jährlich
Curt R. Vincentz Verlag, Schiffgraben 41—43, 3000 Hannover 1, Tel. (05 11) 3 49 99 24	,,Gummi Adressbuch": Anschriften der Gummi- und Asbest-Industrie, Herstellerfirmen, Groß- und Einzelhandel, Rohstofflieferanten, Importeure, Verbände, Organisationen, Institute und sonstige Zusammenschlüsse, Bezugsquellenteil, Orts- und Namensverzeichnis.	unregelmäßig
	,,Altenheim-Adreßbuch": Adreßbuch der öffentlichen, freigemeinnützigen und privaten Alten-, Altenpflege- und Altenwohnheime sowie der Trägerorganisationen, der Verbände der freien Wohlfahrtspflege und der zuständigen Sozialbehörden.	alle drei Jahre
	,,Farbe + Lack Adressbuch 85": Adressen aus der Farben-, Lack-, Kitt-, Leim- und Klebstoffindustrie, Handel- und Handelsvertreter, Organisationen, Institute, Hersteller, Lieferanten, Orts- und Namensverzeichnis.	unregelmäßig
Ernst Arnold Buchdruckerei und Verlag GmbH, Siegburgstr. 5—7, 4600 Dortmund-Mengede, Tel. (02 31) 35 50 41	,,Deutsches Zahnärztliches Adreßbuch": Zahnärztliche Berufsvertretungen, Kassenärztliche Vereinigungen, zahnärztliche Universitätsinstitute, Gesellschaften und Vereine in der Bundesrepublik Deutschland. Darüber hinaus: Zahnärztliche Ausbildungs-Institute im Ausland, Organisationen, Verbände und Vereine.	

Herausgeber	Titel/Inhalt	Erscheinungsweise
Extrakte-Team-Verlag GmbH, Wolfgang-Döring-Str. 2—4, 4000 Düsseldorf 13, Tel. (02 11) 70 10 11	„Wer-Wo-Was im deutschen Food- und Nonfood-Handel": Bd. 1: Genossenschaften, Freiwillige Ketten, Filialisten, Einkaufsvereinigungen Bd. 2: C+C-Betriebe Bd. 3: SB-Warenhäuser + Verbrauchermärkte Bd. 4: Filialen der Warenhauskonzerne Dokumentation mit detaillierten Angaben zu Umsätzen, Verkaufsflächen, zum Management, Adressen. Insgesamt 4000 Unternehmen.	jährlich
Flöttmann Verlag, Berliner Str. 63, 4830 Gütersloh, Tel. (0 52 41) 2 80 81	„Deutscher Bäderkalender": Verzeichnis der Heilbäder und Kurorte im Bundesgebiet	unregelmäßig
GWI — Gesellschaft für Wirtschaftsinformation mbH Rosental 3, 8000 München 2, Tel. (0 89) 2 60 70 86	„SB-Aktuell — Informationsbrief für Handel und Industrie": Aktuelle Firmenberichte „Internes im Handel — Die Deutsche Handelskartei" „SB-Leitfaden 1: Großhandlungen, Filialisten, sonstige Einkaufszentralen" „SB-Leitfaden 2: Verbrauchermärkte, C&C-Betriebe, Warenhäuser" „SB-Leitfaden 3: Komplette Adreßdaten nach Postleitzonen" „Die SB-Warenhäuser/Verbrauchermärkte und C&C-Betriebe 1985/86" „Die Lebensmittel-Großhandlungen"	dreimal im Monat
Hamburger Adressbuch-Verlag, Dumrath & Fassnacht Komm-Ges., Winsbergring 38, 2000 Hamburg 54, Tel. (0 40) 8 53 08-0	„Grafikon 70 — Handbuch für das Druckgewerbe": Angaben für Hamburg, Schleswig-Holstein, Nord-Niedersachsen und Bremen.	
J. F. Ziegler KG, Druckerei und Verlag, Konrad-Adenauer-Str. 2—4, 5630 Remscheid, Tel. (0 21 91) 2 09-1	„Hasselbeck-Katalog Werkzeuge, Maschinen, Industriebedarf": Lieferantenverzeichnis, mit Abbildungen, ohne Preisnotierung „Hasselbeck-Export-Katalog über Werkzeuge": Lieferantenverzeichnis, mit Abbildungen, ohne Preisnotierung „Z-Katalog über Werkzeuge für die Metall- und Holzbearbeitung": Lieferantenverzeichnis	
Kompass Deutschland, Verlags- u. Vetriebsgesellschaft mbH, Wilhelmstr. 1, 7800 Freiburg/Brsg., Tel. (07 61) 3 13 31-33	Ausgaben im Rahmen der „Euro-Kompass"-Reihe: „Elektroindustrie; Elektronik; Präzisionsmechanik" „Chemie- und Kunststoffindustrie"	 jährlich jährlich

Herausgeber	Titel/Inhalt	Erscheinungsweise
	„Dienstleistungen"	jährlich
	„Gießereien und Walzwerke; Eisen-, Blech- u. Metallverarbeitung"	jährlich
	„Maschinenbau; Fahrzeugbau"	jährlich
Kroll-Verlag, Postfach 11 53, 8031 Seefeld	Taschenbuch Motor-Presse	jährlich
	Taschenbuch für die Wirtschaftspresse	jährlich
	Presse-Taschenbuch Geld + Versicherung	jährlich
	Presse-Taschenbuch Energiewirtschaft	jährlich
	Taschenbuch für die Touristik-Presse	jährlich
	Taschenbuch der Automobil-Wirtschaft	jährlich
	Taschenbuch Luft- u. Raumfahrt-Presse	jährlich
	Presse-Taschenbuch Rundfunk, Fernsehen	jährlich
	Presse-Taschenbuch Mode + Textil	jährlich
	Presse-Taschenbuch Kultur + Kunst	jährlich
	Presse-Taschenbuch Ernährung	jährlich
	Presse-Taschenbuch Naturwissenschaft + Medizin	jährlich
	Presse-Taschenbuch Datentechnik	unregelmäßig
	Presse-Taschenbuch Arbeit und Soziales	unregelmäßig
Media-Daten-Verlagsgesellschaft mbH, Heidesheimer Str. 49, 6500 Mainz-Gonsenheim, Tel. (0 61 31) 4 00 24	„media-adress": Handbuch für Werbung und Verkauf	
Polygraph Verlag GmbH, Schaumainkai 75, 6000 Frankfurt 70	„Polygraph Adreßbuch der Druckindustrie": Firmen, Verbände und Unternehmen aus der Druckindustrie, Anschriften von Druckereien, Satzherstellungsbetrieben, Reproanstalten, Buchbindereien, Zulieferfirmen für die Druckindustrie.	alle zwei Jahre
Rombach & Co. GmbH, Lörracher Str. 3, 7800 Freiburg i. Br., Tel. (07 61) 4 90 91	„Deutsches Krankenhaus-Adreßbuch": Anschriftenverzeichnis der öffentlich-rechtlichen, freigemeinnützigen und privaten Krankenanstalten in der Bundesrepublik Deutschland, in Österreich und in der Schweiz.	
Seibt Verlag, Pilgersheimer Str. 38, 8000 München 90, Tel. (0 89) 66 20 64	„SEIBT-Medizinische Technik": Bezugsquellenverzeichnis für Arzt- und Krankenhausbedarf sowie zahnärztliche und zahntechnische Arbeitsmittel und Werkstoffe — 6000 Produkte — 3800 Lieferanten mit vollständiger Adresse.	jährlich
	„SEIBT-Pharma Technik": Bezugsquellenverzeichnis für die pharmazeutische Technik und für Labor- und Apothekenausstattung — 3000 Firmen — Alphabetisches Firmenverzeichnis dreisprachig.	jährlich

Herausgeber	Titel/Inhalt	Erscheinungsweise
Sprechsaal Verlag, Mauer 2, 8630 Coburg, Tel. (0 95 61) 77 73	„Cadcam-Databook": Adreßbuch der Hersteller von Computersystemen, Robotern, Montage- und Handhabungsgeräten sowie Verfahren zum Steuern. Datenbank aller im Handel befindlichen CAD-, CAM-, CIM-, CAQ-Geräte-Anlagen und -systeme einschließlich Software und Peripherie.	jährlich
	„Europäische Baustoff-Industrie": Band A: Bundesrepublik Deutschland Enthält technische und personelle Daten der Baustoffindustrie, Verzeichnis der Lieferanten nach Branchengruppen geordnet.	alle zwei Jahre
	„EKAB, Europäisches Keramabuch": Technische und personelle Daten der gesamten Keramikindustrie Europas mit Verbänden, Schulen und Institutionen; Verzeichnis der Lieferanten nach Branchengruppen.	
SVA Südwestdeutsche Verlagsanstalt GmbH & Co., Pressehaus am Markt, 6800 Mannheim 1, Tel. (06 21) 17 02-1	„Kongreß- und Tagungsstätten": Handbuch für Planung und Organisation von Kongressen und Tagungen, Konferenzen, Seminaren und Schulungen. Ortsalphabetisches Verzeichnis.	jährlich
	„Reuss Jahrbuch der Luft- und Raumfahrt": Organisationspläne, 5000 Anschriften aus Behörden, Wissenschaft, Organisationen, Vereinen.	jährlich
	„Die Deutsche Schloß- und Beschlagindustrie": Nachschlagewerk über Produktion von Schlössern, Beschlägen und verwandten Eisenwaren und Zubehörartikeln. Hersteller- und Produktverzeichnis mit ca. 2500 Artikeln.	jährlich
	„USM-Einkaufsführer der deutschen Uhren-, Schmuck-, Edelstein- und Silberwaren-Wirtschaft": 5000 Anschriften in ca. 800 übersichtlich gegliederten Fachrubriken, Zulieferfirmen, Exporteure, Fachorganisationen, Institute, Exportorgane.	jährlich
Verlag Hoppenstedt & Co., Havelstr. 9, 6100 Darmstadt 1, Tel. (0 61 51) 3 80-1	„Brauereien und Mälzereien in Europa": 2500 europäische Brauereien und Mälzereien einschließlich der Zulieferindustrie, Daten über Firmensitz, Geschäftsführung, Umsatz, Beschäftigte, Bierausstoß, internationale Fachverbände, Lehr- und Versuchsanstalten, Fachpresse, Branchenverzeichnis der Zulieferindustrie.	jährlich
	„Der Deutsche Maschinen- und Anlagenbau": 2700 Mitgliedsfirmen des VDMA (Verband Deutscher Maschinen- und Anlagenbau), alphabetisches Verzeichnis aller Mitgliedsfirmen, firmenkundliche Einzeldarstellungen, Firmen nach Fachgemeinschaften.	alle drei Jahre

Herausgeber	Titel/Inhalt	Erscheinungsweise
	„Wer baut Maschinen": Fachbezugsquellen-Nachweis, Einkaufsführer für Maschinen und Anlagen, Werkzeuge und Zubehör, 28 000 Suchbegriffe, 17 000 Herstellernachweise, Firmenalphabetisches Verzeichnis.	jährlich
	„Meßtechnik Regelungstechnik Automatik": Einkaufsführer für Meß-, Prüf- und Regelgeräte, 3000 Suchwörter, 2000 Erzeugnisbegriffe, 12 000 Lieferantennachweise, alphabetisches Firmenregister.	jährlich
	„Tagungsorte": Handbuch für Kongresse, Seminare und Konferenzen. Umfassendes Verzeichnis der Tagungsorte, Hotels und eine Aufschlüsselung des Angebots. Auch internationale Angaben.	jährlich
Verlagsgruppe Deutscher Fachverlag/Verlag Alfred Strothe, Schumannstr. 27, 6000 Frankfurt 1, Tel. (0 69) 74 33-1	„Adreßbuch für die Kartoffelwirtschaft": Vertretungen der Kartoffelwirtschaft, Organisationen des Handels und der Ernährungswirtschaft.	alle zwei bis drei Jahre
	„Getreidehandels-Adreßbuch": Die berufsständischen Vertretungen des Landhandels, wirtschaftliche Zusammenschlüsse des Landhandels, die Produkten- und Warenbörsen.	alle zwei bis drei Jahre
	„Verzeichnis der Mischfutterhersteller": Vertretungen der Wirtschaft, Produktenbörsen, Dienststellen der Verwaltung und Organisationen der Landwirtschaft.	alle zwei bis drei Jahre
Verlag Winter & Co., Breslauer Str. 5, 6056 Heusenstamm, Tel. (0 61 04) 6 16 31	„Winterchem-Produkte für die Papiererzeugung": Hersteller von Papierchemikalien, mehr als 220 Firmen.	
	„Zulieferer der Papiererzeugung": Angaben über Hersteller von Maschinen und Anlagen für die Papierindustrie, mehr als 200 Firmen.	
	„Wintermill — Deutsche Papierfabriken, Deutsche Papiersorten": Angaben zu einzelnen Papierfabriken, Produktionsdaten, Ausstoß, Verbrauch an Materialien und Energie.	
Verlag W. Sachon GmbH & Co., Postfach 3 25, 8948 Mindelheim, Tel. (0 82 61) 99 90	„Luft- und Raumfahrt-Ausrüstung": Produkt- und Firmendarstellung für den Bereich der Luft- und Raumfahrtbordgeräte und -systeme	

4.2.3. Adressenkataloge

„AZ direct marketing bertelsmann 86 — adress aktuell", Hrsg.: direkt marketing bertelsmann GmbH, Gütersloh

„ad-con — 100 Jahre Direktwerbung", Hrsg.: Adressen-Archiv Otto Conrad GmbH & Co. KG, Frankfurt/Main

„Alles über Adressen — Das D & G-Jahrbuch des Direkt-Marketing 1981", Hrsg.: Donnelly & Gerardi, Ettlingen

„Direktmarketing Journal '85", Verlag Koop GmbH, Düsseldorf

„Adressen und Material 1985" — Merkur Erfolgs-Handbuch für Direktwerbung, Hrsg.: Merkur Direktwerbegesellschaft mbH & Co. KG, Einbeck

„Erfolg durch Direkt-Werbung", Hrsg.: Meyer-Direkt-Werbung Hermann J. W. Meyer GmbH, Hamburg

„Handbuch des Direct-Marketing", Hrsg.: H. Dallmer, R. Thedens, Betriebswirtschaftlicher Verlag Th. Gabler, 6. Auflage, Wiesbaden, 1981

„Der neue Leitfaden des Direktmarketing", — Mit Adressenkatalog 1986 (Deutschland) —, Hrsg.: Schober Direktmarketing GmbH, Ditzingen 1/Stuttgart

„Laserprint Adressen-Katalog '86", Hrsg.: Laserprint Druck und Direktwerbung GmbH, Stuttgart

„Scholz Adressen-Führer", Hrsg.: Richard Scholz GmbH Direktwerbung, Springe

„RMA-Adressen '86", Hrsg.: Rhein-Main Adress Direkt-Marketing, Bad Homburg

„Adress-Daten-Buch '86", Hrsg.: pan-Adress Direktwerbegesellschaft, Planegg vor München

„Der Katalog für erfolgreiche Direktwerbung 1985" — Direktwerbung im Medienverbund —, Hrsg.: Vogel-Verlag, Würzburg

5. Im Zusammenhang mit absatzwirtschaftlichen Dispositionen wichtige Organisationen

5.1. Verbände und Vereinigungen

5.1.1. Verbände

Industrie

Im „Bundesverband der Deutschen Industrie e.V." zusammengefaßte Wirtschaftsverbände der Industrie im Gebiet der Bundesrepublik Deutschland:

Bundesverband der Deutschen Industrie e.V., Gustav-Heinemann-Ufer 84—88, 5000 Köln 51, Tel. (02 21) 37 08 00

Mitglieder:

Verband der Automobilindustrie e.V., Westendstr. 61, Postfach 17 05 63, 6000 Frankfurt am Main, Tel. (0 69) 7 57 01

Hauptverband der Deutschen Bauindustrie e.V., Abraham-Lincoln-Str. 30, Postfach 29 66, 6200 Wiesbaden, Tel. (0 61 21) 7 72 24 02

Bundesverband Bekleidungsindustrie e.V., Mevissenstr. 15, 5000 Köln 1, Tel. (02 21) 77 44-0

Fachorganisation für: Berufs-, Sport- und Freizeitbekleidung, Damenoberbekleidung, Herrenbekleidung, Hüte u. Mützen, Krawatten u. Schals, Lederbekleidung, Mieder- u. Badebekleidung, Rauchwaren u. Pelze, Uniformen, Wäsche u. Hausbekleidung

Wirtschaftsvereinigung Bergbau e.V., Zitelmannstr. 9—11, Postfach 12 02 80, 5300 Bonn 1, Tel. (02 28) 5 40 02-0

Fachorganisation für: Ruhrbergbau, Saarbergbau, Aachener Steinkohlenbergbau, Niedersächsischer Steinkohlenbergbau, Braunkohle, Eisenerz, Kali, Metallerz, Spezialbergbau, Torf u. Humus, Schiefer, Salz, Mineralgewinnung, bergbauliche Unternehmen, Auslandsbergbau

Verband der Chemischen Industrie e.V., Karlstr. 21, 6000 Frankfurt am Main 1, Tel. (0 69) 25 56-0

Fachorganisation für: Aluminiumsulfat, Bauchemie u. Holzschutzmittel, bituminöse Dach- u. Dichtungsbahnen, chemischer Bürobedarf, Elektro- u. Siliziumkarbid, Essigsäure, Ferrolegierungen, Futterphosphate, Gelatine, Gießerei, Industriereiniger, Kerzenhersteller, Klebstoff, Körperpflege u. Waschmittel, Kohlensäure, Kunststoffe, Lack, Lebensmittelzusatzstoffe, Mineralfarben, Organische Chemie, Pflanzenschutz, Pharma, Phosphat-Dünger, phosphorsaure Salze, Photochemie, Putz- und Pflegemittel, Soda, Stickstoff, Textilhilfsmittel, Lederhilfsmittel, Gerbstoff- und Waschrohstoffmittel, Verbandmittel

Verband der Cigarettenindustrie, Harvestehuder Weg 88, 2000 Hamburg 13, Tel. (0 40) 44 16 61

Bundesverband Druck E.V., Biebricher Allee 79, Postfach 18 69, 6200 Wiesbaden 1, Tel. (0 61 21) 8 03-0

Wirtschaftsverband Eisen, Blech und Metall verarbeitende Industrie e.V., Kaiserswerther Str. 135, 4000 Düsseldorf 30, Tel. (02 11) 45 49 30

Fachorganisation für: Stahlblechverarbeitung, Werkzeugindustrie, Schneidwaren und Bestecke, Schloß- und Beschlagindustrie, Fahrrad- und Kraftradteile, Metallverpackungen, Eisen- und Stahlwaren, Metallwaren, Verbindungs- und Befestigungstechnik, Heiz- und Kochgeräte, Stahlrohrmöbel, wehrtechnisches Gerät, Rohrwerke, Stahlbüromöbel, Heizungsindustrie, Garten- und Rasenpflegegeräte, Haushalt-, Küchen- und Tafelgeräte, Laborbau

Wirtschaftsvereinigung Eisen- und Stahlindustrie, Breite Str. 69, 4000 Düsseldorf 1, Tel. (02 11) 82 91

Fachorganisation für: Roheisen, Walzstahl, Edelstahl, Freiformschmieden, Radsatz, Stahlrohr

Zentralverband der Elektrotechnischen Industrie e.V., Stresemannallee 19, 6000 Frankfurt 70, Tel. (0 69) 6 30 21

Fachorganisation für: Elektrische Maschinen, Transformatoren, Stromrichter, Batterien, Starkstromkondensatoren, Schaltgeräte, Schaltanlagen, Installationsgeräte und -systeme, Kabel und isolierte Drähte, Elektroschweißgeräte, Elektrowärmeanlagen, Elektro-Haushalt-Kleingeräte, Elektroleuchten, Informations- und Kommunikationstechnik, Unterhaltungselektronik, Meßtechnik und Prozeßautomatisierung, elektrische Lampen, Elektrobahnen und -fahrzeuge, Elektromedizinische und Strahltechnische Geräte, Elektrokohle und -halter, Elektro-Isoliermaterial, elektrische Grubenlampen, Fahr- und Freileitungsbau, Bauelemente und Elektronik, Galvanotechnik, Elektro-Haushalt-Großgeräte, Audio- und Videotechnik, Elektrowerkzeuge, Elektrorohr, Empfangsantennen- und Breitbandverteiltechnik, Elektro-Hauswärmetechnik, Unterrichtstechnik

Wirtschaftsverband Erdöl- und Erdgasgewinnung e.V., Brühlstr. 9, 3000 Hannover, Tel. (05 11) 32 60 16-17

Bundesvereinigung der Deutschen Ernährungsindustrie e.V., Rheinallee 18, 5300 Bonn 2, Tel. (02 28) 35 10 51-53

Fachorganisation für: Backmittel, Back- und Puddingpulver, Berliner Brot- u. Backwaren, Brot- und Backwaren, diätische Lebensmittel, Erfrischungsgetränke, Coca-Cola, Eiprodukte, Essig, Feinkost, Fisch, Fischmehl, Fischöl, Fleischwaren, Futtermittel, Mischfutter, Wirkstoffe in der Tierernährung, Gewürze, Hefe- und Melasseverarbeitung, Kaffee, Kaffeemittel, Kartoffelverarbeitung, Kühlhäuser u. Eisfabriken, Trockeneis, Margarine, Milch, Mineralbrunnen, Handelsmühlen, Maismühlen, Ölmühlen, Reis- und Schälmühlen, Durum-Weizen-Mühlen, Obst- und Gemüseverarbeitung, Fruchtsaft, Fruchtwein, Pektin, Perlwein, Sauerkonserven, Sauerkraut, Speisezwiebeln, Talg u. Schmalz, Sektkellereien, Senf, Agraralkoholerzeugung, Kartoffel- u. Kornbrenner, Weinbrennereien, Klein- u. Obstbrenner, Spirituosen, Essenzen, Stärke, Süßwaren, Suppen, Teigwaren, Zitrusfrüchte, Zucker

Verband der deutschen feinmechanischen und optischen Industrie e.V., Pippinstr. 16, 5000 Köln 1

Deutscher Gießereiverband, Sohnstr. 70, 4000 Düsseldorf, Tel. (02 11) 6 87 11

Fachorganisation für: Eisenguß, duktiles Gußeisen, Stahlguß, zentrale Gußverwertung

Bundesverband Glasindustrie und Metallfaserindustrie e.V., Stresemannstr. 26, 4000 Düsseldorf 1, Tel. (02 11) 16 21 91

Hauptverband der Deutschen Holzindustrie und verwandten Industriezweige e.V., Vereinigung Deutscher Sägewerksverbände e.V., An den Quellen 10, 6200 Wiesbaden 1

Fachorganisation für: Hersteller von Bruyèrepfeifen, Bürsten- u. Pinselindustrie, Holzleimbau, Holzpflaster, Holzwerkstoff, Holzwolle, Holzpackmittel, Paletten, Exportverpackung, Klavierindustrie, Montagebau und Fertighäuser, Parkett, Polstermöbel, Rolladen, Sonnenschutz, Sargindustrie, Serienmöbel, Sitzmöbel- und Tischindustrie, Bauzubehör, Büromöbel, Ladenbau, Leisten und Rahmen, Rundfunk- und Fernsehgehäuse, Stiel- und Rundstab

Arbeitsgemeinschaft Industriegruppe, 8500 Nürnberg

Fachorganisation für: Schreib- und Zeichengeräte, Industrieleder, Musikinstrumente, Schmuck- und Silberwaren, Spielwaren, Sportartikel

Wirtschaftsverband der deutschen Kautschukindustrie e.V., Zeppelinallee 69, 6000 Frankfurt 90, Tel. (0 69) 79 36-0

Arbeitsgemeinschaft Keramische Industrie e.V., Friedrich-Ebert-Anlage 38, 6000 Frankfurt 97, Tel. (0 69) 74 06 17

Fachorganisation für: Keramik, Sanitärkeramik, Keramik und Feinsteinzeug

Gesamtverband kunststoffverarbeitende Industrie e.V., Am Hauptbahnhof 12, 6000 Frankfurt 1, Tel. (0 69) 27 10 50

Fachorganisation für: Bau-, Möbel- und Industrie-Halbzeuge aus Kunststoff, Kunststoff-Konsumwaren, Technische Teile, Verpackung und Verpackungsfolien, verstärkte Kunststoffe, Kunststoffverarbeitung, Schaumkunststoffe, Hartschaum

Bundesverband der Deutschen Luft-, Raumfahrt- und Ausrüstungsindustrie e.V., Konstantinstr. 90, 5300 Bonn 2, Tel. (02 28) 33 00 11

Verband Deutscher Maschinen- und Anlagenbau e.V. (VDMA), Lyoner Str. 18, Postfach 71 08 64, 6000 Frankfurt/Main 71 (Niederrad), Tel. (0 69) 6 60 30

Fachgemeinschaften: Allgemeine Lufttechnik, Antriebstechnik, Apparatebau, Armaturen, Bau- und Baustoffmaschinen, Bergwerksmaschinen, Büro- und Informationstechnik, Druck- und Papiertechnik, Feuerwehrfahrzeuge und -geräte, Fördertechnik, Geldschränke und Tresoranlagen, Gießereimaschinen, Gummi- und Kunststoffmaschinen, Holzbearbeitungsmaschinen, Kompressoren und Vakuumpumpen, Kraftmaschinen, Landmaschinen- und Ackerschlepper-Vereinigung, Maschinen für die Schuh- und Lederindustrie, Montage-Handhabung-Industrieroboter, Näh- und Bekleidungsmaschinen, Nahrungsmittel- und Verpackungsmaschinen, Ölhydraulik und Pneumatik, Präzisionswerkzeuge, Prüfmaschinen, Pumpen, Schweißtechnik, Textilmaschinen, Thermo-Prozeß und Abfalltechnik, Waagen, Wäscherei- und Chemischreinigungsmaschinen, Werkzeugmaschinen

Arbeitsgemeinschaften: Großanlagenbau, Hochdruckreiniger, Interessengemeinschaft Ackerschlepper, Landwirtschaftliche Anhänger und Transporter, Arbeitsgemeinschaft Beregnungs- und Bewässerungsanlagen, Maschinen und Geräte für die Bodenbearbeitung, Arbeitsgemeinschaft Erntemaschinen für Grünfutter und Heu, Arbeitsgemeinschaft Mähdrescher/Sammelpressen, Arbeitsgemeinschaft Garten- und Landschaftspflegetechnik, Arbeitsgemeinschaft Drillmaschinen und Düngerstreuer, Arbeitsgemeinschaft Schiffbau- und Offshore-Zulieferindustrie, Bodenreinigungsmaschinen, Erdbaumaschinen, Werkstoffprüfung, Kommunaltechnik, Waagen

Wirtschaftsvereinigung Metalle E.V., Tersteegenstr. 28, 4000 Düsseldorf 30, Tel. (02 11) 4 54 71-0

Fachorganisation für: Aluminium, Schwermetall, Edelmetall, Metallgießereien

Mineralölwirtschaftsverband e.V. (MWV), Steindamm 71 XII, 2000 Hamburg 1, Tel. (0 40) 28 54-1

VDP Verband Deutscher Papierfabriken e.V. — Vereinigung der Papier-, Pappen-, Zellstoff- und Holzstofferzeugung, Adenauerallee 55, 5300 Bonn 1, Tel. (02 28) 22 20 21

Fachorganisation für: Zeitungsdruckpapier, Zeitschriften- u. Katalogpapier, Holzhaltig, Holzfrei, Feinpapier, Zellstoffkarton, gestrichene graphische Papiere, Briefumschlagpapier, Tapetenrohpapier, Maschinenkarton, Fein- u. Wickelpappe, Rohpappe, Kraftpapiere, Zellstoffpackpapier, Pack- u. Wellpappenpapiere, Packseidenpapier, Pergamyn, Echt Pergament, Kreppackstoff, Hygiene-Papier, Spezialpapier, Zellstoff

Hauptverband der Papier, Pappe und Kunststoffe verarbeitenden Industrie (HPV) e.V., Arndtstr. 47, 6000 Frankfurt (Main) 1, Tel. (0 69) 74 03 11-15

Fachorganisation für: Papier- und Plastikverpackung, Briefumschlag- u. Papierausstattung, Buchbindereien für Verlag und Industrie, Bunt- und Metallpapier, Faltschachteln, Geschäftsbücher-, Organisations- und Lernmittel, Hartpapierwaren und Rundgefäße, Kalender- u. Werbeartikel, Kartonagen, Lampenschirm-, Wohnraumleuchter und Zubehör, Papiersäcke, Tapetenfabrikanten, Vollpappe-Kartonagen, imprägnierte u. beschichtete Papiere, Wellpappen, Zigarettenpapier, Sondererzeugnisse in der Papierverarbeitung, Kartonverpackungen für flüssige Nahrungsmittel, Hersteller selbstklebender Etiketten, Verleger und Hersteller von Glückwunschkarten

Verband der Deutschen Schiffbauindustrie e.V., An der Alster 1, 2000 Hamburg 1, Tel. (0 40) 24 62 05

Arbeitsgemeinschaft Schuhe/Leder, Waldstr. 44, 6050 Offenbach am Main, Tel. (0 69) 81 62 72

Fachorganisation für: Leder, Schuhe

Wirtschaftsverband Stahlbau und Energietechnik (SET), Ebertplatz 1, 5000 Köln 1, Tel. (02 21) 7 33 11 17

Fachorganisation für: Stahlbau, Dampfkessel-, Behälter- und Rohrleitungsbau, Waggonbau, Weichenbau, Feuerlöschgeräte und -anlagen

Wirtschaftsverband Stahlverformung e.V., Goldene Pforte 1, 5800 Hagen-Emst, Tel. (0 23 31) 5 10 41

Fachorganisation für: Schmiedestücke, Preß-, Zieh- und Stanzteile, Federn, Schrauben, Ketten, Härtetechnik, Pulvermetallurgie, Grubenausbau, landwirtschaftliche Geräte

Bundesverband Steine und Erden e.V., Friedrich-Ebert-Anlage 38, 6000 Frankfurt (Main), Tel. (0 69) 74 06 17

Fachorganisation für: Faserzement, Beton- u. Fertigteile, Schleifmittel, Gasbeton, keramische Fliesen, Leichtbetonzuschlag, Bims und Beton, feuerfeste und keramische Stoffe, Gips- und Gipsbauplatten, Hochofenschlacke, Hüttenkalk, Kalksandstein, Baukeramik und Spaltplatten, Kieselgur, Kies-Sand und Mörtel, Leichtbauplatten, Naturstein, Naturwerkstein, Steinzeug, Schiefer, Zement, Ziegel, Juramarmor, Transportbeton

Gesamtverband der Textilindustrie in der BRD — Gesamttextil — e.V., Schaumainkai 87, Haus der Textilindustrie, 6000 Frankfurt (Main) 70, Tel. (0 69) 6 33 04-0

Fachorganisation für: Garne, Baumwollstrickgarn, Gewebe aus Baumwolle u. anderen Fasern, Chemiefaser, Filz, Grobgarn, Einlagestoffe, Handarbeitsgarn, Tauwerk u. technische Garne, Jute, Kammgarnspinner, Leinen, Lohn-Wäscherei und -Kämmerei, Nähfaden, Reiß-Spinnstoffe, textiles Reinigungs- und Poliermaterial, Kunststoff- und Schwergewebekonfektion, Schlauchwebereien, Bandweber- und Flechter, Samt und Seide, Tuch und Kleiderstoffe, Tapisserie, Heimtextilien, Textilveredelung, Verbandmittel und Medicalprodukte, Maschen-Industrie, Vliesstoffe, Wollfilz, Färber und Textilveredelungsfachleute, Asbest, Handweber, Flockindustrie, Stickerei-, Spitzen und Gardinen, Textilpflege-Betriebe, Teppich-Reinigungsverband, Textil-Reinigungsverband

Deutsche Verbundgesellschaft (DVG), Ziegelhäuser Landstr. 5, 6900 Heidelberg, Tel. (0 62 21) 4 50 17

Wirtschaftsvereinigung Ziehereien und Kaltwalzwerke, Kaiserswerther Str. 137, 4000 Düsseldorf 30, Tel. (02 11) 45 64-2 46

Fachorganisation für: Draht, Kaltwalzwerke, Präzisionsrohrwerke, Stabziehereien

Verein der Zuckerindustrie, Am Hofgarten 8, 5300 Bonn 1, Tel. (02 28) 22 85-0
(Verband mit Bundesvereinigungen der Deutschen Ernährungsindustrie e.V.)

BDI-Ausschüsse für: Agrarwirtschaft, Außenwirtschaft, Betriebswirtschaft, Bildungspolitik, Energie, Internationale Entwicklung u. Rohstoffpolitik, Forschungs- und Wissenschaftspolitik, Geld-Kredit- und Währungsausschuß, Konsumgüterindustrie, Mittelstandsausschuß, öffentliches Auftragswesen, Rechtsausschuß, Ausschuß für Sicherheitsfragen, statistischer Ausschuß, Steuerausschuß, Ausschuß für Umweltpolitik, Verkehr, Versicherungen, Wettbewerbsordnung

BDI-Arbeitskreise für: Berlin, Exportkreditversicherung und Exportfinanzierung, Information und Dokumentation, Geschäftsfliegerei, Innerdeutscher Handel, Internationales Seerecht, Messen und Ausstellungen, Presse, Staatshandelsländer, Werbung, Zoll

BDI-Gemeinschaftsausschüsse und Arbeitskreise:

- Ost-Ausschuß der Deutschen Wirtschaft, Arbeits- und Länderkreise (China, UdSSR, Bulgarien, Polen, Rumänien, Tschechoslowakei, Ungarn, Liefer- und Abnahmebedingungen, Rechtsfragen)
- Arbeitsgemeinschaft Handel mit der DDR
- Kuratorium der Deutschen Wirtschaft für Berufsbildung
- Gesprächskreis Wissenschaft u. Wirtschaft
- Arbeitsring Ausland und kulturelle Aufgaben e.V.
- Arbeitsgruppe Auslandswerbung
- Arbeitsgemeinschaft Außenhandel der Deutschen Wirtschaft
- Gemeinsamer Arbeitskreis für Bau-, Boden- und Wohnungsrecht
- Arbeitskreis Datenschutz
- Arbeitskreis für Fragen der Eigentumsförderung
- Arbeitsgemeinschaft Entwicklungsländer
- Arbeitskreis Europäisches Publizitätsschema
- Gutachterausschuß für allgemeine Geschäftsbedingungen
- Arbeitskreise für Fragen des GmbH-Rechts
- Arbeitskreis Kernenergie
- Arbeitsgemeinschaft von Versicherungsnehmern für Fragen der Kraftversicherung
- Bundeskreditgarantiegemeinschaft
- Spendenwesen
- Ständiger Technischer Kontaktausschuß
- Fragen des Unternehmensrechts
- Arbeitsgemeinschaft Zivilschutz

Detailliertere Angaben über den BDI bzw. die angeschlossenen Verbände können aus dem vom BDI herausgegebenen „Organisationsplan" entnommen werden.

Handel

Arbeitsgemeinschaft der Lebensmittel-Filialbetriebe e.V. (ALF), Humboldtstr. 1, 5300 Bonn 1, Tel. (02 28) 65 70 65

Arbeitsgemeinschaft Deutscher Milchhandelsverbände, Baumschulallee 6, 5300 Bonn, Tel. (02 28) 63 73 54

Außenhandelsvereinigung des Deutschen Einzelhandels e.V., Weyerstr. 2, 5000 Köln, Tel. (02 21) 21 66 17/21 76 17

Bundesarbeitsgemeinschaft der Mittel- und Großbetriebe des Einzelhandels e.V., Lindenallee 41, 5000 Köln 51, Tel. (02 21) 38 03 16

Bundesverband der Selbstbedienungs-Warenhäuser (BdSW) e.V., Bonn, Adenauerallee 45, 5300 Bonn, Tel. (02 28) 21 10 16/17

Bundesverband Bürowirtschaft e.V., Sachsenring 89, 5000 Köln 1, Tel. (02 21) 31 60 76/77

Bundesverband der Deutschen Versandbuchhändler e.V., An der Ringkirche 6, 6200 Wiesbaden, Tel. (0 61 21) 44 90 91

Bundesverband der Juweliere, Schmuck- und Uhrenfachgeschäfte in der Hauptgemeinschaft des deutschen Einzelhandels e.V., Altkönigstr. 9, 6240 Königstein (Ts), Tel. (0 61 74) 40 31

Bundesverband des Deutschen Kunst- und Antiquitätenhandels e.V., Stadtwaldgürtel 32 A, 5000 Köln 41, Tel. (02 21) 40 70 49

Bundesverband des Deutschen Foto-Fachhandels e.V., Sachsenring 89, 5000 Köln 1, Tel. (02 21) 33 98-1 98

Bundesverband des Deutschen Lederwaren-Einzelhandels e.V. in der Hauptgemeinschaft des Deutschen Einzelhandels e.V., Sachsenring 89, 5000 Köln 1, Tel. (02 21) 3 39 80

Bundesverband des Deutschen Möbelhandels e.V. in der Hauptgemeinschaft des Deutschen Einzelhandels, Frangenheimstr. 6, 5000 Köln 41, Tel. (02 21) 40 31 42

Bundesverband des Deutschen Schuheinzelhandels e.V., Sachsenring 89, 5000 Köln 1, Tel. (02 21) 33 98-1 13

Bundesverband des Glas-, Porzellan- und Keramik-Einzelhandels e.V., Sachsenring 89, 5000 Köln, Tel. (02 21) 33 98-1 15/1 18

Bundesverband des Tabakwaren-Einzelhandels e.V., Sachsenring 89, 5000 Köln, Tel. (02 21) 33 98-1 98

Bundesverband des Deutschen Tankstellen- u. Garagengewerbes e.V. (BTG), Stiftstr. 35, 4950 Minden, Tel. (05 71) 2 60 21

Bundesverband des Deutschen Textileinzelhandels e.V. (BTE), Sachsenring 89, 5000 Köln 1, Tel. (02 21) 3 39 80

Bundesverband des Sanitätsfachhandels (BVS), Sachsenring 89, Handelshaus, 5000 Köln 1, Tel. (02 21) 33 98-1 94/1 95

Bundesverband des Spezial-Versand- und Ladenhandels e.V., Eichenstr. 24, 2000 Hamburg 19, Tel. (0 40) 49 28 83

Bundesverband des werbenden Buch- und Zeitschriftenhandels e.V. (wbz), Pecher Hauptstr. 2c, 5307 Wachtberg-Pech, Tel. (02 28) 32 41 17

Bundesvereinigung Deutscher Einkaufsverbände e.V. (BEV), Lindenstr. 20, 5000 Köln 1, Tel. (02 21) 21 94 56/57

Bundesverband Deutscher Heimwerker- und Baumärkte e.V. BHB, Asterlager Str. 97, 4100 Duisburg 14 (Rheinhausen), Tel. (0 21 35) 69 46 04

Bundesverband Farben, Lacke, Tapeten und Heimwerkerbedarf e.V., Sachsenring 89, Handelshaus, 5000 Köln 1, Tel. (02 21) 33 98-1 82/1 83

Bundesverband Freier Tankstellen und Unabhängiger Deutscher Mineralölhändler e.V. (BFT), Ippendorfer Allee 1 D, 5300 Bonn 1, Tel. (02 28) 28 50 71

Bundesverband Materialwirtschaft und Einkauf e.V. BME, Waidmannstr. 25, 6000 Frankfurt (Main) 70, Tel. (0 69) 6 31 30 41/42

Bundesverband Parfümerien, Fachverband des Einzelhandels mit Parfümerien, Kosmetik und Körperpflegemitteln in der Hauptgemeinschaft des Deutschen Einzelhandels e.V., Am Lohtor 14, 4350 Recklinghausen, Tel. (0 23 61) 2 50 78

Deutscher Caravan Handels-Verband, Turbinenstr. 6, Postf. 31 07 66, 7000 Stuttgart 31, Tel. (07 11) 83 64 68

Deutsche Handelsvereinigung SPAR e.V., Walter-Kolb-Str. 9—11, Postf. 70 01 80, 6000 Frankfurt (Main) 70, Tel. (0 69) 61 03 12

Deutscher Radio- und Fernseh-Fachverband e.V. in der Hauptgemeinschaft des Deutschen Einzelhandels, Sachsenring 89, 5000 Köln, Tel. (02 21) 33 98-1 15-1 18

Deutscher Reifenhändler-Verband e.V., Stadtwaldgürtel 89, 5000 Köln 41, Tel. (02 21) 40 30 70

Gesamtverband des Deutschen Brennstoffhandels e.V., Postf. 10 40 29, 3500 Kassel, Tel. (05 61) 1 53 03

Fachverband des Deutschen Eisenwaren- und Hausrathandels e.V., Eichendorffstr. 3, 4000 Düsseldorf 30, Tel. (02 11) 43 44 35/36

Hauptverband des Deutschen Lebensmittel-Einzelhandels e.V. (HVL), Heilsbachstr. 15, 5300 Bonn 1, Postf. 14 01 64, 5300 Bonn 1, Tel. (02 28) 64 30 36

Fachverband des Deutschen Tapeten- und Bodenbelaghandels e.V. (FDTB), Sachsenring 89, 5000 Köln 1, Tel. (02 21) 31 60 48

Fachverband des Deutschen Teppich- und Gardinenhandels e.V., Sachsenring 89, Postf. 25 02 12, 5000 Köln 1, Tel. (02 21) 32 21 64

Hauptverband des Spielwaren-, Modellbau-, Kinderwagen- und Korbwaren-Einzelhandels e.V., Sachsenring 89, 5000 Köln 1, Tel. (02 21) 33 98-1 15-1 18

Hauptgemeinschaft des Deutschen Einzelhandels e.V. (HDE), Sachsenring 89, Handelshaus, 5000 Köln 1, Tel. (02 21) 3 39 80

Hauptverband des deutschen Landmaschinen-Handels e.V., Franz-Lohe-Str. 21/23, 5300 Bonn, Tel. (02 28) 26 00 10

Verband der Mikrofilm-Fachbetriebe e.V., Mallershofener Weg 17, 8057 Eching, Tel. (0 89) 3 19 13 31

Verband des Beleuchtungs- und Elektro-Einzelhandels e.V., Kurfürstendamm 32, 1000 Berlin 15, Tel. (0 30) 8 81 77 38

Verband des Deutschen Zweiradhandels e.V., Danziger Str. 1, 4800 Bielefeld 1, Tel. (05 21) 20 01 36

Verband Deutscher Antiquare e.V., Die Vereinigung von Buchantiquaren, Autographen- und Graphikhändlern, Unterer Anger 15, 8000 München 2, Tel. (0 89) 26 38 55

Verband Deutscher Bahnhofsbuchhändler e.V., Großer Hirschgraben 19 H, 6000 Frankfurt (Main) 1, Tel. (0 69) 28 49 07

Verband Deutscher Drogisten e.V. (VDD), Friedrich-Schmidt-Str. 53, 5000 Köln 41 (Lindenthal), Tel. (02 21) 40 10 38

Verband Deutscher Lesezirkel e.V., Flensburger Str. 28, 4000 Düsseldorf 30, Tel. (02 11) 42 75 81

Verband Deutscher Schiffsausrüster e.V., Raboisen 101, 2000 Hamburg 1, Tel. (0 40) 32 40 82/33 82 95

Verband Deutscher Sportfachhandel e.V., Langgasse 17, 6200 Wiesbaden, Tel. (0 61 21) 30 40 22

Verband Deutscher Stahlwarenhändler e.V. (VDSt), Westwall 122, Postf. 11 44, 4150 Krefeld, Tel. (0 21 51) 77 30 87-89

Zentralverband des Kraftfahrzeuggewerbes e.V., Franz-Lohe-Str. 21, 5300 Bonn 1, Tel. (02 28) 2 60 01-0

Zentralverband des Tankstellen- und Garagengewerbes e.V. (ZTG), Dreieichstr. 42, 6000 Frankfurt (Main) 70, Tel. (0 69) 62 40 44

Handelsvertreter/Makler

Bundesverband der Kursmakler an den deutschen Wertpapierbörsen, Börsenbrücke 7, 2000 Hamburg 11, Tel. (0 40) 37 36 64

Centralvereinigung Deutscher Handelsvertreter- und Handelsmakler-Verbände (CDH), Geleniusstr. 1 (CDH-Haus), 5000 Köln 41, Tel. (02 21) 51 40 43-44

Landesverbände

- **Wirtschaftsverband der Handelsvertreter u. Handelsmakler in Baden e.V. (CDH),** Bertoldstr. 45, 7800 Freiburg, Tel. (07 61) 3 39 90
- **Wirtschaftsverband der Handelsvertreter und Handelsmakler Baden-Württemberg (CDH) e.V.,** Katharinenstr. 18, Postf. 3 65, 7000 Stuttgart 1, Tel. (07 11) 24 07 27
- **Wirtschaftsverband bayerischer Handelsvertreter und Handelsmakler (CDH) e.V.,** Ismaninger Str. 63, 8000 München 80, Tel. (0 89) 47 10 46
- **Wirtschaftsverband der Handelsvertreter und Handelsmakler Bergisch-Land (CDH) e.V.,** Islandufer 21, 5600 Wuppertal 1, Tel. (02 02) 44 84 89
- **Wirtschaftsverband der Handelsvertreter und Handelsmakler in Berlin (CDH) e.V.,** Karolingerplatz 10—11, 1000 Berlin 19, Tel. (0 30) 3 02 80 93/94
- **Wirtschaftsverband der Handelsvertreter und Handelsmakler in Bremen (CDH) e.V.,** Wachmannstr. 51, 2800 Bremen 1, Tel. (04 21) 3 49 90 53
- **Wirtschaftsvereinigung Handelsvertreter und Handelsmakler Hamburg/Schleswig-Holstein (CDH) e.V.,** Raboisen 16, 2000 Hamburg 1, Tel. (0 40) 33 10 95
- **Wirtschaftsverband der Handelsvertreter und Handelsmakler in Hessen (CDH) e.V.,** Stresemannallee 35/37, Postf. 70 07 06, 6000 Frankfurt (Main) 70, Tel. (0 69) 63 50 01
- **Handelsvertreterverband Köln-Bonn-Aachen e.V. (CDH),** Hansaring 79—81, 5000 Köln 1, Tel. (02 21) 13 10 81
- **Landesverband der Handelsvertreter und Handelsmakler in Niedersachsen e.V. (CDH),** Hinüberstr. 4a, 3000 Hannover 1, Tel. (05 11) 34 26 11
- **Wirtschaftsverband der Handelsvertreter und Handelsmakler in Ostwestfalen-Lippe (CDH) e.V.,** Hagenbruchstr. 15, 4800 Bielefeld 1, Tel. (05 21) 6 85 76
- **Wirtschaftsverband der Handelsvertreter und Handelsmakler Rhein-Ruhr (CDH) e.V.,** Lindemannstr. 90, 4000 Düsseldorf, Tel. (02 11) 68 50 02

– **Wirtschaftsverband der Handelsvertreter und Handelsmakler Rheinland-Pfalz (CDH) e.V.,** Rheinstr. 20, 5400 Koblenz, Tel. (02 61) 3 17 78
– **Wirtschaftsverband der Handelsvertreter und Handelsmakler des Saarlandes (CDH) e.V.,** Franz-Josef-Röder-Str. 9, IV, 6600 Saarbrücken 1, Tel. (06 81) 5 50 52
– **Wirtschaftsverband der Handelsvertreter und Handelsmakler Westfalen-Mitte (CDH) e.V.,** Kamener Str. 60, 4750 Unna-Königsborn, Tel. (0 23 03) 6 22 23

Ring Deutscher Makler RDM, Verband der Immobilienberufe und Hausverwalter Bundesverband e.V., Mönckebergstr. 27, 2000 Hamburg 1, Tel. (0 40) 33 12 19/10

Verein Bremer Exportvertreter e.V., Melanchthonstr. 77, Postf. 15 03 69, 2800 Bremen 15, Tel. (04 21) 38 81 85

Verein Bremer Rohtabak-Makler und Handelsvertreter e.V., Postf. 10 44 62, 2800 Bremen 1, Tel. (04 21) 38 56 96

Verein der Bremer Kaffeeimportagenten und -Makler e.V., Postfach 10 22 63, 2800 Bremen 1, Tel. (04 21) 1 45 19/1 45 10

Verband Deutscher Makler für Grundbesitz und Finanzierungen e.V. (VDM), Pfarrgasse 2, 6240 Königstein/Ts., Tel. (0 61 74) 12 30

Verband reisender Kaufleute Deutschland e.V. (VRKD) gegr. 1884, Prinzregentenstr. 64, 8000 München 80, Tel. (0 89) 4 70 52 16

Zentralverband deutscher Kreditmakler und des vermittelnden Bankdienstleistungsgewerbes e.V., Rosental 233, 4600 Dortmund 1, Tel. (02 31) 52 71 96

Zentralverband Deutscher Schiffsmakler e.V., Alstertor 13 III, 2000 Hamburg 1, Tel. (0 40) 32 60 82

Dienstleistungen

Banken/Börsen

Arbeitsgemeinschaft der Absatzkreditbanken e.V., Couvenstr. 6, Postfach 24 40, 4000 Düsseldorf, Tel. (02 11) 3 67 61

Arbeitsgemeinschaft der deutschen Wertpapierbörsen, Börsenplatz 6, 6000 Frankfurt a. M. 1, Tel. (0 69) 21 97 (1) 372

Arbeitsgemeinschaft deutscher Kassenvereine, Börsenplatz 7—11, Postfach 10 08 50, 6000 Frankfurt (Main) 1, Tel. (0 69) 13 02-0

Arbeitskreis Aktie e.V., Berliner Allee 4, 4000 Düsseldorf, Tel. (02 11) 35 30 60/35 30 69

Bankenfachverband Konsumenten- und gewerbliche Spezialkreditinstitute (BKB) e.V., Bonn Center HJ 110 4, 5300 Bonn 1

Bundesgeschäftsstelle der Landesbausparkassen, Simrockstr. 4, 5300 Bonn 1, Tel. (02 28) 20 41

Bundes-Kreditgarantiegemeinschaft des Handels GmbH, Sachsenring 89, 5000 Köln, Tel. (02 21) 3 39 81 60

Bundesverband der Deutschen Volksbanken und Raiffeisenbanken e.V., Heussallee 5, 5300 Bonn 1

Bundesverband deutscher Banken e.V., Mohrenstr. 35—41, Postfach 10 02 46, 5000 Köln 1, Tel. (02 21) 1 66 31

Bundesverband Deutscher Investment-Gesellschaften e.V., Eschenheimer Anlage 28, 6000 Frankfurt 1, Tel. (0 69) 59 07 81

Deutsche Genossenschafts-Hypothekenbank AG, Rosenstr. 2, Postfach 10 14 46, 2000 Hamburg 1, Tel. (0 40) 3 01 03-0

Deutsche Genossenschaftsbank, Spitzeninstitut der genossenschaftlichen Bankengruppe der Bundesrepublik, Am Platz der Republik, Postfach 26 28, 6000 Frankfurt am Main 1, Tel. (0 69) 2 68 01

Deutsche Girozentrale — Deutsche Kommunalbank —, Taunusanlage 10, Frankfurt am Main 1, Postfach 11 05 42, 6000 Frankfurt am Main 11

Deutscher Sparkassen- und Giroverband e.V., Simrockstr. 4—18, Postfach 14 29, 5300 Bonn 1, Tel. (02 28) 20 41

Kreditanstalt für Wiederaufbau, Palmengartenstr. 5—9, Postfach 11 11 41, 6000 Frankfurt a. M. 11, Tel. (0 69) 7 43 10

Revisionsverband deutscher Konsumgenossenschaften e.V., Adenauerallee 21, 2000 Hamburg 1, Tel. (0 40) 24 00 02

Prüfungsverband Deutscher Banken, Gereonenstr. 73, 5000 Köln 1, Tel. (02 21) 21 91 88

Ständige Kommission für Angelegenheiten des Handels in amtlich nicht notierten Werten, Mohrenstraße 35—41, Postfach 10 02 46, 5000 Köln 1, Tel. (02 21) 1 66 31

Verband der Deutschen Freien Öffentlichen Sparkassen e.V., Am Brill 1, 2800 Bremen 1, Tel. (04 21) 1 79-20 47

Verband der Gemeinwirtschaften Geschäftsbanken (VGG), Zitelmannstr. 2, 5300 Bonn 1, Tel. (02 28) 23 40 28

Verband der Post-, Spar- und Darlehensvereine e.V., Oxfordstr. 15, 5300 Bonn 1, Tel. (0 69) 14 88 03-06

Verband der Privaten Bausparkassen e.V., Dottendorfer Str. 82, 5300 Bonn 1, Tel. (02 28) 23 90 41

Verband der Spardabanken, Hamburger Allee 2—10, 6000 Frankfurt 90, Tel. (0 69) 77 90 31

Verband deutscher Hypothekenbanken e.V., Holbeinstr. 17, 5300 Bonn-Bad Godesberg, Tel. (02 28) 37 20 26

Verband deutscher Schiffsbanken, Ballindamm 26, 2000 Hamburg 1, Tel. (0 40) 33 55 01

Verband öffentlicher Banken e.V., Am Fronhof 10, Postfach 20 01 50, 5300 Bonn 2, Tel. (02 28) 8 20 04-0

Vereinigung der Auslandsbanken in Deutschland e.V., Eichendorffstr. 1, 6000 Frankfurt a. M. 1, Tel. (0 69) 56 10 44

Verein Hamburger Privatbankiers, Neuer Wall 26—28, 2000 Hamburg 36, Tel. (0 40) 36 74 41

Zentralverband des Deutschen Pfandkreditgewerbes e.V., Hindenburgstr. 21, 4300 Essen, Tel. (02 01) 22 38 55

Versicherungen

Bundesverband Deutscher Versicherungskaufleute, Kekulestr. 12, 5300 Bonn 1, Tel. (02 28) 22 40 05

Deutsche Kernreaktor-Versicherungsgemeinschaft, Sedanstr. 8, Postfach 10 04 66, 5000 Köln 1, Tel. (02 21) 72 07 61

Deutscher Luftpool, Von-der-Tann-Str. 13, Postfach 22 03 68, 8000 München 22, Tel. (0 89) 3 80 01

Deutscher Sterbekassenverband e.V., Kortumstr. 102—104, Postfach 5 46, 4630 Bochum 1, Tel. (02 34) 20 30

Deutscher Transport-Versicherungs-Verband e.V., Rödingsmarkt 16, 2000 Hamburg 11, Tel. (0 40) 36 24 26

Gesamtverband der Deutschen Versicherungswirtschaft e.V., Ebertplatz 1, 5000 Köln 1, Tel. (02 21) 77 64-0

Verband der Lebensversicherungs-Unternehmen e.V., Eduard-Pflüger-Str. 55, 5300 Bonn, Tel. (02 28) 23 90 51

Verband der Haftpflichtversicherer, Unfallversicherer, Autoversicherer und Rechtsschutzversicherer e.V., HUK-Verband, Glockengießerwall 1 V, 2000 Hamburg 1, Tel. (0 40) 32 10 71

Verband der privaten Krankenversicherung e.V. (PKV), Bayenthalgürtel 26, Postfach 51 10 40, 5000 Köln 51, Tel. (02 21) 3 76 10 61/63

Verband der Sachversicherer e.V., Riehler Str. 36, Postfach 10 20 24, 5000 Köln 1, Tel. (02 21) 77 66-0

Verband der Versicherungsvereine a.G. e.V., v.-d.-Goltz-Allee 93, 2300 Kiel, Tel. (04 31) 68 16 19

Verband Deutscher Glasversicherungsvereine auf Gegenseitigkeit e.V., Schuchardstr. 12, Postfach 11 03 68, 6100 Darmstadt 11, Tel. (0 61 51) 2 08 51

Verein Bremer Seeversicherer e.V., Herrlichkeit 6, Postfach 10 07 24, 2800 Bremen 1, Tel. (04 21) 50 07 17

Verband industrieverbundener Versicherungs-Vermittler e.V. (VIV), Fritz-Vomfelde-Platz 4, 4000 Düsseldorf 11, Postfach 22 04, 4000 Düsseldorf 1

Verein Deutscher Lebensversicherer, Gothaer Platz 8, Postfach 19 37, 3400 Göttingen, Tel. (05 51) 70 12 00

Verband öffentlicher Feuerversicherer, Roßstr. 166, Postfach 32 12 09, 4000 Düsseldorf 30, Tel. (02 11) 45 54-0

Verband öffentlicher Lebens- und Haftpflichtversicherer, Roßstr. 166, Postfach 32 12 09, 4000 Düsseldorf 30, Tel. (02 11) 4 55 40

Verkehr

Arbeitsgemeinschaft Deutscher Verkehrsflughäfen (ADV), 7000 Stuttgart 23-Flughafen, Tel. (07 11) 7 90 13 08

Bundesverband der Deutschen Binnenschiffahrt e.V., Postfach 13 09 60, 4100 Duisburg 13, Tel. (02 03) 8 20 01

Bundesverband des Deutschen Güterfernverkehrs (BDF) e.V., Breitenbachstr. 1, Postfach 93 02 60, 6000 Frankfurt (Main) 93, Tel. (0 69) 7 91 90

Bundesverband Deutscher Eisenbahnen (BDE), Volksgartenstr. 54 A, 5000 Köln 1, Tel. (02 21) 31 50 75-78

Bundesverband des Deutschen Güternahverkehrs e.V. (BDN), Breitenbachstr. 1, 6000 Frankfurt (Main) 93, Tel. (0 69) 79 19-0

Bundesverband Deutscher Omnibusunternehmer (BDO) e.V., Coburger Str. 1c, 5300 Bonn 1, Tel. (02 28) 23 80 78

Bundesverband öffentlicher Binnenhäfen e.V., Hammer Landstr. 3, 4040 Neuss 1 (Rheinl.), Tel. (0 21 01) 2 16 24/2 06 82 00

Bundes-Zentralverband der Deutschen Personenverkehrsunternehmer mit PKW e.V. — BZP —, Zeisselstr. 11, 6000 Frankfurt am Main 1, Tel. (0 69) 59 05 98

Gesamtverband der Kfz-Vermieter Deutschlands e.V., Grafenberger Allee 363, 4000 Düsseldorf 1, Tel. (02 11) 68 53 73

Verband der Fähren in der Bundesrepublik e.V., Moltkestr. 4, Postfach 12 12, 5340 Bad Honnef (Rh), Tel. (0 22 24) 25 60

Verband Deutscher Luftfahrt-Unternehmen e.V. (VDLU), Flughafen, 4330 Mülheim/Ruhr, Tel. (02 08) 37 34 66

Verband Deutscher Reeder e.V. (VDR), Esplanade 6, IV, Postfach 30 55 80, 2000 Hamburg 36, Tel. (0 40) 3 50 97-0

Verband öffentlicher Verkehrsbetriebe (VÖV),Kamekestr. 37—39, 5000 Köln 1, Tel. (02 21) 52 50 64

Verkehrsforum Bahn e.V., Poppelsdorfer Allee 102, 5300 Bonn 1, Tel. (02 28) 69 30 51

Zentralarbeitsgemeinschaft des Straßenverkehrsgewerbes (ZAV) e.V., Breitenbachstr. 1, 6000 Frankfurt (Main) 93, Tel. (0 69) 77 57 19, 7 91 90

Zentralverband der deutschen Seehafenbetriebe e.V., Große Elbstr. 14, 2000 Hamburg 50, Tel. (0 40) 31 15 61/62

Sonstige

Adressbuchausschuß der Deutschen Wirtschaft, Adenauerallee 148, 5300 Bonn 1, Tel. (02 28) 10 45 02

Arbeitsgemeinschaft Fernwärme e.V. (AGFW) bei der Vereinigung Deutscher Elektrizitätswerke, Stresemannallee 23, 6000 Frankfurt (Main) 70, Tel. (0 69) 63 04

ASU-Arbeitsgemeinschaft Selbständiger Unternehmer e.V., Mainzer Str. 238, Postfach 20 07 84, 5300 Bonn 2 (Mehlem), Tel. (02 28) 34 30 44/8

Bundesverband der deutschen Gas- und Wasserwirtschaft e.V. (BGW), Euskirchener Str. 80, 5300 Bonn 1, Tel. (02 28) 52 00 10

Bundesverband der Energie-Abnehmer e.V. (VEA), Zeißstr. 72, Postfach 81 07 04, 3000 Hannover 81, Tel. (05 11) 83 09 53

Bundesverband der Freien Berufe BFB, Godesberger Allee 54, 5300 Bonn 2 (Bad Godesberg), Tel. (02 28) 37 66 35

Bundesverband Deutscher Leasing-Gesellschaften e.V. (BDL), Hohenzollernring 85—87, 5000 Köln 1, Tel. (02 21) 52 32 82/83

Bundesverband Deutscher Wasserkraftwerke BDW e.V., Brunnenwiesenweg 19—21, 8501 Kalchreuth, Tel. (09 11) 56 00 47

Bundesverband Solarenergie e.V. — BSE —, Kruppstr. 5, 4300 Essen 1, Tel. (02 01) 1 85 30 06

Bundesvereinigung der Deutschen Arbeitgeberverbände e.V., Gustav-Heinemann-Ufer 72, Postfach 51 05 08, 5000 Köln 51, Tel. (02 21) 37 95-0

Bundesvereinigung der Fachverbände des Deutschen Handwerks, Johanniterstr. 1, Haus des Deutschen Handwerks, 5300 Bonn, Tel. (02 28) 5 45-1

Bundesvereinigung der kommunalen Spitzenverbände, Lindenallee 13—17, 5000 Köln-Marienburg, Tel. (02 21) 3 77 11

Deutsche Angestellten-Gewerkschaft (DAG), Karl-Muck-Platz 1, 2000 Hamburg 36, Tel. (0 40) 39 91 51

Deutsche Landwirtschafts-Gesellschaft e.V. (DLG), Zimmerweg 16, 6000 Frankfurt (Main) 1, Tel. (0 69) 71 68-0

Deutsche Verbundgesellschaft (DVG), Ziegelhäuser Landstr. 5, 6900 Heidelberg, Tel. (0 62 21) 4 50 17

Deutscher Bäderverband e.V., Schumannstr. 111, Postfach 19 01 47, 5300 Bonn 1, Tel. (02 28) 21 10 88/9

Deutscher Bauernverband e.V. (DBV), Andreas-Hermes-Haus, Godesberger Allee 142—148, Postfach 20 09 28, 5300 Bonn 2, Tel. (02 28) 37 69 55

Deutscher Beamtenbund (Bund der Gewerkschaften des öffentlichen Dienstes), Dreizehnmorgenweg 36, Postfach 20 50 05, 5300 Bonn 2, Tel. (02 28) 8 11-0

Deutscher Fremdenverkehrsverband e.V. (DFV), Niebuhrstr. 16b, 5300 Bonn 1, Tel. (02 28) 21 40 71/72

Deutscher Gewerkschaftsbund — Bundesvorstand —, Hans-Böckler-Haus, Hans-Böckler-Str. 39, 4000 Düsseldorf 30, Tel. (02 11) 4 30 11

Deutscher Hotel- und Gaststättenverband e.V. (DEHOGA), Kronprinzenstr. 46, 5300 Bonn 2, Tel. (02 28) 36 20 16-19

Deutscher Städtetag, Lindenallee 13—17, 5000 Köln-Marienburg, Tel. (02 21) 3 77 11

Deutscher Verband für Wasserwirtschaft und Kulturbau e.V. (DVWK), Gluckstr. 2, 5300 Bonn 1, Tel. (02 28) 63 14 46

Gesamtverband der Deutschen Land- und Forstwirtschaftlichen Arbeitgeberverbände e.V., Godesberger Allee 142—148, Postfach 20 09 28, 5300 Bonn 2, Tel. (02 28) 37 69 55

Gesamtverband Gemeinnütziger Wohnungsunternehmen e.V. (GGW), Bismarckstr. 7, 5000 Köln 1, Tel. (02 21) 52 50 01

Gesellschaft für dezentralisierte Energiewirtschaft e.V. (GDE), Geisnangstr. 3, 7140 Ludwigsburg, Tel. (0 71 41) 87 13 03

Institut für Städtebau, Wohnungswirtschaft und Bausparwesen e.V., Arnold-Knoblauch-Institut, Neefestr. 2a, 5300 Bonn 1, Tel. (02 28) 69 20 73/74

VEDEWA Kommunale Vereinigung für Wasser und Abfallwirtschaft e.V., Werfmershalde 22, 7000 Stuttgart 1, Tel. (07 11) 26 36-0

Verband der deutschen Hochseefischereien e.V., Postfach 29 04 03, 2850 Bremerhaven 29, Tel. (04 71) 7 20 22

Verband der Handelsauskunfteien e.V. Hamburg, Hellersbergstr. 12, 4040 Neuss 1, Tel. (0 21 01) 1 09-0

Verband der Vereine Creditreform e.V., Hellersbergstr. 12, Postfach 5 33, 4040 Neuss 1, Tel. (0 21 01) 1 09-0

Verband Deutscher Adressbuchverleger e.V., Ritterstr. 17—19, 4000 Düsseldorf, Tel. (02 11) 32 09 09

Verband Kommunaler Städtereinigungsbetriebe e.V. (VKS), Lindenallee 13—17, Postfach 51 06 20, 5000 Köln-Marienburg (51), Tel. (02 21) 3 77 11

Vereinigung Deutscher Elektrizitätswerke — VDEW — e.V., Stresemannallee 23, 6000 Frankfurt (Main) 70, Tel. (0 69) 63 04-1

Vereinigung Industrielle Kraftwirtschaft e.V., Richard-Wagner-Str. 41, 4300 Essen 1, Tel. (02 01) 23 37 30

Zentralausschuß der Deutschen Landwirtschaft, Godesberger Allee 142—148, 5300 Bonn 2, Tel. (02 28) 37 69 55

Zentralverband des Deutschen Handwerks (ZDH), Johanniterstr. 1, 5300 Bonn, Tel. (02 28) 5 45-1

5.1.2. Vereinigungen

Schutzverbände

Arbeitsgemeinschaft der Verbraucher e.V. (AgV), Heilsbachstr. 20, 5300 Bonn 1, Tel. (02 28) 64 10 11

Bund der Sparer e.V., Wiesenstr. 107, 8500 Nürnberg, Tel. (09 11) 43 71 58/63 04 71

Bund Deutscher Lohnsteuerzahlerverbände e.V. (BDLV), Maxstr. 32, 8510 Fürth/Bayern, Tel. (09 11) 7 79 85 02

BUNDES-SCHUFA — Vereinigung der deutschen Schutzgemeinschaften für allgemeine Kreditsicherung e.V., Kronprinzenstr. 28 III, Postf. 38 20, 6200 Wiesbaden, Tel. (0 61 21) 30 50 16

Bundesverband verbraucherfreundlicher Wettbewerb im Flugverkehr, 5300 Bonn 1, Tel. (02 28) 63 35 15

Deutsche Liga für Internationales Wettbewerbsrecht e.V., Landgrafenstr. 24 B, Postf. 25 55, 6380 Bad Homburg v. d. H., Tel. (0 61 72) 2 90 21

Deutscher Erfinderring e.V., Internationaler Neuheitenring, Nürnberg, mit Kuratorium für Europamedaillen-Verleihung, Schlegelstr. 17, 8500 Nürnberg, Tel. (09 11) 59 33 88

Deutscher Erfinderverband e.V. (DEV), Hallplatz 23/25, 8500 Nürnberg, Tel. (09 11) 22 45 44

Deutscher Interessenverband für Kapitalanleger e.V., Kantstr. 13, 1000 Berlin 12, Tel. (0 30) 31 02 44

Deutscher Mieterbund e.V. (DMB), Aachener Str. 313, Postf. 41 02 69, 5000 Köln 41, Tel. (02 21) 4 00 83-0

Deutscher Patienten-Schutzbund e.V., Adenauerallee 94, 5300 Bonn 1, Tel. (02 28) 21 88 01

Deutscher Verbraucherbund e.V., Postf. 15 01 42, 5300 Bonn

Deutsche Schutzvereinigung für Wertpapierbesitz e.V., Humboldtstr. 9, Postf. 14 03 60, 4000 Düsseldorf, Tel. (02 11) 67 60 41

Deutsche Vereinigung für Datenschutz e.V. — DVD —, In der Sürst 2—4, 5300 Bonn 1, Tel. (02 28) 65 72 02

Deutsche Vereinigung für gewerblichen Rechtsschutz und Urheberrecht e.V., Belfortstr. 15, 5000 Köln 1, Tel. (02 21) 72 80 71

GEMA, Gesellschaft für musikalische Aufführungs- und mechanische Vervielfältigungsrechte, Bayreuther Str. 37—38 (Wittenbergplatz), 1000 Berlin 30, Tel. (0 30) 2 10 41

Gemeinschaft zum Schutz der deutschen Sparer, Am Hofgarten 7, Postf. 16 26, 5300 Bonn, Tel. (02 28) 22 30 79

Gesellschaft für Datenschutz und Datensicherung e.V. (GDD), Euskirchener Str. 54, 5300 Bonn 1, Tel. (02 28) 62 40 60

Gesellschaft für Wertpapierinteressen e.V., Postf. 40 18, 4018 Langenfeld/Rhld., Tel. (0 21 73) 1 41 41

Gesellschaft zur Förderung des Schutzes von Auslandsinvestitionen e.V., Gustav-Heinemann-Ufer 84—88, 5000 Köln 51, Tel. (02 21) 37 08-4 15

Informationsdienst für Bundeswertpapiere, Postf. 23 28, 6000 Frankfurt/Main 1, Tel. (0 69) 55 07 07/08

Käufer-Interessen-Gemeinschaft e.V., Hausmannstr. 11, 3000 Hannover, Tel. (05 11) 1 43 15

KSV — Kreditschutz-Vereinigung GmbH, Kronprinzenstr. 28, Postf. 38 20, 6200 Wiesbaden, Tel. (0 61 21) 3 92 52-9

Markenverband e.V., Schöne Aussicht 59, Postf. 41 49, 6200 Wiesbaden 1, Tel. (0 61 21) 52 20 71

Schutzgemeinschaft der Kleinaktionäre e.V., Frankfurt/M., Bökenbuschstr. 39, 5620 Velbert 11, Tel. (0 20 52) 40 34

Schutzgemeinschaft Muster und Modelle — Musterschutz — e.V., Schaumainkai 87, 6000 Frankfurt (Main) 70, Tel. (0 69) 63 30 40

Schutz-Marken-Dienst Archivgesellschaft mbH & Co. KG Hamburg, Manhagener Allee 76, Postf. 12 66, 2070 Ahrensburg (Holst), Tel. (0 41 02) 5 11 71

Stiftung Verbraucherinstitut, Reichpietschufer 72—76, 1000 Berlin 30, Tel. (0 30) 2 61 17 65

VERBRAUCHERGEMEINSCHAFT e.V., Bonn, Bundesgeschäftsstelle: Robert-Koch-Str. 7, 4600 Dortmund 1, Tel. (02 31) 57 49 73

VERBRAUCHER SCHUTZVEREIN e.V., Lützowplatz 11—13, 1000 Berlin 30, Tel. (0 30) 25 49 07-0

Zentrale zur Bekämpfung unlauteren Wettbewerbs e.V. Frankfurt a. Main, Landgrafenstr. 24 B, Postf. 25 55, 6380 Bad Homburg v. d. H. 1, Tel. (0 61 72) 1 21 50

Zentralverband der Deutschen Haus-, Wohnungs- und Grundeigentümer e.V., Cecilienallee 45, 4000 Düsseldorf, Tel. (02 11) 43 45 55-57

Vereinigungen zur Wirtschaftsförderung

Absatzförderungsgesellschaft für Reformwaren AfR mbH, Hindenburgring 18, Postf. 24 45, 6380 Bad Homburg, Tel. (0 61 72) 3 10 07

Aktionsgemeinschaft für Energiesicherung und Kerntechnik e.V. Alzenau — AEK —, Strahlenbergerstr. 123—125, 6050 Offenbach, Tel. (0 69) 88 33 09

Aktionsgemeinschaft Wirtschaftlicher Mittelstand e.V. AWM, Adenauerallee 11b, 5300 Bonn 1, Tel. (02 28) 21 90 77-9

Arbeitsbeschaffungsstelle des Handwerks eG, Schillerplatz 4, 8600 Bamberg, Tel. (09 51) 2 24 59

ASU — Arbeitsgemeinschaft Selbständiger Unternehmer e.V., Mainzer Str. 238, Postf. 20 07 84, 5300 Bonn 2, Tel. (02 28) 34 30 44/8

Bundesarbeitsgemeinschaft der Mittel- und Großbetriebe des Einzelhandels e.V., Lindenallee 41, 5000 Köln 51, Tel. (02 21) 38 03 16

Bundesverband der Wirtschaftsberater (BVW) e.V., Theodor-Hanloser-Str. 7, 7700 Singen, Tel. (0 77 31) 4 76 44

Centrale Marketinggesellschaft der deutschen Agrarwirtschaft mbH (CMA), Koblenzer Str. 148, Postf. 20 03 70, 5300 Bonn 2 (Bad Godesberg), Tel. (02 28) 84 70

Deutsches Einzelhandels-Institut für Öffentlichkeitsarbeit, Sachsenring 89, 5000 Köln, Tel. (02 21) 33 98-1 38

Deutsches Institut zur Förderung des industriellen Führungsnachwuchses, Unter den Ulmen 140, 5000 Köln 51, Tel. (02 21) 37 20 18

Deutsche Süßwarenindustrie Förderungsgesellschaft mbH, Schumannstr. 4—6, 5300 Bonn, Tel. (02 28) 21 00 81

Deutsche Gesellschaft zur Förderung und Entwicklung des Seminar- und Tagungswesens e.V., Ingolstädter Str. 63a, Postf. 46 08 05, 8000 München 46, Tel. (0 89) 3 11 10 03, 5 21 55 20

Fischwirtschaftliches Marketing-Institut (FIMA), Karlsburg 2, 2850 Bremerhaven 1, Tel. (04 71) 4 40 68

Förderungsdienst für den Fischabsatz GmbH, Karlsburg 2, 2850 Bremerhaven 1, Tel. (04 71) 4 40 68

Fördergemeinschaft Buch-Leinen e.V., Alte Ramtelstr. 22, 7250 Leonberg 1, Tel. (0 71 52) 7 10 71/2

Förderungsgemeinschaft der Kartoffelwirtschaft e.V., Dehlingen, 3042 Münster, Tel. (0 51 92) 22 82

Förderungsgesellschaft der Reformwarenwirtschaft (FdR) mbH, Frankfurter Landstr. 23, Postf. 14 44, 6380 Bad Homburg, Tel. (0 61 72) 48 71-75

Förderungs-Gesellschaft für Gemeinschafts-Aufgaben des Handels mbH, Am Goldberg, 7032 Sindelfingen, Tel. (0 70 31) 61 02-1

Förderungsgesellschaft für Milchgaststätten mbH, Johannssenstr. 10, 3000 Hannover, Tel. (05 11) 32 49 08

Förderungsgesellschaft zur Ausbildung von Marktforschern e.V., Radolfzeller Str. 8, 7753 Allensbach 1

Gesellschaft zur Förderung des Gaststätten- und Hotelgewerbes mbH, Teutoburger Str. 31, 4800 Bielefeld 1, Tel. (05 21) 6 70 36

HOGA Förderungs- und Betriebsberatungsgesellschaft für das Hotel- und Gaststättengewerbe mbH, Auguste-Viktoria-Str. 6, 6200 Wiesbaden, Tel. (0 61 21) 37 60 64

IBWF — Institut für Betriebsberatung, Wirtschaftsförderung und -forschung e.V., Adenauerallee 13b—c, 5300 Bonn 1

IKG Interessengemeinschaft des Keramik- und Glasgroßhandels GmbH, Stettiner Str. 17, 6054 Rodgau 1, Tel. (0 61 06) 1 48 40

Informationsstelle Arbeitsgemeinschaft Flüssiggas Süd, Goethestr. 21, 8000 München 2, Tel. (0 89) 59 19 64/5

Interessengemeinschaft Energie-Umwelt Feuerungen GmbH, Bismarckstr. 92, Postf. 6 74, 7410 Reutlingen 1, Tel. (0 71 21) 1 70 29

INTERHOGA — Gesellschaft zur Förderung des Deutschen Hotel- und Gaststättengewerbes mbH, Kronprinzenstr. 46, 5300 Bonn 2, Tel. (02 28) 36 20 16/19

Technische Fördergemeinschaft Holzsilo (TFS) Arbeitsausschuß der Vereinigung Deutscher Sägewerksverbände, Malterer Str. 18, 7800 Freiburg (Brsg.), Tel. (07 61) 3 23 21

Verband zur Förderung von Privatinvestitionen e.V., Pantaleonswall 65—75, 5000 Köln 1, Tel. (02 21) 24 77 88

Vereinigung Mittelständischer Unternehmer e.V. (VMU), Postfach 7 10, 8000 München 1, Tel. (0 89) 29 24 20

Vereinigung zur Förderung der Public Relations-Forschung e.V., Neptunstr. 10, 6200 Wiesbaden, Tel. (0 61 21) 56 17 25

Vereinigung zur Förderung des Deutschen Brandschutzes e.V. (VFDB), Buchenallee 18, 4417 Altenberge, Tel. (0 25 05) 26 17

Verein zur Förderung des Norddeutschen Textileinzelhandels e.V., Millerntorplatz 4, IDUNA-Hochhaus, 2000 Hamburg 4, Tel. (0 40) 3 19 10 41

Verein zur Förderung mittelständischer Privatbrauereien e.V., Grünwalder Str. 42, 8000 München 90 — Harlaching, Tel. (0 89) 65 20 36

Wirtschaftsförderungsgesellschaft des Verbandes Deutscher Drogisten mbH, Friedrich-Schmidt-Str. 53, 5000 Köln 41 (Lindenthal), Tel. (02 21) 40 10 38

Wirtschafts- und sozialwissenschaftliche Vereinigungen

Absatzwirtschaftliche Gesellschaft e.V. (AWG), Josephsplatz 20, 8500 Nürnberg 5, Tel. (09 11) 22 12 57

Aktionsgemeinschaft Soziale Marktwirtschaft e.V., Dantestr. 24, 6900 Heidelberg 1, Tel. (0 62 21) 2 76 82

Arbeitsgemeinschaft Deutscher Wirtschaftswissenschaftlicher Forschungsinstitute e.V., Hohenzollernstr. 1/3, 4300 Essen 1, Tel. (02 01) 23 31 71-74

Arbeitsgemeinschaft Sozialwissenschaftlicher Institute e.V. (ASI), Lennestr. 30, 5300 Bonn 1, Tel. (02 28) 22 81-0

ASB-Management — Seminare — Heidelberg; Arbeitsgemeinschaft für wirtschaftliche Betriebsführung und soziale Betriebsgestaltung e.V., Fahrtgasse 7—13, Postf. 10 11 08, 6900 Heidelberg 1, Tel. (0 62 21) 1 40 56-58

BMT Büro, Mensch und Technik e.V.; Gesellschaft zur Förderung der Rationalisierung und Humanisierung der Arbeit im Büro, Wiesbadener Str. 63, 6503 Mainz-Kastel, Tel. (0 61 34) 6 31 94

Braunschweigische Wissenschaftliche Gesellschaft, Fallersleber Torwall 16, 3300 Braunschweig, Tel. (05 31) 3 91-45 96

Bundesarbeitsgemeinschaft für Arbeitssicherheit (BASI), Stresemannstr. 43, 4000 Düsseldorf 1, Tel. (02 11) 36 08 19

Deutsche Gesellschaft für Kommunikationsforschung — Internationale Vereinigung für Kommunikationswissenschaft, Willroiderstr. 6, 8000 München 90, Tel. (0 89) 64 69 48

Deutsche Gesellschaft für Personalführung e.V., Niederkasseler Lohweg 16, 4000 Düsseldorf 11, Tel. (02 11) 5 97 80

Deutsche Gesellschaft für Personalwesen e.V., An der Questenhorst 13, 3000 Hannover 1, Tel. (05 11) 88 10 51/52

Deutsche Gesellschaft für Publizistik- und Kommunikationswissenschaft, Findelgasse 7—9, 8500 Nürnberg 1, Tel. (09 11) 53 02-6 74

Deutsche Gesellschaft für Soziologie, Jakob-Klar-Str. 9, 8000 München 40, Tel. (0 89) 2 71 45 73

Deutscher Verband technisch-wissenschaftlicher Vereine (DTV), Graf-Recke-Str. 84, Postf. 11 39, 4000 Düsseldorf 1, Tel. (02 11) 6 21 41

Deutscher Verein für Versicherungswissenschaft e.V., Johannisberger Str. 31, 1000 Berlin 33, Tel. (0 30) 8 21 20 31

Deutsches Institut für Betriebswirtschaft e.V. (DIB), Börsenplatz, Postf. 32 39, 6000 Frankfurt (Main) 1, Tel. (0 69) 2 19 71

Deutsches Forschungsnetz — Verein zur Förderung eines Deutschen Forschungsnetzes — DFN-Verein —, Pariser Str. 44, Postf. 15 02 09, 1000 Berlin 15, Tel. (0 30) 88 42 99-25

Deutsche Statistische Gesellschaft, Mertonstr. 17, 6000 Frankfurt (Main) 11, Tel. (0 69) 7 98 36 60

Deutsche Vereinigung für Politische Wissenschaft (DVPW), Allendeplatz 1, 2000 Hamburg 13, Tel. (0 40) 41 23 24 25

Deutsche Verkehrswissenschaftliche Gesellschaft e.V. (DVWG), Brüderstr. 53, 5060 Bergisch Gladbach 1, Tel. (0 22 04) 6 00 27/6 00 28

Deutsche Volkswirtschaftliche Gesellschaft e.V. (DVG), Amsbergstr. 22, 3388 Bad Harzburg 1, Tel. (0 53 22) 7 30

Forschungsinstitut der Deutschen Volks- und Betriebswirte e.V., Am Hof 26, 5300 Bonn 1, Tel. (02 28) 65 65 11

GABAL Gesellschaft zur Förderung Anwendungsorientierter Betriebswirtschaft und Aktiver Lehrmethoden in Fachhochschulen u. Praxis e.V., Dudenhofer Str. 46, 6720 Speyer, Tel. (0 62 32) 9 29 18

Gesellschaft für Arbeitswissenschaft e.V., Ardeystr. 67, 4600 Dortmund 1, Tel. (02 31) 12 42 43

Gesellschaft für öffentliche Wirtschaft und Gemeinwirtschaft e.V., Gotzkowskystr. 8, 1000 Berlin 21, Tel. (0 30) 3 92 10 91/92

Gesellschaft für Sozialen Fortschritt e.V., Bennauer Str. 31, 5300 Bonn 1, Tel. (02 28) 21 97 29

Gesellschaft für Technik und Wirtschaft e.V., Märkische Str. 120, Postf. 8 71, 4600 Dortmund 1, Tel. (02 31) 5 41 72 52/2 53

Gesellschaft für Versicherungswissenschaft und -gestaltung e.V., Prälat-Otto-Müller-Platz 2, 5000 Köln 1, Tel. (02 21) 72 69 65

Gesellschaft für Wirtschafts- und Sozialwissenschaften — Verein für Socialpolitik —, Alter Fischmarkt 21, 4400 Münster, Tel. (02 51) 83 29 44

Gesellschaft für wirtschafts- und verkehrswissenschaftliche Forschung e.V., Bonn, Zum Kleinen Ölberg 44, 5330 Königswinter 41, Tel. (0 22 44) 22 13

Gesellschaft zur Förderung der Entbürokratisierung e.V., Gluckstr. 4, 5300 Bonn 1, Tel. (02 28) 69 12 97

Gesellschaft zum Studium strukturpolitischer Fragen e.V., Postf. 12 03 33, 5300 Bonn 1

Institut für angewandte Arbeitswissenschaft e.V. (IfaA), Marienburger Str. 7, 5000 Köln 51, Tel. (02 21) 3 76 03-0

Institut für Auslandsbeziehungen, Charlottenplatz 17, 7000 Stuttgart 1, Tel. (07 11) 22 25-0

Institut für Handelsforschung an der Universität zu Köln, Säckinger Str. 5, 5000 Köln 41, Tel. (02 21) 4 70 22 80

Institut für international vergleichende Wirtschafts- und Sozialstatistik an der Universität Heidelberg, Grabengasse 14, 6900 Heidelberg, Tel. (0 62 21) 54 29 24

Institut für Wirtschafts- und Gesellschaftspolitik e.V. — IWG — Wissenschaftszentrum, Ahrstr. 45, 5300 Bonn 2, Tel. (02 28) 37 20 44-45

List Gesellschaft e.V., August-Thyssen-Str. 1, 4000 Düsseldorf 1, Tel. (02 11) 52-2 61 21

REFA — Verband für Arbeitsstudien und Betriebsorganisation e.V., Wittichstr. 2, 6100 Darmstadt, Tel. (0 61 51) 88 01-0

Rheinisch-Westfälische Auslandsgesellschaft e.V., Arndtstr. 30 A, 4600 Dortmund, Tel. (02 31) 52 74 54

Schmalenbach-Gesellschaft — Deutsche Gesellschaft für Betriebswirtschaft e.V., Tiberiusstr. 4, 5000 Köln 51, Tel. (02 21) 38 15 42

Sozialwissenschaftliche Gesellschaft 1950 e.V., Postf. 15 50, 3410 Northeim 1, Tel. (0 55 03) 32 05

Stiftungs- und Forschungsverband für internationale akademische Institute e.V. SFIAI, Schwanthaler Str. 19, II. Etage, Postf. 20 08 27, 8000 München 2, Tel. (0 89) 59 65 89

Verband Deutscher Betriebswirte (VDB) e.V., Beutinweg 4, 2800 Bremen 61, Tel. (04 21) 83 10 55

Vereinigung beratender Betriebs- u. Volkswirte VBV e.V., Dammer Str. 74, 4050 Mönchengladbach 1, Tel. (0 21 61) 66 20 01

Verein für Kommunalwirtschaft und Kommunalpolitik e.V., Niederrheinstr. 10, 4000 Düsseldorf, Tel. (02 11) 43 16 70/43 13 35

Wissenschafts- und Forschungseinrichtungen

Akademie für Raumforschung und Landesplanung (ARL), Hohenzollernstr. 11, 3000 Hannover 1, Tel. (05 11) 17 77

Alexander von Humboldt-Stiftung (AvH), Jean-Paul-Str. 12, 5300 Bonn 2, Tel. (02 28) 8 33-0

Arbeitsgemeinschaft der Großforschungseinrichtungen (AGF), Ahrstr. 45 (Wissenschaftszentrum), 5300 Bonn-Bad Godesberg (Bonn 2), Tel. (02 28) 3 76 74-1

In der Arbeitsgemeinschaft sind eine Reihe von Großforschungseinrichtungen in der Bundesrepublik Deutschland zusammengeschlossen. Sie fördert den Erfahrungs- und Informationsaustausch ihrer Mitglieder, koordiniert die Forschungs- und Entwicklungsarbeiten.

Die Großforschungseinrichtungen führen naturwissenschaftlich-technische sowie biologisch-medizinische Forschung und Entwicklung durch. Sie leisten wesentliche Beiträge zu den staatlich geförderten Programmen auf den Gebieten der Energieforschung und -technik, der nuklearen Grundlagenforschung, der Transport- und Verkehrssysteme, der Luft- und Raumfahrtforschung, der Datenverarbeitung und Informationstechnologie, der Meerestechnik und Rohstoffsicherung, des Umweltschutzes und der Gesundheit, der Biologie und Medizin sowie der Polarforschung. Verfolgt wird eine enge Zusammenarbeit mit den Hochschulen, anderen Forschungseinrichtungen sowie Firmen aus der Industrie im In- und Ausland.

Arbeitsgemeinschaft Deutscher Stiftungen, Fuggerei 56, 8900 Augsburg 1, Tel. (08 21) 3 93 18

Arbeitsgemeinschaft Industrieller Forschungsvereinigungen e.V. (AIF), Bayenthalgürtel 23, 5000 Köln 51, Tel. (02 21) 37 20 91

Die Arbeitsgemeinschaft Industrieller Forschungsvereinigungen e.V. (AIF) ist eine Organisation der privaten Wirtschaft zur Förderung der naturwissenschaftlich-technischen Forschung und Entwicklung. Sie vertritt die ihr angehörenden Forschungsvereinigungen der deutschen Industrie.

Darüber hinaus nimmt sie die Interessen der mit Forschung und Entwicklung befaßten Unternehmen aus dem Bereich der mittelständischen Wirtschaft wahr. Im Bereich der Förderung technologischer Innovationsaktivitäten in anwendungsnahen Gebieten ist die Arbeitsgemeinschaft die zuständige Förderorganisation. Sie berät die Wirtschaft in allen Fragen der kooperativen Forschung und Entwicklung.

Mitglieder

Arbeitsgemeinschaft Wärmebehandlung und Werkstoff-Technik e.V., Stieglitzstr. 10, 6078 Neu-Isenburg 2

Beratungs- und Forschungsstelle für Versandverpackung e.V., Lohbrügger Kirchstr. 65, 2050 Hamburg 80

DECHEMA Deutsche Gesellschaft für chemisches Apparatewesen e.V., Theodor-Heuss-Allee 25, Postf. 97 01 46, 6000 Frankfurt/Main 97

Deutsche Forschungsgesellschaft für Blechverarbeitung e.V. (DFB), Welfengarten 1 A, 3000 Hannover 1

Deutsche Forschungsgesellschaft für Druck- und Reproduktionstechnik e.V. (FOGRA), Streitfeldstr. 19, Postf. 80 04 69, 8000 München 80

Deutsche Gesellschaft für Holzforschung e.V. (DGH), Schwanthaler Str. 79, 8000 München 2

Deutsche Gesellschaft für Logistik e.V., c/o Universität Dortmund, Postf. 50 05 00, 4600 Dortmund 50

Deutsche Gesellschaft für Mineralölwissenschaft und Kohlechemie e.V., Nordkanalstr. 28, 2000 Hamburg 1

Deutsche Forschungsgesellschaft für Oberflächenbehandlung e.V. (DFO), Oststr. 162, 4000 Düsseldorf 1

Deutsche Kautschuk-Gesellschaft e.V., Zeppelinstr. 69, 6000 Frankfurt/Main 90

Deutsche Keramische Gesellschaft e.V., Menzenberger Str. 47, 5340 Bad Honnef 1

Deutscher Ausschuß für Stahlbau e.V., Ebertplatz 1, 5000 Köln 1

Deutscher Beton-Verein e.V, Bahnhofstr., Postfach 21 26, 6200 Wiesbaden 1

Deutscher Braunkohlen-Industrie-Verein e.V., Laurenzplatz 1—3, Postf. 10 04 46, 5000 Köln 1

Deutsches Asphaltinstitut e.V., Geleitstr. 105, 6050 Offenbach/Main

Deutsche Vereinigung für Verbrennungsforschung e.V., c/o FDBR Fachverband Dampfkessel-, Behälter- und Rohrleitungsbau e.V., Sternstr. 36, 4000 Düsseldorf 30

DVGW Deutscher Verein des Gas- und Wasserfaches e.V., Frankfurter Allee 27—29, 6236 Eschborn 1

Elektrowärme-Institut Essen e.V., Nünningstr. 9, 4300 Essen 1

Fördergemeinschaft für das Süddeutsche Kunststoff-Zentrum e.V., Frankfurter Str. 15, 8700 Würzburg

Fördergesellschaft Technischer Ausbau e.V. (FTA), Bahnhofstr. 18, 5300 Bonn 2

Forschungsgemeinschaft Bekleidungsindustrie e.V., Mevissenstr. 15, 5000 Köln 1

Forschungsgemeinschaft der Deutschen Kalkindustrie e.V., Annastr. 67—71, 5000 Köln 51

Forschungsgemeinschaft Eisenhüttenschlacken, Bliersheimer Str. 62, 4100 Duisburg 14

Forschungsgemeinschaft Explorations-Geophysik, Theodor-Fontane-Str. 9, 3007 Gehrden

Forschungsgemeinschaft Feuerfest e.V., An der Elisabethkirche 27, 5300 Bonn

Forschungsgemeinschaft für die kosmetische Industrie e.V., Max-Planck-Str. 6, 3450 Holzminden

Forschungsgemeinschaft für Hochspannungs- und Hochstromtechnik e.V. (FGH), Hallenweg, Postfach 81 01 69, 6800 Mannheim 81

Forschungsgemeinschaft für technisches Glas e.V., Bismarckstr. 25, Postf. 96, 6980 Wertheim 1

Forschungsgemeinschaft Musikinstrumente e.V., Bockenheimer Anlage 13, 6000 Frankfurt/Main 1

Forschungsgemeinschaft Naturstein-Industrie e.V., Buschstr. 22, 5300 Bonn 1

Forschungsgemeinschaft Transportbeton e.V. (FTB), Birnenstr. 10, 4130 Moers 3

Forschungsgemeinschaft Werkzeuge e.V. (FGW), Elberfelder Str. 77, Postf. 10 03 60, 5630 Remscheid

Forschungsgemeinschaft Zink e.V., Friedrich-Ebert-Str. 37—39, 4000 Düsseldorf

Forschungsgesellschaft Druckmaschinen e.V., Lyoner Str. 18, Postf. 71 01 09, 6000 Frankfurt/Main 71

Forschungsgesellschaft für Feingeräte-, Mikro- und Uhrentechnik e.V., Breitscheidstr. 2b, 7000 Stuttgart 1

Forschungsgesellschaft für Straßen- und Verkehrswesen, Alfred-Schütte-Allee 10, 5000 Köln 1

Forschungsgesellschaft Kunststoffe e.V., Schloßgartenstr. 6 R, 6100 Darmstadt

Forschungsgesellschaft Stahlverformung e.V., Goldene Pforte 1, 5800 Hagen-Emst

Forschungsgesellschaft Steinzeuggesellschaft e.V., Max-Planck-Str. 5, Postf. 40 05 47, 5000 Köln 40

Forschungsgesellschaft Verfahrens-Technik e.V., Graf-Recke-Str. 84, Postf. 11 39, 4000 Düsseldorf 1

Forschungsinstitut für Pigmente und Lacke e.V., Wiederholdstr. 10/1, 7000 Stuttgart 1

Forschungsinstitut für Rationalisierung e.V., Pontdriesch 14—16, 5100 Aachen

Forschungsinstitut für Wärmeschutz e.V., München, Lochhamer Schlag 4, Postf. 15 25, 8032 Gräfelfing

Forschungskreis der Ernährungsindustrie e.V., Lavesstr. 67, 3000 Hannover

Forschungskuratorium Gesamttextil, Ständiger Ausschuß des Gesamtverbandes der Textilindustrie in der Bundesrepublik Deutschland — Gesamttextil — e.V., Schaumainkai 87, 6000 Frankfurt/Main 70

Forschungskuratorium Maschinenbau e.V., Lyoner Str. 18, 6000 Frankfurt/Main 71

Forschungsrat Kältetechnik e.V., Lyoner Str. 18, 6000 Frankfurt/Main 71

Forschungsvereinigung Antriebstechnik e.V. (FVA), Lyoner Str. 16, 6000 Frankfurt/Main 71

Forschungsvereinigung Automobiltechnik e.V. (FAT), Westendstr. 61, 6000 Frankfurt/Main 17

Forschungsvereinigung der Gipsindustrie e.V., Birkenweg 13, 6100 Darmstadt

Forschungsvereinigung der Rheinischen Bimsindustrie e.V., Neuwied, Sandkauler Weg 1, 5450 Neuwied 1

Forschungsvereinigung Elektrotechnik beim ZVEI e.V., Stresemannallee 19, 6000 Frankfurt/Main 70

Forschungsvereinigung Feinmechanik und Optik e.V., Pippinstr. 16, 5000 Köln 1

Forschungsvereinigung für angewandte Schloß-, Beschlag- und präventive Sicherheitstechnik e.V., Offerstr. 12, 5620 Velbert 1

Forschungsvereinigung Gasbetonindustrie e.V., Frauenlobstr. 9—11, 6200 Wiesbaden

Forschungsvereinigung für Luft- und Trocknungstechnik e.V., Lyoner Str. 18, 6000 Frankfurt/Main 71

Forschungsvereinigung „Kalk-Sand" e.V., Entenfangweg 15, Postf. 21 01 60, 3000 Hannover 21

Forschungsvereinigung Programmiersprachen für Fertigungseinrichtungen e.V., Peterstr. 17, Postfach 5 87, 5100 Aachen

Forschungsvereinigung Schweißen und Schneiden e.V., Aachener Str. 172, Postf. 27 25, 4000 Düsseldorf 1

Forschungsvereinigung Verbrennungskraftmaschinen e.V., Lyoner Str. 18, Postf. 71 01 09, 6000 Frankfurt/Main 71

Forschungsvereinigung Ziegelindustrie, Schaumburg-Lippe-Straße 4, 5300 Bonn 1

Forschungszentrum des Deutschen Schiffbaus e.V., An der Alster 1, 2000 Hamburg 1

Gemeinschaftsausschuß Kaltformgebung e.V., Kaiserswerther Str. 137, Postf. 87 07, 4000 Düsseldorf 30

Gemeinschaftsausschuß Verzinken e.V. (GAV), Beethovenstr. 12, 4000 Düsseldorf 1

Gemeinschaft zur Förderung der privaten deutschen landwirtschaftlichen Pflanzenzüchtung e.V. (GFP), Kaufmannstr. 73, 5300 Bonn 1

Gesellschaft zur Förderung der Meerestechnik e.V., Postfach 50 05 67, 2000 Hamburg 50

Gaswärme-Institut Essen e.V., Hafenstr. 101, 4300 Essen-Borbeck

Hüttentechnische Vereinigung der Deutschen Glasindustrie e.V., Mendelssohnstr. 75—77, 6000 Frankfurt/Main

Industrievereinigung für Lebensmitteltechnologie und Verpackung e.V., Schragenhofstr. 35, 8000 München 50

Interessengemeinschaft für Lederforschung und Häuteschädenbekämpfung im Verband der Deutschen Lederindustrie e.V., Leverkuser Str. 20, Postf. 80 08 09, 6000 Frankfurt/Main 80

Internationale Forschungsgemeinschaft Futtermitteltechnik e.V., Frickenmühle, 3300 Braunschweig-Thune

Kuratorium für Forschung, Technik, Normung und Nachwuchsausbildung der Zellstoff- und Papierindustrie, Adenauerallee 55, 5300 Bonn 1

Papiertechnische Stiftung für Forschung und Ausbildung in Papiererzeugung und Papierverarbeitung, Heßstr. 130a, 8000 München 40

Prüf- und Forschungsinstitut für die Schuhherstellung e.V., Hans-Sachs-Str. 2, 6780 Primasens

Rechen- und Entwicklungsinstitut für EDV im Bauwesen — RIB e.V., Schulze-Delitzsch-Str. 28, 7000 Stuttgart 1

Steinkohlenbergbauverein, Franz-Fischer-Weg 61, Postf. 13 01 40, 4300 Essen 13

Stifterverband Metalle — Gesellschaft zur Förderung der Metallforschung, Tersteegenstr. 28, 4000 Düsseldorf 1

Studiengesellschaft für Anwendungstechniken von Eisen und Stahl e.V., Kasernenstr. 36, 4000 Düsseldorf

Torfforschung GmbH, Bachstelzenweg 4, 2903 Bad Zwischenahn

VDEh-Gesellschaft zur Förderung der Eisenforschung mbH, Breite Str. 27, 4000 Düsseldorf 1

Verein Deutscher Emailfachleute e.V., Zehlendorfer Str. 24, 5800 Hagen 1

Verein Deutscher Gießereifachleute e.V., Sohnstr. 70, 4000 Düsseldorf 1

Verein Deutscher Werkzeugmaschinenfabriken e.V., Corneliusstr. 4, 6000 Frankfurt/Main

Verein Deutscher Zementwerke e.V., Tannenstr. 2, 4000 Düsseldorf 30

Verein für das Forschungsinstitut für Edelmetalle und Metallchemie e.V., Katharinenstr. 17, 7070 Schwäbisch Gmünd

Verein für technische Holzfragen e.V., Bienroder Weg 54 E, 3300 Braunschweig-Kralenriede

Vereinigung zur Förderung des Instituts für Kunststoffverarbeitung in Industrie und Handwerk an der Rhein.-Westf. Technischen Hochschule Aachen e.V., Pontstr. 49, 5100 Aachen

Versuchsanstalt der Hefeindustrie e.V., Seestr. 13, 1000 Berlin 65

Versuchsanstalt für Binnenschiffbau e.V. — Forschungsinstitut für Flachwasser-Hydrodynamik, Klöcknerstr. 77, 4100 Duisburg 1

Versuchs- und Lehranstalt für Brauereien in Berlin, Seestr. 13, 1000 Berlin 65

Versuchs- und Lehranstalt für Spirituosenfabrikation und Fermentationstechnologie in Berlin, Seestr. 13, 1000 Berlin 65

VGB Forschungsstiftung (Forschungsstiftung der VGB Technische Vereinigung der Großkraftwerksbetreiber e.V.), Klinkestr. 27—31, 4300 Essen 1

Wissenschaftsförderung des Deutschen Brauer-Bundes e.V., Annaberger Str. 28, 5300 Bonn 2

Berliner Elektronenspeicherring-Gesellschaft für Synchrotronstrahlung mbH (BESSY), Lentzallee 100, 1000 Berlin 33, Tel. (0 30) 82 00 40

Biologische Anstalt Helgoland (BAH), Hamburg, Helgoland, Notkestr. 31, 2000 Hamburg 52, Tel. (0 40) 8 96 93-0

Biologische Bundesanstalt für Land- und Forstwirtschaft in Berlin und Braunschweig, Messeweg 11/12, 3300 Braunschweig, Tel. (05 31) 3 99-1; Königin-Luise-Str. 19, 1000 Berlin 33, Tel. (0 30) 83 04-1

Bundesamt für Materialprüfung (BAM), Unter den Eichen 87, 1000 Berlin 45, Tel. (0 30) 81 04-1

Bundesanstalt für Arbeitsschutz, Vogelpothsweg 50—52, 4600 Dortmund-Dorstfeld, Tel. (02 31) 17 63-1

Bundesanstalt für Fettforschung, Piusallee 68 und 76, 4400 Münster, Tel. (02 51) 4 35 10, 5 75 97

Bundesanstalt für Fleischforschung, E.-C.-Baumann-Str. 20, 8650 Kulmbach, Tel. (0 92 21) 8 03-1

Bundesanstalt für Geowissenschaften und Rohstoffe (BGR), Stilleweg 2, 3000 Hannover 51, Tel. (05 11) 6 43-0

Bundesanstalt für Gewässerschutz (BfG), Kaiserin-Augusta-Anlagen 15—17, 5400 Koblenz, Tel. (02 61) 1 24 31

Bundesanstalt für Milchforschung, Hermann-Weigmann-Str. 1, 2300 Kiel 14, Tel. (04 31) 6 09-1

Bundesanstalt für Straßenwesen (BASt), Brüderstr. 53, 5060 Bergisch-Gladbach 1, Tel. (0 22 04) 43-0

Bundesanstalt für Wasserbau (BAW), Kußmaulstr. 17, 7500 Karlsruhe 21, Tel. (07 21) 75 01-1

Bundesforschungsanstalt für Ernährung, Engesserstr. 20, 7500 Karlsruhe 1, Tel. (07 21) 6 01 14

Bundesforschungsanstalt für Fischerei, Palmaille 9, 2000 Hamburg 50, Tel. (0 40) 3 89 05-0

Bundesforschungsanstalt für Forst- und Holzwirtschaft, Leuschnerstr. 91, 2050 Hamburg 80, Tel. (0 40) 7 39 62-1

Bundesforschungsanstalt für gartenbauliche Pflanzenzüchtung, Bornkampsweg, 2070 Ahrensburg, Tel. (0 41 02) 5 11 21

Bundesforschungsanstalt für Getreide und Kartoffelverarbeitung, Schützenberg 12, 4930 Detmold, Tel. (0 52 31) 2 34 50

Bundesforschungsanstalt für Landeskunde und Raumordnung (BfLR), Am Michaelshof 8, 5300 Bonn-Bad Godesberg (Bonn 2), Tel. (02 28) 8 26-1

Bundesforschungsanstalt für Landwirtschaft Braunschweig-Völkenrode (FAL), Bundesallee 50, 3300 Braunschweig, Tel. (05 31) 5 96-1

Bundesforschungsanstalt für Naturschutz und Landschaftsökologie, Konstantinstr. 110, 5300 Bonn-Bad Godesberg (Bonn 2), Tel. (02 28) 33 00 41—44

Bundesforschungsanstalt für Rebenzüchtung, Geilweiler Hof, 6741 Siebeldingen/Pfalz, Tel. (0 63 45) 34 45

Bundesforschungsanstalt für Viruskrankheiten der Tiere, Paul-Ehrlich-Str. 28, 7400 Tübingen 1, Tel. (0 70 71) 6 03-1

Bundesgesundheitsamt (BGA), Thielallee 88—92, 1000 Berlin 33, Tel. (0 30) 83 08-0

Bundesinstitut für Bevölkerungsforschung (BIB), Gustav-Stresemann-Ring 6, 6200 Wiesbaden, Tel. (0 61 21) 75 22 35

Bundesinstitut für Sportwissenschaft (BISP), Hertzstr. 1, 5000 Köln 40, Tel. (0 22 34) 7 60 11

Deutsche Forschungsanstalt für Lebensmittelchemie (DFA), Lichtenbergstr. 4, 8046 Garching, Tel. (0 89) 32 09 51 71

Deutsche Forschungsgemeinschaft (DFG), Kennedyallee 40, 5300 Bonn 2, Tel. (02 28) 8 85-1

Die Deutsche Forschungsgemeinschaft ist ein Verein des bürgerlichen Rechts. Ihre Mitglieder sind wissenschaftliche Hochschulen, die Akademien der Wissenschaft, Forschungseinrichtungen von allgemeiner wissenschaftlicher Bedeutung, die Max-Planck-Gesellschaft und die Fraunhofer-Gesellschaft sowie eine Reihe von wissenschaftlichen Verbänden.

Die Deutsche Forschungsgemeinschaft ist in der Bundesrepublik Deutschland die zentrale Selbstverwaltungsorganisation der Wissenschaft. Sie hat den Auftrag, die Forschungsvorhaben in allen Disziplinen zu koordinieren.

Auf internationaler Ebene hat die Deutsche Forschungsgemeinschaft die Aufgabe der Vertretung der Wissenschaft in internationalen Organisationen übernommen, koordiniert und finanziert den deutschen Anteil an großen internationalen Forschungsprogrammen und unterstützt die wissenschaftlichen Beziehungen zum Ausland. Eine weitere wesentliche Aufgabe der DFG ist die Beratung von Parlamenten und Behörden in wissenschaftlichen Fragen.

Deutsche Forschungs- und Versuchsanstalt für Luft- und Raumfahrt e.V. (DFVLR), Linder Höhe, Postf. 90 60 58, 5000 Köln-Porz, Tel. (0 22 03) 6 01-1

Deutsches Forschungsnetz — Verein zur Förderung eines Deutschen Forschungsnetzes — DFN-Verein —, Pariser Str. 44, Postf. 15 02 09, 1000 Berlin 15, Tel. (0 30) 88 42 99-25

Deutsches Hydrographisches Institut (DHI), Bernhard-Nocht-Str. 78, 2000 Hamburg 4, Tel. (0 40) 31 90-1

Deutsches Institut für Wirtschaftsforschung (DIW), Königin-Luise-Str. 5, 1000 Berlin 33, Tel. (0 30) 8 29 91-0

Fraunhofer-Gesellschaft zur Förderung der angewandten Forschung e.V., (FhG), Zentralverwaltung: Leonrodstr. 54, 8000 München 19, Tel. (0 89) 12 05-01

Die Fraunhofer-Gesellschaft zur Förderung der angewandten Forschung e.V. (FhG) betreibt angewandte Forschung auf natur- und ingenieurwissenschaftlichen Gebieten. Hierzu gehören: Mikroelektronik, Sensortechnik, Informationstechnik, Produktionsautomatisierung, Fertigungstechnologie, Werkstoff- und Bauteilverhalten, Verfahrenstechnik, Energie- und Bautechnik, Umweltforschung, Systemtechnik und Innovationsforschung. Die Gesellschaft bietet ihre Forschungsleistungen der Wirtschaft und staatlichen Stellen zur Entwicklung neuer Techniken, Produkte und Dienstleistungen sowie zur Lösung öffentlicher Aufgaben in den Bereichen Umwelt, Gesundheit und Sicherheit an.

Einrichtungen der FhG:

Fraunhofer-Institut für Angewandte Festkörperphysik, Eckerstr. 4, 7800 Freiburg, Tel. (07 61) 27 14-1

Fraunhofer-Institut für Angewandte Materialforschung, Lesumer Heerstr. 36, 2820 Bremen-Lesum, Tel. (04 21) 63 70 91

Arbeitsgruppe Technologie-Entwicklung, Leonrodstr. 54, 8000 München 19, Tel. (0 89) 12 05-274; Außenstelle Stuttgart: Technologische Entwicklungsgruppe, Nobelstr. 12, 7000 Stuttgart 80 (Vaihingen), Tel. (07 11) 68 68-140

Fraunhofer-Institut für Arbeitswirtschaft und Organisation, Silburgstr. 119 A, 7000 Stuttgart 1, Tel. (07 11) 6 64 80

Fraunhofer-Institut für Atmosphärische Umweltforschung, Kreuzeckbahnstr. 19, 8100 Garmisch-Partenkirchen, Tel. (0 88 21) 5 10 56-7

Fraunhofer-Institut für Bauphysik, Nobelstr. 12, 7000 Stuttgart 80 (Vaihingen), Tel. (07 11) 68 68-00

Fraunhofer-Institut für Betriebsfestigkeit, Bartningstr. 47, 6100 Darmstadt-Kranichstein, Tel. (0 61 51) 7 05-1

Erfinderzentrum Norddeutschland, Friesenstr. 14, 3000 Hannover 1, Tel. (05 11) 31 60 58-59

Fraunhofer-Institut für Festkörpertechnologie, Paul-Gerhardt-Allee 42, 8000 München 60, Tel. (0 89) 7 09 30; Abteilung für Mikrostrukturtechnik, Lentzeallee 100, 1000 Berlin 33, Tel. (0 30) 8 20 04-0

Fraunhofer-Institut für Grenzflächen- und Bioverfahrenstechnik, Nobelstr. 12, 7000 Stuttgart 80 (Vaihingen), Tel. (07 11) 68 68-01

Historische Fraunhofer-Glashütte in Benediktbeuern, Fraunhoferstr. 1, 8174 Benediktbeuern

Fraunhofer-Institut für Holzforschung „Wilhelm-Klauditz-Institut", Bienroder Weg 54 E, 3300 Braunschweig, Tel. (05 31) 39 09-0

Fraunhofer-Institut für Hydroakustik, Waldparkstr. 41, 8012 Ottobrunn bei München, Tel. (0 89) 6 01 30 86

Fraunhofer-Institut für Informations- und Datenverarbeitung, Sebastian-Kneipp-Str. 12—14, 7500 Karlsruhe 1, Tel. (07 21) 60 91-1

Informationszentrum RAUM und BAU, Nobelstr. 12, 7000 Stuttgart 80 (Vaihingen), Tel. (07 11) 68 68-500

Fraunhofer-Institut für Kurzzeitdynamik „Ernst-Mach-Institut", Eckerstr. 4, 7800 Freiburg, Tel. (07 61) 27 14-1; Abteilung Ballistik: Hauptstr. 18, 7858 Weil am Rhein, Tel. (0 76 21) 7 10 67

Fraunhofer-Institut für Lebensmitteltechnologie und Verpackung, Schragenhofstr. 35, 8000 München 50, Tel. (0 89) 1 41 10 91

Fraunhofer-Institut für Mikroelektronische Schaltungen und Systeme, Lotharstr. 63, 4100 Duisburg, Tel. (02 03) 3 97-25 93

Fraunhofer-Institut für Naturwissenschaftlich-Technische Trendanalysen, Appelgarten 2, 5350 Euskirchen, Tel. (0 22 51) 1 81

Patentstelle für die Deutsche Forschung, Romanstr. 22, 8000 München 19, Tel. (0 89) 13 20 25—26

Fraunhofer-Institut für Physikalische Meßtechnik, Heidenhofstr. 8, 7800 Freiburg, Tel. (07 61) 8 40 81

Fraunhofer-Institut für Produktionsanlagen und Konstruktionstechnik, Kleiststr. 23—26, 1000 Berlin 30, Tel. (0 30) 21 25-1

Weltmarkt Düsseldorf

Termine	1987	1988
PSI Präsent Service Institut	14.01.–16.01.	13.01.–15.01.
Düsseldorfer Fachtage für Silber, Schmuck und Uhren	15.01.–18.01. Juli	Januar Juli
boot–Düsseldorf Internationale Bootsausstellung	24.01.–01.02.	23.01.–31.01.
COLLECTIONS PREMIEREN DÜSSELDORF +junior premieren	08.02.–10.02. 02.08.–04.08.	Februar August
IMPRINTA Internationaler Kongreß und Ausstellung für Kommunikationstechniken	●	18.02.–24.02.
EuroShop Internationale Messe Handel und Marketing	21.02.–25.02.	●
Westdeutsche Kunstmesse	●	März
IGEDO und IGEDO-Dessous Internationale Modemesse	08.03.–11.03. 06.09.–09.09.	März September
BIOTEC Internationale Konferenz mit Ausstellung für Bio- und Gentechnologie	17.03.–19.03.	März
GDS Internationale Schuhmesse	21.03.–23.03. 19.09.–21.09.	19.03.–21.03. September
Interhospital Deutscher Krankenhaustag Größte Krankenhausfachmesse der Welt	31.03.–03.04.	●
IGEDO-NEW LOOK Internationale Modemesse	26.04.–28.04. 18.10.–20.10.	April Oktober
wire Internationale Fachmesse Draht und Kabel	●	11.04.–15.04.
P 88 Internationale Fachmesse für Packstoff- und Packmittelproduktion	●	05.05.–11.05.
interpack Internationale Messe für Verpackungsmaschinen, Packmittel, Süßwarenmaschinen	14.05.–20.05.	●
METAV ... der Markt für Metallbearbeitung Ausstellung für Fertigungstechnik	●	07.06.–11.06.
hifi Internationale Messe der Unterhaltungselektronik	●	28.08.–03.09.
REHA Internationale Ausstellung mit Kongressen, Forum + Sportcenter	23.09.–27.09.	●
GLAS Internationale Fachmesse Anwendung – Maschinen – Ausrüstungen	●	28.09.–01.10.
WM Friseure 1988 Internationale Fachausstellung Friseurbedarf und Körperpflegekosmetik	●	02.10.–04.10.
A+A Internationale Ausstellung + Treffpunkt Sicherheit Deutscher Kongreß Arbeitsschutz + Arbeitsmedizin	03.11.–06.11.	●
discotec Internationale Messe der Unterhaltungsgastronomie	●	12.11.–16.11.
hogatec Internationale Fachmesse Hotellerie, Gastronomie, Gemeinschaftsverpflegung	●	12.11.–16.11.
MEDICA Diagnostica – Therapeutica – Technica/ Internationaler Kongreß und Ausstellung	18.11.–21.11.	16.11.–19.11.

Düsseldorfer Messegesellschaft mbH – NOWEA –
Stockumer Kirchstraße 61, 4000 Düsseldorf 30, Telefon (0211) 4560-01, Telefax (0211) 4560668, Btx * 55700 #

Fraunhofer-Institut für Produktionstechnik und Automatisierung, Nobelstr. 12, 7000 Stuttgart 80 (Vaihingen), Tel. (07 11) 68 68-02

Fraunhofer-Institut für Produktionstechnologie, Steinbachstr. 53 B, 5100 Aachen, Tel. (02 41) 80 70 98

Fraunhofer-Institut für Silicatforschung, Neunerplatz 2, 8700 Würzburg, Tel. (09 31) 4 20 14

Fraunhofer-Institut für Solare Energiesysteme, Oltmannstr. 22, 7800 Freiburg, Tel. (07 61) 4 01 64-0

Fraunhofer-Institut für Systemtechnik und Innovationsforschung, Breslauer Str. 48, 7500 Karlsruhe 1, Tel. (07 21) 68 09-0

Fraunhofer-Institut für Toxikologie und Aerosolforschung, Institutsteil Hannover: Stadtfelddamm 35, 3000 Hannover 61, Tel. (05 11) 55 60 41-45; Außenstelle Münster: Nottulner Landweg 102, 4400 Münster, Tel. (0 25 34) 70 41-43; Institutsteil Grafschaft: 5948 Schmallenberg, Tel. (0 29 72) 4 94-96

Fraunhofer-Institut für Transporttechnik und Warendistribution, Emil-Figge-Str. 75, 4600 Dortmund 50, Tel. (02 31) 75 49-9

Fraunhofer-Institut für Treib- und Explosivstoffe, Institutsstr., 7507 Pfinztal-Berghausen, Tel. (07 21) 4 61 01

Fraunhofer-Institut für Werkstoffmechanik, Wöhlerstr. 11, 7800 Freiburg, Tel. (07 61) 51 42-0

Fraunhofer-Institut für zerstörungsfreie Prüfverfahren, Universität des Saarlandes, Gebäude 37, 6600 Saarbrücken 11, Tel. (06 81) 3 02 38 01

Forschungsanstalt der Bundeswehr für Wasserschall- und Geophysik (FWG), Klausdorfer Weg 2—24, 2300 Kiel 14, Tel. (04 31) 72 60 70

Forschungsgesellschaft für Angewandte Naturwissenschaften e.V. (FGAN), Königstr. 2, 5307 Wachtberg-Werthoven, Tel. (02 28) 85 21

Forschungsinstitut Borstel, Institut für Experimentelle Biologie und Medizin (FIB), Parkallee 1—40, 2061 Borstel, Tel. (0 45 37) 10-0

Forschungsinstitut der Deutschen Bundespost beim Fernmeldetechnischen Zentralamt, Darmstadt und Berlin, Am Kavalleriesand 3, 6100 Darmstadt, Tel. (0 61 51) 83-1

Forschungsinstitut für Kinderernährung Dortmund (IfK), Heinstück 11, 4600 Dortmund 50, Tel. (02 31) 71 40 21

Forschungsinstitut für öffentliche Verwaltung bei der Hochschule für Verwaltungswissenschaften Speyer (FÖV), Freiherr-vom-Stein-Straße 2, 6720 Speyer, Tel. (0 62 32) 91 01

Forschungsinstitut Senckenberg (FIS), Senckenberganlage 25, 6000 Frankfurt/Main 1, Tel. (0 69) 75 42-1

Forschungsstelle für Energiewirtschaft der Gesellschaft für praktische Energiekunde e.V., Am Blütenanger 71, 8000 München 50, Tel. (0 89) 1 50 20 77

Gesellschaft für Biotechnologische Forschung mbH (GBF), Mascheroder Weg 1, 3300 Braunschweig-Stöckheim, Tel. (05 31) 61 81-0

Gesellschaft für Mathematik und Datenverarbeitung mbH Bonn (GMD), Schloß Birlinghofen, Postfach 12 40, 5205 Sankt-Augustin 1, Tel. (0 22 41) 14-1

Gesellschaft für Schwerionenforschung mbH (GSI), Max-Planck-Straße 1, Postfach 1 10 54, 6100 Darmstadt-Wixhausen, Tel. (0 61 51) 3 59-1

Gesellschaft für wissenschaftliche Datenverarbeitung mbH Göttingen, Am Faßberg, 3400 Göttingen-Nikolausberg, Tel. (05 51) 20 15 10

GKSS-Forschungszentrum Geesthacht GmbH (GKSS), Max-Planck-Str., Postfach 11 60, 2054 Geesthacht-Tesperhude, Tel. (0 41 52) 12-1

Hahn-Meitner-Institut für Kernforschung Berlin GmbH (HMI), Glienicker Str. 100, Postfach 39 02 28, 1000 Berlin 39, Tel. (0 30) 80 09-1

Heinrich-Hertz-Institut für Nachrichtentechnik Berlin GmbH (HHI), Einsteinufer 37, 1000 Berlin 10, Tel. (0 30) 3 10 02-0

HWWA — Institut für Wirtschaftsforschung — Hamburg, Neuer Jungfernstieg 21, 2000 Hamburg 36, Tel. (0 40) 35 62-1

Ifo-Institut für Wirtschaftsforschung e.V. (Ifo), Poschinger Str. 5, 8000 München 86, Tel. (0 89) 92 24-1

Institut für Angewandte Geodäsie (IfAG), Richard-Strauss-Allee 11, 6000 Frankfurt/Main, Tel. (0 69) 63 33-1

Institut für Arbeitsmarkt- und Berufsforschung (IAB) der Bundesanstalt für Arbeit (BA), Regensburger Str. 104, 8500 Nürnberg, Tel. (09 11) 17-1

Institut für Erdölforschung (IfE), Walther-Nernst-Str. 7, 3392 Clausthal-Zellerfeld, Tel. (0 53 23) 7 11-0

Institut für Meeresforschung Bremerhaven (IfMB), Am Handelshafen 12, 2850 Bremerhaven 1, Tel. (04 71) 18 10

Institut für Meereskunde an der Universität Kiel (IfM), Düsternbrooker Weg 20, 2300 Kiel 1, Tel. (04 31) 5 97-1

Institut für Weltwirtschaft an der Universität Kiel (IfW), Düsternbrooker Weg 120, 2300 Kiel 1, Tel. (04 31) 8 84-1

Johann-Gottfried-Herder-Forschungsrat (JGHF), Gisonenweg 5—7, 3550 Marburg/Lahn, Tel. (0 64 21) 2 50 44

Kernforschungsanlage Jülich GmbH (KFA), Wilhelm-Johnen-Str. (Stetternicher Forst), Postfach 19 13, 5170 Jülich 1, Tel. (0 24 61) 61-0

Kernforschungszentrum Karlsruhe GmbH (KfK), 7514 Eggenstein-Leopoldshafen, Tel. (0 72 47) 82-1

Max-Planck-Gesellschaft zur Förderung der Wissenschaften E.V., Residenzstr. 1a, 8000 München 2, Tel. (0 89) 2 10 81

Die Gesellschaft fördert durch eigene Institute ausschließlich im öffentlichen Interesse liegende Forschung. Das Aufgabengebiet der derzeit rund 60 Institute und Forschungsstellen konzentriert sich auf Grundlagenforschung in den Natur- und Geisteswissenschaften (Schwerpunkte: medizinisch-biologischer Bereich, verschiedene physikalische und chemische Arbeitseinrichtungen sowie einige geistes- und sozialwissenschaftliche Disziplinen).

Einige Institute erfüllen auch Service-Funktionen für die Hochschulforschung, indem sie besonders aufwendige Einrichtungen Wissenschaftlern außerhalb der Gesellschaft zur Verfügung stellen.

Max-Planck-Institute:

Max-Planck-Institut für Aeronomie, 3411 Katlenburg-Lindau, Postfach 20, Tel. (0 55 56) 4 11

Gmelin-Institut für anorganische Chemie und Grenzgebiete der Max-Planck-Gesellschaft, Varrentrappstr. 40—42 (Carl-Bosch-Haus), 6000 Frankfurt/Main 90, Postfach 90 04 67, Tel. (0 69) 7 91 71

Arbeitsgruppe Afheldt in der Max-Planck-Gesellschaft, Bahnhofplatz 4, 8130 Starnberg/Obb., Tel. (0 81 51) 8 91 43

Max-Planck-Institut für Astronomie, Königstuhl, 6900 Heidelberg 1, Tel. (0 62 21) 5 28-1

Max-Planck-Institut für ausländisches öffentliches Recht und Völkerrecht, Berliner Str. 48, 6900 Heidelberg 1, Tel. (0 62 21) 4 82-1

Max-Planck-Institut für ausländisches und internationales Patent-, Urheber- und Wettbewerbsrecht, Siebertstr. 3, 8000 München 80, Tel. (0 89) 9 24 61

Max-Planck-Institut für ausländisches und internationales Privatrecht, Mittelweg 187, 2000 Hamburg 13, Tel. (0 40) 4 12 71

Max-Planck-Institut für ausländisches und internationales Sozialrecht, Leopoldtstr. 24, 8000 München 40, Postfach 44 01 09, Tel. (0 89) 38 60 21

Max-Planck-Institut für ausländisches und internationales Strafrecht, Günterstalstr. 73, 7800 Freiburg im Breisgau, Tel. (07 61) 7 08 11

Max-Planck-Institut für Bildungsforschung, Lentzeallee 94, 1000 Berlin 33, Tel. (0 30) 8 29 95-1

Max-Planck-Institut für Biochemie, Am Klopferspitz 18a, 8033 Martinsried, Tel. (0 89) 85 78-1

Max-Planck-Institut für Biologie, Spemannstr. 32, 7400 Tübingen, Tel. (0 70 71) 6 01-1

Max-Planck-Institut für biologische Kybernetik, Spemannstr. 38, 7400 Tübingen, Tel. (0 70 71) 6 01-1

Max-Planck-Institut für Biophysik, Kennedyallee 70, 6000 Frankfurt/Main 70, Tel. (0 69) 63 03-1

Max-Planck-Institut für biophysikalische Chemie (Karl-Friedrich-Bonnhoeffer-Institut), Am Faßberg, 3400 Göttingen-Nikolausberg, Postfach 28 41, Tel. (05 51) 2 01-1

Klinische Forschungsgruppe für Blutgerinnung und Thrombose, Klinikum der Universität Gießen, Gaffkystr. 11, 6300 Gießen, Tel. (06 41) 7 02-36 05

Max-Planck-Institut für Chemie (Otto-Hahn-Institut), Saarstr. 23, 6500 Mainz, Postfach 30 60, Tel. (0 61 31) 3 05-1

Max-Planck-Institut für Eisenforschung GmbH, Max-Planck-Str. 1, 4000 Düsseldorf 1, Postfach 14 02 60, Tel. (02 11) 6 79 21

Max-Planck-Institut für Entwicklungsbiologie, Spemannstr. 35, 7400 Tübingen, Postfach 21 09, Tel. (0 70 71) 6 01-1

Max-Planck-Institut für Ernährungsphysiologie, Rheinlanddamm 201, 4600 Dortmund 1, Tel. (02 31) 1 20 61

Max-Planck-Institut für europäische Rechtsgeschichte, Freiherr-vom-Stein-Str. 7, 6000 Frankfurt/Main 1, Tel. (0 69) 7 12 01

Max-Planck-Institut für experimentelle Endokrinologie, Konstanty-Gutschow-Str. 8, 3000 Hannover 61, Postfach 61 03 09, Tel. (05 11) 5 32 59 58-59

Max-Planck-Institut für experimentelle Medizin, Hermann-Rein-Str. 3, 3400 Göttingen, Tel. (05 51) 3 03-1

Max-Planck-Institut für Festkörperforschung, Heisenbergstr. 1, 7000 Stuttgart 80, Postfach 80 06 65, Tel. (07 11) 6 86 01

Forschungsstelle Gottstein in der Max-Planck-Gesellschaft, Frankfurter Ring 243, 8000 München 40, Postfach 40 06 48, Tel. (0 89) 32 80 71-72

Friedrich-Mielscher-Laboratorium in der Max-Planck-Gesellschaft, Spemannstr. 37—39, 7400 Tübingen, Postfach 21 09, Tel. (0 70 71) 6 01-4 60

Fritz-Haber-Institut der Max-Planck-Gesellschaft, Faradayweg 4—6, 1000 Berlin 33, Tel. (0 30) 8 30 51

Max-Planck-Institut für Geschichte, Hermann-Föge-Weg 11, 3400 Göttingen, Postfach 28 33, Tel. (05 51) 5 40 21

Max-Planck-Institut für Gesellschaftsforschung, Lothringer Str. 78, 5000 Köln 1, Tel. (02 21) 33 60 50

Max-Planck-Institut für Hirnforschung, Deutschordenstr. 46, 6000 Frankfurt/Main 71, Postfach 71 04 09, Tel. (0 69) 67 04-1

Max-Planck-Institut für Immunbiologie, Stübeweg 51, 7800 Freiburg im Breisgau, Postfach 11 69, Tel. (07 61) 51 08-1

Max-Planck-Institut für Kernphysik, Saupfercheckweg 1, 6900 Heidelberg 1, Postfach 10 39 80, Tel. (0 62 21) 5 16-1

Klinische Arbeitsgruppen an der Medizinischen Klinik der Universität Göttingen, Goßlerstr. 10d, 3400 Göttingen, Tel. (05 51) 39 60 67

Max-Planck-Institut für Kohlenforschung, Kaiser-Wilhelm-Platz 1, 4330 Mülheim/Ruhr 1, Postfach 01 13 53, Tel. (02 08) 30 61

Max-Planck-Institut für Limnologie, August-Thienemann-Str. 2, 2320 Plön/Holstein, Postfach 1 65, Tel. (0 45 22) 5 02-1

Max-Planck-Institut für Mathematik, Gottfried-Claren-Str. 25, 5300 Bonn 3, Tel. (02 28) 40 21

Max-Planck-Institut für medizinische Forschung, Jahnstr. 29, 6900 Heidelberg, Postfach 10 38 20, Tel. (0 62 21) 4 86-1

Max-Planck-Institut für Metallforschung, Seestr. 92, 7000 Stuttgart 1, Tel. (07 11) 2 09 51

Max-Planck-Institut für Meteorologie, Bundesstr. 55, 2000 Hamburg 13, Tel. (0 40) 4 11 41

Max-Planck-Institut für molekulare Genetik, Ihnestr. 63—73, 1000 Berlin, Tel. (0 30) 83 07-1

Klinische Forschungsgruppe für Multiple Sklerose an der Neurologischen Klinik der Universität Würzburg (Hermann und Lilly Schilling-Forschungsgruppe), Josef-Schneider-Str. 11, 8700 Würzburg, Postf. 61 20, Tel. (09 31) 2 01-22 50

Max-Planck-Institut für neurologische Forschung, Ostmerheimer Str. 200, 5000 Köln 91, Tel. (02 21) 86 06-1

Max-Planck-Institut für Physik und Astrophysik, Föhringer Ring 6, Postf. 40 12 12, 8000 München 40, Tel. (0 89) 31 89 31

Max-Planck-Institut für physiologische und klinische Forschung, W.-G.-Kerckhoff-Institut, Parkstr. 1, 6350 Bad Nauheim, Tel. (0 60 32) 60 15

Max-Planck-Institut für Plasmaphysik, Boltzmannstr. 2, 8046 Garching bei München, Tel. (0 89) 32 99-1

Max-Planck-Institut für Polymerforschung, Jakob-Welder-Weg 15, 6500 Mainz, Tel. (0 61 31) 39 23 28

Max-Planck-Institut für Psychiatrie, Kraepelinstr. 2 und 10, Postf. 40 12 40, 8000 München 40, Tel. (0 89) 3 06 22-1

Max-Planck-Institut für Psycholinguistik, Berg en Dalseweg 79, NL-6522 Nijmwegen, Tel. (00 31 80) 23 01 00

Max-Planck-Institut für psychologische Forschung, Leopoldstr. 24, Postf. 44 01 09, 8000 München 40, Tel. (0 89) 38 60 21

Forschungsstelle für Psychopathologie in der Max-Planck-Gesellschaft, Montsalvatstr. 19, 8000 München 40, Tel. (0 89) 36 30 37

Max-Planck-Institut für Quantenoptik, Boltzmannstr. 2, 8046 Garching bei München, Tel. (0 89) 32 99-1

Max-Planck-Institut für Radioastronomie, Auf dem Hügel 69, 5300 Bonn 1, Tel. (02 28) 52 51

Klinische Forschungsgruppe für Reproduktionsmedizin an der Frauenklinik der Universität Münster, Steinfurter Str. 107, 4400 Münster, Tel. (02 51) 83 60 96-97

Max-Planck-Institut für Strahlenchemie, Stiftstr. 34—36, 4330 Mülheim/Ruhr 1, Tel. (02 08) 3 10 73

Max-Planck-Institut für Strömungsforschung, Böttingerstr. 4—8, Postfach 28 53, 3400 Göttingen, Tel. (05 51) 7 09-1

Max-Planck-Institut für Systemphysiologie, Rheinlanddamm 201, 4600 Dortmund 1, Tel. (02 31) 1 20 61

Max-Planck-Institut für Verhaltensphysiologie, 8131 Seewiesen über Starnberg/Obb., Tel. (0 81 57) 29-1

Max-Planck-Institut für Zellbiologie, Rosenhof, 6802 Ladenburg bei Heidelberg, Tel. (0 62 03) 50 97

Max-Planck-Institut für Züchtungsforschung (Erwin-Baur-Institut), Egelspfad, 5000 Köln 30, Tel. (02 21) 50 62-1

Max-Planck-Institut für Plasmaphysik (IPP), Boltzmannstr. 2, 8046, Garching bei München, Tel. (0 89) 32 99-1

Medizinisches Institut für Umwelthygiene an der Universität Düsseldorf (MIUH), Auf'm Hennekamp 50, 4000 Düsseldorf, Tel. (02 11) 33 89-0

Minerva Gesellschaft für die Forschung mbH, Residenzstr. 1a/Hofgartenstr., 8000 München 2, Tel. (0 89) 21 08-1

Niedersächsisches Landesamt für Bodenforschung (NLfB), Abteilung 1: Geowissenschaftliche Gemeinschaftsaufgaben, Stilleweg 2, 3000 Hannover 51, Tel. (05 11) 6 43-0

Paul-Ehrlich-Institut — Bundesamt für Sera und Impfstoffe, Paul-Ehrlich-Str. 42—44, 6000 Frankfurt/Main, Tel. (0 69) 63 60 16

Physikalisch-Technische Bundesanstalt (PTB), Bundesallee 100, 3300 Braunschweig, Tel. (05 31) 5 92-0; Abbestr. 2—12, 1000 Berlin 10, Tel. (0 30) 34 81-1

Rheinisch-Westfälisches Institut für Wirtschaftsforschung (RWI), Hohenzollernstr. 1/3, 4300 Essen 1, Tel. (02 01) 23 31 71

Schmalenbach-Gesellschaft — Deutsche Gesellschaft für Betriebswirtschaft e.V., Tiberiusstr. 4, 5000 Köln 51, Tel. (02 21) 38 15 42; Nonnendammallee 101, 1000 Berlin 13, Tel. (0 30) 3 82 70 24

Stifterverband für die Deutsche Wissenschaft e.V. (Stifterverband), Die Gemeinschaftsaktion der Wirtschaft, Brucker Holt 56—60, Postf. 23 03 60, 4300 Essen 1, Tel. (02 01) 71 10 51

Stiftung Alfred Wegener-Institut für Polarforschung (AWI), Columbus Center, Bürgermeister-Smidt-Straße, 2850 Bremerhaven, Tel. (04 71) 4 90 06-7

Stiftung Deutsches Elektronen-Synchrotron (DESY), Notkestraße 85, 2000 Hamburg 52, Tel. (0 40) 8 99 80

Stiftung Volkswagenwerk, Kastanienallee 35, Postf. 81 05 09, 3000 Hannover 81, Tel. (05 11) 83 81-0

Technische Beratungsdienste Baden-Württemberg, Steinbeis-Stiftung für Wirtschaftsförderung, Hospitalstraße 27, 7000 Stuttgart 1, Tel. (07 11) 2 26 10 71

Technologie-Informationszentrum Göttingen GmbH, Datenbankdienst (R 2), Zindelstr. 3, 3400 Göttingen, Tel. (05 51) 4 49 93, 4 49 82

Transferzentrum für Angewandte Elektronik Heilbronn, Max-Planck-Straße 39, 7100 Heilbronn, Tel. (0 71 31) 5 04-2 25

Transferzentrum für Mikroelektronik Ulm, Postfach 38 60, 7900 Ulm, Tel. (07 31) 2 05 30

Transferzentrum für Mikroelektronik und Systemtechnik Furtwangen, Gerwigstraße 11, 7743 Furtwangen, Tel. (0 77 23) 20 51

Umweltbundesamt (UBA), Bismarckplatz 1, 1000 Berlin 33, Tel. (0 30) 89 03-1

VDI-Technologiezentrum Informationstechnik Berlin, Budapester Str. 40, 1000 Berlin 30, Tel. (0 30) 26 09-0

VDI-Technologiezentrum Physikalische Technologien, Düsseldorf, Graf-Recke-Str. 84, Postf. 11 39, 4000 Düsseldorf 1, Tel. (02 11) 62 14-1

Wissenschaftszentrum Berlin GmbH (WZB), Griegstr. 5—7, 1000 Berlin 33, Tel. (0 30) 8 26 30 71

Zoologisches Forschungsinstitut und Museum Alexander Koenig (ZFMK), Adenauerallee 150—164, 5300 Bonn 1, Tel. (02 28) 21 10 26

5.2. Bundesministerien, Bundesbehörden, Wirtschaftsministerien der Bundesländer

5.2.1. Bundesministerien

Auswärtiges Amt
Adenauerallee 99—103, 5300 Bonn 1, Tel. (02 28) 1 70

Der Bundesminister der Finanzen
Graurheindorfer Str. 108, 5300 Bonn 1, Tel. (02 28) 6 82-1

Der Bundesminister der Justiz
Heinemannstr. 6, Postf., 5300 Bonn 2, Tel. (02 28) 58-1

Der Bundesminister der Verteidigung
Postf. 13 28, 5300 Bonn 1, Tel. (02 28) 12-1

Der Bundesminister des Innern
Graurheindorfer Str. 198, Postf. 17 02 90, 5300 Bonn 1, Tel. (02 28) 6 81-1

Der Bundesminister für Arbeit und Sozialordnung
Rochusstr. 1, Postfach 14 02 80, 5300 Bonn 1, Tel. (02 28) 5 27-1

Der Bundesminister für Bildung und Wissenschaft
Heinemannstr. 2, Postf. 20 01 08, 5300 Bonn 2, Tel. (02 28) 5 71

Der Bundesminister für das Post- und Fernmeldewesen
Adenauerallee 81, Postf. 80 01, 5300 Bonn 1, Tel. (02 28) 14-0

Der Bundesminister für Ernährung, Landwirtschaft und Forsten
Rochusstr. 1, Postf. 14 02 70, 5300 Bonn 1, Tel. (02 28) 5 29-1

Der Bundesminister für Forschung und Technologie
Heinemannstr. 2—10, Postf. 20 07 06, 5300 Bonn 2, Tel. (02 28) 59-1

Der Bundesminister für innerdeutsche Beziehungen
Godesberger Allee 140, 5300 Bonn 2, Tel. (02 28) 30 61

Der Bundesminister für Jugend, Familie und Gesundheit
Kennedyallee 105—107, 5300 Bonn 2, Tel. (02 28) 3 38-1

Der Bundesminister für Raumordnung, Bauwesen und Städtebau
Deichmanns Aue, 5300 Bonn 2, Tel. (02 28) 33 71

Der Bundesminister für Umwelt, Naturschutz und Reaktorsicherheit
Adenauerallee 139, 5300 Bonn 1, Tel. (02 28) 5 61

Der Bundesminister für Verkehr
Kennedyallee 72, 5300 Bonn 2, Tel. (02 28) 30 01

Der Bundesminister für Wirtschaft
Villemombler Str. 76, Postf. 14 02 60, 5300 Bonn-Duisdorf, Tel. (02 28) 6 15-1

Der Bundesminister für wirtschaftliche Zusammenarbeit
Karl-Marx-Str. 4—6, Postf. 12 03 22, 5300 Bonn 1, Tel. (02 28) 5 35-1

5.2.2. Bundesbehörden

Der Bundesregierung unterstehende Einrichtungen

Beschaffungsstelle des Bundesministers des Innern
Villemombler Str. 78, Postfach 14 02 90, 5300 Bonn 1, Tel. (02 28) 6 10(0)

Biologische Bundesanstalt für Land- und Forstwirtschaft
Messeweg 11—12, 3300 Braunschweig-Gliesmarode, Tel. (05 31) 3 99-1;
Königin-Luise-Str. 19, 1000 Berlin 33 (Dahlem), Tel. (0 30) 83 04-1

Bundesamt für Ernährung und Forstwirtschaft
Adickesallee 40, 6000 Frankfurt (Main), Tel. (0 69) 15 64-0

Bundesamt für Schiffsvermessung
Bernhard-Nocht-Str. 78, Postf. 1 29, 2000 Hamburg 4, Tel. (0 40) 31 90-1

Bundesamt für Zivilschutz (BZS)
Deutschherrenstr. 93, Postf. 20 08 50, 5300 Bonn 2 (Bad Godesberg), Tel. (02 28) 84 01

Bundesanstalt für Fettforschung
Piusallee 68—76, 4400 Münster (Westf.), Tel. (02 51) 4 35 10/5 75 97

Bundesanstalt für Fleischforschung
E.-C.-Baumann-Str. 20, 8650 Kulmbach, Tel. (0 92 21) 80 31

Bundesanstalt für Flugsicherung (BFS) — Zentralstelle —
Opernplatz 14, Postf. 10 04 44, 6000 Frankfurt/Main 11, Tel. (0 69) 21 08-0

Bundesanstalt für Geowissenschaften und Rohstoffe
Stilleweg 2, Postf. 51 01 53, 3000 Hannover 51, Tel. (05 11) 6 43-0

Bundesanstalt für Gewässerkunde
Kaiserin-Augusta-Anlagen 15—17, Postf. 3 09, 5400 Koblenz, Tel. (02 61) 1 24 31

Bundesamt für gewerbliche Wirtschaft (BAW)
Frankfurter Str. 29—31, Postf. 51 71, 6236 Eschborn 1, Tel. (0 61 96) 40 41

Bundesanstalt für den Güterfernverkehr
Cäcilienstr. 24, Postf. 10 03 50, 5000 Köln 1, Tel. (02 21) 20 54-1

Bundesanstalt für Materialprüfung (BAM)
Unter den Eichen 87, 1000 Berlin 45, Tel. (0 30) 8 10 41

Bundesanstalt für Milchforschung
Postf. 60 69, 2300 Kiel 14, Tel. (04 31) 60 91

Bundesanstalt für Straßenwesen
Brüderstr. 53, Postf. 10 01 50, 5060 Bergisch Gladbach 1, Tel. (0 22 04) 4 30

Bundesanstalt für Wasserbau
Kußmaulstr. 17, 7500 Karlsruhe 21, Tel. (07 21) 75 01-1

Bundesanstalt Technisches Hilfswerk (THW) im Bundesamt für Zivilschutz (BZS)
Deutschherrenstr. 93, 5300 Bonn 2, Tel. (02 28) 84 01/84 02 50

Bundesarchiv
Am Wöllershof 12, Postfach 3 20, 5400 Koblenz, Tel. (02 61) 3 99-1

Bundesaufsichtsamt für das Kreditwesen
Reichpietschufer 72—76, 1000 Berlin 30, Tel. (0 30) 2 63 54 40

Bundesaufsichtsamt für das Versicherungswesen
Ludwigkirchplatz 3—4, Postf. 15 01 80, 1000 Berlin 15, Tel. (0 30) 8 89 31

Bundesbaudirektion
Fasanenstr. 87, 1000 Berlin 12, Tel. (0 30) 31 81-0

Bundesforschungsanstalt für Ernährung
Engesserstr. 20, 7500 Karlsruhe, Tel. (07 21) 6 01 14

Bundesforschungsanstalt für Ernährung, Institut für Ernährungsökonomie und -soziologie
Garbenstr. 13, 7000 Stuttgart 70 (Hohenheim), Tel. (07 11) 45 50 63-64

Bundesforschungsanstalt für Fischerei
Palmaille 9, 2000 Hamburg 50, Tel. (0 40) 38 90 50

Bundesforschungsanstalt für Forst- und Holzwirtschaft
Leuschnerstr. 91, 2050 Hamburg 80, Tel. (0 40) 7 39 62-1

Bundesforschungsanstalt für Getreide- und Kartoffelverarbeitung
Schützenberg 12, 4930 Detmold, Tel. (0 52 31) 2 34 51

Bundesforschungsanstalt für Landeskunde und Raumordnung
Am Michaelshof 8, Postf. 20 01 30, 5300 Bonn 2 (Bad Godesberg), Tel. (02 28) 8 26-1

Bundesforschungsanstalt für Landwirtschaft, Braunschweig-Völkenrode (FAL)
Bundesallee 50, 3300 Braunschweig, Tel. (05 31) 59 61

Bundesforschungsanstalt für Naturschutz und Landschaftsökologie
Konstantinstr. 110, 5300 Bonn 2, Tel. (02 28) 33 00 41-44

Bundesgesundheitsamt (BGA)
Thielallee 88—92, 1000 Berlin 33, Tel. (0 30) 83 08-0

Bundesinstitut für Bevölkerungsforschung
Gustav-Stresemann-Ring 6, Postf. 55 28, 6200 Wiesbaden 1, Tel. (0 61 21) 75 22 35

Bundeskartellamt
Mehringdamm 129, 1000 Berlin 61, Tel. (0 30) 69 01-1

Bundesoberseeamt
Sievekingplatz 2, 2000 Hamburg 36, Tel. (0 40) 3 49 76 60

Bundesschuldenverwaltung
Bahnhofstr. 16—18, Postf. 12 45, 6380 Bad Homburg v. d. Höhe 1, Tel. (0 61 72) 1 08-1

Bundesstelle für Außenhandelsinformation
Postf. 10 80 07, Blaubach 13, 5000 Köln 1, Tel. (02 21) 20 57-1

Bundeszentrale für politische Bildung
Berliner Freiheit 7, 5300 Bonn 1, Tel. (02 28) 51 51

Bundesversicherungsamt
Reichpietschufer 72—76, 1000 Berlin 30, Tel. (0 30) 26 99-1

Bundesverwaltungsamt
Barbarastr. 1, Postf. 68 01 69, 5000 Köln 60, Tel. (02 21) 77 80-0

Der Bundesbeauftragte für den Datenschutz
Stephan-Lochner-Str. 2, 5300 Bonn-Bad Godesberg, Tel. (02 28) 37 50 91

Der Bundesbeauftragte für Wirtschaftlichkeit in der Verwaltung
Berliner Str. 51, Postf. 24 09, 6000 Frankfurt (Main) 1, Tel. (0 69) 2 17 61

Der Bundesrechnungshof
Berliner Str. 51, Postf. 24 09, 6000 Frankfurt (Main) 1, Tel. (0 69) 2 17 61

Deutsche Bibliothek, Bundesunmittelbare Anstalt des öffentlichen Rechts
Zeppelinallee 4—8, 6000 Frankfurt (Main), Tel. (0 69) 75 66-1

Deutsche Bundesbahn
Friedrich-Ebert-Anlage 43—45, 6000 Frankfurt/M. 11, Tel. (0 69) 2 65-1

Deutsches Archäologisches Institut
Postf., 1000 Berlin 33, Tel. (0 30) 83 20 41

Deutsches Patentamt
Zweibrückenstr. 12, 8000 München 2, Tel. (0 89) 2 19 50

Deutsche Wissenschaftliche Kommission für Meeresforschung
Palmaille 9, 2000 Hamburg 50, Tel. (0 40) 38 90 50

Kraftfahrt-Bundesamt
Fördestr. 16, Postf., 2390 Flensburg, Tel. (04 61) 8 31

Luftfahrt-Bundesamt (LBA)
Lilienthalplatz 6, Postf. 37 40, 3300 Braunschweig

Physikalisch-Technische Bundesanstalt Braunschweig und Berlin
Bundesallee 100, 3300 Braunschweig, Tel. (05 31) 59 20

Presse- und Informationsamt der Bundesregierung
Welckerstr. 11, 5300 Bonn, Tel. (02 28) 20 81

Statistisches Bundesamt
Gustav-Stresemann-Ring 11, Postf. 55 28, 6200 Wiesbaden 1, Tel. (0 61 21) 7 51

Umweltbundesamt
Bismarckplatz 1, 1000 Berlin 33, Tel. (0 30) 89 03-1

Wasser- und Schiffahrtsdirektionen, Wasser- und Schiffahrtsdirektion Nord
Hindenburgufer 247, Postf. 44 67, 2300 Kiel 1, Tel. (04 31) 3 85-1

5.2.3. Wirtschaftsministerien der Bundesländer

Baden-Württemberg
Ministerium für Wirtschaft, Mittelstand und Technologie, Theodor-Heuss-Str. 4, 7000 Stuttgart 1, Tel. (07 11) 2 02 01

Bayern
Bayerisches Staatsministerium für Wirtschaft und Verkehr, Prinzregentenstr. 28, 8000 München 22, Tel. (0 89) 21 62-01

Berlin
Der Senator für Wirtschaft und Arbeit, Martin-Luther-Str. 105, 1000 Berlin 62, Tel. (0 30) 78 31

Freie Hansestadt Bremen
Senator für Wirtschaft und Außenhandel, Bahnhofsplatz 29 (Tivoli-Hochhaus), Postfach 10 15 29, 2800 Bremen 1, Tel. (04 21) 3 61 22 52

Freie und Hansestadt Hamburg
Behörde für Wirtschaft, Verkehr und Landwirtschaft, Alter Steinweg 4, 2000 Hamburg 11, Tel. (0 40) 34 91 21

Hessen
Hessischer Minister für Wirtschaft und Technik, Kaiser-Friedrich-Ring 75, 6200 Wiesbaden, Tel. (0 61 21) 81 51

Niedersachsen
Niedersächsisches Ministerium für Wirtschaft und Verkehr, Friedrichswall 1, 3000 Hannover 1, Tel. (05 11) 1 20-64 30

Nordrhein-Westfalen
Minister für Wirtschaft, Mittelstand und Verkehr des Landes Nordrhein-Westfalen, Haroldstr. 4, Postf. 11 44, 4000 Düsseldorf 1, Tel. (02 11) 8 37-02

Rheinland-Pfalz
Ministerium für Wirtschaft und Verkehr, Bauhofstr. 4, Postf. 32 69, 6500 Mainz, Tel. (0 61 31) 1 61

Saarland
Minister für Wirtschaft, Hardenbergstr. 8, Postf. 10 10, 6600 Saarbrücken 1, Tel. (06 81) 5 01-1

Schleswig-Holstein
Minister für Wirtschaft und Verkehr, Düsternbrooker Weg 94, 2300 Kiel, Tel. (04 31) 59 61

5.3. Quellen für Firmeninformationen

Spezielle Veröffentlichungen

„ABC Info-Bände"; ABC Verlagsgesellschaft mbH, Postf. 40 34, 6100 Darmstadt 1, Tel. (0 61 51) 3 34 11—13

„Das Deutsche Firmen-Alphabet"; DAV-Verlagshaus, Postf. 11 03 20, 6100 Darmstadt, Tel. (0 61 51) 3 91-0

„Der Große Hartmann"; Verlag H. Georg Hartmann KG, Hegelstr. 16, 5300 Bonn 2, Tel. (02 28) 32 20 86/87

„Der Industrie KOMPASS Deutschland"; Kompass Deutschland Verlags- und Vertriebsgesellschaft mbH, Wilhelmstr. 1, 7800 Freiburg i. Br., Tel. (07 61) 3 13 31

„Die großen 500 — Deutschlands führende Unternehmen und ihr Management"; Ernst Schmacke im Hermann Luchterhand Verlag, 5450 Neuwied, Tel. (0 26 31) 80 11

„Europa Handbuch"; Team-Fachverlag GmbH & Co. Vertriebs KG, Auwanne 19, 8757 Karlstein/Main 1, Tel. (0 61 88) 60 31

„Handbuch der deutschen Aktiengesellschaften"; Verlag Hoppenstedt & Co., Havelstr. 9, 6100 Darmstadt 1, Tel. (0 61 51) 3 80-1

„Handbuch der Großunternehmen"; Verlag Hoppenstedt & Co., Havelstr. 9, 6100 Darmstadt 1, Tel. (0 61 51) 3 80-1

„Ifb-Analyse"; Institut für Bilanzanalysen GmbH, Am Lindenbaum 14, 6056 Heusenstamm, Tel. (0 61 04) 6 28 33

„Konzerne in Schaubildern"; Verlag Hoppenstedt & Co., Havelstr. 9, 6100 Darmstadt 1, Tel. (0 61 51) 3 80-1

„Wegweiser durch deutsche Aktiengesellschaften"; Bayerische Hypotheken- und Wechselbank, Postf. 20 05 27, 8000 München 2, Tel. (0 89) 2 36 61

„Wer gehört zu wem?"; Commerzbank, Neue Mainzer Str. 32—36, 6000 Frankfurt, Tel. (0 69) 1 36 21

Auskunfteien

Argus Privat- u. Wirtschaftsdetektei GmbH, Bahnhofstr. 53, 6900 Heidelberg, Tel. (0 62 21) 1 22 28

Auskunftei Bürgel Zentrale GmbH, Elisabethstr. 14, 5100 Aachen, Tel. (02 41) 4 82 41

Auskunft-Detektiv-Inkasso-Organisation Aude Merkur International (DAM), Hindenburgstr. 6, Postf. 10 08 54, 4300 Essen 1, Tel. (02 01) 23 20 45

Auskunftei Deutscher Anker Gustav Schäfer AG & Co. KG, Hindenburgstr. 6, 4300 Essen, Tel. (02 01) 23 21 45

Auskunftei Fides Handels- und Privatauskunftei, Göttingstr. 21, 3300 Braunschweig, Tel. (05 31) 33 14 87

Auskunftei für Handel und Gewerbe Heinrich Tüffers, Grafenberger Allee 39, 4000 Düsseldorf, Tel. (02 11) 68 67 66

Auskunftei-Genossenschaft eG, Alte Gasse 16, 8900 Augsburg, Tel. (08 21) 51 49 26

Auskunftei Händlerschutz Schmidt & Co. KG, Ebertplatz 2, 5000 Köln, Tel. (02 21) 12 18 90

Auskunftei Hansa Harry Müller, Rumpffsweg 21, 2000 Hamburg 26, Tel. (0 40) 21 57 26

Bundesverband Deutscher Detektive (BDD), Steinweg 11, 3300 Braunschweig, Tel. (05 31) 1 85 66

Bund Internationaler Detektive e.V., (BID) Frankfurt am Main, Schloßstr. 85, 6000 Frankfurt/Main 90, Tel. (0 69) 70 06 00

Cassin & Co., O., Beiertheimer Allee 9, 7500 Karlsruhe 1, Tel. (07 21) 2 18 25

Creditreform München Wipperling & Lieber KG, Poccistr. 5, 8000 München 2, Tel. (0 89) 77 90 93

CWS Chiemgau Wirtschaftsdetektei u. Sicherheitsdienst, Werner Urmann, Scheibenstr. 22, 8220 Traunstein, Tel. (08 61) 6 44 77

Döneke Handels- und Wirtschaftsauskunftei KG, Hansastr. 11, 4600 Dortmund 1, Tel. (02 31) 16 10 16

Dun & Bradstreet GmbH, Internat. Wirtschaftsinformationen, Inkassodienste, Dreieichstr. 59, 6000 Frankfurt 70, Tel. (0 69) 6 09 07-0

GMI Gesellschaft für Wirtschaftsinformationen und Marktanalyse mbH, Dreieichstr. 59, 6000 Frankfurt 70, Tel. (0 69) 61 01 51

Gottschalk u. von Vever oHG, Flinschstr. 51, 6000 Frankfurt 1, Tel. (0 69) 41 40 55

HWI Handels- und Wirtschafts-Informations GmbH, Uhlandstr. 175, 1000 Berlin 15, Tel. (0 30) 8 83 90 51

Kaufmännische Krediterkundigung Ludwig Fendt, Eduard-Schmid-Str. 14, 8000 München 90, Tel. (0 89) 65 25 18

Schimmelpfeng GmbH, Am Hauptbahnhof 6, 6000 Frankfurt 1, Tel. (0 69) 2 68 51

Stucke KG, Niederlassung Hohenzollerndamm 81, 1000 Berlin 33, Tel. (0 30) 8 26 29 75

Tüffers Auskunftei und Wirtschaftsverlag GmbH, Niederlassung Jägerhofstr. 25, 4000 Düsseldorf 30, Tel. (02 11) 49 90 49

Tüffers Auskunftei und Wirtschaftsverlag GmbH, Waldsaum 58, 4300 Essen 1, Tel. (02 01) 44 16 70

Verband der Handelsauskunfteien e.V. Hamburg, Geschäftsführung Hellersbergstr. 12, 4040 Neuss 1, Tel. (0 21 01) 1 09-0

Verband der Vereine Creditreform e.V., Hellersbergstr. 12, Postf. 5 33, 4040 Neuss 1, Tel. (0 21 01) 1 09-0

Wadler & Co., Hans Vohwinkelallee 8, 4000 Düsseldorf 1, Tel. (02 11) 21 10 37

Wys Muller & Co. Mutua Confidentia GmbH, Geschäftsstelle: Hohenstaufenstr. 5, 8000 München 40, Tel. (0 89) 34 79 37

Zentralverband der Auskunfteien und Detekteien e.V., Beim Strohhause 34, 2000 Hamburg 1, Tel. (0 40) 24 71 16

Zeitungsausschnittbüros

Argus Pressebüro und Verlag GmbH, Kniebisstr. 24, 7000 Stuttgart 1, Tel. (07 11) 28 50 88

Ausschnitt, Der Achterberg KG, Büro für Pressebeobachtung, Königsberger Str. 37, 1000 Berlin 45, Tel. (0 30) 7 72 70 02

Hermes Zeitungsausschnittbüro, Weberstr. 92, 5300 Bonn, Tel. (02 28) 21 91 26

Medien Beobachter Annelie Bergatt (Ausschnittdienst f. Anzeigenblätter), Celsiusstr. 78, 5300 Bonn 1, Tel. (02 28) 25 10 60

Metropol-Gesellschaft E. Matthes & Co., Uhlandstr. 184, 1000 Berlin 12, Tel. (0 30) 8 81 68 31

Nord-Report Ausschnittdienst, Redaktionsbüro Rolf Zick, Hohenzollernstr. 22, 3000 Hannover, Tel. (05 11) 34 25 55

Pressearchiv Meyding & Co., Tulpenweg 7, 6102 Pfungstadt 2, Tel. (0 61 57) 20 91

Wirtschaftsdienst Sandmann GmbH, Elsasser Str. 25, 2800 Bremen 1, Tel. (04 21) 34 80 38

Zeitungs-Ausschnitt-Büro Fleischauer, Stubenrauchstr. 2, 1000 Berlin 37, Tel. (0 30) 8 11 26 93; Aachener Str. 2, 5533 Hillesheim/Eifel, Tel. (0 65 93) 4 15

Abschnitt 2:

Internationales Marketing – Praxis-Informationen

1. Im Zusammenhang mit absatzwirtschaftlichen Dispositionen wichtige Organisationen

1.1. Internationale Organisationen, Zusammenschlüsse und Banken

Abu Dhabi Fund for Arab Economic Development, Abu Dhabi, VAE
Arab Fund for Economic and Social Development, Kuwait
Arabische Liga, Tunis, Tunesien
Asian Development Bank (ADB), Metro Manila, Philippinen
Association of South-East-Asian-Nations (ASEAN), Jakarta, Indonesien
Associación Latinoamericana de Integración (ALADI), Montevideo, Uruguay
Banque Arabe pour le Développement, Khartoum, Sudan
Bank for International Settlements, Basel, Schweiz
Carribbean Common Market (CARICOM), Georgetown, Guyana
Carribbean Development Bank, St. Michael, Barbados
Colombo Plan for Cooperative Economic and Social Development in Asia and the Pacific, Colombo, Sri Lanka
Commission Internationale des Industries Agricoles et Alimentaires (CIIA), Paris, Frankreich
Commonwealth of Nations, London, Großbritannien
Customs Cooperation Council (CCD), Brüssel, Belgien
Deutsche Gesellschaft für Technische Zusammenarbeit, Eschborn, BRD
Economic and Social Commission for Asia and the Pacific (ESCAP), Bangkok, Thailand
Economic and Social Council, New York, USA
Economic Commission for Africa, Addis Abeba, Äthiopien
Economic Commission for Europe (ECE), Genf, Schweiz
Economic Commission for Latin America (ECLA), Santiago, Chile
Economic Commission for Western Asia (ECWA), Baghdad, Irak
East African Community and Common Market, Arusha, Tansania
Europäische Investitionsbank (EIB), Luxemburg, Luxemburg
Europäischer Entwicklungsfonds, Brüssel, Belgien
Europäisches Parlament, Luxemburg
Europarat, Straßburg, Frankreich
European Free Trade Association (EFTA), Genf, Schweiz
Europäische Gemeinschaften, Brüssel, Belgien
Fonds Africain de Développement (FAD), Abidjan, Elfenbeinküste
Food and Agriculture Organization of the United Nations (FAO), Rom, Italien
Gemeinsamer Arabischer Markt, Kairo, Ägypten
General Agreement on Tariffs and Trade (GATT), Genf, Schweiz
Grupo Andino, Caracas, Venezuela
Gulf Cooperation Council, Riyadh, Saudi-Arabien
Inter-American Development Bank, Washington, USA
International Atomic Energy Agency, Wien, Österreich
International Bank for Reconstruction and Development (IBRD), Washington, USA
Internationale Investitionsbank (IIB), Moskau, UdSSR

International Development Association, Washington, USA
International Finance Corporation, Washington, USA
International Fund for Agricultural Development, Rom, Italien
International Monetary Fund (IMF), Washington, USA
Islamic Conference Organization, Jeddah, Saudi-Arabien
Islamic Development Bank, Jeddah, Saudi-Arabien
Kreditanstalt für Wiederaufbau, Frankfurt, BRD
Kuwait Fund for Arab Economic Development, Kuwait
Mercado Común Centroamericano, Guatemala City, Guatemala
New Zealand — Australia Free Trade Agreement (NAFTA), Sydney, Australien
Nordischer Rat, Oslo, Norwegen
OECD Nuclear Energy Agency, Paris, Frankreich
OPEC Fund for International Development, Wien, Österreich
Organisation Comune Africaine et Mauriciénne, Bangui, Zentralafrika
Organisation der Erdölexportierenden Länder (OPEC), Kuwait
Organisation for Economic Cooperation and Development (OECD), Paris, Frankreich
Organisation of African Unity, Addis Abeba, Äthiopien
Organisation of American States, Washington, USA
Organisation of Arab Petroleum Exporting Countries (OAPEC), Kuwait
Organisation of Eastern Caribbean States, Castries, Saint Lucia
Organisation pour la mise en valeur du Fleuve Sénegal, Dakar, Senegal
Rat für Gegenseitige Wirtschaftshilfe, Moskau, UdSSR
Saudi Fund for Development, Riyadh, Saudi-Arabien
South African Development Coordination Conference, Gaborone, Botswana
Union Economique BENELUX, Brüssel, Belgien
Union der Sahara-Anrainer, Niamey, Niger
Union Douanière et Economique de L'Afrique Centrale, Bangui, Zentralafrika
United Nations Conference on Trade and Development (UNCTAD), Genf, Schweiz
United Nations Development Programme, New York, USA
United Nations Educational, Scientific and Cultural Organization, Paris, Frankreich
United Nations Environment Programme (UNEP), Nairobi, Kenya
United Nations Industrial Development Organization, Wien, Österreich
United Nations Institute for Training and Research, New York, USA
United Nations Organization, New York, USA

1.2. Organisationen mit besonderer Bedeutung für das Marketing

1.2.1. Europäische Wirtschaftsforschungsinstitute

Arbeitsgemeinschaften und Vereinigungen

Arbeitsgemeinschaft Deutscher wirtschaftswissenschaftlicher Forschungsinstitute e.V., Hohenzollernstr. 1/3, 4300 Essen 1, Tel. (02 01) 23 31 71-74

Association d'Instituts Européens de Conjoncture Economique, Place Montesquieu, Boîte 4, 1348 Louvain-La-Neuve, Belgien, Tel. (010) 43 41 52

Association des Instituts d'Etudes Européens, 122, Rue de Lausanne, 1202 Genf, Schweiz

CIRET*) Centre for International Research on Economic Tendency Surveys, Postfach 86 04 60, 8000 München 86, Deutsches Mitglied: Ifo-Institut für Wirtschaftsforschung, München

Institute

Belgien

Brüssel: Union Economique Benelux

Brüssel: Commission of the European Communities

Brüssel: Département d'Economie Appliquée de l'Université Libre de Bruxelles

Louvain-La-Neuve: Service de Conjoncture

Bundesrepublik Deutschland

Berlin: Deutsches Institut für Wirtschaftsforschung

Düsseldorf: Wirtschafts- und sozialwissenschaftliches Institut des DGB

Essen: Rheinisch-Westfälisches Institut für Wirtschaftsforschung

Hamburg: HWWA-Institut für Wirtschaftsforschung

Kiel: Institut für Weltwirtschaft an der Universität Kiel

München: Ifo-Institut für Wirtschaftsforschung

Dänemark

Kopenhagen: Economic Council

Kopenhagen: Institute for Future Studies

Kopenhagen: Københavns Handelsbank

Finnland

Helsinki: Finnish Research Institute

Helsinki: Central Forestry Board Tapio

Helsinki: Economic Research Institute for the Labour Movement

Helsinki: Kansallis-Osake-Pankki-Economic Research Department

Helsinki: Research Institute of the Finnish Economy

Frankreich

Nanterre Cedex: Group for Applied Macroeconomic Analysis

Neuilly-sur-Seine: Bureau d'Informations et de Prévisions Economiques

Montpellier: Centre d'Etude de la Conjoncture et d'Analyse de Marchés

---

*) CIRET ist eine internationale Arbeitsgemeinschaft. Unter diesem Namen haben sich Persönlichkeiten und Institutionen zusammengeschlossen, die entweder selbst Konjunkturumfragen durchführen oder auf praktischer bzw. methodischer Ebene mit den Ergebnissen solcher Umfragen arbeiten.

Zweck der Organisation sind gegenseitiger Erfahrungsaustausch und Information über neue Entwicklungen methodischer und technischer Art bei der Durchführung von Konjunkturumfragen sowie bei der Verwertung ihrer Ergebnisse für die Konjunkturanalyse und die ökonomische Grundlagenforschung.

Für die organisatorische und wissenschaftliche Arbeit verfügt CIRET über zwei Zentren: das Informations- und Dokumentationszentrum (ist dem Ifo-Institut für Wirtschaftsforschung in München angegliedert) und das Forschungszentrum (ist seit 1966 dem Institut an der Wirtschaftshochschule Mannheim angeschlossen).

Das CIRET-Informations- und Dokumentationszentrum München verfügt über eine weltweite Übersicht über Konjunkturbefragungen.

Paris: Centre d'Observation Economique
Paris: Euroeconomics

Griechenland
Athen: Center of Planning and Economic Research

Großbritannien
Cambridge: Cambridge Economic Policy Group
London: Centre for Economic Forecasting-London Business School
London: Commodities Research Unit Ltd.
London: Datastream International Ltd.
London: Economic Models Ltd.
London: Forex Research Ltd.
London: National Institute of Economic and Social Research
London: National Institute Economic Review
Manchester: Analysis Ltd.

Irland
Dublin: The Agricultural Institute
Dublin: Economic and Social Research Institute

Italien
Bologna: Prometeia-Associazione per Previsioni Econometriche
Mailand: Istituto di Economia delle Fonti di Energia (IEFE)
Rom: Istituto Nazionale per il Commercio Estero
Rom: Istituto Nazionale per il Studio della Congiuntura

Luxemburg
Luxemburg: Service Central de la Statistique des Etudes Economiques

Niederlande
Amsterdam: Foundation for Economic Research of the University of Amsterdam
Den Haag: Central Planning Bureau
Rotterdam: Netherlands Economic Institute

Norwegen
Oslo: Federation of Norwegian Industries

Österreich
Wien: Österreichisches Institut für Wirtschaftsforschung

Portugal
Lissabon: Centro de Estudos de Planeamento

Schweden
Stockholm: National Institute of Economic Research
Stockholm: Business and Social Research Institute
Stockholm: Konjunkturinstitutet
Stockholm: Stockholm School of Economics

Schweiz
Basel: Prognos AG
Lausanne: Centre de Recherches Economiques Appliquées
St. Gallen: St. Gall Center for Futures Research
Zürich: Institut für Wirtschaftsforschung, ETH-Zentrum

Spanien
Madrid: Club de Coyuntura — CP Inmark

Ungarn
Budapest: Institute for Economic and Market Research

1.2.2. Ausgewählte außereuropäische Institute

Australien
Canberra City: Bureau of Agricultural Economics
Melbourne: Commercial Bank of Australia
Parkville: Institute of Applied Economic and Social Research

Chile
Santiago de Chile: Centro de Investigaciones Económicas
Escuela de Economia y Administracion de la Universidad Católica de Chile

Japan
Kyoto: Kyoto Econometric Models Project
Tokyo: Japan Economic Research Center — Econometric Research Division
Tokyo: Japan Economic Research Center — General Research Division
Tokyo: Nikko Research Center
Tokyo: Nomura Research Institute
Tokyo: Yamaichi Research Institute

Kanada
Ottawa: The Conference Board in Canada
Ottawa: Department of Industry, Trade & Commerce
Ottawa: Energy, Mines and Resources Canada-Minerals Economics Division
Ottawa: Informetrica Ltd.
Toronto: Data Resources of Canada

Malawi
Lilongwe: Economic Planning Division

Mexico
Mexico City: Centro de Estudios Económicos del Sector Privado A.C.

Neu Seeland
Wellington: NZ Institute of Economic Research Inc.
Wellington: Reserve Bank of New Zealand

Südafrika
Stellenbosch: Bureau for Economic Research — Univercity of Stellenbosch

Taiwan

Nankang:	The Institute of Economics, Academia Sinica

USA

Bala Cynwyd:	Chase Econometric Associates Inc.
Cleveland:	Predicasts, Inc.
Cleveland:	Cleveland Trust Co.
Lexington:	Data Resources Inc.
New York:	Commodity Research Bureau Inc.
New York:	The Conference Board
New York:	Conticommodity Service, Inc.
New York:	Merrill Lynch Economics, Inc.
Washington:	US Bureau of Mines Forecasting Group

2. Informationsquellen für Außenhandel und Länderengagement

2.1. Organisationen und Vereinigungen

2.1.1. Staatliche Organisationen und ihre Veröffentlichungen

Bundesstelle für Außenhandelsinformation

1. Nachrichten für Außenhandel (NfA)
   Erscheinungsweise = 5 × wöchentlich

   Inhalt: Berichte aus allen Ländern der Welt über
   - Allgemeine Wirtschaftsentwicklung
   - Wichtige Liefer- und Bezugsbranchen
   - Marktpflege, Investitions- und Liefermöglichkeiten
   - Zoll, Rechts- und Verfahrensfragen
   - Messe- und Ausstellungswesen
   - Verkehr und Post
   - Ausschreibungen
   - deutsche Außenwirtschaftsfragen und
   - die Europäischen Gemeinschaften.

   Die NfA enthält jährlich über 450 Sonderdrucke.
   Sie erscheinen:
   wöchentlich
   - Mitteilungen für Weltwirtschaftliche Zusammenarbeit — MWZ
     (Berichte über Planungen, Projekte und Investitionen im Ausland, insbesondere Vorhaben im Rahmen der bilateralen und der internationalen wirtschaftlichen Zusammenarbeit)
   - Auslandsanfragen
     (Nachfragen nach deutschen Waren, Vertretungsgesuche und -angebote, Investitionen und Kooperationen, Lizenzen, Lohnaufträge, Beratung, Beteiligungen, Immobilien, Warenangebote aus dem Ausland)

Serien

- Weltwirtschaft am Jahreswechsel (Einzelveröffentlichungen über die Wirtschaftsentwicklung in ca. 90 Ländern)
- Weltwirtschaft zur Jahresmitte (Einzelberichte über die Wirtschaftsentwicklung in rund 60 Ländern)
- Kurzmerkblätter (geschäftspraktische Hinweise über fast alle Länder der Welt)
- Branchenbilder (Einzelveröffentlichungen über die Branchenentwicklung in einzelnen Ländern)
- Auskunfts- und Kontaktstellen in Entwicklungsländern
- Außenhandelsunternehmen und -organisationen in Staatshandelsländern
- Merkblätter für Kapitalanlagen im Ausland (insbesondere in Entwicklungsländern)
- Dokumentenlisten (Ausländisches Wirtschafts- und Steuerrecht, Zoll- und Verbrauchssteuerrecht, nichttarifäre Handelshemmnisse, einzelne Branchen, wirtschaftliche Entwicklung, Entwicklungspläne)

2. Marktinformationen

Reihe A: Länderberichte
Reihe B: Sektoraluntersuchungen
Reihe C: Berichte über nicht tarifäre Handelshemmnisse
Reihe D: Berichte über Forschungspolitik und -praxis.

Im Rahmen der Reihe Marktinformation erscheinen Berichte über die Wirtschaftsstruktur und die Wirtschaftsentwicklung des Auslandes (ohne Staatshandelsländer), ferner Untersuchungen über einzelne Wirtschaftszweige sowie Außenhandelsbestimmungen, produktions- und absatzbezogene Rechtsvorschriften und Exportförderungsmaßnahmen des Auslandes.

3. Ostinformation

Wirtschaftspläne, Industrieprogramme, Branchenanalysen sowie laufende Beobachtung der speziellen Marktverhältnisse und des Wirtschaftsgeschehens in den Staatshandelsländern.

4. Rechtsinformation

Gesetzestexte zum ausländischen und internationalen Wirtschafts- und Steuerrecht.

5. Zoll- und Handelsinformation

Vorschriften des ausländischen Zoll- und Verbrauchsteuerrechts sowie des internationalen und des EG-Zollwesens sowie Darstellungen aus diesen Bereichen, insbesondere

Zolltarife und Zolltarifänderungen (Aktualisierung der Zolltarife durch Austauschblätter), zollgleiche Abgaben, grundlegende Zollbestimmungen (einschließlich Präferenzregelungen, Zollwert- und Antidumpingvorschriften usw.), Umsatz- und Verbrauchsteuern sowie sonstige Einfuhrnebenabgaben, bilaterale und multilaterale Abkommen über die Errichtung von Zollunionen und Freihandelszonen sowie Assoziierungs- und Präferenzabkommen, Allgemeines Zoll- und Handelsabkommen (GATT), internationale Zollabkommen aller Art, kurzgefaßte Darstellungen des ausländischen Zollwesens (Zollvorschriften — Kurzfassung) sowie sonstige Abhandlungen und praxisorientierte Übersichten.

6. Kommerzielle Information

Geschäftspraktische Hinweise, z. B. Anschriftenverzeichnisse, Ausschreibungsbedingungen, Möglichkeiten für Kontakte zu internationalen Finanzierungsinstituten, Ausländische Handelsförderungsstellen in der Bundesrepublik Deutschland u. a.

7. Importpublikationen

Hinweise für ausländische Exporteure über die Bundesrepublik Deutschland.

8. BfAI-Informationen über Auslandsausschreibungen

Verzeichnis ausschreibender Stellen im Ausland

Das Verzeichnis erscheint in der Reihe der Kommerziellen Informationen und enthält eine in regelmäßigen Zeitabständen aktualisierte Zusammenstellung derjenigen ausländischen Stellen und Institutionen, die der BfAI durch die Veröffentlichung internationaler Ausschreibungen bekanntgeworden sind.

Tender-tips

Erscheinen in der Reihe der Kommerziellen Informationen und enthalten praktische Hinweise für das internationale Ausschreibungsgeschäft, Kontaktanschriften, einschlägige Verordnungen und Vorschriften u. a.

Informationen über ausländische Ausschreibungen einschließlich Ausschreibungen im Rahmen der finanziellen und technischen Zusammenarbeit mit der Bundesrepublik Deutschland sowie mit den Europäischen Gemeinschaften erscheinen täglich in den Nachrichten für Außenhandel.

9. Dokumentationsreihen

Allgemeine Wirtschaftsdokumentation
Statistische Wirtschaftsdokumentation
Brasilien — Wirtschaftsdokumentation

10. BfAI-Broschüren

Ausführliche Berichte über die Wirtschaftslage einzelner Länder, Tendenzen in der internationalen Wirtschaft und die Behandlung spezieller Themen wie Werbung im Ausland und Wirtschaftsstudien über Japan. Die Schriftenreihe „Ausländisches Wirtschafts- und Steuerrecht" bringt eine ausführliche Darstellung der Investitionsbedingungen in einzelnen Ländern sowie Steuermonographien über bestimmte Länder und besondere Themenkreise.

11. Loseblattsammlung

Ausländisches Lebensmittelrecht in den Europäischen Ländern.

Statistisches Bundesamt

Statistik des Auslandes

Allgemeine Auslandsstatistik

Vierteljahreshefte zur Auslandsstatistik
Länderberichte (unregelmäßig; ein Jahrgang = 60 Berichte)

Fachserie	Auslandsstatistik — Veröffentlichungsreihen
Reihe 1	Bevölkerung und Erwerbstätigkeit im Ausland, unregelmäßig
Reihe 2	Produzierendes Gewerbe im Ausland, unregelmäßig
Reihe 3	Außenhandel des Auslandes, unregelmäßig
Reihe 4	Löhne und Gehälter im Ausland, jährlich
Reihe 5	Preise und Preisindizes im Ausland, monatlich, jährlich

2.1.2. Verbände, Vereinigungen, Arbeitsgemeinschaften

Arbeitsgemeinschaft Außenhandel der Deutschen Wirtschaft, Gustav-Heinemann-Ufer 83—88, 5000 Köln 51, Tel. (02 21) 3 70 84 62

Außenhandelsvereinigung des Deutschen Einzelhandels e.V., Weyerstr. 2, 5000 Köln, Tel. (02 21) 21 66 17 u. 21 76 17

Mitgliedsverbände:
- Arbeitsgemeinschaft der Lebensmittel-Filialbetriebe e.V.
- Bundesarbeitsgemeinschaft der Mittel- und Großbetriebe des Einzelhandels e.V.
- Bundesverband des Deutschen Versandhandels e.V.
- Bundesverband des Deutschen Schuheinzelhandels e.V.
- Bundesverband des Glas-, Keramik- und Prozellaneinzelhandels e.V.
- Zentralverband der genossenschaftl. Großhandels- und Dienstleistungsunternehmen e.V.
- Bundesvereinigung Deutscher Einkaufsverbände (BEV)
- Allgemeiner Postwertzeichen-Händler-Verband (APHV) e.V.
- Bundesverband Bürowirtschaft e.V. (BBW)
- Bundesverband des Deutschen Lederwaren-Einzelhandels e.V.
- Bundesarbeitsgemeinschaft der Mittel- und Großbetriebe des Einzelhandels e.V., Lindenallee 41, 5000 Köln 51, Tel. (02 21) 38 03 16

Bundesbetriebsberatungsstelle für den Deutschen Groß- und Außenhandel GmbH (BBG), Kaiser-Friedrich-Str. 13, Postfach 12 28, 5300 Bonn 1, Tel. (02 28) 21 39 58 und 22 55 50

Bundesverband des Deutschen Groß- und Außenhandels e.V. (BGA), Kaiser-Friedrich-Str. 13, Postfach 13 49, 5300 Bonn 1, Tel. (02 28) 2 60 04-0

Mitgliedsverbände:
- AFM Außenhandelsverband für Mineralöle e.V.
- Bundesgroßhandelsverband für Uhren und uhrentechnischen Bedarf e.V.
- Bundesverband der Exporteure von Eisen- und Metallwaren e.V.
- Bundesverband der Importeure und Exporteure von Edelsteinen und Perlen e.V.
- Bundesverband des Deutschen Baustoffhandels e.V. (BDB)
- Bundesverband des Deutschen Exporthandels e.V.
- Bundesverband des Deutschen Flachglas-Großhandels e.V. (bfg)
- Bundesverband des Deutschen Papiergroßhandels e.V.
- Bundesverband des Elektro-Großhandels e.V. (VEG)
- Bundesverband des pharmazeutischen Großhandels e.V. (Phagro)
- Bundesverband des Sanitär-Fachhandels e.V. (VSI)
- Bundesverband des Schmuck-Großhandels e.V.
- Bundesverband des Schuh-Groß- und Außenhandels e.V. (BVS)
- Bundesverband Deutscher Holzhandel e.V.
- Bundesverband Deutscher Tabakwaren-Großhändler und Automatenaufsteller e.V. (BDTA)
- Bundesverband Deutscher Stahlhandel e.V. (BDS)
- Bundesverband Glas, Porzellan, Keramik Groß- und Außenhandel e.V.
- Bundesverband Verschnürungs- und Verpackungsmittel e.V.
- Deutscher Großhändlerverband für Heizungs-, Lüftungs- und Klimabedarf e.V. (DGH)
- Deutscher Verband Flüssiggas e.V. (DVGF)
- Fachverband des Deutschen Maschinen- und Werkzeug-Großhandels e.V. (FDM)
- Fachverband Werkzeug-Großhandel e.V. (FWG)
- Gesamtverband des Deutschen Leder-Groß- und Außenhandels (GdL)
- Gesamtverband des Deutschen Textilgroßhandels e.V. (GVT)
- Großhandelsverband für Floristen- und Gärtnereibedarf (GFG) e.V.
- Großhandelszentralverband für Spielwaren und Geschenkartikel e.V. (GSG)
- Großhandelsverband Heimtextilien und Bodenbeläge e.V.
- Großhandelsverband Schreib-, Papierwaren und Bürobedarf e.V. (GVS)

- PRESSE-GROSSO Verband Deutscher Buch-, Zeitungs- und Zeitschriften-Grossisten e.V.
- UNITI Bundesverband mittelständischer Mineralölunternehmen e.V.
- Verband der Kraftfahrzeugteile- und Zweiradgroßhändler e.V.
- Verein des Deutschen Einfuhrgroßhandels von Harz, Terpentinöl und Lackrohstoffen e.V.
- Verband des Deutschen Chemikalien-Groß- und Außenhandels e.V.
- Verband des Deutschen Groß- und Außenhandels für Krankenpflege- und Laborbedarf e.V. (VGKL)
- Verband des Deutschen Häute- und Fellhandels e.V.
- Verband der Fachfirmen für Molkerei- und Käserei-Einrichtungen und -Bedarf e.V.
- Vereinigung der am Drogen- und Chemikalien-Groß- und Außenhandel beteiligten Firmen e.V. (VDC)
- Vereinigung der kosmetischen Einfuhrfirmen e.V.
- Vereinigung des Wollhandels e.V.
- Verein Deutscher Holzeinfuhrhäuser e.V.
- Verein Deutscher Metallhändler e.V.
- Verband Deutscher Rundfunk- und Fernseh-Fachgroßhändler e.V. (VDRG)
- Wirtschaftsverband Großhandel Metallhalbzeuge e.V.

Angeschlossene Fachverbände:

- Bundesarbeitsgemeinschaft Deutscher Verbände des Frucht-Import- und Großhandels e.V. (BAF)
- Bundesfachverband Fleischereibedarf-Großhandel e.V.
- Bundesverband des Deutschen Bier- und Getränkefachgroßhandels e.V.
- Bundesverband des Großhandels mit Dünge- und Pflanzenbehandlungsmitteln e.V. (BGDP)
- Bundesverband des Groß- und Außenhandels mit Molkereiprodukten e.V. (GROMO)
- Bundesvereinigung des Eier-, Wild- und Geflügel-Groß- und Außenhandels e.V.
- Deutscher Kaffee-Verband e.V.
- Deutscher Verband des Großhandels mit Oelen, Fetten und Ölrohstoffen e.V. (GROFOR)
- Fachverband der Kühlhäuser und Eisfabriken e.V.
- Hauptverband des Deutschen Landmaschinen-Handels e.V.
- Honig-Verband der Bundesrepublik Deutschland e.V.
- Verband des Deutschen Backbedarf- und Mehlgroßhandels e.V.
- Verband des Deutschen Blumen-Groß- und Importhandels e.V. (BGI)
- Verband des Deutschen Groß- und Außenhandels mit Vieh und Fleisch e.V.
- Verband des Deutschen Nahrungsmittelgroßhandels e.V. (VDN)
- Verband des Deutschen Zuckerhandels e.V.
- Verband des Salzgroßhandels e.V.
- Zentralverband des Deutschen Früchte-Import- und -Großhandels e.V.
- Zentralverband des Deutschen Getreide-, Futter- und Düngemittelgroßhandels e.V.
- Waren-Verein der Hamburger Börse e.V.

Kuratorium des Deutschen Groß- und Außenhandels e.V., Kaiser-Friedrich-Str. 13, 5300 Bonn 1, Tel. (02 28) 2 60 04-0

Rat des Deutschen Handels, Sachsenring 89, 5000 Köln, Tel. (02 21) 33 98-0

Verein Deutscher Kohlenimporteure e.V., Glockengießerwall 19 III, 2000 Hamburg 1, Tel. (0 40) 32 74 84, 32 60 50

2.1.3. Wissenschaftliche Institute und Forschungsstellen

Aachen

Rheinisch-Westfälische Technische Hochschule Aachen, Institut für Internationale Technische und Wirtschaftliche Zusammenarbeit, Henricistr. 50, 5100 Aachen, Tel. (02 41) 8 40 17, 80 61 97-99

Berlin

Deutsches Institut für Entwicklungspolitik — gemeinnützige Gesellschaft mbH, Fraunhoferstr. 33—36, 1000 Berlin 10, Tel. (0 30) 3 41 80 71

Deutsches Institut für Wirtschaftsforschung, Institut für Konjunkturforschung e.V., Königin-Luise-Str. 5, 1000 Berlin 33, Tel. (0 30) 8 29 91-0

Bochum

Ruhr-Universität Bochum, Abteilung für Wirtschaftswissenschaft, Institut für Entwicklungsforschung und Entwicklungspolitik, Postfach 10 21 48, Universitätsstr. 150, 4630 Bochum 1, Tel. (02 34) 7 00 24 18

Bonn

Institut für europäische Umweltpolitik, Aloys-Schulte-Str. 6, 5300 Bonn 1, Tel. (02 28) 21 38 10

Dortmund

Rheinisch-Westfälische Auslandsgesellschaft e.V., Arndtstr. 30 A, 4600 Dortmund, Tel. (02 31) 52 74 54

Freiburg im Breisgau

Albert-Ludwigs-Universität Freiburg im Breisgau, Wirtschaftswissenschaftliche Fakultät, Institut für Entwicklungspolitik, Werthmannplatz 1, 7800 Freiburg im Breisgau, Tel. (07 61) 2 03-35 25/-35 26

Göttingen

Georg-August-Universität Göttingen, Fachbereich Wirtschaftswissenschaften Ibero-Amerika Institut für Wirtschaftsforschung, Gosslerstr. 1 B, 3400 Göttingen, Tel. (05 51) 39-81 72

Hamburg

Deutsches Orient-Institut im Verbund der Stiftung Deutsches Übersee-Institut, Mittelweg 150, 2000 Hamburg 13, Tel. (0 40) 44 14 81

HWWA-Institut für Wirtschaftsforschung-Hamburg, Neuer Jungfernstieg 21, 2000 Hamburg 36, Tel. (0 40) 35 62-1

Institut für Afrika-Kunde (im Verbund der Stiftung Deutsches Übersee-Institut), Neuer Jungfernstieg 21, 2000 Hamburg 36, Tel. (0 40) 35 62-5 23/-5 24

ITE-Institut zur Erforschung technologischer Entwicklungslinien, Alsterglacis 3, 2000 Hamburg 36, Tel. (0 40) 44 30 99/-30 99

Universität Hamburg, Fachbereich Wirtschaftswissenschaften, Institut für Außenhandel und Überseewirtschaft, Von-Melle-Park 5, 2000 Hamburg 13, Tel. (0 40) 41 23-46 74

Heidelberg

Institut für international vergleichende Wirtschafts- und Sozialstatistik an der Universität Heidelberg, Grabengasse 14, 6900 Heidelberg, Tel. (0 62 21) 54 29 24

Coca-Cola
Coca-Cola
Coca-Cola is it!
Trink
Coca-Cola
SCHUTZMARKE
koffeinhaltig

240 Seiten, 12 s/w-Abbildungen, 14 x 21,5 cm, Leinen gebunden, Schutzumschlag, **DM 42,–**

Internationale Top-Manager aus neun Ländern entwickeln Denkmodelle, die für die Zukunft unserer Marktwirtschaft von größter Bedeutung sind.

320 Seiten, 20 Grafiken, 16 x 24 cm, gebunden, Schutzumschlag, **DM 48,–**

Das Buch basiert auf einer Studie der Unternehmensberatungsfirma McKinsey, die die Erfolgsrezepte mittlerer amerikanischer Unternehmen analysiert hat. Der erstaunliche Katalog von Erfolgskriterien ist auf bundesrepublikanische Verhältnisse übertragbar.
Ein Lehrbuch für jeden innovationsbereiten Manager und Unternehmer.

Der Service geht noch weiter: ECON Buchmarketing macht für Sie Bücher, die es sonst nicht gibt: Ihre Firmengeschichte, Ihre Unternehmensphilosophie, die Jubiläumsschrift, das Unternehmerportrait oder die Biografie des Firmengründers. Fragen Sie uns:
ECON Buchmarketing bietet Ihrem Unternehmen nicht nur Buchgeschenke für Ihre Geschäftsfreunde,

PROMOTION MAGAZIN

Eine „winzig kleine“ Leseprobe:

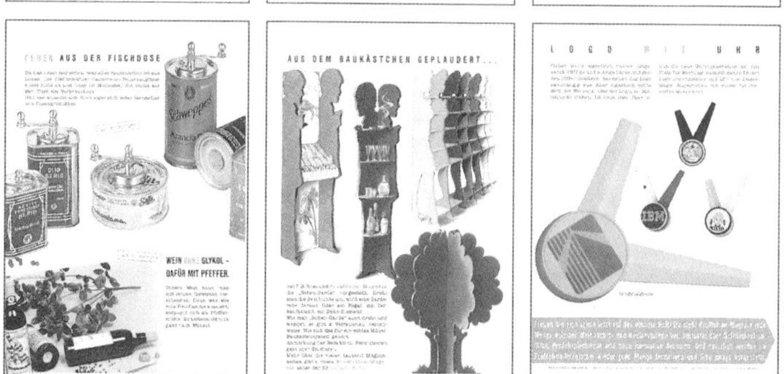

Fordern Sie ein kostenloses Probeexemplar an.

PROMOTION-MAGAZIN · OBERKASSELER STRASSE 128 · 4000 DÜSSELDORF 11 · TELEFON 0211-575068 · TELEX 8584114

Karlsruhe

Universität Fridericiana zu Karlsruhe (TH), Institut für Regionalwissenschaft, Postfach 63 80, Kaiserstr. 12, 7500 Karlsruhe 1, Tel. (07 21) 6 08-23 65

Kiel

Christian-Albrechts-Universität zu Kiel und Universität Hamburg, DFG-Sonderforschungsbereich 86 „Weltwirtschaft und internationale Wirtschaftsbeziehungen", Postfach 43 09, Düsternbrooker Weg 120, 2300 Kiel 1, Tel. (04 31) 88 42 36

Köln

Institut für Handelsforschung an der Universität zu Köln, Säckinger Str. 5, 5000 Köln 41, Tel. (02 21) 4 70 22 80

Marburg

Philipps-Universität Marburg, Fachbereich Wirtschaftswissenschaften Forschungsstelle zum Vergleich wirtschaftlicher Lenkungssysteme, Barfüßertor 2, 3550 Marburg, Tel. (0 64 21) 28-31 96

Philipps-Universität Marburg, Fachbereich Wirtschaftswissenschaften Institution für Kooperation in Entwicklungsländern, Postfach 19 20, Am Plan 2, 3550 Marburg, Tel. (0 64 21) 28-1/-37 30

München

Ifo-Institut für Wirtschaftsforschung e.V., Postfach 86 04 60, Poschingerstr. 5, 8000 München 86, Tel. (0 89) 92 24-1

Nürnberg

Institut für Exportforschung an der Fakultät Wirtschafts- und Sozialwissenschaften der Friedrich-Alexander-Universität Erlangen-Nürnberg, Lange Gasse 20, 8500 Nürnberg, Tel. (09 11) 53 02-2 14

Saarbrücken

Europa-Institut der Universität des Saarlandes, 6600 Saarbrücken 11, Tel. (06 81) 3 02 36 53 und 3 02 22 53

Handelsinstitut im Institut für empirische Wirtschaftsforschung an der Universität des Saarlandes, Im Stadtwald, Gebäude 15, 6600 Saarbrücken, Tel. (06 81) 3 61 69, 3 02 21 16

2.1.4. Statistische Ämter in ausgewählten Ländern

Ägypten
Kairo: Central Agency for Public Mobilisation and Statistics

Algerien
Algier: Secrétariat d'Etat au Plan Direction de Statistiques

Argentinien
Buenos Aires: Instituto Nacional de Estadística y Censos

Bangladesh
Dacca: Bangladesh Bureau of Statistics

Barbados
St. Michael: Statistical Service

Belgien
Brüssel: Institut National de Statistique

Bolivia
La Paz: Instituto Nacional de Estadística

Botswana
Gabarone: Central Statistics Office

Brasilien
Rio de Janeiro: Instituto Brasileiro de Geografia e Estatistica

Bulgarien
Sofia: Ministry of Information and Communications

Chile
Santiago: Instituto Nacional de Estadísticas

Costa Rica
San José: Dirección General de Estadística y Censos

ČSSR
Prag: Federalni Statisticky Urad

Dänemark
Kopenhagen: Danmarks Statistik
Kopenhagen: The Nordic Statistical Secretariat

DDR
Berlin: Staatliche Zentralverwaltung für Statistik

Elfenbeinküste
Abidjan: Direction de la Statistique

Equador
Quito: Instituto Nacional de Estadística

Finnland
Helsinki: Tilastokeskus (Central Statistical Office)

Frankreich
Paris: Institut National de la Statistique et des Etudes Economiques
Paris: Ministère de L'Agriculture, Service Central des Enquêtes et Etudes Statistiques
Paris: Le Service d'Etude des Stratégies et des Statistiques Industrielles

Gambia
Banjul: President's Office, Ministry of Economic Planning and Industrial Development-Central Statistics Division

Ghana
Accra: Central Bureau of Statistics

Griechenland
Athen: National Statistical Service of Greece

Großbritannien
London: Central Statistical Office

Hongkong
Hongkong: Census and Statistics Department

Indien
Neu-Delhi: Planning Commission

Indonesien
Jakarta: Biro Pusat Statistik

Irak
Bagdad: Central Statistical Organisation

Irland
Dublin: Central Statistics Office

Island **Reykjavik:**	Statistical Bureau of Iceland
Israel **Jerusalem:**	Central Bureau of Statistics
Italien **Rom:**	Istituto Centrale di Statistica
Jordanien **Amman:**	Department of Statistics
Jugoslawien **Belgrad:**	Savezni Zarod za Statistiku
Kanada **Ottawa:**	Statistics Canada
Kenia **Nairobi:**	Central Bureau of Statistics
Kolumbien **Bogota:**	Departamento Administrativo Nacional de Estadística (DANE)
Korea-Süd **Seoul:**	Bureau of Statistics, Economic Planning Board
Kuba **Havanna:**	Dirección Central de Estadística
Kuwait **Kuwait:**	Central Statistical Office
Libyen **Tripolis:**	Census and Statistical Office — Ministry of Development and Planning
Liechtenstein **Vaduz:**	Amt für Volkswirtschaft
Luxemburg **Luxemburg:**	Service Central de la Statistique et des Etudes Economiques
Malawi **Zomba:**	National Statistical Office
Malaysia **Kuala Lumpur:**	Department of Statistics
Malta **Valetta:**	Central Office of Statistics
Marokko **Rabat:**	Secrétariat d'Etat chargé du Plan et du Dévelopment Régional
Mexico **Mexico:**	Dirección General de Estadística
Niederlande **Heerlen:**	Centraal Bureau voor de Statistiek
Nigeria **Lagos:**	Federal Office of Statistics — Ministry of Economic Development and Reconstruction
Oman **Muscat:**	National Statistical Department — Development Organisation
Pakistan **Karachi:**	Statistic Division — Planning and Development

Panama
Panama: Dirección de Estadística y Censo

Peru
Lima: Oficina Nacional de Estadística y Censos

Philippinen
Manila: National Census and Statistics Office

Polen
Warschau: State Planning Commission

Portugal
Lissabon: Instituto Nacional de Estatística

Rumänien
Bukarest: Directia Centrale de Statistica

Saudi-Arabien
Riyadh: Statistical Office — Ministry of Finance and National Economy

Schweden
Stockholm: Statistiska Centralbyran
Stockholm: The Nordic Council

Schweiz
Bern: Bundesamt für Statistik

Senegal
Dakar: Direction de la Statistique

Sierra Leone
Freetown: Central Statistics Office

Spanien
Madrid: Instituto Nacional de Estadística
Madrid: Servicio Sindical de Estadística

Sudan
Khartum: Department of Statistics

Südafrika
Pretoria: Department of Statistics

Syrien
Damaskus: Central Bureau of Statistics

Taiwan
Taipai: Ministry of Economic Affairs, Department of Statistics

Thailand
Bangkok: Office of National Statistics

Türkei
Ankara: Devlet Istatistik Enstitusu

Ungarn
Budapest: Központi Statisztikai Hivatal

UdSSR
Moskau: Central Statistical Department

Uruguay
Montevideo: Dirección General de Estadística y Censos

USA
Washington: U.S. Department of Commerce, Bureau of the Census

Venezuela
Caracas: Dirección General de Estadísticas y Censos Nacionales

Zypern
Nicosia: Statistics and Research Department

2.2. Handelsförderungsstellen ausländischer Staaten und ausländische Handelskammern in der Bundesrepublik Deutschland

Afrika

Allgemein

Afrika-Verein e.V., Neuer Jungfernstieg 21, 2000 Hamburg 36, Tel. (0 40) 34 30 51-52

Institut für Afrika-Kunde, Neuer Jungfernstieg 21, 2000 Hamburg 36, Tel. (0 40) 3 56 25 23-5 24

Ägypten

Deutsch-Ägyptische Gesellschaft, 4350 Recklinghausen/Westf., Königswall 26, Tel. (0 23 61) 2 68 19 und 2 36 30

Deutsch-Arabische Gesellschaft e.V., Adenauerallee 90, 5300 Bonn 1, Tel. (02 28) 21 11 22

Bophuthatswana

Handelsbeauftragter der Republik Bophuthatswana, Kettenhofweg 33, 6000 Frankfurt/Main, Tel. (0 69) 72 07 97/98

Elfenbeinküste

Außenhandelszentrum der Elfenbeinküste (CCICI), Aachener Str. 209, 5000 Köln 41, Tel. (02 21) 40 30 61, 40 30 62

Büro für Industrieförderung der Elfenbeinküste, Aachener Str. 209, 5000 Köln 41, Tel. (02 21) 40 30 61, 40 30 62

Kenia

Deutsche Kenya-Gesellschaft, 4350 Recklinghausen/Westf., Königswall 26, Tel. (0 23 61) 2 68 19 und 2 36 30

Staatliches Verkehrsbüro der Republik Kenia, Hochstr. 53, 6000 Frankfurt a. M., Tel. (0 69) 28 25 51

Marokko

Büro für marokkanischen Außenhandel (Office de Commercialisation et d'Exportation O.C.E.), Haus „Asmos", Großmarkt, 5000 Köln 51 (Bayenthal), Tel. (02 21) 3 76 10 51

Lippelstr. 1, 2000 Hamburg 36, Tel. (0 40) 32 26 04

Délégation des Maisons de l'Artisanat, Schildergasse 105, 5000 Köln 1, Tel. (02 21) 23 41 38

Deutsch-Marokkanische Gesellschaft e.V. Bochum, Robert-Koch-Str. 24, 4650 Gelsenkirchen, Tel. (02 09) 20 49 65

Marokkanisches Amt für industrielle Entwicklung (ODI), Hahnenstr. 12, 5000 Köln 1, Tel. (02 21) 23 54 21

Office du Tourisme Marocain, Staatl. Marokkanisches Fremdenverkehrsamt, Graf-Adolf-Str. 59, 4000 Düsseldorf 1, Tel. (02 11) 37 05 51-2

Mauretanien

Deutsch-Mauretanische Gesellschaft e.V., Volkerstr. 5, Postfach 12 94 24, 6200 Wiesbaden-Biebrich, Tel. (0 61 21) 8 74 02, 6 64 04

Mauritius

Mauritius Informationsbüro, Goethestr. 22, Postfach 10 18 46, 6000 Frankfurt 1, Tel. (0 69) 28 43 48

Namibia

Deutsche SWA/Namibia Vereinigung e.V., Graf-Adolf-Str. 12, 4000 Düsseldorf 1, Tel. (02 11) 32 32 71

Namibia Information Office, Venusbergweg 35, 5300 Bonn 1, Tel. (02 28) 2 69 02-0

Somalia

German-Somali Economic Services GmbH — GESOMECS —, Reimerstwiete 17, 2000 Hamburg 11, Tel. (0 40) 36 70 92

Südafrika

Deutsch-Südafrikanische Gesellschaft, Kreis Frankfurt e.V., Postfach 17 02 28, 6000 Frankfurt am Main 1, Tel. (0 69) 3 11 81

South African Tourism Board (SATOUR), An der Hauptwache 11, 6000 Frankfurt a. M., Tel. (0 69) 2 06 56

Togo

Société Allemande-Togolaise (SAT) Deutsch-Togolesische Gesellschaft e.V., Dachverband der Bundesrepublik Deutschland und der Republik Togo, Postfach 31 03 62, 7000 Stuttgart 31; Marbacher Str. 19, 7140 Ludwigsburg, Tel. (0 71 41) 5 52 63

Tunesien

Deutsch-Tunesische Gesellschaft e.V., Meckenheimer Allee 87, 5300 Bonn, Tel. (02 28) 65 69 69

Fremdenverkehrsamt von Tunesien, Am Hauptbahnhof Nr. 6, 6000 Frankfurt a. M., Tel. (0 69) 23 18 91/92

Tunesisches Investitionsförderungsamt, Agence de Promotion des Investissements — API —, Barbarossaplatz 8, 5000 Köln 1, Tel. (02 21) 23 54 71-72

Nord-Amerika

Kanada

Délégation du Québec, Königsallee 30, Kö-Center, 4000 Düsseldorf 1, Tel. (02 11) 32 08 16

Deutsch-Kanadische Gesellschaft e.V., Niederrader Allee 8, Postfach 15 69, 3012 Langenhagen, Tel. (05 11) 77 44 47

Government of Nova Scotia, Canada, Am Ruhrstein 10, Postfach 23 02 80, 4300 Essen-Bredeney, Tel. (02 01) 41 00 31

Government of Ontario/Canada, Ministry of Industry and Trade, Bockenheimer Landstr. 51—53, 6000 Frankfurt (Main), Tel. (0 69) 72 09 71

Kanadisches Generalkonsulat, Immermannstr. 3, 4000 Düsseldorf, Tel. (02 11) 35 34 71

Esplanade 41—47, 2000 Hamburg 36, Tel. (0 40) 35 18 05

Maximilianplatz 9, 8000 München 2, Tel. (0 89) 55 85 31

Staatliches Kanadisches Fremdenverkehrsamt, Biebergasse 6, 6000 Frankfurt (Main) 1, Tel. (0 69) 28 01 57

USA

American Chamber of Commerce in Germany, Roßmarkt 12, Postfach 10 01 62, 6000 Frankfurt (Main), Tel. (0 69) 28 34 01

Berlin-Büro, Kurfürstenstr. 114, 1000 Berlin 30, Tel. (0 30) 24 26 46

Umfangreiches Anschriftenmaterial amerikanischer Organisationen in der BR Deutschland in Abschnitt 3, Punkt 1.

Mittel- und Südamerika

Allgemein

Arbeitsgemeinschaft Deutsche Lateinamerika-Forschung (ADLAF), Fliednerstr. 21, 4400 Münster, Tel. (02 51) 83 94 38

Deutsche Ibero-Amerika Stiftung, Alsterglacis 8, 2000 Hamburg 36, Tel. (0 40) 41 20 11

Ibero-Amerika Institut für Wirtschaftsforschung der Universität Göttingen, 3400 Göttingen, Gosslerstr. 1B, Tel. (05 51) 39 81 72

Ibero-Amerika Verein e.V., Alsterglacis 8, 2000 Hamburg 36, Tel. (0 40) 41 20 11

Institut für Iberoamerika-Kunde, Alsterglacis 8, 2000 Hamburg 36, Tel. (0 40) 41 20 11

Ibero-Club Bonn e.V., Adenauerallee 132a, 5300 Bonn 1, Tel. (02 28) 21 31 87

Latein-Amerika Zentrum e.V., Schumannstr. 2 B, 5300 Bonn 1, Tel. (02 28) 21 07 07 und 21 07 88

Barbados

Fremdenverkehrsamt Barbados, Steinweg 5, 6000 Frankfurt (Main) 1, Tel. (0 69) 28 44 51

Brasilien

Brasilianisches Kaffee-Institut, Rödingsmarkt 39, 2000 Hamburg 11, Tel. (0 40) 36 46 41

Deutsch-Brasilianische Gesellschaft e.V., Schumannstr. 2 B, 5300 Bonn 1, Tel. (02 28) 21 07 07 und 21 07 88

El Salvador

Salvadorianisches Außenhandelsministerium, Ministerio de Comercio Exterior-Officina Comercial, Burbacher Str. 2, 5300 Bonn 1, Tel. (02 28) 22 13 51

Jamaika

Jamaica Tourist Board, Goetheplatz 5, 6000 Frankfurt (Main) 1, Tel. (0 69) 23 07 76

Kolumbien

Kolumbianisches Außenhandelsbüro PROEXPO, Hochallee 89, 2000 Hamburg 13, Tel. (0 40) 44 30 77-78

Mexiko

Deutsch Mexikanische Gesellschaft e.V., Breite Str. 13 III, 4000 Düsseldorf 1, Tel. (02 11) 82 52

Instituto Mexicano de Comercio Exterior, Mexikanische Handelsmission, Heumarkt 14, 5000 Köln 1, Tel. (02 21) 21 05 41-42

Mexikanisches staatliches Verkehrsamt, Wiesenhüttenplatz 26, 6000 Frankfurt (Main), Tel. (0 69) 25 34 13, 25 35 41

Paraguay

Deutsch-Paraguayische Gesellschaft, 4350 Recklinghausen (Westf.), Königswall 26, Tel. (0 23 61) 2 68 19, 2 36 30

Asien

Allgemein

Deutsche Gesellschaft für Asienkunde e.V., Rothenbaumchaussee 32, 2000 Hamburg 13, Tel. (0 40) 44 58 91

Deutsche Orient-Stiftung, Mittelweg 150, 2000 Hamburg 13, Tel. (0 40) 44 14 81

Nah- und Mittelost-Verein e.V., Mittelweg 151, 2000 Hamburg 13, Tel. (0 40) 44 02 51

Ostasiatischer Verein e.V., Hauptgeschäftsstelle: Neuer Jungfernstieg 21, 2000 Hamburg 36, Tel. (0 40) 3 56 25 57

PARTAA Partnerschaft mit Asien und Afrika e.V., Rheinhöhenweg 6, 5486 Oberwinter (Rhein), Tel. (0 22 28) 2 31

Südasien-Institut der Universität Heidelberg, Im Neuenheimer Feld 330, 6900 Heidelberg 1, Tel. (0 62 21) 56 29 00

China

Umfangreiches Anschriftenmaterial in Abschnitt 3, Punkt 2

Hongkong

Hong Kong Trade Development Council, Ulmenstr. 49, Postfach 17 03 52, 6000 Frankfurt 1, Tel. (0 69) 72 16 55-57

Indien

Deutsch-Indische Gesellschaft e.V., Charlottenplatz 17, 7000 Stuttgart 1, Tel. (07 11) 29 70 78

Government of India Tourist Office (Staatliches Indisches Verkehrsbüro), Kaiserstraße 77/III, 6000 Frankfurt (Main), Tel. (0 69) 23 54 23, 23 54 24

Indian Investment Centre, Graf-Adolf-Str. 90, 4000 Düsseldorf 1, Tel. (02 11) 35 34 31

Indische Technische Handelsberatung, Immermannstr. 59, 4000 Düsseldorf 1, Tel. (02 21) 35 90 11

Trade Development Authority of India (TDA) — Europe Office —, India House, Wilhelm-Leuschner-Str. 93, 6000 Frankfurt (Main) 1, Tel. (0 69) 27 10 40, 2 71 04 30, 2 71 04 33, 2 71 04 44

— Cotton Textiles Export Promotion Council of India

— Trade Development Authority of India

— State Trading Corporation of India

— Indian Investment Centre

Verbindungsbüro Düsseldorf, Oststr. 84/II, 4000 Düsseldorf, Tel. (02 11) 36 05 97, 36 05 98, 37 27 49

Indonesien

Deutsch-Indonesische Gesellschaft e.V., Lortzingstr. 72, 5000 Köln 41, Tel. (02 21) 40 17 97

Deutsch-Indonesische Industrie- und Handelskammer, Repräsentanz in der Bundesrepublik Deutschland, Stockumer Kirchstr. 41, 4000 Düsseldorf 30, Tel. (02 11) 45 29 08

Indonesian Trade Promotion Centre, Glockengießerwall 20, 2000 Hamburg 1, Tel. (0 40) 33 06 39/ 33 03 89

Iran

Deutsch-Iranische Gesellschaft e.V., Deutscher Bundestag, Bundeshaus HT 101/102, 5300 Bonn 1

Deutsch-iranische Handelskammer e.V., Mittelweg 151, 2000 Hamburg 13, Tel. (0 40) 44 08 47

Israel

Deutsch-Israelische Ges. e.V., Markt 9, 5300 Bonn 1, Tel. (02 28) 65 33 90

Deutsch-Israelische Wirtschaftsvereinigung e.V., Mainzer Landstr. 28, Postfach 11 02 22, 6000 Frankfurt (Main) 1, Tel. (0 69) 72 28 21
Zweigstelle:
Am Schillertheater 4, 1000 Berlin, Tel. (0 30) 31 60 15

Japan

Umfangreiches Anschriftenmaterial in Abschnitt 3, Punkt 3

Jordanien

Deutsch-Jordanische Gesellschaft e.V., Andreaerstr. 1, 3000 Hannover, Tel. (05 11) 32 38 34

Korea

Deutsch-Koreanische Gesellschaft e.V., Herwarthstr. 20, 5300 Bonn

Korean Traders Association, Deutsch-Koreanische Wirtschaftsvereinigung, Cecilienallee 6, 4000 Düsseldorf 30, Tel. (02 11) 49 89 30

Korea Trade Center, Mainzer Landstr. 27—31, 6000 Frankfurt (Main) 1, Tel. (0 69) 23 68 95

Korea Trade Center Hamburg, Steindamm 71, 2000 Hamburg 1, Tel. (0 40) 2 80 33 42/3

Korea Trade Center KOTRA, Kantstr. 165, 1000 Berlin, Tel. (0 30) 8 81 70 70

Korea Trade Center München, Arabellastr. 5, App. 133, 8000 München 81, Tel. (0 89) 91 15 69, 91 47 02

KOREM EUROPE of the KIMM, Korea Institute of Machinery & Metals, Sophienstr. 8, 6000 Frankfurt/Main 90, Tel. (0 69) 70 10 31

SMIPC Europe Office (Europabüro der staatlichen Förderungsanstalt für klein- und mittelständische Industrien der Republik Korea), Frankfurter Str. 13—15, 6236 Eschborn/Ts., Tel. (0 61 96) 4 85 47/8

Malaysia

Malaysia 1 Trade Commission, ABC-Haus, 6. Etage, Bahnhofstr. 1—9, 5000 Köln 1, Tel. (02 21) 12 40 07-08

Philippinen

Philippine Ministry of Tourism, Arndstr. 19, 6000 Frankfurt 1, Tel. (0 69) 74 25 74

Singapur

Singapore Economic Development Board, Untermainanlage 7, 6000 Frankfurt (Main) 1, Tel. (0 69) 23 38 38

Sri Lanka

Sri Lanka Trade and Investment Centre, Emanuel-Leutze-Str. 1, 4000 Düsseldorf 11, Tel. (02 11) 59 32 23

Taiwan

Asia Trade Centre, Dreieichstr. 59, 6000 Frankfurt/Main 70, Tel. (0 69) 61 07 43

Far East Trade Service Center (TAIWAN), Westendstr. 8, 6000 Frankfurt/Main 1, Tel. (0 69) 72 76 41-2 und 72 14 35

TAIWAN Investment Services, Asia Trade Center, Dreieichstr. 59, 6000 Frankfurt (Main) 1, Tel. (0 69) 61 07 42

Taiwan Trade Service, Königsallee 22, 4000 Düsseldorf 1, Tel. (02 11) 8 48 11

Thailand

Deutsch-Thailändische Gesellschaft e.V., Koblenzer Str. 89, 5300 Bonn 2, Tel. (02 28) 35 16 73

THAI Trade and Investment Center, Bethmannstr. 58, 6000 Frankfurt (Main), Tel. (0 69) 28 10 91-92

Australien

Australien-Neuseeland-Südpazifik-Verein e.V., Neuer Jungfernstieg 21, 2000 Hamburg 36, Tel. (0 40) 3 56 25 51

Deutsch-Australische Gesellschaft e.V., Lyoner Str. 18, 6000 Frankfurt/M. 71, Tel. (0 69) 6 60 35 55

Victorian Economic Development Corporation (Australien), Informationen und Beratung für Industrie-Investitionen und Kooperations-Partnerschaften, Arabella Center, Lyoner Str. 44—48, 6000 Frankfurt/M. 71, Tel. (0 69) 6 66 60 28

Europa

Allgemein

Deutsche Gesellschaft für Osteuropakunde e.V., Schaperstr. 30, 1000 Berlin 15, Tel. (0 30) 24 41 72 und
Augustenstr. 61 A, 7000 Stuttgart, Tel. (07 11) 61 89 38

Ost-Ausschuß der Deutschen Wirtschaft, Gustav-Heinemann-Ufer 84—88, 5000 Köln 51, Tel. (02 21) 3 70 84 17

Südosteuropa-Gesellschaft e.V., Wiedenmayerstr. 49, 8000 München 22, Tel. (0 89) 29 44 02

Belgien

Deutsch-Belgisch-Luxemburgische Gesellschaft e.V., Christophstr. 37, i. Hs. d. Kölner Bank, 5000 Köln 1

Deutsch-Belgisch-Luxemburgische Handelskammer, Chambre de Commerce Belgo-Luxembourgeoise-Allemande, Zweigstelle: Belgisches Haus, Cäcilienstr. 46, 5000 Köln, Tel. (02 21) 21 39 86, 21 75 00

Bulgarien

Handelsbüro der Volksrepublik Bulgarien, Eckenheimer Landstr. 101, 6000 Frankfurt (Main), Tel. (0 69) 5 97 14 83

Finnland

Deutsch-Finnische Gesellschaft e.V., Bundesgeschäftsstelle: Maria Bürkle, Kleiststr. 37, 7012 Fellbach, Tel. (07 11) 51 32 89

Deutsch-Finnische Vereinigung e.V., Breite Str. 6—8, 2400 Lübeck, Tel. (04 51) 7 36 60

Finnische Abteilung des Instituts für Nordische Philologie der Universität Köln, Albertus-Magnus-Platz, 5000 Köln 41, Tel. (02 21) 4 70 41 47

Finnisches Außenhandelsbüro, Lessingstr. 5, 6000 Frankfurt (Main), Tel. (0 69) 72 81 48

Frankreich

Arbeitskreis Deutsch-Französischer Gesellschaften, Cercle de Travail des Associations Franco-Allemandes E.V., Schillerstr. 11, 6500 Mainz

Büro für Industrielle Entwicklung in Frankreich, Böhmer Str. 48, 6000 Frankfurt (Main), Tel. (0 69) 59 01 23

Der Französische Handelsrat für Hessen und Rheinland-Pfalz, Reuterweg 47, 6000 Frankfurt (Main) 1, Tel. (0 69) 72 93 53

Deutsch-Französische Gesellschaft Berlin e.V., Kurfürstendamm 211, 1000 Berlin 15, Tel. (0 30) 8 81 97 11

Deutsch-Französische Gesellschaft in Frankfurt (Main) e.V., Bockenheimer Landstr. 22, 6000 Frankfurt (Main), Tel. (0 69) 72 89 10

Deutsch-Französischer Kreis e.V., Friedrich-Ebert-Str. 40, 4000 Düsseldorf, Tel. (02 11) 35 47 66

Deutsch-französisches Büro für Unternehmenskooperation, Bureau Franco-Allemand pour la Coopération des Enteprises, Gustav-Heinemann-Ufer 84—88, Postfach 51 05 48, 5000 Köln 51, Tel. (02 21) 3 70 84 56

Deutsch-Französisches Institut, Asperger Str. 38, 7140 Ludwigsburg (Württ.), Tel. (0 71 41) 2 41 18

Deutsch-Französische Vereinigung Konstanz e.V., Friedrichstr. 19, 7750 Konstanz, Tel. (0 75 31) 6 27 70

Französische Handelskammer, CCFS Chambre de Commerce Francaise à Saarebruck, Mainzer Str. 116, Postfach 6 95, 6600 Saarbrücken, Tel. (06 81) 6 40 10

Französisches Informationszentrum für Industrie und Technik, Städelstr. 10, 6000 Frankfurt 70, Tel. (0 69) 61 60 06

Gesellschaft für übernationale Zusammenarbeit e.V., Bureau International de Liaison et de Documentation (B.I.L.D.), Bachstr. 32, 5300 Bonn 1, Tel. (02 28) 7 29 00 80

Offizielle Deutsch-Französische Industrie- und Handelskammer, Chambre Officielle Franco-Allemande de Commerce et d'Industrie, Orangeriestr. 6, 4000 Düsseldorf 1, Tel. (02 11) 84 33-1

Griechenland

Griechische Organisation für Klein- und Mittelgewerbebetriebe und Kunsthandwerk, H.O.M.M.E.H., Stephanstr. 3, 6000 Frankfurt (Main) 1, Tel. (0 69) 29 18 79

Großbritannien

British Chamber of Commerce in Germany, Heumarkt 14, 5000 Köln 1, Tel. (02 21) 23 42 84

Deutsch-Englische Gesellschaft e.V., Graf-Recke-Str. 82, 4000 Düsseldorf 1, Tel. (02 11) 67 64 11

Irland

Deutsch-Irische Gesellschaft, Postfach 14 12, 5300 Bonn 1

IDA Irland — Irische Industrie-Entwicklungsbehörde, Jägerstr. 12, 7000 Stuttgart 1, Tel. (07 11) 22 14 68

— Bayenthalgürtel 13, 5000 Köln 51, Tel. (02 21) 37 10 07

— Maximilianplatz 18, 8000 München 2, Tel. (0 89) 22 76 41

— Böttgerstr. 10, 2000 Hamburg 13, Tel. (0 40) 44 37 56

Island

Deutsch-Isländische Gesellschaft Köln e.V., Apostelnstr. 7, 5000 Köln 1, Tel. (02 21) 21 76 36

Gesellschaft der Freunde Islands e.V. Hamburg, Raboisen 5, 2000 Hamburg 1, Tel. (0 40) 33 35-1

Italien

Italienische Handelskammer für Deutschland, Freiherr-vom-Stein-Str. 9, 6000 Frankfurt (Main) 1, Tel. (0 69) 72 46 54

Italienische Handelskammer in München, Hermann-Schmid-Str. 8, 8000 München 2, Tel. (0 89) 77 71 59, 77 43 21

Italienisches Institut für Außenhandel — I.C.E. Außenstelle Berlin, Europa-Center, 18. Stock, Tauentzienstr., 1000 Berlin 30, Tel. (0 30) 2 61 17 79

Italienisches Institut für Außenhandel — I.C.E. Außenstelle Hamburg, Ferdinandstr. 36, 2000 Hamburg 1, Tel. (0 40) 32 70 63

Italienisches Institut für Außenhandel — I.C.E., Hamburger Allee 2—10, 6000 Frankfurt (Main) 90, Tel. (0 69) 70 80 24, 70 80 26

Italienisches Institut für Außenhandel — ICE. Außenstelle München, Karlsplatz 3/4. Stock, 8000 München 2, Tel. (0 89) 59 28 31-35

Italienisches Institut für Außenhandel — I.C.E., Italia-Trade-Center, Jahnstr. 3, 4000 Düsseldorf, Tel. (02 11) 37 30 01

Vereinigung Deutsch-Italienischer Gesellschaften (VDIG) e.V., Hornisgrindestr. 12a, 7500 Karlsruhe 21, Tel. (07 21) 57 56 05

Jugoslawien

Deutsch-Kroatische Gesellschaft, Königswall 26, 4350 Recklinghausen Tel. (0 23 61) 2 68 19, 2 36 30

Jugoslawisches Fremdenverkehrsamt, Goetheplatz 7, 6000 Frankfurt (Main), Tel. (0 69) 28 56 85 und 28 56 86

Jugoslawische Wirtschaftskammer, Vertretung für die Bundesrepublik Deutschland („Jugokomora"), Eschersheimer Landstr. 61/II, 6000 Frankfurt (Main) 1, Tel. (0 69) 55 19 10, 55 24 40

Jugoslawische Wirtschaftskammer, Vertretung für die Bundesrepublik Deutschland („Jugokomora"), Karlstr. 60, 8000 München 2, Tel. (0 89) 59 31 84

Niederlande

Bundesgemeinschaft für deutsch-niederländische Kulturarbeit, Theaterstr. 31, 5100 Aachen, Tel. (02 41) 4 83 31

Deutsch-Niederländische Gesellschaft, Sentmaringer Weg 61, 4400 Münster (Westf.)

Norwegen

Deutsch-Norwegische Gesellschaft, Eichenhain 8, 4400 Münster (Westf.), Tel. (02 51) 31 42 63

Österreich

Der Österreichische Handelsdelegierte in Düsseldorf, Heinrich-Heine-Allee 22, 4000 Düsseldorf 1, Tel. (02 11) 32 40 36

Der Österreichische Handelsdelegierte in Hamburg, Poststr. 23 (Hanse-Viertel), 2000 Hamburg 36, Tel. (0 40) 34 06 39

Der Österreichische Handelsdelegierte in München, Promenadenplatz 12, 8000 München 2, Tel. (0 89) 22 52 88

Der Österreichische Handelsdelegierte für die Bundesrepublik Deutschland, Bockenheimer Landstr. 2 (Zürich-Haus), 18. Stock, 6000 Frankfurt (Main) 1, Tel. (0 69) 72 08 66-7

Deutsch-Österreichische Gesellschaft — Verein zur Förderung und Erhaltung der deutschen Kultur in Österreich —, Königswall 26, 4350 Recklinghausen, Tel. (0 23 61) 2 68 19 und 2 36 30

Österreichische Fremdenverkehrswerbung, Roßmarkt 12, 6000 Frankfurt (Main), Tel. (0 69) 2 06 98

Polen

Handelsabteilung der Militärmission der Volksrepublik Polen, Falkenried 23—25, 1000 Berlin 33, Tel. (0 30) 8 31 29 37

Portugal

Deutsch-Portugiesische Gesellschaft e.V., Weyerstr. 48—52, 5000 Köln 1, Tel. (02 21) 23 64 64

Portugiesisches Handelsbüro, Friedrichstr. 20/I, 4000 Düsseldorf 1, Tel. (02 11) 37 06 99

Portugiesisches Handelsbüro, Zentrale Bonn, Ubierstr. 78, 5300 Bonn 2, Tel. (02 28) 36 20 75/76

Portugiesisches Handelsbüro, Zweigstelle Hamburg, Am Gänsemarkt 21, 2000 Hamburg 36, Tel. (0 40) 34 42 14

Schweden

Schwedisches Handelsbüro, Berliner Allee 32, 4000 Düsseldorf 1, Tel. (02 11) 13 23 03

— Lilienstr. 19, 2000 Hamburg 1, Tel. (0 40) 33 79 56

— Königstr. 21, 7000 Stuttgart 1, Tel. (07 11) 22 12 61

Schwedische Handelskammer in der Bundesrepublik Deutschland e.V., Uerdinger Str. 106, 4000 Düsseldorf 30, Tel. (02 11) 45 20 74

Spanien

Amtliche Spanische Handelskammer für Deutschland, Cámara Oficial Española de Comercio en Alemania, Schaumainkai 83, 6000 Frankfurt (Main) 70, Tel. (0 69) 63 80 31

Deutsch-Hispanische Gesellschaft e.V., Palais Gise, Prannerstr. 9, 8000 München 2, Tel. (0 89) 22 02 14

Spanische Handelsabteilung und I.N.F.E., Jaegerhofstr. 30, 4000 Düsseldorf 30, Tel. (02 11) 48 06 21-8

Tschechoslowakei

Deutsch-tschechoslowakische Gesellschaft für die Bundesrepublik Deutschland e.V., Neumarkt 1d, 5000 Köln, Tel. (02 21) 88 42 01

Handelsabteilung der Militärmission der Tschechoslowakischen Sozialistischen Republik, Podbielskiallee 23, 1000 Berlin 33, Tel. (0 30) 8 31 18 15

Türkei

Deutsch-Türkische Gesellschaft e.V., Bismarckstr. 31, 5300 Bonn 2, Tel. (02 28) 36 21 39

UdSSR

Büro der sowjetischen Außenhandelsvereinigung in den Westsektoren Berlins, Lepsiusstr. 103, 1000 Berlin 33, Tel. (0 30) 7 91 43 93, 7 91 90 40

Ungarn

Ungarisches Außenhandelsbüro, Dom-Pedro-Str. 17, 8000 München 19, Tel. (0 89) 1 29 50 23

Ungarisches Außenhandelsbüro, Falkensteiner Str. 32a, 6000 Frankfurt (Main) 1, Tel. (0 69) 59 31 14, 59 30 71

Ungarisches Außenhandelsbüro, Jungfernstieg 38, 2000 Hamburg 36, Tel. (0 40) 34 12 58-59

Zypern

Handelszentrum von Zypern, Pippinstr. 16, 5000 Köln 1, Tel. (02 21) 23 51 69, 23 51 60

2.3. Außenhandelskammern und zwischenstaatliche Organisationen

2.3.1. Internationale Organisationen

Chambre de Commerce Internationale, Secrétariat International, 38, Cours Albert Lev, 75008 Paris, Tel. 562-34-56

Deutsche Gruppe der Internationalen Handelskammern, Kolumbastr. 5, Postfach 10 04 47, 5000 Köln 1, Tel. (02 21) 21 95 31—32

Vertretung des deutschen Industrie- und Handelstages bei den Europäischen Gemeinschaften, 36, Avenue de Tervueren (BTE 4), B-1040 Bruxelles, Tel. (0 03 22) 7 34 27 15, 7 34 33 29

2.3.2. Deutsche Handelskammern im Ausland

Ägypten
German-Arab Chamber of Commerce, P.O.B. 3 85, Kairo-Ägypten, Büro: 2 Sherif Street, Tel. 00202/75 17 37; 74 17 54

Argentinien
Cámara de Industria y Comercio Argentino-Alemana, Calle Maipú 521/VI, 1006 Buenos Aires/Argentinien, Tel.00541/392-7641; 392-2440; 392-6293

Australien
German Australian Chamber of Industry and Commerce, G.P.O. Box 42 47, Sydney, N.S.W. 2001/Australien, Büro: 2nd Floor, AWA Bldg., 47 York Street, Sydney 2000, Tel. 00612/29 39 96; 29 39 98/9
Zweigstelle:
German Australian Chamber of Industry and Commerce, Hoechst House, 5th Floor, 606 St. Kilda Road, Melbourne, Vic. 3004/Australien, Tel. 00613/51 55 04; 51 58 26

Belgien — Luxemburg
Chambre de Commerce DEBELUX, Rue du Commerce 20—22, bte 11, B-1040 Brüssel/Belgien, Tel. 005912/51 13 83 6
DEBELUX Handelskammer, Cäcilienstr. 46, 5000 Köln 1, Tel. (02 21) 21 39 86; 21 75 00
Zweigstelle:
Chambre de Commerce DEBELUX, Rue Alcide de Gaspari 7, L-Luxemburg-Kirchberg, Tel. 00352/43 58 53; 43 64 51

Bolivien
Cámara Boliviano-Alemana, Casilla 27 22, La Paz/Bolivien, Büro: Avenida Villazón 1966 5°, Tel. 32 75 96; 37 01 66

Brasilien
Cãmara de Comércio e Indústria, Brasil-Alemanha (São Paulo), Caixa Postal 30 42 6, BR-01000 São Paulo-SP/Brasilien, Büro: Rua Padre João Manoel, 923, 7° andar, 01411 São Paulo, Tel. 005511/282-7555
Cãmara de Comércio e Indústria Brasil-Alemanha, Caixa Postal 17 90, BR 20.001 Rio de Janeiro/Brasilien, Büro: Av. Río Branco 123-S/708—711, Tel. 005521/224-2123
Cãmara de Comércio e Indústria Brasil-Alemanha, Caixa Postal 20 95 + 10 63, 90.000 Porto Alegre/Brasilien, Büro: Rua Cel. Vicente, 452, Tel. 0055512/24 75 22

Chile
Cãmara Chileno-Alemana, Casilla 9980, Santiago de Chile/Chile, Büro: Ahumada 131, Oficina 808—815, Tel. 00562/69 64 49 4; 69 86 48 5

Ecuador
Cãmara de Industria, y Comercio Ecuatoriano-Alemana, Casilla 37 31, Quito-Ecuador, Büro: Calle Veintimilla y Amazonas No. 1106, Ed., „Amazonas" Of. 801, Tel. 005932/547-306; 548-770

Finnland
Deutsch-finnische Handelskammer, Postfach 83, SF-00101 Helsinki 10/Finnland, Büro: Kalevankatu 3 B, Tel. 003580/64 28 55

Frankreich
Chambre Officielle Franco-Allemande de Commerce et d'Industrie, 18, Rue Balard, F-75015 Paris/Frankreich, Tel. 00331/45 75-62 56
Offizielle Deutsch-Französische Industrie- und Handelskammer, Orangeriestr. 6, 4000 Düsseldorf 1, Tel. (02 11) 8 43 31—33

Griechenland

Deutsch-Griechische Handelskammer, Dorileou Str. 10—12/IV, GR-11521 Athen/Griechenland, Tel. 00301/64 44 50 2, 64 44 52 4, 64 44 54 6
Zweigstelle:
Deutsch-Griechische Handelskammer, Zweigstelle Nord-Griechenland, POB 10 89 1, GR-54110 Thessaloniki, Büro: Aristotelous-Platz 3, Tel. 003031/22 53 41, 22 53 66

Großbritannien

German Chamber of Industry and Commerce, 12/13 Suffolk Street, St. James's, London SW1Y 4HG/ Großbritannien, Tel. 00441/93 07 25 1

Guatemala

Cãmara Guatemalteco-Alemana, Apartado Postal 11 63, Guatemala, C.A./Guatemala, Büro: 6a Avenida 20—25, Zona 10, Edif. Plaza Marítima, Tel. 005022/68 13 97; 68 29 71

Indien

The Indo-German Chamber of Commerce, P.O.Box 1 10 92, Bombay-400020/Indien, Büro: Maker Towers „E" 1st floor, (Opp. World Trade Centre) Cuffe Parade, Bombay 400005, Tel. 009122/21 61 31; 21 61 18
Verbindungsbüro
Deutsch-Indische Handelskammer, Oststr. 84, 4000 Düsseldorf 1, Tel. (02 11) 36 05 97; 36 05 98
Zweigstelle:
The Indo-German Chamber of Commerce, P.O.B. 25 04, Calcutta-700 001/Indien, Büro: 30 A/B Jawaharlal Nehru Road, Tel. 009133/24 32 74, 21 30 15
Zweigstelle:
The Indo-German Chamber of Commerce, G.P.O. Box No. 2 52, New Delhi-110001/Indien, Büro: 86 FG Himalaya House 23, Kasturba Gandhi Marg, Tel. 009111/44 15 1; 40 64 5; 46 49 1
Zweigstelle:
The Indo-German Chamber of Commerce, P.B. No. 14 92, Madras 600018/Indien, Büro: 5 Kasturi Ranga Road, Tel. 009144/45 23 70; 45 44 98
Zweigstelle:
The Indo-German Chamber of Commerce, C-3 Unity Building, J.C. Road, Bangalore 560 002/Indien, Tel. 009181/22 42 83

Indonesien

Perkumpulan Ekonomi Indonesia Jerman, P.O.Box 31 51 Jkt. Jakarta 1002/Indonesien, Büro: Wisma Metropolitan, 4. Etage, Jl. Jenderal Sudirman Kav. 29, Tel. 006221/51 12 08; 51 49 05; 51 49 96
Verbindungsbüro
Ekonid-Repräsentant, Dr. Fritz Kleinsteuber, Stockumer Kirchstr. 41, 4000 Düsseldorf 30, Tel. (02 11) 45 29 08

Iran

Official Irano-German Chamber of Industry and Commerce, P.O.Box 141 55/34 78, Teheran — 14 155/Iran, Büro: Ave. Khaled Eslamboli (Vozara), No. 131, Tel. 009821/62 11 23; 62 88 27

Irland

German Irish Chamber of Industry and Commerce, 46, Fitzwilliam Square, Dublin 2/Irland, Tel. 003531/78 93 44; 78 94 04; 76 29 34; 76 29 72; 76 25 38; 76 25 95

Italien

Camera di Commercio Italo-Germanica, Via Napo Torriani 29, I-20124 Mailand/Italien, Tel. 00392/65 26 51/2/3
Zweigstelle:
Camera di Commercio Italo-Germanica, Via Rubicone 27, I-100198 Rom/Italien, Tel. 00396/85 54 08

Japan
Zainichi Doitsu Shoko Kaigisho, Central P.O.Box 5 88, Tokyo 100-91/Japan, Büro: Akasaka Tokyu Building, Nagata-cho 2-14-3, Chiyoda-ku/Tokyo 100, Tel. 00813/581-9881/3
Institut für Marktberatung bei der Deutschen Industrie- und Handelskammer in Japan, Anschrift: wie Hauptgeschäftsstelle Tokyo
Verbindungsbüro
IFM-Beauftragter Takashi Kabe, c/o IHK Mittlerer Neckar, Jägerstr. 30, 7000 Stuttgart, Tel. (07 11) 2 00 51
Zweigstelle:
Zainichi Doitsu Shoko Kaigisho, Nakanoshima Center Bldg., P.O. Box 61, Osaka 530, Büro: Nakanoshima Center Bldg. 23rd floor, Nakanoshima 6-2-27, Kita-ku, Tel. 00816/447-0021

Kanada
Canadian German Chamber of Industry and Commerce Inc., 2015 Peel Street, Suite 1110, Montreal, Que. H3A 1T8/Kanada, Tel. 001/(514) 844-3051
Zweigstellen:
Canadian German Chamber of Industry and Commerce Inc., 480 University Ave., Suite 14 10, Toronto, Ont. M5G 1V6/Kanada, Tel. 001/(416) 598-3355
Canadian German Chamber of Industry and Commerce Inc., 1330 Scotia Place, 10060 Jasper Ave. Edmonton, Alta. T5J 3R8/Kanada, Tel. 001/(403) 420-6611

Kolumbien
Cãmara de Comercio Colombo-Alemana, Apartado Aéreo 91527/28, Bogotá/Kolumbien, Büro: Calle 84, No. 9-28, Tel. 0057/23 67 971, 25 65 182, 25 65 303

Korea
Korean German Chamber of Commerce and Industry, C.P.O. Box 4963, Seoul 100/Republic of Korea, Büro: 45,4-Ka, Namdaemun-ro, Chung-Ku, KCCI Bldg. 10th floor, Tel. 00822/776-1546/9

Mexiko
Cãmara Mexicano-Alemana de Comercio e Industria A.C., Apartado Postal M-9450, Centro 06000 Mexico D.F./Mexiko, Büro: Bosques de Ciruelos No 130, Col. Bosques de las Lomas, Del. Miguel Hidalgo/11700 Mexico D.F., Tel. 00525/596-50-44

Niederlande
Nederlands-Duitse Kamer van Koophandel, Postbus 80533, 2508 GM's Gravenhage/Niederlande, Büro: Nassauplein 30, 2585 EC Den Haag, Tel. 003170/65 19 55
Deutsch-Niederländische Handelskammer, Freiligrathstr. 25, 4000 Düsseldorf 30, Tel. (02 11) 48 45 91

Nigeria
Delegate of German Nigerian Business Relations, P.O.B. 51311, Ikoyi — Lagos/Nigeria, Büro: 21 Adeyemo Alkakija Street, Plot 639, Victoria Island, Lagos, Tel. 002341/61 97 51

Norwegen
Den Tyske Delegat for Handel og Industri i Norge, Drammensveien 40, Oslo 2/Norwegen, Tel. 00472/44 70 79

Österreich
Deutsche Handelskammer in Österreich, Postfach 107, A-1103 Wien/Österreich, Büro: Wiedner Hauptstr. 142, 1050 Wien, Tel. 0043222/55 45 65/68
Zweigstelle:
Deutsche Handelskammer in Österreich, Getreidegasse 13, A-5020 Salzburg/Österreich, Tel. 00436222/47 952

Paraguay
Cãmara de Comercio Paraguayo-Alemana, Casilla de Correo 919, Asunción/Paraguay, Büro: J.E. O'Leary 409 esq, Estrella, Edif Parapití — 3er Piso — Of. 316, Tel. 0059521/46 59 4

Peru
Cãmara Peruano-Alemana, Casilla 2722, Lima/Perú, Büro: Av. Emancipación No. 266-III, Tel. 005114/28 83 01; 27 85 06

Portugal
Cãmara de Comércio Luso-Alemã, Partado 734, 4012 Porto Codes, Büro: Rua Antonio Cardosa, 301-1°, Sala 0, 4100 Porto, Tel. 003512/64 37 7; 69 58 23
Zweigstelle
Cãmara de Comércio Luso-Alemã, Av. dos Aliados, 211, 5°-Esq., Sala E, Porto/Portugal, Tel. 003512/31 61 12

Saudi-Arabien
German-Saudi Arabian Liasion Office for Economic Affairs, P.O.Box 89 74, Riyadh/Saudi Arabia, Tel. 009661/46 54 800

Schweden
Tysk-Svenska Handelskammaren, Box 12 23, S-11182 Stockholm/Schweden, Büro: Munkbron 9, Tel. 00468/21 75 54; 21 75 61; 21 75 69

Schweiz
Handelskammer Deutschland-Schweiz, Talacker 41, CH-8001 Zürich/Schweiz, Tel. 00411/22 13 70 2

Spanien
Cãmara de Comercio Alemana para España, Paseo de la Castellana, 18, E-28046-Madrid/Spanien, Tel. 00341/275400
Zweigstelle:
Cãmara de Comercio Alemana para España, Calle Córcega 301—303, E-080008-Barcelona/Spanien, Tel. 00343/23 73 88 3; 21 88 262

Südafrika
S.A. German Chamber of Trade and Industry Ltd., P.O.B. 91004, 2006 Johannesburg/Südafrika, 6th Floor, Metal Box Centre, Corner Owl Street & Empire Road, Milpark/Johannesburg 2001, Tel. 002711/726-7200/1/2/3

Taiwan
German Trade Office, Grand Hotel, Jade Phoenix, Building 15 16—17, Taipei, Taiwan/Republic of China, Tel. 00862-5964271

Thailand
German-Thai Chamber of Commerce, P.O.Box 17 28, Bangkok/Thailand, Büro: 699 Silom Road, Tel. 00662/23 39 11 3

Türkei
Der Delegierte der Deutschen Wirtschaft, P.K. Otim No. 3, Istanbul-Besiktas/Türkei, Büro: Otim Raum 301, Ihlamur Sergi Sarayi, Tel. 00901/17 24 34 9-50

Tunesien
Chambre Tuniso-Allemande de l'Industrie et du Commerce, 11 Rue Med Ali Tahir, Tunis-Mutuelleville/Tunesien, Tel. 002161/283.891

Uruguay
Cãmara de Comercio Uruguayo-Alemana, Casilla de Correo 14 99, Montevideo/Uruguay, Büro: Calle Zabala 13 79, Tel. 005982/95 35 21; 95 37 58

USA
German American Chamber of Commerce, 666 Fifth Avenue, New York, N.Y. 10103/USA, Tel. 001/(212) 974-8830

German American Chamber of Commerce, 104 S. Michigan Ave., Suite 604, Chicago Ill 60603-5978, Tel. 001/(312) 782-85 57
German American Chamber of Commerce, 3250 Wilshire Blvd., Suite 2212, Los Angeles, Cal. 90010/USA, Tel. 001(213) 381-22 36/37
German American Chamber of Commerce, 465 California Street, San Francisco, Cal. 94104/USA, Tel. 001/(415) 392-2262
Zweigstellen:
German American Chamber of Commerce, Peachtree Center, Harris Tower, Suite 2701, 233 Peachtree Street, N.E., Atlanta, Ga. 30303, Tel. 001/(404) 577-7228
German American Chamber of Commerce, 2 Houston Center, Suite 34 18, Houston, Texas 77010/USA, Tel. 001/(713) 658-8230
German American Chamber of Commerce, 1 Farragut Square South, Washington, D.C. 20006/USA, Tel. 001/(202) 347-0247

Venezuela
Cãmara de Comercio e Industria Venezolano-Alemana, Apartado 61 23 6, Caracas-106/Venezuela, Calle 8, Edif. el Morro, Planta baja, Urb., La Urbina, Tel. 00582/24 12 502; 24 35 26; 24 12 997

2.4 Repräsentanzen ausländischer Kreditinstitute in der Bundesrepublik Deutschland

Afghanistan:

Banke Millie Afghan, Kabul
— Hamburg 36, Jungfernstieg 38

Argentinien:

Banco de la Nación Argentina, Buenos Aires
— Frankfurt/Main 1, Bockenheimer Landstr. 51—53
Banco de Quilmes S.A., Quilmes
— Frankfurt/Main 1, Bockenheimer Landstr. 45

Australien:

Australia and New Zealand Banking Group Ltd., Melbourne
— — Frankfurt/Main 1, Mainzer Landstr. 46
Westpac Banking Corp., Sydney
— Frankfurt/Main 1, Bockenheimer Landstr. 51—53

Belgien:

Société Générale de Banque S.A., Brüssel
— Köln, Zeughausstr. 14—22

Brasilien:

Banco do Brasil S.A., Brasilia
— Hamburg 36, Neuer Wall 61
— Frankfurt/Main 1, Hochstr. 50
Banco do Estado de São Paulo S.A., banespa, São Paulo
— Frankfurt/Main 1, Bockenheimer Landstr. 51—53
Banco Real S.A., São Paulo
— Frankfurt/Main 1, Westendstr. 45
Banco Mercantil e São Paulo S.A., São Paulo
— Frankfurt/Main 1, Mainzer Landstr. 46

Bulgarien:

Bulgarische Außenhandelsbank, Sofia
— Frankfurt/Main 1, Große Bockenheimer Str. 21

Dänemark:

Sydbank A/S, Apenrade
— Flensburg, Norderstr. 9
Varde Bank, Esbjerg
— Hamburg 11, Deichstr. 34

Frankreich:

Banque Sudaméris France, Paris
— Frankfurt/Main 1, Große Gallusstr. 9
Caisse Nationale de Crédit Agricole, Paris
— Frankfurt/Main 1, Friedrich-Ebert-Anlage 2—14, Cityhaus
Crédit Chimique S.A., Paris
— Frankfurt/Main 1, Rathenauplatz 1a
Crédit du Nord, Lille
— Frankfurt/Main 1, Bleidenstraße 12
Groupe des Banques du Crédit Industriel et Commercial, Paris
— Frankfurt/Main 1, Schillerstr. 4
Caisse Centrale des Banques Populaires, Paris
— Frankfurt/Main 1, Roßmarkt 14
Société Industrielle de Banque, Paris
— Düsseldorf 1, Königsallee 70
Banque Nationale de Paris (B.N.P.) S.A., Paris
— Saarbrücken 3, Bahnhofstr. 36
— Frankfurt/Main 1, Bockenheimer Landstr. 22
— Düsseldorf 1, Berliner Allee 34—36
— Hamburg 1, Schauenburgerstraße 44
— Homburg/Saar, Talstr. 29
— München 2, Promenadeplatz 9
— Saarlouis, Großer Markt 10
— Stuttgart, Kronprinzenstr. 12
Banque PARIBAS, Paris
— Frankfurt/Main 1, Kaiserstr. 10
— Düsseldorf 1, Königsalle 13
— Hamburg 1, Rathausmarkt 5
— Stuttgart, Königstr. 43b
Crédit Lyonnais, Paris
— Frankfurt/Main 1, Neue Mainzer Str. 69—75
Société Générale, Paris
— Frankfurt/Main 1, Mainzer Landstr. 36
Société Générale Alsacienne de Banque, Allgemeine Elsässische Bankgesellschaft, Straßburg
— Köln 1, Unter Sachsenhausen 17—19
— Düsseldorf 1, Steinstr. 30
— Frankfurt/Main 1, Mainzer Landstr. 36
— Hamburg 36, Jungfernstieg 7
— Karlsruhe 1, Kaiserstr. 160—162
— Kehl a. Rhein, Hauptstr. 80
— München 2, Kardinal-Faulhaber-Str. 14a
— Saarbrücken 3, Bahnhofstr. 32

Griechenland:

Mazedonische und Thrazische Bank AG, Thessaloniki
— Stuttgart 1, Brennerstr. 13

Nationalbank von Griechenland AG., Athen
— Frankfurt/Main 1, Gutleutstr. 5
— Dortmund 1, Kaiserstr. 68
— Hamburg 1, Rosenstr. 11
— Hannover 1, Odeonstr. 13
— Köln 1, Am Neumarkt 33
— Mannheim 1, R1, 15
— München 2, Bayerstr. 5
— München 50, Zum Schwäbenbächl 48d
— Nürnberg 1, Vord. Ledergasse 8
— Frankfurt/Main 1, Gutleutstraße 5
— Düsseldorf 30, Kaiserstraße 24
— Reutlingen, Gartenstr. 34
— Stuttgart 1, Firnhaberstr. 5
— Stuttgart-Hedelf., Gärtnerstr. 10
National Hypothekenbank von Griechenland AG., Athen
— Köln 1, Komödienstr. 34
— Bielefeld 1, Elsa-Brandström-Str. 7
— Dortmund 1, Kaiserstr. 66
— Düsseldorf 1, Karlstr. 16
— Frankfurt/Main 1, Taunusstr. 52—60
— Hagen 1, Graf-von-Galen-Ring 16
— München 22, Maximilianstr. 18
— Nürnberg 70, Gostenh. Hauptstr. 25
— Stuttgart, Leonhardsplatz 17

Großbritannien:

Credit Suisse, First Boston Securities, London
— Frankfurt/Main 1, Friedrich-Ebert-Anlage 2—14, City-Haus
Robert Fleming & Co. Ltd., London
— Frankfurt/Main 1, Friedrich-Ebert-Anlage 2—14
Grindlays Bank PLC., London
— Düsseldorf 1, Königsallee 28
Hill Samuel & Co. Ltd., London
— Königstein im Taunus, Frankfurter Str. 7
Morgan Grenfell u. Co. Ltd., London
— Frankfurt/Main 1, Opernplatz 2
J. Henry Schroder Wagg & Co. Ltd., London
— Frankfurt/Main 1, Roßmarkt 14
Barclays Bank PLC., London
— Hamburg 11, Neue Burg 1
— Düsseldorf 1, Königsallee 48
— Frankfurt/Main 1, Theaterplatz 2
— München 2, Amiraplatz 3
Lloyds Bank International Ltd., London
— Frankfurt/Main 1, Westendstraße 28
— Düsseldorf 30, Jägerhofstraße 29
— München 40, Leopoldstraße 7
— Stuttgart 1, Hohe Str. 16
Standard Chartered Bank PLC., London
— Hamburg 1, Schauenburger Str. 49
— Düsseldorf 1, Heinrich-Heine-Allee 17
— Frankfurt/Main 1, Mainzer Landstr. 37
Standard Chartered Bank, London
— Stuttgart 1, Königsstraße 21
The British Bank of the Middle East, London
— Frankfurt/Main 1, Mainzer Landstr. 46

Hongkong:

The Hongkong and Shanghai Banking Corporation, Hongkong
— Frankfurt/Main 1, Mainzer Landstr. 46
Mercantile Bank Ltd., Hongkong
— Frankfurt/Main 1, Mainzer Landstr. 46
Summa International Finance Co. Ltd., Hongkong
— Düsseldorf 1, Graf-Adolf-Str. 57
Wardley Limited, Hongkong
— Frankfurt/Main 1, Mainzer Landstr. 46
The Hongkong and Shanghai Banking Corporation, Hongkong
— Hamburg 36, Neuer Jungfernstieg 20
— Frankfurt/Main 1, Mainzer Landstr. 46

Indien:

State Bank of India, Bombay
— Frankfurt/Main 1, Goethestr. 26—28

Iran:

Bank Melli Iran, Teheran
— Hamburg 11, Holzbrücke 2
— Düsseldorf 1, Schadowplatz 12
— Frankfurt/Main 1, Kaiserstraße 47
— München 2, Lenbachplatz 6
Bank Saderat Iran, Teheran
— Hamburg 11, Börsenbrücke 4
— Frankfurt/Main 1, Münchener Str. 1
Bank Sepah, Teheran
— Frankfurt/Main 1, Friedrich-Ebert-Anlage 14

Irland:

Allied Irish Banks Ltd., Dublin
— Frankfurt/Main 1, Oberlindau 5
Bank of Ireland, Dublin
— Frankfurt/Main 1, Bockenheimer Landstr. 51—53

Israel:

Bank Leumi Le-Israel B.M., Tel Aviv
— Frankfurt/Main 1, Savignystr. 49

Italien:

Banca Commerciale Italiana, Mailand
— Frankfurt/Main 1, Große Gallusstr. 9
Banca Nazionale dell'Agricoltura, Rom
— Frankfurt/Main 1, Mainzer Landstr. 46
Banca Nazionale del Lavoro, Rom
— Frankfurt/Main, Bockenheimer Landstr. 2—4
— Düsseldorf 1, Königsallee 28
— München 2, Oberanger 26
Banca Popolare di Milano, Mailand
— Frankfurt/Main 1, Untermainkai 29
Banca Popolare di Novara, Novara
— Frankfurt/Main 1, Arndtstr. 34—36
Banca Popolare di Padova, Treviso Rovigo Padua
— Frankfurt/Main 1, Gutleutstr. 5
Banco di Roma, Rom
— Frankfurt/Main 1, Roßmarkt 12

Banco di Santo Spirito, Rom
— Frankfurt/Main 1, Untermainkai 29
Banco di Sardegna, Sassari
— Köln 1, Am Kattenbug 2
Banco di Sicilia, Palermo
— München 22, Odeonsplatz 2
Cassa di Risparmio di Firenze, Florenz
— Frankfurt/Main 1, Roßmarkt 21
Cassa di Risparmio di Genova e Imperia, Genua
— Frankfurt/Main 1, Roßmarkt 21
Cassa di Risparmio delle Provincie Lombarde, Mailand
— Stuttgart 1, Kronprinzenstr. 8
— Frankfurt/Main 1, Große Gallusstr. 9
Cassa di Risparmio di Roma, Rom
— Frankfurt/Main 1, Westendstr. 9
Cassa di Risparmio di Torino, Turin
— Frankfurt/Main 1, Roßmarkt 21
Cassa di Risparmio di Verona, Vicenza e Belluno, Verona
— Frankfurt/Main 1, Roßmarkt 21
Credito Italiano, Mailand
— Frankfurt/Main 1, Großer Hirschgraben 15
Istituto Mobilare Italiano, Rom
— Frankfurt/Main 1, Friedrich-Ebert-Anlage 2—14
Monte dei Paschi di Siena, Siena
— Frankfurt/Main 1, Roßmarkt 14
Banca d'Italia, Rom
— Frankfurt/Main 1, Brentanostr. 18
Banco di Napoli, Neapel
— Frankfurt/Main 1, Guiollettstraße 54
Banco di Sicilia, Palermo
— Frankfurt/Main 1, Bockenheimer Landstr. 13—15
Istituto Bancario San Paolo di Torino, Turin
— Frankfurt/Main 1, Schillerstraße 26
— München 2, Promenadeplatz 11

Japan:

The Dai-lehi Kangyo Bank Ltd., Tokio
— Frankfurt/Main 1, Friedrich-Ebert-Anlage 2—14, Cityhaus
The Fuji Bank Ltd., Tokio
— Frankfurt/Main 1, An der Hauptwache 7
The Hokkaido Takushoku Bank Ltd., Sapporo
— Düsseldorf 1, Immermannstr. 33
The Industrial Bank of Japan Ltd., Tokio
— Frankfurt/Main 1, Taunusanlage 11
— Düsseldorf 1, Immermannstr. 45
The Japan Development Bank, Tokio
— Frankfurt/Main 1, Bockenheimer Landstr. 51—53
The Kyowa Bank Ltd., Tokio
— Frankfurt/Main 1, Bleichstr. 60—62
The Long-Term Credit Bank of Japan Ltd., Tokio
— Frankfurt/Main 1, Westendstr. 28
The Mitsubishi Bank Ltd., Tokio
— Frankfurt/Main 1, Mainzer Landstraße 46
Mew Japan Securities Co. Ltd., Tokio
— Frankfurt/Main 1, Mainzer Landstraße 46
The Nippon Credit Bank Ltd., Tokio
— Frankfurt/Main 1, Mainzer Landstr. 46

The Nippon Kangyo Kakumaru Securities Co. Ltd., Tokio
— Frankfurt/Main 1, Bockenheimer Landstr. 47
The Saitama Bank Ltd., Urawa
— Frankfurt/Main 1, Große Gallusstr. 15
The Sanwa Bank Ltd., Osaka
— Frankfurt/Main 1, Goethestr. 22
The Sumitomo Bank Ltd., Osaka
— Frankfurt/Main 1, Neue Mainzer Str. 57
The Sumitomo Trust & Banking Co. Ltd., Osaka
— Frankfurt/Main 1, Mainzer Landstr. 46
The Taiyo Bank Ltd., Kobe
— Frankfurt/Main 1, Bockenheimer Landstr. 2—4, Zürich Hochh.
The Bank of Tokyo Ltd., Tokio
— Hamburg 36, Jungfernstieg 51
The Bank of Japan, Tokio
— Frankfurt/Main 1, Taunusanlage 21
The Dai-Ichi Kangyo Bank Ltd., Tokio
— Düsseldorf 1, Grünstraße 23
The Daiwa Bank Ltd., Osaka
— Frankfurt/Main 1, Eschersheimer Landstr. 14
The Fuji Bank Ltd., Tokio
— Düsseldorf 1, Immermannstr. 3
The Mitsubishi Bank Ltd., Tokio
— Düsseldorf 1, Berliner Allee 42
The Mitsui Bank Ltd., Tokio
— Düsseldorf 1, Königsallee 15
The Sanwa Bank Ltd., Osaka
— Düsseldorf 1, Klosterstraße 30
The Sumitomo Bank Ltd., Osaka
— Düsseldorf 1, Immermannstraße 14—16
The Taiyo Kobe Bank Ltd., Kobe
— Hamburg 11, Ost-West-Straße 59
The Tokai Bank Ltd., Nagoya
— Frankfurt/Main 1, Bockenheimer Landstr. 51—53
The Bank of Tokio Ltd., Tokio
— Düsseldorf 1, Immermannstr. 43
— Frankfurt/Main 1, Theaterplatz 2

Jugoslawien:

Investiciona Banka Titograd/Udružena Banka, Titograd
— Frankfurt/Main 1, Kaiserstraße 3
Jugobanka, Belgrad
— Frankfurt/Main 1, Goethestr. 2 II
— Berlin 12, Am Schillertheater 2
— Düsseldorf 1, Klosterstr. 34/I
— Hamburg 36, Schleusenbrücke 1—4
— Hannover 1, Goseriede 15 III
— Mannheim-Tattersall, M-7, 16—17
— München 2, Sonnenstr. 12 III
— Nürnberg 6, Zufuhrstr. 2
— Stuttgart 1, Königstr. 54b
Ljubljanska Banka, Ljubljana
— Frankfurt/Main 1, Kaiserstr. 11 III
— Berlin 15, Kurfürstendamm 65
— Dortmund 1, Heiliger Weg 3—5
— Düsseldorf 1, Charlottenstr. 32
— Hamburg 1, Johanniswall 3

— Hannover 1, Andreasstr. 2
— Köln 1, Maximinenstr. 4
— Mannheim 1, Q 3, 15
— München 2, Schillerstr. 7 III
— Nürnberg 1, Gostenh. Hauptstr. 22
— Stuttgart 1, Nadlerstr. 18 II
Privredna Banka Sarajevo, — Udružena banca — Sarajevo
— Frankfurt/Main 1, Eschersheimer Landstr. 61
— Berlin 21, Alt Moabit 74
— Düsseldorf 1, Charlottenstr. 55
— Hamburg 1, Lange Reihe 102
— Hannover 1, Flüggestr. 21
— Mannheim 1, P 6, 22
— München 2, Schwanthalerstr. 80
— Suttgart 1, Möhringstr. 131
Privredna Banka Zagreb, Zagreb
— Frankfurt/Main 1, Fellnerstr. 5
— Berlin 12, Hardenbergstr. 28 VII
— Düsseldorf 1, Hüttenstr. 15
— Hamburg 1, Klosterwall 2 Bl. A
— München 2, Maisstr. 18
— Stuttgart 1, Königstr. 54 B
Stopanska Banka Skopje, Skopje
— Frankfurt/Main 1, Prozellanhofstr. 4 III
— Berlin 21, Alt Moabit 74
— Düsseldorf 1, Charlottenstr. 1
— Hamburg 1, Greifswalder Str. 37
— München 2, Schillerstr. 3
— Stuttgart 1, Marienplatz 4
Udružena Beogradska Banka, Belgrad
— Frankfurt/Main 1, Schillerstr. 15—17
— Berlin 21, Alt Moabit 74
- Düsseldorf 1, Karlstr. 31
— Hamburg 1, Greifswalder Str. 37
— Hannover 1, Flüggestr. 21
— Köln 1, Rosenstr. 18—22
— München 2, Sonnenstr. 12
— Stuttgart 1, Tübinger Str. 72
Udružena Kosovska Banka, Pristina
— Frankfurt/Main 1, Roßmarkt 14
— Köln 60, Rambouxstr. 119
— Stuttgart 1, Hegelstr. 51, App. 503
Vojvodjanska Banka — Udružena Banka, Novi Sad
— Frankfurt/Main 1, Kaiserstr. 3
Zagrebačka Banka, Zagreb
— Frankfurt/Main 1, Brönnerstr. 17
— Düsseldorf 1, Graf-Adolf-Str. 78
— München 2, Bayerstr. 35—37
— Stuttgart 1, Marienplatz 4

Kanada:

Midland Doherty Ltd., Toronto
— Hamburg 11, Börsenbrücke 29
National Trust Company Ltd., Winnipeg
— Lübeck 1, Holstenstr. 34
Richardson Greenshields of Canada Tld., Winnipeg
— Frankfurt/Main 1, Grüneburgweg 69

Bank of Montreal, Montreal
— Frankfurt/Main 1, Ulmenstr. 37—39
Bank of Nova Scotia, Halifax
— Frankfurt/Main 1, An der Hauptwache 7—8
Canadian Imperial Bank of Commerce, Toronto
— Frankfurt/Main 1, Bockenheimer Landstr. 51—53

Korea, Süd:

Bank of Seoul and Trust Company, Seoul
— Frankfurt/Main 1, Mainzer Landstr. 27—31
Korea Exchange Bank, Seoul
— Frankfurt/Main 1, Bockenheimer Landstraße 51—53
— Hamburg 36, Jungfernstieg 26—30
Hanil Bank, Seoul
— Frankfurt/Main 1, Mainzer Landstr. 46
The Korea Development Bank, Seoul
— Frankfurt/Main 1, Friedrich-Ebert-Anlage 2—14, Cityhaus
Korea First Bank, Seoul
— Frankfurt/Main 1, Mainzer Landstr. 46
The Bank of Korea, Seoul
— Frankfurt/Main 1, Westendstr. 24

Luxemburg:

Bank of Credit and Commerce International S.A., Luxemburg
— Frankfurt/Main 1, Bockenheimer Landstraße 51—53
— Hamburg 36, Neuer Wall 42
U.B.A.E. Arab German Bank S.A., Luxemburg
— Frankfurt/Main 1, Neue Mainzer Str. 57
Den Norske Creditbank (Luxembourg) S.A., Luxemburg
— Hamburg 13, Rothenbaumchaussee 30
Svenska Handelsbanken S.A., Luxemburg
— Frankfurt/Main 1, Lindenstr. 37

Malaysia:

Malayan Banking Berhad, Kuala Lumpur
— Hamburg 1, Ballindamm 13

Marokko:

Banque Centrale Populaire du Maroc, Casablanca
— Frankfurt/Main 1, Münchener Str. 8
— Düsseldorf 1, Konrad-Adenauer-Platz 11
Banque Commerciale du Maroc, Casablanca
— Frankfurt/Main 1, Friedensstr. 9
— Düsseldorf 1, Graf-Adolf-Str. 58
Banque Marocaine pour le Commerce et l'Industrie, Casablanca
— Frankfurt/Main 1, Wiesenhüttenplatz 25
Compagnie Marocaine de Crédit et de Banque, Casablanca
— Frankfurt/Main 1, Wiesenhüttenplatz 28—32

Niederlande:

Bank Mees & Hope N.V., Den Haag
— Hamburg 1, Pelzerstraße 2
N.V. De Indonesische Overzeese Bank, Amsterdam (The Indonesia Overseas Bank)
— Hamburg 1, Ferdinandstraße 55—57

Norwegen:

Den norske Creditbank, Oslo
— Düsseldorf 30, Karl-Arnold-Platz 2

Pakistan:

National Bank of Pakistan, Karachi
— Frankfurt/Main 1, Schwindstr. 3

Peru:

Banco de Crédito del Perú, Lima
— Frankfurt/Main 1, Große Gallusstr. 9
Banco de la Nación, Lima
— Frankfurt/Main 1, Roßmarkt 14

Philippinen:

Philippine Commercial Industrial Bank (PCI Bank), Manila
— Frankfurt/Main 1, Mainzer Landstr. 46
Philippine National Bank, Manila
— Hamburg 36, Gänsemarkt 43

Portugal:

Banco Português do Atlântico, Lissabon
— Hamburg 11, Kajen 2
União de Bancos Portugueses, Porto
— Düsseldorf 1, Charlottenstr. 51

Rumänien:

Rumänische Außenhandelsbank, Bukarest
— Frankfurt/Main 1, Gutleutstr. 45

Saudi-Arabien:

The National Commercial Bank, Jeddah
— Frankfurt/Main 1, Wilhelm-Leuschner-Str. 7
The Saudi British Bank, Riad
— Frankfurt/Main 1, Mainzer Landstr. 46

Schweden:

Post- och Kreditbanken, PK Banken, Stockholm
— Frankfurt/Main 1, Mainzer Landstr. 46
Svenska Handelsbanken, Stockholm
— Frankfurt/Main 1, Lindenstr. 37

Schweiz:

Bank von Ernst & Cie. AG, Bern
— Frankfurt/Main 1, Holzhausenstr. 19
Foreign Commerce Bank AG, Zürich
— Frankfurt/Main 1, Roßmarkt 14
Gotthard Bank (Banca del Gottardo), Lugano
— Frankfurt/Main 1, Bockenheimer Landstr. 2—4, Zürich-Hochh.
E. Gutzwiller & Cie., Basel
— Frankfurt/Main 1, Eschersheimer Landstr. 1—3
Nordfinanz-Bank Zürich, Zürich
— Frankfurt/Main 1, Lindenstr. 37
A. Sarasin & Cie, Basel
— Hamburg 1, Schauenburger Straße 55/57
J. Henry Schroder Bank AG, Zürich
— Frankfurt/Main 1, Roßmarkt 14

Spanien:

Banco Central S.A., Madrid
— Stuttgart 1, Esslinger Str. 40
— Düsseldorf 1, Fr.-Ebert-Str. 11
Banco de Crédito Agrícola, Madrid
— Frankfurt/Main 1, Schillerstr. 2
Banco Español de Crédito, Madrid
— Frankfurt/Main 1, Große Gallusstr. 15
Banco Hispano Americano, Madrid
— Frankfurt/Main 1, Kaiserstr. 8
Banco Pastor, La Coruña
— Frankfurt/Main 1, Goethestr. 3
Banco Popular Español, Madrid
— Frankfurt/Main 1, Am Hauptbahnhof 10
Banco Urquijo Unión S.A., Madrid
— Frankfurt/Main 1, Bockenheimer Landstr. 45
Banco de Vizcaya S.A., Bilbao
— Frankfurt/Main 1, Friedensstr. 11
Confederación Española de Cajas de Ahorros, Madrid
— Frankfurt/Main 1, Westendstraße 9
Banco Central S.A., Madrid
— Frankfurt/Main 1, Große Gallusstraße 9
Banco de Santander S.A., de Crédito, Santander
— Frankfurt/Main 1, Roßmarkt 9
Banco Exterior — Deutschland S.A., Madrid
— Frankfurt/Main 1, Große Gallusstraße 1—7
— Hamburg 1, Ferdinandstr. 64—68
— Köln, Trankgasse 7—9
— München 2, Herzog-Wilhelm-Straße 18—20

Südafrika:

Nedbank Ltd., Johannesburg
— Frankfurt/Main 1, Bockenheimer Landstr. 51—53

Taiwan:

First Commercial Bank, Taipei
— Frankfurt/Main 1, Mainzer Landstr. 46

Thailand:

Bangkok Bank Ltd., Bangkok
— Hamburg 1, Brandsende 6
Thai Farmers Bank Ltd., Bangkok
— Hamburg 36, Gänsemarkt 24—28

Tschechoslowakei:

Československá Obchodni Banka A.S., Prag (Außenhandelsbank der ČSSR)
— Frankfurt/Main 1, Bockenheimer Landstr. 51—53

Türkei:

Türkiye Is Bankasi A.S., Ankara
— Frankfurt/Main 1, Kaiserstr. 3
— Berlin 36, Admiralstr. 37
Akbank T.A.S., Instanbul
— Frankfurt/Main 1, Kaiserstr. 41
— Berlin 12, Hardenbergstr. 28 IV

— Essen, Kastanienallee 38—40
— Hamburg 1, Steindamm 101
— Hannover 1, Goethestr. 6c
— München 2, Goethestr. 7a/II
— Stuttgart 1, Königstr. 68
Anadolu Bankasi A.S., Instanbul
— Frankfurt/Main 1, Kaiserstr. 64a
DESIYAB Devlet Sanayi ve Isci Yatirim Bankasi A.S., Ankara
— Köln 1, Hansaring 149
Etibank, Ankara
— Frankfurt/Main 1, Am Salzhaus 4
Pamukbank T.A.S., Istanbul
— Köln 1, Bahnhofsvorplatz 1
— Berlin 36, Adalbertstr. 90
— Hannover 1, Goetheplatz 1
— Ludwigsburg, Bahnhofstr. 42
— Nürnberg 80, Am Plärrer 8
Sekerbank T.A.S., Ankara
— Köln, Hansaring 119
TÖBANK, Türkiye Ögretmenler Bankasi, T.A.S., Ankara
— Frankfurt/Main 1, Roßmarkt 9
Türk Ticaret Bankasi A.S., Instanbul
— Frankfurt/Main 1, Bockenheimer Landstr. 45
— Hannover, Luisenstr. 10/11 II
Türkiye Cumhuriyeti Ziraat Bankasi, Ankara
— Frankfurt/Main 1, Kaiserstr. 60
— Berlin 30, Potsdamer Str. 93
— Duisburg 1, Am Buchenbaum 31
— Hamburg 1, Steindamm 72
— Hannover 1, Goethestr. 38
— Köln 1, An den Dominikanern 5
— München 2, Goethestr. 10
— Stuttgart 1, Lautenschlagerstr. 20
Türkiye Emlâk Kredi Bankasi A.O., Ankara
— Berlin 36, Adalbertstr. 94
— Düsseldorf 1, Graf-Adolf-Straße 112
— München 2, Goethestr. 5 V
Türkiye Garanti Bankasi A.S., Instanbul
— Stuttgart 1, Urbanstr. 92
— Dortmund 1, Königwall 17
— Nürnberg 40, Wölkernstr. 80
Türkiye Comhuriyet Merkez Bankasi, Ankara
— Frankfurt/Main 1, Baseler Str. 35—37
Türkiye Halk Bankasi A.S., Ankara
— Köln, Hohenstaufenring 12
— Berlin 30, Potsdamer Str. 117—119
— Hamburg 1, Steindamm 60
— München 2, Goethestr. 3
— Stuttgart 1, Kronenstr. 26
Türkiye Is Bankasi A.S., Ankara
— Frankfurt/Main 1, Münchener Str. 7
— Hamburg 1, Steindamm 47
— Köln 1, Kaiser-Wilhelm-Ring 15
— München 2, Lindwurmstr. 35/II
— Stuttgart 1, Calwerstr. 23
Türkiye Tütüncüler Bankasi A.S., Izmir
— Frankfurt/Main 1, Kaiserstraße 63

Türkiye Vakiflar Bankasi T.A.O., Ankara
— Frankfurt/Main 1, Kaiserstr. 61
— Aachen, Peterstr. 27
— Berlin 65, Reinickendorfer Str. 111
Yapi ve Kredi Bankasi A.S., Isntanbul
— Frankfurt/Main 1, Kaiserstr. 44
— Hamburg 1, Adenauerallee 10
— Köln, Gürzenichstr. 21a—c
— München 2, Goethestr. 3/V
— Stuttgart 1, Tübinger Str. 1

Ungarn:

Ungarische Nationalbank, Budapest
— Frankfurt/Main 1, Friedensstr. 4

Uruguay:

Banco de la Republica Oriental del Uruguay, Montevideo
— Frankfurt/Main 1, Neue Mainzer Str. 26

USA:

Bache Securities (Germany) Inc., New York
— Hamburg 36, Neuer Wall 10
— Düsseldorf 1, Kasernenstr. 24
— Frankfurt/Main 1, Mainzer Landstr. 46
— Köln 1, Gereonstr. 34—36
— Stuttgart 22, Ludwigstr. 8
— Stuttgart 1, Königstr. 1a
Bankers Trust Company, New York
— Frankfurt/Main 1, Bockenheimer Landstr. 39
Bear, Stearns & Co., New York
— Frankfurt/Main 1, Ulmenstr. 37—39
— Düsseldorf 1, Königsallee 61
— Hamburg 36, Gänsemarkt 44
— München 2, Dienerstr. 21
Dean Witter Reynolds Inc., New York
— Frankfurt/Main 1, Westendstr. 8
— Düsseldorf 1, Königsallee 8
— München 2, Sonnenstr. 1
Dominick & Dominick, Inc., New York
— Frankfurt/Main 1, Westendstr. 24
— Hamburg 36, Große Bleichen 32
— Stuttgart 1, Calwerstr. 19
Bank of America National Trust and Savings Association, San Francisco
— Frankfurt/Main 1, Mainzer Landstr. 46
— Düsseldorf 1, Königsallee 31
— Hamburg 1, Ferdinandstr. 28—30
— München 22, Ludwigstr. 8—10
— Stuttgart 1, Kronprinzenstr. 14
Chemical Bank, New York
— Frankfurt/Main 1, Ulmenstr. 30
Citibank N.A., New York
— Frankfurt/Main 1, Neue Mainzer Str. 69
Continental Illinois National Bank and Trust Company of Chicago, Chicago
— Frankfurt/Main 1, Bockenheimer Landstraße 24
The First National Bank of Boston, Boston
— Frankfurt/Main 1, Friedrich-Ebert-Anlage 2—14 (City-Haus)

The First National Bank of Chicago, Chicago
— Frankfurt/Main 1, Neue Mainzer Straße 1
— Düsseldorf 1, Heinrich-Heine-Allee 33
— München 2, Kardinal-Faulhaber-Str. 14a
Irving Trust Company, New York
— Frankfurt/Main 1, Niedenau 61—63
Manufacturers Hanover Trust Company, New York
— Frankfurt/Main 1, Bockenheimer Landstraße 51—53
— Düsseldorf 30, Kaiserswerther Straße 196
— Hamburg 36, Fehlandstr. 3
— Hannover 1, Georgstr. 56
— München 80, Ismaninger Str. 67a
Mellon Bank N.A., Pittsburgh
— Frankfurt/Main 1, Erlenstr. 2—6
Morgan Guaranty Trust Company of New York, New York
— Frankfurt/Main 1, Mainzer Landstraße 46
— Düsseldorf 30, Cecilienallee 6
National Bank of Detroit, Detroit
— Frankfurt/Main 1, Hochstraße 35—37
Security Pacific National Bank, Los Angeles
— Frankfurt/Main 1, Ulmenstraße 30
The Chase Manhattan Bank N.A., New York
— Frankfurt/Main 1, Taunusanlage 11
Fahnestock & Co., New York
— München 2, Frauenplatz 11
First Interstate Bank of California, Los Angeles
— Frankfurt/Main 1, Westendstr. 24
First Union National Bank, Charlotte
— Düsseldorf 1, Schadowplatz 14
E.F. Hutton & Co. Inc., New York
— München 2, Maximiliansplatz 17
— Düsseldorf 1, Bahnstr. 9
— Frankfurt/Main 1, Bockenheimer Landstr. 51—53
— Hamburg 36, Jungfernstieg 30
Marine Midland Bank, New York
— Frankfurt/Main 1, Bockenheimer Landstr. 65
Merrill Lynch, Pierce, Fenner & Smith Inc., New York
— Frankfurt/Main 1, Ulmenstr. 30
— Düsseldorf 30, Karl-Arnold-Platz 2
— Hamburg 1, Paulstr. 3
— München 22, Maximilianstr. 21
— Stuttgart 1, Kronprinzenstr. 14
Moseley, Hallgarten, Estabrook & Weeden, Inc., New York
— Frankfurt/Main 1, Friedrichstr. 34
Nordic American Banking Corporation, New York
— Frankfurt/Main 1, Lindenstr. 37
The Philadelphia National Bank, Philadelphia
— Hamburg 36, Große Theaterstr. 42
J. Henry Schroder Bank & Trust Company, New York
— Frankfurt/Main 1, Roßmarkt 14
Shearson Lehmann/American Express Inc., New York
— Hamburg 1, Raboisen 98
Shearson/American Express Frankfurt GmbH
— Frankfurt/Main 1, Mainzer Landstr. 27—31
State Street Bank und Trust Company, Boston
— München 81, Bernt Notke-Weg 1
Thomson & McKinnon Securities Inc., New York
— Frankfurt/Main 1, Mainzer Landstr. 46

Vanuatu:

Summa International Bank Ltd., Port Vila
— Düsseldorf 1, Graf-Adolf-Str. 57

Venezuela:

Banco Mercantil C. A., Caracas
— Frankfurt/Main 1, Bockenheimer Landstr. 51—53

2.5. Dispositionshilfen für deutsche Unternehmen in Entwicklungsländern

2.5.1. Förderung von Privatinvestitionen

a) Darlehen zur Förderung von Niederlassungen deutscher Unternehmen in Entwicklungsländern

Das Bundesministerium für wirtschaftliche Zusammenarbeit (BMZ) fördert seit 1979 Investitionen kleiner und mittlerer Unternehmen in Entwicklungsländern durch Kredite zu günstigen Konditionen.

Gefördert werden: Errichtung, Erweiterung oder Erwerb von Unternehmen oder Unternehmensbeteiligungen (Ausnahme: Portfolio-Investitionen). Ferner werden bedingt rückzahlbare Darlehen zur Finanzierung von vorbereitenden Projektstudien gewährt; führen solche Studien zu einem negativen Ergebnis, kann auf die Rückzahlung des Kredits verzichtet werden.

Informationen:

BMZ, Referat 203, Karl-Marx-Straße 4—6, 5300 Bonn 1, Tel. (02 28) 53 51

Kreditanstalt für Wiederaufbau (KfW), Palmengartenstraße 5—9, 6000 Frankfurt/Main 1, Tel. (06 11) 7 43 11

DEG Deutsche Finanzierungsgesellschaft für Beteiligungen in Entwicklungsländern GmbH, Belvederestraße 50, 5000 Köln 41, Tel. (02 21) 4 98 61

b) DEG Deutsche Finanzierungsgesellschaft für Beteiligungen in Entwicklungsländern GmbH

Im Rahmen der Entwicklungspolitik der Bundesregierung fördert die DEG Investitionen deutscher Unternehmen, insbesondere der mittelständischen Wirtschaft, in Entwicklungsländern. Alleingesellschafter der DEG, deren Stammkapital eine Milliarde DM beträgt, ist der Bund.

Bei ihrer Tätigkeit nimmt die DEG folgende Aufgaben wahr:

— Übernahme von Beteiligungen an Unternehmen in Entwicklungsländern und/oder Gewährung beteiligungsähnlicher Darlehen;

- Übernahme von Garantien oder Bürgschaften in Verbindung mit Beteiligungen oder beteiligungsähnlichen Darlehen;
- Beratung der Partner bei Planung und Realisierung von Projekten;
- Zusammenführen von Investoren aus der BR Deutschland und aus Entwicklungsländern auf der Basis der Partnerschaft;
- Hilfe bei der Vermittlung zusätzlicher Finanzierungen;
- Beschaffung von Investitionsdaten ausgesuchter Entwicklungsländer.

Die DEG erwartet, daß sich an den von ihr mitfinanzierten Investitionen andere in- und ausländische Partner beteiligen.

Informationen:

DEG Deutsche Finanzierungsgesellschaft für Beteiligungen in Entwicklungsländern GmbH, Belvederestraße 40, 5000 Köln 41, Tel. (02 21) 4 98 61

c) Bundesgarantien für Kapitalanlagen

Das politische Risiko von Kapitalanlagen deutscher Unternehmer in Entwicklungsländern kann durch Garantien des Bundes gedeckt werden.

Die gedeckten Risiken sind:

- Enteignung, Verstaatlichung, enteignungsgleiche Eingriffe sowie sonstige politisch motivierte Maßnahmen staatlicher Institutionen, durch die dem Anlageunternehmen die Existenzgrundlage entzogen wird.
- Krieg oder sonstige bewaffnete Auseinandersetzungen, Revolution, Aufruhr.
- Unmöglichkeit der Konvertierung oder des Transfers, Zahlungsverbote, Moratorien.

Informationen:

Treuarbeit AG, New-York-Ring 13, 2000 Hamburg 60, Tel. (0 40) 6 37 81

d) Service-Contracts

Seit dem Jahre 1977 ist die Übernahme von Bundesgarantien für Ansprüche und Rechte deutscher Unternehmen bei einer neueren, auf die Besonderheiten der Erdölgewinnung zugeschnittenen Kooperationsform, den Service-Contracts, möglich.

Dabei handelt es sich um eine Form der Zusammenarbeit, die zunehmend an die Stelle der Investition mit eigenen Konzessionen des Investors tritt. Eigentumsrechte und Kontrolle über Vorkommen und Produktion verbleiben bei dem Produktionsland.

Geschützt werden:

- die Bezugsrechte des Kontraktors gegen entschädigungslose Entziehung und gegen Verlust durch Krieg, Aufruhr usw.;
- Ansprüche auf Erstattung der Explorations- und Erschließungsaufwendungen gegen politisch begründete Nichterfüllung (einschließlich Transfer- und Konvertierungsrisiken).

Informationen:

Treuarbeit AG, New-York-Ring 13, 2000 Hamburg 60, Tel. (0 40) 6 37 81

e) Bundesgarantien und Bundesbürgschaften für ungebundene Finanzkredite

Der Bund kann auf Antrag eines deutschen Kreditgebers Garantien und Bürgschaften für ungebundene Finanzkredite an Regierungen oder private Schuldner in Entwicklungsländern übernehmen. Gedeckt werden politische und wirtschaftliche Risiken.

Informationen:

Treuarbeit AG, New-York-Ring 13, 2000 Hamburg 60, Tel. (0 40) 6 37 81

f) Investitionsförderungsverträge

Zum Schutz und zur Förderung von Investitionen deutscher Unternehmen in Entwicklungsländern schließt die BR Deutschland mit Ländern der Dritten Welt Investitionsförderungsverträge (IFV).

Wesentlicher Inhalt von IFV sind:

- Inländerbehandlung und Meistbegünstigung, d. h.: keine Benachteiligung gegenüber nationalen Kapitalanlagen bzw. solchen aus dritten Staaten;
- Schutz vor Enteignung oder Verstaatlichung, es sei denn, sie erfolgt zum allgemeinen Wohl und gegen angemessene, unverzügliche und transferierbare Entschädigung;
- freier Kapitaltransfer:
- internationales Schiedsgericht bei Meinungsverschiedenheiten über Auslegung oder Anwendung des IFV.

Informationen:

Die Texte der bestehenden IFV sind im Bundesgesetzblatt abgedruckt.

Länder, mit denen Investitionsförderungsverträge geschlossen wurden, sind:
Ägypten, Bangladesch, Benin, Ecuador, Elfenbeinküste, Gabun, Griechenland, Guinea, Haiti, Indien, Indonesien, Iran, Israel, AR Jemen, Jordanien, Kamerun, VR Kongo, Republik Korea, Liberia, Madagaskar, Malaysia, Mali, Malta, Marokko, Mauritius, Niger, Oman, Pakistan, Papua-Neuguinea, Portugal, Ruanda, Rumänien, Sambia, Senegal, Sierra Leone, Singapur, Somalia, Sri Lanka, Sudan, Syrien, Tansania, Thailand, Togo, Tschad, Tunesien, Türkei, Uganda, Zaire, Zentralafrikanische Republik.

g) Steuerliche Erleichterungen

Wie bei allen Auslandsinvestitionen ist die Höhe der Steuerlast auch bei Investitionen in Entwicklungsländern eine wesentliche Einflußgröße. Jeder Unternehmer sollte deshalb die allgemeinen steuerlichen Auswirkungen geplanter Investitionen von einem Fachmann für internationales Steuerrecht prüfen lassen.

Wichtige steuerliche Erleichterungen für Investitionen in Ländern der Dritten Welt enthalten das Auslandsinvestitionsgesetz sowie die mit einer Reihe von Ländern abgeschlossenen Doppelbesteuerungsabkommen. Nach dem Entwicklungsländer-Steuergesetz werden grundsätzlich nur noch solche Investitionen gefördert, die bis zum 31. 12. 1981 vorgenommen wurden.

Das Auslandsinvestitionsgesetz bezweckt generell den Abbau steuerlicher Hemmnisse und Nachteile bei Auslandsinvestitionen.

Die Bundesrepublik Deutschland hat mit insgesamt 29 Entwicklungsländern Doppelbesteuerungsabkommen (DBA) abgeschlossen, um deutsche Unternehmen im Ausland vor zu hohen steuerlichen Belastungen zu schützen und die internationale Doppelbesteuerung zu vermeiden.

Das Entwicklungsländer-Steuergesetz (EntwLStG) sieht steuerliche Erleichterungen für Investitionen deutscher Unternehmen in Entwicklungsländern durch Bildung von gewinnmindernden Rücklagen vor.

Informationen:

Der Text des Auslandsinvestitionsgesetzes ist veröffentlicht im Bundesgesetzblatt Teil I, 1969, S. 1211, zuletzt geändert durch das 2. Haushaltsstrukturgesetz, Bundesgesetzblatt Teil I, 1981, S. 1523.

Der Text des EntwLStG ist im Bundesgesetzblatt, Teil I, 1979, S. 558, seine Änderung durch das 2. Haushaltsstrukturgesetz im Bundesgesetzblatt, Teil I, S. 1523, veröffentlicht. Die Richtlinien für die Bestätigung der besonderen Beschäftigungswirksamkeit von Investitionen in Entwicklungsländern sind im Bundesanzeiger 1975 Nr. 29 ausgedruckt.

Länder, mit denen DBA geschlossen wurden, sind: Argentinien, Ägypten, Bangladesch, Brasilien, Ecuador, Elfenbeinküste, Griechenland, Indien, Indonesien, Iran, Israel, Jamaika, Kenia, Republik Korea, Liberia, Malaysia, Malta, Marokko, Mauritius, Pakistan, Portugal, Sambia, Singapur, Spanien, Sri Lanka, Thailand, Trinidad und Tobago, Tunesien, Zypern.

Länder, für die das EntwLStG gilt, sind: Ägypten, Äquatorialguinea, Äthiopien, Afghanistan, Algerien, Angola, Antigua, Argentinien, Bahamas, Bahrain, Bangladesch, Barbados, Belize, Benin, Bhutan, Birma, Bolivien, Botswana, Brasilien, Brunei, Burundi, Chile, VR China, Costa Rica, Dominikanischer Bund, Dominikanische Republik, Dschibuti, Ecuador, Elfenbeinküste, Fidschi, Gabun, Gambia, Ghana, Grenada, Griechenland, Guatemala, Guinea, Guinea-Bissau, Guyana, Haiti, Honduras, Indien, Indonesien, Irak, Iran, Israel, Jamaika, AR Jemen, DVR Jemen, Jordanien, Jugoslawien, Kamerun, Kap Verde, Katar, Kenia, Kiribati, Kolumbien, Komoren, VR Kongo, Republik Korea, Kuwait, DVR Laos, Lesotho, Libanon, Liberia, Libyen, Madagaskar, Malawi, Malaysia, Malediven, Mali, Malta, Marokko, Mauretanien, Mauritius, Mexiko, Mosambik, Nauru, Nepal, Nicaragua, Niger, Nigeria, Obervolta, Oman, Pakistan, Panama, Papua-Neuguinea, Paraguay, Peru, Philippinen, Portugal, Ruanda, Rumänien, Salomonen, Samoa, El Salvador, Sambia, Sao Tomé und Principe, Saudi-Arabien, Senegal, Seychellen, Sierra Leone, Simbabwe, Singapur, Somalia, Spanien, Sri Lanka, St. Christoph-Nevis-Anguilla, St. Lucia, St. Vicent und die Grenadinen, Sudan, Surinam, Swasiland, Syrien, Taiwan, Tansania, Thailand, Togo, Tonga, Trinidad und Tobago, Tschad, Türkei, Tunesien, Tuvalu, Uganda, Uruguay, Venezuela, Vereinigte Arab. Emirate, Vietnam, Wanuatu, Zaire, Zentralafrikan. Republik, Zypern.

h) Berater für betriebliche Kooperation

In enger Abstimmung mit Verbänden der deutschen Wirtschaft hat das Bundesministerium für wirtschaftliche Zusammenarbeit ein Programm zur Förderung betrieblicher Kooperation zwischen deutschen Unternehmen und Unternehmen in Entwicklungsländern geschaffen.

Entscheidend ist, daß die Kooperation auf längere Dauer angelegt ist. Beispiele:

— Gründung von joint ventures in Entwicklungsländern mit Kapitalbeteiligung deutscher Unternehmen;

— Zusammenarbeit auf technologischem Gebiet einschließlich Bereitstellung von Lizenzen und Management-Know how.

Informationen:

Deutsche Gesellschaft für Technische Zusammenarbeit (GTZ), Fachbereich 242, Dag-Hammerskjöld-Weg 1, 6236 Eschborn 1, Tel. (0 61 96) 4 01-7 99

i) Zentrum für Industrielle Entwicklung

Seit dem Jahre 1977 besteht in Brüssel das Zentrum für Industrielle Entwicklung. Es wurde im Rahmen des Abkommens der Europäischen Gemeinschaft mit den AKP-Ländern (Regionen Afrika, Karibik, Pazifischer Raum) eingerichtet und bietet den Entwicklungsländern und europäischen Unternehmen neue Möglichkeiten der Zusammenarbeit.

Für europäische Firmen, die an einer Zusammenarbeit mit AKP-Staaten interessiert sind — sei es als Investor oder Joint-Venture-Partner, als Lieferant von Know-how oder kompletten Anlagen oder als Management- und Marketing-Partner — kann das Zentrum für Industrielle Entwicklung (ZIE) z. B. bei folgenden Fragen behilflich sein:

— Auswahl des geeigneten AKP-Standortlandes sowie geeigneter AKP-Geschäftspartner;

— Organisation von Informationsreisen in AKP-Länder;

— Ausarbeitung und Mitfinanzierung von Projektstudien;

— Regelung rechtlicher Probleme (Gesellschaftsgründungen, Lizenzen, Devisenfragen etc.) und Aushandlung von Managementverträgen oder Vermarktungsabkommen;

— Vermittlung von Finanzierungen, die über die Eigenmittel der Investoren hinaus notwendig werden;

— Ausbildung von technischem und kaufmännischem Personal aus AKP-Ländern.

Informationen:

Zentrum für Industrielle Entwicklung, 28, rue de l'Industrie, B-1040 Brüssel, Tel. (0 03 22) 5 13 41 00

Bundesstelle für Außenhandelsinformation (BFAI), Blaubach 13, 5000 Köln 1, Tel. (02 21) 20 57 11

j) UNIDO-Service zur Investitionsförderung

Die Organisation der Vereinigten Nationen für Industrielle Entwicklung (UNIDO = United Nations Industrial Development Organisation) hat in der BR Deutschland ein eigenes Service-Büro eingerichtet, dessen Dienste deutschen Unternehmen offenstehen.

Das Service-Büro von UNIDO, das von Bundesregierung und den Spitzenverbänden der Wirtschaft unterstützt wird, berät Unternehmen bei Industrievorhaben in Entwicklungsländern, die ausländisches Kapital, Know-how und Management erfordern und die für ein Engagement deutscher Firmen geeignet sind.

Bei den Vorhaben kann es sich beispielsweise um die Gründung neuer Unternehmen oder um eine Erweiterung bestehender Betriebe sämtlicher Sparten zur Herstellung industrieller Waren handeln.

Dafür sind zwei Voraussetzungen zu erfüllen:

— Die Vorhaben sollen wirtschaftlich attraktiv sein;

— sie dürfen der Industrialisierungspolitik des betreffenden Landes der Dritten Welt nicht widersprechen.

Neben der Vermittlung allgemeiner und spezieller Informationen kann das UNIDO-Büro unter anderem folgende Leistungen in die Wege leiten:

— Marktstudien;

— technisch-ökonomische Studien (feasibility studies);

— Lösung von technischen oder Management-Problemen, insbesondere während der Anlaufphase eines Vorhabens;

— Aus- und Fortbildung des technischen und betriebswirtschaftlichen Führungspersonals aus Entwicklungsländern.

Informationen:

UNIDO-Investment Service, Postfach 10 20 65, Unter Sachsenhausen 10—26, 5000 Köln 1, Tel. (02 21) 13 16 86

UNIDO Purchase and Contract Service, Vienna International Center, A-1400 Wien, Tel. (0 04 32 22) 2 63 10

Weil Treue von Vertrauen kommt.

Neun von zehn Mercedes-Fahrern wählen immer wieder ihre Marke.

Ein überzeugender Beweis des Vertrauens, das nur aus der praktischen Erfahrung wächst: Zuverlässigkeit bedeutet unbeschwertes tägliches Fahren. Technische Führung heißt auch: Freude an dynamischer Leistung, entspanntes Fahrvergnügen, Umweltfreundlichkeit und niedriger Verbrauch.
Die vorbildliche passive Sicherheit und das Engagement unserer Kundendienstleute schaffen die Gewißheit, gut aufgehoben zu sein. Und die Wertbeständigkeit garantiert den sprichwörtlich guten Preis beim Wiederverkauf. Sicher ein weiterer triftiger Grund, danach von neuem Mercedes zu wählen.

MERCEDES-BENZ
Ihr guter Stern auf allen Straßen.

DEWE 61.600

Nutzen Sie Ihre Marktchancen durch Export
TRANSFER, das technisch-wirtschaftliche Magazin, eröffnet Ihnen neue Absatzmöglichkeiten im Ausland.
TRANSFER - attraktiv und modern gestaltet auf internationalem Niveau.
TRANSFER - spricht das gehobene technische und kaufmännische Management an.
TRANSFER - erreicht Industriebetriebe in allen wichtigen Exportländern.
TRANSFER
TRANSFER
TRANSFER
BI-MONTHLY TECHNICAL AND BUSINESS MAGAZINE FOR MANAGEMENT
Fair weather ahead
Spark-machining makes progress
To gladden mind and heart
Fordern Sie das komplette TRANSFER-INFO-PAKET an!
VOGEL Würzburg
Vogel-Verlag KG Würzburg
»TRANSFER« Abt. 653 Si/Jm
Postfach 6740 · 8700 Würzburg 1
Telefon (09 31) 41 02-3 27
Telex 6 80 131

2.5.2. Förderung von Exporten

a) KfW-ERP-Exportfinanzierungsprogramm

Exporte von Investitionsgütern in Entwicklungsländer können durch ein Finanzierungsprogramm aus Mitteln des ERP-Sondervermögens — verstärkt durch Kapitalmarktmittel der Kreditanstalt für Wiederaufbau (KfW) — gefördert werden.

Das Programm sieht Kredite an ausländische Importeure (Bestellerkredite) oder — in Ausnahmefällen — an deutsche Exporteure (Lieferantenkredite) vor. Bei den Lieferungen muß es sich ausschließlich um Investitionsgüter handeln.

Informationen:

Kreditanstalt für Wiederaufbau (KfW), Palmengartenstraße 5—9, 6000 Frankfurt/Main, Tel. (06 11) 7 43 11

b) AKA-Finanzierung

Die Ausfuhrkredit-GmbH (AKA) ist ein konsortialer Zusammenschluß namhafter Banken der BR Deutschland. Sie ist auf die Finanzierung von Lieferungen und/oder Leistungen deutscher Exporteure an ausländische Abnehmer spezialisiert.

Informationen:

AKA-Ausfuhrkredit Gesellschaft mbH, Große Gallusstraße 1—7, 6000 Frankfurt/Main 1, Tel. (06 11) 2 06 01

c) Bundesgarantien und Bundesbürgschaften für Ausfuhrgeschäfte

Die Risiken bei Ausfuhrgeschäften in Entwicklungsländer können deutsche Exporteure in gleicher Weise abdecken wie bei Exporten in andere Länder: durch Ausfuhrbürgschaften oder Ausfuhrgarantien des Bundes.

Bei Ausfuhr-Garantien werden gedeckt:

— Wirtschaftliches Risiko, d. h. Uneinbringlichkeit der Forderung infolge von Zahlungsunfähigkeit des Bestellers;

— politisches Risiko, d. h. Uneinbringlichkeit der Forderung infolge allgemeiner staatlicher Maßnahmen, bestimmter politischer Ereignisse oder Stockungen bei der Durchführung von Zahlungsabkommen oder ähnlicher Vereinbarungen.

Bei Ausfuhr-Bürgschaften wird gedeckt: Das Risiko der Uneinbringlichkeit der Forderung, d. h. wenn der ausländische Schuldner sie sechs Monate nach Fälligkeit nicht erfüllt oder wenn infolge politischer Ereignisse die Ware beschlagnahmt, vernichtet, beschädigt wird oder verlorengeht (Voraussetzung dabei ist, daß diese Gefahren nicht durch Versicherungen gedeckt werden konnten).

Bei Garantien und Bürgschaften zur Deckung von Fabrikationsrisiken wird das Risiko gedeckt, daß dem deutschen Hersteller die Fertigstellung der Waren unmöglich ist oder sie ihm nicht mehr zugemutet werden kann. Ursache dafür müssen der Vermögensverfall des Bestellers oder im Ausland liegende politische Gründe sein.

Die politischen und wirtschaftlichen Risiken eines Geschäfts können (mit Ausnahme des Konvertierungs- und Transferrisikos) nur gemeinsam gedeckt werden.

Informationen:

Hermes Kreditversicherungs-AG, Postfach 50 07 40, Friedensallee 254, 2000 Hamburg 50, Tel. (0 40) 88 70

d) Bundesgarantien und Bundesbürgschaften für gebundene Finanzkredite

Der Bund kann auf Antrag eines deutschen Kreditgebers Garantien und Bürgschaften für gebundene Finanzkredite an ausländische Regierungen oder private Schuldner im Ausland übernehmen. Gedeckt werden politische und wirtschaftliche Risiken.

Informationen:

Hermes Kreditversicherungs-AG, Postfach 50 07 40, Friedensallee 254, 2000 Hamburg 50, Tel. (0 40) 88 70

2.5.3. Förderung von Technologietransfer

a) Darlehen zur Förderung der wirtschaftlichen Umsetzung neuer Technologien durch deutsche Unternehmen in Entwicklungsländern

Im Jahre 1981 hat das Bundesministerium für wirtschaftliche Zusammenarbeit (BMZ) für die Übertragung neuer Technologien zu bedarfsgerechter Produktion in Entwicklungsländern kleinen und mittleren Unternehmen erstmals bedingt rückzahlbare Darlehen zur Verfügung gestellt.

Die Darlehen sind zur anteiligen Finanzierung des Investitionsaufwands für bestimmte Vorhaben im Rahmen von Gemeinschaftsunternehmen mit Partnern aus Entwicklungsländern bestimmt.

Als neue Technologien gelten solche, die die Lösung eines Problems zum Inhalt haben, das für Entwicklungsländer spezifisch ist, und im jeweiligen Land noch nicht eingeführt sind. Es kommen vor allem

Produkte und Verfahren in Betracht, die vom BMZ oder dem Bundesministerium für Forschung und Technologie (BMFT) mit dem Ziel einer Verwendung in Entwicklungsländern gefördert wurden, sowie technische Eigenentwicklungen deutscher Unternehmen, die den Bedingungen der Entwicklungsländer angepaßt sind.

Gefördert werden können: Markt- und Wirtschaftlichkeitsuntersuchungen, Kosten der Auslandsinvestitionen zum Aufbau des Produktionsbetriebes, Ausbildungsmaßnahmen für das lokale Personal, Kosten des Managements (besonders in der Aufbauphase), Inlands- und Auslandskosten der Entwicklung und technischen Anpassung von Produkten oder Verfahren, Lizenzen und Patentgebühren an Dritte, Steuern auf Lizenzen und Patente im Entwicklungsland, Aufbau eines Wartungsdienstes und Vertriebssystems im Entwicklungsland.

Antragsberechtigt sind kleine und mittlere Unternehmen (Jahresumsatz im Durchschnitt der drei vergangenen Kalenderjahre: unter DM 200 Mio.) mit Sitz und Geschäftsbetrieb in der Bundesrepublik Deutschland; in Ausnahmefällen, wenn es sich um Vorhaben von besonderer entwicklungspolitischer Bedeutung handelt, auch größere Unternehmen.

Informationen:

BMZ, Referat 220, Karl-Marx-Str. 4—6, 5300 Bonn 1, Tel. (02 28) 53 51

Kreditanstalt für Wiederaufbau (KfW), Palmengartenstr. 5—9, 6000 Frankfurt/Main 1, Tel. (0 69) 7 43 11

b) Deutsches Zentrum für Entwicklungstechnologien (GATE)

Innerhalb der Deutschen Gesellschaft für Technische Zusammenarbeit (GTZ) besteht eine besondere Arbeitseinheit: GATE (German Appropriate Technology Exchange). Sie kann in Fragen der technologischen Zusammenarbeit mit Entwicklungsländern für deutsche Unternehmen, insbesondere für kleine und mittlere, eine wichtige Anlaufstelle sein.

GATE, das „Deutsche Zentrum für Entwicklungstechnologien", das Mitte des Jahres 1978 gegründet wurde, nimmt folgende Aufgaben wahr:

- Sammeln, Aufbereiten und Verteilen von Informationen über angepaßte Technologien (Frage-Antwort-Dienst);
- Ermittlung von technologischem Bedarf;
- Förderung der Entwicklung und Anpassung von Technologien für Entwicklungsländer in materieller und personeller Hinsicht;
- Beratung des BMZ und des BMFT in Fragen angepaßter Technologien für Entwicklungsländer;

— Förderung und Beratung beim Aufbau von Produktionen für angepaßte Technologien in Entwicklungsländern durch Vermittlung von Technologien und Produktions-Know-how.

Die Schwerpunkte der Arbeit von GATE liegen in folgenden Bereichen: Unterstützung nicht-erschöpflicher (regenerativer) Energiequellen, Entwicklung lokaler Baustoffe und Baukonstruktionen, Verwertung von Biomasse sowie Entwicklung landwirtschaftlicher Geräte und Maschinen (einschließlich Nacherntetechnologien).

GATE hat eine eigene Know-how-Anbieter-Kartei eingerichtet, in die sich interessierte Unternehmen aufnehmen lassen können.

Informationen:

German Appropriate Technology Exchange (GATE), c/o GTZ, Dag-Hammarskjöld-Weg 1, 6236 Eschborn 1, Tel. (0 61 96) 40 11

2.5.4. Fach- und Führungskräfte der Entwicklungsländer

a) Zuschüsse zur betrieblichen Ausbildung in Entwicklungsländern

Seit dem Jahr 1980 fördert das Bundesministerium für wirtschaftliche Zusammenarbeit (BMZ) verstärkt die betriebliche Ausbildung deutscher Unternehmen in Ländern der dritten Welt. Dadurch werden diese Ausbildungsleistungen als eigenständiger Entwicklungsfaktor anerkannt.

Gefördert werden:

— kleine und mittlere Unternehmen mit Sitz und Geschäftsbetrieb in der BR Deutschland, deren Jahresumsatz im Durchschnitt der vergangenen Jahre weniger als 200 Mio. DM betragen hat;

— größere deutsche Unternehmen, sofern ihre betriebliche Ausbildung für das jeweilige Entwicklungsland von besonderer entwicklungspolitischer Bedeutung ist;

— einheimische Unternehmen der Entwicklungsländer, wenn die Ausbildung mit anderen Maßnahmen der deutschen Entwicklungspolitik in Zusammenhang steht.

Informationen:

Deutsche Gesellschaft für Technische Zusammenarbeit (GTZ) GmbH, Fachbereich 231, Dag-Hammarskjöld-Weg 1, 6236 Eschborn 1, Tel. (0 61 96) 4 01-5 15/5 35

b) Carl Duisberg-Gesellschaft

Die Carl Duisberg-Gesellschaft (CDG) e.V. ist eine von Bund, Ländern und der deutschen Wirtschaft geförderte Organisation. Ihre Hauptaufgabe besteht in der Fortbildung ausländischer Fach- und Führungskräfte in der BR Deutschland und in der Fortbildung deutscher Nachwuchskräfte der Wirtschaft im Ausland.

Daneben bestehen die Carl Duisberg Centren (CDC). Sie arbeiten ohne öffentliche Zuschüsse und werden durch Auftragsvergütungen finanziert.

Von besonderem Interesse für Unternehmer sind insbesondere die folgenden drei Bereiche der Tätigkeit von CDG und CDC:

— Fortbildungsprogramme
  (kurz- und langfristig) für Stipendiaten aus Entwicklungsländern in der BR Deutschland, in den Heimatländern („sur place") oder in Drittländern;

— fachliche Fortbildungsprogramme für Nachwuchskräfte aus Entwicklungsländern (im Auftrag von Firmen und ausländischen Regierungen);

— Vorbereitung von Mitarbeitern deutscher Unternehmen auf Auslandsaufgaben (Sprachkurse und Fortbildungsprogramme).

Informationen:

Carl Duisberg Gesellschaft e.V. (CDG), Hohenstaufenring 30—32, 5000 Köln 1, Tel. (02 21) 2 09 81

Carl Duisberg Centren gGmbH (CDC), Hansaring 49—51, 5000 Köln 1, Tel. (02 21) 1 62 61

c) Zentralstelle für Arbeitsvermittlung

Eine für Unternehmer wichtige Anlaufstelle — besonders im Personalbereich — ist die Zentralstelle für Arbeitsvermittlung (ZAV) der Bundesanstalt für Arbeit in Frankfurt am Main.

Zur ZAV gehört auch das „Büro Führungskräfte zu Internationalen Organisationen" (BFIO). Es ist die Anlaufstelle für deutsche Experten und Berater, die an einer Mitarbeit in internationalen Organisationen interessiert sind.

Informationen:

Zentralstelle für Arbeitsvermittlung (ZAV), Auslandsabteilung, Feuerbachstraße 42—46, 6000 Frankfurt/Main 1, Tel. (06 11) 7 11 11

d) Deutsche Stiftung für Internationale Entwicklung

Die im Jahre 1959 gegründete Deutsche Stiftung für Internationale Entwicklung (DSE) hat ein breites Aufgabenfeld, das dem Ziel dient, die Beziehungen der BR Deutschland zu den Ländern der dritten Welt auf der Grundlage des gegenseitigen Erfahrungsaustausches zu intensivieren und Fach- und Führungskräfte auszubilden.

Entsprechend ihrer Satzung arbeitet die (aus Mitteln des Bundes finanzierte) DSE in folgenden Bereichen:

— Durchführung von Tagungen, Seminaren und Exkursionen für Fach- und Führungskräfte aus Entwicklungsländern;

— Fortbildung von Führungskräften und Lehrern aus Entwicklungsländern;

— Vorbereitung deutscher Fachkräfte auf einen Aufenthalt in Entwicklungsländern.

Informationen:

Deutsche Stiftung für Internationale Entwicklung (DSE), Budapester Straße 1, 1000 Berlin 30, Tel. (0 30) 2 60 61

Zentralstelle für gewerbliche Berufsförderung (ZGB), Käthe-Kollwitz-Straße, 6900 Mannheim 1, Tel. (06 21) 33 30 81

Zentralstelle für Auslandskunde (ZA), Lohfelder Str. 140, 5340 Bad Honnef, Tel. (0 22 24) 20 33

e) Reintegrations-Förderung

Die Bundesregierung trägt durch verschiedene Reintegrationsprogramme dazu bei, die berufliche (Wieder-)Eingliederung von rückkehrwilligen Arbeitnehmern und von Ausbildungs-Absolventen aus Entwicklungsländern zu erleichtern. Deutsche Unternehmen können diese Programme nutzen, wenn sie mit zurückgekehrten Fachkräften oder mit Betrieben kooperieren wollen, die von Rückkehrern in ihren Heimatstaaten gegründet werden.

Zentrale Durchführungs- und Anlaufstelle für alle vom BMZ geförderte Reintegrationsprogramme ist das 1980 gegründete „Centrum für internationale Migration und Entwicklung" (CIM) in Frankfurt/Main. Es wurde auf der Basis eines Kooperationsvertrags zwischen der Deutschen Gesellschaft für Technische Zusammenarbeit (GTZ) und der Zentralstelle für Arbeitsvermittlung (ZAV) der Bundesanstalt für Arbeit ins Leben gerufen.

Informationen:

Centrum für internationale Migration und Entwicklung (CIM), Bettinastraße 62, 6000 Frankfurt/Main 1, Tel. (0 69) 74 01 31

2.5.5. Entwicklungshilfe und deutsche Unternehmen

a) Bundesstelle für Außenhandelsinformation

Die Unterrichtung der deutschen Wirtschaft über Vorhaben der Entwicklungszusammenarbeit mit und in Ländern der Dritten Welt obliegt der Bundesstelle für Außenhandelsinformation (BfAI). Ihr oberstes Anliegen ist es, interessierte Unternehmen so früh und umfassend wie möglich über Ausschreibungen für Projekte sowie Liefermöglichkeiten im Rahmen der sog. allgemeinen Warenhilfe zu unterrichten.

Die Informationen der BfAI umfassen grundsätzlich alle Maßnahmen der finanziellen Zusammenarbeit sowie diejenigen Maßnahmen der technischen Zusammenarbeit, die durch die Kreditanstalt für Wiederaufbau (KfW) abgewickelt werden. Ferner unterrichtet die BfAI die deutsche Wirtschaft über Planungen und Projekte, die von internationalen Finanzierungsinstitutionen (Weltbankgruppe, Regionalbanken) und Organisationen (EG) finanziert werden sollen.

Informationen:

Bundesstelle für Außenhandelsinformation (BfAI), Blaubach 13, 5000 Köln 1, Tel. (02 21) 2 05 71

b) Kreditanstalt für Wiederaufbau

Der weitaus größte Teil der Finanziellen Zusammenarbeit (FZ) wird im Auftrage des BMZ von der Kreditanstalt für Wiederaufbau (KfW) abgewickelt. Zusammen mit ihren vielfältigen anderen Aufgaben ist sie damit die national und international tätige deutsche Entwicklungsbank.

Informationen:

Kreditanstalt für Wiederaufbau (KfW), Palmengartenstraße 5—9, 6000 Frankfurt/Main, Tel. (06 11) 7 43 11

c) Deutsche Gesellschaft für Technische Zusammenarbeit

Mit der Durchführung von Projekten im Bereich der Technischen Zusammenarbeit (TZ) beauftragt das BMZ überwiegend die bundeseigene Deutsche Gesellschaft für Technische Zusammenarbeit (GTZ), GmbH. Umfang und Vielfalt ihrer Tätigkeit machen die GTZ als Vermittler zwischen den Erfordernissen in den Entwicklungsländern und dem Angebot in der Bundesrepublik Deutschland zu einem interessanten Partner von Firmen verschiedener Branchen.

Zu den Aufgaben der GTZ gehört es unter anderem, bei der Abwicklung der Projekte in Entwicklungsländern auch die Sachausrüstungen zu planen, einzukaufen und zu versenden.

Informationen:

Deutsche Gesellschaft für Technische Zusammenarbeit (GTZ), Dag-Hammarskjöld-Weg 1, 6236 Eschborn 1, Tel. (0 61 96) 40 11

d) Weltbankgruppe

Das gemeinsame Ziel der Weltbankgruppe besteht darin, den Lebensstandard in den Entwicklungsländern durch die Vergabe von Finanzierungsmitteln aus den Industriestaaten zu heben.

Die Weltbankgruppe besteht aus drei Organisationen, die alle ihren Sitz in Washington haben:

— Internationale Bank für Wiederaufbau und Entwicklung (IBRD)

— Internationale Entwicklungsorganisation IDA

— Internationale Finanz-Corporation (IFC).

Informationen:

Weltbankgruppe: (IBRD, IDA, IFC), 1818 H Street, N.W., Washington, D.C. 20433, U.S.A., Tel. 001-202-4 77 12 34

Europa-Büro: Avenue d'léna, F-75116 Paris, Frankreich (0 03 31) 7 23 54 21

Development Forum: United Nations, G.C.P.O. Box 5830, New York N.Y. 10017, U.S.A., Tel. 001-212-54-12 34

oder

Palais des Nationes, CH-1211 Genf 10, Schweiz, Tel. (00 41 22) 34 60 11

Andere Informationen:

Bundesstelle für Außenhandelsinformation (BfAI), Blaubach 13, 5000 Köln 1, Tel. (02 21) 2 05 71

e) Regionalbanken

Während die Weltbankgruppe ohne regionale Begrenzung tätig ist, finanzieren die drei regionalen Entwicklungsbanken und deren Sonderfonds nur Projekte und Programme in den Mitgliedsländern ihrer Region.

Die drei Regionalbanken, die nach ähnlichen Prinzipien wie die Weltbankgruppe operieren, sind:

— Asiatische Entwicklungsbank (ADB) samt Sonderfonds (Manila),

— Afrikanische Entwicklungsbank (AfDB), Afrikanischer Entwicklungsfond (AfDF) (Abidjan),

— Interamerikanische Entwicklungsbank (IDB) samt Sonderfonds (Washington).

Informationen:

Asian Development Bank (ADB), P.O. Box 789, Manila, Philippinen

African Development Bank (AfDB), 01BP 1387, Abidjan 01, Elfenbeinküste

Inter-American Development Bank (IDB), 808 17th Street, N.W., Washington, D.C. 20577, U.S.A.

Bundesstelle für Außenhandelsinformation (BfAI), Blaubach 13, 5000 Köln 1, Tel. (02 21) 2 05 71

f) Europäische Gemeinschaften

Die wirtschaftliche Zusammenarbeit der Europäischen Gemeinschaften (EG) mit der Dritten Welt wird im wesentlichen von dem Europäischen Entwicklungsfond (EEF) und der Europäischen Entwicklungsbank (EIB) durchgeführt.

Informationen:

Europäischer Entwicklungsfonds, c/o EG-Kommission, 200, Rue de la Loi, B-1049 Brüssel, Tel. (0 03 22) 7 35 11 11

Europäische Investitionsbank, 100, Boulevard Konrad Adenauer, L-Luxemburg-Kirchberg, Tel. (0 03 53) 4 37 91

EG-Büro: Zitelmannstraße 22, 5300 Bonn 1, Tel. (02 28) 23 80 41

Kurfürstendamm 102, 1000 Berlin 31, Tel. (0 30) 88 64 28

Bundesstelle für Außenhandelsinformation (BfAI), Blaubach 13, 5000 Köln 1, Tel. (02 21) 2 05 71

g) Entwicklungsprogramm der Vereinten Nationen

Die mit Abstand größte Organisation im Bereich der Vereinten Nationen, die sich mit Vorhaben in Entwicklungsländern befaßt, ist das Entwicklungsprogramm der VN (United Nations Development Programme — UNDP). Es bewilligt pro Jahr mehrere tausend Einzelprojekte in rund 130 Ländern und Territorien.

Die einzelnen Vorhaben überträgt UNDP zur Durchführung in erster Linie den Sonder- und Unterorganisationen der Vereinten Nationen (Executing Agencies).

Informationen:

Bundesstelle für Außenhandelsinformation (BfAI) Blaubach 13, 5000 Köln 1, Tel. (02 21) 2 05 71

United Nations Development Programme (UNDP), 1, UN-Plaza, New York, N.Y. 10017, U.S.A., Tel. 001-212-54 12 34

2.5.6. Förderungsmaßnahmen der Bundesländer

a) Programme der Bundesländer

Die meisten Bundesländer haben eigene Programme geschaffen, die der privatwirtschaftlichen Zusammenarbeit der in ihnen ansässigen Unternehmen mit Entwicklungsländern zugute kommen. In der Regel richten sie sich an die mittelständischen Unternehmen der Industrie, des Handwerks und des Großhandels.

Die Programme haben zum Ziel, der mittelständischen Wirtschaft des Landes den Zugang zu ausländischen Märkten und damit auch zu den neuen Märkten der Entwicklungsländer zu erleichtern.

Fast alle Bundesländer gewähren Verbilligungszuschüsse zu den Kosten von außenwirtschaftlichen Beratungen.

Schwerpunkte der Beratung sind die Exportfähigkeit des jeweiligen Produktes, die Auswahl von Exportmärkten, die Exporttechnik, der Aufbau einer inner- und außerbetrieblichen Organisation des Exportwesens im Unternehmen.

Informationen:

Wirtschaftsministerien und weitere Institutionen der Bundesländer
Örtlich zuständige Industrie- und Handelskammern sowie Handwerkskammern

b) Sonstige Ländermaßnahmen

Einzelne Bundesländer besitzen keine Programme zur Förderung der privatwirtschaftlichen Zusammenarbeit mit dem Ausland. Sie treffen Entscheidungen in diesem Bereich auf Antrag nach Lage des Einzelfalles.

Informationen:

Wirtschaftsministerien und weitere Institutionen der Bundesländer
Örtlich zuständige Industrie- und Handelskammern sowie Handwerkskammern

2.5.7. Kontakt- und Informationsstellen, Service-Angebote

a) Bundesstelle für Außenhandelsinformation

Die Bundesstelle für Außenhandelsinformation (BfAI) ist eine Behörde im Geschäftsbereich des Bundesministers für Wirtschaft. Sie hat die Aufgabe, deutsche Unternehmen in außenwirtschaftlichen Fragen zu beraten und ihnen Informationsmaterial für Tätigkeiten im Ausland zur Verfügung zu stellen.

Die BfAI gibt in Zusammenarbeit mit den Vereinigten Wirtschaftsdiensten (VWD) die fünfmal wöchentlich erscheinenden „Nachrichten für Außenhandel" (NfA) heraus. Darüber hinaus bietet sie der Wirtschaft eine breite Palette branchen- und länderspezifischer Veröffentlichungen (Einzelheiten im „BfAI-Publikationsspiegel", den die BfAI kostenlos zusendet).

Neben ihren Publikationen hält die BfAI — insbesondere für kleine und mittlere Betriebe — ein individuelles Beratungs- und Dienstleistungsangebot bereit. Es umfaßt unter anderem:

— Vermittlung von Geschäftskontakten;
— Informationen über Projekte der bilateralen und internationalen finanziellen und technischen Zusammenarbeit;
— Frühinformationen über ausländische Projekte, Planungen und Investitionsvorhaben (einschließlich Beratung über Einschaltungsmöglichkeiten);
— Länder- und branchenspezifische Einzelinformationen;
— Nachweis von Anschriften wesentlicher ausländischer Kontaktstellen;
— Auskünfte über ausländische Messen;
— Analyse der Investitionsbedingungen in einzelnen Anlageländern;
— Informationen in Fragen des internationalen Vertrags- und Gesellschaftsrechts sowie der Rechtsverfolgung im Ausland;
— Einzelauskünfte über ausländische Absatz- und Bezugsmärkte sowie Außenhandels- und Zollvorschriften.

Ferner verfügt die BfAI über eine Referenzbibliothek sowie eine allgemeine Wirtschaftsdokumentation mit Zugang zu etwa 2000 Periodika, 25 000 mikrogespeicherten Artikeln sowie weiteren 250 000 Artikeln.

Informationen:

Bundesstelle für Außenhandelsinformation (BfAI), Blaubach 13, 5000 Köln 1, Tel. (02 21) 2 05 71

b) Die Industrie- und Handelskammern, Auslandshandelskammern, DIHT

(Anschriften siehe Seiten 187 ff und 419 ff)

Im Bereich der deutschen Außenwirtschaft spielen die Industrie- und Handelskammern sowie die Auslandshandelskammern eine große Rolle. Sie können direkte und indirekte Dienstleistungen für deutsche Unternehmer erbringen.

Die Kammern sind in einer Dachorganisation zusammengeschlossen: Dem Deutschen Industrie- und Handelstag (DIHT), der seinen Sitz in Bonn hat.

Die Industrie- und Handelskammern (IHK) können Geschäftsanbahnungen im Ausland durch Auskünfte, Informationen und Beratungen unterstützen.

Ein wichtiges Informations- und Beratungsinstrument für die deutsche Wirtschaft sind die 40 deutschen Auslandshandelskammern.

Dienstleistungsangebot der Außenhandelskammern sind unter anderem:

- Anbahnung von Geschäftsverbindungen (Nachweis von Bezugsquellen, Adressen und Vertretungen);
- Auskunft und Beratung über Industrieansiedlung, Firmengründungen, Niederlassungsrecht, Investitionsmöglichkeiten, Steuerrecht;
- Hilfe bei Kooperationen, joint ventures und Lizenzgeschäften;
- Erstellung von ausführlichen Marktstudien und Marktkurzinformationen;
- Unterstützung bei der Zahlungsabwicklung durch Inkasso, Kredit- und Firmenauskünfte, Schiedsgerichtsverfahren;
- Benennung von Sachverständigen, Anwälten, Treuhändern;
- Vertretung von und bei Messen oder Ausstellungen;
- Bereitstellung von Informationen (Kammerzeitschriften, Merkblättern, Rundschreiben und Broschüren).

Informationen:

Deutscher Industrie- und Handelstag (DIHT), Adenauerallee 148, 5300 Bonn 1, Tel. (02 28) 10 41

c) Handelsförderungsstellen

An den Botschaften der BR Deutschland in der Volksrepublik China und in der Sozialistischen Republik Rumänien hat das Auswärtige Amt Handelsförderungsstellen eingerichtet.

Im einzelnen sind die Handelsförderungsstellen im Rahmen der bestehenden Möglichkeiten mit folgenden Dienstleistungen behilflich:

Für Exporteure:

- Handelsauskunftsdienst, Vermittlung bei der Anknüpfung von Geschäftsbeziehungen,
- Beratung und Unterstützung deutscher Firmen und Unternehmen gegenüber einheimischen Behörden,
- Unterstützung deutscher Unternehmen und Gesellschaften bei Messen, Ausstellungen, Symposien, Seminaren und bei der Werbung,
- Beschaffung von Informationsmaterial (Statistiken, Wirtschaftsdaten, Branchenübersichten).

Für Importeure:

- Information deutscher Importeure über Produktionsprogramm, Warenangebot sowie über Liefer- und Zahlungsbedingungen der Länder,

— bei Vorliegen deutscher Importwünsche Ermittlung der für Verhandlungen zuständigen Stellen der Gastländer, Kontaktanbahnungen und Gesprächsvermittlungen.

Sonstige Dienstleistungen:

— Beratung bei der Vertragsgestaltung,

— Bemühungen bei der Klärung von Differenzen über die Vertragsabwicklung,

— technische Dienstleistungen wie Übersetzungen, Telexbenutzung etc.,

Informationen:

Botschaft der Bundesrepublik Deutschland, Handelsförderungsstelle:

a) VR China: Dongzhimenwai Street, Chaoyang District, Peking, Tel. 52 21 61/65

b) SR Rumänien: Strada Rabat 21, Bukarest 21, Tel. 79 25 80

d) Banken — Verbände — Ländervereine

Hilfestellungen bei Anbahnung oder Durchführung von Außenhandelsbeziehungen können Banken, Verbände und Ländervereine geben. Diese Organisationen haben ausführliche Informationen zur Verfügung.

Der Bundesverband der Deutschen Industrie (BDI), seine 37 Mitgliedsverbände und ihre weitverzweigten Untergliederungen behandeln als außenwirtschaftliche Schwerpunktaufgaben die Förderung des Handels und der industriellen Kooperation mit dem Ausland. Dazu gehören unter anderem eine laufende Unterrichtung über alle einschlägigen Bestimmungen (z. B. Außenwirtschafts- und Zollrecht), ein auf die spezifischen Bedürfnisse der Branchen abgestellter Informationsdienst (auf der Grundlage eigener Marktuntersuchungen) sowie ein umfassendes Beratungsangebot: Fragen der Absatzförderung und Markterschließung, Verdeutlichung des Absatzinstrumentariums (Messen, Ausstellungen, Werbung, Marktforschung) sowie die Herstellung von Kontakten zu Wirtschaftspartnern, Behörden und Organisationen im In- und Ausland.

Der Bundesverband deutscher Banken, der die privaten Banken der Bundesrepublik Deutschland vertritt und von dessen Mitgliedsbanken viele in der dritten Welt tätig sind, unterrichet kontinuierlich über Investitionsprojekte in Entwicklungsländern und nimmt zu aktuellen entwicklungspolitischen Fragen Stellung.

Der Bundesverband des Deutschen Groß- und Außenhandels e.V. (BGA) und die ihm angeschlossenen Landes- und Bundesfachverbände, darunter insbesondere die Arbeitsgemeinschaft der Deutschen Exporteurvereine, vertreten im Rahmen der verbandlichen Repräsentanz des gesamten Großhandels die Interessen des deutschen Einfuhr- und

Ausfuhrhandels. Der BGA (in Verbindung mit seinen Mitgliedsverbänden) informiert über Außenwirtschafts- und Zollrecht, vor allem über Präferenzen, Investitionsrecht, Transithandel, Kompensationsgeschäfte, Einfuhrfinanzierung und Exportkreditversicherungspolitik.

Die beim BGA eingerichtete Kontaktstelle zur Förderung der Einfuhr aus Entwicklungsländern offeriert spezielle Dienstleistungen für alle am Handel mit Entwicklungsländern interessierte Firmen.

Der Bundesverband des Deutschen Exporthandels e.V., der mit seinen Mitgliedsverbänden über 400 Exporthandelsfirmen mit über 2000 Niederlassungen und Auslands-Vertretungen mit Schwergewicht Entwicklungsländer betreut, unterrichtet kontinuierlich über entwicklungspolitisch aktuelle Fragen im Zusammenhang mit dem Exportgeschäft einschließlich Geschäftsanbahnung und Marktpflege in den Käuferländern.

Auch die Handwerksorganisation hat Exportberatungsstellen eingerichtet, die allen an Geschäften mit dem Ausland interessierten Handwerkern zur kostenlosen Beratung offenstehen. Die Exportberatungsstellen haben unter anderem folgende Aufgaben: Beratung der Handwerksbetriebe, die an Export und Import interessiert sind; Sammlung und Aufbereitung von Informationen; Beratung von Handwerksbetrieben und Handwerkskammern zu Außenwirtschaftsfragen. Ferner geben sie Informationsmaterial heraus.

Informationen über mögliche Geschäftspartner im Ausland sind auch bei den Wirtschaftsauskunftsdateien erhältlich. Der Verband der Vereine Creditreform, der mit einem dichten Netz von Schwester- und Vertrags-Instituten im Ausland zusammenarbeitet, kann nähere Auskünfte über die Tätigkeit der Wirtschaftsauskunftsdateien sowie über Dienste zur Einbeziehung von Forderungen erteilen.

Der Verband unabhängig beratender Ingenieurfirmen e.V. (VUBI) steht Interessenten im In- und Ausland bei der Suche nach auslandserfahrenen sowie fachlich und regional besonders qualifizierten Planungs- und Beratungsfirmen zur Verfügung. Über einschlägige Erfahrungen verfügt auch der Verband Beratender Ingenieure (VBI).

Schließlich ist noch auf das Rationalisierungs-Kuratorium der Deutschen Wirtschaft (RKW) sowie auf den Ausstellungs- und Messeausschuß der Deutschen Wirtschaft (AUMA) hinzuweisen.

Die Ländervereine Nah- und Mittelostverein, Ibero-Amerika-Verein, Ostasiatischer Verein, Australien-Neuseeland-Südpazifik-Verein sowie Afrika-Verein haben sich die Förderung der Wirtschaftsbeziehungen der Bundesrepublik Deutschland zu den großen außereuropäischen Wirtschaftsgebieten zur Aufgabe gemacht.

Der von den Ländervereinen geschaffene Technisch-Wirtschaftliche Dienst (TWD) unterstützt Unternehmen in der Bundesrepublik Deutschland und in Entwicklungsländern bei der Anbahnung von Kooperationen.

Informationen:

Bundesverband deutscher Banken, Mohrenstr. 35/41, 5000 Köln 1, Tel. (02 21) 1 66 31

Bundesverband der Deutschen Industrie (BDI), Oberländer Ufer 84—88, 5000 Köln 51, Tel. (02 21) 3 70 81

Arbeitsgemeinschaft Entwicklungsländer, Oberländer Ufer 84—88, 5000 Köln 51, Tel. (02 21) 3 70 81

Technisch-Wirtschaftlicher Dienst der Ländervereine (TWD), Neuer Jungfernstieg 21, 2000 Hamburg 36, Tel. (0 40) 34 30 53

Bundesverband des Deutschen Groß- und Außenhandels e.V., Kaiser-Friedrich-Str. 13, 5300 Bonn 1, Tel. (02 28) 21 80 57

e) Kontaktstellen der Entwicklungsländer in der Bundesrepublik Deutschland

Eine Reihe von Entwicklungsländern unterhält in der Bundesrepublik Deutschland besondere Institutionen, die als Kontaktstellen für deutsche Unternehmen in Betracht kommen.

Aufgabe dieser Stellen ist die Anbahnung und Vertiefung allgemeiner Handelsbeziehungen sowie in verschiedenen Fällen auch die Förderung der Investitionen; einige von ihnen sind auf spezielle Branchen oder Produkte orientiert.

Insgesamt haben 26 Entwicklungsländer, darunter fünf aus Europa, solche Kontaktstellen eingerichtet. Einige Länder verfügen über mehrere Niederlassungen in verschiedenen deutschen Städten.

Dabei handelt es sich um folgende Länder: Algerien, Brasilien, China, Elfenbeinküste, Ghana, Griechenland, Hongkong, Indien, Indonesien, Iran, Israel, Jugoslawien, Kolumbien, Korea, Malaysia, Marokko, Mexiko, Philippinen, Portugal, Singapur, Spanien, Sri Lanka, Taiwan, Thailand, Tunesien, Zypern.

Informationen:

Anschriften der Entwicklungsländer — Kontaktstellen:

Algerien
SONATRACH, Königsallee 98, 4000 Düsseldorf, Tel. (02 11) 37 02 37

Brasilien
Brasilianisches Kaffee-Institut, Rödingsmarkt 39, 2000 Hamburg 11, Tel. (0 40) 36 46 41

VR China
Chinesische Handelsmission, Laufgraben 35, 2000 Hamburg 13, Tel. (0 40) 45 05 87

Elfenbeinküste
Außenhandelszentrum der Elfenbeinküste und **Deutsch-Ivoirische Wirtschaftsvereinigung e.V.,** Schaafenstr. 12, 5000 Köln 1, Tel. (02 21) 21 98 68

Ghana

Ghana Investment Centre, Postfach 16 364, Untermainkai 34, 6000 Frankfurt/Main, Tel. (06 11) 23 43 13-14

Griechenland

Griechische Organisation für Klein- und Mittelbetriebe und Kunsthandwerk (H.O.M.M.E.H.), Stiftstraße 18, 6000 Frankfurt/Main 1, Tel. (06 11) 29 18 79

Hongkong

Hong Kong Trade Development Council

— Ulmenstraße 49, 6000 Frankfurt/Main, Tel. (06 11) 72 16 55—57
— Hansastraße 1, 2000 Hamburg 13, Tel. (0 40) 41 74 22/42

Indien

Trade Development Authority of India, Wilhelm-Leuschner-Straße 93, 6000 Frankfurt/Main, Tel. (06 11) 23 09 31-8

Indian Investment Centre, Graf-Adolf-Straße 90, 4000 Düsseldorf, Tel. (02 11) 35 34 31

Indonesien

Indonesian Trade Promotion Centre, Glockengießerwall 20, 2000 Hamburg 1, Tel. (0 40) 33 06 39

Iran

Deutsch-Iranische Handelskammer e.V., Mittelweg 151, 2000 Hamburg 13, Tel. (0 40) 44 08 47

Israel

Deutsch-Israelische Wirtschaftsvereinigung e.V., Breite Straße 13, 4000 Düsseldorf, Tel. (02 11) 82 52 72

Trade Center des Staates Israel

— Hansaring 24, 5000 Köln 1, Tel. (02 21) 12 00 53
— Widenmayerstraße 11, 8000 München 22, Tel. (0 89) 29 90 91, 29 98 80
— Fontenay 1d, 2000 Hamburg 36, Tel. (0 40) 44 58 56

Jugoslawien

Jugoslawische Bundeswirtschaftskammer JOGOKOMORA, Eschersheimer Landstraße 61, 6000 Frankfurt/Main 1, Tel. (06 11) 55 24 40, 55 19 10

Kolumbien

Kolumbianisches Außenhandelsbüro PROEXPO, Hochallee 89, 2000 Hamburg 13, Tel. (0 40) 44 30 77-78

Korea

Korea Trade Centre KOTRA

— Kantstraße 165, 1000 Berlin, Tel. (0 30) 8 81 70 70
— Mainzer Landstraße 27—31, 6000 Frankfurt/Main, Tel. (06 11) 23 68 95
— Steindamm 71, 2000 Hamburg 1, Tel. (0 40) 2 80 33 42—43
— Arabellastraße 5, App. 133, 8000 München 81, Tel. (0 89) 91 15 69

Malaysia

Malaysia Trade Commission, ABC-Haus, 6. Etage, Bahnhofstraße 1—9, 5000 Köln 1, Tel. (02 21) 12 40 07—08

Marokko

Office de Commercialisation et d'Exportation O.C.E. Marokkanische Handelsmission, Lippeltstraße 1, 2000 Hamburg 1, Tel. (0 40) 32 26 04-05

Marokkanische Handelsmission O.C.E., Großmarkt, Haus Asmos, 5000 Köln 51, Tel. (02 21) 3 76 10 51

Mexiko

Mexikanische Handelsmission, Heumarkt 14, 5000 Köln 1, Tel. (02 21) 21 05 41—42

Philippinen

Philippine European Economic Cooperation Office, Postfach 39 08, Bettinaplatz 5, 6000 Frankfurt/Main 1, Tel. (06 11) 74 80 48—49

Goldring®
»automatic«.
Schreibt und stempelt.
Zusätzlich auch mit »signet«-Stempel in der Kopfschraube.
Werbung, die ankommt!
GOLDRING Ideen für das erfolgreiche Werbegeschenk.
OTTO STEMPELMANN
Der Top-Stempel-Kugelschreiber »automatic«, weltweit der erste mit vollautomatischem Adressenstempel:
Nur Kappe zurückschieben und stempeln.
Hochwertige GOLDRING D1 Vollstrichmine mit Edelstahlspitze.
Ganzmetallausführung in 15 verschiedenen Dekors.
Goldring GmbH, Fabrik moderner Schreibgeräte
Postfach 1226, 7580 Bühl/Baden, Tel. 07223/24057, Telex 78792

Portugal
Portugiesisches Handelsbüro
— Friedrichstraße 20/I, 4000 Düsseldorf 1, Tel. (02 11) 37 06 99
— Gänsemarkt 21, 2000 Hamburg 36, Tel. (0 40) 34 42 14

Singapur
Singapore Economic Development Board, Untermainanlage 7, 6000 Frankfurt/Main 1, Tel. (06 11) 23 38 38

Spanien
Amtliche Spanische Handelskammer für Deutschland, Untermainkai 83, 6000 Frankfurt/Main 70, Tel. (06 11) 63 80 31

Sri Lanka
Sri Lanka Trade and Investment Centre, Emanuel-Leutze-Straße 1, 4000 Düsseldorf, Tel. (02 11) 59 32 23

Taiwan
Asia Trade Centre, Dreieichstraße 59, 6000 Frankfurt/Main 70, Tel. (06 11) 61 70 41—42

Thailand
Thai Trade and Investment Centre, Bethmannstraße 58, 6000 Frankfurt/Main 1, Tel. (06 11) 28 10 91—92

Tunesien
Tunesisches Investitionsförderungsamt, API, Barbarossaplatz 8, 5000 Köln 8, Tel. (02 21) 23 54 71—72

Zypern
Handelszentrum von Zypern, Pipinstraße 16, 5000 Köln 1, Tel. (02 21) 23 51 60

3. Handbücher und Nachschlagewerke

3.1. Firmenhandbücher und Bezugsquellennachweise

Ägypten

Directory of Service, Industrial and Foreign Trading Companies in Egypt, International Trade Consulting Co., 22 El Gaber St., Auberge, Giza, Ägypten

Argentinien

Argentine-American Business Review Directory, Motivational Communications, Inc., 207 W. 21st St., New York, NY 10011, USA

American Business in Argentina Directory, The American Chamber of Commerce in Argentina, Av. R. Saenz Pena, 567, 1352 Buenos Aires, Argentinien

Argentina — Reference Book, Dun & Bradstreet, P.O.B. 954, Florida 234, Code 1334 Buenos Aires, Argentinien

Guía de Exportadores e Importadores Argentinos, Editorial Scott, S.A., Guemes 3440-A, 1425 Buenos Aires, Argentinien

Major Companies of Argentina, Graham & Trotman Ltd., Sterling House, 66 Wilton Rd., London SE1V 1DE, Großbritannien

Mayer's Grand Guide, Joseph Mayer, Casilla Correo 1561, Buenos Aires, Argentinien

Australien

Australian Buying Reference, R.G. Riddell Pty. Ltd., 32 Burton St., Milsons Pt., New South Wales, 2061, Australien

Australian Exports, Peter Isaacson Publications, 46/49 Porter St., Prahran, Victoria 3181, Australien

Australian Key Business Directory, Dun & Bradstreet (Aust.) Pty. Ltd., G.P.O. Box 425G, Melbourne, South Victoria 3205, Australien

Business Who's Who of Australia, R.G. Riddell Pty. Ltd., 100 Alexander St., Crows Nest, New South Wales 2065, Australien

Commercial Directory of Sydney, Membership Register and Business Classification, Sydney Chamber of Commerce, G.P.O. Box 4280, Sydney, New South Wales 2001, Australien

Hospitality Buyers Guide, Peter Isaacson Publications Pty. Ltd., 46/49 Porter St., Prahran, Victoria 3181, Australien

Kompass Australia, Peter Isaacson Publications, 46/49 Porter St., Prahran, Victoria 3181, Australien

Metal and Engineering Industry Yearbook, Peter Isaacson Publications Pty. Ltd., 46/49 Porter St., Prahran, Victoria 3181, Australien

South Australia — Chamber of Commerce & Industry Directory and Register of Members, Chamber of Commerce & Industry, South Australia, Inc., 12 Pirie Street, Adelaide, South Australia, Australien

Textile & Apparel Index of Australia, Textile Index, 9 Sterland Ave., North Manley, NSW 2100, Australien

Textile Journal Buying Guide, Page Publications Pty. Ltd., Yaffa Bldg., 432 Elizabeth St., Surry Hills, NSW 2010, Australien

The Tasmanian Almanac, Mercury-Walch Pty. Ltd., 5—7 Bowen Rd., Moonah, Tasmania 7009, Australien

Travel Trade Year Book, IPC Business Press Pty. Ltd., 3—13 Queen St., Chippendale, NSW 2008, Australien

Western Australia Products Directory, Department of Industrial Development, 32 St. Georges' Terrace, Perth, WA 6000, Australien

Who's Who in U.S. Business in Australia, American Chamber of Commerce in Australia, 3rd Fl., 50 Pitt St., Sydney, New South Wales 2000, Australien

Bahamas

Annual Directory — Bahamas Chamber of Commerce, Bahamas Chamber of Commerce, P.O. Box N-665, Nassau, Bahamas

Bahamas Commercial Directory, Chamber of Commerce, P.O.B. 665, Nassau, Bahamas

Belgien

Aide-Mémoire de L'Exportateur Belge, Fédération des Chambres de Commerce Belges à l'Etranger, Rue de Sols 8, 1000 Brüssel, Belgien

Annuaire de la Chambre de Commerce de Bruxelles, Chambre de Commerce de Bruxelles, Avenue Louise 500, 1050 Brüssel, Belgien

Annuaire de la Fédération des Industries Chimiques de Belgique, Fédération des Industries Chimiques de Belgique, 49 Square Marie-Louise, B-1040 Brüssel, Belgien

Annuaire des Vins, Alcools et Spiritueux du Marché Commun, Editions Delta, Rue Saint-Bernard 19, B-1060 Brüssel, Belgien

Chemfacts: Belgium, Chemical Data Services, Room 905, Quadrant House, The Quadrant, Sutton, Surrey SM2 5AS, Großbritannien

Kompass Belgium-Luxembourg, Kompass Belgium S.P.R.L., Ave. Moliere 256, 1060 Brüssel, Belgien

Liste des Entrepreneurs Enregistrés Ministère des Finances, Bureau de Vente des Publications, Rue d'Arlon 80, 1040 Brüssel, Belgien

List of American Companies in Belgium, American Chamber of Commerce in Belgium, Ave. des Arts 50, Bte 5, B-1040 Brüssel, Belgien

Répertoire des Périodiques paraissant en Belgique, Editions de la Librairie Encyclopedique, 40 Rue du Luxembourg, B-1040 Brüssel, Belgien

Yearbook of International Organizations, Union des Associations Internationales, 1 rue aux Laines, 1000 Brüssel, Belgien

Bolivien

American Chamber of Commerce of Bolivia — Membership Directory, The American Chamber of Commerce of Bolivia, P.O. Box 8268, La Paz, Bolivien

Brasilien

Annual Directory, American Chamber of Commerce for Brazil, Rio de Janeiro, Prasa Pio X, 15-5 andar, Rio de Janeiro RJ., Brasilien

Anuario das Indústrias, Editoria Pesquisa & Indústria, Ltda., Caixa Postal 4038, São Paulo, CEP 01000, Brasilien

As Grandes Companhias, Editorias Banas, S.A., Caixa Postal, 3245, São Paulo 01000 Capital, S.P., Brasilien

Brazil dez Mil, Dun & Bradstreet Informacões Comerciais Ltda., Av. Paulista, 807, 20th Fl., 01411 São Paulo SP, Brasilien

Brazilian Export Market, Editoria Pesquisa e Indústria Ltda., P.O. Box 4038 CEP 01000, São Paulo, Brasilien

Export Directory of Brazil, EBID — Empreendimentos Brasileiros de Informacões Dirigidas, Av. Paulista 326, 6° andar, São Paulo, Brasilien

Registro Industrial Brasileiro, T-L Publicacões Industriais Ltda., Rua Brigadeiro Tobias, 356-CEP 01032, Caixa Postal 30493, São Paulo, Brasilien

São Paulo Yearbook, American Chamber of Commerce for Brazil-São Paulo, Rue Formosa 367-290, São Paulo, Brasilien

Bulgarien

Bulgarian Engineering and Consulting Organizations, Bulgarian Chamber of Commerce and Industry, 11a Stamboliiski Blvd., Sofia, Bulgarien

Bulgarian Foreign Trade Organizations, Bulgarian Chamber of Commerce and Industry, Stamboliiski 11a, Sofia, Bulgarien

Bundesrepublik Deutschland

Siehe Punkt 4.2. (Abschnitt 1)

China

China Directory of Industry and Commerce and Economic Annual, Academic Book Center, Inc. 2424 N.E. 42 Ave., Portland, OR 97213, USA

China Trade Handbook, Croner Publications, Inc., 211-05 Jamaica Ave., Queens Village, NY 11428, USA

Exporters Directory for China and South East Asia, Edi-Plans, Tour Orion 5, Rue Kleber, 93100 Montreuil, Frankreich

Exports of the Republic of China, China External Trade Development Trade Council, 201, Tun Hwa North Rd., Taipei, Taiwan

Guide to Science and Technology in China, Longman Group Ltd., 6th Fl., Westgate House, The High, Harlow, Essex CM20 1NE, Großbritannien

Imports of the Republic of China, China External Trade Development Council, 201, Tun Hwa North Road, Taipei, Taiwan

Top 500, China Credit Information Service Ltd., P.O. Box 22297, Taipei, Taiwan

Siehe auch Punkt 2. (Abschnitt 3)

Dänemark

Danish Textile Export, Textilindustrien, Bregade 41, DK-7400 Herning, Dänemark

Danmarks 2,000 Storste Virksomheder, Teknisk Forlag A/S, Skelbaekgade 4, 1717 Kopenhagen V, Dänemark

Greens Handbogen om Dansk Erhversvsliv, Borsens Forlag A.S., 19 Montergade, DK-1045, Kopenhagen, Dänemark

Kompass Denmark, A/S Forlaget Kompass-Danmark, Hovegade 4, DK-2800 Lingby, Dänemark

Media Scandinavia, Danske Reklamebureauers Brancheforening, Gammel Strand 44, DK-1202 Kopenhagen, Dänemark

Nordisk Handelskalender, Nordisk Handelskalender, Sydvesteij 49, DK-2600 Glostrup, Kopenhagen, Dänemark

Udenrigs Handelskalenderen for Denmark, Information Office of Danish Foreign Trade, Holsteinsgade 19, DK-2100, Kopenhagen 0, Dänemark

Ecuador

Boletín de la Asociación de Industriales Textiles del Ecuador, Boletín de la Asociación de Industriales Textiles del Ecuador, P.O.B. 2893, Quito, Ecuador

Export Directory Ecuador, Sevilla & Asociados, 18 de Septiembre, No. 570 y Paez, Casilla 603-A suc. 3, Quito, Ecuador

Finnland

1500 Largest Companies in Finland, Yritystieta Oy, PL. 148, SF 00181, Helsinki 18, Finnland

Finnish Timber and Paper Calendar, The Finnish Paper and Timber Journal Publishing Co., P.O. Box 176, SF 00141, Helsinki 14, Finnland

Mista Mitakin Saa, Sininen Kirja Oy, Topeliuksenkatu 33 A9, SF-00250, Helsinki 25, Finnland

MTL Jasenluettelo, Finnish Association of Advertising Agencies, P. Robertinkatu 13, 00130 Helsinki 13, Finnland

Porssiyhtiot, Kansallis-Osake-Pankki, Kauppakirjapaino Oy, Helsinki, Finnland

Register of Exporters, Finnish Foreign Trade Association, Arkadiankatu 4—6 B, 00100 Helsinki 10, Finnland

Suomen 2000 Suurita Yritysta, Yritstieto Oy, Postilokero 274, 00531 Helsinki 53, Finnland

Frankreich

Amchan France — Business Directory, American Chamber of Commerce in France, 21 Avenue George V, 75008 Paris, Frankreich

Annuaire de la Chapellerie, Mode, Ed. Louis Johanet S.A., 68 Rue Boursault, 75017 Paris, Frankreich

Annuaire de la Chaussure et des Cuirs, Ed. Louis Johanet S.A., 68 Rue Boursault, 75017 Paris, Frankreich

Annuaire de la Confédération des Industries Céramiques de France, Confédération des Industries Céramiques de France, 44 Rue Copernic, 75116 Paris, Frankreich

Annuaire de la Construction Navale, Chambre Syndicale des Constructeurs de Navires et de Machines Marines, 47 Rue de Monceau, 75008 Paris, Frankreich

Annuaire de la Mécanographie, Editions Louis Johanet, 68 Rue Boursault, 75017 Paris, Frankreich

Annuaire de la Métallurgie et de la Sous-Traitance Rhone-Alpes, Editions S.M.E., 55 Montée de Choulans, 69323 Lyon Cedex, Frankreich

Annuaire de l'Ameublement, Editions Louis Johanet S.A., 68 Rue Boursault, 75017 Paris, Frankreich

Annuaire de la Papeterie — Allemagne — Belgique — France — Italie — Pays-Bas — Espagne, Ancienne Maison L'homme & Argy, 9 Rue Lagrange 75005 Paris, Frankreich

Annuaire de l'Armement de la Pêche, Editions Maritimes, S.A., 190 Blvd. Haussmann, 75008 Paris, Frankreich

Annuaire de Nautisme, Editions Chabassol, 30 Rue de Gramont, 75002 Paris, Frankreich

Annuaire des Centrales et Groupement d'Achats, Société Sepaic, 42 Rue du Louvre, 75001 Paris, Frankreich

Annuaires des Mines et Métaux Non-Ferreux, Fédération des Chambres Syndicales des Minéraux et Métaux Non-Ferreux, 30 Ave. de Messine, 75008 Paris, Frankreich

L'Annuaire des Sociétés et des Administrateurs, Dafsa, 7 Rue Bergére, 75009 Paris, Frankreich

Annuaire du Bâtiment et des Travaux Publics, des Matériaux de Construction et du Matérial d'Entreprise, Sageret, 5/7 Rue Plumet, 75015 Paris, Frankreich

Annuaire de Marketing, Adetem, 30 Rue de Astorg, 75008 Paris, Frankreich

Annuaire du Syndicat Général de la Construction Electrique, Sacel, 13 Rue Hamelin, 75783 Paris Cedex 16, Frankreich

Annuaire International „Toute la Boisson", SEP, 194—196 Rue Marcadet, 75018 Paris, Frankreich

Annuaire National de la Conserve, Editions Comindus, 1 Rue Descombes, 75017 Paris, Frankreich

Annuaire National, S.E.P., 194—196 Rue Marcadet, 75018 Paris, Frankreich

Annuaire National de l'Aviculture, Editions Comindus, 1 Rue Descombes, 75017 Paris, Frankreich

Annuaire National du Lait, Editions Comindus, 1 Rue Descombes, 75017 Paris, Frankreich

Annuaire Officiel de la Charcuterie, Les Editions Comindus, S.A., 1 Rue Descombes, 75017 Paris, Frankreich

Annuaire O.G.M., Editions Louis Johanet S.A., 68 Rue Boursault, 75017 Paris, Frankreich

Annuaire Parfums-Beauté, Ed. Louis Johanet S.A., 68 Rue Boursault, 75017 Paris, Frankreich

Annuaire Tech-Embal, Technorama, 31 Place Saint Ferdinand, F-75017 Paris, Frankreich

Association des Sociétés et Fonds Français d'Investissement, ASFFI, 1 Rue d'Astorg, 75008 Paris, Frankreich

Bottin Administratif, Didot-Bottin, 28 Rue Dr-Finlay, 75738 Paris Cedex 15, Frankreich

Bottin Auto Cycle Moto, Didot-Bottin, 28 Rue Dr-Finlay, 75738 Paris Cedex 15, Frankreich

Bottin International, Didot-Bottin, 28 Rue Dr-Finlay, 75738 Paris Cedex 15, Frankreich

Bottin Mondain, Didot-Bottin, 28 Rue Dr-Finlay, 75738 Paris Cedex 15, Frankreich

Bottin Professions, Didot-Bottin, 28 Rue Dr-Finlay, 75738 Paris Cedex 15, Frankreich

Catalogue Général de l'Industrie Pharmaceutique, Société d'Expansion Technique et Economique, 5, Rue Jules Lefèbvre, 75009 Paris, Frankreich

Chambre Syndicale Nationale des Electriciens et Spécialistes de l'Automobile, CSNESA, 59, Rue du Faubourg Poissonnière, 75009 Paris, Frankreich

Chemfacts: France, Chemical Data Services, Room 905, Quadrant House, The Quadrant, Sutton, Surrey SM2 5AS, Großbritannien

Franceexport, Librairie du Commerce International, 10 Ave. d'Iena, 75761 Paris, Frankreich

Franco-British Chamber of Commerce and Industry Yearbook, Franco-British Chamber of Commerce and Industry, 26 Ave. Victor Hugo, Paris 75119, Frankreich

French Company Handbook, International Business Development, 56 Rue Lemereier, 75017 Paris, Frankreich

Guide de la Chimie, SEP, 196-186 Rue Marcadet, 75018 Paris, Frankreich

Guide International de l'Energie Nucléaire, Editions Olivier Lesourd, 66 Rue de la Rochefoucauld, 75009 Paris, Frankreich

Inland Navigation Register, Bureau Véritas, 31 Rue Henri-Rochefort, 75017 Paris, Frankreich

Inventaires Régionaux, S.N.E.I., 22 Av. Franklin D. Roosevelt, 75008 Paris, Frankreich

Jouets et Jeux, Jouets et Jeux, 1 Place d'Estienne-d'Orves, 75009 Paris, Frankreich

Kompass-France, S.N.E.I., 22 Av. Franklin D. Roosevelt, 75008 Paris, Frankreich

Navis, René Moreaux & Cie., 190 Blvd. Haussmann, 75008 Paris, Frankreich

Premières Sociétés Françaises, Le Nouvel Economiste, 17 Rue d'Uzes, 75002 Paris, Frankreich

Qui Représente qui en France, S.N.E.I., 22 Ave. Franklin D. Roosevelt, 75008 Paris, Frankreich

Répertoire Francais du Commerce Extérieur, Secrétaire d'Etat au Commerce Extérieur, 41 Quai Branly, 75700 Paris, Frankreich

West European Cement Directory, European Cement Association, 2 Rue Saint Charles, 75740 Paris Cedex 15, Frankreich

World Cement Directory, European Cement Association, 2 Rue Saint Charles, 75740 Paris Cedex 15, Frankreich

Griechenland

Greek Export Directory, Athens Chamber of Commerce, 7 Akadimias St., Athen 1341, Griechenland

Greek Shipping Directory, Greek Shipping Publications Co. Ltd., 14 Skouse St., Piraeus, Griechenland

ICAP Financial Directory of Greek Companies, ICAP Hellas, S.A., Publications Dept 54a, Sophias Ave., Athen 115 28, Griechenland

Products of Greece, Link International Ltd., 58 Omirou St., Athen 106 72, Griechenland

Ghana

Ghana Yearbook, Ghana Graphic Corporation, P.O.B. 742, Accra, Ghana

Großbritannien

Aerospace Research Index, Longman Group Ltd., Westgate House, Harlow, Essex CM20 1NE, Großbritannien

Africa, South of the Sahara, Europa, 18 Bedford Sq., London WC1B 3JN, Großbritannien

Agricultural Research Centres, Longman Group Ltd., Westgate House, Harlow, Essex CM20 1NE, Großbritannien

Air Cargo: United Kingdom and Ireland, Middle East, Far East, Australia, North America and Europe, Audit House, Field End Rd., Eastcote, Middx. HA4 9LT, Großbritannien

Aluminium World Survey, Metal Bulletin P.L.C., Park House, Park Terrace, Worcester Park, Surrey KT4 7HY, Großbritannien

Anglo-American Trade Directory, American Chamber of Commerce (U.K.), 75 Brook St., London W1Y 2EB, Großbritannien

Arabian Computer Guide, Beacon Publishing, Jubilee House, Billing Brook Rd., Weston Favell, Northampton NN3 4NW, Großbritannien

Arabian Construction, Beacon Publishing, Jubilee House, Billing Brook Rd., Weston Favell, Northampton NN3 4NW, Großbritannien

Arabian Government and Public Services Directory, Parrish-Rogers International Ltd., Jubilee House, Billing Brook Rd., Weston Favell, Northampton NN3 4NW, Großbritannien

Arabian Insurance Guide, Beacon Publishing, Jubilee House, Billing Brook Road, Northampton NN3 4NW, Großbritannien

Arabian Transport Directory, Jubilee House, Billing Brook Rd., Weston Favell, Northampton NN3 4NE, Großbritannien

Arab-British Chamber of Commerce — Annual Directory, Arab British Chamber of Commerce, P.O. Box 4BL, 42 Berkeley Sq., London W1A 4BL, Großbritannien

Arab Business Yearbook, Graham and Trotman Ltd., Sterling House, 66 Wilton Rd., London SW1V 1DE, Großbritannien

Arab Shipping, Seatrade Publications, Fairfax House, Colchester CO1 1RJ, Großbritannien

Aslib Directory of Information Sources in the United Kingdom, Aslib, Publications Division, 3 Belgrave Sq., London SW1X 8PL, Großbritannien

Association of European Machine Tool Merchants Directory, Association of European Machine Tool Merchants, 70—74 Albans Rd., Watford WD1 1DY, Großbritannien

Audio Visual and Micro-Computer Handbook, Kogan Page Ltd., 120 Pentonville Rd., London N1, Großbritannien

Aviation Europe, Sell's Publications, Sell's House, 39 East Street, Epsom, Surrey KT17 1BQ, Großbritannien

Barbour Compendium: Building Products, Barbour Index Ltd., New Lodge, Drift Rd., Windsor, Berks SL4 4RQ, Großbritannien

Boat World, Haymarket Publishing, 34 Fourberts Place, London W1, Großbritannien

Britain's Computer Services — Software and Systems Houses, Jordan & Sons Ltd., Jordan House, Brunswick Pl., London N1 6EE, Großbritannien

Britain's Grocery Retailers, Jordan & Sons Ltd., Jordan House, Brunswick Pl., London N1 6EE, Großbritannien

Britain's Privately Owned Companies — The Second 2000, Jordan & Sons Ltd., Jordan House, Brunswick Pl., London N1 6EE, Großbritannien

Britain's Soft Drinks Industry, Jordan & Sons Ltd., Jordan House, Brunswick Pl., London N1 6EE, Großbritannien

Britain's Top 300 Road Haulage Companies, Jordan & Sons Ltd., Jordan House, Brunswick Pl., London N1 6EE, Großbritannien

Britain's Top 500 Electronic & Electrical Companies, Jordan & Sons Ltd., Jordan House, Brunswick Pl., London N1 6EE, Großbritannien

Britain's Top 1000 Foreign-Owned Companies, Jordan & Sons Ltd., Jordan House, Brunswick Pl., London N1 6EE, Großbritannien

Britain's Top 2000 Private Companies, Jordan & Sons Ltd., Jordan House, Brunswick Pl., London N1 6EE, Großbritannien

British Airlines, Passenger & Freight, Jordan & Sons Ltd., Jordan House, Brunswick Pl., London N1 6EE, Großbritannien

British Chemicals and their Manufacturers: Directory of the Chemical Industries, Chemical Industries Association Ltd., Alembic House, 43 Albert Embankment, London SE1, Großbritannien

British Chemical, Jordan & Sons Ltd., Jordan House, Brunswick Pl., London N1 6EE, Großbritannien

British Computer Services, Jordan & Sons Ltd., Jordan House, Brunswick Pl., London N1 6EE, Großbritannien

British Exports, Kompass Publishers Ltd., Windsor Court, East Grinstead House, East Grinstead, West Sussex RH19 1XD, Großbritannien

British Food Processing Industry, Jordan & Sons Ltd., Jordan House, Brunswick Pl., London N1 6EE, Großbritannien

British Frozen Food Federation: Yearbook, The Federation, Honey Pot Lane, Colsterworth, near Grantham, Lincs NG33 5LX, Großbritannien

British Gear Manufacturers' Association — Buyer's Guide, British Gear Manufacturers Association, The Fountain Precinct, 1 Balm Green, Sheffield S1 3AF, Großbritannien

British Machine Tools & Equipment, Machine Tool Trades Association, 62 Bayswater Rd., London W2 3PH, Großbritannien

British Marine Equipment: Products and Services of BMEC Member Companies, IPC Business Press, Ltd., 40 Bowling Green Lane, London EC1R 0NE, Großbritannien

British Non-Ferrous Metal Federation: Product Directory, British Non-Ferrous Metals Federation, Crest House, 7 Highfield Rd., Egbaston, Birmingham B15 3ED, Großbritannien

British Petroleum Equipment and Services, CBMPE, Great Portland St., London W1N 6DU, Großbritannien

British Process Plant, Process Plant Association, 197 Knightsbridge, London SW7 1RS, Großbritannien

British Pump Manufacturers Association, British Pump Manufacturers Association, 3 Pannels Court, Chertsey St., Guildford, Surrey GU1 4EU, Großbritannien

British Rail Directory, British Railways Board, 122 Marlebone Rd., London NW1 6JJ, Großbritannien

British Rate & Data, Maclean-Hunter Ltd., 76 Oxford St., London W1N 0HH, Großbritannien

Chemfacts: Scandinavia, Chemical Data Services, Room 905, Quadrant House, The Quadrant, Sutton, Surrey SM2 5AS, Großbritannien

Chemfacts: United Kingdom, Chemical Data Services, Room 905, Quadrant House, The Quadrant, Sutton, Surrey SM2 5AS, Großbritannien

Chemical Company Profiles: Western Europe, IPC Industrial Press Ltd., Dorset House, Stamford St., London SE1 9LU, Großbritannien

Computer Users' Yearbook, Computing Publications Ltd., Evelyn House, 62 Oxford St., London W1A 2HG, Großbritannien

Concrete Yearbook, Palladian Publications Ltd., 11 Grosvenor Crescent, London SW1X 7EE, Großbritannien

Confectionery Buyers' Guide, Confectionery Buyers Guide, 22 Methuen Park, London N10 2JS, Großbritannien

Construction Industry Europe, House Information Services Ltd., 1 Cresswell Park, London SE3 9RG, Großbritannien

Construction Industry Research & Information Association, The Association, 6 Storey's Gate, London SW1P 3AU, Großbritannien

Construction Plant & Equipment Annual, Morgan-Grampian Book Publishing Co., Ltd., 30 Calderwood St., London SE1 6QH, Großbritannien

Contractors Plant-Hire Association Handbook, Contractors Plant-Hire Association, 28 Eccleston St., London SW1W 9PY, Großbritannien

Copper, Metal Bulletin Ltd., Park House, Park Terrace, Worchester Park, Surrey KT4 7HY, Großbritannien

Directory of British Associations and Associations in Ireland, CBD Research Ltd., 154 High St., Beckenham, Kent BR3 1EA, Großbritannien

Directory of British Construction Equipment, Federation of Manufacturers of Construction Equipment and Cranes, 7—15 Lansdowne Rd., Croydon, Surrey CR9 2PL, Großbritannien

Directory of British Footwear Exporters, British Footwear Manufacturers Federation, 72 Dean St., London W1V 5HB, Großbritannien

Directory of British Importers, Trade Research Publications, 7 Oxford Close, Berkhamsted, Herts HP4 1BR, Großbritannien

Directory of Directors, Thomas Skinner Directories Ltd., Windsor Court, East Grinsted House, East Grinsted, West Sussex RG19 1XD, Großbritannien

Directory of Electronics, Instruments & Computers, Morgan-Grampian Book Publishing Co. Ltd., 30 Calderwood St., London SE1 6QH, Großbritannien

Directory of European Associations, CBD Research Ltd., 154 High St., Beckenham, Kent BR3 1EA, Großbritannien

Directory of Motor Component Manufacturers in Western Europe, European Directories, 23 City Rd., London EC1Y 1AA, Großbritannien

Directory of Non-Governmental Agricultural Organizations Set Up at Community Level, H.M. Stationery Office, P.O. Box 569, London SE1 9NH, Großbritannien

Directory of Pollution Control Equipment Companies in Western Europe, European Directories, 23 City Rd., London EC1Y 1AA, Großbritannien

Directory of Pump, Valve & Compressor Manufacturers in Western Europe, European Directories, 23 City Rd., London EC1Y 1AA, Großbritannien

Directory of the Allied Brewery Traders Association, Allied Brewery Traders' Association, 8 Ely Place, London EC1N 6SE, Großbritannien

Directory of the Arab-British Chamber of Commerce, Arab-British Chamber of Commerce, P.O.Box 4BL, 42 Berkley Sq., London W1A 4BL, Großbritannien

Dun & Bradstreet's Guide to key British Enterprises, Dun & Bradstreet Ltd., 26/32 Clifton St., London EC2P 2LY, Großbritannien

ECN Chemscope: International Project Review, IPC Industrial Press Ltd., Dorset House, Stamford St., London SE1 9LU, Großbritannien

E I Distributor Survey, Lesterstar Ltd., 375 Upper Richmond Rd. West, London SE14 7NX, Großbritannien

Electrical and Electronics Trader Year Book, IPC Business Press Ltd., 40 Bowling Green Lane, London EC1R 0NE, Großbritannien

Electrical and Radio Trading, IPC Electrical-Electronic Press, Dorset House, Stamford St., London SE1 9LU, Großbritannien

Electrical Contractors Association: Yearbook and Desk Diary, Electrical Contractors Association, 55 Catherine Place, London SE1E 6ET, Großbritannien

Electrical Research Association: Era Handbook, The Association, Cleeve Rd., Leatherhead, Surrey KT22 7SA, Großbritannien

Electricity Supply Handbook, Electrical Times Ltd., Dorset House, Stamford St., London SE1 9LU, Großbritannien

Electro Medical Trade Association: Products Directory, Electro Medical Trade Association, 276 High St., Guildford, Surrey GU1 3JU, Großbritannien

Electronic Engineering Association, The Association, 8 Leicester St., London WC2H 7BN, Großbritannien

Energy Industries Council Catalogue — British Suppliers to the Oil, Gas, Petrochemical and Process Industries, Energy Industries Council, Newcombe House, 45 Nottinghill Gate, London W11 3LQ, Großbritannien

Engineer Buyer's Guide, Morgan-Grampian Book Publishing Co. Ltd., 30 Calderwood St., London SE18 6QH, Großbritannien

Engineering Industries Association, Northern Advertising Agency Ltd., 7 Tong Lane, Bradford BD4 0RR, Großbritannien

Euro-Kompass, Kompass Publishers Ltd., Windsor Court, East Grinstead House, East Grinstead, West Sussex RH19 1ZB, Großbritannien

Europa Yearbook, Europa Ltd., 18 Bedford Square, London 1B 3JN, Großbritannien

European Chemical Buyers Guide, IPC Industrial Press Ltd., Quadrant House, The Quadrant, Sutton, Surrey SM2 5AS, Großbritannien

European Electronic Component Distributor Directory, Mackintosh Publications Ltd., Mackintosh House, Napier Rd., Luton LU1 1RG, Großbritannien

European Glass Directory and Buyer's Guide, Fuel & Metallurgical Journals Ltd., Queensway House, 2 Queensway, Redhill, Surrey RH1 1QS, Großbritannien

European Guide to Industrial Marketing Consultancy, Industrial Marketing Research Association, 11 Bird St., Lichfield, Staffs WS13 6PW, Großbritannien

European Research Index, Francis Hodgson, P.O.Box 74, Guernsey, British Isles, Großbritannien

European Rubber Directory, Maclaren Publishers Ltd., P.O.Box 109, Davis House, 69—77 High St., Croydon, CR9 1QH, Surrey, Großbritannien

Europe's 5000 Largest Companies, Financial Times Business Enterprise Div. 10 Bolt Court, Fleet St., London EC4, Großbritannien

Exhibitions & Conferences Yearbook, York Publishing Company, 64 Brunswick Centre, Marchmont St., London WC1N 1AE, Großbritannien

Guide to European Sources of Technical Information, Francis Hodgson, P.O.Box 74, Guernsey, British Isles, Großbritannien

Guide to Port Entry, Shipping Guides Ltd., 75 Bell Street, Reigate, Surrey RH2 7AN, Großbritannien

Guide to Science and Technology in the United Kingdom, Longman Group Ltd., 6th Fl., Westgate House, The High, Harlow, Essex CM20 1NE, Großbritannien

Guide to the Coalfields, Fuel & Metallurgical Journal Ltd., Queensway House, 2 Queensway, Redhill, Surrey RH1 1QS, Großbritannien

Handbook of Industrial Fire Protection and Security, Trade and Technical Press Ltd., Crown House, Morden, Surrey SM4 5EW, Großbritannien

Handbook of Instruments and Instrumentation, Trade and Technical Press Ltd., Crown House, Morden, Surrey SM4 5EW, Großbritannien

Index to Textile Auxiliaries, Textile Business Press, Grove House, Skerton Rd. Old Trafford, Manchester M16 0WL, Großbritannien

Industrial Companies, Longman Group Ltd., Westgate House, The High, Harlow, Essex CM20 1NE, Großbritannien

Industrial Fastening Handbook, Trade & Technical Press Ltd., Crown House, Morden, Surrey SM4 5EW, Großbritannien

International Directory of Market Research Organizations, Market Research Society, 15 Belgrave Sq., London SW1X 8PF, Großbritannien

International Directory of Published Market Research, International Research Directory, British Overseas Trade Board, Export House, 50 Ludgate Hill, London ECAM7 HU, Großbritannien

International Directory of Software, CUYB Publications Ltd., 430 Holdenhurst Rd., Bournemouth BH8 9AA, Großbritannien

International Medical Who's Who, Longman Group Ltd., 6th Fl., Westgate House, The High, Harlow, Essex CM20 1NE, Großbritannien

International Robotics Yearbook, Kogan Page Ltd., 120 Pentonville Rd., London N1 9JN, Großbritannien

International Security Directory, Publishers International Security Directory, P.O.Box 30, Henley-on-Thames, Oxfordshire RG9 5VA, Großbritannien

International Zinc and Galvanizing Survey, Metal Bulletin Books Ltd., Park House, Park Terrace, Worcester Park, Surrey KT4 7HY, Großbritannien

Key British Enterprises, Dun & Bradstreet, 6—8 Bonhill St., London EC2A 4BU, Großbritannien

Knitting & Haberdashery Review, Knitting & Haberdashery Review, Marshalls Chambers, 80A South St., Romford, Essex RM1 1QS, Großbritannien

Kompass United Kingdom, Kompass Publishers Ltd., Windsor Court, East Grinstead House, East Grinstead, West Sussex RH19 1XD, Großbritannien

Kompass United Kingdom Trade Names, Kompass Publications Ltd., Windsor Court, East Grinstead, West Sussex RH19 1XD, Großbritannien

Laboratory Equipment Directory, Morgan-Grampian Book Publishing Co. Ltd., 30 Calderwood St., London SE18 6QH, Großbritannien

Leather Guide, Benn Business Information Services Ltd., Union House, Eridge Rd., Turnbridge Wells, Kent TN4 8HF, Großbritannien

Major Companies of Europe, Graham and Trotman Ltd., Sterling House, 66 Wilton Rd., London SW1V 1DE, Großbritannien

Major Companies of the Arab World, Graham and Trotman Ltd., Sterling House, 66 Wilton Rd., London SW1V 1DE, Großbritannien

Major Companies of the Far East, Graham and Trotman Ltd., Sterling House, 66 Wilton Rd., London SW1V 1DE, Großbritannien

Manual of Building Maintenance, Turret Press Ltd., 886 High Rd., Finchley, London N12 9SB, Großbritannien

Meed Middle East, Middle East Economic Digest Ltd., Meed House, 21 John St., London WC1N 2BP, Großbritannien

Metal Traders of the World, Metal Bulletin Books, Ltd., Park House, Park Terrace, Worcester Park, Surrey KT4 7HY, Großbritannien

Middle East and North Africa, Europa Publications Ltd., 18 Bredford Square, London WC1B 3JN, Großbritannien

Netherlands-British Trade Directory, The Netherlands-British Chamber of Commerce, The Dutch House, 307/308 High Holborn, London WC1V 7LS, Großbritannien

New Trade Names in the Rubber and Plastics Industries, Rubber and Plastics Research Association of Great Britain, Shawbury, Shrewsbury, Salop SY4, Großbritannien

Non-Ferrous Metal Works of the World, Metal Bulletin Ltd., Park House, Park Terrace, Worcester Park, Surrey KT4 7HY, Großbritannien

North Sea Oil Directory, Publishing and Distributing Co., Ltd., Mitre House, 177 Regent St., London W1, Großbritannien

Offshore Oil & Gas Yearbook, Kogan Page Ltd., 116 A, Pentonville Rd., London N1 9JB, Großbritannien

Principal Companies of the European Economic Community, Graham and Trotman Ltd., Bond Street House, 14 Clifford St., London W1X 1RD, Großbritannien

Pneumatic Handbook, Trade & Technical Press Ltd., Crown House, Morden, Surrey SM4 5EW, Großbritannien

Polymers, Paint & Colour Yearbook, Fuel & Metallurgical Journals Ltd., Queensway House, Queensway, Redhill, Surrey RH1 1QS, Großbritannien

Sell's Marine Market, Sell's Publications, Sell's House, 39 East St., Epsom, Surrey KT17 1BQ, Großbritannien

Sheet Metal Industries Yearbook, Fuel & Metallurgical Journals Ltd., Queensway House, 2 Queensway, Redhill, Surrey RH1 1QS, Großbritannien

Stainless Steel International Survey and Directory, Metal Bulletin Ltd., Park House, Park Terrace, Worcester Park, Surrey KT4 7HY, Großbritannien

Statistics Africa — Sources for Social, Economic & Market Research, CBD Research Ltd., 154 High St., Beckenham, Kent BR3 1EA, Großbritannien

Statistics America — Sources for Social, Economic & Market, CBD Research Ltd., 154 High St., Beckenham, Kent BR3 1EA, Großbritannien

Statistics Europe — Sources for Social, Economic & Market Research, CBD Research Ltd., 154 High St., Beckenham, Kent BR3 1EA, Großbritannien

Trade Contacts in Arab Countries, Kogan Page Ltd., 120 Pentonville Rd., London N1 9JN, Großbritannien

Travel Directory, St. James Press Publications Ltd., 1 St. James St., London SW1A 1EF, Großbritannien

Travel Trade Directory, Morgan Grampian Book Publishing Co. Ltd., 30 Calderwood St., London SE18 6QH, Großbritannien

Who Owns Whom, Dun & Bradstreet Publications, 6—8 Bonhill St., London EC2A 4BU, Großbritannien

World Directory of Clothing, Garments and Apparel, World-Wide Market-Link, 16 Sandmore Garth, Town Lane, Thackley, Bradford BD10 8PW, Yorkshire, Großbritannien

World Directory of Cosmetics, Beauty Supplies and Toiletries Importers, World-Wide Market-Link, 16 Sandmore Garth, Town Lane, Thackley, Bradford BD10 8PW, Yorkshire, Großbritannien

World Directory of Fertilizer Products, The British Sulphur Corporation Ltd., Parnell House, 25 Wilton Rd., London SW1V 1NH, Großbritannien

World Directory of Hides, Skins & Raw Leather Importers, World-Wide Market-Link, 16 Sandmore Garth, Town Lane, Thackley, Bradford BD10 8PW, Yorkshire, Großbritannien

World Directory of Toys & Games Importers, World-Wide Market-Link, 16 Sandmore Garth, Town Lane, Thackley, Bradford BD10 8PW, Yorkshire, Großbritannien

World Energy Directory, Longman Group Ltd., 6th Fl., Westgate House, The High, Harlow, Essex CM20 1NE, Großbritannien

World List of Forensic Science Laboratories & Practices, Forensic Science Society, Clarke House, 18A Mount Parade, Harrogate, North Yorkshire, HG1 1BX, Großbritannien

World Nuclear Directory: A Guide to Organizations and Research Activities in Nuclear Energy, Longman Group Ltd., 6th Fl., Westgate House, The High, Harlow, Essex CM20 1NE, Großbritannien

World of Learning, Europa Publications Ltd., 18 Bedford Square, London WC1, Großbritannien

World Pipelines, Scientific Surveys Ltd., 4 Burkes Parade, Bucks HP9 1NS, Großbritannien

World Tobacco Directory, International Trade Publications Ltd., Queensway House, 2 Queensway, Redhill, Surrey, RH1 1QS, Großbritannien

Worldwide Chemical Directory, Chemical Data Services, Quadrant House, The Quadrant, Sutton, Surrey SM2 5AS, Großbritannien

Guatemala

Directorio General de Miembros de Cámara de Comercio de Guatemala, Cámara de Comercio de Guatemala, 10a Calle 3-80, Zona 1, Guatemala City, Guatemala

Hongkong

A Guide to Hong Kong Products, International Publications (H.K.) Co., 2 King's Road, 11th Fl., Block A, Hung On Bldg., Causeway Bay, Hongkong

Asian Buyers Guide, International Publications Hong Kong, 2 King's Rd., 11th Fl., Block A, Hung On Bldg., Causeway Bay, Hongkong

Asian Computer Yearbook, Computer Publications Ltd., 3rd Fl., Seabird House, 19 Wyndham St., Central, Hongkong

Asian Press & Media Directory, Syma Media Enterprises Ltd., 1301 World Trade Center, Causeway Bay, Hongkong

Directory of Overseas Presences, Asian Banking Directories, 2 Lyndhurst Terrace, 8th Fl., Hongkong

Hong Kong Builder Directory, Far East Trade Press Ltd., 17A Lockhart Center, 301—307 A Lockhart Rd., Hongkong

Honduras

Lista General de Socios de Cámara de Comercio de Cortes, Honduras, Cámara de Comercio e Industrias de Cortes, Apartado Postal No. 14, San Pedro Sula, Honduras

Indien

Asian/Pacific Directory of Consultants, The Export Marketing & Management Consultancy, 226 Arun Chambers, Tardeo Rd., Bombay 400034, Indien

Association of Indian Engineering Industry, The Association, 172 Jorbagh, New Delhi 110003, Indien

Automotive Buyers' Guide, All-India Automobile and Ancillary Industries Association, 80 Dr. Annie Besant Rd., Worli, Bombay 400018, Indien

Blue Book of the East: Asia, Africa, Middle East and Far East Economic Directory, Indian Export Trade Journal, Arun Chambers, Tardeo Rd., Bombay 400034, Indien

Bombay Chamber of Commerce & Industry, Directory of Members, The Chamber, Mackinnon Mackenzie Bldg., 4 Shoorji Vallabhdas Marg. Ballard Estate, P.O.B. 473, Bombay 400038, Indien

Busconi's Worldwide Importers Directory, Small Business Publications, SBP Bldg., 4/45, Roop Nagar, Delhi 110007, Indien

Directory of Members — Indian Machine Tool Manufacturers Association, Indian Machine Tool Manufacturers Association, 82, Jolly Maker Chambers No. 2, 225 Nariman Point, Bombay 400021, Indien

Directory of World's Chambers of Commerce and Trade Associations, Indian Export Trade Journal, 212 Arun Chambers, Tardeo Rd., Bombay 400034, Indien

Engineering Buyers' Guide, Indian Export Trade Journal, 212 Arun Chambers, Tardeo Rd., Bombay 400034, Indien

Exporters Directory, Basic Chemicals, Pharmaceuticals and Cosmetics Export Promotion Council, Jhangi Castle, 4th Fl., 7 Cooperage Rd., Bombay 400039, Indien

Exporters from India, Federation of Indian Export Organizations, P.H.D. House, Siri International Area, New Delhi, Indien

Indian Architects Directory, Architects Publishing Corp of India, 51 Sujata, Ground Fl., Rani Sati Marg, Malad (East) Bombay 400064, Indien

Indian Export Directory, The Indian Export Trade Journal, 212 Arun Chambers, Tardeo Rd., Bombay 400034, Indien

INFA Press & Advertisers Year Book, INFA Publications, Jeevan Deep, Parliament St., New Delhi 110001, Indien

International Trade Directory, Indian Export Trade Journal, 212 Arun Chambers, Tardeo Rd., Bombay 400034, Indien

Machinery, Tools and Hardware Buyer's Guide, Indian Export Trade Journal, 212 Arun Chambers, Tardeo Rd., Bombay 400034, Indien

Mantech Register of Trade & Industry — India, Mantech Services Pvt. Ltd., 5/2nd Fl., Katar Bhavan 12, Shaheed Bhagat Singh Rd., Colaba Causeway, Bombay 400005, Indien

Ports of the World and Trading Centers, Indian Export Trade Journal, 212 Arun Chambers, Tardeo Rd., Bombay 400034, Indien

Punjab, Haryana & Delhi Chamber of Commerce and Industry: Directory of Members, The Chamber, PHD House, opposite Asian Games Village, New Delhi 110016, Indien

Register of Arab Importers & Traders, The Amalgamated Press, Narang House, 41, Ambalal Doshi Marg, (Hamam St.) Fort, Bombay 400023, Indien

Tea and Coffee Directory of India and the World, Indian Export Trade Journal, 212 Arun Chambers, Tardeo Rd., Bombay 400034, Indien

Textile Stores and Machinery Buyers' Guide, Indian Export Trade Journal, 212 Arun Chambers, Tardeo Rd., Bombay 400034, Indien

Thapar's Indian Industrial Directory, Thapar International Industrial Information Services, Giriraj Bldg., 1st Floor, Flat E, 11 Altamount Rd., Cumballa Hill, Bombay 400026, Indien

Trade Asian African Directory, Trade Publications Ltd., C-6 Safdarjang Development Area, Community Centre, New Delhi 110016, Indien

Who's Who in Export, Indian Export Trade Journal, 212 Arun Chambers, Tardeo Rd., Bombay 400034, Indien

Indonesien

Directory of Indonesian Importers, GINSI, (Importers Association of Indonesia), Jalan Majapahit No 1, Jakarta, Indonesien

Directory of Special Libraries in Indonesia, Pusat Dokumentasi Ilmiah Nasional-LIPI, Jl. Jen. Gatot Subroto, P.O.Box 3065/JKT, Jakarta, Indonesien

Kompass Indonesia, Kompass Indonesia, Jl. Gajah Mada 104, lantai 3, Jakarta Barat, Indonesien

Standard Trade & Industry Directory of Indonesia, J1 Hayam Wuruk, P.O. Box 4556, Jakarta, Indonesien

Irland

Calendar of the Pharmaceutical Society of Ireland, Pharmaceutical Society of Ireland, 37 Northumberland Rd., Dublin 4, Irland

Creamery Yearbook and Diary, Irish Creamery Manager's Association, 33 Kildare St., Dublin 2, Irland

Guide to Irish Manufacturers, Dun & Bradstreet of Ireland Ltd., P.O.Box 455A, Holbrook House, Holles St., Dublin 2, Irland

Irish Chemical Directory, Institute for Industrial Research & Standards, Ballymun Rd., Dublin 9, Irland

Irish Construction Directory, Institute for Industrial Research and Standards, Ballymun Rd., Dublin 9, Irland

Irish Engineering Directory, Institute for Industrial Research and Standards, Ballymun Rd., Dublin 9, Irland

Irish Export Directory, Irish Export Board, Strand Road, Ballsbridge, Dublin 4, Irland

Irish Industrial Laboratory Directory, Institute for Industrial Research & Standards, Ballymun Rd., Dublin 9, Irland

Irish Packaging and Printing Directory, Institute for Industrial Research and Standards, Ballymun Rd., Dublin 9, Irland

Israel

Directory of Israel, The Directory of Israel, A. N. Etrogy, P.O.B. 20191, Tel Aviv, Israel

Dunsguide Israel, Dun & Bradstreet (Israel) Ltd., 105 Hashmonaim St., P.O.B. 7174, Tel Aviv, Israel

Dun's 100, Dun & Bradstreet (Israel) Ltd., 105 Hashmonaim Street, P.O.B. 20001, Tel Aviv 61200, Israel

Israel Export Directory, Israel Publications Corp., P.O.B. 11587, Tel Aviv, Israel

Kompass Israel Copress Embassy (Israel) Ltd., Industry House — 11/300, 29, Hamered St. 68 125, P.O. Box 50384, Tel Aviv, Israel

Italien

Annuario dei Costruttori in Acciaio Italiani, Associazione fra i Costruttori in Acciaio Italiani, Via Turati 38, 20121 Mailand, Italien

Annuario dell' Industria Italiana della Gomma, Gesto, s.r.l., via Cesare Battisti, 21, 20122 Mailand, Italien

Annuario Generale delle Industrie Grafiche, Cartotecniche et Trasformatrici, Associazione Nationale Italiana Industrie Grafiche, Cartotecnichi e Trasformatrici, Piazza Concilliazione 1, I-20123 Mailand, Italien

Annuario Industria Italiana della Maglieria, Gesto, s.r.l., via Cesare Battisti 21, 20122 Mailand, Italien

Annuario Politecnico Italiano, Unites s.r.l., via S. Pellico 12, 20121 Mailand, Italien

Assofluid Directory, Assofluid, Via Moscova 46/5, 20121 Mailand, Italien

British Chamber of Commerce for Italy, British Chamber of Commerce for Italy, Via Tarchetti 1—3, I-20121 Mailand, Italien

Camere di Commercio Industria Artigianato e Agricoltura in Italia, Italiana delle Camere di Commercio, Industria e Agricultura, Piazza Sallustio 21, 00187 Rom, Italien

Chemfacts: Italy, Chemical Data Services, Room 905, Quadrant House, The Quadrant, Sutton, Surrey SM2 5AS, Großbritannien

European Machine Tools, Technicne Nuove s.r.l., via Moscova 46/9, Mailand, Italien

Italia, Le 1200 Principali Aziende, Dun & Bradstreet, 48 Via Valtorte, 20127 Mailand, Italien

Libro Registro Navale, Registro Italiano Navale, via Corsica 12, 16128 Genua, Italien

L'informatore Farmaceutico, Organizzazione Editorale Medico Farmaceutica s.r.l., Via Edolo 42, 20125 Mailand, Italien

Repertorio delle Industrie Siderurgiche Italiane, CISIA, Piazza Velasca 8, 20122 Mailand, Italien

Japan

Buyers' Guide of Tokyo, Tokyo Foreign Trade Association, c/o Tokyo Trade Center, 3F, Annex, World Trade Center Bldg., 4-1 Hamamatsucho 2-chome, Minato-ku, Tokyo 105, Japan

Chemfacts: Japan, Chemical Data Services, Room 905, Quadrant House, The Quadrant, Sutton, Surrey SM2 5AS, Großbritannien

Industrial Groupings in Japan, Dodwell Marketing Consultants, C.P.O. Box 297, Tokyo, Japan

Japan Chemical Directory, Chemical Daily Company Ltd., 19-16 Shibaura 3-chome, Minato-ku, Tokyo 108, Japan

Japan Company Handbook, Toyo Keizai Shinposha (The Oriental Economist) 1—4 Hongokucho Nihonbashi, Chuo-ku, Tokyo 103, Japan

Japan Directory, The Japan Press, Ltd., Japan Directory Division, C.P.O. Box 6, Tokyo 100-91, Japan

Japan Directory of Professional Associations, Japan Publications Guide, C.P.O. Box 971, Tokyo 100-91, Japan

Japan Electronic Buyers' Guide, Dempa Publications, Inc., 11—15 Higashi Gotanda 1-chome, Shinagawa-ku, Tokyo, Japan

Japanese Multinationals Facts & Figures, Toyo Keizai Shinposha (The Oriental Economist), 4 Hongokucho, Nihonbashi, Chuo-ku, Tokyo 103, Japan

Japan Textile Products Directory, Japan Textile Products Exporters Association, 4-4 chome, Bingo-Machi, Higashi-ku, Osaka, Japan

Japan Trade Directory, Japan External Trade Organization, 2-2-5 Toranomon, Minato-ku, Tokyo 105, Japan

JCW Chemicals Guide, The Chemical Daily Co., Ltd., International Division, Yoshizawa Bldg., 31-7, Shinbashi 4-chome, Minati-ku, 105 Tokyo, Japan

Sogo-Shosha Japanese General Trading Companies, Tokyo Economic Information Service Company Ltd., Taiso Bldg., 9-1 Takaracho 1-chome, Chuo-ku, Tokyo, Japan

Standard Trade Index of Japan, Japan Chamber of Commerce & Industry, Suite 505, World Trade Center Bldg., 4-1 Hamamatsu-cho, 2-chome, Minato-ku, Tokyo 105, Japan

Jugoslawien

Privredni Adresarsfri, Privredni Pregled, Marsala Birjuzova 3, Belgrad, Jugoslawien

Yugoslavia Export-Import Directory, Yugoslaviapublic, Kneza Mihailova 10, 1000 Belgrad, Jugoslawien

200 Largest, Ekonomska Politica, Trg. Marska & Enjelsa, 711000 Belgrad, Jugoslawien

Kanada

ABC British Columbia Lumber Trade Directory and Yearbook, Progress Publishing Co. Ltd., 355 Burrard St., Suite C310, Vancouver, B.C. V6C 2G6, Kanada

Alberta Business Index — Consulting Industry in Alberta: Engineers, Geophysicists, Geologists, Government of Alberta, Dept. of Economic Development, 19th Floor, Capitol Square, 10065 Jasper Ave., Edmonton, Alberta T5J OH4, Kanada

Alberta Business Index — Index of Manufacturers in Alberta, Government of Alberta, 19th Floor, Capitol Square, 10065 Jasper Ave., Edmonton, Alberta T5J OH4, Kanada

Alberta Construction & Resource Industries Directory Purchasing Guide, Sanford Evans Publishing Ltd., 1077 St. Jamres St., P.O. Box 6900, Winnipeg, Manitoba R3C 3B1, Kanada

British Columbia Manufacturers Directory, Ministry of Industry & Small Business Development, Parliament Bldgs., Victoria, B.C. V8V 1X4, Kanada

Byers National Industrial Directory, Byers Associates, 1885 Wilson Ave., Weston, Ontario M9M 1A2, Kanada

Canada's Who's Who of the Poultry Industry, Farm Papers Ltd., 605 Royal Ave., New Westminster, B.C. V3M 1J4, Kanada

Canadian Almanac and Directory, The Copp Clark Publishing Co. Ltd., 495 Wellington St., W., Toronto, Ontario M5V 1E9, USA

Canadian Food & Packaging Directory, Lloyd Publications of Canada, Box 262, West Hill, Ontario M1E 4R5, Kanada

Canadian Footwear & Leather Directory, Lloyd Publications of Canada, Box 262, West Hill, Ontario M1E 4R5, Kanada

Canadian Furniture & Furnishings Directory, Lloyds Publications of Canada, Box 262, West Hill, Ontario M1E 4R5, Kanada

Canadian Gas Association Manufacturers Product Directory, Canadian Gas Association, 55 Scarsdale Rd., Don Mills, Ontario M3B 2R6, Kanada

Canadian Hardware, Electrical & Building Supply Directory, Lloyds Publications of Canada, Box 262, West Hill, Ontario M1E 4R5, Kanada

Canadian Key Business Directory, Dun's Marketing Services, Three Century Drive, Parsippany, NJ 07054, USA

Chemfacts: Canada, Chemical Data Services, Room 905, Quadrant House, The Quadrant, Sutton, Surrey SM2 5AS, Großbritannien

Canadian Machinery and Metalworking Annual Catalog and Directory Number, Maclean-Hunter Publishing Co., Ltd., 481 University Ave., Toronto, Ontario M5W 1A7, Kanada

Canadian Oil & Gas Handbook, Northern Miner Press Ltd., 7 Labatt Ave., Toronto M5A 3P2, Kanada

Canadian Oil Industry Directory, Penn-Well Books, P.O. Box 21288; Tulsa, OK 74121, Kanada

Canadian Packaging Buyers' Guide, Maclean-Hunter Publishing Co., Ltd. 481 University Ave., Toronto M5W 1A7, Kanada

Canadian Plastics Directory & Buyers Guide, Southam Communications Ltd., 1450 Don Mills Rd., Don Mills, Ontario M3B 2X7, Kanada

Canadian Printers and Publishers Buyers Guide and Directory of Canadian Sources, Maclean-Hunter Publishing Co., 481 University Ave., Toronto M5W 1A7, Kanada

Canadian Sporting Goods & Playthings Directory, Lloyd Publications of Canada, Box 262, West Hill, Ontario M1E 4R5, Kanada

Canadian Textile Directory, Lloyd Publications of Canada, Box 262, West Hill, Ontario M1E 4R5, Kanada

Canadian Trade Index, The Canadian Manufacturers Association, One Yonge St., Toronto, Ontario M5E 1J9, Kanada

Carolinas and Georgia Companies, Interstate Securities Corp., 2700 NCNB Plaza, Charlotte, NC 28202, Kanada

CEE Electronics Directory, Maclean-Hunter, Ltd., 481 University Ave., Toronto M5W 1A7, Kanada

Central Ontario Construction & Resource Industries Directory, Sanford Evans Publishing Ltd., 1077 St. James St., P.O. Box 6900, Winnipeg, Manitoba R3C 3B1, Kanada

City Directories, B.C. Henderson Directories, div. of R.L. Polk & Co. Ltd., 100 East 4th Ave., Vancouver, B.C. V5T 1G3, Kanada

Directory of Canadian Gas Ultilities, Canadian Gas Association, 55 Scarsdale Rd., Don Mills, Ontario M3B 2R3, Kanada

Directory of Manufacturers of the Province of Quebec, Centre de Recherche Industrielle, 333 rue Franquet, C.P. 9038 Ste-Foy, Quebec G1V 4C7, Kanada

Eastern Ontario Construction & Resource Industries Directory — Purchasing Guide, Evans Publishing Ltd., 1077 St. James St., P.O. Box 6900, Winnipeg, Manitoba R3C 3B1, Kanada

Electronics and Communications Directory and Buyers' Guide for Canada, Southam Communications Ltd., 1450 Don Mills Rd., Don Mills, Ontario M3B 3X7, Kanada

Export Canada, CanExpo Publishers Inc., Box 1048 Stn. A., Surrey, B.C. V3S 4P5, Kanada

Manitoba Construction & Resource Industries Directory Purchasing Guide, Evans Publishing Ltd., 1077 St. James St., P.O. Box 6900, Winnipeg, Manitoba R3C 3B1, Kanada

Manitoba Trade Directory, Sanford Evans Publications, Ltd., P.O.B. 6900, 1077 St. James St., Winnipeg, Manitoba R3C 3B1, Kanada

Manual of the Textile Industry of Canada, CTJ Ltd., 1 Pacifique, Gardenvale, Quebec H9X 1B0, Kanada

Modern Power & Engineering Annual Buyers' Guide, Maclean-Hunter Publishing Co., Ltd., 481 University ave., Toronto M5W 1A7, Kanada

Northern Ontario Construction Resource Industries Directory — Purchasing Guide, Evans Publishing Ltd., 1077 St. James St., P.O. Box 6900, Winnipeg, Manitoba R3C 3B1, Kanada

Nova Scotia Ocean Industry Directory, Nova Scotia Dept. of Development, P.O. Box 519, Halifax, N.S. B3J 2R7, Kanada

Pulp & Paper Canada Business Directory, Southam Communications Ltd., 310 Victoria Ave., Suite 201, Westmount, Quebec H3Z 2M9, Kanada

Saskatchewan Construction and Resource Industries Directory — Purchasing Guide, Evans Publishing Ltd., 1077 St. James St., P.O. Box 6900, Winnipeg, Manitoba, R3C 3B1, Kanada

Scott's Industrial Directories, Scott Directories Southam Publishing Ltd., P.O. Box 365, 75 Thomas St., Oakville, Ontario L6J 5M5, Kanada

Southwestern Ontario Construction & Resource Industries Directory — Purchasing Guide, Evans Publishing Ltd., 1077 St. James St., P.O. Box 6900, Winnipeg, Manitoba R3C 3B1, Kanada

Survey of Industrials, The Financial Post, 481 University Ave., Toronto M5W 1A7, Kanada

Survey of Mines, The Financial Post, 481 University Ave., Toronto M5W 1A7, Kanada

Survey of Oils, The Financial Post, 481 University Ave., Toronto M5W 1A7, Kanada

Toronto & Area Construction and Resource Industries Directory — Purchasing Guide, Evans Publishing Ltd., 1077 St. James St., P.O. Box 6900, Winnipeg, Manitoba R3C 3B1, Kanada

Kenya

Kenya Association of Manufacturers, The Kenya Association of Manufacturers, P.O. Box 30225, Nairobi, Kenya

Kolumbien

Confecciones & Textiles de Colombia, Legis Ltda., Av. Eldorado No. 81-10, P.O. Box 98888, Bogotá, Kolumbien

Directorio Industrial de Columbia, Legis Ltda., Av. Eldorado No. 81-10, P.O. Box 98888, Bogotá, Kolumbien

Korea

Korea Directory, The Korea Directory Co., P.O.B. 3955, Seoul, Korea

Korean Trade Directory, Korean Traders Association, 10-1, 2-ka, Hoehyou-Dong, Seoul, Korea

Libanon

Arab Construction World International Buyers' Guide, Arab Construction World, P.O.B. 13-5121, Beirut, Libanon

Guide Arabe, Le Guide Arabe, P.O.B. 1467, Beirut, Libanon

International Buyers' Guide, Middle East Food, P.O. Box 13-5121, Beirut, Libanon

Middle East & Africa Construction Directory, Arab Construction World, P.O. Box 13-5121, Beirut, Libanon

Middle East & Africa Food Industry, Middle East Food, P.O. Box 13-5121, Beirut, Libanon

Middle East and World Water Directory, Arab Water World, P.O. Box 13-5121, Beirut, Libanon

Who's Who in Lebanon, Editions Publitec, B.P. 5936, Beirut, Libanon

Luxemburg

Annuaire des Sociétés Anonymes du Grand-Duché de Luxembourg, Banque Internationale au Luxembourg S.A., 2 bis bd. Royale, Luxemburg

Répertoire Officiel de la Production, Service Central de la Statistique et des Etudes Economiques (STATEE) 19-21 bd. Royal, Luxemburg

Malaysia

Annual Companies Handbook — Kuala Lumpur, Kuala Lumpur Stock Exchange, 4th Fl., Block C, Damansara Centre, Damansara Heights, Kuala Lumpur 23-04, Malaysia

Directory of Timber Trade, Malaysian Timber Industry Board, 5th Fl., Wisma Bunga Raya, Jalan Ampang, P.O.B. 887, Kuala Lumpur, Malaysia

Kompass Manlaysia, Kompass Malaysia, 22 Jalan Liku, MY 2203, Kuala Lumpur, Malaysia

Malaysia Exporters, Printrade Corp. (Malaysia) Sdn. Bhd., 47c Jalan Ipuh, Kuala Lumpur MO 112, Malaysia

Malta

The Yearbook, De La Salle Brothers Publications, St. Benild School, Church St., Slima, Malta

Marokko

Annuaire de l'Acheteur — Morocco, Annuaire de l'Acheteur, BP 2573, Ain-Sebaa, Casablanca, Marokko

Kompass Morocco, Kompass Maroc-Veto, 26, rue de Bethune, B.P. 5117, Casablanca, Marokko

Mexico

Anglo-American Directory of Mexico, Anglo-American Directory of Mexico, Monclova 2-A, Apartado Postal No. 27-210, Mexico 7, D.F., Mexico

Anuario Financiero de México, Asociación de Banqueros de México, Av. S. Juan Letran, 2-9, piso, México 1, D.F., México

Directorio Industrial Internacional, Directorio Industrial International, S.A., Av. Insurgentes Sur No. 299, Pent House, México 11, D.F., México

Neu Seeland

Association of Consulting Engineers New Zealand, ACENZ, P.O. Box 12-055, Wellington, Neu Seeland

Directory of Members, American Chamber of Commerce of New Zealand, P.O. Box 3408, 155-161 The Terrace, Wellington, Neu Seeland

New Zealand Business Who's Who, Fourth Estate Publications, Ltd., 15 Blair St., Wellington, Neu Seeland

New Zealand Export Yearbook, Cranwell Publishing Co. Ltd., 419 A Queen St., Auckland, Neu Seeland

New Zealand Manufacturers, New Zealand Manufacturers Association, P.O.B. 9130, Wellington, Neu Seeland

New Zealand Packaging Catalogue, Cranwell Publishing Co. Ltd., 419 A Queen St., Auckland, Neu Seeland

New Zealand Purchasing Yearbook, Cranwell Publishing Co. Ltd., 419 A Queen St., Auckland, Neu Seeland

Niederlande

Chemfacts: Netherlands, Chemical Data Services, Room 905, Quadrant House, The Quadrant, Sutton, Surrey SM2 5AS, Großbritannien

Chemical Directory of Northern Europe, Stamex International Booksellers, P.O. Box 505, Hilversum, Niederlande

Chemicalien Adresboek, Stamex B.V., Kleuterweg 9, P.O. Box 400, 3770 AK Barneveld, Niederlande

European Paint Manufacturers, Stamex B.V., P.O. Box 505, Hilversum, Niederlande

European Plastics, Stamex B.V., P.O. Box 505, Hilversum, Niederlande

Geneeskundig Adresboek voor Nederland, H.W. Blok Uitgeverij B.V., Schiedamse Vest 51, Rotterdam 3012, Niederlande

Gids voor Exportinformatie, Exportbehorderingsren Voorlichtingsdient EVD, Bezuidenhoutseweg 151, 2594 AG Den Haag, Niederlande

Holland Exports Directory Series: Consumer Goods/Food, ABC voor Handel en Industrie C.V., P.O. Box 190, 2000 AD Haarlem, Niederlande

Holland Export Directory Series: Industrial Products, ABC voor Handel en Industrie C.V., P.O. Box 190, 2000 Haarlem, Niederlande

Kompass Holland, Kompass Nederland N.V., Van Stolkweg 6, Den Haag, Niederlande

Ledenlijst, NGPR, Vereiniging VGPR Public Relations en Voorlichting, Raamweg 44, 2596 HN Den Haag, Niederlande

Nederlande ABC vor Handel en Industrie, ABC voor Handel en Industrie C.V., Koningen Wilhemina-laan 16, P.O.B. 190, Haarlem, Niederlande

Nederlandse Ondernemingen en Hun Financiele Kenmarken, Dun & Bradstreet B.V., Siekade 189, 3013 BR Rotterdam, Niederlande

Major Companies in the Netherlands, Netherlands-British Chamber of Commerce, 307-308 High Holborn, London WC1V 7LS, Großbritannien

Pyttersen's Nederlandse Almanak, Koninlijke Drukkerij Van de Garde, Gammersestraat 336-44 Zaltbommel, Niederlande

Reference List of Foreign Companies in the Netherlands, Commission for Foreign Investment in the Netherlands, P.O. Box 2010, 2500 EC The Hague, Niederlande

Nigeria

Major Companies of Nigeria, Graham and Trotman Ltd., Sterling House, 66 Wilton Rd., London SE1V 1DE, Großbritannien

Directory of Incorporated (Registered) Companies in Nigeria, ICIC (Directory Publishers) Ltd., Directory House, P.M.B. 3204, Surulere, Lagos, Nigeria

„Icon" Nigeria Company Handbook, Jikonsult Management Services Ltd., 13 Ogundana Street, P.O. Box 1949, Ikeja, Lagos State, Nigeria

Nigerian Yellow Pages, ICIC (Directory Publishers) Ltd., Directory House, P.M.B. 3204, Surulere, Lagos, Nigeria

Norwegen

EGB Norsk Electronikk, Okonomisk Literatur A.S., Ebbellsgt. 3, Oslo 1, Norwegen

European Rig and Supplyship Owners, Christian Krohgsgt, 16, P.O. Box 9070, Vaterland, Oslo 1, Norwegen

Jern og Metallindustrie, Mekanisske Verksteder, Okonomisk Literatur A.S., Ebbellsgt. 3, Oslo 1, Norwegen

Kompass Norway, Kompass Norge A.S., Steinkartg. 10, 4000 Stavenger, Oslo, Norwegen

National Federation of Clothing Manufacturers, Konfeksjonsfabrikkenes Service- og Opplysningskontor, Madserud Alle 27, Oslo 2, Norwegen

Nordisk Handels Kalender, S.M. Bryde, 4 Tordenskioldsgate, Oslo, Norwegen

Norges Handels Kalender, S.M. Bryde, 4 Tordenskioldsgate, Oslo 1, Norwegen

Norges Kommunekalender, Okonomisk Literatur A.S., Ebbellsgt. 3, Oslo 1, Norwegen

Norges 1,000 Storste Bedrifter, Okonomisk Literatur A.S., Ebbellsgt. 3, Oslo 1, Norwegen

Norsk Modelindustri, Okonomisk Literatur A.S., Ebbellsgt. 3, Oslo 1, Norwegen

Norsk Teko-Industri, Okonomisk Literatur A.S., Ebbellsgt. 3, Oslo 1, Norwegen

Norway Exports: Offshore Products & Services, Export Council of Norway, Drammensveien 40, Oslo 2, Norwegen

Norwegian Forest Industries Yearbook, Okonomisk Literatur A.S., Ebbellsgt. 3, Oslo 1, Norwegen

Papirb oken, Okonomisk Literatur A.S., Ebbellsgt. 3, Oslo 1, Norwegen

Scandinavian Fishing and Coastal Vessels, K.S. Selvigs Publishing A.S., P.O.B. 90700, Vaterland, Oslo 1, Norwegen

Scandinavian Plastics Industry, Okonomisk Literatur A.S., Ebbellsgt. 3, Oslo 1, Norwegen

Skandinavski Skipsrederier, Per Selvig A.S., P.O. Box 152, Centrum, Oslo 1, Norwegen

Yearbook — Shipyards, Boatbuilders and Marine Engines, Selvigs Publishing A.S., P.O.B. 9070, Vaterland, Oslo 1, Norwegen

Österreich

Almanach der Österreichischen Aktiengesellschaften, Verlag, Brabec, Biberstraße 2, Wien 1, Österreich

Dienstleistungs- u. Behörden-Compass Ann., Compass-Verlag, Wipplingerstraße 32, 1013 Wien 1, Österreich

Finanz-Compass, Compass-Verlag, Wipplingerstraße 32, 1013 Wien 1, Österreich

Handels-Compass, Compass-Verlag, Wipplingerstraße 32, 1013 Wien 1, Österreich

Handelsregister Österreich, Jupiter-Verlag, Robertgasse 2, A-1020 Wien 2, Österreich

Herold Austrian Export Directory, Verlag Herold Vereinigte Anzeigen G.m.b.H., Wipplingerstraße 14, Wien 1, Österreich

Information Sources on Building Boards from Wood and other Fibrous Materials, United Nations Development Organization, P.O. Box 300, A-1400 Wien, Österreich

Information Sources on the Agricultural Implements and Machinery Industry, United Nations Industrial Development Organization, P.O. Box 300, A-1400 Wien, Österreich

Jahrbuch der Graphischen Unternehmungen Österreichs, Hauptverband der Graphischen Unternehmungen Österreich, Grunangergasse 4, 1010 Wien, Österreich

Made in Austria, Jupiter Verlag, Robertgasse 2, A-1020 Wien, Österreich

Maschinen- und Stahlbauindustrie Österreichs, Fachverband der Maschinen- und Stahlbauindustrie Österreich, Bauernmarkt 13, P.O.B. 69, 1011 Wien, Österreich

Österreichisches Montan-Handbuch, Montan-Verlag, Fachverlag für Wirtschaft und Technik Ges. mbH & Co., Neubaugasse 1, 1071 Wien, Österreich

Österreich 10 000 Größte Unternehmen, Dun & Bradstreed Gesellschaft mbH, Opernring 3—5, 1015 Wien, Österreich

Pakistan

Pakistan Business & Shopping Guide, Syed Wali Ahmad Maulai, J-12 Al-Maseer, Federal B area, Block 1, off Sir Sulaiman Rd., Karachi, Pakistan

Pakistan Trade Directory and Who's Who, Barque and Company, Barque Chamber 87, Mid Raod, Lahore, Pakistan

Pakistan Trade Directory — Exporters & Manufacturers, Publisher International, Bandukwala Bldg. No. 4, I.I. Chundrigar Road, P.O. Box 4259, Karachi, Pakistan

Peru

Directorio De Exportadores Del Perú, Asociación De Exportadores Del Perú, Las Flores 346, Lima 27, Perú

Directorio Industrial — Comercial — Perú, Confederación Nacional de Comerciantes (CONACO), 210 Avenida Abancay, Lima, Perú

Directorio Industrial del Perú, Sociedad de Industrias, Los Laureles 365, Lima 27, Perú

„FIELD" Directorio Gremial del Perú, Field Servicio de Informaciones Del Perú, Coronel Inclan 135-OF 601, Miraflores, Lima, Perú

Philippinen

American Chamber of Commerce of the Philippines, American Chamber of Commerce of the Philippines, Inc., Corinthian Plaza, Paseo de Roxas, Makati, Rizal, P.O.B. 1578 MCC, Makati, Metro Manila, Philippinen

Business Day 1000 Top Corporations in the Philippines, Businessday Corp., BDC Bldg., 807 EDSA, Quezon City, Philippinen

Corporate Profiles, Businessday Corp., BDC Bldg., 807 EDSA, Quezon City, Philippinen

Directory of Philippine Producing Mines and Quarries, Ministry of Natural Resources, Visayas Ave., Quezon City, Philippinen

Philippines Business Directory, Philippine Editors and Publishers, P.O.B. 3199, Manila D-406, Philippinen

Philippine Chemicals Directory, Business Trends (Phils.), P.O. Box AC-580 Cubao, Quezon City, Philippinen

Products Guide Philippines, Grafic Concepts & Designs, Inc., Suite 308, 3rd Fl., Manila Bank Bldg., Ayala Ave., Makati, Metro Manila D-708, Philippinen

Portugal

Anuario Comercial de Portugal, EPNC-Gaphic Art Department, Rua Rodrigues Faria 103-1399, Lissabon, Portugal

Chemfacts: Portugal, Chemical Data Services, Room 905, Quadrant House, The Quadrant, Sutton, Surrey SM2 5AS, Großbritannien

Export Directory of Portugal, Interpropo, Lda., Prasa José Fontana, 16-A, 1000 Lissabon, Portugal

Portuguese Machine Tools, Centro de Cooperaçãa dos Industriais de Maqúinas-Ferramentas (CIMF), Avenida A. Jose de Almeida, Lissabon, Portugal

Saudi-Arabien

Saudi Products & Services, Leland Publishing Company, Inc., 81 Canal St., Boston, MA 02114, USA

700 American Firms in Saudi Arabia, The Middle East Advisory Bureau, Box 11324, Alexandria, VA 22312, USA

Schweden

Brusewitz Nordisk Papperskalen, Wezaeta Foerlag AB, Box 5057, S-40222 Goteborg, Schweden

Handbook of the Northern Wood Industries, AB Svensk Traevarutidning, Observartoriegatan 17, S-11329 Stockholm, Schweden

Kompass Sweden, Bonniers Foretagsinformation AB, P.O. Box 33 03, S-10366 Stockholm, Schweden

Svensk Industrikalender, Sveriges Industriforbund, 19 Storgatan, Stockholm 11485, Schweden

Svensk Kemisk Teknisk Kalender, Forlage AB Fournir, Tideliusg. 44, 11669 Stockholm, Schweden

Svensk Metall- & Maskinkalender, Forlags AB Fournir, Tideliusg. 44, 11669 Stockholm Schweden

Svensk Textil- & Bekladnads-Kalender, Fournir, Forlags AB Tideliusg. 42—44, 11669 Stockholm, Schweden

Svensk Traforadlings- & Mobelkalender, Forlags AB Fournir, Tideliusg. 44, 11669 Stockholm, Schweden

Sveriges Handelskalender, Bonniers Foretagsinformation AB, Box 3303, 10366 Stockholm, Schweden

Sveriges 2000 Storsta Foretag, Ekonomisk Literatur AB, Fack, 19120 Sollentuna, Schweden

Swedish Export Directory, Swedish Export Council, P.O.B. 5513, 11485 Stockholm, Schweden

Swedish Machine Tools, Foreningen Svenska Verktygsmaskintillverkare, Box 5506, 11485 Stockholm, Schweden

Swedish Steel Manual, Jernkontoret, P.O. Box 1721, 11187 Stockholm, Schweden

Schweiz

Adressbuch der Schweiz, Mosse-Annoncen AG, Binzstr. 18, 8045 Zürich, Schweiz

Annuaire Genevois, Chapalay & Mottier S.A., Rue de l'Arquebuse 10, CH-1211 Geneva 11, Schweiz

Bottling, Brauerei-Rundschau, P.O.B. 190, CH-8047 Zürich, Schweiz

Buyers' Guide: Watch Industry, Jewelry and Allied Trades, Hugo Buchser S.A., 4 Tour de l'Ie, P.O. Box 402, 1211 Geneva 11, Schweiz

European Electronics Supplier's Guide, VFW Verlag Fuer Wirtschaftsliteratur GmbH, Birmensdorferstr. 421, 8055 Zürich, Schweiz

Guide Suisse des Acheteurs, C.J. Bucher AG, P.O. Box 836, CH-6002 Lucerne, Schweiz

International Brewers' Directory and Soft Drink Guide, Verlag für Internationale Wirtschaftsliteratur GmbH, P.O. Box 108, CH-8047 Zürich, Schweiz

International Plastics Directory, Verlag für Internationale Wirtschaftsliteratur GmbH, P.O. Box 108, CH-8047 Zürich, Schweiz

International Rubber Directory, Verlag für Internationale Wirtschaftsliteratur GmbH, P.O. Box 108, CH-8047 Zürich, Schweiz

Kompass Switzerland, Editions Kompass Suisse, S.A. Neuhaustraße 4, 8044 Zürich, Schweiz

Schweizerisches Bau-Adressbruch, Mosse-Annoncen AG, Binzstr. 18, 8045 Zürich, Schweiz

Schweizerisches Medizinisches Jahrbuch, Schwabe & Co. AG, Stenentorstr. 13, 4010 Basel, Schweiz

Swiss Export Products & Services, Swiss Office for the Development of Trade, Swiss Office for the Development of Trade, Stampfenbachstr. 85, 8035 Zürich, Schweiz

Swiss Financial Year Book, SFYB SA, P.O. Box 695, 6830 Chiasso, Schweiz

World Aerospace Directory, Interavia S.A., B.P. 162, CH-1216 Gointrin-Geneva, Schweiz

Singapur

Australian Business Firms and their Representatives in Singapore, Kompass Singapore, Ltd. Unit 2106, Golden Mile Tower, Beach Road, Singapore 0719, Singapur

Directory of Indonesian Importers & Exporters, World-Wide Import-Export Promotion Centre, P.O. Box 503, Marine Parade Post Office, Singapore 9144, Singapur

Kompass Singapore, Kompass Singapore, Pte. Ltd., 328 C King George's Ave., Singapore 0820, Singapur

Singapore Government Directory, Publicity Division, Ministry of Culture, 3rd Fl., Government Offices, St. Andrew's Rd., Singapore 6, Singapur

Singapore-Indian Chamber of Commerce Annual Report, The Chamber, 55-A Robinson Rd., P.O. Box 1038, Singapore 1, Singapur

Singapore International Chamber of Commerce, Singapore International Chamber of Commerce, 6 Rassles Quai, 05-00 Denmark House, Singapore 0104, Singapur

Singapore Shipbuilding and Repairing Directory, Singapore Association of Shipbuilders and Repairers, World Trade Centre, 1 Maritime Square No. 09-50, Singapore 0409, Singapur

South East Asia Oil Directory, J.S. Metes & Co. (Pte.) Ltd., Tanglin Post Office Box 158, Singapore 9124, Singapur

The Indonesia-Singapore Business Directory, Utraco Pte. Ltd., Colombo Court, P.O. Box 782, Singapore 9117, Singapur

Who's Who in Malaysia and Singapore, Information Publications Pte. Ltd., 02-06 1st Floor, Pei-Fu Industrial Bldg., 24 New Industrial Road, off Upper Paya Lebar Road, Singapore 1953, Singapur

Spanien

Catálogo Plásticos Españoles, Asociación Española de Industriales de Plástico (ANAIP), Raimundo Fernandez Villaverde, 45, Madrid 3, Spanien

Chemfacts: Spain, Chemical Data Services, Room 905, Quadrant House, The Quadrant, Sutton, Surrey SM2 5AS, Großbritannien

El Mueble Español Asociación Nacional de Industriales Exportadores de Muebles de España, Dr. Fleming, 36, Madrid 16, Spanien

IBAR — Anuario Comercial Iberoamericano, Ibar, P.O. Box 14.013, Madrid 27, Spanien

Información Trimestral de Sociedades con Títulos de Cotización Calificada en Bolsa, Bolsas de Comercio de Madrid, Bilbao, Barcelona, Valencia, Plaza Lealtad 3, Madrid, Spanien

Kompass Spain, Kompass España, S.A., 26 Avda. General Perón, Madrid 20, Spanien

Secartys Catalogue, Secartys, Avda. Jose Antonio 456, Barcelona 15, Spanien

Sri Lanka

Ferguson's Sri Lanka Directory, The Associated Newspapers of Sri Lanka Ltd., Lake House, 35 D.R. Wijewardene Mawatha, Colombo 10, Sri Lanka

Handbook of Rupee Companies, The Colombo Brokers Association, P.O. Box 101, Colombo 10, Sri Lanka

Sri Lanka Chamber of Commerce — Directory of Exporters, The Sri Lanka Chamber of Commerce, Lower Chatham Street, Colombo 1, Sri Lanka

Sri Lanka Chamber of Commerce — Register of Members, The Sri Lanka Chamber of Commerce, Lower Chatham Street, Colombo 1, Sri Lanka

Südafrika

Braby's Commercial & Industrial Register of South Africa, A.C. Braby (Pty.) Ltd., P.O. Box 1426, Pinetown 3600, Südafrika

„Cape Times" Directory of Southern Africa, Intratex (Pty.) Ltd., P.O. Box 1405, Pinetown 3600, Südafrika

„Cape Times" Peninsula Directory, Intratex (Pty.) Ltd., P.O. Box 1405, Pinetown 3600, Südafrika

Central Africa Business Directory, A.C. Braby (Pty.) Ltd., P.O. Box 1426, Pinetown 3600, Südafrika

Chemicals Plastics & Rubber Yearbook, Thomson Publications South Africa (Pty.) Ltd., P.O. Box 8308, Johannesburg 2000, Südafrika

Commercial Directory of South, East & Central Africa, A.C. Braby (Pty.) Ltd., P.O. Box 1426, Pinetown 3600, Südafrika

Food Industries Yearbook & Buyers' Guide, Thomson Publications South Africa (Pty.) Ltd., P.O. Box 8308, Cape Town 8000, Südafrika

Mauritius, Reunion, Seychelles Business Directory, A.C. Braby (Pty.) Ltd., P.O. Box 1426, Pinetown 3600, Südafrika

National Trade Index of South Africa, C.T. Directories, P.O. Box 11071, Vlaeberg, Cape Town, Südafrika

Provincial/Territorial Directories, A.C. Braby (Pty.) Ltd., P.O. Box 1426, Pinetown 3600, Südafrika

Rand Pretoria Directory, C.T. Directories, P.O. Box 11071, Vlaeberg 8018, Cape Town, Südafrika

South African Fishing Industry Handbook & Buyers' Guide, Thomson Publications South Africa (Pty.) Ltd., P.O. Box 8308, Cape Town 8000, Südafrika

Town and Regional Directories, A.C. Braby (Pty.) Ltd., P.O. Box 1426, Pinetown 3600, Südafrika

Who's Who in Architecture in South Africa, Thomson Publications South Africa (Pty.) Ltd., P.O. Box 8308, Johannesburg, Südafrika

Who's Who in the Motor Industry in South Africa, Thomson Publications South Africa (Pty.) Ltd., P.O. Box 8308, Johannesburg, Südafrika

Taiwan

Taiwan Business Directory, China Credit Information Service Ltd., 9th Fl., No. 30, Kung Yuan Rd., Taipei, Taiwan

Taiwan Buyers' Guide, China Productivity Center, 11th Fl., 201-26 Tun Hwa N. Rd., P.O. Box 769, Taipei 100, Taiwan

Taiwan Gifts — Buyers' Guide, Trade Winds, P.O. Box 7-179, Taipei, Taiwan

Taiwan Hardware — Buyers' Guide, Trade Winds, P.O. Box 7-179, Taipei, Taiwan

Taiwan Sporting Goods — Buyers' Guide, Trade Winds, P.O. Box 7-179, Taipei, Taiwan

Tanzania

Tanzania Import/Export Directory, Correspondent Banking & Business Development Div., P.O. Box 6826, Dar-Es-Salaam, Tanzania

Thailand

Thailand's Exporters, Dept. of Commercial Relations, Ministry of Commerce of the Royal Thai Government, 158 Putta Osoth Lane, opposite G.P.O., New Road, Bangkok 10500, Thailand

Tunesien

Economic Yearbook of Tunisia, Tunisian Union of Industry & Commerce, 16 rue de Rome, BP 61, 1015 Tunesien

Türkei

Adres Kitabi, Chamber of Commerce Publication, Ticaret Odasi, Istanbul, Türkei

Izmir Export Catalogue, Chamber of Commerce, Ticaret Odasi, Izmir, Türkei

Turkish Trade Directory, Costante Basin Ajansi, Peyklane Caddesi 14, Cemberlitas, Istanbul, Türkei

Turkiye Teksil, Turkiye Ticaret Odalari, Sanay Odalari,Ticaret Borsalari Birligi, Türkei

UdSSR

Moscva: Kratkaya Adresno-Spravochnaya Kniga, Moskovskii Rabochii, Vladimirova 6, Moscva, UdSSR

Soviet Foreign Trade Organizations, All Union Chambers of Commerce, Ulitsa Kuibisheva 6, Moscva K-3, UdSSR

USA

ACME, Inc. — The Association of Management Consulting Firms, Association of Consulting Management Engineers, Inc., 230 Park Ave., New York, NY 10169, USA

ADCRAFTER — Roster Issue. Adcraft Club of Detroit, 2630 Book Bldg., Detroit, MI 48226, USA

Agricultural Engineers Yearbook of Standards, American Society of Agricultural Engineers, Box 410, St. Joseph, MO 49085, USA

AGRIVIEW — Farmanual Issue, AgReview Magazine, 16 Grove St., Putnam, CT 06260, USA

Air Conditioning, Heating & Refrigeration News Directory, Business News Publishing Co., P.O. Box 6000 Birmingham, MI 48012, USA

Airline Handbook, Airline Handbook, Box 3694, Cranston, RI 02910, USA

Airport Services Management — FBO Blue Book, Lakewood Publications, 731 Hennepin Ave., Minneapolis, MN 55403, USA

Alabama Directory of Mining and Manufacturing, Alabama Development Office, c/o State Capital, Montgomery, AL 36130, USA

Alaska Business License Directory, Alaska Dept. of Revenue, State Office Bldg. Pouch SA, Juneau, AK 99811, USA

Alaska Construction and Oil Directory of Equipment Manufacturers and Distributors Issue, Vernon Publications, Inc. 109 W. Mercer St. Seattle, WA 98119, USA

Alaska Municipal Officials Directory, Alaska Municipal League, 105 Municipal Way, Suite 301, Juneaum AK 99801, USA

American Academy of Environmental Engineers, American Academy of Environmental Engineers, Box 1278, Rockville, MD 20850, USA

American Art Directory, R.R. Bowker Co., P.O. Box 1807, Ann Arbor, MI 48106, USA

American Association of Advertising Agencies, American Association of Advertising Agencies (AAAA) 666 3rd Ave., New York, NY 10016, USA

American Association of Advertising Agencies, American Association of Advertising Agencies (AAAA) 200 Park Ave., New York, NY 10017, USA

American Banker — 500 Largest Free World Banks, American Banker, Inc., 1 State St. Plaza, New York, NY 10004, USA

American Cement Directory, Bradley Pulverizer Co., 123 S. Third St., P.O. Box 1318, Allentown, PA 18105, USA

American Ceramic Society — Ceramic Company Directory, American Ceramic Society, 65 Ceramic Dr. Columbus OH 43214, USA

American Companies in Saudi Arabia, Kuwait, Abu Dhabi and Bahrain, Middle East Advisory Bureau, Box 11324, Alexandria, VA 22312, USA

American Consulting Engineers Council — International Engineering Directory, American Consulting Engineers Council, 1015 15 th St., N.W., Suite 802, Washington, DC 20005, USA

American Export Register, Croner Publications, Inc., 211-05 Jamaica Ave., Queens Village, NY 11428, USA

American Fisheries Directory and Reference Book, Journal Publications, Inc., 21 Elm St., Camden, ME 04843, USA

American Glass Review — Glass Factory Directory, Ebel-Doctorow Publications, Inc., 1115 Clifton Ave., Clifton, NJ 07013, USA

American Leather Chemists Association — Directory, American Leather Chemists Association, Tannes Council Laboratory, University of Cincinnati, Cincinnati OH 45221, USA

American Motor Carrier Directory, Special Project Researchers, Inc., P.O. Box 384, Devon, PA 19333, USA

American Oil Chemists' Society — Directory of Membership, American Oil Chemists' Society, 508 S. Sixth St., Champaign, IL 61820, USA

American Public Gas Association — Directory American Public Gas Association, 301 W. Maple Ave., Suite G., Section 4, Vienna, VA 22180, USA

American Register of Printing and Graphic Arts Services, American Register of Printing and Graphic Arts Services, 1485 Bayshore Blvd., San Francisco, CA 94124, USA

American Shoemaking Directory of Shoe Manufacturers, Shoe Trades Publishing Co., 56 Creighton, Cambridge, MA 02140, USA

American Subsidiaries of German Firms, German-American Chamber of Commerce, Inc., 666 Fifth Ave., New York, NY 10019, USA

American Textile Machinery Association, American Textile Machinery Association, 7297 Lee Highway, Unit N, Falls Church, VA 22042, USA

American Warehousemen's Association Roster of Members, American Warehousemen's Association, 1165 No. Clarke St., Chicago, IL 60610, USA

Analytical Chemistry — Laboratory Guide Issue, American Chemical Society, 1155 16th St., N.W., Washington, DC 20036, USA

Annual Directory of the U.S. — Arab Chamber of Commerce, U.S. — Arab Chamber of Commerce, 1 World Trade Center, Suite 4667, New York, NY 10048, USA

Appliance Manufacturer Directory, Cahners Publishing Company, 221 Columbus Ave., Boston, MA 02116, USA

Apra Membership Roster and Trade Directory, Automotive Parts Rebuilders Association, 6849 Old Dominion Dr., McLean, VA 22101, USA

Aquaculture — Buyers Guide Issue, Achill River Corp., 23 Sunset Terrace, Asheville, NC 28801, USA

Arizona Agribusiness Directory, Arizona Office of Economic Planning & Development, Phoenix, AZ 85003, USA

Arizona Directory of Manufacturers, Times Mirror Press, 1115 S. Boyle Ave., P.O. Box 23951, Los Angeles, CA 90023, USA

Arizona U.S.A. International Trade Directory, Arizona Office of Economic Planning and Development, 1700 W. Washington, Room 505, Phoenix, AZ 885007, USA

Asia-Pacific/European/Africa-Middle East Petroleum Directory, Penn Well Books, 1421 S. Sheridan, P.O. Box 1260, Tulsa, OK 74101, USA

Assembly Technology Buyers' Guide, Hitchcock Publishing Co., Hitchcock Bldg., Wheaton, IL 60187, USA

Associated General Contractors of America — National Associate Directory, Associated General Contractors of America, 1957 E St., N.W. Washington, DC 20006, USA

Associations and Organizations of Interest to Hardwood, Plywood & Veneer Manufacturers, Hardwood Plywood Manufacturers Association, P.O. Box 27899, Reston, VA 22090, USA

Atlanta Manufacturing Directory, Atlanta Chamber of Commerce, 1300 North Omni International, Atlanta, GA 30303, USA

Automotive Booster Clubs International — Rooster, Automotive Booster Clubs International, 5105 Tallview Dr., Rolling Neadows, IL 60008, USA

Aviation Week and Space Technology Marketing Directory Issue, Mc-Gras-Hill, Inc., 1221 Ave. of the Americas, New York, NY 10020, USA

Bacon's International Publicity Checker, Bacon's Publishing Company, 332 Michigan Avenue, Chicago, IL 60604, USA

Bakery Production and Marketing — Buyers' Guide Issue, Gorman Publishing Company, 5725 E. River Rd., Chicago, IL 60631, USA

Bank Directory of New England, Shawmut Bank of Boston, N.A., One Federal St., Boston, MA 02211, USA

Bradford's Directory of Marketing Research Angencies, Bradford's Directory P.O.B. 276, Dept. Pl, Fairfax, VA 22030, USA

Brewers Digest Buyers Guide and Brewery Directory, Siebel Publishing Co., 4049 W. Peterson Ave., Chicago, IL 60646, USA

Brown's Directory of U.S. and International Gas Companies, Harcourt Brace Jovanovich Publications, 1 East First St., Duluth, MN 55802, USA

Bus Industry Directory, Friendship Publications, Inc., Box 1472, Spokane, WA 99210, USA

Business Firms Directory of the Delaware Valley, Greater Philadelphia Chamber of Commerce, 1346 Chestnut St., Suite 800, Philadelphia, PA 19107, USA

Buyers' Guide to Imported German Products, German American Chamber of Commerce, Inc., 666 5th Ave., New York, NY 10019, USA

California Agricultural Directory, California Service Agency, 2855 Telegraph Ave., Berkley, CA 94705, USA

California Manufacturers Register, Times-Mirror Press, 1115 So. Boyle, Ave., Los Angeles, CA 90023, USA

Ceramik Data Book — Suppliers' Catalog & Buyers' Directory, Cahners Publishing Co., Inc., 221 Columbus Ave., Boston, MA 02116, USA

Chain Store Guide — Directory of Discount Stores, Chain Store Guide, 425 Park Ave., New York, NY 10022, USA

Chain Store Guide — Directory of Drug & HBA Chains, Chain Store Guide, Inc., 425 Park Ave., New York, NY 10022, USA

Chain Store Guide — Directory of Hardware Distributors, Chain Store Guide, 425 Park Ave., New York, NY 10022, USA

Chain Store Guide — Directory of Home Center Operators and Hardware Chains, Chain Store Guide, 425 Park Ave., New York, NY 10022, USA

Chain Store Guide — Directory of Supermarket, Grocery and Convenience Store Chains, Chain Store Guide, Inc., 425 Park Ave., New York, NY 10022, USA

Chemical Engineering, McGraw-Hill, Inc., 1221 Avenue of the Americas, New York, NY 10020, USA

Chemical Research Facilities, American Chemical Society, 1155 16th St. N.W., Washington, DC 20036, USA

Chemical Week — Directory of Worldwide Engineering and Construction Firms Issue, McGraw-Hill, Inc., 1221 Ave. of Americas, New York, NY 10020, USA

Chicago Geographic Directory, Manufacturers News, Inc. 4E, Huron St., Chicago, IL 60611, USA

Coal Age — Annual Buyers' Guide, McGraw-Hill, Inc., 1221 Ave. of the Americas, New York, NY 10020, USA

Coal Mine Directory, McGraw-Hill, Inc., 1221 Ave., of the Americas, New York, NY 10020, USA

Delaware Directory of Commerce and Industry, Delaware State Chamber of Commerce, One Commerce Center, Suite 200, Wilmington, DE 19801, USA

Directory of American Firms Operating in Foreign Countries, World Trade Academy Press, Inc., 50 East 42nd Street, New York, NY 10017, USA

Directory of Central Atlantic States Manufacturers, George D. Hall Co., 50 Congress St., Boston, MA 02109, USA

Directory of Commerce & Industry, Manufacturers' News, Inc., 4 East Huron St., Chicago, IL 60611, USA

Directory of Connecticut Manufacturers, George D. Hall Co., 20 Kilby St., Boston, MA 02109, USA

Directory of Corporate Affiliations, National Register Publishing Inc., 3004 Glenview Rd., Wilmette, IL 60091, USA

Directory of Distributors, Bergano Book Co., P.O.B. 190, Fairfield, CT 06430, USA

Directory of Electric Utilities, McGraw-Hill, Inc., 1221 Ave. of the Americas, New York, NY 10020, USA

Directory of Equipment for Fire Departments — Buyer's Guide Section, Technical Publishing Corp., 875 3rd Avenue, New York, NY 10017, USA

Directory of Face Veneer Manufacturers, Hardwood Plywood Manufacturers Assoc., P.O. Box 2788, Reston, VA 22090, USA

Directory of Fertilizer Plants in the United States, Marketing and Distribution Economics, Tennessee Valley Authority, Muscle Shoals, AL 35660, USA

Directory of Florida Industries, Florida State Chamber of Commerce, Box 5497, Tallahassee, FL 32301, USA

Directory of Foreign Firms Operating in the United States, World Trade Academy Press, Inc., 50 E, 42nd St., New York, NY 10017, USA

Directory of Foreign Manufacturers in the United States, Publishing Services Division, School of Business Administration, Georgia State University, Atlanta, GA 30303, USA

Directory of Hardboard Manufacturers, Hardwood Plywood Manufacturers Assoc., P.O. Box 2788 Reston, VA 22090, USA

Directory of Hardwood Plywood Prefinish Industry — U.S. & Canada, Hardwood Plywood Manufacturers Assoc., P.O.B. 2788, Reston, VA 22090, USA

Directory of Industrial Distributors, Technical Publishing Corp., 875 3rd Ave., New York, NY 10017, USA

Directory of Iowa Manufacturers, Iowa Development Commission, 600 East Court, Suite A, Des Moines, IA 50309, USA

Directory of Iron and Steel Plants, Association of Iron and Steel Engineers, Three Gateway Center, Suite 2350, Pittsburg, PA 15222, USA

Directory of Iron and Steel Works of the United States and Canada, American Iron and Steel Institute, 1000 16th St., N.W., Washington, DC 20036, USA

Directory of Japanese Importers by Product, Unipub, 205 E. 42nd St., New York, NY 10017, USA

Directory of Kansas Manufacturing Firms in Export, Kansas Dept. of Economic Development, 503 Kansas Ave., 6th Fl., Topeka, KS 66603, USA

Directory of Manufacturers Dayton Area, Dayton Area Chamber of Commerce, 1980 Winters Bank Tower, Dayton, OH 45434, USA

Directory of Manufacturers (Hawaii), Manufacturers' News, Inc., 4 E. Huron St., Chicago, IL 60611, USA

Directory of Manufacturers — New York Metro, Manufacturers' News, Inc., 4 E. Huron St., Chicago, IL 60611, USA

Directory of Manufacturers — New York (Upstate), Manufacturers' News., Inc., 4 E. Huron St., Chicago, IL 60611, USA

Directory of Manufacturers, Manufacturers' News, Inc., 4 E. Huron St., Chicago, IL 60611, USA

Directory of Maryland Manufacturers, Manufacturers News, Inc., 4 E. Huron St., Chicago, IL 60611, USA

Directory of Massachusetts Manufacturers, George D. Hall Co., 20 Kilby St., Boston, MA 02109, USA

Directory of Mining Enterprises, Montana Bureau of Mines & Geology, Main Hall, Montana College of Mineral Science & Technology, Butte, MT 59701, USA

Directory of Nebraska Manufacturers and their Products, Manufacturers' News, Inc., 4 E. Huron St., Chicago, IL 60611, USA

Directory of New England Manufacturers, Manufacturers' News, Inc., 4 East Huron St., Chicago, UL 60611, USA

Directory of New Jersey Manufacturers, George G. Hall Co., 50 Congress St., Boston, MA 02109, USA

Directory of North Carolina Manufacturing Firms, Manufacturers' News, Inc., 4 E. Huron St., Chicago, IL 60611, USA

Directory of North Carolina Municipal Officials, North Carolina League of Municipalities, Box 3069 Raleigh, NC 27602, USA

Directory of State Industrial and Economic Departments, B. Klein Publications, P.O. Box 8503, Coral Springs, FL 33065, USA

Directory of Texas Manufacturers, Manufacturers' News, Inc., 4 E. Huron St., Chicago, IL 60611, USA

Directory of the Forest Products Industry, Miller Freeman Publications, Inc., 500 Howard St., San Francisco, CA 94105, USA

Directory of the New England Meat Treat, New England Wholesale Meat Dealers Association, 751 Main St., Waltham, MA 02154, USA

Directory of Utah Manufacturers, Manufacturers' News, Inc., 4 E. Huron St., Chicago, IL 60611, USA

Dun & Bradstreet International Continental Europe Market, Dun & Bradstreet Corp., 99 Church St., New York, NY 10008, USA

Dun & Bradstreet International Latin America Market Guide, Dun & Bradstreet Corp., 99 Church St., New York, NY 10008, USA

Dun's Industrial Guide — The Metalworking Directory, Dun's Marketing Services, 3 Century Dr., Parsippany, NJ 07054, USA

Dun's Latin America's Top 25,000, Dun & Bradstreet Corp., 3 Century Dr., Parsippany, NJ 07054, USA

Economic World Directory of Japanese Companies in the U.S.A., Economic Salon, Ltd., 60 East 42nd Street, New York, NY 10165, USA

Edible Oil Industry in the U.S. — Directory, Institute of Shortening and Edible Oils, 1750 New York Avenue, N.W., Washington, DC 20006, USA

International Directory of Mining, McGraw-Hill, Inc., 1221 Ave. of the Americas, New York, NY 10020, USA

Encyclopedia of Associations, Gale Research Co., Book Tower, Detroit, MI 48226, USA

Encyclopedia of Governmental Advisory Organizations, Gale Research Co., Book Tower, Detroit, MI 48226, USA

Encyclopedia of Information System and Services, Gale Research Co., Book Tower, Detroit, MI 48226, USA

Engineering News — Record Directory of Design Firms, McGraw-Hill, Inc., 1221 Ave. of the Americas, New York, NY 10020, USA

European Petroleum Directory; Asia-Pacific/Africa-Middle East Petroleum Directory, PennWell Publishing Co., P.O.B. 1260, Tulsa, OK 74101, USA

Europe's 15,000 largest Companies, Dun's Marketing Services, 3 Century Drive, Parsippany, NJ 07954, USA

Farm Chemicals Handbook, Meister Publishing Company, 3781, Euclid Ave., Willoughby, OH 44094, USA

Farm Supplier, Watt Publishing Co., Sandstone Bldg., Mount Morris, IL 61054, USA

Federal Data Base Finder, Information USA, Inc., 12400 Beall Mt., Rd., Potomac, MD 20854, USA

Federal Organizations Service — Civil, Carroll Publishing Co., 1058 Thomas Jefferson St., N.W., Washington, DC 20007, USA

Flooring — Directory & Buying Guide Issue, Harcourt Brace Jovanovich, Inc., 545 Fifth Ave., New York, NY 10017, USA

Floral Marketing Directory and Buyers Guide, Produce Marketing Assoc., 700 Barksdale Plaza, Newark, DE 19711, USA

Fluid Power Handbook & Directory, Penton/IPC, 1111 Chester Ave., Cleveland, OH 44144, USA

Food Engineering's — Directory of Food Plants, Food Engineering, Chilton Co., Chilton Way, Radnor, PA 19089, USA

Food Processors Guide, Food Processing Machinery Association, 1828 „L" St., N.W., Suite 700, Washington, DC 20036, USA

Foundation Center National Data Book, The Foundation Center, 79 Fifth Ave., New York, NY 10003, USA

Foundation Center Source Book Profiles, The Foundation Center, 79 Fifth Ave., New York, NY 10003, USA

Geothermal World, Geothermal World, 17304 Village No. 17, Camarillo, CA 93010-7406, USA

Geyer's Who Makes It, Geyer-McAllister Publications, 51 Madison Ave., New York, NY 10010, USA

Glass Industry Directory Issue, Ashlee Publishing Co., Inc., 310 Madison-Ave., New York, NY 10017, USA

Global Guide to International Business, Facts-On-File, 460 Park Ave., New York, NY 10016, USA

Greater Cincinnati Chamber of Commerce International Trade Directory, Greater Cincinnati Chamber of Commerce, 120 W. 5th St., Cincinnati, OH 45202, USA

Green Book: International Directory of Marketing Research Houses & Services, American Marketing Assoc., 420 Lexington Ave., New York, NY 10017, USA

Guide to World Commodity Markets, Nichols Publishing Co., P.O.B. 96, New York, NY 10024, USA

Hazardous Waste Services Directory, J.J. Keller & Associates, Inc., 145 W. Wisconsin Ave., Neenah, WI 54956, USA

Hospital Purchasing Guide, IMS Press, 426 Pennsylvania Ave., Fort Washington, PA 19034, USA

Household and Personal Products Industry — Cosmetics and Toiletries Buying Guide Issue, Rodman Publishing Corp., Box 555, Ramsey, NJ 07446, USA

Houston-Gulf Coast Chemical Directory, Houston Chamber of Commerce, 1100 Milan Bldg., 25 th Fl., Houston, TX 77002, USA

Illinois Manufacturers Directory, Manufacturers' News, Inc., 4 E. Huron St., Chicago, IL 60611, USA

Indiana Manufacturers Directory, Manufacturers' News, Inc. 4 E. Huron St., Chicago, IL 60611, USA

Industrial Directory for Stockton and San Joaquin County, California, Greater Stockton Chamber of Commerce, 445 W. Weber, No. 220, Stockton, CA 95203, USA

Industrial Directory of Rochester and Monroe County, New York, Rochester Area Chamber of Commerce, Dept. of Business & Economic Development, 55 St. Paul St., Rochester, NY 14604, USA

Industrial Research Laboratories of the United States, R.R. Bowker Co., 11880 Ave. of the Americas, New York, NY 10036, USA

Interior Design-Buyers' Guide Issue, Cahners Publications, 475 Park Ave., New York, NY 10016, USA

International Advertising Association, Membership Directory, International Advertising Assoc., 475 Fifth Ave., New York, NY 10017, USA

International Consultants Directory, Gale Research Co., Book Tower, Detroit, MI 48226, USA

International Container Directory, HBJ Publications, 111 E. Wacker Dr., Chicago, IL 60601, USA

International Cycle Trade Directory, Feed Crown Lee Publishing Corp., 6931 Van Nuys Blvd., Box 2006, Van Nuys, CA 91405, USA

International Directory of Fruit, Nut and Vegetable Harvesting Researches, American Society of Agricultural Engineers, Dept. 1602, 2950 Niles Rd., St. Joseph, MI 49085, USA

International Directory of the Non-Woven Fabrics Industry, Association of the Non-Woven Fabrics Industry, 1700 Broadway, New York, NY 10019, USA

International Engineering Directory, American Consulting Engineers Council, 1015 15th Street, N.W., Washington, DC 20005, USA

International Pulp & Paper Directory, Miller Freeman Publications, Inc., 500 Howard St., San Francisco, CA 94105, USA

Iowa Exporting Companies Directory, Iowa Development Commissioning, 600 E. Court St., Des Moines, IA 50309, USA

Iowa Manufacturers Directory, Manufacturers' News, Inc., 4 E. Huron St., Chicago, IL 60611, USA

Johnston International Buyer's Guide, Johnstone International Publishing, Corp., 386 Park Ave., So., New York, NY 10016, USA

Journal American Water Works Association Buyer's Guide, American Water Works Association, 6666 W. Quincy Ave., Denver, CO 80235, USA

Kentucky Manufacturers Register, Manufacturers' News, Inc., 4 E. Huron St., Chicago, IL 60611, USA

Keystone Coal Industry Manual, McGraw-Hill, Inc. 1221 Avenue of the Americas, New York, NY 10020, USA

Kline Guide to the Paper Industry, Charles H. Kline & Company, Inc., 330 Passaic Ave., Fairfield, NJ 07006, USA

Lambert's World of Energy — and International Directory of Goverment Contacs, Lambert Publications, Inc., P.O. Box 33019, Faargut Station, Washington, DC 20033, USA

Lockwood's Directory of the Paper and Allied Trades, Vance Publishing Corp., 122 E. 42nd St., New York, NY 10168, USA

Louisiana Construction Directory, Rhodes Publishing Co., Inc. 18271 Old Jefferson Hwy. Baton Rouge, LA 70817, USA

Macrae's Blue Book, MacRae's, 87 Terminal Drive, Plainview, NY 11803, USA

Macrae's Industrial Directory — Alabama, MacRae's, 87 Terminal Drive, Plainview, NY 11803, USA

Macrae's Industrial Directory — Arizona/New Mexico, MacRae's, 87 Terminal Drive, Plainview, NY 11803, USA

Macrae's Industrial Directory — Arkansas, MacRae's, 87 Terminal Drive, Plainview, NY 11803, USA

Macrae's Industrial Directory — California, MacRae's, 87 Terminal Drive, Plainview, NY 11803, USA

Macrae's Industrial Directory — Colorado, MacRae's, 87 Terminal Drive, Plainview, NY 11803, USA

Macrae's Industrial Directory — Connecticut, MacRae's, 87 Terminal Drive, Plainview, NY 11803, USA

Macrae's Industrial Directory — Florida, MacRae's, 87 Terminal Drive, Plainview, NY 11803, USA

Macrae's Industrial Directory — Georgia, MacRae's, 87 Terminal Drive, Plainview, NY 11803, USA

Macrae's Industrial Directory — Idaho, MacRae's, 87 Terminal Drive, Plainview, NY 11803, USA

Macrae's Industrial Directory — Illinois, MacRae's, 87 Terminal Drive, Plainview, NY 11803, USA

Macrae's Industrial Directory — Indiana, MacRae's, 87 Terminal Drive, Plainview, NY 11803, USA

Macrae's Industrial Directory — Iowa/Nebraska, MacRae's, 87 Terminal Drive, Plainview, NY 11803, USA

Macrae's Industrial Directory — Kansas, MacRae's, 87 Terminal Drive, Plainview, NY 11803, USA

Macrae's Industrial Directory — Kentucky/West, MacRae's, 87 Terminal Drive, Plainview, NY 11803, USA

Macrae's Industrial Directory — Louisiana, MacRae's, 87 Terminal Drive, Plainview, NY 11803, USA

Macrae's Industrial Directory — Maine/New Hampshire, MacRae's, 87 Terminal Drive, Plainview, NY 11803, USA

Macrae's Industrial Directory — Maryland/District of Columbia/Delaware, MacRae's, 87 Terminal Drive, Plainview, NY 11803, USA

Macrae's Industrial Directory — Massachusetts/Rhode Island, MacRae's, 87 Terminal Drive, Plainview, NY 11803, USA

Macrae's Industrial Directory — Michigan, MacRae's, 87 Terminal Drive, Plainview, NY 11803, USA

Macrae's Industrial Directory — Minnesota, MacRae's, 87 Terminal Drive, Plainview, NY 11803, USA

Macrae's Industrial Directory — Mississippi, MacRae's, 87 Terminal Drive, Plainview, NY 11803, USA

Macrae's Industrial Directory — Missouri, MacRae's, 87 Terminal Drive, Plainview, NY 11803, USA

Macrae's Industrial Directory — Montana, MacRae's, 87 Terminal Drive, Plainview, NY 11803, USA

Macrae's Industrial Directory — Nevada, MacRae's, 87 Terminal Drive, Plainview, NY 11803, USA

Macrae's Industrial Directory — New Jersey, MacRae's, 87 Terminal Drive, Plainview, NY 11803, USA

Macrae's Industrial Directory — New York, MacRae's, 87 Terminal Drive, Plainview, NY 11803, USA

Macrae's Industrial Directory — North Carolina, MacRae's, 87 Terminal Drive, Plainview, NY 11803, USA

Macrae's Industrial Directory — North Dakota/South Dakota, MacRae's, 87 Terminal Drive, Plainview, NY 11803, USA

Macrae's Industrial Directory — Ohio, MacRae's, 87 Terminal Drive, Plainview, NY 11803, USA

Macrae's Industrial Directory — Oklahoma, MacRae's, 87 Terminal Drive, Plainview, NY 11803, USA

Macrae's Industrial Directory — Oregon, MacRae's, 87 Terminal Drive, Plainview, NY 11803, USA

Macrae's Industrial Directory — Pennsylvania, MacRae's, 87 Terminal Drive, Plainview, NY 11803, USA

Macrae's Industrial Directory — South Carolina, MacRae's, 87 Terminal Drive, Plainview, NY 11803, USA

Macrae's Industrial Directory — Tennesse, MacRae's, 87 Terminal Drive, Plainview, NY 11803, USA

Macrae's Industrial Directory — Texas, MacRae's, 87 Terminal Drive, Plainview, NY 11803, USA

Macrae's Industrial Directory — Utah, MacRae's, 87 Terminal Drive, Plainview, NY 11803, USA

Macrae's Industrial Directory — Virginia, MacRae's, 87 Terminal Drive, Plainview, NY 11803, USA

Macrae's Industrial Directory — Washington, MacRae's, 87 Terminal Drive, Plainview, NY 11803, USA

Macrae's Industrial Directory — Wisconsin, MacRae's, 87 Terminal Drive, Plainview, NY 11803, USA

Macrae's Industrial Directory — Wyoming, MacRae's, 87 Terminal Drive, Plainview, NY 11803, USA

Maine Marketing Diretory, Manufacturers' News, Inc., 4 E. Huron St., Chicago, IL 60611, USA

Massachusetts Directory of Manufacturers, S.I.C. Manufacturers' News, Inc., 4 E. Huron St., Chicago, IL 60611, USA

Massachusetts Service Directory, George D. Hall Co., 50 Congress St., Boston, MA 02108, USA

Metal Statistics, American Metal Market, 7 E. 12th St., New York, NY 10004, USA

Modern Brewery Age Blue Book, Modern Brewery Age Publishing Corp., 22 South Smith St., East Norwalk, CT 06855, USA

Newsletter Yearbook/Directory, The Newsletter Clearinghouse, 44 W. Market St., Rhinebeck, NY 12577, USA

Nuclear News Buyer's Guide, American Nuclear Society, 555 N. Kensington Ave., La Grange Park, IL 60525, USA

O'Dwyer's Directory of Public Relations Firms, J.R. O'Dwyer Co., Inc., 271 Madison Ave., New York, NY 10016, USA

Oil & Gas Directory Regional & Worldwide Exploration — Drilling & Producing Coverage, Oil & Gas Directory, P.O.B. 13508, Houston, TX 77219, USA

Oilfield, Service, Supply and Manufacturers, PennWell Books, 1421 Sheridan, P.O. Box 1260, Tulsa, OK 74101, USA

Oil Industry, U.S.A., Oil Dally, 1401 New York Ave., N.W. Washington, DC 20005, USA

OPD Chemical Buyers Directory, Schnell Publishing Co., Inc., 100 Church St., New York NY 10007, USA

Petrochemical Worldwide Directory, PennWell Books, 1421 S. Sheridan, P.O. Box 1260, Tulsa, OK 74101, USA

Power Transmission Design Handbook, Directories Dept., Penton/IPC, 1111 Chester Ave., Chleveland, OH 44114, USA

Puerto Rico Official Industrial Directory, Manufacturers' News, Inc., 4 E. Huron St., Chicago, IL 60611, USA

Pulp & Paper Directory, Miller Freeman Publications, Inc., 500 Howard St., San Francisco, CA 94105, USA

Refining & Gas Processing Worldwide Directory, PennWell Books, 1421 S. Sheridan, P.O. Box 1260, Tulsa, OK 74101, USA

Rubber Red Book, Communication Channels, Inc., 6255 Barfield Rd., Atlanta, GA 30328, USA

Statistics Africa: Sources for Social, Economic & Market Research, Gale Research Co., Book Tower, Detroit, MI 48226, USA

Synthetic Fuels and Alternate Energy Worldwide Directory, PennWell Publishing Co., Box 1260, Tulsa, OK 74101, USA

Technical Association of the Pulp and Paper Industry Membership Directory, Technology Association of the Pulp and Paper Industry, Technology Park, Atlanta, P.O. Box 105113, Atlanta, GA 30348, USA

Uker's International Tea and Coffee Buyers Guide, Tea & Coffee Trade Journal Co., 18-15 Francis Lewis Blvd., Whitestone, NY 11357, USA

United States — Italy Trade Directory, Italy-America Chamber of Commerce, 350 Fifth Ave., New York, NY 10118, USA

U.S.A. Oil Industry Directory, PennWell Books, 1421 S. Sheridan, P.O. Box 1260, Tulsa, OK 74101, USA

Who's Who in Consulting, Gale Research Co., Book Tower, Detroit, MI 48226, USA

Wind Energy Directory, Wind Energy Workshop of Long Island, Box 14, Rockville Centre, NY 11571, USA

Wood & Wood Products Reference Buying Guide, Vance Publishing Corp., 300 W. Adams St., Chicago, IL 60606, USA

World Chamber of Commerce Directory, Johnson Publishing Company Inc., Eighth and Van Buren, Loveland, CO 80537, USA

World Coal Industry Report and Directory, Miller Freeman Publications, Inc., 500 Howard St., San Francisco, CA 94105, USA

World Directory of Multinational Enterprises, Gale Research Co., Book Tower, Detroit, MI 48226, USA

World Directory of Wood-Based Panel Producers, Miller Freeman Publications, Inc., 500 Howard St., San Francisco, CA 94105, USA

World Mines Register, Miller Freeman Publications, Inc., 500 Howard St., San Francisco, CA 94105, USA

Worldwide Oilfield Service Supply and Manufacturers, PennWell Books, P.O. Box 21288, Tulsa, OK 74121, USA

Worldwide Petrochemical Directory, PennWell Books, P.O. Box 21288, Tulsa, OK 74121, USA

Worldwide Refining and Gas Processing Directory, PennWell Books, P.O. Box 21288, Tulsa, OK 74121, USA

World Wide Shipping Guide, World Wide Shipping Guide, 77 Moehring Dr., Blauvelt, NY 10913, USA

Zimbabwe

Zimbabwe International Chamber of Commerce Directory, Equity House, P.O.B. 1934, Harare, Zimbabwe

3.2. Nachschlagewerke für Marketing

Croner Publications Incorporated, USA, „Trade Directories of the World"

Cyriax, George: „World Index of Economic Forecasts", Gower Press, Teakfield Limited, England

International Advertising Association (IAA), „World Directory of Marketing Communications"

Marketing Strategies for Industry (UK) Ltd., England, „Marketing Surveys Index" (Loseblattsammlung)

Poretschkin, Peter: „International Guide to Market Research — Volume 1: Market Research Companies", B. Behr's Verlag, Hamburg 1982

FOGA
21

Poretschkin, Peter/Raeder, Jutta M.: „International Guide to Market Research — Volume 2: Market Research Reports", B. Behr's Verlag, Hamburg 1984

Schöttle, Klaus M. (Hrsg.): „Jahrbuch Marketing", Vulkan-Verlag, Essen, Ausgabe 1982/83

Stamm Verlag GmbH, Essen, „Stamm-Leitfaden durch Presse und Werbung"

Team-Fachverlag GmbH & Co Vertriebs-KG, Karlstein am Main, „Europa Handbuch — Firmen — Marken — Werbeagenturen", jährlich

4. Internationale Management-/Marketing-Schulen

4.1. Europäische Management-Schulen

Frankreich

INSEAD-Institut Européen d'Administration des Affaires
Boulevard de Constance, F-77305 Fontainebleau

Beschreibung und Dauer der Studiengänge:
Die zehnmonatige Ausbildung wird in fünf Einheiten aufgeteilt, in den ersten drei Perioden müssen alle Teilnehmer Pflichtveranstaltungen besuchen, insgesamt werden rund 400 Fallstudien bearbeitet.

Voraussetzungen: GMAT (Eignungsprüfung „Graduate Management Admission Test"), Uniabschluß, zwei bis drei Jahre Berufspraxis, Englisch/Französisch, ein Empfehlungsschreiben, zwei Interviews, Bewerbungsbogen.

Großbritannien

LBS — London Business School
Sussex Place, Regent's Park, London NW1 4SA

Beschreibung und Dauer der Studiengänge:
Das Programm wird als Vollzeitstudium (21 Monate, 110 Plätze) oder Teilzeitstudium (zweieinhalb Jahre, 60 Plätze) angeboten. Das Vollzeitprogramm ist in sechs Trimester unterteilt. Bis zu 30 Teilnehmer können im zweiten Jahr ein Trimester an einer anderen Business School verbringen. Zum Beispiel: Berkeley, Chicago, MIT.

Voraussetzungen: GMAT, Uniabschluß, dreijährige Berufspraxis, zwei persönliche Referenzen, Interview.

MBS — Manchester Business School
University of Manchester, Booth Street West, Manchester M 156 PB

Schweiz

IMEDE — International Management Development Institute
Champagne de Bellerive, 23 Chemin de Bellerive, CH-1001 Lausanne-Quchy

Beschreibung und Dauer der Studiengänge:
Das zwölfmonatige Programm besteht aus acht Blöcken. Während der letzten drei Lehreinheiten nehmen die Teilnehmer an einem internationalen Consulting-Projekt teil, dessen Ergebnis eine Strategieempfehlung sein soll.

Voraussetzungen: GMAT, Uniabschluß, mindestens zweijährige Berufspraxis, Englisch, Bewerbungsbogen.

IMI — International Management Institute
4 Chemin de Conches, CH-1231 Conches-Genève

Beschreibung und Dauer der Studiengänge:
Das neunmonatige Programm wird in zwei Teile gegliedert, während der zweiten Lehreinheit steht eine 14tägige Studienreise auf dem Programm.

Voraussetzungen: GMAT, Uniabschluß, mindestens dreijährige, besser fünfjährige Berufserfahrung, Referenzen von drei Führungskräften, Englisch, ein Interview, Bewerbungsbogen.

ULI — Association des Universités Libres Internationales
36 rue de Condolle, CH-1205 Genf

Hochschule St. Gallen
Gatterstr. 1, CH-9010 St. Gallen

Spanien

IESE — Instituto de los Estudios Superiores de la Empresa
21 Avenida Pearson, Barcelona 34

Beschreibung und Dauer der Studiengänge:
Das Programm dauert zwei Jahre und ist aufgeteilt in einen rein englischsprachigen Teil und einen zweisprachigen (Englisch und Spanisch). Zwischen dem ersten und zweiten Jahr absolvieren die Teilnehmer ein dreimonatiges bezahltes Projekt. Harvard-Fallstudien sind die vorherrschende Unterrichtsmethode.

Voraussetzungen: GMAT, Uniabschluß, Englisch/Spanisch, drei Empfehlungsschreiben und Erklärung über finanzielle Situation

ESADE — Escuela Superior de Administracion y Direccion de Empresas
Avda. de Petralbes 60—62, Barcelona

4.2. Amerikanische Business Schools

Harvard University, Graduate School of Business Administration, Soldiers Field, Boston, Massachusetts 021 63

Stanford University, Graduate School of Business, Stanford, California 943 05

University of Pennsylvania, The Wharton School, Graduate Division, 102 Vance Hall CS, Philadelphia, Pennsylvania 191 04

University of Chicago, Graduate School of Business, 1101 East 58th Street, Chicago, Illinois 606 37

Northwestern University, J. L. Kellogg Graduate School of Management, 2001 Sheridan Road, Leverone Hall, Evanston, Illinois 602 01

Lt. Umfrage Business Week vom Februar 1986 ergab sich auf die Frage, „Welche halten Sie für die beste Business School der Nation", folgende Rangfolge:
Harvard (43%), Stanford (18%), Pennsylvania (7%), Chicago (5%) und Northwestern (2%).
Keine andere der nachstehend aufgeführten erreichte mehr als 1%.

Massachusetts Institute of Technology (MIT), Sloan School of Management, 50 Memorial Drive, Cambridge, Massachusetts 021 63

University of Virginia, Colgate Darden Graduate School of Business Administration, P.O. Box 6550, Charlottesville, Virginia 2206

Dartmouth College, The Amos Truck School of Business Administration, Hanover, New Hampshire 037 55

Carnegie-Mellon University, Graduate School of Industrial Administration, Schenley Park, Pittsburgh, Pennsylvania 152 13

University of Michigan/Ann Arbor, Graduate School of Business Administration, Ann Arbor, Michigan 481 04

University of California/Los Angeles (UCLA), Graduate School of Management, 405 Hilgard Avenue, Los Angeles, California 900 24

Cornell University, Graduate School of Business and Public Administration, Malott Hall, Ithaca, New York 148 53

University of North Carolina/Chapel Hill, Graduate School of Business Administration, Carroll Hall, Chapel Hill, North Carolina 275 14

University of Texas/Austin, Graduate School of Business, Austin, Texas 787 12

Michigan State University, Graduate School of Business Administration, East Lansing, Michigan 488 24

Indiana University/Bloomington, Graduate School of Business, Bloomington, Indiana 474 01

University of Wisconsin/Madison, Graduate School of Business, 1155 Observatory Drive, Madison, Wisconsin 537 06

University of California/Berkeley, Graduate School of Business Administration, 350 Barrows Hall, Berkeley, California 947 20

Columbia University, Graduate School of Business, Uris Hall, New York, New York 100 27

Duke University, Fuqua School of Business, Durham, North Carolina 277 06

New York University (NYU), Graduate School of Business Administration, 100 Trinity Place, New York, New York 100 06

5. Bestehende Wirtschaftspläne

Ägypten

Der Entwicklungsplan 1982/83—1986/87 geht dem Ende zu. Für den öffentlichen Sektor hat er einen bindenden Charakter, dem Privatsektor gibt er Vorgaben im Sinne einer Rahmenplanung.

Im gesamten Planungszeitraum sollte das reale, jährliche Bruttoinlandsprodukt um 8,1% wachsen, die Gesamtinvestitionen bei ägypt. £ 35,5 Mrd. liegen. Hiervon sollten auf den öffentlichen Bereich rund 27,2 Mrd. und den privaten Sektor 8,3 Mrd. entfallen.

Es läßt sich jedoch bereits heute absehen, daß die geplanten Ziele nicht erreicht werden können. Die bisherige Wachstumsrate des Bruttoinlandsproduktes ist jedoch befriedigend. Sie liegt bei real 7% p.a. Die insgesamt vorgesehenen Investitionen sind nach offiziellen Aussagen bisher planmäßig in Angriff genommen worden.

Die derzeitige Wirtschaftssituation ist durch eine deutliche Zurückhaltung, insbesondere des öffentlichen Bereiches, gekennzeichnet. Ein wichtiges Ziel der Wirtschaftspolitik ist die Gleichbehandlung der öffentlichen und privaten Unternehmen; die Subventionsflut wird abgebaut, den Staatsfirmen soll die Kalkulation zu kostendeckenden Preisen ermöglicht werden, die Lohnpolitik soll sich an Leistungskriterien orientieren.

Das Ministerium für Investitionen und internationale Kooperationen wurde aufgelöst, die GAFI (Investitionsbehörde) dem Ministerium für Wirtschaft und Außenhandel unterstellt. Ein neu gebildeter Investitionsrat soll die vielfältigen Hindernisse für Investitionen und Joint Venture beseitigen helfen. Es soll eine Politik der wirtschaftlichen Öffnung (open door) betrieben werden.

Bangladesh

Nach Vorgaben des 3. Fünfjahresplanes 1985—1990 soll das gesamtwirtschaftliche Wachstum im Durchschnitt bei 5,4% p.a. (real) liegen. Die Gesamtinvestitionen erreichen ein Volumen von Taka 386 Mrd.; die Wachstumsrate der industriellen Produktion liegt durchschnittlich bei ca. 10% p.a. (real), demgegenüber die der Landwirtschaft lediglich bei rund 4%.

Innerhalb des Fünfjahresplanes ist vorgesehen, das Land von Nahrungsmittelimporten weitgehend unabhängig zu machen. Rund die Hälfte des geplanten Investitionsvolumens soll durch Auslandsmittel finanziert werden.

Für die Exporte ist eine jährliche Zunahme von 4,6% geplant, die Einfuhren sollen demgegenüber lediglich um 2,8% p.a. steigen. Die Einfuhr soll sich auf Produkte beschränken, die im Inland nicht produziert werden können. Eine wesentliche Zunahme der Ausfuhren wird von der Bekleidungs- und Fischindustrie, Ziegenleder und Tee-Erzeugnissen erwartet. Für das bisherige Haupterzeugnis Jute ist nur noch ein geringes Wachstum vorgesehen.

Von besonderer Wichtigkeit ist der Ausbau der Ernergieerzeugung und der natürlichen Ressourcen. Dies gilt ebenfalls für das Transport- und Kommunikationssystem. In der Elektrizitätswirtschaft sind weitere neue Projekte geplant. In der Erdölförderung soll die Entwicklung der Gasfelder vorangetrieben werden. Im Transportsektor konzentrieren sich die Aktivitäten auf die Modernisierung sowie den Ausbau des Eisenbahnsystems. Im Telekommunikationssystem ist eine weitere Ausweitung des Telefonnetzes sowie die Errichtung einer Satellitenempfangsstation geplant.

Barbados

Für 1983—1987 geht der Entwicklungsplan von einem weiteren Wachstum industrieller Produktion aus.

Zu den förderungswürdigen Branchen gehören das Konfektionsgewerbe, die Elektronik und die Datenverarbeitung sowie die Medizintechnik.

Im Zeitraum 1983—1987 ist ein jährliches Wachstum der Industrieexporte von ca. 15% vorgesehen, geplant ist die Schaffung von ca. 7000 neuen Arbeitsplätzen.

Botsuana

Schaffung von neuen Arbeitsplätzen sowie Entwicklung der ländlichen Regionen haben die wichtigste Priorität im Rahmen des sechsten Entwicklungsplanes 1985/86—1990/91.

Die Planungen sehen eine Steigerung des Bruttosozialproduktes von durchschnittlich 4,8% (real) p.a. vor, während sie in der davorliegenden Periode noch bei 11,2% lag. Der Entwicklungsplan geht von einem zunehmenden Defizit aus, das durch Kreditaufnahmen im Ausland gedeckt werden muß.

Im Rahmen der ländlichen Agrarentwicklung ist eine Reihe von kleineren Projekten geplant. Die Investitionen konzentrieren sich hier auf die Bereiche Wasserversorgung, Gesundheit und Straßenbau.

Brunei

Die bisherige Abhängigkeit des Sultanats von den Einnahmen aus der Erdölwirtschaft soll im Rahmen des neuen Wirtschaftsplanes 1986—1990 reduziert werden.

Dabei soll insbesondere die Landwirtschaft des Sultanats wieder in den Vordergrund rücken, die vor der Entdeckung der Erdölvorkommen eine hohe Bedeutung hatte. Ein hoher Anteil der geplanten Ausgaben im Rahmen des Wirtschaftsplanes wird ebenfalls in den öffentlichen Dienstleistungssektor fließen. Damit soll Brunei nach wie vor einer der führenden Sozialstaaten der Welt bleiben.

Bulgarien

Im Rahmen des Fünfjahresplanes 1986—1990 will Bulgarien an die expansive Wirtschaftsentwicklung der Planperiode 1976—80 anschließen. Dies soll durch eine effizientere Nutzung aller Ressourcen, Intensivierung der wissenschaftlichen Forschung und ihrer raschen Umsetzung zustande kommen.

Für 1986 ist eine 4%ige Steigerung des Nationaleinkommens vorgesehen. Die Arbeitsproduktivität soll im Vergleich zu 1985 um 4,5%, der Außenhandel um 5% steigen. Für die Forschungs- und Entwicklungsarbeiten sind ca. 3% des Nationaleinkommens geplant. Die Daten für 1986 gelten als Vorwegnahme der Planzahlen des Fünfjahresplanes 1986—1990.

Die Investitionspolitik konzentriert sich auf die Fertigstellung der bereits in Angriff genommenen Projekte. Dabei spielen insbesondere die warenproduzierenden Wirtschaftszweige eine besondere Rolle.

Auf Grund der immer wieder auftretenden Engpässe bei der Elektrizitätsversorgung ist zu erwarten, daß diesem Wirtschaftsbereich zukünftig umfangreichere Investitionsmittel zugeführt werden als bisher. Die Investitionstätigkeit wird sich hier neben der Fertigstellung des Kernkraftwerkes Kosloduj auf die Einführung energiesparender Technologien sowie Wartungsmaßnahmen bei dem bestehenden Kraftwerkspark konzentrieren.

Burundi

Während des 4. Fünfjahresplanes 1983—1987 sollen Projekte in einem Finanzierungsumfang von ca. 17 Mrd. Burundi-Franc realisiert werden. Im wesentlichen sollen sie zum Aus- bzw. Aufbau der verarbeitenden Industrie verwendet werden. Insgesamt sind mehr als 50 größere Projekte geplant, davon rund die Hälfte im Bereich der Nahrungsmittel- und der Agrarindustrie. Zu den weiteren Investitionsbereichen gehören die Baustoffbranche, Chemie, Papier, Textilien und Lederwaren.

Angestrebt wird die Dezentralisierung der Industriestandorte sowie die Etablierung von arbeitsintensiven bzw. technologisch fortschrittlichen Fertigungsverfahren sowie Schaffung von neuen Arbeitsplätzen.

Zu den geplanten Projekten gehören u. a. Zuckerfabriken, neue Getränkefabriken und Kaffeeverarbeitungsanlagen, Fleischverarbeitungskomplexe, im Baustoffsektor Zement- und Kalkverarbeitungswerke. Im Bereich der Chemie sind insbesondere Phosphatdüngeranlagen geplant, deren Aufbau zur Reduktion von Düngemittelimporten führen soll. Im Papiersektor ist die Errichtung von Papierfabriken vorgesehen.

China

Der chinesische Fünfjahresplan sieht für die Planperiode 1986—1990 einen Anstieg des Bruttosozialproduktes um 7% p.a. vor. Das geplante Wachstum der Industrie liegt bei 7%, das der Landwirtschaft bei 6%.

Zu dem wichtigsten Ziel des Fünfjahresplanes gehört die Verdoppelung der industriellen und landwirtschaftlichen Produktion. Der chinesische Außenhandel soll 1986—1990 um 40% steigen. Hiernach nehmen die Ausfuhren in diesem Zeitraum um rund 50% zu, die Erhöhung der Einfuhren liegt bei 35%. Die Zahlen zeigen, daß insbesondere im Export große Exportanstrengungen geplant sind. Eine nachhaltige Ausweitung des Wirtschafts-, Handels- und Technologieaustausches mit dem Ausland ist einer der Grundsätze des Wirtschaftsplanes.

In den chinesischen Küstengebieten sollen Produktionszentren für Ausfuhrgüter und exportorientierte Betriebe errichtet werden.

Auf der Importseite wird sich China auf die Beschaffung von Computer-Software, Hoch- und Schlüsseltechnologien konzentrieren. Der Import von allgemeinen Ausrüstungen soll limitiert werden.

Im Vordergrund der Sektorplanung steht der Bedarf der Energiewirtschaft für die Stromerzeugung, den Kohlebergbau und die Ölförderung. Erheblich ausgeweitet werden soll die Kapazität zum Bau von Kraftwerkskesseln, Generatoren sowie anderen Elektroausrüstungen.

Auf dem Gebiet des Anlagenbaus ist der Ausbau der Industriezweige Metallurgie, Chemie und Baustoffe geplant.

Im Bereich der Zukunftsindustrie sieht der Plan verstärkte Entwicklung von integrierten Schaltkreisen, Computern und Kommunikationstechnologien vor.

Die Lebenshaltung der chinesischen Bevölkerung soll nachhaltig verbessert werden. Das Realeinkommen steigt im Laufe des 7. Fünfjahresplanes um 28%.

ČSSR

Für die Jahre 1986—1990 wird ein anhaltender wirtschaftlicher Aufschwung erwartet. Der Fünfjahresplan ist durch einen Ausblick auf das Jahr 2000 ergänzt.

Das Nationaleinkommen soll sich bis zum Jahr 2000 im Vergleich zu 1985 um zwei Drittel erhöhen. Die Industrie steigert die Produktion um insgesamt 15 bis 18%. Schwerpunkte bilden die verarbeitenden Industriezweige. Der Maschinenbau soll sich zum Hauptexporteur entwickeln; der Schwermaschinenbau muß laut Planentwurf die Produktion um ca. 22% erhöhen. Ebenfalls hohe Zuwachsraten sind in der elektronischen Industrie geplant. Die Produktion wächst hier allein bis 1990 um ca. 60 bis 85%. Die Schwerpunkte sind die Mikroelektronik, optoelektrische Bauelemente, MSR-Technik, Steuerung technologischer Prozesse.

In der Energiewirtschaft soll der Einsatz von importierten Rohstoffen reduziert bzw. die Förderung einheimischer Rohstoffe erhöht werden. Die holzverarbeitende Industrie muß ihre Produktion bis 1990 um ca. 13% steigern.

Für die landwirtschaftliche Produktion ist 1986/90 gegenüber dem Zeitraum 1981/85 ein Wachstum von ca. 7% vorgesehen.

DDR

Im Fünfjahresplan 1986—1990 sind neue, großangelegte Investitionsvorhaben nicht zu erwarten. Die DDR sieht keine Notwendigkeit, neue Akzente in der Wirtschafts- und Finanzpolitik zu setzen. Der bisherige Kurs wird weiter forgesetzt.

Die Arbeitsproduktivität muß weiter erhöht werden, vorgesehen ist eine starke Zunahme der Produktion von Bauelementen der Mikroelektronik und nach wie vor der Rohbraunkohlenförderung. Insgesamt wird dem Bereich der Mikroelektronik eine sehr hohe Priorität eingeräumt.

Einen wichtigen Punkt stellt die Erneuerung des zum Teil überalterten Produktionsapparates dar, da die DDR in den letzten Jahren ihre Investitionen heruntergefahren hat, um den Importaufwand zu reduzieren.

Die DDR-Bevölkerung erhofft sich von dem neuen Fünfjahresplan eine bessere Versorgung mit Ersatzteilen, Textilien und anderen Konsumgütern.

Im ersten Jahr des Fünfjahresplanes soll das Nationaleinkommen, wie bereits in 1985, um 4,4% steigen.

Ecuador

Der neue Vierjahresplan 1985—88 trägt perspektivistische Züge, die über die Planungsperiode hinausreichen. Für das Bruttosozialprodukt wird eine jährliche Wachstumsrate von durchschnittlich 3,7% (real) prognostiziert. Entscheidende Prämisse für diese Wachstumsrate ist ein konstanter Erdölpreis von ca. 25 US $ pro Barrel, der bei den Planungen unterstellt worden ist. Vor dem Hintergrund der sich derzeit abzeichnenden Entwicklung des Erdölpreises ist nicht zu erwarten, daß diese Wachstumsrate realisiert werden kann. Daher ist mit Verzögerungen bzw. mit der Aufgabe von Projekten zu rechnen.

Für die Landwirtschaft, Industrie, Meeres- sowie Binnenschifferei prognostiziert der Vierjahresplan ein mittleres Wachstum von ca. 3% p.a.

Die entscheidenden Impulse bei der Realisierung der geplanten Ziele sollen von der Belebung der Privatinitiative unter Einbindung ausländischen Kapitals und Know-hows ausgehen. Bei der Finanzierung der geplanten Projekte rechnen die Planer mit einer nachhaltigen Unterstützung durch ausländische und internationale Finanzierungsinstitute.

Gabun

Im Rahmen des V. Fünfjahresplanes 1984—88 wird eine nennenswerte Erhöhung der Wertschöpfung in der verarbeitenden Industrie und im Handwerk erwartet. Hier sind insbesondere für Klein- und Mittelbetriebe staatliche Förderprogramme mit einem Gesamtinvestitionsrahmen von ca. FCFA 5,5 Mrd. vorgesehen.

Die Förderung der Verarbeitung lokaler Ressourcen, die zur Deckung des Inlandsbedarfs beitragen, genießt eine hohe Priorität.

Die wichtigsten Investitionsbereiche sind in der verarbeitenden Industrie die Nahrungsmittel-, Getränke- und die Tabakbranche. Ebenfalls umfangreiche Investitionen sind im holzverarbeitenden Sektor geplant, der bereits derzeit zu den am weitesten entwickelten Wirtschaftszweigen Gabuns gehört.

Hier ist ebenfalls ein öffentliches Förderungsprogramm mit ca. FCFA 7 Mrd. vorgesehen. Auch im Chemiebereich sind zahlreiche Projekte geplant. Sie umfassen den Bau von Entasphaltisierungsanlagen, Glasfabriken, sowie Anlagen zur Verarbeitung von chemischen Derivaten.

Im Bergbau konzentrieren sich die Aktivitäten auf die Prospektion von neuen Lagerstätten. Die Bergbauaktivitäten sollen diversifiziert und der Abbau neuentdeckter Vorkommen beschleunigt werden.

Ghana

Das neue Entwicklungsprogramm 1986—88 konzentriert sich auf die Förderung des wirtschaftlichen Wachstums. Für Investitionen sind insgesamt Cedi 77 Mrd. vorgesehen. Rund die Hälfte hiervon dürfte durch ausländische Kreditgeber finanziert werden. Von dem geplanten Investitionsvolumen entfallen ca. 20% auf den Straßenbau, weitere 20% sind für den Transport- und Kommunikationsbereich vorgesehen, ca. 14% für den Energie- und Bergbausektor. Auf die Landwirtschaft kommen ca. 12% sowie die Industrie rund 3% zu.

Ghana sieht sich derzeit mit dem Problem der wachsenden Auslandsverschuldung konfrontiert. Nach vorläufigen Berechnungen mußten bspw. bereits in 1985 rund 40—50% der Exporterlöse zu Tilgungs- und Zinszahlungen aufgebracht werden.

Nach den Planungen für 1986—88 ist mit einem durchschnittlichen Anstieg des Bruttoinlandsproduktes von real 5% p.a. zu rechnen, die Inflationsrate soll von derzeit jährlich 20% auf rund 15% sinken.

Indien

Für den Zeitraum 1985—1990 sieht der 7. Fünfjahresplan Indiens eine Wachstumsrate der indischen Wirtschaft von jährlich real 5% vor.

Im Vordergrund des Wirtschaftsplanes stehen die landwirtschaftliche Produktion sowie Erhöhung der Beschäftigung und der Produktivität der Industrie.

Auf Grund des anhaltend hohen Defizits der Handelsbilanz ist damit zu rechnen, daß Importe auch weiterhin nur selektiv genehmigt werden. Bevorzugt werden nur die Importe, die zur Fertigstellung laufender Projekte erforderlich sind sowie Importe von technischen Gütern und Verfahren, durch die die inländische, technische Entwicklung ergänzt wird.

Um die geplanten Wachstumsraten zu erreichen, sollen im Zeitraum 1985—1990 insgesamt 3200 Mrd. iR investiert werden. Rund die Hälfte hiervon entfällt auf den öffentlichen Sektor. Die Finanzierung des Gesamt-Investitionsvolumens ist nur bei Inanspruchnahme bilateraler Mittel gesichert.

Während die Wachstumsrate der landwirtschaftlichen Produktion jährlich um ca. 4% steigen soll, liegt diese bei der Industrie bei ca. 7%. Dieses Wachstum soll vor allem durch bessere Kapazitätsauslastung und Erweiterung bestehender Anlagen erreicht werden.

Hohe Priorität haben Modernisierungsmaßnahmen insbesondere in der Textil-, Zement-, Jute-, Papier- und Stahlindustrie. Auf dem Gebiet der Telekommunikation sowie Energieerzeugung sind umfangreiche Investitionsprogramme vorgesehen.

Indonesien

Die Wirtschaft Indonesiens steht vor immer größer werdenden Schwierigkeiten. Die Rezession auf dem Inlandsmarkt hat sich verschärft. Die Kapazitätsauslastung und die Beschäftigung haben in Teilen der Wirtschaft — insbesondere auch in der Ölförderung — weiter abgenommen. Bei einer Produktion von 1,2 Mio. Faß Barrel täglich und weiter rückläufigen bzw. stagnierenden Weltmarktpreisen wird Indonesien zunehmende Absatzschwierigkeiten bekommen. Neue bedeutende Ölvorkommen wurden nicht gefunden. Die Ölreserven betragen nach OPEC-Angaben noch ca. 8,7 Mrd. Faß, was einer Förderung von 18 Jahren entspricht. Daher ist es fraglich, ob die im gegenwärtig laufenden Fünfjahresplan 1985—1989 geplante Steigerung des Binnenverbrauches von 500 000 Faß täglich um 8,5% p.a. zunehmen kann.

Die Investitionstätigkeit ist schwach und bleibt hinter den Prognosen des Wirtschaftsplanes. Im zweiten Jahr des Entwicklungsplanes 1985/1986 sind die geplanten Ziele bei weitem nicht erreicht worden, nachdem bereits im ersten Wirtschaftsjahr 1984/85 eine rückläufige Tendenz zu verzeichnen war.

Für das dritte Wirtschaftsjahr 1986/87 ist aufgrund der zu erwartenden Ölpreisentwicklung und geringeren öffentlichen Einnahmen mit einer Reduzierung des Entwicklungshilfehaushaltes zu rechnen. Daher werden wohl verschiedene große Bau- und Entwicklungsvorhaben nicht realisiert bzw. verschoben werden. Hohe Priorität genießen jedoch nach wie vor Projekte, die Arbeitsplätze schaffen.

Jordanien

Jordanien konnte die im 2. Fünfjahresplan 1981—85 geplanten Ziele bei weitem nicht erreichen. Die Entwicklungsprogramme sollen trotzdem fortgeführt werden. Die Richtlinien für den neuen Fünfjahresplan 1985—1990 befinden sich in der Bearbeitung. Einzelheiten liegen noch nicht vor. Das Schwergewicht dürfte auch zukünftig auf die Landwirtschaft und Industrie gelegt werden.

Im Rahmen des 3. Fünfjahresplanes sollen insbesondere in der Energiewirtschaft eine Reihe von Projekten fortgeführt werden. Hierzu gehören insbesondere der Bau von Ölpipelines.

Jugoslawien

Der Mitte 1985 verabschiedete Entwurf des Fünfjahresplanes 1986—90 sieht folgende jährliche Wachstumsraten (real) vor: Gesellschaftsprodukt 4%, Industrieproduktion 4,5%, landwirtschaftliche Produktion 3,2%. Diese durchschnittlichen Wachstumsraten sollen insbesondere in der Energieversorgung, chemischen Industrie, Erdöl- und Erdgasindustrie, im Fahrzeug- und Schiffbau sowie in einigen Bereichen des Bergbaus erreicht werden.

Im Bereich des Außenhandels sollen die Importausgaben zu rund 90% durch Exporteinnahmen gedeckt werden. Geplant ist die Reduktion der Auslandsschulden im Verlauf des Fünfjahresplanes um ca. US $ 2 Mrd. Inwiefern die vorgesehenen Daten realisiert werden können, ist fraglich. Die Realisierungschancen sind schlecht, da das neue Planjahrfünft, durch die negativen Auswirkungen der Planperiode 1981—85 beeinflußt wird.

Malaysia

Malaysias 5. Fünfjahresplan 1986—90 prognostiziert ein jährliches Wachstum von im Durchschnitt 4,5% p.a. (real).

Vor dem Hintergrund des gesunkenen Ölpreises ist allerdings zu erwarten, daß die angepeilten Wirtschaftsziele nicht erreicht werden können, so daß mit einer niedrigeren Expansionsrate zu rechnen ist.

Das Schwergewicht der Investitionstätigkeit verlagert sich vom staatlichen auf den privaten Sektor. Rund 30% aller Investitionsmittel sind für die Verfolgung der Ziele der „New Economic Policy" vorgesehen. Im Rahmen dieser langfristigen Strategie wird der Nivellierung der Einkommensdisparitäten eine hohe Priorität eingeräumt.

Nepal

Derzeit liegt der 7. Fünfjahresplan 1985—90 erst in einer vorläufigen Fassung vor. Er sieht eine Wachstumsrate des Bruttoinlandsproduktes von durchschnittlich 4,5% p.a. (real) vor. Die Landwirtschaft soll demgegenüber lediglich um 3,5% p.a. wachsen. Die Wachstumsrate im industriellen Bereich soll bei durchschnittlich 12,7% p.a. (real) liegen.

Das Gesamtinvestitionsvolumen erreicht NR 51 Mrd., wovon 40% durch den privaten und der Rest durch den staatlichen Sektor getragen werden.

Die Landwirtschaft steht im Vordergrund der staatlichen Investitionsprojekte. Zu berücksichtigen ist jedoch, daß die Realisierung des staatlichen Investitionsprogrammes entscheidend vom Zufluß ausländischen Kapitals abhängig ist.

Zu den bedeutendsten Projekten gehören der Bau von Wasserkraftwerken sowie Straßenbaumaßnahmen.

Polen

Zu den Hauptzielen des polnischen Fünfjahresplanes 1986/90 gehört die Stärkung der Investitionskraft der Wirtschaft. Daher ist ein langsamer Anstieg des Konsums und damit des Lebensstandards der polnischen Bevölkerung geplant. Der größte Teil der Investitionsmittel ist für die Fortführung bereits begonnener Projekte sowie die Aktivierung brachliegender Kapazitäten vorgesehen. Als Ergebnis ist zu erwarten, daß in den ersten drei Jahren des Fünfjahresplanes nur wenige neue Projekte begonnen werden. Die Lösung der Wirtschaftsprobleme Polens hängt in entscheidender Weise vom Verlauf der Entwicklung der Außenwirtschaft ab. Die Verbesserung der Devisensituation erfordert daher neue, verstärkte Exportaktivitäten.

Polen sieht im Zeitraum 1986/90 eine jährliche Steigerung der Ausfuhren um rund 6% vor. Dabei sollen die Exporte, die in konvertiblen Währungen bezahlt werden, um ca. 7% steigen.

Für das Nationaleinkommen ist demgegenüber eine Wachstumsrate von durchschnittlich 3,5% p.a. (real) geplant. Wegen der schlechten Wachstumsbedingungen für die polnische Wirtschaft wie minimaler Zuwachs an Rohstoffen, hohe Auslandsverschuldung sowie ungünstige Bevölkerungsentwicklung können die Wachstumsziele des Fünfjahresplanes nur über eine starke Erhöhung der Produktivität erreicht werden.

Zu den exportintensivsten Industriezweigen soll der Maschinenbau gehören. Die Ausfuhr von Maschinenbauerzeugnissen in die westlichen Länder soll hierbei um 15% jährlich steigen. Die Exporte sollen sich auf moderne und hochwertige Erzeugnisse konzentrieren. Zu den Hauptprodukten gehören Textilmaschinen, Datenverarbeitung, Telekommunikationsanlagen, Pumpen und Kompressoren.

Für die Einfuhr ist im Zeitraum 1986—90 eine Zunahme um rund 25% geplant. Dabei wird dem weiteren Ausbau der Handelsbeziehungen mit den COMECON-Ländern weiterhin eine entscheidende Bedeutung beigemessen. Aus diesen Ländern sollen zukünftig zunehmend insbesondere Maschinenbauerzeugnisse bezogen werden. Bis 1990 ist geplant rund 70% polnischer Importe von Brenn-, Rohstoffen und Halbwaren aus dem sozialistischen Lager zu beziehen. Wegen des lückenhaften Angebots dieser Länder ist jedoch nach wie vor zu erwarten, daß Polen moderne Technologien aus dem Westen einführen muß.

Rumänien

Rumänien plant im Rahmen des Fünfjahresplanes 1986—90 die Produktionsbasis wesentlich zu erweitern sowie die Auslandsschulden gänzlich zu tilgen.

Die Investitionen konzentrieren sich auf den Rohstoff- und Energiebereich, darüber hinaus auf die Landwirtschaft. Die Gesamtinvestitionen sollen durchschnittlich mit einer Wachstumsrate von 1,8—2,5% p.a. (real) steigen. Das gesamte Investitionsvolumen für den Fünfjahresplan wird auf ca. Lei 1400 Mrd. veranschlagt. Hiervon entfallen auf die Landwirtschaft rund 13%.

Für den Zeitraum 1986—90 ist im Bereich der Stromerzeugung eine Steigerung um ca. 25% vorgesehen, die Förderung von Kohle soll um ca. 30% wachsen, die eisenschaffende Industrie soll die Produktion um ca. 6% p.a. steigern, im Maschinenbau ist ein Produktionszuwachs von ca. 7% p.a. geplant. Die chemische Produktion soll sich um ca. 9% p.a. jährlich erhöhen.

Im Bereich der Landwirtschaft wird die landwirtschaftliche Nutzfläche um mehr als 500 000 Hektar erweitert.

Saudi-Arabien

Saudi Arabiens 4. Fünfjahresplan 1985—90 billigt dem Privatsektor eine hohe Priorität zu. Der private Sektor soll zukünftig in einem höheren Maße als bisher den Bedarf Saudi Arabiens an Gütern, Dienstleistungen und Versorgungseinrichtungen decken. Die Regierung wird sich zukünftig vor allem auf regelnde und fördernde Maßnahmen konzentrieren. Darunter: Privatisierung von staatlichen Unternehmen sowie Förderung von Privatinvestitionen.

Zur Unterstützung der geplanten Umstrukturierung beabsichtigt die Regierung die Durchführung verschiedener Maßnahmen wie Firmenberatung, Ausbildungsprogramme im Managementbereich, Errichtung von Absatzförderungsgesellschaften, Einrichtung nationaler und regionaler Ausstellungen in Zusammenarbeit mit der Industrie, den Handelskammern und Universitäten.

Insgesamt ist zu erwarten, daß die Wachstumsraten der Industrie, die in der Vergangenheit erreicht worden sind, während des 4. Fünfjahresplanes nicht mehr realisiert werden können. Vor dem Hintergrund der Fertigstellung der meisten Infrastrukturprojekte ist mit einer Rückkehr zu früheren Boom-Phasen nicht zu rechnen.

Im privaten Nichtölsektor soll das durchschnittliche jährliche Wachstum der Bruttoinvestitionen bei ca. 10% liegen, im Ölsektor demgegenüber lediglich bei 4,4%. Neue Investitionen werden sich darüber hinaus auf die Landwirtschaft konzentrieren. Hohe Priorität genießen Investitionen in kapitalintensive und Arbeitskräfte sparende Technologien.

Senegal

Auch für den 7. Vierjahresplan 1985/86—1989/90 werden im Senegal schwierige finanzielle und wirtschaftliche Bedingungen erwartet. Die mehr als 600 Projekte, die einen Kapitalbedarf von ca. FCFA 700 Mrd. erfordern, können daher ohne ausländische Kapitalhilfe, die ca. 65% zur Gesamtfinanzierung beisteuern muß, nicht realisiert werden.

Die Leitmotive des Wirtschaftsplanes können wie folgt umrissen werden: Ernährungssicherung, Restrukturierung des öffentlichen Unternehmenssektors, Erhöhung der Effizienz staatlicher Investitionen, Reduktion der Erdöleinfuhren, Schaffung neuer Exportkapazitäten, Förderung kleinerer Industriebetriebe, Erhöhung der Produktivität im Ackerbau und in der Viehzucht sowie Sicherung einer ausreichenden Wasserversorgung.

Der Schwerpunkt industrieller Investitionstätigkeit liegt im Bereich der Textiltechnik sowie Nahrungsmittelindustrie. Im Bereich der Nahrungsmittelindustrie sind rund 20 Projekte geplant, die ein Investitionsvolumen von rund FCFA 33 Mrd. erforderlich machen. In der Textilindustrie sind neue Projekte mit einem Kapitalbedarf von rund FCFA 40 Mrd. vorgesehen. Weitere Projekte sind in der Chemieindustrie (19 mit zusammen FCFA 10 Mrd.), im Holz-, Papier- und Kartonsektor (5 mit FCFA 1 Mrd.) sowie im Metall- und Elektrobereich (10 mit zusammen FCFA 10 Mrd.) geplant.

Simbabwe

Anfang 1986 wurden für Simbabwe die ersten Daten des Fünfjahresplanes 1986—1990 vorgelegt. Zu den Eckdaten des Planes gehören folgende Punkte: jährlicher Anstieg des Bruttoinlandsproduktes von ca. 5% p.a. (real), Erhöhung des Exportwertes um 7% p.a., Rückgang der Schuldendienstrate von derzeit 28,4% auf 18,2% der Exporteinnahmen bis 1990 sowie des Haushaltsdefizits von derzeit 10,3% auf 6,2% des Bruttoinlandsproduktes. Jährlich sollen rund 2,7% neue Arbeitsplätze geschaffen werden.

Bei der Investitionstätigkeit soll den Auslandsinvestitionen eine größere Aufmerksamkeit gewidmet werden. Trotz der geplanten Erhöhung des Staatsanteils in den Schlüsselindustrien des Landes soll der Privatwirtschaft für die wirtschaftliche Entwicklung eine entscheidende Rolle zukommen.

Tunesien

Für die Jahre 1987—1991 ist ein neuer, siebenter Fünfjahresplan vorgesehen, in dem eine Konsolidierung der bisher erzielten Ergebnisse der tunesischen Wirtschaft erreicht werden soll. Nur wenige neue Großprojekte sind geplant.

Angestrebt wird ein Ausgleich des noch bestehenden regionalen Entwicklungsgefälles und der stark ausgeprägten regionalen Arbeitslosigkeit.

Gegenwärtig werden vom Planungsministerium die wirtschaftlichen Ziele, Prioritäten sowie die Regional- und Branchenzielvorstellungen erarbeitet.

Türkei

Im 5. Fünfjahresplan 1985—89 ist für das Bruttosozialprodukt eine durchschnittliche, reale Wachstumsrate von 6,3% p.a. geplant.

Der Schwerpunkt der Wachstumspolitik liegt im Industriesektor, der jährlich um durchschnittlich 8% (real) wachsen soll. Zu den weiteren wichtigen Zielen gehört die Verbesserung der Zahlungsbilanz, die Senkung der Inflationsrate sowie die Reduktion der Arbeitslosenquote.

Im Zeitraum 1985—89 soll das Gesamtinvestitionsvolumen rund TL 14 400 Mrd. betragen. Die gesamten Anlageinvestitionen sollen jährlich um durchschnittlich 8,5% steigen. Von dem geplanten Gesamtinvestitionsvolumen entfallen 11,4% auf die Landwirtschaft, 41,9% auf die Industrie sowie 46,7% auf den Dienstleistungssektor.

Auf dem Gebiet des Außenhandels soll der Export von Gütern und Dienstleistungen um zusammen durchschnittlich ca. 10% p.a. steigen. Starke Exporterhöhungen sind insbesondere bei Investitionsgütern vorgesehen. Auf der Importseite ist eine Zunahme von durchschnittlich 8,2% p.a. geplant.

Grundsätzlich wird eine Politik der freien Marktwirtschaft und eine weitere Liberalisierung des Außenhandels verfolgt. Der öffentliche Sektor soll sich immer mehr auf die ordnungspolitischen Funktionen beschränken und die Wirtschaftsentwicklung der Privatinitiative überlassen.

UdSSR

Im neuen Fünfjahresplan 1986—90 sind nur für den Maschinenbau, den Energiesektor und für die Agrarindustrie mehr Investitionsmittel vorgesehen als im vorhergehenden Fünfjahresplan. Alle anderen Wirtschaftsbereiche müssen mit einem gleichbleibenden Investitionsvolumen auskommen. Die geplanten Wachstumsraten aller Industriezweige im Zeitraum 1986—90 liegen unter den entsprechenden Vorgaben für den Zeitraum 1981—85.

Der Maschinenbau und die metallverarbeitende Industrie erhalten 1986—90 ca. 80% mehr Investitionsmittel als in 1981—85. Der Energiesektor wird rund 47% mehr Investitionsmittel bekommen. Im Bereich der Agrarindustrie liegt die entsprechende Steigerung noch bei ca. 22%. Auf diese drei Bereiche soll sich der gesamte Investitionsmittelzuwachs von rund Rbl 170 Mrd. konzentrieren, der für 1986—90 vorgesehen ist.

Den Modernisierungsinvestitionen wird eine hohe Priorität eingeräumt. Deren Anteil am Gesamtinvestitionsvolumen soll von 37% in 1985 auf 50% (1990) steigen.

Die Investitionen im Energiesektor konzentrieren sich auf den weiteren Ausbau der Kernkraftwerkskapazität, im Bereich der Gasindustrie auf die Erschließung der Gasvorkommen.

Für den Außenhandel werden im Fünfjahresplan keine konkreten Zielprojektionen genannt.

Ungarn

Für 1986—90 sieht der neue Wirtschaftsplan folgende Direktiven vor: Steigerung des Nationaleinkommens um 15—17%, der Investitionen um 15—20%, der Importe um 15—17% sowie der Exporte um 16 bis 18%.

Das gesamte Investitionsvolumen (1986—1990) soll bei ca. DM 60 Mrd. liegen, das zu ca. 40% aus dem Staatshaushalt und 60% durch die Unternehmen finanziert werden muß. In der Industrie sollen vor allem weitere Energieeinsparungen gefördert werden.

Die Fortführung der Wirtschaftsreformen hält an. Geplant ist die Reform des Bankenwesens sowie die Einführung der Mehrwertsteuer. Im Bereich der ausländischen Investitionen sind eine Reihe weiterer Änderungen wie Senkung bzw. Verzicht auf Körperschaftssteuer geplant. Dies gilt vor allem für den Bereich der Elektronik, Fahrzeugindustrie, landwirtschaftlichen Erzeugnisse, Pflanzenschutzmittel, für die Viehzucht, energie- und materialsparende Investitionen sowie für Tourismusprojekte.

Venezuela

Die gegenwärtige Stagnation der Wirtschaftsentwicklung Venezuelas soll nach Angaben des neuen Dreijahresplanes 1986—88 durch eine starke Erhöhung der Investitionstätigkeit überwunden werden.

Zu den Hauptinvestitionsbereichen gehören Infrastrukturvorhaben im Transportsektor, die Landwirtschaft, sozialer Wohnungsbau, Wasserver- und -entsorgung. Diese Investitionen sollen zu einem Wachstum des Bruttosozialproduktes von 3 bis 3,5% p.a. (real) beitragen.

Rund 80% der insgesamt vorgesehenen Investitionen sind allein im Bausektor geplant. Mit der Durchführung der einzelnen Projekte sind im jeweiligen Bereich die zuständigen Ministerien und Körperschaften beauftragt. Rund 90% aller Maßnahmen sind bereits projektiert.

Im Rahmen des Dreijahresplanes sollen ca. 500 000 bis 600 000 neue Arbeitsplätze geschaffen und damit die derzeitige Arbeitslosigkeit (18—20%) auf rund 10% gedrückt werden.

Die Finanzierung der geplanten Ausgaben scheint gesichert. Die Aufnahme neuer Kredite zur Deckung von Defiziten ist nicht geplant.

6. Wirtschaftsgruppierungen der Welt

Erdteil	Gruppe	Mitgliedsstaaten	Zielsetzung	Stand der Zusammenarbeit
Amerika	ALADI (Asociación de Latinoamericana de Integración)	Argentinien, Bolivien, Brasilien, Chile, Ecuador, Kolumbien, Mexiko, Paraguay, Peru, Uruguay, Venezuela	— Förderung des Handels zur Schaffung eines gemeinsamen Marktes — Einrichtung einer Freihandelszone (wie in der Vorgängerorganisation ALALC) — Zusammenarbeit mit anderen Ländern sowie Organisationen	— Die Ablösung der Vorgängerorganisation (ALALC-Asociación Latino-Americana de Libre Comercio) und die Gründung der ALADI hat bisher keine Änderungen in der Erreichung der gesetzten Ziele gebracht
	Andenpakt (Grupo Andino)	Ecuador, Kolumbien, Peru, Venezuela	— Handelsliberalisierung — Schrittweise Einführung eines gemeinsamen Außenhandelszolls — Errichtung supranationaler Organe	— Abkommen über wirtschaftliche Zusammenarbeit mit der EG geschlossen — Zunehmende Währungs- und Devisenschwierigkeiten — Rückgang des gemeinsamen Warenaustausches — Abbau der Handelsliberalisierung — Durch kolumbianischen Importstop ist die Wirtschaftspräferenzzone praktisch lahmgelegt
	CARICOM (Carribbean Common Market)	Anguilla, Antigua, Barbados, Belize Dominica, Grenada, Guyana, Jamaika, Montserrat, St. Kitts Nevis, St. Lucia, Trinidad, Tobago	— Enge wirtschaftliche Zusammenarbeit — Beseitigung der Zölle — Schaffung einer Freihandelszone — Stärkung der Wirtschaftsposition der Mitgliedsländer auf dem Weltmarkt	

Erdteil	Gruppe	Mitgliedsstaaten	Zielsetzung	Stand der Zusammenarbeit
	OEA (Organización de los Estados Americanos)	Insgesamt 33 Staaten	— Enge wirtschaftliche, soziale u. kulturelle Zusammenarbeit — Friedens- und Sicherheitswahrung in Nord-, Mittel- und Südamerika	
	OECS (Organisation of Eastern Caribbean States)	Antigua & Barbuda, Dominica, Grenada, Saint Vincent und die Grenadinen, St. Lucia, St. Kitts-Nevis Montserrat	— Zusammenarbeit auf politischem, militärischem und wirtschaftlichem Gebiet — Gemeinsamer Küstenpolizeischutz	— Gemeinsame Außenvertretung und Finanzierung von Botschaften
Afrika	OMVS (Org. pour la mise en valeur du Fleuve Sénegal)	Guinea, Mali, Mauretanien, Senegal	— Verbesserung der landwirtschaftlichen Situation in der Sahelzone — Gemeinsame Stromerzeugung und Projektverfolgung	— Verfolgung des ersten interstaatlichen Projektes (gemeinsamer Senegal-Staudamm)
	SFRA (Special Relief for Black Africa)	15 westliche Industrienationen, OAPEC-Staaten und die Weltbank	— Durchführung von Wirtschafts- und Agrarreformen — Gewährung von finanziellen Hilfen	— Finanzierung vielfältiger Projekte — Auszahlungsmodalitäten erfolgen nach dem Vorbild der IDA
Asien	AJA (Al-Jamil'a al' Arabyah) Arabische Liga	Ägypten, Irak, Jordanien, Jemen (AR und DVR), Libanon, Saudi-Arabien, Syrien, Palästina (PLO)	— Verfolgung der gemeinsamen arabischen Interessen — Unabhängigkeit und Souveränität der Mitglieder — Förderung der Beziehungen auf dem politischen, kulturellen und wirtschaftlichen Gebiet — Vermittlung in Streitfällen — Die Anerkennung Palästinas als unabhängiger Staat	— Verabschiedung des Friedensplanes für den gesamten Nahen Osten (Charta von Fes) — Kontinuierliche Solidaritätsbekundungen im Golfkrieg für den Irak

Erdteil	Gruppe	Mitgliedsstaaten	Zielsetzung	Stand der Zusammenarbeit
	ASEAN (Association of South-East Asian Nations)	Australien, Brunei, Indonesien, Malaysia, Philippinen, Singapur, Thailand	— Enge Kooperation in den Bereichen der Wirtschaft, der Kultur und des Verkehrs — Schaffung eines gemeinsamen Marktes	— Seit 1976 gemeinsamer Reeder-Verband — Vorzugszölle zwischen den Mitgliedsstaaten — Kooperation mit den Indochina-Staaten, sowie Japan und der EG
	COLOMBO-Plan (Colombo-Plan for Co-operative Economic and Social Development in Asia and the Pacific)	26 Mitgliedsstaaten aus Asien und Ozeanien	— Multilaterale Entwicklungsvorhaben auf dem Gebiet der Wirtschaft — Hebung des Lebensstandards	— Mehrere Organe sowie Sonderorganisationen sind tätig — Kapitalhilfen für nationale Entwicklungsprojekte — Technische Zusammenarbeit durch Expertenentsendung — Die Entwicklungsschwerpunkte konzentrieren sich auf: Bewässerungsanlagen, Ausbeutung von Bodenschätzen, Ausbau der industriellen Infrastruktur, des Sozial- und Gesundheitswesens
	GCC (Gulf Cooperation Council), Golfrat	Bahrein, Katar, Kuwait, Oman, Saudi-Arabien, VAE	— Koordinierung der Außen-, Sicherheits- und Wirtschaftspolitik — Kollektive Verteidigung im Falle einer ausländischen Intervention bzw. im Falle kriegerischer Auseinandersetzungen im Persischen Golf bzw. der Straße von Hormuz	— Gemeinsame Koordinierung von Wirtschaftsaktivitäten insbesondere beim Aufbau von Raffinerien und Ausbeutung von Erdöllagerstätten

Erdteil	Gruppe	Mitgliedsstaaten	Zielsetzung	Stand der Zusammenarbeit
	ICO (Islamic Conference Organization)	Praktisch alle Staaten mit islamischer Bevölkerung	— Zusammenarbeit der islamischen Staaten auf religiösem, politischem, wirtschaftlichem und kulturellem Gebiet — Unterstützung Palästinas	— Wiederaufnahme Ägyptens in die Organisation beschlossen — Die Ausweitung der wirtschaftlichen Zusammenarbeit beschlossen
	IsDB (Islamic Development Bank)	Praktisch alle Staaten mit islamischer Bevölkerung	— Förderung von Projekten auf dem Gebiet der Wirtschaft und sozialen Entwicklung im Geiste des Korans — Finanzierung von Infrastruktur- und Industrieprojekten (dabei Zinsverbot)	— Verfolgung einer einheitlichen Verrechnungswährung (Islam-Dinar) — Umfangreiche Finanzierung von Projekten insbesondere in Afrika
	OAPEC (Organization of Arab Petroleum Exporting Countries)	Ägypten, Algerien, Bahrein, Irak, Katar, Kuwait, Libyen, Saudi-Arabien, Syrien, VAE, Tunesien	— Förderung der Wirtschafts- und Handelsinteressen der Mitglieder vor allem im Erdölsektor — Koordinierung der Forschungsprojekte im Energiesektor — Informationsaustausch	— Mitgestaltung der Preispolitik im Rahmen der OPEC
Europa	BENELUX	Belgien, Luxemburg, Niederlande	— Ausbau der Wirtschaftsunion	— Zoll- und Paßunion verwirklicht
	EFTA (European Free Trade Association)	Island, Norwegen, Österreich, Schweden, Schweiz, Finnland (assoziiertes Mitglied seit 1961)	— Beseitigung von Handelsbarrieren und Ausbau des gegenseitigen Handels sowie Förderung des wirtschaftlichen Wachstums — Keine politische Union	— Zollfreiheit für industrielle Güter realisiert — Finnland ist praktisch Vollmitglied — Liberalisierung für gewerbliche Güter mit den EG-Staaten in Kraft

Erdteil	Gruppe	Mitgliedsstaaten	Zielsetzung	Stand der Zusammenarbeit
	EG (Europäische Gemeinschaft)	Belgien, Bundesrepublik Deutschland, Dänemark, Frankreich, Griechenland, Irland, Italien, Luxemburg, Niederlande, Portugal, Spanien, Großbritannien	— Einheitlicher Wirtschaftsraum der Mitgliedsstaaten — Freier Warenverkehr innerhalb der Gemeinschaft — Gemeinsamer Außenzoll — Abbau zwischenstaatlicher Handelsschranken — Freier Personen-, Kapital- und Dienstleistungsverkehr — Gemeinsamer Agrarmarkt	— Eigene Rechtssetzung durch supranationale Organe mit executiven Befugnissen — Weitere Abkommen mit Drittländern geschlossen (USA, Australien, Indien, Mittelmeer-Anrainer) — Kooperationsvertrag mit der VR China geschlossen — Wirtschafts- und Kooperationsabkommen mit ASEAN unterzeichnet
	RGW (Rat für Gegenseitige Wirtschaftshilfe)	Bulgarien, ČSSR, DDR, Polen, Rumänien, UdSSR, Ungarn	— Sofortiger Beistand im Falle einer ausländischen Intervention — Förderung der wirtschaftlichen Zusammenarbeit — Abstimmung der wirtschaftlichen Entwicklung durch Aufstellung und Koordinierung langfristiger Pläne (Fünfjahrespläne, Langfristpläne) — Durchsetzung einer effektiveren Arbeitsteilung innerhalb des RGW	— Weitere zahlreiche ständige Kommissionen für verschiedene Wirtschaftsbereiche gegründet — Trotz der Koordinierungsversuche starke Differenzen bei den einzelnen Mitgliedern auf dem Gebiet der Wirtschaft — Weiterhin Verfolgung nationaler Interessen

7. Statistiken ausgewählter Länder

7.1. Nationale Statistiken

H: Herausgeber, B: Bezugsquellen

Belgien

H: Institut National de Statistique, Rue de Louvain 44, B-1000 Brüssel
B: Dto.
H: Union Economique Benelux, Rue de la Régence 39, B-1000 Brüssel
B: Staatsdrukkerij en Uitgeverijbedrijf, Afd. Uitgeverij, Gironr. 425.300
Chr. Plantijnstraat, NL-2500 EA 's-Gravenhage (Den Haag)
H: Ministère des Affaires Economiques, Direction Générale des Etudes et de la Documentation, Rue de l'Industrie 6, B-1040 Brüssel
B: Dto.
H: Banque Nationale de Belgique, Département des Etudes, Boulevard de Berlaimont 56, B-1000 Brüssel
B: Dto.
H: Ministère des Affaires Economiques, Administration de l'Industrie, Expansion Economique et Investissements Etrangers, Rue de l'Industrie 6, B-1040 Brüssel
B: Dto.
H: Office Belge du Commerce Extérieur, World Trade Center, Boulevard Emile Jacqmain 162, B-1000 Brüssel
B: Dto.
H: Société Anonyme Belge d'Exploitation de la Navigation Aérienne (Sabena), Rue Cardinal Mercier 35, B-1000 Brüssel 1
B: Dto., Roßmarkt 10, D-6000 Frankfurt 1

Dänemark

H: Danmarks Statistik, Sejrogade 11, DK-2100 Kopenhagen Ø
B: Dto.
H: The Nordic Council, Secretariat of the Presidium, Box 19506, S-10432 Stockholm
B: Schultz Forlag, Møntergade 21, DK-1116 Kopenhagen K
H: The Nordic Statistical Secretariat, Postbox 2550, DK-2100 Kopenhagen Ø
B: Schultz Forlag, Møntergade 21, DK-1116 Kopenhagen K
H: Danmarks Nationalbank, Havnegade 5, DK-1093 Kopenhagen K
B: Dto.

Finnland

H: Tilastokeskus (Central Statistical Office), POB 504, SF-00101 Helsinki 10
B: Valtion painatuskeskus (Government Printing Centre), POB 516, SF-00101 Helsinki 10
H: Ministry of Finance, Economic Department, Helsinki, Finnland
B: Akateeminen Kirjakauppa, Keskuskatu 2, Helsinki, Finnland
H: Bank of Finland, POB 160, SF-00101 Helsinki 10
B: Dto.
H: Union Bank of Finland, POB 868, SF-00101 Helsinki 10
B: Dto.
H: The Nordic Council, Box 19506, S-104 32 Stockholm
B: Statens Tryckericentral, POB 516, SF-00101 Helsinki 10
H: The Nordic Statistical Secretariat, Postbox 2 550, DK-2100 Kopenhagen Ø
B: Statens Tryckericentral, POB 516, SF-00101 Helsinki 10
H: Kansallis-Osake-Pankki, Economic Research Department, POB 10, Aleksanterinkatu 42, SF-00101 Helsinki 10
B: Dto.

H: Central Forestry Board Tapio, Salomonkatu 17 B, Helsinki 10, Finnland
B: Dto.
H: Zentralverband der finnischen Holzverarbeitungsindustrie, Eteläesplanadi 2, SF-00130 Helsinki 13
B: Dto.

Frankreich

H: Institut National de la Statistique et des Etudes Economiques 18, boulevard Adolphe Pinard, F-75675 Paris Cedex 14
B: Dto.
H: Ministère de l'Agriculture, Service Central des Enquêtes et Etudes Statistiques, 4, avenue de Saint Mande, F-75570 Paris Cedex 12
B: Imprimerie nationale, 27, rue de la Convention, F-75732 Paris Cedex 15
H: Le Service d'Etude des Stratégies et des Statistiques Industrielles, 85, boulevard du Montparnasse, F-75270 Paris Cedex 06
B: Dto.
H: Direction Générale des Douanes et Droits Indirects, 8, rue de la Tour-des-Dames, F-75436 Paris Cedex 09
B: Dto.
H: Ministère du Commerce Extérieur et du Tourisme, Secrétariat au Tourisme, Direction du Tourisme, 17, rue de l'Ingénieur Robert Keller, F-75740 Paris Cedex 15
B: La Documentation Française, 29—31, quai Voltaire, F-75340 Paris Cedex 07
H: Banque de France, Paris
B: Banque de France, Service de l'Information, 43, rue de Valois, F-75001 Paris Cedex 01

Griechenland

H: National Statistical Service of Greece, 14—16, Lycourgou Street, Athen 112, Griechenland
B: Dto.
H: National Bank of Greece, S.A., 86, Eolou Street, Athen 121, Griechenland
B: Dto.
H: Bank of Greece, Economic Research Department, POB 105, Athen 133, Griechenland
B: Dto.

Großbritannien

H: Central Statistical Office, Great George Street, London SWIP 3AQ, Großbritannien
B: Her Majesty's Stationery Office, POB 276, London SW8 5DT, Großbritannien
H: Central Office of Information, London, Großbritannien
B: Dto.
H: National Institute of Economic Review, 2 Dean Trench Street, Smith Square, London SWIP 3HE, Großbritannien
B: Dto.
H: Departments of Trade and Industry, Millbank Tower, Millbank, London SWIP 4QU, Großbritannien
B: Dto.
H: Ministry of Agriculture, Fisheries and Food, Department of Agriculture and Fisheries for Scotland, Department of Agriculture for Northern Ireland and Welsh Office Agricultural Department
B: Dto.
H: Ministry of Agriculture, Fisheries and Food, London, Großbritannien
B: Dto.
H: Department of Energy, London, Großbritannien
B: Dto.
H: Department of the Environment, London, Großbritannien
B: Dto.
H: The Society of Motor Manufacturers and Traders LTD, Statistical Department Forbes House, Halkin Street, London SWIX 7DS, Großbritannien
B: Dto.

H: Department of Trade, London, Großbritannien
B: Dto.
H: Department of Transport, London, Großbritannien
B: Dto.
H: The Chanceller of the Exchequer, London, Großbritannien
B: Dto.
H: Department of Employment, London, Großbritannien
B: Dto.

Irland

H: Central Statistics Office (C.S.O.), St. Stephen's Green House, Earlsfort Terrace, Dublin 2, Irland
B: Government Publications Sale Office, Sun Alliance House, Molesworth St., Dublin 2, Irland
H: Central Bank of Ireland (Publications), POB 559, Dame Street, Dublin 2, Irland
B: Dto.
H: Allied Irish Banks Limited, Group Headquarters, Bankcentre, Ballsbridge, Dublin 4, Irland
B: Dto.
H: An Foras Talúntais (The Agricultural Institute), 19, Sandymount Avenue, Dublin 4, Irland
B: Dto.
H: IDA Ireland Industrial Development Authority, Lansdowne House, Dublin 4, Ireland
B: Dto.

Island

H: Hagstofa Ísland (Statistical Bureau of Iceland), Sími 26699, Hverfisgötu 8—10, IS-101 Reykjavík
B: Dto.
H: Central Bank of Iceland, POB 160, Reykjavík, Island
B: Dto.
H: The Nordic Council, Fack, S-103 10 Stockholm 2, und the Nordic Statistical Secretariate, Postbox 2550, DK-2100 Kopenhagen Ø
B: Delegation to the Nordic Council, Alpingi, Reykjavík, Island

Italien

H: Istituto Centrale di Statistica, Via Cesare Balbo 16, I-00100 Rom
B: Libreria ISTAT, Via A. Depretis 82, I-00100 Rom
H: Banco di Sicilia, Via Mariano Stabile 182, I-90141 Palermo
B: Dto.
H: Istituto Nazionale per il Commercio Estero, Via Liszt 21, I-00100 Rom
B: Dto.
H: Unione Italiana Costruttori Autoveicoli (UICA), Turin, Italien
B: Associazione Nazionale fra Industrie Automobilistiche (ANFIA), Corso Galileo Ferraris 61, I-10128 Turin
H: Banca d'Italia, Via Nazionale 91, I-00184 Rom
B: Dto.

Kanada

H: Statistics Canada, Publication-Sales and Services, Ottawa, Ont. KIA OV7, Canada
B: Dto.
H: Communcication Branch, Agriculture Canada, Ottawa KIA OC5
B: Dto.

Liechtenstein

H: Amt für Volkswirtschaft, FL-9490 Vaduz
B: Dto.

Luxemburg

H: Service Central de la Statistique et des Etudes Economiques (STATEC), Centre Administrativ „Porte Neuve", Boîte Postale 304, Boulevard Royal 19—21, L-2013 Luxemburg
B: Dto.
H: Ministère d'Etat, Service Information et Presse, 10, Boulevard Roosevelt, L-2013 Luxemburg
B: Dto.
H: Union Economique Benelux, Rue de la Régence 39, B-1000 Brüssel
B: Staatsdrukkerij en Uitgeverijbedrijf, Afd. Uitgeverij, Chr. Plantijnstraat 1—9, NL-2500 EA 's-Gravenhage (Den Haag), Niederlande
H: Institut National de Statistque, Rue de Louvain 44, B-1000 Brüssel
B: Dto.
H: Office Belge du Commerce Extérieur, World Trade Center, Boulevard Emile Jacqmain 162, B-1000 Brüssel
B: Dto.
H: Société Nationale des Chemins de Fer Luxembourgois (CFL), L-2013 Luxemburg
B: Dto.

Malta

H: Central Office of Statistics, Auberge de Castille, Valletta, Malta
B: Dto.
H: Central Bank of Malta, Castille Place, Valletta, Malta
B: Dto.

Niederlande

H: Centraal Bureau voor de Statistiek (cbs), Postbus 9 59, Prinses Beatrixlaan 428, NL-2270 AZ Voorburg sowie Postbus 44 81, Kloosterweg 1, NL-6401 CZ Heerlen
B: Staatsuitgeverij, Postbus 2 00 14, Christoffel Plantijnstraat, NL-2500 EA 's-Gravenhage (Den Haag)
H: De Nederlandsche Bank N.V., POB 98, NL-1000 AB Amsterdam
B: Dto.
H: Ministerie van Financien, Korte Voorhout 7, 's-Gravenhage (Den Haag), Niederlande
B: Dto.
H: Union Economique Benelux, 39, Rue de la Régence, B-1000 Brüssel
B: Staatsdrukkerij en Uitgeverijbedrijf, Afd. Uitgeverij, Chr. Plantijnstraat, NL-2500 EA 's-Gravenhage (Den Haag)
H: NV Nederlandse Spoorwegen (NS), Moorelsepark, NL-3511 EP Utrecht, Niederlande
B: Dto.
H: Koninklijke Luchtvaartmaatschappij (KLM) — Royal Dutch Airlines, POB 7 700, NL-1117 ZL Schiphol Airport, Niederlande
B: Dto.
H: Information Department of the Ministry of Finance, Korte Voorhout 7, 's-Gravenhage (Den Haag), Niederlande
B: Dto.

Norwegen

H: Statistik Sentralbyrå, Postboks 8131 Dep., Skippergaten 15, Oslo 1, Norwegen
B: Dto.
H: Norges Bank, Bankplassen 4, Oslo, Norwegen
B: Dto.
H: The Nordic Council, Box 19 506, S-104 32 Stockholm
B: Universitetsforlaget, Avd. for offentlige publikasjoner, Postboks 81 34, Dep., N-Oslo 1
H: The Nordic Statistical Secretariat, Postbox 25 50, DK-2100 Kopenhagen Ø
B: Universitetsforlaget, Avd. for offentlige publikasjoner, Postboks 81 34, Dep., N-Oslo 1
H: Fiskeridirektoratet, Bergen, Norwegen
B: Dto.

H: Opplysningsrådet for Veitrafikken den Norsk Veiforening, Prof. Dahlsgate 1, Oslo 3, Norwegen
B: Dto.
H: Royal Norwegian Ministry of Finance, Oslo, Norwegen
B: Dto.

Österreich

H: Österreichisches Statistisches Zentralamt, Publikationswesen, Hintere Zollamtstraße 2b, Postfach 9000, A-1033 Wien
B: Dto.
H: Kammer für Arbeiter und Angestellte für Wien, Prinz-Eugen-Str. 20—22, A-1041 Wien 4
B: Dto.
H: Österreichischer Arbeiterkammertag, Prinz-Eugen-Str. 20—22, A-1041 Wien 4
B: Dto.
H: Bundespressedienst, Wien, Österreich
B: Verlag der Österreichischen Staatsdruckerei, Rennweg 12a, A-1037 Wien
H: Bundeskammer der gewerblichen Wirtschaft, Stubenring 12, A-1010 Wien
B: Dto.
H: Oesterreichische Nationalbank, Otto-Wagner-Platz 3, A-1090 Wien
B: Oesterreichische Nationalbank, Publizistisches Büro, Postfach 61, A-1011 Wien
H: Österreichische Länderbank AG, Am Hof 2, A-1011 Wien
B: Dto.
H: Creditanstalt — Bankverein, Schottengasse 6, A-1010 Wien
B: Dto.
H: Österreichisches Institut für Wirtschaftsforschung, Postfach 91, A-1103 Wien, und Österreichisches Statistisches Zentralamt
B: Dto.
H: Bundesministerium für Land- und Forstwirtschaft, Stubenring 1, A-1010 Wien
B: Dto.

Portugal

H: Instituto Nacional de Estatística, Avenida Antonio José de Almeida, P-1078 Lissabon Codex
B: Imprensa, Nacional, Casa de Moeda, Livraria do Estado, Rua do Marquês de Sá da Bandeira, 16-A, P-1000 Lissabon
H: Associação dos Industriais de Montagem de Automóveis (AIMA), Lissabon, Portugal
B: Dto.
H: Associação do Comércio Automóvel de Portugal (ACAP), Rua Braamcamp 84, Lissabon, Portugal
B: Dto.
H: Banco de Portugal, Departamento de Estatística de Estudos Económicos, Avenida da República, 57, P-1094 Lissabon Codex
B: Banco de Portugal, Serviço de Documentação e Relações Publicas, Avenida da República, 65, 1.°, P-1094 Lissabon Codex
H: Banco de Fomento Nacional, Rua Mouzinho da Silveira, 26, P-1200 Lissabon
B: Dto.

Schweden

H: Statistiska Centralbyrån (SCB), S-115 81 Stockholm
B: Statistiska Centralbyrån — Distribution, S-701 89 Örebro
H: Skandinaviska Enskilda Banken, P.O.B. 16 067, Kungsträdgårdsgaten 8, S-103 22 Stockholm
B: Dto.
H: The Nordic Council, Box 19 506, S-104 32, Stockholm
B: Dto.
H: The Nordic Statistical Secretariat, Postbox 2 550, DK-2100 Kopenhagen Ø
B: Dto.
H: National Institute of Economic Research, Stockholm, Schweden
B: Dto.

H: The National Board of Forestry, S-551 83 Jönköping
B: Dto.
H: Association of Swedish Automobile Manufacturers and Wholesalers
B: AB Bilstatistik, Box 5514, Skeppargatan 37, S-114 85 Stockholm
H: Bank Inspection Board, S-103 22 Stockholm
B: Dto.
H: The Ministry of the Budget and the Ministry of Economic Affairs
B: Dto.

Schweiz und Liechtenstein

H: Bundesamt für Statistik, Publikationsdienst, Hallwylstr. 15, CH-3003 Bern
B: Dto.
H: Schweizerische Bankgesellschaft, Volkswirtschaftliche Abteilung, Postfach, CH-8021 Zürich
B: Dto.
H: Transbooks AG, Kronengasse 24, CH-5400 Baden
B: Dto.
H: Schweizerische Kreditanstalt, Paradeplatz 8, CH-8021 Zürich
B: Dto.
H: Schweizerische Nationalbank, Börsenstr. 15, CH-8022 Zürich
B: Dto.
H: Handelskammer Deutschland-Schweiz, Talacker 41, CH-8001 Zürich
B: Dto.
H: Eidgenössisches Volkswirtschaftsdepartement, CH-3003 Bern
B: Verlag Schweizerisches Handelsamtsblatt, Postfach 2170, Effingerstr. 3, CH-3001 Bern
H: Schweizerische Nationalbank, Börsenstr. 15, CH-8022 Zürich
B: Orell Füssli Graphische Betriebe AG, CH-8036 Zürich 3
H: Schweizerisches Bauernsekretariat, Brugg, Schweiz
B: Dto.
H: Bundesamt für Forstwesen und Bundesamt für Statistik
B: Dto.
H: Schweizerischer Handels- und Industrie-Verein, Börsenstr. 26, CH-8001 Zürich
B: Dto.
H: Eidgenössische Oberzolldirektion, Monbijoustr. 40, CH-3003 Bern
B: Dto.
H: Schweizerischer Straßenverkehrsverband, Generalsekretariat, Schwanengasse 3, CH-3001 Bern
B: Dto.
H: Automobil Revue, Nordring 4, CH-3001 Bern
B: Dto.

Spanien

H: Institut Nacional de Estadística, Paseo de la Castellana, 183, Madrid 16, Spanien
B: Dto.
H: Banco de España, Servicio de Estudios, Sección de Publicaciones, Alcalá, 50, Madrid 14, Spanien
B: Dto.
H: Ministerio de Planificación del Desarrollo, Madrid, Spanien
B: Dto.
H: Ministerio de Agricultura y Pesca, Secretaría General Técnica, Paseo de Infanta Isabel, 1, Madrid 7, Spanien
B: Dto.
H: Servicio Sindical de Estadística, Paseo del Prado, 18 und 20, Madrid 14, Spanien
B: Dto.
H: Ministerio de Industria y Energía, Madrid, Spanien
B: Dto.
H: Dirección General de Aduanas, Sección de Estadística, Guzmán el Bueno, 125, Madrid, Spanien
B: Dto.

H: Gabinete de Información y Relaciones Externas — RENFE, Madrid, Spanien
B: Dto.
H: Instituto de Crédito Oficial, Paseo del Prado, 4, Madrid 14, Spanien
B: Dto.
H: Banco de Bilbao, Servicio de Estudios, Gran Via, 12, Bilbao 1, Spanien
B: Dto.

Türkei

H: State Institute of Statistics, Ankara, Türkei
B: Dto.
H: Industrial Development Bank of Turkey, POB 17, Karaköy/Istanbul, Türkei
B: Dto.
H: The Central Bank of the Republic of Turkey, Bankalar Cad. 48, Ankara, Türkei
B: Dto.
H: Türkiye Is Bankasi A.S., Head Office, Economic Research Department, Ankara, Türkei
B: Dto.
H: Union of the Chambers of Commerce, Industry, Maritime Commerce and Commodity Exchanges of Turkey, 149 Atatürk Bulvari, Bakanliklar, Ankara, Türkei
B: Dto.
H: Turkish Industrialists' and Businessmen's Association (Tusiad), Cumhuriyet-Cad, 18
B: Dto.
H: Turkish Confederation of Employer Associations
B: Dto.
H: Central Bank of the Republic of Turkey
B: Dto.
H: Ministry of Finance, Ankara, Türkei
B: Dto.
H: Türkiye Is Bankasi A.S., Head Office, Economic Research Department, Ankara, Türkei
B: Dto.

USA und Kanada

H: Superintendent of Documents, U.S. Government Printing Office, Washington, D.C. 20 402, USA
B: Dto.
H: Publication Sales and Services, Statistics Canada, Ottawa, Ont., KIA OV7, Canada
B: Dto.
H: Foreign Agricultural Service
B: Dto.
H: United States Department of Agriculture, Economic Research Service
B: Dto.
H: Bureau of the Census, Washington, D.C. 20233, USA
B: Dto.
H: Commodity Research Bureau Inc., One Liberty Plaza, New York, N.Y. 10006, USA
B: Dto.
H: ABS American Bureau of Metal Statistics Inc., 420 Lexington Avenue, New York, N.Y. 10017, USA
B: Dto.

Zypern

H: Ministry of Finance, Statistics and Research Department, Nicosia, Zypern
B: Printing Office of the Republic of Cyprus, Nicosia, Zypern
H: Central Bank of Cyprus, Board of Directors, Nicosia, Zypern
B: Dto.
H: Ministry of Agriculture and Natural Resources, Department of Agriculture, Nicosia, Zypern
B: Dto.
H: The Head of Mines Service, Nicosia, Zypern
B: Dto.
H: Ministry of Finance, Department of Inland Revenue
B: Dto.

7.2. Statistiken internationaler Organisationen

Economic and Social Commission for Asia and the Pacific (ESCAP)

„Statistical Yearbook for Asia and the Pacific“ (Statistische Daten über u. a. Bevölkerung, Zahlungsbilanzen, Landwirtschaft, Fischerei, Industrie, Energiesituation, Verbrauch, Transport und Kommunikation, Handel)

„Quarterly Bulletin of Statistics for Asia and the Pacific“ (Demographische Daten, Produktion, Transport, Handel, Preise, Beschäftigung, Löhne, Finanzen, Zahlungsbilanz)

„Statistical Indicators for Asia and the Pacific“ (Demographische Trends, Wirtschaftsentwicklung)

„Foreign Trade Statistics of Asia and the Pacific“ (Außenhandelszahlen)

„Electric Power in Asia and the Pacific“ (Entwicklung auf dem Gebiet der Elektrizitätswirtschaft, nach Regionen und Ländern)

„Handbook on Cereal and Fertilizer Statistics for Asia and the Pacific“ (Produktion, Verbrauch, Handel, Preise von Düngemitteln)

Economic Commission for Latin America (ECLA)

„Statistical Yearbook for Latin America“ (Länderdaten bzw. regionale Statistiken)

Economic Commission for Africa (ECA)

„African Statistical Yearbook“ (Länderspezifische Daten für alle afrikanischen Staaten; Bevölkerung, Zahlungsbilanzen, Land- und Forstwirtschaft, Fischerei, Industrie, Transport und Kommunikation, Außenhandel, Preise, Finanzen)

„Foreign Trade Statistics for Africa“ (Außenhandelsdaten für jedes Land in Afrika)

„Statistical Information Bulletin for Africa“ (Ökonomische und soziale Situation nach Ländern)

Economic Commission for Western Asia (ECWA)

„Statistical Abstract of the Arab World“ (Daten über Bevölkerung, Zahlungsbilanzen, Landwirtschaft, Industrie, Handel und Transport)

European Community (EC)

Die Europäische Gemeinschaft gibt kontinuierlich eine Vielzahl von Statistiken heraus. Die Herausgeber der Veröffentlichungen sind:

- Statistisches Amt der Europäischen Gemeinschaften (EUROSTAT)
  L-2920 Luxemburg-Kirchberg, Telefon 4 30 11
- Statistisches Amt der Europäischen Gemeinschaften (EUROSTAT)
  Rue de la Loi 200, Bâtiment Berlaymont, B-1049 Brüssel, Telefon 2 35 11 11

Die unten aufgeführten Publikationen können vom

- Verlag Bundesanzeiger
  Postfach 10 80 06, Breite Str. 78—80, 5000 Köln 1, Telefon 02 21/2 02 90

bezogen werden.

Publikationsübersicht

„Statistische Grundzahlen der Gemeinschaft 19 . .“ (Taschenbuch, enthalten sind Vergleiche für verschiedene andere europäische Länder sowie Kanada, USA, Japan und UdSSR), jährlich

„Eurostat Revue 19 . .—19. .“ (Übersichten über alle wichtigen Bereiche der EG-Länder, überwiegend für 10 Jahre rückwirkend. Ebenfalls für Spanien, Portugal, Schweden, USA, Japan), jährlich

„ACP — Statistical Yearbook 19. .—19. .“ (Bevölkerungsstatistiken sowie die wichtigsten Wirtschaftsindikatoren, einschl. Außenhandel nach Ländern und Waren, zum Teil 5 bis 10 Jahre rückwirkend)

„Eurostatistiken — Daten zur Konjunkturanalyse“ (Die wichtigsten Basisdaten: Wirtschaft, Beschäftigungssituation, industrielle Produktion, Außenhandel, Preise, öffentliche Finanzen und Zahlungsbilanzen), jährlich

„. . . Gesamtbericht über die Tätigkeit der Europäischen Gemeinschaften 19 . .“ (Text, Statistiken und Schaubilder über die Entwicklung der EG, in deutscher Sprache), jährlich

„Europäische Wirtschaft und Beihefte“ (Schaubilder und Statistiken zu Analysen und Studien über die Wirtschaft sowie wirtschaftspolitische Leitlinien), jährlich
Beihefte, Serie A: „Konjunkturtendenzen“; 11 Hefte jährlich
Beihefte, Serie B: „Konjunkturaussichten — Ergebnisse der Umfrage bei den Unternehmen“, 11 Hefte jährlich
Beihefte, Serie C: „Konjunkturaussichten — Ergebnisse der Verbraucherumfrage“, 3 Hefte jährlich

„Regionalstatistik — Jahrbuch 19 . .“ (Die wichtigsten wirtschaftlichen und sozialen Daten über Bevölkerung, Erwerbstätigkeit, Unterrichts- und Gesundheitswesen sowie volkswirtschaftliche Gesamtgrößen und verschiedene Wirtschaftsbereiche), jährlich

„Sozialindikatoren für die Europäische Gemeinschaft 19 . .—19 . .“ (Statistiken und Schaubilder über soziale Bedingungen und Tendenzen), jährlich

„Bericht über die soziale Entwicklung — Jahr 19 . .“ (Text und Statistiken über die soziale Lage, in deutscher Sprache), jährlich

„Europäische Dokumentation“ (Text, Statistiken und Schaubilder über wichtige Themen und Politiken der EG), 6- bis 8mal jährlich

„Bevölkerungsstatistik 19 . .“ (Statistiken über Bevölkerung und soziale Bedingungen), jährlich

„Stundenverdienste — Arbeitszeit“ (Statistiken über die Verdienste und die Arbeitszeit in der Industrie sowie über die Verdienste der Angestellten in bestimmten Dienstleistungsbereichen), halbjährlich

„Bildung und Ausbildung 19 . ./ . .—19 . ./ . .“ (Erhebung über Schul- und Hochschulbesucher sowie Lehrkräfte an den Schulen und Hochschulen der Mitgliedstaaten, Kosten des Bildungswesens)

„Gesamtrechnungen — Landwirtschaft, Forstwirtschaft 19 . .“ (Statistiken über die land- und forstwirtschaftliche Gesamtrechnung), jährlich

„Agrarstatistisches Jahrbuch 19 . .—19 . .“ (Statistiken und Schaubilder über gesamtwirtschaftliche Grunddaten und Außenhandel, land- und forstwirtschaftliche Gesamtrechnung, Struktur, Erzeugung, Versorgungsbilanzen sowie Preise und Preisindizes), jährlich

„Pflanzliche Erzeugung“ (Statistiken über Bodennutzung, Anbauflächen, Ernteerträge), vierteljährlich

„Bodennutzung und Erzeugung 19 . .—19 . .“ (Statistiken über Bodennutzung, Erzeugung, Anbauflächen und Erträge einzelner Erzeugnisse, einschließlich Futteranbau sowie Obst und Gemüse), jährlich

„Jahrbuch der Internationalen Gartenbaustatistik 19 . .“ (Internationale Statistiken und Schaubilder über nicht der Ernährung dienende Gartenbauerzeugnisse mit Kapiteln über Anbau, Erzeugung, Absatz, Märkte, Außenhandel, Verbrauch und Preise landwirtschaftlicher Betriebsmittel), jährlich

„Erzeugung von Gemüse und Obst“

„Tierische Erzeugung 19 . .“ (Statistiken über Fleisch, Eier, Geflügel, Milch und Außenhandel mit Erzeugnissen dieser Bereiche, darüber hinaus Versorgungsbilanzen und Vorausschätzungen), vierteljährlich

„Fischerei — Fänge nach Gebieten 19 . .—19 . .“ (Statistiken über die Fischerei)

„Fischerei — Menge und Wert der Anlandungen in der EG" (Statistiken über die Fischerei, sechssprachig), vierteljährlich

„Forststatistik 19 . .—19 . ." (Statistiken über Forstwirtschaft)

„Jahrbuch Energiestatistik 19 . ." (Statistiken und Schaubilder über die Energiewirtschaft)

„Kohle — Monatsbulletin" (Statistiken über die Kohlewirtschaft), monatlich

„Kohlenwasserstoffe — Monatsbulletin" (Statistiken und Schaubilder über die Erdöl- und Gaswirtschaft), monatlich

„Elektrizität — Monatsbulletin" (Statistiken und Schaubilder über die Elektrizitätswirtschaft), monatlich

„Jahrbuch Eisen und Stahl 19 . ." (Statistiken über die Struktur/wirtschaftliche Lage der Eisen- und Stahlindustrie), jährlich

„Vierteljahresheft Eisen und Stahl" (Statistiken über Eisen- und Stahlindustrie, Eisen- und Stahlhandel), vierteljährlich

„Konjunkturindikatoren für die Industrie" (Statistiken und Schaubilder über Basisindikatoren und Produktionsindizes nach industriellen Bereichen, einschließlich Bauwirtschaft), monatlich

„Analytische Übersichten des Außenhandels — NIMEXE 19 . ." (Außenhandel der Gemeinschaft und Handel zwischen den Mitgliedstaaten. Aufgliederung „Waren nach Ländern", „Länder nach Waren"), jährlich

Waren/Länder:

Band A — Landwirtschaftliche Erzeugnisse
Band B — Mineralische Stoffe
Band C — Chemische Erzeugnisse
Band D — Kunststoffe, Leder
Band E — Holz, Papier, Kork
Band F — Spinnstoffe, Schuhe
Band G — Stein, Gips, Keramik, Glas
Band H — Eisen und Stahl
Band I — Unedle Metalle
Band J — Maschinen, Apparate
Band K — Beförderungsmittel
Band L — Präzisionsinstrumente, Optik
Band Z — Länder/Waren

„Analytische Übersichten NIMEXE — 19 . .", jährlich

„Analytische Übersichten des Außenhandels — SITC, Rev. 2—19 . ." (6 Bände Import und 6 Bände Export):

Band I: Handel der Gemeinschaft nach Waren sowie nach Herkunfts- und Bestimmungsländern (Werte) sowie Handel der Gemeinschaft und der Mitgliedstaaten, aufgegliedert nach Handelspartnern und SITC-Gruppen, -Abschnitten und -Teilen
Band II—VI: Handel der Gemeinschaft und der Mitgliedstaaten, aufgegliedert nach SITC-Gruppen (dreistellig) und -Positionen (fünfstellig) und nach Handelspartnern (Mengen und Werte)
Länder nach Waren: Band I
Waren nach Ländern:

Band II:	SITC-Teile 0—4	— Landwirtschaftliche Erzeugnisse und Rohstoffe
Band III:	SITC-Teil 5	— Chemische Erzeugnisse
Band IV:	SITC-Teil 6	— Bearbeitete Waren, nach Beschaffenheit gegliedert
Band V:	SITC-Teil 7	— Maschinenbauerzeugnisse, elektronische Erzeugnisse und Fahrzeuge
Band VI:	SITC-Teile 8—9	— Sonstige bearbeitete Waren.

„Analytische Übersichten des Außenhandels — SITC/CTCI, Rev. 2—19 . .", jährlich

„Geonomenklatur 19 . .“ (Nachschlagewerk zur Nomenklatur der Mitgliederstaaten für Außenhandelsstatistik einschließlich Karten, Tabellen und Indizes)

„Monatsbulletin in der Außenhandelsstatistik“ (Statistiken über den Außenhandel), monatlich

„ACP-Yearbook of Foreign Trade Statistics 19 . . — 19 . .“ (Statistiken über den Außenhandel der AKP-Staaten), jährlich

„Analysis of Trade between the European Community and the ACP-States“ (Entwicklung und Struktur der Handelsströme zwischen der EG und den AKP-Staaten, Anteil der AKP-Staaten am Welthandel)

„EC Trade with the ACP-States and the South Mediterranean States“ (Statistiken über den Handelsverkehr zwischen der EG und den AKP-Staaten), vierteljährlich

„Statistisches Jahrbuch Verkehr, Nachrichtenübermittlung, Reiseverkehr 19 . .“ (Statistiken u. a. über Verkehr, Nachrichtenverkehr und Fremdenverkehr, Einleitung siebensprachig), jährlich

„Volkswirtschaftliche Gesamtrechnungen ESVG — Aggregate 19 . . — 19 . .“ (Statistiken über Sozialprodukt, Einkommen, Verbrauch, Investitionen, Außenhandel usw.), jährlich

„Volkswirtschaftliche Gesamtrechnungen ESVG — Aufgegliederte Tabellen nach Wirtschaftsbereichen 19 . . — 19 . .“ (Tabellen u. a. über Bruttowertschöpfung, Einkommen aus unselbständiger Arbeit, Beschäftigte nach 25 Produktionsbereichen und Verbrauch der privaten Haushalte nach rund 50 Verwendungszwecken), jährlich

„Volkswirtschaftliche Gesamtrechnungen ESVG — Aufgegliederte Tabellen nach Sektoren“ (Statistiken über die laufenden Vermögensveränderungs- und finanziellen Transaktionen), jährlich

„Regionale Konten ESVG — Aufgegliederte Tabellen nach Produktionsbereichen“ (Statistiken über volkswirtschaftliche Gesamtgrößen), jährlich

„Öffentliche Aufwendungen für Forschung und Entwicklung 19 . . — 19 . .“ (Aufwendungen für Forschung und Entwicklung), jährlich

„Regional Statistics — Community's Financial Participation in Investments 19 . .“ (Finanzbeiträge der Gemeinschaft für Investitionen), jährlich

„Balances of Payments — Global Data 19 . . — 19 . .“ (Volkswirtschaftliche Gesamtrechnungen, Finanzen und Zahlungsbilanzen, auch für Japan und die USA), jährlich

„Balances of Payments — Geographical Breakdown 19 . . — 19 . .“ (Zahlungsbilanzen, auch für Spanien und Portugal sowie Japan und die USA), jährlich

„Balances of Payments — Quarterly Data“ (Zahlungsbilanzen — vierteljährliche und jährliche Angaben — auch für Spanien und Portugal sowie Japan und die USA), vierteljährlich

European Free Trade Association (EFTA)

„EFTA Trade“ (Statistische Daten, Trends im Handel der EFTA-Länder)

„Annual Review of Agriculture Trade“ (Generelle Daten über den Handel der EFTA-Länder im Bereich der Landwirtschaft)

Council for Mutual Economic Assistance (CMEA)

„Statistical Yearbook“ (Die wichtigsten Indikatoren, Entwicklung einzelner Branchen, aggregierte Gesamtdaten)

„Statistical Information Bulletin“

„Basic Methodological Principles of Statistics“

International Labour Organization (ILO)

Herausgeber von Publikationen ist das
— International Labour Office, ILO Publications, CH-1211 Genf 22

Der Vertrieb erfolgt über
— Internationales Arbeitsamt, Zweigamt Bonn, Hohenzollernstr. 21, 5300 Bonn 2

„Yearbook of Labour Statistics 19 . ." (Statistiken über Arbeitskräfte, Beschäftigung, Arbeitslosigkeit, Arbeitszeit, Löhne, Verbraucherpreise sowie Arbeitsunfälle und Arbeitskonflikte, mit 10-Jahres-Rückblick), jährlich

„Bulletin of Labour Statistics and 8 Supplements" (Vierteljährlich bzw. zwischenzeitlich monatlich)

International Monetary Fund (IMF)

Die Veröffentlichungen des Internationalen Währungsfonds werden herausgegeben vom:

— International Monetary Fund, Washington

Der Vertrieb erfolgt über

— International Monetary Fund, External Relations Department, Attention: Publications, Washington, D.C. 20 431, USA

Publikationsübersicht:

„International Financial Statistics" (Statistiken und Schaubilder über Geld-, Kredit- und Bankwesen, Preise, Löhne und Beschäftigung sowie Außenhandel und volkswirtschaftliche Gesamtrechnung), monatlich bzw. jährlich

„Balance of Payments Statistics, Yearbook (Parts I and II) and Supplement" (Jahrbuch Teil I: Statistiken über die Zahlungsbilanz nach Ländern, jedoch als revidierte und ergänzte Übersicht; Jahrbuch Teil II: Statistiken über die Zahlungsbilanz nach Regionen und weltweit), monatlich bzw. jährlich

„Direction of Trade Statistics and Yearbook" (Monatsheft: Statistiken über den Außenhandel nach Ländern, unterteilt nach Ländern; Jahrbuch: Entspricht dem des Monatsheftes, jedoch zusammengefaßt und im 7-Jahres-Rückblick), monatlich bzw. jährlich

„Government Finance Statistics-Yearbook" (Detaillierte Tabellen, Statistiken über Darlehen, Finanzen usw.)

„Finance and Development"

Organization for Economic Cooperation and Development (OECD)

Die Veröffentlichungen werden herausgegeben vom
— Organization for Economic Cooperation and Development (OECD), 2, rue André-Pascal, F-75775 Paris Cedex 16

Der Vertrieb erfolgt über
— Organization for Economic Cooperation and Development OECD Publications and Information Centre, Simrockstr. 4, 5300 Bonn 1, Telefon: 02 28/21 60 45-8

Publikationsübersicht

„The OECD Member Countries" (Statistische Grunddaten aller OECD-Mitgliedsländer), jährlich

„OECD Observer" (Statistiken und Schaubilder über Energieprobleme, soziale Angelegenheiten, Umweltschutz, Wissenschaft und Technologie), alle 2 Monate

„OECD Economic Outlook" (Statistiken und Schaubilder über Trends und Aussichten der OECD-Länder), zweimal jährlich

„OECD Economic Surveys" (Statistiken und Schaubilder über die Wirtschaftsentwicklung), jährlich

„Main Economic Indicators" (Statistiken und Schaubilder über die wichtigsten Wirtschaftsbereiche), monatlich

„Main Economic Indicators — Historical Statistics 19 . .—19 . ." (Statistiken über die wichtigsten Wirtschaftsbereiche in Jahres- und Monatsreihen)

„Labour Force Statistics" (Statistiken und Schaubilder über den Arbeitsmarkt und die Beschäftigung 13 wichtiger OECD-Länder), vierteljährlich

„Labour Force Statistics 19 . .—19 . ." (Statistiken und Schaubilder über Bevölkerung, Beschäftigung und Arbeitsmarkt), jährlich

„Educational Statistics in OECD Countries" (Text und Statistiken über die Entwicklung des Erziehungswesens)

„Annual Reports on Consumer Policy in OECD Member Countries" (Maßnahmen und Entwicklungen zur Verbraucherpolitik), jährlich

„Annual Reports on Competition Policy in OECD Member Countries" (Entwicklung der Wettbewerbspolitik in den OECD-Staaten), zweimal jährlich

„Review of Agricultural Policies in OECD Member Countries" (Text, Statistiken und Schaubilder über die Entwicklung der Landwirtschaft), jährlich

„Milk, Milk Products and Egg Balances in OECD Member Countries 19 . .—19 . ." (Statistiken über Erzeugung, Verbrauch sowie Ein- und Ausfuhr von Milch, Butter, Käse und Eiern), jährlich

„Meat Balances in OECD Member Countries 19 . .—19 . ." (Statistiken über Fleischerzeugung und -verbrauch sowie -einfuhr und -ausfuhr), jährlich

„Review of Fisheries in OECD Member Countries 19 . ." (Text, Statistiken und Schaubilder über Fischereipolitik, Erzeugung, Management sowie Handel), jährlich

„Food Consumption Statistics 19 . .—19 . ." (Statistiken u. a. über Erzeugung und Verbrauch von sowie Außenhandel mit Lebensmitteln)

„Indicators of Industrial Activity" (Statistiken und Schaubilder über branchenspezifische Werte und kurzfristige Veränderungen in verschiedenen Industriezweigen), vierteljährlich

„Energy Statistics 19 . .—19 . ." (Statistiken über Erzeugung, Handel und Verbrauch jeder einzelnen Energiequelle), jährlich

„Energy Balances of OECD Countries 19 . .—19 . ." (Statistiken über Energieerzeugung und -verbrauch in Öläquivalenten), jährlich

„Energy Policies and Programmes of IEA Countries: 19 . . Review" (Text und Statistiken über die nationale Energiepolitik der IEA-Mitgliedsländer), jährlich

„Energy Research, Development and Demonstration in the IEA Countries: 19 . . Review of National Programmes" (Text, Statistiken und Schaubilder über Energieforschungs-, Entwicklungs- und Demonstrationsprogramme der IEA-Länder), jährlich

„Annual Oil and Gas Statistics" (Statistiken über Förderung und Verwendung von Rohöl, Vorräte, Naturgas und 17 Ölerzeugnisse in IEA-Ländern), jährlich

„Quarterly Oil Statistics" (Statistiken über Rohölversorgung und -verwendung, Ölprodukte, Naturgas, Raffinerieausstoß, Handel), vierteljährlich

„The Steel Market in 19 . . and the Outlook for 19 . ." (Text, Statistiken und Schaubilder über die Entwicklung des internationalen Stahlmarktes), jährlich

„The Iron and Steel Industry in 19 . ." (Statistiken und Schaubilder über Auftragsbestände, Erzeugung, Verbrauch, Preise und Investitionen in der Eisen- und Stahlindustrie), alle 2 Jahre

„The Non-Ferrous Metals Industry 19 . ." (Statistiken über Erzeugung und Verbrauch der NE-Metall-Industrie), jährlich

„The Engineering Industries in OECD Member Countries, Basic Statistics 19 . .—19 . ." (Statistiken über den Ausstoß von 100 Produkten und 28 Produktgruppen des Maschinenbaus, einschl. Elektro-Maschinen, Computer), jährlich

„The Chemical Industry 19 . ." (Statistiken über die chemische Industrie sowie Produktionszahlen für die wichtigsten Branchen), jährlich

„The Pulp and Paper Industry 19 . ." (Text und Statistiken über Erzeugung, Handel und Verbrauch von Zellstoff sowie von Nebenprodukten), jährlich

„Pulp and Paper — Quarterly Statistics" (Statistiken über Vorräte von Zellstoff und Altpapier sowie über Erzeugung, Ein- und Ausfuhr von Zellstoff und Papier), vierteljährlich

„Textile Industry in OECD Countries 19 . . — 19 . ." (Statistiken über Erzeugung, Verbrauch, Investitionen und Beschäftigung der Textilindustrie), jährlich

„The Footwear, Raw Hides and Skins and Leather Industry in OECD Countries 19 . . — 19 . ." (Statistiken über Erzeugung, Verbrauch, Preise, Ein- und Ausfuhr der Schuh-, Häute-, Fell- und Lederindustrie), jährlich

„Statistics of Foreign Trade, Series A: Monthly Bulletin" (Statistiken und Schaubilder über Außenhandelsindikatoren), jährlich

„Statistics of Foreign Trade, Series C: Trade by Commodities" (Statistiken über den Außenhandel), jährlich

„OECD Import/Export Microtables" (Statistiken über den Handel der OECD-Länder und Jugoslawiens, unterteilt nach Herkunfts- und Bestimmungsländern sowie nach Wert und Mengen für SITC-Warenpositionen), jährlich

„Transport and the Activity of the Conference — General Report on Acitivity 19 . . (Band I), Resolutions of the Council of Ministers of Transport and Reports Approved — Annual Report (Band II)" (Statistiken und Schaubilder über das Verkehrswesen), jährlich

„Maritime Transport 19 . ." (Statistiken und Schaubilder über die internationale Entwicklung der Seeschiffahrt, den Welt-Seehandel, die Welt-Handelsflotte und den Frachtmarkt), jährlich

„Tourism Policy and International Tourism in OECD Member Countries 19 . ." (Statistiken und Schaubilder über den internationalen Fremdenverkehr sowie die internationalen Touristenströme, einschließlich Flugverkehr, Beschäftigungsraten und Preisentwicklungen), jährlich

„OECD Financial Statistics" (Statistiken über internationale Wertpapieremissionen und Bankanleihen sowie mehr als 300 Zinssätze)

„Financial Market Trends" (Statistiken und Schaubilder über Entwicklungen auf den Geld- und Kapitalmärkten mit Trendvorausschätzungen), jährlich

„Revenue Statistics of OECD Member Countries 19 . . — 19 . ." (Statistiken und Schaubilder über öffentliche Einnahmen), jährlich

„National Accounts of OECD Countries, 19 . . — 19 . ." (Statistiken und Schaubilder über die volkswirtschaftliche Gesamtrechnung), jährlich

„Quarterly National Accounts Bulletin" (Statistiken und Schaubilder über die Volkseinkommen 11 wichtiger OECD-Länder sowie über die volkswirtschaftliche Gesamtrechnung aller OECD-Länder), jährlich

„Balances of Payments of OECD Countries 19 . . — 19 . ." (Text, Statistiken und Schaubilder über die Zahlungsbilanzen aller OECD-Mitgliedsländer)

„Latest Information on National Accounts of Developing Countries" (Text und Statistiken über die volkswirtschaftliche Gesamtrechnung einzelner Entwicklungsländer)

„External Debt of Developing Countries" (Text und Statistiken über die Verschuldung der Entwicklungsländer nach Art, Herkunfts- und Bestimmungsland), jährlich

United Nations (UN)/Food and Agriculture Organization of the United Nations (FAO)

Die Veröffentlichungen der Vereinten Nationen werden herausgegeben vom
— United Nations, New York sowie
— United Nations, Genf

Der Vertrieb erfolgt über
— United Nations Publications, New York, N.Y. 10017 USA sowie
— United Nations Publications, Palais des Nations, CH-1211 Genf 10
In der Bundesrepublik Deutschland werden sie von folgenden Buchhandlungen vertrieben:
— Alexander Horn, Internationale Buchhandlung, Spiegelgasse 9, 6200 Wiesbaden
— W. E. Saarbach GmbH, Postfach 10 16 10, Follerstr. 2, 5000 Köln 1

Publikationsübersicht

„Statistical Yearbook 19 . ./. .", jährlich

„Monthly Bulletin of Statistics", monatlich

„Economic Survey of Europe in 19 . .", jährlich

„Economic Bulletin for Europe" (Text, Schaubilder und Statistiken über wechselnde Themen der Weltwirtschaft, einschließlich Osteuropa), halbjährlich

„Statistical Indicators of Short Therm Economic Changes in ECE Countries" (Kurzfristige Wirtschaftsentwicklung nach Ländern), monatlich

„Demographic Yearbook 19 . ." (Entwicklung der Weltbevölkerung, Statistische Daten für mehr als 220 Länder), jährlich

„Population and Vital Statistics Reports" (Bevölkerungsentwicklung für 200 Länder), vierteljährlich

„The State of Food and Agriculture 19 . ." (Text, Schaubilder und Statistiken über Ernährungslage sowie Erzeugung von und Handel mit land-, forst- und fischwirtschaftlichen Gütern), jährlich

„Review of the Agricultural Situation in Europe at the End of 19 . ., Volume 1 und 2" (Text und Statistiken über den Markt für Getreide, Vieh, Fleisch und Milcherzeugnisse sowie Eier)

„Agricultural Trade in Europa" (Statistiken über den europäischen Agraraußenhandel), jährlich

„FAO Production Yearbook 19 . ." (Viehbestand, land- und ernährungswirtschaftliche Erzeugung sowie Produktionsmittel, Schädlingsbekämpfungsmittel und Preise nach Ländern), jährlich

„FAO Monthly Bulletin of Statistics" (Landwirtschaftliche Erzeugnisse), monatlich

„Yearbook of Forest Products 19 . .—19 . ." (Erzeugung von und Außenhandel mit Holz und Holzerzeugnissen), jährlich

„Timber Bulletin for Europe" (Statistiken über Holzerzeugung, -handel und -preise), jährlich

„Annual Forest Products Market Review Referring to 19 . . and Early Months of 19 . ." (Markt für Holz und Holzerzeugnisse), jährlich

„Forest Products Market Trends in 19 . . and Prospects for 19 . ." (Markt sowie die Aussichten für Holz und Holzerzeugnisse), jährlich

„FAO Yearbook of Fishery Statistics 19 . . — Catches and Landings" (Fischfang und Fischanlandungen), jährlich

„Yearbook of Fishery Statistics 19 . . — Fishery Commodities" (Statistiken über Fischerzeugnisse), jährlich

„Yearbook of Industrial Statistics 19 . . Edition, Volume I: General Industrial Statistics, Volume II: Commodity Production Data 19 . .—19 . ."
(Band I: Text and Statistiken über die Grunddaten der Industrieproduktion nach Ländern;
Band II: Statistiken über die Industrieproduktion nach Waren), jährlich

„Annual Bulletin of Coal Statistics for Europe 19 . ." (Lage und Aussichten auf dem Kohlenmarkt), jährlich

„Quarterly Bulletin of Coal Statistics for Europe" (Entwicklung auf dem Kohlenmarkt), jährlich

„Annual Bulletin of Gas Statistics for Europe 19 . ." (Statistiken über den Gasmarkt), jährlich

„FAO Fertilizer Yearbook 19 . ." (Daten über den Düngemittelmarkt), jährlich

„Annual Review of the Chemical Industry 19 . ." (Text und Statistiken über die chemische Industrie), jährlich

„The Steel Market in 1980" (Statistiken über den Stahlmarkt), jährlich

„Statistics of World Trade in Steel 19 . ." (Internationaler Handel mit Stahl und Stahlerzeugnissen), jährlich

„Annual Bulletin of Steel Statistics for Europe 19 . ." (Statistiken über die Eisen- und Stahlindustrie), jährlich

„Yearbook of Construction Statistics" (Statistiken über Bautätigkeit in mehr als 100 Ländern)

„Quarterly Bulletin of Steel Statistics for Europe" (Statistiken über die Eisen- und Stahlindustrie), vierteljährlich

„Annual Bulletin of General Energy Statistics for Europe 19 . ." (Statistiken über Energie), jährlich

„World Energy Supplies 19 . .—19 . ." (Statistiken über den Energiemarkt), jährlich

„Annual Bulletin of Electric Energy Statistics for Europe 19 . ." (Statistiken über den Markt für elektrische Energie), jährlich

„Annual Bulletin of Housing and Building Statistics for Europe 19 . ." (Statistiken über Wohnungsbau und -bestand), jährlich

„Yearbook of International Trade Statistics 19 . ., Volume I and II"

„Trade Yearbook 19 . . (Agrarwirtschaft)" (Statistiken über den Außenhandel mit agrarwirtschaftlichen Erzeugnissen sowie Geräten, Dünge- und Schädlingsbekämpfungsmitteln, unterteilt nach Ländern und nach agrarwirtschaftlichen Erzeugnissen), jährlich

„Bulletin of Statistics on World Trade in Engineering Products — 19 . ." (Statistiken über den Handel mit mechanischen und elektrischen Erzeugnissen), jährlich

„Annual Bulletin of Transport Statistics for Europe 19 . ." (Personen- und Güterverkehr sowie Verkehrsnetze), jährlich

„Yearbook of National Accounts Statistics 19 . ., Volume I and II" (Statistiken über volkswirtschaftliche Gesamtrechnung und öffentliche Finanzen), jährlich

„Compendium of Social Statistics" (Statistiken enthalten Daten über Bevölkerung, Nahrungsmittelverbrauch, Gesundheit, Wohnsituation, Ausbildung, Beschäftigte, Einkommen und Ausgaben, Preise, Landwirtschaftsbevölkerung, Energie und Umwelt)

United Nations Conference on Trade and Development (UNCTAD)

„Handbook of International Trade and Development" (Komplette statistische Daten über den Außenhandel, Werte nach Ländern und Regionen, Volumen, Indexzahlen, Preise, Handelsströme, Handelsstruktur, Importe, Exporte, Zahlungsbilanzen der Entwicklungsländer)

„Monthly Commodity Price Bulleting" (Durchschnittliche Preise und Preisindizes der Exporte von Entwicklungsländern)

„Tungsten Statistics" (Preise, Produktion, Verbrauch, Handel)

United Nations Educational, Scientific and Cultural Organization (UNESCO)

„Statistical Yearbook" (Statistische Daten über Bevölkerung, Bildung, Forschung und Entwicklung, Kultur)

„Education Statistics" (Daten zur Bildungssituation)

„A Summary Statistical Review of Education in the World" (Regionaldaten)

World Bank (WB)

„World Bank Annual Report" (Gesamtübersichten — weltweit — über ausgewählte ökonomische Indikatoren nach Ländern und Regionen)

„World Bank Atlas" (Übersichten über Bevölkerung, Bruttosozialprodukt usw. für 180 Länder)

„World Tables" (Ökonomische, demographische und soziale Daten über alle Länder)

„World Development Indicators" (Statistiken über die wichtigsten ökonomischen und demographischen Daten, Bevölkerung, Pro-Kopf-Einkommen und Wachstum, Energieproduktion und -verbrauch pro Kopf)

„Trends in Developing Countries" (Die wichtigsten ökonomischen und demographischen Daten für die Entwicklungsländer)

„World Economic and Social Indicators" (Globale Indikatoren nach Ländern — weltweit)

„Commodity Trade and Price Trends" (Handel der Entwicklungsländer, Preise)

„World Debt Tables" (Verschuldungssituation der Entwicklungsländer)

World Health Organization (WHO)

„World Health Statistics Annual" (Sterblichkeitsraten, Lebenserwartung, Gesundheitspersonal, Krankenhausdaten)

7.3. Ausgewählte internationale Statistiken nach Sachgebieten

Außenhandel

„Analysis of Trade between the European Community and the ACP-States"; EG, Brüssel
„Statistics of World Trade in Steel 19 . ."; ECE, Genf
„Yearbook of International Trade Statistics 19 . ."; UN, New York
„Trade Yearbook 19 . ."; UN, Rom
„Direction of Trade Statistics"; IMF, Washington
„Monatsbulletin der Außenhandelsstatistik"; EG, Brüssel
„ACP-Statistical Yearbook 19 . .—19 . ."; EG, Brüssel
„EC Trade with the ACP States and the South Mediterranean States"; EG, Brüssel
„Analytische Übersichten des Außenhandels — NIMEXE 19 . ."; EG, Brüssel
„ACP-Yearbook of Foreign Trade Statistics 19 . .—19 . ."; EG, Brüssel
„Statistical Information Bulletin for Africa"; ECA
„Statistics of Foreign Trade"; OECD
„Foreign Trade Statistics of Asia and the Pacific"; ESCAP
„Foreign Trade Statistics for Africa"; ECA
„Handbook of International Trade and Development"; UNCTAD
„EFTA Trade"; EFTA

Bautätigkeit

„Annual Bulletin of Housing and Building Statistics for Europe 19 . ."; ECE, Genf
„Yearbook of Construction Statistics"; UN, New York

Bevölkerung

„Population and Vital Statistics Report", UN, New York
„Bevölkerungsstatistik 19 . ."; EG, Brüssel
„Compendium of Social Statistics"; UN, New York
„Sozialindikatoren für die Europäische Gemeinschaft 19 . .—19 . ."; Brüssel
„Bericht über die soziale Entwicklung"; EG, Brüssel
„World Economic and Social Indicators"; Weltbank

Bildung und Kultur

„Bildung und Ausbildung 19 . .—19 . ."; EG, Brüssel
„Educational Statistics in OECD Countries"; OECD
„Statistical Yearbook"; UNESCO
„Education Statistics"; UNESCO
„A Summary Statistical Review of Education in the World"; UNESCO

Geld und Kredit/Zahlungsbilanzen

„International Financial Statistics . . ."; IMF, Washington
„Balance of Payments Statistics"; IMF, Washington
„Balances of Payments — Global Data 19 . .—19 . ."; EG, Brüssel
„Balances of Payments-Geographical Breakdown 19 . .—19 . ."; EG, Brüssel
„Government Finance Statistics-Yearbook"; IMF, Washington
„OECD Financial Statistics"; OECD
„World Debt Tables"; Weltbank
„National Accounts of OECD Countries 19 . .—19 . ."; OECD

Gesundheitswesen

„World Health Statistics Annual"; WHO

Land- und Forstwirtschaft, Fischerei

„The State of Food and Agriculture 19 . ."; UN, New York
„Review of Fisheries in OECD Member Countries"; OECD
„Review of the Agricultural Situation in Europe"; ECE, Genf
„Erzeugung von Gemüse und Obst"; EG, Brüssel
„Agricultural Trade in Europe"; ECE, Genf
„FAO Production Yearbook 19 . ."; FAO, Rom
„Yearbook of Forest Products 19 . .—19 . ."; FAO, Rom
„Pflanzliche Erzeugung"; EG, Brüssel
„Timber Bulletin for Europe"; FAO, Rom/ECE, Genf
„Tierische Erzeugung"; EG, Brüssel
„FAO Yearbook of Fishery Statistics 19 . ."; FAO, Rom
„FAO Monthly Bulletin of Statistics"; FAO, Rom
„FAO Fertilizer Yearbook 19 . ."; FAO, Rom
„Agrarstatistisches Jahrbuch 19 . .—19 . ."; EG, Brüssel
„Jahrbuch der Internationalen Gartenbaustatistik 19 . ."; EG, Brüssel
„Forststatistik 19 . .—19 . ."; EG, Brüssel
„Bodennutzung und Erzeugung"; EG, Brüssel
„Fischerei-Fänge nach Gebieten"; EG, Brüssel

„Fischerei-Menge und Wert nach den Anlandungen in der EG"; EG, Brüssel
„Review of Agricultural Policies in OECD Member Countries"; OECD
„Food Consumption Statistics 19 . .—19 . ."; OECD
„Handbook on Cereal and Fertilizer Statistics for Asia and the Pacific"; ESCAP
„The Pulp and Paper Industry 19 . ."; OECD
„Annual Review of Agriculture Trade"; EFTA
„Milk, Milk Products and Egg Balances in OECD Member Countries 19 . .—19 . ."; OECD
„Meat Balances in OECD Countries 19 . .—19 . ."; OECD

Löhne und Gehälter/Beschäftigung

„Yearbook of Labour Statistics 19 . ."; ILO, Genf
„Bulletin of Labour Statistics"; ILO, Genf
„Labour Force Statistics"; OECD
„Stundenverdienste — Arbeitszeit"; EG, Brüssel
„Labour Force Statistics 19 . .—19 . ."; OECD
„Demographic Yearbook"; UN, New York

Preise

„Monthly Commodity Price Bulletin"; UNCTAD
„Commodity Trade and Price Trends"; Weltbank
„International Financial Statistics"; IMF

Produzierendes Gewerbe

„The Chemical Industry 19 . ."; OECD
„Annual Bulletin of Coal Statistics for Europe 19 . ."; ECE, Genf
„Jahrbuch Eisen und Stahl"; EG, Brüssel
„Annual Bulletin of Gas Statistics for Europe 19 . ."; ECE, Genf
„The Steel Market in 19 . . and the Outlook for 19 . ."; OECD
„Annual Review of the Chemical Industry 19 . ."; ECE, Genf
„The Steel Market in . . ."; ECE, Genf
„Annual Bulletin of Steel Statistics for Europe 19 . ."; ECE, Genf
„Annual Bulletin of General Energy Statistics for Europe 19 . .; ECE, Genf
„World Energy Supplies 19 . .—19 . ."; UN, New York
„Annual Bulletin of Electric Energy Statistics for Europe 19 . ."; ECE, Genf
„Textile Industry in OECD Countries 19 . .—19 . ."; OECD
„Minerals Yearbook"; Bureau of Mines, Washington
„Lead and Zinc Statistics"; ILZSG
„Energy Statistics 19 . .—19 . .; OECD
„Jahrbuch der Energiestatistik"; EG, Brüssel
„Electric Power in Asia and the Pacific"; ESCAP
„Sugar Yearbook"; ISO
„Cotton-World Statistics"; ICAC
„Cotton-Monthly Review of World Situation"; ICAC
„Annual Oil and Gas Statistics"; OECD
„Rubber Statistical Bulletin"; IRSG
„International Rubber Digest"; IRSG
„Annual Statistical Bulletin"; OPEC
„The Iron and Steel Industry in 19 . ."; OECD

Übergreifende Statistiken

„Statistical Yearbook 19. . "; UN, New York
„Europäische Wirtschaft"; EG, Brüssel
„Monthly Bulletin of Statistics"; UN, New York
„Economic Bulletin for Europe"; ECE, Genf
„Quaterly Bulletin of Statistics for Asia and the Pacific"; ESCAP
„Economic Survey of Europe in 19 . ."; ECE, Genf
„Regionalstatistik"; EG, Brüssel
„Statistische Zahlen der Gemeinschaft 19 . ."; EG, Brüssel
„Eurostatistiken — Daten zur Konjunkturanalyse"; EG, Brüssel
„World Bank Annual Report"; Weltbank
„The OECD Member Countries"; OECD
„Statistical Yearbook for Asia and the Pacific"; ESCAP
„Statistical Yearbook for Latin America"; ECLA
„World Development Indicators"; Weltbank
„Statistical Indicators for Asia and the Pacific"; ESCAP
„African Statistical Yearbook"; ECA
„Economic Commission for Western Asia"; ECWA
„World Tables"; Weltbank
„Statistical Yearbook"; CMEA
„Main Economic Indicators"; OECD

Verkehr/Kommunikation

„Annual Bulletin of Transport Statistics for Europe 19 . ."; ECE, Genf
„Statistics of Road Traffic Accidents in Europe"; ECE, Genf
„Statistisches Jahrbuch Verkehr, Nachrichtenübermittlung, Reiseverkehr"; EG, Brüssel
„Radiocommunication Statistics"; ITU
„Statistics on International Tourism Receipts"; WTO
„Maritime Transport 19 . ."; OECD
„Civil Aviation Statistics of the World"; ICAO
„Digest of Statistics: Airline Traffic, Traffic by Flight Stage, Fleet and Personnel Data, Non-Scheduled Air Transport, Civil Aircraft on Register, Airport Traffic, Aircraft Accident Statistics"; ICAO
„Yearbook of Common Carrier Telecommunication Statistics"; ITU
„Regional Breakdown of World Travel Statistics"; WTO
„Statistical Table of Coast Stations"; ITU
„Statistical Table of Ship Stations"; ITU
„World Travel Statistics"; WTO

Volkswirtschaftliche Gesamtrechnungen

„Yearbook of National Account Statistics 19 . ."; UN, New York
„Gesamtrechnungen — Landwirtschaft, Forstwirtschaft 19 . ."; EG, Brüssel
„Volkswirtschaftliche Gesamtrechnungen ESVG-Aggregate 19 . .—19 . ."; EG, Brüssel
„Balance of Payments"; EG, Brüssel

7.4. Veröffentlichungen von Großbanken

H: Herausgeber, V: Veröffentlichungen

Belgien

H: Banque Nationale de Belgique, Département des Etudes, Boulevard de Berlaimont 56, B-1000 Brüssel
V: Rapports sur les Operations de l'Année 19 . .
Text, Statistiken und Schaubilder über die Entwicklung einzelner Wirtschaftszweige, in französischer bzw. niederländischer Sprache, jährlich
V: Bulletin de la Banque Nationale de Belgique/Tijdschrift van de Nationale Bank van Belgie. Artikel über wechselnde wirtschaftliche Themen und Statistiken über die Wirtschaft, insbesondere das Geld-, Kredit- und Finanzwesen, in französischer bzw. niederländischer Sprache, monatlich

Dänemark

H: Danmarks Nationalbank, Havnegade 5, DK-1093 Kopenhagen K
V: Report and Accounts for the Year 19 . .
Text, Schaubilder und Statistiken über das Geld-, Kredit- und Finanzwesen, in englischer Sprache, jährlich
V: Monetary Review (Geld, Kredit und öffentliche Finanzen)
Statistiken und Schaubilder über Geld-, Kredit- und Finanzwesen, Zahlungs- und Handelsbilanz sowie Löhne und Preise, in englischer Sprache, vierteljährlich

Finnland

H: Bank of Finland, POB 160, SF-00101 Helsinki 10
V: Bank of Finland 19 . . Yearbook
Text, Schaubilder und Statistiken über die wirtschaftliche Entwicklung, insbesondere Geld, Kredit und öffentliche Finanzen, in englischer Sprache, jährlich
V: Monthly Bulletin
Text, Schaubilder und Statistiken über Geld, Kredit und öffentliche Finanzen sowie andere wichtige Wirtschaftsbereiche, in englischer Sprache, monatlich
H: Union Bank of Finland, POB 868, SF-00101 Helsinki 10
V: Angaben über Finnland 19 . .
Text und Statistiken über wichtige Wirtschaftsdaten, in deutscher Sprache, jährlich
V: Annual Report 19 . .
Text, Schaubilder und Statistiken über die wirtschaftliche Entwicklung und die Tätigkeit der Bank, in deutscher Sprache, jährlich
V: Unitas-Wirtschaftsberichte
Beiträge zu einzelnen Wirtschaftsbereichen sowie Text, Schaubilder und Statistiken über die gesamtwirtschaftliche Entwicklung, in deutscher Sprache, vierteljährlich
H: Kansallis-Osake-Pankki, Economic Research Department, POB 10, Aleksanterinkatu 42, SF-00101 Helsinki 10
V: Economic Review
Text, Schaubilder und Statistiken über die wirtschaftliche Entwicklung, in englischer Sprache, halbjährlich

Frankreich

H: Banque de France, Service de l'information, 43, rue de Valois, F-75000 Paris Cedex 01
V: Bulletin Trimestriel de la Banque de France
Aktueller Überblick über die wirtschaftliche Lage (actualité), wechselnde wirtschaftliche Themen und Fachgebiete (Etudes) sowie Statistiken (Tableaux statistiques), vierteljährlich
V: Compte Rendu — Exercice 19 . .
Jahresbericht der Bank mit Statistiken und Schaubildern, jährlich
H: Banque de France, Service de l'information, 43, rue de Valois, F-75001 Paris Cedex 1
V: Compte Rendu — Exercice 19 . .
Jahresbericht der Bank mit statistischen Angaben und graphischen Darstellungen

Griechenland

H: National Bank of Greece, S.A., 86, Eolou Street, Athen 121, Griechenland
V: Greece in Figures . . .
Statistisches Faltblatt über alle wichtigen Wirtschaftsbereiche, in englischer Sprache, jährlich
H: Bank of Greece, Economic Research Department, POB 105, Athen, Griechenland
V: Monthly Statistical Bulletin
Insbesondere über Geld, Kredit und öffentliche Finanzen, in englischer Sprache, monatlich

Irland

H: Central Bank of Ireland, POB 559, Dame Street, Dublin 2, Irland
V: Irish Economic Statistic
Kurzstatistik wichtiger volkswirtschaftlicher Daten, jährlich
V: Report of the Central Bank of Ireland for the Year ended 31st December 19 . . (Annual Report), jährlich
Text, Statistiken und Schaubilder über alle wichtigen Wirtschaftsdaten, insbesondere Geld, Kredit und öffentliche Finanzen
V: Quarterly Bulletin
Text, Statistiken und Schaubilder über alle wichtigen Wirtschaftsdaten, vierteljährlich

Island

H: Central Bank of Iceland, POB 160, Reykjavik, Island
V: Annual Report 19 . .
Text, Schaubilder und Statistiken über die wirtschaftliche Entwicklung sowie das Geld, Kredit- und Finanzwesen, in englischer Sprache, jährlich
V: Hagtölur Manatarins (Monatsstatistik)
Statistiken und Schaubilder, wie bei statistischen Monatsheften üblich, in isländischer Sprache, monatlich

Italien

H: Banco di Sicilia, Via Mariano Stabile 182, I-90141 Palermo
V: La Congiuntura nel 19 . . (Wirtschaftsentwicklung)
Text, Statistiken und Schaubilder über alle wichtigen Wirtschaftsbereiche, jährlich als Sondernummer
V: Informazioni sulla Congiuntura (Konjunkturübersicht)
Text, Statistiken und Schaubilder über alle wichtigen Wirtschaftsbereiche, monatlich
H: Banca d'Italia, Via Nazionale 91, I-00184 Rom
V: Bolletino, einschließlich Supplemento (Geld, Kredit und öffentliche Finanzen)
Text, Statistiken und Schaubilder über Geld, Kredit, Zahlungsbilanz und öffentliche Finanzen, Bolletino alle 3 Monate, Supplemento 1- bis 4mal im Monat

Malta

H: Central Bank of Malta, Castille Place, Valletta, Malta
V: Annual Report 19 . .
Text, Statistiken und Schaubilder über die Tätigkeit der Zentralbank und der übrigen Kreditinstitute sowie über die Entwicklung wichtiger Wirtschaftsbereiche, jährlich

Niederlande

H: De Nederlandsche Bank N.V., POB 98, NL-1000 AB Amsterdam
V: Jaarverslag 19 . ., einschl. Statistische Bijlage/Report of Year 19 . . (einschl. Statistical Annex)
Text, Statistiken und Schaubilder über die wichtigsten Wirtschaftsbereiche, insbesondere über Geld und Kredit, in niederländischer bzw. englischer Sprache, jährlich
V: Kwartaalbericht 19 . ., einschl. Statistische Bijlage
Text, Statistiken und Schaubilder über die wirtschaftliche Entwicklung, insbesondere über Geld und Kredit, in niederländischer Sprache, viertel- oder halbjährlich

Norwegen

H: Norges Bank, Bankplassen 4, Oslo, Norwegen
V: Annual Report 19 . .
Text, Statistiken und Schaubilder über die Entwicklung der norwegischen Wirtschaft, in englischer Sprache, jährlich
V: Economic Bulletin
Text und Statistiken zu wechselnden Themen, mit gleichbleibendem statistischem Anhang, in englischer Sprache, vierteljährlich

Österreich

H: Österreichische Nationalbank, Otto-Wagner-Platz 3, A-1090 Wien
V: Österreichische Nationalbank 19 . . — Bericht über das Geschäftsjahr 19 . .
Text, Schaubilder und Statistiken über die wirtschaftliche Entwicklung, insbesondere über das Geld-, Kredit- und Finanzwesen, jährlich
V: Mitteilungen des Direktoriums
Besondere Berücksichtigung des Geld-, Kredit- und Finanzwesens, monatlich
H: Österreichische Länderbank AG, Am Hof 2, A-1011 Wien
V: Statistische Daten über Österreich 19 . ., jährlich
H: Creditanstalt-Bankverein, Schottengasse 6, A-1010 Wien
V: Österreichs Wirtschaft in Zahlen 19 . ., jährlich

Portugal

H: Banco de Portugal, Departamento de Estatística e Estudos Economicos, Avenida da República, 57, P-1094 Lissabon
V: Report of the Board of Directors for the Year 19 . .
Text, Statistiken und Schaubilder über Bilanzen und Konten, wirtschafts- und finanzpolitische Lage
V: Bolletin Trimestral
Text, Statistiken und Schaubilder über die Finanz- und Wirtschaftssituation
H: Banco de Fomento Nacional, Rua Mouzinho da Silveira, 26, P-1200 Lissabon
V: Annual Report 19 . .
Statistiken über die Tätigkeit der Bank

Schweden

H: Skandinaviska Enskilda Banken, Postbox 16 067, Kungträdgårdsgatan 8, S-10322 Stockholm
V: Some Data about Sweden
Text, Schaubilder und Statistiken über die Wirtschaft, insbesondere Geld, Kredit und öffentliche Finanzen, in englischer Sprache, jährlich

Schweiz

H: Schweizerische Kreditanstalt, Paradeplatz 8, CH-8021 Zürich
V: Schweizerische Wirtschaftszahlen
Statistiken über Produktion/Beschäftigung, Außenwirtschaft, Geld/Kapital und Bevölkerung
H: Schweizerische Nationalbank, Börsenstraße 15, CH-8022 Zürich
V: Geschäftsbericht der Schweizerischen Nationalbank 19 . .
Statistiken über wirtschaftliche Situation und Entwicklung
V: Monatsbericht
Informationen über Geld, Kredit und öffentliche Finanzen

Spanien

H: Banco de España, Servicio de Estudios, Sección de Publicaciones, Alcalá, 50, Madrid 14, Spanien
V: Informe Anual 19 . . (Jahreswirtschaftsbericht)
Text, Schaubilder und Statistiken über die nationale und internationale wirtschaftliche Entwicklung, jährlich

V: Boletín Estadístico (Monatsstatistik)
Statistiken über Geld, Kredit, öffentliche Finanzen, Beschäftigung, Erzeugung, Preise und Außenhandel, monatlich

H: Banco de Bilbao, Servicio de Estudios, Alcalá, 16, Madrid 14

V: Renta Nacional de España y su Distribución Provincial 19 . .
Text, Schaubilder und Statistiken über die volkswirtschaftliche Gesamtrechnung nach Provinzen, jährlich

H: Instituto de Credito oficial, Paseo des Prado, 4, Madrid 14, Spanien

V: Memoria del Credito official en 19 . .
Statistiken über öffentliche Kredite

Türkei

H: Türkiye Is Bankas A.S., Head Office, Economic Research Department, Ankara

V: Economic Indicators of Turkey 19 . ., jährlich

V: General Economic Conditions in Turkey

V: Annual Report 19 . .
Text und Schaubilder über die wirtschaftliche Entwicklung, in englischer Sprache, jährlich

V: Review of Economic Conditions, zweimonatlich

H: Industrial Development Bank of Turkey, POB 17, Karaköy/Instanbul, Türkei,

V: Annual Statement . . . Accounting Year 19 . .
Text und Statistiken über die wichtigsten Wirtschaftsdaten, in englischer Sprache, jährlich

H: The Central Bank of the Republic of Turkey, Bankalar Cad, 48, Ankara, Türkei

V: Annual Report
Statistiken über die wichtigsten Wirtschaftsbereiche

Zypern

H: Central Bank of Cyprus, Board of Directors, Nicosia

V: Bulletin
Text und Statistiken über die wirtschaftliche Entwicklung in englischer Sprache, vierteljährlich

V: Annual Report 19 . .

Abschnitt 3:

Wirtschaftsinformationen über ausgewählte Länder

1. Beschaffung von Wirtschaftsinformationen über die Vereinigten Staaten Exportieren/Investieren

1.1. Wegweiser für den Amerikahandel

Zur Förderung des Außenhandels und zur Verbesserung der Kontaktmöglichkeiten zwischen amerikanischen und ausländischen Firmen bietet das US-Handelsministerium den am Amerika-Handel interessierten Firmen verschiedene Dienste kostenlos an.

Die amerikanische Botschaft in Bonn, die einzelnen Generalkonsulate in der Bundesrepublik und die US-Mission in Berlin stehen deutschen Firmen und Geschäftsleuten unter anderem für folgende Möglichkeiten zur Anbahnung und Vertiefung von Kontakten mit amerikanischen Firmen zur Verfügung*).

Geschäftsangebote amerikanischer Firmen

Die Handelsabteilungen der Botschaft, der Generalkonsulate und der US-Mission in Berlin erhalten laufend Anfragen amerikanischer Firmen nach deutschen Vertretern, Lizenznehmern und Importeuren, die interessierten deutschen Geschäftsleuten auf Wunsch zur Verfügung gestellt werden. Die amerikanische Botschaft veröffentlicht ferner in ihrer 6 mal jährlich erscheinenden Broschüre USA-Handel ausgewählte Geschäftsangebote und Beschreibungen neuer Erzeugnisse der amerikanischen Industrie sowie Nachrichten über Sonderausstellungen amerikanischer Firmen auf europäischen Handelsmessen und über Messen und Ausstellungen in den USA. Diese Broschüre wird interessierten deutschen Firmen und Organisationen auf Wunsch kostenlos übersandt.

Inserate in Business America (Zeitschrift des US-Handelsministeriums)

Für deutsche Firmen besteht die Möglichkeit einer kostenlosen Veröffentlichung ihrer Import-, Investitions-, Lizenz- und Vertretungswünsche in der vom amerikanischen Handelsministerium alle zwei Wochen herausgegebenen Außenhandelszeitschrift. Die Veröffentlichungen werden vielfach auch von anderen amerikanischen Fachzeitschriften übernommen.

„Commercial News USA" (Neue Produkte)

„Commercial News USA" ist der Titel einer englischsprachigen Zeitschrift, in der neue amerikanische Produkte vorgestellt werden. Herausgeber dieser monatlich erscheinenden Publikation ist das amerikanische Handelsministerium in Washington. Interessierte deutsche Firmen können „Commer-

*) Quelle: „USA-Handel", Hrsg.: Handelsabteilung der Amerikanischen Botschaft, 5300 Bonn 2

cial News USA" über die Handelsabteilungen der amerikanischen Botschaft und amerikanischen Generalkonsulate in der Bundesrepublik beziehen.

Handelsbibliotheken

In den Handelsbibliotheken der Botschaft, der Generalkonsulate und der US-Mission in Berlin sowie teilweise auch in den Bibliotheken der Amerika-Häuser und Deutsch-Amerikanischen Institute stehen Bezugsquellennachweise, Auskünfte über Fach- und Industriemessen in den USA, Prospektmaterial, eine Auswahl amerikanischer Zeitschriften, Zeitschriftenkataloge und anderes Quellenmaterial zur Verfügung.

Aufnahme in das internationale Firmenregister des US-Handelsministerium (World Traders Data Reports — WTDR)

Die Aufnahme in dieses Register erfolgt nach Ausfüllung eines „Firmenkundlichen Informationsblattes" und hat den Vorteil, daß sich amerikanische Firmen, die an ausländischen Geschäftsverbindungen interessiert sind, kurzfristig über Anschrift, Produktions- oder Handelsprogramm, Absatzorganisation, Bedeutung und Ansehen sowie Handels- und Bankreferenzen einer im „WTDR" geführten Firma informieren können. Die Aufnahme in das Register ist kostenlos.

Aufnahme in die Zentralkartei über deutsch-amerikanische Handelsbeziehungen

Die Handelsabteilungen der amerikanischen Botschaft in Bonn und der amerikanischen Generalkonsulate unterhalten eine Zentralkartei über deutsch-amerikanische Wirtschaftsbeziehungen, die in erster Linie als Bezugsquellennachweis dient. Beim nächstgelegenen amerikanischen Generalkonsulat oder bei der Handelsabteilung der amerikanischen Botschaft kann ein Informationsblatt zwecks Aufnahme in diese Zentralkartei angefordert werden, falls die Absicht besteht, amerikanische Firmen in der Bundesrepublik zu vertreten, amerikanische Erzeugnisse unter Lizenz herzustellen oder zu importieren.

Sprechtage

Die amerikanischen Generalkonsulate in der Bundesrepublik veranstalten in Zusammenarbeit mit den deutschen Industrie- und Handelskammern regelmäßig in verschiedenen Städten der Bundesrepublik Sprechtage mit dem Ziel, deutsche Geschäftsleute auf die Import- und Investitionsmöglichkeiten in den Vereinigten Staaten hinzuweisen. An den Sprechtagen nehmen auch Vertreter der amerikanischen Bundesstaaten teil, die im besonderen Auskünfte über Import- und Investitionsmöglichkeiten in ihren Staaten erteilen. Die Sprechtage haben sich hervorragend bewährt und sind zu einer festen Institution geworden. Deutsche Geschäftsleute, die zu einem Sprechtag eingeladen werden möchten, wenden sich bitte an das für sie zuständige Amerikanische Generalkonsulat.

Regional Export Development Office-REDO

Der Handelsabteilung der amerikanischen Botschaft in Bonn ist das Regional Export Development Office angegliedert, dessen Aufgabe es ist, die Gemeinschaftsschauen der amerikanischen Industrie auf deutschen, österreichischen und skandinavischen Messen zu organisieren. Das Export Development Office erteilt gern Auskunft über die Beteiligung amerikanischer Firmen an bevorstehenden deutschen, österreichischen und skandinavischen Messen.

Beratung und Unterstützung bei Geschäftsreisen nach USA

Deutsche Geschäftsleute können sich durch das zuständige Generalkonsulat bei der Planung einer Reise nach den USA beraten lassen. Gegebenenfalls kann das Generalkonsulat ein Empfehlungsschreiben an das Handelsministerium in Washington und seine 42 Außenstellen in den wichtigsten amerikanischen Handelsplätzen ausstellen. Neben der Beratung über Handelsfragen sind diese Regierungsstellen auch bereit, Kontakte zu entsprechenden amerikanischen Produzenten, Ex- und Importfirmen herzustellen.

„Invest in USA“

Die amerikanische Botschaft und die Generalkonsulate unterstützen auf vielfältige Weise deutsche Geschäftsleute, die in den Vereinigten Staaten investieren wollen. Dazu gehört die Verteilung von einschlägigen Informationsschriften über Steuer- und Rechtsfragen, Finanzierung, Standortwahl, Verfügbarkeit von Arbeitskräften, Hilfen der amerikanischen Bundesregierung, der einzelnen Staaten und Gemeinden usw. Die Mitarbeiter der Handelsabteilungen bei der Botschaft und den Generalkonsulaten stehen interessierten Geschäftsleuten zu einem persönlichen Gespräch über Investitionsmöglichkeiten in den Vereinigten Staaten zur Verfügung.

1.2. Organisationen und ihre Veröffentlichungen

1.2.1. Organisationen in der BR Deutschland

U.S.-Botschaft in der BR Deutschland

Deichmanns Aue 29, Handelsabteilung, 5300 Bonn-Bad Godesberg 2, Tel. (02 28) 3 39-20 95 oder 3 39-27 60

Veröffentlichung:
„USA-Handel" (von Amerika: Neue Erzeugnisse, neue Fachliteratur, allgemeine Handelsauskunft) Hrsg.: Handelsabteilung der Amerikanischen Botschaft, 5300 Bonn 2

U.S.-Generalkonsulate in der BR Deutschland

Cecilienallee 5, 4000 Düsseldorf 30, Tel. (02 11) 49 00 81

Siesmayerstr. 21, 6000 Frankfurt/Main 1, Tel. (0 69) 74 00 71

Alsterufer 27/28, 2000 Hamburg 26, Tel. (0 40) 44 10 61

Königinstraße 5, 8000 München 22, Tel. (0 89) 2 30 11

Urbanstraße 7, 7000 Stuttgart 1, Tel. (07 11) 21 02 21

American Chamber of Commerce in Germany

Mr. John D. Brennan, General Manager, American Chamber of Commerce in Germany, National Executive Office, Rossmarkt 12, 6000 Frankfurt/Main, Tel. (0 69) 28 34 01

Mr. Robert H. Lochner, Berlin Representative American Chamber of Commerce in Germany, Kurfürstenstraße 114, 1000 Berlin 30, Tel. (0 30) 24 26 46

Mr. Franz J. Bohr, Representative for Northrhine-Westfalia, American Chamber of Commerce in Germany, Brauweiler Weg 88, 5000 Köln, Tel. (02 21) 48 16 81

Mr. Hans Bernd Giesler, Representative for Northern Germany, American Chamber of Commerce in Germany, Alsterkamp 23, 2000 Hamburg 13, Tel. (0 40) 44 77 84/85

Mr. Wilford J. Kramer, Representative for Baden-Württemberg, American Chamber of Commerce in Germany, Leiblweg 28, 7000 Stuttgart 1, Tel. (07 11) 81 37 41

American Chamber of Commerce in Germany, Representative Office Washington, 517 Merdian Street, Falls Church, Virginia 22046

Veröffentlichungen:

Zeitschrift „Commerce in Germany", erscheint 6 mal jährlich, Preis: DM 6,— (Nicht-Mitglieder) Verlag: Dun & Bradstreet Verlag GmbH, Dreieichstr. 59, 6000 Frankfurt/Main 1, Tel. (0 69) 60 90 70

Mitgliedsverzeichnis „Membership Directory and Yearbook of the American Chamber of Commerce in Germany", Preis: DM 45,— (Mitglieder); DM 80,— (Nicht-Mitglieder), Verlag: Dun & Bradstreet, Frankfurt (s. o.)

Deutsch-amerikanische Institute

Carl-Schurz-Haus, Deutsch-Amerikanisches Institut e.V., Kaiser-Joseph-Straße 226, 7800 Freiburg, Tel. (07 61) 3 16 45

Deutsch-Amerikanisches Institut, Sophienstraße 12, 6900 Heidelberg 1, Tel. (0 62 21) 2 47 71

Deutsch-Amerikanisches Institut, Amerika Haus Nürnberg e.V., Gleißbühlstraße 13, 8500 Nürnberg 1, Tel. (09 11) 20 33 27

Deutsch-Amerikanisches Institut, Berliner Promenade 15, 6600 Saarbrücken, Tel. (06 81) 3 11 60

Deutsch-Amerikanisches Institut, Karlstraße 3, 7400 Tübingen, Tel. (0 70 71) 3 40 71

Amerikahäuser

Amerika Haus, Hardenbergstraße 22—24, 1000 Berlin 12, Tel. (0 30) 8 19 79 05

Amerika Haus, Staufenstraße 1, 6000 Frankfurt a. M. 1, Tel. (06 11) 72 33 37

Amerika Haus, Tesdorpfstraße 1, 2000 Hamburg 13, Tel. (0 40) 44 46 30

Amerika Haus, Prinzenstraße 9, 3000 Hannover 1, Tel. (05 11) 32 72 86

Amerika Haus, Apostelnkloster 13—15, 5000 Köln 1, Tel. (02 21) 24 13 67

Amerika Haus, Karolinenplatz 3, 8000 München 2, Tel. (0 89) 59 53 68

Amerika Haus, Friedrichstraße 23 A, 7000 Stuttgart, Tel. (07 11) 29 23 30

Sonstige

U.S. Mission Berlin
Clayallee 170, 1000 Berlin 33 (Dahlem), Tel. (0 30) 8 32 40 87
Handelsabteilung: Tel. (0 30) 8 19 75 61

U.S. Agricultural Trade Office
Große Theaterstr. 42, VI., 2000 Hamburg 36, Tel. (0 40) 34 12 07

Regional Export Development Office (REDO)
Deichmanns Aue, 5300 Bonn 2, Tel. (02 28) 3 39 20 82

Amerika-Gesellschaft e.V.
Tesdorpfstr. 1 (Amerika-Haus), 2000 Hamburg 13

Deutsch-Amerikanischer Wirtschaftsverband
Börsenstr. 10, 6000 Frankfurt/Main

1.2.2. Organisationen in den USA

Botschaft der BR Deutschland

Washington

4645 Reservoir Road N.W., Washington, D.C. 20007, Tel. (2 02) 2 98-40 00

Der Leiter der Vertretung ist zugleich Beobachter bei der Organisation Amerikanischer Staaten (OAS) mit Sitz in Washington.

Informationsbüro New York (German Information Center), 410 Park Avenue, New York, N.Y. 10022, Tel. (2 12) 8 88-98 40

Generalkonsulate der BR Deutschland in den USA

Atlanta
1000 Peachtree Center Cain Tower, 229 Peachtree Street N.E., Atlanta, Georgia 30043, Tel. (4 04) 6 59-47 60/61/62

Boston
535 Boylston Street, Boston, Mass. 0 21 16, Tel. (6 17) 5 36-44 14

Chicago
104 South Michigan Avenue, Chicago, Illinois 60603, Tel. (3 12) 2 63-08 50

Detroit
2200 Book Building, Washington Blvd., Detroit, Mich. 48226, Tel. (3 13) 9 62-65 26

Houston
1900 Yorktown, Suite 405, Houston, Texas 77056, Tel. (7 13) 6 27-77 70

Los Angeles
6435 Wilshire Boulevard, Los Angeles, California 90048, Tel. (2 13) 8 52-04 41

Miami (Außenstelle von Atlanta)
100 N. Biscayne Blvd., Miami, Florida 33132, Tel. (3 05) 3 58-02 90/1

New Orleans (Außenstelle von Houston)
2834 International Trade Mart, 2 Canal Street, New Orleans, LA. 70130, Tel. (5 04) 5 24-03 56, 5 24-65 60

New York
460 Park Avenue, New York, N.Y. 10022, Tel. (2 12) 9 40-92 00

San Francisco
601 California Street, San Francisco, Cal. 94108, Tel. (4 15) 9 81-42 50

Seattle
1617 IBM Building, 1200 Fifth Avenue, Seattle, Washington 98101, Tel. (2 06) 6 82-43 12

Deutsch-Amerikanische Handelskammern

German American Chamber of Commerce, Inc., 666 Fifth Avenue, New York, N.Y. 10103, Tel. (2 12) 9 74 88 30

German American Chamber of Commerce, 104 South Michigan Avenue, Chicago/Ill. 6 06 03

German American Chamber of Commerce, 465 California Street, San Francisco/Cal. 9 41 04

German American Chamber of Commerce, One Park Plaza, 3250 Wilshire Boulevard, Los Angeles/Cal. 9 00 10

German American Chamber of Commerce, 2 Houston Center, 909 Fannin — Suite 3418, Houston/Texas 7 70 02

German American Chamber of Commerce, 1 Farragut Square South, Washington, D.C. 2 00 06

German American Chamber of Commerce, Suite 2701, Peachtree Center Harris Tower, 233 Peachtree Str. N.E., Atlanta/Georgia 3 03 03

Veröffentlichung:
„Amerika-Handel"

Sonstige

American Chamber of Commerce, Washington D.C., 517 Merdian Street, Falls Church/Va. 2 20 46

Chamber of Commerce of the United States, 1615 H. Street N.W., Washington, D.C. 2 00 62

Veröffentlichungen:
„Commerce Handbook", „Directory of Chambers in the United States"

Department of Commerce, 14th Street between Constitution Avenue and E. Street N.W., Washington, D.C. 2 02 30

Veröffentlichungen:
„Business America", „The Journal of International Trade" (früher International Commerce) erscheint jede zweite Woche

„Industrial Outlook"(jährlich), enthält Berichte über die wichtigsten Industriezweige

„Statistical Abstract of the United States" (jährlich), Statistisches Jahrbuch

„Survey of Current Business" (monatlich), enthält Wirtschaftsberichte und einen statistischen Teil

„U.S. Exports", Schedule E Commodity by Country (monatlich), Ausfuhrstatistik

„U.S. General Imports", Schedule A Commodity by Country (monatlich), Einfuhrstatistik

„NTIS" (National Technical Information Services) — Government Reports, Announcements and Index, erscheint jede zweite Woche, Verzeichnis von Forschungsberichten der amerikanischen Regierung.

Superintendent of Documents, U.S. Government Printing Office, Washington, D.C. 2 04 02

Veröffentlichung:
„United States Government Manual", Verzeichnis von Dienststellen mit Geschäftsbereich der amerikanischen Regierung.

1.2.3. Europäische Handelsvertretungen US-amerikanischer Staaten

a) Amerikanische Bundesstaaten

Alabama

Alabama International Development Office, Waisenhausplatz 14, CH-3011 Bern/Schweiz, Tel. (41) 31-22 95 36

Alabama International Development Office, Franz-Wolter-Straße 58, D-8000 München 81, Tel. (0 89) 95 43 33

Alaska

Department of Commerce & Economic Development, State Division of Tourism, Kontaktbüro Deutschland, Max-Reger-Straße 27, D-2800 Bremen 1, Tel. (04 21) 3 49 96 66

Arkansas

Trade & Industrial Development, State of Arkansas European Office, 437 Avenue Louise, Bte. 4, B-1050 Brüssel, Belgien, Tel. (32) 2-6 49 60 23-24

Connecticut

State of Connecticut European Office, Schützenstraße 4, D-6000 Frankfurt/Main 1, Tel. (0 69) 28 20 55

Florida

State of Florida, Department of Commerce, European Office, Am Grünen Weg 5, D-6092 Frankfurt-Kelsterbach, Tel. (0 61 07) 80 50

Georgia

State of Georgia, Bureau of Industry and Trade, Square de Meeus 20, B-1040 Brüssel/Belgien, Tel. (32) 2-5 12 81 85, -5 12 82 93

Illinois

State of Illinois European Office, Place du Champ de Mars 5, Bte. 14, B-1050 Brüssel/Belgien, Tel. (32) 2-5 12 01 05

Indiana

European Office or Investment in Indiana, Rue A. Campenhout 63, B-1050 Brüssel/Belgien, Tel. (32) 2-5 37 29 00

Iowa

State of Iowa Development Commission, An der Hauptwache 2, D-6000 Frankfurt/Main 1, Tel. (0 69) 28 38 58

Maryland

State of Maryland, Dept. of Economic and Community Development, 222 Avenue Louise, Bte. 7, B-1050 Brüssel/Belgien, Tel. (32) 2-6 47 53 67

Michigan

Industrial Development, State of Michigan European Office, Rue Ducale 41, B-1000 Brüssel/Belgien, Tel. (32) 2-5 11 07 31-2

Missouri

State of Missouri, International Business Office, Emanuel-Leutze-Straße 1, D-4000 Düsseldorf 11, Tel. (02 11) 59 20 25-26

New Jersey

The Port Authority of New York and New Jersey, Leutschenbachstraße 45, CH-8050 Zürich/Schweiz, Tel. (41) 1-3 02 13 10

New York

European Office State of New York, Schenkendorfstraße 5, D-6200 Wiesbaden, Tel. (0 61 21) 81 12 18

European Office State of New York, Panton House, 25 Haymarket, London SW 1Y 4EN, England, Tel. (44) 1-8 39 50 70

The Port Authority of New York and New Jersey, Leutschenbachstraße 45, CH-8050 Zürich/Schweiz, Tel. (41) 1-3 02 13 10

North Carolina

State of North Carolina, European Office, Wasserstraße 2, Linde-Haus, D-4000 Düsseldorf, Tel. (02 11) 32 05 33

Ohio

European Office State of Ohio, 21 Avenue de la Toison d'Or, B-1060 Brüssel/Belgien, Tel. (32) 2-5 13 07 52

Pennsylvania

State of Pennsylvania, European Operations, Parkstraße 12, D-6000 Frankfurt/Main 1, Tel. (0 69) 59 03 65

State of Pennsylvania, European Operations, 4 Carlton Gardens, London SWIX 8DU, England, Tel. (44) 1-8 39 30 74

Puerto Rico

Office Northern Europe, Commonwealth of Puerto Rico, Economic Development Administration, Mendelssohnstraße 53, D-6000 Frankfurt/Main 1, Tel. (0 69) 74 26 44-45

Office Southern Europe, Paseo de la Castellana 144, Entreseulo, E-28046 Madrid/Spanien, Tel. (34) 1-2 50 31 33

State of Rhode Island

European Office, Meir, 24, B-2000 Antwerpen/Belgien, Tel. (32) 3-2 33 60 21

South Carolina

State of South Carolina, Rue Saint-Georges 24, Boite 17, B-1050 Brüssel/Belgien, Tel. (32) 2-6 40 53 25

Texas

66 Lt. Lippenslaan, B-2200 Antwerpen/Belgien, Tel. (32) 3-2 35 37 67

Virginia

European Office State of Virginia, Avenue Louise 479, Bte. 55, B-1050 Brüssel/Belgien, Tel. (32) 2-6 48 61 79, 6 48 00 36

Wisconsin

European Office State of Wisconsin, Hamburger Allee 2—10, D-6000 Frankfurt/Main, Tel. (0 69) 77 20 29, 77 20 37

b) Amerikanische Hafenbehörden

Chicago Port Authority

European Office, Place du Champ de Mars 5, Bte, 14, B-1050 Brüssel/Belgien, Tel. (32) 2-5 12 01 05

Delaware River Port Authority

Braderijstraat 7, Bus 14, B-2000 Antwerpen/Belgien, Tel. (32) 3-2 34 39 60—63 + 66

Port of Long Beach California

Neptune Shipping Agency, Inc., 3 Carlisle Avenue, London EC3N 2ET/England, Tel. (44) 1-4 80 65 22

Maryland Port Administration

Rue Ravenstein 60, B-1000 Brüssel, Belgien, Tel. (32) 2-5 13 01 49, 5 13 54 05

Massachusetts Port Authority

85/87 Jeremyn Street, St. James, London SW1, England, Tel. (44) 1-9 30 79 49

Port of Mobile, Alabama

The Vestry House, 21 Paradise Road, Richmond, Surrey TW9 1SA, England

Port of New Orleans

Heideckstraße 27, D-8000 München 19, Tel. (0 89) 14 10 36

Port Authority New York and New Jersey

Leutschenbachstraße 45, CH-8050 Zürich/Schweiz, Tel. (41) 1-3 02 13 10

Port Authority of New York and New Jersey

St. Katherine's Way, London El 9UN, England, Tel. (44) 1-4 81 89 09

Port of Portland (Oregon)

Management Research & Consulting AG, 7, Chemin du Plan, CH-1092 Belmont a/Lausanne/Schweiz, Tel. (41) 21-29 48 47

Corpus Christi Port Authority (Texas)

66 Lt. Lippenslaan, B-2200 Antwerpen, Belgien, Tel. (32) 3-2 35 37 67

Virginia State Port Authority

Avenue Louise 479, Bte. 55, B-1050 Brüssel/Belgien, Tel. (32) 2-6 48 80 72

c) Sonstige amerikanische Dienststellen

City of Bangor, Maine

European Office City of Bangor, Economic Development Department and International Airport Postfach 1150, D-5448 Kastellaun, Tel. (0 67 66) 3 84

Mississippi Gulf Coast

European Office Mississippi Gulf Coast, Harrison Country Development Commission, Postfach 1424, D-8670 Hof, Tel. (0 92 81) 8 45 26

Pennsylvania, Penn's Southwest Association

Kuckucksweg 19, D-6240 Königstein/TS., Tel. (0 61 74) 10 55

U.S.-Travel & Tourism Administration

Bethmannstraße 56, D-6000 Frankfurt/Main 1, Tel. (0 69) 29 52 11-13

U.S. Meat Export Federation

Große Theaterstraße 42, D-2000 Hamburg 36, Tel. (0 40) 35 26 13

USA Poultry and Egg Export Council

Große Theaterstraße 42, D-2000 Hamburg 36, Tel. (0 40) 34 00 79

National Lumber Exporters Association

Große Theaterstraße 42, D-2000 Hamburg 36, Tel. (0 40) 34 46 90

California Cling Peach Advisory Board — Florida Department of Citrus

Kaiserstraße 60, D-6000 Frankfurt/Main, Tel. (0 69) 23 57 31

American Soyabean Association

North Europe Director, Pelzerstraße 13, D-2000 Hamburg 1, Tel. (0 40) 33 05 16

Fremdenverkehrsamt für Puerto Rico

Mendelssohnstraße 53, D-6000 Frankfurt/Main, Tel. (0 69) 74 25 50/59

The Economic Development Council for the Peoria Area

EDC Inc. European Office, Georgenstraße 70, D-8000 München 40, Tel. (0 89) 2 72 12 72

American Plywood Association

Große Theaterstraße 42, D-2000 Hamburg 36, Tel. (0 40) 35 30 47

1.3. Literaturhinweise (Nachschlagewerke, Fachveröffentlichungen)

Ausgewählte Nachschlagewerke

„Thomas Register of American Manufactures", Hrsg.: Thomas Publishing Co., New York, N.Y.

„Moody's Industrial Manual", Hrsg.: Moody's Investors Service, New York, N.Y. 10007

„The Reference Book of Dun and Bradstreet", Hrsg.: Dun and Bradstreet, Inc., New York, N.Y. 10007 (Dun and Bradstreet GmbH, 6000 Frankfurt/Main

„Standard & Poor's Register", Hrsg.: Standard & Poor's Corp., New York, mit: „Register of American Corporations Directors and Executives" (beschreibt ca. 34 000 amerikanische Firmen),

„Industrie Surveys" (Analyse von 53 amerikanischen Industriezweigen), „Corporation Records" (Lose-Blatt-Sammlung über 12 000 amerikanische Firmen)

„American Register of Exporters and Importers", Hrsg.: American Register of Exporters and Importers, Inc., New York 1, N.Y.

„Directory of American Firms Operating in Foreign Countries", Hrsg.: World Trade Academy Press, Inc., New York, N.Y. 10017

„Standard Directory of Advertising Agencies", Hrsg.: National Register Publishing Company, New York, N.Y. 10036

„American Association of Advertising Agencies — Roster and Organization", Hrsg.: Anerican Association of Advertising Agencies, New York, N.Y. 10017

„National Trade and Professional Associations of the United States", Hrsg.: Columbia Books Inc., Washington

„Who's Who in Commerce and Industry", Hrsg.: Marquis — Who's Who Inc., Chicago/Ill. 60611

„Bradford's Directory of Marketing Research Agencies in the United States and Foreign, Hrsg.: Bradford's Directory of Marketing Research Agencies, Middleburg/Virginia 22117

„Geographic Listing of Marketing Consulting and Research Agencies", Hrsg.: American Marketing Association, Chicago/Ill. 60601

„How to find Information about Companies", Hrsg.: Donna M. Jablonski, Washington. Ein Nachschlagewerk über US- und ausländische Wirtschaftsunternehmen, Informationsstellen in Behörden und Privatunternehmen.

Fachveröffentlichungen

Jung, Willi, „US-amerikanische und deutsche Rechnungslegung", Bilanzierungsleitfaden für beide Länder mit Besteuerungs-Richtlinien für deutsche Unternehmen in den USA. Verlag: Handelsblatt GmbH Düsseldorf, 1979.

Lynch, Philip M. (Hrsg.): „Verkaufen nach/in Amerika", Düsseldorf, 1968

Tschudin, Hugo, „Handbuch für den Geschäftsverkehr mit den USA", Econ-Verlag Düsseldorf, 1971.

Sittig, Carl A., „Marketing nach und in USA", Verlag für Unternehmensführung Dr. Max Gehlen. Bad Homburg, 1973.

„Informationen für Ausländer zur Planung unternehmerischer Investitionen in den Vereinigten Staaten". Hrsg.: Peat, Marwick, Mitchell & Co., Frankfurt/Main, 1979.

„Studie über deutsche Direktinvestitionen in den Vereinigten Staaten — Ihre Möglichkeiten und Grenzen" (nur zum Entleihen), Hrsg.: Fördervereinigung für ausländisches und internationales Wirtschaftsrecht e.V., Frankfurt/M.

„Tax and Trade Guide — United States", Wörterbuch der deutsch-englischen Fachausdrücke des Rechnungswesens und des Geschäftsverkehrs" (kostenlos), Hrsg.: Arthur Andersen & Co. GmbH, Düsseldorf, Hamburg, Frankfurt, Stuttgart.

„Tax Economics of Mergers and Acquisitions (USA)" (kostenlos), Hrsg.: s. o.

„Direct Foreign Investment in the United States", Hrsg.: Bank of America NT & SA, Frankfurt/M.

„The Trillion-Dollar Economy — Opportunities for Foreign Investors", Hrsg.: The Chase Manhattan Bank, N.Y., Frankfurt, New York.

„European Business Strategies in the United States", Hrsg.: Business International S.A./12—14 Chemin Rieu, 1211 Genf 17/Schweiz.

„Invest in the USA", Investitionsberatung für ausländische Firmen, Hrsg.: U.S. Department of Commerce.

„General Information Concerning Patents", Hrsg.: U.S. Department of Commerce.

„General Information Concerning Trademarks", Hrsg.: U.S. Department of Commerce.

„Analysis of Workmen's Compensation Laws", Hrsg.: The Chamber of Commerce in the United Staates, Washington D.C.

„Exporting to the United States", Hrsg.: U.S. Department of the Treasury, Bureau of Customs.

„Tax Guide for Small Business", Hrsg.: Department of the Treasury, International Revenue Service, Washington D.C.

1.4. Investitionsanreize der US-Bundesstaaten

siehe Seiten 550—553

US-Bundesstaaten, die allgemeine Unterstützung, Investitionsanreize und spezielle Hilfeleistung für Industrie-Ansiedlung geben

	I. US-Bundesstaaten, die bei der Standort-Auswahl behilflich sind													
Bundesstaaten	In Gemeinden aufgegliederte Datenlisten mit Vergleichsmöglichkeit	Geländestudien	Durchführung o. Zusammenstellung von Studien über Bundesstaat und Gelände	Klima	Bevölkerungsstruktur	Finanzierungsmöglichkeiten	Arbeitskräfte	Gesetzliche Bestimmungen und Steuern	Märkte	Daten zur Standortbestimmung von einzelnen Gemeinden	Unterstützung in der Planung o. Entwicklung neuer Werksanlagen	Eigentum oder Beteiligung an Industrie-Gelände	Finanzbeihilfen zur Erstellung neuer Werke oder zur Erweiterung besteh. Werke	Rohstoffe
Alabama	x	x	x	x	x	x	x	x	x	x	x		x	x
Alaska	x		x	x	x	x	x	x	x	x			x	x
Arizona	x	x	x	x	x	x	x	x	x	x			x	x
Arkansas	x	x	x	x	x	x	x	x	x	x	x		x	x
California			x	x	x	x	x	x	x	x			x	x
Colorado	x	x	x	x	x	x	x	x	x	x				x
Connecticut	x	x	x	x	x	x	x	x	x	x	x	x	x	x
Delaware		x	x	x	x	x	x	x	x	x			x	x
Florida	x	x	x	x	x	x	x	x	x	x			x	x
Georgia	x	x	x	x	x	x	x	x	x	x	x		x	x
Hawai				x	x	x	x	x	x				x	x
Idaho	x	x	x	x	x	x	x	x	x	x			x	x
Illinois	x	x	x	x	x	x	x	x	x	x			x	x
Indiana	x	x	x	x	x	x	x	x	x	x	x		x	x
Iowa	x	x	x	x	x	x	x	x	x	x			x	x
Kansas	x	x	x	x	x	x	x	x		x				x
Kentucky		x	x	x	x	x	x	x	x	x			x	
Louisiana	x	x	x	x	x	x	x	x	x	x			x	x
Maine	x	x	x	x	x	x	x	x	x	x			x	x
Maryland	x	x	x	x	x	x	x	x	x	x			x	x
Massachusetts	x	x	x	x	x	x	x	x	x	x			x	x
Michigan	x	x	x	x	x	x	x	x	x	x				x
Minnesota	x	x	x	x	x		x	x	x	x		x	x	x
Mississippi		x	x	x	x	x	x	x	x	x	x		x	x
Missouri	x	x	x	x	x	x	x	x	x	x			x	x
Montana	x	x	x	x	x	x	x	x	x	x			x	x
Nebraska	x	x	x	x	x	x	x	x	x	x			x	x
Nevada			x	x	x	x	x	x		x	x			
New Hampshire	x	x	x	x	x	x	x	x	x	x		x	x	x
New Jersey	x	x	x	x	x	x	x	x	x	x			x	
New Mexico	x	x	x	x	x	x	x	x	x	x			x	x
New York	x	x	x	x	x	x	x	x	x	x			x	x
North Carolina	x	x	x	x	x	x	x	x	x	x			x	x
North Dakota	x	x	x	x	x	x	x	x	x	x			x	x
Ohio		x	x	x	x	x	x	x	x	x			x	x
Oklahoma	x	x	x	x	x	x	x	x	x	x	x	x	x	x
Oregon	x	x	x	x	x	x	x	x	x	x				x
Pennsylvania	x	x	x	x	x	x	x	x	x	x			x	x
Rhode Island		x	x	x	x	x	x	x	x	x		x	x	x
South Carolina	x	x	x	x	x	x	x	x	x	x			x	x
South Dakota	x	x	x	x	x	x	x	x	x	x			x	x
Tennessee	x	x	x	x	x	x	x	x	x	x			x	x
Texas	x	x	x	x	x	x	x	x	x	x			x	x
Utah	x	x	x	x	x	x	x	x	x	x			x	x
Vermont	x	x	x	x	x	x	x	x	x	x			x	x
Virginia	x	x	x	x	x	x	x	x	x	x			x	x
Washington	x	x	x	x	x	x	x	x	x	x				x
West Virginia	x	x		x	x	x	x	x	x	x			x	x
Wisconsin	x	x	x	x	x	x	x	x	x	x			x	x
Wyoming	x	x	x	x	x	x	x	x		x			x	x
Puerto Rico	x	x	x	x	x	x	x	x	x	x	x	x	x	x
Virgin Islands				x	x	x	x	x						x

Herkunft: Site Selection Handbook and Industrial Development, State Industrial Development Agencies, verlegt bei Conway Publications Inc., Atlanta, GA, USA.

			II. US-Bundesstaaten, die der Industrie Finanzbeihilfen gewähren											
Energieversorgung	Wasser und Entsorgung	Transportmöglichkeiten	Bundesstaatl., städt. o. Gemeindefonds f. neue Werke in Gegend m. hoh. Arbeitslosigk.	Bundesstaatl., städt. oder Gemeindebürgschaften für Anlagevermögen	Bundesstaatl., städt. oder Gemeinde-Kredit-Bürgschaften für den Werksbau	Bundesstaatliche, städtische oder Gemeinde-Kredite für das Anlagevermögen	Bundesstaatliche, städtische oder Gemeindekredite für den Werksbau	Bundesstaatl., städt. oder Gemeinde-Finanzierung d. Schuldverschreibungen	Bundesstaatl., städt., oder Gemeinde-Finanzierung über Steuererleichterungen	Von Privatpersonen geförd. Gesellschaft zur Vergabe von Entwicklungskrediten	Staatlich geförderte Behörde zur Vergabe von Entwicklungskrediten	Staatl. Finanzierungshilfen zur Erweiterung bereits bestehender Werke	Bundesstaatl. Fonds z. Unterstützung städt. oder komm. Entw./Finanz.-Vorhaben	Bundesstaatliche Kreditbürgschaft für Bauvorhaben
x	x	x						x	x	x	x	x		
x	x	x				x	x	x	x	x	x	x		
x	x	x				x	x		x		x			
x	x	x		x	x			x	x	x	x			x
x	x	x	x							x				
x	x	x							x					
x	x	x	x	x	x	x	x	x		x	x	x	x	x
x	x	x						x	x		x	x		
x	x	x							x	x	x			
x	x	x							x	x				
x	x	x			x	x	x	x	x			x	x	
x	x	x												
x	x	x				x			x	x	x	x		
x	x	x		x	x				x		x	x		x
x	x	x							x	x	x			
x	x	x						x	x	x				
x	x	x				x	x	x	x	x	x	x		
x	x	x						x	x					
x	x	x		x	x				x		x	x		x
x	x	x	x	x	x			x	x	x	x	x	x	x
x	x	x	x	x		x	x		x	x	x	x		x
x	x	x							x	x				
x	x	x	x			x	x		x	x		x		
x	x	x	x	x	x			x	x	x	x	x		x
x	x	x	x	x				x	x	x		x		
x	x	x							x	x				
x	x	x	x	x					x	x				
x	x	x							x					
x	x	x		x	x				x	x	x	x		x
x	x	x	x							x	x			
x	x	x							x		x			
x	x	x	x	x	x	x	x	x	x	x	x	x		x
x	x	x					x			x				
x	x	x		x	x			x	x	x		x		
x	x	x	x	x	x				x	x	x	x		x
x	x	x	x			x	x	x	x	x	x	x		
x	x	x							x	x				
x	x	x	x				x		x	x	x	x	x	
x	x	x		x	x			x	x	x	x	x		x
x	x	x							x	x	x	x		
x	x	x		x	x				x					
x	x	x		x	x			x	x	x		x		x
x	x	x			x	x	x		x		x	x	x	
x	x	x							x	x	x			
x	x	x	x	x	x	x	x		x	x	x	x		x
x	x	x							x	x	x			
x	x	x	x					x	x	x				
x	x	x				x	x		x	x	x	x		
x	x	x						x	x					
x	x	x							x	x				
x	x	x	x			x	x			x	x	x		
x	x	x	x											

US-Bundesstaaten, die allgemeine Unterstützung, Investitionsanreize und spezielle Hilfeleistung für Industrie-Ansiedlung geben – Fortsetzung

Bundesstaaten	III. Steuerliche Anreize für die Industrie u.a. einschl. Gesetze															
	Arithmetische Abschreibung auf das Anlagevermögen	Befreiung von der Körperschaftssteuer	Befreiung von Verbrauchssteuern	Steuerl. Anreize z. Errichtung umweltfreundlicher Anlagen	Vermögensteuerbefreiung für Transitgüter (Freihafen)	Personen-Einkommensteuer-Befreiung	Umsatzsteuerbefreiung auf neue Anlagen	Steuerbefr. o. Moratorium für Liegenschaften u. Kapitalerh.	Steuerbefr. o. Moratorium für sonstiges Anlagevermögen	Steuerbefr. auf Rohmaterial, verwendet zur Fertigung	Steuerl. bei Verwendung gew. staatlicher Erzeugnisse	Steuerangleichung für gewisse Industrie-Zweige	Steuerbefreiung z. Förderung von Forschung u. Entwicklung	Bundesstaatlich ergänztes Recht zum Arbeitsrecht	Bundesstaatliches Gesetz für Mindestlöhne	Bundesstaatliches Gesetz zur Gleichber. am Arbeitsplatz
Alabama			x	x	x		x	x	x	x				x		
Alaska															x	x
Arizona	x			x	x	x				x				x		x
Arkansas					x		x			x				x	x	
California	x			x			x			x					x	x
Colorado					x					x					x	x
Connecticut		x	x	x	x	x	x	x	x	x					x	x
Delaware					x		x		x	x					x	x
Florida				x	x	x				x	x			x		
Georgia	x			x			x			x				x	x	x
Hawai	x		x		x		x		x						x	x
Idaho	x			x	x		x			x					x	
Illinois	x			x	x					x					x	x
Indiana	x			x			x			x					x	x
Iowa																
Kansas					x			x	x	x				x		x
Kentucky	x				x		x	x	x	x					x	x
Louisiana				x	x				x		x					
Maine	x				x		x			x					x	x
Maryland				x			x	x	x	x			x		x	x
Massachusetts		x	x	x	x	x	x			x			x		x	x
Michigan		x		x	x	x	x	x	x	x					x	x
Minnesota		x		x	x			x	x	x		x	x		x	x
Mississippi	x				x	x	x	x	x	x				x		
Missouri		x		x	x	x	x									x
Montana				x	x			x	x							
Nebraska					x					x				x	x	x
Nevada		x			x	x								x	x	x
New Hampshire				x	x	x	x			x					x	x
New Jersey	x			x	x	x				x			x		x	x
New Mexico			x	x	x				x	x					x	x
New York		x		x	x	x	x	x	x	x			x		x	x
North Carolina				x			x			x				x	x	x
North Dakota		x	x		x			x	x	x				x	x	x
Ohio				x	x										x	x
Oklahoma	x	x		x	x	x	x	x	x	x					x	x
Oregon		x		x	x	x		x							x	x
Pennsylvania			x		x	x	x		x	x			x		x	x
Rhode Island				x		x	x	x	x	x		x			x	x
South Carolina	x			x	x		x	x	x	x			x	x	x	x
South Dakota		x	x	x	x	x		x		x				x	x	x
Tennessee				x	x	x	x	x	x	x	x			x		
Texas		x			x	x		x						x	x	
Utah					x									x	x	x
Vermont							x					x			x	x
Virginia	x			x			x			x				x	x	
Washington					x					x					x	x
West Virginia		x	x	x			x			x					x	x
Wisconsin	x			x	x		x		x	x					x	x
Wyoming		x	x	x	x	x				x				x	x	x
Puerto Rico	x	x	x		x	x	x	x	x	x			x	x	x	x
Virgin Islands	x	x	x		x	x	x	x	x	x			x		x	x

Herkunft: Site Selection Handbook and Industrial Development, State Industrial Development Agencies, verlegt bei Conway Publications Inc., Atlanta, GA, USA.

				IV. Spezielle Hilfeleistungen zur Industrie-Ansiedlung															
Bundesstaatl. einheitl. Recht zur Festst. Vermögensteuer	Bundesstaatl. einheitl. Gesetz zum Umweltschutz (Luft)	Bundesstaatl. einheitl. Gesetz zum Umweltschutz (Wasser)	Bundesstaatl. einheitl. Gesetz zum Umweltschutz (Lärm)	Bundesstaat, Stadt oder Gemeinde überl. Land kostenlos	Bundesstaat, Stadt o. Gem. finanziert Spekul.-Bauten	bereits vorh. Industrieparks d. Bundesst., Stadt o. Gem.	Vorh. staatl., städt., komm. Fonds für öffentliche Aufträge	Vorh. staatl., städt., komm. Fonds zur Stadtsanierung	Vorh. staatl., städt., komm. Fonds für öffentl. Erholung	Vorh. staatl. Progr. zur Förd. von Forsch./Entw. u. Technol.	Vorh. staatl. Programme zur Förderung des Exports	Univers. Forsch./Entw.-Anl. für Industrie verfügbar	Wirtsch.-berechnung f. neue Ind.-zweige d. Bundesst./Uni	Staatl. Hilfe bei Beschäft. und Auswahl von Arbeitnehmern	Staatl. Anwerbung und Ausbildung von Arbeitnehmern	Staatl. Unterstützung bei Ausbild. langfristig Arbeitsloser	Staatl. Förd.-mittel f. Industrie zur Ausbild. langfr. Arb.-loser	Staatl. Unterst. f. Indust. b. öff. Ausschr. v. Bundesbehörden	Vorh. staatliche Behörde für wissensch./techn. Beratung
x	x	x		x	x	x	x	x	x	x	x	x	x	x	x	x		x	x
	x	x			x	x	x	x	x	x	x	x	x	x	x	x	x		
x	x	x			x	x					x	x	x	x	x	x			x
x	x	x				x	x	x	x	x		x	x	x	x				x
x	x	x		x		x	x		x			x		x	x	x	x		
x	x	x			x	x	x	x	x		x	x	x	x	x	x			x
	x	x		x	x	x	x	x		x	x	x	x	x	x	x	x	x	x
	x	x					x	x				x		x	x	x		x	x
x	x	x		x	x	x			x	x	x	x	x	x	x	x	x		x
x	x	x			x	x	x	x	x	x	x	x	x	x	x	x		x	x
x	x	x						x	x	x	x		x	x	x			x	x
x	x	x					x		x	x	x	x	x	x	x				x
x	x	x	x			x	x	x	x	x	x	x	x	x	x			x	x
x	x	x	x	x		x	x	x	x	x	x	x	x	x	x	x	x	x	x
																			x
x	x	x			x	x				x	x	x	x	x	x				x
x	x	x					x	x		x	x	x	x	x	x	x		x	x
x	x	x		x		x				x	x	x	x	x	x	x			x
	x	x	x	x	x	x					x	x	x	x	x	x		x	x
x	x	x	x		x	x	x		x		x		x	x	x	x	x		x
x	x	x	x		x	x	x	x	x	x	x	x	x	x	x	x	x	x	x
x	x	x			x	x		x	x	x	x	x	x	x	x			x	x
x	x	x				x	x	x	x		x	x	x	x	x	x	x	x	x
	x	x		x	x	x				x	x	x	x	x	x	x	x	x	x
x	x	x				x						x	x	x	x				x
x	x	x						x	x		x	x	x	x	x				x
x	x	x		x	x	x		x	x	x	x	x	x	x	x			x	x
x	x	x			x	x						x	x	x	x		x		
x	x	x			x	x	x	x	x	x	x	x	x	x	x			x	x
x	x	x	x			x	x	x	x	x	x	x	x	x	x	x	x	x	x
x	x	x		x	x	x				x	x	x	x	x	x	x	x	x	x
x	x	x	x		x	x	x	x	x	x	x	x	x	x	x	x	x	x	x
x	x	x			x	x	x	x	x	x	x	x	x	x	x	x	x	x	x
x	x	x	x	x	x	x			x	x	x	x	x	x	x	x		x	
x	x	x				x	x	x	x		x	x	x	x	x	x	x	x	
x	x	x		x	x	x		x	x	x	x	x	x	x	x	x	x	x	x
x	x	x				x	x		x	x	x	x	x	x	x	x	x	x	x
x	x	x			x	x	x	x	x	x	x	x	x	x	x	x	x	x	x
	x	x			x	x		x	x	x	x	x	x	x	x			x	x
x	x	x		x	x	x	x	x	x	x	x	x	x	x	x	x	x		x
x	x	x		x		x		x	x		x	x	x	x	x	x	x	x	x
x	x	x				x	x	x		x	x	x	x	x	x	x		x	x
	x	x		x	x	x	x	x	x	x	x	x	x	x	x		x	x	x
x	x	x				x	x			x	x	x	x	x	x			x	
x	x	x	x		x	x	x	x	x		x	x	x	x	x	x		x	x
	x	x			x	x	x	x	x		x	x	x	x	x				x
x	x	x	x			x			x		x	x	x	x	x	x	x	x	x
x	x	x										x	x	x	x	x			
x	x	x				x	x	x	x	x	x	x	x	x	x	x		x	x
x	x	x	x			x		x				x	x			x			x
	x	x	x		x	x	x	x	x	x	x	x	x	x	x	x	x	x	x
x	x	x					x	x	x		x	x	x	x	x	x		x	

2. Beschaffung von Wirtschaftsinformationen über die VR China und Hinweise für den Geschäftsverkehr

Auf Grund der vor einigen Jahren eingeleiteten außenwirtschaftlichen Öffnung sowie der umfassenden inneren Reformen, haben sich die politischen und wirtschaftlichen Rahmenbedingungen für die wirtschaftliche Zusammenarbeit mit der VR China entscheidend verbessert. Die Reformen des Wirtschaftssystems haben eine dynamische Entwicklung in Gang gesetzt. Die VR China ist zu einem bedeutenden Auslandsmarkt geworden.

Der neue Fünfjahresplan 1986—1990 sieht umfangreiche Investitionen auf den verschiedensten Gebieten vor. Bis zum Jahre 2000 soll sich die industrielle und landwirtschaftliche Produktion vervierfachen.

Bei der Verwirklichung dieser Pläne ist die VR China auf die Zusammenarbeit mit den Industrieländern angewiesen. Hier bieten sich neue Exportmöglichkeiten, die zumindest teilweise die rückläufige Nachfrage der Erdölförderländer sowie einiger Staatshandels- und Entwicklungsländer kompensieren könnten.

Vor dem Hintergrund einer zunehmenden Dezentralisierung der Entscheidungsbefugnisse, die zu Schwierigkeiten in der Geschäftsanbahnung führt, sowie noch begrenzter Marktforschungsmöglichkeiten werden im folgenden eine Reihe von Kontaktstellen in der Bundesrepublik Deutschland und in der VR China aufgeführt, die wertvolle Unterstützung sowie praktische Orientierungshilfen leisten.

2.1. Kontaktstellen in der Bundesrepublik Deutschland

In der Bundesrepublik Deutschland sind eine Reihe von Institutionen und Organisationen aktiv, die Auskünfte bzw. Informationen über die VR China zur Verfügung stellen können. Hierzu gehören neben den offiziellen Vertretungen insbesondere Forschungsinstitute, Exporthandelshäuser, Banken sowie die Bundesstelle für Außenhandelsinformation. Sie verfügen über detaillierte Informationen über den chinesischen Markt.

Vertretungen der VR China

Botschaft der Volksrepublik China, Kurfürstenallee 12, 5300 Bonn 2, Tel. (02 28) 34 50 51-54

Botschaft der Volksrepublik China Handelsabteilung, Friedrich-Ebert-Str. 59, 5300 Bonn 2, Tel. (02 28) 35 36 28

Generalkonsulat der Volksrepublik China, Harvestehuder Weg 39, 2000 Hamburg 13, Tel. (0 40) 44 88 51-53

Fremdenverkehrsamt der Volksrepublik China für die Bundesrepublik Deutschland, Schweiz und Österreich, Eschenheimer Anlage 28, 6000 Frankfurt 1, Tel. (0 69) 55 52 92

Vertretung der Provinz Sichuan, China Sichuan Corporation for International Techno-Economic Cooperation, Graf-Adolf-Platz 7—8, 4000 Düsseldorf 1, Tel. (02 11) 37 96 41

Gemeinschaftsbüro von Firmen der Stadt Tianjin, Rückertweg 20, 2000 Hamburg 74, Tel. (0 40) 73 33 74 15
— CN Light Industrial Products, Import & Export Corp., Filiale Tianjin
— CN Machinery, Import & Export Corp., Filiale Tianjin
— CN Metals and Minerals Import & Export Corp., Filiale Tianjin

Vereinigungen/Gesellschaften/Verbände

Baden-Württembergische Gesellschaft zur Förderung der wissenschaftlichen und technischen Zusammenarbeit mit der VR China, 7000 Stuttgart, Tel. (06 21) 60-2 14 44

Bundesstelle für Außenhandelsinformation, Postfach 10 80 07, Blaubach 13, 5000 Köln 1, Tel. (02 21) 20 57

Deutsch-Asiatische Gesellschaft EV, Schmargendorfer Str. 25, 1000 Berlin 41, Tel. (0 30) 8 51 16 78

Deutsch-Chinesische Gesellschaft e.V., Bonn, Burgstr. 31/IV. OG./168, 5300 Bonn 2, Tel. (02 28) 35 60 97-99

Deutsche Gesellschaft für Ost- und Südostasienkunde EV, Koordinierungsstelle für gegenwartsbezogene Ost- und Südostasienforschung, Rothenbaumchaussee 32, 2000 Hamburg 13, Tel. (0 40) 44 58 91

Ost-Ausschuß der Deutschen Wirtschaft, Arbeitskreis China, Gustav-Heinemann-Ufer 84—88, 5000 Köln 51, Tel. (02 21) 3 70 84 17

Ostasiatischer Verein EV, Neuer Jungfernstieg 21, 2000 Hamburg 36, Tel. (0 40) 3 56 25 57

Ost-Ausschuß der Deutschen Wirtschaft, Gustav-Heinemann-Ufer 84—88, 5000 Köln 51, Tel. (02 21) 3 70 84 17

Ost-Ausschuß der Deutschen Wirtschaft, Arbeitskreis China, Neuer Jungfernstieg 21, 2000 Hamburg 36, Tel. (0 40) 3 56 25 52

Verband Deutscher Maschinen- und Anlagenbau e.V., Lyoner Str. 18, Postfach 71 08 64, 6000 Frankfurt 71 (Niederrad), Tel. (0 69) 66 03-0

Kontaktstellen zum China-Geschäft:

Durchwahl-Telefonnummern: (0 69) 66 03-. . .

Außenhandelsabteilung	4 41/4 42
China-Referat	4 44/4 45
Auslandsmontagesätze	4 37
Exportkredit-Finanzierung	4 46
Kompensateure	4 55
Lizenzen	4 48
Rechtsfragen	3 63
Steuern	4 17
Versicherungen	2 21
Vertreterkartei	4 37
Werbung und Messen	4 34
Allgemeine Zollfragen	4 55
Zolltarife	4 47
Verkehrsreferat (Köln)	(02 21) 37 08-3 57

Wissenschaftliche Forschungsinstitute

Freie Universität Berlin, Fachbereich Politische Wissenschaft (ehemals Otto-Suhr-Institut), Ihnestr. 21, 1000 Berlin 33, Tel. (0 30) 8 38-23 33

Johann Wolfgang Goethe-Universität, Frankfurt am Main, Fachbereich 2 — Wirtschaftswissenschaften Institut für Markt und Plan, Postfach 11 19 32, Mertonstr. 17—25, 6000 Frankfurt 11, Tel. (0 69) 7 98-38 69

Justus-Liebig-Universität Gießen, Fachbereich 16 — Angewandte Biologie und Umweltsicherung, Institut für Bodenkunde und Bodenerhaltung, Wiesenstr. 3—5, 6300 Gießen, Tel. (06 41) 7 02-80 60

Justus-Liebig-Universität Gießen, Zentrum für kontinentale Agrar- und Wirtschaftsforschung, Otto-Behaghel-Str. 10 D, 6300 Gießen, Tel. (06 41) 7 02-28 35

Ruhr-Universität Bochum, Abteilung für Ostasienwissenschaften, Ostasien-Institut, Postfach 10 21 48, Universitätsstr. 150, 4630 Bochum, Tel. (02 34) 7 00-61 89

Universität des Saarlandes Fachbereich 2 — Wirtschaftswissenschaft Fachrichtung Politikwissenschaft mit Arbeitsstelle Politik Chinas und Ostasiens, Im Stadtwald, Bau 31, 6600 Saarbrücken, Tel. (06 81) 3 02-21 26

Universität Hamburg, Fachbereich Orientalistik, Institut für Asienkunde, Rothenbaumchaussee 32, 2000 Hamburg 13, Tel. (0 40) 44 30 01

Universität Kaiserslautern, Fachbereich Sozialwissenschaften, Postfach 30 49, Pfaffenbergstr. 95, 6750 Kaiserslautern, Tel. (06 31) 23 16

Repräsentanzen nationaler chinesischer Unternehmen

Die im folgenden genannten Vertretungen chinesischer Unternehmen in der Bundesrepublik Deutschland können die ersten Kontakte zu den jeweiligen Endabnehmern bzw. zu den jeweiligen Organisationen in der VR China herstellen.

CA Luftverkehrsgesellschaft der VR China, 6000 Frankfurt, Tel. (0 69) 6 90 52 14

China Civil Engineering Construction Corp., Representative Office for Europe, Haeberlinstr. 62, 6000 Frankfurt 1, Tel. (0 69) 25 14 26
— Geschäftsbereich: Errichtung kompletter Anlagen, Kooperation auf Drittmärkten

China State Construction Engineering, Weserstr. 41, 6000 Frankfurt, Tel. (0 69) 25 14 26
— Geschäftsbereich: Bauleistungen auf Drittmärkten

China United Trading Corporation GmbH, Hamburger Str. 11, 2000 Hamburg, Tel. (0 40) 2 27 02 00
— Geschäftsbereich: Vermittlung von Geschäften europaweit

CN Arts and Crafts Import & Export Corp., Laufgraben 35, 2000 Hamburg 13, Tel. (0 40) 45 18 68
— Geschäftsbereich: Porzellan, Stickereien, Schmuck, Lackmöbel, Korbwaren, Möbel, Kunstblumen

CN Cereals, Oils and Foodstuffs Import & Export Corp., Laufgraben 35, 2000 Hamburg 13, Tel. (0 40) 45 23 58
— Geschäftsbereich: Landwirtschaftliche Produkte, Fisch, Nahrungs- und Genußmittel

CN Chartering Corp. and CN Foreign Trade Transportation Corp., Laufgraben 35, 2000 Hamburg 13, Tel. (0 40) 45 05 87
— Geschäftsbereich: Schiffahrtsagentur

CN Chemicals Import & Export Corp., Laufgraben 35, 2000 Hamburg 13, Tel. (0 40) 45 05 87
— Geschäftsbereich: Rohöl, Mineralölprodukte, Pharmazeutika, Chemikalien

CN Light Industrial Products Import & Export Corp., Laufgraben 35, 2000 Hamburg 13, Tel. (0 40) 45 17 84
— Geschäftsbereich: Fahrräder, Glas- und Aluminiumwaren, Schuhe, Koffer, Uhren, Kosmetika, Sportartikel

CN Machinery and Equipment Corp., Kottenforststr. 8, 5000 Köln 51, Tel. (02 21) 36 90 77-8
— Geschäftsbereich: Komplette Anlagen, Werkzeugmaschinen, Kugellager, Kameras, Lohnfertigung

CN Machinery Import & Export Corp., Kottenforststr. 8, 5000 Köln 51, Tel. (02 21) 36 90 77-8
— Geschäftsbereich: Fahrzeuge, Maschinen, Anlagen für Metall-, Leder- und Lebensmittel-, Papierchemische-, Textil-, Metallverarbeitungs- und Holzindustrie

CN Metals and Minerals Import & Export Corp., Golzheimer Platz 9, 4000 Düsseldorf 30, Tel. (02 11) 43 57 28
— Geschäftsbereich: Stahl, Schrott, Ferrolegierungen, Metalle, feuerfestes Material, Steine und Erden

CN Native Produce and Animal By-Products Import & Export Corp., Laufgraben 35, 2000 Hamburg 13, Tel. (0 40) 45 27 55
— Geschäftsbereich: Tee, Feuerwerksprodukte, Teppiche, Pelz- und Lederbekleidung, Tierhaare, Trockenfrüchte, Honig

CN Technical Import Corp., Agrippinaufer 8, 5000 Köln 1, Tel. (02 21) 32 10 51-3
— Geschäftsbereich: Technologieimport, komplette Anlagen, Kompensationshandel, Patentverwertung

2.2. Kontaktstellen in der VR China

Die Bundesrepublik Deutschland ist in der VR China über die Botschaft sowie ein Generalkonsulat vertreten. Der Botschaft angeschlossen ist eine Handelsförderungsstelle, die für erste Kontakte als Ansprechstelle in Frage kommt. Die Handelsförderungsstelle hält Kontakte zu offiziellen Stellen aufrecht.

Vertretungen der Bundesrepublik Deutschland

Botschaft der Bundesrepublik Deutschland, 5, Dongzhimenwai Dajie Beijing, Tel. 52 21 61-65

Botschaft der Bundesrepublik Deutschland — Handelsförderungsstelle, Ta Yuan Building, Liang Ma He, Nam Lu 14, 3 Stock, 1-3-1, Beijing, Tel. 52 11 81

Generalkonsulat der Bundesrepublik Deutschland in Shanghai, 151/81 Yongfu Lu, Shanghai, Tel. 37 99 53

Vertretungen deutscher Banken

Commerzbank AG, Jianguo Hotel, Zi. 134/136, Dong Changan Jie, Tel. 59 52 61-1 34/1 36

Deutsche Bank AG, Da Yuan Guest House, 1, Fuyuanmen, Yiheyuan Road, Haidian District, Tel. 28 59 80/28 51 66

Dresdner Bank AG, Beijing Hotel, Westflügel, Zi. 6066, Dong Changan Jie, Tel. 50 77 66-60 66

Außenhandelsgesellschaften

Die „Import & Export Gesellschaften“ sind im folgenden nur mit ihrer zentralen Niederlassung aufgeführt. Diese Gesellschaften verfügen über eine große Anzahl von Repräsentanzen in den einzelnen Provinzen Chinas, darüber hinaus in Hongkong, Macao sowie im Ausland. Detaillierte Informationen können bei der BfAI, Köln, eingeholt werden.

China Abrasive and Grinder Export Corporation, Zhengzhou, Henan Province, Tel. 4 81 51

China Coal Mine Designing and Consulting Company, Houjiutiao, Desheng Menwai, Beijing, Tel. 44 59 31

China Electro-Ceramic Export Allied Corporation, Yanziji, Nanjing, Tel. 5 14 85

China Electronics Import & Export Corporation, 49 Fuxing Road, Beijing, Tel. 81 09 10, 81 11 88

China Great Wall Industrial Corporation, P.O. Box 8 47, Beijing, Tel. 89 31 55

China Import & Export Service Corporation of Land Reclamation and State Farm, 56 Zhuanta Lane, Xisi, Beijing, Tel. 66 71 61

China International Economic Consultant, Inc., 10 Tiyuguan Road, Chongwen Menwai, Beijing, Tel. 75 28 31 ext. 3 70

China International Engineering Consulting Corporation, 4, Baguang Road, Beijing, Tel. 33 71 86

China Jingxi Engineering Consulting Corporation, 12 Fu Xing Road, Beijing, Corporation, 12 Fu Xing Road, Beijing, Tel. 36 60 90

China Jinshan Union Trading Corporation, Jinshan Hotel, Jinshanwei, Shanghai, Tel. 93 16 48

China Metallurgical Import & Export Corporation, 46 Dongsixi Dajie, Beijing, Tel. 55 01 97, 55 74 31-ext. 7 80

China National Aero-Technology Import & Export Corporation, 67 Jiaonan Dajie, Beijing, P.O. Box 16 71, Beijing, Tel. 44 24 44

China National Agricultural Machinery Import & Export Corporation, 26 Yuetan Street S., Beijing, Tel. 86 63 61, 86 62 52

China National Arts and Crafts Import & Export Corporation, 82 Donganmen Street, Beijing, Tel. 55 21 87

China National Bearings Export Corporation, 12 Fu Xing Men Wai Street, Beijing, Tel. 36 37 14

China National Breeding Stock Import & Export Corporation, Hepingli, Beijing, Tel. 46 43 44

China National Cereals Oils and Foodstuffs Import & Export Corporation, 82 Donganmen Street, Beijing, Tel. 55 51 80

China National Chemicals Import & Export Corporation, Erligou, Xijiao, Beijing, Tel. 89 12 89

China National Coal Import & Export Corporation, 16 Heping Road N., Andingmen Wai, Beijing, Tel. 46 12 23, 55 05 20

China National Electric Wire and Cable Export Corporation, Langjiayuan, Jianguomen Wai, Beijing, Tel. 59 11 63, 59 54 66

China National Instruments Import & Export Corporation, Erligou, Xijiao, Beijing, Tel. 89 09 31

China National Light Industrial Products Import & Export Corporation, 82 Donganmen Street, Beijing, Tel. 55 67 49

China National Machinery Import & Export Corporation, Erligou, Xijiao, Beijing, Tel. 89 19 74

China National Machinery and Equipment Import & Export Corporation, 12 Fuxingmen Wai Street, Beijing, Tel. 36 64 62

China National Metals and Minerals Import & Export Corporation, Erligou, Xijiao, Beijing, Tel. 89 23 76

China National Native Produce and Animal By-Products Import & Export Corporation, 82 Donganmen Street, Beijing, Tel. 55 41 24, 55 38 08

China National New Building Materials Corporation, Zizhuyuan Road, Xijiao, Beijing, Tel. 89 12 60, 89 22 45

China National Packaging Import & Export Corporation, 28 Dong Hou Lane, Andingmen Wai, Beijing, Tel. 46 17 47, 46 21 24

China National Seed Corporation, 16 Donghuan Road N., Beijing, Tel. 59 36 19

China National Technical Import Corporation, Erligou, Xijiao, Beijing, Tel. 89 21 16

China National Textiles Import & Export Corporation, 82 Donganmen Street, Beijing, Tel. 55 37 93

China National Tree Seed Corporation, Hepingli, Beijing, Tel. 46 47 17

China North Industries Corporation, No. 7 A Yuetan Street S., Beijing, Tel. 86 22 54, 86 34 71

China Nuclear Energy Industry Corporation, 21 Lishi Road S., Beijing, Tel. 86 66 52, 86 64 15

China Precision Machinery Import & Export Corporation, 2 Yuetan Beixiaojie, Beijing, Tel. 89 50 12, 89 63 64

China Scientific Instruments & Materials Corporation, 75 Dengshikou Street W., Beijing, Tel. 55 09 51

China Shipbuilding Trading Corporation, 10 Yuetan Beixiaojie, Beijing, Tel. 89 59 47, 89 30 86

China Silk Corporation, 82 Donganmen Street, Beijing, Tel. 55 88 31

China Trade Consultation and Technical Service Corporation, Anding Menwai Street, Beijing, Tel. 46 29 12

China United Electric Export Corporation, 60 Le Pai Yuan, Guanganmen Nei Street, Beijing, Tel. 33 72 66

China Xinghua Engineering Consulting Corporation, 277 Wangfujing Street, Beijing, Tel. 55 88 21

China Yanshan United Foreign Trade Corporation, Petrochemical District, Fangshan County, Beijing, Tel. 9 33 20 88

Oriental Scientific Instruments Import & Export Corporation, Building of the Chinese Academy of Sciences, Sanlihe, Beijing, Tel. 86 61 19

Xinshidai Company of China, P.O. Box 5 11, Beijing, Tel. 66 47 14

2.3. Fachpublikationen, Nachschlagewerke

Inland

Außenhandelsstelle für die mittelständische Wirtschaft Nordrhein-Westfalens: „Das Geschäft mit der Volksrepublik China", Düsseldorf 1985

Bundesstelle für Außenhandelsinformation, Köln; Diverse Publikationen:
- Kurzmerkblätter
- Wirtschaftslage (jährlich)
- Niederlassungsbestimmungen
- Hinweise für das China-Geschäft
- Investitionsabkommen

Bundesstelle für Außenhandelsinformation: „Volksrepublik China — Außenhandelsorganisation — zentrale Behörden — Branchenorganisationen", Köln 1984

Bundesstelle für Außenhandelsinformation: „VR-China-Berichte und Dokumente zum ausländischen Wirtschafts- und Steuerrecht", Köln

Commerzbank: „Wirtschaftspartner China", Frankfurt 1984

Deutsche Bank: „Ratgeber für das Auslandsgeschäft — Kontakte mit der VR China", Frankfurt 1985

DIW, Berlin: „VR China: Guter Start für den 6. Fünfjahresplan. DIW-Wochenbericht Nr. 26"

H. Dürr u. U. Widmer: „Provinzstatistik der Volksrepublik China", Institut für Asienkunde, Hamburg 1983

H. G. Gloria, H. Harnisch und F. Braumann: „Die Energie- und Rohstoffwirtschaft der Volksrepublik China", 2. Auflage, Verlag Glückauf, Essen 1985

Hansen, Volker: „Volksrepublik China — Markt für Investitionsgüter" Maschinenbau Verlag, Frankfurt 1986

Institut für Asienkunde: „China Aktuell", Hamburg

Institut für Asienkunde: „China heute — Politik, Wirtschaft und Gesellschaft", Vistas-Verlag, Berlin 1985

W. Kraus: „Joint-Venture-Erfahrungen in und mit der VR China", in: Asien, Deutsche Zeitschrift für Politik, Wirtschaft und Kultur, Nr. 16, Hamburg 1985

W. Kraus: „Wirtschaftsreformen in der Volksrepublik China", in: Aus Politik und Zeitgeschichte, Beilage zur Wochenzeitschrift Parlament, Bundeszentrale für politische Bildung, Bonn 1985

P. Lemke: „Das China-Geschäft", Maschinenbau-Verlag GmbH, Frankfurt 1980

Von Lingelsheim-Seibicke: „Das China-Geschäft heute und morgen — Chancen und Risiken neuer Marketing-Konzeptionen", Verlagsgruppe Deutscher Wirtschaftsdienst, Köln 1985

Dieter J. G. Schneider, Rainer Scheuble, Axel Stolz: „Exportmarketing für die Volksrepublik China", Schriftenreihe der Abteilung Marketing des Betriebswirtschaftlichen Instituts der Universität Stuttgart, 1985/86

Statistisches Bundesamt: „Volksrepublik China — Länderbericht 1985", Wiesbaden 1985

K. Wiesegart: „Wirtschafskooperation mit China", Verlag Weltarchiv, Hamburg 1984

Ausland

„Almanac of China's Foreign Economic Relations and Trade 1984", Almanac's Editorial Board under the Ministry of Foreign Economic Relations and Trade of the People's Republic of China, 1984

R. Augouard: „Trade without Diplomatic Relations — The Experience of the Federal Republic of Germany", Journal of East and West Studies, Vol. XIV No. 1, 1985

„Business China", Business International Asia/Pacific, Hongkong (alle zwei Wochen)

„China, A Statistic Survey in 1985", State Statistical Bureau, Beijing 1985

„China Council for the Promotion of International Trade", China's Foreign Trade Organizations, Peking 1983

„China Economic News", Economic Information & Consultancy Co., Hongkong, wöchentlich

„China's Foreign Trade Corporations and Organizations", Guoji Shudian (China Publication Centre), Beijing 1983

„China's Foreign Trade", China Council for the Promotion of International Trade, Peking, monatlich

„China International Economic Consultants, The China Investment Guide", 1986, Longman, London, Hongkong, Singapur, New York 1985

„China Newsletter", Japan-External Trade Organization, Tokyo

„China Resources Trade Consultancy, 1984 Almanac of China's Foreign Economic Relations and Trade", The Editorial Board of the Almanac of China's Foreign Economic and Relations and Trade, Hongkong 1984

„China Trade Report", Far Eastern Economic Review, Hongkong, alle zwei Monate

„Directory of Chinese External Economic Organizations and Commercial/Industrial Enterprises", China National United Advertising Corporation, Beijing; Economic Information & Consultancy Co., Hongkong 1982

„Guide to China's Foreign Economic Relations and Trade Series: Series I — Investment Special. Series II — Import—Export Special. Series III — Cities Newly Opened to Foreign Investors. Series IV — International Economic Cooperation", Policy Research Department Ministry of Foreign Economic Relations and Trade, Hongkong 1985

„International Trade", International Trade, Beijing/VR China

Moser, Michael J.: „Foreign Trade, Investment and Law in the People's Republic of China", Oxford, New York, Hongkong 1984

„Products and Technology Abroad", Beijing/VR China, vierteljährlich

„Statistical Yearbook of China 1984", State Statistical Bureau of Economic Information & Agency, Hongkong 1984

„The Adsale People, China Trade Handbook", Hongkong 1984

„The China Business Review", National Council for US-China Trade, Washington, alle zwei Monate

„The China Directory of Industry and Commerce and Economy", Science Books International Inc., Boston/USA, Xinhua Publishing House, Beijing/VR China

„The China Investment Guide 1984/85", China International Economic Consultant, Inc.

„The China Phone Book and Address Directory", Hongkong 1984

United Nations Economic and Social Commission for Asia and the Pacific: „Guidebook on Trading with the People's Republic of China", New York 1982

Weltbank: „China: Socialist Economic Development", Washington 1981

Weltbank: „Long-Term Development Issues and Options", Washington 1985

„Yearbook for the Machine Building and Electronics Indsutry", Beijing 1984

„Yearbook of China's Special Economic Zones", Hongkong 1984

Zhao Ziyang, „The Current Economic Situation and the Reform of the Economic Structure, The Third Session of the Sixth National People's Congress", March, 1985, Foreign Languages Press, Beijing 1985

3. Beschaffung von Wirtschaftsinformationen über Japan und Hinweise für den Geschäftsverkehr

Die Bedeutung Japans als Handelspartner der EG ist nach wie vor bescheiden. An den Gesamteinfuhren der EG-Staaten bspw. hat Japan einen Anteil von rund 3%. Von den Gesamtexporten der EG gingen nur rund 2% nach Japan. Für die Bundesrepublik Deutschland gelten folgende Zahlen: rund 4% der Einfuhren kommen aus Japan, der Anteil Japans an den Gesamtausfuhren der Bundesrepublik Deutschland liegt demgegenüber bei 1,4%.

Seit 1970 haben sich die Einfuhren der Bundesrepublik Deutschland aus Japan mehr als verzehnfacht; die bundesdeutschen Exporte stiegen um rund 350%.

Alle EG-Länder weisen mit Japan ein beträchtliches bilaterales Handelsbilanzdefizit auf. Diese Situation beinhaltet eine außerordentliche Brisanz. Sie führt einerseits zu protektionistischen Maßnahmen, andererseits zu „Marktöffnungsprogrammen“ der japanischen Regierung. Die Gründe für diese Handelssituation sind vielschichtig und komplex. Zu den wichtigsten Argumenten dürfte wohl das komplizierte, undurchsichtige japanische Distributionssystem gehören. Daß dieses System keine unüberwindbare Barriere darstellt, zeigen vielen Firmen, die sich — nach intensiver Bearbeitung des Marktes — in Japan etabliert haben.

Im folgenden wird ein Überblick über Kontaktstellen in Japan sowie in der Bundesrepublik Deutschland gegeben. Neben offiziellen Institutionen sind auch Vereinigungen/Gesellschaften genannt, die sich intensiv mit Japan befassen.

3.1. Kontaktstellen in der Bundesrepublik Deutschland

Vertretungen Japans

Japanische Botschaft, Bundeskanzlerplatz, Bonn-Center HI 701, 5300 Bonn 1, Tel. (02 28) 50 01

Japanisches Generalkonsulat, Wachtelstr. 8, 1000 Berlin 33, Tel. (0 30) 8 32 70 26

Japanisches Generalkonsulat, Immermannstr. 45, 4000 Düsseldorf 1, Tel. (02 11) 35 33 11-13

Japanisches Generalkonsulat, Hamburger Allee 2—10, Bürohaus Plaza, 6000 Frankfurt/Main 97, Tel. (0 69) 77 03 51

Japanisches Generalkonsulat, Rathausmarkt 5, 2000 Hamburg 1, Tel. (0 40) 32 18 06

Japanisches Generalkonsulat, Prinzregentenplatz 10, 8000 München 80, Tel. (0 89) 47 10 43

Japanische Institutionen in der BR Deutschland

Nippon Keizai Shimbum, Dow Jones International Marketing Service GmbH, Savignystr. 29, 6000 Frankfurt/Main 1, Tel. (0 69) 74 84 50/74 57 40

Electronic Industries Association of Japan — EIAJ — European Office, Schadowstr. 41, 4000 Düsseldorf, Tel. (02 11) 36 98 16/17

Euro-Japanische Gesellschaft, Bonifatiusplatz 3, 6500 Mainz, Tel. (0 61 31) 67 90 13

Japan Air Lines, Berliner Allee 33, 4000 Düsseldorf 1, Tel. (02 11) 32 90 70

Japanischer Club e.V., Marienstr. 32, 4000 Düsseldorf, Tel. (02 11) 35 81 87 — 36 47 65

Japanische Fremdenverkehrszentrale (Japan National Tourist Organization), Biebergasse 6—10, 6000 Frankfurt/Main 1, Tel. (0 69) 2 03 53

Japanische Industrie- und Handelskammer zu Düsseldorf e.V., Immermannstr. 45, 4000 Düsseldorf 1, Tel. (02 11) 36 90 01/02

Japanisches Institut in Frankfurt e.V., Friedberger Landstr. 307, 6000 Frankfurt/Main 60, Tel. (0 69) 59 01 46

Japanische Internationale Schule, Niederkasseler Kirchweg 38, 4000 Düsseldorf, Tel. (02 11) 5 52 41 — 5 59 56

Japanisches Kulturinstitut, Postfach 27 03 46, 5000 Köln 1, Tel. (02 21) 40 10 71

Japan Productivity Center, Rationalisierungs-Kuratorium der japanischen Wirtschaft, Kanji Hane, Weihergasse 17, 6350 Bad Nauheim-Wisselsheim, Tel. (0 60 32) 8 52 55

JETRO Japan Trade Center, Bicycle Section, Königsallee 58, 4000 Düsseldorf 1, Tel. (02 11) 13 60 20

JETRO Japan External Trade Organization, Roßmarkt 17, 6000 Frankfurt/Main 1, Tel. (0 69) 28 32 15

JETRO Japan Trade Center, Colonnaden 72, 2000 Hamburg 36, Tel. (0 40) 34 17 63

Siko Agency for Japan Trade GmbH, Immermannstr. 21, 4000 Düsseldorf 1, Tel. (02 11) 36 45 60

Deutsch-japanische Gesellschaften

Deutsch-Japanischer Wirtschaftskreis (DJW), Steinstraße 2, 4000 Düsseldorf, Tel. (02 11) 8 26 05

Deutsch-Japanisches Wirtschaftsförderungsbüro, Oststr. 110, 4000 Düsseldorf 1, Tel. (02 11) 35 80 48/49

Engelbert-Kaempfer-Gesellschaft Lemgo e.V., Deutsch-Japanischer Freundeskreis, Rampendahl 6, 4920 Lemgo 1, Tel. (05 61) 21 34 13

Japanisch-Deutsches Zentrum Berlin, Dr. Thilo Graf Brockdorff-Dallwitz, Kurfürstendamm 66, 1000 Berlin 15, Tel. (0 30) 8 81 90 31

Verband der Deutsch-Japanischen Gesellschaften in der Bundesrepublik und Berlin (West), Oststr. 110, 4000 Düsseldorf 1, Tel. (02 11) 35 80 48/49

- Deutsch-Japanische Gesellschaft e.V., Hardenbergstr. 11, 1000 Berlin 12, Tel. (0 30) 3 12 33 73
- Deutsch-Japanische Gesellschaft zu Braunschweig e.V., Langer Hof 1, 3300 Braunschweig, Tel. (05 31) 4 70-22 09
- Deutsch-Japanische Gesellschaft zu Bremen e.V., Martinistr. 24, 2800 Bremen 1, Tel. (04 21) 36 89-1 60
- Deutsch-Japanische Gesellschaft am Niederrhein e.V., Postf. 20 02 62, 4000 Düsseldorf 1, Tel. (02 11) 32 69 89
- Deutsch-Japanische Gesellschaft e.V., Frankfurt, Taunushöhe 1, 6233 Kelkheim, Tel. (0 61 95) 32 22
- Deutsch-Japanische Gesellschaft zu Hamburg e.V., c/o Ostasiatischer Verein e.V., Neuer Jungfernstieg 21, III, 2000 Hamburg 36, Tel. (0 40) 3 56 25 51
- Deutsch-Japanische Gesellschaft Schleswig-Holstein e.V. zu Kiel, Postf. 18 32, 2300 Kiel 1, Tel. (04 31) 8 59 48
- Deutsch-Japanische Gesellschaft Köln e.V., Rather Mauspfad 77, 5000 Köln 91, Tel. (02 21) 86 23 79
- Deutsch-Japanischer Kulturverein Freiburg e.V., Schwarzwaldstr. 24, 7812 Bad Krozingen, Tel. (0 76 33) 34 88
- Deutsch-Japanische Gesellschaft zu Lüneburg e.V., Am Kreideberg 3, 2120 Lüneburg, Tel. (0 41 31) 3 81 33
- Deutsch-Japanische Gesellschaft Rhein-Neckar e.V., Schönauer Str. 7a, 6800 Mannheim 31, Tel. (06 21) 77 13 68
- Deutsch-Japanische Gesellschaft in Bayern e.V., Marienplatz 1, 8000 München 2, Tel. (0 89) 22 18 63
- Deutsch-Japanische Gesellschaft Passau e.V., Finkenstr. 2, 8390 Passau 16, Tel. (08 51) 5 69 47
- Deutsch-Japanische Gesellschaft Bonn e.V., Am Pleiser Wald 16, 5205 St. Augustin 1, Tel. (0 22 41) 2 29 46
- Deutsch-Japanische Gesellschaft Baden-Württemberg e.V., Nikolaus-Lenau-Str. 13, 7057 Winnenden, Tel. (0 71 95) 22 94

Mit Japan befaßte deutsche Institutionen

Außenhandelsverband Nordrhein-Westfalen e.V., Feldstr. 64, 4000 Düsseldorf 30, Tel. (02 11) 49 00 35/36

Außenhandelsvereinigung des Deutschen Einzelhandels e.V., Weyerstr. 2, 5000 Köln 41, Tel. (02 21) 21 66 17 — 21 76 17

Ausfuhrförderungsstelle des Baden-Württ. Handwerks, Postf. 26 27, 7000 Stuttgart 1, Tel. (07 11) 20 10-2 80

BBO-Arbeitskreis „Japan-Fachhändler" im Gesamtverband Büromaschinen, Börsenstraße 17, 6000 Frankfurt/Main, Tel. (0 69) 28 47 71

Bundesstelle für Außenhandelsinformation, Blaubach 13, 5000 Köln 1, Tel. (02 21) 2 05 71

Bundesverband des Deutschen Groß- und Außenhandels e.V., Kaiser-Friedrich-Str. 13, 5300 Bonn, Tel. (02 28) 21 80 57

Bundesverband der Exporteure von Eisen- und Metallwaren e.V., Feldstr. 64, 4000 Düsseldorf 30, Tel. (02 11) 49 00 35/36

Bundesverband der Vertriebsunternehmen für Büroorganisation e.V. (BVB), Ferdinandstr. 14, 6380 Bad Homburg v. d. H., Tel. (0 61 72) 2 13 26

Deutsch-Asiatische Gesellschaft e.V., Schmargendorfer Str. 25, 1000 Berlin 41, Tel. (0 30) 8 51 16 78

Deutsche Gesellschaft für Ost- und Südostasienkunde e.V., Rothenbaumchaussee 32, 2000 Hamburg 13, Tel. (0 40) 4 45 89 26

German Maintenance Corporation, Kirchbergstraße 20, 7064 Remshalden, Tel. (0 71 81) 7 33 26

Groß- und Außenhandelsverband Baden-Württemberg e.V., Postfach 11 80, 6800 Mannheim 1, Tel. (06 21) 1 70 91

Hauptgemeinschaft des Deutschen Einzelhandels, Sachsenring 89, 5000 Köln 1, Tel. (02 21) 32 20 91

Institut für Asienkunde, Rothenbaumchaussee 32, 2000 Hamburg 13, Tel. (0 40) 44 30 01-03

Japanese European Projects (JEP), Homberger Straße 5, 4000 Düsseldorf 30, Tel. (02 11) 49 00 54

Landesverband des Bayerischen Groß- und Außenhandels e.V., Abt. Außenhandel-Hauptgeschäftsführung, Ottostr. 7, 8000 München 2, Tel. (0 89) 55 77 01 und Sandstr. 29, 8500 Nürnberg, Tel. (09 11) 22 41 88

Ostasiatischer Verein Bremen e.V., Domshof 18—20, 2800 Bremen 1, Tel. (04 21) 32 10 51

Ostasiatischer Verein e.V., Neuer Jungfernstieg 21, 2000 Hamburg 36, Tel. (0 40) 3 56 25 57

Rationalisierungs-Kuratorium der Deutschen Wirtschaft RKW e.V., Düsseldorfer Str. 40, 6236 Eschborn, Tel. (0 61 96) 49 51

Verband der Chemischen Industrie e.V., Landesverband NRW, Sternstr. 9—11, 4000 Düsseldorf 30, Tel. (02 11) 44 53 36

Verband der Deutschen Lederwaren und Kofferindustrie e.V., Kaiserstr. 108, 6050 Offenbach am Main, Tel. (0 69) 88 72 50

Verband der Fertigwaren-Importeure e.V., Gotenstr. 21, 2000 Hamburg 1, Tel. (0 40) 2 80 13 37

Verband Deutscher Maschinen- und Anlagenbau e.V. (VDMA), Referat Außenhandel, Lyoner Str. 18, 6000 Frankfurt 71 (Niederrad), Tel. (0 69) 66 03-0

Verbindungsbüro der Deutschen Industrie- und Handelskammer Tokyo, IFM-Beauftragter Takashi Kabe, c/o IHK, Mittlerer Neckar, Jägerstr. 30, 7000 Stuttgart, Tel. (07 11) 2 00 51

Die Dienstleistungen des Instituts umfassen im einzelnen

— Beschaffung und Auswertung von Marktdaten
(Allgemeine Informationen, Marktstudien, Statistiken, Firmenprospekte)

— Vermittlung von Geschäftskontakten
(Firmen- und Adressenlisten, Firmenauskünfte, Angebotsunterbreitung, Direktkontakte)

— Hilfestellung bei Messen und Ausstellungen
(Informationen, Unterstützung bei Messeteilnahme, Vermittlung von Ausstellungsmöglichkeiten)

— Unterstützung bei Geschäftsreisen
(Visitenkarten, Gesprächstermine, Dolmetscher)

— Besondere Aufgaben
(Übersetzungen, Vermittlung von Anzeigenaufträgen, Vorträge, Seminare, Interessenvertretung)

Vereinigung Baukeramik fernost e.V., Gotenstr. 21, 2000 Hamburg 1, Tel. (0 40) 2 80 13 37

Verein Bremer Exporteure e.V., Haus Schütting, 2800 Bremen 1, Tel. (04 21) 3 63 71

Verein Hamburger Exporteure e.V., Gotenstr. 21, 2000 Hamburg 1, Tel. (0 40) 2 80 13 37

Warenverein der Hamburger Börse e.V., Plan 5, 2000 Hamburg 1, Tel. (0 40) 32 64 14

Wirtschaftsverband Eisen, Blech und Metall verarbeitende Industrie e.V., Kaiserswerther Str. 135, 4000 Düsseldorf 30, Tel. (02 11) 43 41 21

Wirtschaftsvereinigung Groß- und Außenhandel e.V., Gotenstr. 21, 2000 Hamburg 1, Tel. (0 40) 2 80 13 37

WVIB Wirtschaftsverband Industrieller Unternehmen Baden e.V., Holbeinstr. 16, 7800 Freiburg i. B., Tel. (07 61) 7 10 77

Wissenschaftliche Forschungsinstitute

Christian-Albrechts-Universität zu Kiel, Interdisziplinäres Lehrfach für Bevölkerungswissenschaft, Olshausenstr. 40, 2300 Kiel, Tel. (04 31) 8 80-1/43 56

Friedrich-Alexander-Universität, Erlangen-Nürnberg, Fachbereich Wirtschafts- und Sozialwissenschaften, Betriebswirtschaftliches Institut, Postfach 39 31, Lange Gasse 20, 8500 Nürnberg, Tel. (09 11) 53 02-1

Ruhr-Universität Bochum, Abteilung für Ostasienwissenschaften, Ostasien-Institut, Postfach 10 21 48, Universitätsstr. 150, 4630 Bochum, Tel. (02 34) 7 00-61 89

Universität Fridericiana zu Karlsruhe (TH), Fakultät für Wirtschaftswissenschaften, Institut für Industriebetriebslehre und Industrielle Produktion (ehemals Fertigungswirtschaft und Arbeitswissenschaft), Postfach 63 80, Hertzstr. 16, 7500 Karlsruhe 1, Tel. (07 21) 6 08-44 60

Universität Hamburg, Fachbereich Orientalistik, Institut für Asienkunde, Rothenbaumchaussee 32, 2000 Hamburg 13, Tel. (0 40) 44 30 01, 44 30 02, 44 30 03

Wissenschaftszentrum Berlin GmbH (WZB), Internationales Institut für Umwelt und Gesellschaft, Potsdamer Str. 58, 1000 Berlin 30, Tel. (0 30) 26 10 71

Repräsentanzen japanischer Banken

The Dai-Ichi Kangyo Bank Ltd., Tokio
Frankfurt/Main 1, Friedrich-Ebert-Anlage 2—14, Tel. (0 69) 75 20 01

The Fuji Bank Ltd., Tokio
Frankfurt/Main 1, An der Hauptwache 7, Tel. (0 69) 28 72 91/92

The Hokkaido Takushoku Bank Ltd., Sapporo
Düsseldorf 1, Immermannstr. 33, Tel. (02 11) 35 30 71

The Industrial Bank of Japan Ltd., Tokio
Frankfurt/Main 1, Niedenau 13—19, Tel. (0 69) 7 14 05-0
Düsseldorf 1, Immermannstr. 45, Tel. (02 11) 35 90 49

The Japan Development Bank, Tokio
Frankfurt/Main 1, Bockenheimer Landstr. 51—53, Tel. (0 69) 72 43 41/42

The Kyowa Bank Ltd., Tokio
Frankfurt/Main 1, Bleichstr. 60—62, Tel. (0 69) 28 52 56/58

The Long-Term Credit Bank of Japan Ltd., Tokio
Frankfurt/Main 1, Westendstr. 28, Tel. (0 69) 72 62 58

The Mitsubishi Bank Ltd., Tokio
Frankfurt/Main 1, Mainzer Landstr. 46

New Japan Securities Co. Ltd., Tokio
Frankfurt/Main 1, Mainzer Landstr. 46, Tel. (0 69) 72 02 60

The Nippon Credit Bank Ltd., Tokio
Frankfurt/Main 1, Mainzer Landstr. 46, Tel. (0 69) 72 56 41/42

The Nippon Kangyo Kakumaru Securities Co. Ltd., Tokio
Frankfurt/Main 1, Bockenheimer Landstr. 47

The Saitama Bank Ltd., Urawa
Frankfurt/Main 1, Große Gallusstr. 15, Tel. (0 69) 29 51 05/07

The Sanwa Bank Ltd., Osaka
Frankfurt/Main 1, Goethestr. 22, Tel. (0 69) 28 01 37/38

The Sumitomo Bank Ltd., Osaka
Frankfurt/Main 1, Neue Mainzer Str. 57

The Sumitomo Trust & Banking Co. Ltd., Osaka
Frankfurt/Main 1, Taunusanlage 11, Tel. (0 69) 26 30 71

The Taiyo Kobe Bank Ltd., Kobe
Frankfurt/Main 1, Bockenheimer Landstr. 2—4, Zürich Oochh., Tel. (0 69) 72 50 54/56

The Bank of Tokyo Ltd., Tokio
Hamburg 36, Jungfernstieg 51, Tel. (0 40) 3 49 91

The Bank of Japan, Tokio
Frankfurt/Main 1, Taunusanlage 21, Tel. (0 69) 72 13 47/48

The Dai-Ichi Kangyo Bank Ltd., Tokio
Düsseldorf 1, Grünstraße 23, Tel. (02 11) 8 00 51/59

The Daiwa Bank Ltd., Osaka
Frankfurt/Main 1, Eschersheimer Landstr. 14, Tel. (0 69) 55 02 31

The Fuji Bank Ltd., Tokio
Düsseldorf 1, Immermannstr. 3, Tel. (02 11) 35 37 78

The Mitsubishi Bank Ltd., Tokio
Düsseldorf 1, Berliner Allee 42, Tel. (02 11) 8 09 31

The Mitsui Bank Ltd., Tokio
Düsseldorf 1, Königsallee 15, Tel. (02 11) 8 09 71/76

The Sanwa Bank Ltd., Osaka
Düsseldorf 1, Klosterstraße 30, Tel. (02 11) 36 30 65

The Sumitomo Bank Ltd., Osaka
Düsseldorf 1, Immermannstraße 14—16, Tel. (02 11) 3 61 91

The Taiyo Kobe Bank Ltd., Kobe
Hamburg 11, Ost-West-Straße 59, Tel. (0 40) 36 25 91/95

The Tokai Bank Ltd., Nagoya
Frankfurt/Main 17, Bockenheimer Landstr. 51—53, Tel. (0 69) 71 72 46

The Bank of Tokio Ltd., Tokio
Düsseldorf 1, Immermannstr. 43, Tel. (02 11) 3 66 71
Frankfurt/Main 1, Theaterplatz 2, Tel. (0 69) 2 57 61

The Bank of Kobe Ltd., Kobe
Alsterarkaden 10
Hamburg 36, Tel. (0 40) 34 35 11

Repräsentanzen japanischer Versicherungsgesellschaften

Taisho Marine & Fire Ins. Co. Ltd., c/o Wilhelm Glauerdt, Kronprinzenstr. 12, 4000 Düsseldorf, Tel. (02 11) 37 13 74

The Nippon Fire & Marine Ins. Co. Ltd., c/o Transkura, Poststr. 12, 4000 Düsseldorf, Tel. (02 11) 32 54 78/32 90 47/35 86 40

The Nippon Fire and Marine Insurance Company (U.K.) Ltd., Niederlassung Deutschland, Dornbusch 4, 2000 Hamburg 1, Tel. (0 40) 33 03 55-57/33 85 58

The Nissan Fire & Marine Ins. Co. Ltd., c/o Victoria Feuer-Versicherungs AG, Bahnstr. 2, 4000 Düsseldorf, Tel. (02 11) 82 89 77

The Sumitomo Marine & Fire Ins. Co. Ltd., c/o Sedgwick Forbes GmbH, Friedrichstr. 2, 4000 Düsseldorf, Tel. (02 11) 37 29 17

The Tokio Marine & Fire Ins. Co. Ltd., Inselstr. 18, 4000 Düsseldorf, Tel. (02 11) 48 54 42

3.2. Kontaktstellen in Japan

Vertretungen der Bundesrepublik Deutschland

Embassy of the Federal Republic of Germany, CPO Box 9 55, Tokyo 100-91/Japan, Tel. (0 08 13) 473-01 51

Consulate General of the Federal Republic of Germany, Port. P.O. Box 204, 651-01, Kobe-ko (Japan), Tel. Kobe (00 81 78) 232-1212/5

Honorary Consul of the Federal Republic of Germany, c/o Saibu Gas Kabushiki, Kaisha 810-91, Fukuoka-Shi, Chuo Yubinkyoku P.O. Box 41, Tel. (00 81 92) 731-22 11

Honorary Consul of the Federal Republic of Germany, P.O. Box 158, Higashi Yubinkyoku, Nagoya 461-91, Tel. (00 81 52) 951-82 11

Honorary Consul of the Federal Republic of Germany, c/o Hokkaido Electric Power Co., (Hokkaido Denryoku Kabushiki Kaisha) 2-banchi, Odori Higashi 1-chome Chuoku, Sapporo, Japan, Tel. (00 81 11) 251-11 11.

Vereinigungen/Institutionen/Banken

CMA-Centrale Marketing Gesellschaft der deutschen Agrarwirtschaft, Akasaka Tokyu Bldg., 10 F, Nagata-cho 2-14-3, 2-chome, Chiyoda-ku, Tokyo 100

Deutsche Gesellschaft für Natur- und Völkerkunde Ostasiens (OAG), Kyodo Shin-Aoyama Bldg. 63, 9-15, Minami-Aoyama, 5-chome, Minato-ku, Tokyo 107

Deutsche Zentrale für Fremdenverkehr, German National Tourist Office, 7-5-56 Akasaka, Minato-ku, Tokyo 107, Tel. (00 813) 586 50 46

Freie und Hansestadt Hamburg, Office of the Representative Irisu Shokai K.K., Toranomon Mitsui Bldg., 8-1, Kasumigaseki, 3-chome, Chiyoda-ku, Tokyo 100, C.P.O. Box 16 88

Friedrich-Ebert-Stiftung, Tokyo Office, No. 10 Mori Bldg., 9th Floor, 28, Sakuragawa-cho, Shiba-Nishikubo, Minato-ku, Tokyo, Tel. 503-0689

Goethe-Institut, Deutsches Kultur-Institut, 5-56, 7-chome, Akasaka, Minato-ku, Tokyo

Japanisch-Deutsche Gesellschaft, Nippon Bldg., Room 429, Otemachi 2-8, Chiyoda-ku, Tokyo 100

Verband Deutscher Maschinen- und Anlagenbau e.V. (VDMA), Japan Business Service, Holger Wittich, Takakura Daiichi Bldg., 6. Fl., 1-12-1, Nishi-Shinjuku, Shinjuku-ku, Tokyo 160

Bayerische Vereinsbank, Representative Office, Far East, Kokusaibldg. Rm 742, 1-1, Marunouchi 3-chome, Chiyoda-ku, Tokyo 100

Commerzbank AG, Tokyo Branch, Central P.O. Box No. 1727, Tokyo 100-91

Deutsche Bank AG, Tokyo Branch, Mitsubishi Shoji Bldg. Annex, 3-1, Marunouchi 2-chome, C.P.O. Box 1430, Tokyo 100-91

Deutsche Bank AG, Osaka Representative Office, 5th Fl. Itoman Bldg., 4-46, Honmachi, P.O. Box Higashi 215, Osaka 541

Dresdner Bank AG, Tokyo Branch, 5-2, Marunouchi 2-chome, Chiyoda-ku, Mitsubishi Bldg., C.P.O. Box 1220, Tokyo 100-91

Westdeutsche Landesbank, Tokyo Branch, 720 Kokusai Bldg., 7th Fl., 3-1-1, Marunouchi, Chiyoda-ku, Tokyo 100, C.P.O. Box 1375, Tokyo 100-91

Deutsche Lufthansa AG, Tokyo Club Bldg., 2-6 Kasumigaseki, 3-chome, Chiyoda-ku, Tokyo, mit Büros in Fukuoda, Nagoya und Osaka

Hapag-Lloyd AG, c/o Trans-Meridian Navigation Co. Ltd., Fuji Bldg., 2-3, Marunouchi, 3-chome, Chiyoda-ku, Tokyo 100, C.P.O. Box 1981, Tokyo 100-91

Wartungsgesellschaft für die deutsche Industrie: German Maintenance Corporation, Corelord Nishi-Shinjuku Building, 1st Fl., 12-6, Nishi-Shinjuku 6-chome, Shinjuku-ku, Tokyo 160, Tel. 00 813/342 53 88

Deutsche Handelskammern

Japan

Zainichi Doitsu Shoko Kaigisho, Central P.O. Box 588, Tokyo 100-91/Japan, Büro: Akasaka Tokyo building, Nagata-cho 2-14-3, Chiyoda-ku, Tokyo 100, Tel. 00813-581-9881/3

Institut für Marktberatung bei der Deutschen Industrie- und Handelskammer in Japan: Anschrift wie Hauptgeschäftsstelle Tokyo

Zweigstelle: Zainichi Doitsu Shoko Kaigisho, Nakanoshima Center, Bldg., P.O. Box 61, Osaka 530, *Büro:* Nakanoshima Center Bildg. 23rd floor, Nakanoshima 6-2-27, Kita-ku, Tel. 00816/447-0021

Japanische Institutionen in Japan

Ministry of Finance (MOF) (Finanzministerium), 3-1, Kasumigaseki 1-chome, Chiyoda-ku, Tokyo

JETRO — Japan External Trade Organization, 2-2-5 Toranomon, Minato-ku, Tokyo, Tel. 00813/582 55 11

MITI — Ministry of International Trade and Industry, Industrial Location Guidance Division, 1-3-1, Kasumigaseki, Chiyoda-ku, Tokyo, Tel. 00813/501 15 11-16 57

Fair Trade Commission (FTC) (Kartellbehörde), 2, Kasumigaseki 2-chome, Chiyoda-ku, Tokyo

Japan Chamber of Commerce and Industry (Japanische Industrie- und Handelskammer), 2-2, Marunouchi 3-chome, Chiyoda-ku, Tokyo

Bank of Japan (Foreign Department), 2-1, Nihombashi Hongoku-cho, 2-chome, Chuo-ku, Tokyo

Bank of Tokyo (Trade and Investment Information Service), 4-2, Nihonbashi Hongoku-cho, 1-chome, Chuo-ku, Tokyo, Tel. (03) 2 70-81 11

Japan Business Services Inc. (VDMA-Büro Japan), Takakura Daiichi Building, 6 Fl., 1-12-1, Nishi-Shinjuku, Shinjuku-ku, Tokyo 160, Tel. 00813/342 37 02

Electronic Industries Association of Japan, Tokyo Chamber of Commerce and Industry Bldg., 2-2, Marunouchi 3-chome, Chiyoda-ku, Tokyo 100, Tel. 00813/211 27 65

Japan Economic Research Institute NIKKEICHO, Rm. 425, 4th Fl., Fuji-Building, 2-3 Marunouchi 3-chome, Chiyoda-ku, Tokyo 100, Tel. 00813/214 05 41

Keizai Koho Center (Japan Institute for Social and Economic Affairs), Otemachi Building, 6-1 Otemachi 1-chome, Chiyoda-ku, Tokyo 100, Tel. 00813/201 14 15

JRDC — Japan Regional Development Corporation, Sales Promotion Office, Toranomon Mitsui Building, 8-1, Kasumigaseki, 3-chome, Chiyoda-ku, Tokyo 100/Japan, Tel. 00813/501 52 11

Japan Industrial Location Center, 1-4-2, Toranomon, Minato-ku, Tokyo, Tel. 00813/502 23 61

Center for Inducement of Industry at Rural Areas, Shichoson Kaikan, 2-6-3, Hirakavacho, Chiyoda-ku, Tokyo, Tel. 00813/580 16 68

The Japan Institute of Labour, Chutaikin Building, 7-6 Shibakoen 1-chome, Minato-ku, Tokyo 105, Tel. 00813/436 34 91

Hokkaido-Tohoku Development Finance Public Corporation, Koko Building, 1-9-3, Otemachi, Chiyoda-ku, Tokyo, Tel. 00813/270 16 51

KEIDANREN, Japan Federation of Economic Organizations, Otemachi 1, Chiyoda-ku, Tokyo 100/ Japan, Tel. 00813/201 14 14, 279 14 1

KANKEIREN, Kansai Economic Federation, Nakanoshima Center Building, 2-27 Nakanoshima 6, Kita-ku, Osaka 530, Tel. 00816/441 01 01

Kansai Productivity Center, 58-7 Hashizume-cho, Ushihommachi, Higashi-ku, Osaka

Japanische Marktforschungsinstitute

In Japan gibt es mehrere hundert Marktforschungsinstitute, die in der Japan Marketing Association zusammengeschlossen sind. Viele dieser Gesellschaften haben sich auf bestimmte Arbeits- und Marktforschungsbereiche spezialisiert. Informationen und Auskünfte über die Arbeitsgebiete der einzelnen Institute können von der Japan Marketing Association eingeholt werden.

Im folgenden sind eine Reihe von japanischen Marktforschungsinstituten aufgeführt, die zu den leistungsfähigsten gehören.

ADR International Co., Ltd., 5th Floor, World Bldg., 12-9 Udagawa-cho, Shibuya-ku, Tokyo 150, Tel. (03) 461-79 38

ASI Market Research (Japan), Inc., Yoneda Bldg., 17-20, Shimbashi 6-chome, Minato-ku, Tokyo, Tel. (03) 432-17 01

Behavioral Science Institute, Daigo Tanaka Bldg., 4-4, Iidabashi 3-chome, Chiyoda-ku, Tokyo 102, Japan, Tel. 230-46 31

Business International of Delaware Inc., Japan Branch, Pola Aoyama Building 5, Minami Aoyama 2-chome, Minato-ku, Tokyo, Tel. 404-56 72

The Cambridge Corporation, Kowa Bldg. No. 3, 11-45, Akasaka 1-chome, Minato-ku, Tokyo 107, Tel. (03) 582-89 31

The Central Research Services, Inc., 1-3, Hibiya Kouen, Chiyoda-ku, Tokyo 100/Japan, Tel. 591-72 01

The Communication Science Institute, Jingu Heights, 33-14, Jingumae 6-chome, Shibuy-ku, Tokyo 150/Japan, Tel. 406-58 31

Dentsu Research Ltd., Marine Bldg., 23-27 Shinkawa 2-chome, Chuo-ku, Tokyo 104/Japan, Tel. 553-83 11

Dodwell Marketing Consultants, Kowa No. 35 Bldg., 14-14, Akasaka 1-chome, Minato-ku, Tokyo 107, Tel. (03) 584-23 51

Far East International Ltd., Suite 802, Mori-12 Bldg., 3, 17, 1-chome Toranomon, Minato-ku, Tokyo 105, Tel. (03) 591-92 31

Fuji National City Consulting Ltd. (FNCC), Togeki Bldg. 4f, 1-1, Tsukiji 4-chome, Chuo-ku, Tokyo, Tel. (03) 543-67 11

Hokkaido Research Center Ltd., Kitasanjou Bldg., Higashi 2-chome, Kitasanjou, Chuo-ku, Sapporo 060/Japan, Tel. 221 34 14

Information Development Institute, Haratetsu Bldg., 1-11, Kudankita, 4-chome, Chiyoda-ku, Tokyo 102/Japan, Tel. 261-52 88

Institute of Social Behavior Co., Ltd., Kyoritsu Daiichi Bldg. 14-5, Niban-cho, Chiyoda-ku, Tokyo 102, Tel. (03) 239-07 50

International Business Information Inc., Izumiya Bldg., 1-1, Kojimachi 3-chome, Chiyoda-ku, Tokyo 102, Tel. (03) 230-21 51

IRM Inc. (International Research & Marketing), Rosei Bldg., 4-2, 1-chome, Higashi-Azabu, Minato-ku, Tokyo 106, Tel. (03) 583-11 61

Japan Economic Research Center (JERC), 9-5, 1-chome, Ote-machi, Chiyoda-ku, Tokyo, Japan

Jyoho Kagaku Center, Edogawa Bldg., 8-4, Misaki-cho 3-chome, Chiyoda-ku, Tokyo 101/Japan, Tel. 262-80 21

Japan Market Research Bureau (JMRB), 1-4-10 Takanawa, Minato-ku, Tokyo 108, Tel. (03) 449-25 11

Japan Marketing Agency Research Inc., Lotus Bldg. 1-18, Bigo-cho, Higashi-ku, Osaka-shi 541/Japan, Tel. 226-07 21

Japan Marketing Research Association, Taiyo Bldg., 3-3, Misaki-cho 3-chome, Chiyoda-ku, Tokyo 101/Japan, Tel. 265-36 77

Japan Marketing Research Institute, Ltd., Sougo Dai-Ichi Bldg., 3-2, Koji-machi, Chiyoda-ku, Tokyo 102/Japan, Tel. 263 71 31

Japan Statistic and Research Co. Ltd., Sumie Orimono Bldg., 4-55 Andoujibashi-dori, Minami-ku, Osaka 542/Japan, Tel. 251-57 81

Kyoto Econometric Models Project, Institute of Economic Research, Kyoto University, Sakyoku, Kyoto 606, Japan

Marketing Development Institute, Sankyo Bldg., 3-5, Koji-machi 1-chome, Chiyoda-ku, Tokyo 102/ Japan, Tel. 265-88 11

Marketing Information Development, Shibun Kaikan, 8-4, Ginza 3-chome, Chuo-ku, Tokyo 104/ Japan, Tel. 567-58 01

Marketing Information Service Co. Ltd., Fuji Bldg., 7-2, Shinjuku 1-chome, Shinjuku-ku, Tokyo 160/ Japan, Tel. 354-73 71

Marketing Intelligence Corp., 14-11, Yato-machi 2-chome, Tanashi, Tokyo 188/Japan, Tel. (04 24) 23-11 11

Marketing Labo Inc., 19-26, Kami-meguro 2-chome, Meguro-ku, Tokyo 153/Japan, Tel. 710-68 08

Marketing Operation Center Inc., 22-18, Akasaka 2-chome, Minato-ku, Tokyo 107/Japan, Tel. 583-21 97

Marketing Operation Center, Akasaka Akabishi Bldg., 7F, 4-1-29, Akasaka, Minato-ku, Tokyo 107, Tel. (03) 587-25 11

The Marketing Research Associates, Inc., 11-14, Kanda Surugadai, 2-chome, Chiyoda-ku, Tokyo 101/Japan, Tel. 293-88 91

Marketing Research Incorporated (MRI), Sasaki Bldg., 5-7, 2-chome, Koishikawa, Bunkyo-ku, Tokyo 112, Tel. (03) 813-73 41

Marketing Research Service, 26-3 Nishigahara 1-chome, Kita-ku, Tokyo 114/Japan, Tel. 917-4451

Marketing Service Co., Ltd., Daidoh Jousai Bldg., 44-13, Hon-cho 4-chome, Nakano-ku, Tokyo 164/ Japan, Tel. 383-22 71

Marketing Study Inc., Kobayashi Bldg., 26-3 Higashi 3-chome, Shibuya-ku, Tokyo 150/Japan, Tel. 406-3971

Marplan Japan, Jichiro Kaikan Bldg., 1, Rokuban-cho, Chiyoda-ku, Tokyo 102, Tel. (03) 265-54 11

Mitsui Trust & Banking Co. Ltd., Research Department, 2-1-1, Nihonbashi-Muromachi 2-chome, Chuo-ku, Tokyo, Japan

Morino Research Co., Ltd., 13-18, Fukushima 5-chome, Fukushima-ku, Osaka 553/Japan, Tel. 458-95 46

Nihon Research Institute (Osaka), Kinki Bldg., 9-111, Edobori 1-chome, Nishi-ku, Osaka 550/Japan, Tel. 448-29 05

Nihon Research System Co., Ltd., Toyo Bldg., 8-5, Ebisu 1-chome, Shibuya-ku, Tokyo 150/Japan, Tel. 446-41 64

Nikko Research, Kokusai Building, 1-13 Chome, Marumbuchi, Chiyoda-ku, Tokyo, Japan

Nippon Research Center Ltd., 8-5, Hattyobory 2-chome, Chuo-ku, Tokyo 104/Japan, Tel. 552-24 11

Nippon Research Center Ltd., 2-8-5, Hatchobori, Chuo-ku, Tokyo 104, Tel. (03) 552-24 15

Nippon Tokei Chosa Co., Ltd., Suminoe Bldg., 4-55, Andojibashidori, Minamiku, Osaka 542, Tel. (06) 251-57 81

Nishi-Nippon Research Center Co., Ltd., Katayama Bldg., 3-13, Imaizumi 2-chome, Chuo-ku, Fukuoka 819/Japan, Tel. (092) 751-79 68

Nomura Research Institute, Economic Research Department, 1-11-1 Nihonbashi, Chuo-ku, Tokyo, Japan

Office of Graham Parker, 12-12, Nishiogi-kita, 5-chome, Suginami-ku, Tokyo 167, Tel. (03) 394-21 81

PA International-Management Consultants Ltd., 2F Kyodo Bldg., 7-15-5 Ginza, Chuo-ku, Tokyo 104, Tel. (03) 545-24 61/2

P.M.C. K.K., French Bank Bldg., 9F, 1-1-2, Akasaka, Minato-ku, Tokyo, Tel. 586-53 05

Pacific Research Organization Inc., Setani Building, Kojimachi 5-4, Chiyoda-ku, Tokyo 102, Tel. (03) 263-75 71

Quantum Science Corporation, 1-11-6-801 Nishiazabu, Minato, Tokyo 106, Tel. (03) 403-26 16

Research and Development Inc., Najiko Bldg., 10-10, Taukiji 3-chome, Chuo-ku, Tokyo 104/Japan, Tel. 545-14 11

Research and Development, Inc., 10-10, Tsukiji 3-chome, Chuo-ku, Tokyo 104, Tel. (03) 545-14 11

Research Information Center Inc., Okada Bldg., 3-21, Kanda-Sakuma-cho, Chiyoda-ku, Tokyo 101/ Japan, Tel. 862-09 81

Seibu Marketing Information Service (SMIS), 42nd F., Sunshine Bldg., 3-1-1, Higashi-Ikebukuro, Toshima-ku, Tokyo, Tel. (03) 971-64 87

Smis Ltd., Sunshine 60, 1-1, Higashi-Ikebukuro 3-chome, Toshima-ku, Tokyo 170/Japan, Tel. 988-31 11

Soken Co., Ltd., 27-4, Ebisu 4-chome, Shibuya-ku, Tokyo 150/Japan, Tel. 443-79 01

SRI International (formerly: Stanford Research Institute), No. 3, Edobashi Bldg., 7th Floor, 12-11, Nihonbashi 1-chome, Chuo-ku, Tokyo 103, Tel. (03) 271-71 08

Statistic and Data Service Co., 19-4, Shibuya 2-chome, Shibuya-ku, Tokyo 150/Japan, Tel. 498-15 61

Survey Agency Co., Ltd., Kaneshin Bldg., 1-3, Ebisu 3-chome, Shibuya-ku, Tokyo 150/Japan, Tel. 442-53 80

Survey Research Center Co., Nishimaki Bldg., 4, Rokuban-cho, Chiyoda-ku, Tokyo 102/Japan, Tel. 239-35 58

Tokyo Survey Research Inc., Shimakura Bldg., 4-11-6, Ginza, Chuo-ku, Tokyo 104, Tel. (03) 542-18 31

3.3. Fachpublikationen, Nachschlagewerke

Inland:

Athos, A. G./Pascale R. T.: „Geheimnis und Kunst des japanischen Managements“, Wilhelm-Heyne-Verlag, München 1981

Bundesstelle für Außenhandelsinformationen, Köln: Diverse Publikationen:

Kurzmerkblätter
Wirtschaftslage (jährlich)
Hinweise für das Japan-Geschäft
Investitionsabkommen.

Detaillierte Informationen können dem BfAI-Publikationsspiegel entnommen werden.

Demes, H./Merz, H. P.: „Managementpraktiken und Investitionsstrategien japanischer Auslandsniederlassungen“, Berlin 1984

DIN Deutsches Institut für Normung e.V.: „Normung, Zertifizierung, Zulassungsverfahren in Japan“, Beuth Verlag GmbH, Berlin und Köln 1984

Deutsch-Japanisches Wirtschaftsförderungsbüro „Japanwirtschaft“, Düsseldorf (kontinuierlich)

Deutsch-Japanisches Wirtschaftsförderungsbüro: „Japanwirtschaft“, Düsseldorf (sporadisch)

Eli, Max: „Leitfaden zur Erschließung des japanischen Marktes“, Weissenhorn 1984

Eli, Max/Lammer, Helmut: „Sogo Shosha — Strukturen und Strategien japanischer Welthandelsunternehmungen“, Institut für Asienkunde“, Düsseldorf—Wien 1977

Ernst, Angelika (Hrsg.): „Geld in Japan“, Erich Schmidt Verlag, Berlin 1981

Ernst, Angelika: „Japans langer Abschied von der Vollbeschäftigung — Arbeitsmarktstrukturen und Arbeitsmarktentwicklung“, Institut für Asienkunde, Hamburg 1986

Hammitzsch, Horst: „Japans Handbuch“, Franz Steiner Verlag, Wiesbaden 1981

Hanan/Kimoto/Markmann/Tezuka: „Die Arbeitswelt in Japan und in der BRD — ein Vergleich“, Neuwied 1985

Heeg, Franz Josef: „Phänomen Japan", Verlagsgruppe Deutscher Wirtschaftsdienst, Köln, 1983

Hirschmeier, Johannes: „Die japanische Unternehmung — Schriften aus dem Nachlaß", Institut für Asienkunde, Hamburg 1986

Ifo — Institut für Wirtschaftsforschung: „Japan — Partner und Konkurrent", Ifo-Schnelldienst 26/27, München 1985

Institut für Asienkunde — Deutsche Industrie u. Handelskammer in Japan: „Wirtschaftspartner Japan", Institut für Asienkunde, Hamburg 1985

Jung, Herbert: „Wie Sie mit Japanern ins Geschäft kommen", Dodos Verlag, Düsseldorf 1984

Haasch, Günter: „Japan", Colloquium Verlag, Berlin 1982

Kevenhörster, Paul: „Computerized Policy in Japan — Information Processing in the Japanese Government, Institut für Asienkunde, Hamburg 1982

Laumer, Helmut: „Empirische Wirtschaftsforschung in Japan", Institut für Asienkunde, Hamburg 1982

Laumer, Helmut: „Soyo Shosha", Ifo-Studien, München 1981

Laumer H./Ochel W.: „Strukturpolitik für traditionelle Industriezweige in Japan (Ifo Schriftenreihe Nr. 118)", Berlin—München 1985

Morishima, Michio: „Warum Japan so erfolgreich ist", C. H. Beck Verlag, München 1985

Ollmann, Michael: „Die steuerlich zweckmäßige Gestaltung einer deutschen Direktinvestition in Japan" (Schriften des Instituts für ausländisches und internationales Finanz- und Steuerwesen der Universität Hamburg, Nomos Verlagsgesellschaft, Baden-Baden 1984

Ostasiatisches Seminar Freie Universität Berlin: Das Institut veröffentlicht kontinuierlich eine große Auswahl von Publikationen, Verlag Ute Schiller, Berlin

Paetz, Hans Jürgen: „Kooperation im Japan-Geschäft", Köln 1983

Pathalc, Angelika: „Japan: Politik, Wirtschaft, Gesellschaft — Auswahlbibliographie", Deutsches Übersee-Institut, Referat Asien und Südpazifik, Übersee-Dokumentation, Hamburg 1985

Pohl, Manfred: „Japan 1985/86 — Politik und Wirtschaft", Institut für Asienkunde, Hamburg 1986

Stumpf/Nunoi/Sengen/Staples: „The Know-how Contract in Germany, Japan and the United States", Maschinenbau Verlag, Frankfurt 1984

VDMA-Nachrichten: „Statistik und Konjunktur in Japan", Frankfurt 1985

VDMA: „Wettbewerber Japan", Frankfurt 1981

Wendt, Ingeborg Y.: „Phänomen Japan", Wilhelm Goldmann Verlag, München 1984

Ausland:

Deutsche Industrie- und Handelskammer, Tokyo:

„Markt Deutschland — Japan", (regelmäßig)
„Mitgliederverzeichnis", jährlich
„Jahresberichte", jährlich
„Deutsche Unternehmen erfolgreich in Japan", sporadisch
„Die Deutsche Präsenz in Japan", sporadisch
„Investitionsfibel: Juristische Ratschläge für das Japangeschäft"

Detaillierte Informationen über die Veröffentlichungen der Deutschen Industrie- und Handelskammer zu den Bereichen:

Handelsrecht
Investitionen
Arbeits- und Sozialrecht
Verzeichnisse und Aufstellungen

können dem Publikationsspiegel des DIHT, Bonn, entnommen werden.

Eli, Max: „Die leistungswirtschaftlichen Funktionen transnationaler japanischer Handelsunternehmungen", in Handelsforschung und Handelspraxis, Festschrift für Walter Marzen zum 65. Geburtstag, Wien 1981

Fujiwasa: „Helping Depressed Industrie Help Themselves", Economic Ege, Tokyo 1983

Ichiro, Yano: „Nippon a chartered survey of Japan 1985/86", Kokysei-sha Corporation, Tokyo 1985

Janow, M. E./Pepper, Th.: „Industry Adjustment in Japan", Paper prepared for the Institute for International Economics, Hudson Institute, Indianapolis 1984

Japan External Trade Organisation, Machinery and Technology Dept: „The Japan Industrial Technological Bulletin", Tokyo, monatlich

Jetro: „Geschäftspraxis in Japan, Jetro-Marketing Serie 8 — Deutsche Ausgabe", Tokyo 1982

JETRO — Japanische Handelszentrale: „Nippon Facts", Hamburg (kontinuierlich)

Jetro: „Schlüssel zum Erfolg auf dem japanischen Industriewarenmarkt", Tokyo 1981

Jetro: „Setting up Enterprises in Japan", Tokyo 1983

Jetro: „The Japanese Consumer, Jetro-Marketing series 6", Tokyo 1983

Jetro: „Wirtschaftliche Maßnahmen zur Öffnung des japanischen Marktes" (Sonderausgabe der Jetro-Informationen), Tokyo 1983

Jetro, Tokyo: Jetro veröffentlicht eine große Anzahl von Publikationen. Sie konzentrieren sich auf Industrie, Handel und Gewerbe sowie Kapitalinvestitionen in Japan.

Folgende Publikationsreihen werden herausgegeben:
„Jetro Marketing Series"
„Your Market in Japan" — (Special Edition und Mini Report)
„Access to Japan's Import Market"
„Jetro Business Informations Series"
„Now in Japan Series"
„Key to Success in the Japanese Market"
„Agriculture Department".

Einen detaillierten Überblick über die einzelnen Veröffentlichungen gibt die Publikationsliste der Jetro — Düsseldorf.

Keizai Koho Center: „An Anatomy of the Japanese Economy", Tokyo 1984

Keizai Koho Center: „Japan 1985 — An International Comparison", Tokyo 1985

Koshiro, K.: „Impact of Direct Foreign Investment on Domestic Employment", Japan Labour Bulletin, 1982

Lincoln, E. J.: „Japan's Industrial Policies — What are they, do they matter and are they different from those in the United States?, Japan Economic Institute of America, Washington 1984

Nihon Keizai Shimbun: „Japan Economic Almanac", Tokyo 1985

OECD: „Economic Outlook Nr. 34", Paris 1983

Ozawa, T.: „Government Control over Technology Acquisition an Firm's Entry into New Sectors", Cambridge Journal of Economics, 1980

Porges, A.: „On Import Cartels an Industrial Organization in Japan, a Memorandum for the Office of the Special Representative for Trade Negotiations", Washington, D.C. 1979

Saxonhouse, G. R.: „Industrial Restructuring in Japan", Journal of Japanese Studies, Vol. 5, No. 2, 1979

Sekiguchi, Sueo: „Industrial Policies in Japan", Osaka 1984

Statistical Bureau Management and Coordination Agency: „Statistical Handbook of Japan 1985", Tokyo 1985

The Japan Ltd. (Hrsg.): „Japan in the year 2000. Long-term Outlook", Committee, Economic Council, Economic Planning Agency, Tokyo 1983

Toyo Keizai Shinposha: „Japan Company Handbook", Tokyo 1985

Wheeler J. W./Janow, M. E./Pepper, Th.: „Japanese Industrial Development Policies in the 1980's: Implications for U.S. Trade and Investment", Hudson 1982

Yamamura, K.: „Success that Soured", Tokyo 1982

4. Informationen im Zusammenhang mit dem Handel mit RGW-Ländern und Jugoslawien

4.1. Informationsquellen für Ostmarktforschung

Institute, Ausschüsse, Vereine

Abteilung für Osteuropäische Landeskunde des Osteuropa-Institutes an der Freien Universität Berlin, Berlin

Arbeitsgemeinschaft Handel mit der DDR, Berlin

Ausschuß zum Vergleich von Wirtschaftssystemen der Gesellschaft für Wirtschafts- und Sozialwissenschaften, München

Berliner Absatz-Organisation, Berlin

Bundesinstitut für ostwissenschaftliche und internationale Studien, Köln

Collegium Carolinum e.V., Forschungsstelle für die böhmischen Länder, München

Deutsche Gesellschaft für Osteuropakunde e.V., Berlin

Deutsches Institut für Wirtschaftsforschung (DIW), Berlin

Deutsches Polen-Institut e.V., Darmstadt

Donaueuropäisches Institut, Wien

Forschungsstelle für gesamtdeutsche wirtschaftliche und soziale Fragen e.V., Berlin

Forschungsstelle für Wirtschaftspolitik an der Johannes-Gutenberg-Universität Mainz, Mainz

Forschungsstelle zum Vergleich wirtschaftlicher Lenkungssysteme, Philipps-Universität Marburg, Marburg

Geographisches Institut der Justus-Liebig-Universität, Gießen

Geographisches Institut der Ruhr-Universität Bochum, Bochum

Gesamtdeutsches Institut — Bundesanstalt für gesamtdeutsche Aufgaben, Bonn

Handelsverein E.V., Bundesrepublik Deutschland — Deutsche Demokratische Republik, Bremen

HWWA — Institut für Wirtschaftsforschung, Hamburg

Institut für Außenhandel und Überseewirtschaft der Universität Hamburg, Hamburg

Institut für Genossenschaftswesen, Westfälische Wilhelms-Universität, Münster

Institut für Geschichte Osteuropas und Südosteuropas an der Universität München, München

Institut für Markt und Plan — Johann-Wolfgang-von-Goethe-Universität, Frankfurt

Institut für Ostmarktforschung GmbH & Co. KG, Hamburg

Institut für Ostrecht, Universität, Köln

Institut für Weltwirtschaft an der Universität Kiel

Institut für Wirtschaft und Gesellschaft Ost- und Südosteuropas — Ludwig-Maximilians-Universität, München

Johann-Gottfried-Herder-Institut, Marburg/Lahn

Österreichisches Ost- und Südosteuropa-Institut, Wien

Ost-Ausschuß der Deutschen Wirtschaft, Köln
(Arbeitskreise: Bulgarien, China, Polen, Rumänien, Tschechoslowakei, UdSSR, Ungarn)

Osteuropa-Institut a. d. Freien Universität Berlin, Berlin

Osteuropa-Institut, München

Rechtswissenschaftliche Fakultät — Institut für Ostrecht, Universität Köln, Köln

Südosteuropa-Gesellschaft, München

Südost-Institut, München

Arbeitsgebiet Osteuropaforschung, Gießen

Zeitschriften, Informationsblätter

„Aktuelle Osthandels-Informationen/Neues aus Technik und Forschung in Osteuropa", Frechen

„Aus Politik und Zeitgeschichte" — Beilage zur Wochenzeitung „Das Parlament", Bundeszentrale für Politische Bildung, Bonn

„Bohemia-Jahrbuch des Collegium Carolinum", Collegium Carolinum, München

„Bulgarischer Außenhandel" Agentur für Außenhandelswerbung, Sofia

„Business Eastern Europe", Business International S.A.

„China Wirtschafts-Info — Der unabhängige Nachrichtendienst f. d. Management", Krefeld

„DDR-Wirtschaft", Buchexport, Leipzig

„Der Donauraum", Wiener Forschungsinstitut für den Donauraum Wien; Osteuropa Institut/Regensburger Osteuropainstitut, Regensburg

„Der Ost-West-Handel", Arno Buchholz-Verlag, Düsseldorf

„Deutschland Archiv", Verlag Wissenschaft und Politik, Bernd von Nottelbeck, Köln

„Die Politische Meinung", Konrad-Adenauer-Stiftung, Bonn

„Die Wirtschaft", Buchexport, Leipzig

„Die Wirtschaft des Ostblocks", Verlag Dr. K. Prachazka, Wachtberg-Pech

„Dokumentation Ostmitteleuropa", Johann-Gottfried-Herder-Institut", Marburg/Lahn

„Ecotass", Tass, Moskau

„Europa Archiv", Deutsche Gesellschaft für Auswärtige Politik, Bonn

„Gießener Abhandlungen zur Agrar- und Wirtschaftsforschung des europäischen Ostens", Zentrum für Kontinentale Agrar- und Wirtschaftsforschung, Universität Gießen

„Gegenwartsfragen der Ostwirtschaft"; Osteuropa-Institut München

„Informationsdienst CSSR Wirtschaft intern", Hamburg

„Informationsdienst zum Bildungswesen in Osteuropa", Osteuropa-Institut der Freien Universität Berlin, Berlin

„Innerdeutscher Handel — Loseblattwerk"; Verlagsgruppe Deutscher Wirtschaftsdienst, Köln

„Interzonenhandel — Handbuch für die Praxis — Loseblattwerk"; Verlagsgruppe Deutscher Wirtschaftsdienst, Köln

„Jahrbuch der Wirtschaft Osteuropas", Osteuropa-Institut, München

„Jahrbücher für Geschichte Osteuropas"; Osteuropa-Institut, München

„Jugoslavija-Wirtschaft", Hamburg

„Länderberichte Osteuropa", Carl Hanser-Verlag, München

„Münchner Zeitschrift für Balkankunde" Institut für Geschichte Osteuropas und Südosteuropas an der Universität München, München

„Marketing in Hungary", Ungarische Handelskammer, Budapest

„Osteuropa", Deutsche Gesellschaft für Osteuropakunde e.V., Berlin

„Osteuropa-Recht", Deutsche Gesellschaft für Osteuropakunde e.V., Berlin

„Osteuropa-Wirtschaft", Deutsche Gesellschaft für Osteuropakunde e.V., Berlin

„Ost-West-Commerz", Ost-West-Commerz, Hamburg/Neumünster

„Ost-West-Kooperationen Aktuell", Internationales Zentrum für Ost-West-Kooperation e.V., Berlin

„Ost-Wirtschaftsexport", Düsseldorf; Tel. (02 11) 8 38 82 79

„Pusseschen Ostwirtschaft", Österreichisches Ost- und Südosteuropa-Institut, Wien

„Plan Econ Report", Plan Econ Inc., Washington

„Polnischer Außenhandel" — Außenhandelsunternehmen ARS Polona, Warschau

„Recht in Ost und West", Verlag Vereinigte Druckereien Chemielorz & A. W. Hayn's Erben

„Sowjetischer Außenhandel", Ministerium für Außenhandel der UdSSR
„Sowjetunion Heute", Botschaft der UdSSR/Presseagentur Nocosti (APN)
„Sowjetunion", Hanser-Verlag, München
„Südosteuropa-Jahrbücher", Südosteuropa-Gesellschaft, München
„Südosteuropa-Mitteilungen", Südosteuropa-Gesellschaft, München
„Südosteuropa-Schriften", Südosteuropa-Gesellschaft, München
„Südosteuropa-Studien", Südosteuropa-Gesellschaft, München
„Südost-Forschungen", Oldenbourg-Verlag, München
„Ungarn-Jahrbuch", Verlag Dr. Dr. Rudolf Twfenik, München
„Untersuchungen zu Gegenwartsfragen Südosteuropas", Südost-Insitut, München
„Veröffentlichungen des Instituts für Ostmarktforschung GmbH & Co. KG", Hamburg
„Veröffentlichungen des Osteuropa-Instituts München", Osteuropa-Institut München
„West-Ost-Journal", Donaueuropäisches Institut, Wien
„WGO-Monatshefte für Osteuropäisches Recht", Hansischer Gildeverlag Joachim Heitmann & Co., Hamburg
„Wharton-Centrally Planned Economies Current Analysis", Wharton Forecasting Associates
„Wissenschaftlicher Dienst Südosteuropa", Südost-Institut, München
„World Trade Information-Export Magazin", Media-Mail Verlagsgesellschaft mbH, Coburg
„Zeitschrift für Ostforschung", Johann-Gottfried-Herder-Institut, Marburg/Lahn

5. Behördliche und rechtliche Bestimmungen für Direktinvestitionen und Kooperationen in ausgewählten Ländern

Allgemeines

Im folgenden werden in konzentrierter Fassung die wesentlichen relevanten Kriterien und Daten für Gesellschaftsgründungen, Beteiligungen und Kooperationen in einer Reihe von für deutsche Investoren interessanten Ländern dargestellt.

Die Daten erstrecken sich auf

- allgemeine Rahmenbedingungen, so z. B. die Zielsetzungen der Regierung im Hinblick auf ausländische Investitionen,
- die wesentlichen Zulassungsbedingungen für ausländisches Kapital sowie möglicher Förderungsmaßnahmen,
- Möglichkeiten des Kapital- und Gewinntransfers sowie der Überweisung von Lizenzgebühren,
- Basisdaten des Gesellschaftsrechts,
- Basisdaten des Steuersystems
- Basisdaten des Arbeitsmarktes.

Die Informationen wurden mit Mitarbeitern der DEG - Deutsche Finanzierungsgesellschaft für Beteiligungen in Entwicklungsländern mbH, Köln, zusammengestellt.

Da die Bestimmungen laufenden Veränderungen unterliegen, kann eine Gewähr für die aktuelle Richtigkeit und Vollständigkeit der angeführten Daten nicht übernommen werden.

5.1. Länder in Afrika

Ägypten

1. Rahmenbedingungen

Liberalisierung der Wirtschaft durch Sadads „Open Door Policy" und Öffnung der bis 1974 ganz überwiegend staatswirtschaftlichen Wirtschaftsordnung für Privatinvestitionen, sowohl arabischer wie auch ausländischer Quellen.

Wirtschaftspolitik heute gegenüber ausländischen Privatinvestitionen wohlwollend eingestellt.

Großes Bevölkerungswachstum, schwerfällige Administration und chronischer Devisenmangel belasten das Wirtschaftssystem sehr.

2. Auslandsinvestitionen

Grundsätzliche Einstellung

Ausländische Privatinvestitionen werden dringend benötigt; Grundeinstellung ausländischen Partnern gegenüber positiv; Schwerfälligkeit der Administration (z. B. der Genehmigungsbehörde) lähmt ausländische Industrieansiedlung in Ägypten; ausländische Industrieansiedlung wird angesichts der Devisenknappheit nur mit Exportauflagen genehmigt.

a) Genehmigungspflicht

Alle Investitionen, die von der gesetzl. Garantie zum Kapitalretransfer gem. Gesetz 43/74 in der Fassung des Gesetzes 32/77 begünstigt werden sollen, bedürfen der Genehmigung durch die General Authority for Foreign Investments (G.A.F.I.). Mit Ausnahme der Freizonenprojekte (siehe unter „Freizone") ist ägyptische Beteiligung am Projekt imperativ, nicht aber notwendigerweise die Mehrheit in Kapital. Offensichtlich wird von der G.A.F.I. aber auf ihre ausreichend erscheinende Höhe der ägyptischen Beteiligung erachtet: Dies kann je nach Projekt und Wirtschaftssektor auch ägyptische Mehrheit bedeuten. Die G.A.F.I. arbeitet außerordentlich schwerfällig: Bearbeitungszeiten von mehreren Jahren für Investitionsanträge sind keine Seltenheit.

b) Gesellschaftsform

Genehmigte Investitionen nach Gesetz 43/74 bzw. 32/77 sind in der Form der Aktiengesellschaft oder GmbH ägyptischen Rechts zu gründen und zwar unter Verwendung der von der G.A.F.I herausgegebenen Mustertexte. Von diesen Mustern kann nur mit Genehmigung der G.A.F.I. abgewichen werden.

Meist wird die Aktiengesellschaft gewählt, nur auf diese bezieht sich die Ausarbeitung im folgenden: Das Kapital der AG ist von den ägyptischen Aktionären in Landeswährung, von den ausländischen Investoren in Devisen (Umrechnung zum Touristenkurs!), einzubringen; das Aktienkapital bildet daher immer zwei Kategorien von Aktien, nämlich einheimischen und ausländischen Aktien, die bzgl. Einzahlung, Veräußerlichkeit und Kapitalretransfer unterschiedlich behandelt werden. Die Aktiengesellschaft ägyptischen Rechts hat 2 Organe:

— Hauptversammlung
— Verwaltungsrat.

Der Verwaltungsrat ist — ähnlich in französischem Recht — umfassend für das Management zuständig. Ihm steht ein Präsident vor, dem — wenn nichts anderes vereinbart ist — das Management untersteht. Möglich ist aber auch, das Management einem anderen Verwaltungsratsmitglied zu unterstellen (der Präsident kann in diesem Fall auf den Vorsitz im Verwaltungsrat beschränkt werden). Daneben kann ein General Manager etabliert werden, der aber entweder dem Präsidenten oder einem anderen für das Management zuständigen Verwaltungsratsmitglied untersteht.

Das Kapital muß bei Gründung nur zu ¼ eingezahlt werden, der Rest innerhalb von 2 Jahren.

Joint Ventures, welche nach Gesetz 43/74 bzw. 32/77 gegründet werden, sind von der Anwendung diverser gesetzlicher Bestimmungen — auch im Bereich des geltenden Gesellschaftsrechts — befreit, z. B. auch von der Bestimmung, daß der Verwaltungsrat mehrheitlich mit Ägyptern besetzt sein muß.

c) Kapitalmehrheiten

Grundsätzlich keine ägyptische Kapitalmehrheit gefordert; G.A.F.I. besteht aber im Einzelfall und je nach Sektor auf ägyptischer Mehrheit.

Minderheitenschutz kann grundsätzlich im Gesellschaftsvertrag/Satzung vereinbart werden; da Gründungsdokumente von G.A.F.I. genehmigungspflichtig sind, können aber Schwierigkeiten bei Abweichung von Mustersatzung auftreten.

d) Gründungsverfahren

Nach G.A.F.I.-Genehmigung ist Kapitaleinzahlung von mindestens 25% erforderlich, und zwar auf ein Sperrkonto bei einer ägyptischen Bank. Mit dem Einzahlungsbeleg kann Erlaß eines Gründungsdekrets des Staatspräsidenten zur Gründung der Aktiengesellschaft beantragt werden: Erst mit dessen Veröffentlichung ist die Aktiengesellschaft gegründet.

e) Investitionsanreize

Genehmigte Investitionen genießen eine Reihe von Vorteilen, deren bedeutsamste — angesichts der chronischen Devisenknappheit des Landes — in der Erlaubnis zur Führung eines eigenen Devisenkontos zu sehen ist, welches ohne weitere Genehmigung für alle (legalen) Devisenoperationen benutzt werden darf, wie z. B. Importe von Anlagen, Ausrüstungsgegenständen, Rohmaterialien etc. Die genehmigten Joint Ventures sind berechtigt, ihre Exporterlöse und ihre Verkäufe im ägyptischen Markt gegen Devisen (die Vermarktung im ägyptischen Markt gegen Devisen ist legal) auf diese Konten einzuzahlen und unbeschränkt über diese zu verfügen, d. h. keine Verpflichtung zur Abgabe an die Zentralbank.

Joint Ventures müssen devisenautark sein; wenn eigene Quellen nicht ausreichend sind, den Devisenbedarf zu decken, müssen Devisen gegen erheblichen Aufpreis auf dem grauen Markt beschafft werden (siehe dazu „Devisenrecht").

Die Genehmigungspraxis der G.A.F.I. legt auf Exporte größten Wert — Exportauflagen finden sich häufig in den erteilten Genehmigungen.

Steuervorteile:

Steuerbefreiung für 5 Jahre seit Produktionsaufnahme; bei besonders wichtigen Projekten kann die Steuerfreiperiode auf 8 Jahre verlängert werden. Für bestimmte Projekte der Landgewinnung und des Städtebaus beträgt die Steuerfreiperiode 10 Jahre.

Befreiung oder Vergünstigung bei allen Einfuhrzöllen und Einfuhrsteuern.

Genehmigte Projekte sind von diversen sonstigen gesetzlichen Bestimmungen, gesellschaftsrechtlicher und sonstiger Art befreit, z. B. von der Bestimmung, daß ägyptische Gesellschaften 25% ihrer Gewinne an die Angestellten und Arbeiter auszuschütten haben (statt dessen muß die Satzung einen selbstgewählten Prozentsatz vorsehen) oder z. B. von der Bestimmung, daß der Verwaltungsrat mehrheitlich ägyptisch besetzt sein muß.

f) Steuerrecht

Eine Gewinnsteuer wird erhoben auf die Gewinne aller Kapitalgesellschaften und beträgt grundsätzlich 40%. Die Gewinne aus industrieller Tätigkeit und aus Exporten werden nur mit 32% besteuert; Personengesellschaften und Einzelunternehmen werden nach anderen Sätzen besteuert.

Eine Quellensteuer von 32% wird an der Quelle auf Zinsen, Royalties (Lizenz- bzw. Know-how-Gebühren) und Dividenden erhoben.

Eine Stempelsteuer fällt auf diverse Transaktionen bzw. Verträge an wie z. B. Gesellschaftsgründung, Handelsregistereintragungen, diverse Registrierungen z. B. von Agenten, Wechsel, Versicherungspolicen etc. Daneben existieren noch diverse andere Steuerarten von geringerer Bedeutung.

Devisenrecht

Das ägyptische Devisenrecht kennt verschiedene Kurse:

a) Offizieller Kurs: steht nur für bestimmte staatliche Einnahmen und Ausgaben zur Verfügung wie z. B. Einfuhren von Grundnahrungsmitteln, Düngemitteln, Bedienung der Staatsverschuldung etc.; Einnahmen stammen aus Suez-Kanal-Gebühren, Exporten von Baumwolle, Reis etc.,
b) Parallelkurs: dient nur zur Abwicklung von sonstigen Transaktionen der öffentlichen Hand,
c) „Prime-Added" („Tourism-")Rate: Über diesen Kurs werden Kapitalinvestitionen, Repatriierung von Kapital und Zinsen, private und auch öffentliche Importe abgewickelt; dieser Kurs wird ferner angewandt auf die dem Bankensektor zufließenden Einnahmen aus Devisenankäufen von Touristen, von Exporterlösen, die der private Sektor (nicht jedoch genehmigte Joint Ventures) teilweise an das Bankensystem abgeben muß etc.
d) „Free Market Rate" des grauen Marktes außerhalb des Bankensystems: Erhebliche Devisenmengen werden außerhalb des Bankensystems legal getauscht, allerdings zu erheblich ungünstigeren Kursen.

Infolge der erheblichen und ständig steigenden Devisenknappheit ist der private Sektor immer stärker gezwungen, seinen Devisenbedarf über den grauen Markt abzuwickeln; dies gilt auch für genehmigte Kapitalinvestitionen, sofern die eigenen Deviseneinnahmen aus Exporten, Verkäufen in Devisen in den ägyptischen Markt (dies ist legal) oder sonstigen Devisenquellen nicht ausreichen.

Transfer und Retransfer des Kapitals und der Gewinne

Kapitaleinfuhren und Kapitalrepatriierungen werden über das eigene Devisenkonto genehmigter Investitionen abgewickelt; die Devisenguthaben können zur Repatriierung und Zahlung von Gewinnen benutzt werden.

Gesetzlich ist eine Repatriierung frühestens nach 5 Jahren und dann in Jahresraten von 20% möglich.

Sofern keine Devisen aus eigenen Quellen vorhanden sind, können diese nur auf dem grauen Markt zugekauft werden. Sofern eine offizielle rechnerische Umrechnung Devisen - Ägyptische Pfund (z. B. zum Zwecke der Berechnung der Dividendenauszahlung in Devisen) vorgenommen werden muß, ist der Touristen-Kurs maßgeblich.

Freizonen

Spezielle Bestimmungen gelten für Freizonenprojekte, die ohne ägyptische Beteiligung geführt werden können; diese Projekte gelten devisenrechtlich und zollrechtlich als Ausland.

3. Abkommen

Es existiert sowohl ein Investitionsschutz- wie auch ein Doppelbesteuerungsabkommen. Letzteres wird in Zukunft durch eine Neufassung, welche bereits verhandelt, aber noch nicht in Kraft ist, abgelöst werden.

Algerien

1. Grundeinstellung

Am 26. 7. 1982 verabschiedete die algerische Nationalversammlung ein Gesetz, in dem die Gründung und die Arbeitsweise von Gemeinschaftsunternehmen geregelt wird. Grundsätzlich scheint sich Algerien vorsichtig und langsam für Auslandsinvestitionen zu öffnen. Derartige Joint Ventures sollen durch diverse Steuerbefreiungen und finanzielle Anreize gefördert werden. Insgesamt ist die planwirtschaftliche Wirtschaftsordnung Algeriens aber noch nicht reif, die Arbeitsweise von Joint Ventures praktisch zu ermöglichen.

2. Das Joint Venture

Die gegenwärtige Rechtslage läßt in Algerien Joint Ventures (nach dortiger Terminologie: gemischtwirtschaftliche Gesellschaften) nur unter Mehrheitsbeteiligung des algerischen Staates oder eines sozialistischen Unternehmens zu. Joint Ventures mit privaten Unternehmen sind ausgeschlossen. Das am Joint Venture beteiligte algerische Unternehmen muß mindestens 51% des Gesellschaftskapitals halten.

Der Verwaltungsrat muß aus 5 Mitgliedern bestehen, die von den beiden Parteien nach dem Verhältnis ihrer Beteiligung am Kapital der gemischt-wirtschaftlichen Gesellschaft benannt werden. In der Praxis bedeutet dies, daß auch der Verwaltungsrat mehrheitlich von der algerischen Seite besetzt werden muß. Den Vorsitz des Verwaltungsrates stellt zwingend die algerische Seite. Der Vorsitzende ist gleichzeitig für die Leitung der Gesellschaft verantwortlich. Auf Geschäftsführungsebene können Ausländer nur einen beigeordneten Generaldirektor (Directeur General Adjoint) entsenden, der den Vorsitzenden des Verwaltungsrates unterstützt.

Zusätzlich bestimmt der Erlaß Nr. 83-737 vom 17. 12. 1983 ein allgemeines Leitungs- und Aufsichtsrecht der algerischen Seite bezüglich der Tätigkeit und der Geschäftsführung der gemischtwirtschaftlichen Gesellschaft.

Diese Bestimmungen lassen ein stark auf staatliche Eingriffe ausgerichtetes Wirtschaftsverständnis erkennen, welches ein betriebswirtschaftliches Arbeiten eines Joint Ventures in Frage stellt. Insbesondere muß befürchtet werden, daß die Preisfestsetzung der von dem Joint Venture hergestellten Produkte durch die algerische Administration stark politisch beeinflußt wird und damit betriebswirtschaftliche Gesichtspunkte nicht ausreichend gewährleistet sind.

Es ist ferner zu befürchten, daß die im Lande zu beobachtenden starken bürokratischen Hemmnisse auch die Arbeitsweise der Joint Ventures erfassen werden, z. B. im Hinblick auf Ausbleiben oder Verschiebung von Entscheidungen aufgrund häufiger und kurzfristiger Wechsel in Führungspositionen bei den Ansprechpartnern in Wirtschaft und Verwaltung.

Es muß mit Importerschwernissen aufgrund des Außenhandelsmonopols von staatlichen Gesellschaften und daraus resultierender mangelhafter Versorgung mit Ersatzteilen, Produktionsmitteln und Vorprodukten gerechnet werden.

Staatliche Preisfixierung sowie Investitionsbindung an die zentrale Leitung stellen ein privatwirtschaftlich orientiertes marktwirtschaftliches Verhalten der Joint Ventures in Frage. Der algerische Partner hat jederzeit das Recht, ein Joint Venture aufzukündigen und die Anteile des ausländischen Partners zum Buchwert zu übernehmen. Letztlich partizipiert im Falle einer Auseinandersetzung oder Beendigung eines solchen Joint Ventures der ausländische Partner nicht an den stillen Reserven oder an den Ertragsaussichten eines Joint Ventures.

Demgegenüber erscheinen die von algerischer Seite gewährten Steuervorteile/finanziellen Anreize wenig ausschlaggebend:

— Steuerbefreiung bei der Beschaffung von Unternehmensgebäuden,
— Befreiung von der Grundsteuer,
— Befreiung von der Gewinn-Besteuerung während der ersten drei Geschäftsjahre sowie anschließender Reduktion des Steuersatzes,
— Steuerbefreiung für die sog. „zusätzlichen Vergütungen“, die ein gemischtes Unternehmen an den ausländischen Partner zahlt.

Kenia

1. Bedingungen für ausländische Investitionen

Genehmigungen

Unternehmensgründungen und -erweiterungen bedürfen der Zulassung (certificate of approved enterprise) durch das Industrieministerium (New Projects Committee).

Kapitalschutz

Ausländische Privatinvestitionen sind in Kenia nach dem Foreign Investment Protection Act von 1964 geschützt, falls eine Kapitalanlage zur Entwicklung der kenianischen Wirtschaft beiträgt (insbesondere durch Erwirtschaftung bzw. Einsparung von Devisen oder durch Zuwachs an technischem oder organisatorischem Wissen). Das vom Finanzministerium gemäß diesem Gesetz erteilte sog. FIPA-Zertifikat garantiert

a) bei Kapitalbeteiligungen:
   - den Retransfer des Nominalwertes zum Wechselkurs bei Retransfer
   - den Transfer von Dividenden (nach Steuern) zum Wechselkurs bei Transfer
   - den Transfer des Veräußerungsgewinnes (capital gains), jedoch müssen diese capital gains für einen Zeitraum von mindestens 5 Jahren in Kenia festgelegt worden sein (Zinssatz z. Z. 2%—3% p. a.)

b) bei Darlehen:
   - Transfer des im FIPA-Zertifikat eingetragenen Devisen-Darlehnsbetrages nebst Zinsen.

Ein Vertrag zur Förderung und zum gegenseitigen Schutz von Kapitalanlagen wurde zwischen Kenia und der Bundesrepublik Deutschland geschlossen, aber von Kenia noch nicht ratifiziert.

Besondere Investitionsanreize
- Sonderabschreibung auf Anlagen von 20% bei Industrievorhaben außerhalb Nairobi oder Mombasa
- Zollvergünstigungen bei Import von Rohmaterialien, falls diese zur Herstellung von Exportgütern dienen
- Umsatzsteuervergünstigung bei Einfuhr bestimmter Anlagegüter
- Doppelbesteuerungsabkommen mit der Bundesrepublik Deutschland.

Ausländer-Konten

Ausländer dürfen ein „external account" unterhalten. Das darauf in DM transferierte Kapital wird bei Gutschrift in Landeswährung konvertiert, doch kann der KShs-Gegenwert jederzeit wieder in Devisen zurückgetauscht werden, wobei aber der Kontoinhaber das Währungsrisiko trägt.

Kenianisierung

Eine kenianische Beteiligung ist weder im Kapital einer Gesellschaft noch in deren Management gesetzlich vorgeschrieben. Unternehmen ohne lokale Kapitalbeteiligung unterliegen jedoch administrativen Beschränkungen (bei reiner Auslandsbeteiligung können z. B. lokale Darlehen nur bis zur Höhe von 20% des Gesellschaftskapitals aufgenommen werden). Bei der Gewährung von Arbeitsgenehmigungen für ausländische Fachkräfte wird geprüft, ob deren Funktionen nicht von Einheimischen übernommen werden können.

2. Gesellschaftsrecht

Das Gesellschaftsrecht Kenias ist eng angelehnt an den englischen Company's Act von 1948 (vgl. hierzu im wesentlichen die zu Nigeria gemachten Angaben).

3. Steuerrecht

Die wichtigsten Steuern sind:
- Körperschaftssteuer (Corporation Tax)
  In Kenia ansässige Unternehmen entrichten 45% des Gewinns (net profit).
- Quellensteuer (Withholding Tax)
  Die Ausfuhr von Zinsen, Dividenden, Gewinnen sowie Lizenz- und Managementgebühren wird mit 12,5—20% besteuert.
- Umsatzsteuer (Sales Tax)
  Je nach Warenart werden 17—100% Steuern erhoben.
- Kapitalzuwachssteuer (Capital Gains Tax)
  Gewinne, die eine Gesellschaft bei der Veräußerung von Vermögensgegenständen realisiert, unterliegen einer effektiven Kapitalzuwachssteuer von 22,5%.

4. Arbeitsrecht

Ausländer bedürfen einer Arbeitsgenehmigung auch dann, wenn sie in Kenia leben.

Nigeria

1. Allgemeines/Rahmenbedingungen

Zielsetzung der Regierung

Im Interesse der Regierung liegen Investitionsvorhaben, die geeignet sind, den wirtschaftlichen Status des Landes zu heben, den Ausbildungsstand nigerianischen Personals zu verbessern sowie zur Nutzung der einheimischen Rohstoffe beizutragen.

2. Zulassungsbedingungen für ausländische Investoren

Genehmigung

Einholung der Genehmigung (Business Permit) zur Investition sowie zur Beschäftigung von Ausländern beim Innenministerium.

Firmenregistrierung

Registrierbehörde: Registrar of Companies, Federal Ministry of Trade. Zur Registrierung von Kapitalgesellschaften sind die Gründungsurkunden und die Satzung zusätzlich zu den notwendigen Antragsformblättern einzureichen.

Arbeitsgenehmigung und Aufenthaltsgenehmigung

Der Antragsteller hat über die konsularischen Vertretungen Nigerias eine Arbeits- und Aufenthaltsgenehmigung zu beantragen und Nachweise über seine berufliche Qualifikation vorzulegen.

Kapitaleinfuhrgenehmigung

Kapitaleinfuhr, auch in Form von Beteiligungen und Darlehenshingaben, bedarf der Genehmigung des Finanzministeriums. Voraussetzung: Die Investition liegt im wirtschaftlichen Interesse Nigerias.

Approved Status

Vor der Kapitaleinfuhr wird normalerweise der „Provisional Approved Status", nach der Kapitaleinfuhr der „Final Approved Status" erteilt. Er enthält die Zusage der Regierung, einen späteren Retransfer des Kapitals und seiner Erträge wohlwollend zu prüfen.

Transfergenehmigung

Für jeden Einzeltransfer ist über Vermittlung der Hausbank eine Genehmigung der Zentralbank einzuholen. Voraussetzung für eine Genehmigung ist eine Unbedenklichkeitsbescheinigung der Steuerbehörde.

Nigerianisierungsbestimmungen

Das Nigerian Enterprises Promotion Decree (NEPD) vom 12. 11. 1977, rückwirkend gültig ab 29. 6. 1976, enthält einen dreifach gestaffelten Branchenkatalog:

— Schedule 1:
100% nigerianischer Anteil (z. B. Werbung, Lotterien, Alkoholabfüllung, Schmuckherstellung, Rundfunk und Fernsehen, Presse)

— Schedule 2:
Mindestens 60% nigerianischer Anteil (z. B. Geschäftsbanken, Eisen- und Stahlherstellung, Brauereien und die meisten Industrien)

— Schedule 3:
Mindestens 40% nigerianischer Anteil. Alle hier genannten Branchen lassen eine bis zu 60%ige ausländische Beteiligung zu, sofern es sich nicht um Betriebe der öffentlichen Hand handelt.

Tätigkeit des Unternehmens in mehreren Branchen

Fällt der Tätigkeitsbereich des Unternehmens in mehrere „Schedules", wird die jeweils höhere nigerianische Beteiligungsquote gefordert.

Holding

Ausgenommen von den Nigerianisierungsvorschriften sind Holding-Gesellschaften, die keinen Handel treiben und deren Beteiligungsgesellschaften den vorschriftsmäßigen nigerianischen Anteil aufweisen.

Management

Unabhängig vom nigerianischen Beteiligungsanteil können Ausländer mit dem Management betraut werden.

Aktienstreuung

— Keine Einzelperson darf mehr als 5% des Grundkapitals oder mehr als 50 000 N halten.
— Bei Neuinvestitionen müssen 10% des Kapitals vom Personal gehalten werden, davon 50% durch den „Non-Managerial-Staff".
  Bei Schwierigkeiten hinsichtlich dieser Vorschrift können diese Anteile einem Trust zur treuhänderischen Aufbewahrung anvertraut werden.
— Bei einem Verkauf von Anteilen bestehender Unternehmen bezieht sich diese Regelung nur auf die verkauften Anteile.

Final Certificate of Compliance

Bestätigung, daß ein Unternehmen der Nigerianisierungsgesetzgebung entspricht. Hierzu ist die Vorlage spezieller Unterlagen notwendig (z. B. Nachweis über den Aktienerwerb und die Zahlung des Kaufpreises, Mitgliederliste des Board of Directors, Managementverträge, Satzung). Die Voraussetzungen der Nigerianisierungsbestimmungen sind schnellstmöglich zu realisieren. Antragsannahme durch Ministerien, Banken und Behörden setzen Vorlage des „Final Certificate of Compliance" voraus.

Investitionsschutz

Die nigerianische Verfassung enthält eine allgemeine Eigentumsgarantie, spezielle Schutzvorschriften für ausländisches Kapital bestehen nicht. Politisches Risiko kann durch eine Garantie der Treuarbeit AG abgesichert werden. Selbstbeteiligung des Antragstellers ist z. Z. 10%.

Grundstückserwerb

Uneinheitliche Handhabung in den einzelnen Bundesstaaten Nigerias. Generell gilt jedoch:
— Eigentumserwerb an Grundstücken ist ausgeschlossen.
— Der Erwerb von Rechten an Grundstücken ist genehmigungspflichtig.
— Pacht ist möglich; ein gepachtetes Grundstück kann beliehen werden.

Die auf dem gepachteten Grundstück errichteten Bauten sind Eigentum des Erbauers.

Dauer des Pachtvertrages:
— Unternehmen mit ausländischer Mehrheit können — verlängerungsfähige — Verträge bis max. 25 Jahren,
— Unternehmen mit nigerianischer Mehrheit bis zu 99 Jahren abschließen.

3. Gesellschaftsrecht

Zuständiges Gesetz

— Company's Decree 1968 (eng angelehnt an englischen Company's Act von 1948)

Ausländische Gesellschaften

Eine Tätigkeit ausländischer Gesellschaften in Nigeria (Niederlassung z. B.) setzt Gründung einer nigerianischen Teilgesellschaft in Form einer Kapitalgesellschaft mit Sitz in Nigeria und nigerianischer Verfassung voraus.

Ausnahmen:

— von der nigerianischen Regierung zur Abwicklung bestimmter Projekte eingeladene Gesellschaften,

— Gesellschaften, die für einen Darlehensgeberstaat oder eine internationale Organisation bestimmte Projekte durchführen,

— Gesellschaften im Eigentum einer fremden Regierung mit dem Gegenstand der Exportförderung,

— Engineering-Gesellschaften (technische Experten) mit der Abwicklung bestimmter, von der Regierung genehmigter Projekte.

Rechtsform

Es besteht kein Zwang zu einer bestimmten Gesellschaftsform. Gebräuchlichste Form: ,,Company limited by shares" mit ihren Unterformen ,,Private" und ,,Public Company".

— Private Company (unterschiedlich zur Public Company):
  — Beschränkte Übertragbarkeit der Anteile,
  — Beschränkung der Zahl der Gesellschafter auf 50,
  — Verbot, die Öffentlichkeit zur Zeichnung von Anteilen und Schuldverschreibungen einzuladen,
  — mindestens 2 Gesellschafter (Public Company mindestens 7).

Die Umwandlung von einer Private Company in eine Public Company ist durch einfache Satzungsänderung möglich.

Kapital

Es gibt keine Mindestvorschriften; das genehmigte Kapital braucht nicht voll gezeichnet zu sein.

Haftungsbeschränkung

Die Haftung der Gesellschafter ist auf den nicht eingezahlten Betrag ihrer Aktien beschränkt.

Gesellschaftsorgane

— Hauptversammlung (General Meeting)

— Board of Directors:

Mindestzahl 2 Direktoren, die nicht Anteilseigner sein müssen. Eine Mindestanzahl von nigerianischen Direktoren ist nicht vorgeschrieben, jedoch ist es empfehlenswert, entsprechend den Beteiligungsverhältnissen nigerianische Direktoren zu ernennen. Auch juristische Personen können Direktoren sein.

Sekretär

Jede Gesellschaft hat einen Sekretär zu ernennen, der nicht ihr Angestellter sein muß.

Geschäftsbücher

Gesetzlich vorgeschriebene ,,Statutary Books":

— Gesellschaftsregister,

— Sammlung der Boardsitzungs- und HV-Protokolle,

— Register der Direktoren und des Sekretärs,
— Register der Gesellschaftslasten,
— Register der von den Direktoren gehaltenen Anteile.

Firmensiegel

Vorgeschrieben ist die Führung eines Firmensiegels.

4. Arbeitsrechtliche Vorschriften

Zuständige Gesetze

— Labour Decree 1974, Nr. 21 — individuelles Arbeitsrecht —.

— Trades Disputes Decree 1976, Nr. 7 — Recht zur Beilegung kollektiver Arbeitskämpfe —.

Enthalten u. a. Richtlinien über Sozialabgaben, Ausbildungskosten, Errichtung von Unterkünften, Leitlinien für Mindestlöhne.

5. Dividenden, Lizenzen, Know-how-Gebühren

Dividenden

Regelung 1980:

Erlaubt ist die Ausschüttung erwirtschafteter Dividenden von bis zu 60% des versteuerten Gewinns oder bis zu 25% des eingezahlten Kapitals. Die Dividenden unterliegen einer Quellensteuer von 12,5%.

Genehmigungspflicht

Die im folgenden genannten Gebühren müssen generell durch das Finanzministerium Nigerias genehmigt werden.

Technical Assistance Fee

— 2% des Gewinns vor Steuern (Lump sum fee) kann vereinbart werden.

Consulting Fees

30% der Investitionskosten in ausländischer Währung können als Consulting Fees vereinbart werden. Höhere Ansätze sind im Einzelfall möglich, bedürfen jedoch der Genehmigung des Finanzministeriums.

Lizenzen/Royalties

— 1% des Umsatzes

Transfer der genannten Gebühren setzt die grundsätzliche Genehmigung des Finanzministeriums voraus.

6. Investitionsförderungsmaßnahmen

Bundesrepublik Deutschland

— Niederlassungskredite der Kreditanstalt für Wiederaufbau oder der DEG.

— Zuschüsse zur Ausbildung technischer Fachkräfte durch die Gesellschaft für technische Zusammenarbeit (GTZ).

Nigeria

— Pioneer Status

Körperschaftssteuerbefreiung von 3 Jahren nach Produktionsaufnahme für Gesellschaften, deren Tätigkeit in einem Verzeichnis der Industriezweige und -produkte mit „Pioneer Status“ enthalten ist.

Verlängerungsfähigkeit um 2 Jahre; im Falle von Verlusten ist eine weitere Verlängerung möglich. Weiterhin dürfen industrielle Vormaterialien und Ersatzteile ohne Einfuhrprüfung importiert werden.

— Approved User Status

Auf Antrag kann die Anerkennung als „Approved User" von bestimmten Rohmaterialien erteilt werden. Damit wird die zollfreie oder -ermäßigte Einfuhr von Rohstoffen für 3 Jahre ermöglicht; eine Rückerstattung bereits gezahlter Abgaben ist gleichfalls möglich.

Förderungsmaßnahmen in Einzelstaaten

Bereitstellung von Grundstücken, Bankgarantien etc.

7. Steuern, Zölle

Personal Income Tax

Einkommensteuer für natürliche Personen und Personengesellschaften

Companies Income Tax

Körperschaftssteuer (ca. 45%)

Capital Gains Tax

Kapitalgewinnsteuer von 20% auf Gewinne, die bei der Übertragung bestimmter Vermögensgegenstände realisiert werden.

Excise Duties

Steuern auf in Nigeria hergestellte Waren, deren wesentliche Bestandteile unter Gewährung von Zollermäßigungen eingeführt worden sind. Sie ist um so geringer, je höher der lokale Verarbeitungsgrad ist.

Stamp Duties

Stempelsteuern bei Verwaltungsakten

Sonstige Steuern

Umsatz-, Gewerbe- und Vermögenssteuern gibt es nicht.

Doppelbesteuerungsabkommen

Ein Doppelbesteuerungsabkommen zwischen der Bundesrepublik Deutschland und Nigeria besteht nicht.

Devisenkontrolle

Die nigerianische Währung (Naira) ist nicht frei konvertierbar, die Devisenkontrollgesetzgebung wird nach einem umfangreichen Vorschriftenkatalog streng gehandhabt.

Zölle

Basis: Brüsseler Tarifschema. Die nigerianischen Zölle sind um so höher, je höher der Verarbeitungsgrad der eingeführten Waren ist.

Einfuhrverbote, Einfuhrlizenzen

Auf der Basis der „Import Prohibition Order" besteht eine umfangreiche Liste von Waren, deren Einfuhr entweder verboten ist oder einer Lizenz bedarf.

Ausfuhrbestimmungen

Im Rahmen der „Export Prohibition Order" ist festgelegt, für welche Waren Exportverbot bzw. Verpflichtung zur Exportlizenz besteht.

5.2. Länder in Amerika

Argentinien

1. Auslandsinvestitionen

Gesetz über Auslandsinvestitionen vom 13. 8. 1976 (Nr. 21382)

Grundsätzlich bedarf jede Auslandsinvestition einer Genehmigung durch das Unterstaatssekretariat für Wirtschaftspolitik, eine Unterabteilung des Wirtschaftsministeriums. In den folgenden Fällen bedarf es keiner Genehmigung, die Registrierung des Auslandskapitals erfolgt automatisch:

— Reinvestitionen,
— Neuinvestitionen in bestehende Unternehmen in Höhe von unter 10% des bereits vorhandenen ausländischen Kapitalanteils, und
— Investitionen bei Gesellschaftsneugründungen im Gegenwert von weniger als US-$ 5 Mio.

Bereiche mit Sondergenehmigungen

Investitionen in den nachfolgenden Bereichen bedürfen einer besonderen Genehmigung der Regierung:
— nationale Verteidigung,
— öffentliche Versorgung,
— Presse, Funk und Fernsehen,
— Erziehung,
— Bank, Versicherungs- und Finanzwesen.

Die gleichen Erfordernisse gelten, wenn
— ein nationales Unternehmen durch ausländisches Kapital übernommen wird,
— staatliche Förderung und Zuschüsse beantragt werden,
— das Engagement US-$ 20 Mio übersteigt,
— der ausländische Investor eine Regierung oder eine Behörde ist.

Registrierung

Voraussetzung zur Rückführung des investierten Kapitals und von Dividenden ist die Registrierung des eingebrachten Kapitals bei der Zentralbank. Wegen der starken Auslandsverschuldung Argentiniens ist vorübergehend ein Transferstop verfügt worden (vgl. „Kurskontrolle").

Doppelbesteuerungsabkommen

Zwischen der Bundesrepublik Deutschland und Argentinien gibt es ein Doppelbesteuerungsabkommen. In Kraft getreten am 25. 11. 1979 (BGBl. II S. 587).

Industrieförderungsgesetz

Das Gesetz Nr. 21608 vom 23. 7. 1977 fördert Investitionen u. a. durch Steuervergünstigungen, Zollbefreiung, Sonderbedingungen für den Kauf von staatlichen Gütern und Steuerrückvergütungen bei bestimmten Fällen (Privatinvestitionen).

Das Gesetz hat zum Ziel, eine dezentrale Industrieentwicklung zu fördern; die Hauptstadt ist ausgeschlossen.

Stelle zur Beantragung der Förderung

Staatssekretariat für Industrieentwicklung des Wirtschaftsministeriums.

Kurskontrolle

Devisengeschäfte müssen über Banken, zugelassene Geldinstitute oder Deviseninstitute abgewickelt werden.

Zur Überweisung von Gewinnen, Zinsen, Lizenzgebühren müssen bestimmte Formalitäten eingehalten werden.

Aufgrund der augenblicklichen Devisensituation Argentiniens ist das Transferrecht für ausländische Investoren zeitweilig durch Gesetz-Dekret Nr. 1506 vom 22. 5. 1983 suspendiert. Statt dessen können auf US-$ lautende argentinische Schatzamtswechsel (bonos externos) gekauft werden.

Handelsgesellschaften

Grundlage: Gesetz Nr. 19550.

Wesentliche Gesellschaftsformen

Aktiengesellschaft (S.A.)

— Mindestens 25% des Kapitals müssen bei Registrierung eingezahlt sein.
— Es können verschiedene Aktiengattungen gegeben werden, für Ausländer nur Namensaktien.
— Ein Sindico (statutenmäßiger Rechnungsprüfer oder Rechtsanwalt) muß von der HV für jeweils 3 Jahre als besonderes Kontrollorgan bestellt werden.

GmbH (S.R.L.)
Gesellschaftskapital muß zu 50% bei Gründung eingezahlt sein.

Personengesellschaften

Buchführungspflicht

Diese entspricht im wesentlichen der in Deutschland.

Steuern

Die Gewinnsteuer beträgt 33%. Eine Dividende an einen in der Bundesrepublik Begünstigten wird zusätzlich aufgrund des DBA mit 15% besteuert.

Damit effektiver Steuersatz ca. 43%.

Bei besonders hohen Kapitalrenditen (12% und mehr) werden Sondersteuern bei Ausländern erhoben.

Verlustvortrag

10 Jahre; Verlustrückgang nicht möglich.

Arbeitskräfte

Außer in den industriellen Ballungsräumen sind Fachkräfte schwer zu bekommen.

Ausländer benötigen zur Beschäftigung in Argentinien eine Einreisegenehmigung und eine Aufenthaltserlaubnis, die von dem Arbeitgeber beantragt werden muß.

2. Regelungen zum Technologietransfer

Liberalisierungstendenz

Mit der Zielsetzung, die nationale Industrie zu modernisieren, trat am 12. 3. 1981 ein liberalisiertes Gesetz (Nr. 22426) zur Übertragung von Technologie aus dem Ausland in Kraft.

Definition „Technologie"

Erfindungspatente, Industriemodelle und -zeichnungen, jegliches technisches Know-how für Produktion und Dienstleistungen.

Zuständige Behörde

Nationales Institut für Industrietechnologie (INTI).

Registrierung, Genehmigung

Alle Verträge über Technologietransfer sind mit einer eidesstattlichen Erklärung zur Echtheit der Dokumente sowie einer spanischen Übersetzung dreifach dem INTI einzureichen.

Voneinander unabhängige Unternehmen

Verträge zwischen voneinander unabhängigen Unternehmen bedürfen lediglich der Registrierung bei dem INTI, eine Genehmigung ist nicht erforderlich.

Auf ins Ausland überwiesene Gebühren aus registrierten Verträgen fällt eine einmalige Steuer in Höhe von 15% an. Z. Z. gilt jedoch wie bei Dividenden ein Transferstop.

Verträge zwischen verbundenen Unternehmen

Verträge zwischen verbundenen Unternehmen bedürfen der Genehmigung des INTI, die erteilt wird, sofern marktübliche Konditionen eingehalten werden, kein Mißbrauch marktbeherrschender Stellung erfolgt und der Gebrauch anderer Technologien nicht blockiert wird. Verträge, die Gebühren für die Nutzung von Warenzeichen vorsehen, sind unzulässig.

Im übrigen sind nicht genehmigte Verträge nicht unwirksam.

Für die Gebühren gelten Höchstsätze:

Als angemessen wird ein Satz von 5% des Nettoverkaufswertes der mit der übertragenen Technologie erstellten Waren oder Dienstleistungen angesehen.

Definition Nettoverkaufswert: Rechnungswert ab Fabrik abzüglich Rabatten, Vergütungen etc. sowie abzüglich interne Steuern und der Mehrwertsteuer.

Sacheinbringung

Technologien und Warenzeichen gelten grundsätzlich als Kapitaleinlage in ein inländisches Unternehmen. Die Bewertung erfolgt durch das INTI.

Vermittlungsstelle für Technologiepartner

Eine wesentliche Aufgabenstellung für das INTI besteht zusätzlich darin, inländischen Interessenten Kontakte zu für sie geeigneten Technologiegebern zu vermitteln.

Brasilien

1. Rahmenbedingungen für Auslandsinvestitionen

Gesetzliche Grundlagen

Die Behandlung des Auslandskapitals auf der Grundlage des Gesetzes Nr. 4131 vom 3. 9. 1962 und der Ausführungsverordnung Dekret Nr. 55762 vom 17. 2. 1965 ist grundsätzlich liberal und erlaubt dem ausländischen Investor die volle Entfaltung in den meisten Wirtschaftsbereichen.

Bereiche mit Beschränkungen

Weitgehend ausgeschlossen ist die Tätigkeit ausländischer Unternehmen in folgenden Sektoren:

- Ausbeutung von Bodenschätzen (Minderheitsbeteiligung möglich),
- Mikroelektronik,
- Elektrizitätserzeugung,
- Erdölgewinnung und -verarbeitung
  (Prospektions- und Bohrkonzessionen werden mit Risikoklausel fallweise an internationale Gesellschaften durch die Petrobras vergeben),

— interne Fluglinien,
— Küstenschiffahrt, Fischfang,
— Presse, Rundfunk, Fernsehen.

Schutz ausländischen Eigentums

Zwischen der Bundesrepublik Deutschland und Brasilien besteht zwar kein Investitionsschutzabkommen, jedoch ist Eigentum verfassungsmäßig vor Enteignung geschützt.

„Nationale" Unternehmen

Ein in Brasilien gegründetes Unternehmen, das dort auch seinen Sitz hat, gilt als brasilianisch, und zwar auch dann, wenn sich das gesamte Kapital in ausländischen Händen befindet. Zweigniederlassungen ausländischer Gesellschaften sind genehmigungspflichtig.

2. Kapital- und Gewinntransfer

Registrierung ausländischen Kapitals

Ausländische Kapitalinvestitionen sind bei der Zentralbank zu registrieren. Sachinvestitionen sind zusätzlich genehmigungspflichtig, ebenso Reininvestitionen.

Möglichkeiten des Rücktransfers

Wegen der bestehenden Devisenbewirtschaftung sind Transferzahlungen nur auf der Grundlage von Registrierungszertifikaten möglich. Keine Beschränkungen für Dividendenüberweisungen. Jedoch progressive Gewinnbesteuerungen bei Überweisungen von mehr als 12% p. a. des in Fremdwährung registrierten Kapitals.

Lizenz- und Know-how-Gebühren

Bei Überweisung von Lizenzgebühren an den ausländischen Lizenzgeber sind einander weitgehend entsprechende Devisenregistrierungs- wie ertragssteuerliche Vorschriften zu berücksichtigen. Ist der ausländische Lizenzgeber direkt oder indirekt höher als 50% am Lizenznehmer beteiligt, sind Lizenzen körperschaftssteuerlich nicht abzugsfähig und ihre Überweisung wird von der Zentralbank nicht zugelassen (Mitgifttheorie).

Lizenzgebühren können nach Genehmigung der Verträge wie folgt transferiert werden:

— bei offiziell als volkswirtschaftlich bedeutend anerkannten Industrien bis zu 5% des Bruttoumsatzerlöses der in Lizenz gefertigten Erzeugnisse,
— sonstige Industriezweige bis zu 4%.

Know-how-Gebühren werden grundsätzlich wie Lizenzgebühren behandelt.

Warenzeichengebühren

Zulässiger Gebührensatz 1%, jedoch nicht kumulativ mit Lizenzgebühren.

3. Investitionsförderung

Zielsetzung

Beseitigung des wirtschaftlichen und sozialen Gefälles zwischen den unterentwickelten Gebieten im Norden und Nordosten und den übrigen Staatsgebieten und sektorale Förderung in den Wirtschaftsbereichen Fischerei, Fremdenverkehr, Forstwirtschaft und Flugzeugbau.

Koordinierungsbehörden

— „Sudam" (Amazonasgebiet)
— „Sudene" (Nordost-Gebiete)
— „Sudepe" (Fischfang)
— „Embratur" (Fremdenverkehr)
— („IBDF" (Forstwirtschaft)
— „Embraer" (Flugzeugbau)

Steuerliche Maßnahmen

- Maximal 50% der zu zahlenden Körperschaftssteuer kann als Investition in den förderungswürdigen Bereichen verwendet werden.
- Zeitlich befristete (bis zu 10 Jahren) Befreiung oder Ermäßigung der Körperschaftssteuer, Gemeindesteuern, Reinvestition von Anteilen der zu zahlenden Umsatzsteuer.

4. Gesellschaftsrecht

Gesellschaftsformen

Im wesentlichen die gleichen Gesellschaftsformen wie im deutschen Handelsrecht.

Aktiengesellschaft (S.A.)
Geregelt durch Gesetz Nr. 6404 vom 15. 12. 1976.

Für den ausländischen Investor sind folgende Besonderheiten wichtig:

- Es wird unterschieden zwischen „offener" und „geschlossener" Aktiengesellschaft. Erstere sind die Publikumsgesellschaften, die sich über die Börse finanzieren.
- Ein Mindestkapital wird nicht verlangt.
- Das Gesetz enthält genaue Bestimmungen über den Abschluß und die Behandlung von Aktionärsabkommen.
- Ausländische Aktionäre müssen einen in Brasilien ansässigen Vertreter bestellen, der berechtigt sein muß, gerichtliche Ladungen und Zustellungen entgegenzunehmen.
- Die wichtigsten Organe sind Vorstand (Diretoria) und Verwaltungsrat (Conselho de Administração), der nur für bestimmte Gesellschaften vorgeschrieben ist. Mitglieder dieser Organe müssen in Brasilien ansässig sein.

GmbH (Ltda.)

Gesetzlich nur bruchstückhaft in Dekret Nr. 3708 vom 1. 1. 1919 geregelt.

Ein Mindestkapital ist nicht vorgeschrieben, der Gesellschaftsvertrag kann in privatschriftlicher Form abgeschlossen werden. Keine Publizitätspflichten, Ein-Mann-GmbH ist unzulässig.

5. Steuern

Doppelbesteuerungsabkommen

Zwischen der Bundesrepublik Deutschland und Brasilien besteht ein Doppelbesteuerungsabkommen seit dem 1. 1. 1976.

DBA sieht vor:

- Beschränkung der Quellensteuer auf Dividenden auf höchstens 15%.
- Besteuerung von Zinsen im Regelfall ebenfalls auf 15% begrenzt.

Ertragssteuern

Steuerpflichtig sind alle natürlichen und juristischen Pesonen mit Wohn- und Geschäftssitz oder sonstigem Aufenthalt in Brasilien ohne Rücksicht auf die Nationalität.

Der Steuer unterliegt auch aus dem Ausland kommendes Einkommen. Das Steuersystem ist progressiv mit Sätzen bis zu 60% für die höchste Progressionsstufe.

Der Körperschaftssteuersatz beträgt 35% (bei Banken 50%).

Das System der Geldwertberichtigung zur Vermeidung der Besteuerung von inflationären Scheingewinnen wurde durch das Währungsreformgesetz vom 28. 2. 1986 abgeschafft.

6. Allgemeine Vorschriften innerhalb des Ausländerrechts

- Ein Unternehmen darf nicht mehr als ein Drittel der Gesamtbeschäftigtenzahl an Ausländern haben, die Lohn- und Gehaltssumme für Ausländer darf die Hälfte der Gesamtsumme nicht überschreiten.

- Grunderwerb durch Ausländer in Städten unbegrenzt möglich. Besitz von landwirtschaftlichem Boden ist Ausländern mit Sitz im Ausland praktisch unmöglich, bei Sitz in Brasilien Genehmigung der Landwirtschaftsbehörde notwendig.
- Ausländer sind den Brasilianern rechtlich gleichgestellt, haben jedoch nicht zu allen Berufen Zugang.

7. Patentrecht

- Brasilien ist Mitglied der Internationalen Patentkonvention, damit wird das in einem Mitgliedsland beantragte Vorrecht auch in Brasilien gewährt. Brasilien ist gleichfalls Mitglied der Pariser Verbandsübereinkunft zum Schutz des gewerblichen Eigentums in der Haager Fassung vom 6. 11. 1925. Es gehört nicht dem Madrider Markenabkommen an.
- Lebensmittel sowie Medikamente und Pharmazeutika sind nicht schutzfähig.
- Patentdauer:
  - Erfindungspatente 15 Jahre.
  - Gebrauchsmuster 10 Jahre.
  - Die Schutzfrist für Warenzeichen kann unbegrenzt verlängert werden um die gleichen Zeitabschnitte.
- Wenn der Patentinhaber nicht innerhalb von drei Jahren mit der Verwertung der Patente beginnt, kann er verpflichtet werden, Dritten auf deren Antrag eine Zwangslizenz zu erteilen.

Mexiko

1. Rahmenbedingungen

Ziele der Regierung

- Anhebung des wirtschaftlichen Standards durch Industrialisierung.
- Gleichzeitig die Tendenz zur Mexikanisierung der Wirtschaft durch Joint Ventures ausländischer und mexikanischer Investoren (49%-Regel).
- Zahlungsbilanzausgleich (Einfuhrlizenzen für viele Waren).
- Reduzierung der Abhängigkeit von den USA.

Einstellung der Regierung gegenüber ausländischem Investment

Positive Einstellung (ausgenommen einige spezielle Wirtschaftszweige wie Mineralölwirtschaft, Petrochemie) vor allem, wenn neue Technologien eingebracht werden und das ausländische Investment geeignet ist, den Wechselkurs des Peso zu stabilisieren.

Finanzierung/Kapitalmarkt

In Mexiko existiert ein hochentwickeltes, stark spezialisiertes Bankensystem. Abwicklung von Auslandszahlungen erfolgt meist über Dollarkonten bei mexikanischen Außenhandelsbanken. Inlandskapital ist nur beschränkt verfügbar (fehlendes Volumen, gesetzliche Vorschriften für ausländische Unternehmen). Das Zinsniveau ist hoch, Kreditnehmer müssen vielfach Gleitklauseln für den Geldwert akzeptieren. Seit dem 10. 12. 1982 bestehen Kapitalverkehrskontrollen. Seit diesem Zeitpunkt besteht ein gespaltener Devisenmarkt: Der kontrollierte Devisenkurs und der um ca. 11% höher liegende Freimarktkurs.

2. Bestimmungen für die Zulassung ausländischen Kapitals

Zuständigen Gesetz

„Gesetz zur Förderung der mexikanischen Investitionen und zur Regelung ausländischer Investitionen“ von 1973 und verschiedenen Ausführungsverordnungen (Resoluciones).

Definition „Ausländische Investoren“

Juristische und natürliche ausländische Personen, ausländische Wirtschaftseinheiten ohne eigene Rechtspersönlichkeit, mexikanische Unternehmen, an denen Ausländer mehrheitlich beteiligt sind oder in denen Ausländer das Recht haben, die Leitung des Unternehmens zu bestimmen.

Die Ausschüttung von Dividenden ist nur nach Eintragung in das Bundesregister für ausländische Investitionen zugelassen.

„Calvo-Klausel"

Verfassungsgemäß müssen Ausländer sowohl bei Grundbesitz als auch bei sonstigen Gütern im Streitfall auf den Schutz ihrer Regierung verzichten. Daher ist Mexiko auch nicht bereit, ein Investitionsschutzabkommen abzuschließen.

Inländern vorbehaltene Bereiche

Dem mexikanischen Staat bleiben folgende Bereiche vorbehalten:

- Erdöl und andere Kohlenwasserstoffverbingungen,
- Basische Petrochemie,
- Abbau radioaktiver Stoffe und der Betrieb von Kernkraftwerken,
- Abbau von Mineralien in den im Bergbaugesetz genannten Fällen,
- Elektrizitätsversorgung,
- Eisenbahnen,
- Telegrafisches und radiotelegrafisches Nachrichtenwesen,
- übrige, durch Spezialgesetz geregelte Tätigkeitsbereiche.

Mexikanischen Staatsangehörigen oder mexikanischen Gesellschaften mit Ausländer-Ausschlußklausel sind vorbehalten:

- Rundfunk und Fernsehen,
- Transport auf Bundesstraßen,
- nationale Luft- und Seetransporte,
- Gasversorgung,
- Forstwirtschaftliche Unternehmen,
- übrige, in Spezialgesetzen oder in Ausführungsbestimmungen entsprechend geregelte Tätigkeitsbereiche.

Mexikanische Kapitalmehrheit über die grundsätzlich verlangten 51% hinaus wird bei folgenden Bereichen gefordert:

- Sekundärprodukte der petrochemischen Industrie,
- Kfz-Zulieferindustrie (jeweils 40% ausländische Kapitalbeteiligung zulässig)
- Abbau und Nutzung von Mineralien. Konzessionen an natürliche und juristische ausländische Personen werden nicht erteilt, noch dürfen sie an diese übertragen werden. Bei Abbau von nationalen Mineralreserven (Sonderkonzession erforderlich) dürfen Gesellschaften eine maximale ausländische Beteiligung von 34% aufweisen.

49%-Klausel

Die Beteiligungsgrenze für Ausländer ist gesetzlich generell auf 49% festgelegt. Ausländische Partner dürfen sich nicht auf der Basis anderer Rechtsgrundlagen die Leitung des Unternehmens verschaffen. Eine flexible Handhabung dieser Vorschrift ist jedoch möglich und ausländische Mehrheitsbeteiligungen werden in Ausnahmefällen großzügig genehmigt. Die Beteiligung von Ausländern an der Geschäftsleitung darf grundsätzlich nicht höher sein als die Kapitalbeteiligung. Ausnahmefälle sind jedoch nicht ausgeschlossen. Eine Lockerung dieser Vorschriften ergibt sich durch die Anerkennung des Kapitals von Ausländern mit Wohnsitz in Mexiko als mexikanisches Kapital.

Kauf mexikanischer Unternehmen durch Ausländer

Genehmigungspflicht besteht in folgenden Fällen:

- Erwerb von mehr als 25% des Kapitals oder von mehr als 49% des Anlagevermögens. Pachtweise Überlassung ist dem Erwerb gleichgestellt.
- Einräumung der Leitung eines Unternehmens an ausländische Investoren.

Die Aktien von Ausländern müssen auf den Namen lauten. Bereits im Besitz von Ausländern befindliche Inhaberpapiere müssen innerhalb von 180 Tagen in Namenspapiere umgewandelt werden.

3. Investitionsförderung

Grundlage

Nationaler Plan zur Industrieentwicklung von Februar 1979.

Förderungskriterien

Gefördert werden vorranging die Herstellung von landwirtschaftlichen Erzeugnissen, von Kapitalgütern und von Konsumgütern des Grundbedarfs. Investitionshilfen werden nur gewährt, wenn sie in bestimmten Zonen durchgeführt werden (Zone I oder II). In der Zone III, dem Ballungsgebiet von Mexiko-Stadt, werden bis auf wenige Ausnahmen keine Vergünstigungen gewährt.

Instrumentarium

Die Vergünstigungen können die folgenden Maßnahmen umfassen:

- Steuervergünstigungen,
- direkte Subventionen,
- Zollschutzmaßnahmen und
- Förderung nationaler Technologieentwicklung.

Sektorale Wirtschaftsförderung

Seit 1980 bestehen zusätzliche Förderungsprogramme für ausgewählte Wirtschaftsbereiche:

- Kapitalgüterindustrie,
- Kfz-Zulieferindustrie,
- Zementindustrie,
- Pharmazeutische Industrie.

4. Gesellschaftsrecht

Gesetzliche Grundlagen

Das mexikanische Gesellschaftsrecht wurde durch das „Allgemeine Gesetz der Handelsgesellschaften" vom Jahre 1934 kodifiziert. Das Gesetz enthält all diejenigen Gesellschaftsformen, die auch im deutschen Handelsrecht bekannt sind. Für den ausländischen Investor ist nur die Aktiengesellschaft (Sociedad Anonima — S.A.) bzw. die Aktiengesellschaft mit variablem Kapital (Sociedad Anonima de Capital Variable — S.A. de C.V.) von Bedeutung.

Voraussetzungen für die Gründung einer mexikanischen AG:

- Mindestens 5 Aktionäre, die Zahl von 5 Aktionären darf sich auch später nicht verringern.
- Das gesetzliche Mindestkapital liegt bei 25 000 Pesos. Bareinlagen sind bei der Gründung mit mindestens 20% einzuzahlen, Sacheinlagen und gemischte Einlagen sind bei der Errichtung der Gesellschaft vollständig zu erbringen.
- Die von Ausländern gehaltenen Aktien müssen in Form von Namensaktien ausgegeben werden.

Organe und Leitung der AG:

Leitung durch den Verwaltungsrat (entsprechend dem Vorstand einer deutschen AG), der aus einer oder mehreren Personen bestehen kann. Der Verwaltungsrat kann nur als Einheit verbindlich für die Gesellschaft handeln. Weiteres Organ der Aktiengesellschaft ist die Hauptversammlung der Aktionäre. Aufsichtsorgan sind von der Hauptversammlung gewählte „Comisarios", die, verglichen mit deutschen Verhältnissen, eine Zwischenstellung von Aufsichtsratsmitglied und Wirtschaftsprüfer einnehmen. Die Comisarios können Aktionäre der Gesellschaft sein. Verwaltungsrat und/oder Hauptversammlung bestellen einen oder mehrere Geschäftsführer, die der Kontrolle des Verwaltungsrates unterliegen.

5. Ausländische Lizenzen

Gesetzliche Grundlagen

Die Technologieübertragung an mexikanische Unternehmen wird durch das am 10. 2. 1982 in Kraft getretene „Gesetz über die Überwachung und Registrierung der Übertragung von Technologie sowie den Gebrauch und die Verwertung von Patenten und Warenzeichen" geregelt.

Eintragungspflicht besteht für folgende Fälle:

- Warenzeichen-Lizenzen,
- Patent-Lizenzen,
- Know-how-Überlassung,
- Überlassung von Engineering für die Errichtung von Produktionsanlagen oder sonstige Fertigung,
- Technische Assistenz,
- Verwaltungs- oder Managementdienste.

Die Eintragung wird in folgenden Fällen verweigert:

- Vertragsgegenstand ist in Mexiko verfügbare Technologie,
- verhältnismäßig hohe Lizenzgebühren (als Obergrenze wird 3% vom Nettoumsatz angesehen),
- Ermächtigung des Technologiegebers, auf die Geschäftsführung des Technologienehmers Einfluß zu nehmen,
- Verpflichtung des Technologienehmers, Verbesserungen, Neuerungen abzutreten,
- Auferlegung von Beschränkungen in Forschung und Entwicklung,
- Verpflichtung des Erwerbers zum Bezug von Ausrüstungen, Rohstoffen etc. eines bestimmten Ursprungs,
- Auferlegung von Exportbeschränkungen,
- Verpflichtung des Erwerbers zum ausschließlichen Verkauf an den Technologiegeber,
- Verpflichtung des Erwerbers, langfristig Personal zu beschäftigen, das ihm vom Technologiegeber vorgegeben wird,
- Beschränkung des Produktionsvolumens oder der Abgabepreise,
- Vereinbarung, daß der Technologiegeber das ausschließliche Recht zum Verkauf der Erzeugnisse des Technologienehmers hat,
- Überlange Vertragsfristen (absolute Obergrenze 10 Jahre, im Normalfall wird von 5 Jahren ausgegangen),
- Vereinbarung eines ausländischen Gerichtsstandes.

Ist die Technologie für Mexiko von besonderem Interesse, kann die Eintragung auch erfolgen, wenn nicht alle oben genannten Bedingungen gegeben sind.

6. Arbeitsrecht

Mindestlöhne

Der Lohn darf den gesetzlichen Mindestlohn nicht unterschreiten, der von einer besonderen Kommission festgesetzt wird. Es bestehen unterschiedliche Mindestlöhne für ungelernte Arbeiter, für Landarbeiter und für Facharbeiter, die noch zusätzlich nach Zonen unterschieden werden.

Gewinnbeteiligung

Für Arbeitnehmer besteht ein gesetzlicher Anspruch auf Gewinnbeteiligung sowie das Recht auf Einsicht in die Steuererklärung des Unternehmers zur Überprüfung des Anspruchs für 30 Tage nach Zuteilung der Gewinnbeteiligung. Direktoren, Geschäftsführer sind von der Gewinnbeteiligung ausgeschlossen.

Abfindungsrecht

Bei Auflösung des Arbeitsverhältnisses hat jeder Arbeitnehmer Anspruch auf eine Entschädigung in Höhe von drei Monatslöhnen und 20 Tageslöhnen pro Jahr der Betriebszugehörigkeit.

Beschäftigung von Ausländern

Generell müssen mindestens 90% der Arbeiter eines Unternehmens Mexikaner sein. Positionen, deren Ausfüllung besondere Kenntnisse erfordern und für die Mexikaner nicht zur Verfügung stehen, können vorübergehend mit Ausländern besetzt werden, die jedoch nicht mehr als 10% der Posten eines bestimmten Spezialgebiets innehaben dürfen (flexible Handhabung dieses Grundsatzes).

7. Steuerrecht

Kein Doppelbesteuerungsabkommen

Es besteht kein Doppelbesteuerungsabkommen mit der Bundesrepublik Deutschland. Möglichkeiten zur Vermeidung von Doppelbesteuerungen ergeben sich durch Anrechenbarkeit von in Mexiko gezahlten Steuern nach den Vorschriften des deutschen Außensteuerrechts.

Besteuerung von Unternehmen

Der Körperschaftssteuersatz ist progressiv gestaffelt beginnend mit einem Satz von 5% bis zum Höchstsatz von 42%. Verluste können 4 Jahre lang vorgetragen werden.

Bei Neuinvestitionen in Zonen mit wirtschaftlicher Priorität bestehen beträchtliche Steuervorteile durch erhöhte Abschreibung (bis zu 50% in einem Jahr).

Quellensteuer

Dividendenzahlungen an Ausländer werden mit einer Quellensteuer von 55% belastet.

Bei Zinszahlungen werden an der Quelle in der Regel 21% einbehalten. Bestimmte Bankdarlehen sind qualifiziert: Steuersatz 15%.

Lizenzgebühren für Patente und Warenzeichen: 42% auf die Bruttoeinkünfte.

Know-how-Verträge: 21%.

Mehrwertsteuer

Steuersatz generell: 15%.
Luxusgüter: 20%.

Umsatzsteuer

Ab 1. 1. 1980 ist eine Mehrwertsteuer mit Vorsteuerabzug nach europäischem Muster, Steuersatz 10%, eingeführt.

Stempelsteuer

Steuer wird erhoben auf Kauf-, Miet- und Pachtverträge, nicht handelsgewerbliche Verträge, Urkunden etc.

Sonstige Steuern

Zusätzlich zu den erwähnten Steuern gibt es Grund- und bestimmte Produktionssteuern.

Kanada

1. Rahmenbedingungen

Einstellung gegenüber ausländischem Investment

Steigerung des Engagements europäischer Investoren als Gegengewicht gegen die starke US-Position in der kanadischen Wirtschaft erwünscht.

Entwicklungsmöglichkeiten

Großer Reichtum an Bodenschätzen (Erdöl, Erdgas, Kohle, Uran, Erze, Edelmetalle, Wasserkraft, Waldreichtum, Weizen).

2. Bestimmungen für die Zulassung ausländischer Investitionen

Gesetzliche Grundlage

Investment Canada Act vom 6. 4. 1985, in Kraft seit dem 30. 6. 1985.

Das neue Gesetz ist eine weitgehend liberalisierte Fassung des seit 1974 geltenden „Foreign Investment Review Act". Die Grenzen für genehmigungspflichtige Investitionen wurden soweit angehoben, daß nur noch besonders große Investitionen der Genehmigung unterliegen, die jetzt von dem zuständigen Minister erfolgt. Es besteht jedoch weiterhin eine Anzeigepflicht für Investitionen.

Genehmigungspflichtige Investitionen

Neugründung oder Übergang der Kontrolle auf Ausländer beim Erwerb kanadischer Unternehmen mit Gesamtaktiva von mehr als can$ 5 Mio.

Genehmigungskriterien

Erteilung der Genehmigung für die Investitionen bei Vorteil für den kanadischen Staat:

Beschäftigungseffekt, technologischer Gewinn, neue Produkte, Verbesserung der Wettbewerbssituation.

Die Genehmigung gilt als erteilt, wenn innerhalb von 45 Tagen nach Antragstellung kein Bescheid ergangen ist.

Zuständige Behörde

„Investment Canada".

Ergänzende Bestimmungen

„Canada Business Corporations Act"

- Mehrheit der Mitglieder des „Board of Directors" kanadischer Kapitalgesellschaften muß kanadischer Nationalität sein.
- Durchführungsbestimmungen zum „Investment Canada Act" vom 6. 4. 1985 sind bisher nur zum Teil erfolgt.

3. Investitionsförderungsmaßnahmen

Staatszuschüsse, Staatsbürgschaften und -darlehen.

Steuervergünstigungen

- Steuerreduzierungen,
- Abschreibungsmöglichkeiten: zweijährige Abschreibung für Maschinen und Ausrüstungen, Sonderabschreibung auf dem Öl-, Gas- und Bergbausektor. Abzug des Kapitalaufwands für Forschung vom Einkommen.

Zuschüsse auf Bundesebene

- Gesetzliche Basis: „Regional Development Incentives Act".
- Förderungsgebiete: Alle Küstenprovinzen, großer Teil Quebecs und Ontarios, der Süden Manitobas, Teilbereiche des südlichen Saskatchewan, Alberta und Britisch-Kolumbien.
- Neu-, Erweiterungs- und Modernisierungsinvestitionen der herstellenden und verarbeitenden Industrie (bestimmte Grundstoffindustrien ausgenommen) in einem Förderungsgebiet.
- Primärförderung bis zu 20% der genehmigten Investitionen (max. 6 Mio. can$/Projekt bzw. 30 000 can$ pro Arbeitsplatz); zusätzliche Sekundarförderung bei Herstellung und Verarbeitung eines bisher in der Region nicht produzierten Gutes in Höhe von 5% der Investitionen und 5000 can$ pro Arbeitsplatz.

Unterstützung der industriellen Forschung

— Staatliche Beteiligung an den Kosten für langfristige Forschungsprojekte und der technologischen Entwicklung („Industrial Research Assistance Program").

Sonstige Maßnahmen

— Erstattung eines Teils der Kosten für Personalausbildung.
— Förderungsmaßnahmen für die Verteidigungsindustrie.

Regionale Förderungsmaßnahmen

— Ontario: Förderungsdarlehen zu günstigen Konditionen (max. 550 000 can$) der „Ontario Development Corporation".
— Quebec: Darlehensvergabe oder Kreditbürgschaften sowie Beteiligungen bis zu 30% durch die „Quebec Industrial Development Corporation". Voraussetzungen: Mindesthöhe der genehmigten Investitionen von 150 000 can$, Anwendung moderner Technologie und Produktion eines bisher in der Provinz nicht erzeugten Produkts.
— Britisch-Kolumbien: Darlehensvergabe und Kapitalbeteiligungen durch die „Development Corporation of British Columbia".

4. Gesellschaftsrecht

Rechtsform

Generell möglich: Kapital- und Personengesellschaften wie auch Niederlassungen einer ausländischen Kapitalgesellschaft.

Kapitalgesellschaften

Für ausländische Investoren zweckmäßigste Gesellschaftsform:

Corporation, entweder „public" mit Publizitätspflichten entsprechend der AG oder „private" weitgehend GmbH-ähnlich.

Gesetzliche Basis:

— Bund: „Canada Business Corporation Act".
— Eigene Gesetze jeder Provinz (geringe Unterschiede zum Bundesgesetz).

Eine unter Bundesgesetz gegründete Gesellschaft ist in den Provinzen ohne zusätzliche Eintragung rechtsfähig, eine unter Provinzgesetz gegründete Gesellschaft muß in jeder Provinz erneut eingetragen werden sowie Gebühren zahlen. Weitere Unterschiede: Unterschiedlicher Grad der Publizitätspflicht und unterschiedliche Höhe der Gründungsgebühren.

Es ist kein Mindestkapital vorgeschrieben. Die Mehrheit der Geschäftsführung muß aus Kanadiern bestehen.

5. Steuern

Körperschaftssteuer

— Der einheitliche Satz für die Bundeskörperschaftssteuer beträgt 46%. Zugunsten der unterschiedlichen Körperschaftssteuer der Provinzen (9—15%) tritt eine Ermäßigung von 10% ein.
— Pauschale Quellensteuer auf Kapitalerträge: 25% bei Ausschüttung an Gebietsfremde; bei Zahlungen an Länder mit Doppelbesteuerungsabkommen 15% (so auch DBA mit der Bundesrepublik Deutschland vom 17. 7. 1981, BGBl. II 1982, S. 802).
— Zusätzliche Kapitalsteuer in Ontario, Quebec und Britisch-Kolumbien.

Umsatzsteuer

— 9% Bundesumsatzsteuer.
— 5 bis 10% zusätzliche Umsatzsteuer in den Provinzen (außer Alberta).

6. Grunderwerb durch Ausländer

Provinzen

Einschränkungen für den Grunderwerb durch Ausländer zur Abwehr der Bodenspekulation bestehen bei einzelnen Provinzen, die jedoch in letzter Zeit auch liberalisiert wurden.

5.3. Länder in Asien

Volksrepublik China

1. Rahmenbedingungen

Zielsetzung der Regierung

Deckung des Nachholbedarfs an mondernen westlichen Technologien und Anlagen sowie an modernem Management-Wissen, Modernisierung und Ausbau bestehender Industrie und Infrastruktur, Erzielung von Deviseneinnahmen.

Staatsform

Sozialistische Volksrepublik mit System der Zentralverwaltungswirtschaft.

2. Konditionen für Gemeinschaftsunternehmen mit ausländischen Investoren

Rechtsgrundlagen

Die chinesische Gesetzgebung, die für Gemeinschaftsunternehmen mit ausländischen Investoren maßgeblich ist, wurde weitgehend abgeschlossen durch eine Vielzahl recht detaillierter Vorschriften:

- Joint-Venture-Bestimmungen (Gesetz über Gemeinschaftsunternehmen vom 1. 7. 1979 und dazugehörige Durchführungsbestimmungen vom 20. 9. 1983, Gesetz über Unternehmen mit ausschließlich ausländischem Kapital vom 12. 4. 1986. Verfahrensregelungen für die Eintragung von Gemeinschaftsunternehmen vom 26. 7. 1980, Bestimmungen des Staatsrats über die Forderung von Auslandsinvestitionen vom 11. 10. 1986)
- arbeitsrechtliche Bestimmungen (Bestimmungen über die Regelung der Arbeitsverhältnisse in Gemeinschaftsunternehmen vom 26. 7. 1980 und dazugehörige Durchführungsbestimmungen vom 19. 1. 1984)
- steuerrechtliche Bestimmungen (Gesetz über die Körperschaftssteuer für Gemeinschaftsunternehmen vom 10. 9. 1980 und dazugehörige Durchführungsbestimmungen vom 14. 12. 1980)
- devisenrechtliche Bestimmungen (vorläufige Bestimmungen über die Devisenkontrolle vom 18. 12. 1980 und dazugehörige Durchführungsbestimmungen vom 1. 8. 1983)
- Buchführungsvorschriften (Buchführungsbestimmungen für Gemeinschaftsunternehmen vom 4. 3. 1985)
- Bestimmungen zum gewerblichen Rechtsschutz (Warenzeichengesetz vom 23. 8. 1982, Patentgesetz vom 12. 3. 1984 und dazugehörige Durchführungsbestimmungen vom 19. 1. 1985)
- Spezialvorschriften für Special Economic Zones

Genehmigungspflicht

Beteiligung ausländischer Investoren an Gemeinschaftsunternehmen mit chinesischen Gesellschaften oder Organisationen sind grundsätzlich erlaubt, bedürfen aber der Genehmigung und der Registrierung.

Gesellschaftsform, Beteiligungsanteile

Das Gemeinschaftsunternehmen hat die Rechtsform einer Kapitalgesellschaft. Die ausländische Beteiligung soll nicht unter 25% liegen und kann (in Ausnahmefällen) bis zu 100% betragen.

Rechtsschutz

Einlagen, Gewinnanteile und sonstige Rechte des ausländischen Partners sind auf der Basis des geltenden Rechts geschützt. Das Abkommen zwischen der Bundesrepublik Deutschland und der Volksrepublik China über die Förderung und den gegenseitigen Schutz von Kapitalanlagen vom 7. 10. 1983 ist am 18. 3. 1985 in Kraft getreten.

Einlagen

Die Einlagen können als Geld- oder Sacheinlagen einschließlich der Einbringung von gewerblichen Schutzrechten erfolgen. Die eingebrachten Sachleistungen müssen dem Stand der Technik entsprechen und auf die chinesischen Bedürfnisse abgestimmt sein.

Leitung

Oberstes Organ ist der Board of Directors, der zugleich die Aufgaben und Funktionen einer Gesellschafterversammlung und eines Verwaltungsrates wahrnimmt. Seine Zusammensetzung wird vertraglich geregelt. Der Vorsitzende muß vom chinesischen Partner gestellt werden. Der Chief-Executive des Gemeinschaftsunternehmens kann Ausländer sein.

Gewinnverteilung

Die Gewinne werden nach Zahlung der Körperschaftssteuer und Zuführung und Bedienung verschiedener gesetzlich vorgeschriebener Rücklagen entsprechend den Gesellschaftsanteilen verteilt. Die Körperschaftssteuer beträgt grundsätzlich 30% zuzüglich einer Zusatzsteuer in Höhe von 10% der Körperschaftssteuer. Gemeinschaftsunternehmen mit einer Laufzeit von über 10 Jahren kann in den ersten beiden Gewinnjahren eine Steuerbefreiung und in den drei folgenden Gewinnjahren eine Steuerreduzierung von 50% gewährt werden. Gewinntransfers ins Ausland sind mit einer Quellensteuer in Höhe von 10% belegt. Gewisse Steuervorteile gibt es für reinvestierte Nettogewinne und für exportorientierte Produktionsunternehmen nach den Bestimmungen vom 11. 10. 1986 (Doppelbesteuerungsabkommen zwischen BR Deutschland und VR China vom 10. 6. 1985).

Kapitaltransfer

Nettogewinne, Liquidationserlöse des ausländischen Partners, versteuerte Einkommen des ausländischen Personals sowie sonstige Devisenzahlungen sind transferierbar, soweit sie durch Guthaben auf dem Devisenkonto des Gemeinschaftsunternehmens gedeckt sind (es besteht der Grundsatz, daß das Gemeinschaftsunternehmen die von ihm benötigten Devisen selbst erwirtschaften muß).

Allgemeine Vorschriften zur Geschäftstätigkeit

Es bestehen regelmäßige Berichtspflichten gegenüber den chinesischen Behörden. Der Rohstoffbedarf soll in erster Linie in China gedeckt werden. Für die Produktion ist ein möglichst hoher Exportanteil anzustreben.

Dauer des Joint Venture

Die normale Vertragsdauer liegt zwischen 10 und 30 Jahren, wobei Verlängerung möglich ist.

3. Allgemeine Kriterien

Staatliches Außenhandelsmonopol

Die außenwirtschaftliche Tätigkeit erfolgt in Planung, Koordinierung und Abwicklung ausschließlich über den Staat. Gemeinschaftsunternehmen mit ausländischen Investoren genießen im Rahmen ihrer Genehmigung eine gewisse Exportautonomie.

Zahlungsverkehr

Der zwischennationale Zahlungsverkehr untersteht strenger Kontrolle durch die Regierung. Exporte und Importe werden weitgehend auf Akkreditivbasis abgewickelt.

Einfuhrzölle

Die Mitgliedschaft der VR China im GATT ruht, soll aber wieder aufleben. Einfuhrzollsystem als Wertzollsystem mit teilweise sehr hohen Sätzen. Investitionsgüter für Gemeinschaftsunternehmen mit ausländischen Investoren können unter bestimmten Voraussetzungen zollfrei eingeführt werden.

Gewerblicher Rechtsschutz

Gewerblicher Rechtsschutz besteht auf der Basis des Warenzeichengesetzes vom 23. 8. 1982, des Patentgesetzes vom 12. 3. 1984 und den dazugehörigen Durchführungsbestimmungen vom 19. 1. 1985. Darüber hinaus ist die VR China der Pariser Verbandsübereinkunft zum Schutz gewerblichen Eingentums mit Wirkung vom 19. 3. 1985 beigetreten.

Indien

1. Rahmenbedingungen

Politische Struktur

Indien ist eine parlamentarische Demokratie nach britischem Muster. Es ist ein Bundesstaat mit 22 Staaten (sie haben eigene, direkt gewählte Parlamente) und neun Unionsterritorien, die von der Zentralregierung verwaltet werden.

Zahlungsverkehr

Es existiert ein verhältnismäßig gut ausgebautes Bankwesen. Zentralbank ist die staatliche Reserve Bank of India (R.B.I.), die die indischen Banken kontrolliert. Ausländer bedürfen zur Eröffnung eines Kontos der Genehmigung der R.B.I. Grundsätzlich ist für jede Zahlung ins Ausland die Genehmigung der R.B.I. erforderlich.

Investitionserschwernisse

- Generell sind Kapitalinvestitionen auf Unternehmen beschränkt, die zum Technologietransfer und zur Exportmarkterschließung beitragen.
- Genehmigung von Lizenzverträgen normalerweise nur für 5 Jahre ab Produktionsbeginn. Lizenzgebühr auf maximal 5% begrenzt (zusätzliche Pauschalsummen können vereinbart werden). Steuern auf die Lizenzgebühr von 40%. Auflage, daß der Lizenznehmer Unterlizenzen vergeben kann.
- Zusätzliche Genehmigungsanträge z. B. bei geplanter Erweiterung der Betätigung in Indien, werden von der Behörde zum Anlaß genommen, zunächst einen Abbau der ausländischen Beteiligung zu verlangen.
- Bei Abbau der ausländischen Beteiligung tendiert die Verwaltung dazu, den ausländischen Anteil niedrig zu bewerten.
- Indisches Preisniveau für technische Rohstoffe, Halbzeug und Zubehör oft wesentlich höher als am Weltmarkt.
- Vielfach Auflage zur Verwendung von im Inland gefertigten Maschinen.

Arbeitsmarkt

Im Vergleich zu Europa sehr niedriges, nach Region und Beschäftigungsart zudem sehr unterschiedliches Lohnniveau. Für die organisierte Industrie gelten gesetzliche Mindestlöhne und gewisse soziale Sicherungen (Kündigungsschutz, Krankheits- und Altersvorsorge).

Gewerkschaften sind nach parteipolitischen, regionalen und sonstigen Gesichtspunkten aufgesplittert. Daraus entsteht eine nennenswerte Gefährdung des Arbeitsfriedens, Streikausfälle können erheblich sein. Das Arbeitskräftereservoir ist sowohl für ausgebildete wie ungelernte Kräfte sehr groß.

Beschäftigung von Ausländern

Eine Beschäftigung von Ausländern in Indien muß von der Reserve Bank of India genehmigt werden.

2. Zulassungsbedingungen für ausländische Investoren

Niederlassungsrecht

Foreign Exchange Regulation Act von 1973.

Generell wird bei Gemeinschaftsunternehmen ein ausländischer Maximalanteil von 40% zugelassen. Höhere ausländische Beteiligungsanteile können auf dem Verhandlungswege erreicht werden, wenn es sich um Produktionsverfahren handelt, die für Indien von besonderem Interesse sind. So kann Unternehmen, die ihre Produktion vollständig oder zu einem großen Teil exportieren oder eine neue Technologie einführen, eine ausländische Beteiligung von bis zu 74% zugestanden werden (in Ausnahmefällen bis zu 100%).

Genehmigungspflicht

Die ausländische Beteiligung an einem indischen Unternehmen muß von der Reserve Bank of India genehmigt werden. Weiterhin müssen alle Anträge für eine Beteiligung von Ausländern an das „Secretariat for Industrial Approvals" (Industrie- und Handelsministerium) eingereicht werden, das als Koordinierungsstelle diverser Behördenausschüsse tätig ist.

Kapital- und Gewinntransfer

Es bestehen Zusicherungen der indischen Regierung, daß deutsche Investoren nach Entrichtung der Steuern die aus ihren Kapitalanlagen erzielten Gewinne, Zinsen, Dividenden und Lizenzgebühren sowie Rückzahlungsbeträge aus Darlehen in die Bundesrepublik Deutschland transferieren dürfen. Gleichfalls kann im Falle einer vollständigen oder teilweisen Liquidation einer deutschen Kapitalanlage der Liquidationserlös transferiert werden (Regierungsabkommen über den Schutz deutscher Kapitalanlagen in Indien vom 15. 10. 1964).

Transfers unterliegen jedoch der Genehmigungspflicht durch die Reserve Bank of India.

Eigentumsschutz

Eine Verstaatlichung ausländischer Kapitalanlagen erfolgt grundsätzlich nicht, es sei denn im nationalen Interesse. In diesem Falle wird eine angemessene Entschädigung gezahlt.

3. Steuern

Besteuerung

Unterschiedliche Besteuerung für den Fall, daß eine natürliche Person oder eine Gesellschaft als „resident" oder „non resident" gilt.

non residents

Bei „non residents" wird nur das in Indien entstandene oder empfangene Einkommen besteuert.

residents

Eine Firma gilt als „resident",

- wenn es sich um eine nach dem indischen „Companies Act" von 1956 errichtete Gesellschaft handelt (originärer Status),
- bei Unternehmen mit verliehenem Company-Status, wenn die Leitung des Unternehmens sich während des Veranlagungsjahres ausschließlich in Indien befunden hat.

Resident companies sind mit ihren gesamten Einkünften steuerpflichtig.

Einkommensteuersätze

Körperschaftssteuersätze (einschließlich Zusatzsteuer) zwischen knapp 50% und 65% je nach Kapitalstruktur und steuerpflichtigem Gewinn. Steuervergünstigungen für Unternehmen möglich, die zwischen dem 1. 4. 1981 und dem 1. 4. 1985 in Produktion gegangen sind.

Doppelbesteuerungsabkommen

Zwischen Indien und der Bundesrepublik Deutschland besteht das Doppelbesteuerungsabkommen vom 18. 3. 1959, geändert durch Protokoll vom 28. 6. 1984.

4. Gesellschaftsrecht

Gesellschaftsformen

— Public Limited Company, gemäß Companies Act 1956.

Zur Gründung sind mindestens 7 Aktionäre erforderlich. Anzahl der Aktionäre nicht beschränkt. Ausgabe von Aktien genehmigungspflichtig durch Controller of Capital Issues.

— Private Limited Company.

Sie unterliegt gleichfalls dem Companies Act von 1956. Gegenüber Public Limited Company reduzierte gesetzliche Kontrolle. Anzahl der Aktionäre begrenzt auf mindestens 2, maximal 50. Beschränkte Übertragbarkeit der Anteile.

— Personengesellschaften gemäß Partnership Act.

In bezug auf die Zahl der Teilhaber Abgrenzung durch den Companies Act 1956, der ab 20 Personen (Banken 10 Personen) die Gesellschaftsform einer Personengesellschaft nicht mehr zuläßt.

5. Importkonditionen

Importlizenz

Es werden folgende Klassifizierungen unterschieden:

— Open General Licence

— Automatical Permissible Items

— Limited Permissible Items

— Non Permissible Items

Einfuhrzoll

Einfuhrzölle überwiegend als Wertzölle. Bemessungsgrundlage ist der Zollwert nach der Brüsseler Zollwertdefinition. Zollsätze zwischen 60% und 200%.

6. Patente, Warenzeichen

Patent- und Warenzeichenrecht

Indien ist dem Welturheberrecht vom 6. 9. 1952 sowie dem Übereinkommen vom 14. 7. 1967 zur Errichtung der Weltorganisation für geistiges Eigentum beigetreten.

Indien ist jedoch nicht Mitglied der Pariser Verbandsübereinkunft zum Schutz des gewerblichen Eigentums sowie nicht an dem Madrider Abkommen vom 14. 4. 1981 über die internationale Registrierung von Marken und die Unterdrückung falscher oder irreführender Herkunftsangaben auf Waren beteiligt. Der Patentschutz dauert 14 Jahre. Nach drei Jahren kann der Inhaber gezwungen werden, Lizenzen zu erteilen. Außerdem kann die Regierung die patentierte Erfindung für eigene Bedürfnisse nutzen und das Patent aufheben, wenn es dem Staat oder der Allgemeinheit Schaden zufügt. Warenzeichen müssen registriert werden, die Schutzperiode beträgt sieben Jahre, sie kann jeweils um sieben Jahre verlängert werden. Wird das Warenzeichen 5 Jahre nicht genutzt, erlischt der Schutz.

7. Regelung von Streitigkeiten

Prozeßführung

Zivilrechtliche Klagen sollten vor einem indischen Gericht erhoben werden, da Vollstreckung aufgrund eines deutschen Gerichtsurteils in Indien nicht möglich ist.

Vereinbarungen über den Gerichtsstand werden in Indien nicht anerkannt.

Die Verfahrensweise ist im allgemeinen langwierig (ein Jahr und mehr in der ersten Instanz).

Jedes Verfahren kann durch bis zu drei Instanzen gehen. Gerichtskosten liegen etwa viermal so hoch wie in der Bundesrepublik.

Schiedgerichtsbarkeit

Bei Geschäften größeren Umfangs empfiehlt es sich, wegen der Langwierigkeit des ordentlichen Rechtsweges in den Vertrag eine Schiedsgerichtsklausel aufzunehmen. Als Schiedsgericht kommt die Deutsch-Indische Handelskammer in Bombay in Frage. Die Entscheidung eines solchen Schiedsgerichts kann den indischen Gerichten vorgelegt und von diesen für vollstreckbar erklärt werden.

Indonesien

1. Rahmenbedingungen

Zielsetzung der Regierung

Industrialisierung, Schaffung von Arbeitsplätzen, Zahlungsbilanzausgleich durch Exportförderung und Importreduzierung.

2. Zulassungskonditionen für ausländische Investoren

Grundeinstellung

Grundsätzlich positive Haltung zur Förderung der Industrialisierung mit Hilfe ausländischen Kapitals.

Genehmigung

Genehmigungsbehörde: BKPM — Investment Coordinating Board. Die Genehmigung muß vor der Registrierung vorliegen.

Indonesischer Anteil

Ausländische Investitionen müssen über Joint Ventures erfolgen. Bei Gründung des Unternehmens müssen mindestens 20% in indonesischer Hand sein. Dieser Anteil muß grundsätzlich innerhalb von 10 Jahren nach der Produktionsaufnahme auf 51% erhöht werden.

Gesellschaftsform

Für die Joint Ventures ist die „P.T." (Kapitalgesellschaft nach indonesischem Recht), deren Gründung durch das Justizministerium zu genehmigen ist, vorgeschrieben.

Prioritäten-Liste

Es existieren Prioritätenlisten für besonders erwünschte Investitionen, die je nach Situation angepaßt werden.

Dauer der Genehmigung für Joint Venture

Die Genehmigung wird generell für 30 Jahre erteilt, eine Verlängerung um weitere 30 Jahre ist möglich.

Erwerb von Grund und Boden

Ausländische Joint Ventures können lediglich das Recht zur Nutzung von Grund und Boden erwerben (maximal 30 Jahre). Erwerb von Eigentum an Grund und Boden ist nicht möglich.

Investitionshöhe

Das Investitionsvolumen soll grundsätzlich US-$ 1 Mio. nicht unterschreiten. Ausnahmen können für Consultants, Ingenieurbüros u. a. gewährt werden.

Finanzierung

Die Finanzierung des langfristigen Fremdkapitals soll generell am außerindonesischen Kapitalmarkt erfolgen.

Gewinntransfer

Transfers unterliegen keinen Restriktionen.

3. Investitionsförderung und ergänzende Maßnahmen

Investitionsförderung

Die in der Prioritätenliste enthaltenen Wirtschaftszweige genießen Investitionsförderung in Form der Befreiung von Einfuhrabgaben für Investitionsgüter und Rohstoffe. Auch bei nicht in diesen Listen enthaltenen Projekten können im Verhandlungswege Investitionshilfen erreicht werden.

Ergänzende Genehmigung und Maßnahmen

— Import- und Beschaffungslizenz. Regelung der Beschaffungsmöglichkeiten von Ausrüstung und Vormaterial über Importe oder auf dem Inlandsmarkt.
— Letter of Credit der Bank Indonesia.
— Importzollbefreiungsschein für bestimmte Importgüter.
— Arbeits- und Aufenthaltserlaubnisse für Ausländer.
— Regionale Erlaubnisse.

Abkommen

Zwischen Indonesien und der Bundesrepublik Deutschland bestehen folgende für deutsche Investoren wesentliche Abkommen:

— Doppelbesteuerungsabkommen vom 2. 9. 1977
— Vertrag über den Schutz und die Förderung von Kapitalanlagen vom 8. 11. 1968.

Republik Korea

1. Rahmenbedingungen

Gesetzliche Grundlage

Gesetz über die Einfuhr von Auslandskapital/Foreign Capital Inducement Act (FCIA).

Zielsetzung des Gesetzes

Auslandskapital, das zur gesunden Wirtschaftsentwicklung, zur Erlangung der wirtschaftlichen Selbständigkeit und zur Verbesserung der Zahlungsbilanz der Republik Korea beitragen kann, soll eingeführt und geschützt werden.

Definitionen im Sinne des Gesetzes

Ausländer:

Natürliche Personen mit fremder Staatsangehörigkeit und juristische Personen nach ausländischem Recht. Gleichfalls gelten Staatsangehörige der Republik Korea als Ausländer, wenn sie mehr als 20 Jahre dauerhaft ihren Wohnsitz in fremden Hoheitsgebieten haben.

Ausländische Investoren:

Ausländer, die auf der Basis dieses Gesetzes in der Republik Korea Aktien oder Beteiligungen erwerben oder besitzen.

Ausländische Unternehmen:

Unternehmen, die nach diesem Gesetz eingetragen und an denen ausländische Investoren beteiligt werden.

Auslandskapital:

- Leistungen, die zum Erwerb von Aktien bzw. Beteiligungen als Einlage einzubringen sind sowie die mit ihnen erworbenen Kapitalgüter und auf Inlandswährung lautenden Zahlungsmittel.
- Auf der Basis von Transferverträgen eingeführte Technologien.
- Kapitalgüter, Rohstoffe und auf Auslandswährung lautende Zahlungsmittel, die auf Grund von Kreditverträgen eingeführt werden sowie auf Inlandswährung lautende Zahlungsmittel, Güter, Leistungen, die mit solchen Zahlungsmitteln erworben werden.

Anwendungsbereiche

Staatsangehörige der Republik Korea können von Staatsangehörigen aller Länder, mit denen die Republik Korea diplomatische Beziehungen unterhält, Auslandskapital einführen. Die Einführung von Auslandskapital in anderen Fällen wird nur genehmigt, wenn das Projekt für die Entwicklung der Volkswirtschaft als außerordentlich nützlich anerkannt wird.

2. Zulassungsbedingungen

Genehmigung von Investitionen durch Ausländer

- Erwerb von Aktien oder Beteiligungen von Ausländern an Kapital- oder Personengesellschaften der Republik Korea bedürfen der Genehmigung des Ministers für Finanzen in Abstimmung mit Fachministerien und dem Foreign Capital Project Review Committee.
- Gleichfalls zu genehmigen sind Änderungen des Beteiligungsverhältnisses.
- Weiterhin muß genehmigt werden der Erwerb von aus der Umwandlung von Rücklagen in Normalkapital stammenden Aktien durch einen ausländischen Investor, der Aktienerwerb von aus einer Fusion mit dem ursprünglichen Unternehmen entstandenen Gesellschaft durch einen ausländischen Investor und der Aktienerwerb aus der Umwandlung von Wandelschuldverschreibungen.

Vorschriften über Beteiligungsverhältnisse

Keine gesetzlichen Vorschriften, in der Praxis wird ein 50%iger ausländischer Anteil grundsätzlich ohne Probleme genehmigt. In Ausnahmefällen kann ausländischer Anteil bis zu 100% betragen.

Mindestinvestment für ausländische Beteiligung

US-$ 100 000.

Anlage von Dividenden

Ein ausländischer Investor kann Dividenden des genehmigten Unternehmens wieder anlegen. Diese Einlage muß dem Finanzminister gemeldet werden. Darüber hinausgehende Dividendenanlagen bedürfen der Genehmigung.

Sacheinlagen

Die Einbringung von Sachleistungen ist möglich.

Lokale Verfügbarkeit von Gütern und Dienstleistungen

Sind die genehmigten Investitionsgüter und Rohstoffe nach Menge, Qualität, Preis, Lieferzeit, Art auf dem lokalen Markt angemessen zu beschaffen, dürfen sie nicht importiert werden.

Berichterstattung, Registrierung

Wer Auslandskapital eingeführt hat, muß dem Finanzminister und dem zuständigen Minister spätestens einen Monat nach dem Eingang der Zollabfertigung der Kapitaleinlage einen Bericht vorlegen. Erfüllung der Einlagepflicht ist dem Finanzminister zur Registrierung des Unternehmens zu melden.

Schutzgarantie für ausländisches Vermögen

Vermögen ausländischer Unternehmen sind nach geltendem Recht geschützt gegen Beschlagnahme und Enteignung, Gleichstellung ausländischer Investoren in bezug auf Rechte und Schutz mit nationalen Unternehmen. Es besteht Deutsch-Koreanischer Investitionsförderungsvertrag vom 4. 2. 1964.

Für ausländische Beteiligung ausgeschlossene Wirtschaftszweige

Staatsmonopole sind Tabak-Industrie, Ginseng-Industrie, Bergbau, Fischerei.

3. Kapitaltransfer, Devisenbestimmungen

Gewinntransfer

Der Rücktransfer von ausgeschütteten Gewinnen aus Aktien und Beteiligungen ausländischer Unternehmen in fremdes Hoheitsgebiet wird gewährleistet für FCIA-Investments.

Rückführung des Eigenkapitals

Ein ausländischer Investor kann seine Aktien/Beteiligungen veräußern. Die Transaktion ist vom Käufer und Verkäufer gemeinsam beim Finanzminister anzumelden und bestätigen zu lassen. Einem ausländischen Käufer wird mit der Bestätigung die Beteiligungsgenehmigung erteilt. Der Rücktransfer des Erlöses in fremdes Hoheitsgebiet ist grundsätzlich gewährleistet, wenn die Veräußerung frühestens zwei Jahre nach der Geschäftsaufnahme des Unternehmens erfolgt.

Bei Liquidation des Unternehmens oder Widerruf der Genehmigung ist der Liquidationserlös auf Grund einer Genehmigung des Finanzministers in fremdes Hoheitsgebiet zu transferieren.

Devisenhaushaltsplan

Ausländische Unternehmen, Kreditnehmer und Technologiebezieher müssen einen Devisentransferplan über die im Laufe des nächsten Rechnungsjahres an ausländische Investoren, Kreditgeber oder Technologielieferanten zu transferierenden Devisenbeträge einreichen.

Verfügungsbeschränkung für Auslandskapital

Veräußerung, Übertragung, Vermietung, Verleih von ausländischen Investoren eingeführtem Auslandskapital ist genehmigungspflichtig. Gleichfalls genehmigungspflichtig ist die Betätigung des ausländischen Unternehmens in einem anderen als dem eingetragenen Geschäftsbereich.

4. Investitionsförderungsmaßnahmen

Steuervergünstigungen

Ein ausländisches Unternehmen kann bei der Einkommen-, Körperschafts-, Gewerbe- und Vermögensteuer bezogen auf den genehmigten ausländischen Kapitalanteil im Zeitpunkt der Steuerveranlagung ein System direkter und indirekter Steuervergünstigungen in Anspruch nehmen (unter gewissen Voraussetzungen Steuerbefreiung bis zu 5 Jahren).

Für Investitionsgüter, die zur Beteiligung direkt oder über die eingebrachten Zahlungsmittel eingeführt werden, ebenso für Vormaterialien können Zollvergünstigungen gewährt werden. Steuerfreiheit wird gewährt für Löhne und Gehälter von Ausländern, die in Joint-Venture-Unternehmen arbeiten.

Abschreibungen: Wenn ein Unternehmen mehr als 50% seines Gewinns aus Exportumsätzen tätigt, kann der normale Abschreibungssatz um 30% erhöht werden.

Sonstige Vergünstigungen

- Freie Standortwahl für die Produktionsstätte.
- Möglichkeit des Grunderwerbs durch Ausländer.
- Bereitstellung von zwei Free-Trade-Zones und 25 Industrial Estates mit gewissen Vergünstigungen.

5. Genehmigungspflicht

Kreditverträge, Verträge über Technologietransfer zwischen einem Staatsangehörigen der Republik Korea und einem Ausländer müssen durch den Finanzminister genehmigt werden.

Kreditbanken

Kredite können von koreanischen und ausländischen Banken erhalten werden. Zur Verfügung für die Finanzierung von Anlagekapital stehen vor allem die Entwicklungsbanken „Korea Development Bank", „Medium Industry Bank" und „Korea Development Finance Corporation".

6. Gesellschaftsrecht

Gesellschaftsformen

Es gibt folgende Gesellschaftsformen:

— Corporation (Chusik Hoesa), Joint-Stock-Company, ähnlich AG
— Company (Yuhan Hoesa), Limited Liability Company, ähnlich GmbH
— Unlimited Partnership (Hapmyong Hoesa), ähnlich oHG
— Limited Partnership (Hapja Hoesa), ähnlich KG

Üblich für Gemeinschaftsunternehmen mit ausländischer Beteiligung die Chusik Hoesa (7 Gründer, kein Mindest-/Höchstkapital).

Organe: Hauptversammlung, Vorstand, Aufsichtsrat.

Gesellschaftsgründung

Gründung erfolgt nach der Genehmigung durch Registrierung beim Distriktgericht. Betriebsaufnahme ist innerhalb 30 Tagen der Steuerbehörde zu melden, die Meldung wird durch eine Business-Licence bestätigt.

Doppelbesteuerungsabkommen

Zwischen Bundesrepublik Deutschland und Republik Korea vom 14. 12. 1976.

Philippinen

1. Rahmenbedingungen

Zielsetzung der Regierung

Förderung der Industrialisierung, ausgewogenes Wachstum nach Regionen und Wirtschaftszweigen, Beschäftigungseffekte, Erwirtschaftung von Devisen.

2. Zulassungskonditionen für ausländische Investoren

Genehmigung und Registrierung

Sämtliche Unternehmen mit ausländischem Kapitalanteil sind beim Board of Investments zu registrieren. Ausländische Beteiligung über 30% am Grundkapital bedürfen der Genehmigung des Board of Investments, bei Non-Pioneer-Projekten besteht eine Obergrenze von 40%. Bis zu 100% ausländischer Anteil ist unter folgenden Gesichtspunkten möglich:

— Pioneer-Projekt innerhalb der Prioritätspläne,
— Liberalisiertes Non-Pioneer-Projekt innerhalb der Prioritätspläne,
— Service Exporte zur Betreuung ausländischer Touristen,
— Exportanteil von 100%,
— Unternehmen in Export Processing Zones,
— Erdölsuche über Dienstleistungsverträge mit einheimischen Firmen.

Weitere Genehmigungsnotwendigkeiten:

- Registrierung bei der Zentralbank als Bedingung für Kapitaltransfer, Meldungspflicht für Zahlungen aus dem Ausland, Genehmigung von ausländischen Kediten,
- Registrierung bei der Securities and Exchange Commission (jährliche Einreichung von Bilanz und G. u. V.),
- Registrierung beim Bureau of Internal Revenue,
- Genehmigung der Kommune zur Einrichtung eines Betriebes,
- Genehmigung der Umweltschutzbehörde,
- Registrierung beim Social Security System, dem Arbeitsministerium sowie Genehmigung durch weitere regionale oder fachorientierte Behörden.

Zur Abwicklung dieser Schritte sollten Anwälte oder Beratungsunternehmen eingeschaltet werden.

Zulassungskriterien

- Philippinisch dominierten Unternehmen bleiben Wirtschaftsbereiche vorbehalten, die für die nationale Unabhängigkeit des Landes für bedeutend gehalten werden. Dieser Grundsatz wird jedoch vor allem dann nicht konsequent eingehalten, wenn einheimisches Kapital und einheimische Technologie nicht in ausreichendem Maße zur Verfügung stehen.
- Exportorientierte Unternehmen können sich im Grenzfall völlig in ausländischer Hand befinden,
- Verhinderung von Monopolbildung und Entstehen von Wettbewerbseinschränkungen.
- Kein Eintritt in von philippinischen Unternehmen angemessen belegte Wirtschaftsbereiche.

Verschiedene Wirtschaftszweige (Banken, Versicherungen, Versorgungsbetriebe, Einzelhandel, interinsulare Reedereien) sollen im nationalen Interesse vor Überfremdung geschützt werden.

Grunderwerb, Mineralienabbau, Energiegewinnung

Grunderwerb, Mineralienabbau, Energiegewinnung, Fischzucht und Fischerei ist nur Gesellschaften erlaubt, die zu mindestens 60% in philippinischer Hand sind.

Begünstigung philippinischer Firmen

Bei öffentlichen Aufträgen wird Gesellschaften, die sich mindestens zu 70% in philippinischer Hand befinden, eine Vorzugsstellung eingeräumt.

Investitionsförderung

Umfangreicher Maßnahmenkatalog

- Investment Incentives Act

  Förderungsmaßnahmen in vom Staat als förderungswürdig angesehenen Wirtschaftsbereichen in Unterscheidung nach „Pioneer"- und „Non-Pioneer"-Bereichen. Als Pioneer-Projekt gilt Herstellung von Waren, die noch nicht auf den Philippinen produziert werden oder die Anwendung neuer Produktionsverfahren.
- Export Incentives Act

  Voraussetzungen: Export von mindestens 50% der Produktion, wobei importierte Vormaterialien nicht 80% des Exportwertes überschreiten sollen. Mindestens zu 60% in philippinischen Händen befindliche Unternehmen, sofern kein Pioneer-Unternehmen gegeben ist oder mehr als 70% der Produktion ausgeführt werden.

Bei diesem Förderungsprogramm wird der philippinische Teilhaber gegenüber dem ausländischen Partner zusätzlich durch steuerliche Maßnahmen begünstigt.

- Agricultural Investment Incentives Act

  Gleichfalls Unterscheidung nach Pioneer- und Non-Pioneer-Bereichen. In diesem Programm werden gleichfalls philippinische Unternehmer günstiger behandelt.

— Energy Priorities Program

Pioneer-Status, damit Möglichkeit ausländischer Mehrheitsbeteiligung.

— Tourism Incentives Program

Das Programm ist beschränkt auf Unternehmen, die sich zu mindestens 60% in philippinischer Hand befinden. Der Anteil an Deviseneinnahmen muß mindestens 50%, im Bereich Manila 70% betragen.

— Export Processing Zones

Regionale Vergünstigung in den Bereichen Bataan, Baguio und Mactan.

— Regionale Headquarters

Anreiz an ausländische Firmen, in Manila ein Regionalbüro zu unterhalten.

Devisen, Kapitaltransfer

— Auslandsgeld kann jederzeit in Peso konvertiert werden.

— Gewinntransfer und Kapitalrückführung durch ausländische Investoren setzt Registrierung der Investitionen bei der Zentralbank voraus. Bei der Repatriierung von ausländischem Kapital werden Investitionen vor und nach dem 15. 3. 1973 unterschiedlich behandelt. Gewinnzahlungen sind nach Steuerabzug voll transferierbar. Gebührenüberweisungen für Markenzeichen, Patente, Know-how bedürfen der Zustimmung der Zentralbank. Bestimmte Höchstsätze sind vorgeschrieben.

Finanzierung

Von ausländischen Investoren wird ausreichende Ausstattung mit Eigenmitteln und geringe Kreditaufnahme auf den Philippinen erwartet. Für Unternehmen, die sich zu mehr als 40% in ausländischer Hand befinden, wurden folgende Relationen der Verbindlichkeiten zum Eigenkapital vorgeschrieben:

A: Geförderte Unternehmen 60:40%

B: Sonstige Industrieunternehmen 55:45%

C: Nicht produzierende Unternehmen 50:50%

Eigentumsschutz

Eigentumsschutz gemäß Verfassung.

Es besteht kein Abkommen zum Schutz von Kapitalanlagen mit der Bundesrepublik Deutschland.

3. Gesellschaftsrecht

Gesellschaftsformen

Folgende Unternehmensformen sind möglich:

— Corporation (Kapitalgesellschaft)

— Joint-Stock Corporation (etwa AG)

— Non-Stock Corporation

— General Partnership (etwa oHG)

— Limited Partnership (etwa KG)

— Private Merchant (Einzelfirma)

Für ausländische Investoren ist die Corporation zweckmäßig. (5—15 Gründer, kein Mindest- oder Höchstkapital vorgeschrieben, Organe: Aktionärsversammlung, Verwaltungsrat; mindestens 20% des Kapitals müssen gezeichnet sein, davon müssen 25% in bar oder in Sachwerten eingezahlt sein. Aktienübertragung erfolgt durch Indossament, Rechtswirksamkeit nach Eintragung ins Aktienbuch.)

4. Steuern

Allgemeines

— Steuersystem nach amerikanischem Muster

— Doppelbesteuerungsabkommen mit der Bundesrepublik Deutschland vom 19. 11. 1984

Steuerarten

- Körperschaftsteuer für Unternehmen (ca. 35% zuzüglich evtl. 10% Zusatzsteuer)
- Quellensteuer bei der Überweisung von Dividenden und Zinsen ins Ausland
- Verkehrs- und Umsatzsteuer

5. Lizenzen, Patente, Warenzeichen

Verbandszugehörigkeit

Die Philippinen sind Mitglied der Pariser Verbandsübereinkunft zum Schutz gewerblichen Eigentums in der Lissabonner Fassung.

Einschränkungen

Infolge neuer Politik des Technology-Transfer-Board gibt es für Ausländer deutliche Einschränkungen:

- Genehmigungspflicht,
- Begrenzung der Lizenzgebühr auf 5% des Nettogroßhandelspreises,
- der Lizenznehmer kann nicht an die Verwendung bestimmter Produktionsgüter oder bestimmten Vormaterials sowie den Einsatz bestimmten Personals gebunden werden. Keine Vorschriften sind möglich hinsichtlich Preisen und Mengen, Anwendung konkurrierender Technologie, Export der lizensierten Produkte.

Verbesserungen und Anschlußerfindungen brauchen nicht auf den Lizenzgeber übertragen zu werden.

Laufzeit des Lizenzantrages: Höchstens 5 Jahre, eine Verlängerung ist nicht genehmigungsfähig. Bei Patenten können bereits nach einer Schutzzeit von 2 Jahren Zwangslizenzen verlangt werden.

Warenzeichen

Bisher verlängerbare Schutzfrist von 20 Jahren. Neuerdings Genehmigungserteilung nur bei Vorliegen technischen und wirtschaftlichen Nutzens für das Land.

6. Arbeitsrecht

Arbeitsmarkt

Verhältnismäßig großes Arbeitskräftepersonal mit guter Anlernbarkeit, Mangel an Facharbeitern und Ingenieuren.

Gewerkschaften

Viele Einzelgewerkschaften mit insgesamt schwacher Stellung. Verbot von Streik und Aussperrung. Abschluß von Tarifverträgen mit den einzelnen Unternehmen.

Beschäftigung von Ausländern

- Genehmigungspflicht (liberale Handhabung).
- Bei ausländischen Technikern muß nachgewiesen werden, daß die Tätigkeit nicht durch einen Filipino ausgeübt werden kann. Bei Erteilung der Aufenthaltserlaubnis Auflage, 2 Filipinos für die Position auszubilden.
- In den Export Processing Zones Aufenthaltserlaubnis von 5 Jahren.

Syrien

1. Rahmenbedingungen

Grundsätzlich staatswirtschaftliches System — private Unternehmensaktivitäten in beschränktem Umfang aber erlaubt.

Systembedingte Ineffizienz des öffentlichen Sektors, schwerfällige Bürokratie, Devisenknappheit.

Dem Privatsektor wird — wenn auch langsam — zunehmend mehr Spielraum eingeräumt.

Investitionsschwerpunkte: Tourismus, Agroindustrie, Exportindustrie.

2. Auslandsinvestitionen

Grundsätzliche Einstellung

Vorsichtige Öffnung für ausländische Investitionen. Rechtliche Rahmenbedingungen für ausländische Investitionen in verschiedenen wesentlichen Aspekten noch nicht festgelegt.

Haupterwartung gegenüber ausländischen Investitionen: Abbau der Devisenknappheit durch Ansiedlung von exportorientierten Unternehmen.

Die Öffnung für ausländische Investitionen geht einher mit einer langsamen Erweiterung des Handlungsspielraums für den Privatsektor schlechthin.

Genehmigungspflicht

Auslandsinvestitionen durch State Planning Commission genehmigungspflichtig. Enumerative Festlegung der für öffentlichen Sektor, privaten syrischen Sektor, gemeinsame Unternehmen zwischen öffentlichem und syrischem privaten Sektor mit privater Mehrheit, gemeinsamen Unternehmen zwischen syrischen, arabischen und ausländischen Investoren offenen Produkte.

Gemeinschaftsunternehmen — Joint Venture

Syrien ist grundsätzlich an Gemeinschaftsunternehmen mit und ohne staatlich-syrischer Beteiligung interessiert, ohne daß die dafür zur Verfügung stehenden Rechtsformen genau feststünden.

a) *Gesellschaftsrecht*
Kapitalgesellschaften (AG, GmbH) mit syrischer Mehrheit (auch syrischer Privatsektor); Staatsbeteiligung in bestimmten Sektoren imperativ.

b) *Investitionsanreize*
Steuerbefreiung für 3 Jahre; im Tourismussektor für 7 Jahre ab Produktionsaufnahme, danach hälftige Steuerreduktion. Befreiung von Zollabgaben auf Anlagen, Ausrüstungsgegenstände, Rohmaterialien etc., welche für die Projektrealisierung erforderlich sind. Gesetzliche Grundlagen in verschiedenen Einzeldekreten für einzelne Wirtschaftssektoren enthalten. Die näheren Einzelheiten werden in den Projektgenehmigungen festgelegt.

c) *Staatliche Preisfestsetzung*
Preisfestsetzung für die Vermarktung auf dem syrischen Markt — freie Preisgestaltung nur beim Export.

d) *Devisenrecht*
Ausländische Investitionen (wie auch der gesamte syrische Privatsektor) müssen devisenautark sein, d. h.: keine Zurverfügungstellung von Devisen durch Zentralbank oder zugelassene Banken. Hauptdevisenquelle für privaten Sektor: eigener Export oder Deckung am Schwarzmarkt.

Gemeinsame Unternehmen (Joint Ventures) dürfen ein eigenes Devisenkonto unterhalten und für eigene Zwecke benutzen. Exporteinnahmen dürfen nur zur Hälfte dem Devisenkonto gutgeschrieben werden, ansonsten sind die Devisen an Zentralbank abzuführen.

e) *Kapitaltransfer und Retransfer inkl. Gewinntransfer*
Grundsätzlich möglich im Rahmen der eigenen Devisenbestände — diverse Einzelfragen noch ungeklärt. Behandlung von Lizenzgebühren etc. unklar.

f) *Investitionsgesetzgebung*
Keine zusammenhängende Investitionsgesetzgebung, diverse Einzeldekrete bzgl. Devisenrecht, Steuerrecht etc.

3. Steuern

Aktiengesellschaften und Gesellschaften mit beschränkter Haftung syrischen Rechts unterliegen der Business Profit Tax mit einem gestaffelten Steuersatz, der auf den Unternehmensgewinn erhoben wird. Der Steuersatz steigt von 11% graduierlich an auf 66%, letztere bezogen auf den Teil der Gewinne, die 700 000 syrische Pfund übersteigen. Daneben fallen Kriegssteuer und Gemeindesteuer an, durch welche der Steuersatz der Business Profit Tax um 32 bis 40% erhöht wird.

Im Rahmen der Investitionsgenehmigungen werden aber weitgehende Steuerbefreiungen erteilt (siehe unter „Investitionsanreize").

Daneben existieren diverse andere Steuern, z. B. auf Entgelte aus unselbständiger Tätigkeit, aus Vermögen, Stempelsteuer etc.

Lizenzgebühren und Entgelte für Know-how werden mit 15% besteuert.

4. Freizonen

Spezielle Gesetzgebung für Freizonen; Importe nach Syrien bis maximal 20% der Produktion möglich.

5. Abkommen

Investitionsschutzabkommen seit 1980 in Kraft. Anwendung auf deutsche Investitionen muß gem. Ziff. 2 Abs. b) des Zusatzprotokolls für jede Investition gesondert bestätigt werden.

Kein Doppelbesteuerungsabkommen.

Saudi-Arabien

1. Rahmenbedingungen

Privatwirtschaftlich orientiertes liberales Wirtschaftssystem. Wirtschaftspolitik ist auf Industrialisierung des Landes mit ausländischer Hilfe — insbesondere Joint Ventures — gerichtet. Private Initiative wird durch diverse Subventionen gefördert und geschützt. Die Regierung ist darum bemüht, den saudischen Staatsbürgern angemessenen Anteil am Wirtschaftswachstum zu sichern — protektionistische Tendenzen.

2. Auslandsinvestitionen

Grundeinstellung

Auslandsinvestitionen sind erwünscht, sofern saudische Unternehmerschaft technisch zu entsprechender Unternehmensaktivität nicht in der Lage ist. Primär erwünscht sind Gemeinschaftsunternehmen mit saudischer und ausländischer Beteiligung im Industrie-, Agrar-, Agroindustrie- und Service-Sektor; Handelssektor steht Ausländern und Joint Ventures nicht offen.

Gemeinschaftsunternehmen — Joint Ventures

a) *Genehmigungspflicht*

Alle Auslandsinvestitionen bedürfen der Genehmigung des Committee for Foreign Capital Investment (interministerielle Kommission) mit Sitz beim Ministerium für Industrie und Elektrizität.

Genehmigungsverfahren von Antragstellung bis Handelsregistereintragung mindestens 6 Monate. Dem Antrag ist (zumindest bei größeren Investitionen) eine Feasibility-Studie beizufügen.

Es besteht kein Rechtsanspruch auf Genehmigung.

b) *Gesellschaftsform*

Grundsätzlich werden nur Gemeinschaftsunternehmen in Form der GmbH saudischen Rechts mit Beteiligung saudischer Partner genehmigt, obwohl theoretisch nach dem Gesetz auch 100%ige ausländische Gesellschaften denkbar sind.

Sehr restriktiv werden unselbständige Niederlassungen gehandhabt, wenn sie für dauerhafte Auslandsinvestitionen bestimmt sind. Besondere Regeln existieren für unselbständige Betriebsstätten im Rahmen der Abwicklung von Regierungsaufträgen.

Verbreitet sind auch ausländische Aktivitäten, die unter der Firma und unter der Handelsregisternummer saudischer Unternehmen ausgeführt werden und bei denen lediglich im Innenverhältnis zwischen saudischem Unternehmer und ausländischem Partner vertragliche Bestimmungen entweder im Sinne einer stillen Gesellschaft oder im Sinne einer Strohmann-Vereinbarung (sog.: ,,Cover-up") bestehen. Da im Namen und unter der Firma des saudischen Partners gearbeitet wird, sind diese Auslandsaktivitäten vom Ministerium für Industrie und Elektrizität nicht genehmigt. Das Cover-up — obwohl verbreitet — ist illegal; die stille Gesellschaft ist, wenn ein echtes saudisches Engagement vorliegt, zulässig. Vor beiden Formen der Aktivität ist grundsätzlich zu warnen, da die Rechtsposition des ausländischen Partners äußerst schwach ist. Begrifflich werden die stille Gesellschaft, wie auch das Gemeinschaftsunternehmen im echten Sinne beide oft als ,,Joint Venture" bezeichnet, so daß auf begriffliche Aufklärung zu achten ist.

c) *Kapitalmehrheiten*

Keine gesetzlichen Vorschriften; Genehmigungspraxis besteht aber vorzugsweise (je nach Projekt und Wirtschaftssektor) auf 51%iger oder höherer saudischer Kapitalmehrheit; ausländische Kapitalmehrheiten sind möglich.

Gesellschaftsrecht läßt ausreichende Flexibilität für Vereinbarung eines Minderheitenschutzes in der GmbH saudischen Rechts: z. B. Sperrminorität etc.

d) *Die GmbH saudischen Rechts*

Mindestkapitalausstattung gesetzlich 500 000 SR; Genehmigungsbehörde besteht oft auf größerer Kapitalausstattung; saudische Regierung besteht auf guter Finanzausstattung.

Organe:
Gesellschafterversammlung,
Geschäftsführung,
fakultativ: Aufsichtsrat, imperativ bei mehr als 20 Gesellschaftern.

Geschäftsführung kann aus einem oder mehreren Geschäftsführern bestehen. Mit Innenwirkung können der Geschäftsführung Beschränkungen auferlegt werden (z. B. Zustimmungsbedürftigkeit bestimmter Entscheidungen durch Hauptversammlung).

Die Geschäftsanteile sind mit Zustimmung des Committee for Foreign Capital Investment übertragbar.

e) *Gründungsverfahren*

Nach Erhalt der Genehmigung (,,Licence") des Komitees für ausländische Kapitalinvestitionen wird der Gesellschaftsvertrag vom Handelsministerium auf Übereinstimmung mit gesetzlichen Bestimmungen und nach der Nationalen Israel-Boykott-Klausel überprüft. Nach Zustimmung des Handelsministeriums erfolgt Unterschriftenbeglaubigung durch einen Notar. Innerhalb von 30 Tagen ist anschließend das Kapital voll einzuzahlen (teilweise Einzahlung unzulässig), eine Veröffentlichung der Firmengründung im Staatsanzeiger UMM AL QURA zu veranlassen und Handelsregistereintragung zu beantragen. Erst mit Handelsregistereintragung ist GmbH rechtswirksam gegründet.

f) *Investitionsanreize*

Steuerbefreiung für 10 Jahre (Industrie und Landwirtschaft) oder 5 Jahre (Service-Sektor); Zurverfügungstellung von soft loans durch Saudi Industrial Development Funds; Zurverfügungstellung von Land in erschlossenen Industriezonen.

Bevorzugung bei öffentlichen Ausschreibungen und Auftragsvergabe gegenüber ausländischen Anbietern; Verpflichtung der Auftragnehmer der öffentlichen Hand (inkl. SABIC, ARAMCO etc.), soweit wie möglich saudische Produkte zu benutzen; Bevorzugung im saudischen Markt durch Buy-Local-Mentalität, eventuell Marktschutz durch 20% Schutzzoll.

Voraussetzung auf jeden Fall saudische Beteiligung von mindestens 25% am Kapital.

g) *Besteuerung*

Die auf ausländische Investoren entfallenden Gewinnanteile werden mit der gestaffelten Income-Tax (bis 45% des Gewinns) besteuert; die auf saudische Investoren entfallenden Gewinnanteile werden mit der 2,5%igen Zakat-Steuer belastet. Die Steuer fällt auf die erklärten Gewinne an, unabhängig von einer Ausschüttung oder Thesaurierung.

Devisenbestimmungen

Keine Beschränkungen.

Retransfer von Kapital; Transfer von Gewinnen

Keine Beschränkungen.

3. Contracting bei Regierungsaufträgen

Dekret 124 (30%-Auflage)

Bei allen Regierungsaufträgen sind ausländische Auftragsnehmer zu verpflichten, 30% des Gesamtauftrages an saudische Subunternehmer zu vergeben, machinery und equipment über saudische Händler einzukaufen (Ausnahme: Gebrauchtgerät) und einige weitere Auflagen einzuhalten, wie z. B. die Einschaltung saudischer Transportunternehmen, Banken und Versicherungsgesellschaften.

Dieses Dekret ist nicht anwendbar:

a) auf Gemeinschaftsunternehmen mit 51%iger saudischer Mehrheit, vorausgesetzt, dieses Joint Venture ist vom Committee for Foreign Capital Investment genehmigt,

b) auf reine Liefergeschäfte ohne sonstige Leistungen auf saudischem Boden (z. B. ohne Bauleistungen).

Gemeinschaftsunternehmen sind als Subunternehmen gemäß Dekret 124 nicht zugelassen: d. h. mit Auftragsvergabe an Gemeinschaftsunternehmen wird die 30%-Auflage nicht erfüllt.

Priorität bei Auftragsvergabe

Die öffentliche Hand ist gehalten, bei Auftragsvergabe zunächst saudische Anbieter, danach Gemeinschaftsunternehmen mit mindestens 50%iger saudischer Mehrheit zu bevorzugen, auch wenn deren Qualität (in gewissen Grenzen) geringer und deren Preis höher ist.

Sponsor

Angebote ausländischer Interessenten (nicht Gemeinschaftsunternehmen) müssen durch einen saudischen Service Agent („Sponsor") eingerichtet werden.

Besteuerung

Alle Lieferungen und Leistungen, die über die Lieferung frei saudischen Bestimmungsort hinausgehen (insbesondere Montageleistungen), lösen die saudische Besteuerung aus (Schlußraten werden erst gezahlt, wenn ein Tax-Certificate vorgelegt wird) und zwar auf den Gesamtwert des Auftrages. Sog. „Head Office Expenses" sind steuerlich nicht abzugsfähig.

4. Handelsvertreterrecht

Handelsaktivitäten sind 100% saudischen Unternehmen vorbehalten; Verkaufsräume, Ausstellungsgelände etc. können daher nur über einen saudischen Handelsvertreter unterhalten werden. Das Handelsministerium hat einen Musterhandelsvertretervertrag herausgegeben, von dem nur mit Genehmigung des Ministeriums abgewichen werden kann (die Handelsvertreter sind beim Ministerium unter Vorlage der Verträge zu registrieren). Ergänzende Vereinbarungen sind auf jeden Fall möglich und bedürfen keiner Vorlage beim Ministerium, sofern es sich wirklich um bloße Ergänzungen handelt.

Besonders wichtig:

— Handelsvertreter können für einzelne Regionen bestellt werden;

— Exklusivität wird vermutet, aber geographisch limitierbar;

— Handelsvertreter erhält bei Vertragsbeendigung einen Abfindungsanspruch (Berechnung unklar) unter Berücksichtigung des geschaffenen „good wills";

— ein neuer Handelsvertreter kann erst bestellt werden, wenn ein vorheriger Handelsvertreter zustimmt: bei Streitigkeiten ist u. U. die Bestellung eines neuen Handelsvertreters auf Jahre unmöglich.

5. Schiedsgerichtsbarkeit und Rechtswahl

Saudische Gerichte wenden immer nur saudisches Recht an. Ausländische Schiedssprüche (auch der Internationalen Handelskammer Paris) sind nicht vollstreckbar.

6. Steuern

Für alle Aktivitäten ausländischer Unternehmen auf saudischem Boden, die über bloße Lieferung frei Bestimmungsort hinausgehen, fällt die gestaffelte saudische Income Tax an:

	bis	100 000 SR	25%
100 000	bis	500 000 SR	35%
500 000	bis	1 000 000 SR	40%
1 000 000	und mehr		45%

Dies gilt auch bei Lieferungen an Gemeinschaftsunternehmen, auch wenn der Lieferant selbst am Gemeinschaftsunternehmen beteiligt ist.

7. Abkommen

Zur Zeit existieren weder ein Investitionsschutzabkommen noch ein Doppelbesteuerungsabkommen. Lediglich ein Abkommen über Schiedsgerichtsbarkeit im Falle von Investitionsstreitigkeiten bei garantierten Kapitalanlagen wurde am 2. 2. 79 geschlossen, welches aber nicht mit einem Investitionsschutzabkommen verglichen werden kann.

OMAN

1. Rahmenbedingungen

Kleiner aber finanzstarker Markt, privatwirtschaftlich orientiert. Auslandsinvestitionen werden restriktiv gehandhabt.

2. Auslandsinvestitionen

Grundeinstellung

Auslandsinvestitionen werden nur im Rahmen des Notwendigen genehmigt, wenn die omanische Wirtschaft aus eigener Kraft zur Projektrealisierung nicht in der Lage ist (restriktive Grundeinstellung); genehmigte Projekte werden aber gefördert und geschützt.

Genehmigungspflicht

Auslandsinvestitionen bedürfen der Genehmigung des Committee for Foreign Capital Investment beim Ministerium für Handel und Industrie. Gesetzlich ist lediglich 35%ige omanische Beteiligung gefordert; praktisch werden aber Projekte nur genehmigt, wenn sie zu 51 bis 75% in omanischer Hand sind.

Unselbständige Niederlassungen ausländischer Unternehmen werden grundsätzlich nicht genehmigt; eine gesellschaftsrechtliche Form des Zusammenschlusses mit einem omanischen Partner ist grundsätzlich imperativ. Genehmigungen werden allerdings für die Zwecke der Durchführung einzelner Aufträge erteilt, wenn ein ausländischer Bieter einen Regierungsauftrag erhalten hat.

Handelsaktivitäten stehen Ausländern nicht offen.

Hat eine Auslandsinvestition eine industrielle Ansiedlung zum Gegenstand, so ist zusätzlich eine Genehmigung des Directorate General of Industry — wie bei allen omanischen Industrieansiedlungen — erforderlich. Alle Industrieansiedlungen werden in einem Industrial Register erfaßt.

Investitionsanreize

Genehmigte Projekte können folgende Investitionsvorteile zugebilligt bekommen; die Bewilligung steht im Ermessen der zuständigen Behörden:

— vollständige oder teilweise Steuerbefreiung für 5 Jahre,
— vollständige oder teilweise Befreiung von Einfuhrzöllen auf projektdienlichen Anlagen, Halbfertigfabrikaten, Rohmaterialien etc.,
— Marktschutz durch Einfuhrbeschränkung oder höhere Verzollung von Konkurrenzprodukten,
— vergünstigter Bezug von Wasser, Elektrizität, Öl,
— Bevorzugung bei Regierungsaufträgen, auch wenn Preis bis zu 10% höher als der der Konkurrenzprodukte ist,
— finanzielle Vorzüge z. B. durch soft loans,
— Bevorzugung bei der Zuteilung von Land in Industriezonen.

Gesellschaftsform

Oman kennt 5 Formen gesellschaftsrechtlicher Zusammenschlüsse: oHG, KG, AG, GmbH, Stille Gesellschaft, letztere wird in der Terminologie des omanischen Gesellschaftsrechts als „Joint Venture" bezeichnet.

Das Investitionsrecht läßt alle 5 Formen für Auslandsinvestitionen denkbar erscheinen.

Devisenrecht

Keine Beschränkungen.

Handelsvertreterrecht

Die Tätigkeit der Handelsvertreter ist omanischen Staatsbürgern oder omanischen Gesellschaften vorbehalten. Theoretisch können an solchen omanischen Gesellschaften Ausländer beteiligt sein, sofern der omanische Kapitalanteil 51% oder mehr beträgt. Faktisch ist die Genehmigungspraxis gegenüber ausländischen Beteiligungen in dieser Hinsicht äußerst restriktiv.

Handelsvertreterverträge sind grundsätzlich Exklusivverträge: Lediglich geographische Beschränkungen sind möglich. Handelsvertreterverträge können nur mit dem Hersteller — nicht mit Zwischenhändlern — abgeschlossen werden. Handelsvertretern steht bei Vertragsbeendigung eine Abfindung zu (unter Berücksichtigung des geschaffenen good wills), wenn das Rechtsverhältnis ohne „angemessenen Grund" gekündigt oder nicht verlängert wird.

Handelsvertreter sind im „Register of Agents" zu registrieren.

Regierungsaufträge

Omanische Firmen (auch mit Auslandsbeteiligung) sind bei der Vergabe von Regierungsaufträgen bevorzugt, auch wenn deren Angebot bis zu 10% teurer ist. Obwohl gesetzlich nicht vorgeschrieben, ist faktisch ein omanischer Sponsor („Agent") notwendig.

Steuerrecht

Auf die Gewinne aus unternehmerischer Tätigkeit (insbesondere auf die Gewinne aller omanischen Gesellschaften — nicht nur der Kapitalgesellschaften — wie auch aus steuerlichen Betriebsstätten — der Begriff wird ganz weit definiert — ausländischer Unternehmen) fällt eine Tax on Business Income an. Die Steuersätze sind unterschiedlich je nach dem Prozentsatz omanischer Beteiligung am Kapital:
— omanische Mehrheitsbeteiligung von 51% oder höher: Gewinne bis 20 000 OR sind steuerfrei, darüber hinaus werden 15% angesetzt,
— omanische Beteiligung zwischen 35 und 50,9%: Gewinne bis 20 000 OR sind steuerfrei, die darüber hinausgehenden Gewinne werden mit 20% besteuert,
— omanische Beteiligung geringer als 35% gestaffelter Steuersatz, der bei 500 000 OR den Höchstsatz von 50% erreicht.

Daneben existieren diverse Steuerarten und Gebühren geringerer Bedeutung, wie z. B.: Ausbildungssteuer, wenn kein eigenes Ausbildungswesen für Omanis unterhalten wird; Registergebühren und Beiträge zur Handelsregistereintragung und Mitgliedschaft in der Handelskammer, einzelne Konsumsteuern etc.

Einkommen aus unselbständiger Tätigkeit ist steuerfrei.

3. Abkommen

Ein Investitionsschutzabkommen zwischen der Bundesrepublik Deutschland und dem Sultanat Oman existiert, nicht aber ein Doppelbesteuerungsabkommen.

Kuwait

1. Rahmenbedingungen

Westlich orientiertes liberales Wirtschaftssystem. Kleiner aber finanzstarker Markt. Finanzmarkt wurde jedoch durch den Zusammenbruch des Souk Al Manakh — des inoffiziellen Wertpapierhandels — Anfang der 80er Jahre schwer erschüttert.

2. Auslandsinvestitionen

Grundeinstellung

Auslandsinvestitionen sind erwünscht, wenn sie in Zusammenarbeit mit kuwaitischen Unternehmen als Mehrheitsaktionär/Gesellschafter erfolgen und die kuwaitische Wirtschaft ohne die Auslandsbeteiligung zur Durchführung nicht in der Lage wäre.

Genehmigungspflicht

Die Gründung von Aktiengesellschaften bedarf der Genehmigung des Ministeriums für Handel und Industrie.

Die Gründung kuwaitischer GmbHs ist dagegen frei; eine GmbH kann aber nur von Privatpersonen (keinen Gesellschaften!) gegründet werden.

Ebenfalls genehmigungsfrei sind stille Gesellschaften, bei denen sich Ausländer an rein kuwaitischen Unternehmen als stille Gesellschafter beteiligen; nur diese Form der Auslandsinvestition wird in Kuwait als „Joint Venture“ definiert!

Kapitalmehrheit

In jedem Fall ist mindestens 51%ige kuwaitische Mehrheit gefordert.

Investitionsanreize

Neben Krediten der Bank of Kuwait zu Vorzugskonditionen, Bereitstellung erschlossenen Landes in Industriezonen zu Vorzugskonditionen, zollfreier Import von Anlagen, Ausrüstungsgegenständen, Rohmaterialien etc. kann eine Steuerbefreiung bis zu 10 Jahren beim Finanzministerium beantragt werden.

Gesellschaftsform

Für Gesellschaften, die eine Auslandsinvestition in Kuwait tätigen wollen, kommt die GmbH kuwaitischen Rechts *nicht* in Frage, sondern nur die Aktiengesellschaft oder die stille Gesellschaft. Für die Aktiengesellschaft existiert ein Mustervertrag, von dem nur mit Genehmigung des Handelsministeriums abgewichen werden kann — solche Abweichungen können allerdings zu erheblichen Verzögerungen in der Bearbeitung eines Antrages führen.

Divisenrecht

Keinerlei Beschränkungen.

Steuerrecht

Steuern werden nur auf Kapitalgesellschaften erhoben und auch nur auf den Gewinnanteil, der den Ausländern zufällt. Der Steuersatz ist gestaffelt und erreicht bei Gewinnen von mehr als 375 000 KD den Höchstsatz von 55%.

Diese Steuer wird auch auf die Geschäftsaktivitäten ausländischer Kapitalgesellschaften in Kuwait erhoben, z. B. bei Auftragsdurchführung für kuwaitische Endabnehmer.

Öffentliche Ausschreibung

Ausländische Bieter können nur über einen kuwaitischen Service Agent an Ausschreibungen teilnehmen.

Handelsvertreterrecht

Nur kuwaitische natürliche Personen oder Gesellschaften mit kuwaitischer Mehrheit können Handelsvertreter sein. Exklusivität wird nicht gesetzlich gefordert. Abfindungsansprüche bei Beendigung des Handelsvertreterverhältnisses sind gesetzlich vorgeschrieben.

3. Abkommen

Kein Investitionsschutz- oder Doppelbesteuerungsabkommen.

VAE — Vereinigte Arabische Emirate

1. Grundeinstellung/Allgemeines

Kleiner aber finanzstarker Markt, westlich und privatwirtschaftlich orientiert. Gemeinschaftsunternehmen mit Ausländischen Partnern und Industrieansiedlung in den VAE grundsätzlich erwünscht, um sinnvolle Verwendung der heimischen Ressourcen und Finanzquellen zu ermöglichen; die Schaffung von Arbeitsplätzen hat nur untergeordnete Bedeutung; hochtechnisierte Industrien sind daher erwünscht.

2. Auslandsinvestitionen/Gemeinschaftsunternehmen

Genehmigungspflicht

In der Vergangenheit bedurften alle Gemeinschaftsunternehmen einer Lizenz des Emirates, in dem das Unternehmen angesiedelt werden sollte, sowie einer Mitgliedschaft in der lokalen Handelskammer und eine Handelsregistereintragung.

Nach Inkrafttreten des Federal Law Nr. 8, 1984 betreffend Handelsgesellschaften am 1. 1. 1985 ist zusätzlich eine Mitwirkung des Foreign Company Committee — einer Bundesbehörde — erforderlich, wobei allerdings das nähere Zusammenspiel zwischen der Bundesadministration und den Zuständigkeiten der einzelnen Emirate noch nicht abschließend geklärt erscheint.

Daneben ist die Industrieansiedlung gemäß Organization of Industrial Affairs Act No. 1/1979 genehmigungspflichtig.

Festzuhalten bleibt, daß Auslandsinvestitionen auf jeden Fall genehmigungspflichtig sind, wenn auch die Zuständigkeiten und Verfahrensfragen teilweise noch unklar sind.

Gesellschaftsformen

Durch das neue Gesellschaftsrecht (Federal Law 8, 1984) sind die Gesellschaftsformen abschließend neu geregelt worden. Es ist zu erwarten, daß die GmbH neuen Rechts für Auslandsinvestitionen die am besten geeignete und am häufigsten verwandte Gesellschaftsform sein wird, obwohl das Gesetz auch andere Gesellschaftstypen mit ausländischer Beteiligung denkbar erscheinen läßt.

Kapitalmehrheit

Gemeinschaftsunternehmen können maximal nur zu 49% in ausländischer Hand sein (Art. 22 des Federal Law 8, 1984). Weitergehende Beschränkungen finden sich in anderen Gesetzen: so sind

z. B. bei Handelsaktivitäten ausländische Beteiligungen unzulässig. Da kein Rechtsanspruch auf Erhalt einer Lizenz besteht, sind in der Genehmigungspraxis weitere Einschränkungen — zusätzlich zu den gesetzlich vorgeschriebenen — zu erwarten.

Territorium

Bei den VAE ist immer zu bedenken, daß es sich um eine Föderation aus verschiedenen einzelnen Emiraten mit weitgehender Eigenständigkeit handelt. Dementsprechend sind Zulassungsbedingungen für den Erhalt von Lizenzen von Emirat zu Emirat unterschiedlich.

Gleichermaßen ist darauf hinzuweisen, daß lokale Partner Ansehen, Einfluß und Geschäftsverbindungen meist nicht in allen Emiraten gleichzeitig haben, sondern oft nur in einem einzigen Emirat. Ein Zusammenschluß oder eine Zusammenarbeit mit einem arabischen Partner ist daher meist nicht im gesamten Territorium der VAE hilfreich.

Investitionsvorteile

Gemäß Organization of Industrial Affairs Act Nr. 1/1979 können folgende Vorteile gewährt werden:

— Zurverfügungstellung von erschlossenem Land zu Vorzugskonditionen, u. U. einschließlich gewerblicher Hallen,
— Lieferung von Wasser, Elektrizität, Öl und Gas zu Vorzugskonditionen,
— Zollbefreiung,
— Steuerbefreiung für 5 Jahre,
— Marktschutz,
— soft loans.

Daneben werden lokale Unternehmen bei der öffentlichen Auftragsvergabe bevorzugt.

Das vorgenannte Gesetz sieht aber auch vor, daß der Geschäftsführer bzw. bei Aktiengesellschaften die Mehrheit des Verwaltungsrats aus den Reihen der Staatsbürger der VAE gestellt werden muß. Interessanterweise erzwingt das Companies Law lediglich die vorgenannte Regelung für Aktiengesellschaften, enthält aber ansonsten für die übrigen Gesellschaftsformen keine vergleichbare Regelung für die Besetzung der Geschäftsführung: Es ist aber davon auszugehen, daß die gesetzlichen Einschränkungen des Companies Law und des Organization of Industrial Affairs Act kumulativ anzuwenden sind.

Devisenrecht

Keine Beschränkungen.

Freizonenprojekte

Gesonderte Regelungen gelten für die Jebel-Ali-Freizone, in der Gesellschaften vollständig in ausländischer Hand sein können bzw. in der unselbständige Niederlassungen ohne große Schwierigkeit (in den VAE ist eine solche Niederlassung nur unter der „Sponsorship" eines lokalen Unternehmens oder Staatsbürgers der VAE möglich) errichtet werden können. Vorteile in der Jebel-Ali-Freizone:

— Steuerbefreiung für 15 Jahre,
— kein Zwang zu lokaler Beteiligung,
— kein Zwang zur Einschaltung eines lokalen Handelsvertreters oder „Sponsors",
— keine Beschränkungen bzw. Aufenthaltsvisa für Personal,
— Zollbefreiung,
— günstige Belieferung mit Energie.

Die Aktivitäten solcher Projekte beschränken sich nur auf das Gebiet der Freizone selbst; sollen sich die Aktivitäten auch ansonsten auf das Territorium der VAE erstrecken, so müssen die dort geltenden Gesetze voll eingehalten werden.

Steuern

Es existieren in allen Emiraten Steuergesetze, die den Unternehmensgewinn von Kapitalgesellschaften besteuern; bisher sind diese Gesetze jedoch nur auf Ölgesellschaften und Banken angewandt worden. Die Gesetze sehen gestaffelte Steuersätze bis etwa 50% vor.

Handelsvertreterrecht

Die Aktivitäten von Handelsvertretern sind ausschließlich Staatsbürgern der VAE vorbehalten. Handelsvertreter sind in besondere Listen beim Federal Ministry of Economy and Commerce einzutragen. Handelsvertreter sind immer Exklusivvertreter, allerdings mit der Möglichkeit territorialer Begrenzung auf einzelne Emirate.

Bei Beendigung oder Verweigerung der Vertragserneuerung hat der Handelsvertreter Anspruch auf einen Abfindungsanspruch, der vertraglich definiert werden kann.

Bei Streitigkeiten zwischen Handelsvertreter und Prinzipal ist darauf hinzuweisen, daß die Registrierung eines neuen Handelsvertreters erst möglich ist, wenn die Registrierung des alten Handelsvertreters gelöscht ist: Der Austausch eines Handelsvertreters gegen einen anderen ist daher im Streitfalle — wenn der alte Handelsvertreter der Löschung nicht freiwillig zustimmt — extrem schwierig.

Direktverkäufe vom Ausland in die VAE sind ohne lokalen Handelsvertreter möglich und zulässig, sofern in den VAE keine Ausstellungsräume, Lagerräume oder Kundendienst etc. unterhalten werden. Verkäufe an die öffentliche Hand sind nur über lokale Agenten möglich.

3. Abkommen

Es existieren weder Investitionsschutz- noch Doppelbesteuerungsabkommen.

Stichwortverzeichnis

Inserentenverzeichnis

Notizen

Notizen

Notizen

Notizen